Zu diesem Buch

Zehn Jahre lang hat Ernest Borneman Prostituierte, Zuhälter und andere Angehörige des «Milieus» systematisch interviewt, um ihren speziellen Wortschatz zu sammeln. Diese Feldforschung erbrachte einige 10 000 Belegkarten. Daneben hat Borneman das in über 500 Dialektlexika und Umgangssprachführern gesammelte sexuell getönte Sprachmaterial aufgearbeitet.

Was die Umgangssprache auf einem Gebiet, das von unserer Hochsprache tabuisiert wird, an prallen, deftigen, witzigen, höhnischen, brutalen, saftigen, würzigen, grotesken, schamlosen, unflätigen, zotigen, wüsten, eindeutigen und zweideutigen Ausdrücken und Wendungen hervorgebracht hat – hier liegt es gedruckt vor. Bornemans Wörterbuch der unaussprechlichen Worte erschließt der germanistischen Wißbegier wie dem ganz wissenschaftsfreien Ergötzen einen bisher vernachlässigten Sprachbereich.

Sex im Volksmund *bringt den «obszönen» Wortschatz der Deutschen in zwei Bänden. Das* Wörterbuch von A–Z *ordnet die rund 50 000 Ausdrücke alphabetisch und liefert, wo nötig, knappe Erläuterungen. Das* Wörterbuch nach Sachgruppen *rubriziert das Wortmaterial systematisch. Hier rundet sich der «Busen» zu 256 Bezeichnungen, die Zierde des Mannes schwillt auf 866 Angaben.*

Ernest Borneman ist 1915 in Berlin geboren. Studium der Ethnologie und Anthropologie in England und Amerika, wo acht seiner Bücher erschienen sind, Lehranalyse bei dem psychoanalytisch ausgebildeten Ethnologen Géza Róheim. Dazwischen sechs Jahre Feldarbeit mit Kamera und Tonband unter Westafrikanern, Eskimos und kanadischen Indianern. 1947 von der UNESCO nach Paris berufen, wo er bis 1949 die Filmabteilung leitete. Zwei Bände seiner psychoanalytischen Studien zur Sexualanthropologie wurden 1968 alphabetisch geordnet vom Paul List Verlag veröffentlicht und in Lexikonform vom Deutschen Bücherbund und der Büchergilde Gutenberg nachgedruckt. 1973 erschien bei Walter in Olten der erste Band seiner dreibändigen «Studien zur Befreiung des Kindes» und bei Suhrkamp seine «Psychoanalyse des Geldes». 1974 kommen bei Kindler die ersten beiden Bände seiner dreibändigen «Studien zur Befreiung der Frau» heraus. «Sex im Volksmund» wurde im August 1971 zum «Buch des Monats» gewählt.

Ernest Borneman

Sex im Volksmund

Der obszöne Wortschatz der Deutschen

2 Wörterbuch nach Sachgruppen

rororo

Rowohlt

Umschlagentwurf Werner Rebhuhn

Ungekürzte Ausgabe
Veröffentlicht im Rowohlt Taschenbuch Verlag GmbH,
Reinbek bei Hamburg, April 1974

Gesamtherstellung Clausen & Bosse, Leck/Schleswig
Printed in Germany
ISBN 3 499 16853 7

Vorrede zum Thesaurus

Das Wort *Thesaurus* stammt von der griechischen Wurzel θησαυρός = Schatzkammer und hat seit dem *Thesaurus linguae latinae* des Jahres 1894 immer präziser die Bedeutung eines Wörterbuchs angenommen, das sein Material nicht in alphabetischer, sondern in thematischer Ordnung anbietet. Diese Form eignet sich besonders gut für die Darstellung des sexuellen Vokabulars unserer Umgangssprache, weil sie dem Leser einen Einblick in den Denkprozeß des unbekannten Sprachschöpfers zu geben vermag. Indem er die Synonyma und Antonyma so gruppiert, daß sie dem Leser analoge Wortprägungen vor Augen führen, kann der Lexikograph Zusammenhänge aufdecken, die sich kaum in anderer Form darstellen lassen.

Man denke beispielsweise an den Begriff der Partnerwahl, den ich unter Nummer 7 bearbeitet habe. Hier war ich auf rund vierzig Ausdrücke gestoßen, die sich wie folgt ausgenommen hätten, wenn ich sie alphabetisch gruppiert hätte: *Anschaffe, Aufreiße, Belieben, Bienenfang, Blütenlese, Brautschau, Damenwahl, Eiertanz, Fang, Fickmühle, Fleischbeschau, Frauenstimmrecht, Gattenwahl, große Lotterie, Hammelsprung, Jagd, Katzenfang, Krabbenfang, Lepschi, Lerchenfang, Liebeslotterie, Liebestoto, Parisurteil, Roulette der Liebe, Scheideweg, Selbstbedienung, Selbstbedienungsgeschäft, Selbstwählbetrieb, Stichwahl, Streit um den Apfel, Tour, Verhältniswahl, Volksbegehren, Wettlauf um den Apfel, Wettlauf um die Banane (die Feige, die Pflaume, die Wurst), Zuchtwahl.* Das würde dem Prinzip Ordnung genügen, aber wem würde es nützen? Ein Thesaurus soll dem schöpferischen Autor, dem Übersetzer, dem Journalisten helfen, das richtige Wort zu finden. Er soll dem Philologen helfen, semantische Zusammenhänge aufzudecken. Manchmal erfüllt die alphabetische Anordnung beide Forderungen. Manchmal ist es aber besser, Wörter so zu gruppieren, daß der Zusammenhang sich bereits in der Anordnung offenbart und das *mot juste* sich sehr schnell aus der kleineren Auswahl der nebeneinanderstehenden Wörter aussortieren läßt. So müßten Ausdrücke wie *Katzenfang, Krabbenfang, Lerchenfang* auf jeden Fall zusammenstehen. Ebenso sollten Vokabeln, die den Gedanken der Zufälligkeit der Partnerwahl ausdrücken, als Block erscheinen: *die große Lotterie, Liebeslotterie, Liebestoto, Roulette der Liebe.* Ähnliche Zusammenhänge bestehen zwischen *Parisurteil, Streit um den Apfel, Wettlauf um den Apfel, Wettlauf um die Wurst, Wettlauf um die Banane* (*Apfel* = Gesäß; *Äpfel* = Brüste; *Wurst* = Penis; *Banane* = Penis).

Die analoge Gliederung des Materials soll aber auch nicht zum Fetisch werden, wie ja überhaupt jeder Formalismus diesem Buche zuwider ist. Selbst das Sammeln des Materials war rein pragmatisch: statt mir im voraus ein philologisch konzipiertes Gerüst zu bauen, um meine *trouvailles* dann in geplanter Ordnung daran aufzuhängen, habe ich mein Vokabular erst einmal so niedergeschrieben, wie ich es gehört habe, und zwar nach der pragmatischen Formel: Was von dem Sprecher als gezielt sexuelle Bemerkung gemeint war, muß ins Buch. Erst als ich alle Informanten, die sich mir zur Verfügung gestellt hatten, bis aufs Hemd ausgefragt hatte, begann ich meine Zettel zu ordnen – auch hier nach keinem vorbestimmten System, sondern nach der Faustregel: Was einander ähnelt, gehört ins gleiche Kästchen; Namen geben wir den Kästchen erst, wenn sie voll sind; wenn neue Wörter auftauchen, die keinerlei Ähnlichkeit mit den bereits gesammelten Vokabeln haben, legen wir

ein neues Kästchen an. So entstanden die 82 Kategorien, in denen das Sprachmaterial sich hier anbietet.

Ein Verfahren, das so gänzlich von der induktiven Arbeitsweise vergleichbarer Werke (zum Beispiel des Wehrle-Eggers, *Deutscher Wortschatz*) abweicht, widerspricht natürlich in empfindlichster Form dem deutschen Ordnungssinn. Aber es hilft dem Lexikographen, seine eigenen Vorurteile aufzufangen, ehe sie das Werk beeinträchtigen. So hatte ich beispielsweise in der Abteilung 1, die den menschlichen Körper beschreiben sollte, anfangs nur Wörter gesammelt, die die primären und sekundären Erogenzonen beschreiben. In Kategorie 59 (Kleidung) hatte ich mich dementsprechend auf das Vokabular der sogenannten Reizwäsche beschränkt. Aber bald machten mir meine Informanten klar daß fast jeder Körperteil und nahezu jedes Kleidungsstück in der Sprache der einen oder anderen sexuellen Minderheit mit sexueller Bedeutung beladen ist, so daß sich am Ende in diesen beiden Kästchen ein komplettes Vokabular des menschlichen Körpers und seiner Bekleidung angesammelt hatte.

Ähnlich ging es mir mit meinem Vorurteil gegen jede Form der Skatologie. Erst als meine Informanten immer wieder darauf drangen, skatologisches und verhüllt sexuelles Wortmaterial vorzutragen, wurde mir klar, daß ein Thesaurus dieser Art weit über die Grenzen des Materials hinausgehen muß, die ich in dem Lexikonband gezogen hatte. Außer den «Kraftworten» der Volkssprache, die Sexuelles mit sexuellem Vokabular belegen (*ficken* = koitieren; *Fotze* = Vagina; *Nille* = Penis), enthält dieser zweite Teil nun also fünf weitere Wortgruppen, die im ersten Band nur ungenügend berücksichtigt worden sind:

1. nichtsexuelle Ausdrücke, die Sexuelles beschreiben (z. B. *geheimes Glockenspiel* = verborgenes Sexualtalent);
2. sexuelle Ausdrücke, die Nichtsexuelles darstellen (z. B. *Fickmühle* = Zwickmühle; *abgeilen* = abbetteln);
3. skatologische Ausdrücke, die Skatologisches beschreiben (z. B. *Arsch* = Gesäß; *Scheiße* = Fäzes; *kacken* = defäzieren[1]);
4. skatologische Ausdrücke, die Nichtskatologisches darstellen (z. B. *eiserner Arsch* = Trumpfkarte);
5. nichtskatologische Ausdrücke, die Skatologisches beschreiben (z. B. *Generalsbrille* = Klosettbrille).

Nach mehr als einem Jahrzehnt der Arbeit an diesem Lexikon neige ich zu der Ansicht, daß das sexuelle Denken des deutschen Volkes in höherem Maße anal orientiert ist als das irgendeines unserer Nachbarvölker. Jedenfalls herrscht in der sprachlichen Sensitivität derjenigen deutschen Volksschichten, die den größten Teil des vorliegenden Materials geprägt haben, nicht nur ein ausgesprochener Pansexualismus, der alle Objekte, Personen und Vorgänge des Alltagslebens sexualisiert, sondern auch eine Art Analfetischismus, der solche Dinge, Personen und Vorgänge weitgehend analisiert. In den Abteilungen 35.22 (Analvokabular der Umgangssprache), 35.23 (Analerotik im Volksbrauchtum), 72.26 (Kopromanie), 74 (Koprographie) und 75 (Koprolalie) habe ich mich ausführlich mit diesem Thema befaßt. Siehe auch 35.1–35.3 (Analerotik), 35.4–35.10 (Pedicatio), 35.11–35.14 (Analmasturbation) und 35.15–35.21 (Anilinctus).

Was nun die Tendenz der sprachlichen Sexualisierung nichtsexueller Begriffe anbelangt, so zeigt sie sich nur selten in der Form von Neuprägungen, die ihre sexuellen Absichten offen deklarieren, sehr häufig dagegen in einer charakteristischen Dialektik, die erst in der

[1]) *Duden* schreibt *defäkieren* und verletzt damit seine eigene Regel 170. Das lateinische c «wird zu k vor a, o, u und vor Mitlauten. Es wird zu z vor e, i, ä und ö».

Synthese klarmacht, worum es ihr geht. These und Antithese sind oft gänzlich «harmlos»; erst wenn sie miteinander in Kontakt gebracht werden, springt der Funke über und löst damit die sexuelle Bedeutung aus. Oswald Wiener weist in seinen vorzüglichen *Beiträgen zur Ädöologie des Wienerischen* (München 1969, als Anhang zu der Rogner & Bernhard-Ausgabe der *Josefine Mutzenbacher* gedruckt) darauf hin, daß dieses Prinzip auch in der sexuellen Umgangssprache Wiens auftaucht. Man denke an ein so «positives» Adjektiv wie *gesund*, das im Wienerischen jedoch sofort zur sexuellen Pejorativbildung wird, wenn es mit einem ebenso «positiven» Synonym für *Frau* oder *Mädchen* gekuppelt wird; *a gsunds Ba (Ba, Ban* von zig. *p'en* = Schwester) ist dann nicht etwa eine gesunde Schwester, sondern ein besonders liederliches Mädel.

Aus diesem Grund gehört ein Verb wie *bringen*, das selbst im feinsthörigen Ohr kaum sexuelle Schwingungen mitklingen läßt, in den Thesaurus. Wieso? Weil es in der Form *gebracht* (z. B. *gebrachter Anblick*) die Bedeutung «sexuell reizvoll» trägt. Eines der interessantesten Merkmale der deutschen Sexualsprache besteht also darin, daß sie für den Außenstehenden überhaupt nicht als solche erkennbar ist: mehr als die Hälfte aller in diesem Thesaurus enthaltenen Wörter können in «bester Gesellschaft» ausgesprochen werden, ohne das geringste Erröten hervorzurufen. Jeder kennt die Wörter, aber meist kennt er sie eben nur in ihrer manifesten Bedeutung: so, wie sie im *Duden* stehen. Die latente Zweitbedeutung wird nur demjenigen bewußt, der den Code der Sexualsprache erfaßt hat und sie gewohnheitsmäßig dechiffriert, oder zu einer der sexuellen Minderheiten gehört, in denen die Zweitbedeutung üblich und die Erstbedeutung sekundär ist. Das geschieht in der Prostitution, unter Zuhältern und im Bordellbetrieb, aber auch unter Homosexuellen, in sadomasochistischen Zirkeln, im Gruppensex und in all den zahllosen Varianten des Fetischismus.

Ein Lexikon, das dem Charakter der Nachtsprache gerecht wird, dürfte deshalb eigentlich nur aus Dialogen bestehen. Es wäre dann allerdings kein Wörterbuch mehr, sondern eben ein «Dialogbuch». In der Germanistik gibt es nur wenige Präzedenzien solcher Bücher. Im ersten Teil habe ich zwar versucht, einen möglichst großen Teil der Eintragungen mit Satzfetzen und Dialogen zu illustrieren, aber am Ende reichten meine Tonbänder doch nur zur Illustration eines knappen Zehntels der aufgeführten Ausdrücke. Ich hoffe deshalb, daß sich vielleicht in ein paar Jahren die Möglichkeit ergeben wird, ein «Handliches Wörterbuch der Nachtsprache» herauszugeben, das ausschließlich aus Dialogbeispielen besteht. Das würde vor allem den Gebrauch derjenigen Wörter erklären, die in isolierter Form überhaupt nicht als Teil einer sexuellen Redewendung erkennbar sind.

In diesem Zusammenhang möchte ich noch einmal darauf hinweisen, daß es mir nicht darum ging, ein Sammelsurium «verbotener» Worte zusammenzustellen, sondern den sprachschöpferischen Prozeß desjenigen Teils der deutschen Umgangssprache aufzudecken, der sich in irgendeiner Weise mit der Geschlechtlichkeit des Menschen befaßt. Nur in ganz wenigen Fällen, zum Beispiel bei den Wortgruppen *Kleidung* und *Hygiene*, schien es mir ratsam, einige Wörter hinzuzuziehen, die weder rein sexuell noch eindeutig skatologisch sind. Diese Wörter liefen in die Konversation ein, als ich meine Informanten über sexuelle Dinge befragte – und sie traten dabei so häufig auf, daß ich beschloß, sie sozusagen als Unterbau des sexuellen Vokabulars in den Thesaurus einzugliedern.

Ähnlich ging es mit dem Themenkreis *Kindheit, Jugend, Reife, Alter, Familie, Wohnung*, denn hier kann man Sexuelles kaum vom Nichtsexuellen trennen. Nahezu alles, was mit dem Prozeß der körperlichen Entwicklung und des körperlichen Verschleißes zu tun hat, trägt direkt oder indirekt sexuellen Charakter. Ein großer Teil der Synonyma für *junger Mann* drückt sexuelle Potenz aus, viele Ausdrücke für *alter Mann* deuten dagegen sexuelle Senilität an. Noch deutlicher wird der latent sexuelle Charakter gewisser Wort-

gruppen, wenn man das Umgangsvokabular des Komplexes *Wohnen* unter die Lupe nimmt. Hier enthüllt der Wunsch nach dem Geborgensein fast stets auch den Wunsch nach ungestörtem Geschlechtsverkehr. Das eigene Zimmer stellt dann die *sturmfreie Bude* dar, «mein Zimmer» ist *meine Nisthöhle,* das Apartmenthaus ist der *Adam-und-Eva-Silo.* Man kann ein solches Vokabular aber nicht auf die eindeutig sexuellen Ausdrücke beschränken; statt dessen muß man, wenn man den semantischen Denkvorgang aufdecken will, den größten Teil des umgangssprachlichen Vokabulars niedersetzen, das sich um dieses Thema rankt, denn erst dann ergibt sich jene kommentarlose Deutung des Sprachprozesses, die ich angestrebt habe.

Daß es mir nicht immer gelungen ist, ohne Kommentar auszukommen, bedauere ich. Denn bei der Lektüre der Wörterbücher, die ich verarbeitet habe, empfand ich das schulmeisterliche Erklären von Sprachwurzeln, Ableitungen und Bedeutungen eher als peinlich denn als hilfreich. Wer auch nur den geringsten Sinn für Sprache hat, baut sich seine eigenen Eselsbrücken; wer Erklärungen benötigt, wird an diesem Thesaurus sowieso keinen Spaß finden; und wer an der Philologie keinen Spaß findet, wird kaum je ein guter Philologe werden.

Mein Kommentar beschränkt sich deshalb bei gängigen Wörtern auf stichwortähnliche Gleichungen (z. B. *Pariser Paragraph* = dehnbares Gesetz; *Pariser* = Kondom) und bei ausgestorbenen Wörtern auf eine kurze Darstellung des historischen Zusammenhangs, dem sie entstammen. Obgleich ich versucht habe, einer alphabetischen Reihenfolge der Synonyma den Vorrang zu geben, habe ich diese Reihenfolge doch in manchen Fällen abgeändert, um Analogien im Denkprozeß des Sprachschöpfers anzudeuten. Wo die Reihenfolge nicht alphabetisch ist, bitte ich den Leser also, die einander folgenden Wörter miteinander zu vergleichen. Damit erhoffe ich, ihm und mir die Peinlichkeit zu ersparen, das Offensichtliche mit Kommentar belegen zu müssen.

Eine einzige Abteilung dieses Thesaurus bedarf allerdings eines ausführlichen Kommentars: Abteilung 80, die sich mit dem Vokabular des Sadomasochismus befaßt. Da meine Einführung in diese Welt weder durch Sexualwissenschaftler noch durch Psychotherapeuten, sondern durch Befragung von Prostituierten und durch deren Weiterempfehlung an gewisse «Zirkel» in Wien, Berlin, Hamburg, München und Frankfurt erfolgte, habe ich keinen Zugang zu dem Privatvokabular sadomasochistischer Paare gehabt und weiß auch nicht, ob es überhaupt ein solches Vokabular gibt. Da Sadisten und Masochistinnen (und ebenso Sadistinnen und Masochisten) aber dazu tendieren, einander zu heiraten, und da die Scheidungsrate solcher Paare außerordentlich hoch ist, kann man erwarten, daß sich auch in diesen Gruppen ein gemeinsamer Wortschatz entwickelt hat und daß dieser Wortschatz von dem der sadomasochistischen Prostitution nicht unbeeinflußt geblieben ist und ihn vielleicht seinerseits bereichert hat.

Das hier vorgestellte Vokabular des Sadomasochismus beruht auf dem Wortschatz der folgenden drei Gruppen:

1. die sadomasochistische Prostitution, einschließlich der sogenannten «Folterbordelle», von denen es etwa ein Dutzend im deutschen Sprachraum gibt;

2. die rituellen Gruppen der Diabolisten, die schwarze Messen veranstalten und bewußt an das Vokabular des mittelalterlichen Hexenkults (und sogar an das der Inquisition) anknüpfen;

3. sogenannte «Privatzirkel», die auf dem Gesetz von Angebot und Nachfrage aufgebaut sind und durch Inserate und persönliche Empfehlungen Sadisten und Masochisten miteinander in Verbindung bringen. Denn die Kernfrage des Sadisten bleibt, wie in de Sades Tagen, auch heute noch die gleiche: Wo finde ich ein «Opfer», das nicht zum Kadi läuft? Und die Parallelfrage des Masochisten ist, wie in Sacher-Masochs Zeit: Wo finde ich eine

«Herrin», die sowohl diskret wie «hart» ist? Die Antwort auf beide Fragen ist der Privatzirkel oder Geheimklub, in dem sich Sadisten und Masochisten im gemeinsamen Interesse zusammenfinden. Solche Klubs fungieren oft jahrzehntelang unentdeckt und unangefochten. Nur wenn bei dem populären Sport, einander aufzuhängen und erst kurz vor dem Ersticken wieder abzuschneiden, jemand aus Versehen umkommt, fliegt der Zirkel auf. Ein nicht unerheblicher Anteil ungeklärter und scheinbar unmotivierter «Mordfälle» geht zweifellos auf solche Unfälle zurück.

Der Versuch einiger Autoren, ein angeblich sadistisches Vokabular im Gegensatz zu einem angeblich masochistischen Wortschatz festzulegen, bezeugt eine Weltfremdheit, die man dem Philologen in seinem Kämmerlein vielleicht noch gerade vergeben kann, die aber bei Sexualwissenschaftlern nicht auftreten dürfte. Denn der Wortschatz der Sadisten und Masochisten ist identisch, weil sie nur im Zusammenhang miteinander existieren können. Der Unterschied besteht höchstens darin, daß manche Verben von der einen Gruppe transitiv, von der anderen intransitiv benutzt werden.

Wichtig bei der Lektüre des sadomasochistischen Vokabulars ist das permanente Aide-mémoire, daß es sich meist nur um *symbolische* Bedeutungen handelt. Wenn ein Ehemann nach der Hundepeitsche greift und seiner Frau kaum spürbar damit den Hintern tätschelt, so kommt er sich dabei oft als blutrünstiger Folterknecht vor und benutzt ein entsprechendes Vokabular, das dem Außenstehenden als grotesk übertrieben vorkommt. Der ganze Komplex der Ausdrücke, die sich mit «hinrichten», «guillotinieren», «ertränken» und «verbrennen» befassen, darf deshalb nicht wörtlich genommen werden: er beschreibt *Zeremonien,* die das, was sie auszusagen scheinen, nur *symbolisieren.*

Der Außenstehende begreift nur schwer, daß der Fokus des sexuellen Sadomasochismus weniger auf Schmerzzufügung und Schmerzduldung als auf die symbolische Darstellung der Machtbeziehung ausgerichtet ist. Wichtig ist beim Masochismus das Sich-selber-Aufgeben, das Sich-Ausliefern, der Verzicht auf das eigene Recht, während es beim Sadismus auf die Besitzergreifung, die absolute Herrschaft über ein anderes Wesen ankommt. Dabei spielt Schmerz eine geringere Rolle als Scham. Worte wie *Pranger, Richtholz, Schafott, Schambock, Schandpfahl,* die immer wieder im sadomasochistischen Vokabular auftauchen, sind nur dann verständlich, wenn man Scham und Beschämung als Brennpunkt der Algolagnie erfaßt.

Ein anderer Aspekt des Sadomasochismus, dem man nur schwer in einem Thesaurus der Sexualsprache gerecht werden kann, ist der Zeitfaktor. Ich kenne keine Abhandlung, die sich mit dem eigentümlichen Zeitgefühl des Sadomasochisten befaßt. Sartre hat einmal, wenn auch nur beiläufig, in *Das Sein und das Nichts* die kluge Bemerkung gemacht, der Sadist sei vor allem dadurch gekennzeichnet, daß er beim Sexualverkehr mehr Zeit als der «normale» Mensch habe: «Der Sadist sieht sich als einer, der beliebig viel Zeit hat. Er ist gelassen, er beeilt sich nicht, er verfügt über seine Werkzeuge wie ein Techniker, er probiert sie eins nach dem anderen, wie der Schlosser verschiedene Schlüssel an einem Schloß ausprobiert; er genießt seine doppelsinnige und widerspruchsvolle Situation: einerseits spielt er nämlich den, der, in einen umfassenden Determinismus eingespannt, geduldig Mittel in Hinblick auf ein Ziel einsetzt, das automatisch erreicht werden wird – so wie das Schloß sich automatisch öffnen wird, wenn der Schlosser den passenden Schlüssel gefunden hat –, andererseits kann dieses vorgesetzte Ziel nur mittels einer freien und vollständigen Zustimmung des anderen verwirklicht werden.»

Diese Zustimmung wirkt sich in der Praxis als ein Tormentum insomniae aus. Es gibt eine Anzahl sadomasochistischer Ausdrücke, die sich hiermit befassen, aber es wäre sinnlos, sie in Abteilung 80 anzugeben, weil sie für den Laien, der in dieser Abteilung nach um-

gangssprachlichen Ausdrücken für Schmerzbereitung und Schmerzduldung sucht, völlig irrelevant sind und selbst für manchen Sexualforscher die Frage aufwerfen würden, was *Wartung* (nicht von *Wartung* = Pflege, sondern von *warten:* auf den Orgasmus des anderen warten), *Uhrtick* (die Zeit, die zwischen den Schlägen eines Flagellanten vergeht) oder *leichtköpfig* (blutlos im Hirn durch prolongierte Schlaflosigkeit) denn um Gottes willen mit Sadismus zu tun hätten. (Vielleicht sollte sich der Philologe aber doch fragen, weshalb so viele Synonyma für *müde* das Thema des Schlagens, Verwundens und Tötens aufweisen: *abgeschlagen, angeschlagen, erschossen, am Boden zerstört, stockmüde, todmüde* usw.)

Es ist bezeichnend für den Herrschaftsanspruch nicht nur des Sadisten, sondern vor allem des Masochisten, daß er sich als Normfigur, andere Menschen dagegen als Unaufgeklärte betrachtet und es deshalb nicht für nötig hält, irgendwelche Ausdrücke für Sadismus oder Masochismus zu prägen; alle bestehenden Ausdrücke für beide Welten stammen von Nichtsadisten und Nichtmasochisten: *Blutdurst, Blutgier, Blutlust, Schmerzgeilheit, Schmerzgier.* Ebenso steht es mit den unter 80.2 und 80.3 aufgeführten Synonyma für *Sadist* und *Masochist.* Der Sadomasochist nimmt seine eigene Welt als selbstverständlich, die der anderen dagegen als fremdartig wahr. Deshalb findet der Leser das Vokabular der Sadomasochisten nicht nur unter *Sadomasochismus,* sondern auch verstreut in anderen Abteilungen des Thesaurus, vor allem in dem Wortschatz, der die Genitalien beschreibt (1.66–1.73).

Andererseits enthält das Alltagsdeutsch eine ganz außerordentlich große Anzahl von sadomasochistischen Vokabeln, deren eigentlicher Sinn weder vom Sprecher noch vom Angesprochenen wahrgenommen wird. Einerlei wie sehr Ohr und Zunge gegen die wahre Bedeutung dieser Ausdrücke abgestumpft sind, bezeugt ihre Häufigkeit doch eine unüberhörbare Tendenz zur Grausamkeit, eine eigentümliche Note der Selbstzerstörung im deutschen Temperament: *jemanden bei den Ohren nehmen, jemanden vor den Kopf stoßen, jemandem etwas an den Kopf werfen, jemandem auf dem Kopf herumtrampeln, jemandem auf der Nase herumtanzen, jemandem den Fuß auf den Nacken setzen, jemandem einen Maulkorb anlegen, jemanden der Peitsche unterwerfen, jemanden unter der Rute halten, jemanden auf den Bock schnallen, jemanden aufs Rad flechten, jemandem die Daumenschrauben anlegen, jemanden bis aufs Blut peinigen, jemandem ein Auge ausdrücken, jemandem das Herz zerreißen, jemanden lebendig begraben, jemanden abschießen* – Redewendungen, die wir täglich im metaphorischen Sinne benutzen: was liest der Völkerpsychologe aus ihnen heraus?

In ähnlicher Form dekuvriert sich ein anderer Aspekt unserer sprachlichen Mentalität, wenn wir uns der Frage zuwenden, wieso es bei uns so viele umgangssprachliche Wörter gibt, die sich mit der Frau befassen, während der Mann – im Vergleich zum französischen und italienischen Volksvokabular – bei uns so ärmlich abschneidet. Denjenigen meiner Informanten, denen ich das Manuskript des Thesaurus zur Korrektur überlassen hatte, fiel es denn auch prompt auf, daß dieses Buch eine so große Anzahl umgangssprachlicher Ausdrücke für weibliche Tätigkeiten enthält, während die entsprechenden männlichen Aktivitäten unerwähnt bleiben. Das geschah nicht etwa aus feministischem Vorurteil (obgleich ich aus meinem Glauben an das Primat des Weiblichen kein Geheimnis machen will), sondern weil die deutsche Umgangssprache – *for better or worse* – eine Männersprache ist: der Anteil der von Frauen geprägten und benutzten Wörter ist erstaunlich klein.

Wenn ein Mann nun ein Umgangswort für seine eigene Tätigkeit prägt, versucht er zuerst einmal, die Tätigkeit zu charakterisieren, und nimmt es dabei als selbstverständlich hin, daß sie von Männern ausgeübt wird. Versucht er aber, die Eigentümlichkeit einer weiblichen Tätigkeit sprachlich festzulegen, so fällt ihm als erstes auf, daß die Sache von Frauen ausgeführt wird. Also erfindet oder benutzt er zuerst einmal ein – meist obszönes – Synonym für *Frau* und klebt dann die Beschreibung der Tätigkeit als Vor- oder Nachsilbe

an: *Textilschlitten* für Textilarbeiterin, *Vorfotze* für Vorzimmerdame, *Chefnutte* oder *Cheftille* für Chefsekretärin.

Daß manche Frauen solche Pejorativwörter selber benutzen, hat einerseits zu dem Eindruck geführt, daß sie sie auch erfunden haben, und hat andererseits zu der populären Verallgemeinerung Anlaß gegeben, daß «alle Frauen Masochisten sind». Beides ist unsinnig, denn erstens zeigen diese Wörter eine ganz eindeutig maskuline Mentalität und zweitens werden sie nach sehr kurzer Zeit nur noch als Berufsbezeichnung empfunden; der pejorative Aspekt wird weder von Männern noch von Frauen wahrgenommen. Da sich solche Ausdrücke sehr schnell aus der Berufsgruppe herausbewegen, in der sie ursprünglich geprägt worden sind, kann man sie auch nicht als «Berufsschelten» bezeichnen: sie werden zum Allgemeingut der Sprache und verlieren ihre regionale und pejorative Beschränkung.

Was ich im Vorwort zum ersten Teil über die Unsinnigkeit des Versuchs, umgangssprachliche Vokabeln regional festlegen zu wollen, gesagt habe, hat sich bei der Arbeit an diesem zweiten Teil noch deutlicher erwiesen: im Zeitalter des Funks und Fernsehens, der Autobahn und der Rosa Zeiten, des Gastarbeiters und des häufigen Wechsels von Wohn- und Arbeitsstätten gelangen regionale Wörter und Wendungen so schnell in den Besitz des ganzen Volkes, daß der Versuch, sie zu lokalisieren, mehr Irrtümer als Klarheit schafft. Deshalb habe ich meine regionalen Anmerkungen (Wien, Schweiz, Berlin usw.) in diesem zweiten Teil noch spärlicher als im ersten gehalten.

Ebenso zweifelhaft scheint mir nach wie vor der Versuch, das Datum eines Umgangswortes festlegen zu wollen. Ich habe deshalb alle nicht mehr gängigen Wörter einfach unter der Überschrift *alter Wortschatz* zusammengefaßt, einerlei, ob das Wort erst vor zwei Jahren oder vor zwei Jahrhunderten aus dem Sprachgebrauch verschwand. Zwar kann man ohne große Schwierigkeiten den Zeitpunkt feststellen, wann ein Wort zum ersten oder zum letzten Male im Druck erschienen ist. Zitiert man dieses Datum dann, so führt man den Leser aber an der Nase herum; denn ein Lexikon der Umgangssprache sollte sich mit dem *gesprochenen* Wort befassen, und das Gesprochene ist nicht nur älter als das Geschriebene, es ist auch anders geartet.

Ich bin mir deshalb nur allzu deutlich bewußt, daß ein Thesaurus wie der vorliegende eine Verzerrung des tatsächlichen Sprachbildes darstellt, selbst wenn er es sorgfältig vermeidet, Druckdaten für gesprochenes Wortmaterial anzugeben. Denn viele der Wörter, die ich vor wenigen Stunden noch gehört habe, mögen veraltet sein, ehe dieser Band im Druck ist. Andere Wörter werden allein deshalb in verzerrter Form erscheinen, weil der Versuch, sie aus dem syntaktischen Zusammenhang herauszureißen, bereits eine Art sprachlicher Vergewaltigung darstellt. Trotzdem mußte der Versuch gemacht werden, denn im Gegensatz zu den bewährten Wörterbüchern der sexuellen Umgangssprache Englands und Amerikas hat es in der langen und ehrbaren Geschichte der Germanistik bisher kein einziges Lexikon gegeben, das den sexuellen Wortschatz der deutschen Umgangssprache zum Thema hat.

Wenn dieses Werk auch noch viele Mängel aufweist, so hoffe ich deshalb doch, daß es das erste Eis gebrochen hat und meine Leser dazu veranlassen wird, mir Vorschläge für eine verbesserte Fassung zu machen und mich vor allem mit zusätzlichem Wortmaterial zu versehen.

Ernest Borneman
Peislgut
A 4612 Scharten/Oberösterreich

Übersicht der Themengebiete

1 der menschliche Körper
2 Frau und Mann
3 Sexualität
4 Temperament
5 Intelligenz
6 Anziehungskraft
7 Partnerwahl
8 Freundschaft
9 Liebe
10 Treue
11 Liebeskummer
12 Liebesspiel
13 Verhältnis
14 Ehe
15 Unehelichkeit
16 Geburtenregelung
17 Zeugung
18 Kindheit
19 Jugend
20 Erziehung
21 Aufklärung
22 Erfahrung
23 Menstruation
24 Selbstbefriedigung
25 Masturbation
26 Geschlechtsverkehr
27 Verkehr mit Älteren
28 Verkehr mit Jüngeren
29 Verkehr zwischen Männern
30 Verkehr zwischen Frauen
31 Gruppenverkehr
32 Verkehr mit Verwandten
33 Verkehr mit Toten
34 Verkehr mit Tieren
35 Analverkehr
36 Oralverkehr
37 Mammalverkehr
38 Reife
39 Alter
40 Familie
41 Wohnen
42 Arbeit
43 Industrie
44 Landwirtschaft
45 Handel und Finanz
46 Kommunikation
47 Recht und Strafe
48 Prostitution
49 Moral
50 Religion
51 Politik
52 Sitten und Gebräuche
53 Freizeit
54 Unterhaltung
55 Essen und Trinken
56 Rauchen
57 Drogen
58 Schmuck
59 Kleidung
60 Accessoirs
61 Kosmetik
62 Hygiene
63 Krankheit
64 Psychopathologie
65 Bisexualität
66 Transvestitismus
67 Exhibitionismus
68 Skoptophilie
69 Akuophilie
70 Fetischismus
71 Mysophilie
72 Kopromanie
73 Uromanie
74 Koprographie, Urographie
75 Koprolalie
76 Koprophagie
77 Uropotie
78 Pikazismus
79 Anthropophagie
80 Sadomasochismus
81 Pyromanie
82 Dämonomanie

1 der menschliche Körper

1.1 Körperhaltung
1.2 Figur
1.3 gute Figur
1.4 schlechte Figur
1.5 schöne Frau, hübsches Mädchen
1.6 schöner Mann
1.7 hübsch, schön
1.8 starke Frau
1.9 starker Mann
1.10 schwacher Mann
1.11 großer Mann
1.12 kleiner Mann
1.13 kleine Frau
1.14 dünne Frau

1.15 dünner Mann
1.16 dünn werden, abnehmen
1.17 dicke Frau
1.18 dicker Mann
1.19 dick
1.20 dick werden, zunehmen
1.21 Körperfett
1.22 Knochenbau
1.23 Haut
1.24 Hautfarbe
1.25 Blut
1.26 Haar
1.27 Haare
1.28 Haarfarbe
1.29 Frisur
1.30 Glatze
1.31 Perücke
1.32 Kopf
1.33 Gesicht
1.34 Stirn
1.35 Hirn
1.36 Auge
1.37 Ringe unter den Augen
1.38 Augenspiel
1.39 Ohr
1.40 Nase
1.41 Backen, Wangen
1.42 Mund
1.43 Lippen
1.44 Zähne
1.45 Zunge
1.46 Speichel
1.47 Kinn
1.48 Bart
1.49 Hals
1.50 Oberkörper
1.51 Schulter
1.52 Arm
1.53 Ellbogen, Unterarm
1.54 Hand
1.55 Finger
1.56 Genick
1.57 Rücken
1.58 Busen
1.59 innere Organe
1.60 Bauch, Magen
1.61 Flanke, Lende, Hüfte, Taille
1.62 Unterkörper
1.63 Geschlechtsteil
1.64 Mons veneris
1.65 Schamhaar der Frau
1.66 Scheide
1.67 Schamlippen
1.68 Klitoris
1.69 Hymen
1.70 Vaginalsekret
1.71 Vaginalgeruch
1.72 Schamhaar des Mannes
1.73 Penis
1.74 Glans penis
1.75 Praeputium
1.76 Skrotum
1.77 Hoden
1.78 Sperma
1.79 Smegma
1.80 Colliculis seminalis
1.81 Odor hircini
1.82 Perineum
1.83 Gesäß
1.84 Gesäßbacke
1.85 Anus
1.86 Beine
1.87 Füße

2 Frau und Mann

2.1 Mann und Frau
2.2 Frau
2.2a Frau (alter Wortschatz)
2.3 weiblich
2.4 die Frauen, das weibliche Geschlecht
2.5 Mann
2.5a Mann (alter Wortschatz)
2.6 pro Mann
2.7 die Männer, das männliche Geschlecht
2.8 die Männlichkeit

3 Sexualität

3.1 sexuell
3.2 sexuelle Ausstrahlung
3.3 sexuelle Geschmacksrichtung
3.4 erogene Zone
3.5 Lust
3.6 Lust haben
3.7 keine Lust haben
3.8 Lust machen
3.9 Sexologie
3.10 Sexualforscher, Sexualberater

4 Temperament

4.1 temperamentvoll
4.2 temperamentvolle Frau

4.3 temperamentvoller Mann
4.4 Temperamentlosigkeit
4.5 temperamentlos
4.6 temperamentlose Frau
4.7 temperamentloser Mann
4.8 geil
4.9 geile Frau
4.10 geiler Mann
4.11 zugänglich
4.12 zugängliche Frau
4.13 unzugänglich, abweisend
4.14 abweisende Frau
4.15 abweisender Mann
4.16 zudringlich, aggressiv
4.17 zudringliche Frau, aggressive Liebhaberin
4.18 zudringlicher Mann, aggressiver Liebhaber
4.19 ängstlich, scheu
4.20 ängstliche Frau, scheues Mädchen
4.21 ängstlicher Liebhaber
4.22 sensitive Frau
4.23 sensitiver Mann
4.24 liederlich
4.25 liederliche Frau
4.26 liederlicher Mann

5 Intelligenz

5.1 intelligente Frau
5.2 dumme Frau
5.3 dummer Mann
5.4 verstehen, begreifen

6 Anziehungskraft

6.1 anziehend
6.2 anziehende Frau
6.3 anziehender Mann
6.4 unattraktiv
6.5 unattraktive Frau
6.6 unattraktiver Mann
6.7 verführerisch
6.8 verführerische Frau
6.9 verführerischer Mann
6.10 amüsant
6.11 amüsante Frau
6.12 amüsanter Mann
6.13 langweilig
6.14 langweilige Frau
6.15 langweiliger Mann
6.16 gefährlich
6.17 gefährliche Frau
6.18 gefährlicher Mann
6.19 friedlich
6.20 friedliche Frau
6.21 friedlicher Mann
6.22 von zweifelhafter Anziehungskraft

7 Partnerwahl

7.1 Sexualpartner
7.2 mein Typ
7.3 auf Partnersuche gehen
7.4 Mädchensuche
7.5 auf Mädchensuche gehen
7.6 ein Mädchen einfangen
7.7 Männerfang
7.8 auf Männerfang gehen
7.9 einen Mann einfangen
7.10 Bekanntschaft
7.11 zusammenpassen
7.12 nicht zusammenpassen

8 Freundschaft

8.1 befreundet, zu zweit
8.2 Freundin
8.3 platonische Freundin
8.4 erste Freundin
8.5 neue Freundin
8.6 ideale Freundin
8.7 feste Freundin
8.8 Freundin, die man nicht loswerden kann
8.9 ehemalige Freundin
8.10 Ersatzfreundin
8.11 Mädchen, dessen Freund abwesend ist
8.12 Mädchen mit festem Freund
8.13 Mädchen ohne Freund
8.14 gemeinsame Freundin
8.15 Freund
8.16 platonischer Freund
8.17 erster Freund
8.18 neuer Freund
8.19 idealer Freund
8.20 fester Freund
8.21 Freund, den man nicht loswerden kann
8.22 ehemaliger Freund
8.23 Ersatzfreund
8.24 Mann, dessen Freundin abwesend ist

8.25 Mann mit fester Freundin
8.26 Mann ohne Freundin
8.27 gemeinsamer Freund

9 Liebe

9.1 lieben
9.2 geliebt werden
9.3 sich verlieben
9.4 verliebt
9.5 verliebte Frau
9.6 verliebter Mann
9.7 Liebespaar
9.8 Geliebte
9.9 Geliebter
9.10 Rührung, Sentimentalität
9.11 Verzückung
9.12 betören
9.13 anbeten

10 Treue

10.1 treu
10.2 treu sein
10.3 treue Frau
10.4 treuer Mann
10.5 Untreue
10.6 untreu
10.7 untreu sein
10.8 untreue Frau
10.9 untreuer Mann

11 Liebeskummer

11.1 Liebeskummer bereiten
11.2 Liebeskummer haben
11.3 Abweisung
11.4 eine Abweisung erhalten
11.5 abweisen
11.6 ignorieren
11.7 zu spät kommen
11.8 abspenstig machen
11.9 Eifersucht
11.10 Zank
11.11 sich zanken
11.12 zänkische Frau
11.13 zänkischer Mann
11.14 Tränen
11.15 weinen
11.16 weinerliche Frau
11.17 weinerlicher Mann
11.18 jemanden verlassen
11.19 sich zurückziehen
11.20 sich trennen
11.21 Trennung

12 Liebesspiel

12.1 Angeberei
12.2 Angeber
12.3 Angeberin
12.4 angeben
12.5 angeberisch
12.6 anlocken
12.7 angelockt werden
12.8 sich nach einem Liebespartner umsehen
12.9 abschätzen
12.10 äugeln
12.11 einander zublinzeln
12.12 gierig anstarren
12.13 füßeln
12.14 nachlaufen
12.15 anbändeln
12.16 Anbändlungsmethoden
12.17 ansprechen
12.18 Anbändlungsdialoge
12.19 schmeicheln, überreden
12.20 Koseworte
12.21 kosen
12.22 werben
12.23 schenken
12.24 Geschenk
12.25 Verabredung
12.26 mitnehmen
12.27 mitgehen
12.28 verführen
12.29 verführt werden
12.30 erhören
12.31 erhört werden
12.32 Erhörung
12.33 Geschick im Liebesspiel
12.34 geschickt
12.35 geschickt sein
12.36 geschickte Frau
12.37 geschickter Mann
12.38 jemandes sexuelle Wünsche erfüllen
12.39 Ungeschick im Liebesspiel
12.40 ungeschickt
12.41 ungeschickt sein
12.42 ungeschickte Frau
12.43 ungeschickter Mann

12.44 jemandes sexuelle Wünsche nicht erfüllen

13 Verhältnis

13.1 ein Verhältnis anbahnen
13.2 ein Verhältnis betreiben
13.3 ein Verhältnis beenden
13.4 beendetes Verhältnis
13.5 ausgehaltene Frau
13.6 ausgehaltener Mann
13.7 Frauen aushalten
13.8 Männer aushalten
13.9 Kavalier, Gönner
13.10 Gönner ausbeuten
13.11 Männer ausbeuten
13.12 Gönnerin
13.13 Gönnerinnen ausbeuten

14 Ehe

14.1 Eherecht der Vergangenheit
14.2 Eherecht der Gegenwart
14.3 unverheiratet
14.4 Heiratsabsichten
14.5 Brautschau
14.6 Brautwerber
14.7 um eine Frau werben
14.8 um einen Mann werben
14.9 der Werbung eines Mannes nachgeben
14.10 den Heiratswünschen einer Frau nachgeben
14.11 den Heiratsantrag ablehnen
14.12 Ablehnung
14.13 abgelehnt werden
14.14 ledig bleiben
14.15 ledige Frau
14.16 lediger Mann
14.17 Angst vor dem Ledigbleiben
14.18 heiratslustige Frau
14.19 heiratslustiger Mann
14.20 sich verloben
14.21 Verlobung
14.22 verlobt
14.23 Verlobte
14.24 Verlobter
14.25 Verlobungsring
14.26 Brautstand
14.27 Braut
14.28 Bräutigam
14.29 Liebesleben der Verlobten
14.30 die Verlobung lösen
14.31 Ehevermittlung
14.32 finanzielle Aspekte der Eheschließung
14.33 Aufgebot
14.34 Standesamt
14.35 Trauschein
14.36 Ehering
14.37 Hochzeitskleid
14.38 heiraten
14.39 verheiratet
14.40 Hochzeit
14.41 Hochzeitssitten und -gebräuche
14.42 Ehebett
14.43 Hochzeitsnacht
14.44 Tag nach der Hochzeit
14.45 Flitterwochen
14.46 ehelicher Geschlechtsverkehr
14.47 Ehepaar
14.48 Ehefrau
14.49 Ehemann
14.50 herrschsüchtige Ehefrau
14.51 von seiner Frau beherrschter Ehemann
14.52 Frauenherrschaft
14.53 Abkanzelung des Ehemannes
14.54 Schwiegereltern und Verschwägerte
14.55 Ehealltag
14.56 Geld in der Ehe
14.57 Hochzeitsjubiläum
14.58 Ehekrach
14.59 Ehebruch
14.60 Eifersucht und Toleranz beim Ehebruch
14.61 betrogener Ehemann
14.62 Ehefrau mit Freund
14.63 Ehemann mit Freundin
14.64 Ehefrau ohne Freund
14.65 Ehemann ohne Freundin
14.66 Geliebte eines verheirateten Mannes
14.67 Geliebter einer verheirateten Frau
14.68 Trennung
14.69 Scheidung
14.70 sich trennen, sich scheiden lassen
14.71 Scheidungsanwalt
14.72 geschiedene Frau
14.73 geschiedener Mann
14.74 Witwe
14.75 Witwer

15 Unehelichkeit

15.1 unehelich geboren sein

15.2 uneheliches Kind
15.3 Mutter eines unehelichen Kindes
15.4 Vater eines unehelichen Kindes
15.5 sich mit einem unehelichen Kind belasten
15.6 Alimente
15.7 die Mutter seines unehelichen Kindes heiraten
15.8 Heirat mit einer Geschwängerten
15.9 Verlassen einer Geschwängerten
15.10 Aussetzung unehelicher Kinder
15.11 Tötung unehelicher Kinder
15.12 Strafen für uneheliche Mutterschaft

16 **Geburtenregelung**

16.1 Verhütungsmittel
16.2 ohne Verhütungsmittel
16.3 Coitus interruptus
16.4 Scheidenvorhofkoitus
16.5 Abtreibung
16.6 abtreiben
16.7 Abtreibungsinstrument
16.8 Abtreibungsmittel (angebliche)
16.9 Abtreiber, Abtreiberin
16.10 Kosten der Abtreibung
16.11 sterilisieren, kastrieren
16.12 sterilisierte Frau
16.13 sterilisierter Mann
16.14 Arzt, der Sterilisierungen und Kastrationen vornimmt

17 **Zeugung, Schwangerschaft, Geburt, Fortpflanzung**

17.1 Eltern
17.2 Mutter
17.3 Vater
17.4 Schwängerer
17.5 Schwängerung
17.6 künstliche Befruchtung
17.7 Zeugungshilfe
17.8 schwängern
17.9 geschwängert werden
17.10 schwanger
17.11 sie ist schwanger
17.12 schwangere Frau
17.13 mit einer schwangeren Frau koitieren
17.14 Schwangerschaftskleidung
17.15 Konzeptions- und Geburtszyklus
17.16 Entbindung
17.17 Geburtshelfer
17.18 Hebamme
17.19 Geburtsort
17.20 Geburtsfeier
17.21 Wochengabe
17.22 Geburtsglaube und -aberglaube
17.23 Frühgeburt
17.24 Fehlgeburt
17.25 Mißgeburt
17.26 Unfruchtbarkeit
17.27 Scheltwendungen über Geburt und Abstammung

18 **Kindheit**

18.1 Kindschaft
18.2 Säugling
18.3 Kleinkind
18.4 Kind
18.5 Kinder
18.6 kindlich
18.7 kindlich sein
18.8 Tochter
18.9 Sohn
18.10 Kindstaufe
18.11 Wiege
18.12 Kinderzimmer
18.13 Kinderwagen
18.14 Kindergarten
18.15 Kinderkleidung
18.16 Kinderspiele
18.17 Kinderspielplatz
18.18 Amme
18.19 Kindermädchen, Kindergärtnerin
18.20 Kinderarzt
18.21 Kinderrecht

19 **Jugend**

19.1 jung
19.2 junges Mädchen
19.3 jungmädchenhaft
19.4 Knabe
19.5 junge Menschen
19.6 aufwachsen
19.7 Pubertät
19.8 Frühreife
19.9 Jungmädchenscheide
19.10 Knabenpenis

20 Erziehung

20.1 Schule
20.2 Mädchenschule
20.3 Schülerin
20.4 Lehrerin
20.5 Mädchenschullehrer
20.6 Unterricht
20.7 Schulbuch
20.8 lernen, lehren
20.9 Studentin
20.10 Studentenfreundin
20.11 Studentengönnerin
20.12 Studentengönner
20.13 Studentenwohnheim

21 Aufklärung

21.1 aufklären
21.2 aufgeklärt
21.3 aufgeklärt werden
21.4 aufgeklärt sein
21.5 aufgeklärte Frau
21.6 aufgeklärter Mann
21.7 Aufklärungsliteratur
21.8 sich nach einem Aufklärungswerk richten
21.9 unaufgeklärt
21.10 unaufgeklärt sein
21.11 unaufgeklärte Frau
21.12 unaufgeklärter Mann

22 Erfahrung

22.1 Erfahrung sammeln
22.2 erfahren
22.3 erfahren sein
22.4 erfahrene Frau
22.5 erfahrener Mann
22.6 unerfahren
22.7 unerfahren sein
22.8 unerfahrene Frau
22.9 unerfahrener Mann
22.10 Jungfrau
22.11 Jungfräulichkeit
22.12 jungfräulich
22.13 Entjungferung
22.14 entjungfern
22.15 entjungfert werden
22.16 Entjungferer
22.17 entjungfert
22.18 entjungferte Frau
22.19 unberührter Mann

23 Menstruation

23.1 menstruieren
23.2 sie menstruiert
23.3 menstruierende Frau
23.4 Menstrualblut
23.5 Menstruationstage
23.6 Menstruationsverkehr
23.7 Menstrualbinde
23.8 Menstrualtampon
23.9 Menstruationsausfall
23.10 Menopause

24 Selbstbefriedigung

24.1 sich selbst befriedigen
24.2 sich selbst befriedigende Frau
24.3 sich selbst befriedigender Mann
24.4 selbstbefriedigend
24.5 Selbstbefriedigungsinstrumente
24.6 masturbatorisches Fantasiebild

25 Masturbation

25.1 masturbieren
25.2 sich masturbieren lassen
25.3 Masturbatorin
25.4 Masturbator
25.5 masturbatorisch
25.6 Fähigkeit bei der Masturbation
25.7 manuelle Prostitution
25.8 Vokabular der Masturbation

26 Geschlechtsverkehr

26.1 Beischläferin
26.2 Beischläfer
26.3 küssen
26.4 Kuß
26.5 umarmen
26.6 Umarmung
26.7 Berührung
26.8 die Brüste berühren
26.9 die Genitalien berühren
26.10 entkleiden
26.11 Nacktheit

26.12 nackt
26.13 nackt sein
26.14 nackte Frau
26.15 nackter Mann
26.16 jemanden nackend sehen
26.17 zu Bett gehen
26.18 Präliminarien des GV
26.19 erigieren
26.20 eine Erektion haben
26.21 erigiert
26.22 Erektion
26.23 ejakulieren
26.24 Ejakulation
26.25 koitieren
26.26 sich koitieren lassen, sich hingeben
26.27 Koitus
26.28 beim Koitus, durch Koitus
26.29 Sperma beim Koitus
26.30 Koitalstellungen
26.31 Koitalbewegungen
26.32 Koitallaute
26.33 Koitalverletzungen
26.34 Potenz
26.35 potent
26.36 potent sein
26.37 potenter Mann
26.38 Orgasmus
26.39 den Orgasmus erreichen
26.40 befriedigen
26.41 befriedigend
26.42 befriedigt
26.43 befriedigte Frau
26.44 Befriedigung
26.45 Nachspiel

27 Verkehr mit Älteren

27.1 gerontophiler Mann
27.2 gerontophile Frau
27.3 Liebesobjekte der Gerontophilie
27.4 gerontophile Prostitution

28 Verkehr mit Jüngeren

28.1 pädophil
28.2 pädophile Frau
28.3 pädophiler Mann
28.4 Liebesobjekte der Pädophilie
28.5 pädophil verkehren
28.6 pädophile Prostitution
28.7 Päderastie
28.8 Päderast
28.9 Liebesobjekte der Päderastie
28.10 päderastische Prostitution

29 Verkehr zwischen Männern

29.1 männliche Homosexualität
29.2 die Homosexuellen
29.3 Homosexueller
29.4 homosexuell
29.5 homosexuell werden
29.6 homosexuell verkehren
29.7 homosexueller Verkehr
29.8 Homosexuellen-Lokal
29.9 homosexuelle Prostitution
29.10 homosexuelles Vokabular

30 Verkehr zwischen Frauen

30.1 die Lesbierinnen
30.2 Lesbierin
30.3 lesbisch
30.4 lesbisch verkehren
30.5 lesbischer Verkehr
30.6 Lesbierinnen-Lokal
30.7 lesbische Prostitution
30.8 lesbisches Vokabular

31 Gruppenverkehr

31.1 Pluralistin
31.2 Pluralist
31.3 pluralistisch
31.4 pluralistisch verkehren
31.5 Vokabular des Pluralismus

32 Verkehr mit Verwandten

32.1 inzestuöse Beziehungen
32.2 Inzest betreiben
32.3 Vokabular des Inzests

33 Verkehr mit Toten

33.1 nekrophiler Mensch
33.2 mit Toten verkehren
33.3 Verkehr mit Toten
33.4 Objekte der Nekrophilie

34 Verkehr mit Tieren

34.1 zoophiler Mensch
34.2 zoophil
34.3 mit Tieren verkehren
34.4 für menschlichen GV dressiertes Tier
34.5 Zoosadismus
34.6 unbewußte Zoophilie im Umgangsvokabular

35 Analverkehr

35.1 Analerotik
35.2 analerotisch
35.3 Analerotiker
35.4 Pedicatio
35.5 Pedicator
35.6 passiver Partner bei der Pedicatio
35.7 pedicare
35.8 Schwierigkeiten bei der Pedicatio
35.9 Pedicatio in der Prostitution
35.10 Vokabular der Pedicatio
35.11 Analmasturbation
35.12 anal masturbieren
35.13 Analmasturbator
35.14 Vokabular der Analmasturbation
35.15 Anilinctus
35.16 Anilinctor
35.17 Anilinctrix
35.18 anilingere
35.19 Fähigkeit beim Anilinctus
35.20 Anilinctus in der Prostitution
35.21 Vokabular des Anilinctus
35.22 Analvokabular der Umgangssprache
35.23 Analerotik im Volksbrauchtum

36 Oralverkehr

36.1 Fellatio
36.2 Fellator
36.3 Fellatrix
36.4 fellare
36.5 Cunnilinctus
36.6 Cunnilinctor
36.7 Cunnilinctrix
36.8 cunnilingere
36.9 gegenseitiger Oralverkehr
36.10 Fähigkeit beim Oralverkehr
36.11 orale Prostitution
36.12 Vokabular der Oralerotik

37 Mammalverkehr

37.1 Mammalerotiker
37.2 Mammalerotikerin
37.3 Coitus intermammarius
37.4 intermammal koitieren
37.5 Vokabular der Mammalerotik

38 Reife

38.1 reifen
38.2 reif
38.3 reife Frau
38.4 reifer Mann
38.5 unreif
38.6 unreife Frau
38.7 unreifer Mann

39 Alter

39.1 alt
39.2 alt werden
39.3 alt sein
39.4 alte Frau
39.5 alter Mann
39.6 alte Leute
39.7 Geschlechtsverkehr der Alten
39.8 Klimakterium
39.9 Senilität
39.10 senil
39.11 senil sein, senil werden
39.12 senile Frau
39.13 seniler Mann
39.14 Altersheim

40 Familie

40.1 Schwester
40.2 Bruder
40.3 Base
40.4 Vetter
40.5 Nichte
40.6 Neffe
40.7 Tante
40.8 Onkel
40.9 Großmutter
40.10 Großvater
40.11 Urgroßmutter
40.12 Urgroßvater
40.13 andere Verwandte

41 Wohnen

41.1 Wohnhaus
41.2 Wohnung
41.3 Zimmer
41.4 Mobiliar
41.5 Bett
41.6 zu Bett gehen
41.7 ruhen
41.8 aufwachen
41.9 aufwecken
41.10 aufstehen
41.11 Wirt
41.12 Wirtin
41.13 Mieter
41.14 Gast
41.15 Freund mit eigener Wohnung
41.16 Freundin mit eigener Wohnung
41.17 Hausmeisterin
41.18 Hausmeister
41.19 Hausangestellte
41.20 Hotelangestellte
41.21 Hotel
41.22 Wohnheim
41.23 Wohnungsamt
41.24 Wohnungslosigkeit
41.25 Landstreicherin

42 Arbeit

43 Industrie

44 Landwirtschaft

44.1 Bauer, Landwirt
44.2 Bäuerin, Landarbeiterin

45 Handel und Finanz

45.1 Geld
45.2 Geldbörse
45.3 Geldkassette
45.4 Geldschrank
45.5 Reichtum
45.6 Armut

46 Kommunikation

46.1 Sprechverkehr
46.2 Telefonverkehr
46.3 Postverkehr
46.4 Straßenverkehr
46.5 Schienenverkehr
46.6 Schiffsverkehr
46.7 Flugverkehr

47 Recht und Strafe

47.1 Straftat
47.2 die sexuelle Unterwelt
47.3 Beischlafdiebstahl
47.4 Erpressung
47.5 Kuppelei
47.6 Zuhälterei
47.7 Prostitution
47.8 Heiratsschwindel
47.9 Ehebetrug
47.10 Bigamie
47.11 Ehebruch
47.12 Verletzung der Unterhaltspflicht
47.13 Verlassen einer Geschwängerten
47.14 Abtreibung
47.15 Kindesaussetzung
47.16 Verführung Minderjähriger
47.17 Mißhandlung Abhängiger
47.18 Mißbrauch Abhängiger zur Unzucht
47.19 Unzucht
47.20 Erregung öffentlichen Ärgernisses
47.21 Verbreitung unzüchtiger Schriften und Gegenstände
47.22 Unzucht zwischen Männern
47.23 Unzucht mit Tieren
47.24 Blutschande
47.25 Nötigung
47.26 Notzucht
47.27 Mord
47.28 Kindestötung
47.29 Gericht
47.30 Richtspruch, Strafmaß
47.31 Richter
47.32 Rechtsanwalt
47.33 Staatsanwalt
47.34 Zensor
47.35 Zensur
47.36 Polizei
47.37 Polizist
47.38 Polizistin
47.39 Polizeispitzel
47.40 festnehmen, verhören
47.41 Gefängnis
47.42 Erziehungsanstalt, Fürsorgeanstalt
47.43 Heil- und Pflegeanstalt

48 Prostitution

48.1 Utensilien der Prostitution
48.2 Prostituierte
48.3 Prostituiertenkind
48.4 Prostituierter
48.5 sich prostituieren
48.6 Verkehr mit Prostituierten
48.7 mit Prostituierten verkehren
48.8 Kunde einer Prostituierten
48.9 Prostituiertensold
48.10 Prostituiertenkontrolle
48.11 Prostituiertensteuer
48.12 Prostituiertenstrafen
48.13 Kuppelei
48.14 Kupplerin
48.15 Kuppler
48.16 verkuppeln
48.17 Mädchenhandel
48.18 Mädchenhändler
48.19 mit Mädchen handeln
48.20 Zuhälterei
48.21 Zuhälter
48.22 Schlepper
48.23 Bordellwirt
48.24 Bordellwirtin
48.25 Bordell
48.26 Bordell für Sonderzwecke
48.27 Militärbordell
48.28 Männerbordell für weibliche Kundschaft
48.29 Dirnenunterkunft
48.30 Stundenhotel
48.31 Chambre séparée
48.32 Prostituiertenlokal
48.33 Prostituiertenfeste
48.34 Prostituiertensprache
48.35 Zuhältersprache

49 Moral

49.1 Unmoral
49.2 moralisch
49.3 unmoralisch
49.4 moralisch handeln
49.5 unmoralisch handeln
49.6 moralischer Mensch
49.7 unmoralischer Mensch
49.8 moralischer Verweis
49.9 moralisch verweisen
49.10 Moralprediger
49.11 Tugendwächter
49.12 Tugendwächterin
49.13 Keuschheit
49.14 Unkeuschheit
49.15 keusch
49.16 unkeusch
49.17 keusch handeln
49.18 unkeusch handeln
49.19 Keuschheitsprobe
49.20 Keuschheitsmittel
49.21 Keuschheitsgürtel
49.22 Gewissen
49.23 etwas auf dem Gewissen haben
49.24 Gewissensbiß
49.25 Gewissensbisse haben
49.26 Gewissenlosigkeit

50 Religion

50.1 sexuelle Aspekte des Glaubens
50.2 Himmel
50.3 Heiligenfiguren
50.4 Heiligen- und Kirchenfeste
50.5 Kirche
50.6 Geistlicher
50.7 Mönch
50.8 Nonne
50.9 gläubige Frau
50.10 Zölibat
50.11 Teufel
50.12 Hölle
50.13 Hexenglaube
50.14 Hexe
50.15 Hexenmeister
50.16 Zauberei

51 Politik

51.1 Nationalität, «Rasse»
51.2 Sexualität und Skatologie im Volksmund der NS-Zeit
51.3 Sexualität und Skatologie im Volksmund der Kriegszeit

52 Sitten und Gebräuche

52.1 Liebesorakel
52.2 Liebesmittel
52.3 Fruchtbarkeitsmittel
52.4 Fruchtbarkeitszauber
52.5 Fruchtbarkeitstänze

52.6 Fruchtbarkeitsamulette und -objekte
52.7 Fruchtbarkeitsgottheiten und deren Diener
52.8 Unfruchtbarkeitszauber
52.9 liebeszerstörender Zauber

53 Freizeit

53.1 Geselligkeit
53.2 geselliger Mensch
53.3 Orte, wo man Geselligkeit findet
53.4 Treffpunkt
53.5 Gesellschaftsspiele
53.6 Festlichkeit
53.7 Tanz
53.8 Urlaub
53.9 Kur
53.10 Schiffsreise
53.11 Flugreise
53.12 Bahnreise
53.13 Autobusreise
53.14 Autoreise
53.15 Motorradausflug
53.16 Zelten, Camping
53.17 Badeurlaub
53.18 Bergsteigen
53.19 Wintersport

54 Unterhaltung

54.1 Literatur
54.2 Kunst
54.3 Fotografie
54.4 Fernsehen
54.5 Film
54.6 Theater
54.7 Zirkus, Varieté, Kabarett
54.8 Musik
54.9 Tanz
54.10 Striptease

55 Essen und Trinken

55.1 Gebäck in Phallusform
55.2 Gebäck in Scheidenform
55.3 Geschirr
55.4 schmecken
55.5 trinken
55.6 Säuferin
55.7 Köchin
55.8 Küchenmädchen
55.9 Kellnerin
55.10 Bardame
55.11 Gastwirtschaft

56 Tabakwaren

57 Drogen

57.1 Drogen benutzen
57.2 Benutzung von Drogen
57.3 Drogenbenutzer
57.4 Rauschgifthändler
57.5 Sucht
57.6 Lokal, in dem man Drogen erhält
57.7 Entziehung

58 Schmuck

58.1 Gold
58.2 Diamant, Brillant
58.3 Perle
58.4 Fingerring
58.5 Armband
58.6 Halskette
58.7 Brosche
58.8 Ohrring
58.9 Diadem, Tiara, Kopfschmuck
58.10 Brustschmuck
58.11 Fußschmuck
58.12 Fächer
58.13 Krawattennadel
58.14 Blume im Knopfloch

59 Kleidung

59.1 Kleidungsstücke
59.2 Stoffe und Materialien
59.3 Verarbeitung
59.4 Mode
59.5 Mannequin
59.6 sich anziehen
59.7 Kopfbedeckung
59.8 Handschuh
59.9 Mantel
59.10 Kleid
59.11 Frauenanzug, Hosenkostüm, Kaminkleid
59.12 Herrenanzug
59.13 Jacke

59.14 Ärmel
59.15 Weste
59.16 Strickweste, Pullover
59.17 Hemd
59.18 Hemdmanschetten
59.19 Hemdkragen
59.20 Krawatte
59.21 Halsbinde, Halstuch, Schal
59.22 Taschentuch
59.23 Bluse
59.24 Schulterband, Schulterträger
59.25 Damenrock
59.26 Hose
59.27 Hosenträger
59.28 Gürtel
59.29 Damenunterwäsche
59.30 Büstenhalter
59.31 Korsett
59.32 Hüftgürtel
59.33 Unterrock
59.34 Herrenunterhose
59.35 Damenunterhose
59.36 Strumpfhose
59.37 Strumpfband
59.38 Strumpf
59.39 Gamaschen
59.40 Schuhe
59.41 Hauskleidung
59.42 Schlafkleidung
59.43 Badekleidung

60 Accessoirs und Utensilien

60.1 Brille
60.2 Einholkörbchen, Einkaufstasche
60.3 Handtasche
60.4 Brieftasche
60.5 Aktentasche, Aktenkoffer
60.6 Wochenendkoffer
60.7 Kosmetikkoffer
60.8 Sicherheitsnadel

61 Kosmetik

61.1 kosmetischer Chirurg
61.2 Kosmetiker, Kosmetikerin
61.3 Friseur, Friseuse
61.4 Barbier
61.5 Handpflegerin
61.6 Fußpflegerin
61.7 Masseuse
61.8 Masseur
61.9 massieren
61.10 Massagegerät

62 Hygiene

62.1 Säuberung
62.2 Säuberungsgeräte und -utensilien
62.3 Sauberkeit
62.4 sauber
62.5 säubern
62.6 sauberer Mensch
62.7 Schmutzbewältigung
62.8 Beschmutzung
62.9 beschmutzen
62.10 Schmutz
62.11 schmutzig
62.12 schmutzig sein
62.13 schmutziger Mensch
62.14 schmutziger Ort

63 Krankheit

63.1 Geschlechtskrankheit
63.2 venerisch infizieren
63.3 geschlechtskrank
63.4 geschlechtskrank werden
63.5 geschlechtskrank sein
63.6 Patientin
63.7 Patient
63.8 Diagnose, Therapie
63.9 Medikament
63.10 medizinisches Instrument
63.11 Operation
63.12 Arzt
63.13 Krankenschwester
63.14 Krankenhaus
63.15 Apotheke

64 Psychopathologie

64.1 Schwachsinn
64.2 Irrenanstalt
64.3 psychiatrische Klinik
64.4 Psychiater
64.5 Psychiatrie
64.6 Psychoanalyse
64.7 Psychoanalytiker
64.8 psychoanalytische Praxis
64.9 psychoanalysieren

64.10 Neurose, Psychose
64.11 Neurotiker, Psychotiker
64.12 Neurotikerin
64.13 Angst
64.14 Verfolgungswahn
64.15 Hysterie
64.16 Eifersucht
64.17 Frustration
64.18 Hemmung
64.19 Erektionsschwierigkeiten
64.20 Ejakulationsschwierigkeiten
64.21 Potenzschwierigkeiten
64.22 Kopulationsschwierigkeiten
64.23 Orgasmusschwierigkeiten
64.24 Idiogamie
64.25 Aberration, Perversion

65 Bisexualität

65.1 Bisexuelle(r)
65.2 bisexuell
65.3 bisexuell sein, bisexuell verkehren
65.4 bisexuelle Prostitution
65.5 bisexuelles Vokabular

66 Transvestitismus

66.1 Transvestit
66.2 Transvestitin
66.3 transvestitisch
66.4 sich transvestieren
66.5 transvestitische Prostitution
66.6 transvestitisches Vokabular

67 Exhibitionismus

67.1 Exhibitionist
67.2 Exhibitionistin
67.3 exhibieren
67.4 Exhibition
67.5 exhibitionistische Prostitution
67.6 verbaler Exhibitionismus

68 Skoptophilie

68.1 Voyeur
68.2 Voyeuse
68.3 sich als Voyeur betätigen
68.4 Adspektprostitution

69 Akuophilie

69.1 Sexualgeräusche
69.2 Auditeur
69.3 Auditeuse
69.4 sich als Auditeur betätigen
69.5 akuophile Prostitution

70 Fetischismus

70.1 Deformationsfetischismus
70.2 Blutfetischismus
70.3 Genitalfetischismus
70.4 Gesäßfetischismus
70.5 Brustfetischismus
70.6 Fuß-, Schuh-, Strumpf- und Strumpfbandfetischismus
70.7 Hutfetischismus
70.8 Hand- und Handschuhfetischismus
70.9 Kleidungsfetischismus
70.10 Uniformfetischismus
70.11 Kinderkleidungsfetischismus
70.12 Wäschefetischismus
70.13 Pelzfetischismus
70.14 Lederfetischismus
70.15 Gummifetischismus
70.16 Plastikfetischismus
70.17 Kolligationsfetischismus
70.18 Antifetischismus

71 Mysophilie

71.1 mysophiler Mensch
71.2 Schmutz
71.3 Ungeziefer
71.4 sich beschmutzen

72 Kopromanie

72.1 Kopromanin
72.2 Kopromane
72.3 Kot schmieren
72.4 Kot
72.5 defäzieren
72.6 Durchfall
72.7 Verstopfung
72.8 Abführmittel
72.9 Klistier
72.10 Crepitus
72.11 crepare

72.12 Abort
72.13 Nachttopf
72.14 Nachtstuhl
72.15 Klosettstange
72.16 Klosettbecken
72.17 Klosettbrille
72.18 Wasserzug
72.19 Klosettpapier
72.20 Klosettbürste
72.21 Klosettür
72.22 Abortgebühr
72.23 Abortwärterin
72.24 Abortwärter
72.25 Latrinenfahrer
72.26 Vokabular der Kopromanie

73 Uromanie

73.1 Uromane
73.2 Uromanin
73.3 uroman sein, urophil handeln
73.4 Urin
73.5 Urinieren
73.6 urinieren
73.7 Urinator
73.8 Uringefäß
73.9 Pissoir
73.10 Urophobie
73.11 Bettnässen
73.12 urophile Prostitution
73.13 Vokabular der Uromanie
73.14 urophil-urophobisches Vokabular der Umgangssprache
73.15 urophiles Volksbrauchtum

74 Koprographie, Urographie

75 Koprolalie

76 Koprophagie

76.1 Koprophage
76.2 Kot essen
76.3 Vokabular der Koprophagie

77 Uropotie

77.1 Urintrinker
77.2 Vokabular der Uropotie

78 Pikazismus

78.1 Pikazist
78.2 pikazistisch essen
78.3 Objekte des Pikazismus

79 Anthropophagie

79.1 Anthropophage
79.2 Menschenfleisch
79.3 anthropophages Vokabular der Umgangssprache

80 Sadomasochismus

80.1 sadomasochistischer Verkehr
80.2 Sadismus
80.3 Masochismus
80.4 Sadistin
80.5 Sadist
80.6 Masochistin
80.7 Masochist
80.8 sadistisch
80.9 masochistisch
80.10 sadistisch sein, sadistisch handeln, sadistisch verkehren
80.11 masochistisch sein, masochistisch handeln, masochistisch verkehren
80.12 Schmerz
80.13 Schmerz empfinden
80.14 schmerzhaft
80.15 Wunde
80.16 verwunden
80.17 sich verwunden lassen
80.18 Blut
80.19 blutig
80.20 foltern
80.21 Folter
80.22 Folterinstrumente
80.23 Tormentum ignis
80.24 brennen, brandmarken
80.25 Instrumente zum Brennen und Brandmarken
80.26 auf Feuer fixierter Sadomasochismus
80.27 auf Feuer fixierter Sadist
80.28 auf Feuer fixierte Sadistin
80.29 auf Feuer fixierter Masochist
80.30 auf Feuer fixierte Masochistin
80.31 Tormentum aquae
80.32 Wassertortur vornehmen
80.33 Instrumente zur Wassertortur

80.34 auf Wasser fixierter Sadist
80.35 auf Wasser fixierte Masochistin
80.36 auf Wasser fixierter Masochist
80.37 rädern
80.38 stechen
80.39 Stich
80.40 Instrumente zum Stechen
80.41 auf Stechen fixierter Sadist
80.42 auf Stechen fixierte Sadistin
80.43 auf Stichwunden fixierter Masochist
80.44 Lust am Stechen
80.45 Lust am Gestochenwerden
80.46 schneiden
80.47 Schnitt
80.48 Instrument zum Schneiden
80.49 auf Schneiden fixierter Sadist
80.50 auf Schneiden fixierte Sadistin
80.51 auf Schneiden fixierte Masochistin
80.52 Lust am Schneiden
80.53 Treffpunkt von Messersadisten
80.54 hacken
80.55 Beil
80.56 Richtblock
80.57 Scharfrichter
80.58 schlagen
80.59 sich schlagen lassen
80.60 geschlagen
80.61 Schläge
80.62 Instrumente zum Schlagen
80.63 Flagellantin
80.64 Flagellant
80.65 Talent zur Flagellation
80.66 dehnen, reißen, strecken
80.67 Instrumente zum Reißen und Strecken
80.68 auf Dehnen, Reißen, Strecken fixierter Sadist
80.69 drücken, zwicken, pressen
80.70 Instrumente zum Drücken, Zwicken, Pressen
80.71 beißen
80.72 Biß
80.73 auf Beißen fixierte Sadistin
80.74 auf Beißen fixierter Sadist
80.75 knebeln
80.76 Knebel
80.77 würgen, ersticken
80.78 Würgegriff
80.79 Instrumente zum Würgen und Ersticken
80.80 Würger
80.81 aufhängen
80.82 Instrumente zum Aufhängen
80.83 Henker
80.84 fesseln
80.85 Fesselung
80.86 Instrumente zum Fesseln
80.87 Kolligationssadist
80.88 Kolligationsmasochist
80.89 Kolligationsmasochistin
80.90 einsperren
80.91 Kerker
80.92 sadomasochistische Kleidung
80.93 Objektsadismus
80.94 sadomasochistische Prostitution
80.95 Vokabular des Sadomasochismus

81 Pyromanie

81.1 Pyromanin
81.2 Pyromane
81.3 Brandstiftung
81.4 brandstiften

82 Dämonomanie

82.1 Dämonomanin
82.2 Dämonomane
82.3 Dämon
82.4 weiblicher Dämon
82.5 männlicher Dämon
82.6 tierischer Dämon
82.7 Dämonenkind
82.8 Zwerge
82.9 Vokabular der Dämonomanie

1 der menschliche Körper

Fickchassis, Fickgestell, Fickmaschine, Vögelkarosse, Vögelmaschine. *der weibliche Körper:* Loch mit Figur drum, Lochrahmen, Lochumrandung, Stickrahmen. *der männliche Körper:* Nillenchassis, Nillengestell, Nillenkarosse, Schwanzanhang, -verlängerung, verlängerte Nille, verlängerter Schwanz.

1.1 Körperhaltung
Aufführe, Aufstelle. *gute Körperhaltung:* Ausrufungszeichen (stramm wie ein Ausrufungszeichen). *schlechte Körperhaltung:* Fragezeichen (geschissenes Fragezeichen). *Mann mit schlechter Körperhaltung:* krummer Schwanz, Schlaks, verbogene Nille, verbogene Pfeife.

1.2 Figur
Aufbau, Bau, Chassis, Gebäude, Gestell, Portion, Postament.

1.3 gute Figur
gute Frauenfigur: Astralkörper, Knallkörper, Luxusfigur, Stromlinienchassis, Stromlinienfigur, Stromlinienkarosserie, Überschallkörper. *gute Männerfigur:* solide Portion, solider Bau, solides Chassis; gebaut für ein Jahrhundert.

1.4 schlechte Figur
halbe Portion, krummer Bau, schiefes Gebäude, traurige Gestalt, unbediente Kiste, verbogenes Chassis, verrutschtes Postament, weiches Gestell.

1.5 schöne Frau, hübsches Mädchen
Anblick, gebrachter Anblick, Genuß für die Pupille, Panorama. Blitzmädel, Diplombraut, Doppel-Ische, Edelschaffe, Feinkost, Maßmieze. Klassefrau, Klasseweib, Mordsweib, Pfundsweib. Goldzahn, Mordszahn, Platinzahn, Sonntagszahn, Überzahn, Überschallzahn. Paradebiene, Paradefee, Paradefleisch, Paradehäschen, Paradeschnecke. Traum, Traumbrumme, Traumpuppe, Wolke, Wucht, Wuchtbrumme, Wonnebolzen, Wonneproppen. Atombombe, Bombe, Kante, Knalle, Schlaganfall, Umwerfe. *alter Wortschatz:* Heidi, Wunneberg. *Studentensprache des 18. und 19. Jahrhunderts:* Donna, Dulcinea, Erosine, Fee, Grazie, Helena, Komtesse, Laura, Nettchen, Nymphe, Parze, Phryne, Prinzessin, Schönchen, Sylphe, Thebe, Venus.

1.6 schöner Mann
Modellstück, Paradehahn, Paradehengst, Paradeheini, Paradehirsch, Paradesack, Paradeschwanz, Schwanz zum Einrahmen. Gedicht von Mann. Stern. Profil, Hübschling, Schönling, Lackaffe.

1.7 hübsch, schön
gebracht, kantig, schnieke, steil, super, toff, wolkig, wonnig. kann sich sehen lassen. bildschön ist ein Dreck dagegen.

1.8 starke Frau
Amazone, Dragoner, Feldwebel, Fraukules, Massik, Walküre.

1.9 starker Mann
Bär, Bär von Mann, Bulle, Bulle von Kerl, gestandener Mann, gestandenes Mannsbild, Hanake, Kerl wie ein Baum, Kleiderschrank, Kraftlatz, Muskelgebirge, Muskelprotz, Schrankkoffer, Trumm.

1.10 schwacher Mann
Angstarsch, Bangbüchse, Binse, Bubi, dünner Faden, Dünnmann, Feiglaps, Fingerbiebche, Jammerlappen, Kartenhaus, Lahmarsch, Lämmerschwanz, Pantoffelheld, Piepmeier, Pinsel, Schlapparsch, Schlappschwanz, Schwachmatikus, Siemandl, Staatskrüppel, Steifschechter, Strohhalm, Tinterl, Waschlappen, Weichling.

1.11 großer Mann
großer Knochen, große Portion. langes Elend, langes Ende, langer Laban, langes Laster, lange Latte, langes Leiden, langer Lulatsch, langes Register. Bohnenstange, Kleiderständer, Laternenpfahl, Storchbein. Turm, Turmbau zu Babel, Wolkenkratzer. bricht jeden Moment ab, kann Petrus die Sohlen kitzeln, kann ohne Telefon mit dem lieben Gott reden.

1.12 kleiner Mann
Beistrich, Gartenzwerg, Halbhoher, Knirps, Knösel, Kreipel, Krümel, Mäusedreck, Miniaturausgabe, Punkt, Schnipfer, Schrumpfgermane, Spund, Zwergdackel. der Abgesägte, der Kurze. abgebrochener Riese, halbe Portion, kleine Portion, Viertelportion, Viertelportion Mensch. Er hat zu tiefe Knie.

1.13 kleine Frau
Taschenvenus. klein aber oho. gerade groß genug, um sie um den Schwanz zu wickeln. Hutzel, Sardelle. Viertelportion Frau. mehr Loch als Frau. sie hat einen niedrigen Wasserfall.

1.14 dünne Frau
Bügelbrett, Gelse, Gelsen, Heugeige, Hühnerlollo, Scheppern, Spinatwachtel, Staude, Storchbein. ausgedrückter Besen, ausgeronnenes Röhrl, dürre Feige, Regenwurm auf Beinen, Stange mit Hut. nichts auf den Rippen, man kann die Rippen zählen, sie fällt aus den Kleidern, sie kann einen Bock zwischen die Hörner küssen.

1.15 dünner Mann
Gerippe, Gespenst, Hauch, Heringsbändiger, Hopfenstange, Laternenpfahl, Kleiderstange, Strich, Stricknadel, luftleerer Anzug, tapezierte Latte, Tod von Basel, Zwetschgenkrampus.

1.16 dünn werden, abnehmen
abbröckeln, einlaufen, einschrumpfen, vom Fleisch fallen, spitz zulaufen, sich verjüngen, die Zehrung haben.

1.17 dicke Frau
Blasengel, Blunzen, Dampfnudel, Dampfwalze, Elefantenküken, Fettgans, Fetthenne, Fettwanze, Hefekloß, Heppin, Hottentottenvenus, Mastgans, Moppel, Pfannkuchen auf Beinen, Posaunenengel, Pummel, Pumpel, Rollmops, Rugele, Schraubendampfer, Spickgans, Strampel, Tonne, Trumpelchen, Trutschel, Venus von Kilo; an der ist was dran.
1.18 dicker Mann
Bladi, Dicksack, Dickschwanz, Engerling, Fettarsch, Fettfleck, Fettschwanz, Fettwanst, Maltersack, Mastochse, Schmalzamor, Schmerbauch, Schwammbuckel, Schwammerl, vollgefressener Strumpf.
1.19 dick
blad, breitwandfüllend, bunkert, drall, feist, flapsig, füllig, gaß, gepolstert, leinwandfüllend, macklig, massig, mollert, quabblig, quammig, quappig, schlachtreif, stucksig, stufig, trant, wattiert; steht gut im Futter, steht in den vier Ecken.
1.20 dick werden, zunehmen
ansetzen, aufschwemmen, auftreiben, auseinandergehen, auseinanderlaufen, verlaufen. sich herausfuttern, in die Breite gehen, auseinandergehen wie ein Kräppel, auseinanderlaufen wie ein Pfannkuchen, aus den Fugen gehen, aus dem Leim gehen, aus der Pelle platzen, Fett ansetzen, Speck ansetzen, Kummerspeck ansetzen.
1.21 Körperfett
Feist, Inselt, Kummerspeck, Talg, Weiß.
1.22 Knochenbau
Gebeine, Gerippe, Gerüst, Rückgrat, Schwanzträger.
1.23 Haut
Balg, Decke, Fell, Gall, Goll, Hornhaut, Pelle, Pelz, Pfirsichhaut, Plautz, Plüsch, Schale, Schwarte, Sturz, Vließ. *unter der Haut:* unterkittig. *Runzel:* Gänsehaut, Krünkel, Ritze, Schrumpel, Waschbrett, Wellblech. *runzlig, narbig:* angenäht, bunkert, bunt, geflickt, gesteppt, kariert, schaberisch, zerrissen. *Sommersprossen:* Gesichtspunkte, Guggermucken. Da hat der Teufel durchs Sieb geschissen. Da hat der Teufel Erbsen gedroschen. *Pickel:* Junge (das Gesicht kriegt Junge). *pickeliger Mann:* Pickolomini.
1.24 Hautfarbe
schwarze Haut: Kohle. *braune Haut:* weiße Kohle. *blasser Mann:* Bleichgesicht, Pilzgesicht, Selleriegesicht, Stubenhocker. *braungebrannter Mann:* Aschanti, Murl. *braungeschminkter Mann:* Topfneger.
1.25 Blut
Damm, Foosch, Rat, Rötling, Rotwasser, Tinte, rote Tinte. *im Sadomasochismus:* Tribut. *im Pikazismus:* rote Grütze, rote Suppe, roter Saft, rote Soße, Himbeersaft, Johannisbeersaft, Kirschsaft. *Menstrualblut:* böses Blut, Fosengift, Frauengift, Monatsfluß, Pflaumensaft, Schmutz, Tunke. siehe auch *Blutfetischismus* 70.2.
1.26 Haar
Behauptung, Dachpfanne, Flachs, Flausch, Gefieder, Gehäre, Kraut, Mähne, Schnittling, Schopf, Teck, Wolle.
1.27 Haare
Borten, Dachpfannen, Grannen, Haarlinge, Hälmle, Locken, Misgen, Schmelen, Strahle, Strauper, Zaires, Zotteln, Zotten. *Ausdruck der Entrüstung oder des Erstaunens:* Da fallen einem ja die Haare von der Brust!
1.28 Haarfarbe
Brünette: Romanze in Braun. Bei mir Kastanie: Vorliebe für Braun. *Schwarzhaarige:* Romanze in Schwarz. *Grauhaariger:* Grauschimmel. *Rothaarige:* Blaue, Feuerbombe, Feuermelder, Feuerwagen, palmen Teck, Romanze in Rot, Rostige, Rotschwanz, Zündhut. *rot gefärbt:* verrostet. *Rotgefärbte:* Verrostete. *Blondine:* Romanze in Blond, Weiße. *gefährliche Blondine:* blondes Gift. *Blondgefärbte:* Industrieblondine, Oxydbombe, Wasserstoffbombe, Wasserstoffsuperblondine, Weiße mit Schuß. *blond gefärbt:* aufgenordet, industrieblond, über Nacht erblondet. *blond gefärbte Haare:* aufgenordete Dachpfannen. *blonde Mode:* blonde Welle.
1.29 Frisur
Putz, Tolle. *Scheitel:* Blatte, Durchzieher, Lausallee, Läuseallee, Läusechaussee, Lausepfad. *Mittelscheitel:* Arschbackenscheitel, Fotzenscheitel, Poposcheitel. *brillantiniertes Haar:* Ölkopp, Schmalzlocken, Schnittlauchlocken. *seitwärts hochgekämmtes Männerhaar:* Sardellen, Schandeln. *«römischer» Haarschnitt:* Simpelfransen, Tituskopf. *Bürstenhaarschnitt:* Blocker, Igelkopf, Igelputz, Koreapeitsche, Stiftekopp, Stiftenkopf. *Damenfrisuren:* Außenrolle, Gretchen, Herrenschnitt, Herrenwinker, Innenrolle, Pagenkopf, Ponyfransen, Rolle, Schmachtlokken, Schnecken, Sechser, Stirngardine, Strizzel. *seitwärts hochgekämmtes Frauenhaar:* Entwarnungsfrisur (weil das Entwarnungswort nach dem Fliegeralarm «alles nach oben» lautete). *Zopf:* Barra, Mohr, Pferdeschwanz, Rattenschwanz, Roßschweif, Sterz. *Knoten:* Dutt, Hallelujazwiebel, Kaiser-Wilhelm-Gedächtnisknoten. *gelockt:* geschneckelt. *Lockenwickler:* Piselotten, Wukkerln. *frisieren:* plätten. *frisiert:* frisch geplättet. *sich die Haare schneiden lassen:* die Treppe runterfallen. *Haarpflege:* siehe auch *Friseur* 61.3. *Barbier* 61.4. *unfrisiert:* strubbelig, struwwelig, wuschelig. *unfrisierter*

Mann: Struwwelkopp, Struwwelpeter. *ungekämmte Frau:* Beserl, Wuschelkopf. *ungekämmte lange Männerhaare:* Apo-Wolle, Apo-Persianer, Gammelperücke, Genickschußbremse, Hippiekapuze, Pennerkissen, Schlurf, Spaghettiloden.

1.30 Glatze

Arsch mit Ohren, Bauplatz, Baustelle, Billardkugel, Kahlschlag, Krax, Kugelomme, Landebahn, Landeplatz, Lichtung, Lustwiese, Mond, Mondaufgang, Mondschein, Omme, Parrach, Planschbecken, Platte, Plattenkopp, Rumtreiberfrisur, Skalp, Spielwiese, Sportplatz, Stirnbalkon, Tanzboden, Tennisplatz, Vollmond. Bubikopf auf Rand genäht, Bubikopf mit Bauplatz, mit Gartenzaun, mit Hintergarten, mit Landebahn, mit Landeplatz, mit Parketteinlage, mit Pause, mit Planschbecken, mit Schwimmbassin, mit Seitengarten, mit Spielwiese, mit Sprungbrett, mit Tanzboden, mit Tennisplatz, mit Vorgarten. *Halbglatze:* Geheimratsecken, Geheimratswinkel, Hofratsecken, Landeplatz mit Stoppeln, mangelnde Behauptung, entlaubte Stirn, erweiterte Stirn, überhöhte Stirn, Ehewinkel. Bei ihm geht der Mond auf, ihm ist die Kniescheibe durch die Frisur gewachsen, die Stirn wächst ihm in den Rücken, der Kopf ist ihm durch die Haare gewachsen, er hat noch nicht alle Haare, er hat sich die Tolle wegamüsiert, er kann sich mit dem Schwamm frisieren, er kann sich mit dem Staubsauger kämmen, er hat einen breiten Scheitel, er hat eine Braut mit rauhen Oberschenkeln.

1.31 Perücke

Tarnkappe, falsche Behauptung, falscher Wilhelm. Atzel, Dachverzierung, Giebelschmuck, Katerl, Parabel, Pepi, Purschaupel, Schauhärtling, Stirnziegel, Zins, Zweitfrisur.

1.32 Kopf

Ballon, Birne, Bombe, Dach, Deetz, Dez, Domino, Fernzel, Futinger, Giebel, Globus, Grind, Hefen, Kabbes, Karton, Keeg, Keks, Kiebes, Knelen, Knern, Kohlrabi, Kohlrübe, Kokosnuß, Köbel, Krautkopf, Kübel, Kubus, Kürbis, Lausmarkt, Limoni, Melone, Molle, Nischel, Nüschel, Nuß, Platte, Pliza, Rabi, Rosch, Rübe, Rubel, Runkelrübe, Simri, Sumser, Tabernakel, Titus, Tomate, Wekker, Wirsing. *großer Kopf:* Ministerkopf, Quadratschädel, Turmschädel. *mißgestalteter Kopf:* Eierkopf, Kohlkopf, Salatkopf, Spitzkopf, Turmschädel, Wasserkopf.

1.33 Gesicht

Bahnhof, Batterie, Bilderladen, Fassade, Fenster, Flabbe, Fratze, Fresse, Geul, Larve, Nusche, Parzopf, Ponim, Titelblatt, Visage, Vorderfront, Zifferblatt. Mops, Pfannkuchengesicht, Schallplattengesicht, Vollmondgesicht, Watschengesicht, Gesicht zum Reinhauen, Knautschgesicht, verbotene Fresse. Arsch mit Ohren, Arschgesicht, Klosettdeckelvisage. So 'n Gesicht gehört in die Hose. Wenn ich so 'ne Fresse hätte, würd ich meine Hose drüberziehn. So 'n Gesicht auf 'm Tresor, da kann vor Lachen keiner einbrechen. So 'n Kopp auf der Pipe, da kannste vor Lachen nich ziehn. Dir auf 'n Pipenkopp, da kannste vor Lachen nich mehr rauchen. Dem sind alle Gesichtszüge entgleist. Mit so 'ne Gesichtszüge würd ich die Bundesbahn verklagen. Gesicht wie ein Verkehrsunfall.

1.34 Stirn

Achter, Dach, Gedankenfach, Gedankenscheune, Geweih, Grützkasten, Hirnkasten, Hirnschale, Oberstübchen, Verstandskasten. *gerunzelte Stirn:* Waschbrett, Wellblech. *hohe Stirn:* Geheimratsecken, Geheimratswinkel, Hofratsecken, Hofratswinkel.

1.35 Hirn

Batterie, Brägen, Breda, Dunstkiepe, Gedankengenerator, Gedankenkondensator, Grips, Kopp, Köppchen, Oberstübchen.

1.36 Auge

Aumerling, Dierling, Licht, Glotzerlich, Jack, Kiekerling, Klärling, Räuerling, Schauling, Schein, Scheinling, Spähling, Spannmichel, Türling, Zwirling. Fenster, Glotzen, Gluren, Gucker, Kieker, Linsen, Pupillen, Quinker, Seher, Spanner, Sperrhölzer, Spreitzen, Sterne. Adlerauge, Argusauge, Basiliskenauge, Falkenauge, Geierauge, Jägerauge, Luchsauge, Seemannsauge. Froschaugen, Glotzaugen, Kulleraugen, Plüschaugen, Röntgenaugen, Schlafzimmeraugen, Schwanzaugen, Stielaugen, Telleraugen. Teetassen, Untertassen. *Augenlider:* Fensterläden, Lokusdeckel, Scheibenwischer. *Augenlidentzündung:* Gerstenkorn, Hagelkorn, Wehschisser. *angeschlagene Augen:* bunte Fensterläden, blaue Veilchen, Matschaugen, Veilchenaugen, Vergißmeinnichtaugen. *sie schielt:* der laufen die Tränen kreuzweise den Rücken runter. der guckt mit dem linken Auge in die rechte Westentasche.

1.37 Ringe unter den Augen

Abschußringe, Betriebskurven, Rennbahnen, Tomaten, Vergnügungskurven, Verkehrskurven, Verlobungsringe. Deutschmeister (Das österreichische Regiment Hoch- und Deutschmeister, das blaue Uniformen trug, stand in dem Ruf, besonders viele Frauenhelden zu stellen. Wenn eine Frau blaue Ränder unter den Augen hatte, sprach man deshalb von «Deutschmeisteraugen» oder «Deutschmeistern»).

1.38 Augenspiel
Augensprache, Scheinlingszwack, Triller; Repetieraugen machen, verliebte Nasenlöcher machen, himmeln, mit den Augen Knallerbsen spielen, trillern. *äugeln:* siehe 12.10. *einander zublinzeln:* 12.11. *gierig anstarren:* 12.12. *Skoptophilie:* 68.

1.39 Ohr
Behang, Geöhr, Flügel, Henkel, Horcher, Horchlappen, Horchlöffel, Hörling, Lauscher, Lauschling, Löffel, Losse, Luser, Propeller, Schalltüte, Schwinlig. Gehörschnekken, Lappen, Latschen, Osen, Schüsseln, Wascheln. *Frauenohren:* zarte Ohren. *abstehende Ohren:* Flügel, Kuhohren, Wegweiser, Winker. *taubstumm:* staubdumm. *Akuophilie:* siehe 69.

1.40 Nase
Balkon, Chaude, Erker, Flip, Gesichtserker, Giebel, Gitz, Heft, Kump, Kumpf, Kumpfel, Kuse, Muffer, Nack, Neloff, Nüff, Nüschel, Pfinder, Pflutsche, Riechbolzen, Rieche, Riecher, Riecherbalken, Riecherker, Riecherkolben, Riechling, Schnauzer, Schnäuzling, Schneuztrompete, Schniffling, Snüwert, Staubsauger, Vorbau, Zinken. *besondere Nasenformen:* Adlernase, Ballon, Ballonnase, Banane, Gurke, Haken, Hakennase, Helmspitze, Himmelfahrtsnase, Kartoffel, Kartoffelnase, Knolle, Knospe, Kolben, Nuß, Rübe, Rüssel, Schnorchel, Sattelnase, Stupsnase, Trompete, Tulpe. *rote Nase:* Glühbirne, Laterne, Lichterträger, Lötkolben, Nordlicht, Rotlicht, Scheinwerfer, Schlußlicht, Schnapsnase, Verkehrsampel, Winker. *erkältete Nase:* Gerste, Gerstenkorn, Giftkolben, Hundehütte, Hundshütte, Kiemen, Löschhorn, Sülzneese, Triefnase, Tröpfelapparat. *große Nase:* Richtungsanzeiger, Wegweiser, Windfang. *Mann mit großer Nase:* Nasenkönig, Nasius, Naso, Schnutenkönig. *Frau mit großer Nase:* Schnutenmalke. *sie hat eine große Nase:* Die ist gerannt, als der liebe Gott die Nasen verteilt hat. In der ihre Nase, da kann Regenwasser stehn.

1.41 Backen, Wangen
der obere Arsch, die oberen Arschbacken. *pausbäckiges Mädchen:* Blasengel, Posaunenengel. *linke Backe:* Schlagseite, Watschenfänger.

1.42 Mund
Babbel, Beller, Bimsladen, Blapperer, Briefkasten, Brotladen, Brutsche, Eßzimmer, Fang, Flabbe, Flapps, Fotz'n, Fresse, Freßlade, Freßloch, Freßmaschine, Futterklappe, Futterluke, Gäppert, Gawert, Geäse, Gefräß, Giel, Gosche, Gusche, Haffel, Klappe, Labbe, Lautsprecher, Letsche, Letze, Lippe, Maul, Menkel, Muffel, Mui, Mulm, Muppe, Murf, Nuge, Nusche, Pee, Plapperer, Raffel, Rüssel, Schmerf, Schnabel, Schnauze, Schneuel, Schnull, Schnure, Schnut, Schnute, Schublade, Schure, Schwaberle, Stecher, Wogge, Wurf, Wuscht. *großer Mund:* Breitwandfresse, Klavierschnauze, Kubikfresse, Kuhmaul, LKW-Fresse, LKW-Schuppen, Quadratfresse, Quadratschnauze, Reisetasche, Schlund wie 's Finanzamt, Schlupfe. *Mensch mit großem Mund:* das ganze Gesicht eine Schnauze. *sie hat einen großen Mund:* sie kann den Spargel (den Schwanz) quer essen. Sie kann sich ins Ohrläppchen beißen. *verlockender Mund:* süßer Mund, Zuckermund, Kommhermund. *Schmollmund, sinnlicher Mund:* Bardot, Flapps, Flunsch, Küwekeschnut, Lutschmund, Muff, Schippe. *bei der Fellatio:* Absaugevorrichtung, Entschleimer, das obere Loch. *fellieren:* mundgerecht machen, den Mund wässerig machen. *Oralverkehr:* siehe 36.

1.43 Lippen
Bimsrutschen, Flabben, Lappen, Lefzen, Pappen, Unschamlippen. *Übergangshaut des Mundes:* Lippenrot. *hängende Unterlippe:* Ritscherpappe. *gespaltene Oberlippe:* Hasenscharte.

1.44 Zähne
Äser, Beißer, Beißerchen, Beißum, Kauwerkzeuge, Kißnägel, Zaneme. Denter, Häderer, Hauer, Stockerl, Wolferl. Beinling, Krächling, Schnittling. Batterie, Brotschere, Eßzimmer, Geäse, Gefräß, Klavier, Rechen, Schippe. Augenzahn, Backenzahn, Eckzahn, Goldzahn, Milchzahn, Schneidezahn, Stiftzahn, Stockzahn, Weisheitszahn. *gute Zähne:* Sterne, lebende Zahnpastareklame, Zahnpastagrinsen. *falsches Gebiß:* Freßmaschine, Freßprothese, Patentfresse, Ladenzähne, die dritten Zähne. *sich Zahnprothesen anfertigen lassen:* zum drittenmal Zähne kriegen, sich die dritten Milchzähne holen. *beißen im sadomasochistischen Sprachgebrauch:* siehe 80.71–74.

1.45 Zunge
Blatt, Eßzimmerteppich, Feder, Graser, Laller, Loschen, Schmecker, Tschipp, Waidlöffel. Faltenzunge, Haarzunge, Himbeerzunge, Katzenzunge. *beim Oralverkehr:* Düsenputzer, Fudleckerl, Lecker, Schlecker, Seezunge, beredte Zunge, feine Zunge, feurige Zunge, goldene Zunge. *fellieren:* auf die Zunge legen, auf der Zunge haben, auf der Zunge zergehen lassen, der Zunge freien Lauf lassen. *Fellator:* Zungenfreier. *Talent für Fellatio:* Zungenfertigkeit. *Zungenkuß:* Zungensalat. *Oralverkehr:* siehe 36.

1.46 Speichel
Qualster, Rack, Sabbel, Sabber, Seiber, Spucke. *bei der Fellatio:* Achsenfett, Bohnerwichse, Getriebeöl, Gleitwachs, Lederbal-

sam, Schmieröl. *bei der Pedicatio:* Popomade, Popoliermittel.

1.47 Kinn

Balkonfresse, Nußknacker, Stoßstange, Wegweiser.

1.48 Bart

Apo-Orden, Apo-Wolle, Bettvorleger, Biber, Drahtverhau, Existentialistenpelz, Fliege, Fußsack, Gesichtsmatratze, Gesichtspersianer, Glunse, Glunsen, Haarmatratze, Katarrhbremse, Kinnmatratze, Knebel, Koteletten, Kußbremse, Lorbeerkranz, Matratze, Mücke, Nasenkitzler, Pachuni, Pelz, Persianer, Plüsch, Rauschebart, Rotzbremse, Rübenacker, Sauerkohl, Sauerkraut, Schnauz, Schnauzer, Schnurrbart, Schnurres, Spitzbart, Stacheldrahtverhau, Steidel, Stoppelfeld, Tropfenfänger, Tschar, Zahnbürste, Zottelpelz, zugewachsene Oberlippe, Zwikkerl. Castro, Chaplin, Che, Hambacher, Henri IV., Hitler, Kaiser Wilhelm, Lenin, Marx, Oberförster, Ulbricht, Wotan. *Bärtiger:* Apostel, Jesus, Weihnachtsmann. *er trägt einen Schnurrbart:* er hat Haare auf den Zähnen. *Bartstoppeln:* Grammophonstifte. *Frauenbart:* Hahnenfedern. *unrasiert:* wie ein Kaktus, Gräten im Gesicht; er hat Fisch gegessen. *rasieren:* siehe 61.4 (Barbier).

1.49 Hals

Chilges, Kragen, Krips, Langert, Träger, Zawer. Giraffenhals, Schwanenhals, Straußenhals. *stiernackiger Mann:* halsloses Wunder. *Adamsapfel:* Adamskrutzen, Bierzähler, Evasbirne, Transvestitenpaß. *Globus hystericus:* Hebmutter. *Gurgel, Kehle:* Drosse, Drossel, Geul, Hals, Husten, Kijak, Kollert, Krögel, Sängerhalle, Schlung, Schnörjel. *Kropf:* Bellel, Steirer, Tiroler. *Gaumen im Vokabular des Anilinctus:* Hintergaumen. *bei der Fellatio:* den Gaumen kitzeln, einen langen Hals machen, durch die Gurgel jagen, die Kehle anfeuchten, die trockene Kehle baden, durch die Kehle hetzen, hinter den Knorpel schlippern. *Fellatio:* 36.1.

1.50 Oberkörper

Brustkasten, Karosserie, Kasten, Oberbau. *großer Oberkörper:* Sitzriese. *eingefallener Oberkörper:* Hühnerbrust, Schusterbrust, Trichterbrust. *weibliche Brust:* siehe 1.58 (Busen).

1.51 Schulter

Achsel, Blatt, Bug, Pschiko. *Vertiefungen zwischen Hals und Schlüsselbein:* Salzfässer. *Achselhöhle:* Schweißfabrik, Paradies des kleinen Mannes.

1.52 Arm

Dreschflegel, Flipper, Henkel, Schwinger, Vorderbein, Vorderflosse, Watschenbaum.

1.53 Ellbogen, Unterarm

Judenknochen, Mäuschen, Musikantenknochen, Narrenbein, Speiche.

1.54 Hand

Brante, Brikett, Datsch, Dobe, Fasse, Fehm, Flipper, Flosse, Fühler, Gabel mit fünf Zinken, Greife, Greifer, Griffling, Herrgottsgabel, Honkel, Jad, Kaf, Kelle, Klammer, Klamotte, Klaue, Knochen, Knolling, Kralle, Kralling, Krebesse, Lamäng, Nagel, Patsche, Pfote, Pranke, Pratze, Tatze, Vorderflosse, Vorderfuß, Wast. *rechte Hand:* schöne Hand. *große Hände:* Bärenklauen, Briketts, Flossen, Kellen, Mordspratzen, Mordstatzen, Pranken, Schaufeln, Schwinger. *händeschütteln:* brikettschieben. *warmer Händedruck:* heißer Hundedreck. *erotische Handlinie:* Liebesgürtel. *andere Teile der Hand:* Ballen, Handballen, Maus, Daumenmaus. *Hand im Vokabular der Masturbation:* Fühler, Fummler, Greifer, Klötengreifer, Krabbler, Streichinstrument, Wichsgriffel. *bei der Analmasturbation:* Mistgabel. *beim Handfetischismus:* 70.8.

1.55 Finger

Fotzenkratzer, Fotzenstreichler, Fotzenstriegler, Fühler, Gickerling, Gusto, Nagel, Wichsgriffel, Zinke. *Daumen:* lütter Pünke, Däumling, Kitzler-Kitzler, kleiner Schwanz. *Zeigefinger:* Damentröster, Feigenzinker, Mann in der Tasche, Quartiermacher. *Zeige- und Mittelfinger:* Stimmgabel. *Mittelfinger:* Ammo, Langmann, großer Peter, Quartiermacher. *Ringfinger:* Goldfinger, Heiratsfinger, Selbsttröster. *kleiner Finger:* Damenfinger, Heini, Wurstfinger. *zwei Finger:* Stimmgabel. *Fingerspitze:* Kuppe. *Fingernagel:* Gickerling, Kralle, Krampel, Störenfried. *lange Fingernägel:* Löffelnägel, Schaufeln, Schippen, Uhrglasnägel. *schmutzige Fingernägel:* Fotzenreiniger. *Nagelschmutz:* Hoftrauer, Trauerränder, Schleimablage.

1.56 Genick

Anke, Bug, Stiernacken, Träger. *Buckel:* Ast, Eigentumstornister, Höcker, Knarren, Knast, Kriegskasse, Meck, Ockelbe, Reservesack, Sparkasse. *Buckliger:* Aster, Asterwitz, von Astewitz, Astmann, Hahnreiter, Hauker. *bucklig:* haukerig, krumpet, ungleich.

1.57 Rücken

Hucke, schöne Seite, schwule Seite. Wo die Kurven unten liegen. Eisbein, Kreuz, Kreuzgrübchen, Schloß.

1.58 Busen

Amper, Apparat, Apparatur, Armatur, Auslage, Balkon, Balustrade, Berliner, Bettbrettl, Bluse, Bocherei, Bries, Brüstung, Euter, Fahrrüber, Front, Gedütt, Gepäck, Geschirr, Gespinn, Gibber, Gummi, Herz,

Hügeldepot, Kasten, Kiste, Knetgummi, Lollo, Meierei, Memme, Milchamper, Milchfabrik, Milchgebirge, Milchgeschäft, Milchgeschirr, Milchladen, Milchwirtschaft, Molkerei, Nuckelpulle, Oberbau, Oberweite, Palobrek, Pietz, Pudding, Puffer, Tastatur, Tastenbrett, Veranda, Vorbau, Vorgebirge. netter Apparat, großes Herz, runde Sache, stramme Kiste, stramme Weste, steiles Vorgebirge, wohlgefüllte Bluse, eingeschenkter Pullover, Front wie 'ne wendische Amme, Ammenmärchen, Atombusen, Gleiswonne, Wonnebibber, Wonnegebirge, Kurven-Übersoll. Äpfel, Äpfel der Zwietracht, Äpfelchen, Appeltitchen, Augäpfel, Augen, Ballen, Birnchen, Blusenspanner, Brötchen, Buchteln, Dinger, Drüsen, Düsen, Dutten, Fenster, Glocken, Hanzen, Hügel, Klementinen, Klementinchen, Klößchen, Krapfen, Kurven, Kutteln, Labern, Liebesäpfel, Liebesdrüsen, Milchbotten, Milchkandeln, Milchklößchen, Mirabellen, Paradiesäpfel, Pietzen, Piezen, Potenzen, Puffer, Rundungen, Schwalben, Schwimmkandeln, Stricheln, Titten, Titti, Trauben, Tutteln, Tutti, Warzen, Zitzen. Ballons, Bomben, Gleishänse, Haubitzen, Scheinwerfer, Spaßlabern, Wuchteln. große Augen, goldene Berge, schädelechte Kurven, schwere Lollos, runde Sachen. Effektitten, Modellkugeln, Protztitten, Reizwellen, Reklamehügel, Superdüsen. *kleiner Busen:* Defizit, Hasenherz, halbe Portion, kleine Portion, unterentwickeltes Gebiet, Hühnerlollos, Linsen auf 'm Brett, Zitronen. *Hängebusen:* Fallobst, HB, Omma. Hängepietzen, Hängetitten, Hängeschläuche, Hängetutten, Pendeltitten, Schläuche. *großer Busen:* Ballon, Butterberg, Duttelamper, Euter, Gedack, Milchgebirge, Pfannkuchen, Schrotbeutel, Schwimmer, Speckbuckel, Wohlstandshügel; Bibber, Blubber, Gibber, Glibber, Pudding, Quabbelpudding, Wackelbusen, Wackelpudding, Zitterpudding. *Frau mit großem Busen:* Dragoner, Duttelamper, Gebärmutter, Heldenmutter, Muttchen. Busenintelligenzbestie, Knalle, Knallkörper, Kurvenwunder. *Frau mit kleinem Busen:* Defizit, Bügelbrett, Plättbrett, Flunder, Hühnerlollo, Regenwurm auf Beinen. *mollig, üppig:* bestückt, breitwandfüllend, bunkert, gepolstert, kurvenreich, kurvig, leinwandfüllend, madamig, mollert, unterspickt, wohlgekurvt, vorbelastet, gut beieinander, schwer vorbelastet. sie ist von Tuttlingen, hat Holz vor der Herberge, vor dem Haus, vor der Hütte, an der Wand, hat was zum Festhalten, hat ein großes Herz, viel Herz, viel auf dem Kasten, viel Leben in der Bluse, kann was vorweisen, braucht sich nicht zu verstecken. Das Herz hüpft ihr vor Freude. Bei der kann man 'ne Laus drauf knacken. Da ist was auf der Welt! *flachbrüstig:* platt, eben (nicht uneben), schwach auf der Brust, hat nichts auf den Rippen, bei ihr kann man die Rippen zählen, sie ist aus Gladbach, von Bretten, von Messel. wo die Brosche ist, ist vorn. *nach oben weisende Brüste:* Flak, Haubitzen, Granatwerfer. *Brustwarze:* Augapfel, Begeisterungsknöpfchen, Bietzchen, Brustfleck, Bützchen, Duttelwärzlein, Herzjesusbinkerl, Klingelknopf, Kluntscher, Knöpfchen, Knusperchen, Kuttelfleckle, Lutscher, Nuckel, Nulp, Nuppel, Nutsch, Schlauchwarze, Schnuller, Tastatur, Tuttelfleckle, Zulp. *Area mammae:* Bützenring, Warzenhof. *Busenfurche:* Mammafurche, Mammagraben, Mammakanal. *am Busen:* in petto. *Büstenhalter:* siehe 59.30. *Mammalerotik:* siehe 37. *Brustfetischismus:* siehe 70.5.

1.59 innere Organe

Herz: Pumpe, Sentimentalitätenpumpe, Wunschgenerator. *Lunge:* Blasbalg, Geschlängs, Zigarettenfilter. *Mutterleib:* angegeigter Batzen, angestrichene Pauke, Paunze, Trommel. *Niere:* Bierfilter, Schnapsfilter. *Nierensteine haben:* steinreich sein.

1.60 Bauch, Magen

Balges, Blunze, Busch, Kirmes, Lille, Meles, Ofen, Panzer, Pauke, Paunze, Plauze, Ranzen, Sack, Satterich, Tank, Trommel, Vorbau, Vorgebirge, Wammerl, Wampe, Wampse, Wanst. Backhendlfriedhof, Kaldaunen, Kartoffelfriedhof, Kesselpauke, Kesseltrommel, Kostgänger, Mitläufer, Mollenfriedhof, Schmerbauch, Sparkasse, Speisfang, Spitzkühler, Vergaser, Wirtschaftswunderbauch, Wirtschaftswunderpolster, Wohlstandshügel. *Peritoneum:* Bauchfell, Bauchschwarte. *Bauchnabel:* Knöpfle.

1.61 Flanke, Lende, Hüfte, Taille

Dünnung, Flämen, Hanke, Lumbe, Wamme, Wannung, Wespentaille.

1.62 Unterkörper

Chassis, Fahrgestell, Fahrwerk, Unterbau, Untergestell.

1.63 Geschlechtsteil

Apparat, Apparatur, Armatur, Batterie, Brunzzeug, G, Garnitur, Gemächt, Genußmittel, Geschäft, Kontor, Laden, Maschinka, Minsch, Passionsblume, Spitz, Tier, Unterbau, Verkehrsmittel, Vorderbau, Vordergeschirr, Wunderblume, Wurliblume, Zimmersportgerät. dunkler Punkt, heikler Punkt, Schandfleck. *Genitalien:* Bellamunts, Genußwaren, Waffen. *Plicae genitales:* Geschlechtsfalten. *Genitalhöcker:* Geschlechtshügel, Sexgebirge. *Sulcus genitalis:* Geschlechtsgraben, Geschlechtskanal, Ge-

schlechtsrinne, Sex-Tal. *Tori genitales:* Geschlechtswülste, Sex-Würstchen. *Genitalien, männlich und weiblich:* A und O, Baum und Borke, Belmonte und Konstanz, Birne und Stiel, Dorn und Schnalle, Glocke und Klöppel, Glocke und Schwengel, Haken und Öse, Hand und Handschuh, Katz und Maus, Knopf und Knopfloch, Mark und Bein, Mörser und Stößel, Punkt und Komma, Schloß und Riegel, Schloß und Schlüssel, Schwert und Scheide, Stecker und Dose, Topf und Deckel. Daniel in der Löwengrube, Made im Käse, Made im Speck, Orpheus in der Unterwelt, Pfahl im Fleisch. Jedes Fläschchen braucht sein Pfröpfchen. Für jede Birne ist ein Stiel gewachsen. *Geschlechtsteil im Vokabular der Masturbation:* Griffbrett, G-Saite, Klaviatur, Manual, Streichinstrument, Tastatur, Zimmersportgerät, Zupfinstrument. *Geschlechtsteil im Vokabular der Oralerotik:* Blasinstrument, Leckage, Leckerli, Lutschbeutel.

1.64 Mons veneris

Fudnoll, Mooskuppe, Schamberg, Tiefgebirge, Venusberg, Vorgebirge.

1.65 Schamhaar der Frau

Bart, Bartwisch, Brechelbusch, Brunnenkresse, Brunstbusch, Busch, Damenbart, Drahtverhau, Dreispitz, Feigenblatt, Feigenkranz, Fell, Flausch, Flohfänger, Gamsbart, Geißbart, Giftschopf, Gluntbürste, Handbesen, Handfeger, Kaiserbart, Liebesgarten, Lustgartenhecke, Lustwäldchen, Moos, Muff, Naturschutzgebiet, Ofenbank, Park, Pelz, Quaste, Rettich, Schleiße, Schnurrbart, Schopf, Schöpferl, Schürze, Seegras, Seetang, Spitzbart, Tändelschürze, Ulbricht, Unterwald, Urwald, Vließ, Vorhang, Wald, Wolle, Ypsilonwald. Borsten, Bürsten, Pfannen, Sauborsten, Wicken, Zizis, Zotten. Oase mit Palmen, Ofen mit schwarzen Pfannen. *rasiertes Schamhaar:* ratzekahle Fotze. *Rasierapparat zur Entfernung des Schamhaars:* Unterwaldshobel, Unterwaldsmäher, Unterwaldspflug.

1.66 Scheide

Acker, Armatur, Arsch, Bahnhof, Balalaika, Banfeige, Banfutteral, Bart, Basmeichel, Batterie, Bauch, Bauchfleck, Bauchtasche, Bauplatz, Beff, Beuschel, Bimsladen, Bimsrutsche, Bitschigogerl, Bletz, Blümchen, Blume, Bocherei, Bohrloch, Borke, Bremsrutsche, Bresche, Brunnen, Brunstbusch, Brunstbutte, Brunster, Brunsterl, Brunstrutsche, Brunstwinkel, Brunstzeug, Büchse, Bumsetui, Büro, Bürste, Busch, Buscha, Butscherl, Butschgerl, Butte, Dattel, Ding, Dingerl, Distel, Dose, Dreispitz, Düse, Duf, Eine, Einfahrt, Einstiegluke, Empfänger, Engpaß, Entschleimer, Etui, Falle, Falte, Fanni, Faß, Feige, Feigenblatt, Fensterstock, Fetscherl, Feuerofen, Fickgrube, Fickritze, Fiedel, Fischbüchse, Fitschigogerl, Fitzigingerl, Fleischtopf, Flohfänger, Flohtruhe, Fose, Fotze, Frau Fud, Freudental, Fud, Fummel, Funzel, Furche, Furi, Fusel, Fut, Futrille, Futteral, Gagelwitz, Gageritz, Gebärmutter, Geige, Geißblatt, Geißloch, Gemächt, Geschirr, Gespaßederl, Gigelwitz, Gigeritz, Girlitz, Gitarre, Gitzi, Glemse, Gletsche, Gletze, Glitsche, Glocke, Glockenspiel, Glücksbücherl, Glumse, Gluntbürste (bedeutet manchmal auch: Schamhaar), Graben, Grillenhaus, Grube, gute Stube, Haartruhe, Hafeneinfahrt, Harfe, Harmonika, Haube, Haubitze, Hauptportal, Häuserl, Häutl, Helmschnecke, Heringsdose, Hildegard, Höhle, Hohlweg, Horizont, Hügeldepot, Hummel, Humse, Hundehütte, Hut, ihre, die Ihrige, das irdische Jammertal, Kammer, Kapelle, Kartusche, Katz, Katze, Katzerl, Kaute, Keller, Kerbe, Kiebitz, Kinderbrunnen, Kinderplanschbecken, Klate, Klavier, die Kleine, kleine Schwester, Klementine, Klemme, Klemmring, Klemse, Klesch, Klitsche, Klumse, Klunse, Klunte, Knispeldose, Knopfloch, Knull, Koffer, Koje, Konservenbüchse, Kontor, Konzertina, Krater, Krinser, Krummei, Krummel, Kumpf, Kunne, Kutsche, Kutte, Laden, Laffoi, Lampe, Laute, Lautori, Lavoir, Leier, Leierkasten, Leitwerk, Liebesbrunnen, Liebesgrotte, Liebeskerker, Liebesmuschel, Liebesquell, Liebesschlitz, Liebesspalte, Loch, Löcherl, Lotterl, Löwenhöhle, Luder, Lumpen, Lustschloß, Lustschnecke, Lustspielhaus, Mandel, Mandoline, Mannloch, Maschine, Maschinka, Maus, Mauseloch, Mauserl, Meer, Meis, Mese, Meßle, Mesuse, Mette, Metz, Metze, Michole, Miezekatze, Mimi, Minsch, Mintz, Miss Brown, Mizzi, Moospolster, Mörser, Möse, Moss, Moß, Mosse, Mößchen, Mößle, Muff, Mühle, Mulde, Mullemaus, Musch, Müsch, Musche, Müsche, Muschel, Müschel, Müscherl, Muschi, Muschl, Müschl, Muß, Müßchen, Musse, Mussen, Mußken, Mutterschiff, Mutti, Nabelsprung, Nadelbüchse, Nadelöhr, Nekef, Nest, Nudelbrett, Nudelfriedhof, Nudelsieb, Nudeltasche, Nürnberger Trichter, Nute, Oase, Ofen, Ofenloch, Ofenröhre, offene Wunde, Öhr, Orgel, Paradies, Pauke, Pfanne, Pfefferbüchse, Pfefferdose, Pfefferhäuschen, Pfeffermühle, Pflaume, Pfluder, Pflutsche, Pimpa, Pimpel, Pimperl, Pimperle, Pißchenpee, Pitsche, Pitschka, Pletsche, Poschemine, Pritsche, Pudelhaube, Puderdose, Puhlloch, Pulverpfanne, Pummel, Pumpe, Pumpel, Pümpel, Pumpelmeise, Pumperl, Pümperl, Punze, Puschi, Puschka, Pussi, Putz, Putzerl, Putzi,

Putzzeug, Quetschkommode, Quindipse, Racheime, Rauchfang, Rausch, Reißverschluß, Riegel, Rille, Riß, Ritze, Röhrchen, Röhre, Röhrl, Rosa, Rosamunde, Rose, Rosette, Rührbutte, Rührkübel, Rumpel, Runzelfalle, Rutsche, Rutschiputsch, Saftpresse, Saftschnalle, Samendattel, Schacht, Schachtel, Schafeuter, Scham, Schambutte, Schamspalte, Schandfleck, Scharte, Schatulle, Schatzkammer, Scheibe, Scheide, Schießscheibe, Schlammtüte, Schleimbeutel, Schleimdüse, Schlitz, Schlitztrommel, Schloß, Schlot, Schlucht, Schlund, Schlüsselloch, Schmu, Schmuh, Schmuhe, Schmuppe, Schmutte, Schnalle, Schnapper, Schnecke, Schnitt, Scholle, Schosa, Schramme, Schrippe, Schrulle, Schubfach, Schublade, Schummel, Schusterfleck, Schützengraben, Schützenloch, Schwammritze, Schwanzfänger, Schwanzfutteral, Schwanzschlucker, das Schwarze, Schwester, Semmel, Sie, Spalt, Spalte, Spielbank, Spieldose, Spielwiese, Spind, Spinde, Spinett, Spritzbüchse, Spritzdose, Spritze, Spundloch, Stachelbeere, Stall, Steckdose, Stichblatt, Stichscheibe, Stollen, Stopfbüchse, Stoßspalte, Stube, Swimmingpool, Tasche, Tiefsee, Tier, Topf, Trichter, Tripmadam, Trommel, Truhe, Tschurimuri, Tunnel, Tür, U-Bahn-Tunnel, Uhr, Unterdruckkammer, Unterweite, Untiefe, Venusbergwerk, Venusspalte, Versenkung, Vesuv, Vogelbauer, Vogelhaus, Vögelkiste, Vögelnest, Vögelritze, Vogelschale, Vose, Votze, Vulkan, Wassermühle, Weide, Werkel, Witsche, Witscheriwitsch, Witz, Witzl, Wunde, Wundertüte, Wurliblume, Wurlitzer, Zapperlinger, Zeckerl, Ziehharmonika, Zielscheibe, Zifferblatt, Zipfelmütze, Zither, Zwetsche, Zwetschke, Zwickerl, Zwutscherl, Zwutschkerl. *Kinderscheide:* Bibsi, Biesi, Bitschigogerl, Blümchen, Ding, Dingerl, Dut, Fifi, Fitschigogerl, Fitzigogerl, Gagelwitz, Gageritz, Gigelwitz, Gigeritz, Girlitz, Gitzi, Katzerl, die Kleine, kleine Schwester, Löcherl, Miezekatze, Mimi, Mizzi, Mößle, Muschi, Pipsi, Puschi, Pussi, Putzi, Tschurimuri, Witscheriwitsch, Wurliblume. *enge Scheide:* Beißzange, enger Schlund, enges Geschirr, Engpaß, Hohlweg, Klemme, Klemmfotze, Klemmring, Meeresenge, Quetsche, Quetschmaschine, Schlinge, Schnappfut, Schwanzklammer, Schwanzklemme, Wegenge, Zange, Zwicke, Zwickmuschi. *sie hat eine enge Scheide:* sie ist eng gebaut, sie klemmt. *ausgeweitete Scheide:* alte Tasche, altes Haus, Aquarium, ausgeleierte Leier, Bademulde, Bauerntruhe, Binnenmeer, Ente, Haus, Käsetasche, Kinderplanschbecken, Kleiderschrank, Konservenbüchse, Kübel, Kuhfotze, Müllkute, Planschbecken, Rangierbahnhof, Rührkübel, Scheunentor, Schnabelfut, Schwimmbassin, Tonnengewölbe, Waschfrauenmöse, Waschwanne, weiter Schlund. *sie hat eine weite Scheide:* sie ist weit gebaut, sie klemmt nicht. *Scheide mit trainiertem Schließmuskel:* Absaugevorrichtung, Melkmaschine, Molkerei. *Scheide einer über dem Gesicht kauernden Frau:* Himmel voller Geigen. *Scheidenvorhof:* Schwelle, Sicherheitszone, Türschwelle, Vorfotze, Vorhölle, Vorlaube, Vormund. *Constrictor cunni:* Klemmring. *Portio vaginalis uteri:* Grund (in den Grund bohren). *Cervix uteri:* Musikantentisch. *Scheide im Vokabular der Masturbation:* Fingerbad, Puhlloch, Reibfläche, Rührbutte, Rührkübel, Selbstbedienungsladen, Spielbank, Wichsladen, Zimmersportgerät. Griffbrett, Klaviatur, Manual, Streichinstrument, Tastatur, Tastenbrett, Zupfinstrument. Balalaika, Drehorgel, Fiedel, Geige, Gitarre, Glockenspiel, Handorgel, Harfe, Harmonika, Klavier, Konzertina, Laute, Leier, Leierkasten, Mandoline, Orgel, Quetschkommode, Rührtrommel, Schlitztrommel, Spieldose, Spinett, Taschenorgel, Werkl, Wurlitzer, Ziehharmonika, Zither, Zupfgeige. *Scheide im Vokabular des Cunnilinctus:* Baunzerl, Becher, Blasröhrchen, Blasröhrl, Blume, Brötchen, Brunnen, Dorli, Düse, Feige, Fleischtopf, Honigblüte, Kelch, Kehle, Keller, Kipferl, Krapfen, Land wo Milch und Honig fließt, Liebesbrunnen, Liebesquell, Lunge, Lutschbeutel, Mandel, Marille, Maultrommel, Mundharmonika, Mundhobel, Mundloch, Okarina, Pfanne, Pflaume, Pfluder, Pofese, Rein, Reindl, Röhrchen, Röhrl, Saftpresse, Schaf-Euter, Schlinge, Schlund, Schnitte, Schrippe, Semmel, Stachelbeere, Weide, Wunderblume, Wurliblume, Zahngasse, Zwetsche, Zwetschke. *Scheide im Vokabular der Urophilie:* Blase, Brunzbusch, Brunzbutten, Brunzer, Brunzerl, Brunzrutschen, Brunzzeug, Pißchenpee, Pißdüse, Pißfalte, Pissoir, Quellgebiet, Schifferklavier, Seehafen, Seichbüchse, Wasseranschluß, Wassermühle, Wasserscheide, Wasserwerk, Waterkant. *Scheide im Vokabular des Sadomasochismus:* Anstich, Durchstich, Durchstoß, Einstich, geriebene Semmel, Haubitze, Kartusche, Pulverpfanne, Pulverkiste, Riß, Schießbude, Schießscheibe, Schützengraben, Schützenloch, Stichblatt, Stichscheibe, Zielscheibe. *Scheide im Prostituiertenvokabular:* Automatenschlitz, Fickautomat, Goldgrube, Goldmine, Mine, Zeche, Sparkasse, Sparschwein. *die Scheide der Mutter im Inzest-Vokabular:* Familiengrab, Familiengruft, häusliche Schwelle, Heimaterde, Mutterboden, Schoß der Familie.

1.67 Schamlippen
Banfeigen, Beffchen, Beffzen, Bimsrutschen, Bitschen, Bletschen, Bremsrutschen, Brunstbutten, Brunzbutten, Bürsten, Butten, Buxen, Falten, Flügel, Fudläppchen, Fudrillen, Furchen, Gageritzen, Gigeritzen, Gladen, Glemsen, Gleschen, Gletzen, Glitschen, Glumsen, Glundbürsten, Glunsen, Humsen, Kartuschen, Klementinen, Klemmen, Kleschen, Kletzen, Klitschen, Klumsen, Klunsen, Kühlrippen, Lappen, Lippen, Lumpen, Lungenflügel, Marillen, Nudeltaschen, Pflutschen, Pritschen, Punzen, Quetschen, Rillen, Rührbutten, Rutschen, Schambutten, Schnallen, Schnecken, Schnitten, Schwanzklemmen, Spalten, Trüffeln, Wasserlefzen, Zwutschen. *unelastische Schamlippen:* Steinbutten. *ausgeweitete Schamlippen:* Hottentottenschürze. *Labia majora:* Oberlippen. *Labia minora:* Unterlippen.

1.68 Klitoris
Begeisterungsknöpfchen, Blinddarm, Bubikopf, Damendegen, Däumchen, Feigenwarze, Funzeldocht, Futwarze, Jud, Kitzler, der Kleine, Knopf, Knöpfchen, Lappenanhänger, Lötkolben, Lustzapfen, Maus, Mutterkorn, kitzliger Punkt, Putz, Putzerl, Putzi, Schneckennudel, Schusterwarze, Torturm, Türklingel, Türklopfer, Verkehrsknotenpunkt, Warze, Zitternadel. *bei der Masturbation:* Bimsstein, Blümchen (Blümchen pflücken = masturbieren), Handgepäck, Kegelkopf, Reibfläche, Schleifstein, Selbsttröster, Spielbein, Spitzharfe, Wetzstein, Wichsknopf, Wichskorn, Wichsstein, Wichswarze, Wichszapfen. *beim Cunnilinctus:* Blümchen (am B. nagen), Dattelkern (am D. lutschen), Feigenkorn, Genußwurzel (an der G. nagen), Landzunge, Pflaumenkern, Prinzeßbohne (an der P. nuckeln), Saubohne, Zwetschkenkern. *Frau mit hervorstehender Klitoris:* Klemme, Klemmfotze, Quetsche, Quetschmaschine, Schwanzklemme.

1.69 Hymen
Haut, Jungfernbremse, Jungfernhäutchen, Rubikon. Büchsendeckel, Dosendeckel, Kofferdeckel. Eingangstor, Eingangstür, Haustür, Ladentür, Stalltor, Stalltür, Wohnungstür. Gitter, Schutzgitter, Sicherheitsscheibe, Sicherheitsschloß, Verhütungsdeckel, Verhütungsgitter, Verschluß, Verschlußdeckel. Bunker, Kloster, Tresor, Zwinger. die Mauer, der eiserne Vorhang, die Wand. *Sophisticatio virginum:* Maihäutchen, Konservenbüchse. *Mittel zur Herstellung der Illusion eines Hymens:* Jungfernessig, Maientau. *Beschützerin des Hymens:* Perchta, die Perchten.

1.70 Vaginalsekret
beim Koitus: Bohnerwichse, Getriebeöl, Gleitwachs, Lederbalsam, Motoröl, Schmieröl. Fluß, Glumse, Sextrakt. *beim Cunnilinctus:* Ambrosia, Aspik, Begeisterungssaft, Blütenhonig, Buttenmost, Feigensaft, Fotzenkäse, Gallert, Gelee, Götterspeise, Honig, Kuhsaft, Manna, Maulbeeren, Nektar, Pflaumenmus, Pflaumensaft, Pflaumensuppe, Pfläumliwasser, Rohkost, Saft, Sahne, Schaum, Schaumspeise, Scheidewasser, Schlagobers, Schlagrahm, Schlagsahne, Schleim, Schlippermilch, Schlottermilch, Schwitze, Seim, Soße, Sülze, Trüffel, Wonnekleister, Zwetschenmus, Zwetschensaft, Zwetschenschnaps, Zwetschensuppe. *Vaginalsekretion erzeugen:* in Fluß bringen.

1.71 Vaginalgeruch
Aroma, Brunzel, Büchsenfisch, Dosenfisch. *aus der Vagina riechen:* brunzeln, fischeln, grammeln. *Frau, die aus der Vagina riecht:* Brunzel, Büchsenfisch, Dosenfisch, Grammel, Knoblauchzwiebel, Zwiebel. *Vaginalspray:* Fosenentgifter, Fosenentlüfter.

1.72 Schamhaar des Mannes
Eberborsten, Roßhaar, Rübenkraut, Schwanzhaar, Spargelkraut.

1.73 Penis
Achse, der alte Adam, Ahle, der Alte, Amor, Amors Pfeil, Angel, Angelhaken, Antenne, Arm, der dritte Arm, Armatur, Ärmel, Arschwurzel, Ast, Balken, Bananenstaude, Bauchwärmer, Baumeister, Begeisterungsknüppel, Bein, das dritte Bein, Belmonte, Bengel, Berzel, Besen, Besenstiel, Bettzipfel, Beutel, Bierwärmer, Billardqueue, Bimbam, Bletzer, Blick, Blitzableiter, Blitzer, Blumenstöckl, Blunzen, Blutspender, Bockpfeife, Bockspfeife, Bockshorn, Bohrer, Bohrturm, Bolzen, Borste, Bremsstengel, Breslauer, Britsche, Brunger, Brunnenbohrer, Brunzer, Brunzrüssel, Bua, Bubenquelle, Bubespitzle, Büchsenöffner, Büchsenpolierer, Büchsenspanner, Büchsenstocherer, Bügel, Bügeleisen, Bügelhorn, Bügelschnur, Bummel, Bummerl, Bumser, Burjunge, Bürstenpinsel, Burzel, Buttenpolierer, Butzelmann, Chef, Damenstift, Daumen, Deckel, Deichsel, Dietrich, Dietz, Ding, Ding mit Pfiff, Dingerich, Dingus, Dorn, Dosenöffner, Dosenpolierer, Dosenspanner, Dremel, Drillbohrer, dritter Fuß, Düsenputzer, Echolot, Eichelmast, Eierschläger, Eierschwamm, Eierstab, Einer, Einspritzmotor, Eisen, das dicke Ende, Er, der rote Faden, Fahne, Fahnenstange, Familienstrumpf, Familientröster, Faser des Herzens, Fensterleder, Feuerbohrer, Feuerlöscher, Feuerquirl, Feuerspritze, Fidibus, Fiedelbogen, Fiesel, Fikus, der elfte Finger, Fisch, Fisel, Flachse, Flaschenöffner, Flinte, Flöte, Fortpflanzungsventil, Fotzenstriegel, Fotzhobel, Franz, Frauenlob, Freund, Freund Hugo, Fritz, der alte Fuchs, Fudpo-

lierer, Fudraspel, Fudspanner, Fudwalker, Fudwärmer, Fummelhobel, Funkturm, Funzeldocht, Galgenschwengel, Gari, Gebärmutterimpfer, Gebärvater, Geburtshelfer, Geheimagent, Geigenbogen, Geigerzähler, Gemächt, Genußwurzel, Geschäft, Geschirrspüler, Geschoß, Geschütz, Gewehr, Gießkännchen, Gießkanne, Girigari, Glockenschwengel, Glumsenbohrer, Glockerl, Götzenjeckel (alt), Grabstichel, Granatwerfer, Gräte, Griffel, Hahn, Haken, Halbmond, Hals, Hammer, Hanewackel, Hängemann, Hänger, Hans, Hänschen, Hänschenklein, Hansel, Hanswurst, Harke, Haspel, Hausknochen, Hausmeister, Hausschlüssel, Heft, Heimtreiber, Hemdlenz, Hemdspreizer, Henkel, Herr, Hobel, Hochspannungsmast, Holz, Horn, Hugo, Hülse, Injektionsnadel, Jaucker, Johannes, Kamerad, Kamm, Kanarienvogel, Kanone, Karl, Karre, Käsedolch, Käsekeil, Käsemesser, Käsenille, Kasper, Kegel, Kehle, Kehrbesen, Keil, Kelle, Kerl, Kerze, Kiebitz, Kikeriki, Klarinette, der Kleine, der kleine Bruder, Klinge, Klingelbeutel, Klinke, Klöppel, Klumsenbohrer, Knecht, Knie, Knief, Knochen, Knolle, Knopf, Knubbel, Knüppel, Knüttel, Kofferschlüssel, Kogel, Kolben, Konstanz, Kopf, Krawatte, Kriegsbeil, Kumpf, Lackierer, Ladebaum, Lademast, Ladestock, Ladenschwengel, Lammschweif, Lampendocht, Lanzette, Latte, Lauf, Lausewenzel, Leier, Leitfaden, Licht (großes Licht, kleines Licht usw.), Liebesdolch, Liebesknochen, Liebesquell, Liebesradar, Liebfrauenkirchturm, Liebstöckl, Lindwurm, Lochbohrer, Lochputzer, Lochspanner, Lofas, Lorenz, Löschhorn, Lötkolben, Lümmel, Lumpus, Lunte, Lustzapfen, Made, Man, Mangelholz, Mann, Maus, Meißel, Meister Iste, Messer, Mönch, Muschelöffner, Musikantenknochen, Nachtstock, Nadel, Nagel, Nagelstock, Nager, Negus, Nille, Nilliken, Nothelfer, Nudel, Nudelkulle, Nudelwalker, Nusche, Nußknacker, Ofenreiniger, Ofenrohr, Ölbohrer, Opferstock, Pabst, Paddenspicker, Paradiesschlüssel, Passionsblume, Paßmann, Paunzenstecher, Pecker, Pegel, Peger, Peilgerät, Pemstel, Pendel, Perchtenschlüssel, Perpendickel, Pertz, Peter, Peter Lentz, Petermann, Petschaft, Pfahl, Pfähler, Pfannenpolierer, Pfannenputzer, Pfefferstreuer, Pfeife, Pfeil, Pflock, Pflug, Pflugschar, Pfosten, Pfropfen, Piephahn, Pietz, Pilz, Pimmel, Pimperl, Pimperle, Pink, Pinnemännchen, Pinsel, Pint, Pipe, Pistole, Piston, Plätteisen, Polier, Portion, Präsident, Preller, Priap, Prothese, Puderquaste, Pumpenschwengel, Pumperl, Punktroller, Puschka, Putzstock, Quasimodo, Quaste, Queue, Quirl, Radiernadel, Ramme, Rammelzeug, Rammler, Rammsteven, Rasierpinsel, Raspel, Riegel, Riemen, Riemler, Rillenputzer, Ringelstecher, Ritzenhobler, Robert, Rohr, Röhrchen, Röhrl, Rohrnudel, Rubbler, Rübe, Ruder, Rührer, Rührlöffel, Rührstock, Rüssel, Rute, Säbel, Saftbohrer, Saftmesser, Salonnudel, Sämann, Sämling, Schacht, Schaft, Schambein, Schamlippenstift, Schaumschläger, Scheibenbremse, Schellenbaum, Schere, Schieber, Schieß, Schlange, Schlauch, Schlegel, Schleifsäbel, Schleifstein, Schlips, Schlitzmesser, Schlitzputzer, Schlot, Schlotputzer, Schlüssel, Schmecker, Schmeichatz, Schmiedehammer, Schmoi, Schnabel, Schneckenhäuserl, Schusterjunge, Schustermichel, Schwammerl, Schwanz, Schwartenmichel, Schwegel, Schweif, Schweifraspel, Schwellkörper, Schwengel, Schwert, Schwof, Seelenaxe, Seil, der Seinige, Seitengewehr, Sender, das einzig Senkrechte, Sense, Sichel, Solomuskel, Soßenstipper, Spachtel, Spaßwürstchen, Spatz, Specht, Speer, Spezi, Spiel, Spieß, Spion, Spitz, Spitzbacher, Spitzbein, Spitzling, Sporn, Sportkanone, Spreizer, Spritze, Spund, Spundlochbohrer, Spundlot, Stachel, Stammbaum, Standarte, Stange, Stecken, Stecker, Steckling, Stecknadel, Stehaufmännchen, Stehwurzel, Stemmel, Stempel, Stengel, Stern (aufgehender, untergehender Stern), Sterz, Steuer, Steuerknüppel, Steven, Stichwaffe, Stiebel, Stiel, Stift, Stock, Stoppel, Stoppelreiter, Stöpsel, Storchenschaft, Storchschnabel, Stoßbogen, Stößel, Stoßer, Stoßflinte, Stoßstange, Strang, Streichriemen, Strick, Strippi, Strumpf, Stützbalken, Stutzen, Tanzbein, Taucher, Tauchsieder, Telefonschnur, Thermostat, Titschkerl, Triebfeder, Triemel, Trommelschlegel, Trompete, Tröster, Trumpf, Tschingerdo, Tupfer, Unterarm, Unterschenkel, Vergnügungsapparat, Verkehrsader, Vice, Vize, Vogel, Vögelschnabel, Vorderachse, Vordergeschirr, Vorderlader, Vordersteven, Vorleger, Wadel, Waldhorn, Waldmeister, Walze, Wammerl, Wantenstreicher, Wedel, Weiberlob, Weihwedel, Welgerholz, Wempling, Wenzel, Werkl, Wetzkegl, Wimmerl, Windling, Wolfswurzel, Wulst, Wumpf, Wunderblume, Wurliblume, Wurm, Wurstl, Wurzel, Wurzel allen Übels, Wurzel des Mißvergnügens, Würzel, Zacharias, Zacherl, Zagerl, Zapfen, Zauberstab, Zaunpfahl, Zebedäus, Zepter, Zeug, Zibbel, Ziesemann, Zimmermannsbleistift, Zinken, Zipfel, Zischerwachel, Zitteraal, Zitternadel, Zumpel, Zumperl, Zumpf, Zuzzel, Zweck. *großer Penis:* Breitschwanz, Karl der Große, Langling, Langwellensender, Pongo, schweres Geschütz, Soßenlöffel. *er hat einen großen Pe-*

nis: er ist beschlagen, er ist stark gebaut. *kurzer, dicker, harter Penis:* Steinpilz. *langer, dünner Penis mit großer Eichel:* Spaltpilz. *nach oben gebogener Penis:* Husarensäbel, Türkensäbel. *Kinderpenis:* Däumchen, Däumling, Hänschenklein, Hirtenflöte, Kadettenflöte, Kinderarm, der Kleine, der kleine Bruder, Kurzwellensender, Lümmelchen, Lumpi, Pimpf, Spielbank des kleinen Mannes, Spitzflöte, Steppke, Stift, Zartflöte, Ziesemann; grüne Gurke, grüne Rübe, grüner Spargel, kleiner Finger, kleine Portion. *Penis eines senilen Mannes:* Hohlflöte, abgespielte Flöte, abgebissenes Mundstück, abgebrochener Backenzahn, ausgelutschter Bonbon, ausgelutschter Spargel, ausgetrockneter Liebesquell, weiche Banane, weiche Nudel. *Penis eines sexuellen Angebers:* Bombardon, Gellflöte, Posaune. *Penis eines Försters:* Waldhorn. *Penis eines Alpenbewohners:* Alphorn. *Penis eines Schäfers:* Hirtenflöte. *Penis eines Tenors:* Tenorschlüssel. *Penis eines Bassisten:* Baßschlüssel. *Penis im Vokabular der Masturbation:* Billardqueue, Bimsstein, Einhandflöte, Fiedelbogen, Handbremse, Handfeuerwaffe, Handorgel, Nothelfer, Onaniergurke, Schleifstein, Selbstschußwaffe, Selbsttröster, Solomuskel, Spielbank des kleinen Mannes, Spielbein, Stehgreif, Streichinstrument, Taschengeige, Taschenorgel, Tastatur, Trumpf, Tube, Wetzstein, Wichswurzel, Zimmersportgerät, Zupfgeige, Zupfinstrument. *Penis im Vokabular der Fellatio:* Aal, Backenzahn, Banane, Baum der Erkenntnis, Besenstiel, Blasröhrchen, Blasröhl, Blockflöte, Blume, Blunze, Blutwurst, Bockwurst, Bonbon, Brezel, Bubespitzle, Burenhäutl, Currywurst, Daumen, Eierschwamm, Eisbein, Fagott, Flöte, Flügelhorn, Fotzenhobel, Gellflöte, Gewürzgurke, Gräte, Gurke, Hausmacherwurst, Haut, Hirtenflöte, Hohlflöte, Kelch, Kipferl, Klarinette, Knebel, Knochen, Kruspelspitz, Kümmelstange, Ladestock, Liebesknochen, Liebesquell, Liebstöckl, Lippenstift, Luller, Lutschbonbon, Lutschknochen, Makkaroni, Mundharmonika, Mundhobel, Mundstück, Nachthorn, Nudel, Oboe d'amore, Okarina, Pfeife, Pfifferling, Pilz, Posaune, Rachenkotzer, Rohrflöte, Rübe, Rüssel, Rute, Sackpfeife, Saftpresse, Saftstiel, Salami, Salzstange, Schalmei, Schlauch, Schmecker, Schnabelflöte, Schnuller, Sodafontäne, Spargel, Spitzbein, Spitzflöte, Steckrübe, Stengel, Stixibonbon, Stock, Striezel, Sülzer, Trompete, Trüffel, Vogelflöte, Vögelflöte, Waldhorn, Wecken, Weckerl, Wolfswurzel, Wunderhorn, Wurst, Zahnstocher, Zapfsäule, Zartflöte, Zuckerhut, Zuckerstangl, Zuckerstein, Zungenpfeife, Zuzzel. *Penis im homosexuellen Sprachgebrauch:* Bruder, Chef, Freund, Freund Hugo, Herr, Kamerad, Spezi. Aftergeige, Arschkitzler, Hinterglied, Maulwurf, Rücklicht, Steißbein. *Penis im Sprachgebrauch des Gruppensex:* Vorderlicht (beim Triolismus der Penis des vorderen Partners), Rücklicht (beim Triolismus oder bei der Pedicatio der Penis des hinteren Partners). Gurkensalat, Rübensalat, Spargelsalat, Wurstsalat (die Glieder mehrerer Männer beim gleichzeitigen Koitus). *der Penis des Vaters im Sprachgebrauch des Inzests:* Familienstand, Hausknochen, Stammbaum. *Penis im sadomasochistischen Sprachgebrauch:* Axt, Bajonett, Beil, Brecheisen, Brechstange, Brennstift, Büchsenreißer, Buschmesser, Buttenreißer, Dampfhammer, Dampframme, Distelstecher, Dorn, Dosenreißer, Feitl, Feuerhaken, Flinte, Fudhobel, Fudreißer, Fudwalker, Gnadenhammer, Karabiner, Kloben, Krötenstecher, Meißel, Paunzenstecher, Pistole, Prügel, Ramme, Riemen, Rute, Schlitzmesser, Schlitzreißer, Schlitzsprenger, Schmoreisen, Schneidbrenner, Schüreisen, Seitengewehr, Taschenmesser, Unterleibszerstörer, Widerhaken. *Penis im Sprachgebrauch der Urophilie:* Ausguß, Fürst, Pipi, Luller, Lulli, Pisser, Pißpinsel, Pißtole, Seegurke, Seicher, Struller, Wasserhahn, Wassermesser, Wasserpfeife, Wasserschlauch, Wasserspeier, Wasserspender, Wasserwerk. *Penis beim Harnröhrenkatarrh:* schiefer Turm von Pissa. *Penis im Sprachgebrauch der Zoophilie:* Kuhschwanz, Pferderiemen, Rindsnille, Schwanenhals, Storchschnabel, Vögelschnabel. *Penis und Skrotum:* Bestemm, Bocherei, Garnitur, Kurzwaren, Fleisch und Knochen, Haut und Knochen, Kind und Kegelkugeln, Pfeil und Bogen, Sack und Pack. *mit den Fingern den erigierten Penis imitieren:* einen Mönch stecken.

1.74 Glans penis

Bubikopf, Daumennagel, Eichel, Fingerkuppe, Fingerspitze, Kegelkopf, Kopf, Mundstück, Nadelspitze, Nagelkopf, Nasenspitze, Nudelkopf, Pfeifenkopf.

1.75 Praeputium

Abrahamshäutchen, Bananenschale, Eihäutchen, Fingerhut, Gurkenschale, Haut, Kragen, Mündungsschoner, Pelle, Schwarte, Strumpf, Vorhaut, Wurstpelle. *überhängendes Praeputium:* Leberwurst, Zipfelnille, Zippelnülle. *Eichel und Praeputium:* Kopf und Kragen. *beschnittenes Praeputium:* Mutz, geschälte Gurke, Wurst ohne Pelle. *beschneiden:* absägen. *beschnitten:* schief gewickelt. *Nichtbeschnittener:* Breslauer.

1.76 Skrotum

Beutel, Drüsenhalter, Dudelsack, Einkaufs-

netz, Fortpflanzungsbeutel, Gemächt, Gepäckhalter, Gepäcknetz, Gepäckträger, Glibberkorb, Hängematte, Hodenschaukel, Kerngehäuse, Klingelbeutel, Klötenbecher, Kugellager, Pfeifensack, Preßsack, Pulverkammer, Pulverkiste, Pulvermagazin, Sack, Samenanlage, Samenhülle, Sämerei, Schellenbeutel, Tank, Tresor, Windbeutel. *Mann mit großem Skrotum:* Schlappsack. *Skrotum im Sprachgebrauch der Masturbation:* Kegelbahn, Krabbelbeutel, Murmelbeutel, Spielbank. *Skrotum im Sprachgebrauch der Oralerotik:* Appeltüte, Dudelsack, Eierbecher, Eiersack, Eierschaukel, Eihaut, Frischhaltebeutel, Gari-Kiß, Gludenkiß, Kaltschale, Klößchenschale, Pfeifensack, Tomatenkorb, Traubenbecher, Traubenkorb, Traubenschale, Zwiebelbeutel. *am Skrotum lecken:* beutelschlecken. *Skrotum im urophilen Sprachgebrauch:* Wassersack.

1.77 Hoden

Brunzkugeln, Drüsen, Eier, die Eier des Kolumbus, Flintenkugeln, Gepäck, Gladen, Gluden, Kanonenkugeln, Klooten, Klöten, Liebesdrüsen, Samendatteln, Samenkapseln, Samenkerne, Schellen, Vorsteherdrüsen. *bei der Masturbation:* Billardkugeln, Kegelkugeln, Murmeln. *mit den Hoden spielen:* billardieren, Faustball spielen, Handball spielen, kegeln, kugeln, kugelschieben, kugelstoßen, Taschenbillard spielen, Taschengolf spielen, Taschentennis spielen. Den Stein ins Rollen bringen. Den Daumen auf den Beutel halten. Das dritte Ei suchen. Die dritte Klöte (Kugel, Tomate) suchen. *Hoden im oralerotischen Sprachgebrauch:* Äppel, Eier, Hühnerobst, Klößchen, Klöße, Klöten, Krafteier, Liebesäpfel, Nüsse, Pfeffernüsse, Tomaten, Trauben, Zwiebeln. *im urophilen Sprachgebrauch:* Pißtaziennüsse.

1.78 Sperma

Begeisterungssaft, Wonnekleister, Lebenssaft, Germ, Samen, ungelegte Eier, das Kind im Manne, Manneskraft, Mumm, Murrer, Beutelmurrer, Ladung, Munition, Pulver. Batzen, Janckerl, Pschuri, Tschuri. Bibber, Gibber, Glibber, Glubber, Gallert, Motschka, Schleim, Seim, Spucke. Beize, Schaum, Schlamm, Fluß, Luft, Materie, Natur. Achsenfett, Getriebeöl, Gleitwachs, Lederbalsam, Motoröl, Öl, Schmieröl. *Sperma und Penis:* Mark und Bein. *Sperma, das nach dem Koitus aus der Scheide tropft:* Abwasser, Rücklauf. *Sperma eines anderen Mannes in der Scheide der eigenen Frau oder Freundin:* heiße Spur. *das Sperma mehrerer Männer in der Scheide einer Frau:* Eierkuchen. *Sperma bei der Fellatio:* Ambrosia, Apfelgelee, Aspik, Bananensaft, Begeisterungssaft, Blauwasser, Brause, Buttermilch, Eier, Eierkognak, Eierkuchen, Eierschaum, Eierspeise, Eis, Gallert, Gelee, Götterspeise, Gurkensaft, Honig, Kaviar, Kinderbier, Kinderwein, Leckerbissen, Magenbeton, Magermilch, Mark, Motschka, Mundwasser, Nektar, Öl, Pfeifensaft, Pfeifenseiber, Pfeifensoße, Pfeifensutter, Pilzsoße, Rahm, Rohkost, Rübensaft, Rührei, russische Eier, Saft, Sahne, Schaum, Schlagobers, Schlagrahm, Schlagsahne, Schlegelmilch, Schlippermilch, Schlottermilch, Schwitze, Soße, Spargelsuppe, Sprudel, Stockmilch, Sülze, Süppchen, Tunke, türkischer Honig, Vatermilch, verlorene Eier, Weißpfeffer, Wonnekleister. *Sperma im homosexuellen Sprachgebrauch:* Perlen (Bleib bei mir, laß die Weiber in Ruh, spritz deine Perlen nicht vor die Säue!). *Sperma bei der Pedicatio:* Bohnerwichse, Popomade, Popoliermittel. *aus dem After rückfließendes Sperma:* Kielwasser, Rücklauf. *mit Kot vermischtes Sperma:* Braunkohl mit Tunke. *Sperma im urophilen Sprachgebrauch:* Grundwasser. *Sperma bei der Selbstbefriedigung:* Bauchspritzer, Matratzensaft, Opfer, Tropfen aus dem heißen Stein.

1.79 Smegma

Harzer, Käsmatte, Klatschkäse, Mainzer, Mazzenkäse, Schmierkäse.

1.80 Colliculus seminalis

Samenhügel, Schnepfenkopf.

1.81 Odor hircini

Bocksgeruch, Männermoschus, Schwanzdunst, Wolfswitterung.

1.82 Perineum

Anfahrt, Anfahrtrampe, Auffahrt, Auffahrtrampe, Damm (auf den Damm gehen: gleichzeitig anal und genital koitieren oder koitiert werden), Griffbrett, Hintertreppe, Lochstreifen, Schamleiste, Spanne, Zufahrt, Zufahrtsrampe, zwischen Tür und Angel (Tür = Anus; Angel = Penis).

1.83 Gesäß

Ääs, Achergonim, Acherponim, Achtersteven, der Allerwerteste, Arsch, Arschleder, Berg, Bild, Block, Boß, die vier Buchstaben, die fünf Buchstaben, Bupper, Bürzel, Bütterich, Dokus, Dotsch, Dutsch, Fetschner, Fetzer, Füdele, Gasfabrik, Gatt, Gereit, das andere Gesicht, Gesims, Halbkugel, Halbmond, Hamm, Herodes, Hintergestell, Hinterkastell, Hinterkasten, Hintern, Hinterquartier, der Hinterste, Hintersteven, Hinterviertel, Kehrseite, Kehrseite der Medaille, Kimme, Kiste, Kollo, Kullo, Kunte, Lederzeug, Machilo, Mallus, Mond, Mörteltrog, Nörsing, Ocher, Ofen, Padde, Palduno, Pitsche, Plafandel, Plafond, Po, Podex, Po-Ebene, Pöker, Poperl, Popo, Poquadrat, Poritz, Pörschel, Protzkasten, Puhl, wo der

Rücken seinen anständigen Namen verliert, verlängerter Rücken, verlängertes Rückgrat, Rückspiegel, Scheißtrommel, Sitzfleisch, Sitzleder, Sitzling, Spiegel, Steiß, Stern, Sterz, Toches, Tokus, der Unaussprechliche, Windmacher. *im homosexuellen Sprachgebrauch:* Adamsberg, arabische Möse, Fotze der Zukunft, Griffbrett, Kurven, kurvenreiche Landschaft, männliche Rundungen, Potenzen, runde Sachen, Vögelkiste, Wakkelpeter, wohlgekurvter Landeplatz, Wonnegebirge. *im sadomasochistischen Sprachgebrauch:* Erziehungsfläche, Fußtrittempfänger, pädagogische Fläche, Riemenrundung. *im oralerotischen Sprachgebrauch:* Apfel, Kürbis, Leckwiese, Pudding, Quabbelpudding, Saftarsch, Schinken, Sitzfleisch, Speck, Speckseite, Wackelpudding, Zitterpudding. *männliche Gesäßspalte:* Bubifurkation, Kimme. *Haare am After:* Hinterwald. *nacktes Gesäß:* der Blanke. *fettes Gesäß:* Bierarsch, Fettsteiß, Kuharsch, Specksteiß, Wohlstandshügel. *Frau mit fettem Gesäß:* Hottentottenvenus, Kurvenwunder.

1.84 Gesäßbacke

Arschbell, Kotflügel. *Gesäßbacken:* Arschglocken, Backen, Butten, Goffen, Hinterbacken, Hinterreifen, Klamotten. *Gesäßbacken im analerotischen Vokabular:* Kurven, Potenzen, runde Sachen, Rundungen. *Gesäßbacken im homosexuellen Vokabular:* männliche Rundungen. *männliche Gesäßspalte:* Bubifurkation, Kimme.

1.85 Anus

Arschloch, Arschiv, Auspuff, der Braune, Braunkohlenbergwerk, Braunschweiger, Dotsch, Fetschner, Gasometer, Geel, Glumse, Goldgrube, Höhle, schwarze Kammer, Kerbe, Kimme, Krakau, Krinser, Lehmkuhle, Loch, Mechile, Müllkute, Ofenloch, Pforzheim, Pitsche, Popart (nicht Pop-Art, sondern Po-Part), Rosert, Scheibe, Schlauch, Schlot, Schmelzer, der Schwarze, Senffaß, Spundloch, Trompete, Tunnel, Ventil, Ventilation, Vergaser. *homosexuelles Vokabular:* Afterrose, Blume, Rosette. arabische Möse, Arschmöse, Brunzer, Bubifurkation, Butterfaß, Empfänger, Etui, Faß, Fickgrube, Fotze der Zukunft, Futteral, Gurkenfaß, Homofotze, Klemmring, Lustspielhaus, Rückschlagventil, Rückstrahler, Schwanzfänger, das Schwarze (Schuß ins Schwarze = Pedicatio), Trüffel, Vögelkiste, Vögelnest, Weidloch. Bergwerk, Bohrloch, braune Kammer, braune Kiste, Büro, Hauptportal, Herrschaftseingang, Hinterhaus, Hinterkammer, Hintertür, Hintertürchen, Hügeldepot, Keller, Maschinka, Poportal, Schublade, Tasche, Tür, Türchen, Truhe. *oralerotisches Vokabular (Anilinctus):* Blasröhrchen, Flöte, Trompete, das Land wo Milch und Honig fließt, Popokal, Schlund. Butterfaß, Gurkenfaß, Mostrichtopf, Senffaß. Zwetschkenkern. *analerotisches Vokabular (Analmasturbation):* Arschiv, Goldgrube, Griffbrett, Klaviatur, Manual, Puhlloch, Weidloch. *analerotisches Vokabular (Skoptophilie):* goldene Berge, Rückblick, Rückschau, Rücksichtnahme, Kürbisernte, Kürbispflücken (d. i. die Enthüllung der Gesäße einer Anzahl von Männern und Frauen, deren übriger Körper bedeckt oder bekleidet ist). *der weibliche After:* Fräulein Braun, Frau Braun, Miss Brown. *der männliche After:* Herr Braun, Mr. Brown. *anal:* a posteriori, andersrum, hintenrum, hinterrücks, rücklings, popig.

1.86 Beine

Gebrüder Beeneken, Flurschadenhölzer, Gehwarzen, Graitel, Hammelbeine, Haxen, Klamotten, Knochen, Kokeles, Laufer, Lopstekken, Mauken, Reckel, Schleifsäbel, Spazierhölzer, Ständer, Stelzen, Strampel, Trampen. Chassis, Fahrgestell, Fahrwerk, Gangwerk, Gehwerk (flottes G. usw.), Gestell (kesses G. usw.), Lauf, Läufling, Laufwerk (schlaues L.), Stammerling, Unterbau, Untergestell. *analerotisches Vokabular:* Kackstelzen, Kotflügel. *dicke Beine:* Betonstampfer, Flaschenbeine, Klavierbeine, Stempel. *dünne Beine:* Spargelbeine, Stelzen, Storchbeine, Streichholzbeine, Streichhölzer. *lange Beine:* große Übersetzung, hoher Wasserfall. *kurze Beine:* kleine Übersetzung, niedriger Wasserfall. *Mann mit kurzen Beinen und langem Oberkörper:* Sitzriese. *krumme Beine:* Bananen, Froschhaxen, Säbelbeine, SOS-Beine. *er hat krumme Beine:* Dem haben sie die Beine falschrum eingeschraubt (verkehrt eingehängt). Der hat 'ne krumme Hose an. *Mann mit krummen Beinen:* Dackel. *O-Beine:* Kinobeine («Erst haben sie sich, dann gehn sie auseinander, und dann kriegen sie sich wieder»), ondulierte Füße, Pinkelbeine, Radlerbeine, Reiterbeine, Romanbeine (siehe Kinobeine), verliebte Beine, verwunderte Beine. *O-Beiniger:* Faßreiter, Husar, Kavallerist. *er ist O-beinig:* er ist hufkrank. er ist über die Tonne gebügelt. er hat seine Beine über der Regentonne getrocknet. ihn kann man nehmen, um die Schweine zu zählen. *X-Beine:* Bäckerbeine, Kniebohrer, Knieradler, Linkser, Linksdootsche, X-Haxen. *er hat X-Beine:* er ist hufkrank. er kann mit den Knien Feuer schlagen. *behaarte Männerbeine:* Stachelbeerbeine, Igelbeine. *hübsche Mädchenbeine:* Froschschenkel, Zuckerlöffel. *Schenkel:* Combo. *der weibliche Oberschenkel:* Silberstreifen am Horizont. *dicke Waden:* Sauerkohlwaden, Sauerkrautwaden.

1.87 Füße

Fisolen, Klamotten, Klotzen, Latschen, Leixen, Löffel, Mauken, Patterchen, Plätteisen, Plattler, Spazierhölzer, Stelzen. *Fuß:* Fahrwerk, Gehwerk, Laufwerk. Brante, Gängerling, Gängling, Henkel, Hölcherling, Huf, Lauf, Laufer, Läufling, Lopsteck, Pedal, Plattling, Reckel, Regel, Schale, Scheich, Stammerling, Stammhans, Strahl, Treter, Trittling. *rechter Fuß:* Gasfuß. *zu Fuß:* per pedes, auf Schusters Rappen. *große Füße:* Flurschadentreter, Kindersärge, Quadratlatschen, Quanten, Rabattentreter, Sauerkohlstampfer, Sauerkrautstampfer, Trottoirbeleidiger. *geschwollene Füße:* Elefantenhaxen. *kalte Füße:* Eisbeine. *Schweißfüße:* Gasara, Limburger, Saftquanten, Schweißblätter, Schwitzquanten. *Fußschweiß:* Fußkäse. *Klumpfuß:* Bocksfuß, Teufelsfuß. *die Füße nach innen setzen:* über den großen Onkel laufen. *stelzen:* storchen, wie der Storch durch den Salat gehen. *Fußsohle:* Talpa. *Ferse:* Kuhr, Patuna. *Zehe:* Gusto, Untergriff. *ungewaschene Zehen:* Knoblauchzehen, Zwiebelzehen. *Hühnerauge:* Krähenauge, Leichdorn. *Fußfetischismus* 70.6.

2 Frau und Mann

Birne und Stiel, Fläschchen und Pfröpfchen, Glocke und Klöppel, Glocke und Schwengel, Krapp und Schlink, Mark und Bein, Mörser und Stößel, Punkt und Komma, Schloß und Riegel, Schloß und Schlüssel, Topf und Deckel. *Liebespaar:* siehe 9.7. *Ehepaar:* 14.47.

2.1 Mann und Frau

A und O, Baum und Borke, Belmont und Konstanz, Dorn und Schnalle, Haken und Öse, Hand und Handschuh, Knopf und Knopfloch, Made und Käse, Made und Speck, Stecker und Dose. *Liebespaar:* siehe 9.7 *Ehepaar:* 14.47.

2.2 Frau

Adamsrippe, Amsel, Apfelsine (angefaßte A., angestoßene A.), Arsch, Ba, Baby, Backhendl, Ban, Batterie, Bauchwärmer, Bauxerl, Beindl, Besen, Beserl, Besula, Biene (dufte, flotte, kesse B., Arbeitsbiene), Blatt, Bluse, Blüte, Braterl, Brett (ausgebohrtes B., verbogenes B., B. mit zwei Linsen), Brieze, Brötchen, (belegtes, unbelegtes B.), Brumme, Brummer, Büchse, Bügelbrett, Bumsetui, Bürste, Busen, Butte, Chaise, Chaumel, Chonte, Dämchen, Dämlichkeit, Dampfer (flotter, lahmer, alter D.), Ding (dummes, freches, hübsches, junges D.), die Dingsda, Donna, Dose, Dosenstück, Droschke, Düse, Echse, Ente (lahme E., rasche E.), Entsafterin, Erze, Etui, Eule, Eva, Evastochter, Falter, Fanni, Faß, Feger, Feige, Fetze, Fetzen, Flasche, Fläschchen (jedes F. braucht sein Pfröpfchen), Fleisch, Fliege (flinke F., lose F.), Flitsche, Flitscher, F-Loch, Flöte, Fohlen, Fose, Fotze, Fratz (kleiner F., süßer F.), Frettchen, Frosch, Fud, Fummel, Funzel, Fut, Futteral, Futtlerin, Gams, Gans, Gänseblümchen, Geige, Geigerin, Geiß, Gemse, Gestalt, Gestell, Girlitz, Gitarre, Gizi, Glumse, Gör, Gräte, Grätl, Gretchen, Gretl, Guste, Hanne, Harfe, Harmonika, Häschen, Hase, Haus, Haut (fabrikneue H., glatte H.), Heidi, Heidl, Henne, Hippe, Huhn (dummes, leichtsinniges, verrücktes H.), Hummel (flotte, kesse, wilde H.), Humse, Humsen, Hunderl, Huschel, Huschelliese, Huschelmetz, Ische, Jule, Käfer (kesser, netter, niedlicher, reizender, süßer K.), Kalb, Kalle, Kante, Karline, Kätzchen, Katze (falsche, fesche K., bei Nacht sind alle Katzen grau), Klate, Klater, Klavier, Klemse, Klesch, Klitsche, Klonte, Klumse, Klunse, Klunte, Knalle, Knallfrosch, Knallkörper, Kniegeige, Koffer, Koje, Körper, Krabbe, Krähe, Krone der Schöpfung, Kröte, Kübel, Kuh, Kunne, Kutsche, Kutte, Lady, Leier, Leisten, Lerche, Liese, Liesl, Lilie, Loch, Lottchen, Lotte, Lusche, Maikäfer, Maikatze, Mandoline, Marienblümchen, Marienkäfer, Maschinka, Matratze, Matroß, Maus, Meis, das Mensch, Menscherl, Mese, Meßle, Mette, Metz, Metze, Mick, Miege, Miesel, Mieze, Milbe, Mimi, Miss, Mizzi, Mörser, Mosch, Mosche, Möse, Moss, Moß, Mößchen, Mosse, Mößle, Motte, Möwchen, Möwe, Mücke, Mühle, Müllkute, Munition, Musch, Müsch, Musche, Muschel, Müschel, Muschelhaus, Müscherl, Muschl, Müschl, Muß, Musse, Mussen, Mußken, Nafke, Nandl, Nelke, Neppe, Nettchen, Nettl, Nickel, Nudel, Nudelsieb, Nummer, Nuß, Ofen, Otter, Paketchen, Pampel, Pamperl, Pfanne, Pflänzchen, Pflanze, Pflaume, Pflutsche, Pieperl, Pille, Pimpa, Pimpel, Pimperl, Pimperle, Pitsche, Plättbrett, Pletsche, Priemel, Pritsche, Propeller, Puhlloch, Pullover, Pumpel, Pumperl, Pümperl, Punze, Püppchen, Puppe, Pupperl, Puschka, Pussel, Pute, Putz, Putzerl, Putzi, Putzmusche, Quelle, Quetsche, Racheime, Rammler, Rammlerin, Range, Ratte, Reh, Reißbrett, Rettich, Rindfleisch, Röhrchen, Röhre, Röhrl, Sache, runde Sache, Sau, Schachtel, Schaf, Schäfchen, Schaffe, Schatulle, Schatzkammer, Scheibe, Scheine, Scherbe, Scherp, Schießscheibe, Schiffchen, Schinken, Schirp, Schlange, Schlinge, Schlitten, Schlitze, Schlitzerl, Schlitzfetzen, Schlitzgabel, Schlitzmatratze, Schmetterling, Schnalle, Schnalpe, Schneck, Schnecke, Schnepfe, Schneppe, Schnöse,

Schnucke, Schöcke, Schöke, Scholle, Schramme, Schraube, Schref, Schrippe, Schubfach, Schublade, Schürze, Schummel, Schwalbe, Schwester, Seege, Seelchen, Semmel, Sessel, Sieb, Sieben, Sinse, Spatz, Speck, Spind, Spinde, Spritzbüchse, Spritzdose, Spritze, Stachelbeere, Stange, Steckdose, Stichblatt, Stichscheibe, Stopfbüchse, Strampe, Strunze, Stück, Stute, Suse, Susi, Tasche, Täubchen, Tiffe, Tilla, Tille, Tochter, Töle, Tomate, Tomp, Topf, Tranke, Trine, Trommel, Trücherl, Truhe, Trutsch, Trutscherl, Tülle, Tulpe, Tülpchen, Tür (offene T., zu 'ne T.), Ursel, Veilchen, Veronika, Vitamin F, Vitamin W, Vogel, Vogelhaus, Walze, Weibsbild, Weibsen, Weibstück, Werkel, Wespe, Wetzstein, Wippe, Wipperin, Witsche, Witscheriwitsch, Wurlitzer, Wurst, Wurst in Pelle, Würstchen, Würstl, Wuzzerl, Zahn, Zange, Zauch, Zauche, Zauck, Zaucke, Zaup, Zaupe, Zehe, Zeisig, Zibbe, Ziege, Ziehharmonika, Zither, Zobel, Zößchen, Zwicke, Zwickerl, Zwitsche, Zwitscherliese.

2.2a Frau (alter Wortschatz)
Base, Basmeichel, Beff, Bein, Beinl, Blume, Boste, Bosten, Buweroll, Datsche, Diel, Diele, Dille, Dulle, Dunsel, Dunzel, Ella, Emma, Fee, Frauenzimmer, Gaxi, Geeze, Gefüdach, Gewihre, Glid, Glidd, Glund, Glunde, Glunte, Glyd, Glyde, Golle, Gollert, Gra, Grete, Grüse, Hautzin, Hulda, Jück, Jungfer, Kattunbesen, Kehrin, Klementinchen, Klementine, Krummei, Krummel, Last, Maid, Malke, Maudel, Michole, Mickmer, Mintz, Mokkel, Model, Nairos, Nekef, Potzmosche, Reff, Sen, Sennele, Sian, Wunneberg.

2.3 weiblich
dämlich, fotzig, tölig.

2.4 die Frauen, das weibliche Geschlecht
das schöne, schwache, zarte (aber oft auch: das starke) Geschlecht. Evastöchter, Schlangenbrut. Gebiß, Geflügel, Gemüse, Gevögel. Quark, Rindfleisch, die Butten, die Dämlichkeit, zarte Ohren. *Frauengeheimnisse:* Alkovengeheimnisse, Nähkästchengeheimnisse. *Frauengeheimnisse verraten:* aus dem Nähkästchen plauschen.

2.5 Mann
Adam, Bauchwärmer, Baum, Bock, Broker, Dachs, Dingerich, Erle, Fuchs, Funke, Hahn (Fosenhahn, Haupthahn, scharfer H., Schmachthahn, toller H. usw.), Heini (heißer, steiler H.), Henkel, Herr der Schöpfung, Hirsch, Isch, Karl, Knäcke, Knacker, Knilch, Knochen, Knopf, Krauter, Kumpel, Macker, Mannsbild, Milcher, Mörser, Nase, Patron, Pink, Pinkel, Pünke, Sache mit Eiern, Sack, Sackträger, Schwanz, Spund, Stern, Stenz, Steven, Vitamin M, Wurst, Wurstmaxe.

2.5a Mann (alter Wortschatz)
Äster, Bal, Bare, Bing, Bink, Blag, Gewehr, Hautz, Hontz, Kehr, Troppe.

2.6 pro Mann
pro Nase, pro Schwanz.

2.7 die Männer, das männliche Geschlecht
die Herren der Schöpfung. alles, was Hosen anhat. Adamssöhne. der alte Adam. das starke Geschlecht. *In der Homosexuellensprache:* das schöne, schwache, zarte Geschlecht.

2.8 die Männlichkeit
der kleine Finger. *seine Männlichkeit treibt ihn:* sein kleiner Finger sagt ihm.

3 Sexualität

der springende Punkt (Der Volksmund hat diesen Ausdruck in Anlehnung an die lateinische Phrase «punctum saliens» gebildet, die ihrerseits eine Übersetzung aus dem Griechischen des Aristoteles ist und bei ihm das erste Lebenszeichen im Vogelei beschreibt), der sexte Sinn, die Stimme der Natur, das Tier im Menschen, das goldene Kalb, der Tanz ums goldene Kalb, der innere Mensch, das Innenleben (handgewebtes I., kleinkariertes I., I. mit Schwimmbad, mit Wasserspülung, mit drei rothaarigen Nutten, mit sieben nackten Chinesen usw.), Unterwelt, Welt unterm Nabel, Thema eins. Zwischenmenschliche Beziehungen, Zwiegesang, zwei Seelen und kein Gedanke. *Genitalität:* Ficktick, Fingerspitzengefühl (Finger = Penis oder Klitoris), Sturm und Drang, Unterleibshunger.

3.1 sexuell (Adjektiv und Adverb)
melonisch, in puncto puncti, dabei (etwas dabei finden, nichts dabei finden, was ist schon dabei?).

3.2 sexuelle Ausstrahlung
das gewisse Etwas, Sex-Appeal, Dunstkreis, Schwanzaroma.

3.3 sexuelle Geschmacksrichtung
Bahnhof, Bahnsteig, Drall, Fakultät, Tick, Tollpunkt, Trall, Wetter (vom anderen Bahnhof, vom selben Bahnsteig, Homodrall, Sadodrall, die andere Fakultät, lesbischer Tick, sein Tollpunkt ist schwarze Unterwäsche, er kann nur beim richtigen Wetter). *angebliche Geschmacksrichtung des Wohlstandsbürgers:* Sekt, Kaviar und schöne Frauen. *Mode für sexuelle Dinge:* heiße Welle, nackte Welle, Pornowelle, Sexwelle. *Sexualsitten:* sex tempora, sex mores (unter Studenten meist als Ausruf benutzt). *jemandes Sexualneigungen ändern:* ihn umdrehen.

3.4 erogene Zone
Knopf, Knöpfchen, Puls, Punkt, Taste, Ta-

statur (Drück mal auf 'n Knopf, damit's losgeht. Den Puls fühlen, an den Puls greifen, den Puls zählen. empfindlicher, heikler, kitzliger, neuralgischer, wunder Punkt. die richtige Taste, die falsche Taste, auf der Tastatur spielen.) *Busen:* siehe 1.58. *Genitalien:* 1.63. *Scheide:* 1.66. *Penis:* 1.73.

3.5 Lust

Bettschwere, Brunst, Brunz, Feuer im Dach, Feuer im Stall, Gelust, Geriß, Gibber, Hitze, Hochwasser, Hummel(n), Nachtschweiß, Ofen, menschliches Rühren, Rührer, Strohfeuer. *Angst vor dem Alleinsein:* Budenangst.

3.6 Lust haben

brummen, stieren. abgeschmiert, anlassig, blangi, brunstig, fickrig, fidel, gamrig, geil, geilig, heiß, hitzig, kerlnarrisch, kiebig, läufig, munter, pumpeltöricht, rammlert, rammlig, scharf, schräg, schwanznarrisch, schwanztoll, verbrunzt, verrückt auf, watz, windig, wurlert sein. mit den Augen vögeln, nach dem Bettzipfel schielen, Fotzenaugen bekommen, Schlafzimmeraugen machen, Schwanzaugen haben, seinen Gefühlen kein Korsett anlegen, wie der Teufel hinter der armen Seele her sein, in der Hitze sein. es dämmert ihr. es wurlt ihr. es brummt ihr brünstig. er riecht Lunte. er riecht Speck. er hat 'n Ständer. er hat 'n Steifen. er kommt auf Touren. sie ist so scharf, sie braucht 'n Waffenschein. sie kann nicht weiter als ihr Loch sehen. er liegt den ganzen Tag auf der Wunden. ihn sticht der Hafer. ihn sticht der Kitzel. ihm steht der Schwanz nach. ihr läuft das Wasser im Loch zusammen. ihm geht's durch Mark und Bein. das Herz lacht ihm im Schwanz. das Herz schlägt ihm in den Eiern. der Puls schlägt ihr im Loch. *männlicher Ausruf:* immer dem Schwanz nach! *weiblicher Ausruf:* immer rein in die gute Stube!

3.7 keine Lust haben

Fischblut haben, Froschblut haben, einen kalten Schwanz haben, eine kalte Schnauze haben, eine Hundeschnauze haben. aus Eis, aus Holz, aus Stein sein. tiefgefroren, tiefgekühlt, unterkühlt sein. bei ihr kann man nicht warm werden. sie läßt mich kalt. sie läßt meinen Schwanz vertikal. er läßt meine Fotze trocken. er hat 'ne weiße Leber. geil wie ein Sack Wasser. scharf wie 'n abgebrochenes Messer. *Temperamentlosigkeit:* siehe 4.4. *temperamentlos:* 4.5. *temperamentlose Frau:* 4.6. *temperamentloser Mann:* 4.7. *abweisend:* 4.13. *abweisende Frau:* 4.14. *abweisender Mann:* 4.15. *Abweisung:* 11.3. *eine Abweisung erhalten:* 11.4. *abweisen:* 11.5. *jemandes sexuelle Wünsche nicht erfüllen:* 12.44. *Senilität:* 39.9. *senil:* 39.10. *senil sein:* 39.11. *senile Frau:* 39.12. *seniler Mann:* 39.13. *Impotenz:* 64.17–64.23.

3.8 Lust machen

abschmieren, andrehen, anfüttern, anheizen, anlassen, ankurbeln, anpfeffern, aufführen, aufganserln, aufgeilen, aufzäumen, begeilen, laxieren. Samen locken, die Uhr aufziehen, eine Schatulle aufziehen, das Eis brechen, Feuer legen, das Feuer schüren, Kohlen unter dem Arsch anblasen, Öl auf die Lampe gießen (schütten), die Armatur unter Strom setzen, jemandem unter die Haut gehen, jemandem was geigen, jemandem einen Steifen geben, jemandem Saft in die Fotze treiben. jemanden an der Lunte (am Pfropfen, am Loch, am Spund, an der Flasche) riechen lassen, scharf machen, in Fluß bringen, in Gang bringen, in Schwung bringen, auf Touren bringen, verrückt machen. *verführen:* 12.28. *Geschlechtsverkehr:* 26.

3.9 Sexologie

Sexfach, Siebenfach-minus. *Sexualerziehung:* Verkehrserziehung. *Aufklärung:* siehe 21. *Sexualbefragung:* Intimsphäreninvasion, Seelenspiegel, Unterleibsforschung. *sexuelles Fachwort:* Stichwort. *Sexuallexikon:* Aufgeilbuch, Stichwortverzeichnis. *Sexualberatungsspalte:* Briefkasten, Herzbriefkasten, Liebesknigge, Seelenbriefkasten, Seelenschmus, Seufzerecke, Seufzerspalte. *die Beratung befolgen:* vom Blatt spielen, nach dem Buch vögeln. *Aufklärungsliteratur:* siehe 21.7. *«unzüchtige» Schriften:* 47.21. *«Intimliteratur»:* 54.1.

3.10 Sexualforscher, Sexualberater

Charakterpopler, Fotzenspion, Grillenfänger, Liebesprüfer, Liebrat, Lochtester, Lustmacher, Nillenpfleger, Pfeifenberater, Privatdetektiv, Schwanzrat, Sexflicker, Sexwellenreiter, Steuerhelfer, Steuerprüfer, Triebrat, Unterleibsgardist, Unterleibniz, Unterleibsbelauscher, Verkehrsberater. *Arzt:* siehe 63.12. *Psychiater:* 64.4. *Psychoanalytiker:* 64.7.

4 Temperament

Bettwärme, Blutwärme, Körperwärme, Temperatur, Schmelzpunkt, Siedepunkt, Tollpunkt.

4.1 temperamentvoll

aufgekratzt, fidel, flott, frech, gepfeffert, heiß, kackfidel, keß, munter, rasch, wild.

4.2 temperamentvolle Frau

Atombombe, Blitzbraut, Bombe, Fegefeuer, Feuerbombe, Feuermelder, Flammenwerfer, Knallfrosch, Loch mit Düsenantrieb, Rakete, Tomate mit Pfeffer, Pfefferbüchse, Pfeffer-

dose, Pfefferhäuschen, Pfeffermühle, Pulverfaß, Sexbombe, Sexgranate, Sexhaubitze, Stichflamme, Temperamentbolzen, Temperamentbombe, Vitamin F, Vögelfeuer, Vulkan.

4.3 temperamentvoller Mann

Pulversack, Flammenwerfer, Vitamin M, Sache mit Eiern, Schnellpink. Flotter Fuchs, frecher Dachs, heißer Heini, kesser Schwanz, nervöses Hemd, rascher Hirsch, scharfer Hahn, toller Hecht, wilder Wicht.

4.4 Temperamentlosigkeit

Baumwollust, Blutarmut, Fischblut, Froschblut, Nachtfrost, Schüttelfrost.

4.5 temperamentlos

blutarm, dünn, faul, finster, flau, klamm, lahm, lasch, stumpf, taub, tranig, trübe; aus Eis, aus Holz, aus Stein; kalt wie eine Hundeschnauze, tiefgekühlt, unterkühlt.

4.6 temperamentlose Frau

Abgewöhne, Anöde, Einschlafe, Krücke, Macke, Mattscheibe, Pille, Pißnelke, Schlafmittel, Schlafpille, Transuse, Trantute, Tränentier, Tuffe, Tunte, Tüte, Unterwucht, Unzahn, Zimtzicke; besengter Ofen, blecherne Fut, dünne Bluse, fauler Zahn, flaue Zirze, klamme Braut, lahme Ente, lahmer Koffer, stumpfer Zahn, taube Nuß. Eisbein, Eisberg, Eisblume, Eisdecke, Eisfabrik, Eiskiste, Eiskrematorium, Eisvogel, Gefrierfleisch, Gefriertruhe, Gletscherkalb, Gletscherspalte, Kaltblut, kalte Ente, kalte Pracht, kalter Ofen, kalter Umschlag, Kühlapparat, Kühlerfigur, Kühlrippe, Kühlschlange, Lollofrigida, Polarlandschaft, Schneehase, Schneehuhn, Schneekuh, Miss Tiefgekühlt, Tiefkühltruhe.

4.7 temperamentloser Mann

Geige, Himbeer-Heini, Krücke, Kümmeltürke, Lahmarsch, Leimsieder, Mezzofortist, Moses, Ölgötze, Schlafmittel, Schlappschwanz, Spätentwickler, Töpfer, Tranfunzel, Tranlampe, Trübling, Tulpe, Unhahn, Würstchen, Zeitzünder, Zickendraht. Eisbär, Eisbeutel, Eisheiliger, Eispickel, Eiszapfen, Kaltblüter, Schneemann.

4.8 geil

abgeschmiert, anders (mir wird ganz anders, wenn du so tanzt), anlassig, blangi, brunstig, fickrig, gamrig, geilig, heiß, hitzig, kerlnarrisch, kiebig, läufig, mutterwütig, pumpeltöricht, quadratgeil, rammlert, rammlig, scharf, schräg, schwanznarrisch, schwanztoll, stierig, toll, verbrunzt, watz, windig, wurlert; in der Hitze, vom Kitzel gestochen, wie der Teufel hinter der armen Seele her; verrückt nach jemandem, schlimm auf jemanden, scharf auf jemanden, scharf wie Gift, wie Holzessig, wie Paprika, wie Schifferscheiße, wie tausend Chinesen. Die Hanne ist so scharf, die braucht 'n Waffenschein.

4.9 geile Frau

Damkuh, Hafergeiß, Otter, Rennpferd, Zobel; heiße Bluse, heißer Ofen, heiße Tomate, heißes Bügelbrett, heißes Plättbrett, scharfe Bürste, scharfe Henne, tolle Nummer, windige Stute, wurleter Propeller.

4.10 geiler Mann

Bock, Bulle, Damhirsch, Deckhengst, Fosenhahn, Geißbock, Hengst, Hobelhengst, Hurenbock, Kuttenhengst, Platzhirsch, Saumagen, Schlitzbulle, Schlitzhengst, Stier, Fikus, Immergeil, Nimmersatt, Rotschwanz, Schnellkocher, Schnellpink, Tauchsieder.

4.11 zugänglich

anbändelbar, freigebig, greifbar, für alles zu haben, offen (offene Tür), nicht ganz dicht. sie kann nicht nein sagen. sie hat ein Herz wie Butter. sie ist kein Kostverächter.

4.12 zugängliche Frau

geneigtes Ohr, williges Ohr, offenes Ohr, offene Tür. Betthase, Betthäschen, Betthupfer, Petschiermädchen, Schaukelmädchen, Schaukelpferd, Schießscheibe, Schustertoni, Stichblatt, Stichscheibe, Steckdose, Tupferl.

4.13 unzugänglich, abweisend

dicht, knitterfest, maschenfest, wasserdicht, zu, zugeknöpft, zugenäht; etepetete, madamig, zickig, zipp.

4.14 abweisende Frau

blecherne Fut, eiserne Jungfrau, Granit, Kräutlein rühr mich nicht an, Reff, verschlossene Tür, zu'e Tür. Arrogans, Block, Frosch, Kratzbürste, Pißnelke, Stachelbeere. der Frosch hat ein wasserdichtes Gemüt.

4.15 abweisender Mann

Feuerlöscher, Gemütsathlet, Granit, harte Nuß, harter Knochen, Kostverächter, Sexmuffel, Weiberfeind.

4.16 zudringlich, aggressiv

ausverschämt, dreist, naßforsch, schnoddrig, unverfroren, krötig, bissig, streitbar, kampflustig, angriffslustig, stürmisch, kriegerisch, kampfbereit, in Harnisch, in voller Kriegsbemalung, bis an die Zähne bewaffnet. jemandem zu nahe kommen, zu nahe treten, auf den Schwanz treten, ins Loch spukken. *einen Mann aggressiv verfolgen:* mit dem Schinken nach der Wurst werfen. *eine Frau aggressiv verfolgen:* mit der Wurst nach dem Schinken werfen.

4.17 zudringliche Frau, aggressive Liebhaberin

Bartkrätze, Pfeifenbändiger, Sacknudel, Samenklau, Schwanzkrabbe, Schwanzkringler. Beißzange, Fangzahn, Nessel, Peniszange, Quetsche, Quetschmaschine, Reibe, Schlinge, Schraube, Schraube ohne Ende, Schwanzklammer, Schwanzklemme, Wetze, Zange, Zwicke. Amazone, Dragoner, Massik, Matratzenwalküre, Nahkampfbosten, Nah-

kampfdragoner, Schlitzdragoner, Walküre; scharfer Zahn, Schneidezahn, Stoßzahn, Stoßschlitten.
herrschsüchtige Ehefrau: siehe 14.50. *Frauenherrschaft:* 14.52.

4.18 zudringlicher Mann, aggressiver Liebhaber

Düsenjäger, Gamsjäger, Gemsenjäger, Nachsteiger, Schnallentrecker, Schrippenjäger, Schürzenjäger, Speckjäger, Steigauf, alter Steiger. Akkordarbeiter, Bohrwurm, Bolzenmeister, Düsenputzer, Einspritzmotor, Leermacher, Messerheld, Pfannenflicker, Ranschmeißer, Rausquetscher, Säbelfechter, Schattenbrenner, Schlitzhusar, Schlitzreiter, Schlotfeger, Sportkanone, Standartenführer, Schwanz mit Düsenantrieb, scharfe Klinge, Rasierklinge.

4.19 ängstlich, scheu

bedeppt, bedrippt, etepetete, gelb wattiert, mulmig, pulverscheu, verdattert. hat einen Bammel, hat Dampf vor, hat Gänsehaut, hat die Hosen voll, den Rock voll, hat Kanonenfieber, hat keine Traute, hat Manschetten, hat Mores, hat Schiß. ihm geht der Arsch (der Schwanz, gehen die Eier) mit Grundeis. er kriegt das alte Fracksausen. ihr fällt das Herz in die Schuhe, in die Haxen, in die Fotze, ins Loch.

4.20 ängstliche Frau, scheues Mädchen

Eckzahn, Mauerblümchen, Schattenmorelle, furchtsames Häschen, scheues Reh. Mährliese, Mährsuse, Pimpelliese, Zimperlieschen, Zimperliese, Zimperliesl. Bangbüchse, Bangdose, Gummipuppe, Marzipanpuppe, Heulboje.

4.21 ängstlicher Liebhaber

Angstarsch, Angsthase, Angstmann, Angstmeier, Bangbüxe, Drückeberger, Duckmäuser, Dünnmann, Feiglaps, Hasenfuß, Hasenherz, Hosenscheißer, Lämmerschwanz, Manschettenjunker, Memme, Piepmeier, Pinsel, Schlappschwanz, Schlotterdarm, Schlotterhose, Waschlappen, banger Zibbel. *von seiner Frau beherrschter Ehemann:* siehe 14.51.

4.22 sensitive Frau

Seelchen, Seelenantenne.

4.23 sensitiver Mann

Mimosennille, zarter Schwanz.

4.24 liederlich

leicht, locker, lose, verbrunzt, vergammelt, verhaut, verkehrsreich, verlottert, windig; sextraordinär; sehr hawege. Bei mir Fahne: immer flatterhaft. *treulos:* siehe 10.6.

4.25 liederliche Frau

Barfliege, Barhocker, Bettschoner, Bettwanze, Blechtute, Brechlerin, Büchsenschleuder, Chaise, Dämchen, Feger, Fickeline, Fiedelelse, Flederwisch, Fleisch, Flitsche, Flitscher, Flittchen, F-Loch, Fluder, Flugerl, Fose, Fräulein Schlitzki, Fräulein Wuscherl, Frettchen, Früchtchen, Fummel, Geigerin, Geigerl, Grammel, Hackfleisch, Huschel, Huschelliese, Huschelmetz, Kalle, Keibe, Klonte, Klunse, Klunte, Knalle, Knallfrosch, Knallkörper, Kobelmädchen, Kübel, Kuhfotze, Kunne, Lotter, Luder, Lusche, Matratzenbein, Matratzenvogel, das Mensch, Mesuse, Mette, Motte, Müllkute, Nachtgeige, Nudelfriedhof, Nudelsieb, Pengmädchen, Pflänzchen, Pipimädchen, Plastikfick, Puhlloch, Rammel, Rammlerin, Reibe, Rodelschlitten, Schanettl, Schaukelmädchen, Schlitten, Schlitzgabel, Schlitzhose, Schlitzmatratze, Schlitzmaus, Schmuddel, Schnalle, Schwanzkiste, Sieb, Spritzbüchse, Sprungfedergewicht, Steckdose, Stichscheibe, Strampe, Strunze, Sumpfhenne, Tranke, Tropfloch, Vögelkiste, Wechselbalg, Wetze, Wusch, Zotte, Zuchtl, Zwitsche, Zwitscherliese; leichter Vogel, leichtes Tücherl, lockerer Vogel, loser Vogel, lose Fliege, verbrunzte Feige, windige Stute, letztes Loch. *treulose Frau:* siehe 10.8.

4.26 liederlicher Mann

Bettgeher, Betthupfer, Deckel, Ficker, Fiesel, G'schamster, G'schwof, G'spons, Habsburger, Hawege, Hurenbeutel, Hurenbock, Lackierer, Liederjan, Lobbingel, Lotter, Makker, Pempelmaster, Rauker, Schlamant, Schlantander, Schöcker, Schöker, Schwasser, Strawanzer, Sumpfhahn, Tupfer, Wandervögler, Wibbelsterz, Wippsterz. *treuloser Mann:* siehe 10.9.

5 Intelligenz

mehr Intelligenz als Potenz: mehr Grips als Schwanz, mehr im Kopp als im Sack (Berlin), mehr Schmalz zwischen die Ohren als zwischen die Beene (Berlin).

5.1 intelligente Frau

Blaustrumpf, Brillenschlange, Intelligenzbestie, Lexikon mit Loch, schlauer Bauch, Weisheitszahn, zweibeiniges Lexikon mit Zopf, eine ganz Gehängte, eine ganz Gehaute. wer die reinlegen will, muß früh aufstehn.

5.2 dumme Frau

Bählamm, Bähschaf, Blunz'n, Christkindchen, Dunzel, Gans, Knalltüte, Matschpflaume, Schussel, Seekuh, Tränentier, Trine, Trutsche, Unzahn, Zimtzicke; blöde Kuh, dämliche Tasse, selten dämliches Luder, klein Doofi mit Plüschloch. laß dich vom Gemeindebullen umficken!

5.3 dummer Mann

Nußknacker, Pinsel, taube Nuß. der ist hornblöde, der ist horndoof, der ist schwanzblöde, schwanzdoof. bei dem haben sie das

Kind weggeschmissen und die Nachgeburt aufgezogen. der ist so blöd, daß ihn die Hunde anpinkeln. dem haben sie ins Gehirn geschissen und vergessen umzurühren.

5.4 verstehen, begreifen

etwas begreifen: sich etwas am Arsch abfingern. *das begreife ich nicht:* ich steig da nicht durch.

6 Anziehungskraft

Das gewisse Etwas, Hochspannung, Liebhaberwert, Magnetfeld, persönlicher Magnetismus. *anziehendes Äußeres:* Sexterieur. *sie besitzt große Anziehungskraft:* sie hat hohen Liebhaberwert.

6.1 anziehend

zum Anbeißen, zum Anknabbern, zum Fressen, zum Küssen; angebrüht, knusprig, reizend, sexzellent, süß; bombig, bonforzionös, dick, dufte, edeldufte, extra, famos, fitse, flott, frisch, gebracht, gesund, glatt, groß, ganz groß, heiß, irre, jecke, jofe, kantig, keß, kitt, klotzig, knäbbig, knafte, kuschelig, mossig, niedlich, packschierlich, pfundig, quant, rabig, rasch, resch, scharf, schau, schnafte, schnatte, schnieke, schräg, senkrecht, spitz, steil, super, toll, nicht uneben, wild, wolkig, wonnig, zempe; klein aber oho; kann sich sehen lassen; ein Bild von, ein Traum von, ein Koffer; Klasse, Rasse, Wucht, Zucker.

6.2 anziehende Frau

Backhendl, Feinkost, Vitamin F, Zuckerbüchse, Zuckerdose, Zuckerdattel, Zuckerfeige, Zuckerpuppe. Astralkörper, Astralleib, Knallkörper, Luxusfigur, Stromlinienfigur, Überschallkörper. Anblick, gebrachter Anblick, Genuß für die Pupille, Panorama. dufte Bluse, fitse Haut, flotte Biene, flotter Dampfer, frische Ische, gsunde Ba, gesunde Niere, glatte Henne, glatte Spinde, glattes Geschirr, ganz große Sache, heißer Apparat, kesses Gestell, niedliche Ratte, rabige Brieze, rasche Biene, scharfe Kante, schnittiger Dampfer, senkrechte Brieze, spitze Brumme, steiler Busen, tolle Braut, wilde Priemel, wolkige Perle, wonnige Puppe. Blitzmädel, Diplombraut, Doppel-Ische, Edelschaffe, Maßmieze. Klassefrau, Klasseweib, Mordsweib, Pfundsweib, Goldzahn, Mordszahn, Platinzahn, Sonntagszahn, Überschallzahn, Überzahn. Paradebiene, Paradefee, Traum, Traumbrumme, Traumpuppe, Wolke, Wucht, Wuchtbrumme, Wonnebolzen, Wonneproppen. Kante, Knalle, Knallfrosch, Bombe, Atombombe, Schlaganfall, Umwerfe. *alter Wortschatz (Studentensprache):* Donna, Dulcinea, Erosine, Fee, Grazie, Heidi, Helena, Komtesse, Laura, Nettchen, Nymphe, Parze, Phryne, Prinzessin, Schönchen, Sylphe, Thebe, Venus, Wunneberg.

6.3 anziehender Mann

Bomber, Faß, Hirsch, Knäcke, Koffer, Lord, Macker, Scheich, Scheks, Schrank, Traum, Wolke, Wucht. Allzweck-Adam, Doppelknäcke, Goldpunke, Klassemann, Patentkoffer, Pfundskerl, Supermann, Übermann, Zentralpink. Der Allergrößte, Atombomber, Diplomhengst, Luxusschwanz, Modellstück, Paradehahn, Paradehengst, Paradehirsch, Paradesack, Schwanz zum Einrahmen, Vitamin M, Wonneschwanz, Wuchtbulle, Zuckersack. bombiger Hirsch, dufter Pünke, ganz großer Macker, gestandenes Mannsbild, heißer Heini, irrer Funke, kantiger Koffer, klotziger Bulle, knäbbiger Bock, knafter Trumm, rabiger Hengst, rascher Kumpel, scharfer Hahn, schnafter Isch, senkrechter Steher, spitzer Pink, steifer Schwanz, toller Kerl, wilder Sack, wolkiger Stern, wonniger Boy.

6.4 unattraktiv

aasig, äbsch, derglich, fies, finster, mies, obermies, nitsch, polizeiwidrig, schepp, schiefgebaut, schlotterig, struppig, verbudlich, vergammelt, verlottert, von Gott im Zorn erschaffen, zum Abgewöhnen, zum Abschießen, zum Kotzen, zum Kotzen schön; da kommt einem der Konfirmationskaffee hoch.

6.5 unattraktive Frau

Abgewöhne, Assel, Baßgeige, Bauernschreck, Brechmittel, Brechwanze, Bruchbiene, Eule, Funzen, Gesteck, Hatschen, Krähe, Krampen, Krätze, Krücke, Lausmensch, Mießige, Milbe, Nachteule, Pesteule, Rechen, Reff, Reifler, Scheißbesen, Scheißtrommel, Schlapfen, Schleiereule, Schramme, Schraubendampfer, Schreckschraube, Spinatwachtel, Straunzen, Suppenhuhn, Trutsch, Tunte, Unhenne, Unzahn, Ursel, Vogelscheuche, Zuwiderwurzen; häßliches Entlein, miese Tomate. alte Drossel, alte Schachtel, alte Vettel, alte Zange, alte Zott, das letzte Loch, verbotene Fresse, Affengesicht. bei ihr ist die Verzierung abgebrochen.

6.6 unattraktiver Mann

Brechmittel, Butzemann, Miesnick, Ritter von der traurigen Gestalt, Schauerbock, Schuhu, Unhahn, Unsympath; finstere Geige, fieser Möpp, weiches Gestell.

6.7 verführerisch

heimelig, kommlich, lauschig; mit Sex geladen, auf Sex getrimmt, sexbeladen; mit Engelszungen. *verführen:* siehe 12.28. *verführt werden:* 12.29.

6.8 verführerische Frau

Sexbiene, Sexbombe, Sex-Echse, Sexgranate,

Sexhaubitze, Sexpuppe, Sirene, Vamp, Wippe, Wipperin. in die möcht ich mich einwickeln! in die möcht ich den Kasper einpacken! *verführen:* siehe 12.28. *verführt werden:* 12.29.

6.9 verführerischer Mann
Breimaul, Lieberich, Maidlefisseler, Maidleschmecker, Poussierhengst, Poussierstengel, Rutschiputschi, Schmuser, Schmuskopp, Schmuspeter, Schwerenöter, Suitier. *Selbstbespiegelungsphrasen des erfolgreichen Verführers:* wo Tauben sind, fliegen Tauben zu. demnächst in diesem Theater (d. h. bald in meinem Bett). *verführen:* siehe 12.28. *verführt werden:* 12.29.

6.10 amüsant
ausgelassen, fidel, kackfidel, schießig, schnakig; zum Kringeln, zum Kugeln, zum Kullern, zum Piepen, zum Quieken, zum Radschlagen, zum Schiebeln, zum Schießen, zum Schreien, zum Trudeln, zum Wälzen.

6.11 amüsante Frau
Amüsiermatratze, Lustwiese, lustiger Spatz, Nettchen, Spaßcharmante, Witzfigur.

6.12 amüsanter Mann
Bruder Lustig, lustiger Kauz, lustiger Vogel, Sonny, Spaßvogel, Witzjäger, Witzling.

6.13 langweilig
blutarm, dünn, finster, flau, klamm, lahm, lasch, sägig, stumpf, taub, tranig, trübe, zickig.

6.14 langweilige Frau
Abgewöhne, Anöde, Einschlafe, Krücke, Macke, Mährliese, Mährsuse, Mattscheibe, Pille, Pißnelke, Säge, Schlafmittel, Schlafpille, Transuse, Tuffe, Tunte, Tüte, Unterwucht, Unzahn, Zimtzicke.

6.15 langweiliger Mann
Himbeer-Heini, Krücke, Kümmeltürke, Lahmarsch, Leimsieder, Mährpeter, Mezzofortist, Moses, Ölgötze, Schlafmittel, Spätentwickler, Töpfer, Tranfunzel, Tranlampe, Trübling, Tulpe, Unhahn, Würstchen, Zeitzünder, Zickendraht. blutarmes Fischchen, dünner Stift, finstere Geige, flauer Hahn, klammes Hemd, lahmer Bulle, langweiliger Peter, lascher Bock, sägiger Stenz, stumpfer Stift, taube Nuß, traniger Schwanz, trübe Tasse, zickiger Sack.

6.16 gefährlich
berückend, bestrickend, bezirzend, heikel, heiß, kitzlig, schlüpfrig, verlockend; im Feuer, auf dem Vulkan.

6.17 gefährliche Frau
Hornisse, Natter, Schlange, Wespe; Löwengrube, Wespennest; blondes Gift, Giftschlange, Lockvogel, Ringelnatter, Salonschlange, Sirene, Vamp, Vampir; Beißzange, Bißgurn, Fangzahn, Nessel, Peniszange, Quetsche, Quetschmaschine, Reibe, Schlinge, Schwanzklammer, Schwanzklemme, Zange, Zwicke; scharfer Zahn, Schneidezahn, Stoßzahn.

6.18 gefährlicher Mann
Fallensteller, Gamsjäger, Schürzenjäger. Düsenjäger, Flammenwerfer, Pulversack, Torpedoschwanz. Messerheld, Säbelfechter, Schlitzhusar, scharfe Klinge.

6.19 friedlich
kuschelig, lauschig, lind, sanft, zart; ein Herz und eine Seele, zwei Seelen und ein Gedanke, Hand in Hand, Arm in Arm, mit dem Mantel der Liebe zugedeckt, um des lieben Friedens willen.

6.20 friedliche Frau
friedlicher Engel, kleines Lämmchen, zarte Rose, sanftes Täubchen. Frieda, Friedegunde, Friederike, Friedhilde.

6.21 friedlicher Mann
Friedel, Friedemann, Friedemund, Friedgar, Friedhelm, Friedmar, Friedmund, Fridolin, Friedrich; sanfter Heinrich.

6.22 von zweifelhafter Anziehungskraft
doppeldeutig, doppelgleisig, doppelsinnig, halb und halb, halbschlächtig, hin und her, mehrsprachig, sächlich, stereo, zweigleisig, zweischläfrig, zweispännig, zweispurig; es ist noch alles drin. rein mit die Wäsche oder raus mit die Wäsche?

7 Partnerwahl

Anschaffe, Aufreiße, Fang, Jagd, Lepschi, Tour; Belieben, Fickmühle, Fleischbeschau, Gattenwahl, Hammelsprung, Selbstbedienung, Selbstbedienungsgeschäft, Selbstwählbetrieb, Stichwahl, Verhältniswahl, Volksbegehren, Zuchtwahl; Bienenfang, Blütenlese, Brautschau, Damenwahl, Eiertanz, Frauenstimmrecht, Katzenfang, Krabbenfang, Lerchenfang, Scheideweg; die große Lotterie, Liebeslotterie, Liebestoto, Roulette der Liebe, Wettlauf um die Wurst (die Banane, die Feige, die Pflaume, den Apfel), Streit um den Apfel, Parisurteil. ich hab Glück bei Frauen: mir gefällt jede!

7.1 Sexualpartner
der (die) Auserwählte, der (die) Richtige, der wahre Jakob, das richtige Loch, der richtige Schwanz; *verfügbare Partner:* freie Aussicht, freie Bahn, freie Stelle, freie Strecke, freie Wirtschaft. Licht auf der Brükke. *möglicher Partner:* Zukunftsmusik. *Freundin:* siehe 8.2–8.14. *Freund:* 8.15–8.27. *Geliebte:* 9.8. *Geliebter:* 9.9. *Beischläferin:* 26.1. *Beischläfer:* 26.2.

7.2 mein Typ
meine Abteilung, meine Blutgruppe, meine Handschuhnummer, meine Hausnummer,

meine Hutweite, meine Kragennummer, meine Kragenweite, meine Machart, meine Nummer, meine Schuhnummer, meine Taillenweite, meine Tonart, meine Tonleiter, meine Webart, meine Wellenlänge; mein Element, mein Fall, mein Film, mein Geriß, mein Stern, mein Typ. Bei mir Lumumba: Vorliebe für Schwarz. Bei mir Feuerwehr: Vorliebe für Rot. Bei mir Kastanie: Vorliebe für Braun. Bei mir Veilchen: Vorliebe für blaue Augen.

7.3 auf Partnersuche gehen
abgrasen, angeln, angeln gehen, auf Anschaffe gehen, Anschluß suchen, Fallen stellen, auf Fang gehen, auf Jagd gehen, jagen, aufs Korn nehmen, auf Lepschi gehen, was Menschliches aufreißen, was Menschliches aufstellen, sich was Menschliches beibiegen; peilen, rummotzen, tigern, auf Tour gehen, Vogelfallen stellen, Vögelfallen legen. *sich nach einem Liebespartner umsehen:* siehe 12.8.

7.4 Mädchensuche
Bienenfang, Blütenlese, Brautschau, Katzenfang, Krabbenfang, Lerchenfang, Parisurteil, Streit um den Apfel, Wettlauf um die Feige (den Fleischtopf, den Jungfernkranz, die Pflaume, die Zwetsche). *Fotograf auf der Suche nach einem Modell:* Sucher.

7.5 auf Mädchensuche gehen
auf Bienenfang gehen, Blütenlese machen, auf Brautschau gehen, auf Freiersfüßen gehen, auf Katzenfang gehen, auf Lerchenfang gehen, auf den Scheideweg gehen, auf den Schnallenritt gehen, an den Speck gehen, auf Tauche gehen, die Zahngasse abklappern.

7.6 ein Mädchen einfangen
eine abkriegen, sich eine anlachen, eine Bluse auftreiben, eine Büchse aufreißen, eine Büchse aufstellen, eine auftun, sich eine beibiegen, sich einpuppen, auf ein Loch stoßen, auf was Menschliches stoßen, einen Pullover organisieren, eine aufs Rohr nehmen, eine auf dem Rohr haben, sich eine zulegen; können («Wo kann man hier in eurem Dorf?» – «Der Naschmarkt ist unten am Fluß.»); was machen («Wo kann man hier was machen?» – «Die meisten Bienen sind im Park.») *ein Mädchen mitnehmen:* siehe 12.26.

7.7 Männerfang
Damenwahl, Eiertanz, Frauenstimmrecht, Gattenwahl, Hammelsprung, Schwanzbeschau, Stichwahl, Wettlauf um die Wurst (den warmen Aal, den Apfel, die Banane, die Bockwurst, die Currywurst, die Eier, die Gurke, die Pfeife, die Rübe, die Salzstange, den Spargel, ums Bubespitzle).

7.8 auf Männerfang gehen
Anschluß suchen, Damenwahl machen, nach Eiern suchen, einen Eiertanz veranstalten, das Frauenstimmrecht ausüben, auf Gattenwahl gehen, einen Hammelsprung veranstalten, die Hämmel hüpfen lassen, sich am Kampf ums Bubespitzle beteiligen, nach Ostereiern suchen, auf Schwanzschau (Schwanzbeschau, Schwanzsuche) gehen, auf Stichwahl gehen, sich dem Wettlauf um die Wurst (um den warmen Aal, die Banane, die Bockwurst, die Currywurst, die Eier, die Gurke, die Pfeife, die Rübe, die Salzstange, den Spargel) anschließen. *einen Mann mitnehmen:* siehe 12.26.

7.9 einen Mann einfangen
einen abkriegen, sich einen anlachen, Ankratz haben, sich einen beibiegen, eine Bockwurst aufgabeln, eine Currywurst aufgabeln, eine Pfeife organisieren, einen Schwanz auftreiben, einen Schwanz hochgehen lassen, eine Wurst aufgabeln. *einen Mann mitnehmen:* siehe 12.26.

7.10 Bekanntschaft
Ankratz, Anriß, Aufriß, Riß. Berufsbekanntschaft, Reisebekanntschaft, Straßenbekanntschaft, Zufallsbekanntschaft. *Freundschaft:* siehe 8.

7.11 zusammenpassen
der Schlüssel paßt, der Stecker paßt, das Gesangbuch paßt, das paßt alles, paßt wie angegossen, paßt wie Arsch auf Eimer, wie der Schwanz ins Loch; sie gehören zur selben Abteilung, sie haben die gleiche Blutgruppe (die gleiche Handschuhnummer, dieselbe Hausnummer, dieselbe Hutweite, die gleiche Kragennummer, dieselbe Kragenweite, die gleiche Schuhnummer, dieselbe Taillenweite, die gleiche Webart), sie haben sich gesucht und gefunden, sie sind auf derselben Wellenlänge, sie sind ein Herz und eine Seele, sind zwei Seelen und ein Gedanke, sie sind wie die Kletten, wie Pech und Schwefel, sie singen in derselben Tonart; sie schmeckt ihm, er schmeckt ihr; sie ist sein Fall, sein Typ; er ist ihr Stern; sie hat sein Geriß; er hat für sie einen Nerv; sie hat was, das kitzelt ihn. sie hat ein geheimes Glockenspiel, das kann nur er hören. *sie passen zusammen (Homosexuellensprache):* sie stehen auf du und du (stehen = erigieren). *zu zweit, befreundet:* siehe 8.1.

7.12 nicht zusammenpassen
der Schlüssel paßt nicht, der Stecker paßt nicht, seine Nase paßt ihr nicht, er paßt ihr nicht in den Kram, er paßt ihr nicht in den Streifen, er paßt ihr wie die Faust aufs Auge, wie der Faust aufs Gretchen, wie der Igel zum Arschwisch, wie der Igel zur Türklinke; sie geht mir gegen den Strich, sie hat nicht meine Handschuhnummer, meine Hausnummer, meine Hutweite, meine Kra-

gennummer, meine Machart, meine Nummer, meine Schuhnummer, meine Taillenweite, meine Tonart, meine Webart, meine Wellenlänge. er ist nicht nach meiner Mütze. er ist nicht mein Fall, mein Film, mein Stern, mein Typ. sie sind wie Katz und Maus, wie Wolf und Schaf, wie Hund und Katze. *Geschlechtsverkehr zwischen geistig nicht zusammenpassenden Menschen:* geistfreier Sex. *sich zanken:* siehe 11.11. *Ehekrach:* 14.58.

8 Freundschaft

platonische Freundschaft, Tunke, dicke Tunke, Wahlverwandtschaft, Zwiegesang, *Bekanntschaft:* siehe 7.10.

8.1 befreundet, zu zweit
Kopf und Arsch, ein Herz und eine Seele, zwei Seelen und ein Gedanke, wie die Kletten, dick wie Tunke, auf du und du, Schulter an Schulter, Seite an Seite, mit Musik, doppelt gemoppelt, doppelt hält besser. *zusammenpassen:* siehe 7.11.

8.2 Freundin
Bluse, Brumme, Busen, Flöte, Haut, Ische, Kalle, Keibe, Kippe, Perle, Pullover, Schummel; diejenige welche; Freizeitgestalterin, G'spusi, Hitzableiterin, Knutsche, M. v. D., Mädchen vom Dienst, Niere, Poussage, Sachbearbeiterin, Sachgebiet, Spielgefährtin, Spielkameradin. *altes Vokabular:* Chaweres, Engel, Fee, Göttin, Komtesse, Narodoskina, Prinzessin. *meine Freundin:* die Meinige, meine Alte, meine Batterie, meine bessere Hälfte, meine besseren fünfzig Prozent, mein bestes Stück, meine Bewachung, meine Fürstin, meine Kante, meine Leibwache, meine Regierung, meine Schatulle, meine Tapete, meine Tasche. *seine Freundin:* die Seinige. *deine Freundin:* die Deinige. *Freundin, die man nur manchmal sieht:* Matineemädchen, Sonntagszahn. *Geliebte:* siehe 9.8. *Verhältnis:* 13.5. *Beischläferin:* 26.1.

8.3 platonische Freundin
Schwester, Seelenantenne, Seelenbrand, Seelenbraut, Seelenwärmer; Beichtmutter, Gefühlsklosett, seelische Mülltonne, Seelenspucknapf.

8.4 erste Freundin
Experimentierapparat, Probeloch, Probierfräulein, Testobjekt.

8.5 neue Freundin
Fabrikneue, fabrikneuer Schlitten, Neubau, neuer Film, neue Haut, neue Platte, neuer Pullover, Neufundland, Neuland, Nova, Sexaminantin, Supernova, Zulage (d. i. jemand, der sich dazulegt). *sich eine neue Freundin zulegen:* die Tapete wechseln, umsteigen.

8.6 ideale Freundin
Atombombe, Bombe, Diplombraut, Doppel-Ische, Edelschaffe, Maßmieze, Paradebiene, Paradefee, Platinzahn, Supermädchen, Traum, Traumbrumme, Traumpuppe, Überschallkörper, Überschallzahn, Wolke.

8.7 feste Freundin
Anhang, Anhängsel, Begleiterin, Beiwagen, Eskorte, Geleitzug, Satellitchen, Schatten, ständige Begleiterin, Trabant, Umhang mit Loch, Vademeca; eingelaufener Schlitten, eingelaufene Socke; die Feste, Diejenige welche, altes Haus, Loch im Haus; Stammschraube, Stammzahn. *Hauptfreundin:* Hauptportal. *feste Freundin vom Standpunkt eines Rivalen:* verbauter Zugang. *Geliebte:* siehe 9.8. *Verhältnis:* 13.5.

8.8 Freundin, die man nicht loswerden kann
Ballast, Bartkrätze, Nessel, Schlinge, Staubfänger.

8.9 ehemalige Freundin
abgehängter Wagen, abgelaufene Mühle, abgelaufene Uhr, abgelaufener Apparat, abgelegte Bluse, abgelegter Pullover, abgeschraubter Zahn, abgespielte Flöte, abgespielte Geige, abgespielte Platte, abgespielte Walze, ausgebrannte Batterie, ausgeflogene Biene, ausgeschwärmte Biene, durchgebrannte Glühbirne, entflogenes Täubchen, entlaufenes Kätzchen, kaputte Niere, M. a. D., Mädchen außer Dienst, tote Batterie, verlassene Insel, verlassenes Gebiet, weggefahrene Droschke, weggefahrene Kutsche, die Verflossene. *ehemalige Freundin in Berlin:* Koffer in Berlin. *ehemalige Freundinnen:* abgelegte Socken, Fotoalbum, Sammlung, Wohlstandsmüll. *vom Standpunkt des Nachfolgers:* befreites Gebiet.

8.10 Ersatzfreundin
Aushilfsbatterie, Bedarfskippe, Behelfsbluse, Ersatzfrau, Hilfsbatterie, Lückenbüßerin, M. a. A., Mädchen auf Abruf, Notkoffer, Telefonnummer, Vizeloch, Zweitmädchen.

8.11 Mädchen, dessen Freund abwesend ist
freies Abteil, freies Eigentum, unbewachter Besitz, verlassene Insel, Niemandsland, Strohwitwe. *Mädchen, dessen Freund jedes Wochenende wegfährt:* Fußballbraut, Sonntagswitwe.

8.12 Mädchen mit festem Freund
Dame mit Anhang, belegte Koje, belegte Schrippe, belegte Semmel, belegte Stulle, belegte Zunge, belegter Platz, belegtes Bett, belegtes Brötchen, besetzte Nummer, besetzter Parkplatz, besetztes Gebiet; belegt, mit Beschlag belegt, besetzt, in festen Händen, in Untermiete, unter Vertrag.

8.13 Mädchen ohne Freund
Entwicklungsland, freie Aussicht, freie Stelle, freie Strecke, freier Eintritt, freier Spielraum, freies Abteil, freies Eigentum, herrenloses Hündchen, Niemandsland, offene See, unbelegtes Abteil, unbelegtes Brötchen, unbesetztes Gebiet, unbewachter Besitz, unentdecktes Gebiet, unentdecktes Land. *ein freundloses Mädchen befreunden:* Entwicklungshilfe geben, die freie Stelle einnehmen, freien Eintritt finden, sich in ein freies Abteil setzen, in die offene See stechen (stoßen), ein unbelegtes Brötchen vernaschen, unbesetztes Gebiet erobern, in unbewachten Besitz einbrechen, unentdecktes Gebiet erforschen.

8.14 gemeinsame Freundin
Bauchschwägerin, Stiefschwägerin, Stiefschwester, Zweimannloch. *gemeinsame Freundin, die einem Freundespaar ein Alibi gibt:* Anstandsdame. *gemeinsame Freundin im Vokabular des Gruppensex:* siehe 31.1. und 31.5.

8.15 Freund
Apparat, Eisen, Keule, Knilch, Knülch, Latz, Spezi, Freizeitgestalter, G'spusi, Hitzableiter, M. v. D., Mann vom Dienst, Poussage, Sachbearbeiter, Sachgebiet, Spielgefährte, Spielkamerad. *alter Wortschatz:* Auheft, Bazi, Chabarrer, Narodos, Prinz, Scheer. *mein Freund:* der Meinige, mein Alter, mein Apparat, meine besseren fünfzig Prozent, meine bessere Hälfte, mein bestes Stück, meine Bewachung, meine Eskorte, mein Fürst, mein Herr und Gebieter, meine Leibwache, mein Leibwächter, meine Regierung, mein Schatten, mein Trabant. *dein Freund:* der Deinige. *ihr Freund:* der Ihrige. *Geliebter:* siehe 9.9. *Verhältnis:* 13.6. *Beischläfer:* 26.2.

8.16 platonischer Freund
Bruder, Kumpel, Seelenfreund, Seelentröster, Seelenwärmer, Beichtvater, Gefühlsklo, seelische Mülltonne, Seelenspucknapf.

8.17 erster Freund
Experimentierapparat, Probepfeife, Probeschwanz, Probierjunge, Testobjekt.

8.18 neuer Freund
Fabrikneuer, fabrikneuer Apparat, Neubau, neues Eisen, neuer Film, neue Kerze, neue Platte, neuer Stern, Neufundland, Neuland, Sexaminand, Zulage. *sich einen neuen Freund zulegen:* die Tapete wechseln, umsteigen.

8.19 idealer Freund
Atombomber, Bomber, Diplomhengst, Doppelpeter, Edelmann, Lord, Maßkoffer, Paradehengst, Paradehirsch, Supermann, Traum, Traumboy, Übermann, Wolke, Wonneschwanz, Wuchtbulle, Zuckersack.

8.20 fester Freund
Anhang, Anhängsel, Begleiter, Beiwagen, Eskorte, Geleitzug, Satellit, Schatten, ständiger Begleiter, Trabant, Umhang mit Schwanz, Vademecum; eingelaufener Schlitten, eingelaufener Strumpf; der Feste, Derjenige welcher, altes Haus, Sack im Haus, Schwanz im H., Stammäster, Stammbaum, Zusteher. *Hauptfreund:* Haupthahn, Zentralhahn. *fester Freund vom Standpunkt einer Rivalin:* verbauter Zugang. *Geliebter:* siehe 9.9. *Verhältnis:* 13.6. *Beischläfer:* 26.2.

8.21 Freund, den man nicht loswerden kann
Ballast, Klotz am Bein, Klammeraffe, Moses, Staubfänger.

8.22 ehemaliger Freund
abgebrochener Henkel, abgebrochener Spieß, abgelaufener Apparat, abgelegtes Hemd, abgespielter Film, abgespielte Flöte, abgespielte Geige, abgespielte Platte, abgespielte Walze, altes Eisen, ausgeschwärmter Bienerich, ausgeschwärmter Drohnerich, durchgebrannter Hengst, entflogener Täuberich, entlaufener Kater, kaputter Latz, M. a. D., Mann außer Dienst, toter Apparat, der Verflossene, der verlorene Sohn. *ehemaliger Freund in Berlin:* Koffer in Berlin. *ehemaliger Freund vom Standpunkt der Nachfolgerin:* befreites Gebiet.

8.23 Ersatzfreund
Aushilfschauffeur, Bedarfstaxi, Begleiterscheinung, Behelfsknilch, Ersatzmann, Hilfskraft, Hochhuth, Lückenbüßer, Notnagel, stellvertretender Scheich, Stellvertreter, Talmigalan, Vertreter, Vizeschwanz.

8.24 Mann, dessen Freundin abwesend ist
freies Abteil, freies Eigentum, unbewachter Besitz, verlassene Insel, Niemandsland, Strohwitwer.

8.25 Mann mit fester Freundin
Herr mit Anhang, belegter Platz, belegtes Bett, belegtes Brot, besetzter Parkplatz, besetzter Platz, besetztes Gebiet. belegt, mit Beschlag belegt, besetzt, in festen Händen, in Untermiete, unter Vertrag.

8.26 Mann ohne Freundin
freies Abteil, freies Eigentum, freie Wirtschaft, Niemandsland, unbelegtes Abteil, unbelegter Platz, unbesetztes Gebiet, unbewachter Besitz, unentdecktes Gebiet, unentdecktes Land.

8.27 gemeinsamer Freund
Bauchschwager, Lochschwager, Stiefschwager, Zweimäderlschwanz. *Vertrauter eines Freundespaars:* Elefant. *gemeinsamer Freund mit langer Leitung:* Moses (wenn zwei Jungen ein Mädchen treffen, und einer will mit ihr allein sein, dann ist der andere ein Moses) *gemeinsamer Freund im Vokabular des Gruppensex:* siehe 31.2 und 31.5.

9 Liebe

Feuer im Dach, Feuer im Loch, Feuer im Sack, Feuer im Schwanz, Thema eins, ein und alles, schwache Seite, Herzschwäche, Herzkrankheit, Herzverpflanzung, die Stimme des Herzens (Das Kennzeichen des heutigen Volksgebrauchs des Wortes Herz, besonders unter jungen Leuten, ist die ironische Entmetaphorisierung der Formel Herz = Liebe. Wer «Herz» heute im traditionell metaphorischen Sinne benutzt, wird oft entdecken, daß sein Gesprächspartner sich über ihn lustig macht, indem er vorgibt, «Herz» wörtlich zu nehmen. Die folgenden Beispiele stammen aus dem Jahr 1970 und sind im Gespräch mit Studenten und Studentinnen notiert worden): *sein Herz für jemanden entdecken:* «Jetzt ist sie völlig übergeschnappt, jetzt hat sie ihr Herz für die Schwulen entdeckt.» – «Laß sie fahren, Junge. Entdeckungsreisenden soll man nicht nachtrauern.» *jemandem sein Herz öffnen:* «Hat sie dir ihr Herz geöffnet?» – «Und ob! Bis auf den Nabel.» *jemandem sein Herz schenken:* «Er sagt, er will mir sein Herz schenken, was heißt das?» – «Mach dir keine Gedanken, Kätzchen. Sag ihm, du möchtest einen Lamborghini Miura haben, dann wird er schon erklären, was er meint.» *jemandem ans Herz wachsen:* «Sie ist zwar noch ein halbes Kind, aber sie ist mir doch sehr ans Herz gewachsen.» – «Da hilft nur noch der Chirurg.» *jemanden ins Herz schließen:* «Ihre Familie ist ja sehr nett. Ihre Mama sagt, sie hätten mich schon alle ins Herz geschlossen.» – «Laß dir das nicht gefallen! Ohne Schlüssel kommst du da nie wieder raus.» *jemanden im Herzen tragen:* «Wenn er nur nicht so gespreizt daherreden tät. Er sagt, er wird mich sein Leben lang im Herzen tragen, selbst wenn ich ihn nicht heirate.» – «Da wird er schwer dran tragen, du hast schon wieder zugenommen.» *für jemanden ein Herz haben:* «Ich hab ein Herz für alle Mädchen.» – «Wie großzügig von dir. Du gibst sie weg wie Werbeprospekte, was?» – «Wen, die Mädchen?» – «Nein, die Herzen. Hast du überhaupt noch eins übrig für dich selber?» *sein Herz verlieren:* «Ich glaube, ich habe gestern mein Herz verloren.» – «Du Ärmster. Hast du schon Verlustanzeige erstattet?» *nach dem Herzen handeln:* «Er sagt, ich soll nicht soviel denken, sondern nach meinem Herzen handeln.» – «Da spricht der Shylock. Als Philosophiestudent im dritten Semester sage ich dir: man soll weder nach noch mit dem Herzen handeln.» *von Herzen kommen:* «Die Blümchen sind zwar nicht sehr schön, aber sie kommen von Herzen.» – «Wirklich? Ich dachte von der Blumenfrau vor der Uni.» *von ganzem Herzen:* «Ich liebe dich von ganzem Herzen.» – «Hast du ein Attest dafür? Von herzkranken Freiern nehme ich nämlich grundsätzlich keine Liebeserklärungen entgegen.» *im Grund des Herzens:* «Im Grunde ihres Herzens liebt sie eigentlich nur ihr eigenes Geschlecht.» – «So? In diesem kühlen Grunde, kann ich dir verraten, haben sich schon manche Damen getummelt, aber recht warm sind sie da auch nicht geworden.» *Liebesbeziehungen:* seidene Fäden, zarte Fäden, zwischenmenschliche Beziehungen. *Verhältnis:* siehe 13. *Liebeshimmel:* der siebente Himmel, der Himmel voller Geigen (Geige = Frau). *Sinn für Liebe, Sexualsinn:* der sexte Sinn. *Redewendungen über Liebe:* Liebe macht blind, Liebe ist stark wie der Tod, Liebe geht durch den Magen, auf Liebe folgt Leid, die Liebe ist erkaltet, erloschen, erstorben. *bürgerliches Vokabular der Liebe:* Liebelei, Liebesabenteuer, Liebesbande, Liebesbezeigung, Liebesbrief, Liebesdienst, Liebeserklärung, Liebesgabe, Liebesgarten, Liebesgeschichte, Liebeskummer, Liebesleben, Liebesmühe, Liebesverhältnis, Liebeszauber, Liebkosung, Lieblichkeit, Lieblosigkeit, Liebreiz, Liebschaft. Lieb und Lust, Liebe auf den ersten Blick, alte Liebe, blinde Liebe, freie Liebe, junge Liebe, platonische Liebe, reine Liebe, wilde Liebe, das zarte Pflänzchen Liebe.

9.1 lieben

jemandem gut sein, für jemanden ein Herz haben, für jemanden einen Nerv haben, für jemanden etwas übrig haben, an jemandem hängen, jemanden im Herzen tragen, jemanden auf Händen tragen, für jemanden durchs Feuer gehen, für jemanden in Flammen stehen, für jemanden glühen, an jemandem einen Narren gefressen haben. (vgl.: liebbehalten, liebedienern, liebeln, liebhaben, liebkosen).

9.2 geliebt werden

hoch im Kurs stehen, fest im Sattel sitzen, einen Stein im Brett haben, jemandes Geriß haben, jemanden auf der Pfanne haben, jemanden auf dem Rohr haben. alle Herzen fliegen ihr zu. alle H. schlagen ihr entgegen.

9.3 sich verlieben

liebenlernen, liebgewinnen, liebäugeln, ein Auge auf jemanden werfen, jemandem zu tief in die Augen sehen, sich die Augen aus dem Kopf sehen, anbeißen, Feuer fangen, sich verbrunzen, vergaffen, verkeilen, verknallen, verkrachen, vernarren, verplempern, verschamieren, verschießen, näherkommen; jemandem sein Herz schenken, sein Herz an jemanden verlieren, jemandem

ans Herz wachsen, jemanden ins Herz schließen, seinen Affen an jemandem fressen, auf jemanden fliegen, ein Flugerl auf jemanden haben, weg sein, in die Haseln gehen. es bahnt sich was an, es fädelt sich was ein, es spielt sich was ein, es hat geblitzt, gefunkt, gezündet; es hat ihn, es ist um ihn geschehen, ihn hat's erwischt, er hat an ihr einen Narren gefressen; er hat ihr zu tief in die Augen geschaut, er ist hingerissen und weggeschleppt, sie geht ihm unter die Haut, sie steht ihm im Knochen.

9.4 verliebt

hin, weg, hingerissen und weggeschleppt, dahinter wie ein Geier, wie der Teufel hinter der armen Seele her, scharf auf, schlimm auf, verrückt auf, verrückt nach, mannstoll, rossig, verbrunzt, vergafft, verkeilt, verknallt, vernarrt, verschamiert, verschossen, vielbeweint; verknallt bis über die Ohren, verliebt wie ein Stint, weg wie 'm Papa sei' Dos', weg wie der Wind; Arm in Arm, per Arm, unter vier Augen, Hand in Hand, ein Herz und eine Seele, dick, gefühlsduselig, wie einst im Mai; liebestoll, liebestrunken (vgl. liebebedürftig, liebenswert, liebenswürdig, liebevoll, liebgeworden, lieblich, liebreich). *nicht verliebt:* liebleer, lieblos.

9.5 verliebte Frau

Bartwisch, Fick- und Flickfrau, Liebedienerin, Liebesdienstmädchen, Liebeskrüppel, Schürzenkind, Sklavin der Liebe. *vom Standpunkt des Geliebten:* unverbaubare Aussicht. *die in mich verliebten Frauen:* meine Sammlung.

9.6 verliebter Mann

Anbeter, Löffler, Schmachtfetzen, Schmachthahn, Schmachtlappen, Verehrer, harter Fall.

9.7 Liebespaar

Gespann, Januskopf, Zwiegestalt, zwei Seelen und kein Gedanke; miteinander gehen, es miteinander haben. *Frau und Mann:* siehe 2. *Mann und Frau:* 2.1. *Ehepaar:* 14.47.

9.8 Geliebte

Braut, Brumme, Busen, Diejenige welche, die Feste, Flamme, G'spusi, Heizbatterie, Heizklappe, Hitzableiterin, Knutsche, Koje, Liebchen, Puppe, Puttchen, Romanze, Schlamperl, Schluffe, Schlunze, Schmackeduzchen, Schmus, Schneck, Schnuckelchen, Schnucki, Schwarm, Traum, Tuttchen, Tschaperl, Wärmflasche, Wonneproppen. *alter Wortschatz:* Lieberich, Limthur, Pilegesch, Pilegöschen, Schlurfkatze, Schoßkind, Zusteherin. *Freundin:* siehe 8.2–8.14. *Verhältnis:* 13.5. *Beischläferin:* 26.1. *Geliebte eines verheirateten Mannes:* 14.66.

9.9 Geliebter

Begleiter, ständiger Begleiter, Beiwagen, Geleitzug, Satellit, Schatten, Trabant, Vademecum; Derjenige welcher, der Feste, der Herrlichste von allen, Geschwof, G'spusi, Haupthahn, Herzklappe, Knilch, Knutsch, Scheich, Schmus, Schwarm, Schwuf; Männe, Mausi, Mörder, Schelm, Schlawitzer, Schnukkelchen, Schnucki. *alter Wortschatz:* Haberer, Limlag, Pirano, Schamster, Scherjes. *Freund:* siehe 8.15–8.27. *Verhältnis:* 13.6. *Beischläfer:* 26.2. *Geliebter einer verheirateten Frau:* 14.67.

9.10 Rührung, Sentimentalität

Affengetue, Affenliebe, Apfelmus (ich bin gerührt wie Apfelmus), Gefühlsduselei, Vanille, Zuckerguß; fürs Gemüt.

9.11 Verzückung

Sexaltation, hohe Verdichtung, hoher Wellengang, seelischer Tiefgang; nicht von dieser Welt. er hört die Engel im Himmel pfeifen, singen. *glimmende Leidenschaft:* vom Holzkohlengrill.

9.12 betören

angeln, kirren, ködern, umgarnen, ins Garn locken, ins Netz locken, auf den Leim lokken, in Fesseln legen, erobern. es jemandem antun, jemanden behexen, betören, bezirzen, verhexen, verstricken. in Säue verwandeln, den Kopf verdrehen, den Kopf verrücken, verrückt machen, unter die Haut gehen.

9.13 anbeten

anbrunsten, anhimmeln, anschwärmen, balzen, himmeln, nachgampeln, nachgeifern, schmachten, vergöttern, verhimmeln, mit den Augen verschlingen, mit dem Blick verzehren, verliebte Nasenlöcher machen, Augen wie ein gestochenes Kalb machen.

10 Treue

Einphasenstrom, Einmann-Betrieb, Einloch-Anstalt, Eintopf-Küche. Anhänglichkeit, Beharrungsvermögen, Widerstandskraft. *Treuegelübde:* Sex voto, Kamikadze-Schwur.

10.1 treu

astrein, charakterfest, frostbeständig, haltbar, hitzebeständig, säurefest, senkrecht, wetterfest, winterhart; anhänglich wie Rheumatismus, anhänglich wie ein Klotz am Bein, treu wie Bohnenstroh, prompt wie der Steuerbescheid; auf Treu und Glauben, bei meiner Treu. Bei mir Schiefertafel: auf mir kannste rechnen.

10.2 treu sein

an jemandem hängen, an jemandem kleben, auf jemandem stehen wie auf einem Teppich, wie auf einem Betonklotz, wie auf dem Felsen von Gibraltar. *einem Mann treu sein:* ihm die Stange halten, bei der Stange bleiben. *einer Frau treu sein:* alles in einen

Topf schmeißen. *der Treue des anderen sicher sein:* fest im Sattel sitzen, einen Stein im Brett haben.

10.3 treue Frau
Einmannwagen, Felsen, gesunde Niere, treue Haut.

10.4 treuer Mann
Koffer, Schrank, Schrankkoffer, senkrechter Steher.

10.5 Untreue
Doppelspiel, Fehltritt, Frauenlist, HWG, linke Tour, Lotterleben, Seitensprung, Sumpferei, Wechselfieber. *die Kunst, hübsche Frauen zu verführen:* Gestaltpsychologie, Kurventechnik.

10.6 untreu
aus Flandern, von Flandern, flatterhaft, flott, leicht, locker, lose. *von einer Frau zur anderen:* von Haus zu Haus, von Blüte zu Blüte. *betrogen:* abgehängt, abgemeldet, ausrangiert, angeführt mit Löschpapier, bedackelt, behumpst, beschissen, eingeseift, eingewickelt, hinters Licht geführt, gehörnt, gelackmeiert, genasführt, geweiht. Bei mir Straßenbahn: alle 5 Minuten eine andere. Bei mir Fahne: immer flatterhaft. *liederlich:* siehe 4.24.

10.7 untreu sein
aussteigen, umsteigen, durchbrennen, Flanellwache stehen, mit Fleisch fahren, ein flottes Leben führen, eine scharfe Klinge führen, ein Lotterleben führen, sich die Nacht um die Ohren schlagen; rasseln, rumaalen, rumbummeln, rumbumsen, rumfosen, rumhuren, rumigeln, rummatschen, rumnutten, rumschwänzeln; sauen, schleimen, sumpfen; sein Geld verbumsen, verbuttern, verjubeln, vermöbeln, verorgeln, verwichsen. jemanden bedackeln, behumpsen, bescheißen, betrügen, einseifen, einwickeln, hinters Licht führen, lackmeiern, nasführen; jemandem etwas vormachen, vorscheißen; fremdgehen, seine Nase in fremde Löcher stecken, seine Pantoffeln unter ein fremdes Bett stellen, seinen Pelz in einen fremden Schrank hängen; eine abhängen, eine aufs Abstellgleis schieben, eine ausrangieren. *meine Freundin ist mir untreu, sie braucht einen neuen Mann:* mein Pferd braucht neue Eisen. *allen Frauen nachstellen:* alle Felder absensen, nichts anbrennen lassen, aus allen Blüten Honig saugen, von einer Blume zur anderen flattern, an allen Blüten naschen, mehrere Eisen im Feuer haben, sein Schwert in jede Kerbe hauen, mit dem Kopf durch alle Wände wollen, die Nase in jedes Loch (in jeden Topf) stecken, keine Mesuse stehen lassen, auf alle Nummern setzen, seine Sense durch den Harem reißen, an allen Türen klopfen, alle Weibsen umhacken, den Schnabel an jedem Loch wetzen. *sie schläft mit allen Männern:* ihre Mühle steht nie still.

10.8 treulose Frau
Schmetterling, Wechselbalg; falscher Busen, fauler Zahn, linke Ba (Wien), treulose Tomate. *liederliche Frau:* siehe 4.25.

10.9 treuloser Mann
Hutscher, Wandervögler, Wibbelsterz, Windhund, Zugvogel. *liederlicher Mann:* siehe 4.26.

11 Liebeskummer

Busengram, Herzeleid, Herzknacks, Leidenskelch, Liebeskreuz, Pandorabüchse; blutendes, gebrochenes, geknicktes, schweres, zerrissenes Herz. *Liebeskummer, der nicht sehr tief geht:* Plüsch, Träne im Knopfloch. *kompensatorische Fettleibigkeit:* Kummerspeck, Liebesfett, Liebesspeck. *Liebeskummerspalte:* Briefkasten, Seelenbriefkasten, Seufzerecke, Seufzerspalte.

11.1 Liebeskummer bereiten
jemandem das Herz schwer machen, im Leibe umdrehen, brechen, zerreißen; jemandem den Kopf dick machen. Tränen melken.

11.2 Liebeskummer haben
auf verlorenem Posten stehen, den Schwanz einziehen, den Schwanz einklemmen, das Loch zuklemmen, Herzbluten haben, an gebrochenem Herzen sterben. die Trennung ist mir schwer in den Knochen gefahren.

11.3 Abweisung
Abfuhr, Korb, rotes Licht, Rotlicht, Stopplicht, Verlade. *nicht ernst gemeinte Abweisung:* Getue, Geziere, Kinkerlitzchen, Schau, Sperenzchen, Spompanadeln. *Enttäuschung:* Einbruch, Otto, Reinfall. *abgelehnter Heiratsantrag:* siehe 14.12.

11.4 eine Abweisung erhalten
abblitzen, abfahren, abrutschen; auf Granit beißen, die kalte Schulter kriegen, einen Korb kriegen, einen Otto bauen, schief ankommen, seinen Tee kriegen, sich Gefrierbollen holen. *beim Heiratsantrag abgewiesen werden:* siehe 14.13.

11.5 abweisen
abblitzen lassen, abfahren lassen, abprellen lassen, abrutschen lassen, absausen lassen; abschlenkern, abseifen, abservieren, abwimmeln, kalt ablaufen lassen, die kalte Schulter zeigen, einen Korb geben, vom Leibe halten. bei mir hast du ausgeschissen. bei mir bist du abgemeldet. jetzt ist der Ofen aus. du machst keinen Stich bei mir. *einen Heiratsantrag ablehnen:* siehe 14.11.

11.6 ignorieren
jemanden versetzen, jemanden sitzen lassen, jemanden laut anschweigen. *unbeantworteter Telefonanruf:* Funkstille.

11.7 zu spät kommen
jemanden verpassen, sich verquatschen, das Begräbnis verquatschen, die Beerdigung übersehen.

11.8 abspenstig machen
dazwischenfunken, hereinfunken, unterbuttern, verreißen. jemandem die Geliebte abschrauben, abzupfen, ausspannen, loseisen, wegschnappen. einen Rivalen aus dem Sattel heben, ihn um eine sterben lassen, ihm einen Zahn abschrauben, ihm einen Zahn ziehen. *Mann, der einem die Freundin abspenstig macht:* Störsender.

11.9 Eifersucht
Alleinvertretungsanspruch, Fotzenneid, Schwanzneid. *zwischen zwei Rivalen geraten:* zwischen zwei Feuer kommen, zwischen die Mühlsteine geraten. *Brief an die Bundeswehr, in dem man einen Rivalen bezichtigt, sich nach Berlin abgesetzt zu haben, um den Wehrdienst zu vermeiden:* deutscher Uriasbrief. *Johannesgroschen:* Eifersuchtsgroschen (Die Bischöfe von Breslau prägten Silbergroschen mit dem Bild Johannes' des Täufers. Verlobte und Ehegatten banden sie sich an die Beine, um sich vor Eifersucht zu bewahren. Der Volksmund taufte sie deshalb «Eifersuchtsgroschen».). *Eifersucht in der Ehe:* siehe 14.60. *pathologische Eifersucht:* 64.16.

11.10 Zank
Kabbelei, Kampf der Geschlechter, Dampf (Qualm, Rauch) in der Waschküche. *Zank zwischen zwei (lesbischen) Frauen:* Katzbalgerei. *Ehekrach:* siehe 14.58. *Abkanzelung des Ehemannes:* 14.53.

11.11 sich zanken
sich kabbeln (was sich liebt, das kabbelt sich), sich in die Wolle kriegen; einem Mann eine Szene machen; auf einer Frau rumreiten; die Milch ist sauer; es knistert im Gebälk; der Haussegen (Ehesegen, Familiensegen, Liebessegen) wackelt (hängt schief). *sich gegen den Liebes- oder Ehepartner auflehnen:* an den Ketten rütteln. *den Geschlechtsverkehr verweigern:* abschlagen, das Loch zusperren, das Paradies verriegeln. *schmollen:* im Schmollwinkel sitzen. *nach einem Liebeskrach koitieren:* das Kriegsbeil begraben, sich zusammenraufen.

11.12 zänkische Frau
Beißzange, Bißgurn, Brummeisen, Drachen, Drahtbesen, Dreckschleuder, Fuchtel, Furie, Keifzange, Kratzbürste, Krawallschachtel, Lautsprecher, Megäre, Reff, Reibeisen, Säge, Sauerkirsche, saure Tomate, Schattenmorelle, Schneidezahn, Schürhaken, böse Sieben, Übelnemesis, Zange, Zankeisen. *verleumderische Frau:* Dreckschleuder, falsches Gebiß, Giftladen, Giftnudel, Giftschlange, Giftspritze, Klatschbase, Lästerschwein, böse Sieben, Xanthippe, Zankthippe, Zunzel. *verärgerte Frau:* verstimmtes Klavier. *aggressive Frau:* siehe 4.17.

11.13 zänkischer Mann
Giftspritzer, Giftzwerg, Stänker, Stänkerbock, Stänkerbold, Stänkerer. *aggressiver Mann:* siehe 4.18.

11.14 Tränen
Perlen, Zähren, das heulende Elend. Krokodilstränen, Träne im Knopfloch.

11.15 weinen
brüllen, flennen, heulen, knaatschen, plärren; Rotz und Wasser heulen, wie ein Schloßhund heulen, die Leitung aufdrehen, den Wasserhahn aufdrehen. da bleibt kein Auge trocken, da bleibt keine Hose tränenleer. auf deinen Tränen kann ich Kahn fahren.

11.16 weinerliche Frau
Flennliese, Heulboje, Heulliese, Heulsuse, Tränenliese, Tränensuse. sie ist nah am Bach (nah am Wasser) gebaut.

11.17 weinerlicher Mann
Heulpeter, Tränentier. *Mann, der an das Mitleid von Frauen appelliert:* Tränendrükker, Tränenmelker.

11.18 jemanden verlassen
jemanden abhängen, abschieben, aufs Abstellgleis schieben, ausrangieren, fallenlassen, sitzenlassen, im Stich lassen; jemanden abmeiern, absägen, abschreiben, wegschicken, wegloben, in den Ruhestand versetzen, in die Wüste schicken; jemandem den Laufpaß geben, den Stuhl vor die Tür setzen. *ein Verhältnis beenden:* siehe 13.3. *sich scheiden lassen:* 14.70.

11.19 sich zurückziehen
den Schwanz einziehen, die Flinte ins Korn schmeißen, den Ofen ausgehen lassen, aussteigen, eigene Wege gehen; abdampfen, abhauen, absocken, abschieben, auskneifen, auskratzen, ausreißen wie Schafsleder, ausrücken, durchbrennen, entwetzen, verschwinden, von der Bildfläche verschwinden, in der Versenkung verschwinden, die Zelte abbrechen, Druckpunkt nehmen, Leine ziehen, stiften gehen, das Hasenpanier ergreifen, mit einem blauen Auge davonkommen; sich absetzen, sich empfehlen, sich verdrücken, sich verduften, sich verkrümeln, sich verziehen, sich wegscheren, sich aus dem Staube machen, sich auf die Lappen (die Socken, die Strümpfe) machen, sich französisch (englisch, hintenrum, still) empfehlen, sich dünnemachen. ab durch die Mitte. nichts wie weg. da geht er hin und singt nicht mehr. *ein Verhältnis beenden:* siehe 13.3. *sich scheiden lassen:* 14.70.

11.20 sich trennen
Feierabend machen, poter machen, sich

freischwimmen, sich losbinden, das Bettuch zerschneiden, die Taue kappen. die Liebe geht aus dem Leim. mach dir mal 'n Knoten in 'n Schwanz, damit du mich nicht vergißt. *sich scheiden lassen:* siehe 14.70. *er lebt getrennt:* er schläft jetzt aufs Sofa und freßt von die Kommode (Berlin).

11.21 Trennung
Abbruch, Abbruch des Spiels, Abpfiff, Abschied, Abtanz, Abtritt, das Ende vom Lied, Feierabend, Gnadenstoß, Kehraus, Schlußstrich. *letztes Beisammensein vor der Trennung:* letztes Spiel vorm Abpfiff, der letzte Walzer, Schwanengesang. *Abschiedsbrief:* Abschiedsurkunde, blauer Brief. *was nach der Trennung übrigbleibt:* Kriegsandenken, Trümmerhaufen. *alte Liebesbriefe:* Seelenfriedhof. *Trennung einer Ehe:* siehe 14.68–14.69.

12 Liebesspiel

Beutelhutschen, Gemütsmassage, Löffelei, Poussage, Ringelpietz mit Anfassen, Romanze, Schäkerei, Schmuserei, Schnallenritt, Tauche, Techtelmechtel. Brautschau, Sexamination, Voruntersuchung. *wortloses Liebesspiel:* Funk. *die Kunst, hübsche Mädchen zu verführen:* Gestaltpsychologie, Kurventechnik (beide Wörter werden von manchen Mädchen auch im umgekehrten Sinne benutzt: die Kunst, Männer mit Hilfe gewisser weiblicher Attribute zu verführen). *Verhältnis:* siehe 13. *Geschlechtsverkehr:* 26.

12.1 Angeberei beim Liebesspiel
Affentanz, Alfanzerei, Chassne, Faxen, Firlefanz, Fisematenten, Gefilme, Heckmeck, Pubertätsgeröhre, Schau, Schnalle, Sperenzchen, Spompanadeln, Sums, Theater.

12.2 Angeber
Adolar, Appelfatzke, Bergfex, Bombardon, Dicktuer, Fatzke, Flausenmacher, Hahnefatzke, Hannefatzke Domino, Kraftmeier, Kraftprotz, Lackaffe, Maulheld, Nalle, Pascha, Patentfatzke, feiner Pinkel, Pomadenhengst, Posaune, Schwadroneur, Sexualprotz, Signalpfeife, Zungendrescher, Zungenheld.

12.3 Angeberin
Gans, Modepuppe, Pute, Spiegeläffchen, Zimtzicke; affige Brieze, alberne Kuh, aufgeblasener Frosch, nallige Priemel, verkalberte Mosse, zickige Schraube.

12.4 angeben
ärbern, filmen, kaspern, kratzen, rum motzen, stapeln, sich haben, spreizen, sich hübsch finden, sich für unwiderstehlich halten, sich wunders wie vorkommen; angeben wie 'ne Lore Affen, sein Licht leuchten lassen, die Nalle machen, Pflanz reißen, eine Schau abziehen, eine Schnalle belegen, eine Stange angeben, Theater machen, Wind machen.

12.5 angeberisch
affektiert, affig, albern, aufgeblasen, blasiert, groß, großkotzig, koddrig, nallig, naßforsch, verkalbert, zickig.

12.6 anlocken
ködern, umgarnen, ins Garn locken, auf den Leim locken, ins Netz locken; angeln, jagen, aufs Korn nehmen; Duft aussenden, Pollen aussenden, am Pfropfen riechen lassen; behexen, betören, bezirzen; mit allen Glocken läuten, alle Minen springen lassen, alle Register ziehen, alle Reize spielen lassen. *sexuell anlockende Körperbewegungen machen:* runksen. *sich beim Gehen in den Hüften wiegen:* schuckeln, wackeln, wackeln wie ein Kuhschwanz, wie ein Sack Sülze. *die Arme heben, damit die Brüste sich abzeichnen:* die Armbrust spannen. *jemanden anlocken, ohne koitieren zu wollen:* schattenboxen.

12.7 angelockt werden
Lunte riechen, Pollen riechen, Pulver riechen, am Pfropfen riechen, Speck riechen; ins Garn gehen, auf den Leim kriechen, ins Netz gehen, an die Angel gehen, anbeißen.

12.8 sich nach einem Liebespartner umsehen
sightseeing gehen, anpeilen, das Augenradar spielen lassen, jemanden aufs Rohr nehmen, es auf jemanden absehen, das Auge auf jemanden werfen, das Auge auf jemanden haben, jemanden auf dem Rohr haben, jemanden mit den Augen verfolgen, kein Auge von ihm lassen, jemanden sexaminieren. *geh und sieh mal, ob du Sex findest:* sexagesima. *auf Partnersuche gehen:* 7.3. *auf Mädchensuche gehen:* 7.5. *auf Männerfang gehen:* 7.8.

12.9 abschätzen
über den Daumen peilen, über den Schwanz peilen, sexaminieren, Stichproben machen.

12.10 äugeln
anlinsen, belinsen, dieren, kiebitzen, raunen, rohnen, ruppendreschen, spannen, spinxen, stieren; eine Pupille riskieren, ein Flugerl auf jemanden haben.

12.11 einander zublinzeln
äugeln, Augen machen, Augenspielchen machen, in der Augensprache verkehren, blickschieben, Kulleraugen machen, mit den Augen kullern, Repetieraugen machen, Scheinlingszwack machen, auf die Stumme reden, telefonieren, trillern, mit den Wimpern klimpern, zwickeln.

12.12 gierig anstarren
jemanden mit den Augen ausziehen, je-

mandem etwas abgucken, mit den Augen balzen, mit den Augen röhren, mit den Augen verschlingen, blickvögeln, liebäugeln, verliebte Nasenlöcher machen, Plüschaugen machen, Schwanzaugen machen, Röntgenaugen machen, Schlafzimmeraugen machen, Froschaugen machen, Stielaugen machen, Teetassen machen.

12.13 füßeln
Fußfunk betreiben, morsen, telefonieren, telegrafieren, fußvögeln.

12.14 nachlaufen
hinter jemandem her sein, langschleimen, nachfliegen, nachpallisieren, nachschimmeln, nachsteigen, nachtippeln, auf die Pelle rükken. ran an den Speck! rin in die gute Stube! rin ins Vergnügen! pack Sex in den Tank! *einem Mann nachlaufen:* mit dem Schinken nach der Wurst werfen. *einer Frau nachlaufen:* mit der Wurst nach dem Schinken werfen.

12.15 anbändeln
anbandeln, anfliegen, ankratzen, anpempern, anreißen; eine Nummer bauen, eine Tour reiten.

12.16 Anbändlungsmethoden
Anschlag, Aufschlag, Bogenführung, Griff, Kniff, Lockspeise, Masche, Netz, Platte, Pomade, Schiene, Sirup, Strich, Tour, Verkehrssystem, Verkehrstechnik; harter Aufschlag, weicher Aufschlag, flotte Masche, kesse Masche, heiße Platte, kühle Platte, alte Tour, diskrete Tour, sanfte Tour. *Mut zum Anbandeln:* Traute. *unfähige Anbandlungsroutine:* Schmalspurschiene, Verladeschiene. da sitzt er nun mit das Talent. *einem das Anbandeln ruinieren:* einem die Tour vermasseln, einem das Netz verheddern.

12.17 ansprechen
anflöten, anquaken, anquasseln, anquatschen, eine Platte auflegen, eine heiße Platte auflegen, Pomade einschmieren, schöne Worte machen, sexartikulieren, Sirup dreschen, Sirup träufeln, Sprüche kloppen, sülzen, Süßholz raspeln, um gut Wetter anhalten, um schön Wetter flehen, in den Ohren liegen, die Ohren kitzeln, die Ohren kraulen, ein Kind in den Bauch reden.

12.18 Anbändlungsdialoge
Guten Tag, guten Abend, wie geht's: Hallo! Hei! *Mädchen:* Kind! Tochter! *Junge:* Knabe! Sohn! *Auf Wiedersehen:* Tschau! Gehabt! *Anbändlungsphrasen:* Hallo, Tochter, wollen wir uns nicht mal in die Klappe hauen? / Hallo, Kind, könnten wir uns nicht mal unter vier Augen sehen? / Hallo, könnten wir uns nicht mal unter Ausschluß der Öffentlichkeit kennenlernen? / Hallo, Fräulein, mit Ihnen könnte ich 'ne ganz große Nummer abziehen! / Hallo, Schmetterling, du fehlst mir noch in meiner Sammlung! / Hierher, Mädchen, bei mir liegst du richtig! / Hak unter, kleiner Klunter! / Komm an meine grüne Seite! *Dialoge:* Fräulein, ich möchte Ihnen nicht zu nahe treten, aber ... – Vielen Dank, aber Sie stehen schon auf meinem Hühnerauge. / Fräulein, ich muß Ihnen mein Herz ausschütten! – Moment, ich hol schnell 'ne Schüssel! / Sie sehen zum Anbeißen aus, Fräulein! – Langsam, langsam, wir sind nicht unter Kannibalen. / Du bist der Traum meiner schlaflosen Nächte. – Vielen Dank, und du bist der Alpdruck meiner verschlafenen Seminare. *Das Mädchen antwortet:* Junger Mann, legen Sie mal 'ne andre Platte auf, wenn Sie Eindruck schinden wollen. Diese Tour kenn ich schon. / Dreh mal die Glatze um, Sohn. Diese Seite kenn ich schon. / Knabe, die Platte spielt bei mir nicht mehr. / Was ist los, sind wir im Wald? / Brich dir keine Verzierung ab, Jungchen, versuch's noch mal von Anfang an! / Sohn, du machst mir zuviel Wind für dein kurzes Hemd! *Der Junge plädiert:* Sei nicht so! / Sei kein Streikbrecher! / Mach keine Sachen! / Mach keine Schau! / Mach keine Sperenzchen! / Mach keine Spompanadeln! / Mach keine Tänze! / Zier dich nicht so, wir stammen alle von Adam und Eva ab. / Wenn du jetzt nicht die Haxen aufstellst, du blöde Kuh, fick ich dich ins Ohr, und wem tut das gut?

12.19 schmeicheln, überreden
sich anschmeißen, sich anschmieren, sich anschmusen, sich anschustern, sich anwanzen, um den Bart gehen, bauchpinseln, beschmusen, die Butterseite hervorkehren, einbuttern, einkratzen, einseifen, schmaichen, schmalzen, schmieren, am Schmierer sein, die Speckschwarte streichen, Zucker in den Arsch blasen, Tränen melken; flach machen, weichmachen, schwachmachen, herumbringen, herumkriegen, hinkriegen; eine einwickeln, eine erobern; Herzen brechen, Herzen im Sturm erobern, Herzen auf die Sanfte massieren, Herzen auf langsamer Flamme garkochen. *eine Frau überreden, sich nackt fotografieren zu lassen:* ein Bild entwickeln.

12.20 Koseworte
Dickerle, Engel, Gold, Häschen, Herzbändel, Herzchen, Liebe, Liebste, Mausi, Puppe, Puttchen, Schäfchen, Schluffe, Schmackeduzchen, Schneck, Schnuckelchen, Schnucki, Schnuckilein, Schnuckiputzi, Schnuckiputzilein, Süße, Tuttchen, Tschaperl, Wonne, Wonneproppen; Bubi, Dicker, Liebster, Männe, Schatzi, Schelm, Schlawitzer, Strick, Stromer, Stropp, Süßer. Aas, Hexe, Mörder, Schlingel, Spitzbub, Strolch, Ungetüm.

12.21 kosen
hätscheln, kunkeln, munkeln, poussieren, schäkern, scharwenzeln, schmäulern, schmecheln, schmusen, tätern, Tatschkerl hacken, techtelmechteln.

12.22 werben
balzen, röhren, fensterln, herumschwänzeln, die Cour schneiden, Fensterpromenade machen, den Hof machen, die Nalle machen, Pluspunkte sammeln. *werben, um zu heiraten:* siehe 14.7–14.8.

12.23 schenken
aufwarten mit, behändigen, blechen, herausrücken, opfern, spendieren, verehren, vererben, vermachen, zubuttern. *ich habe es geschenkt gekriegt:* ich habe es geschonken gekrochen; ich habe es geerbt; ich habe es gefunden.

12.24 Geschenk
Angebinde, Bakschisch, Dreckelche, Liebeslohn, Mitbringsel, Opfer, Vererbsel. *erwünschtes Geschenk:* schnelles Geschenk. *geschenkter Schlips, geschenktes Oberhemd, geschenkte Socken:* SOS-Geschenk. *geschenkte Blumen:* Duftgemüse, Grünfutter, Höflichkeitsgemüse, Suppengrün. *geschenkter Blumenstrauß:* Knochen, Knochenbukett, Knochenwedel, Knutschwedel, Petersilienwedel, Poussierwedel, Riechbesen. *Kunst, die Gefühle durch Auswahl und Anordnung von Blumen auszudrücken:* Blumensprache.

12.25 Verabredung
Falle, Rendezvous, Stelldichein, Treff, Weide. *Verabredungskalender:* Lustspielplan.

12.26 mitnehmen
sich eine aufgabeln, sich eine aufreißen, sich eine auftun, sich eine einfangen, sich eine schnappen; eine belegen, eine besetzen, eine an Land ziehen, eine abschleppen, eine ins Schlepptau nehmen, eine in die Pechhütte führen.

12.27 mitgehen
anbeißen, an die Angel gehen, sich mit einem einlassen, ein Ende mitlatschen, per Arm gehen, unterärmeln.

12.28 verführen
eine entblättern, eine verchloroformieren, eine verfrühstücken, eine vernaschen, eine verreißen, eine verziehen, eine verzupfen, sich eine beibiegen; eine Büchse anreißen, eine Bluse aufbügeln, ein Häschen braten, einen Hasen schießen, eine auf die Butten legen, eine aufs Kreuz legen, eine am Spitz kriegen, einer was geigen, einer den Stich versetzen. *verführerisch:* siehe 6.7. *verführerische Frau:* 6.8. *verführerischer Mann:* 6.9. *vergewaltigen:* 47.25.

12.29 verführt werden
auf den Käse gehen, auf den Leim gehen, ins Garn gehen, ins Netz gehen, in die Mühle geraten. *vergewaltigt werden:* siehe 47.25. *sich koitieren lassen:* 26.26.

12.30 erhören
Gehör schenken, grünes Licht geben, sich ergeben, weich werden, hinhalten, servieren, spreizen, die Büchse aufstellen, die Füße aufstellen, die Haxen aufstellen, den Stall aufmachen, die Tasche aufknöpfen, das Tor auflassen, die Truhe aufschließen, die Büchse aufreißen, einen Stich auffangen, einen lassen, einen drüberlassen, einen ranlassen, einen reinlassen, einen reinspazieren lassen, sich lassen, sich vollaufen lassen, sich langlegen. *einen Heiratsantrag annehmen:* siehe 14.9. *sich koitieren lassen:* 26.26.

12.31 erhört werden
Gehör finden, grünes Licht kriegen, Eroberungen machen, landen, serviert werden. die Sache läuft. ihm stehen alle Türen offen. *einen Heiratsantrag annehmen:* siehe 14.10.

12.32 Erhörung
schwache Stunde, Tag der offenen Tür, bedingungslose Kapitulation.

12.33 Geschick im Liebesspiel
FF, Fickfähigkeit, Fickfertigkeit, Fingerspitzengefühl, Griffelkunst, Kunststecherei, Sexaktheit, sexter Sinn; gute Bogenführung, gute Stabführung, guter Strich (vom Mann gesagt); gutes Tremolo, gutes Vibrato (von der Frau gesagt).

12.34 geschickt
abgebrannt, abgebrüht, ausgefuchst, eingefahren, eingefickt, eingespielt, eingevögelt, geeicht, gehängt, gehaut, gerieben, gewichst, sattelfest; auf Sex geeicht, in allen Sätteln gerecht.

12.35 geschickt sein
basteln, fingern, knobeln, tüfteln, einschaukeln, eff-effen. den Bogen, den Dreh, die Kniffe, Pfiffe, Schliche, Tricks raushaben, es faustdick haben, Disziplin im Knochen haben, eine gute Kugel schieben, eine ruhige Kugel stoßen, ein Händchen für die Frauen haben, die Sache im Griff haben, die richtige Kurve kratzen, die richtige Laune rauskitzeln, Fingerspitzengefühl haben, aus dem FF können, ins Schwarze treffen, Samen locken, ficken wie geölt, vögeln wie geschmiert. er ist in allen Sätteln gerecht. sie kann's stehend freihändig. sie hat's intus.

12.36 geschickte Frau
Atomschlitten, Chaiselongue-Akrobatin, Diplomfose, Gehängte, Gehaute, gute Vöglerin, gute Wetze, Lehrkörper, Lexikon mit Loch, Patentfeger, Rekordfotze, Samenleiterin, Samenlockerin, Sextechnikerin, Starkstromsteckdose, Supermöse, Superspritzdüse, Überschalldüse, Verkehrsexpertin.

12.37 geschickter Mann
Bastler, Chaiselongue-Akrobat, Diplomfikus,

Edelhengst, Gehängter, Gehauter, Hyperjaucker, Knobler, Kunstreiter, Lexikon mit Schwanz, Maßpecker, Patenthahn, Prunkriemler, Rekordbohrer, Schauhahn, Sexperte, Sextechniker, Spitzenreiter, Superrammler, Toptriemel, Tüftler, Verkehrsexperte, Wonnewedler, Wuchtkumpf.

12.38 jemandes sexuelle Wünsche erfüllen
jemandes Blutgruppe (Geriß, Handschuhnummer, Hausnummer, Hutweite, Kragennummer, Kragenweite, Machart, Nummer, Schuhnummer, Taillenweite, Tonart, Webart, Wellenlänge) haben; basteln (knobeln, tüfteln, zaubern) können. *befriedigen:* siehe 26.40.

12.39 Ungeschick im Liebesspiel
Unbedarftheit, lange Leitung, zwei linke Hände und ein Schwanz aus Blech, Untalent auf der horizontalen Ebene, chronischer Talentmangel im Sexfach, polizeiwidrige Bettstümperei; fauler Kniff, kalte Küche, kaputter Aufschlag, lahmer Griff, lasche Masche, Platte mit Sprung, trockene Pomade, verbogene Schiene, verheddertes Netz, vermasselte Tour, verschimmelter Sirup.

12.40 ungeschickt
bedient, bematscht, bescheuert, dünn, finster, klamm, krank, lahm, lasch, schief gewickelt, stumpf, taub, trübe, unbedarft, unbedient, verbaut, vermasselt; in Sex eine Fünf; alles Käse! aber dann gut Nacht!

12.41 ungeschickt sein
das Pulver nicht erfunden haben, die Weibsen nicht erfunden haben, die Schwänze nicht erfunden haben, die große Zukunft schon hinter sich haben, seine Zukünftige schon abgelegt haben, stümpern, Böcke schießen, die Katze im Sack kaufen, wie der Ochse vorm Berg (vorm Tor, vorm Loch) stehen, sich verhoppassen, auf die falsche Taste drücken, die falsche Taste erwischen, ins falsche Loch rutschen, die Hosen mit der Kneifzange aufmachen, die Büchse (die Dose) mit der Axt aufmachen, mit Bleifuß ficken, nach dem Buch ficken, sich noch nicht freigefickt haben, jemanden mit Müh und Not zurechtfummeln.

12.42 ungeschickte Frau
Dromedar, Stina, Trampel, Trina, Unhenne, Zimtzicke.

12.43 ungeschickter Mann
Buddel, Dalk, Drämel, Hans Huckebein, Kalb Moses, Krücke, Laatsch, Laps, Lapsch, Pinsel, Simpel, Stichel, Stockfisch, Stümper, Taps, Teepott, Töpfer, Tulpe, Waldheini; die Axt im Wald, der Schreck in der Abendstunde. Hinterwäldler, Kümmelspalter, Minuskavalier, Sonntagsreiter, Spätentwickler. *Mann, der nur eine einzige Verführungstechnik beherrscht:* Plattenspieler.

12.44 jemandes sexuelle Wünsche nicht erfüllen
sich zieren, Faxen (Fisematenten, Heckmeck, Sperenzchen, Spompanadeln, Theater) machen, den Feuerlöscher spielen, ein Frosch sein. du machst keinen Strich bei der! *abweisende Frau:* siehe 4.14. *abweisender Mann:* 4.15. *jemanden frustrieren:* 64.17.

13 Verhältnis

Abenteuer, Bankerl, Es, G'spusi, Koalition, Minkelmankel, Pantscherl, Schmus, Schmuserei, Seitensprung, Sexkapade, Symbiose, Techtelmechtel, Verhältnis. *Wohngemeinschaft eines Mannes mit einer Rentnerin:* g'schlampertes Verhältnis, Onkelehe, Rentenkonkubinat. *langes Verhältnis:* Dauerbrenner, freie Ehe, wilde Ehe, Kameradschaftsehe, Probeehe, Lebensgemeinschaft, feste Bande. *kurzes Verhältnis:* Abenteuer, G'spusi, Minkelmankel, Pantscherl, Schmus, Schmuserei, Seitensprung, Sexkapade, Techtelmechtel. *neues Verhältnis:* neuer Film, neue Platte, neue Walze. *teures Verhältnis:* Sextravaganz. *Verhältnis eines Mannes mit einer Frau, die ihn ernährt:* Bratkartoffelverhältnis. *nebeneheliches Verhältnis:* Nebenluft, Seitensprung. *Ferienverhältnis:* Abenteuer von der Stange, Badeliebe, Pastorale. *Verhältnis mit zwei Personen:* dreieckiges Verhältnis, Zweifelderwirtschaft. *bürgerlicher Sammelbegriff für alle außerehelichen Sexualunionen:* undurchsichtige Verhältnisse. *Bekanntschaft:* siehe 7.10. *Freundschaft:* 8. *Liebe:* 9. *Liebesspiel:* 12. *legalisiertes Verhältnis im Mittelalter:* 14.1.

13.1 ein Verhältnis anbahnen
eine Nummer bauen, eine Symbiose eingehen (Apo-Sprache), einen Stich einfädeln, eine Koalition aufbauen, zarte Bande knüpfen, seidene Fäden spinnen, jemanden an die Leine legen. es bahnt sich etwas an. *anbändeln:* siehe 12.15. *werben:* 12.22. *verführen:* 12.28.

13.2 ein Verhältnis betreiben
klüngeln, liebeln, es treiben, es mit jemandem haben, miteinander gehen, ein Stück mitlatschen, unter einer Decke stecken. *einen Seitensprung machen:* nebenaus gehen. *mehrere Verhältnisse betreiben:* auf zwei Hochzeiten tanzen, mehrere Eisen im Feuer haben. *dem Ehepartner ein Verhältnis gestatten:* freien Spielraum geben.

13.3 ein Verhältnis beenden
an den Ketten rütteln, sich freischwimmen, poter machen, Feierabend machen, die Taue kappen, das Bettuch (das Laken, das Tischtuch) zerschneiden; aussteigen, eigene Wege gehen, abdampfen, abhauen, absocken, ab-

schieben, auskneifen, auskratzen, ausreißen, ausrücken, durchbrennen, entwetzen, verschwinden; sich absetzen, sich empfehlen, sich verdrücken, sich verkrümeln, sich verziehen, sich aus dem Staube machen, sich auf die Lappen machen, sich französisch empfehlen, sich dünnemachen, die Zelte abbrechen, das Hasenpanier ergreifen, ausreißen wie Schafsleder, von der Bildfläche verschwinden, in der Versenkung verschwinden, mit einem blauen Auge davonkommen. jemanden abhängen, abschieben, aufs Abstellgleis schieben, ausrangieren, fallenlassen, sitzenlassen, im Stich lassen; jemanden abmeiern, absägen, abschreiben, wegloben, wegschicken, in die Wüste schikken, in den Ruhestand versetzen; jemandem den Laufpaß geben, den Stuhl vor die Tür setzen.

13.4 beendetes Verhältnis
abgelaufenes Uhrwerk, abgebrochenes Spiel, Abbruch, Abpfiff, Abschied, Abtanz, das Ende vom Lied, Kehraus, Feierabend, Schlußstrich, Trümmerhaufen. *abgelegte Freundin eines begüterten Mannes:* Wohlstandsmüll.

13.5 ausgehaltene Frau
Amüsierfleisch, Amüsiermatratze, Ausgehaltene, Cocktailkirsche, Cocktailpute, Cocktailzwiebel, Kaviarmäuschen, Lebedämchen, Lebedame, Lebefräulein, Lebemädchen, Luxusbiene, Luxusfigur, Luxusfotze, Luxusliebchen, Luxusnutte, Luxuspuppe, Pensionärin, Geldkatze. *ausgehaltene Frau, die steuerlich als Angestellte geführt wird:* Hauserin, Häuserin, Spesenkontoristin, Steuerausgleichskonto. *Frau, die sich von zwei oder drei Männern aushalten läßt:* Zweimannloch, Dreimannloch. *alter Wortschatz:* Kebsweib, Kokotte, Mätresse, Pik-Dame. *Sexualpartnerin:* siehe 7.1. *Freundin:* 8.2–8.14. *Geliebte:* 9.8. *Geliebte eines verheirateten Mannes:* 14.66. *Beischläferin:* 26.1. *Prostituierte:* 48.2.

13.6 ausgehaltener Mann
Baron, Bettgeher, Betthupfer, Decker, Eintänzer, Ficker, Gigerl, Gigolo, Goldgräber, G'schamster, G'schwof, G'spons, G'spusi, Hausfreund, Lackierer, Lobbingel, Miet-Rammler, Pempelmaster, Pensionär, Roboter der Liebe, Schlamant, Schlantander, Schwasser, Stipendiat, Tupfer. *Mann, der sich von mehreren Frauen aushalten läßt:* Zweispänner, Dreispänner, Vierspänner. *Geschlechtsverkehr mit unbefriedigten Ehefrauen:* Entwicklungshilfe, Hilfe für Entwicklungsländer. *Sexualpartner:* siehe 7.1. *Freund:* 8.15 bis 8.27. *Geliebter:* 9.9. *Geliebter einer verheirateten Frau:* 14.67. *Beischläfer:* 26.2. *Zuhälter:* 48.21.

13.7 Frauen aushalten
ausschütten, verjubeln, verjuchen, verjuchheien, verjucken, verjuxen, verludern, versaubeuteln, verschustern, weich betten; eine schützende Hand über eine Frau halten; groß ausgehen. Bauzmiete, Busengeld, Kurtaxe, Schustersteuer zahlen. *mit Prostituierten verkehren:* siehe 48.7.

13.8 Männer aushalten
sich eine Pfeife kaufen, sich einen Schwanz zulegen. Angelblei (Bergegeld, Kriegsentschädigung) zahlen, goldene Eier legen. einem einen Sessellift geben. *einen Studenten aushalten:* einem ein Schürzenstipendium geben. *Männerbordell:* siehe 48.28.

13.9 Kavalier, Gönner
Brötchengeber, Nährvater, Onkel, Konto, Bankkonto, Portemonnaie, Scheckbuch, Sparbüchse. *homosexueller Gönner:* Abrahams Schoß. *verheirateter Gönner:* Herr mit Anhang. *Gönner, der nur dann Geld für Frauen ausgibt, wenn er es abschreiben kann:* Spesenritter.

13.10 Gönner ausbeuten
Stipendien organisieren, von der freien Marktwirtschaft leben, das Mitbestimmungsrecht wahrnehmen, die Wirtschaftswunderkuh melken, Fett abschöpfen, sich an der Vermögensbildung beteiligen, sich bedienen, sich weich betten; jemanden abbrennen, abgarnieren, abgrasen, abkochen, ableichtern, absahnen, absengen, abservieren, abstauben, ausfilzen, ausnehmen wie 'ne Weihnachtsgans, auspovern, garkochen, rupfen, bis aufs Hemd ausziehen, zum Weißbluten bringen.

13.11 Männer ausbeuten
melken, ausmelken, die Ochsen melken, die Schafe scheren, den Böcken das Fell über die Ohren ziehen, die Freier einseifen, die Hampelmänner barbieren, die Kober rasieren. *auf einen Mann Einfluß haben:* bei einem was auf der Nadel haben. *Männer erpressen:* siehe 47.4.

13.12 Gönnerin
Braten, Braterl, Geldkatze, Goldfisch, Kostschachtel, Nährmutter, Miss Moos, Konto mit Busen, Konto mit Loch, Bankkonto mit Busen, Bankkonto mit Loch, Portemonnaie mit Busen, Portemonnaie mit Loch, Scheckbuch mit Busen, Sparbüchse mit Busen, Sparbüchse mit Spalt. *Gönnerinnen:* Fleischtöpfe Ägyptens. *Gönnerin eines Studenten:* Alma mater. *bejahrte Gönnerin:* Altmaterial. *verheiratete Gönnerin:* siehe 14.62.

13.13 Gönnerinnen ausbeuten
baronisieren, fischen, einsäckeln, sich gesundstoßen, die Füße unter den Tisch stellen, sich im Sessel niederlassen, den Finger auf dem richtigen Loch haben, den Zahn schleifen. *Frauen erpressen:* siehe 47.4.

14 Ehe

Hafen, Haube, Lebensbund, Joch, Schlinge, der saure Apfel. *Teenage-Slang:* Papas Privatbordell. *wegen Schwangerschaft geschlossene Ehe:* Kurzschluß-Ehe, Muß-Ehe. *Ehe zwischen Gatten verschiedener Konfessionen oder Rassen:* Mischehe. *Ehe mit einem Homosexuellen oder einer Lesbierin:* zweigleisige Ehe. *postume Ehe mit einem Gefallenen:* Stahlhelmehe. *Ehe einer Bürgerlichen mit einem Adligen:* Namensehe (der gleiche Ausdruck bezeichnet manchmal aber auch die Ehe einer Schwangeren mit einem Manne, den sie heiratet, um ihrem Kind «einen Namen» zu geben). *Fernehe:* Handschuhehe. *Ehe mit einem ausgelosten Gatten (bei der Herrnhuter Brüdergemeine):* Losehe. *abstinente Ehe:* Kapaunenheirat.

14.1 Eherecht der Vergangenheit

Polygamie: Vielheirat. *Polyandrie:* Vielmännerei. *Polygynie:* Vielweiberei, Weibergemeinschaft. *Harem:* Frauenzwinger. *Jus primae noctis:* Busenrecht, Brautgulden (landesherrliche Steuer im alten Bayern, die auf dem Jus primae noctis beruhte und erst 1808 aufgehoben wurde), Hinüberschreiten (der symbolische Vollzug des Jus primae noctis durch den Grundherrn, der seinen Fuß auf den Körper der Braut seines Lehnsmanns setzte), Jux primae noctis (Studentensprache). *Cunnagium:* Abzugsgeld, Bauzmiete, Beddemunt, Brautgeld, Budeil, Bumede, Bunzengeld, Bunzengroschen, Busenhuhn, Busenzins, Buteil, Frauenzins, Freudengeld, Gastschilling, Hemdlaken, Hemdschilling, Jungfernpfennig, Kardiestelgeld, Klauentaler, Nabelgeld, Nagelgeld, Reitschoß, Schürzengeld, Schürzenzins, Sprungtaler, Stechgroschen, Upspringelgeld (In vielen Gesellschaften der Frühzeit glaubte man, daß die Entjungferung für den Mann gefährlich sei. Sie wurde deshalb entweder von einer Frau mit einem Deflorationsinstrument oder von einem hierzu erwählten älteren Mann, oft dem Häuptling, ausgeführt. Im frühen Mittelalter überlebte diese Sitte als Pflicht des Feudalherrn, die Bräute seiner Lehnsmänner zu deflorieren. Diese Pflicht ist oft falsch als ein «Recht» ausgedeutet worden [Jus primae noctis]. Mit beginnender Aufklärung zogen die Männer es jedoch vor, ihre Frauen selber zu entjungfern. Hierfür zahlten sie eine Ablösungssumme, die die Römer *Cunnagium* nannten. Der deutsche Volksmund hat an die zwanzig Worte und Wendungen geprägt, um den Begriff des Cunnagiums sprachlich einzukreisen. Eines der überraschendsten Nebenprodukte der Arbeit an diesem Lexikon war die Entdeckung, daß sich fast alle diese Worte bis in die Gegenwart erhalten haben, heute aber oft eine andere Bedeutung haben, und zwar meist die Kosten eines Bordellbesuchs oder das Entgelt einer Prostituierten ausdrücken. Hier läge ein interessantes Thema für eine sprachgeschichtliche Untersuchung oder Doktorarbeit vor). *Vermählungsstätte im vormittelalterlichen Deutschland:* Malstatt. *Gewalt des Mannes über die Frau:* Munt (Nach germanischem Recht blieb eine Heirat ungültig, bis der Ehemann den «Munt» vom Vater der Braut oder deren Brüdern übernommen hatte). *Befugnisrecht der Ehefrau:* Schlüsselwürde (Mit der Überreichung der Schlüssel zu seinem Hause und dessen Räumen mit Schränken übertrug der Ehemann seiner Gattin die Befugnis, Gesinde anzustellen und zu entlassen). *Eheeinspruch:* Haubenwerfen (In Hessen pflegten Mädchen, die ein älteres Recht auf einen Mann zu haben glaubten, bei dessen Trauung Einspruch zu erheben, indem sie ihre Haube vor den Altar warfen), Mützenrecht (ähnliche Sitte im Frankenberger Bistum), Steingang (Um der Bürgerschaft Gelegenheit zum Einspruch gegen eine Eheschließung zu geben, mußte der Bräutigam im Beisein des Bürgermeisters und seines Stellvertreters vor allem Volk auf dem Marktplatz auf einen Stein klettern und dort «ein paar Paternoster lang» ausharren. Diesen Vorgang nannte der Volksmund «Steingang»). *Potenzzeuge:* Haspelbürge (Im Hunsrück mußte jeder Bauernbursche, der heiraten wollte, dem Brautvater zwei «Haspelbürgen» stellen, die bezeugen konnten, daß er ein ehrbarer Geselle sei und «wol hasplen künde uf der betziehen»). *legalisiertes Verhältnis:* Buhlebrief (Nach dem ritterlichen Brauchtum des späten 12. und frühen 13. Jahrhunderts mußte das Verhältnis zwischen einem Ritter und der Frau eines anderen Ritters in einem Schreiben niedergelegt und gegenseitig eingehändigt werden. Der Volksmund taufte diese Verträge «Buhlebriefe» und behielt das Wort auch bei, nachdem die ritterliche Toleranz der außerehelichen Beziehungen ausgestorben war. Im 18. und 19. Jahrhundert nahm das Wort «Buhlebrief» deshalb die Bedeutung «Ehetauglichkeitszeugnis» an). *Verhältnis:* siehe 13.

14.2 Eherecht der Gegenwart

Eherecht: Verkehrsrecht. *Debitum conjugale:* Pflichtübung. *Recht der Ehefrau, Haushaltsanschaffungen zu machen, für die der Ehemann haftet:* Schlüsselgewalt. *Recht:* siehe auch 47.

14.3 unverheiratet
einspännig, unvergeben, noch zu haben, los und ledig.

14.4 Heiratsabsichten
ernste Absichten, gezückter Segen. *sie will ihn heiraten:* sie kommt mit gezücktem Segen, sie rückt mit gezücktem Segen an.

14.5 Brautschau
Begucke, Bekieke, Beschau, Blütenlese, Ortsbesichtigung, Personalaufnahme, Personalitätenprüfung. Bienenfang, Katzenfang, Krabbenfang, Lerchenfang.

14.6 Brautwerber
Bittelmann, Freiwerber, Hochzeitsmann (In vielen ländlichen Gegenden ist der Mann, den der Volksmund «Brautführer» getauft hat, nicht nur der, der die Braut in die Kirche führt, sondern auch der, der um sie wirbt. Oft wird hierbei ein Viehhandel vorgeschützt: der Werber fragt, ob ein Ochse, ein junges Fohlen, eine junge Kuh zu verkaufen sei [so ist der Ausdruck «Kuhhandel» entstanden], oder man sucht ein angeblich entlaufenes Tier. Hierbei herrscht ein komplizierter Kode, der dem Brautwerber die Demütigung einer Absage erspart. Zum Beispiel gibt man ihm einen Korb [«einen Korb geben»], oder die Mutter gibt dem Werber ein Butterbrot als Zeichen der Absage. In der Eifel bringt der Brautwerber eine Flasche Wein. Holt das Mädchen dann kein Glas, so bedeutet das «nein». Legt das Mädchen eine Saubohnenblüte vor die Tür, so braucht der Brautwerber gar nicht erst einzutreten. Im Hunsrück setzt man ihm Eier mit Schinken vor, wenn die Antwort «ja» ist. Wenn sie «nein» ist, serviert man Käse).

14.7 um eine Frau werben
auf Brautschau gehen, aufs Rohr nehmen, es auf jemanden absehen, das Auge auf jemanden werfen, anfragen, anhalten, freien, lieben, die Cour schneiden, den Hof machen, sich erklären, das Herz öffnen, das Herz ausschütten, sich um jemandes Gunst bewerben, um jemandes Hand bitten, um Gehör bitten, um ein geneigtes Ohr bitten, flach machen, weichmachen, schwachmachen, herumkriegen, hinkriegen, erobern. *werben, ohne heiraten zu wollen:* siehe 12.22.

14.8 um einen Mann werben
ringeln, angeln, fischen, ködern, umgarnen, ins Garn locken, auf den Leim locken, ins Netz locken, aufs Korn nehmen, mit allen Glocken läuten, alle Minen springen lassen, alle Reize spielen lassen, alle Register ziehen. *auf Männerfang gehen:* siehe 7.8.

14.9 der Werbung eines Mannes nachgeben
erhören, Gehör schenken, sich ergeben, grünes Licht geben, Grünlicht geben. *erhören:* siehe 12.30.

14.10 den Heiratswünschen einer Frau nachgeben
anbeißen, an die Angel gehen, ins Netz gehen, ins Garn gehen, auf den Leim gehen.

14.11 den Heiratsantrag ablehnen
abblitzen lassen, abfahren lassen, abprellen lassen, abrutschen lassen, absausen lassen, kalt ablaufen lassen, die kalte Schulter zeigen, einen Korb geben; abschlenkern, abwimmeln. *abweisend:* siehe 4.13. *abweisende Frau:* 4.14. *abweisender Mann:* 4.15. *abweisen:* 11.5.

14.12 Ablehnung
Abfuhr, Kehrab, Korb, Verlade; Rotlicht, Stopplicht. *vom Standpunkt des Abgelehnten:* Einbruch, Otto, Reinfall. *Abweisung:* siehe 11.3.

14.13 abgelehnt werden
abblitzen, abfahren, abrutschen, einen Korb kriegen, eine Abfuhr kriegen, eine Verlade bekommen, seinen Tee kriegen, die kalte Schulter kriegen, sich Gefrierbollen holen, schief ankommen, schön ankommen, einen Otto bauen. *eine Abweisung erhalten:* siehe 11.4.

14.14 ledig bleiben
den Anschluß verpassen, sitzenbleiben, verschimmeln, verwelken. *Ledigenwohnheim:* Drachenburg, Migräne-Silo, Schraubenlager, Tugendburg.

14.15 ledige Frau
Backobst, Bankfleisch, Betschwester, Einspännerin, alte Jungfer, alte Tante, alte Vettel, alte Wachtel, spätes Mädchen, trockene Schrippe.

14.16 lediger Mann
Einspänner, Hagestolz, Junggeselle, Käfferle, Platteisen, Speckerbes, Stautzenfresser; freier Mann; alter Knabe, alter Sack, bevölkerungspolitischer Blindgänger. *Junggesellenbund:* Chrumgelie, Knabenschaft (Schweiz).

14.17 Angst vor dem Ledigbleiben
Torschlußpanik. *Heirat aus Angst vor dem Altwerden:* Kurzschlußheirat, Torschlußheirat. *Angst vor dem Alleinsein:* Budenangst.

14.18 heiratslustige Frau
Anglerin, Bartkrätze, Fangzahn, Fischerin, Ringelnatter, Schlinge, Schlitzgabel. *heiratslustige Studentin:* stud. hei.

14.19 heiratslustiger Mann
Freier, Futtinger, Futtner, Klopfhengst.

14.20 sich verloben
sich einig werden, sich verbandeln, sich finden und kriegen, sich in den Brautstand stürzen, grünes Licht bekommen, Grünlicht kriegen, Gehör finden. *sich mit jemandem verloben:* sich gegen jemanden verloben. *Redewendungen:* Ich sehe, du trägst einen Ring. Darf man gratulieren?

14.21 Verlobung
Stillhalteabkommen. *Alter Wortschatz:* Handreichung, Handtreue, Stuhlfest, Umfahung, Verkündung, Verspruch, Vertrauung, Seidenfadenverlobung (d. i. die Verlobung mittels eines seidenen Fadens statt eines Ringes, ein alter Zauberbrauch, mit dessen Hilfe das Mädchen den Geliebten lebenslang an sich zu binden hofft). *Verlobungstrunk:* Lobelbier. *Verlobungsschreiben:* Brautbrief (Anfang des 19. Jahrhunderts pflegte der Bräutigam der Braut nach der Verlobung ein Bestätigungsschreiben zu schicken, das der Volksmund im Braunschweigischen «Brautbrief» nannte). *Brautbaum:* Brautmaie (Nach germanischem Brauch wurde der Braut nach der Verlobung ein mit bunten Bändern geschmücktes Bäumchen ins Haus gebracht, das man «Brautmaye» nannte. Als «Brautmaie» überlebt der Brauch noch heute, wird jetzt aber erst am Tage nach der Hochzeit gefeiert).

14.22 verlobt
belegt, besetzt, verbandelt, vergeben; in Untermiete, unter Vertrag.

14.23 Verlobte
Dame mit Anhang, belegte Koje, belegte Schrippe, belegte Semmel, belegte Stulle, belegte Zunge, belegter Platz, belegtes Bett, belegtes Brötchen, besetzte Nummer, besetzter Parkplatz, besetztes Gebiet. Anhang, Anhängsel, Begleiterin, Beiwagen, Eskorte, Geleitzug, Satellit, Schatten, Trabant, Umhang mit Loch, Vademeca. Abgeilerin, Anstandsnutte, offizielle Entsafterin, Sachbearbeiterin, Unzuchtsverhinderungsgerät, Unzuchtsverhinderungsmaschine, legitimer Zahn. *alter Wortschatz:* Gesantemoß, Grüntmoß, Liemthur, Lobmädel, Krönmusch, Musch, Schönecke, Stoffelsche.

14.24 Verlobter
Herr mit Anhang, belegter Platz, belegtes Bett, belegtes Brot, besetzter Parkplatz, besetzter Platz, besetztes Gebiet. Anhang, Anhängsel, Begleiter, Beiwagen, Eskorte, Geleitzug, Satellit, Schatten, Trabant, Umhang mit Schwanz, Vademecum. Bräuterich, fester Herr, Mann an der Spritze, Mann von der Spritze, Feuerwehrmann, Abgeiler, Derjenige welcher, Freizeitgestalter, Sachbearbeiter. *alter Wortschatz:* gekrönter Erl, Grünkaffer, Kroner, Liemlag, Lobbink, Lobpinkel, Schönecker, Stoffel.

14.25 Verlobungsring
Fingerlich, Fessel. *Brillantring:* Bankkonto am Finger, Blinker, Blinzerling, Blitzer, Blitzketerling, Briller, Brüller, Diamantfessel, Vitamin B, Vitamin D (Diamantring). *falscher Verlobungsring:* Benzolring, linker Blinker, Sidolring. *Ehering:* siehe 14.36. *Fingerring:* 58.4.

14.26 Brautstand
Verkündzeit, Wartburg, Wartezeit. *auf die Hochzeit warten (auf Geschlechtsverkehr mit der Verlobten warten):* auf der Wartburg sitzen. *Brautschule:* Brutanstalt.

14.27 Braut
Brumme, Schleiereule. *alter Wortschatz:* Gesantemoß, Grüntmoß, Liemthur, Lobmädl, Krönmusch, Musch, Schönecke, Stoffelsche.

14.28 Bräutigam
Kriegsopfer, Schlachtvieh, Todeskandidat. *ferngetrauter Soldat:* Fernficker. *alter Wortschatz:* gekrönter Erl, Grünkaffer, Kroner, Liemlag, Lobbink, Lobpinkel, Schönecker, Stoffel.

14.29 Liebesleben der Verlobten
unterärmeln, per Arm gehen, miteinander gehen, die Stichprobe machen. *voreheIicher Geschlechtsverkehr:* Brautehe, Stichprobe, Vorliebe. *sich als Ehepaar ausgeben:* ehepaaren. *fensterln:* bettfreien, feschen, fenstergehen, fügen, gasselgehen, gasseln, korteln, ans Lehmloch gehen, menscherln, prenteln. (Die volkstümliche Sitte des «Fensterlns», die unter verschiedenen Namen von Norddeutschland bis hinunter in die Schweiz noch heute besteht, beruht auf dem Recht, einander am Fenster der Verlobten oder in deren Zimmer zu treffen und Geschlechtsverkehr zu betreiben.) *erlaubter Geschlechtsverkehr der Verlobten:* Freierei, Frejot, Hengert, Hingelte, Karess, Kiltgang, Nachtfreierei. *Nacht, in der den Verlobten der Geschlechtsverkehr gestattet ist:* Bettelnacht, Kommnacht, Probenacht, Pumperlesnacht. *eine Frau heiraten, mit der man vorher koitiert hat:* mit Vorliebe heiraten. *die kluge Verlobte läßt sich schwängern, um sicher zu sein, daß ihr Verlobter sie heiratet:* die kluge Frau baut vor. *seine Verlobte heiraten, ohne mit ihr koitiert zu haben:* die Katze im Sack kaufen. *alter Wortschatz:* Anagriff (das Recht des Bräutigams, die Vulva der Braut zu berühren), Beschlafen auf Treu und Glauben (das Recht der Verlobten, im gleichen Bett zu schlafen), keusches Beilager (das gemeinsame Beschlafen eines Bettes, in dessen Mitte ein blankes Schwert liegt), Ehestandsprobe (Probenacht), Pflastergeld (Abgabe des Bräutigams an die Stadt, wenn er mit seiner Verlobten zusammen wohnen wollte: Nürnberg 1760).

14.30 die Verlobung lösen
abschnappen, sitzenlassen. *Entschädigung eines Mädchens für eine gelöste Verlobung:* Kranzgeld.

14.31 Ehevermittlung
Kuhhandel, Umschlaghandel. *Ehevermitt-*

ler: Schadchen, Zwischenhändler. *Ehevermittlungsinstitut:* Genitalverwertungsstelle, Kuppelbörse, Liebhaberei. *Computer zur Ehevermittlung:* elektrischer Amor. *Kosten der Ehevermittlung:* Schmusgeld. *Ehen vermitteln:* unter die Haube bringen, an den Mann (an die Frau) bringen, zu Paaren treiben, sich einen Kuppelpelz verdienen.

14.32 finanzielle Aspekte der Eheschließung
Regelung der finanziellen Aspekte der Eheschließung: Verschreibung. *Ehevertrag:* Kriegsartikel, Tresorschein, unverbaubare Aussicht. *(geborgtes) Heiratskapital:* Ringgeld. *Geldheirat:* Liebesheirat (Es ist eine reine Liebesheirat – er ist Student, und ihr Vater hat 'ne Wurstfabrik), Geldehe, Wechselehe, Wechselheirat, Einheirat, Vernunftheirat. *jemanden heiraten, um ihn zu beerben:* auf Abbruch heiraten. *reiche Ehefrau:* Abrahams Schoß, fetter Brocken, gemachtes Bett, goldenes Kalb, Goldfisch, gute Partie, Kostschachtel, Nährmutter, Portemonnaie mit Busen, Portemonnaie mit Loch. *Mitgift:* Angelblei, Bankkonto, Brautschatz, die Fleischtöpfe Ägyptens, goldenes Ei, Konto, Kriegsentschädigung, Kriegsschatz, Mitgabe, Portemonnaie, Scheckbuch, Speck, Zickendraht. *regelmäßige Beisteuer der Eltern für den Haushalt ihrer Tochter:* Nadelgeld. *Besichtigung der Mitgift durch die Bräutigamseltern:* Beschau. *Mitgiftjäger:* Speckjäger, Zickendrahtzieher. *Mitgifttruhe:* Brautkasten, Brautkiste, Brauttruhe (in Österreich verstand man unter B. nicht nur die Truhe und deren Inhalt, sondern auch das Ehebett, das Spinnrad und mehrere Hühner. Dieses «Brautgut» wurde nach der Hochzeit feierlich auf einem offenen Wagen, dem «Brautwagen», ins Haus der Brautleute gebracht, eine Prozedur, die den Namen «Brauttruhenführen» trug). *Brautwagen:* Fedelwagen, Kammerwagen, Kistenwagen, Kuchelwagen. *Gabe des Bräutigams an die Braut:* Drangeld, Draufgeld, Gerade, Handgeld, Leibgedinge, Mahlschatz, Morgengabe, Widerlage, Zugabe. *der Braut Geschenke machen:* aufwarten mit, behändigen, blechen, opfern, rausrücken, spendieren, verehren, zubuttern. *alter Wortschatz:* Buhlegeld (Nach dem alten Landrecht Preußens mußte ein Geselle, der in Preußen Meister oder Bürger werden wollte, bei der Obrigkeit ein «Buhlegeld» als Pfand niederlegen, daß er binnen Jahresfrist eine Preußin heiraten würde). *Finanz:* siehe auch 45.

14.33 Aufgebot
Kriegserklärung. *das Aufgebot bestellen:* aushängen, im Kasten hängen, von der Kanzel fallen, den Krieg erklären. *Aufgebotsfeier:* Heilicht, Hilenk, Hillich, Vengkof.

14.34 Standesamt
Ehefabrik, Eheschmiede, Glücksschmiede, Schlachthof, Unglücksschmiede, Begräbnisanstalt für Doppelsärge. *Standesbeamter:* Kuppelbeamter, Totengräber.

14.35 Trauschein
Krönfleppen, Tresorschein.

14.36 Ehering
Banderl, Familienstandsabzeichen, Familienstandsmedaille, Familienstandsorden, goldenes Sportabzeichen, Kampfeisen, Treuring, Vitamin E. Bankkonto am Finger, Unterhaltsreifen. Fangeisen, goldene Fessel, Handfessel, Handschelle, Zimtfessel, Zwangseisen, Zwinge. *unechter Ehering:* Benzolring, Sidolring, gefuchste Handfessel. *Verlobungsring:* siehe 14.25. *Fingerring:* 58.4.

14.37 Hochzeitskleid
Brauthaut, Eulenschleier, Friedensfahne, Kapitulationsfahne, Totenhemd, weißer Traum. *Kleid:* siehe 59.10.

14.38 heiraten
den Bund fürs Leben schließen, die Hand fürs Leben reichen, vor Anker gehen, ankern, in den Hafen einlaufen, der Freiheit Lebwohl sagen, in den sauren Apfel beißen, den Hals in die Schlinge stecken, den Kopf ins Joch stecken, sich unters Joch beugen, sich in den Ehestand stürzen, sich krönen lassen, sich kriegen, sich einen eigenen Herd gründen, zum Altar schleppen, ins Garn locken, ins Joch einspannen, unter die Haube kommen. *alter Wortschatz:* heschpen, lekichen, poschen, ringeln, schittichen, verheschpen, verkrönen, volksverbinden. *er hat sie geheiratet:* er hat sie am Hals, er hat ihr ehrlich jemacht. *sie passen zusammen (sie haben die gleiche Konfession):* das Gesangbuch stimmt. *einen minderwertigen Partner heiraten:* sich wegschmeißen.

14.39 verheiratet
frischgebacken, neugebacken, schwer verheiratet.

14.40 Hochzeit
Biaf, Brautlauf, Breitlaft, Chassne, Graunerei, Grünerei, Heschpete, Kapitulation, Kröne, Ringlete, Schittlach, Schlachtfest. *Hochzeitsaltar:* Schlachtbank. *Hochzeitstag:* Krönschein, Kriegsgedenktag, Volkstrauertag. *Hochzeitsfeier:* siehe 14.41, 14.43, 14.44. *Hochzeitsjubiläum:* 14.57.

14.41 Hochzeitssitten und -gebräuche
Abdankung (Dankrede bei der Hochzeitsfeier), Abforderung (Forderung an den Brautvater, die Braut an den Bräutigam auszuliefern), absalzen (versalzene Kuchen als Hochzeitsgabe darbringen, um den Abschied vom süßen Leben zu symbolisieren), abtanzen (den letzten Tanz vor dem feierlichen Zerreißen und Verteilen des Braut-

schleiers tanzen), das Anblasen der Braut (die Blasmusik, die während des Hochzeitszuges im Kirchturm gespielt wird), Aufsatz (Brautkrone), Ausbad (Hochzeitsbad), das Ausgreifen der Braut (das Berühren des Körpers der Braut im verdunkelten Hochzeitssaal), das Ausschellen der Braut (das Glockenläuten während des Hochzeitszugs), das Austanzen des Brautschleiers (siehe abtanzen), Badlade (die Einladung zum Hochzeitsbad), öffentliches Beilager (das zeremonielle Zusammenschlafen der Brautleute in Gegenwart der Hochzeitsgäste), das Beschlagen der Brautleute (das Bedecken der Brautleute mit einer gemeinsamen Bettdecke in Gegenwart der Trauzeugen), das Beschreiten des Brautbetts (das zeremonielle Umschreiten und Beziehen des Brautbetts durch die Brautleute), Bockfleisch (Hochzeitsmahl, das als Sühnemahl gilt, da der Bock hier als Sündenbock dient), Bocksbraten (gebratene Bocksnieren, die man während der Hochzeitsnacht unter das Brautbett stellt, um dem jungen Paar Fruchtbarkeit zu geben), Brautbad (das rituelle Hochzeitsbad, das der Braut Fruchtbarkeit geben soll), Brautbecher (Doppelbecher, der eine Frau im Reifrock darstellt, die in ihren Händen einen zweiten Becher hält. Die Braut trinkt aus dem kleinen Becher, dreht das Glas um und füllt den Reifrock für ihren Mann. Spätere Brautbecher bestanden einfach aus großen, mit dunklem Rotwein gefüllten Kelchen, die das Bild eines nackten Knaben mit erigiertem Penis enthüllten, wenn die Braut den Wein getrunken hatte), Brautbegehren (siehe Abforderung), Brautengel (blumenstreuende Kinder im Hochzeitszug), Brautermahnung (Hochzeitsrede), Brautführer (Freund des Bräutigams, der die Braut formell aus ihrem Elternhaus in das des Bräutigams führt), Brautgeselle (Brautführer), Brautgürtel (Hochzeitsgürtel, der die Unschuld der Braut symbolisiert; das Lösen des Brautgürtels stellt die Hingabe der Braut und damit den Vollzug der Ehe dar), Brauthemdbesichtigung (das Vorzeigen des blutbefleckten Hemds der Braut zum Beweis, daß sie vor der Hochzeit eine Jungfrau war und die Ehe nun vollzogen ist), Brauthemmen (das gewaltsame Aufhalten der Braut auf dem Wege zur Trauung, um von ihr Almosen zu erhalten), Brauthirt (Brautführer), Brautjungfern (Freundinnen der Braut, die sie zur Trauung begleiten), Brautknecht (Brautführer), Brautkranz (Hochzeitskranz), Brautkrone (Hochzeitskrone), Brautkuh (feierlich geschmückte Kuh, die den Hochzeitszug begleitet), Brautlader (Freund des Bräutigams oder der Brauteltern, der die Hochzeitsgäste einlädt), Brautlauf (Wettlauf am Hochzeitstag; manchmal aber auch die Heimführung der Braut nach der Hochzeit), Brautlauftrinken (das Gelage, das der Heimführung der Braut folgt), Brautpforte (Tür auf der Nordseite der Kirche, durch die das Brautpaar zur Trauung schreitet), Brautschleier (das Symbol der Heirat, das nach der Hochzeitsfeier zerrissen und unter die Gäste geworfen wird; fängt ein unverheiratetes Mädchen einen Teil des Schleiers auf, so heißt das, daß sie noch im gleichen Jahr heiraten wird), Brautschuh (weißer Hochzeitsschuh, dessen Ausziehen die Hingabe der Braut symbolisieren soll), Brautsegen (sowohl die Einsegnung der Brautleute wie die des Ehebettes), Brautsuppe (Morgenimbiß am Hochzeitstag – früher meist Hirsebrei, heute manchmal Weinsuppe), Brauttanz (Tanz der Hochzeitsgäste mit der Braut), Brautteller (glasierter Präsentationsteller, auf dem man der Braut Geschenke anbietet; wenn sie die Geschenke nimmt, legt sie ein obszönes Bild mit obszöner Unterschrift frei, z. B. «Greif oben, Fuchs unten» oder «Urschel ruckt, Franz druckt», «Laß das Greifen oben sein, führe lieber unten ein», «O Jammer, bist schon schwanger» usw.), Brauttruhenführen (das Überführen der Mitgift in das Heim des Gatten), Brauttür (siehe Brautportal), Brautwagen (entweder der Wagen, in dem die Braut zur Trauung fährt, oder der Karren, auf dem die Brauttruhe ins Heim der Ehegatten geführt wird), Brautzug (Heimführung der Braut ins Haus des Bräutigams), Danksagung (Hochzeitsgebet, aus den verstorbenen Verwandten gilt), Ehetaler (Hochzeitsmünze), Fackeltanz (Tanz der Hochzeitsgäste während des nächtlichen Hochzeitszugs, der die Braut ins Haus des Gatten geleitet), falsche Braut (alte Frau, die dem Bräutigam oder dessen Gesandten von den Brauteltern übergeben wird, um die Abforderung zu unterwandern), Felltreten (das symbolische Beschreiten des Fells eines Ahnentiers des Ehemanns durch die Braut am Hochzeitstag; es stellt die Aufnahme der Braut in den Ahnenkreis ihres Mannes dar), Freihochzeit (Hochzeit, bei der die Gäste keine Geschenke zu bringen brauchen), Gaglhenne (Brautsuppe), Galgenmahl (Hochzeitsmahl), Guckelhochzeit (Feier am Abend vor dem Hochzeitstag), Gugelhupftanz (Hochzeitstanz, bei dem die Brautjungfern mit Kerzen bestückte Hüte in Form von Napfkuchen tragen), Hahn im Korb (der Ausdruck stammt von dem Hahn, den man den Brautleuten während der Hochzeitsnacht unters Bett stellte, um ihnen Fruchtbarkeit zu geben), Hänschen im Keller (das Bild eines

14.41 Hochzeitssitten und -gebräuche

nackten Knaben mit erigiertem Penis, das beim Leeren des Brautbechers sichtbar wird), Haubung (das Aufsetzen der Brauthaube, von dem der Ausdruck stammt: «unter die Haube kommen»), Hochzeitsbitter (Brautlader), Hochzeitsknecht (Brautführer), Hochzeitsmagd (Brautjungfer), Hochzeitsspieß (der lange rote Stab des Brautladers, der den Penis symbolisiert), Hochzeitsstrumpf (glückbringender alter Strumpf, den die Braut am Hochzeitstag anzieht), Hungertanz (Brauttanz vor dem Hochzeitsmahl), Johannissegen (geweihter Trunk bei der kirchlichen Trauung), Jungfernkranz (Hochzeitskranz), Kirchführer (Brautführer), Kirchführerin (Brautjungfer), Kranzabnahme (das Ablegen des Brautkranzes um Mitternacht), Kranzabtanzen (die letzten Hochzeitstänze vor der Kranzabnahme), Kranzeldame (Brautjungfer), Kranzelherren (die männlichen Verwandten der Braut, mit denen sie bei der Hochzeitsfeier tanzt, bevor sie den Brautkranz ablegt), Kränzlerin (Brautjungfer), Kränzelmädchen (blumenstreuendes kleines Mädchen im Hochzeitszug, in manchen Gegenden aber auch: Brautjungfer), Kränzeljungfer (Brautjungfer), Kriegsdroschke (Hochzeitskutsche), Kronenbraut (Patrizierbraut, die eine Brautkrone trägt), Kronenfest (Konferenz der Braut mit ihren Brautjungfern), Kühschweif (Nachtfeier am Sonntag nach der Hochzeit), Ladmann (Hochzeitslader), Langwegendanz (Hochzeitstanz, bei dem der Bräutigam die Braut mit einer Peitsche erobern muß), Myrtenkranz (Hochzeitskranz), Nachschmaus (Hochzeitsmahl, das der Ehrengast nach dem Ausbad gibt. Im Mittelalter wurde jede größere Hochzeit mit einer solchen Einladung zu einem gemeinsamen Bad der Brautleute und ihrer Hochzeitsgäste beendet. Da der Ehrengast hierfür zahlen mußte, entwickelte der Volksmund hieraus den Ausdruck: etwas «ausbaden» müssen), Nachthochzeit (Nachtfeier vor dem Hochzeitstag), Notweg (Umweg zur kirchlichen Trauung, den man einschlug, um die bösen Geister irrezuführen, die die Fruchtbarkeit des jungen Paares bedrohen), Pferdeauto (Hochzeitskutsche), Polterabend (Vorabend vor dem Hochzeitstag), Rammelabend (Polterabend), Rammelnacht (Nacht vor dem Hochzeitstag), Rauperei (Hochzeitsulk, z. B. das Unfahrbarmachen der Brautkutsche, das Barrikadieren der Kirchentür, ja sogar der Raub der Braut und Brautjungfern), Rosmarinkranz (Hochzeitskranz), Rückereih (Hochzeitstanz, bei dem die Braut von zwei ledigen Burschen in einen Kreis junger Mädchen und Junggesellen geführt wird, aus dem der Bräutigam sie dann mit Gewalt herausholen muß), Schapel oder Schäpel (Brautkranz), Schenkhochzeit (Hochzeitsfeier, deren Kosten zum Teil von den Hochzeitsgästen gedeckt werden), Schuhtreten (Hochzeitszeremonie, die den Eintritt der Braut in die Familie des Ehemanns dadurch ausdrückt, daß die Braut ihre Füße in die Schuhe ihres Mannes steckt), Schuhwerfen (Hochzeitssitte, die darin besteht, daß man dem Brautpaar alte Schuhe nachwirft, damit es fruchtbar werde), Stoßbruder, Stoßer (Straßenmusiker, der so lange vor dem Hochzeitshaus spielt, bis man ihn mit Geld abfindet), Sträußlebua (blumenstreuender Bub im Hochzeitszug), Strohkranzrede (Hochzeitsrede zu Ehren einer Braut, die keine Jungfrau mehr ist), Strumpfbandraub (Hochzeitsbrauch, der darin besteht, daß die Burschen während der Hochzeitsfeier das Strumpfband der Braut zu stehlen versuchen; gelingt ihnen das, so muß der Bräutigam eine Weinspende machen), Strumpfwerfen (Hochzeitssitte, die darin besteht, daß das junge Paar sich hinlegt und die Brautjungfern der Braut die Strümpfe ausziehen, während die Brautführer die des Bräutigams abstreifen. Dann drehen sie sich um und werfen die zusammengeknüllten Strümpfe über ihren Kopf rückwärts auf das Paar. Wer den Kopf der Braut oder des Bräutigams trifft, wird bald heiraten), das Verbaden der Brautleute (die mittelalterliche Hochzeitsfeier in der Badeanstalt, wo die Gäste nackt tanzten, badeten und tafelten), Vier-PS-Roßauto (Hochzeitskutsche), Vorbraut (blumenstreuendes kleines Mädchen im Hochzeitszug), Waberlohe (das Einkreisen der Braut mit erhobenen Fackeln), Walgernacht (die Nacht vor dem Hochzeitstag), Wonneschaukel (Hochzeitskutsche).

14.42 Ehebett

Ankerplatz, Bastelwiese, Beischlafmöbel, Bügelbrett, Bumsetui, Doppeletui, Doppelkoje, Ehemolle, Eheschaukel, Empfangslager, Falle, Familienwerkstatt, Familienwiese, Heiakörbchen, Hobelbank, Keimzelle, Knutschkiste, Laderampe, Lustpritsche, Lustwiese, Nahkampfarena, Plättbrett, Rammelkiste, Ringmolle, Sänftling, Schaukelstuhl, Schleifacker, Schmeichelweide, Sextanke, Spielwiese, Sportplatz, Sprungmatratze, Sprungschanze, Storchnest, Stoßbank, Stoßdämpfer, Tanzparkett, Werkbank der Ehe, Werkbank der Familie, Wonneschaukel, Wummwumme, Zuwachsfabrik, Zweispänner. *Spalte zwischen den Ehebetten:* Besuchsritze, Logierritze, Ritze. *Polsterstück für die Besuchsritze:* Liebesbrücke. *Vorleger vor dem Ehebett:* Tropfenfänger. *Gespräch im Ehebett:*

Alkovengeheimnis. *Sofa oder Einzelbett, auf das man sich zurückzieht, wenn man sich mit dem Ehepartner gezankt hat:* Feldlager, Katzenbett, Keuschheitsetui, Schmollbett. *zu Bett gehen:* siehe 26.17 und 41.6.

14.43 Hochzeitsnacht
Beilager, Brautbeilager, Brautnacht (Nach germanischem Recht stellte nicht die Trauung, sondern der erste Beischlaf der Brautleute die Legalisierung der Heirat dar. Diesen Beischlaf nannte der Volksmund «Brautnacht» oder «Beilager». Er stellte den Höhepunkt der Hochzeitsfeier dar und fand meist im Hause der Brauteltern statt). *abstinente Brautnacht:* Josephsnacht, Keuschheitsnacht, Tobiasnacht (Die «Gefährlichkeit der Braut» ist ein uralter Glaube der patriarchalischen Gesellschaft. Im Buch Tobias taucht der Glaube in der Figur des bösen Geistes Asmodi auf, der die Männer in der Hochzeitsnacht tötet. Deshalb verbat der Volksglaube in manchen Regionen Deutschlands den Beischlaf während der Hochzeitsnacht und taufte solche enthaltsamen Nächte «Tobiasnächte». Im Neuen Testament fand diese Urangst des Mannes neue Bestätigung in der Legende, daß der heilige Joseph die Ehe mit der Jungfrau Maria nie vollzogen habe. Eheliche Keuschheitsnächte hießen deshalb auch mancherorts «Josephsnächte». Im Mittelalter schliefen Brautführer und Kränzeljungfern deshalb während der ersten drei Nächte im gleichen Bett mit dem Brautpaar, um die Brautleute vor dem Unglück zu bewahren, das der Vollzug des Beischlafes nach sich ziehen könnte). *abstinente Ehe:* Kapaunenheirat (17. Jahrhundert). *Entjungferung:* siehe 22.13.

14.44 Tag nach der Hochzeit
Güldentag (Das Ziel der germanischen Brautnacht war die Entjungferung der Braut. Zum Beweis wurde das blutbefleckte Bettlaken den Hochzeitsgästen vorgeführt. In den österreichischen Alpenländern versuchten die Junggesellen unter den Gästen am «güldenen Morgen» der Braut den Brautkranz zu stehlen. «Bei diesem Actus gingen solche obscoena aequivoca vor, daß sich züchtige Ohren billig davor zu schämen hatten», schrieb Christian Weise 1672 in «Die Drey ärgsten Ertz-Narren In der gantzen Welt»). *Festlichkeiten am Tag nach der Hochzeit:* das Aufstehen, Brauthuhn, Eier im Schmalz, Minnehuhn (Alle vier Formen der Feier bestanden in einem zeremoniellen Frühstück, das den Brautleuten dargebracht wurde, «um die verbrauchten Liebeskräfte wieder aufzufrischen»).

14.45 Flitterwochen
Butterwochen, Kicherwochen, Kuderwochen, Kußmonat, Lachwochen, Trutelwochen, Turtelwochen, Zärtelwochen. *jung verheiratete Frau:* Butterwöchnerin, Flitterwöchnerin, Kicherwöchnerin, Kuderwöchnerin, Trutelwöchnerin, Turtelwöchnerin. *jung verheirateter Mann:* Butterwöchner, Flitterwöchner, Kicherwöchner, Lachwöchner, Trutelwöchner, Turtelwöchner, Zärtelwöchner. *Zimmer oder Wohnung eines neuvermählten Paares:* Butternest, Flitternest, Kichernest, Kudernest, Trutelnest, Turtelnest, Zärtelnest.

14.46 ehelicher Geschlechtsverkehr
Hausmannskost, Heimkino. *das Recht auf ehelichen Geschlechtsverkehr ausüben:* an der Quelle sitzen, abonniert sein. *befriedigte Ehefrau:* Rose mit langem Stiel. *unbefriedigte Ehefrau:* Rose mit kurzem Stiel (Stiel = Penis des Ehemannes).

14.47 Ehepaar
Gespann, Grenzgasch, Januskopf, Joch, Zweimaster, Zweispänner, Zwiegestalt, zwei Seelen und kein Gedanke. *Liebespaar:* siehe 9.7.

14.48 Ehefrau
Dame des Hauses, Ehebolzen, Eheboßten, Ehehur, Ehekrücke, Ehekübel, Ehematratze, Ehemöbel, Ehemühle, Hausbesen, Hausehre, Hauskrone, Haussegen, Hauszierde. Henne, Koje, Milange, Musch, Rippe, Zimmerlinde. Bartkrätze, Bartwisch, Besen, Frau vom Dienst, Dienstfrau, Keibe, Klotz am Bein, Müllkute, seelische Mülltonne, Orakel, Pensionärin, Putzteufel, Rechen, Rindfleisch, Schlinge. Anhang, Anhängsel, Begleiterin, Beiwagen, Eskorte, Geleitzug, Satellit, Schatten, Trabant, Umhang mit Loch, Vademeca. Privatdroschke, Privatetui, Privatfeger, Privatfutteral, Privatkalle, Privatkutsche, Privatloch, Privatverkehrsmittel, die eigene Kuh, die eigene Scholle, die heimatliche Scholle. meine Alte, meine bessere Hälfte, meine besseren fünfzig Prozent, mein bestes Stück, meine Bewachung, meine Bundeskanzlei, mein Feldwebel, mein Finanzminister, mein Präsident, meine Regierung, die Meinige, Sie. Blitzableiter, Trostfibel, Leib- und Seelenwärmer, Bettwärmer, Bettwärmer mit Busen, Bettwärmer mit Loch, lebenslängliche Wärmflasche, Heizbatterie, Hitzableiter, Abgeilerin, Anstandsnutte, legitimer Zahn, offizielle Entsafterin, Unzuchtsverhinderungsgerät, Unzuchtsverhinderungsmaschine, Vitamin E, Mehrzweckkörper, Amüsierfleisch, Amüsiermatratze, Ausziehpuppe, Bademulde, E-Loch, Puhlloch, Bügelbrett, Plättbrett, Schießscheibe, Steckdose, Stoßdämpfer, Wetzstein. *jung verheiratete Frau:* siehe 14.45.

14.49 Ehemann
Anhang, Anhängsel, Beiwagen, Vademecum.

mein Alter, meine bessere Hälfte, meine besseren fünfzig Prozent, mein bestes Stück, meine Bewachung, mein Bundeskanzler, mein Finanzminister, mein Präsident, meine Regierung, der Meinige, Er. Ehepfeife, Eheschwanz, Ehehahn, legitimer Hahn, offizieller Hahn, Sack im Haus, hausschlachtene Wurst, Hauslatsch, Hausmeister, Haustyrann, Herr im Haus, Göttergatte, Gatterich, Begatterich, Bevölkerungsrat, Mann an der Spritze, Mann von der Spritze, Feuerwehrmann, Blitzableiter, Hitzableiter, Bettwärmer, Bettwärmer mit Schwanz, lebenslängliche Wärmflasche. Portemonnaie auf Beinen, Portemonnaie mit Schwanz, Ernährer, Verdiener, Mann vom Dienst, Dienstmann, Putzmann, Geschirrspülmaschine. *jung verheirateter Mann:* siehe 14.45.

14.50 herrschsüchtige Ehefrau

Amazone, Bartkrätze, Baßgeige, Bauernschreck, Beißzange, Besen, Bißgurn, Bolzen, böse Sieben, Dachabdeckerin, Drache, Dragoner, Drahtbesen, Dreckschleuder, Ehedrache, Ehekreuz, Fegefeuer, Fregatte, Fuchtel, Furie, Giftladen, Giftnudel, Giftspritze, Grammel, Hausdrache, Hauskreuz, Hosenträger, Hyäne, Keifzange, Klatschbase, Kratzbürste, Krawallschachtel, Kuhmaul, Lästerbank, Lästerschwein, Lautsprecher, Leitkuh, Megäre, Nessel, Orakel, Quasselstrippe, Quatschbacke, Raketengosche, Raketenschnauze, Reibeisen, Schraubendampfer, Seichbeutel, Tonbüchse, Übelnemesis, Vettel, Walküre, Xanthippe, Zange, Zankthippe, Zunzel. *zudringliche Frau:* siehe 4.17.

14.51 von seiner Frau beherrschter Ehemann

Dienstmädchen in Hosen, Dienstmädchen mit Schwanz, Dienstmann, Druntenlieger, Geschirrspülmaschine, Hausmann, Pantoffelheld, Putzmann, Siemann, Sima, Simandl, Stammtischlöwe, Suse, Wallach, Weichmann. *ängstlicher Mann:* siehe 4.21.

14.52 Frauenherrschaft

Pantoffelherrschaft, Pantoffelregiment (so wie der Ritter dem besiegten Gegner den eisernen Fuß auf den Nacken setzte, um seinen Triumph zu bekunden, so setzt die Ehefrau ihren Pantoffel auf den beherrschten Gatten. Der Volksmund sagt: er kommt unter den Pantoffel, sie kriegt ihn unter ihren Pantoffel, sie hat ihn unterm Pantoffel, er steht unterm Pantoffel, sie schwingt den Pantoffel). *den Ehemann beherrschen:* ihm den Schneid abkaufen, die Hosen anhaben, die Stiefel anhaben. *er wird von ihr beherrscht:* seine Olle hat ihm mit 'm Topplappen jepudert (Berlin).

14.53 Abkanzelung des Ehemannes

Abreibung, Anschiß, Brechelpredigt, Gardinenpredigt, Hexenhammer, Maase, Standpauke. *den Ehemann abkanzeln:* abkapiteln, auf den Sack treten, singen. *Zank:* siehe 11.10. Ehekrach: 14.58.

14.54 Schwiegereltern und Verschwägerte

Schwägerschaft: Schwäherschaft, angeheiterte Sippschaft. *Schwiegermutter:* Bestemutter, Chomerin, Nuka, Schwer, Schwieger. *Schwiegervater:* Bestervater, Chom, Mechutten, Schwäher. *Schwiegertochter:* Kalle, Schnur, Söhnerin, Söhnin, Sohnesfrau. *Schwiegersohn:* Eidam, Tochtermann. *Schwägerin:* Gefuße, Gisse. *Schwager:* Gise, Jengert. *verschwägert:* verbandelt, verschwähert. *Schwester des Schwagers oder der Schwägerin:* Bauernschwägerin, Schwippschwägerin. *Bruder des Schwagers oder der Schwägerin:* Bauernschwager, Schwippschwager. *angeheiratet:* angeheitert.

14.55 Ehealltag

Haushalt: Küchengarten. *sexuelle Langeweile in der Ehe:* Ehemüdigkeit. *der eheliche Beischlaf der Eltern:* Papas Kino. *Fernsehgerät:* elektrischer Hausfreund. *Waschmaschine:* elektrischer Ehemann, Ehemannersatz.

14.56 Geld in der Ehe

Bankkonto des Ehemanns: Tankstelle, Zapfstelle. *zu geringes Wirtschaftsgeld:* Haushaltsdefizit. *Geschenk eines Ehemannes an seine Gattin, das mehr dem gemeinsamen Haushalt als dem Privatvergnügen der Frau dient:* Topfgeschenk. *Geld, das der Ehemann seiner Frau zu ihrer persönlichen Verwendung gibt:* Nadelgeld. *Einkommen, dessen Existenz der Ehemann seiner Frau verschweigt:* Ankergeld, Biergeld, Löschpapier, Notgeld, Saufgeld, Schickermoos. *vom Haushaltsgeld eingesparter Geheimfonds der Ehefrau:* Körberlgeld, Korbgroschen, Korbsechser, stille Reserve, Schmu-Geld, Schmu-Groschen, Schmu-Kasse, Schmu-Pfennig, Strumpfgeld, W.W.K. (Wirtschaftswunderkasse). *Behälter für Schmu-Geld:* Hauskatze, Juliustürmchen, Kohlenpott. *Geld:* siehe 45.1–45.6.

14.57 Hochzeitsjubiläum

25. Hochzeitsjubiläum: silberne Hochzeit. *50. Hochzeitsjubiläum:* goldene Hochzeit. *60. Hochzeitsjubiläum:* diamantene Hochzeit. *65. Hochzeitsjubiläum:* eiserne Hochzeit. *Jubiläumsgelübde:* Weiberdingete (In Tirol pflegte die Ehefrau ihren Mann am Johannistag zu fragen, ob er sie fürs nächste Jahr wieder «dingen» wolle; wenn er ja sagte, mußte er sie ins Wirtshaus führen und Wein für sie bestellen. Diese Sitte nannte der Volksmund «Weiberdingete»).

14.58 Ehekrach

Haushaltsdebatte, Dampf (Qualm, Rauch)

in der Waschküche, in der Küche, im Haus. *Schweigetaktik beim Ehekrach:* innere Emigration. *Ehekrach haben:* sich in die Wolle kriegen. *es gibt Ehekrach:* der Ehesegen (der Familiensegen, der Haussegen) hängt schief, es knistert im Gebälk, die Milch ist sauer. *den ehelichen Beischlaf verweigern:* abschlagen. *Beischlafverweigerung beim Ehekrach:* Ehestreik, Fickstreik, Vögelstreik. *Schatulle mit alten Liebesbriefen und Schmu-Geld, die die Ehefrau aufmacht, um sich nach einem Ehekrach zu trösten:* Schmollschatulle. *schmollen:* im Schmollwinkel sitzen. *nach einem Ehekrach koitieren:* das Kriegsbeil begraben, sich zusammenraufen. *Zank:* siehe 11.10. *sich zanken:* 11.11 *zänkische Frau:* 11.12. *zänkischer Mann:* 11.13.

14.59 Ehebruch

Nebenluft, Pantscherl, Polzerei, Seitensprung, Sexkapade, Verhältnis, Zweifelderwirtschaft. *ehebrechen:* die Füße (die Pantoffeln, die Schuhe) unter einen fremden Tisch (unter ein fremdes Bett) stellen, die Nase (den Schwanz) in fremde Angelegenheiten (in fremde Löcher) stecken, mit einer (mit einem) unter der gleichen Decke stecken. *den Ehegatten betrügen:* ihm was vormachen. *einen Ehemann mit dessen Frau betrügen:* wildern, eine Gastrolle geben, jemandem Hörner aufsetzen, jemandem die Ohrwatscheln einsäumen, jemanden lackmeiern, jemandes Geleitzug entgleisen lassen. *mit dem gleichen Mann (mit der gleichen Frau) koitieren:* ins gleiche Horn stoßen, in dieselbe Kerbe hauen, am gleichen Strang ziehen. *ehebrecherisches Verhältnis:* Dreieck. *abspenstig machen:* siehe 11.8. *Verhältnis:* 13.

14.60 Eifersucht und Toleranz beim Ehebruch

Eifersucht: Alleinvertretungsanspruch. *Geschenk, um eine eifersüchtige Ehefrau zu beschwichtigen:* Drachenfutter. *Tolerierung des Ehebruchs:* Freibrief. *das Verhältnis des Ehepartners tolerieren:* freien Spielraum geben, freies Spiel lassen. *eheliche Eifersucht überwinden:* die Ehe leimen. *die Familiengeschichten, die man dem oder der Geliebten erzählt:* Heimatfilm. *alter Wortschatz:* Buhlebrief (Ehebruchsvertrag des 12. und 13. Jahrhunderts), Knappenehe (legalisiertes Verhältnis im Mittelalter), Minnehof (Ehebruchstribunal des 13. Jahrhunderts), Auspauken (Ehebruchsstrafe des Mittelalters. Die Ehebrecherin wurde vom Scharfrichter an den Pranger gestellt. Nachdem er ihr das Haar abgeschnitten und die Hände gefesselt hatte, führte er sie an den Stadtrand und «paukte» sie aus, d. h. trieb sie fort, indem er mit einem einzigen Schlegel auf die Pauke schlug), Bakskiurta (Ehebruchsstrafe nach westgotischem Gesetz. Der Ehebrecherin wurde der hintere Teil des Hemdes abgeschnitten. Von dieser Strafe stammt der Ausdruck «Ehrabschneider»); Drehhäuschen, Drillerhaus, Drillhäuschen, Narrenkotter, Trillerhaus, Trülle (alle sechs Worte beschreiben einen drehbaren Käfig, in dem Ehebrecherinnen bis zur Bewußtlosigkeit herumgewirbelt wurden), Esel (hölzernes Strafinstrument für Ehebrecherinnen, die nackt auf den hölzernen Esel gesetzt wurden, Kopf nach hinten, und unter Beckenklang vom Büttel durch die Straßen gezogen wurden), Hurenkarren (Leiterwagen, auf dem Ehebrecherinnen durch die Stadt gefahren wurden, oft ohne Kleidung und von trommelnden Musikanten begleitet), Lasterstein (steinerner Pranger für Ehebrecherinnen, auf den man sie mit entblößtem Gesäß stellte), Mauermachen (Beschmierung der Hausmauer eines Ehebrechers mit Kot), Schnellen (Ehebruchsstrafe des Mittelalters. Die Ehebrecherin wurde in einen Käfig gesperrt, der dann so oft in den Fluß oder Teich getaucht wurde, bis die Frau das Bewußtsein verlor), Strohkranz (Schandkranz für Ehebrecherinnen des Mittelalters), Strohmantel (Schandmantel, den man im Mittelalter den Ehebrecherinnen umhängte). *pathologische Eifersucht:* siehe 64.16.

14.61 betrogener Ehemann

Hahnrei, Hirsch, der Gehörnte, der Gelackmeierte. *mit den Fingern eine Spottgeste vornehmen, die besagt, daß der andere ein Hahnrei ist:* gabelmachen, gäbelimachen, die Hörner weisen, lange Nase machen, storchstechen.

14.62 Ehefrau mit Freund

Dame mit Anhang, Zweimannloch, belegte Schrippe, belegte Zunge, belegter Platz, belegtes Bett, belegtes Brötchen, besetzte Nummer, besetzter Parkplatz, besetztes Gebiet. *verheiratete Frau, die ihren Geliebten nur während des Tages treffen kann:* Fünfuhrfrau, Matineefrau. *verheiratete Frau mit zwei Freunden:* Dreimannloch. *Geliebte:* siehe 9.8. *Verhältnis:* siehe 13.5. *Gönnerin:* siehe 13.12.

14.63 Ehemann mit Freundin

Herr mit Anhang, Doppeldecker, Zweispänner. *verheirateter Mann mit zwei Freundinnen:* Dreispänner. *verheirateter Mann, der von seiner Freundin nach Hause kommt und seiner Frau ebensolche Märchen erzählt wie Kriegsgefangene über ihre angeblichen Abenteuer in der Gefangenschaft:* Spätheimkehrer. *Gönner:* siehe 13.9.

14.64 Ehefrau ohne Freund

freies Abteil, freies Eigentum, freie Bahn, freie Liegenschaft, freie Strecke, unbelegtes

Brötchen, unbelegte Schrippe, unbelegte Stulle, unbelegte Semmel, unbelegter Platz, unbeschriebenes Blatt, unbesetztes Gebiet, unentdecktes Land.

14.65 Ehemann ohne Freundin
Einspänner, Geizkragen, unaufgeweckter Ehemann, unbelegter Platz, unbesetztes Gebiet, freies Abteil, freies Eigentum, freie Liegenschaft.

14.66 Geliebte eines verheirateten Mannes
Diejenige welche, G'spusi, Kebse, Nebenfrau, Vademeca. *Geliebte in ihrer Beziehung zur Ehefrau:* Bauchschwägerin, Lochschwägerin, Stiefschwägerin. *Hausangestellte, die ein Verhältnis mit ihrem verheirateten Arbeitgeber hat:* Haushaltsspritze. *Sexualpartnerin:* siehe 7.1. *Freundin:* 8.2.–8.14. *Geliebte:* 9.8. *Verhältnis:* 13.5. *Beischlaferin:* 26.1.

14.67 Geliebter einer verheirateten Frau
Anbeter, Beiwagen, Eskorte, Eskorteur, Hausfreund, Leibwache, Leibwächter, Satellit, Schatten, Schmachtfetzen, Schmachthahn, Schmachtlappen, ständiger Begleiter, süßer Tröster, Trabant, Vademecum, Derjenige welcher. *Geliebter in seiner Beziehung zum Ehemann:* Bettgenosse, Bettnachbar, blinder Passagier, Ehehelfer, geheimer Bevölkerungsrat, Mitfahrer, Stellvertreter, stiller Teilhaber, Verkehrsteilnehmer. Bauchschwager, Lochschwager, Stiefliebster, Stiefschwager. *Geliebter einer Witwe oder geschiedenen Mutter:* Onkel. *Geliebter, der sich von der Ehefrau aushalten läßt:* Eintänzer, Gigerl, Gigolo, Goldgräber. *Geliebter, der die Ehefrau aushält:* Bankkonto auf Beinen, Portemonnaie mit Schwanz. *Geliebter zweier Frauen:* Zweispänner. *Geliebter dreier Frauen:* Dreispänner. *Sexualpartner:* siehe auch 7.1. *Freund:* 8.15–8.27. *Geliebter:* 9.9. *Verhältnis:* 13.6. *Gönner:* 13.9. *Beischläfer:* 26.2.

14.68 Trennung
Eheurlaub. *Ehe, die nur noch selten vollzogen wird:* Ehe auf Raten. *Strohwitwe:* freies Eigentum, freie Liegenschaft, unbelegter Platz, unbewachter Besitz. *Ehefrau, die sonntags allein bleibt, weil ihr Mann (angeblich) Fußballspiele besucht:* Fußballbraut, Sonntagswitwe. *Zug, der die Ehemänner am Wochenende zu ihren im Urlaub befindlichen Frauen bringt:* Strohwitwer-Expreß. *Bedürfnis nach dem abwesenden Ehepartner:* Stalldrang. *Trennung:* siehe auch 11.21. *jemanden verlassen:* 11.18. *sich zurückziehen:* 11.19. *sich trennen:* 11.20.

14.69 Scheidung
Trennung von Tisch und Bett, Laufpaß, Feierabend, Ehetrümmerhaufen. *auf Ehescheidungen spezialisierte Rechtsanwaltsfirma:* Scheidungsfabrik, Scheidungsschmiede. *Kinder geschiedener Eltern:* Kriegsandenken. *altes Vokabular:* Scheidungsturm (alter Turm am Zürcher See, in den die Schweizer Gerichte scheidungswillige Eheleute einen Monat lang einsperrten).

14.70 sich trennen, sich scheiden lassen
an den Ketten rütteln, sich freischwimmen, den Ehepartner abhängen, aufs Abstellgleis schicken, ausrangieren, fallenlassen, ihm den Laufpaß geben, Feierabend machen, poter machen, das Tischtuch (das Bettuch, das Bettlaken) zerschneiden. die Ehe geht auf den Leim. *jemanden verlassen:* siehe 11.18. *sich zurückziehen:* 11.19.

14.71 Scheidungsanwalt
Anwalt für umgekippte Gefühle, Befreier, Befreiungskrieger, Ehebruchpilot, Entgattungshelfer, Entzweier, Heiratsentferner.

14.72 geschiedene Frau
abgelaufene Platte, abgelaufener Apparat, abgelaufener Film, befreites Gebiet. *meine geschiedene Frau:* meine Verflossene. *geschiedene Frauen:* Wohlstandsmüll. *geschiedene Frau mit Kind:* Dame mit Anhang, Ehekriegerin mit Kriegsandenken.

14.73 geschiedener Mann
abgelaufene Walze, abgelaufener Film, befreites Gebiet. *mein geschiedener Mann:* mein Verflossener. *geschiedener Mann, der Alimente zahlt:* Finanzkrüppel, Kriegskrüppel, Kriegsversehrter. *geschiedener Mann mit Kind:* Herr mit Anhang, Ehekrieger mit Kriegsandenken.

14.74 Witwe
Aasgeier, Almone, befreites Gebiet, Jammerling, Jämmerling, Witfrau, Witmos, Wittib. *das Erbe des Ehemanns, das er seiner Frau vermacht:* Wittum. *das Recht einer Witwe, durch Niederlegen des Hausschlüssels auf das Grab ihres Ehemannes von seinen Schulden befreit zu werden:* Schlüsselrecht.

14.75 Witwer
Almon, befreites Gebiet, Wittiber, Wittmann.

15 Unehelichkeit

Betriebsunfall, Malheur, Verkehrsunfall, Vorliebe. *Exceptio plurium:* Einrede mehrerer Beischläfer.

15.1 unehelich geboren sein
der Esel hat ihn im Galopp verloren. der Esel hat ihn an die Wand geschissen. es kommt in den besten Familien vor.

15.2 uneheliches Kind
Anhang, Anhängsel, Aussteuer, Balg,

Bankert, Bartholomäuskind, Bastard, Benhanide, Betriebsunfall, Denkzettel, das dikke Ende, Frucht der Liebe, Gampel, Kegel, Kind der Liebe, Klotz am Bein, Kluntengampel, Kluntenschrätzchen, Kriegsandenken, Kropf, Lefrantzinkind, Liebesandenken, Liebesgabe, Lustbarkeitssteuer, Malheur, Mauser, Mißgeburt, natürliches Kind, natürlicher Sohn, natürliche Tochter, Niemandskind, Notwehrbaby, Präsent, Querschläger, Span, Vergißmeinnicht, Verkehrsunfall, verlorenes Eisen, verlorenes Hufeisen, Visite, Visitenkarte, Wehrbeitrag des unehelichen Vaters, Novemberkind, Fastnachtskind (Fastnacht kommt früh, November kommt später, / Fastnachtskinder haben stets zwei Väter). *uneheliche Kinder:* verlorene Eier, Hobelspäne. *Kind eines neurotischen Vaters:* Psychopatengeschenk. *Kind eines anderen Mannes:* Kuckucksei. *vor der Hochzeit gezeugtes Kind:* Mantelkind (Im Mittelalter pflegte die Mutter eines vorehelich geborenen Kindes bei der Trauung ihren Mantel über das Kind zu schlagen, um hiermit ihre Legitimierung des Kindes kundzutun. Der Volksmund prägte hieraus den Begriff «Mantelkind» auch für diejenigen Kinder, die innerhalb der ersten 35 Wochen nach der Trauung geboren wurden). *Kind, das früher als neun Monate nach der Hochzeit geboren ist:* Frühzünder. *Kind, das später als neun Monate nach dem letzten Geschlechtsverkehr mit dem Ehemann geboren ist:* Spätzünder. *Kind:* siehe 18.2–18.5.

15.3 Mutter eines unehelichen Kindes
Dame mit Anhang, Fräulein Mutter, Jungfernmutter, Maikatze (In Norddeutschland glauben manche Bauern noch heute, daß Mädchen, die im Mai heiraten, dies nur tun, weil sie sich unter dem Einfluß des Frühlings hingegeben haben und geschwängert worden sind. Der Volksmund taufte solche Mädchen deshalb «Maikatzen»). *Mutter:* siehe auch 17.2.

15.4 Vater eines unehelichen Kindes
Esel, Opfer, Frauenopfer. *Vater:* siehe auch 17.3.

15.5 sich mit einem unehelichen Kind belasten
sich eins aufhalsen, sich eins auf den Hals laden, sich einen Klotz ans Bein binden, sich verficken, sich vervögeln, Schulgeld zahlen.

15.6 Alimente
Herstellungskosten, Lustbarkeitssteuer, Reparationszahlung, Schulgeld, Studiengebühr, Wiedergutmachung, Lastenausgleich.

15.7 die Mutter seines unehelichen Kindes heiraten
eine ehrliche Frau aus ihr machen, Konsequenzen ziehen.

15.8 Heirat mit einer Geschwängerten
Kurzschluß-Ehe, Muß-Ehe.

15.9 Verlassen einer Geschwängerten
Fahrerflucht.

15.10 Aussetzung unehelicher Kinder
Weglegung. *ausgesetztes Kind:* Findelkind, Findling. *Haus für ausgesetzte Kinder:* Findelhaus. *Apparat zum Empfang ausgesetzter Kinder:* Drehlade.

15.11 Tötung unehelicher Kinder
Engelmacherei, Kindestötung. *Frau, die uneheliche Kinder verhungern läßt:* Engelmacherin. *Mutter, die ihr uneheliches Kind nach der Geburt tötet:* Zweihundertsiebzehnerin.

15.12 Strafen für uneheliche Mutterschaft
Hurenbrüche (d. i. eine Geldstrafe in Niedersachsen, die bis ins 18. Jahrhundert den Müttern unehelicher Kinder auferlegt wurde).

16 Geburtenregelung

Nachwuchssteuerung, Verkehrsplanung. *Beischlaf mit Verhütungsmittel:* Kindermord. *mit Verhütungsmittel koitieren:* mogeln. *Mann, der nur mit Verhütungsmittel koitiert:* Präserficker. *verhütend:* verkehrssicher. *die Kosten der hormonalen Verhütungsmittel einer Freundin übernehmen:* die Pille versüßen.

16.1 Verhütungsmittel
Nahkampfmittel, Sturmgepäck, Unfallverhütungsmittel, Verkehrsmittel, Verkehrsschutz. *Plural:* Galanteriewaren, Kurzwaren, Nahkampfwaffen. *Kondom:* Burnhäutl, Däumling, Etui, Fingerling, Futteral, Gummi, Gummihaube, Haube, Häubchen, Häuberl, Hülse, Karton, Luftballon, Mantel, Nahkampfpullover, Nahkampfsocke, Nukkel, Nulp, Nuppel, Nutsch, Olla, Ollagummi, Pariser, Pelzmantel, Pfeifenpullover, Pfeifenschoner, Pfeifenschutz, Pfeifensocke, PP, Präserchen, Präserl, Radiergummi, Reithofer, Schnuller, Schutzüberzug, Schwanzfutteral, Strumpf, Tropfenfänger, Übermann, Überzieher, Überzug, Verfassungsschutz, Vogelhaube, Zipfelmütze, zweite Haut. *durchsichtiges Kondom:* Klarsicht-Pariser. *zerrissenes Kondom:* Hülsenreißer. *Präservativbehälter:* Fromms Aktentasche. *Pessar:* Mündungsschoner, Verhütkugel. *Sicherheitsschwämmchen:* Pariser Schwammerl, Unsicherheitsschwämmchen. *Verhütungsdusche:* Birnspritze. *hormonale Verhütungsmittel:* Pille, Minipille. *angebliche Verhütungsmittel aus der Volksmedizin:* Bärlapp, Drudenkraut, Hexenkraut, Kindleinkraut, Schlangenmoos.

16.2 ohne Verhütungsmittel
ins Unreine, sextempore. *Mann, der ohne*

Verhütungsmittel koitiert: Hugo Leichtsinn. *Frau, die ohne Verhütungsmittel koitiert:* Lina Leichtsinn. *elftes Gebot:* du sollst nicht ohne Kondom koitieren! *ohne Verhütungsmittel koitieren:* sextemporisieren, ins Unreine ficken, barfuß fahren, bloßhappert fahren.

16.3 Coitus interruptus
Abbruch, Bauchspritze, Bauchspritzer, Bremser, kalter Bauer, Kaltläufer, Rückzieher, sex abrupto. *Coitus interruptus betreiben:* abspringen, aufhören, bauchlackieren, bremsen, rausziehen, zurückziehen; vor der Kurve abspringen, die Luft anhalten, aus der Versenkung auftauchen, vorher aussteigen, die Karre aus dem Dreck ziehen, vor Michaeli ausziehen. *zieh zurück!:* halt die Luft an!

16.4 Scheidenvorhofkoitus
Vorortverkehr. *Scheidenvorhof:* siehe 1.66.

16.5 Abtreibung
Abe, Fotzenräumung, Kindermord, Kippe, Rettich. *Kürettage:* Auskratzung, Ausräumung, Ausschabung. *§ 218 StGB:* Räumungsparagraph.

16.6 abtreiben
ausixen, kippen, kratzen, wegmachen, kippe machen, einer den Hasen nehmen, sich's nehmen lassen, wegkriegen. *kürettieren:* auskratzen, ausraspeln, ausräumen, ausschaben.

16.7 Abtreibungsinstrument
Kinderkillerspritze, Kratzeisen, Nachharke, scharfer Löffel, Schaumkelle. *die Instrumententasche der Abtreiberin:* Kindersarg.

16.8 Abtreibungsmittel (angebliche)
Frauenhaar, Holzessig, Kindleinkraut, Mägdebaum, Mondraute, Venushaar.

16.9 Abtreiber, Abtreiberin
Auskratzer, Ausmister, Ausräumer, Ausschaber, Barachschaber, Fotzenräumer, Kaminfeger, Kratzer, Krätzeschaber, Lochschabe, Lochschaber, weise Frau, Zweihundertachtzehner, Zweihundertachtzehnerin. *wohlhabender Abtreiber:* Mercedes 218.

16.10 Kosten der Abtreibung
Befreiungshonorar, Kinderkillerzoll, Mordsold, Räumungspreis, Schlachtkosten, Schmerzensgeld, Sündengeld.

16.11 sterilisieren, kastrieren
absacken, entmasten, entschärfen, gelzen, kappen; die Wurzel abhacken, den Kopf abreißen, die Rübe absäbeln, die Axt an die Wurzel legen, einen Kopf kürzer machen. *geköpft und kastriert:* beide Köpfe ab.

16.12 sterilisierte Frau
entvölkertes Gebiet. *unfruchtbare Frau:* siehe 17.26.

16.13 sterilisierter Mann
abgehackte Wurzel, abgesägter Ast, abgeschnittener Stengel, abgebrochener Stift; Hämmling, Kapaun, Wallach. *unfruchtbarer Mann:* siehe 17.26. *seniler Mann:* 39.12. *impotenter Mann:* 64.19–64.23.

16.14 Arzt, der Sterilisierungen und Kastrationen vornimmt
Beutelschneider, Klötenklipper, Knips, Kugelschneider, Sackschneider.

17 Zeugung, Schwangerschaft, Geburt, Fortpflanzung

Zeugung: Deckung, Fleischherstellung, Grundsteinlegung. *Schwangerschaft:* Kurzschluß. *eingebildete Schwangerschaft:* Fehlanzeige, Jungfernzeugung, Luftkind. *geheimgehaltene Schwangerschaft:* wurlerte Wassersucht. *Geburtenstatistik:* Verkehrsdichte, Verkehrszählung. *Fortpflanzung:* der springende Punkt (Der Ausdruck stammt von Aristoteles, ist aus der lateinischen Übersetzung «punctum saliens» entstanden und stellt bei Aristoteles das erste Lebenszeichen im Vogelei dar). *Abstammung:* aufsteigende Linie, die Wahl der Eltern (Bei der Wahl der Eltern soll man stets vorsichtig sein). *Nachkommenschaft:* Nachwuchs, Kindschaft, Kindersegen, absteigende Linie. *Nachkömmling:* Nachkomme, Abkömmling, Ableger, Sproß, Sprößling.

17.1 Eltern
Altrische, Antike, Olmische, Oltrische. *meine Eltern:* meine Antiken, meine alten Herrschaften, meine hohen Herrschaften, meine Regierung. *Elternhaus:* Kinderstube, Stall (guter S., schlechter S., alter S. usw.). *er kommt aus einem guten Elternhaus:* er ist nicht auf der Wassersuppe hergeschwommen. *kinderreiches Elternhaus:* Hasenstall, Karnickelstall, vielköpfige Familie.

17.2 Mutter
Altrische, Erzeugerin, Hepfi, Imme, Maika, Mama, Mamme, Mammi, Margrello, Matka, Mine, Mockel, Mordai, Mosch, Musse, Mutsch, Mutti, Olders, Oldersmuß, Ollsche, Olmische, Oltrischmuß, Ulterschin. *Mutter im Kindermund:* Papas Privatetui. *meine Mutter:* meine alte Dame, meine Antike, meine Frau Mama. *kinderreiche Mutter:* vielköpfige Familienmutter, zahlreiche Familienmutter, Zuchtsau. *Mutter vieler Söhne:* Heldenmutter. *Frau, die leicht schwanger wird:* schneller Brutreaktor. *uneheliche Mutter:* siehe 15.3.

17.3 Vater
Altrisch, Ätte, Ballop, Bappe, Dade, Erl, Erzeuger, Ette, Fleischhersteller, Heite, Hopf, Kneann, Margro, Mordad, Olderskaffer, Ollscher, Olmischer, Pappi, Tate, Vati. *mein*

Vater: mein alter Herr, mein Antiker, mein Chef, mein Herr Papa. *kinderreicher Vater:* vielköpfiger Familienvater, zahlreicher Familienvater. *Vater vieler Töchter:* Büchsenfabrikant, Dosenfabrikant. *Vater vieler Söhne:* Heldenvater, Pfeifenbäcker, Pfeifenmacher. *unehelicher Vater:* siehe 15.4.

17.4 Schwängerer
Ammenmacher, Anstreicher, Antreiber, Brotbäcker, Deckhengst, Fleischerzeuger, Fleischhersteller, Grundsteinleger, Herr Hoffmann, Herr Storch, Herr Dr. Hoffmann, Herr Dr. Storch, Hufschmied, Klapperstorch, Musikant, Paketpostträger, Verkehrssünder, Zahnplombierer, Zuchtbulle. *Schwängerer, der nur Mädchen produziert:* Büchsenfabrikant, Büchsenmacher, Dosenfabrikant, Dosenmacher. *Schwängerer, der nur Knaben zeugt:* Heldenvater, Pfeifenmacher.

17.5 Schwängerung
Anbruch des neuen Zeitalters, Decker, Dekkung, Entstehungsursache, Erzeugung, Fleischerzeugung, Fleischherstellung, Grundsteinlegung, Sündenfall. *Schwangerschaft einer Frau, die vorgibt, keinen Geschlechtsverkehr gehabt zu haben:* Badewannenschwangerschaft.

17.6 künstliche Befruchtung
künstliche Fleischherstellung, defizitäre Dekkung, Fabrikfick, aus der Fickfabrik. *durch künstliche Befruchtung gezeugtes Kind:* Büchsenfleisch, Dosenfleisch, Ersatzbaby, Fabrikbaby, Reagenzglasbaby, Retortenbaby, Retortenkind, Retortenvogel. *Samenbank:* Garnrolle.

17.7 Zeugungshilfe
Schützenhilfe. *Zeugungshelfer:* Bettgenosse, Ehehelfer, geheimer Bevölkerungsrat, Mitfahrer, Stellvertreter, stiller Teilhaber, Verkehrsteilnehmer (Im Mittelalter hatte eine kinderlose Ehefrau das Recht, mit einem anderen Manne zu kopulieren, um Nachwuchs zu zeugen. Der Brauch war im Benker Heiderecht, im Hattinger Landrecht und in vielen anderen Landrechten verankert und ging auf das Recht des Grundherrn zurück, die Zahl seiner Leibeigenen möglichst hoch zu halten).

17.8 schwängern
anblasen, anbohren, anbrungern, anbuffen, anbumsen, andritschen, anfüllen, angeigen, anknallen, anmäuerln, anpelzen, anpempern, anpicken, anputzen, anschlagen, ansetzen, anspritzen, anstechen, anstoßen, anstreichen, antreiben, anzapfen, belabern, beschälen, beschlafen, beschlagen, bespringen, decken, ernten, impfen, merfen, mopsen, niesen, pflanzen, pimpern, plombieren, riemeln, säen, segnen, verbanzen, verbuttern, vollmachen, volltrichtern, witzen, zwirnen; dran drehen, zu Fall bringen, in andere Umstände bringen, in andere Umstände versetzen, den Grundstein legen, ein Hufeisen verlieren, ins Sommerfeld springen, dick machen, kiebes machen, pattersch machen, macheres hauern; einer eins andrehen, einer eins anhängen, einer eins beibringen, einer einen Bambino stricken, einer ein Brot in den Ofen schieben, einer einen Bug ins Hemd schieben, einer ein Kind machen, einer den Leib segnen, einer den Leib vollschlagen, einer ein Päckchen zuschieben, einer die Pauke anstreichen, einer die Pauke antreiben, einer eins reinhängen, einer die Schublade vollpacken, einer einen Stich versetzen, einer einen Stoß geben, einer einen stricken, einer die Trommel anstreichen, einer die Trommel antreiben, einer eins verpassen, einer den Wanst vollhauen, einer auf den Weg helfen, einer eins zustecken; eine Büchse (ein Faß, einen Zahn) anbohren, ein Faß (eine Tonne) anschlagen, eine Birne (ein Faß, eine Sau) anstechen, ein Faß (eine Tonne) anzapfen, eine Uhr aufziehen, einen Spuling pflanzen, einen Zahn plombieren, ein Würstel riemeln.

17.9 geschwängert werden
sich einen Bauch zulegen, sich einen Kostgänger zulegen, sich verbuttern, sich auf die Wartburg setzen. an der Bubenquelle naschen, zu Fall kommen, einen Fußball verschlucken, ein Hufeisen verlieren, Hoffmannstropfen trinken, einen Luftballon verschlucken, mit einem Musikanten poussieren, ein Päckchen übernehmen, ein Quellkorn verschlucken, ins Sommerfeld springen, einen Stich bekommen, in andere Umstände kommen, verfallen (sie verfällt leicht), vorbauen, zwei füttern.

17.10 schwanger
nicht allein, auf ander Wetter, in anderen Umständen, andritscht, andritschkert, angeblasen, angebohrt, angebufft, angebumst, angedreht, angegeigt, angeknallt, angepempert, angepickt, angeputzt, angeschlagelt, angeschlagen, angespritzt, angestochen, angestoßen, angestrichen, angezapft, mit Appetit befallen, baddisch, bari, battes, batterisch, belabert, beschält, beschlagen, bunkisch, dick, fett, gedeckt, geschwanger, geschwollen, in der Höh', guter Hoffnung, hops, kabni, gesegneten Leibes, mepper, mepperes, pattersch, pattisch, schwendlig, schwer zu Fuß, trächtig, verbubanzt, verbuttert, verfallen, verstoßen, voll, vorbelastet.

17.11 sie ist schwanger
sie ist nicht mehr allein, sie geht nicht mit sich allein, sie ist auf ander Wetter, sie ist in anderen Umständen, sie sitzt auf den

Eiern, der Storch hat angeklingelt, Herr Storch hat angeläutet, sie geht auseinander, sie bekommt ein Baby, sie bekommt ein Kind, sie hat sich einen Bauch zugelegt, sie hat sich was bestellt, sie geht in die Breite, sie hat ein Brot im Ofen, sie brütet, sie hat an der Bubenquelle genascht, sie hat einen Bug im Hemd, es hat eingeschlagen, sie erwartet, es hat sie erwischt, sie hat Fett angesetzt, sie hat Speck angesetzt, sie hat einen Fußball verschluckt, es hat gefunkt, es hat geklingelt, es hat geläutet, es hat geschnakkelt, es hat geschnappt, man kann gratulieren, sie trägt was unterm Herzen, sie hat Hoffmannstropfen getrunken, sie geht in die Breite, sie geht in die Höhe, sie hat ein Hufeisen verloren, er hat ein Hufeisen bei ihr verloren, sie hat es intus, sie hat einen Kostgänger, sie spürt Leben, sie hat einen Luftballon verschluckt, sie hat ein Päckchen, sie hat eine dreiviertel Packung, sie hat mit einem Musikanten poussiert und der hat die Pauke bei ihr stehen lassen, sie hat ein Quellkorn verschluckt, sie hat einen vollen Ranzen, sie hat was in der Schublade, sie trägt was unter der Schürze, die Schürze wird ihr zu kurz, der haben sie was rauf in den Stapel gesetzt, der Storch ist bei ihr gewesen, der Storch hat sie ins Bein gebissen, es ist unterwegs, sie hat sich verbuttert, sie ist verfangen, sie hat Vorbau, sie hat vorgebaut, sie sitzt auf der Wartburg, bei ihr ist zugesagt, sie füttert zwei.

17.12 schwangere Frau

Gebärmutter, Mepperin, Wampe; angebohrter Zahn, angedrehte Feige, angestoßene Apfelsine, explodierte Munition, geplatztes Feuerwerk. Deuslerin, Gewinnerin, Kindbetterin, Wöchnerin.

17.13 mit einer schwangeren Frau koitieren

schmieren, die Saat sprengen.

17.14 Schwangerschaftskleidung

Bughemd, Deckmantel, Fußballhemd, Umstandskleid.

17.15 Konzeptions- und Geburtszyklus

Amnion: Schafshaut, Wasserhaut. *Amnionwasser:* Fruchtwasser, Vorwasser. *Area vitellina:* Dotterhof. *Chorion:* Lederhaut, Zottenhaut. *Columnae rugorum:* Runzelsäulen. *Eihaut* (besonders, wenn sie dem Kind bei der Geburt wie eine Pelerine anhaftet): Glückshaube, Kinderpelglin, Muttergotteshemdlein, Westerhaube, Westerhemdlein. *Eileiter:* Muttertrompete. *Fötus:* Brot im Ofen, Bug im Hemd, Fußball, Korken, Kostgänger, Päckchen, Quellkorn, Spritze. *Funiculus umbilicus:* Nabelschnur, Nabelstrippe, Bauchstiel. *Lochien:* Wochenfluß, Wochenflut, Wochenleck. *Mekonium:* Kinderspeck. *Mutterleib:* Balges, Batschen, Beule, Hefebauch, Leib, Men, Patschen, Pauke, Paunze, Pille, Trommel, Wampe. *Orificium uteri:* Muttermund. *Plazenta:* Blutwurst, Igelkalb, Mutterkuchen, Nachgeburt. *Uterus:* Gebärmutter, Unterus. *Vernix caseosa:* Fruchtschmiere, Fruchtwichse. *Zellen des Keimepithels, aus denen die Ovozysten entstehen:* Ureier. *Zervix:* Mutterhals. *Mutterbrust:* Euter, Spünne. *Colostrum gravidarum:* gelbe Milch, Vormilch. *Muttermilch:* Baby-Schnaps, Säuglings-Suff, Kinderkakao.

17.16 Entbindung

ein Kind austragen (es nicht abtreiben): auf den Eiern sitzen, zum Austrag bringen. *niederkommen:* in die Wochen kommen, in den Wochen liegen. *Wehen:* Schreizeit. *die ersten Wehen:* Stellwehen. *Geburt:* Deislerei, Entbinderung, freudiges Ereignis, Laichzeit, Satzzeit, schwere Stunde. *Geburt, bei der das Gesäß des Kindes zuerst kommt:* Steißgeburt. *gebären:* abferkeln, ablegen, abnabeln, ausschütten, eierlegen, fohlen, frischen, gewinnen, hecken, jungen, kalben, laichen, lammen, legen, niederkommen, werfen; sich entpuppen, sich legen; in die Welt setzen, einen Stratzen schmeißen. *geboren werden:* ankommen, das Licht der Welt erblicken. *Zeit der Entbindung:* Baujahr, Herstellungsdatum, Klojahrgang, Latrinenjahrgang, Toilettenjahrgang, weißer Jahrgang. *Ort der Entbindung:* Brutanstalt, Brutkäfig, Deußlerei, Entbindungsladen, Gambesmette, Kinderei, Kinderkriegerheim, Laichplatz, Laichschule, Laichteich, Schwangerhof. *Puerperium:* Liebfrauenbett, Wochenbett. *Gebärstuhl:* Kindstuhl, Stuel, Wehestuhl.

17.17 Geburtshelfer

Ankunftschauffeur, Baby-Assistent, Brutanstaltleiter, Büchsenöffner, Dosenöffner, Empfangschef, Flaschenöffner, Gebärmaschinist, Gebärmutterbetreuer, Gebärvater, Grabbelvater, Grapscher, Hebammer, Hebevater, Herr Storch, Herr Dr. Storch, Kindbettkellner, Korkenzieher, Muttertrompeter, Papa Graps, Schatzheber, Storcher, Volksempfänger. *alter Wortschatz:* Mannhebamme, Wehvater, weiser Mann. *Frauenarzt:* siehe 63.12.

17.18 Hebamme

Ankunftschauffeuse, Baby-Assistentin, Büchsenöffnerin, Empfangsdame, Feuerwagen, Flaschenöffner, Frau Storch, Gebärmaschinistin, Gebärmutter, Grabbelmutter, Grapsche, Hebemutter, Hetschenwaberl, Kindbettkellnerin, Korkenzieher, Mutter Graps, Storchentante, Storcherin, Volksempfänger. *alter Wortschatz:* Ammefrau, Amtfrau, Deiselmoß, Frett, Hefihanna, Krebseri, Wehdame,

Wehmutter, weise Frau. *Gehilfin einer Hebamme:* Beifrau, Beiweib.

17.19 Geburtsort

Einlaufstelle, Heimathafen, Herstellungsort.

17.20 Geburtsfeier

Aussegnung, Fitzebunn, gesegneter Kirchgang, Kaffeetaufe, Kindbetthof, Kindelbier, Kindschenck, Küchelbad, Lachen, Mutterweihe, Padlat, Westerlager, Wochenausgang, Wochengang, Wochenkirche, Wochenkirchgang. *die Geburt feiern:* aus dem Kindbett (aus dem Wochenbett) beten (gehen, lesen, leiten, segnen).

17.21 Wochengabe

Droheier, Gedeiheier.

17.22 Geburtsglaube und -aberglaube

Eihaut: Glückshaube, Muttergotteshemdlein, Westerhaube, Westerhemdlein (Wenn die Eihaut bei der Geburt nicht im Leibe der Mutter zurückbleibt, um später mit dem Mutterkuchen zusammen ausgestoßen zu werden, sondern bei der Geburt dem Kinde anhaftet, so daß sie wie eine Haube vom Kopf hängt, spricht der Volksmund von einer Glückshaube, einem Muttergotteshemdlein, einer Westerhaube oder einem Westerhemdlein. Man glaubt, daß sie dem Kind Glück bringt. Ist es ein Sohn, so wird er Jurist werden, denn die Glückshaube war gleichzeitig auch das Symbol jener richterlichen Perücken, die man heute noch in England trägt). *Gebärmutter:* Bärmutter, Maus (Im Volksglauben vieler deutscher Stämme ist die Gebärmutter ein lebendes Wesen, das für Befruchtung sorgt, wenn man es gut behandelt, sich für schlechte Behandlung aber rächt, indem es Unfruchtbarkeit erzeugt. Der niedersächsische Volksmund taufte dieses Wesen «Bärmutter» und gab ihm die Gestalt eines weiblichen Bären. Im Braunschweigischen dagegen war es eine «Maus», die im Inneren der Mutter herumkratzt, wenn das Neugeborene bei der Mutter liegt). *Storch:* Adebar (Die althochdeutsche Wurzel «Odebar» bedeutet «Kinderbringer». Der Storch bringt Kinder oder verkündet deren Ankunft, indem er übers Haus fliegt. Legt die Störchin keine Eier, bekommt auch die Familie, auf deren Haus das Storchenpaar nistet, keine Kinder). *Wasser als Heimat der Ungeborenen:* Hollenteich, Kinderbrunnen. *Schwangerschaftspatrone und -patroninnen:* Manna-Liendl, Weiber-Liendl, die Mareien, Frau Vreneli, St. Aloysius, St. Kümmernis, St. Leonhard. *Geburtsamulette:* Adlerstein (Angeblich findet man manchmal in einem Adlernest einen hohlen Stein, der einen zweiten Stein enthält. Diese Steine taufte der Volksmund «Adlersteine». Man gab sie der Wöchnerin in die Hand). Aloysiusfläschchen (birnenförmiges Fläschchen, das angeblich einen Splitter vom Sarg des heiligen Aloysius enthält. Es wird der Gebärenden in die Hand gegeben – in die linke, wenn es ein Junge, in die rechte, wenn es ein Mädchen werden soll). Blutbeil (In der Rheinpfalz pflegte man der Wöchnerin 24 Stunden lang ein Beil unter das Wochenbett zu legen, um die Gefahr des Blutflusses zu bannen). Blutfaden (Um die Gefahr des Blutflusses zu bannen, pflegte man der Wöchnerin einen roten Faden um die Arme und Beine zu binden). Blutring (roter Karneolring, von der Wöchnerin als Amulett gegen Blutfluß getragen). Blutstein (herzförmiger Malachit in einer silbernen Kapsel, von der Wöchnerin als Amulett gegen Blutfluß getragen). Donnerkeil (Belemnit, von der säugenden Mutter als Amulett getragen, damit der Säugling gegen Donner- und Blitzschlag geschützt sei). Frauentaler (Goldmünze, von der man jeden Tag etwas abschabt und der Wöchnerin ins Essen gibt, damit die Geburt leicht werde). Klapperstein (siehe Adlerstein). Konzeptionszettel (geweihter Text, den man der Wöchnerin auf die Zunge legte. Verschluckte sie ihn, so glaubte man, daß er auf den Lippen des Neugeborenen wieder auftauchen würde). Krötenstein (Belemnit, der den Säugling vor Kröten schützen soll). Lorettohäubchen (Geburtshaube). Milchstein (Geburtsamulett, das der Mutter reichen Milchfluß geben soll). Rabendukaten (ungarische Goldmünzen aus der Zeit des Königs Matthias, von denen man täglich ein wenig abschabte und der Wöchnerin zu essen gab). Schreckstein (Belemnit, der das erwartete Kind vor Schreck schützen soll). Siegknoten, Siegschleife (Geburtsschutz, dem Nestelknüpfen verwandt, aber mit entgegengesetzter Wirkung). Trudenkreuz (heiliges Geburtsamulett). Walpurgisband (Geburtsamulett, das den Schutz der heiligen Walpurgis anruft). Wehenkreuz (Geburtsamulett aus Malachit).

17.23 Frühgeburt

eine Frühgeburt haben: in unrechte Wochen kommen, nicht warten können, ungeduldig werden. *Apparat zur Aufziehung frühgeborener Kinder:* Brutkasten, Brutmaschine, elektrische Henne, Retorte. *frühgeborenes Kind:* Retortenvogel, elektrisches Küken, Herr Ungeduld, Fräulein Ungeduld.

17.24 Fehlgeburt

Abe, Luftballon, Mißernte, Mißfall, Nefel, Umkipp; Buddhageburt (Dührssens Alternative zum Kaiserschnitt), Leichengeburt (Entleerung der Frucht nach dem Tode der Mutter), Sarggeburt (siehe Leichengeburt),

Sturzgeburt (Partus praecipitatus), Tubenschwangerschaft (Einnistung des Eis in die Fallopische Röhre), Windei (ein beim Abortus ausgestoßenes Ei ohne Fötus).

17.25 Mißgeburt

Igelkalb (Schwangerschaftsprodukt, das sich nicht aus dem Embryo, sondern aus den Eihäuten entwickelt), Krötenkopf (Anencephalus), Mondkalb (siehe Igelkalb), Steinkind (Lithopaedion), Teufelsbrut (siehe Igelkalb), Wasserkopf (Hydrocephalus), Windei (siehe Igelkalb).

17.26 Unfruchtbarkeit

Aussterbeetat, Ebbe, Fehlzündung, Leerlauf, bevölkerungstechnische Pleite. *unfruchtbare Frau:* leeres Faß, leere Kiste, leerer Ofen, leere Schatulle. *steriler Mann:* bevölkerungspolitischer Blindgänger, biologischer Kahlschlag; Hammel, Hämmling, Kapaun, Wallach; leere Gießkanne, leere Pfeife, leeres Pulverfaß, leerer Sack, leere Spritze, leerer Tank; Hutzel, Niete, Plattgänger. *unfruchtbar:* kaputt, leer, saftlos. *unfruchtbar sein:* auf dem Aussterbeetat stehen, Ebbe haben, leerlaufen. *Senilität:* siehe 39.9. *Impotenz:* 64.19–64.23.

17.27 Scheltwendungen über Geburt und Abstammung

Wo gehobelt wird, fallen Späne. Gib dem Huhn vorn ein Korn, kommt hinten ein Ei raus. Dich hat dein Vater wohl durchs Hemd gemacht. Dich hat deine Mutter wohl beim Saltomortale im Zirkus verloren. Deine Mutter hat wohl das Kind weggeschmissen und die Nachgeburt aufgezogen. Das ist zum Kinderkriegen! Das ist um gußeiserne Junge zu kriegen!

18 Kindheit

Blüte, Frühling, Mai, Wiege, Wiegenband, Gängelband, Kinderstube, Kinderland, Jugendland, Jugendtraum, Flegeljahre.

18.1 Kindschaft

absteigende Linie, Nachkommenschaft, Nachwuchs, Kindsegen. nach der Mutter (dem Vater) schlagen, der Mutter (dem Vater) nacharten (nachkommen, nachschlagen), der Mutter (dem Vater) wie aus dem Gesicht geschnitten, ganz die Mutter, ganz der Vater.

18.2 Säugling

Babetuttchen, Baby, Beele, Bündel, Butzel, Ditz, Es, Fatschenkind, Flaschenkind, Lutschkind, Nackedei, Nacktfrosch, Päckchen, Rauling, Spuling, Wickelkind, Wiegenkind, Zuwaage. *schreiender Säugling:* Brüllaffe, Brülläffchen, Lautsprecher mit Ohren, Quäker, Radautüte, Schreihals, Schreiling.

18.3 Kleinkind

Balg, Bams, Bankert, Bauxerl, Berzerl, Bobele, Buschi, Däumling, Ding, Ditz, Dobcher, Dreikäsehoch, Fratz, Gnom, Guckindiewelt, Häschen, Hemdenmatz, Honzchen, Hosenmatz, Hosenscheißerl, Kiekindiewelt, Kneckes, Knirps, Krabbe, Kröte, Krott, Krümel, Küken, Lämmling, Männchen, Mehlhas, Nesthupferl, Nickel, Pamperletsch, Pritzes, Pünkerl, Püppchen, Putzel, Racker, Schlingel, Spatz, Springinsfeld, Sterzl, Stoppe, Stumpe, Titti, Totterer, Wichtelmännchen, Wonneproppen, Wurm, Würmchen, Zapf, Zwickel, Zwuckel.

18.4 Kind

Abc-Schütze, Bengel, Borzel, Bua, Bub, Bubi, Butzel, Dötzken, Dusel, Föhle, Gelbschnabel, Grünschnabel, Hase, Jadl, Kehrle, Lausbub, Märten, Murkel, Nachkomme, Nachwuchs, Plag, Prügel, Putt, Quaß, Rotznase, Sardelle, Schlingel, Span, Stratz, Stratze, Stratzen. *einziges Kind:* Einspänner. *jüngstes Kind:* Benjamin, Nesthäkchen, Nestküken, Schlußlicht. *frühreifes Kind:* Frühzünder, Gernegroß, Grünschnabel. *unartiges Kind:* Balg, Blag, Blage, Früchtchen, Gof, Gör, Panz, Panze. *unruhiges Kind:* Zappelphilipp, Zappelsuse, Zappeltrine. *verspieltes Kind:* Spielkind, Spielratte. *verwöhntes Kind:* Hätschelkind, Muttersöhnchen, Schoßkind, Teekind, Verzug, Zierpuppe. *Kind, dessen Eltern es am Tage allein lassen:* Schlüsselkind. *Bauernkind:* Kafferinchen. *Großstadtkind:* Asphaltpflanze. *Kind eines neurotischen Vaters:* Psychopatengeschenk. *alter Wortschatz:* Galm, Gambes, Gampel, Gatzam, Gatzman, Gatzom, Gazam, Glisbout. *uneheliches Kind:* siehe 15.2.

18.5 Kinder

Anhang, Fleisch und Blut, junges Blut, Frühgemüse, grünes Gemüse, Gewerzel, Gezäppel, Grünzeug, Jungholz, Kroppzeug. Bamsen, Fantemer, Hobelspäne, Mämerk, Mause, Pansen, Schraffen, Schrapfen, Schrappen, Trabanten. *Haus mit vielen Kindern:* Hasenstall, Karnickelstall, Kinderstall, Stall voll Kinder. *Kinder aller Altersstufen:* Orgelpfeifen. *viele Kinder versorgen:* viele Mäuler stopfen.

18.6 kindlich

lütt, grün, noch nicht flügge, noch nicht trokken, noch in den Eierschalen, taufrisch, blutjung, pudeljung, halbgar, halbstark, unausgebacken, unausgegoren.

18.7 kindlich sein

kaum aus dem Ei gekrochen sein, noch den Ring am Arsch haben, noch das Wiegenstroh am Hintern haben, noch an Mutters Rockschößen (Mutters Schürzenzipfel) hängen, noch in den Kinderschuhen stecken, noch

nicht trocken hinter den Ohren sein, noch mit den Gänsen im Streit liegen (flaumbärtig), muß sich noch die Nase putzen lassen.

18.8 Tochter
Ableger, Bambina, Bass, Glied, Mieken, Schäfchen, Schmeichelkätzchen, die eigene Scholle.

18.9 Sohn
Abkömmling, Ableger, Bambino, Bar, Benn, Bingerl, Binkerl, Borzel, Bua, Bub, Bubi, Butzel, Dötzken, Dusel, Finkerl, Funkerl, Glied, Jadl, Märten, Murkel, Plag, Prügel, Schlingel, Schratz, Schwengel, Sproß, Sprößling, Stammhalter, Steppke, Stift, Stöpsel.

18.10 Kindstaufe
Fitzebunn, Kindelbier. *Taufpate eines Kindes des anderen Geschlechts:* Arschgevatter. *Pate:* Gode, Göll, Gorrel, Kerwehe, Pfetter. *Patin:* Goth, Gotte, Patentante.

18.11 Wiege
Baba, Bumm, Eia, Heia, Hotze, Schocke. *motorgetriebene Schaukelwiege:* elektrische Oma. *Holz für die Wiege eines ungeborenen Kindes:* Wiegenholz (Am Tage nach der Hochzeit pflegte der obersteiermärkische Bauer mit seinen Brautführern in den Wald zu gehen, um einen Baum zu fällen, der geschmückt mit Sträußen und Bändern in das Haus der jungen Ehefrau geführt wurde und das Holz für die Wiege des zu erwartenden Kindes geben sollte. Diese Sitte nannte der steierische Volksmund «das Wiegenholz führen»).

18.12 Kinderzimmer
Hasenstall, Kaninchenstall, Karnickelstall, Mottennest.

18.13 Kinderwagen
Auto des kleinen Mannes, Babykutsche, Baby-LKW, Düsenjäger, Ehestandsauto, Ehestandsdroschke, Ehestandsequipage, Ehestandskarrete, Ehestandskutsche, Ehestandslokomotive, Familienauto, Familienchaise, Familienkutsche, Familienlokomotive, Heiawagen, Kinderchaise, Kinderlimousine, Pißkarre, Säuglingskutsche, Unfallwagen, Windel-Mercedes. *Kinderwagen-Abstellplatz:* Baby-Garage.

18.14 Kindergarten
Hasenstall, Kaninchenstall, Karnickelstall, Mottennest.

18.15 Kinderkleidung
Flügelkleid, Steckkissen, Strampelhöschen, Taufkleid. *Windeln:* Liebeswäsche. *Kinderhöschen mit Hinterklappe:* Ballerbüchse, Donnerbüchse, Hinterlader, Pumphose, Schnellfeuerhose. *mit Kot beschmutztes Kinderhöschen:* Senfbüchse. *Latz:* Eßmantel, Kleckerbusch, Lätzel, Sabberlatz, Schlawwer. *Kleidung:* siehe 59.

18.16 Kinderspiele (erotische)
Bein über Bein, Blindekuh, Doktor, Feuerwehr, Futtches, Greifen, Guckguck, Katzenstriegeln, Kühemelken, Persische Hochzeit, Plumpsack, Schäfer von der neuen Stadt, Schäften, Schinkenklopfen, Schmelzpferd, Schüelischläufe, Seewerfen, Strebkatz, Umstoß, Unter für Ober, Vater und Mutter, Wackel, Wadenmessen, Warme Hand, Wie gefällt dir dein Nachbar? Wie (Wo, Warum) liebst du's? Zwei geilten miteinander viel, Zwei walten zu dem Zweck, Zwei wollten in die Blumen fallen. *Spiele der Erwachsenen:* siehe 53.5.

18.17 Kinderspielplatz
Zappelgarten.

18.18 Amme
Gluckenersatz, Kapitalistentitte, Milchfrau, Milchgeschäftsfrau, Milchmädchen, Sipsthur.

18.19 Kindermädchen, Kindergärtnerin
Baby-Assistentin, Krabbentante, Nachwuchspflegerin, Trockenamme.

18.20 Kinderarzt
Babypuderer, Bankertflicker, Dr. Hemdenmatz, Dr. Hosenmatz, Kleinkramdoktor, Milchklempner, Nabelpfleger, Onkel Doktor, Rotznasenpopler, Stöpselinspektor, Windelbeschauer, Windelriecher, Windelzupfer. *andere Ärzte:* siehe 63.12.

18.21 Kinderrecht
Schoßfallrecht (Wenn Kinder starben, die eigene Vermögen besaßen, hatten die Eltern bis ins 19. Jahrhundert ein absolutes Erbrecht hierauf, das der Volksmund «Schoßfallrecht» nannte). *Kindergeld:* Baby-Bonus, Deckprämie, Fickpreis für Preisficker, Fleischherstellungsprämie, Karnickelbonus, Legegeld, Wochenhilfe, Wurfprämie, Zuchtsauprämie. *Vormund im Mittelalter:* Mundwalt. *Recht:* siehe auch 47.

19 Jugend

des Lebens Blüte, des Lebens Mai, der Frühling des Lebens. *von der Jugend an:* von Kindesbeinen. *Jugendsprache:* Gammelgermanisch, Spielhallendeutsch, Teen-Slang, Rocker-Slang. *Jugendgehabe:* Jugendstil, Pubertätsgeröhre.

19.1 jung
blutjung, pudeljung, taufrisch, halbgar, halbstark, halbzart, heurig, naar, unausgebacken, unausgegoren.

19.2 junges Mädchen
Baby-Soxer, Backfisch, Biele, Biene, Blage, Bluse, Brieze, Brumme, Busen, Ding, (hübsches, junges D. usw.) Entwicklungsland, Flitsch, Flitscherl, Fratz (kleiner, süßer F. usw.), Frischling, Frosch, Gemse, Göre, Gras-

aff, halbe Portion, halbes Kind, Haut (fabrikneue H. usw.) heuriges Häschen, Ische, Kante, Kichererbse, Kichermaus, kleine Portion, Klementinchen, Krabbe, Kröte, Krott, Küken, Mieken, Milchzahn, Mosse, Motte, Pfefferminzteenager, Pflanze, Pflänzchen, Pie-Gör, Pipimädchen, Pullover, Puppe, Radieschen, Range, Rotzgöre, Salatschnecke, Schneegans, Schnurrmädchen, Schroppin, Schwester, Soxer, Spanferkel, Straßenbriet, Strunze, Tee-Nager, Teen-Ager, Teenie, Tochter, Viertelzahn, das Weit. *Plural:* Gänseklein, Gebiß, Gemüse (grünes G., junges G., kaltes G. usw.), Gestecker, Grünzeug, Jungschweinernes, Kälbernes, Kalbfleisch, Lolita-Garde, Suppengrün, unreifes Obst.

19.3 jungmädchenhaft
blutjung, taufrisch, fabrikneu, entwicklungsfähig, anlehnungsbedürftig, streichlich, kuschelig, knusprig, zum Anbeißen, zum Anknabbern, zum Fressen, zum Küssen, klein aber oho, halbzart, niedlich, flott, keß, gebracht, wolkig, wonnig.

19.4 Knabe
Bengel, Boy, Bua, Bub, Bursche, Dötzken, Dusel, Fant, Flick, Hahn, Hänfling, Hemd, Honz, Jadl, Junge, Kehr, Kerl, Kiekindiewelt, Kindskopf, Knäcke, Kniff, Knilch, Märten, Prügel, Pünke, Rauler, Schratz, Schrapp, Schütz, Schwengel, Schwung, Seeger, Sohn, Spatz, Spund, Stecken, Steppke, Stift, Stöpsel, Strick; grüner Heini, grüner Junge, heuriger Hase, junger Dachs. *alter Wortschatz:* Gohdschencher, Gotschem, Knul. *lobende Synonyme für Knabe:* Bock, Bomber, Bulle, Hengst, Hirsch, Lord, Makker, Scheich, Schlaghammer, Schrank, Schrankkoffer, Sonny, Spezi, Star, Steher. Goldjunge, Mordsbursche, Mordsjunge, Patentkerl, Pfundskerl, Prachtbengel, Prachtbursche, Prachtkerl. *tadelnde Synonyme:* Dreikäsehoch, Gelbschnabel, Grasaffe, Grünschnabel, Hosenscheißer, Kötel, Piefke, Pimpf, Quadudder, Pipijunge, Schnurrebub, Flegel, Knösel, Lausbub, Lausebengel, Lausejunge, Lausekadett, Lauselümmel, Lauser, Lümmel, Rotzbengel, Rotzbub, Rotzjunge, Rotzlöffel, Rotznase, Rülps, Saubengel, Saulümmel, Schlingel, Schnösel. Radauflöte, Rocker, Teddyboy. Adolar, Himbeerheini, Krücke, lascher Bock, Moses, Saftneger, Spätentwickler, Stapler, taube Nuß, trübe Tasse, Trübling, Tulpe, Unhahn, Weichmann, Würstchen, Zeitzünder, Zickendraht.

19.5 junge Menschen
gemischtes Gemüse, grünes Gemüse, Grünkram, Halbgeback. *junge Menschen im Gegensatz zu den Erwachsenen:* grüne Front.

19.6 aufwachsen
flügge werden, Kinderschuhe austreten, den Kinderschuhen entwachsen, der Rute entwachsen, aus dem Zeug rauswachsen, sich mausern.

19.7 Pubertät
Flegeljahre, Pickeljahre, Stimmbruchzeit, Spielalter. *Pubertierender:* Halbstarker, Mezzofortist, Milchbart, Milchgesicht, Pfefferminztee-Nager, Schlurf, Spleenager, Stimmbruchpilot, Teen, Teen-Ager, Tee-Nager, Viertelstarker, Wachstümler, Witz. *pubertär:* halbgar, halbstark, halbzart, unausgebacken, unausgegoren. *Pubertätsstruma:* Schulkropf. *Pubertätschlorose:* Jungfernbleiche. *Pubertätsstimme:* Stimmbruch, Stimmwechsel.

19.8 Frühreife
Frühjahrsanfang, Frühlingserwachen, Vorsommer, Vorliebe. *frühreif:* altklug, zu früh geboren. *frühreifes Mädchen:* Lolita, Milchzahn, Viertelzahn. *frühreifer Knabe:* Frühaufsteher, Frühzünder, Gernegroß, Grünschnabel, Wunderkind. *sie ist frühreif:* ihre Uhr geht vor.

19.9 Jungmädchenscheide
Bibsi, Biesi, Bitschigogerl, Blümchen, Ding, Dingerl, Duf, Fifi, Fitschigogerl, Fitzigingerl, Gagelwitz, Gageritz, Gigelwitz, Gigeritz, Girlitz, Gitzi, Katzerl, die Kleine, kleine Schwester, Locherl, Löcherl, Miezekatze, Mimi, Mizzi, Mösle, Muschi, Pipsi, Pussi, Putzi, Tschurimuri, Witscheriwitsch, Wurliblume. *Scheide:* siehe 1.66.

19.10 Knabenpenis
Däumchen, Däumling, Hänschenklein, Hirtenflöte, Kadettenflöte, Kinderarm, der Kleine, der kleine Bruder, Kurzwellensender, Lulu, Lümmel, Lumpi, Pimpf, Spielbank des kleinen Mannes, Spitzflöte, Steppke, Stift, Wipfi, Zartflöte, Ziesemann; grüne Gurke, grüne Rübe, grüner Spargel, kleiner Finger, kleine Portion. *Penis:* siehe 1.73.

20 Erziehung

Kinderstube, Wiege (das hat man ihm nicht in der Wiege gesungen), Gängelband, Leitseil, Nürnberger Trichter, Kochanweisung, Küchenanweisung, Spielanleitung, Dressur, Abrichtung, Büffelei, Ochserei, Paukerei.

20.1 Schule
Affenkasten, Affenanstalt, Akademiemonde, Bekehrungsanstalt, Benehmige, Dressuranstalt, Gefängnis, Klippanstalt, Penne, Quetsche, Schiff, Strafanstalt, Ziehe, Zuchthaus, Zwingburg.

20.2 Mädchenschule
Backfischaquarium, Bienenhaus, Bienenkäfig, Bienenkorb, Fischkasten, Fohlenbucht, Gänsestall, Hühnerhaus, Hühnerkorb, Hühner-

stall, Jungfernsilo, Jungfernturm, Jungfernzwinger, Käfersammlung, Nonnenkloster, Perlenzucht, Pflanzenreich, Schoof, Sexternat, Stift, Stutenschule, Weiberpenne, Zikkenfarm. *Brautschule:* Brutanstalt. *Haushaltsschule:* Klopsakademie, Knödelseminar, Kochlöffelakademie, Nockerlaquarium. *Nähschule:* Knopflochseminar.

20.3 Schülerin
Lyze, Stiftzahn, höhere Tochter.

20.4 Lehrerin
Hummel, Kathederfee, Kinderfräulein, Lehrmittel, Leitkuh. *Mädchenschullehrerin:* Gänseliesel. *attraktive Lehrerin:* Anschauungsmaterial, Lehrkörper, die Brüste der Wissenschaft.

20.5 Mädchenschullehrer
Gänsedresseur, Gänsehirt, Kulturbremser, Bock als Gärtner.

20.6 Unterricht
Unterricht bei einem attraktiven Lehrer oder einer attraktiven Lehrerin: Anschauungsunterricht. *von einer attraktiven Lehrerin lernen:* an den Brüsten der Wissenschaft hängen, mit der Muttermilch aufsaugen.

20.7 Schulbuch
Benimmbuch, Benimmfibel, Benimmknigge, Kochanweisung, Küchenanweisung, Spielanleitung.

20.8 lernen, lehren
in die Mache kriegen, in der Mache haben, die richtigen Sandalen anpassen, beibiegen, einbleuen, einfuchsen, einochsen, einpauken, eintrichtern; abrichten, dressieren, schleifen, prälatern, priestern, ins Gebet nehmen, in die Hand nehmen (doppelsinnig; bedeutet auch: während des Unterrichts masturbieren), ins Bild setzen, aufklären, abnabeln.

20.9 Studentin
Studentenfutter. *Chemiestudentin:* Labormieze. *heiratswillige Studentin:* stud. hei.

20.10 Studentenfreundin
Alma, Knallnymphe, erotische Munition, Studentenfutter, Studentenmöbel. *alter Wortschatz:* Erosine, Flor, Florbesen, Halbflor, Helena, Kattunbesen, Laura, Mathilde, Mechthild, Parze, Phryne, Spaßcharmante, Speckthur (Luther 1543), Spritzleder, Sylphe, Thebe. *Filia hospitalis:* Hausgeige, Herbergsbonus. *weibliches Mitglied einer Studentenkommune:* Kommunardin.

20.11 Studentengönnerin
Alma mater, Bankkonto mit Busen, Bankkonto mit Loch, Fleischtopf Ägyptens, Kostschachtel, Nährmutter, Portemonnaie mit Busen, Portemonnaie mit Loch, Sparbüchse mit Spalt.

20.12 Studentengönner
Bankkonto mit Ohren, Bankkonto mit Schwanz, Nährvater, Portemonnaie auf Beinen, Portemonnaie mit Schwanz. *homosexueller Gönner:* Abrahams Schoß.

20.13 Studentenwohnheim
versprochenes Land, Fickparadies. *Hausordnung im Studentenheim:* Verkehrsordnung. *Besuchsverbot:* Hundesperre.

21 Aufklärung

Sexualaufklärung: Anschauungsunterricht, Kochanweisung, Spielanleitung, Verkehrserziehung. *Aufklärung der Braut durch den Seelsorger:* Brautexamen. *Geschlechtsverkehr mit einem unaufgeklärten Partner:* Förderstunde, Nachhilfeunterricht.

21.1 aufklären
abrichten, beibringen, dressieren, einficken, einfuchsen, einpauken, eintrichtern, einvögeln; in die Hand nehmen (d. h. in die Masturbation einweihen), ins Bild setzen, auf den Zahn fühlen (d. h. die Genitalien abfühlen), an den Brüsten der Wissenschaft saugen lassen, in Fleisch und Blut übergehen lassen (d. h. koitieren). *Wie kläre ich dich auf?* Wie sag ich's meinem Kinde?

21.2 aufgeklärt
ausgebacken, ausgegoren, gar, flügge, nicht von gestern; bibelfest, taktfest, sattelfest, in allen Sätteln gerecht, geeicht, auf Sex geeicht, mit Führerschein, mit Diplom, mit Meisterprüfung, vom Bau.

21.3 aufgeklärt werden
dahinterkommen, die Glocken läuten hören, lesen lernen, tanzen lernen. *mit einem aufgeklärten Partner koitieren:* büffeln, ochsen, pauken, schanzen, die Schulbank drücken (Schulbank = Bett), von der Pike auf lernen (Pike = Penis); sich einficken, sich einvögeln. *er beginnt zu verstehen:* es dämmert ihm, er riecht Lunte, er riecht den Braten, er bekommt Wind.

21.4 aufgeklärt sein
die Griffe kennen, die Griffe raushaben, wissen wie der Hase läuft, wissen wie die Karnickel Karnickel machen, wissen wo der Knoten sitzt, wissen woran's liegt, wissen wo die Musikanten wohnen, wissen aus welchem Loch der Saft läuft, wissen wo Barthel den Most holt. *er ist aufgeklärt:* Kinsey war schon da.

21.5 aufgeklärte Frau
aufgeklärtes Klärchen, Diplomfose, Kinsey mit Busen, Kinsey mit Loch, Lehrkörper, Samenleiterin, Sextechnikerin, Verkehrsexpertin.

21.6 aufgeklärter Mann
Diplompfeife, Fachmann, Kapazität, Kinsey der Zweite, wandelnder Kinsey, Sextechniker, Verkehrsexperte.

21.7 Aufklärungsliteratur
Aufgeilbuch, Kochrezept, Liebesknigge, Spielanweisung, Stichwortverzeichnis (stechen = koitieren), Unterleibsprosa, Verkehrsanweisung, Verkehrsschild. *Sexualforschung:* siehe 3.9. *Sexualliteratur:* siehe 54.1. *verbotene Aufklärungsliteratur:* siehe 47.21.
21.8 sich nach einem Aufklärungswerk richten
vom Blatt spielen, nach dem Buch ficken, nach Noten ficken, nach der Gebrauchsanweisung vögeln.
21.9 unaufgeklärt
grün, noch nicht flügge, noch nicht trocken, noch in den Eierschalen, naß hinter den Ohren, unausgebacken, unsaugegoren, unbedarft, unbedient, sexuell unterbelichtet, sexuell in der Sexta, hornblöde, horndoof.
21.10 unaufgeklärt sein
das Pulver (die Weibsen, die Löcher, die Pfeifen, die Schwänze) noch nicht entdeckt haben, wie der Ochse vorm Loch stehen, wie die Kuh vorm neuen Schwanz stehen. *er (sie) ist noch nicht aufgeklärt:* er hat sich noch nicht eingefickt, sie glaubt noch an den Storch, sie glaubt noch an den Weihnachtsmann, ihre Uhr geht nach, sie hat bei der Erfindung der Schwänze im Nebenzimmer gesessen, er ist sexuell untern Teppich gerutscht.
21.11 unaufgeklärte Frau
ahnungsloser Engel, Seelchen, Unschuld. Bählamm, Christkindchen, Dunzel, Unzahn, Zimtzicke.
21.12 unaufgeklärter Mann
Spätentwickler, Spätzünder, Unschuldslamm, Honigkuchenpferd, Hutsimpel, Kalb Moses, Mondkalb, Teepott, Waldheini.

22 Erfahrung

Baum der Erkenntnis, Vorleben.
22.1 Erfahrung sammeln
sich Witz kaufen, sich die Hörner abstoßen, sich den Wind um den Schwanz wehen lassen, sich einficken, sich freificken, sich ausleben, sich austoben, sich Auslauf verschaffen, Auslauf suchen, Auslauf haben, viel herumkommen, wilden Hafer säen.
22.2 erfahren
geeicht, gehaut, gerieben, gewitzt, jenisch, stichhaltig, knitterfest, taktfest, sattelfest, in allen Sätteln gerecht, auf Sex geprüft, mit Abitur, mit Abschlußprüfung, mit Diplom, mit Führerschein, mit Meisterprüfung.
22.3 erfahren sein
es dick (faustdick, knüppeldick) hinter den Ohren haben, von der Sache ein Lied singen können, wissen wo die Glocke hängt, wissen was die Uhr geschlagen hat, wissen wie der Hase läuft, wissen wie die Karnikkel Karnickel machen, wissen wo der Knoten sitzt, wissen wo die Musikanten wohnen, wissen aus welchem Loch der Saft läuft, wissen wo Barthel den Most holt.
22.4 erfahrene Frau
Dame von Welt, Diplombraut, Diplomfose, Patentmädel, Patentmöse, Sexpertin, Verkehrsexpertin.
22.5 erfahrener Mann
Gesellschaftslöwe, Lebemann, Salonlöwe, Mann von Welt, Weltmann. Diplompfeife, Fachmann, Kapazität, Sexperte, Sextechniker, Verkehrsexpert. *der erfahrenere von zwei Liebhabern:* Sexaminator. *der weniger erfahrene:* Sexaminand.
22.6 unerfahren
grün, schnöselig, unbeleckt, von gestern; geistig halbstark, noch naß hinter den Ohren, sexuell in der Sexta. *zum erstenmal:* prima volta (Musikersprache).
22.7 unerfahren sein
sich die Hörner noch nicht abgestoßen haben, noch keinen Hafer gesät haben, das Pulver (die Weiber, die Männer, die Löcher, die Schwänze, die Mösen, die Pfeifen) noch nicht entdeckt haben, noch an den Storch, den Weihnachtsmann glauben, wie der Ochse vorm Loch (wie die Kuh vorm neuen Schwanz) stehen, einen roten Ballon kriegen (d. h. rot werden). *er ist unerfahren:* er hat sich noch nicht eingefickt (noch nicht eingevögelt, noch nicht freigefickt), bei der Erfindung der Mösen hat er geschlafen, seine Uhr geht nach.
22.8 unerfahrene Frau
Bählamm, Küken, Dunzel; ahnungsloser Engel, Christkindchen, Seelchen, Unschuld; ewiges Mädchen.
22.9 unerfahrener Mann
Abc-Schütze, Anfänger, Böhnhase, Gimpel, Greenhorn, Hammel, Plumpsack; blutiger Anfänger, dunkelgrüner Laie, ewiger Jüngling, geistiger Halbstarker.
22.10 Jungfrau
Agnese, Besula, Dunzel, Entwicklungsland, Gänseblümchen, Klärchen, Marienblümchen, Neuland, Unschuld, Unschuld vom Lande; abgestandenes Bier, fabrikneue Haut, frisches Fleisch, keusche Lilie, keusche Susanne, schlachtfrischer Braten, schlachtreifes Kalb, trockene Fotze, unaufgeschlossene Kiste (Kommode, Schatulle, Schublade, Tür), unbelegte Schrippe (Semmel), unbelegtes Brötchen (Brot), unbeschriebenes Blatt, unentdecktes Gebiet (Land), unerschlossenes Gebiet (Land), vernagelte Kiste, verschlossene Tür. *alter Wortschatz:* Jungfer, Klate, Klonte, Potzmosche, Sterke. *Demivierge:* Halb-

jungfer. *Frau, die sich fälschlich als Jungfrau ausgibt:* Strohjungfer.

22.11 Jungfräulichkeit
intakter Zustand, Jungfernschaft, unbeschädigte Packung, ungeöffneter Verschluß, Unschuld, versiegelter Brief, versiegeltes Paket.

22.12 jungfräulich
allein, dicht, fabrikneu, frisch, intakt, keusch, schlachtfrisch, schlachtreif, taufrisch, trokken, unbeleckt, unbelegt, unbeschädigt, unbescholten, unerschlossen, ungeöffnet, vernagelt, verschlossen, versiegelt, zu.

22.13 Entjungferung
Anbruch, Anstich, Anzapfung, Aufklärung, Auslotung, Denkmalsenthüllung, Einbruch, Einschnitt, Einweihung, Entblätterung, Enthäutung, Enthüllung, Entwicklungshilfe, Eröffnung, Erschließung, Fegefeuer, Feuertaufe, Grundsteinlegung, Hilfe für Entwicklungsländer, Inangriffnahme, Inbetriebnahme, Jungfernstich, Kapitulation, Kernspaltung, Premiere, Sexekution, Sprengung, Stapellauf, Stichprobe, Sündenfall, Torpedierung, Zapfenstreich. Anbruch des neuen Zeitalters. der erste Schritt, der erste Spatenstich. *Hochzeitsnacht:* siehe 14.43.

22.14 entjungfern
anblasen, anbohren, anbrungern, anbuffen, anbumsen, andrehen, angeigen, anknallen, anmäuerln, anpempern, anschlagen, anspritzen, anstechen, anstoßen, anstreichen, anzapfen, aufbrechen, aufklären, aufknacken, aufknöpfen, aufkriegen, aufmachen, aufreißen, aufschließen, aufschnallen, aufsprengen, aufstemmen, ausloten, ausrupfen, einbrechen, einmarschieren, einrennen, einschlagen, einweihen, entblättern, enthäuten, enthüllen, entkorken, entriegeln, entsiegeln, erledigen, eröffnen, erschließen, fleischhacken, häuten, kirmen, klünsen, knicken, öffnen, punktieren, riemeln, schaffen, schlachten, spalten, torpedieren, übernehmen, umhakken, umlegen, verreißen, verzupfen, zureiten; die Dose (die Dotsch, das Faß, den Spund, den Tresor, den Zahn) anbohren, die Tomate anbuffen, die Kutsche (den Stellwagen) anbumsen, die Feige andrehen, das Faß anschlagen, den Gully anspritzen, die Birne (das Faß, die Sau) anstechen, die Apfelsine anstoßen, die Geige anstreichen, das Faß (die Tonne) anzapfen, die Eingangstür (das Eingangstor, das Geschäft, das Gitter, die Haartruhe, das Hauptportal, die Kiste, den Koffer, die Kommode, den Laden, die Ladentür, das Lustschloß, das Lustspielhaus, die Schachtel, die Schatulle, das Schloß, die Schublade, das Schutzgitter, das Sicherheitsschloß, das Spind, den Stall, das Stalltor, die Stalltür, das Tor, den Tresor, die Truhe, die Tür, den Verschluß, den Verschlußdeckel, die Wohnungstür) aufbrechen, das Klärchen aufklären, die Büchse (die Dose, den Tresor) aufknacken, die Tasche aufknöpfen, den Betrieb aufmachen (Variationen wie bei «aufbrechen»), die Tasche aufreißen, die Eingangstür aufschließen (Variationen wie bei «aufbrechen»), den Eingang aufsprengen (Variationen wie bei «aufbrechen»), die Eingangstür aufstemmen (Variationen wie bei «aufbrechen»), die Einfahrt (die Meeresenge, den Spund, die Untiefen) ausloten, das Blümchen (das Gänseblümchen, das Marienblümchen, die Lilie, das Pflänzchen) ausrupfen, den Eingang (das Eingangstor, die Eingangstür, das Hauptportal, die Haustür, die Ladentür, das Stalltor, das Tor, die Tür, die Wohnungstür) einrennen, die Eingangstür einschlagen (Variationen wie bei «einrennen»), das Denkmal (das Lustschloß, das Lustspielhaus, die Orgel, das Theater) einweihen, das Blümchen (das Gänseblümchen, das Marienblümchen, das Pflänzchen, die Lilie) entblättern, die Gans (den Hasen) enthäuten, das Denkmal enthüllen, die Flasche entkorken, das Eingangstor entriegeln (Variationen wie bei «einrennen»), den Betrieb (das Geschäft, das Lustschloß, das Lustspielhaus, die Saison, das Theater) eröffnen, das Gelände (Neuland, das Reisegebiet) erschließen, der Gans (dem Hasen) die Haut abziehen, die Gans (den Hasen) häuten, das Blümchen (das Gänseblümchen, das Marienblümchen, das Pflänzchen, die Lilie) knikken, den Grundstein legen, das Rätsel lösen, die Büchse öffnen (Variationen wie bei «aufbrechen»), das Würstl riemeln, die Kerbe spalten, die Apfelsine (die Tomate) spritzen, den Bolzen stemmen, die Dschunke (die Fregatte, die Schaluppe) torpedieren, das Pflänzchen umhacken; eine übers Knie brechen, einer den Stich (einen Stoß) geben (versetzen), eine auf die Butten (aufs Kreuz, auf die Matte) legen (schmeißen), einer einen reinhämmern (reinhauen, reinschlagen), einer den Jaucker (den Keil, die Ladung, den Motschka, den Pfahl, den Schlegel, den Stöpsel) reinhämmern (reinhauen, reinschlagen). *sich am Hymen den Penis blutig stoßen:* sich den Kopf einrennen (Kopf = Eichel). *jedes Mädchen entjungfern wollen:* mit dem Kopf durch die Wand wollen. *vergewaltigen:* siehe 47.26.

22.15 entjungfert werden
vom Baum der Erkenntnis essen, zu Fall kommen, die Haut verlieren, die Unschuld verlieren, wie die Jungfrau zum Kind kommen. *verführt werden:* siehe 12.29.

22.16 Entjungferer
Bohrwurm, Büchsenöffner, Bürstenstecher,

Dietrich, Dosenreißer, Einbrecher, Fleischhacker, Hausknochen, Jungfernstecher, Griffelspitzer, Lochbohrer, Nußknacker, Pfähler, Pfropfenzieher, Premierentiger, Schatzgräber, Schlitzsprenger, Spieß, Spundschärfer, Stoppelzieher, Tresorknacker. *Notzüchtiger:* siehe 47.26.

22.17 entjungfert

angeblasen, angebohrt, angebrungert, angebufft, angebumst, angedreht, angegeigt, angeknallt, angepempert, angeschlagen, angespritzt, angestochen, angestoßen, angestrichen, angezapft, auf, aufgebrochen, aufgeklärt, aufgeknöpft, aufgemacht, aufgerissen, aufgeschlossen, aufgeschnallt, aufgesprengt, aufgestemmt, ausgelotet, durchlässig, eingeweiht, entblättert, entgittert, enthäutet, entkorkt, entriegelt, entschlüsselt, entsiegelt, eröffnet, erschlossen, frei, gangbar, gebraucht, geknickt, geöffnet, geschafft, gespritzt, gespalten, gesprengt, offen, torpediert, umgehackt, umgelegt, unvergittert, unverriegelt, unverschlossen, unversperrt.

22.18 entjungferte Frau

angebohrter Spund (Tresor, Zahn), angebohrtes Bügelbrett (Faß, Plättbrett), angebuffte Tomate, angebumste Kutsche, angebumster Stellwagen, angedrehte Feige, angeschlagene Sau, angeschlagenes Faß, angespritzter Gully, angestochene Biene, angestochene Sau, angestochenes Faß, angestoßene Apfelsine (Tomate), angestrichene Geige, angezapfte Tonne, angezapftes Faß, aufgebrochene Kiste (Kommode, Schachtel, Schatulle, Truhe), aufgebrochener Laden (Stall), aufgebrochenes Geschäft (Spind), aufgeklärtes Klärchen, aufgeknackte Büchse (Dose), aufgeknackter Tresor, aufgeknöpfte Tasche, aufgemachte Büchse (Dose, Flasche, Kiste, Kommode, Schachtel, Schatulle, Schublade, Tasche, Tonne, Truhe), aufgemachter Koffer (Laden), aufgemachtes Faß (Geschäft, Paradies, Schubfach, Spind, Spundloch), aufgerissene Tasche, aufgeschlossene Kommode (Schachtel, Schatulle, Schublade), aufgeschlossener Tresor, aufgeschlossenes Lustschloß (Paradies, Schatzkästlein), aufgesprengter Laden (Tresor), aufgestemmte Kiste (Kommode, Schatulle, Schublade, Truhe), aufgestemmter Koffer, aufgestemmtes Spind, ausgelotete Einfahrt (Meeresenge), ausgeloteter Spund, ausgerupfte Lilie, ausgerupftes Blümchen (Gänseblümchen, Marienblümchen, Pflänzchen), ehrbare Hure (offizielle Bezeichnung einer Verführten, die nur mit einem Mann koitiert hat: Mittelalter), eingeweihtes Denkmal (Lustschloß, Lustspielhaus), entblätterte Lilie, entblättertes Gänseblümchen (Marienblümchen, Pflänzchen), enthäutete Gans, enthäutetes Häschen, enthülltes Denkmal, entkorkte Flasche, entsiegelter Brief, entsiegeltes Paket, erledigtes Geschäft, eröffneter Betrieb (Laden), eröffnetes Geschäft, erschlossenes Gebiet (Gelände, Land, Reisegebiet), gebrauchtes Etui (Futteral), geknickte Lilie, geknicktes Blümchen (Gänseblümchen, Marienblümchen, Pflänzchen), gelegter Grundstein, gelöstes Rätsel, geöffnete Büchse (Dose, Flasche, Kiste, Kommode, Schachtel, Schatulle, Schublade, Truhe), geöffneter Betrieb (Koffer, Laden, Tresor), geöffnetes Faß (Geschäft, Lustspielhaus, Schatzkästlein, Spind), geriemeltes Würstl, eine Geschaffte, gespaltene Kerbe, gespritzte Apfelsine, gestemmter Bolzen, offene Flasche (Kiste, Kommode, Schachtel, Schatulle, Schublade, Truhe, Tür), offener Betrieb (Eingang, Koffer, Laden, Spund, Stall, Tresor), offenes Faß (Geschäft, Lustspielhaus, Schatzkästlein, Spind, Theater, Tor), torpedierte Dschunke (Fregatte, Schaluppe), umgehacktes Pflänzchen, zugerittene Stute. *entjungferte Frau, die sich als Jungfrau ausgibt:* Strohjungfer (Wenn in Thüringen und Sachsen ein Bauernmädchen, von dem das Dorf glaubte, daß sie keine Jungfrau mehr sei, den Mut hatte, mit einem Myrtenkranz zum Altar zu gehen, hängten die Burschen ihr einen Strohkranz an die Haustür oder streuten Häcksel vor ihr Haus. Der Volksmund tauft solche Mädchen deshalb «Strohjungfern»).

22.19 unberührter Mann

grüne Gurke, grüne Rübe, grüner Spargel, keuscher Joseph, männliche Jungfer, ewiger Jüngling, Spätentwickler, Spätzünder, Fehlzünder, Kahlschlag.

23 Menstruation

Geschichte, Mode, Regel, Sache. Besuch, Tripse, Visite. Feiertag, Kirmes, Monatsferien, Musik, Schonzeit. Bahnhofssperre, Genußbremse, Verkehrshindernis, Verkehrsstockung. Monatsfluß, Mondfinsternis, Mondkrankheit. Dammbruch, Fluß, Flut, Schleusenpanne. Handtuch zwischen den Füßen, Nasenbluten zwischen den Beinen. Kathi, Marie, Minna, Resitante, Tante, Tante aus Rothensiedel, Rosen, Rot im Kalender, rote Grütze, rote Hölle, rote Kathi, roter König, rote Marie, rote Minna, roter Vorhang, Rotkohl.

23.1 menstruieren

besonders sein, dienstunfähig sein, d. u. sein, finster sein, in Fluß sein, unwohl sein, zusein, zugeknöpft sein, zugenäht sein, zuhaben, ein Handtuch zwischen den Füßen haben, Nasenbluten zwischen den Beinen ha-

ben. Bahnhofssperre (Besuch, Dammbruch, Feiertag, Flut, die Geschichte, Kirmes, die Mode, Monatsferien, Monatsfluß, Mondfinsternis, die Mondkrankheit, die Musik, die Regel, die Rosen, Rot im Kalender, die Sache, Schleusenpanne, Schonzeit, Visite) haben.

23.2 sie menstruiert
die Kathi (die Marie, die Minna, die Resitante, die Tante, die Tante aus Rothensiedel) ist zu Besuch. Der rote Vorhang ist runter. Der rote König (die rote Kathi, die rote Marie, die rote Minna, die Tripse) ist da. Bei ihr gibt's ein Verkehrshindernis (eine Verkehrsstockung). Sie lebt Diät – drei Tage rote Grütze (drei Tage Rotkohl). Sie ist in der roten Hölle. Sie hat die Genußbremse gezogen.

23.3 menstruierende Frau
Hanide, Nidde, Meinerin; blockierte Möse, blockierter Bahnhof, gesperrte Einfahrt, plombierte Fose, tamponiertes Loch, verregnetes Bohrloch, versperrter Bauplatz, verstopfte Düse.

23.4 Menstrualblut
böses Blut, Fosengift, Frauengift, Pflaumensaft, Tunke. Fluß, Monatsfluß. Rotkohl, rote Grütze. *Blutfleck:* Landkarte. *Blut:* siehe 1.25. *Menophagie:* 23.6. *Blut im pikazistischen Vokabular:* 78.3. *Blut in der Anthropophagie:* 79.2. *Blut im Sadomasochismus:* 80.18.

23.5 Menstruationstage
verkehrsfreie Tage. *Menstruationstag:* Rosenmontag. *Menstruationswoche:* laufende Woche. *regelmäßig menstruieren:* pünktlich wie die Maurer sein. *Menstruationskalender:* Liebeskalender.

23.6 Menstruationsverkehr
mit einer menstruierenden Frau koitieren: sich einen blutigen Kopf holen, die Kathi vögeln, die Resitante ficken, Rotkohl löffeln. *mit Menstruationsblut befleckter Penis:* rote Rübe, Spargel mit Ketchup, Wurst mit Tunke, Eisbein mit Rotkohl. *Menstrualblut im Vokabular der Menophagie:* Ketchup, rote Grütze, Rotkohl, Tunke, rote Tunke. *Heilung des Liebeswahns durch Menstrualblut:* Ekelkur (Im Mittelalter glaubte man, einen Mann, der einer Frau hörig war, dadurch heilen zu können, daß man ihm das mit Menstrualblut befleckte Hemd der Geliebten unter die Nase band. Der Volksmund taufte diese Therapie «Ekelkur»).

23.7 Menstrualbinde
Bauchbinde, Besuchshandtuch, Büchsenschoner, Büchsenschützer, D.U.-Litze, Feiertagsgürtel, Feigenblatt, Finstergardine, Fotzenfetzen, Fotzengardine, Fotzenschärpe, Fudbiese, Fudbinde, Fudschoner, Geschichtsfetzen, Handtuch, Hängematte, Isolierband, Keuschheitsgürtel, Kirmesschärpe, Lochbiese, Löschblatt, Mariengürtel, Monatsbinde, Nassergardine, Regelbinde, Rosenhecke, Schambinde, Schamgürtel, Schnurrbartbinde, Schonungszaun, Sperrklinke, Spielwiesenschoner, roter Teppich, Venusgürtel, Verkehrsnetz, Vorhang zum Lustspielhaus. *Damenunterwäsche:* siehe 59.29–59.33, 59.35–59.36.

23.8 Menstrualtampon
Bahnhofssperre, Büchsendeckel, Dosendekkel, Flutkontrolle, Fotzensperre, Genußbremse, Gullydeckel, Mündungsklappe, Mutterkorken, Mutterstöpsel, Mutterzapfen, Rotenbarrikade, Schlitzverschluß, Stichkappe, Talsperre, Ventilstöpsel, verbauter Zugang, Verkehrshindernis, Verkehrssperre, Verschlußdeckel, Verschlußkappe, Wollustbremse, Zigarettenfilter.

23.9 Menstruationsausfall
falscher Alarm, Fehlanzeige. *Menstruation hervorrufen:* in Fluß bringen. *Abtreibung:* siehe 16.5–16.10.

23.10 Menopause
Wechseljahre, trockene Jahreszeit, Trockenlegung, Ebbe. *Klimakterium:* siehe 39.8.

24 Selbstbefriedigung

Alleinunterhaltung, Eigenbau, Fantasie mit Schneegestöber, Schnellhilfsdienst, selbständiger Betrieb, Selbstanfertigung, Selbstanschluß, Selbstansteckung, Selbstaufopferung, Selbstbedienung, Selbstbeflekkung, Selbstbeherrschung, Selbstbestimmung, Selbstentspannung, Selbstentzündung, Selbsterkenntnis, Selbsterziehung, Selbstgespräch, Selbsthilfe, Selbstinduktion, Selbstschuß, Selbsttätigkeit, Selbstverwaltung, Selbstwähldienst, Soforthilfe, Solo. *das Recht auf Selbstbefriedigung:* Faustrecht, Selbstbestimmungsrecht. *Selbstbefriedigung der Frau:* Büchsenmassage, Rillenmassage, Ritzenpflege. *Einführung des Mittelfingers in die Scheide:* Kutscherstich. *Selbstbefriedigung des Mannes:* Faustball, Handball, Minigolf, Tennis des kleinen Mannes. *Griff nach dem eigenen Penis:* Pistolengriff. *Selbstbefriedigung durch die Hosentasche:* Taschenausgabe. *Hodenspiel mit der Hand in der Hosentasche:* Taschenbillard, Taschengolf, Taschentennis. *Geschlechtsteil beim Hodenspiel in der Hosentasche:* Taschengeige, Taschenorgel. *manuell erzeugter Orgasmus:* Handgranate.

24.1 sich selbst befriedigen
abgeilen, abheizen, angreifen, garnieren, handarbeiten, handorgeln, hobeln, polieren, rebeln, reiben, ribantzen, ribbeln, riemeln,

rubbeln, schaben, spielen, streppen, wegmachen, wegputzen, wetzen, wichsen, wuzzeln, zapfen, zupfen, zuzzeln; die Natur reizen, es in Gedanken tun, mit dem Gedanken spielen, mit dem Feuer spielen, die Hand ins Feuer legen, Hand an sich legen, den Trumpf in die Hand nehmen, Handwagen fahren, aus dem Handgelenk schütteln, aus der freien Lamäng machen, krumme Finger machen, Blümchen pflücken, Saft pressen, Sahne schlagen, den Stein ins Rollen bringen, das Vordergeschirr polieren; sich einen abbürsten, sich einen abdrücken, sich einen abgarnieren, sich einen abhampeln, sich einen abheizen, sich einen abklavieren, sich einen abkratzen, sich einen ablachen, sich einen ableiern, sich einen abputzen, sich einen abrebeln, sich einen abreißen, sich einen abriemeln, sich einen abschälen, sich einen abschöpfen, sich einen abstrampeln, sich einen abwetzen, sich einen abwichsen, sich einen abwuzzeln, sich einen abzischen, sich einen abzupfen, sich einen abzuzzeln, sich einen abzwicken, sich einen abzwitschern, sich einen backen, sich ausblembern, sich ausblubbern, sich ausschleimen, sich bekibbischen, sich fingern, sich einen kitzeln, sich schaffen, sich selbst einen stricken, sich zupfen, sich Luft machen, sich in Fluß bringen, sich sein eigenes Süppchen kochen; jemandem opfern, jemandem Tribut zollen. *weiblicher Wortschatz:* fingern, krabbeln, leiern, orgeln, wuzzeln; in sich gehen, sich um den kleinen Finger wickeln; die Hände in den Schoß legen, den Finger auf die offene Wunde legen, in der alten Wunde bohren, im Fleischtopf rühren, das Loch massieren, das Röhrl ausputzen, die Scharte auswetzen, die Truhe wuzzeln, die Zwetsche polieren, der Schwester die Hand geben. Balalaika (Drehorgel, Fiedel, Geige, Gitarre, Handorgel, Harfe, Klavier, Konzertina, Laute, Leier, Leierkasten, Mandoline, Orgel, Quetschkommode, Rührtrommel, Spinett, Werkl, Ziehharmonika, Zither, Zupfgeige) spielen; mit der Balalaika (usw.) spielen; an der Balalaika (Fiedel, Geige, Gitarre, Harfe, Laute, Leier, Mandoline, Zither, Zupfgeige) zupfen; an der Drehorgel (der Handorgel, dem Leierkasten, der Orgel, der Spieldose, dem Werkl) drehen; das Glockenspiel (die Handorgel, die Konzertina, die Orgel, die Quetschkommode, die Rührtrommel, die Spieldose, die Wurlitzer) polieren, die Trommel rühren, auf den Tasten klimpern. *mit der Klitoris spielen:* den Daumen drücken, den Jud wuzzeln, den Lötkolben anheizen, die Maus melken, Spitzharfe spielen. *männlicher Wortschatz:* absamen, ausblubbern, ausschleimen, fetzen, pimmeln, schälen, schleudern, einen Schleuderer machen, schrapen, schütteln, stripsen, wachseln, wachsen, wichsen; einen wegwedeln, drei glatt drei verkehrt machen, den Daumen drücken, Däumchen drehen, Griffe kloppen, Käfferle pflanzen, Saft abzapfen, Saft pressen, Sahne schlagen, am Schwanz ziehen, dem Bruder die Hand geben, das Steuer in die Hand nehmen, das Übel an der Wurzel packen, die Ladung löschen, den Lötkolben anheizen, den Stift anspitzen, den Bimbam läuten, den Gari wuzzeln, den Kaspar schneuzen, die Pfeife ausklopfen, die Banane pellen, die Wurst pellen, die Rübe schälen, die Rübe schrapen, die Tube ausquetschen, das Stehaufmännchen polieren, den Zacharias polieren, den Zapfen polieren, den Zebedäus polieren, den Zuzzel polieren. Einhandflöte (Englischhorn, Fagott, Hohlflöte, Klarinette, Nachthorn, Oboe d'amore, Pfeife, Posaune, Rohrflöte, Sackpfeife, Schalmei, Schnabelflöte, Spitzflöte, Trompete, Vogelflöte) spielen; mit der Einhandflöte (usw.) spielen; am Schellenbaum klimpern; sich einen abfetzen, sich einen abhobeln, sich einen abmelken, sich einen abpimmeln, sich einen abreißen, sich einen abschleudern, sich einen abschütteln, sich einen abstreifen, sich einen abwichsen, sich einen rausquetschen, sich einen von der Palme schütteln, sich am Riemen reißen, sich an den Kopf greifen (Kopf = Eichel), sich die Würmer aus der Nase ziehen. *durch die Hosentasche masturbieren (mit den Hoden spielen):* billardieren, eiern, kegeln, kugeln, kugelschieben, kugelstoßen. Billard (Dudelsack, Faustball, Handball, Sackpfeife, Taschenbillard, Taschengolf, Taschentennis, Taschengeige, Taschenorgel) spielen; die Faust in der Tasche ballen, die Kirchturmglocken läuten, den Daumen auf den Beutel halten, das dritte Ei (die dritte Klöte, die dritte Kugel, die dritte Tomate) suchen. *homosexuelles Vokabular:* sich einen abschwulen. *befriedige dich selber:* Back dir einen selber! Zupf dich an deiner eigenen Nase! Reiß dir einen ab!

24.2 sich selbst befriedigende Frau

Alleinunterhalterin, Balalaikaspielerin, Büchsenmasseuse, Buttenmasseuse, Fosenmasseuse, Klavierspielerin, Konzertina, Leier, Narzisse, Organistin, Pianistin, Quetschkommode, Reblerin, Reibe, Frau Reibrat, Ribantze, Rillenmasseuse, Rührtrommel, Selbsterzeugerin, Selbstfahrerin, Spieldose, Wichsmädchen, Ziehharmonika, Zupfgeige, Zupfmichlerin. (NB: fast alle auf -in endenden Wörter werden auch in ihrer männlichen Form auf Frauen bezogen. Also Alleinunterhalter statt Alleinunterhalterin, Balalaikaspieler statt Balalaikaspielerin usw.)

24.3 sich selbst befriedigender Mann
Abfetzer, Abschäler, Abwichser, Abzischer, Abzupfer, Alleinunterhalter, Bananenpeller, Einhandflötist, Englischhornspieler, Englischer Hornist, Fagottspieler, Fämmler, Faustballer, Faustballspieler, Faustkenner, Faustschüler, Fetzer, Hampelmann, Handarbeiter, Handballer, Handballspieler, Handlanger, Hohlflötenspieler, Klarinettist, Kolbendampfmaschine, Malvasir, Nachthornist, Oboist d'amore, Palmenschüttler, Pfeifenspieler, Posaunist, Rausquetscher, Rebler, Rohrflötenspieler, Sackpfeifer, Schleuderer, Schnabelflötist, Schweifwuzzler, Selbstauslöser, Selbstbinder, Selbsterzeuger, Selbstfahrer, Selbstlader, Selbstregler, Selbstverbraucher, Selbstversorger, Selbstzünder, Spielmann, Trompetenspieler, Vogelflötenspieler, Vögelflötist, Wichser, Zupfgeigenhansel. *Mann, der mit den Händen in der Hosentasche an den Genitalien spielt:* Billardspieler, Dudelsackspieler, Eiertätsch, Kegelspieler, Kegler, Klötenheini, Klötenmasseur, Klötenstriegler, Kugelschieber, Kugelstoßer, Taschenspieler.

24.4 selbstbefriedigend
selbstgehäkelt, selbstgemacht, selbstgenäht, selbstgeschneidert, selbstgestrickt. *Ausruf:* Selbst ist der Mann!

24.5 Selbstbefriedigungsinstrumente
Handwerkszeug, Schwung, Spielwaren, Spielzeug. *Godemiché:* Banane, Bienenstich, Ehemann in der Handtasche, Gummiknüppel, Gummimann, Gummipeter, Gummischwanz, Gummiwurst, Kavalier im Muff, Mönch, Prothese, Reithofer, Samthanse, Schustermichel, Schwanzprothese, Seelenbräutigam, tragbarer Ehemann, tragbarer Kavalier, Tröster, Tupfprothese, Witwentröster, Zebedäus, Zupfprothese. *Godemiché für Verkehr zwischen zwei Frauen:* Doppelmichel, Doppelpeter, Doppeltröster. *Reizfinger:* Fingerling, Igel, Klemmring, Reizpariser, Rubbelgummi, Stachelschwein. *Reizkugel:* Ei, Klingelkugel, Murmelspiel, Punzenbillard. *elektrischer Vibrierpenis:* eiserne Ration, elektrischer Ehemann, elektrischer Hausfreund, elektrischer Kavalier, Spielautomat, Spieluhr, Vibro, Zauberstab. *galvanische Penishülse:* eiserne Jungfrau, eiserne Ration, elektrische Ehefrau, Spielautomat, Spieluhr, Vibro. *künstliche Scheide:* Gummifotze, Seemannsliebchen. *Masturbationspuppe:* Gummipuppe, Seelenbraut. *mechanisch bewegte Penishülse:* Handpresse, Kurbelaffe. *Selbstbefriedigungs-Verhinderungsinstrumente:* Aidousoter, Heftel, Onanierbandage, Onanierkäfig.

24.6 masturbatorisches Fantasiebild
Fickbild, Fickbuch, Fickbüchel, Posierfleisch, Sexualroman, Wichsvorlage. *Fantasiebild der Frau:* Gliederpuppe (Glied = Penis), Standbild (Stand = Erektion). *Fantasiebild des Mannes:* Ausziehpuppe, Traumbiene, Traumbrumme, Traumbusen, Traumpuppe. *bei der Selbstbefriedigung an eine bestimmte Person denken:* verkörpern. *bei der Betrachtung von Bildern oder beim Lesen erotischer Texte masturbieren:* an Hand des Buches arbeiten, an Hand von Unterlagen arbeiten.

25 Masturbation

Fingerspiel, Fingerübung, Gabelfrühstück, Greifensteiner, Handarbeit, Händedruck, Händewaschen, Handbewegung, Handgreiflichkeit, Handhabung, Handkäs, Handmassage, Handschrift, Handstreich, Handwerk, Massage, Politik der freien Hand, Prickelmassage, Reibungselektrizität, Reibungsmagnetismus, Schabkunst. *Masturbation einer Frau durch einen Mann oder durch eine andere Frau:* Büchsenmassage, Dosenmassage, Fingerbad, Kutscherstich (Einführung des Mittelfingers in die Scheide), Reiberei, Rillenmassage, tiefgreifender Eingriff, Erweiterung des Horizonts. *Masturbation eines Mannes durch eine Frau:* Samenklau. *Masturbation eines Mannes durch einen anderen Mann:* ein Händedruck unter Männern. *gegenseitige Masturbation:* Doppelgriff, Doppelmassage, Handkäs' mit Musik, Händeringen, Handreichung, Kurzschluß. *gegenseitige Masturbation zwischen Männern:* Faustkampf. *Gruppenmasturbation:* Handgemenge. *masturbatorische Beihilfe beim Koitus:* Selbstbeteiligung. *manuell erzeugter Orgasmus:* Handgranate. *manuell erzeugte Erektion:* Handwerkerstand.

25.1 masturbieren
abbürsten, abdrücken, abfingern, abfühlen, abgarnieren, abgeilen, abhampeln, abheizen, abklavieren, abkratzen, abputzen, abrebeln, abreißen, abriemeln, abschälen, abschöpfen, absteigen, abstrampeln, abwetzen, abwichsen, abwuzzeln, abzischen, abzupfen, angreifen, ausblubbern, ausplempern, ausschleimen, auswichsen, befingern, befummeln, bekibbichen, berühren, buddeln, durchsuchen, fingern, fühlen, fummeln, garnieren, greifen, hampeln, handarbeiten, handhaben, handlangern, handorgeln, hobeln, kitzeln, klimpern, krabbeln, kraulen, leiern, massieren, orgeln, polieren, rebeln, reiben, ribantzen, ribbeln riemeln, rubbeln, rühren, schaben, sortieren, spielen, streppen, wachseln, wachsen, wegmachen, wegputzen, wetzen, wichsen, wuzzeln, zapfen, zupfen. Agen stopfen, Blümchen pflücken, in Fluß brin-

gen, nach Greifenstein fahren, einen Greifensteiner machen, die Glocken läuten, die Natur reizen, Saft pressen, Sahne schlagen, Schaum schlagen, den Stein ins Rollen bringen, das Vordergeschirr polieren; die Hand geben, in die Hand nehmen, die Hand drauf halten, die Hand drauf legen, die Hand ins Feuer legen, mit dem Feuer spielen, die Hand im Spiel haben, Handball spielen, aus dem Handgelenk schütteln, handgreiflich werden, Handwagen fahren, die Hände voll zu tun haben, am Rebler sein, am Krabbler sein, krumme Finger machen, aus der freien Lamäng machen, den Trumpf in die Hand nehmen, jemandem die Hand reichen, jemandem Luft machen, jemandem einen backen, jemanden schaffen. *eine Frau masturbieren:* die Kuh melken, die Maus melken, die Biene melken, der Schwester die Hand geben, in der alten Wunde bohren, einer den Finger auf die offene Wunde legen, einer die Hände in den Schoß legen, einer im Fleischtopf rühren, einer den Horizont erweitern, einer den Leib pflegen, einer das Loch massieren, einer das Röhrl ausputzen, einer die Scharte auswetzen, einer die Truhe wuzzeln, einer das Stichblatt polieren, einer die Zwetschen polieren, einer das Zwickerl abrebeln, eine um den kleinen Finger wickeln, eine abklavieren, eine ableiern, eine verorgeln; einer die Drehorgel (das Glockenspiel, die Handorgel, die Konzertina, den Leierkasten, die Orgel, die Rührtrommel, die Spieldose, das Werkl, die Wurlitzer) polieren, einer auf dem Griffbrett (der Klaviatur, der Tastatur, den Tasten) klimpern, einer die Trommel rühren, einer an der Balalaika (Fiedel, Gitarre, Harfe, Laute, Leier, Mandoline, Zither, Zupfgeige) zupfen; einer an der Drehorgel (der Handorgel, dem Leierkasten), der Orgel, der Spieldose, dem Werkl, der Wurlitzer) drehen; Balalaika (Drehorgel, Fiedel, Geige, Gitarre, Handorgel, Harfe, Klavier, Konzertina, Laute, Leier, Leierkasten, Mandoline, Orgel, Quetschkommode, Rührtrommel, Spinett, Werkl, Ziehharmonika, Zither, Zupfgeige) spielen; mit der Balalaika (usw.) spielen. *eine Frau an der Klitoris masturbieren:* einer den Daumen drücken, einer den Jud wuzzeln, einer den Lötkolben anwärmen, einer die Spitzharfe zupfen. *einen Mann masturbieren:* einem einen abdrücken, abfetzen, abhobeln, abmelken, abpimpeln, abreißen, absamen, abschleudern, abstreifen, abwichsen, abzwicken, rausquetschen, runterholen, wegwedeln; einem einen von der Palme schütteln; einen ausschleimen, fetzen, melken, pimmeln, schälen, schütteln, stripsen. Däumchen drehen, Griffe kloppen, Saft abzapfen, Saft pressen, Sahne schlagen, Schaum schlagen, den Bock melken; einem den Kaspar schneuzen, einem den Lötkolben anwärmen, den Stift anspitzen, den Daumen drücken, die Stange halten, das Stehaufmännchen polieren, den Zacharias polieren, den Zapfen polieren, den Zebedäus polieren, den Zuzzel polieren, die Banane pellen, die Wurst pellen, die Rübe schrapen, die Pfeife ausklopfen, die Tube ausquetschen, die Nagelprobe machen, die Ladung löschen; einem an die Angel gehen, unter den Arm greifen, am Riemen reißen, am Schwanz packen, am Schwanz ziehen, an den Kopf greifen, auf die Tube drücken, die Würmer aus der Nase ziehen; das Steuer in die Hand nehmen, das Übel an der Wurzel packen, dem Bruder die Hand geben, den Gari wuzzeln, Einhandflöte (Englischhorn, Fagott, Hohlflöte, Klarinette, Nachthorn, Oboe d'amore, Pfeife, Posaune, Rohrflöte, Sackpfeife, Schalmei, Schnabelflöte, Spitzflöte, Trompete, Vogelflöte) spielen; mit der Einhandflöte (usw.) spielen; am Schellenbaum klimpern; auf dem Griffbrett, der Klaviatur, der Tastatur, den Tasten klimpern; den Bimbam läuten. *mit den Hoden eines Mannes spielen:* billardieren, eiern, kegeln, kugeln, kugelschieben, kugelstoßen, Faustball spielen, Handball spielen, Dudelsack spielen, das dritte Ei suchen, die dritte Klöte suchen, die dritte Kugel suchen, die dritte Tomate suchen, den Stein (die Steine, die Eier, die Klöten) ins Rollen bringen, den Daumen auf den Beutel halten. *einen Mann manuell zur Erektion bringen:* die Wurst stopfen. *einander masturbieren:* Hand in Hand arbeiten, mit beiden Händen zugreifen, handgemein werden, die Knochen zusammennehmen, am gleichen Strick ziehen. *durch Masturbation hörig machen:* mit fester Hand regieren, den Trumpf in der Hand haben, ganz in jemandes Hand liegen, jemanden weich kneten, jemanden an der Nase herumführen.

25.2 sich masturbieren lassen

jemandem freie Hand geben, jemandem das Messer in die Hand geben, jemandem die Hände schmieren. *um Masturbation bitten:* um jemandes Hand anhalten. *sich die Hoden streicheln lassen:* jemandem die Bälle (die Eier, die Klöten, die Tomaten) servieren. *er wird gut masturbiert:* er ist in guten Händen. *er wird von jemand anderem masturbiert:* er ist in anderen Händen. *er hat ihr das Masturbieren beigebracht:* er hat's ihr in die Hand gegeben.

25.3 Masturbatorin

Frau, die Männer masturbiert: Bananenpellerine, Faustballerina, Handballerina, Mas-

seuse, Stallhase (Frau, die im Hosenstall herumkramt), Wichsmädchen, Zupfgeige, Zupfgeigenliesel. *Frau, die Frauen masturbiert:* Büchsenmasseuse, Buttenmasseuse, Fosenmasseuse, Konzertina, Leier, Organistin, Pianistin, Quetschkommode, Reibe, Frau Reibrat, Ribantze, Rillenmasseuse, Rührtrommel, Spieldose, Wichsmädchen, Ziehharmonika, Zupfgeige, Zupfgeigenliesel. (NB: fast alle auf -in endenden Ausdrücke werden auch in ihrer männlichen Form auf Frauen bezogen. Also Organist statt Organistin, Pianist statt Pianistin usw.)

25.4 Masturbator

Mann, der Frauen masturbiert: Abbürster, Abgarnierer, Abklavierer, Abputzer, Abrebler, Abschäler, Abschöpfer, Abstriegler, Abzischer, Abzupfer, Balalaikaspieler, Büchsenmasseur, Bürstenmasseur, Bürstenstriegler, Bürstenwichser, Buttenmasseur, Fiedler, Fosenmasseur, Fosenstriegler, Fosenwichser, Fudmasseur, Fudstriegler, Fudwichser, Gebärmutterstreichler, Geiger, Harfner, Klavierspieler, Lautenspieler, Leierspieler, Mandolinist, Orgelspieler, Pflaumenstreichler, Pflaumenstriegler, Pianist, Punzenmasseur, Punzenstriegler, Punzenwichser, Rebler, Reiber, Herr Reibrat, Ribantzer, Rillenmasseur, Rillenstriegler, Rillenwichser, Ritzenmasseur, Ritzenstriegler, Ritzenwichser, Spielmann, Tastendrescher, Zitherspieler, Zupfgeigenhansel, Zupfmichel. *Mann, der Männer masturbiert:* Abfetzer, Abschäler, Abwichser, Abzischer, Abzupfer, Bananenpeller, Einhandflötist, Englischhornspieler, Englischer Hornspieler, Fagottspieler, Fämmler, Faustballer, Faustballspieler, Faustkenner, Faustschüler, Fetzer, Handarbeiter, Handballer, Handballspieler, Handlanger, Handwerksbursche, Hohlflötenspieler, Klarinettist, Kolbendampfmaschine, Melker, Nachthornist, Oboist d'amore, Palmenschüttler, Pfeifenspieler, Pfeifenstreichler, Pfeifenstriegler, Posaunist, Rausquetscher, Rebler, Rohrflötenspieler, Sackpfeifer, Schleuderer, Schnabelflötist, Schwanzmasseur, Schweifwuzzler, Spielmann, Trompetenspieler, Vogelflötenspieler, Vögelflötist, Wichser, Zupfgeigenhansel, Zupfmichel. *Mann, der mit den Hoden eines anderen Mannes spielt:* Billardspieler, Dudelsackspieler, Eiertätsch, Kegelspieler, Kegler, Klötenheini, Klötenmasseur, Klötenstriegler, Kugelschieber, Kugelstoßer.

25.5 masturbatorisch

unter der Hand, im Handumdrehen, in die hohle Hand, in die kalte Lamäng, pizzicato.

25.6 Fähigkeit bei der Masturbation

Fingerfertigkeit, glückliche Hand, Gold in den Fingern, Gold in der Hand, goldenes Handgelenk, guter Anschlag, gutes Tremolo, gutes Vibrato, Handfertigkeit, lockere Hand, loses Handgelenk; einen guten Griff haben, gut von der Hand gehen, ein Händchen dafür haben, schnell bei der Hand sein. *kein Talent fürs Masturbieren haben:* zwei linke Hände haben.

25.7 manuelle Prostitution

masturbatorisch arbeitende Prostituierte: Handfeger, Handpferd, Masseuse, Milchmädchen, öffentliche Hand, Rausquetsche, Schwanzmasseuse, Schweifwuzzel, Wichsmädchen, Zupfgeige. *masturbatorisch arbeitende Prostituierte für lesbische Kundschaft:* Büchsenmasseuse, Buttenmasseuse, Fosenmasseuse, Fudmasseuse, Pletschenmasseuse, Punzenmasseuse, Quetschkommode, Reibe, Ribantze, Rillenmasseuse, Ritzenmasseuse, Wichsmädchen. *masturbatorisch arbeitender Strichjunge:* Abbürster, Abgarnierer, Abklavierer, Abputzer, Abrebler, Abschäler, Abschöpfer, Abstriegler, Abwichser, Abzischer, Büchsenmasseur, Büchsenstreichler, Büchsenstriegler, Büchsenwichser, Bürstenmasseur, Bürstenstreichler, Bürstenstriegler, Bürstenwichser, Fosenmasseur, Fosenstreichler, Fosenstriegler, Fosenwichser, Fudmasseur, Fudstreichler, Fudstriegler, Fudwichser, Gebärmuttermasseur, Gebärmutterstreichler, Gebärmutterstriegler, Gebärmutterwichser, Handarbeiter, Handwerksbursche, Pflaumenstreichler, Pflaumenstriegler, Punzenmasseur, Punzenwichser, Rebler, Reibrat, Ribantzer, Rillenmasseur, Rillenwichser, Ritzenstreichler, Ritzenstriegler. *masturbatorisch arbeitender Strichjunge für männliche Kundschaft:* Abfetzer, Abschäler, Abstauber, Abwichser, Abzupfer, Bananenmasseur, Bananenpeller, Fämmler, Handarbeiter, Handwerker, Handwerksbursche, Masseur, Melker, Nillenmasseur, Nillenstriegler, Nillenzupfer, Palmenschüttler, Pfeifenstreichler, Pfeifenstriegler, Rausquetscher, Rebler, Schleuderer, Schwanzmasseur, Schwanzstriegler, Wichser, Wurstmasseur, Zupfmichel. *masturbatorisches Bordell:* Handwerksbetrieb, Handwerkskammer, Massagesalon, Molkerei, Selbstbedienungsladen. *masturbatorische Befriedigung eines Kunden oder einer Kundin durch zwei Personen:* Doppelmassage. *sich durch masturbatorische Prostitution ernähren:* von der Hand in den Mund leben. *einer lesbischen Prostituierten einen Godemiché anschnallen:* das Pferdchen aufzäumen, das Pferd beim Schwanz aufzäumen. *Entgelt für masturbatorische Prostitution:* Handgeld.

25.8 Vokabular der Masturbation

Hand: Fühler, Fummler, Greifer, Klötengreifer, Krabbler, Streichinstrument, Wichs-

griffel. *Mittel- oder Zeigefinger:* Quartiermacher. *Mittel- und Zeigefinger:* Stimmgabel. *Geschlechtsteil:* Griffbrett, Klaviatur, Manual, Streichinstrument, Tastatur, Tastenbrett, Zupfinstrument. *Scheide:* Balalaika, Drehorgel, Fiedel, Fingerbad, Fleischtopf, Geige, Gitarre, Glockenspiel, Griffbrett, Handorgel, Harfe, Harmonika, Klaviatur, Klavier, Konzertina, Laute, Leier, Leierkasten, Lustspielhaus, Mandoline, Orgel, Quetschkommode, Reibfläche, Rührbutte, Rührkübel, Rührtrommel, Schlitztrommel, Selbstbedienungsladen, Spielbank, Spieldose, Spinett, Taschenorgel, Tastatur, Werkl, Wichsladen, Wunde, Wurlitzer, Ziehharmonika, Zither, Zupfgeige. *Klitoris:* Bimsstein, Blümchen, Damendegen, Daumen, Handgepäck, Jud, Kegelkopf, Lötkolben, Reibfläche, Schleifstein, Selbsttröster, Spielbein, Spitzharfe, Wetzstein, Wichsknopf, Wichskorn, Wichsstein, Wichswarze, Wichszapfen. *Penis:* Billardqueue, Bimsstein, Einhandflöte, Fiedelbogen, Handbremse, Handfeuerwaffe, Handorgel, Nothelfer, Onaniergurke, Schleifstein, Selbstschußwaffe, Selbsttröster, Solomuskel, Spielbank des kleinen Mannes, Spielbein, Stehgreif, Streichinstrument, Taschengeige, Taschenorgel, Tastatur, Trumpf, Tube, Wetzstein, Wichswurzel, Zimmersportgerät, Zupfgeige, Zupfinstrument. *Skrotum:* Kegelbahn, Krabbelbeutel, Murmelbeutel, Spielball. *Hoden:* Billardkugeln, Kegelkugeln, Murmeln. *Sperma:* Bauchspritzer, Matratzensaft, Opfer, Tropfen aus dem heißen Stein. *Hosentasche:* Kinotasche, Physiktasche, Selbstbedienungstasche, Wichstasche. *Taschentuch:* Bauernfänger, Eierschale, Fotzenwischer, Putzlappen, Samenteppich. *Bett:* Hobelbank, Kegelbahn, Melkschemel, Onanierschanze, Onanierwiese, Pimmelkiste, Ribbelacker, Schabebrett, Schrapmatte, Strampelwiese, Streppmolle, Wetzgruft, Wichskasten, Wichsmulde, Wichsrampe, Zupfmatratze. *Abort:* Melkkammer, Onanierkloster, Wichsbude. *durch Masturbation zum Orgasmus kommen:* abhanden kommen. *masturbieren dürfen:* freie Hand haben. *ich will masturbieren:* es zuckt mir in der Hand. *ich muß masturbieren:* ich muß meinem Bruder die Hand geben, weil er fortreist. *er hat das Masturbieren entdeckt:* es ist ihm in die Hände gefallen. *sie hat ihm das Masturbieren beigebracht:* sie hat's ihm in die Hand gegeben. *man soll die Männer nicht masturbieren:* Tiere soll man nicht beim Schwanz packen. *Masturbation schadet:* steter Tropfen höhlt das Bein. *besser zu masturbieren, als sich nach einer Frau zu verzehren:* besser ein Spatz in der Hand als eine Taube auf dem Dach.

26 Geschlechtsverkehr

Beutelhutsche, Ditschlerei, Drückerei, Fegefeuer, Flipperei, Gemütsmassage, Heilgymnastik, Kampf der Geschlechter, Kerbschnitzerei, Liebeswerk, Nachtmusik, Nahkampf, Sexamination, Stoßverkehr, Sündenfall, Umgang, Verkehr. *GV haben:* Berührungspunkte haben, Gemeinsames haben, Umgang haben, Verkehr haben, es treiben, sich kriegen. *Häufigkeit des GV:* Verkehrsdichte. *häufiger GV:* HWG, flottes Leben, Lotterleben, Luderleben, sextensiver Verkehr, Sexzeß. *lang andauernder GV:* Dauerbrenner, Wurzelschlager. *kurz dauernder GV:* Fünfzehn, flotte Fünfzehn, Ruckzuckfick. *Tag des GV:* Geschlechtstag, Stichtag, Tag der offenen Tür. *GV während des Tages oder während der Mittagspause:* Matinee, Siesta, kurze Fünfzehn. *bis ins Morgengrauen:* bis in die Puppen. *die Nacht mit Alkohol und GV vertreiben:* aufbleiben, durchmachen, durchsumpfen. *nachts begonnenen GV am Morgen beenden:* von gestern übrigbleiben. *GV im Dunkeln:* Schattenriß. *GV im Hellen:* Matinee. *GV vor dem Aufstehen:* Sexfrühstück. *erster GV nach langer Abstinenz:* warmer Regen, rostiger Schuß. *letzter GV vor einer langen Reise:* letzte Ölung. *GV während der Reise:* rosa Zeiten. *GV im Taxi:* Porzellanfahrt, Porzellanfuhre. *GV auf einer Parkbank:* Bankverkehr, Holzverkehr, Parkverkehr. *Parkbank:* Lattencouch. *GV im Freien:* Freistoß, Garni, Gartenspritze, Heckenpenne, kalte Penne. *im Freien:* am Busen der Natur, bei Ackermann, bei der Häsin, bei Mutter Grün, in franca villa, in der Tropfsteinhöhle. *im Freien koitieren:* zu Ackermann fahren, Biwak reißen, bei der Häsin pfeifen, Heckenpenne machen, kalte Penne machen, platt machen, eine Platte reißen, sich den Wind um den Schwanz wehen lassen, in die Tropfsteinhöhle tröpfeln. *ehelicher GV:* Hausmannskost. *außerehelicher GV:* Krabbelvisite, Spritztour, Stippvisite. *außerehelich koitieren:* jemanden auf einen Sprung besuchen. *von einer Frau, die einen Mann in dessen Haus besucht, um dort mit ihm zu koitieren, sagt der Volksmund:* kommt ins Haus, wird ins Haus geliefert, kommt wie die Milch, kommt wie die Brötchen.

26.1 Beischläferin

Absteigmieze, Bauchfreundin, Bauchschwester, Bettflasche, Bettgenossin, Betthase, Bettnachbarin, Bettschatz, Bettwärmer, Bettwärmer mit Loch, Brunzwinkel, Bügelbrett, Deckadresse, Diejenige welche, Etui, Flansche, Frau Fut, Futteral, Heizkissen, Hitzableiter, Hutsche, Hutschpferd, Kniegeige,

Knieschwester, Matratze, Matte, meine, die Meinige, Müllkutsche, Munition, Plättbrett, Pritsche, Puhlloch, Reißbrett, Reitpferd, Rippe, Samenleiterin, Schießscheibe, Schleifstein, Schlitten, Schlunze, Schwanzwärmer, Sextante, Spielgefährtin, Steckdose, Tankstelle, Wackelkontakt, Wärmflasche, Wetzstein, Wippe. *alter Wortschatz:* Frille, Glund, Glunde, Glunte, Glyd, Glyde, Kebse, Kobelmädchen. *Frau, die nur im Freien koitiert:* Bettschoner. *Frau, die nur während des Tages koitiert:* Matineemädchen. *Frau, die beim ersten Treffen koitiert:* Blitzbraut. *Frauen, mit denen ich schlafe:* mein Harem, meine Sammlung, die Meinigen.

26.2 Beischläfer

Bauchschwager, Bettgeher, Bettgenosse, Bettnachbar, Bettwärmer, Bettwärmer mit Schwanz, Deckel, Decker, Ficker, Fickus, Fikus, Mann von der Spritze, meiner, der Meinige, Sack im Haus, Munition, Hitzableiter, Wetzstein, Wackelkontakt, Reitpferd, Tanzpartner. *Mann, der schnell koitiert:* Flügelhorn, Ruckzuckficker, Schnellkocher, Tauchsieder. *Mann, der nur sonntags koitiert:* Sonntagsjäger, Sonntagsreiter. *Mann, der nur nackend koitiert:* Nacktsamer. *Mann, der nur die Glans und nicht den Rest des Glieds einführt:* Spitzenreiter.

26.3 küssen

abbusseln, abkeilen, abweiden, busseln, flappsen, knutschen, muffen, murfen, murfeln, pechen, schmatzeln, schmecheln, schmerfen, schnäbeln; nach Kissingen fahren, Murf stekken, Pee nassen, Schmetzer stecken. *lecken:* jannen. *die Brustwarzen küssen:* am Herzen nagen. *Ausruf:* Und wer küßt mich?

26.4 Kuß

Busserl, Geschnäbel, Goscherl, Knutsch, Mundfunk, Murf, Pee, Schmatz, Schmetzer, Schmuz, Schüwert, Schwäwert, Tschumepen. *Kuß als Belohnung:* Ringelkeks (Lach mal, kriegst 'n Ringelkeks!), Spesen (Hast du wenigstens deine Spesen bekommen?) *Langer Kuß:* Dauerbrenner, Fünfminutenbrenner, Zehnminutenzünder. *Zungenkuß:* französischer Kuß, Seraphinenkuß, tiefer Kuß, Zungensalat. *andere Küsse:* Handkuß, Kußhand, Kneifkuß, Schmetterlingskuß. *Küssen und Koitieren:* Hoch- und Tiefbau. *Kußfleck:* Knutschfleck, Schandfleck, blauer Fleck. *Mistelzweig:* Kußzweig (der Volksmund sagt: Wenn du ein Mädchen unter einem Kußzweig findest, darfst du sie küssen).

26.5 umarmen

die Taillenweite messen, prüfen, überprüfen; auf (in) Tuchfühlung gehen, zu Leibe rükken, auf die Nähte rücken, auf die Pelle rücken, den Puls fühlen, in die Arme fliegen, die Arme um den Hals werfen; abbriesen, abdrücken, abfingern, abfilzen, abgreifen, abkeilen, abknudeln, abschmieren, abtatschen, anlegen, anrühren, bebriesen, befummeln, betatschen, betatzen, ei-ei machen, fingern, grabbeln, griffeln, herumfummeln, kunkeln, kuscheln, tätscheln, tippen, titschen, umärmeln, zusammenhuscherln; Berührungspunkte haben, am Filzinger sein, am Grabbler sein, am Schmierer sein.

26.6 Umarmung

Umärmelung, Taillenmessung, Tuchfühlung, Leibesvisitation, Pulsmessung, Ei-Ei.

26.7 Berührung

Handfunk, Ringelpietz mit Anfassen, Tuchfühlung, Leibesvisitation, Hausdurchsuchung, Pulsmessung, Ei-Ei, greifbare Nähe. *Körperteil, den der andere berührt:* Berührungspunkt.

26.8 die Brüste berühren

ins Auge fassen, fest ins Auge fassen, den Daumen aufs Auge setzen, die Augen in die Hand nehmen, das Herz in die Hand nehmen, ans Herz rühren, sich ein Herz fassen, ins Volle greifen. *Mammalverkehr:* siehe 37.

26.9 die Genitalien berühren

bekibbischen, fummeln, krabbeln, spielen; Blümchen pflücken, nach Greifenstein fahren, nach den Sternen greifen. *einer Frau an die Genitalien fassen:* der Schwester die Hand geben, im Fleischtopf rühren, die Hand ins Feuer legen, die Hände in den Schoß legen, mit der Balalaika (der Harmonika, dem Klavier, der Leier, der Mandoline, der Orgel, der Ziehharmonika, der Zither) spielen. *eine Frau durch Streicheln am Kitzler erregen:* ein Pferdchen beim Schwanz aufzäumen, die Uhr aufziehen. *einem Mann an den Penis fassen:* den Stall aufmachen, die Stalltür aufschließen, die Wurzel freilegen, dem Bruder die Hand geben, das Ruder in die Hand nehmen, das Steuer in die Hand nehmen, gleich rausnehmen, den Aal beim Schwanz fassen, einem Kerl die Stange halten, den Stift anspitzen, die Wurst stopfen. *einem Mann an die Hoden fassen:* den Sack ventilieren, billardieren, Handball spielen, Taschengolf spielen, Taschentennis spielen, Klöten plysien, die dritte Klöte (die dritte Kugel, das dritte Ei, die dritte Tomate) suchen. *die Brüste und Genitalien einer Frau abfühlen:* auf Herz und Nieren prüfen. *Masturbation:* siehe 25. *Mammalverkehr:* 37.

26.10 entkleiden

abbalgen, abkletschen, abpellen, abschälen, abtakeln, aufpacken, auskluften, auspellen, ausschälen, entblättern, enthüllen, entschleiern, freilegen, häuten, ans Licht bringen, lupfen, müllern, pellen. Marscherleichterung

vornehmen, sich in horizontale Berufskluft schmeißen. *die Bluse aufknöpfen:* das Herz öffnen, dem Herzen Luft machen. *die Hosen aufknöpfen:* den Sack ventilieren, den Stall aufmachen, die Stalltür aufschließen, die Wurzel freilegen. *der Hosenstall ist auf:* der Weg zum Erfolg steht offen. jetzt geht's an die Wurst. *sich entblößen:* blitzen (Der Volksmund sagt von einer Frau, die einen Teil ihres Körpers absichtlich oder zufällig entblößt: sie blitzt. «Mein Gott, sieh dir die Ulla an, die blitzt schon wieder mit ihrem neuen Minislip»). *Hemd oder Unterrock hochziehen:* den Vorhang zum Lustspielhaus lüften. *Striptease:* siehe 54.10. *Mann, der nur mit Frauen potent ist, die Unterkleidung mit Spitzeneinsatz tragen:* Spitzenreiter.

26.11 Nacktheit
Adamskostüm, Après-Ski-Kleid. Arbeitskleidung, Ausschnitt bis ins Bodenlose, Drüsenschau, einladende Offenherzigkeit. Evaskostüm, Fleischbeschau, horizontalgewerbliche Berufskleidung, kniefreie Titten, Minibikini, nackte Tatsachen, Rückkehr vom Finanzamt, schonungslose Offenheit, Sparkostüm. *Freikörperkultur:* siehe 53.17.

26.12 nackt
aufgeschlossen, auskleidsam, blutt, bröselnackert, fasernackt, fudnackert, pudelnackt, splitternackt, nackto blanco, im Adamskostüm, im Evaskostüm, wie Gott ihn (sie) geschaffen hat, mit ohne was an, sans Kledage, freigebig, textilarm, textilentfremdet, textilfeindlich, textilfrei, textillos, barfuß bis zum Hals, kniefrei bis zum Ohrring, mit kniefreien Titten; oben nichts, unten nichts und in der Mitte gerafft; unten nichts, oben nichts und in der Mitte Hohlsaum; abgerüstet bis auf die Pelle, bis zum Kopf in Haut gehüllt, nur mit der eigenen Haut kostümiert, nur mit ihrer Unschuld bekleidet, nur mit 'm Bonbon im Mund. so (Da geht die Tür auf, und was sehen meine alten Augen? Die Rosi steht *so* da!) *mit offenem Busen:* offenherzig, mit offenen Augen. *mit offener Hose:* mit ventiliertem Sack. *mit nacktem Hintern:* nackto arscho. *mit nackten Beinen:* laufmaschensicher.

26.13 nackt sein
aussein, freie Ansichten haben, offenherzige Ansichten vortragen, den Bauchnabel als Brosche tragen, den Offenbarungseid schwören.

26.14 nackte Frau
Eva, Dame im Evaskostüm, Gefrierfleisch, Nackedei vom Dienst, Nacktarbeiterin, Nacktengel, Nacktfee, Nacktfliege, Nacktfrosch, Nacktschnecke, Nix-Anhabi; Genuß für die Pupille, Panorama, einladendes Panorama, Fleischbeschau. *Striptease-Tänzerin:* siehe 54.10.

26.15 nackter Mann
Abessinier, Adam, Naturmensch, Steueropfer, Tarzan. *Mann, der nur nackend koitiert:* Nacktsamer.

26.16 jemanden nackend sehen
Das Licht der Welt erblicken, den Himmel offen sehen, den Weg zum Erfolg offen sehen.

26.17 zu Bett gehen
auf den Federball gehen, auf den Matratzenball gehen, in die Horizontale gehen, sich auf horizontale Kampfebene begeben, sich flach legen, sich umlegen, zwei gestreckte Winkel bilden, in die Fede hotschen, in die Federn (Flohkiste, das Nest) kriechen, sich in die Klappe (in den Sack, aufs Ohr) hauen, die Sache gemeinsam beschlafen (beschnarchen), nach Bettenhausen (Federhausen, Kissingen, Bethlehem) gehen, auf Innenleben schalten. Husch, husch, ins Körbchen! Husch, husch, die Waldfee! Husch, husch, der Sandmann! (Husch, husch, Mädchen, hier kommt der Sandmann! – Ich bin aber noch gar nicht müde! – Das macht nichts. Sandmännchen kommt mit seinem großen Sack und streut dir was ins Fötzchen, dann wirst du ganz schnell müde und schläfst schön mit Sandmännchen ein.) Marsch, jetzt in die Klappe, Jungchen, oder Mama geht ohne dich! Angenehmes Flohbeißen! *beim Koitus:* in den Federn (Wo sind Herbert und Marion? – In den Federn!) *Bett:* siehe 41.5. *Ehebett:* 14.42.

26.18 Präliminarien des GV
Orgelpräludium, Ouvertüre, Präludium, Vorspiel. *sich auf GV vorbereiten:* scharf laden. *GV ohne Vorbereitung (ohne Verhütungsmittel):* Gelegenheitsmusik, Sextempore. *eine unerwartete Gelegenheit zum GV wahrnehmen:* sextemporieren. *das Vorspiel beginnen:* spielen, den Vorhang zum Lustspielhaus hochziehen. *mit dem GV beginnen:* in See stechen. *die Eichel anfeuchten:* auf den Kopf spucken. *Vaseline für den Penis:* Rübenbutter, Rübenöl, Rübenspeck. *Destillatio:* Voranzeige, Wollusttropfen.

26.19 erigieren
sich aufrichten, sich recken, die Senkrechte errichten, die Fahne aufziehen, die Fahne hissen, aus sich herausgehen, in die Höhe gehen, wie ein Pilz aus dem Boden schießen, eine ellenlange Nase bekommen, zu Stein werden. Das Messer geht einem in der Tasche auf. Ihm schwillt der Kamm. Ihm steht der Knochen. Der Stern steigt auf.

26.20 eine Erektion haben
für jemanden geradestehen, auf der Höhe sein, einen dicken Kopf haben, einen har-

ten Kopf haben, den Kopf oben behalten, die Nase hochtragen, im Stande sein, gut im Stande sein, seinen Mann stehen, einen Ständer haben, einen Steifen haben. *einen Mann zur Erektion bringen:* den Stift anspitzen, die Wurst stopfen.

26.21 erigiert
bocksteif, bolzengerade, felsenfest, gesteil, kerzengerade, klotzig, knallhart, knochenhart, knüppeldick, knüppelhart, lotrecht, standfest, standhaft, steinhart, stielvoll, stramm.

26.22 Erektion
aufgehender Stern, Breitschwanz, Dickmann, das dicke Ende, Feuereisen, Hartmann, Hochheimer, Hornfisch, Kamineisen, Kilometerwurst, fester Knochen, harter Knochen, langer Heinrich, Langling, lange Nase, ellenlange Nase, eiserne Rute, roter Riese, rote Rübe, Salzstange, Schüreisen, Stand, Ständchen, Ständer, Stange wie Eisen, Stehlampe, Steifer, Stein, Stein der Weisen, Steinpilz, Stemmeisen, Stockfisch, Unterständer, Vorstand, Vorsteher, Wetzstein, Zementständer, Zementstange. *Redewendungen:* Kopf hoch, kleiner Mann, wir werden dich schon noch auf die Beine kriegen! Da geht einem das Messer in der Tasche auf! Mir geht ein Licht auf! Ich denke, mir geht der Hut hoch! Kein Wunder, daß ihm der Kamm schwillt. Er steht mir bis hierher! Er steht vor der Tür (d. h.: er hat sie so weit, daß sie die Beine breitmacht). Er steht mir vor Augen (Ein riesiger Schwanz, sage ich dir, der größte, den ich gesehen habe. Nie werde ich den vergessen. Er steht mir heute noch vor Augen.) Er steht und fällt (Der Hamlet steht und fällt mit Herrn Hambach. – Ja, und Herr Hambach steht und fällt mit seiner Frau. Also müssen wir die Ophelia mit ihr besetzen.) *schwache Erektion:* Flachrelief, Ständchen. *starke Erektion:* Hochrelief. *Morgenerektion:* Aubade, Mopila, morgendliche Pißlatte, Morgenständchen, Schlafständer, Wasserstange. *Erektion im homosexuellen Sprachgebrauch:* Wärmedehnung. *Erektionsschwierigkeiten:* siehe 64.19.

26.23 ejakulieren
abgehen, ablaufen lassen, auskoddern, ausstoßen, kommen, spritzen, sülzen, wegniesen, sich in Wohlgefallen auflösen. *Redewendungen:* Der Saft steigt ihm in den Baum. Jetzt gibt's Luft. *einen Mann zur Ejakulation bringen:* in Fluß bringen, Grundwasser anzapfen, die Schleusen öffnen. *mit Sperma verkleben:* verplästern, verplieren.

26.24 Ejakulation
Auslauf, Ausläufer, Eierauflauf, Einlauf, Einspritzung, Injektion, Spritze, Spritzer, Sprudel, Schuß, Fluß, Flut, Sturmflut, Leerung, Käfferle, Männchen. *eine gesunde Ejakulation:* eine geballte Ladung. *keiner Ejakulation wert:* keinen Schuß Pulver wert. *eine Ejakulation:* eine Ration (Wie war's? – Nicht viel: eine Ration!) *Ejakulationsschwierigkeiten:* siehe 64.20.

26.25 koitieren
abern, abgeilen, abhampeln, abhorchen, abladen, ableichtern, abschlaffen, abschustern, abstampfen, altmachen, anbalzen, anbembern, anbemsen, anblasen, anbohren, anbrungern, anbrunzen, anbuffen, anbumbern, anbumsen, angeigen, angeln, angitschen, anmäulern, anpempern, anrühren, anschieben, anstechen, anstückeln, antauchen, antun, anzapfen, aufbleiben, aufbügeln, aufhupfen, aufmachen, aufschließen, aufspießen, auftanken, ausbembern, ausblaxeln, ausbomben, ausklopfen, ausleeren, ausplempern, ausputzen, ausraspeln, ausrinnen, ausschleifen, ausschleimen, ausschmieren, ausspritzen, auswetzen, bammeln, bauchhutschen, bauchrutschen, bedienen, begießen, beknien, belabern, belämmern, belaxeln, bemeiseln, benützen, bereiten, beschälen, beschatten, beschlagen, bespringen, besteigen, bestellen, biegen, bimmeln, bimsen, blaxeln, bletern, bletzen, blitzen, bohren, boppen, bremsen, britschigagadeln, brüten, büchseln, buckeln, bucken, bügeln, bujen, bumbern, bumsen, bürsten, chaumeln, dappeln, decken, deissen, dengeln, doppeln, dormen, drehen, drüberkräulen, drübersteigen, durchputzen, durchrühren, durchstochern, durchziehen, einbrechen, eindillen, eindrehen, einfädeln, einführen, eingliedern, einhängen, einhauen, einhusten, einlegen, einreiben, einschlagen, einschneiden, eintauchen, eintunken, einzwicken, entblättern, entschleimen, erledigen, erleichtern, faiken, fegen, fertigmachen, feuerbohren, feuern, feuerquirlen, fikken, fiddeln, fiedeln, fieseln, fippen, fitschigagadeln, fitzeln, flachsen, fleischeln, flicken, flippern, flöppen, flöten, fosen, fotzen, fruchteln, fuchsen, fummeln, gackeln, gammeln, gatten, gehirmen, geigen, gerben, gicksen, gießen, glonten, glunden, glyden, grieseln, guschedurmen, hacken, hämmern, hampeln, harfen, haspeln, hausen, hobeln, hopsen, hupfen, hutschen, jockeln, jökeln, joschnen, karten, kasematutteln, kaspern, kegeln, kippeln, kitteln, kleben, klettern, klünsen, knallen, knüllen, kobern, krabbeln, kriegen, kulpen, kunkeln, kurbeln, kuschedurmen, lackieren, löffeln, löschen, löten, luimen, lunen, machen, machern, mahlen, massieren, mauseln, mausen, meischeln, melken, merfen, moppseln, munkeln, nafkenen,

nageln, näpfen, natzkern, neppen, niederfetzen, niederhauen, niederreißen, niederrüsseln, niggeln, nivellieren, noideln, noisseln, nollen, numerieren, opfern, orgeln, packen, pecken, pellen, pelzen, pempern, pempsten, pemsten, pendeln, perforieren, petschieren, pfeffern, pfeifen, pflanzen, pflügen, pilsen, pimmeln, pimpern, pinseln, plätten, plattmachen, pledern, plombieren, polieren, pölzen, pudern, puffen, puffmachen, pugeln, pujen, pülzen, pümpeln, pumpen, punzen, punzieren, putzen, quindipsen, quintipsen, rabatzen, racheideln, racheilen, racheimen, rachwenen, rammeln, rangeln, rangieren, rasieren, raspeln, rasseln, reiben, reindrehen, reindrücken, reinhängen, reinhauen, reinjagen, reinklatschen, reinlachen, reinrotzen, reinschlagen, reinschleimen, reinstopfen, reiten, riemeln, riestern, ringeln, ringelstechen, ringen, roden, röhreln, rohrpflegen, rollen, rotzen, rubbeln, rübeln, rüberkräulen, rübersteigen, rückenschwimmen, rudern, rühren, rumaalen, rumgampeln, rumigeln, rummatschen, rumpeln, rüppeln, rutschen, schaffen, schammerln, schaukeln, scheibenschießen, schieben, schiebern, schießen, schlamen, schlaunen, schleimen, schlittenfahren, schmieren, schnackseln, schnallen, schnallenrennen, schnepeln, schöckeln, schökeln, schrauben, schummeln, schurigeln, schustern, schütten, schnäuzeln, servieren, spachteln, spatzeln, springen, sprungfedern, spritzen, stageln, stampfen, stangeln, stechen, stecken, stemmen, stempeln, steppen, stippen, stopfen, stoppeln, stöpseln, stoßen, stösseln, stricken, synchronisieren, tandeln, tanken, tanzen, tappeln, tauchen, tipfeln, tippen, titschkerln, tremmeln, trennen, tummeln, tun, tupfen, überbraten, umhacken, umlegen, verarzten, verballern, verfrühstücken, verkehren, verlängern, vernaschen, verreißen, verziehen, verzupfen, vögeln, wackeln, walzen, wammerln, wamperln, wedeln, wegmachen, wegrotzen, wegschleimen, wegstekken, werfen, wetzen, wibbeln, wippen, witzen, zittern, zuchteln, zuchten, zuhalten, zureiten, zusammenbeißen, zusammenbeuteln, zusammenbügeln, zusammenfetzen, zusammenhauen, zusammenreißen, zusammenreiten, zwecken, zwirnen, zwitschern; einen Pfiff abhalten, einen Stepp abhauen, bei jemandem abladen, Schlamm abladen, eine Nummer (eine Runde, eine Tour) abziehen, die Büchse (das Bügelbrett, die Dose, die Dotsch, das Faß, das Plättbrett, den Spund, den Zahn) anbohren, die Pauke (die Trommel) anstreichen (antreiben), das Faß (den Hochspannungsmast, den Spund) anzapfen, einen Stich auffädeln, ein Bettballett (einen Tanz) aufführen, den Apparat (die Batterie, die Maschinka, die Seele) aufladen, den Betrieb (die Büchse, die Dose, den Eingang, die Eingangstür, das Eingangstor, das Faß, die Flasche, das Geschäft, die Haartruhe, das Hauptportal, die Haustür, die Kiste, den Koffer, die Kommode, den Laden, die Ladentür, die Schachtel, die Schatulle, das Schatzkästlein, die Schublade, das Spind, den Stall, das Stalltor, die Stalltür, die Tasche, das Tor, den Tresor, die Truhe, die Tür, die Wohnungstür) aufmachen (aufschließen), ein Licht aufstecken, die Füße (die Haxen) aufstellen, die Uhr aufziehen, das Frauenlob (Weiberlob) ausblaxeln, den Keller ausfegen, die Ritze aushobeln, die Pfeife ausklopfen, das Aquarium (den Kinderbrunnen, die Liebesgrotte, die Meeresenge, die Untiefen) ausloten, die Walze (den Wedel, den Wenzel) auspempern (ausplembern), das Ofenrohr (die Röhre) ausputzen, das Ofenloch (den Schlitz) ausraspeln (ausschleifen), den Hugo (den Stemmel, den Triemel, den Wenzel, den Zacharias, den Zebedäus, den Zupf, den Zuzzel) ausschleimen, die Muschel (die Zwetschken) ausspritzen, die Scharte auswetzen, Männchen (eine Nummer, eine Tour) bauen, das Sachgebiet bearbeiten, die Blume (die Genußwurzel, das Liebstöckl, die Nase, die Passionsblume, die Pflaume, die Wunderblume, die Wurliblume, die Zwetschken) begießen, das Kriegsbeil begraben, den Wempling bergen, ein Loch bohren, gemeinsam beschnarchen, nach Öl bohren, ein Ding (eine Nummer, eine Runde, eine Tour) drehen, den Rührer (das Stehaufmännchen, den Stöpsel, die Schraube) eindrehen, einen Stich einfädeln, eine Symbiose eingehen, das Vordergeschirr einhängen, Saft einkochen, den Beutel einlegen, die Genußwurzel (das Liebstöckl, die Passionsblume) einpflanzen, die Schwitze einrühren, in den Venusberg (das Venusbergwerk) eintunneln, den Kaspar einwickeln, die Liebesgrotte erforschen, aus der Haut fahren, nach Kissingen (nach Bethlehem) fahren, zu Schacht fahren, das Tier füttern, eine Einreibung (ein Klistier, einen Stich, einen Stoß) geben, Tropfen geben, auf Tauche (auf die Rassel, auf den Schnallenritt) gehen, in die Häbin (in die Höhe, in die Horizontale) gehen, über die Tuchent gehen, einer (einem) was geigen, in die Mühle (die Fickmühle, die Zwickmühle) geraten, Öl auf die Lampe (Wasser auf die Mühle, Öl ins Feuer) gießen, Betstunde haben, den Maulwurf graben lassen, den Specht hacken lassen, einen Schlag hacken, den Ofen heizen, den Dreh heraushaben, einer einen hineinhängen, den Paßmann (das Vordergeschirr)

hineinhängen, einen Rührer holen, in die Fede hotschen, unters Hemd jubeln, Griffe kloppen, zur Sache (zum Zug) kommen, den Hahn krähen lassen, sich kriegen, auf den Spitz kriegen, vor den Spitz kriegen, am Spitz kriegen, die Büchse (die Dose, die Dotsch, die Pfanne, die Trommel, das Vogelhaus) lackieren, auf den Besen laden, auf die Butten (das Kreuz, die Matte) legen, auf der Butten liegen, sein Licht leuchten lassen, den Durst löschen, einen Betthupfer (einen Bummel, einen Fahrer, einen Fickus, einen Freistoß, ein Haftel, einen Hobler, einen Hopser, eine Nummer, eine Partie, einen Passer, einen Pendel, einen Pfiff, einen Rutscher, einen Schieber, ein Schnackerl, einen Schuß, einen Spritzer, einen Stepp, einen Stich, eine Stichprobe, einen Stoß, ein Strikkerl, eine Tour) machen, Kantum (Klöppelspitze, Kulpus, Kuschedurm, Männchen, Puff, Steigatt, Trulu) machen, aus dem Stehgreif machen, unters Kinn niesen, den Kolben ölen, auf der Wurlitzer orgeln, einen Spuling pflanzen, den Acker pflügen, mit dem Dorn pieken, die Klöten plysien, die Büchse (die Dose, die Dotsch, die Düse, die Pfanne, das Stichblatt) polieren, den Lauf (die Pfanne, den Stiebel) putzen, den Rührer (die Schraube) reindrehen, einer einen reinhämmern, die Klinge (die Ladung, den Motschka, den Nagel, den Schlegel, den Speer, den Stöpsel, den Zweck) reinhauen, den Stöpsel (den Stecker) reinstecken, am Pfropfen riechen, ein Würstel riemeln, den Brunstbusch roden, den Stein ins Rollen bringen, in die Muschel rotzen, in der Büchse (im Fleischtopf) rühren, eine Nummer (eine Runde, einen Stepp, eine Tour) schieben, auf eine schießen, einen Hasen schießen, Pfeile schießen, in die Batterie schleimen, das Eisen schmieden, die Achse schmieren, Öl auf die Wogen (Wasser ins Meer) schütten, die Fahne schwenken, den Fisch schwimmen lassen, das Tanzbein schwingen, am Taucher sein, den Britsche (den Chingerdo, den Hugo, den Peger, den Vize, den Vogel, den Zebedäus) singen lassen, auf dem Pfropfen sitzen, Balalaika (Flöte, Geige, Gitarre, Harfe, Harmonika, Klarinette, Klavier, Leier, Mandoline, Orgel, Trommel, Trompete, Ziehharmonika, Zither, auf der G-Saite) spielen, Federball spielen, ins Sommerfeld springen, den Werkel (den Wetzstein) stageln, Disteln (Kröten) stechen, einer einen stecken, den Kopf (die Nase) in fremde Angelegenheiten stecken, den Kopf ins Loch (die Made in den Käse, das Schwert in die Scheide, den Stecker in die Dose) stekken, auf dem dritten Bein stehen, Flanellwache stehen, den Apparat (die Armatur, die Batterie, die Maschinka) unter Strom stellen, einen Bolzen stemmen, den Schmerz stillen, Pfeffer streuen, Blümchen suchen, den Bruder taufen, ins Schwarze treffen, ein Klistier verabreichen, ein Hufeisen verlieren, Samen verschleudern, einer einen verpassen, in der Versenkung verschwinden, den Bachwalm versenken, einen Stich (Stoß) versetzen, einen verstecken. Abhorchübungen vornehmen, Hering wässern, sich dem Laster in die Arme werfen, einer Frau den Knüppel zwischen die Beine werfen, den Schnabel wetzen, die Würmer aus der Nase (aus der Pfeife, aus dem Schwanz) ziehen, den Spatz (den Vogel) zwitschern lassen. *sorgfältig koitieren:* basteln, knobeln, tüfteln. Disziplin im Knochen haben, eine ruhige Kugel schieben, eine ruhige Kugel stoßen, eine Sache im Griff haben. *gut koitieren:* eine gute Klinge schlagen, den Dreh (den Bogen, die Kurve) raushaben, die Kurve kratzen, Fingerspitzengefühl haben, ein Händchen dafür haben, in allen Sätteln gerecht sein, aus dem FF können, aus dem Fickfack (Fickfach) können. *eifrig koitieren:* hundert rauskitzeln, scharf schieben, ficken was das Zeug hält (was das Leder hält), fikken wie geschmiert (wie geölt), ficken, daß es nur so raucht (daß die Fetzen fliegen), ficken aus dem FF, ficken als ob man's bezahlt bekommt (als ob man den Rekord schlagen will). *mitmachen:* dagegenhalten, gegenhalten, Kontra geben, zurückpudern. *akrobatisch, aber nicht sehr gut koitieren:* Schaum schlagen. *zu lange koitieren:* Wurzeln schlagen. *zu kurz koitieren:* sich kurz fassen, kurze Fünfzehn machen, unters Kinn niesen, unters Hemd jubeln, einen schnell verstecken. *mit Unterbrechungen koitieren:* kaltwalzen. *schwerfällig koitieren:* mit Bleifuß ficken. *ungeschickt koitieren:* ins Ohr ficken. *mit der Frau möchte ich koitieren!:* In die möcht ich mich einwickeln! *mit einer schwangeren Frau koitieren:* schmieren, die Saat sprengen. *mit einer menstruierenden Frau koitieren:* sich einen blutigen Kopf holen, die Kathi vögeln, die Resitante ficken, Rotkohl löffeln.

26.26 sich koitieren lassen, sich hingeben

abprotzen, hinhalten, servieren, spreizen, die Büchse aufstellen, die Füße aufstellen, die Haxen aufstellen, den Stall aufmachen, die Tasche aufknöpfen, das Tor auflassen, die Büchse aufreißen, die Truhe aufschließen, einen Stich auffangen, einen lassen, einen drüberlassen, einen ranlassen, einen reinlassen, einen reinspazieren lassen, sich lassen, sich vollaufen lassen, sich langlegen. *verführt werden:* siehe 12.29. *einen Mann erhören:* 12.30.

26.27 Koitus

Abendlied, Abendmusik, Abhorchübung, Antaucher, Après-Ski-Sport, Aufhupfer, Bajonettdrill, Bauchhutscher, Bauchrutscher, Beischlaf, Beiwohnung, Besenritt, Betstunde, Bettballett, Betthupfer, Bummel, Decker, Diwanwalzer, Doppler, Dreh, Duett, Duo, Eiertanz, Einbruch, Einlauf, Einreibung, Einschnitt, Einspritzung, Eintaucher, Entblätterung, Fahrer, Federball, Fegefeuer, Feger, Feuchtlag, Fick, Fickfack, Fickus, Flanellwache, Flipflop, Fuge, Gang (Die Hanne kommt immer erst im dritten Gang auf Touren), Gangadl, Gefecht, Gemütsmassage, Gevau, Gevögel, Glockenläuten, GV, Gymnastik, Haft, Haftel, Happerl, Hausdurchsuchung, Himmelstoß, Hobler, Hopser, Horizontale (in die Horizontale gehen), Humsenspritzer, Hupf, Hupfer, Hupferl, Hutscher, Injektion, Innenaufnahme, Josch, Jungfernstich, Kaiserwalzer, Kammermusik, Kantum, Kulpus, Kuschedurm, Lackierung, Lanzenstechen, Leerung, Liebeswerk, Lied ohne Worte, Matratzenmassage, Matratzengolf, Matratzensport, Matratzentennis, Minigolf, Nachtmusik, Nachtstück, Naheinstellung, Nahkampf, Notturno, Nummer, Pantscherl, Partie, Passer, Pendel, Pfefferspiel, Pfiff, Rabatz, Rassel, Riemler, Runde, Rutsch, Rutscher, Sache, Salonmusik, Salonstück, Schäferstündchen, Schema F, Schieber, Schlaflied, Schlag (einen Schlag hacken), Schlummerlied, Schnackerl, Schnallenritt, Schnappschuß, Schuß, Schuß ins Schwarze (bedeutet auch: Pedicatio), Seiltanz, Sexamination, Schimmusch, Sport, Spritzer, Spritztour, Sprung, Spülung, Steigatt, Stepp, Stich, Stichprobe, Stippvisite, Stoß, Stoß im Himmel, Stoßtherapie, Strickerl, Tanz, Tauche, Taucher, Tiefbohrung, Tour, Triller, Trulu, Tupf, Tupfer, Turnstunde, Umgang, Umhang mit Händen und Füßen, Verkehr, Vitamin F, Vitamin V, Vorstoß, Zimmersport, Zug, Zwiegesang. *sorgfältiger Koitus:* Ding mit Pfiff, Disziplin im Knochen. *ein einziger Koitus:* eine Ration, ein Hahnbutterer.

26.28 beim Koitus, durch Koitus

durch Koitus erzeugt: heiß gebacken, auf heißem Wege hergestellt. *nicht durch Koitus:* kalt gebacken, auf kaltem Wege hergestellt. (Ein Orgasmus wird auf heißem Wege hergestellt, wenn er weder manuell noch oral, noch anal und auch nicht mit Hilfe von Instrumenten erzeugt worden ist. Für diese Formen des Orgasmus benutzt die Sprache der spezialisierten Prostituierten die Ausdrücke: auf kaltem Wege, kalt gebacken, kalt gewalzt. Die Varianten: auf warmem Wege, warm gebacken, bedeuten: homosexuell.) *durch Koitus:* sprunghaft (Herberts Familie wächst jedes Jahr sprunghaft an. Der sprunghafte Anwuchs der Stadtbevölkerung läßt sich nicht durch Zuwanderung aus den Agrardistrikten erklären. Aber: Der Willi ist so sprunghaft, ich kann mich kaum noch vor ihm retten.)

26.29 Sperma beim Koitus

Sperma, das nach dem Koitus aus der Scheide tropft: Abwasser, Rücklauf. *Sperma eines anderen Mannes in der Scheide der eigenen Frau oder Freundin:* heiße Spur (im homosexuellen Vokabular: fremdes Sperma im After des Freundes). *Sperma:* siehe auch 1.78. *Sperma beim Analverkehr:* 35.10.

26.30 Koitalstellungen

von der Seite: von Lee, von Luv, im Profil, durch die Seitengalerie. *in der Seitenlage koitieren:* anlegen, flankieren. *von links:* linkshändig, vom linken Flügel, von hü, von Backbord. *Mann, der nur dann potent ist, wenn er auf der linken Seite liegt:* Linkser. *von rechts:* von hott, vom rechten Flügel, von der Ehrenseite, von Steuerbord, von der grünen Seite. *von vorn:* a priori, von der Oberseite, von der Schaufläche, von der Titelseite, vom Bugspriet. *von hinten:* a posteriori, achterkatz, ärschlings, menschlings, von achtern, von Backbord, vom Heck, vom Hinterdeck, vom Stern, vom Tamp, von dieser Seite (Hast du's lieber so als von vorn? – Von dieser Seite kannte ich dich noch gar nicht!). *Coitus a tergo:* Achterfick, Apofick, Hinterlader, Rückendeckung, Rückenstärkung, Rückfahrt, Rückspiel, Rückstellung, Rückstoßantrieb. *von hinten koitieren:* hinterm Ofen hocken, den Wakkelarsch auseinanderstemmen. *aus Versehen in den Anus statt in die Scheide geraten:* sich verbohren. *von oben* (die meisten der folgenden Ausdrücke beziehen sich auf Positio inversa, in welcher die Frau über dem Mann kniet, auf ihm sitzt oder auf ihm liegt): auf dem Pfropfen, auf des Messers Scheide, auf der Stange. *von oben koitieren:* den Bubi spielen, Bübchen machen, auf dem Pfropfen sitzen, auf der Stange sitzen. *vom Penis abrutschen:* von der Stange fallen. *die über dem Mann kauernde Frau:* Schwebebahn. *ihre Brüste:* Klunkern, Pendeln, Trauben, Troddeln, Zöpfchen, Geigen (den Himmel voller Geigen sehen). *ihre Scheide:* Adlerhorst, Kuppe, Himmel (den Himmel offen sehen). *Penis eines Mannes, der über einer Frau kauert:* Klingelzug, Kronleuchter, Pendel, Schwengel, Troddel. *von unten:* aus der Rückenlage, aus der Froschperspektive, aus weiblichen Augen. *von unten koitieren:* rückenschwimmen. *unten:* sotto. *die*

unten liegende Frau: Bodensatz, Gestell, Plattform, Untergestell, Untersatz, Flachrelief, Hochrelief. *der unten liegende Mann:* Hebemaschine, Hebewerk, Schiffswinde. *Koitus mit einer unten liegenden Frau:* Lotung, Tiefenbohrung. *mit einer unten liegenden Frau koitieren:* baggern, brustschwimmen, stampfen, einstampfen, einrammen, der Sache auf den Grund gehen, das Schiff in den Grund bohren. *die Beine spreizen:* sprageln. *ein Bein einziehen:* sich einen Knoten ins Bein machen (Hier macht's mir keinen Spaß, dein Sofa ist zu eng. – Mach dir 'n Knoten ins Bein, dann haben wir mehr Platz!). *im Liegen:* platt, söhlig, auf horizontaler Kampfebene. *im Sitzen:* im Damensattel, im Reitsattel, im Radfahrsattel, im Schaukelstuhl, auf dem Melkschemel, auf dem Betstuhl. *im Sitzen koitieren:* auf dem Kützche sitzen, im Kützche machen, schaukeln. *im Stehen:* im außerehelichen Standesamt, auf vertikaler Kampfebene. *Koitus im Stehen:* Anlehner, Stehpartie, Vorderlader. *im Stehen koitieren:* anlehnen, in Verbindung stehen, im Verkehr stehen, Laternenpfahl spielen, sich im Hauseingang betten. *sie koitiert im Stehen:* das Häschen macht Männchen. *Frau, die im Stehen koitiert:* Stehgeige. *Mann, der im Stehen koitiert:* Stehficker, Stehgeiger, Anlehner, Bettschoner. *dessen Hosen:* Stehfickerhosen, Stehvöglerbüxen. *im Knien:* in der Kniebeuge, aus der Kniebreche. *im Knien koitieren:* auf den Knien rutschen, Knieholz machen. *sich hinknien:* sich aufs Leder knien, sich in die Arbeit knien, in die Knie gehen, in den Keller gehen, kellern, absteigen (d. h. alle sexuellen Tätigkeiten ausüben, die man auf den Knien ausführt: jemanden masturbieren, fellieren, cunnilingere, anilingere usw). *Mann, der solche Tätigkeiten ausübt:* Absteiger, Kellermeister, Knieriemen, Knierutscher. *Frau, die solche Tätigkeiten ausübt:* Absteigmieze, Kellerfrau, Kniegeige, Kniescheibe. *die richtige Koitalstellung:* die richtige Gewehrlage. *So ist's richtig:* So stimmt die Gewehrlage!

26.31 Koitalbewegungen

beim Koitus mit den Hüften vibrieren: bauchtanzen, puppern, schleudern, tanzen, wackeln, wippen, zittern. *Hüftbewegungen der Frau beim Coitus a tergo:* Rückantworten, Rückschläge. *sich beim Koitus absichtlich nicht bewegen:* englisch verkehren, einweichen, weichen, wassern lassen. *im gleichen Tempo:* a tempo, ostinato. *schnell:* agile, presto, stretto, tosto. *schneller:* accelerando, affretando, precipitando. *langsam:* adagio, dilungando, lento, stentato. *langsamer:* abbandono, allargando, calando, deficiendo, lentando, meno, ritardando, lentano, strascinando. *gleitend:* glissando, strisciando. *stoßend:* acciaturo, staccato. *hämmernd:* martellato. *wiegend:* legato, portamento.

26.32 Koitallaute

Bumsmusik, Kammermusik, Matratzenmusik, Salonmusik, Streichmusik, Sexaudi, Stoßgebet, Stoßseufzer. *Koitallaute der Frau:* Gebet der Jungfer, Katzenmusik, Stoßgebet der Jungfer. *Frau, die beim Koitieren stöhnt:* Tonbüchse, Tongerät. *Koitallaute des Mannes:* Hirschgeröhre, Katermusik, Knüppelmusik. *Flatus vaginae:* Blasmusik, Fotzenfurz, Generalbaß, Kontrabaß, Scheidenfurz.

26.33 Koitalverletzungen

Fractura penis: Schwanzbruch. *Penisluxation:* verschwundener Schwanz. *Penis captivus:* Schwanzfalle. *sich bei der Defloration die Eichel verletzen:* sich den Kopf zerbrechen. *verletzter Penis:* kaputte Pfeife. *hodenquetschen:* dengeln. *Vaginismus:* zu'e Tür, Schwanzquetsche, Pfeifenhalter. *Kußfleck:* Knutschfleck, Schandfleck. *Kußfleck auf dem Busen:* blaues Auge.

26.34 Potenz

Atem, Form (in Form, in großer Form, nicht in Form), Kraft, Luft (ihm bleibt die Luft weg, er bekommt keine Luft), Manneskraft, Mark, Munition, Pulver, Puste, Saft, Schneid, Strom, Zwirn. *Potenzzeugnis:* siehe 14.1. *Impotenz:* siehe 64.21.

26.35 potent

gut bei Leibe, gut erhalten, in Form, in bester Form, auf der Höhe, im besten Saft, gut in Schuß, stark gebaut. *impotent:* siehe 64.21.

26.36 potent sein

es in sich haben, viel im Kopf (viel im Sack) haben, viel Pulver haben, einen dicken Sack haben, vor lauter Kraft nicht umfallen können. *immer potent sein:* zaubern können. *wieder potent werden:* wieder Luft (Puste) bekommen. *Ob ein Mann potent ist, weiß nur seine Frau:* Was in der Wurst ist, weiß nur der Schlächter. *Bei unerwartetem GV ist die Potenz größer als bei lang geplantem GV:* unverhofft kommt oft. *impotent sein:* siehe 64.21.

26.37 potenter Mann

Bomber, Bulle, Deckhengst, Geißbock, Hengst, Hobelhengst, Platzhirsch, Stier, Urviech. Einspritzmotor, Fickmaschine, Flügelhorn, große Portion, Immergeil, Repetiernudel, Roboter der Liebe, Rotschwanz, Schatzgräber, Sportkanone, langer Stiel, Stielvoller, Tank, Vitamin M. *impotenter Mann:* siehe 64.21.

26.38 Orgasmus
Blitz, Granate, Grab in den Wellen, Tod in den Wellen. *Anorgasmus:* siehe 64.23.
26.39 den Orgasmus erreichen
fertigwerden, kommen, klingeln, weich in den Knien werden. *Redewendungen:* Ab geht die Post! Sie kommt pünktlich wie die Post. Sie bimmelt wie 'n Wecker. Sie kommt mit dem Glockenschlag. Stör jetzt die Meiers nicht, die sind auf hoher See! *den Orgasmus nicht erreichen können:* siehe 64.23.
26.40 befriedigen
den Durst löschen, den Schmerz stillen; erleichtern, gesundstoßen, verarzten; den Wunsch von den Augen ablesen, Öl auf die erregten Wogen gießen; bedienen, servieren, trockenlegen, das Plansoll erfüllen; abgeilen, absahnen, absamen, ausbomben, erledigen, fertigmachen, hinkriegen, kirre kriegen, kirre machen, leermachen, rausziehen, schaffen, einem (einer) was geigen, ficken was das Zeug hält, hundert rauskitzeln, Samen lokken. *er kann befriedigen:* er hat was zu bieten, er kann was vorweisen, er hat die richtige Nase. *reichlich befriedigen:* mästen. *eine Frau befriedigen müssen:* eine vor die Nase gesetzt bekommen. *indem du mich befriedigst, befriedige ich dich:* wie du mir, so ich dir. *sich sexuell ausleben:* Auslauf haben. *jemandes Wünsche erfüllen:* siehe 12.38.
26.41 befriedigend
durstlöschend, schmerzstillend, erleichternd, lindernd, tröstlich, heilsam. *nicht groß, aber befriedigend:* klein, aber fein. klein, aber oho!
26.42 befriedigt
bedient, befriedricht, erleichtert, geschafft, gestillt, serviert, verarztet.
26.43 befriedigte Frau:
wohlgestriegeltes Pferdchen, Milchkuh, Rose mit langem Stiel (d. h. Frau, deren Liebhaber einen großen Penis hat). *Ausruf:* Was für 'n Schwanz!
26.44 Befriedigung
Stoßtherapie, Gemütsmassage, Heilgymnastik. Beruhigungsmittel, Betäubungsmittel, Fiebermittel, Linderungsmittel, Schmerzmittel. *masturbatorische Beihilfe beim Koitus:* Selbstbeteiligung.
26.45 Nachspiel
nach dem GV aus dem Bett steigen: wollreißen.

27 Verkehr mit Älteren

Gerontophilie: Altertümelei, Altertumsforschung, Altersschwäche, Altruismus. *Geschlechtsverkehr eines jungen Mannes mit einer älteren Frau:* Klimmzüge an der Titti.
27.1 gerontophiler Mann
Altersforscher, Althistoriker, Altist, Antiquitätenliebhaber, Antiquitätensammler, Jünger, Museumsdirektor, Omaficker, Omavögler, Reliquiensammler.
27.2. gerontophile Frau
Altersforscherin, Altgeige, Altistin, Antiquitätenliebhaberin, Antiquitätensammlerin, Jüngerin, Opamatratze, Opapritsche, Reliquiensammlerin.
27.3 Liebesobjekte der Gerontophilie
Frau: Altrische, Arche Noah, Bankfleisch, Bröselmaschine, Denkmal, Dörrfleisch, Dörrgemüse, Grammel, Karo, Klamottenkiste, Kraxen, Murfel, Ruine, Schrumpel, Stellwagen, Suppenhuhn, Trunscherl, Waberl; abgegriffenes Klavier, abgemahlene Mühle, abgespielte Geige, abgespielte Mandoline, angegangenes Fleisch, ausgebrannte Batterie, ausgeleierte Harmonika, ausgeleierte Matratze, ausgeronnenes Röhrl, entsaftete Zitrone, trockene Fotze, verorgelte Wurlitzer, verwuzzelter Zauck, welke Nelke. *Mann:* Altrisch, Barber, Dager, Graubart, Graukopf, Grauschimmel, Herr mit grauen Schläfen, Kalkfelsen, Moses; abgebrannte Lunte, abgespielte Flöte, abgewetzter Säbel, abgewetzter Stein, abgewichster Schlegel, abgewichster Stiebel, ausgebrannter Docht, ausgedörrte Wurzel, ausgelutschter Spargel, ausgequetschte Rübe, eingerostete Stange, rostiger Riegel, rostiger Schlüssel, rostiger Schwengel, schrottreifer Schlot, sinkender Stern.
27.4 gerontophile Prostitution
Althandel, Altwarenhandel, Antiquitätenhandel, Handel in Dörrfleisch, Handel in Dörrgemüse.

28 Verkehr mit Jüngeren

Pädophilie: Jugendfreundschaft, Jugendpflege, Jungbrunnen, Kinderliebe, Schulfreundschaft.
28.1 pädophil
jugendbewegt, kinderlieb, im Jugendstil.
28.2 pädophile Frau
Bonbontante, Jugendfreundin, Junggesellin, Kinderfreundin, Kindermatratze, Kinderpritsche, Kinderverzehrerin, Kuckelfrau, Kuckelweib, Schulfreundin, Tante.
28.3 pädophiler Mann
Bonbononkel, Hundertzweiundachtziger, Jugendforscher, Jugendfreund, Kinderfikker, Kinderfreund, Kinderschreck, Onkel, guter Onkel, Schülerlotse, Schulfreund.
28.4 Liebesobjekte der Pädophilie
Mädchen: Babysoxer, Entwicklungsland, Frischling, Frosch, Göhre, halbe Portion,

heuriges Häschen, Jungschweinernes, Kälbernes, Kalbfleisch, kleine Portion, Lolita, Milchzahn, Range, Salatschnecke, Schnurrmädel, Spanferkel, Teeni, Viertelzahn. *Mädchenscheide:* Bibsi, Biesi, Bitschigogerl, Blümchen, Ding, Dingerl, Duf, Fifi, Fitschigogerl, Fitzigingerl, Gagelwitz, Gageritz, Gigelwitz, Gigeritz, Girlitz, Gitzi, Katzerl, die Kleine, kleine Schwester, Locherl, Löcherl, Miezekatze, Mimi, Mizzi, Mößle, Muschi, Pipsi, Puschi, Pussi, Putzi, Tschurimuri, Witscheriwitsch, Wurliblume. *Knabe:* Engel mit großem B, Bengel, Boy, Bua, Dusel, Flick, Hahn, Hemd, junger Dachs, Kniff, Knilch, Pünke, Schütz, Schwengel, warmes Würstchen. *Knabenpenis:* Däumchen, Däumling, Hängemann, Hänschenklein, Hirtenflöte, Kadettenflöte, Kinderarm, der Kleine, der kleine Bruder, Kurzwellensender, Lulu, Lumpi, Pimpf, Spielbank des kleinen Mannes, Spitzflöte, Steppke, Stift, Wipfi, Zartflöte, Ziesemann; grüne Gurke, grüne Rübe, grüner Spargel, kleiner Finger, kleine Portion.

28.5 pädophil verkehren
killekille machen. *Redewendungen:* Hasch mich, ich bin der Frühling! Jung gefreit hat nie gereut.

28.6 pädophile Prostitution
Grünkramhandel. *Kinderbordell:* Grünkramladen, Jugendherberge, Kindergarten, Kinderheim, Kinderhort, Schmalspureisenbahn, Schmalspurpuff. *jugendliche Prostituierte:* Blage, Entwicklungsland, Flitscherl, Frischgefangte, Gemse, Jungsau, Kaunitzel (Österreich), Klettermäuschen, Lolita, Mosse, Motte, Pflanze, Pflänzchen, Pipinutte, Puppe, Püppchen, Schmalspur-Nitribitt, Schneegans, Schnurrmädchen, Straßenbriet, Strunze, Teenutte, Weit. *minderjähriger Strichjunge:* Bubi, Lustbengel, Lustbua, Lustknabe, Lustpimpf, Luststift, Sextaner, Strichbübchen, Strichbursch, Strichjunge. *Chefin eines Kinderbordells:* Grünkramhändlerin. *Zuhälter einer Minderjährigen:* Grünkrämer, Grünkramhändler.

28.7 Päderastie
Bubigamie, Jugendbewegung, Knabenfreundschaft, Knabenliebe, Knabenpflege. *Homosexualität:* siehe 29.

28.8 Päderast
Bussi, Jungaktivist, Junggeselle, Jünglingsräuber, Schülerlotse, Stiftbohrer, Uri. *Homosexueller:* siehe 29.3.

28.9 Liebesobjekt der Päderastie
Engel mit großem B, Bengel, Boy, Bua, Dusel, Flick, Hahn, Halbstarker, Hemd, junger Dachs, Knabenliebchen, Kniff, Knilch, Lustbengel, Lustbua, Lustpimpf, Luststift, Pünke, Schütz, Schwengel. *Knabenpenis:* Däumchen, Däumling, Hängemann, Hänschenklein, Hirtenflöte, Kadettenflöte, Kinderarm, der Kleine, der kleine Bruder, Kurzwellensender, Lulu, Lumpi, Pimpf, Spielbank des kleinen Mannes, Spitzflöte, Steppke, Stift, Wipfi, Zartflöte, Ziesemann; grüne Gurke, grüne Rübe, grüner Spargel, kleiner Finger.

28.10 päderastische Prostitution
Knabenhandel, grüner Gurkenhandel, grüner Rübenhandel, grüne Spargelzucht. *minderjähriger Strichjunge für päderastische Kundschaft:* Bubi, Lustbengel, Lustbua, Lustpimpf, Luststift, Mädi, Pupenbengel, Pupenbua, Pupenjunge, Puzenbengel, Puzenbua, Puzenjunge, Puzenstift, Sextaner, Strichbübchen, Strichbursch, Strichjunge.

29 Verkehr zwischen Männern

Homosexualität: der andere Bahnhof, der andere Bahnsteig, die andere Fachschaft, die andere Fakultät, die andere Feldpostnummer, Anderssein, Schwulität, Wärmelehre, Wärmetechnik, Hoch- und Tiefbau. *Homosexualität, die von Zeit zu Zeit ins Heterosexuelle umschlägt:* gemischte Gefühle. *Bekehrung zur Homosexualität:* Angleichung, Ummodlung, Umschaltung. *gegenseitige Masturbation zwischen Männern:* siehe 25. *Päderastie:* siehe 28. *Lesbizismus:* siehe 30. *Analverkehr:* siehe 35. *Pedicatio:* siehe 35.4. *Anilinctus:* siehe 35.16. *Fellatio:* siehe 36.1.

29.1 männliche Homosexualität
Arscheologie, Bubigamie, Hinterladerei, Hinterlist, Klappenfehler, Schwulität, stammerische Sünde, 17. Mai. *weibliche Homosexualität:* siehe 30.

29.2 die Homosexuellen
das dritte Geschlecht, das schwache Geschlecht, das zarte Geschlecht; schwule Bande. *die Päderasten:* siehe 28.8. *die Lesbierinnen:* 30.1.

29.3 Homosexueller
Andersen, Hans Andersen, Andersgläubiger, Bua, Falscher, Gurkenheinrich, Halbseidener, Heißer, Homerl, Homo, Hundertfünfundsiebziger, Kodesch, Kollege von der anderen Fachschaft (Fakultät, Feldpostnummer), Kollege vom anderen Bahnhof (Bahnsteig), Linker, Ölpullenbruder, Schwanzäugler, Schwuchtel, Schwuler, schwuler Bruder, Soderer, Sodomiter, Verkehrter, warmer Bruder, warmer Ofen, warmer Onkel, Wärmling; Araber, Levantiner, Sidonier, Südländer. *Päderast:* siehe 28.8. *Geliebter eines Päderasten:* siehe 28.9. *Analerotiker, Pedicator:* Abschmorer, Absteiger, Aftermieter, Akrobat, Arscheologe, Arschficker,

Arschpauker, Arschpuderer, Arschschuster, Ausheber, Auspuffreparierer, brauner Zimmerherr, Braunschweiger, Bus, Busserant, Busserer, Busserl, Bussi, Darmakrobat, Darmling, Darmputzer, Darmrutscher, Darmschuster, Darmzitterer, Heber, Hinterlader, Hintermann, Hintersaß, Hinterwäldler, Höhlenforscher, Kellerbursch, Kellermacher, Kistenschieber, Kistentischler, Maulwurf, Müllkutscher, Naturforscher, Pforzheimer, Popolarforscher, Popolier, Prellbock, Pupe, Puze, Rosengärtner, Rosenpflücker, Rückwanderer, Schlotbaron, Schmorer, Tauchsieder, Tiefling, Vergolder, Versilberer, Zylindervergolder, Zylinderversilberer. Siehe auch 35.3, 35.5 und 35.6. *Anilinctor:* Armsauger, Aupuffschleck, Honigsauger, Tieflingsschleck. Siehe auch 35.16. *Analmasturbator* siehe 35.13. *Mann, der einen anderen manuell befriedigt:* Abfetzer, Abzupfer, Schwanzpolierer. Siehe auch 25.4. *Fellator:* Abbläser, Abkauer, Ablutscher, Abschöpfer, Ausblaser, Bananenlecker, Bananenschleck, Beutelschleck, Blasebalg, Blaser, Blasius, Bläser, Daumenlutscher, Fingerlutscher, Flötenbläser, Flötenspieler, Grätenlutscher, Inhalierer, Janner, Kacksackl, Klinkenputzer, Knochensauger, Kümmelstangenlecker, Lecker, Leckermaul, Lutscher, Nudelschleck, Rachenputzer, Röhrenputzer, Rüsselputzer, Salzstangenlecker, Schleckerl, Schwanzlecker, Schwanzlutscher, Schwanzschlucker, Schweifzuzzler, Spargellutscher, Trompetenbläser, Trompetenspieler. Siehe auch 36.2. *der «aktive», «männliche» Homosexuellentyp:* Arschspießer, Arschstecher, Aufspießer, Boy, Bratengabel, Bulle, Darmstößer, Einführer, Homokrat, Immergeil, Klötengreifer, Lattenjäger, männliche Type, Melker, Parterreakrobat, Rutengänger, Samenklau, Saugteufel, Schinkenspalter, Schinkenspießer, Schlundstößer, Schwanzjäger, Schwanzsucher. *der «weibliche» Homo:* alte Tante, alte Tunte (hat nichts mit Alter zu tun), Andergeschwisterkind, Bibi, Bubi, Damenimitator, Emma, Hüftenschwenker, Hüftenwackler, Huppheini, Huppjosef, Jubelhure, Kotfliege, Kotkäfer, Klunte, Krawalltöle, Loser, Mädi, Memme, Mistfliege, Mistkäfer, Muttersöhnchen, Pfarrerstochter, Samtheinrich, Sanfter, sanfter Heinrich, Schmeißfliege, Schmeißkäfer, Schwester, Siemann, Simandl, süßer Bruder, Süßerl, Süßling, Süßmeier, Tante, Töle, Tucke, Tunte, Wackelarsch, Wackelpeter, Wackelpopo, Wackelschwanz, Wackeltante, Wackeltunte, Wärmchen, Weiberl, weibliche Type, Weicher, Weichmann, zarter Knochen, Zitteraal, Zitterarsch, Zitterrochen. *wohlhabender Homo:* Dreihundertfünfundneunziger, Vierhundertfünfundsiebziger, Mercedes 175. *homosexueller Knabe:* warmes Würstchen. *homosexueller Gönner eines Studenten:* Onkel. *fester Freund eines Homosexuellen:* Wärmflasche. *homosexueller Strohwitwer:* lustige Witwe. *Homosexueller, der das Sperma eines anderen Mannes aus dessen Kondom trinkt:* Präserpuster. *Homosexueller in der NS-Zeit:* Röhmling. *Röhms Stabswachmannschaft:* Himbeerbubis. *Homosexuelle in der Edda:* arge Männer. *Lesbierinnen:* siehe 30.1. *Lesbierin:* 30.2.

29.4 homosexuell

am 17. Mai geboren, vom 17. Mai, anders, andersrum, vom anderen Bahnhof, vom anderen Bahnsteig, von der anderen Fachschaft, von der anderen Fakultät, von der anderen Feldpostnummer, angeheizt, bubisexuell, falschrum, geschwulstig, heiß, homo, linksgewebt, linksrum, lustig, manoli sorum, schwanztoll, schwul, schwülstig, so rum, tato, verkehrtrum, vernünftig, warm, warm angehaucht, wärmehaltig, warmherzig, auf warmem Wege. *aktiv, «männlich»:* jungshaft, keß, umwerfend. *«passiv», «weiblich»:* kluntig, tölig, tuckig, tuntig; sanft, süß, zart. *zur Homosexualität bekehrt:* aufgeklärt, umfrisiert, umfunktioniert, umgebaut, umgebettet, umgemodelt, umgesattelt, umgeschaltet. *analerotisch:* siehe 35.2. *päderastisch:* 28.1. *lesbisch:* 30.3.

29.5 homosexuell werden

umbauen, umbetten, umfrisieren, ummodeln, umsatteln, umschalten, warm werden, mit fliegender Standarte zum Freund übergehen. *homosexuell bleiben:* bei der Stange bleiben. *sowohl homo- als auch heterosexuellen Verkehr betreiben:* doppeln. *er kann mich nicht zur Homosexualität bekehren:* bei ihm kann ich nicht warm werden.

29.6 homosexuell verkehren

anheizen, anlehnen anschmoren, anwärmen, bolen, busserieren, kirmen, pfeifen, schwuchteln, schwulen, stumpern, tölen; anders (andersrum, falschrum, hintenrum, linksrum, sorum, verkehrtrum) verkehren; falschen Tritt haben, unter falscher Flagge segeln (bedeutet auch: sich als Frau ausgeben, wenn man ein Mann ist; oder sich als Mann ausgeben, wenn man eine Frau ist); am 17. Mai verkehren. *in Bedürfnisanstalten nach Partnern suchen:* die Klappen abklappern, durch die Klappen streichen. *den Hosenschlitz offen sehen:* den Himmel offen sehen, das Licht der Welt erblicken. *mit einem Penis den anderen berühren:* Kopf an Kopf stehen, auf du und du stehen. *einen Mann anal vergewaltigen:* einen anstechen, einen erledigen, einen umhacken, einen umlegen, einen zusammenbügeln, einen zusammenhauen,

einen zusammenstechen, einen auf den Besen laden, einen auf die Butten schmeißen, einem einen reinhauen. *einen Mann mit einem anderen betrügen:* einem Hörner aufstecken. *eine homosexuelle Party schmeißen:* einen warmen Empfang geben. *einen Mann masturbieren:* siehe 25.1. *einander masturbieren:* 25.1. *sich von einem Mann masturbieren lassen:* 25.2. *fellare:* 36.4. *pedicare:* 35.7. *anal masturbieren:* 35.12. *anilingere:* 35.18. *anilingebare:* 35.18. *lesbisch verkehren:* 30.4.

29.7 homosexueller Verkehr

Anlehner, Flötenduett, Linksverkehr, Rübenkultur, Soderei, Spargelkultur, Hoch- und Tiefbau, warme Arie, Wärmebehandlung, Wurst wider Wurst. *Pedicatio:* Busserei, Darmputzerei, Höhlenforschung, Naturforschung, Müllabfuhr. siehe auch 35, 35.4 und 35.9. *Masturbation eines Mannes durch einen anderen Mann:* siehe 25. *gegenseitige Masturbation:* siehe 25. *manuell erzeugter Orgasmus:* 25. *Talent bei der Masturbation eines anderen Mannes:* 25.6. *Analmasturbation:* 35.11. *Anilinctus:* 35.15. *Fähigkeit beim Anilinctus:* 35.19. *Fellatio:* 36.1. *gegenseitige Fellatio:* 36.9. *Fähigkeit bei der Fellatio:* 36.10. *Ehe eines Homosexuellen mit einer Heterosexuellen:* zweigleisige Ehe. *Deckehe eines Homosexuellen mit einer Lesbierin:* viereckige Ehe. *Deckverhältnis zweier Homosexueller mit zwei Lesbierinnen:* viereckiges Verhältnis. *homosexuelle «Ehe»:* Bubigamie. *altes Vokabular:* wälsche Hochzeit. *homosexuelle Orgie:* Gurkensalat, Rübensalat, Spargelsalat, Wurstsalat, Pupenball. *lesbischer Verkehr:* 30.5.

29.8 Homosexuellen-Lokal

Absteige (von: absteigen = kellermachen = pedicare), Ammenwinkel, Anderlusien, Andermatt, Drohnenkorb, Hahnenstall, heiße Bude, heiße Pinte, heiße Scheibe, heiße Stampe, heiße Timpe, heiße Weide, heiße Winde, heißer Bimpf, heißer Bums, heißer Dimpf, heißer Keller, heißer Laden, heißer Schuppen, heißer Winkel, Herrenklub, Huhn-Lokal, Katerhaus, Kloster, Knochenmühle, Männerfalle, Molkerei, Pißladen, Pupenzwinger, Saftkeller, Samenhandlung, Schnurrbartdiele, Schwanzfalle, Schwanzkneipe, Schwesternheim, schwule Höhle, schwule Pinte, schwule Scheibe, schwule Stampe, schwule Tenne, schwule Timpe, schwule Weide, Schwulenweide, schwule Winde, Schwulenwinde, schwuler Bimpf, schwuler Bums, schwuler Dimpf, schwuler Keller, schwuler Laden, schwuler Schuppen, Tantenkloster, Tantenstift, Tölenzwinger, warme Bude, warme Würstchenbude, warme Höhle, warme Pinte, warme Scheibe, warme Stampe, warme Tenne, warme Timpe, warme Weide, warme Winde, warmer Bimpf, warmer Bums, warmer Dimpf, warmer Keller, warmer Laden, warmer Schuppen, Wärmehalle, Warmewürstchenbude, Warmhaus, Warmluftspeicher, Wurstkessel, Zwitscherkeller. *von Homosexuellen frequentiertes Schwimmbad:* Warmquellbad. *Homosexuellen-Treffpunkt:* heiße Straße, warme Straße, heißer Strich, warmer Strich, heißer Winkel, warmer Winkel. *lesbisches Lokal:* siehe 30.6.

29.9 homosexuelle Prostitution

pedikatorische Prostitution: siehe 35.9. *anilinktorische Prostitution:* 35.20. *päderastische Prostitution:* 28.10. *Homosexuellen-Bordell:* Arschbliss, Bockstall, Brunstrutenarsenal, Brunzwinde, Drohnenkorb, Hahnenstall, Katerhaus, Kloster, Knochenmühle, Kurzwarenhandlung, Kurzwarenhaus, Pupenzwinger, Samenhandlung. *Bordell für Analverkehr:* Arschbliss, Brunzwinde, Popolynesien. *Bordell für Manualverkehr:* Massagesalon, Molkerei. *Bordell für Homo- und Heterosexuelle:* Gemischtwarenhandlung. *homosexueller Strich:* heiße Straße, heißer Strich, warme Straße, warmer Strich. *sich homosexuell prostituieren:* auf den Wakkel gehen. *sich von homosexueller Masturbation und Fellatio ernähren:* von der Hand in den Mund leben. *sich als Frau verkleidet prostituieren:* unter falscher Flagge segeln. *Strichjunge:* Achtgroschenjunge, Asphaltcowboy, Bua, Bubi, Lauer, Leihbock, Leihhirsch, Leihjunge, Leihsack, Mädi, Pumpsack, Pumpschwanz, Pupenjunge, Rosaroter, Samenlocker, Schlurre, Strich, Strichbua, Stricher, Strichmann, Wärmeregler, warmes Würstchen. *Strichjunge, der gleichzeitig als Zuhälter arbeitet:* Doppelstenz, Pfeifenhändler, Pupenlude. *Strichjunge für männliche und weibliche Kundschaft:* Doppelverdiener. *Strichjunge, der nur während der Ferien arbeitet:* Saisongockel. *männliche Prostituierte in der Edda:* arge Männer. *auf Masturbation spezialisierter Strichjunge:* Abstauber, Abwichser, Abzupfer, Bananenpeller, Handarbeiter, Handwerksbursche, Masseur, Melker, Nillenmasseur, Nillenstriegler, Nillenzupfer, Palmenschüttler, Pfeifenmasseur, Pfeifenstriegler, Pfeifenwichser, Rausquetscher, Schwanzmasseur, Schwanzstriegler, Schwanzwichser, Wichser. *auf Fellatio spezialisierter Strichjunge:* Bananenschlecker, Bananenschlucker, Franzose, Pariser, Rüsselputzer, Schweifzuzzler. *auf Anilinctus spezialisierter Strichjunge:* Braunkehlchen. *auf Analmasturbation spezialisierter Strichjunge:* Darmputzer, Darmschuster, Dickdarmmasseur, Prostataschuster, Prostata-

29.10 homosexuelles Vokabular

striegler. *auf Pedicatio spezialisierter Strichjunge:* Afterkönig, Afterpfleger, Aftervermieter, Auspuffreparierer, Bolzenfänger, Butterknecht, Darmakrobat, Darmzitterer, Dickdarmakrobat, Grubenvermieter, Hinterlader, Hinterspänner, Hüftbeckengenie, Hüftenschwenker, Hüftenwackler, Hüftroller, Kellerbursch, Kellermacher, Kistenschwenker, Kistentischler, Kotkäfer, Mastdarmakrobat, Mistkäfer, Popoldi, Prostatakünstler, Prellbock, Pupenbock, Pupenjunge, Puzenjunge, Rückkoppler, Rückkuppler, Schlotbaron, Stricharsch, Vordermann, Wakkelarsch, Wackelpeter, Wackeltante, Wakkeltunte, Zitteraal, Zitterrochen. *Kunde eines auf Pedicatio spezialisierten Strichjungen:* Aftermieter. *Strichjungenhonorar:* Aftermiete, Einfuhrzoll, Eingangszoll, Handgeld, Heckpfennig, Kuppe, Liebhaberpreis, Mündelgeld, Rückfahrkarte, Rückkauf, Rückporto, Rückvergütung, Rückzahlung, Schwanzdukaten, Schwanzgeld, Schwanzgroschen, Schwanzpfennig. *lesbische Prostitution:* siehe 30.7.

29.10 homosexuelles Vokabular

Heterosexueller: Andersgläubiger, Unaufgeklärter. *Heterosexueller, der sich als Homosexueller ausgibt:* Arschbetrüger. *Heterosexueller, der Homosexuelle anzeigt:* Sänger. *Heterosexueller, der Homosexuelle bestiehlt:* Rabe. *Lesbierin:* Kollegin vom anderen Bahnhof, vom anderen Bahnsteig, von der anderen Fachschaft, der anderen Fakultät, der anderen Feldpostnummer, der anderen Plattform. *unter uns Homosexuellen:* unter uns Pfarrerstöchtern. *Wohnung eines Homosexuellen:* Apollo 175, Drohnenkorb, Hahnenstall. *Männertoilette:* Bedürfnisanstalt, Klappe. *Penis:* Bruder, Chef, Freund, Freund Hugo, Herr, Kamerad, Spezi. *Penis bei der Fellatio:* Aal, Banane, Blunze, Blutwurst, Bockwurst, Bonbon, Brezel, Bubespitzle, Burenhäutl, Currywurst, Eierschwamm, Eisbein, Gräte, Gewürzgurke, Hausmacherwurst, Kipferl, Knochen, Kruspelspitz, Kümmelstange, Liebesknochen, Liebstöckl, Lutschbonbon, Lutschknochen, Makkaroni, Nudel, Pfifferling, Pilz, Rübe, Salzstange, Salami, Spargel, Spitzbein, Steckrübe, Stengel, Stixibonbon, Striezel, Sülzer, Trüffel, Wecken, Weckerl, Wolfswurzel, Wurst, Zuckerhut, Zuckerstangl, Zuckerstein, Zuzzel. Kelch, Liebesquell, Saftpresse, Saftstiel, Sodafontäne, Zapfsäule. Backenzahn, Lippenstift, Knebel, Luller, Mundstück, Rüssel, Schmecker, Schnuller, Zahnstocher. Blasröhrchen, Blasröhrl, Blockflöte, Fagott, Flöte, Flügelhorn, Gellflöte, Hirtenflöte, Hohlflöte, Klarinette, Mundharmonika, Mundhobel, Nachthorn, Oboe d'amore, Okarina, Pfeife, Posaune, Rohrflöte, Sackpfeife, Schalmei, Schnabelflöte, Spitzflöte, Trompete, Vogelflöte, Vögelflöte, Waldhorn, Wunderhorn, Zartflöte, Zungenpfeife. Baum der Erkenntnis (vom B.d.E. essen), Besenstiel (den B. verschlucken), Daumen (am D. lutschen), Haut (mit H. und Haar verschlingen), Ladestock (den L. verschlucken), Rachenkotzer, Rute (sich unter die R. beugen), Schlauch (den Sch. aufblasen), Stock (den St. verschlucken). *Penis bei der Pedicatio:* Aftergeige, Arschgeige, Arschkitzler, Hinterglied, Maulwurf, Rücklicht, Steißbein. *Penis bei der gegenseitigen Masturbation:* Bimsstein, Fiedelbogen, Handbremse, Handfeuerwaffe, Handorgel, Schleifstein, Stehgreif, Tastatur, Trumpf (er hat den T. in der Hand), Tube (die T. ausquetschen), Wetzstein, Zupfgeige. *Erektion:* Wärmedehnung. *Gesäß:* Adamsberg, Vögelkiste, Wackelarsch, Wackelpeter, Wackelpudding, Wonnegebirge, wohlgekurvter Landeplatz, kurvenreiche Landschaft, diese Seite (Hast du's so lieber als von vorn? – Von dieser Seite kannte ich dich noch gar nicht!). *Gesäßbacken:* Kurven, männliche Rundungen, Potenzen, runde Sachen. *Anus:* Afterrose, arabische Möse, Arschiv, Arschmöse, Bergwerk, Blume, Bohrloch, braune Kammer, braune Kiste, Brunzer, Bubifurkation, Büro, Butterfaß, Empfänger, Etui, Faß, Fickgrube, Fotze der Zukunft, Futteral, Gurkenfaß, Hauptportal, Herrschaftseingang, Hinterhaus, Hinterkammer, Hintertür, Homofotze, Hügeldepot, Keller, Klemmring, Lustspielhaus, Poportal, Rosette, Rückschlagventil, Rückstrahler, Schublade, Schwanzfänger, das Schwarze, der Schwarze, schwarze Kammer, schwarze Kiste, Tasche, Truhe, Tür, Vögelkiste, Vögelnest, Weidloch. *von hinten:* a posteriori. *mit dem Penis im After:* rückständig. *mit Sperma verklebte Zunge:* Seezunge. *mit Frauen verkehren:* mit Fleisch fahren, mit den Hühnern schlafen gehen. *Homosexuelle erpressen:* Schwule ticken. *Wärmemenge, die nötig ist, um einen jungen Mann auf 175° zu erhitzen:* Röhm (N.S.-Vokabular). *Ausrufe und Sprichwörter:* O du Loser! O du Schlimmer! Bei den Schwulen kalben die Ochsen! *homosexuelle Masturbation:* siehe 25.8. *homosexuelle Oralerotik:* 36.12. *Pedicatio:* 35.10. *Analmasturbation:* 35.14. *Anilinctus:* 35.21. *lesbisches Vokabular:* 30.8.

30 Verkehr zwischen Frauen

Bubigamie, Busenfreundschaft, Frauenliebe, Reibungselektrizität, Reibungswärme, Zwiespältigkeit. *Verkehr zwischen Männern:* siehe 29–29.1.

30.1 die Lesbierinnen
das dritte Geschlecht, das starke Geschlecht, der warme Schwesternorden. *die Homosexuellen:* siehe 29.2.

30.2 Lesbierin
Blasbabb'n, Blasbalg, Blasengel, Blasmichlerin, Büchsenmasseuse, Büchsenschleck, Büchsenschluckerin, Buttenmasseuse, Buttenschleck, Dosenfresserin, Fischfrau, Fotzenkratze, Fotzenleckerin, Fotzenmasseuse, Frau Reibrat, Fudleckerin, Fudschleck, Fudstrieglerin, Geigenspielerin, Geigerin, Geigerl, Hand- und Mundarbeiterin, Harmonikaspielerin, die Heiße, die Homo, Kaffeeschwester, Kellermacherin, Kellerschleck, Klavierspielerin, Klemmfotze, Kollegin vom anderen Bahnhof, vom anderen Bahnsteig, von der anderen Fachschaft, von der anderen Fakultät, von der anderen Feldpostnummer, von der anderen Plattform, Komtesse, Kucklfrau, Kucklweib, Leckerin, Lekkermaul, Leckmamsell, Leckmichlerin, Lesbe, Lutschbasar, Lutscherin, Maidleleckerin, Mandolinenspielerin, Maulvöglerin, Mezzosopran, Minettegoschen, Muschifängerin, Pariserin, Pflaumenleckerin, Pflaumenpellerin, Pletschenzuzzlerin, Punzenleckerin, Punzenmasseuse, Punzenwichserin, Querpfeife, Reblerin, Reibe, Reiberin, Ribantze, Rillenmasseuse, Rillenstrieglerin, Rillenzuzzlerin, Saftschnalle, Säge, Saugerin, Schwester, Schwule, Stichelnutte, Stricktante, Tieflingsschleck, Tiefseeforscherin, Trine, Warme, warme Schwester, warme Stute. *untreue Lesbierin:* Schlange am Busen. *Frau, die Frauen masturbiert:* siehe 25.3. *Cunnilinctrix:* siehe 36.7. *der «passive», «weibliche» Typus der Lesbierin:* Bedienerin, Busenfreundin, Schnekke, Schwärmgeschäch, Schwulette, Tittenjule, Töle. *masochistische Lesbierin:* Riementitti. *der «männliche», «aktive» Typus der Lesbierin:* Amazone, Baßgeige, Bubi, Butsch, Damkuh, Dragoner, Kellerbaß, Kerl, kesser Vater, Klunte, Mannweib, Muttchen, Mutti, Omma, Onkel, Vati.

30.3 lesbisch
anders, andersrum, vom anderen Bahnhof, vom anderen Bahnsteig, von der anderen Fachschaft, von der anderen Fakultät, von der anderen Feldpostnummer, von der anderen Plattform, angeheizt, bubisexuell, falschrum, geschwulstig, heiß, linksgewebt, linksrum, lustig, manoli sorum, schwul, schwülstig, tato, tölig, verkehrtrum, vernünftig, warm, warm angehaucht, wärmehaltig, warmherzig. *«aktiv», «männlich»:* jungshaft, kerlig, kerlshaft, keß, umwerfend. *«passiv», «weiblich»:* kluntig, tölig, tuckig, tuntig; sanft, süß, zart. *zum Lesbizismus bekehrt:* aufgeklärt, umfrisiert, umfunktioniert, umgebaut, umgebettet, umgemodelt, umgesattelt, umgeschaltet. *pädophil:* siehe 28.1.

30.4 lesbisch verkehren
anheizen, anschmoren, anschwärmen, anwärmen, schwuchteln, schwulen, stumpern, tölen; anders (andersrum, falschrum, linksrum, sorum, verkehrtrum) verkehren; falschen Tritt haben, unter falscher Flagge segeln (bedeutet auch: sich als Mann ausgeben); abblasen, abkauen, ablutschen, abschmoren, abschöpfen, absteigen, ausblasen, ausheben, ribantzen; äsen, bechern, grasen, jannen, lekken, lullern, lutschen, maulen, nuckeln, schlecken, schmoren, stillen, weiden, züngeln, zuzzeln; am Brötchen knabbern, die Düse säubern, die Feige auslutschen, am Fleischtopf naschen, in Fluß bringen, in den Keller gehen, Maulbeeren pflücken, Mundharmonika spielen, aus der Pfanne essen, an der Prinzeßbohne nuckeln, die Röhre ausputzen, saftpressen, Seezunge machen, Seim fressen, nach Trüffeln schnüffeln, an der Wurliblume grasen, auf die Zahngasse gehen, der Zunge freien Lauf lassen. siehe auch *cunnilingere* und *cunnilingebare:* 36.8. *die Brüste einer Frau küssen:* 26.3. *eine Frau masturbieren:* 25.1. *einander masturbieren:* 25.1. *sich von einer Frau masturbieren lassen:* 25.2. *einander mit Masturbationsinstrumenten bedienen:* sich einen anschnallen, sich eine Rute aufbinden, das Pferdchen aufzäumen. *homosexuell verkehren:* 29.6.

30.5 lesbischer Verkehr
Büchsenmassage, Buttenmassage, Hand- und Mundarbeit, Fotzenmassage, Höhlenforschung, Kaffeeklatsch, Kaffeeschlacht, Reiberei, Rillenmassage, Tiefseeforschung, vierfältiger Verkehr, Zungenakrobatik, zwiespältiger Verkehr. *Masturbation einer Frau durch die andere:* siehe 25. *gegenseitige Masturbation:* 25. *manuell erzeugter Orgasmus:* 25.8. *lesbische Masturbationsinstrumente:* Fingerling, Reizfinger, Banane, Gummiknüppel, Gummimann, Gummipeter, Gummiwurst, Mönch, Reithofer, Samthanse, Schustermichel, Tröster; elektrischer Ehemann, eiserne Ration, Spielautomat, Spieluhr, Vibro, Zauberstab. *Cunnilinctus:* 36.5. *gegenseitiger Cunnilinctus:* 36.9. *Fähigkeit beim Cunnilinctus:* 36.10. *lesbischer Busenkuß:* 37.2.

30.6 Lesbierinnen-Lokal
Absteige (hat nichts mit «Absteigequartier»

zu tun, sondern stammt von absteigen = cunnilingere), Ammenwinkel, Anderlusien, Andermatt, Bienenkorb, Damenklub, Dragonerkaserne, Fischkasten, Fotzenfalle, Fotzenschuppen, Fotzenwinde, Frauenkloster, Frauenklub, Hühnerkorb, Hühnerstall, Katzenhaus, Kitzlerkeller, Kitzlerschuppen, Nähkästchen, Pißladen, Reiberei, Schlangenbassin, Schneckenhaus, Schwesternheim, schwule Höhle, schwule Pinte, schwule Scheibe, schwule Stampe, schwule Tenne, schwule Timpe, schwule Weide, schwuler Bimpf, schwuler Bums, schwuler Dimpf, schwuler Keller, schwuler Laden, schwuler Schuppen, Tantenkloster, Tantenstift, Tölenzwinger, warme Bude, warme Höhle, warme Pinte, warme Scheibe, warme Stampe, warme Tenne, warme Timpe, warme Winde, warmer Laden, Wärmhalle, Warmmädchenheim, Zauberflöte, Zwitscherkeller. *von Lesbierinnen frequentiertes Schwimmbad:* Warmquellbad. *von männlichen Homos besuchtes Lokal:* siehe 29.8.

30.7 lesbische Prostitution

lesbisches Bordell: Absteige, Fotzenfalle, Fotzenschuppen, Katzenhaus, Kitzlerbliss, Schwesternheim, Warmmädchenheim. *lesbische Prostituierte:* Abwichserin, Blasbabb'n, Blasmichlerin, Büchsenmasseuse, Buttenmasseuse, Fotzenmasseuse, Fudmasseuse, Hand- und Mundarbeiterin, Leckmamsell, Leckmichlerin, Pletschenmasseuse, Punzenmasseuse, Rillenmasseuse, Saugschwester, Stichelnutte. siehe auch 36.7 und 37.2. *Die Godemichés und anderen Instrumente einer lesbischen Prostituierten:* Handwerkszeug, Kitt, Schwung, Spielwaren, Spielzeug. *einer Prostituierten einen Godemiché anschnallen:* das Pferd beim Schwanz aufzäumen. *homosexuelle Prostitution:* 29.9.

30.8 lesbisches Vokabular

heterosexuelle Frau: Andersgläubige, Unaufgeklärte, noch nicht Aufgeklärte. *homosexueller Mann:* Kollege vom anderen Bahnsteig, von der anderen Fachschaft, von der anderen Fakultät, der anderen Feldpostnummer, der anderen Plattform. *unter uns Lesbierinnen:* unter uns Pfarrerstöchtern. *Wohnung einer Lesbierin:* Absteige, Fischkasten, Fotzenfalle, Kitzlerbude, Nähkästchen, Zwitscherbude. *Hut einer Lesbierin:* warmes Kyma. *Hypertrichose:* Damenbart, Hahnenfedern. *Mund:* Absaugevorrichtung, Entschleimer. *Zunge:* Düsenputzer, Fudleckerl, Lecker, Schlecker, Seezunge. *Vulva:* Becher, Fleischtopf, Pfanne. Feige, Pflaume, Zwetsche. Baunzerl, Brötchen, Kipferl, Schrippe. Liebesquell, Saftpresse. Maultrommel, Mundharmonika, Mundhobel, Mundloch, Okarina. Balalaika, Drehorgel, Fiedel, Geige, Gitarre, Glockenspiel, Handorgel, Harfe, Harmonika, Klavier, Konzertina, Laute, Leier, Leierkasten, Mandoline, Orgel, Quetschkommode, Rührtrommel, Spieldose, Spinett, Streichinstrument, Taschenorgel, Werkl, Wurlitzer, Ziehharmonika, Zither, Zupfgeige, Zupfinstrument. Griffbrett, Klaviatur, Manual, Tastatur, Tastenbrett. Fingerbad, Reibfläche, Spielbank, Wichsladen, Zimmersportgerät. *Klitoris:* Spitzharfe, Zunge. *Vaginalsekret:* Ambrosia, Aspik, Begeisterungssaft, Blütenhonig, Buttenmost, Feigensaft, Fotzenkäse, Gallert, Gelee, Götterspeise, Honig, Manna, Nektar, Pflaumenmus, Pflaumensaft, Pflaumensuppe, Pfläumliwasser, Rohkost, Saft, Sahne, Schaum, Schaumspeise, Scheidewasser, Schlagobers, Schlagrahm, Schlagsahne, Schlippermilch, Schlottermilch, Schwitze, Sülze, Tunke, türkischer Honig, Wonnekleister, Zwetschenmus, Zwetschensaft, Zwetschenschnaps, Zwetschensuppe, Zwetschenwasser. *zu viel Cunnilinctus betreiben:* zu tief in den Becher schauen. *sich beim lesbischen Cunnilinctus eine Geschlechtskrankheit zuziehen:* sich das Maul verbrennen, sich die Zunge verbrennen. siehe auch: *homosexuelles Vokabular:* 29.10.

31 Gruppenverkehr

Pluralismus: Biskuitfahrt, Bürsterei, bunte Platte, bunte Reihe, Fleischsalat, Gemüse-Eintopf, Gruppensex, Hackelbackel, Hackmack, Jabeläum, Klumpatsch (kleiner Klumpatsch = GV zu viert, großer Klumpatsch = GV einer größeren Gruppe), Komos, Matzenhochzeit, Mehrverkehr, Mischte, Natz, Natze, Rammelei, Sprungfederball, Stößerei, Zucht, Zustände wie im alten Rom. *Partnertausch:* Filmverleih, Wechselgesang. *Mißklang beim Partnertausch:* enharmonische Verwechslung. *pluralistischer Verein:* Großfamilie, Kommune, Nacktloge, Rudel, Verkehrsverein. *Haus oder Wohnung, wo man sich zum Gruppensex trifft:* Juxbude.

31.1 Pluralistin

Bauchschwägerin. *Frau, die gleichzeitig anal und genital koitiert wird:* Doppelloch, Knackmandel, Krachmandel, Zweimannloch, Buch mit zwei Spalten. *Frau, die gleichzeitig anal, genital und oral koitiert wird:* Buch mit drei Spalten, Dreimannloch. *die gemeinsame Partnerin einer Anzahl von Männern:* Massengrab, Massenmedium, Massenverkehrsmittel, Schiebewürstchen (die Sexgruppen haben diesen Ausdruck aus dem Berlinischen übernommen, wo er eine kleine Wurstscheibe beschreibt, die auf einer großen Scheibe Brot liegt und bei jedem Bissen

weitergeschoben wird), Schwanzkiste, Sultansfetzen.

31.2 Pluralist

Bauchschwager, Lochschwager, Schwager, Spielgenoß, Spießgesell, Studienbruder, Swinger. *Mann mit zwei Frauen:* Zweizylinder. *der Dritte beim triolistischen Verkehr:* Boden, Kontra. *Mann, der gleichzeitig drei Frauen bedient:* Dreimaster. *die beiden äußeren Partner beim triolistischen Verkehr:* Zange.

31.3 pluralistisch

aufgeklärt, zugänglich, kein Spielverderber. *in Gegenwart anderer:* vor aller Augen. *von allen Männern koitiert:* die ganze Mütze voll. *kreuzweise:* überzwerch. *zwischen mehreren Personen:* eingefleischt wie in der Metzgerei, wie im Schlachthof, wie auf Matzens Hochzeit, wie im alten Rom. *zu dritt:* dreieckig. *mit zwei Frauen:* zweifältig. *mit drei Frauen:* dreifältig. *zu sechst (drei Paare):* sexeckig, sexmalig, sexspännig.

31.4 pluralistisch verkehren

einschwalben, häkeln, klöppeln, mitmischen, swingen, tobiassen, verfilzen, verzapfen, ziehen, einen Zug machen. *nacheinander mit der gleichen Frau koitieren:* in die gleiche Kerbe hauen. *nacheinander den gleichen Mann fellieren:* ins gleiche Horn stoßen. *einen Mann gleichzeitig masturbieren* (durch zwei Partner, einerlei welchen Geschlechts): am gleichen Strick ziehen. *eine Frau gleichzeitig anal und genital koitieren:* die Köpfe zusammenstecken (Kopf = Glans), zwei Eisen im Feuer haben (Eisen = Penis erectus). *gleichzeitig von zwei Männern koitiert werden:* zwischen zwei Feuer geraten, zwei unter einen Hut bringen. *gleichzeitig ejakulieren:* die Pfropfen springen lassen. *zwei Frauen gleichzeitig befriedigen:* zwei Fliegen mit einer Klappe schlagen. *den dritten Partner in die Mitte nehmen:* in die Zange nehmen. *mit zwei Partnern des gleichen Geschlechts verkehren, die Seite an Seite in der Mitte liegen:* siamesisch verkehren. *mit einem Ehepaar verkehren:* auf der Ritze schlafen. *mit zwei Ehepaaren verkehren:* auf zwei Hochzeiten tanzen. *mit allen Anwesenden verkehren:* durch die Bank gehen, durch die Schnur gehen, Spalier laufen. *Gruppenverkehr im Freien betreiben:* zu Ackermann fahren.

31.5 Vokabular des Pluralismus

zwei Frauen: vier Augen (Auge = Brust), zwei Spalten (Spalte = Vagina), Buch mit zwei Spalten. *zwei Frauen und ein Mann:* Dreierzug. *zwei Männer und eine Frau:* Biskuitfuhre, Sandwich. *drei Partner:* Arie, Dreiblatt, Dreieck, Dreiklang, Kleeblatt, Kümmelblättchen, Terz, Terzett, Trio. *zwei Partner, die einen dritten gleichzeitig koitieren (der eine anal, der andere oral oder genital):* Klappstulle. *triolistischer Verkehr mit einer Frau in der Mitte:* Klappstulle mit Emmentaler. *triolistischer Verkehr mit einem Mann in der Mitte:* Klappstulle mit Eiern. *triolistischer Verkehr mit einem Mittelmann, der einen besonders großen Penis besitzt:* Klappstulle mit Riesenbockwurst. *triolistischer Verkehr mit einem Neger oder einem Negermädchen in der Mitte:* Schokoladenbrötchen. *drei Männer mit erigiertem Penis:* drei Mann hoch. *Masturbation zu dritt:* Doppelmassage. *vier Partner:* Quarte, Quartett, Viereck. *drei Frauen und ein Mann:* Dreifelderwirtschaft, Glückskleeblatt, Kleeblatt mit Stengel. *vier Männer mit erigiertem Penis:* vier Mann hoch. *fünf Partner:* Fünfeck, Pentagramm, Quinte, Quintett. *sechs Partner:* Sechseck, Sexeck, Sexspänner, Sextett. *zehn Männer:* eine Stiege Eier. *Koitalgeräusche einer Gruppe von sechs Paaren:* Zwölftonmusik. *fünfzehn Partner:* Mandel, Spiel. *Gruppensexverein mit 30 Mitgliedern:* Schneider. *Gruppensexverein mit 44 Paaren:* dicke Lotte. *Spitzname des größten Partnertauschvereins in der Bundesrepublik:* Sexhundert. *Hausgast, der eingeladen wird, um mit dem Gastgeberpaar zu koitieren:* Hausbesuch. *Männervergnügung unter Ausschluß der Ehefrauen:* Herrenpartie. *Strip-Poker:* Sexundsexzig. *Teppich für den Gruppensex:* Perverserteppich. *pluralistischer Zungenkuß:* Zungensalat. *Sexgruppe, die als Reihe miteinander kopuliert:* Kette, Spalier. *Sexgruppe, die als Kreis miteinander kopuliert:* Kreis, Kreisorje, Ringelpietz. *Kette um einen Masochisten herum:* Salzergasse. *Gruppe von Männern mit erigiertem Penis:* Lattengerüst, Rattenkönig (wahrscheinlich von der biologischen Mißbildung mehrerer am Schwanz zusammengewachsener Ratten übernommen). *die Glieder mehrerer Männer beim Gruppensex:* Gurkensalat, Rübensalat, Spargelsalat, Wurstsalat. *Gruppenmasturbation:* Handgemenge. *Gruppenverkehr a tergo:* Kürbisernte, Popolyandrie, Popolygamie. *die enthüllten Gesäße mehrerer Personen, deren übriger Körper bedeckt ist:* goldene Berge. *das Sperma zweier Männer in der Scheide einer Frau:* Eierkuchen. *Penis von hinten:* Rücklicht. *Penis von vorn:* Scheinwerfer, Vorderlicht. *Ehepaar sucht Partnerin:* verheiratete Frau sucht Freundin. *Alle müssen helfen, weil es mehr Frauen als Männer gibt:* Not am Mann! *Nacktball in Wien zur Zeit Franz I. und II.:* Adamitenball.

32 Verkehr mit Verwandten

Inzest: Blutschande, Erwe, Familienglück, Glück im Winkel.

32.1 inzestuöse Beziehungen

Kind, dessen Vater der Vater seiner Mutter ist: Kindeskind. *Vater der Kinder seiner Tochter:* Familienvater.

32.2 Inzest betreiben

auf eigener Scholle bauen, seinen eigenen Kohl bauen, sich unabhängig machen.

32.3 Vokabular des Inzests

Mamas Schoß: Familiengrab, Familiengruft, häusliche Schwelle, Heimaterde, Mutterboden, Schoß der Familie. *Papas Penis:* Familienstand, Hausknochen, Stammbaum. *Tag, an dem man mit Familienmitgliedern koitiert:* Elternabend, Familienabend, Familientag, Heimatabend, Heimatfest, Muttertag, Vatertag. *auf Familienmitglieder ausgerichtete Sexualneugier:* Familienforschung. *Neigung zum Inzest:* die Stimme des Blutes. *sexuelle Erfahrungen mit Familienmitgliedern:* Familienkunde, Heimatkunde, Liebe im trauten Heim. *Papas Bett, Mamas Bett:* Heimathafen. *Inzest mit der Mutter:* Müttergenesungswerk, Mutterliebe. *Inzest mit dem Vater:* Vaterliebe. *Inzest mit den Eltern:* Elternliebe. *Inzest mit den Geschwistern:* Zwillingsforschung. *Kreisorgie mit Familienmitgliedern:* Familienkreis. *Kreisorgie mit den Kindern:* der Kreis der Seinigen. *Inzest mit den Kindern:* Kinderliebe. *Sehnsucht nach einem Familienmitglied, mit dem man koitiert hat:* Heimweh. *Gefängnisstrafe für Blutschande:* Sippenhaft.

33 Verkehr mit Toten

Nekrophilie: Leichengibber, Leichenschändung.

33.1 nekrophiler Mensch

Friedhofrat, Hyäne, Kadaverficker, Kafiller, Kleemeister, Leichenbeschauer, -heini, -molch, -tupfer, Mumientupfer, Totenfreier, -vogel.

33.2 mit Toten verkehren

aussegnen, friedhofieren, kadavervögeln, leichenvögeln, die letzte Ehre erweisen, das letzte Geleit geben.

33.3 Verkehr mit Toten

Aussegnung, Leichenbegängnis, letzte Ehre, letztes Geleit, Totenamt, Totenfeier, Totenschmaus, Totenwacht.

33.4 Objekte der Nekrophilie

ein attraktiver Kadaver: eine schöne Leiche. *Sarg:* Ehrenbett, Fleischkasten, Knochenkoffer, Nasenquetscher, Speckkiste. *Leichenschauhaus:* Leichenheinis Privatbordell, Leichenheinis Nacktbühne (Studierstube).

34 Verkehr mit Tieren

Zoophilie: Biesterei, Pucker, Soderei, Tierliebe. *zoophile Gruppe:* Teckelverein.

34.1 zoophiler Mensch

Fudbleuer, Soderer, Tierfreund, Tierliebhaber, tierlieber Mensch. *Frau, die mit Hunden verkehrt:* Frauchen, Hundemutter, Hundenärrin, Hundsfose. *Mann, der mit seiner Hündin verkehrt:* Herrchen, Hundsfott, Teckelzüchter. *Mann, der mit Hühnern verkehrt:* Hendlpecker, Hühnerficker.

34.2 zoophil

tierlieb.

34.3 mit Tieren verkehren

pucken. *mit Hunden verkehren:* quienen, mit dem Schwanz bellen. *die Scheide mit den Ausscheidungen einer läufigen Hündin einreiben, um einen Rüden zum Koitus aufzureizen:* sich verwittern.

34.4 für menschlichen Geschlechtsverkehr dressiertes Tier

Budara, Haustier, Telel. *männliches Tier:* Korporal. *Schoßhund:* Bipser, Büchsenschlekker, Bullich, Bunzenlecker, Düsenputzer, Futschlecker, Höbbel, Kipp, Kluns, Mauf, Mösenlecker, Muschilecker, Pflaumenlecker, Punzenlecker, Quien, Rein, Riffel, Schleckerl, Urm. *Stute:* Gurre, Strampe. *Ziegenbock:* Bartmann, Farber, Meckes, Schabitt, Schneider, Spitzfuß. *Schaf:* Kleeweiß, Kühnstock. *Fuchs:* Fickerich. *Huhn:* Fluckert.

34.5 Zoosadismus

Tierquälerei. *Zoosadist:* Viehstecher.

34.6 unbewußte Zoophilie im Umgangsvokabular

Penis: Kuhschwanz, Pferderiemen, Rindsnille, Schwanenhals, Storchschnabel, Vögelschnabel. *Scheide:* Fischbüchse, Fischdose, Flohfänger, Flohtruhe, Helmschnecke, Heringsdose, Hummel, Hundehütte, Katz, Katze, Katzerl, Kiebitz, Löwenhöhle, Lutschschnecke, Maus, Mauseloch, Mauserl, Meise, Miezekatze, Mullemaus, Muschel, Muschi, Nest, Pumpelmeise, Pussi, Schafeuter, Schnecke, Scholle, Tier, Vogelbauer, Vogelhaus, Vögelkiste, Vögelnest, Vogelschale. *es ist zum Verzweifeln:* es ist zum Katzenficken, es ist zum Mäusemelken!

35 Analverkehr

Arscheologie, Hinterlist, Popolygamie, Popolyandrie, Rückenstärkung, Tiefbau. *anale Frustration:* Afterwinter.

35.1 Analerotik

Afterglaube, Hintansetzung des eigenen Vorteils, Hinterlist. *analerotischer Jargon:* Aftersprache.

35.2 analerotisch
hintergründig, rückfällig, rückgängig, rückseitig, rückseits, rückwärtig, rückwärts.
35.3 Analerotiker
analerotischer Fall: Rückfall. *Geliebte eines analerotischen Künstlers:* Aftermuse.
35.4 Pedicatio
Achterfick, Achterl, Afterbrause, Afterhobler, Afterspülung, Apofick (Apo = a posteriori), Arschfick, Busserei, Darmakrobatik, Darmputzer, Darmputzerei, Darmrutscher, Darmrutscherei, Darmschusterei, Darmstößerei, Einlauf, Einspritzung, Glumsenbohrung, Hinterlader, Höhlenforschung, Klistier, Made im Käse, Made im Speck, Nachschub, Naturforschung, Popolarexpedition, Pralltriller, Prostatakunst, Prostatamassage, Rückendeckung, Rückenschwimmen, Rückfahrt, Rückkopplung, Rückkupplung, Rückstand, Rückstellung, Rückstoßantrieb, Rückwärtsgang, Scheibenkupplung, Schinkenspalter, Schuß ins Schwarze, Sodomiterei, Soßenlöffelei, Spinatstich, Stein im Brett (Brett = After; Stein = Penis erectus), Tiefbohrung. *Bauchlage bei der Pedicatio:* Rückenlage, Rücklage. *Pedicatio im Sitzen:* Rücksitz. *Pedicatio im Stehen:* Rückstellung. *Positionstausch:* Rückspiel. *Festhalten am Rücken des passiven Partners:* Rückhalt. *Hexenschuß durch falsche Haltung bei der Pedicatio:* Rückgratsverkrümmung. *Koitalbewegungen des passiven Partners:* Rückantwort, Rückschlag, Rückstoß. *Vaselin bei der Pedicatio:* Achsenfett, Bohnerwichse, Getriebeöl, Gleitwachs, Lederbalsam, Motoröl, Popomade, Popoliermittel, Schmieröl. *aus dem After rückfließendes Sperma:* Kielwasser, Rücklauf. *aus dem After rückfließender Kot:* Bemmerl, Darmcreme, Füchel, Rückgang, Seeigelkaktus, Sternschnuppe. *Kot und Sperma gemischt:* Braunkohl mit Tunke. *Kot am Penis:* Würstchen mit Senf. *Kotreste am After:* Rückenmark, Winterkirschen. *Kotflecke im Bett:* Eingemachtes, das Hinterbliebene, Hinterlassenschaft, Rostfleck, Rückbleibsel. *Widerstand der Fäzes gegen den eindringenden Penis:* Rückstau, Rücktrittbremse. *Klistier vor der Pedicatio:* Straßenreinigung, Vorfick.
35.5 Pedicator
Afterhobler, Aftermieter, Afterpfleger, Anuskrauler, Arschbohrer, Arschbürster, Arscheologe, Arschficker, Arschgeige, Arschitekt, Arschivar, Arschpauker, Arschpuderer, Arschschuster, Arschstecher, Arschwuzzler, Auspufflackierer, Auspuffpolierer, Auspuffreparierer, Ausstoßer, Bagger, Braunschweiger, Bus, Busserant, Busserer, Busserl, Bussi, Butterer, Darmkitzler, Darmling, Darmputzer, Darmrutscher, Darmschuster, Darmspüler, Darmstößer, Darmstreicher, Eckner, Einfüller, Goldgräber, Grubenbaron, Hintermann, Hinterputzer, Hintersaß, Hintersasse, Hinterwäldler, Höhlenforscher, Kackwühler, Kistenhobler, Kistenschieber, Kistenschwenker, Kistentischler, Lochbohrer, Maulwurf, Mistkäfer, Misträumer, Müllkutscher, Naturforscher, Ofenkehrer, Parterreakrobat, Pforzheimer, Popolarforscher, Popolierer, Prostatamasseur, Rohrputzer, Rosengärtner, Rosenpflücker, Rückkoppler, Rückkuppler, Rückwanderer, Scheißebohrer, Scheißfreier, Schinkenspießer, Schinkenspalter, Soderer, Sodomiter, Spinatstecher, Steißbeinakrobat, Stiftbohrer, Tiefbohrer, Tiefling, Vergolder, Verkoter, Versilberer.
35.6 passiver Partner bei der Pedicatio
Bolzenfänger, brauner Zimmerherr, Butterknecht, Darmakrobat, Darmzitterer, Dickdarmakrobat, Grubeneigner, Hinterlader, Hüftbeckengenie, Hüftenschwenker, Hüftenwackler, Hüftroller, Kellerbursch, Kellermacher, Kistenschwenker, Kistentischler, Mastdarmakrobat, Popoldi, Prellbock, Prostatakünstler, Schleimscheißer, Schlotbaron, Vordermann, Wackelarsch, Wackelpeter, Wackelpopo, Zitteraal, Zitterarsch. *Partnerin:* Arschgeige, braune Zimmerdame, Dotsch, Etui, Futteral, Kotfliege, Kotkäfer, Müllkute, Pitsche, Puhlloch, Schmeißfliege, Vorspann. Bolzenfängerin, Darmakrobatin, Dickdarmakrobatin, Kellerfrau, Mastdarmakrobatin, Prostatakünstlerin, Vorderfrau, *unfähige Partnerin:* Lahmarsch, Lapparsch.
35.7 pedicare
anlehnen, anschmoren, arschficken, arschmausen, arschvögeln, bohnern, bolen, busserieren, buttern, hinten anbohren, hinten anzapfen, hinten auffüllen, hinten aufstemmen, hinten ausbürsten, hinten ausfegen, hinten aushobeln, hinten ausputzen, hinten ausraspeln, hinten ausrebeln, hinten ausspritzen, hinten bügeln, hinten durchspülen, hinten einmarschieren, hinten reinkriechen, hinten schmieren, hinten spachteln, hintergießen, kellern, kirmen, pfeifen, rucksen, scheibenschießen, schwulen, stumpern, vergolden, versilbern, vollpacken; ein Achterl ausheben, ein Achterl hintergießen; den Arsch anbohren, anzapfen, auffüllen, ausbürsten, ausfegen, aushobeln, ausputzen, ausraspeln, ausrebeln, ausspritzen, begießen, bohnern, bügeln, plätten, schmieren; im Arsch bohnern, bolen, buttern, rucksen; ins Arschloch ficken, spritzen, tauchen; den Auspuff lackieren, polieren, vergolden, versilbern; das Bergwerk anzapfen, ausloten, erkunden; die Blume begießen, düngen, spritzen; das Bohrloch ausloten; Frau Braun füttern, Herrn Braun füttern; den Braunen anbohren, an-

zapfen, auffüllen, ausbürsten, ausfegen, aushobeln, ausputzen, ausraspeln, ausrebeln, ausspritzen, bohnern, bügeln, durchspülen, füttern, schmieren, spachteln, vollpacken; Braunkohl ausheben; das Braunkohlenbergwerk bedienen; den Braunschweiger bedienen, füttern, vollpacken; das Büro ausfegen, ausputzen, bohnern; die Butten begießen; das Butterfaß auffüllen; den Darm anbohren, anzapfen, auffüllen, ausbürsten, ausfegen, aushobeln, ausputzen, ausspritzen, bügeln, durchspülen, schmieren, streichen, vollpakken; die Dotsch anbohren, anzapfen, auffüllen, aufstemmen, ausbürsten, ausfegen, aushobeln, ausputzen, ausraspeln, ausrebeln, ausspritzen, bohnern, bügeln, durchspülen, lackieren, polieren, vergolden, versilbern, vollpacken; das Faß anbohren, anzapfen, auffüllen; ins Faß tauchen; den Fetschner rebeln; die Fugen spachteln; die Gasfabrik versorgen; den Gasometer anbohren, anzapfen, auffüllen, lackieren, polieren, vergolden, versilbern; das andere Gesicht füttern; das Gesims abstauben; die Glumsen ausspritzen, begießen; die Goldgrube ausloten, erkunden; das Hauptportal lackieren, polieren, schmieren; den Hengst hinter den Wagen spannen; das Hinterhaus ausfegen, bohnern, streichen; die Hinterkammer ausbürsten, ausfegen, bohnern, streichen; die Hintertasche ausbürsten; in den Hintern kriechen; die Hinterreifen auf Druck bringen, aufpumpen, vollmachen; durch die Hintertür einmarschieren, reingehen, reinkommen; die Hintertür lackieren, polieren, schmieren; das Hügeldepot anzapfen, ausloten, erkunden; die Kehrseite der Medaille durchbohren, vergolden, versilbern; den Keller ausfegen, streichen, vollpacken; in den Keller gehen; die Kerbe spalten; die Kiste anbohren, aushobeln, vollpacken; ein Klistier verpassen; den Kürbis begießen, spritzen; die Lehmkuhle ausheben, ausspritzen, vollpacken; das Loch ausloten, ausraspeln, ausrebeln; das Lustspielhaus ausputzen, besuchen, einweihen; die Mechile preien; den Mörteltrog auffüllen, vollpacken; Müll abladen; die Müllkute ausheben, ausspritzen, vollpacken; das Ofenloch ausfegen, ausraspeln, lackieren; nach Pforzheim fahren; den Protzkasten vollpacken; den Pudding begießen; das Puhlloch ausloten, ausrebeln, ausspachteln; die Rosen begießen, düngen, spritzen; den Rückspiegel polieren, putzen, versilbern; den Saftarsch begießen; die Scheibe polieren, putzen; den Schlauch anschließen, auf Druck bringen, aufpumpen; den Schlitz aushobeln, ausraspeln, ausrebeln; den Schlot fegen; den Schmelzer anheizen; die Schublade vollpacken; den Schwarzen anbohren, anzapfen, aufstemmen, ausbürsten, ausfegen, aushobeln, ausputzen, ausraspeln, ausrebeln, ausspritzen, bohnern, bügeln, durchspülen, füttern, schmieren, spachteln, vollpacken; ins Schwarze treffen; das Senffaß, den Senftopf auffüllen, vollmachen, vollpacken; den Spiegel polieren, putzen, versilbern; den Spieß umdrehen; das Spundloch anbohren, ausloten, ausputzen, verkorken; die Trompete polieren, versilbern, vergolden; die Truhe vollpacken; in den Tunnel fahren; den Wackelarsch schmieren; den Wackelpudding begießen. *die Pedicatio anstreben:* es durchs Hintertürchen versuchen. *zur Pedicatio ermutigen:* den Arsch anschärfen. *sich der Pedicatio widersetzen:* sich auf die Hinterbeine stellen. *anal vergewaltigen:* den Arsch, das Archiv, das Arschloch, den Braunen, die Kiste, den Protzkasten, den Wackelarsch aufbrechen, aufstemmen, einhacken; das Hauptportal, die Hintertür, das Portal ausheben; die Kerbe spalten, den Schinken anschneiden; einen Scharfen machen; einen umlegen; einen verreißen; einen zureiten; einen zusammenbügeln; einen zusammenstechen; einen auf den Besen laden; einen in den Grund bohren; einen zu Hackfleisch verarbeiten; einen zu Kleinholz machen; einen aufs Kreuz schmeißen; einen auf die Butten schmeißen; einem einen reinhämmern, reinhauen, reinschlagen; einem den Arsch aufreißen; einem einen Schlag reinhacken; einem den Gebärvater einhängen; einem den Pfahl reinhämmern; einem die Ladung reinhauen; einem den Schlegel reinhämmern; einem den Stöpsel reinhauen; einem den Keil reinschlagen; bei einem drüberkräulen; bei einem einbrechen; bei einem einrücken. *anal koitiert werden:* das Hauptportal, die Hintertür, das Poportal auflassen, aufmachen, offen lassen; ins Hintertreffen geraten; eins hinten reinkriegen; einen Stein im Brett haben; rückenschwimmen. *bei der Pedicatio Kot verlieren:* sich befeseln, sich bemachen, sich berunten, sich betun. *den Pedicator mit Kot beschmutzen:* ihn vergolden, ihn versilbern.

35.8 Schwierigkeiten bei der Pedicatio

Hämorrhoiden: Afterperlen, Afterasseln, Arschkletten, Brombeeren, Bürokirschen, Feigenwarzen, Goldadern, Hummeln im Hintern, Kletzen, Knabberbeeren, Knubbelchen, Korallen, Kugellager, Rosettenbommeln, Winterkirschen, Zacken. *Hämorrhoidenzäpfchen:* Genußbremse, Gullydeckel, Lochbiese, Sperrklinke, Stichkappe, Talsperre, Ventilstöpsel, verbauter Zugang, Verkehrshindernis, -sperre, -störung, Verschlußdeckel, -kappe, Wollustbremse. *Analgonorrhöe:* Arschtripper, Rückenmarksentzündung.

35.9 Pedicatio in der Prostitution
Prostituierte für Analkoitus: Arschgeige, Darmakrobatin, Dickdarmakrobatin, Kotfliege, Kotkäfer, Mastdarmakrobatin, Mistfliege, Mistkäfer, Müllkute, Pitsche, Popoline, Puhlloch, Schmeißfliege. *Strichjunge für Analkoitus:* Abstauber, Afterkönig, Afterpfleger, Aftervermieter, Bolzenfänger, Butterknecht, Darmakrobat, Darmputzer, Darmschuster, Darmzitterer, Dickdarmakrobat, Grubenvermieter, Hinterlader, Hinterspänner, Hüftbeckengenie, Hüftenschwenker, Hüftenwackler, Hüftroller, Kellerbursch, Kellermacher, Kistenschwenker, Kotkäfer, Mastdarmakrobat, Mistkäfer, Popoldi, Prellbock, Prostatamasseur, Pupenbock, Pupenjunge (nicht «Puppenjunge», denn das Wort leitet sich von pupen = furzen ab. Beim Analverkehr wird Luft in den Dickdarm gepumpt, die danach wieder graduell entweicht. Wenn ein Pupenjunge vor einem geht, furzt er deshalb oft gegen seinen Willen. Das ausströmende Aroma wird von Analerotikern als angenehm empfunden und dient somit als Lockmittel), Rückkoppler, Rückkuppler, Schlotbaron, Stricharsch, Vordermann, Wackelpeter, Zitteraal, Zitterrochen. *Bordell für Analverkehr:* Arschbliss, Bedürfnisanstalt, Brunzwinde, Popolynesien. *mit Analverkehr Geld verdienen:* das Bergwerk (das Braunkohlenbergwerk, das Hügeldepot) auswerten. *Kunde eines Strichjungen oder einer Prostituierten, die Analkoitus betreiben:* Aftermieter, Scheißfreier. *Entgelt für Analverkehr:* Aftermiete, Einfuhrzoll, Eingangszoll, Heckpfennig, Rückfahrkarte, Rückkauf, Rückporto, Rückvergütung, Rückzahlung. *Prostituiertensteuer:* Furzsteuer.

35.10 Vokabular der Pedicatio
Penis: Aftergeige, Arschgeige, Arschkitzler, Hinterglied, Maulwurf, Rücklicht, Steißbein. *Gesäß:* Adamsberg, Herrschaftseinfahrt, kurvenreiche Landschaft, Vögelkiste, Wackelpeter, Wackelpudding, Wonnegebirge. *Gesäßbacken:* Kurven, männliche Rundungen, Potenzen, runde Sachen. *After:* Brunzer, Bubifurkation, arabische Möse, Arschmöse, Fickgrube, Fotze der Zukunft, Homofotze, Lustspielhaus, Schwanzfänger, Vögelgrube, Vögelnest, Weidloch. Afterrose, Blume, Rosette, Empfänger, Etui, Futteral, Faß, Butterfaß, Gurkenfaß, Klemmring, Rückschlagsventil, Rückstrahler, Hauptportal, Herrschaftseingang, Hintertür, Poportal, Tür, Türchen, Kiste, Kommode, Schublade, Tasche, Truhe. Arschiv, Büro, Hinterhaus, Hinterkammer, Hinterzimmer, braune Kammer, schwarze Kammer, der Braune, Herr Braun, Frau Braun, Miss Brown, Mr. Brown, Herr Schwarz, Frau Schwarz, Keller, Bergwerk, Bohrloch, Goldgrube, Hügeldepot. *von hinten:* a posteriori, von dieser Seite. *mit dem Penis im After:* rückständig. *Lust auf Pedicatio:* Hintergedanke, Hummeln im Hintern, Rückständigkeit. *Antrag auf Pedicatio:* Poposition. *Beantwortung des Antrags:* Rückantwort. *Fähigkeit bei der Pedicatio:* Popotenz. *Lob für besonders erfolgreiche Pedicatio:* Vaselinorden. *Klistier vor der Pedicatio:* Straßenreinigung, Vorfick. *Gruppenverkehr a tergo:* Kürbisernte, Popolyandrie, Popolygamie.

35.11 Analmasturbation
Darmmassage, Dickdarmmassage, Prostatamassage, Rückgriff. *Analmasturbationsinstrument:* Arschfiddel, Arschgeige.

35.12 anal masturbieren
Afterrosen pflücken, den Arsch abfingern, sich etwas am Arsch abfingern, das Arschiv durchsuchen (sortieren), die Arschmöse wichsen, arschwichsen, arschzupfen, im Bergwerk buddeln (krabbeln), Frau Braun die Hand geben, Herrn Braun die Hand reichen, die braune Kammer auswichsen, im Braunkohlenbergwerk buddeln (krabbeln), die Bubifurkation befummeln, am Darm zupfen, den Fetschner massieren, in der Goldgrube buddeln, im Gurkenfaß rühren, das Hinterhaus durchsuchen, die Hinterkammer wichsen, das Hinterzimmer schrubben, im Hügeldepot buddeln, den Klemmring ausweiten, das Loch massieren, das Poportal bekibbichen, Rosen pflücken, den Rosert zupfen, den Schlauch ausbeuteln, den Schmelzer wichsen, die schwarze Kammer auswichsen, dem Schwarzen die Hand geben, im Spundloch rühren, im Tunnel krabbeln, im Weidloch rühren, Winterkirschen pflücken.

35.13 Analmasturbator
Abfetzer, Absteiger, Abzupfer, Afterfetzer, Afterpfleger, Arschivar, Arschkitzler, Arschkrauler, Arschwichser, Arschzupfer, Darmfummler, Darmkitzler, Darmkrabbler, Darmkrauler, Darmzupfer, Prostatamasseur, Rosettenkrauler, Rosettenzupfer, Scheißfummler, Scheißkrabbler, Scheißwichser.

35.14 Vokabular der Analmasturbation
Hand: Fühler, Fummler, Greifer, Krabbler, Mistgabel, Wichsgriffel. *After:* Arschiv, Goldgrube, Griffbrett, Klaviatur, Manual, Puhlloch, Weidloch, Zupfinstrument. *Talent für Analmasturbation:* goldene Hand, Gold in der Hand.

35.15 Anilinctus
Achterl, Afterbrause, Afterdusche, Afterkuß, Afterschleck, Afterschmierung, Afterspülung, Arschbrause, Arschdusche, Arschkitzel, Arschkuß, Arschpolitur, Arschputz, Arschreinigung, Arschschnüffelei, Arschspülung, Arsch-

lecken, Arschlullern, Arschlutschen, Arschnuckeln, Arschsabbern, Arschsaugen, Arschzuzzeln, Arschiv-Räumung, Auspuffpflege, Auspuffreinigung, Bohrlochschmierung, Brunzerbrause, Brunzerdusche, Brunzerputz, Darmlackierung, Darmspülung, Fickgrubenräumung, Höhlenforschung, Honiglecken, Honigsaugen, Kellerpflege, Kellerputz, Kellerreinigung, Müllabfuhr, Naturforschung, Rosettenkuß, Rückenschmierung, Rückenwäsche, Scheißlecken, Scheißzuzzeln, Trüffelfraß. *Oralverkehr:* siehe 36.

35.16 Anilinctor

Afterlecker, Afternuckler, Afterpfleger, Afterriecher, Afterschnüffler, Apfelesser, Appelschnut, Armsauger, Armzuzzler, Arschausheber, Arschbeißer, Arschbläser, Arschgesicht, Arschivfeger, Arschivputzer, Arschküsser, Arschlecker, Arschlutscher, Arschnuckler, Arschputzer, Arschschnüffler, Arschschnupperer, Arschzuzzler, Auspufflackierer, Auspuffpolierer, Auspuffputzer, Auspuffschleck, Bubifurkationskitzler, Darmlutscher, Darmpuster, Darmputzer, Darmschleck, Faßschnüffler, Furzriecher, Furzschnüffler, Goldwäscher, Hinterhaupt, Höhlenblasius, Höhlenforscher, Honigsauger, Kaminfeger, Kaminkehrer, Kaminräumer, Kellerausheber, Klistier auf Beinen, Klistier mit Schwanz, Mastdarmbläser, Mastdarmpuster, Maulwurf, Misträumer, Mostrichlecker, Müllschlucker, Nagetier, Ofenkehrer, Pforzheimer, Popolierer, Rosettenbeißer, Rosettenknabberer, Scheibenwischer, Scheißbeißer, Scheißlecker, Schinkenkauer, Schinkenlecker, Schleimlecker, Schleimschani, Schlotfeger, Schlotkehrer, Senflecker, Sitzfleischesser, Tiefbauingenieur, Tieflingsschleck, Trompetenbläser.

35.17 Anilinctrix

Appelschnut, Arschminette, Arschpflegerin, Arschivpflegerin, Braunkehlchen, Furzschnüfflerin, Goldkehlchen, Goldwäscherin, Goldzahn, Höhlenfee, Höhlenforscherin, Honigbiene, Kaminpflegerin, Kellermädchen, Klistier mit Busen, Klistier mit Loch, Kotfliege, Mastdarmpflegerin, Mistfliege, Mistkäfer, Naturforscherin, Rosettenpflegerin, Scheißkäfer, Schmeißfliege, Schinkenschleck, Schlotpflegerin, Schwester Braun. *unfähige Anilinctrix:* Bleischnauze, Trampelzunge, Zungentrampel.

35.18 anilingere

afterlecken, afterlutschen, afternuckeln, aftersaugen, armzuzzeln, arschbürsten, arschlecken, arschlullen, arschlullern, arschnuckeln, arschnuggeln, arschrauken, arschsabbern, arschsaugen, arschstippen, arschstopfen, arschsuckeln, arschweiden, äsen, furzschnüffeln, hinterschlucken, honigsaugen, jannen, scheibenwischen; ein Achterl ausheben, die Afterrose begießen, die Afterrose wässern, die arabische Möse auskauen, am Arsch lecken, das Arschgesicht küssen, das andere Gesicht küssen, das Arschiv polieren, ins Arschloch pusten, die Arschmöse auslutschen, den Auspuff lackieren, das Bohrloch ausspachteln, den Braunen ausputzen, die braune Kammer lackieren, Braunkohl ausheben, den Braunschweiger küssen, den Brunzer abzischen, die Bubifurkation ausspachteln, das Büro putzen, die Butten polieren, das Butterfaß auslecken, den Darm durchspülen, den Dickdarm aufblasen, das Faß auslecken, ins Faß tauchen, den Fetschner ausputzen, Frau Braun küssen, Frau Schwarz küssen, den Gasometer polieren, das Gesims abstauben, die Glumsen auskauen, Gold waschen, die Goldgrube auswaschen, das Gurkenfaß leerfressen, Herrn Braun küssen, Herrn Schwarz küssen, das Hinterhaus lackieren, die Hinterkammer ausputzen, die Hintertür schmieren, die Homofotze auslecken, in den Kamin pusten, die Kehrseite putzen, den Keller säubern, in den Keller gehen, den Klemmring schmieren, den Kürbis auskauen, am Kürbis lecken, die Lehmkuhle spülen, an der Losung schnüffeln, das Lustspielhaus ausputzen, den Mastdarm durchspülen, Miss Brown küssen, die Müllkute ausspülen, ins Ofenloch pusten, den Popo polieren, aus dem Popokal trinken, das Poportal schmieren, am Pudding naschen, das Puhlloch auslecken, im Puhlloch puhlen, an den Rosen schnüffeln, die Rosette küssen, den Rückspiegel polieren, den Rückstrahler putzen, das Rückschlagventil ausblasen, die Scheibe waschen, am Schinken lecken, den Schlot säubern, den Schwanzfänger schmieren, die schwarze Kammer lackieren, am Senffaß lecken, am Sitzfleisch knabbern, den Spiegel polieren, am Spundloch nuckeln, die Trompete blasen, nach Trüffeln schnüffeln, die Vögelkiste lackieren, den Wackelpeter küssen, die Wackeltante küssen, am Wackelpudding lecken, das Weidloch ausheben, Winterkirschen pflücken, am Zitterpudding lekken. *anilingebare:* jemandem den Arsch auf die Schnauze setzen, jemandem den Schinken auf die Zunge legen, jemandem Honig, Mostrich, Schinken, Senf, Würstchen, Würstchen mit Senf, Winterkirschen füttern. *Ausruf:* Leck mich am Arsch! Jann mei Bos! Marschi ma Kullo! Muff mei Boß!

35.19 Fähigkeit beim Anilinctus

Gold in der Kehle, goldene Zunge, goldenes Mundwerk. Züngenfertigkeit, Schnauzenakrobatik, akrobatische Zunge, beredte Zunge, elektrische Zunge, feurige Zunge, Flatterzunge, gelenkige Zunge, geölte Zunge, so-

lide Embouchure, sauberes Tremolo, kontrolliertes Vibrato. *Unfähigkeit beim Anilinctus:* gelähmte Zunge, Schnauze aus Blei, verrenktes Mundwerk, verrenkter Unterkiefer.

35.20 Anilinctus in der Prostitution

bezahlter Anilinctus: teures Achterl, Arschputz im Arschpuff, Klistier ohne Krankenkasse, Klistier für Privatpatienten. *Prostituierte, die den Anilinctus ausübt:* Arschminette, Arschpflegerin, Klistier mit Busen, Klistier mit Loch, Kotfliege, Kotkäfer, Mistfliege, Mistkäfer, Popoline, Scheißkäfer, Schmeißfliege, Schlotpflegerin, Schwester Braun. *Mann, der eine Prostituierte bezahlt, um bei ihr den Anilinctus auszuüben:* Aftermieter, Arschbeißer, Müllschlucker, Zungenfreier. *Strichjunge, der den Anilinctus ausübt:* Afterpfleger, Auspufflackierer, Goldwäscher, Kaminfeger, Klistier auf Beinen, Klistier mit Schwanz, Ofenkehrer, Popolierer, Scheibenwischer, Schlotkehrer, Schornsteinfeger.

35.21 Vokabular des Anilinctus

Gesäß: Kürbis, Pudding, Saftarsch, Schinken, Sitzfleisch, Speckseite, Wackelpudding, Zitterpudding. *Anus:* Blasröhrchen, Flöte, Trompete, Schlund. Butterfaß, Gurkenfaß, Mostrichtopf, Popokal, Senffaß, Zwetschkenkern; das Land, wo Milch und Honig fließt. *Kot:* Achterl, Afterschmalz, braune Butter, Braunkohl, Creme, Darmcreme, Ei, Hammelfleisch, Honig, Scheibenhonig, türkischer Honig, Trüffel, Winterkirschen. Eingemachtes, Kakao, Leckerbissen, Wurst, Würstchen mit Senf, Currywurst, Hausmacherwurst, Salami. *Zunge:* Arschputzer, Arschlecker, Hinterlecker. *Gaumen:* Hintergaumen. *Kotgeschmack:* Gewürz. siehe auch: *Vokabular der Koprophagie* 76.3.

35.22 Analvokabular der Umgangssprache

Das folgende Vokabular ist nicht vollständig. Es soll nur als Hinweis auf die Tatsache dienen, daß der Volksmund auch scheinbar asexuelle Begriffe analisiert. Kein anderes europäisches Volk benutzt eine solche Anzahl analerotischer Vokabeln in der Umgangssprache wie die Deutschen. Die folgenden Beispiele stellen einen winzigen Teil dieses Vokabulars dar.

Beamter: Aktenkacker, Aktenscheißer, Glanzarsch, Glanzpopo, Halbfurzer, Hämoritter, Kissenpuper, Schwielenarsch, Sesselfurzer, Staatshämorrhoidenreferendar, Steißarbeiter, Tintenscheißer, Zivilfurzer. *Soldat:* Bleiarsch, Brikettscheißer, Dienstscheißer, Kasernenfurz, Schütze Arsch, Senfbüchse, Staudenscheißer. *Polizist:* Abführmittel, Afterschnüffler, Arschfahnder, Furzschnüffel. *Lehrer:* Arschpauker. *Rechtsanwalt:* Paragraphenkacker, Paragraphenscheißer. *Arzt:* Arscheologe, Arschrat. *Krankenschwester:* Klistierfunse. *Friseur:* Arschkratzer. *Schuhmacher:* Pechfurzer. *Maurer:* Betonscheißer. *Bäcker:* Semmelkacker. *Bauer:* Furchenscheißer, Kuhfladendirektor, Mistfink, Misthupfer, Mistpeter, Roßbollenschüttler. *Jäger:* Heckenscheißer. *Schriftsteller:* Blackscheißer, Blattscheißer, Tintenpisser. *Klempner:* Kackwühler. *Betrüger:* Bescheißer. *Schmeichler:* Arschkriecher. Arschlecker. *häßlicher Mensch:* Arschgesicht. *Schimpfworte:* alter Scheißer, Arsch mit Ohren, Arschloch, Hosenscheißer, Kubikarschloch, liberaler Scheißer, Roßapfel vom weißen Rößl, Scheißkerl. *Flüche:* ach, du armer Arsch! Himmel, Arsch und Wolkenbruch! Scheißding! Scheißdreck! Scheiße! Leck mich am Arsch! Du bist wohl vom wilden Esel im Galopp geschissen! *Rüge:* Anschiß. *Verleumdung:* Verschiß. *Unannehmlichkeit:* Scheißerei. *Betrug:* Beschiß. *Angst:* Schiß. *Temperament, Ungeduld:* Pfeffer im Arsch. *Wertloses:* Scheißkram. *schlechtes Wetter:* Scheißwetter. *schlechtes Essen:* dikker Arsch mit Furz, gefickter Arsch mit Bohnen. *kaltes Essen:* kalter Bauernarsch, kalter Arsch mit Schneegestöber. *saure Pflaumen:* Arschmarterln. *dunkles Bier:* Puparsch. *Eier in Senfsoße:* Hoden in Scheiße. *kurzer Mantel, kurze Jacke:* Arschverkühler. *Hose:* Arschfutteral, Arschleder, Furzverteiler. *Loch in der Hose:* Arschfenster. *Kleid mit Rückendekolleté:* Arschrobe. *Rock:* Furzfänger, Furzglocke. *Bett:* Furzmolle, Furzmulde. *Stuhl:* Arschstütze. *Hintertreppe:* Arschaufgang. *Schornstein:* Hohlarsch, Schwarzarsch. *Schlußlicht:* Arschlaterne. *Luftbombe:* Fliegerfurz. *rückwärts:* ärschlings. *eindeutig:* arschklar. *schlecht:* beschissen. *dumm:* blöd wie Schifferkacke. *dumm sein:* Scheiße im Kopf haben. *ungeschickt sein:* mit dem Arsch einreißen, was man mit den Händen gebaut hat. *einen Unfall verursachen:* Scheiße bauen. *es ist hin:* es ist im Arsch. *finanziell übertölpelt werden:* sich den Arsch ausreißen lassen. *betrügen:* bescheißen, verarschen. *schmeicheln:* in den Arsch kriechen, Zucker in den Arsch blasen. *freundlich tuend:* scheißfreundlich. *vornehm tuend:* scheißfein. *Gerüchte verbreiten:* Scheiße unters Volk tragen. *aufbauschen:* Geschiß machen. *langwierig erzählen:* sich auskacken. *belehren:* klugscheißen. *jemanden anherrschen:* jemandem den Arsch anschärfen, jemandem den Arsch aufreißen, jemandem vor den Koffer scheißen, jemanden zusammenscheißen. *jemanden abweisen:* jemandem etwas scheißen. *jemanden verhöhnen:* jemanden durch

die Scheiße ziehen. *jemanden verachten:* auf jemanden scheißen. *jemandem Verachtung zeigen:* jemanden mit dem Arsch ansehen, jemandem den Auspuff zeigen, jemanden vollscheißen. *ich schätze ihn nicht mehr:* er hat bei mir ausgeschissen. *er ist feige:* ihm geht der Arsch mit Grundeis, er hat die Hosen voll, er hat Scheiße im Blut. *zusammenpassen:* wie Arsch auf Eimer passen. *sich um alles kümmern:* sich um jeden Scheißdreck kümmern. *sich um nichts kümmern:* sich einen Scheißdreck drum kümmern. *zu lange bei einem Gastgeber bleiben:* Pech am Arsch haben. *essen:* zum Kacken einnehmen. *sich erbrechen:* den Arsch betrügen. *Schmuck gegen Eßwaren eintauschen:* Gold kacken, die Juwelen verscheißen, die Brillanten durchs Klosett jagen. *das ist selbstverständlich:* im Arsch ist's duster. *wie erklärt man sich das?* wie kommt die Kuhscheiße aufs Dach? *etwas begreifen:* sich etwas am Arsch abfingern.

35.23 Analerotik im Volksbrauchtum

Arschbrot (Bischof Burchard von Worms schreibt: «Hast du getan, was einzelne Frauen zu tun pflegen? Sie werfen sich auf das Antlitz, und mit entblößten Hinterbacken pflegen sie in der Kerbe Brot zu zerreiben, das sie dann den Gatten zu essen geben. Dies tun sie, um die Liebe jener mehr anzufachen.» Der Volksmund taufte dieses Aphrodisiakum «Arschbrot»). Arschpussen (In Waldthurn und Wiedenbrück pflegten die Burschen die Mädchen mit einem gepolsterten Holzhammer auf das nackte Gesäß zu schlagen, um die Unfruchtbarkeitsdämonen zu vertreiben. Danach gab man den Mädchen Schnaps, den sie selber bezahlen mußten, da man ihnen ja einen Dienst geleistet hatte). Scheißtage (In der Steiermark bestand die Sitte, daß das Gesinde zwischen Weihnachten und Neujahr so viel Arbeit nachholen mußte, wie es im Laufe des Jahres durch Defäkation versäumt hatte. Die Tage zwischen dem 24. 12. und dem 1. 1. dienten zu diesem Zweck und wurden deshalb vom Volksmund «Scheißtage» getauft). Persische Hochzeit, Schinkenklopfen usw. (Viele Gesellschaftsspiele wie diese tragen analerotischen Charakter).

36 Oralverkehr

Blasmusik, Gaumenkitzel, Geschmackssinn, Leckerei, Lippenmassage, Mundpflege, Schnauzenakrobatik, Zungengymnastik, Zungenspiel.

36.1 Fellatio

Ausheber, Blaser, Blaserer, Blaserl, Raucher, Raucherl, Rauker, Schmaucher, Schmaucherl, Taucher, Taucherer, Taucherl; französischer Verkehr, Pariser Verkehr, Minette, Samenklau. Ausheber, Müllabfuhr, Rachenputz, Rachenwäsche, Trockenlegung. Gaumenkitzel, Lippentriller, Maulwerk, Mundpflege, Mundwerk, Zungengymnastik, Zungenschlag, Zungentriller. Bananenlecken, Daumenlutschen, Fingerlutschen, Schnullerbiß, Schnullerlutschen, Schnullern. Einspritzung, Inhalation. Brause, Dämmerschoppen, Honigsaugen, Liebestrunk, Spargelkultur. Blaskunst, Flötensolo, Flötenspiel, Klarinettensolo, Posaunensolo, Trompetensolo, Pfiff. Leckerei, Schleckerei, Schlemmerei, Zuzzelei. *Fellatio mit Masturbation:* Handkuß. *Hodenlecken:* Beutelschleck, Dudelsackspiel, Sackpfiff. *Spermatophagie:* siehe 78.3.

36.2 Fellator

Absteiger, Abzischer, Dauerlutscher, Franzos', Heber, Janner, Melker, Minettegoschen, Minettemacher, Pariser, Priaper, Rauker, Saugteufel, Schmorer, Schmorteufel. Maulheld, Mundschenk, Schnauzenakrobat, Zungenakrobat, Zungenfreier. Abbläser, Ausblaser, Blasbabb'n, Blasebalg, Blaser, Blasius, Blasmichel, Sackpuster. Flötenbläser, Hornbläser, Klarinettenbläser, Pfeifenbläser, Pistonbläser, Posaunenbläser, Trompetenbläser. Beutelschleck, Kacksackel (mißverstandene Eindeutschung von cock sucker = Schwanzlutscher), Nillenbläser, Nillenkauer, Nillenlutscher, Nudelschlucker, Penisfresser, Riemenschlucker, Schnullerbeißer, Schwanzbeißer, Schwanzlecker, Schwanzlutscher, Schwanzschnüffler, Schweifzuzzler, Tieflingsschleck. Bananenlecker, Bananenschlukker, Eierschlürfer, Grätenlutscher, Gurkenfresser, Honigsauger, Kümmelstangenlecker, Nudelschleck, Salzstangenlecker, Spargellutscher; durstige Seele, Eismacher, Feinschmecker, Leckermaul, Schleckerl, Schlemmer. Abkauer, Ablutscher, Abschmorer, Ausheber, Auskauer, Bartwisch, Daumenlutscher, Fingerlutscher, Knochensauger, Lecker, Lutscher, Inhalierer, Sauger, Säugling, Saugteufel. Abschöpfer, Pisseschlukker, Samenräuber, Samenräumer, Schleimschani, Schleimschlecker. Abstauber, Müllschlucker, Klinkenputzer, Rüsselputzer. Gärtner, Maulesel, Maulwurf, Nagetier. *Hodenlecker:* Beutelschleck, Dudelsackbläser, Sackpfeifer. *der Fellierte:* Maulvögler, Rachenputzer, Schlundstößer.

36.3 Fellatrix

Absteigerin, Abzischerin, Ausheberin, Dauerlutscherin, Hebamme, Heberin, Melkerin, Milchmädchen, Schmormädchen, Französin, Minette, Minettegoschen, Minettemacherin, Minetteuse, Pariserin, Priaperin.

Abbläserin, Ausbläserin, Blasbabb'n, Blasebalg, Blasengel, Blasmichlerin, Flötenbläserin, Hornbläserin, Klarinettenbläserin, Pfeifenbläserin, Pistonbläserin, Posaunenbläserin, Trompetenbläserin. Bananenleckerin, Bananenschleck, Bananenschluckerin, Eismacherin, Feinschmeckerin, Honigbiene, Leckermäulchen, Nudelschluckerin, Schlekkerl, Schlemmerin. Abkauerin, Ablutscherin, Bartwisch, durstige Seele, Goldkehlchen, Leckerin, Leckermaul, Leckmädchen, Leckmamsell, Leckmichlerin, Lutscherin, Lutschmädchen, Lutschmamsell, Maulhure, Maultier, Maulvöglerin, Mundschenkin, Saugfee, Säugling, Schluckerin, Zungenakrobatin, Zungenengel, Zungenfee. Klinkenputzerin, Rüsselputzerin. *Hodenleckerin:* Beutelschleck, Dudelsackbläserin, Sackpfeiferin. (NB: Fast alle auf -in endenden Worte werden auch in ihrer männlichen Form auf Frauen angewandt, z. B. Absteiger statt Absteigerin, Abzischer statt Abzischerin usw.)

36.4 fellare

abfliegen, abhusten, abpfeifen, absausen, abschmoren, abschöpfen, abstauben, absteigen, absuseln, abtutschen, abzischen, abzwitschern, antauchen, anzapfen, ausheben, bürsten, eintauchen, heben, melken, rauchen, rauken, schlotzen, schmoren, schwanzlutschen, tauchen, am Taucher sein, einen Taucher machen, ein Raucherl machen, ein Schmaucherl machen, Minette machen, minettieren, parisern, französisch verkehren, einen langen Hals machen, in die Knie gehen, sich unter die Rute beugen, einen Besenstiel verschlucken, den Ladestock verschlucken, den kalten Bauer aufwärmen, den toten Landwirt beleben, neues Leben einflößen, die Achse schmieren, den Gaumen kitzeln, Seezunge machen, Zungenwurst machen, auf der Zunge haben, auf der Zunge zergehen lassen, züngeln, zuzzeln, jannen, lecken, auslecken, am Lecker sein, am Schlecker sein, ein Achterl ausheben, Blauwasser ausheben; an der Banane, am Bonbon, am Daumen, an der Gurke, am Knochen, am Liebesknochen, am Schnuller, am Schwanz, am Spargel, am Zuckerstein lutschen; Schwanz lutschen, Stixibonbon lutschen; ablutschen, die Gräte ablutschen; auslutschen, ausblubbern, abnuggeln, absaugen, aufsaugen, saugen, suckeln; nuckeln, an der Saftpresse, am Saftstiel nuckeln; lullen, lullern, lutschen, weglutschen, wegsabbern, wegschnupfen; absamen, abschlürfen, schlürfen, Hoden schlürfen, durch die Gurgel jagen, die Kehle anfeuchten, durch die Kehle hetzen, die trockene Kehle baden, den Kelch leeren, hinter den Knorpel schlippern, am Liebesquell trinken, vom Liebesquell schöpfen, aus der Sodafontäne saufen, sich an der Zapfstelle vollaufen lassen, nach Trüffeln schnüffeln; einem einen abbeißen, abkauen, auskauen, kauen; Nille kauen, knabbern; an der Banane, am Bubespitzle, am Eisbein, an der Kümmelstange, am Pfifferling, am Pilz, an der Rübe, an der Salzstange, am Spitzbein, an der Steckrübe, am Steinpilz, am Stengel, am Waldmeister, an der Wolfswurzel, an der Wurst knabbern; nagen, an der Blume, am Liebstöckl, an der Wunderblume, an der Wurliblume nagen; äsen, grasen, weiden, maulen, schlecken, schlemmen, schlucken, inhalieren, essen; Aal, Bananen, Bockwurst, Currywurst, Hausmacherwurst, Salami, Zungenwurst essen; vom Baum der Erkenntnis essen; nudelfressen, Sülze fressen; mit Haut und Haaren verschlingen; den Lippenstift benutzen, den Zahnstocher benutzen, klinkenputzen, den Schlot ausputzen; durchspülen, pusten, abpusten, auspusten, ausblasen; den Hobel, das Mundstück, das Pimperl, den Rüssel, den Zumpf ausblasen; anblasen, das Feuer, den Kamin, die Pfeife anblasen; pfeifen, blasen; Pfeife, Sackpfeife, Zungenpfeife blasen; flöten, Flöte, Blockflöte, Gellflöte, Hirtenflöte, Hohlflöte, Rohrflöte, Schnabelflöte, Spitzflöte, Vogelflöte, Vögelflöte blasen; Fagott, Klarinette, Oboe d'amore, Posaune, Schalmei, Trompete, Waldhorn, Nachthorn blasen; ins Horn stoßen, trompeten, tuten. *ich werde dich fellieren:* ich werde dir was blasen. *die Hoden lecken:* Dudelsack spielen, Sackpfeife spielen, beutelschlecken; an der Appeltüte, am Eierbecher, am Eiersack, an der Eierschaukel, an der Eihaut, am Frischhaltebeutel, am Gari-Kiß, am Gludenkiß, an der Kaltschale, an der Klößchenschale, am Tomatenkorb, am Traubenbecher, am Traubenkorb, an der Traubenschale, am Wassersack, am Zwiebelbeutel knabbern. *sie felliert ihn:* sie macht's ihm. *sie hat ihn felliert:* sie hat ihm einen gesaugt. *sich fellieren lassen:* sich einen blasen lassen, jemandes Zunge freien Lauf lassen, es jemandem auf die Zunge legen, jemandem das Messer an die Kehle setzen, jemandem den Hahn an die Lippen setzen, jemandem das Maul wässerig machen, jemandem das Maul schmieren, jemandem das Maul stopfen, jemanden stillen, jemanden füttern, jemandem Ambrosia, Apfelgelee, Aspik, Bananensaft, Begeisterungssaft, Blauwasser, Brause, Buttermilch, Eierkognak, Eierkuchen, Eierschaum, Eierschnee, Eierspeise, Eis, Gallert, Gelee, Götterspeise, Gurkensaft, Honig, Kaviar, Kindelbier, Kinderwein, Knochenmark, Leckerbissen,

Magenbeton, Majonäse, Manna, Männermilch, Mark, Nektar, Öl, Pilzsoße, Rohkost, Rübensaft, Rührei, russische Eier, Saft, Sahne, Schaum, Schaumspeise, Schlagobers, Schlagrahm, Schlagsahne, Schlegelmilch, Schlippermilch, Schlottermilch, Schwitze, Seim, Soße, Spargelsuppe, Sprudel, Stockmilch, Sülze, Tunke, Vatermilch, verlorene Eier, Weißpfeffer, Wonnekleister füttern; jemandem Honig ums Maul, um den Mund schmieren. *sich selber fellieren:* sich einen blasen, sich in den Schwanz beißen, an der Hungerpfote lutschen.

36.5 Cunnilinctus

französischer Verkehr, Minette, Maulwerk, Mundpflege, Mundwerk, Zungengymnastik, Zungenschlag, Zungentriller, Pletschenzuzzeln, Punzenlecken, Rillenzuzzeln, Zuzzeln, Zwetschenzuzzeln, Honigsaugen, Leckerei, Naschwerk, Schleck, Schlemmerei, Büchsenernährung, Dosenernährung, Düsenputzer, Müllabfuhr, Trockenlegung, Inhalation, Höhlenforschung, Naturforschung, Tiefseeforschung, Taucher. Ausheber, Lippentriller, Rauker, Schloß vor dem Mund. *Cunnilinctus mit Masturbation:* Handkuß.

36.6 Cunnilinctor

Abstauber, Absteiger, Abzischer, Ausheber, Franzos', Heber, Janner, Minettenmacher, Pariser, Priaper, Rauker, Schmorer, Schmorteufel, Maulheld, Mundschenk, Schnauzenakrobat, Zungenakrobat, Zungenfreier. Abkauer, Ablutscher, Abschmorer, Abschöpfer, Auskauer, Feinschmecker, Honigsauger, Lekker, Leckermaul, Lutscher, Schleckerl, Schleimlecker, Schlemmer, Büchsenschleck, Bürstenkauer, Dosenfresser, Feigenlutscher, Fotzenschnupperer, Fudschleck, Maidlelecker, Mösenlecker, Muschilecker, Pflaumenlecker, Pletschenzuzzler, Punzenlecker, Rillenzuzzler, Zwetschenzuzzler. Fotzenknautscher, Gebärmutterhänger, Höhlenblasius, Inhalierer, Naserer, Kellerausheber, Kellerbursch, Kellermacher, Kellermeister. Gebärmuttersauger, Fosensauger, Lippensauger, Mösensauger, Saugteufel. Maulesel, Maulwurf, Nagetier, Düsenputzer, Fosenbürster, Fotzenräumer, Röhrenputzer. Höhlenforscher, Naturforscher, Tiefseeforscher. *Mann, der an der Klitoris saugt:* Kitzler-Witzler, Judzuzzler, Judenzuzzler. *Von einem Mann, der impotent ist und seine Befriedigung nur darin finden kann, daß er Frauen die Genitalien ableckt, sagt der Volksmund:* die Zunge steht ihm.

36.7 Cunnilinctrix

Absteigerin, Abzischerin, Ausheberin, Dauerlutscherin, Hebamme, Heberin, Saugerin, Schleuderin, Schmormädchen. Französin, Maulvöglerin, Minette, Minettegoschen, Minettemacherin, Minetteuse, Pariserin, Priaperin, Maulhure, Zungenakrobatin, Zungenengel, Zungenfee. Abkauerin, Ablutscherin, Abschmormädchen, Abschöpferin, Auskauerin, Blasbabb'n, Blasbalg, Blasengel, Feinschmeckerin, Goldkehlchen, Honigbiene, Kellermeisterin, Leckerin, Lekkermäulchen, Leckmamsell, Leckmichlerin, Lutscherin, Lutschmädchen, Mundschenkin, Schleckerl, Schlemmerin. Beutelschleck, Büchsenschleck, Bürstenkauerin, Buttenschleck, Dosenfresserin, Feigenlutscherin, Fotzenleckerin, Fudschleck, Maidleleckerin, Mösenleckerin, Pletschenzuzzlerin, Punzenleckerin, Rillenzuzzlerin, Tieflingsschleck, Zwetschenzuzzlerin. Fotzenknautsche, Säugling, Saugfee. Fotzenbürste, Fotzenraspel. Höhlenforscherin, Naturforscherin, Tiefseeforscherin. (NB: Fast alle auf -in endenden Ausdrücke werden auch in ihrer männlichen Form auf Frauen angewandt. Also Heber statt Heberin, Ausheber statt Ausheberin usw.)

36.8 cunnilingere

abhusten, ablutschen, abschmoren, abschöpfen, absuseln, abzischen, abzwitschern, antauchen, ausheben, eintauchen, am Taucher sein, tauchen, rauchen, maulen, schlotzen, schmoren, es jemandem machen, nach Futbach fahren, gegen Futbach schauen, auf die Zahngasse gehen, den Kopf in die Schlinge stekken, französisch verkehren, parisern, minettieren, Minette machen, Seezunge machen, mundgerecht machen, eine auf den Mund bekommen, eine aufs Maul kriegen, eine auf der Zunge haben, züngeln, zuzzeln, lutschen, lullen, lullern, jannen, lecken, auslecken, am Lecker sein, am Schlecker sein, schlecken, fudschlecken, das Reindl ausschlecken, schlemmen, fressen, essen, ausessen, aus der Pfanne essen, aus dem Fleischtopf essen, am Fleischtopf lecken; am Brötchen, an der Schrippe, an der Prinzeßbohne knabbern; an der Blume, am Liebstöckl, an der Wunderblume, an der Wurliblume nagen; aus der Blüte Honig saugen; äsen, grasen, weiden, Maulbeeren pflükken, nach Trüffeln schnüffeln; die Feige, die Pflaume, die Zwetsche, die Zwetschken auslutschen; Seim fressen, Sülze lecken, Soße auflecken, Saft pressen, an der Saftpresse nuckeln, vom Liebesquell schöpfen, am Quell trinken, den Kelch leeren, den Becher leeren, im Becher Zerstreuung suchen, tief in den Becher schauen, bechern, kellern, in den Keller gehen, in die Knie gehen, absteigen, abfliegen, absausen, abstauben, das Fetscherl ausblasen, die Düse ausblasen, die Düse ausbürsten, das Loch ausputzen, den Keller aufwischen, fotzenbürsten, fotzenraspeln, fotzenreinigen; Fotzen-

hobel, Maultrommel, Mundhobel, Mundharmonika spielen. *an der Klitoris lecken:* den Kitzler witzeln, den Jud stemmen. *cunnilingebare:* jemandem das Loch auf die Schnauze setzen, es jemandem auf die Schnauze setzen, es jemandem auf die Zunge legen, jemandes Zunge freien Lauf lassen, jemandem das Maul wässerig machen, jemandem Honig ums Maul schmieren, jemanden füttern, jemandem Ambrosia, Aspik, Begeisterungssaft, Blütenhonig, Buttenmost, Feigensaft, Fotzenkäse, Gallert, Gelee, Götterspeise, Honig, Kuhsaft, Manna, Maulbeeren, Nektar, Pflaumenmus, Pflaumensaft, Pflaumensuppe, Rohkost, Saft, Sahne, Schaum, Schaumspeise, Scheidewasser, Schlagobers, Schlagrahm, Schlagsahne, Schleim, Schlippermilch, Schlottermilch, Schwitze, Seim, Soße, Sülze, Tunke, Wonnekleister, Zwetschenmus, Zwetschensaft, Zwetschenschnaps, Zwetschensuppe füttern. *autocunnilingere:* sich auf die Lippen beißen.

36.9 gegenseitiger Oralverkehr

gegenseitiger Oralverkehr zwischen Frau und Mann: 69, französischer Verkehr, Überschläfer, Überstülper, Kreisverkehr, geschlossener Kreis, Circulus vitiosus, Duettbläserei, Duettblaserer, Tuten und Blasen, Hoch- und Tiefbau. *gegenseitiger Oralverkehr zwischen Frauen:* Doppelminette, Schwesternkuß. *gegenseitiger Oralverkehr zwischen Männern:* Flötenduett, Bruderkuß.

36.10 Fähigkeit beim Oralverkehr

Zungenfertigkeit, Schnauzenakrobatik. Gold in der Kehle, goldene Kehle, goldene Zunge, beredte Zunge, elektrische Zunge, feine Zunge, feurige Zunge, Flatterzunge, gelenkige Zunge, akrobatische Zunge, akrobatische Schnauze, geöltes Mundwerk, solide Embouchure, kontrolliertes Vibrato, sauberes Tremolo. *Unfähigkeit beim Oralverkehr:* Schluckstörung, gelähmte Zunge, Schnauze aus Blei, rostiges Mundwerk. *Talent für Oralverkehr haben:* ein großes Maul haben, einen großen Mund haben, viel im Munde führen, den Rachen weit aufreißen, den Spargel quer essen können, mundgerecht machen, glatt von der Zunge gehen, glatt von den Lippen fließen. *kein Talent für Oralverkehr haben:* einen Frosch im Hals haben, ein loses Maul haben, einen losen Mund haben, dran zu schlucken haben, eine Halskrankheit haben, den Schluckauf haben, Zwirn um den Hals haben, nicht schlucken können, nicht über die Zunge bringen, nicht über die Lippen bringen, die Zunge hüten, die Zunge im Zaum halten, schwer von der Zunge gehen, sich die Zunge ausrenken, sich den Unterkiefer verrenken, die Spucke verlieren, gedrosselt sein. *Redewendungen:* Angst bindet ihr die Zunge, Angst lähmt ihm die Zunge, ihm klebt die Zunge am Gaumen, ihr bleibt die Spucke weg, ihr bleibt die Luft weg, ihr bleibt die Puste weg, das Wasser steht ihr bis zum Hals; der Wind pfeift aus dem anderen Loch. *Ausruf:* Das ist kein Zuckerlecken! *talentiert:* gut gepfiffen. *untalentiert:* schlecht gepfiffen, falsch gepfiffen, unbeleckt, ausgelutscht. *talentierter Mann:* Schnauzenakrobat, Zungenakrobat. *talentierte Frau:* Goldkehlchen. *untalentierter Mann:* armer Schlukker, Versager. *untalentierte Frau:* Bleischnauze, Trampelzunge, Zungentrampel.

36.11 orale Prostitution

Bordell für Oralverkehr: Blaserei, Leckerei, Säuglingsheim. *auf Fellatio spezialisierte Prostituierte:* Beutelschleck, Blasbabb'n, Blasebalg, Blasmichlerin, Französin, Hebamme, Leckmamsell, Leckmichlerin, Lutschmamsell, Maulhure, Minette, Minetteuse, Pariserin, Saugschwester. *auf Cunnilinctus spezialisierte Prostituierte:* Büchsenbläserin, Buttenbläserin, Fosenbläserin, Futbläserin, Mundarbeiterin, Pletschenbläserin, Punzenbläserin, Rillenleckerin, Ritzenleckerin, Zwetschenleckerin. *auf Anilinctus spezialisierte Prostituierte:* Arschminette, Arschpflegerin, Arschputze, Klistier mit Busen, Klistier mit Loch, Scheißkäfer, Schlotfeger, Schlotpflegerin, Schwester Braun. *auf Fellatio spezialisierter Strichjunge:* Bananenschleck, Bananenschlucker, Franzose, Mundschenk, Pariser, Rüsselputzer, Schweifzuzzler. *auf Cunnilinctus spezialisierter Strichjunge:* Blasebalg, Blasmichel, Büchsenbläser, Büchsenlecker, Bürstenlecker, Bürstensauger, Buttenbläser, Buttenlecker, Fosenbläser, Fosenlecker, Fosensauger, Fosenschleck, Franzose, Futbläser, Futlecker, Gebärmuttersauger, Mundschenk, Pariser, Pflaumenlutscher, Pletschenlecker, Pletschenlutscher, Punzenbläser, Punzenlecker, Rillenlecker, Ritzenlecker, Ritzensauger, Zwetschenlutscher. *auf Anilinctus spezialisierter Strichjunge:* Afterpfleger, Auspufflackierer, Goldwäscher, Kaminfeger, Klistier auf Beinen, Klistier mit Schwanz, Ofenkehrer, Popolierer, Scheibenwischer, Schlotkehrer, Schornsteinfeger. *sich von oraler und masturbatorischer Prostitution ernähren:* von der Hand in den Mund leben. *sein Geld für oralen Verkehr ausgeben:* sein Geld durch den Schlund jagen. *Mann, der zu einer Prostituierten geht, um bei ihr den Cunnilinctus auszuführen:* Zungenfreier. *Mann, der zu einer Prostituierten geht, um bei ihr den Anilinctus vorzunehmen:* Arschbeißer, Müllschlucker. *Entgelt für Oralverkehr:* Mündelgeld.

36.12 Vokabular der Oralerotik

36.12 Vokabular der Oralerotik

Mund: Absaugevorrichtung, Entschleimer. *großer Mund:* Schlund wie die Einkommensteuer. *Zunge:* Düsenputzer, Lecker, Schlecker, Seezunge. *Geschlechtsorgan:* Zungeninstrument. *Vulva:* Baunzerl, Becher, Blasröhrchen, Blume, Brötchen, Brunnen, Dorli, Düse, Feige, Fleischtopf, Honigblüte, Kelch, Kehle, Keller, Kipferl, Krapfen, Land wo Milch und Honig fließt, Liebesquell, Lunge, Mandel, Marille, Maultrommel, Mundharmonika, Mundhobel, Mundloch, Okarina, Pfanne, Pflaume, Pfluder, Pofese, Rein, Reindl, Röhrchen, Röhrl, Saftpresse, Schafeuter, Schlinge, Schlund, Schnitte, Schrippe, Semmel, Stachelbeere, Weide, Wunderblume, Wurliblume, Zahngasse, Zwetsche. *Labia:* Lippen. *Klitoris:* Prinzeßbohne, Zunge. *Vaginalsekret:* Ambrosia, Aspik, Begeisterungssaft, Blütenhonig, Buttenmost, Feigensaft, Fotzenkäse, Gallert, Gelee, Götterspeise, Honig, Kuhsaft, Manna, Maulbeeren, Nektar, Pflaumenmus, Pflaumensaft, Pflaumensuppe, Rohkost, Saft, Sahne, Schaum, Schaumspeise, Scheidewasser, Schlagobers, Schlagrahm, Schlagsahne, Schleim, Schlippermilch, Schlottermilch, Schwitze, Seim, Soße, Sülze, Tunke, Wonnekleister, Zwetschenmus, Zwetschensaft, Zwetschenschnaps, Zwetschensuppe. *Penis:* Rachenkotzer, Rüssel, Mundstück, Lippenstift, Backenzahn, Zahnstocher, Luller, Schnuller, Blasröhrchen, Blasröhrl, Wunderhorn, des Knaben Wunderhorn, Liebesquell, Sodafontäne, Zapfsäule, Saftpresse, Saftstiel, Stengel, Blume, Wunderblume, Passionsblume, Liebstöckl, Baum der Erkenntnis, Wolfswurzel, Trüffel, Eierschwamm, Pfifferling, Pilz, Rübe, Spargel, Steckrübe, Gurke, Gewürzgurke, Banane, Nudel, Makkaroni; Brezel, Bubespitzle, Kipferl, Kruspelspitz, Striezel, Wecken, Kümmelstange, Salzstange, Liebesknochen, Lutschknochen, Markknochen, Eisbein, Spitzbein, Sülzer, Burenhäutl, Wurst, Blunze, Blutwurst, Bockwurst, Currywurst, Hausmacherwurst, Salami; Aal, Gräte, Stixibonbon, Lutschbonbon, Zuckerhut, Zuckerstangl, Zuckerstein. Flöte, Blockflöte, Gellflöte, Hirtenflöte, Hohlflöte, Rohrflöte, Schnabelflöte, Spitzflöte, Vogelflöte, Vögelflöte, Zartflöte. Pfeife. Sackpfeife, Zungenpfeife. Nachthorn, Waldhorn. Mundharmonika, Mundhobel, Fotzenhobel, Mundstück, Oboe d'amore, Okarina, Fagott, Klarinette, Posaune, Schalmei, Trompete. *Penis eines senilen Mannes:* abgespielte Flöte, abgebissenes Mundstück, abgebrochener Backenzahn, ausgetrockneter Liebesquell, weiche Nudel, weiche Banane, ausgelutschter Spargel, ausgelutschter Bonbon. *Skrotum:* Appeltüte, Eierbecher, Eiersack, Eierschaukel, Eihaut, Frischhaltebeutel, Gari-Kiß, Gludenkiß, Kaltschale, Klößchenschale, Tomatenkorb, Traubenbecher, Traubenkorb, Traubenschale, Wassersack, Zwiebelbeutel, Dudelsack, Pfeifensack. *Hoden:* Äppel, Eier, Eier des Kolumbus, Hühnerobst, Klößchen, Klöße, Krafteier, Liebesäpfel, Nüsse, Pfeffernüsse, Tomaten, Trauben, Zwiebeln. *Sperma:* Achterl, Ambrosia, Apfelgelee, Aspik, Bananensaft; Begeisterungssaft, Blauwasser, Brause, Buttermilch, Eierkognak, Eierkuchen, Eierschaum, Eierspeise, Eis, Gallert, Gelee, Götterspeise, Gurkensaft, Honig, Kaviar, Kindelbier, Kinderwein, Knochenmark, Leckerbissen, Magenbeton, Magermilch, Majonäse, Manna, Männermilch, Mark, Motschka, Mundwasser, Nektar, Öl, Pfeifensaft, Pfeifenseiber, Pfeifensoße, Pfeifensutter, Pilzsoße, Rahm, Rohkost, Rübensaft, Rührei, russische Eier, Saft, Sahne, Schaum, Schlagsahne, Schlegelmilch, Schlippermilch, Schlottermilch, Schwitze, Seim, Soße, Spargelsuppe, Sprudel, Stockmilch, Sülze, Süppchen, Tunke, türkischer Honig, Vatermilch, verlorene Eier, Weißpfeffer, Wonnekleister. *Smegma:* Käsmatte, Klatschkäse, Mazzenkäse, Mundkäse, Schmierkäse; Harzer, Mainzer, Münster. *unersättlicher Fellator:* Schlund wie die Einkommensteuer. *Mann, der das Sperma eines anderen Mannes aus dessen Kondom trinkt:* Nagetier, Präserpuster, Schnullerbeißer. *mit vielen Menschen oral verkehren:* in aller Leute Munde sein. *den gleichen Mann fellieren:* ins gleiche Horn stoßen. *jemandem hörig sein, der einen oral befriedigt:* an jemandes Mund hängen. *Lust auf Fellatio haben:* eine trockene Kehle haben, mit offenem Mund dastehen, das Maul spitzen, den Rachen nicht voll genug kriegen können, den Hals nicht voll genug kriegen können. ihr hängt die Zunge zum Hals raus. *das lustvolle Stöhnen eines Mannes, der felliert wird:* Blasmusik. *zu viel Cunnilinctus betreiben:* zu tief in den Becher schauen. *jemandem den Oralverkehr untersagen:* jemandem den Mund verbieten. *jemanden zum Oralverkehr überreden:* jemandem die Zunge lösen. *jemanden zur Fellatio zwingen:* sich auf die Lippen drängen, sich auf die Zunge drängen, den Rachen stopfen, das Maul stopfen, viel schlucken müssen. *den Oralverkehr ablehnen:* ein schiefes Maul ziehen, reinen Mund halten. *Fellatio ablehnen:* es nicht in den Mund nehmen. *Cunnilinctus ablehnen:* kein Blatt vor den Mund nehmen. *einen unwilligen Mann fellieren:* auf Eisen beißen. *das Sperma nicht herunterschlucken können:* Zwirn um den Hals

haben, das Maul zu voll nehmen, es in die falsche Kehle bekommen, es in den falschen Rachen kriegen, die Gräte verschlucken, den Knochen verschlucken, knochenkotzen. *sich von einer zum Beißen neigenden Frau fellieren lassen:* den Kopf riskieren, mit dem Kopf bezahlen. *sich bei der Fellatio die Lippen verletzen:* sich das Maul zerreißen. *sich beim Oralverkehr eine Geschlechtskrankheit zuziehen:* sich das Maul verbrennen, sich die Zunge verbrennen.

37 Mammalverkehr

Busenfreundschaft, Busenliebe, Busenpatronat, Herzensfreundschaft, Herzensliebe, Herzenslust, Tittenheimweh. *Busen:* siehe 1.58.

37.1 Mammalerotiker
Busenfreund, Busenpatron, Herzensfreund.

37.2 Mammalerotikerin
Busenleier, Euterribantze, Tittenwetze, Tuttelmasseuse.

37.3 Coitus intermammarius
Armaturhobler, Balkonfahrt, Bochereifick, Duttelfick, Duttelspritzer, Euterfick, Meiereistoß, Tittenspritzer, Tittenwetzer, Tuttelfick, Tuttelmelochner, Tuttelspritzer, Zitzenfick, Zitzenspritzer.

37.4 intermammal koitieren
buttern, meiern, die Äppel polieren, den Apparat aushobeln, die Armatur unter Strom setzen, den Balkon aushobeln, auf der Balustrade schaukeln, Berg-und-Tal-Bahn fahren, vor die Brust klatschen, die Düsen ausspritzen, die Fenster putzen, im Glibber wackeln, die Glocken läuten, den Gummi kneten, die Haubitzen ausschmieren, Holz hacken, ins Holz fahren, die Hügel pflügen, die Hügel roden, das Hügeldepot ausloten, die Kiste aushobeln, die Klamotten aufbügeln, Milch in die Meierei fahren, Milch pumpen, in den Milchbotten rühren, die Milchbotten anzapfen, die Molkerei anbumsen, die Pistole auf die Brust setzen, die Puffer ausschleifen, die Scheinwerfer putzen, die Schwimmer wässern, die Titten plätten, in die Titti spritzen, in die Titti wetzen, die Trauben ausquetschen, die Tutteln pudern, das Vorgebirge bereiten, im Vorgebirge rangieren, im Wonnebibber rutschen.

37.5 Vokabular der Mammalerotik
Mammae: Augen, Herz, Oberweite. *Busen:* siehe 1.58. *es auf den Busen absehen:* es in petto haben. *einer Frau in den Ausschnitt sehen:* ihr in die Augen sehen. *vor einem Mann den Busen enthüllen:* ihm die Augen öffnen. *mit unbedecktem Busen schlafen:* mit offenen Augen schlafen. *den Büstenhalter wegnehmen:* niedriger hängen. *Büstenhalter:* siehe 59.30. *den Busen küssen:* am Herz nagen. *die Brustwarzen schwellen ihr an:* die Augen gehen ihr auf. *die Hand eines (einer) anderen am Busen haben:* die Hand vor den Augen sehen. *den Busen berühren:* siehe 26.8. *eine Frau von der Brust bis zu den Genitalien abfühlen:* sie auf Herz und Nieren prüfen. *Blick in den Busen:* Frühstück. *Blut und Busen:* Blubu. *die Hände vom Busen wegnehmen:* aus den Augen gehen. *sie hat nichts im Kopf, aber viel auf der Brust:* das Gehirn ist ihr in den Busen gerutscht. *so groß, wie ihr Busen ist:* so weit das Auge reicht. *wie die Brust in einer Männerhand:* wie die Faust aufs Auge. *Brust an Brust:* Auge in Auge. *an den Busen, aber nicht an die Scheide:* oben ja, unten nein. *den Busen unzugänglich machen:* die Augen schließen.

38 Reife

Mündigkeit, Volljährigkeit, Mannbarkeit, Mannesalter, Heiratsalter; die besten Jahre, der beste Saft, das beste Alter, die Blüte der Jahre, die Vollkraft der Jahre. Lebenshöhe, Mittag des Lebens.

38.1 reifen
backen, gären, flügge werden; sich auswachsen, sich entfalten, sich entwickeln, sich herausbilden, sich mausern.

38.2 reif
ausgebacken, ausgegoren, flügge, gar, gätlich, entwickelt, mannbar, mündig, volljährig, in den besten Jahren, in der Blüte der Jahre, in der Vollkraft der Jahre, im besten Alter, im besten Saft, im Mittag des Lebens, auf der Lebenshöhe, tausend Wochen alt, hoch in den 29, im Schneider, im zweiten Saft, im Schwabenalter, gut erhalten. *sie ist reif:* sie hat alles gut beieinander, an ihr ist alles dran, sie hat was zum Festhalten.

38.3 reife Frau
Frau von Welt, Frau in den besten Jahren, Frau mit Vergangenheit, doppelter Teenager, gehobener Teenager, später Teenager, verspäteter Teenager, Teenager-Spätlese.

38.4 reifer Mann
Mann von Welt, Mann in den besten Jahren, Mann mit Vergangenheit, Klassemann, Herr mit grauen Schläfen, Herr mit Geheimratswinkeln, Herr Geheimrat; Doppeltwen, Mehrfachtwen, gehobener Twen, später Twen, Senior-Hippie.

38.5 unreif
halbgar, halbstark, halbzart, unausgebacken, unausgegoren, unentwickelt, naß hinter den Ohren, noch nicht trocken, grün.

38.6 unreife Frau
Elefantenbaby, Elefantenküken, Riesenbaby, unreifes Obst, grünes Gemüse, ewiges Mädchen.
38.7 unreifer Mann
grüne Gurke, grüne Rübe, grüner Spargel, grüner Junge, ewiger Jüngling.

39 Alter

biblisches Alter, gesetztes Alter, Bürde des Alters, Bürde des Lebens, Herbst des Lebens, Neige des Lebens, Lebensabend, Pforte des Jenseits, Welke, Mottenkiste. *der Prozeß des Alterns:* der Zahn der Zeit.
39.1 alt
abgebröckelt, abgegriffen, abgehaicht, abgetakelt, altrisch, angejahrt, bemoost, fossil, gammelig, joschen, krumpert, mümmelig, olders, oll, oltrisch, spack, steinalt, verhutzelt, verkalkt, verknöchert, verrostet, verschimmelt, verschrumpelt, verzopft, vorsintflutlich, vorweltlich; leicht angekratzt, in den Jahren, mit bereiften Locken, mit grauen Schläfen, von der alten Schule, aus der alten Zeit, aus der Mottenkiste, mit einem Fuß im Grabe, an der Pforte des Jenseits.
39.2 alt werden
in die Jahre kommen, zu Jahren kommen, zum alten Eisen gehören, ausdörren, austrocknen, rosten, verkalken, verkindschen, verknöchern, verrosten, vertrotteln.
39.3 alt sein
ist schon etwas vorgerückt, ist nicht mehr von gestern, ist aus der Mottenkiste vorgeholt, hat Jahre auf dem Rücken; sein Bart hat schon Dauerwellen, der Lack ist ab, der Schmelz ist weg, der Kalk knirscht in den Knochen, der Kalk rieselt aus der Hose.
39.4 alte Frau
alte Drossel, alte Dschunke, alte Fregatte, alte Jacke, alte Jungfer, alte Platte, alte Schabracke, alte Schachtel, alte Schaluppe, alte Scharteke, alte Schatulle, alte Schraube, alte Schrippe, alte Tasche, alte Vettel, alte Wachtel, alte Walze, altes Haus; Altmaterial, Altrische, Arche Noah, Ausgeronnene, Bankfleisch, Barbere, Betschwester, Bröselmaschine, Denkmal, Grammel, Hutzelweib, Karo, Klamottenkiste, Kraxen, Mausoleum, Morchel, Murfel, Museum, Ruine, Schrumpel, spätes Mädchen, Stellwagen, Suppenhuhn, Trunschel, Waberl.
39.5 alter Mann
Altenteiler, alter Hut, alter Käse, alter Knabe, alter Knacker, alter Kohl, alter Kracher, Altrisch, Altrischer, Austräger, Barber, bemoostes Haupt, Dager, Graubart, Graukopf, Grauschimmel, Holzwurm-Dompteur, Joschen, Kalkfelsen, Knickstiefel, Krabbler, Kracker, Krauter, Kulturbremser, Ladenhüter, Moses, Mummelgreis, Sockentrolli, Tapergreis, Topper, Wurzelsepp, Zittergreis.
39.6 alte Leute
die älteren Semester, alte Fußlappen, altes Eisen, Altmaterial, Altstoffsammlung, Altwaren, Backobst, Dörrfleisch, Dörrgemüse, Dörrobst, olle Kamellen, Schrott.
39.7 Geschlechtsverkehr der Alten
letzte Leerung vor Postschluß. *eine alte Frau ausziehen:* das Denkmal enthüllen. *einstmals reizvolle Frau:* Kolosseum. *alte Frau mit gut erhaltener Figur:* hinten Lyzeum, vorne Museum. *alter, aber noch rüstiger Mann:* Jubelgreis, Lustgreis, Lebemann, alter Steiger, Herr in den besten Jahren, Herr mit grauen Schläfen.
39.8 Klimakterium
gefährliche Jahre, gefährliches Alter, Johannistrieb, Wechselfieber, Wechseljahre, der zweite Lenz. *Menopause:* siehe 23.10.
39.9 Senilität
Altersschwäche, Konkurs, Offenbarungseid, Pleite, Postschluß, Schwanzverkalkung, Sexpiration, Verkehrsstillstand, Waffenstillstand.
39.10 senil
abgebrannt, abgegriffen, abgenutzt, abgeschmust, abgestoßen, abgewetzt, abgewichst, abgewrackt, alle, ausgebrannt, ausgedörrt, ausgelutscht, ausgeorgelt, ausgequetscht, ausgeronnen, ausgeschlaucht, ausgeschmust, ausgetrocknet, ausgevögelt (bis zum tz), ausgewetzt, ausgewichst, baufällig, dienstunfähig, d. u., durchgewetzt, durchgewichst, eingerostet, eingeschrumpft, erledigt, geistig halb weggetreten, leer, leergelaufen, leergevögelt, leergewetzt, leergewichst, platt, plattgefahren, rostig, schrottreif, taperig, trocken, verhutzelt, verkalkt, verkindscht, verorgelt, verpempert, verrostet, versandet, verschrumpelt, verschustert, vertrottelt.
39.11 senil sein, senil werden
hat eingepackt, hat sein Pulver verschossen, hat kein Mark mehr in den Knochen, hat den Tatterich, steht auf dem Aussterbeetat, steht mit einem Fuß im Friedhof, steht an der Pforte des Jenseits, korrespondiert schon mit Petrus, ist längst gestorben, liegt schon im Sarg und hat's nur nicht gemerkt.
39.12 senile Frau
abgegriffenes Klavier, abgemahlene Mühle, abgespielte Geige, abgespielte Mandoline, abgespielte Platte, angegangenes Fleisch, ausgebrannte Batterie, ausgeleierte Harmonika, ausgeleierte Matratze, ausgeleierte Pritsche, ausgeronnenes Röhrl, Dörrfleisch, Dörrgemüse, entsaftete Zitrone, trockene

Fotze, verorgelte Wurlitzer, verwuzzelter Zauck, welke Nelke.

39.13 seniler Mann

Datterich, Holzwurm-Dompteur, Hutzel, Knickstiefel, Krücke, Kuhkäse, Mummelgreis, Schneebrunzer, Sockentrolli, Tapergreis, Tattergreis, Tatterich, Zittergreis; abgebrannte Lunte, abgespielte Flöte, abgewetzter Säbel, abgewetzter Schnabel, abgewetzter Stein, abgewichster Schlegel, abgewichster Stiebel, ausgebrannter Docht, ausdörrte Wurzel, ausgelutschter Spargel, ausgequetschte Rübe, eingerostete Stange, geschlagener Mann, lahmer Hengst, lahmer Sack, leere Gießkanne, leere Pfeife, leerer Sack, müder Sack, rostiger Riegel, rostiger Schlüssel, rostiger Schwengel, schrottreifer Schlot, sinkender Stern, Ritter von der traurigen Gestalt.

39.14 Altersheim

Friedvorhof, Grabschule, Klamottenkiste, Mausoleum, Museum, Ruinenlandschaft, Verwesungsheim, Vorfriedhof, Wartezimmer des Todes. *Altfrauenheim:* Reliquienschrein, Schlangenturm, Schraubenlager, Vettelburg. *Altmännerheim:* Drohnenkorb.

40 Familie

Abstammung: Wahl der Eltern, Abkunft, Herkunft, aufsteigende Linie, mütterliche Linie, väterliche Linie, Stammbaum, Stammtafel, Ahnenreihe. Stammeltern, Voreltern, Altvordern, Ahnen. Ahnfrau, Ahnherr, Stammutter, Stammvater. *Elternhaus:* Kinderstube (gute K., schlechte K.), Stall (guter St., schlechter St., alter St. usw.). *Nachwuchs:* absteigende Linie, Nachkommenschaft, Kindschaft, Kindsegen, Kinderschar, Stall voller Kinder, Kind und Kegel, viele Mäuler zu stopfen. Nachkomme, Abkömmling, Ableger, Sproß, Sprößling, das schwarze Schaf der Familie, der verlorene Sohn. *Verwandtschaft:* Magen, Mischpoche, Paket, Qualverwandtschaft, Prahlverwandtschaft, Wahlverwandtschaft, die ganze bucklige Verwandtschaft, die lieben Verwandten. *Verwandter:* Gako, Götte, Göttling. *Verwandter mütterlicherseits:* Kunkelmagen. *Verwandter väterlicherseits:* Schwertmagen. *verwandt:* in der Familie, um sieben Ecken verwandt, angeboren, überkommen, erblich belastet, mit Gepäck belastet, mit Anhang belastet. *Redewendungen:* Je größer die Verwandtschaft, desto kleiner die Freundschaft. Ein Fleisch, ein Blut. Der Apfel fällt nicht weit vom Baum (vom Birnbaum, vom Roß, vom Stamm). *Familiensinn:* Familiensimpelei, Familienstolz, Familientradition, Nestgeruch, Nestwärme. Ahnenprobe, Ahnenschwund, Familienforschung, Familienchronik, Familiengeschichte, Geschlechterbuch, Sippenbuch. *über Familienangelegenheiten reden:* familiensimpeln.

40.1 Schwester

Achass, Briske, Chaussee, Estersweh, Gefuße, Lästerschwein. *alter Wortschatz:* Glanbrißche, Glied.

40.2 Bruder

Aches, Briske, Kerwehe, Keule, Sebber. *mein Bruder:* meine brüderliche Liebe.

40.3 Base

Wäsche.

40.4 Vetter

Gako.

40.5 Nichte

Brudertochter, Schwestertochter.

40.6 Neffe

Brudersohn, Schwestersohn.

40.7 Tante

Bibi, Mödder, Moje, Muhme, Mutterschwester, Vaterschwester, Wase.

40.8 Onkel

Mutterbruder, Oheim, Ohm, Vaterbruder.

40.9 Großmutter

Ältermutter, Babe, Babuschka, Ellermutter, Fraache, Fräule, gravise Hepfi, Oma, Sikken-Imme, Strieh, Trübmoß. *Patengroßmutter:* Familienpflegerin.

40.10 Großvater

Ältervater, Babusch, Ehni, Eller, Ellervater, graviser Hopf, Herrche, Herrle, Opa, Papo, Papus, Trübwell.

40.11 Urgroßmutter

Altvorderin, Uroma.

40.12 Urgroßvater

Altvorder, Uropa.

40.13 andere Verwandte

Verwandte, deren Großväter oder Großmütter Geschwister sind: Andergeschwisterkinder, Liftergeschwisterkinder.

41 Wohnen

hausen, horsten, kampieren, lagern, nisten, thronen, zelten. ein Dach überm Kopf haben. *in Untermiete wohnen:* in Garnison liegen, den Wirt bereichern. *ein eigenes Haus bauen:* bausparen, Hütten bauen, sich anbauen. *einziehen:* absteigen, vom Pferd steigen, anlegen, landen, Anker werfen, vor Anker gehen, seine Zelte aufschlagen, sich einlogieren, sich einmieten, sich einnisten, sich einsacken, sich einstallen, sich festsetzen, sich häuslich niederlassen, sich seßhaft machen, Wurzeln schlagen. *den Einzug feiern:* Einstand feiern, die Wände begießen. *sich in ein leerstehendes Haus einschleichen:* beset-

zen, mit Beschlag belegen, kolonisieren, schwarz wohnen. *Unterkunft bei einer eigens zu diesem Zweck aufgegabelten Frau* (d. h., um Hotelkosten zu sparen): Fickpenne, Garage mit Nachttisch, Schlafloch, Vögelquartier. *umziehen:* die Tapete wechseln, Kiste rücken, sich vergrößern, sich verkleinern, seine sieben Sachen (seine Klamotten) packen, Landtag machen, Peterstag machen. *Umzug:* Abzug, Atmestid, Bündelberg, Bündelfest, Bündelhochzeit, Deernsafgohn, Dingmarkt, Herbstmarkt, Heuergangszeit, Holliowend, Hölsgesmarkt, Kastelfuhre, Kistenrücken, Knechtmarkt, Kneitebeu, Kukkucksmagd, Luftveränderung, Maikäfer, Mätebeu, Peigelwoche, Peugelwoche, Platzwechsel, Ringtausch, Schereowend, Scherzwoche, Schlenkermarkt, Schlenkerwurst, Schlenklweil, Schnöpelwoche, Schlüngelwoche, Seelenwanderung, Tapetenwechsel, Toggelwoche, Treckeltid, Treckzeit, Wanderwoche, Wederwäk, Weidewek, Weieweek, Willwoche. *Umzugstag:* Abgangstag, Abkehrtag, Abzugstag, Ausgängertag, Ausgehtag, Ausschlag, Ausstand, Bindungstag, Bündeltag, Bünseltag, Dingtag, Dinnestag, Eingehtag, Einzugstag, Filltag, Flüztag, Gehtag, Gluterabend, Greintag, Hetztag, Heuertag, Hoeldag, Kalendertag, Kindertag, Kistentag, Kofferabend, Koffersonntag, Koffertag, Kommtag, Laupdag, Laupeldag, Läusetag, Peideltag, Pendeltag, Pfannkuchentag, Plündertag, Pneckendriägerstag, Pucksünnertag, Röstertag, Rosstag, Rücketag, Rutschtag, Scheideabend, Scheidetag, Scherztag, Schlappermünztag, Schüngeltag, Schüntertag, Schürztag, Spieltag, Stürztag, Tageltag, Tockeltag, Trecktag, Trockeltag, Trolltag, Umstrecktag, Umtreibeabend, Umtreibetag, Verstrecktag, Walztag, Wandertag, Wechseltag, Weihtag, Weintag, Ziehtag, Zockeltag, Zubringetag, Zugangstag, Zuzugstag. *Möbelumstellung:* Budenzauber. *ausziehen, ausgehen:* Budenangst kriegen. Mir fällt die Decke auf den Kopf. Mir fällt die Bude auf den Deez.

41.1 Wohnhaus

das eigene Haus: die eigenen vier Pfähle, die eigenen vier Wände, das eigene Heim, der eigene Herd, das heimatliche Gefilde. *mein Haus:* mein Iglu, mein Kral, mein Wigwam, meine Jurte, meine Nisthöhle. *Fertighaus:* Fabrikjurte, Konservenpalast, Villa von der Stange. *Mietshaus:* Affenkasten, Mietskaserne, Zinskaserne. *Wohnungshochhaus:* Familiensilo, Mietersilo, Preßluftbaracke, Proletensilo, sterilisierte Wohnmaschine, Wohnfabrik, Wohnhochburg, Wohnkiste, Wohnkratzer, Wohnmaschine, Wohnsilo, Zementfabrik, Zigarrenkiste. *Apartmenthaus:* Adam-und-Eva-Silo, Freudenhochhaus, Freudenkratzer, Freudensilo, Liebeshochhaus. *Haus, in dem die Mieter oft umziehen:* Wechselhaus. *baufälliges Haus:* Budike, Dreckloch, Hundeloch, Kabache, Kabuff, Kaluppe, Klapperkiste, Spelunke, Stall, Haus auf Abruf.

41.2 Wohnung

Bau, Bleibe, Bucht, Bude, Grotte, Höhle, Laube, Nest, Stall, Tempel. *die eigene Wohnung:* die eigenen vier Pfähle, die eigenen vier Wände, das eigene Heim, der eigene Herd, das heimatliche Gefilde. *meine Wohnung:* meine Jurte, meine Nisthöhle, mein Iglu, mein Kral, mein Wigwam. *verschmutzte Wohnung:* Budike, Dreckloch, Hundeloch, Kabache, Kabuff, Kaluppe, Klapperkiste, Lotterwirtschaft, Schweinestall, Saubude, Saustall, Spelunke, Stall, Wanzenbude, Wanzenburg, Wanzenloch. *Wohnung eines Junggesellen:* Adlerhorst, Dachshöhle, Fuchsbau, Fuchsloch, Hirschpark, Löwengrube. *Wohnung einer Freundin oder eines Freundes:* Absteige, Brutplatz, Erholungsort, Heiakörbchen, Garage, Nisthöhle, Storchennest, Tankstelle, Zapfstelle. *Wohnung der Tochter:* Tochteranstalt. *Wohnung einer kinderreichen Familie:* Hasenstall, Karnickelstall. *Wohnung eines Homosexuellen:* Apollo 175, Drohnenkorb, Hahnenstall. *Wohnung einer Lesbierin:* Absteige (nicht von «Absteigequartier», sondern von «absteigen» = cunnilingere), Fischkasten, Fotzenfalle, Kitzlerbude, Nähkästchen, Zwitscherbude. *Einzimmer-Appartement:* Wohncouch mit Kochklosett, Wohnlokus mit Kochnische, Kochlokus mit Wohnnische. *Mansarde:* Deise, Ern, Gaupe, Lucht, Öhrm, Räucherbude, Rumpelkammer, Söller. Dachdeckerparterre, Dachkaluppe, Fliegerparterre, Himmelsparterre, Kanarienbauer, Luftschifferparterre, Pilotenparterre, Spatzenparterre, Sperlingslust, Villa Duckdich. *Mädchen mit Mansardenwohnung:* Mansardine.

41.3 Zimmer

Bau, Bleibe, Bude, Grotte, Höhle, Klamine, Laube, Loch, Nest, Padde, Pesel, Stall, Turm. *das eigene Zimmer:* die eigenen vier Pfähle, die eigenen vier Wände, das heimatliche Gefilde, die sturmfreie Bude. *mein Zimmer:* mein Iglu, mein Kral, mein Wigwam, meine Jurte, meine Nisthöhle. *möbliertes Zimmer:* garnierte Bleibe, Grotte mit Zapfen, Höhle mit Wasserspülung. *störungsfreies Mietzimmer:* dufter Turm, sturmfreie Bude, ungeniertes Zimmer. *Schlafzimmer:* Arbeitszimmer, Bastelraum, Dunkelkammer, Durmklamine, Empfangszimmer, Keimzelle, Kitzelkammer, Lade-

raum, Lullgeder, Matratzengruft, Nahkampfarena, Padde, Pesel, Privatbordell, Probierstube, Reitstall, Sägemühle, Schlaunklamine, Schleifacker, Schlunkisse, Schlunkitt, Schmeichelweide, Spielraum, Sportplatz, Vielharmonie, Werkstatt der Liebe. *Damenzimmer:* Launenwinkel, Maulgemach, Quarkstube, Schmollzimmer, Trotzwinkel, Ziegenstall. *Durchgangszimmer:* gefangenes Zimmer. *Hausbar:* Lasterbunker, Öltank, Spirituskommode. *unwohnliches Zimmer, ungeheiztes Zimmer:* Eiskeller, kalte Pracht. *enges Zimmer:* garniertes Handtuch, Kegelbahn, Schlauch. *kleines Zimmer:* Audienzsaal, Prunkstube, Rauchsalon, Thronsaal. *verschmutztes Zimmer:* Budike, Dreckloch, Hundeloch, Kabache, Kabuff, Kaluppe, Spelunke, Stall, Wanzenbude, Wanzenburg, Wanzenloch. *Zimmer eines Junggesellen:* Adlerhorst, Dachshöhle, Fuchsbau, Fuchsloch, Herrenzimmer, Hirschpark, Löwengrube. *Zimmer einer Freundin:* Boudoir, Damenzimmer, Frauengemach, Kemenate. Absteige, Brutplatz, Heiakörbchen, Nisthöhle, Storchennest, Tankstelle, Turm mit Burgfräulein, Zapfstelle, Ziegenstall. *Balkon:* Lästerloge, Schwiegermutterlaube. *Stukkatur:* Zuckerbäckerei. *dünne Wand, durch die man die Beischlafgeräusche der Nachbarn hören kann:* Rabitzwand. *unsichtbare Wand:* spanische Wand. («Zieh dich hinter der spanischen Wand aus» bedeutet heutzutage nicht etwa: «Zieh dich hinterm Wandschirm aus», sondern «Zieh dich aus, ich seh nicht hin!»)

41.4 Mobiliar

Barockmöbel: hochschwangere Möbel. *Kleidergestell:* Kleidergestalt (Schweiz). *Ausziehtisch:* Stripteasetisch. *Spiegel:* Fotzblende. *Lampe:* Stimmungsorgel. *Docht:* Furz in der Laterne. *Klingelknopf:* Klingelwarze, Pieze.

41.5 Bett

Ankerplatz, Baba, Bethlehem, Bucht, Bunker, Drahtmolle, Deckung, Eia, Etui, Fallgrube, Fede, die Federn, Feige, Furche, Gartenbank, Gegl, Geströde, Gusche, Heia, Heiabett, Heiakörbchen, Heis, Heische, die Horizontale, Hülse, die Hutschen, Juchhei, Kahn, Kapsel, Kau, Kaute, Kiez, Kiste, Klappe, Knochenkoffer, Koje, Körbchen, Külter, Kuschee, Leems, Liegewiese, Matratze, Matratzengruft, Matte, Mitte, Molle, Mulde, Mulle, Nest, Padde, Penne, Poocht, Poofe, die Posen, Puch, Sack, Schinkenetui, Schlafe, Schlafkiste, Schlummersarg, Schnarchkommode. *alter Wortschatz:* Blauding, Bläumlingsmette, Bölt, Kulmesmette, Nirschel, Nürschel, Sänftling, Schlaun, Seicht, Straunze, die Straunzen. *sexueller Wortschatz:* Agentenliege, Bastelwiese, Beischlafmöbel, Bienenkorb, Bügelbrett, Bumsetui, Eierkiste, Falle, Gondel, Hobelbank, Knutschkiste, Kurbelkasten, Kuschelwiese, Laderampe, Lasterrampe, Lasterwiese, Lotterpenne, Lustpritsche, Lustwiese, Matratzenzirkus, Nahkampfarena, Plättbrett, Rammelkiste, Reitbahn, Ringmatte, Saubucht, Saunest, Schaukelstuhl, Schleifacker, Schlittenbahn, Schmeichelweide, Sextanke, Spargelbeet, Spielwiese, Sportplatz, Sprungfederbusch, Sprungmatratze, Sprungschanze, Sprungstall, Stoßbank, Stoßlade, Sündenwiese, Tanzparkett, Theater (demnächst in diesem Theater = bald in meinem Bett), Webstuhl, Werkbank der Liebe, Wonneschaukel, Wummwumme, Zimmersportplatz. *Wortschatz der Masturbation:* Hobelbank, Kegelbahn, Melkschemel, Onanierschanze, Onanierwiese, Pimmelkiste, Ribbelacker, Schabebrett, Schrapmatte, Strampelwiese, Streppmolle, Wetzgruft, Wichskasten, Wichsmulde, Wichsrampe, Zupfmatratze. *Wortschatz des Inzests:* Heimathafen. *Wortschatz der Odoerotik:* Furzgestell, Furzkapsel, Furzkiste, Furzklappe, Furzmolle, Furzmulde, Miefkiste, Miefkoje, Stinkacker, Stinkkasten, Stinkmolle, Stinkwiese. *Wortschatz der Mysophilie:* Flohkiste, Flohkommode, Flohsack, Flohzirkus, Lausefalle, Lausekahn, Lausewiese, Wanzenburg, Wanzenstall. *Wortschatz der Urophilie:* Pißfalle, Pißkiste, Pißmolle. *enges Bett, Einzelbett:* Keuschheitsetui, Keuschheitshülle, Schmalspurbett, Schmalspurpritsche, Schwachstromhülse, Schwachstromschaukel. *das oberste von zwei übereinanderliegenden Betten:* Juchhe. *Couch:* Fallgrube, Knautsch, Kuschelwiese, Liege, Liegelang, Sündenwiese. *Chaiselongue:* Scheißelongü, Schißkalong. *Luftmatratze:* Bett im Sack, Pusteliege. *Zwischenraum zwischen Bett und Wand:* Bettgäßchen, Logierritze. *Zwischenraum zwischen zwei Ehebetten:* Besuchsritze. *Bettlaken:* Bettziehe, Breitling, Sprettlong. *Bettdecke:* Kolter, Miefbeutel, Zudecke. *Bettfedern:* Bläumlinge, Flauen, Kulmen. *Eiderdaunen:* Entenpelz. *Bettvorleger:* Tropfenfänger. *Bettflasche:* Beischläfer.

41.6 zu Bett gehen

in die Fede hotschen, in die Federallee gehen, auf den Federball gehen, auf den Matratzenball gehen, in die Horizontale gehen, sich auf horizontale Kampfebene begeben, auf Tauchstation gehen, Kuschee gehen, sich flach legen, sich umlegen, sich einigeln, einen gestreckten Winkel bilden, sich in die Klappe (in den Sack, aufs Ohr) hauen, nach Bethlehem (Bettenhausen, Federhausen, Kissingen) ziehen, ins Nest kriechen. *Komm ins*

Bett!: Husch, husch, ins Körbchen! Husch, husch, der Sandmann! Husch, husch, die Waldfee! Marsch in die Klappe! Schlaft's guat miteinand'! Angenehmes Flohbeißen! *nicht zu Bett gehen:* aufbleiben, die Nacht durchmachen, durchsumpfen. *im Bett liegen:* sich aalen, sich fleezen, sich auf seinen Lorbeeren ausruhen, auf der Bärenhaut liegen, Druckpunkt nehmen, Schnegel treiben.

41.7 ruhen

schlafen gehen: die Innenbeleuchtung einschalten, die Scheibenwischer ausschalten, den Strom abschalten. *einschlafen:* eindösen, eindunseln, einduseln, einnicken. *schlafen:* bremsen, dachsen, dösen, dormen, duseln, faiken, filzen, koksen, liemen, lunsen, nikken, nulschen, pelzen, pennen, pfeifen, ratzen, torfen. ein paar Augen voll Schlaf nehmen, die Augen schonen, Augenschondienst leisten, heia machen, sich von innen betrachten, das Innenleben besichtigen, auf Innenleben schalten, an der Matratze horchen. *fest schlafen:* schlafen wie ein Bär (wie ein Dachs, ein Kanonier, ein Murmeltier, eine Ratte, ein Ratz, ein Sack). *lange schlafen:* bis in die Puppen (bis in den Tag, ein Loch in den Tag, rund um die Uhr) schlafen, sich einen Stiebel (eine Medaille, einen Traumhaufen) zusammenschlafen, nicht aus dem Bett finden. *mit Unterbrechungen schlafen:* auf Abruf (auf Abzahlung, auf Raten) schlafen, den Schlaf (den Traum) abstottern, schlückchenweise schlafen. *während der Arbeitszeit schlafen:* kurze Fünfzehn machen, arbeiten wie ein Beamter (wie ein Gewerkschaftler, wie ein Pensionär, wie pensioniert), über den Chef (über den Dienst, über die Arbeitslast, über die Arbeitszeit, über den Stundenlohn, über den Wochenlohn, über den Monatslohn) nachdenken. *im Freien schlafen:* am Busen der Natur (in franca villa, bei Mutter Grün) schlafen, bei der Häsin pfeifen, kalte Penne machen, Biwak reißen, platt machen, eine Platte reißen. *schnarchen:* sägen, schnorcheln, schnubbeln. Bretter schneiden, Erbsen kochen, mit Koks gurgeln, den Urwald durchsägen, den Wald absägen. *schläfrig:* bleiern, dormisch, joscherisch, verschwiemelt.

41.8 aufwachen

auftauchen, auftauen, den Augenschondienst abstellen, aus Bethlehem (Bettenhausen, Federhausen, Kissingen) zurückkommen, die Innenbeleuchtung abschalten, auf Außenleben schalten, die Läden hochziehen, die Scheibenwischer (den Strom) einschalten.

41.9 aufwecken

ankurbeln, anlassen, anwerfen, in Bewegung setzen, in Gang bringen, auf Touren bringen, aufschrecken, aufscheuchen, aus den Federn holen, aus dem Traumland holen, aus Bethlehem (Bettenhausen, Federhausen, Kissingen) holen.

41.10 aufstehen

aus den Federn (der Flohkiste, dem Nest, dem Sack) kriechen, das Außenleben besichtigen, aus der Fede hotschen, in die Vertikale gehen, sich senkrecht stellen, sich auf vertikale Kampfebene begeben.

41.11 Wirt

Blutsauger, Lehnsherr (Studentensprache). *homosexueller Wirt, der seinen Mieter gratis wohnen läßt:* Abrahams Schoß, Nähracker, Onkel, Portemonnaie mit Schwanz.

41.12 Wirtin

Bettfrau, Schlafboste, Schlummermutter, Zimmerlinde. *Wirtin, die ihren Mieter versorgt:* Kostschachtel, Nährmutter. *Wirtin, die mit ihrem Mieter schläft:* Hausgeige, Mehrzweckwirtin. *Wirtin, die ihren Mieter bespitzelt:* Verkehrshindernis.

41.13 Mieter

Aftermieter, Dauermieter, möblierter Herr, Nachmieter, Zimmerherr. *Mieter, der sich von seiner Wirtin ernähren läßt:* Baron, Goldgräber, Pensionär. *Mieter, der mit seiner Wirtin schläft:* Bettgeher, Einlieger, Schlafbursche, Schlafgänger.

41.14 Gast

Bettgenosse, Bettgenossin, Damenbesuch, Herrenbesuch, Stubengenosse, Zimmergenosse.

41.15 Freund mit eigener Wohnung

Absteigmaxe, Gastgeber, sturmfreier Heini, Turmbesitzer.

41.16 Freundin mit eigener Wohnung

Absteigmieze, Gastgeberin, sturmfreie Blondine, Sextanke. *Freundin mit Mansardenwohnung:* Mansardine.

41.17 Hausmeisterin

Hausdrache, Matzin, Portiere, Verkehrshindernis.

41.18 Hausmeister

Stallwächter, Treppenterrier.

41.19 Hausangestellte

Abwaschlappen, Bedienerin, Besen, Bodenmasseuse, Bolzen, Dienstbesen, Dienstbolzen, Dienstfleck, Dienstkiste, Dienstklater, Dienstkrab, Dienstpfote, Donja, Donna, Drache, Dragoner, Dromedar, Emma, Fußbodenmasseuse, Hausgeist, Hausnudel, Hausschwalbe, Heimstattassistentin, Hulda, Kartoffelmuse, Klopskalle, Knux-Kalle, Matzin, Minna, Parkettakrobatin, Parkettkosmetikerin, Parkettmasseuse, Parze, Perle, Puddelina, Putzbolzen, Putzdame, Putze, Frau Putz, Ritzenreinigungsdame, Rußmaus, Saugfee, Schrubberbesen, Schrubberbosten, Schrubberfee, Schrubberhyäne, Schrubber-

walze, Staubdompteuse, Staubsaugerfee, Staubsaugerlaborantin, Tante Klara, Thusnelda, Trampel, Trulla, Wassersteiner. *sexueller Wortschatz:* Dienstpolster, Dienstputz, Dienstspritze, Hauserin, Häuserin, Haushaltsspritze, Pißpott des Hausherrn, Putzbolzen, Putzdame, Putze, Saugfee, Schrubberschönheit, Spritze, Trampelcharmante, Unschuld vom Lande. *Plural:* Besengarde, Krampfadergeschwader.

41.20 Hotelangestellte

Empfangschef: Grüßemil, Oberkörper, Steißbeinakrobat. *Zimmermädchen:* Bettfalter, Kammerbesen, Kammerfee, Kammerkätzchen, Kammermaus, Kammermieze, Kammernymphe, Klingelfee, Zimmerblüte, Zimmerfee, Zimmerhäschen, Zimmerkätzchen, Zimmerlinde, Zimmerpalme, Zimmertanne, Zimmerveilchen. *Wäscherin:* Fladerin, Waschbär, Waschbesen, Waschlappen. *Hotelportier:* Begrüßaugust, Grüßaugust, Grüßemil. *Hotelpage:* Jackenaffe.

41.21 Hotel

Absteige, Kaff, Kletterbude, Kletterburg, Kuppelbude, Kuppelburg, Liebhaberei, Skandalabsteige, Stundenpension, Wanzenburg.

41.22 Wohnheim

Entwöhnungsheim, Tugendburg, Tugendhort, Unwohnlichkeitsheim, Zwangsanstalt. *Frauenwohnheim:* Bienenhaus, Bienenkäfig, Bienenkorb, Drachenburg, Fischkasten, Gänsestall, Hühnerhaus, Hühnerkorb, Hühnerstall, Jungfernsilo, Jungfernturm, Jungfernzwinger, Käfersammlung, Lästerakademie, Schlangenturm, Schraubenlager, Tugendhort, Zickenfarm, Ziegenstall. *Altfrauenwohnheim:* Morchelturm, Reliquienschrein, Schlangenturm, Schraubenlager. *Männerwohnheim:* Bullenburg, Bullenkloster, Drohnenkorb, Hirschpark, Löwenhöhle. *Gelände zwischen einem Frauen- und einem Männerwohnheim:* sexterritoriales Gebiet. *Schlußstunde für Besucher:* Hundesperre, Sextermination. *Hausordnung:* Verkehrsordnung.

41.23 Wohnungsamt

Neinsagerei, Wartburg, Wohnungsverhütungsamt, Wohnungsvertröstungsamt.

41.24 Wohnungslosigkeit

Wohnungsnot, Obdachlosigkeit, ohne Bleibe. kein Dach überm Kopf. auf der Straße liegen. *Geschlechtsleben im Freien:* Freistoß, Garni, Gartenspritze, Heckenpenne, kalte Penne. *Parkbank:* Lattencouch. *auf einer Parkbank koitieren:* Bankverkehr, Holzverkehr. *im Freien:* bei Ackermann, bei der Häsin, bei Mutter Grün, in franca villa, am Busen der Natur, in der Tropfsteinhöhle. *im Freien koitieren:* zu Ackermann fahren, Biwak reißen, bei der Häsin pfeifen, Heckenpenne machen, kalte Penne machen, platt machen, eine Platte reißen, sich den Wind um den Schwanz wehen lassen, in der Tropfsteinhöhle tröpfeln.

41.25 Landstreicherin

Flederwisch, Flitsche, Gammelmädchen, Motte, Pennschwester, Propeller, Sandige, Tappelmichel, Tappelschickse, Tappelzauck, Tippelschickse, Tippeltille, Zugvogel.

42 Arbeit

Ferien vom Ficken, fickfreie Ferien von der Frauenfotze. *Arbeitsamt:* Amt für Menschenhandel, Amt für Sklavenhandel. *Akkordarbeiter:* Fickfack. *weiblicher Lehrling:* Mops, Übungswerkzeug. *mit Arbeit überlastet:* bis übern Schwanz in Schufterei. *bearbeiten:* befummeln. *hart (schwer) arbeiten:* schuften, daß der Schwanz raucht. sich die Möse abschuften. *nicht arbeiten:* keinen Schwanz rühren, den Schwanz schonen, die Möse schonen. *schludrig arbeiten:* mit dem heißen Schwanz (mit der heißen Nadel) nähen. Das hast du wohl mit dem Schwanz (mit dem Zimmermannsbleistift) gemacht! *faul:* lendenlahm, lustlos. Lieber in der Woche ficken als sonntags arbeiten. *faule Frau:* Block.

43 Industrie

Fast das gesamte Vokabular des Werkzeugmaschinenbaus, der Gießerei und aller anderen Industriezweige, in denen Gegenstände nach einer Meisterform (Matrize, Mutter) vervielfältigt werden, trägt sexuellen Charakter (Muttereisen, Mutterform usw.). Wo immer zwei Gegenstände miteinander verbunden werden, tritt sexuelles Vokabular zutage (Kuppelstange, Kuppelungsflansch, Kuppelungshaken, elastische Kuppelung, Reibungskuppelung usw.). Wenn zwei Teile ineinander verschraubt werden, sprechen wir denjenigen, in den die Schraube eindringt, als «Mutter» an. Wird ein Stecker in eine Steckdose gesteckt, so benutzt die Fachsprache sexuelle Terminologie (z. B. Doppelweibchen = Metallhülse für Bananenstecker). Dieses sexuelle Industrievokabular ist so umfangreich, daß es den Rahmen dieses Buches sprengen würde, wenn man es hier im einzelnen anführte. Deshalb nur einige Beispiele, die außerhalb des Normdenkens der Industriesprache liegen. *Stahlarbeiter:* Eisenscheißer. *Maurer:* Betonscheißer. *Fabrikarbeiterin:* Fabrikschlitten, Fabriksocke. *Textilarbeiterin:* Textille, Textilschlitten. *Fabrikant von Miederwaren:*

Miederologe. *Konservenfabrikant:* Büchsenficker. *Fabrikant von sanitären Einrichtungen:* Kackhäusler. *Henkel der Brotbüchse eines Bergarbeiters:* Trauring.

44 Landwirtschaft

Ackerbau und Viehzucht: Ackervieh und Bauzucht, Ackerzucht und Viehbau. *Scheune:* Schambutter.

44.1 Bauer, Landwirt

Fudbleuer, Furchenkacker, Furchenscheißer, Klackermann, Kuhbusensaftgewinner, Kuhfladendirektor, Mistfink, Mistgabelhengst, Misthupfer, Mistiker, Mistpeter, Roßbollenschüttler. *Bauernpenis:* Bauernflöte, Hirtenflöte, Waldflöte, Waldhorn.

44.2 Bäuerin, Landarbeiterin

Bäuerin: Kafferin, Kafferkrone, Klackerfrau, Mistgabelstute. *alter Wortschatz:* Gagi, Gatschi, Henne, Hochin, Rammelmoß. *Bauernschönheit:* Ährenmadonna. *Bauernmädchen:* Agnese, Bauerngans, Bauerntrampel, Bauerntrina, Feldknudel, Feldpflanze, Kafferdille, Kafferine, Krautwurst, Landpomeranze, Mistize, Pomeranze, Spinatfee, Unschuld vom Lande. *Magd:* Kuhbusenentsafterin, Kuhbusensaftgewinnerin, Kuhstallfähnrich. *alter Wortschatz:* Beistieberin, Diel, Ges, Schinalsdille, Schinellerin. *Sennerin:* Bergziege. *Müllerin:* Racheimerin. *Bäckerin:* Schupferin.

45 Handel und Finanz

Büroangestellter: Aktenhengst, Aktenkakker, Aktenscheißer, Aktenwallach, Analtourist, Blackscheißer, Glanzarsch, Glanzpopo, Halbfurzer, Hämoritter, Hinternlekker, Kissenpuper, Pfeifendeckel, Schwielenarsch, Sesselbumser, Sesselfurzer, Steißarbeiter, Tintenpisser, Tintenscheißer. *Büroangestellte:* Aktenstück. *beischlafwillige Büroangestellte:* Büronixe, Bürozahn. *beischlafunwillige Büroangestellte:* Büroklammer, Büromaschine, Büropalme, Bürotrine, Bürowanze. *Verhältnis mit einer Büroangestellten:* Büroehe. *Büroangestellte, die mit ihrem Chef ein Verhältnis hat:* Mehrzweckmädchen, Spesenkonto mit Loch. *Personalchef in einem Bürobetrieb, der hauptsächlich weibliche Kräfte beschäftigt:* Fotzensortierer. *Chef oder Abteilungsleiter, der noch kein Verhältnis mit einer Angestellten hat:* unbesetztes Gebiet. *neureicher Chef:* Wirtschaftswunderbauch. *mit dem Chef ein Verhältnis anfangen:* an den Drücker kommen. *mit dem Chef ein Verhältnis haben:* am Drücker sein. *Schreibmaschine:* Scheißereibmaschine. *Stenotypistin:* Klapperschlange, Klopfstute, Maschinenfräulein, Maschinistin, Radiergummi, Schreibmagd, Schreibmaschine, Schreibmaschinistin, Steno-Lieschen, Tastenfee, Tastenfrosch, Tastenkrabbe, Tastenschnecke, Tastensklavin, Tipparsch, Tippdame, Tippente, Tipperin, Tippfräulein, Tippfrosch, Tippmädchen, Tippmamsell, Tippmaschine, Tippöse, Tippse, Tipptöse, Tippstrulle, Tippwalze, Tipsy, Typeuse, Typheuse, Typi, Typistin. *beischlafwillige Stenotypistin:* Maschinenfotze, Penistippistin, Tastenfose, Tippmöse. *beischlafunwillige Stenotypistin:* Steno-Xantippe. *Lochkarten-Kontoristin:* Lochmädchen. *Sekretärin:* Kalendrine. *Privatsekretärin:* Edeltippse, Heinzelmädchen, Heinzelmännchen auf Abruf. *Chefsekretärin:* Arrogans, Blitzableiter, Direktionsfilter, Haarsieb, Schallmauer, Vorzimmerlinde, Vorzimmermatte, Vorzimmerpflanze, Vorzimmertanne, Westwall. *Chefsekretärin, die mit ihrem Chef ein Verhältnis hat:* Chefnutte, Cheftille, Vorfotze. *Telefonistin:* Drahtamsel, Drahtmaus, Drahtschwalbe, Klingelfee, Steckdose, Stöpselfräulein. *weiblicher Lehrling:* Mops. *Laufmädchen:* Ladengeflügel, Laufpampel. *Verkäuferin:* Ladenbiene, Ladenfee, Ladengrazie, Ladenkätzchen. *ältere Verkäuferin:* Ladenhüter. *Verkäuferin in einem Lebensmittelgeschäft:* Butterfee, Margarinefee, Spinatfee. *Markthändlerin:* Hallendame, Marktschlampe. *Kassiererin:* Kassette, Miss Moos. *Bankangestellte:* Bankiere. *Buchhalterin:* Tintenfisch, Tintenschnecke, Tintensklavin. *Buchhalter:* Tintenscheißer. *Zahltag:* Mariä Empfängnis, Maria Hilftag.

45.1 Geld

Geld im Zuhältervokabular: Betriebsstoff, Bims, Blech, Brot, Draht, Fu, Gerste, Gips, Gori, Hauptwort, Kies, Kitt, Koks, Lebekies, Lehm, Marie, Meges, Meschinne, Monni, Moos, Mummes, Muni, Pennulje, Pinke, Pinkus, Pinkus der Waldspecht, Pulver, Putje-Putje, Putput, Qualm, Rubel, Sand, Schamott, Schiefer, Schmatt, Schotter, Schrot, Schucks, Schuß, Torf, Treibstoff, Zeit, Zenober, Zimt, Zunder, Zwirn. *Geldscheine im Zuhältervokabular:* Ballen, Eier, Emmchen, Flappen, Fleppen, Flöhe, Klamotten, Lakritzen, Lappen, Kohlen, Masumen, Mäuse, Maxen, Mesumen, Moneten, Möpse, Mücken, Penunzen, Peseten, Piepen, Pimperlinge, Piselotten, Schäfchen, Zechinen. *Geldschein im Prostituiertenvokabular:* Glaspapier, Papiervogel, Schmalzstulle, Tapete, viereckiges Geld. *DM 10,–:* kleines Pfund. *DM 20,–:* Geige, Grüner, grüner Lappen, Grünflügel, Kaffschuck, Pfund, ganzes Pfund. *DM 50,–:* hal-

ber Schein, Rosine. *DM 100,–:* blaue Taube, Blauer, blauer Lappen, Blauflügel, dicke Rosine, Fetter, Schein, ganzer Schein. *DM 500,–:* halber Zettel, halbes Kilo. *DM 1000,–:* Bonzenflugblatt, Brauner, brauner Lappen, brauner Riese, Braunflügel, Kilo, Riese, Zettel, ganzer Zettel. *kleine Scheine:* Zerquetschte. *Kleingeld:* Befickengeld, loses Pulver. *Geldstück:* blanker Draht, Klang, Laschi, Ratt. *Geldstücke:* Dittchen, Fledermäuse, Harte, Hosenknöpfe, Klimperlinge, Knöpfe, Linsen, Lobies, Miese, Murmeln, Musikanten, Pfefferminzchen, Platten, Plätzchen, Puppen, Scheibchen, Scherben, Vögelchen, Zasterklötzchen. *kleine Geldstücke:* Zerquetschte. *Goldmünzen:* stumme Monarchen. *Silbermünzen:* Nickel, stramme Mäuse. *Kupfermünzen:* Indianer, Neger. *Fünfmarkstück:* Kanaldeckel, Schleusendeckel. *Zweimarkstück:* Zwilling. *Einmarkstück:* Stein. *Zehn Pfennig:* Pimpergroschen, Pinkelgroschen. *Fünf Pfennig:* Sechser. *Zwei Pfennig:* Zwikkel. *Ein Pfennig:* Kümmelposche, Posche, Proletengroschen. *Ein DDR-Pfennig:* Staatspesos. *Österreichischer Schilling:* Alpendollar, Ischling, Schlei. *Eintausend-Schilling-Schein:* Fetzen, Riese. *Fünfhundert-Schilling-Schein:* Elefant, halber Fetzen. *Einhundert-Schilling-Schein:* Blauflügel. *viel Geld:* Heidenmoos, Hurengeld, Saugeld (Zuhältersprache). *wenig Geld:* Betriebskapital, Lebensfriste (Zuhältersprache). Siehe auch *Prostituiertensold* 48.9. *Geld in der Ehe:* 14.56.

45.2 Geldbörse

Portemonnaie im Prostituiertenvokabular: Euter, Faß, Kohlensack, Krone, Padde, Portmariechen. *Brieftasche im Zuhälterjargon:* Drahtkommode, Hurenbörse, Lebensnerv, Plattmolle, Plattmulie. *volle Brieftasche im Zuhälterjargon:* Brustpolster, dralle Marie, voller Euter, Watte auf der Brust. *Inhalt einer Brieftasche:* Eingeweide.

45.3 Geldkassette

Geldkassette im Zuhältervokabular: Aschenkasten, Kohlenpott, Mooskiste, Piepenbox, Zapfstelle. *Geldkassette auf dem Wege zur Bank:* Geldbombe. *Geldschachtel im Prostituiertenvokabular:* Schmollschatulle.

45.4 Geldschrank

Geldschrank im Zuhälterjargon: Blechkasten, Blechkiste, Drahtverhau, Kohlenbergwerk, Kohlenkeller, Kohlenpott, Pulverkammer.

45.5 Reichtum

Wohlstand in der Prostituiertensprache: daumendicke Fettlebe. *wohlhabend:* bestückt, betucht, bezastert, dick, tofe. *wohlhabender Mann im Prostituiertenvokabular:* dicker Blauer, Fetter, fetter Kober, Goldfisch, Kaffeesack, Kootze, Kren, Wurz'n. *wohlhabende Frau:* Goldfisch, Miss Moos. *er hat Geld:* er hat's, er hat's dicke, er hat Geld wie Scheiße, er hat Moses (Möserkes, Platen, Späne), er hat das Heu in der Scheune, er hat was an den Füßen, er hat was auf der Naht, er ist zahlreich, er sitzt im Fett (in der Wolle, warm), er stinkt aus allen Knopflöchern, ihm blinzelt (kiekt, sieht) der Zimt aus dem Hosenschlitz.

45.6 Armut

Armut in der Prostituiertensprache: Dalles, Druck, Ebbe, Klemme, Rheumatismus zwischen Daumen und Zeigefinger. *arm:* abgebrannt, bet, blank, blutt, drahtlos, flach, glatt, klamm, knapp, knopflos, machulle, naß, parterre, schwach auf der Titte, schwarz, stier. *sie hat kein Geld:* sie deckt sich mit dem nackten Arsch zu, die hat 'nen trocknen Daumen, sie hat nichts auf der Titte, sie hat kein Hemd vorm Arsch, sie hat nichts um, sie ist katholisch im Portemonnaie, sie leckt an 'nem aufgehängten Heringsschwanz, sie legt sich krumm, sie schläft im Kohlenkasten, sie sitzt auf dem Proppen, sie sitzt auf dem Trockenen, sie sitzt in der Scheiße. *abbetteln:* abgeilen.

46 Kommunikation

Kommunikation: zwischenmenschliche Beziehungen, Zwiegespräch. *Liebesgespräch:* Sexartikulation, Süßholzgeraspel. *von Liebe sprechen:* das Herz öffnen, das Herz ausschütten, dem Herzen Luft machen, um Gehör bitten, um schön Wetter bitten. *Liebesgeheimnisse ausplaudern:* aus dem Nähkästchen plaudern, seine schmutzige Wäsche vor anderen waschen.

46.1 Sprechverkehr

Stimme: Bauchstimme, Bettstimme, Flüsterstimme, Schmeichelstimme, Stimme aus dem Unterleib, Stimmbruch, Stimmwechsel. *Mann mit tiefer Stimme:* Generalbaß. *redselige Frau:* Bandwurm, Blechtute, Klatschbase, Kodderschnauze, Kubikfresse, Kubikschnauze, Kuhmaul, Langspielplatte, Lautsprecher, Maschinengewehr, Orakel, Plappertasche, Quadratfresse, Quadratschnauze, Quasselstrippe, Quatschbacke, Raketengosche, Raketenschnauze, Ratschbase, Revolvergosche, Revolverschnauze, Schlappmaul, Schnattermaul, Seichbeutel, Stadtklatsche, Tonbüchse. Breimaul, Dreckschleuder, Giftkröte. *«Weibergeschwätz»:* Fraubaserei, Maase, Mauldiarrhöe, lange Soße. *sie redet zu viel:* sie quatscht sich dumm und dämlich, sie hat 'ne motorisierte Zunge, sie ist unter der Nase flott zu Fuß, ihr Mund läuft auf Hochtouren, ihr Maul läuft schneller wie die Bee-

ne. *halt den Mund:* Sex! (vom Jiddischen sekonos = Gefahr). *sprachlos:* gebügelt, geplättet.

46.2 Telefonverkehr

Telefon: Flüstermaschine, Nabelschnur, Sabbelkasten. *Telefonanruf:* Blitz («schick doch mal 'n Blitz rüber zu Lieschen»). *Telefonanruf statt eines Liebesbriefes:* Sparporto. *kein Anruf von dem oder der Geliebten:* Funkstille. *telefonieren:* flüstern bis die Drähte glühen, an der Nabelschnur hängen. *mit jemandem telefonieren:* jemanden an der Nabelschnur haben. *jemanden anrufen:* jemanden bei der Nabelschnur kriegen, sich an die Nabelschnur hängen. *Telefonistin:* Blitzmädchen, Drahtamsel, Drahtschwalbe, Flüsterjule, Fräulein vom Amt, Hallo-Girl, Klappenschrankmädchen, Klingelfee, Leitungsengel, Quasselfräulein, Quasselstrippine, Stöpselfee, Stöpselfräulein, Stöpselgans, Stöpselmaschine, Telefonjule, Telefonmädchen.

46.3 Postverkehr

Briefträger: Brieftäuberich. *weiblicher Postbote:* Brieftaube. *Liebesbrief:* Aufgeilbrief, Flaschenpost (Flasche = Frau), Liebesschrieb, Schatzbrief, Schneckenpost (Schnecke = Frau). *Liebesbriefe aus Deutschland:* Bundesschatzbrief. *Abschiedsbrief:* blauer Brief, Entlassungsschreiben. *Schachtel mit alten Liebesbriefen:* Friedhof, Gefühlsremise, Sentimentalitätentruhe. *alter Wortschatz:* Büchlein (Liebesbriefe der Minnesänger). Buhlebrief (Brief, der ein Verhältnis besiegelt. Nach dem ritterlichen Brauchtum des frühen 13. Jahrhunderts mußte das Verhältnis zwischen einem Ritter und der Ehefrau eines anderen Ritters in einem Schreiben niedergelegt und gegenseitig ausgehändigt werden. Der Volksmund hat das Wort «Buhlebrief» beibehalten, seine Bedeutung jedoch völlig geändert: im 18. und 19. Jahrhundert bedeutete es «Ehetauglichkeitszeugnis»).

46.4 Straßenverkehr

Straßenverkehr: Geschlechtsverkehr, Strichverkehr. *kurvenreiche Straße:* Lollobrigidastraße. *Straße mit Schlaglöchern:* Fotzenallee. *Schlagloch:* Straßenfotze. *Autobahn;* Anhalterpuff. *Lastwagen:* Anhaltervernaschgerät, Puff auf Sexrädern. *Autobus:* Autobusen, Omnibusen, geschminkte Minna. *Automobil:* Balzgerät, Fickmobil, Flirtmobil, gummibereiftes Schlafzimmer, Knutschkiste, Liebesdienstwagen, Liebeslaube, Liegesofa, Miezenschlepper, rasches Sofa, Schlafzimmer auf Rädern, schnelles Sofa, Sexschlitten, Sündenwagen, Traumkutsche, Traumschiff, Traumschlitten, Triebwagen, Verführmobil, Verführungskarosse, Verführungskutsche, Verführungsschaukel, Verführungsschlitten. *Autokühler:* Chrombusen. *Kühlerverkleidung:* Hottentottenschürze. *Autofahrerin:* Auto-Amazone, Benzinhäschen, Benzinstute, Benzinwürstchen, Chauffeuse, Sirenenengel. *Prostituierte, die ihre Kunden im Auto aufliest:* siehe 48.2. *Automobilprostitution:* siehe 48. *Anhalterin:* Autobahnsirene, Autokalle, Automenscherl, Benzinfose, Benzinfotze, Chausseeblume, Chausseelilie, Chausseemaus, Chausseeschwalbe. *Wohnwagen:* Landjacht, rollender Puff, Schneckenhaus. *berittener Polizist, der Wohnwagenplätze überwacht:* Moralreiter. *Verkehrspolizistin:* siehe 47.38. *Führerschein:* Verführerschein, Waffenschein. *§ 330c StGB:* Liebesparagraph. *Taxifahrt, bei der man koitiert:* Porzellanfuhre. *Motorrad:* Eierschaukel, Gonokokkenschaukel, Hämorrhoidenschaukel, Knatterarsch, Schnellfurz. *Mitfahrersitz:* Antiembryonensattel, Gebärmutterschaukel, Pupperlhutsche, Schlampenschleuder. *Motorrad mit Beiwagen:* Brautmobil, zweigeschlechtlicher Doppelsitzer. *Beiwagen:* Flitscherletui, Flötenetui, Schatzkästchen. *Mitfahrerin:* Auspuffengel, Auspuffzahn, Klammeräffchen, Klammerbraut, Klammerkatze, Motorradbraut, Sattelbraut, Windsbraut, Zitterbraut, Zitterjule. *Motorroller:* Klo auf Rädern, schnelles Klo, Verlobungsvehikel. *Mitfahrerin:* Rollerbraut. *Moped:* Feuerfurz. *Fahrrad:* Sackraspel, Schwanzmühle. *Damenfahrrad:* Fudraspel, Schrippenmühle. *Landstreicherin:* Pennschwester, Propeller, Tappelmichel, Tappelschickse, Tappelzauck, Tippelschickse, Tippeltille, Zugvogel.

46.5 Schienenverkehr

ermäßigte Bundesbahnreise für zwei Personen: Bundesanbahnung, rosa Zeiten. *Wochenendzug, der die Ehemänner zum Urlaubsort der Ehefrauen bringt:* Strohwitwer-Expreß.

46.6 Schiffsverkehr

Passagierschiff: Liebesbus, Luxusarche, Modearche, schwimmender Puff, Verlobungsgondel. *Kapitän:* Salzwasserscheich. *Stewardess:* Seenymphe. *Sexualleben auf Passagierschiffen:* Bordliebe. *Seemannsliebchen:* Landungsbraut.

46.7 Flugverkehr

Stewardess: Luftengel, Wolkenengel. *Lufthansa-Stewardess:* fliegendes Gretchen. *Frau, die auf Flughäfen und Flugzeugen versucht, Männerbekanntschaften zu machen:* Luftkutschenbüchse, Luftmatratze, Luftstraßenmädchen, Windsbraut.

47 Recht und Strafe

Eherecht: siehe 14.1–14.2. *Kinderrecht:* 18.21. *Sexualrecht:* Verkehrsrecht. *Sexualgesetzgebung:* Verkehrsregelung. *dehnbares Gesetz:* Gummiparagraph, Pariser Paragraph, Präservativgesetz. *Bademodengesetz vom 18. 8. 1932:* Zwickelerlaß. *Verweis:* Vorwichser. *verbotener Geschlechtsverkehr:* Parkverbot. *verbotene Geschlechtspartner:* verbotene Früchte. *polizeiliches Führungszeugnis:* Verkehrsstrafenregister. *Unbescholtenheitserklärung:* Sitten-Persilschein. *vorbestrafte Prostituierte:* Adelsfrau, Fortgeschrittene. *Strafe für Ehebruch:* siehe 14.60. *Strafe für Unehelichkeit:* 15.12. *Strafe für Prostitution:* 48.12.

47.1 Straftat
sexuelle Straftat: Verkehrsdelikt, Verkehrssünde. *bei einer unerlaubten Sexualhandlung ertappt werden:* ausrutschen. *Festnahme wegen eines Sexualdeliktes:* Verkehrsunfall. *Sexualtäter:* Sittenstrolch, Verkehrssünder.

47.2 die sexuelle Unterwelt
Galerie (Wien), Geschäft, Halbseide, Innung, Leben, Métier, Milieu, Tableau, Zunft.

47.3 Beischlafdiebstahl (§ 242 StGB)
Beischlafdiebin: Aasgeier, Abstiererin, Bezupferin, Dohle, Elster, Festnegerin, Fikkenspielerin (bedeutet auch: Taschendiebin), Filzlaus, Fischerin, Fledermaus, Geldkatze, Goldgräberin, Kißlerin, Krähe, Krampfhenne, Kratzhenne, Leichenfledderin, Melkerin, nasses Biest, Rabe, schiefe Nutte, schiefe Pro, schiefes Biest, Schnurrmädchen, Zypresse. *Beischlafdieb (Strichjungenvergehen an homosexuellen Kunden):* Aasgeier, Abficker, Abstierer, Bezupfer, Enterer, Festneger, Fikkenspieler (auch: Taschendieb), Fischer, Geldkater, Kißler, Krampfhahn, Kratzhahn, Leichenfledderer, Melker. *beim Beischlaf bestehlen:* abfilzen, abstieren, abtatschen, bezupfen, entern, filzen, am Filzinger sein, fleddern, fledern.

47.4 Erpressung (§ 253 StGB)
sexuelle Erpressung: Krampf, Kratz, Kur. *sexuell erpressen:* abbürsten, abknöpfen, abkochen, abrebeln, absahnen, brennen, biltragen, einsacken, fallemachen, hochnehmen, hoppnehmen, klemmen, krampfen, kratzen, melken, rupfen, scharfnehmen, schrauben, ticken, unterzünden. auf Abbruch schlafen, auf die Brenne nehmen, auf Krampf gehen, auf Krampftour gehen, auf Kratz gehen, auf Kratztour gehen, aufs Kreuz legen, die Schrauben anziehen. *ehemalige Kunden erpressen:* von Erinnerungen leben. *Homosexuelle erpressen:* Schwule ticken. *Erpresserin:* Krampfhenne, Kratzhenne, Melkerin, Milchmädchen, Pillenträgerin. *Erpresser:* Abbürster, Abknöpfer, Abkocher, Abrebler, Ballonfahrer, Brenner, Fallemacher, Hochnehmer, Kratzer, Kratzhahn, Melker, Rupfer, Scharfnehmer, Schraubenlouis, Zweihundertdreiundfünfziger. *Opfer sexueller Erpressung:* Konto, Zitrone. *erpreßte Frau:* Goldfisch, Kuh, Milchkuh, Quetschkommode.

47.5 Kuppelei (§§180–181 StGB)
siehe 48.13.

47.6 Zuhälterei (§ 181 a StGB)
siehe 48.20.

47.7 Prostitution (§ 361, 6–6 c StGB)
siehe 48.

47.8 Heiratsschwindel (§ 263 StGB)
Heiratsschmuh. *Heiratsschwindler:* Abkocher, Sultan, Trapezkünstler. *sich als Heiratsschwindler betätigen:* abkochen, sein Zwielicht leuchten lassen.

47.9 Ehebetrug (§ 170 StGB)
Matrimonium claudicans: hinkende Ehe.

47.10 Bigamie (§ 171 StGB)
Doppelehe, Privatharem. *Bigamist:* Doppeldecker, Hunderteinundsiebziger, Pascha. *dreifache Ehe:* Trigamie. *Mann mit drei Ehefrauen:* Trigamist. *Frau mit drei Ehemännern:* Trigamistin.

47.11 Ehebruch (§ 172 StGB)
siehe 14.59.

47.12 Verletzung der Unterhaltspflicht (§ 170 b StGB)
siehe 15.6.

47.13 Verlassen einer Geschwängerten (§ 170 c StGB)
Fahrerflucht. siehe auch 15.9.

47.14 Abtreibung (§ 218 StGB)
Räumungsparagraph. *Abtreibung:* siehe auch 16.5–16.10.

47.15 Kindesaussetzung (§ 221 StGB)
Aussetzung unehelicher Kinder: siehe 15.10.

47.16 Verführung Minderjähriger (§ 182 StGB)
siehe *Verkehr mit Jüngeren:* 28.

47.17 Mißhandlung Abhängiger (§ 223 b StGB)
ein Lehrmädchen schlagen: den Mops gerben. *einen Lehrling flagellieren:* den Stift schmirgeln.

47.18 Mißbrauch Abhängiger zur Unzucht (§ 174 StGB)
ein Lehrmädchen vergewaltigen: den Mops häuten. *eine Büroangestellte nötigen:* das Aktenstück ausreißen. *eine Vorzimmerdame entjungfern:* die Vorzimmerlinde entblättern.

47.19 Unzucht (§§ 176, 178 StGB)
Verkehrsdelikt, Verkehrssünde. *der Unzucht Angeklagter:* Hundertachtundsiebziger, Verkehrssünder.

47.20 Erregung öffentlichen Ärgernisses (§ 183 StGB)
Exhibitionismus: siehe 67. *Exhibitionist:*

Hundertdreiundachtziger. siehe auch 67.1. *Geldstrafe für Exhibitionismus:* Freveltaxe (1650). *der erigierte Penis:* der Stein des Anstoßes. *anzügliche Bemerkung:* Pflaume, Zwetsche, Zwetschge, Zwetschke.

47.21 Verbreitung unzüchtiger Schriften und Gegenstände (§ 184 StGB)

Verleger unzüchtiger Schriften: Hundertvierundachtziger. *Schriften und Gegenstände, die nach § 184 StGB als unzüchtig gelten:* verbotene Früchte. *gewagte Schriften:* Pfeffer, Pikanterien, scharfe Sachen, Unterhemdslektüre, Unterhemdsliteratur, Unterleibsprosa, U.T.-Literatur (weil sie von «unterm Tisch» oder «unter der Theke» kommt). *Pornographie, die zum Onanieren dient:* Wichsvorlage. *obszöne Verse:* Leberreime, Spittelbergg'stanzel (erotische Vierzeiler aus der 2. Hälfte des 18. Jahrhunderts, die in den Prostituiertenlokalen des Wiener 7. Bezirks entstanden sind), Stammbuchverse (im 18. Jahrhundert enthielten die Stammbücher der deutschen Handwerker oft zotige Verse, deren Verbreitung gegen Ende des 19. Jahrhunderts als unzüchtig verfolgt wurde. Zum Beispiel: «Es leben alle Galgen, die auf Pantoffeln stehn / Und mit dem Delinquenten vergnügt zu Bette gehn.» Oder: «Vivat, was die Frau hat / Unter ihrem Feigenblatt.» Oder: «Der die Bäume hat gegipfelt, / Der die Männlein hat gezipfelt, / Der die Weiblein hat gespalten, / Wolle dich gesund erhalten!»), Wirtinnenverse. *erotische Erzählung:* Dosenstück (um 1800). *chronique scandaleuse:* Klatschchronik. *Sammlung alter Liebesverse und erotischer Rätsel:* Rockenbüchlein (um die langen Wintertage in den «Rocken»- oder Spinnstuben unterhaltend zu verbringen, erfanden die Burschen und Mädel Versspiele, Rätsel und Lieder, die von den Gerichtshöfen der Jahrhundertwende verboten wurden, als sie zum erstenmal unter dem Titel «Rockenbüchlein» gedruckt wurden). *Zote:* dreckiger Witz, Sauglocke, Schweinigelei. *Zoten reißen:* wutzen, die Sauglocke läuten, schweinigeln. *Abortkritzeleien:* Urinlyrik. *obszönes Wort:* Stichwort (stechen = koitieren). *obszönes Buch:* Stichwortverzeichnis. *obszöne Anzeige:* Fickballon, öffentliche Visitenkarte. *Zeitungsspalte mit obszönen Anzeigen:* Plantage, Schamspalte, Sklavenmarkt. *gewagtes Flugblatt:* Sextrablatt. *Aktmagazin:* Busenbilderbuch, Wichsblatt. *Aktbild:* Röntgenbild, Wichsvorlage. *Aktbilder:* nackte Tatsachen. *Aktmodell:* Ausziehpuppe, Entpella, Gefrierfleisch, Gefriertruhe, Nackedei vom Dienst, Nacktarbeiterin, Nacktengel, Nacktfrosch, Nacktschnecke, Nix-Anhabi, Posierfleisch, Posierfose, Steueropfer. *Aktmodell in einer Kunstschule:* Lehrkörper. *Freundin eines Malers oder Fotografen, die auch für ihn Modell steht:* Mehrzweckmädchen. *rundliches Aktmodell:* Pampelmuse. *obszöne Münzen:* Coselgulden, Fickthaler, Hahnreithaler, Hirschgulden, Hurenkarrenthaler, Kunnenthaler, Kußthaler, Margaretengroschen. *obszön:* ausg'schamt, gepfeffert, gewagt, heiß, saftig. gemischt, kitzlig, krumm, schweinisch, nicht keimfrei.

47.22 Unzucht zwischen Männern (§§ 175–175 a StGB)

siehe *Verkehr zwischen Männern:* 29. *Analverkehr:* 35. *Oralverkehr:* 36. *Gegenseitige Masturbation:* 25.

47.23 Unzucht mit Tieren (§ 175 b StGB)

siehe *Verkehr mit Tieren:* 34.

47.24 Blutschande (§ 173 StGB)

siehe *Verkehr mit Verwandten:* 32.

47.25 Nötigung (§ 240 StGB)

Mann, der eine Frau zum Beischlaf nötigt: Fehlinger.

47.26 Notzucht (§§ 177–178 StGB)

Einbruch, Kernspaltung, Sexekution, Zapfenstreich. *notzüchtigen:* Kleinholz machen, einen Scharfen machen. eine anbohren, anbuffen, anschlagen, anstechen, anzapfen, auf die Butten schmeißen, aufs Kreuz legen, auf die Matte werfen, aufbrechen, aufknacken, aufreißen, aufsprengen, aufstemmen, ausrupfen, bohren, durchlöchern, entblättern, erledigen, hacken, häuten, knacken, knicken, machen, schaffen, spalten, spellen, sprengen, torpedieren, übers Knie brechen, umhacken, umlegen, verarbeiten, vergenotwendigen, verreißen, zureiten, zusammenbügeln, zusammenhauen, zusammenstechen. einer einen reinhämmern, reinhauen, reinschlagen, einer einen Stich geben, einen Stoß geben. *vergewaltigt werden:* vom Blitz gespalten werden, einen Stich kriegen, einen Stoß kriegen. *Notzüchtiger:* Büchsenreißer, Bürstenstecher, Dosenreißer, Einbrecher, Fleischhacker, Gewaltinger, Hundertsechsundsiebziger, Hundertsiebenundsiebziger, Lochbohrer, Mädchenstecher, Notinger, Nußknacker, Pauker, Perkocher, Pfähler, Plattinger, Scharfer, Schlitzsprenger, Schneidbrenner, Schwarzmoser, Spieß, Spitzer, Spundschärfer, Tresorknacker. *Mitglieder eines Rockerclubs, die ein Mädchen festhalten, während die anderen mit ihr koitieren:* Stillhaltekommission. *vergewaltigte Frau:* angebohrter Zahn, angebuffte Tomate, angeschlagenes Faß, angestochene Biene, angestochene Sau, angestochene Wespe, aufgebrochene Kiste, aufgebrochener Laden, entblättertes Blümchen (Gänseblümchen, Marienblümchen, Pflänzchen), erledigtes Geschäft, geknickte Li-

lie, gelöstes Rätsel, geöffnete Büchse (Dose, Flasche), Geschaffte, gespaltene Kerbe.

47.27 Mord (§ 211 StGB)

Lustmörder: Aufschlitzer, Totmacher. *siehe auch Sadomasochismus:* 80.

47.28 Kindestötung (§ 217 StGB)

Tötung unehelicher Kinder: siehe 15.11.

47.29 Gericht

Kriminalgericht im Zuhälterjargon: Schöffentheater. *Gerichtssaal im Prostituiertenjargon:* Paragraphenzirkus, Realitätenkino. *Richtertisch in der Prostituiertensprache:* Theke. *Anklagebank:* Holzkiste, Justizkasten, Schlachtbank, Schmalspurterrasse. *Gericht, das milde Urteile verhängt:* Rabattkammer. *Gericht, das sich hauptsächlich mit Prostituierten befaßt:* Sündikat. *Spottgericht:* Haberfeld, Giritzenmoos, Rügegericht (Jene halb scherzhaften, oft skatologischen, stets zotigen Formen der Volksgerichtsbarkeit, die der Volkmund «Rügegerichte» nennt, bestehen mindestens seit dem frühen Mittelalter und gehen möglicherweise sogar bis ins germanische Altertum zurück. Der Angeklagte wird nicht bestraft, sondern verspottet, so daß er aus Scham vor dem Gelächter der anderen von selbst aufhört, das zu tun, was die Gemeinde als anstößig empfindet. Manche der Rügegerichte haben sich mit einer elaboraten Mythologie und einem komplizierten Ritus umgeben, der seine eigene Sprache hat. So zum Beispiel das bayerische «Haberfeld», ein geographisch nicht lokalisierbares Gericht, und das schweizerische «Giritzenmoos», ein legendäres Gebiet, das dem Giritzenmoses untersteht. Er paßt auf, daß die Menschen sich paaren. Seine Todfeinde sind die alten Jungfern und Hagestolze. Alljährlich hält er ein Rügegericht, vor dem die Unverheirateten sich zu verantworten haben. Die alten Sünder werden bestraft, die jungen dagegen müssen ins Moos, um sich zu paaren und für die Enthaltsamkeit des Jahres Buße zu tun). siehe auch: *Rügestrafen* 47.30. *Rügerichter:* 47.31.

47.30 Richtspruch, Strafmaß

das übliche Strafmaß für Prostitution nach § 361 6–6c StGB: Tarif. *Verweis:* Vorwichser. *Vorstrafenregister:* Schamspalte, Sündenregister. *alter Wortschatz:* Kampfurteil (Richtspruch durch Sieg im Duell. Im 16. Jahrhundert gab es zwei Formen des Kampfurteils: Erstens den Kampf zwischen zwei Rittern um die Ehre einer Frau, die dem Kampf nur mit einem Hemd bekleidet beiwohnte. Zweitens ein Duell zwischen Mann und Frau. War eine Frau vergewaltigt worden, so durfte sie den Mann vor Gericht zum Kampf herausfordern. In beiden Fällen galt die vom Sieger verfochtene Moral als bewiesen). Kuttenzins (Geldstrafe für Mord aus Eifersucht. Die Bauern des Städtchens Rammelsburg entdeckten im 14. Jahrhundert, daß die Mönche des örtlichen Klosters mit ihren Frauen schliefen, während sie, die Bauern, die Felder bestellten. Aus Rache ermordeten sie die Mönche und brannten das Kloster nieder. Das zuständige Gericht verurteilte sie zur Zahlung eines nominellen Jahreszinses, der zum Wiederaufbau des Klosters beitragen sollte, sprach sie im übrigen aber frei. Der Volksmund taufte den Jahreszins, der in der Tat bis zum Jahre 1785 gezahlt wurde, «Kuttenzins». Im Hannoverschen und in der Lüneburger Heide behielt das Wort bis ins 19. Jahrhundert die Bedeutung «Sühne für Mord aus Eifersucht»). Wergelt (Bußgeld für den Geschlechtsverkehr mit der Magd eines anderen Mannes. Im frühen Mittelalter, ehe sich das Konzept der Sündhaftigkeit des Geschlechtsverkehrs durchgesetzt hatte, nahm die Rechtsprechung den außerehelichen GV als Selbstverständlichkeit hin, verlangte aber Zahlungen an den Lehnherrn für alle Formen des GV mit dessen Leibeigenen. Wer zum Beispiel eine Milchmagd verführte, mußte ihrem Besitzer so viel Getreide erstatten, wie der nackte Hintern der Magd in weichem Lehm als Hohlraum hinterließ. Je größer das Gesäß, desto höher die Buße, die man «Wergelt» nannte). *Rügestrafen:* Haberfeldtreiben (Wenn sich die oberbayerischen Bauern über das Geschlechtsleben eines Dorfbewohners – und besonders einer Dorfbewohnerin! – lustig machen wollten, zogen sie nachts vermummt und von Katzenmusik begleitet vor das Haus des Betroffenen und stimmten «Haberverse» an – Spottverse nach traditionellem Muster, in die nur die Namen der Verspotteten eingesetzt zu werden brauchten. Für jedes sexuelle Vergehen gab es festgesetzte Haberverse). Hechselstreuen (Um eine Braut der vorehelichen Entjungferung zu bezichtigen, pflegten manche Rügegerichte den Weg vom Hochzeitshaus zur Kirche – und manchmal den Boden vor dem Brautbett selber – mit Hechsel [Häcksel] zu bestreuen. «Hechselstreuen» bedeutet deshalb heute noch in manchen Gegenden «Untugend bestrafen»). Loderstellen (Im bayerischen Oberland pflegte man Menschen, die man sexueller Vergehen bezichtigte, Strohpuppen vors Haus zu stellen, die einen Zettel mit dem Text der «Anklage», oft in Versen verfaßt, in der Hand hielten. Die Puppen nannte man «Loder» und die Praxis dieses Rügerichtens «Loderstellen»). Mistwagenstellen (Wenn jemand einer besonders schmutzigen Form des Ge-

schlechtsverkehrs anhing, nahm man einen Mistwagen auseinander, schaffte die Teile nachts mühselig aufs Dach des Betroffenen, baute sie dort zusammen und häufte den Wagen voll mit Mist). Rappeln (Rügestrafe im Bergischen Land). Röckekürzen (Rügestrafe für Ehebruch). Säg'spän'streun (Der Ehebrecherin streute man Sägespäne unters Fenster, ins Schlafzimmer oder ins Bett. So wußte bald das ganze Dorf davon).

47.31 Richter

Richter im Prostituiertenvokabular: Moralathlet, Paßkenner, Verkehrsrichter. *Rügerichter:* Bienel (Westböhmen). Datte (Schwaben. Bis ins 19. Jahrhundert gab es in den schwäbischen Dörfern einen Rügerichter, der nachts an die Türen klopfte und sagte: «Der Datte ist da.» Fühlte sich der Beschuldigte schuldlos, so öffnete er die Tür und erklärte seine Unschuld. Blieb die Tür verschlossen, so galt dies als stillschweigendes Eingeständnis der Schuld und als ebenso stillschweigendes Versprechen, sich zu bessern). Haberer (Bayern. Die Haberer, die sich als Sendboten Karls des Großen betrachten, ziehen nachts maskiert vor das Haus des Angeklagten und singen Spottverse, die sich fast stets mit seinem Geschlechtsleben befassen). Haberermeister (Oberrichter eines bayerischen Rügegerichts). Weisel (Vorsitzender eines westböhmischen Rügegerichts).

47.32 Rechtsanwalt

Aktenkacker, Ferkelstecher, Linksanwalt, Linksverdreher, Maulrechtler, Paragraphenknacker, Paragraphenscheißer, Rausreißer, Rechtsklempner, Rechtsverdreher, Rechtsversenker, Rechtsverzögerer, Textdreher, Zellenmolch, Zungendrescher (Zuhältersprache). *Scheidungsanwalt:* Anwalt für umgekippte Gefühle, Befreier, Befreiungskrieger, Ehebruchpilot, Entgattungshelfer, Entzweier, Heiratsentferner. *Offizialverteidiger:* Anwalt auf Krankenschein.

47.33 Staatsanwalt

Aktengeier, Bluthund, Drucks, Kopfjäger, Mulmer, Oberverdachtsschöpfer, Paragraphenfresser, Paragraphenknilch, Schnuppergeist, Spieß, Spürnase, Straßenwart, Verkehrswart, Wauwau (Prostituiertensprache). *Staatsanwältin:* Klageweib.

47.34 Zensor

Bratenriecher, Fisematentenmacher, Fotzenriecher, Fotzenschnüffel, Fotzenspion, Furzriecher, Furzschnüffel, Lustspielverderber, Moralpauker, Neidhammel, offizieller Spaßverderber, Scheißriecher, Scheißschnüffel, Schnüffelhund, Schnüffelnase, Schwanzriecher, Schwanzschnüffel, Schweinehirt, Spielverderber v. D., Tittenspion, Tugendpfadfinder, Unzuchtsabwehrkanone.

47.35 Zensur

Entschärferei, Liebesverhinderungsstelle, Schnüffelbüro. *Jugendschutz:* Naturschutz. *Bundesprüfstelle für jugendgefährdende Schriften:* Bundesanstalt für Fickspionage, Bundesmaulkorb, Bundesmoralwarte, Bundesonanierbüro, Bundessittenwacht, Jugendgefährdungsstelle, Schmutz- und Schundablage, Schwanzprüfstelle, Spielverderberei, Tittenabschaffungsbüro. *zensieren:* ausixen, entschärfen, kastrieren, schnüffeln, Unrat wittern.

47.36 Polizei

Geschmeih, Polente, Putz, Schiere, Schmiere. *Polizeidirektion* (Prostituiertensprache): Oberheh. *Sittenpolizei:* Popolente, Schnüffelgarde, Sitte, Tittenpolente, Unzucht, Verkehrsbeamtenkörper, Verkehrspolizei. *Polizeistreife:* Fotzenspähtrupp, Martinifikkerei (Prostituiertensprache).

47.37 Polizist

Abführmittel, Armbänder, Bolzen (Österreich), Bulle, Druchs, Fänger, Fasse, Greifer, Kopfjäger, Lumpensammler, Mulme, Pakker, Schenkel, Schnäpper (Prostituiertensprache). Ersatz-Papa, Gemüsesheriff (Teenager-Sprache). *Polizist auf Nachtdienst:* Nachteule, Nachtjäger. *Polizist auf Streifendienst:* Streifenbulle. *Kriminalbeamter:* Geheimer, Verdeckter, verdeckter Putz, Verkappter. *höherer Polizeibeamter:* Oberkriminell, Oberschenkel. *Sittenpolizist:* Ausfrager, Fallensteller, Filzbruder, Quetsch, Schmutzlappen, Schnüffelhund, Schnüffelnase, Sittenbulle, Terrier, Verkehrsbeamter. *Sittenpolizist im Prostituiertendezernat:* Fotzenspitzel, Gossenmolch, Hurenreferent, Mäusebussard, Mösenmolch, Nuttenkadett, Sauhirt, Sautreiber, Schweinetreiber. *Sittenpolizist, der Prostituiertenlokale überwacht:* Budikenbulle. *berittener Polizist, der Bade- und Campingplätze überwacht:* Moralreiter. *Sittenpolizist im Homosexuellendezernat:* Afterschnüffler, Arschfahnder, Beutelrattler, Furzschnüffler, Popolyp, Pupenspion, Sackpolyp, Schwanzschnüffler, Schwanzspitzel.

47.38 Polizistin

Putzfrau, Putzkrone, Rockpolizist, Schlitzputz, Schutzfrau, Schutzfräulein, Wespe. *Polizistin auf Streifendienst:* Streifenkuh. *Sittenpolizistin:* Polize, Sittenkuh. *Verkehrspolizistin:* blaues Mäuschen, Parkplatz-Amazone, Parkplatz-Hyäne, Parkplatz-Walküre, Politesse, Polizei-Amazone, Polizei-Bosten, Polizei-Fetzen, Polizei-Sirene. *zwei Verkehrspolizistinnen:* Nylonstreife.

47.39 Polizeispitzel

Achtgroschenjunge, Blaustrumpf, Fünfgroschenjunge, Lockspitzel, Naderer, Polizeihund, Schauter, Schnüffelnase, Spanner,

V-Mann, Zinker. *Polizeispitzel in der Homosexuellenfahndung:* Afterschnüffel, Arschschnüffel, Beutelrattler, Furzschnüffel, Pupenspion, Sackspitzel, Schmeißfliege, Schwanzschnüffel, Schwanzspion, Schwanzspitzel.

47.40 festnehmen, verhören

festnehmen (Prostituiertenvokabular): angeln, hochnehmen, hoppnehmen, hopsnehmen, kaschen, kassieren, klappen, knacken, krallen. *festnehmen (Polizeijargon):* allewerden lassen, hochgehen lassen, im eigenen Saft schmoren lassen, beim Grips kriegen, beim Wickel kriegen, aus dem Verkehr ziehen, einbuchten, einbunkern, einkacheln, einlochen, einnähen, einspinnen, einspunden, einstecken. *zur Verhaftung vormerken:* auf die Abschußliste setzen. *verhaftet werden (Prostituiertensprache):* allegehen, allewerden, hochgehen, hoppgehen, hopsgehen, verschütt gehen, im Eimer sein. *verhören (Polizeisprache):* auseinandernehmen, ausnehmen, auspumpen, ausquetschen, ausziehen. in die Beize nehmen, aufs Kreuz legen, bis aufs Hemd ausziehen, die Würmer aus der Nase ziehen, die Eingeweide rausnehmen, sich auf jemanden knien, jemanden ausquetschen wie 'ne Quetschkommode (wie 'ne Ziehharmonika, wie 'ne Zitrone [Berlin]). *verhört werden, zum Verhör gehen (Prostituiertensprache):* nach oben gehen. *Festnahme:* Verkehrsunfall. *Vernehmungszimmer:* Bullenstall, Klärbecken, Koberei (Prostituiertensprache). *Verhörstuhl:* Betschemel, elektrischer Stuhl.

47.41 Gefängnis

Untersuchungsgefängnis: Schmiertopf. *Jugendgefängnis:* Akademie, Fortbildungsanstalt, hohe Schule, Internat, Kleinkinderbewahranstalt, krimineller Kindergarten, Seminar. *Gefängnis im Homosexuellenvokabular:* Lattenparadies (Latte = Penis erectus). *Zuchthaus im Zuhältervokabular:* Z. *Frauengefängnis:* Besenzirkus, Bienenkäfig, Fischkasten, Gänsestall, höhere Töchterschule, Hurenkasten, Jungfernzwinger, Lyzeum. *Gefängniskorridor:* Jungfernstieg. *Gefängniszelle:* Schwulkasten. *Gefängnisdirektion:* Gastspielleitung. *Gefängnisdirektor:* Lattenkönig. *Direktor eines Frauengefängnisses:* Gänsehirt, Mösenmolch. *Gefängniswärter:* Schmalzkönig. *Gefängniswärterin:* Er-sie-es, Lochtrine, Schabrackenhyäne. *lesbische Gefängniswärterin:* Lesbenmaschores, warmer Ratz, warme Wetsch. *Wachtmeister im Frauengefängnis:* Fotzenfeldwebel. *weiblicher Häftling:* Kaffeeschwester, Nonne, Pensionärin, Rabe. *Diebsbraut:* Kochemerschickse, Kochemgasche, Tofeskeibe. *weibliche Häftlingskleidung:* Kutte, Nonnentracht, Zebrakleid. *Gefängnisentlassungsschein:* Gittchenschein, Vögelkarte.

47.42 Erziehungsanstalt, Fürsorgeanstalt

Benehme, Benehmigte, Benimmpenne, Benimmschleifwerk, Fortbildungsanstalt, Fürsorge, Kinderei, Lager der letzten Chance, Moralkorsett, Ziehe, Zwangsbenehme. *Erziehungsanstalt für Mädchen:* Bienenkäfig, höhere Töchterschule, Jungfernzwinger, Lyzeum. *Fürsorger:* Bewährungsverhinderer, Säuglingsrat, Tugendpfadfinder. *Fürsorgerin:* graue Maus, Sozialzicke, Tugendfee, Tugendpfadfinderin, Unzuchtsabwehrkanone.

47.43 Heil- und Pflegeanstalt

Internat, Trallerkasten, Triller. *Pfleger:* Leberstück. *Pflegling:* Einundfünfziger, Zweiundvierziger.

48 Prostitution

die Prostitution: die Anschaffe, die Arbeit, das Geschäft, das Leben, das Metier, das Milieu, das Tableau, die fünfte Fakultät, das fünfte Kolleg (diese letzten beiden Ausdrücke stammen aus Leipzig, wo die Freudenhäuser an die vier Kollegien der alten Universität angrenzten). Akkordarbeit, Nachtarbeit, horizontaler Finanzausgleich, horizontales Gewerbe, liegendes Gewerbe, Gunstgewerbe, Fleischgeschäft, Stoßgeschäft, Liebe von der Stange, der Tanz ums goldene Kalb. *Prostitution (alter Wortschatz):* Chaumelei, Lorum. *zur Prostitution gehörend, in der Prostitution erfahren:* vom Bau, zünftig. *zur Straßenprostitution gehörend, auf dem Strich:* auf Trab. *Straßenprostitution:* Ambulanz, ambulantes Gewerbe, gehendes Gewerbe, gut gehendes Gewerbe, Laufgeschäft, Pferdearbeit, Seelenwanderung, Sextagerennen, Trapptrapp, Trottoirgeschäft, Turf, Verkauf über die Straße, Völkerwanderung, Wackel. *Prostituiertenstraße:* Angelsteg, Asphalt, Bankfleischstraße, Belauf, Bumsgasse, Damm, Ecke, Fleischmarkt, Jagdrevier, Jungfernstieg, Kietz, Koberleine, Koberweg, Kreuzleine, Laufbahn, Leine, Liebeslaufbahn, Liebesmarkt, Linie, Mädchennaschmarkt, Mädchenvernaschmarkt, Mäuschenmarkt, Persil, Pfiff, Pflaster, Pflaumenallee, Pflaumenbörse, Piste, Promenade, Rennbahn, Rotlichtstraße, scharfe Ecke, Schlapfenpromenade, Schnallenritt, Schnepfenstrich, Schnur, Selo, Spagat, Sprungfederstrich, Start, Strich, Umschlageplatz der Liebe, Wechsel, Wildwechsel. *Prostituiertenstraße (altes Vokabular):* Frauengasse. *polizeilich kontrollierter Strich:* Kontrollstraße. *Strich für minderjährige Prostituierte:* Baby-Strich. *Transvestitenstrich:* Wandelgang. *homosexueller Strich:* heiße Straße, warme Straße, war-

mer Strich. *jener Teil einer Straße, auf dem eine bestimmte Prostituierte regelmäßig arbeitet:* Konzession. *Prostituiertenviertel von Baumholder:* Schlammholder. *Kaiserstraße in Frankfurt am Main:* Maturastraße. *Herbertstraße in Hamburg:* Out-of-Bounds-Allee. *Prostitution im Freien:* Bankarbeit, Gartenarbeit, Holzarbeit. *Automobilprostitution:* Automobilgeschäft, Benzinarbeit, Benzingewerbe, Liebe auf Rädern, Motorgeschäft, motorisierte Arbeit. *Prostitution im Taxi:* Porzellanfuhre. *Prostituiertenautomobil:* Benzinhotel, Bett auf Rädern, fahrbare Absteige, fliegender Puff, Liebesdienstwagen, Nackedaimler, Rollpuff, Schmusauto. *Automobilstrich:* Anhalterstrich. *Schaufenster in einer Prostituiertenstraße:* Fenster, Koberfenster, Schaubude. *Callgirl-Zentrale:* Arbeitsamt, Finanzierungsbüro, Verkehrsbüro, Wahllokal. *Callgirl-Vermittlung:* Arbeitsvermittlung, Damenvertrieb, Fleischhandel, Fosenverleih, Mädchenhandel, Pelzhandel, rosa Sklaverei, Seelenverkauf, Stellenvermittlung. *Callgirl-Verzeichnis:* Ansichtskartensammlung, Bilderbuch, Fosenbaedeker, Fotoalbum, Freuden-Almanach, Freuden-Quelle, höheres Töchteralbum, Neckerfrau-Katalog. *Beschreibung eines Callgirls:* Paß, Personalausweis, Steckbrief, Sündenzettel. *Telefonnummer eines Callgirls:* Nummer, Wackelkontakt. *Adresse eines Callgirls:* Deckadresse. *Amateurprostitution:* Abstaube, Halbseide, Privatgeschäft. *manuelle Prostitution:* siehe 25.7. *gerontophile Prostitution:* 27.4. *pädophile Prostitution:* 28.6. *päderastische Prostitution:* 28.10. *homosexuelle Prostitution:* 29.9. *lesbische Prostitution:* 30.7. *pedikatorische Prostitution:* 35.9. *anilinktorische Prostitution:* 35.20. *orale Prostitution:* 36.11. *bisexuelle Prostitution:* 65.4. *transvestitische Prostitution:* 66.5. *exhibitionistische Prostitution:* 67.5. *akuophile Prostitution:* 69.5. *urophile Prostitution:* 73.12. *sadomasochistische Prostitution:* 80.94.

48.1 Utensilien der Prostitution

sexuelle Geräte aller Art: Handwerkszeug, Spielzeug, Werkzeug. *Masturbationsgeräte:* siehe 24.5. *kosmetische Utensilien:* 61. *Massagegeräte:* 61.10. *fetischistische Geräte:* 70.1–70.17. *sadomasochistische Geräte:* 80.22–80.93. *durchsichtiges Klosett für Bordelldarbietungen:* Glasklo. *Kleidung:* Kitt, Schwung. *Straßenkleidung eines Straßenmädchens:* Arbeitskluft, Wanderkluft. *geborgte Kleidung:* Lehnepump. *transvestitische Kleidung:* 66.6. *fetischistische Kleidung:* 70.3–70.17. *sadomasochistische Kleidung:* 80.92.

48.2 Prostituierte

Abgeilerin, Akkordarbeiterin, Alleinunterhalterin, Allerweltsmädel, allgemeingültiges Mädchen, Amüsiermatratze, Aufgeilerin, Ausziehdame, Ausziehpuppe, das Ba (Wien), Bafeign (Wien), Bankfleisch, Bauchfreundin, Bauchladen, Bauchschwester, Bauchwärmer, Bauernbraut (von Bauer = Emission, nicht von Bauer = Landwirt), Bedienerin, Bein, Beindl, Besen, Beserl, Bettmaid, Beutelratte, Bibi, Bodenperson, Bolzen, Braut, Bremsstein, Brunzwinkel, Büchsenschleuderin, Chaise, Chaiselongue-Akrobatin, Chaumel, Chonte, Dame fürs Geld, Damkuh, Diele, Dienerin der Liebe, Dille, Dirne (im Niederdeutschen und Bayerisch-Österreichischen besaß das Wort «Dirne» ursprünglich keinerlei abschätzige Bedeutung, sondern bezeichnete eine «Dienerin» und später einfach ein «Mädchen». Im Schwäbisch-Alemannischen, wo das Wort nicht etymologisch verankert ist, nahm es dann seine gegenwärtige Bedeutung «Prostituierte» an. Im Bayerischen ist auch heute noch das ‹Dirndl› keineswegs eine Hure. Und das österreichische Volkswort für Prostituierte ist seit über einem Jahrhundert «das Mensch»), Dohle, Donna, Drossel, Dulle, Ehrenjungfer, einnehmendes Wesen, Emma, Entsafterin, Erze, Evastochter, Fegefeuer, Feger, Feige, Fetze, Fetzen, Fickeline, Fiedelelse, Fieselzauck, Flansche, Fliege, Flinserl, F-Loch, Flöte, Flugerl, Fose, Fotze, Fotzn, Frau auf Zeit, Frau Fick, Frau Huber, Freierin, Freimadl, Freimenscherl, Frettchen, Freudenfrau, Freudenmädchen, Fuchtel, Fud, Fummel, Funzel, Fut, Gall, Gammel, Gänsefüßchendame, Ganzzarte, Garage mit Nachtdienst, Geige, Geigerin, Geigerl, Gelse, Geschäftsfrau, Gewerbetreibende, Girlitz, Gizi, Gliedauge, Glitschn, Glumse, Glunt, Göhre, Grammel, Gräte, Gratn, Grete, Gschamerl, Gunstgewerblerin, Gurre, H, Hanne, Haus, Haut, Heidi, Heidl, Henne, Hitzableiter, Honorarjungfrau, Hoppmädchen, horizontal Erwerbstätige, Horizontale, horizontale Dame, Horizontalgewerblerin, Hulda, Humse, Humsen, Hur, Hure, Hutsche, Jubelmädchen, Kalle, Kamel, Karo, Katze, Kauffrau, käufliche Dame, Keule, Klate, Klater, Kleingewerbetreibende, Klementine, Klemse, Klesch, Klitsche, Klonte, Klumse, Klumsen, Klunde, Klunse, Klunte, Knalle, Knallfrosch, Knallkörper, Komtesse, Königin der Nacht, Krähe, Kramel, Krummei, Krummel, Kuhfotze, Kunne, Kutsche, Kutte, der Last (Wien), Lastermilbe, Lasterweibchen, Laura, Lehrkörper, leichte Dame, Leihdame, Leihfotze, Leihkörper, Leihmaid, Lerche, Liebedienerin, Liebesdienerin, Liebesengel, Liebeserwerbstätige, Liebesfee, Liebesgaben-Spenderin, Liebesgaben-Spezialistin, Liebes-

gewerblerin, Liebeshändlerin, Liebesverkäuferin, Liebhaberin, Lohnarbeiterin, lose Fliege, Lottchen, Lotte, Lotterl, Lusche, Lustbarkeitsspenderin, Lusthase, Mädchen für alle, Mädchen fürs Geld, Mandoline, Marienkäfer, Massengrab, Massenmedium, Massenverkehrsmittel, Mathilde, Matratze, Matte, der Mandl (Wien), Maus, Meis, das Mensch, das Menscherl, Menschenfleisch, Mese, Meßle, Mette, Metze, Mietsche, Mieze, Milbe, Milieudame, Mimi, Mitarbeiterin, Mizzi, Mosch, Mosche, Möse, Moß, Mosse, Mößchen, Mößle, Motte, Möwe, Musch, Müsch, Musche, Müsche, Muschel, Müschel, Müscherl, Muschi, Muschl, Müschl, Muß, Müßchen, Musse, Mussen, Mußken, Mutze, Mutzen, Mutzenbacherin, Nach-Neun-Frau, Nachtschwester, Naffke, Nagel, Nahkampfbosten, Nahkampfdragoner, Nahkämpferin, Nahkampfwalküre, Nandl, Nelke, Neppe, Nettchen, Nettl, Nickel, Nidde, Nonne, Nudelfriedhof, Nudelsieb, Nummer, Nümmerchen, Nutte, öffentliches Verkehrsmittel, Pachtleib, Pachtweib, Packerin, Pastorentochter, Pastorstochter, Pelzhändlerin, Peniszange, Petschiermadl, Pfanne, Pfefferhäuschen, Pfeifenbändiger, Pfeifensäuberer, Pfeifenstopfer, Pflutsche, Pikdame, Pille, Pimpa, Pimpel, Pimperl, Pimperle, Pimperliese, Pimpertrine, Pritsche, Privatdozentin, Protestierte (Wien), Puhlloch, Pumperl, Pümperl, Punze, Rabe, Rammel, Rammlerin, Ratte, Reitpferd, Riefl, Röhrl, Rührbein, Samenleiterin, Schaukelmädchen, Schaukelpferd, Scheine, Schießscheibe, Schinken, Schleifstein, Schlitten, Schlitz, Schlitzamsel, Schlitzdohle, Schlitzdragoner, Schlitze, Schlitzerl, Schlitzfetzen, Schlitzgabel, Schlitzhusar, Schlitzmatratze, Schmudel, Schnalle, Schnekke, Schnepfe, Schneppe, Schnöse, Schnulze, Schöke, Schönchen, schräge Puppe, schräges Mädchen, Schrapnell, Schraube, Schrippe, Schubfach, Schublade, Schummel, Schustertoni, Schwanzklammer, Schwanzklemme, Schwanzkiste, Schwanzkringler, Schwanzwärmer, Semmel, Sextechnikerin, Solchene, So'ne, Sonja, Spalt, Spritzbüchse, Spritze, Steckdose, Stellschraube, Stellwagen, Steuerfreie, Stichblatt, Stichscheibe, Stickerin, Stopfbüchse, Stöpselfräulein, Stoßschlitten, Stradivari, Strick, Strohmatte, Strunze, Stundenbraut, Stundenfrau, Stundenwalküre, Stute, Sumpfblüte, Sumpfdotterblume, Sündenziege, Sündentrüffel, Suse, Susi, Tarif-Schönheit, Tasche, Täubchen, Taxi-Girl, Tiffe, Tilla, Tille, Töle, Tranke, Trine, Tropfloch, Trücherl, Truhe, Trude, Trudscherl, Tülle, Tulpe, Tülpchen, Tün, Tupferl, Verführdame, Vergnügungsdame, Vergnügungsspenderin, Verkehrsexpertin, Viertelstundenlöhnerin, Vogel, Vögelfeuer, Vögelkiste, Vögelweide, Volksempfänger, Wachtel, Wetze, Wetzstein, Witsche, Witscheriwitsch, Wollustknödel, Wollustzange, Wurlitzer, Würstl, Wusch, Zauch, Zauche, Zauck, Zaup, Zaupe, Zobel, Zößchen, Zusel, Zusteherin, Zwicke, Zwickerl, Zwitsche, Zwitscherliese. *Gesamtheit der Prostituierten:* Bodenpersonal, Gefüdach, Gestüt, Gevögel, Innung, Nahkampfgeschwader, Nahkampftruppe, Pferdestall, Reitstall, Zunft vom roten Licht. *Gruppe von Prostituierten:* Bassermannsche Gestalten. *Prostituierte im Vokabular des Mädchenhandels:* Artikel, Fleisch, Menschenfleisch, Ware. *minderjährige Prostituierte:* Blage, Entwicklungsland, Flitsch, Flitscherl, Frischgefangte, Gemse, junges Gemüse, Jungsau, Kaunitzel, Klettermäuschen, Lolita, Mosse, Motte, Pflanze, Pflänzchen, Pipinutte, Puppe, Schmalspur-Nitribitt, Schneegans, Schnurrmädchen, Straßenbriet, Strunze, Teenutte, Weit. *alte Prostituierte:* alte Dschunke, alte Fregatte, alte Schabracke, alte Schaluppe, alte Schrippe, alte Tasche, altes Haus, Altmaterial, Arche Noah, Ausgeronnene, Bademulde, Bankfleisch, Bauernschreck (von Bauer = Emission, nicht von Bauer = Landwirt), Betthexe, Bröselmaschine, Großmutter der Liebe, Klater, Kraxn, Rübenloch, Rührbein, Rührbeutel, Stellschraube, Stellwagen, Wagen mit frühem Baujahr, Verkehrshindernis, Veteranin. *billige Prostituierte:* Basmeloches, billige Nummer, billiger Schuß, Bruchbiene, Gelbseidene, gelbseidenes Tücherl, gewöhnliche Nummer, Gstattn (Wien), Gürtelhur (Wien), Hatschn (Wien), Hellerhur (Schweiz), kleine Nummer, Kreditfetzen, letztes Loch, niedrige Nummer, Pfundkatze (20 Mark), Ratte, Sechserfotze, Sechserkalle, Sechsernutte (Berlin), VW-Liebchen, Winkeldirne, Winkelhur, Winkelnutte. *schmutzige Prostituierte:* Assel, Bettwanze, Brechwanze, Dreckliese, Dreckloch, Filzlaus, Filzlaus-Verschiebebahnhof, Flohfotze, Kellerassel, Kotfliege, Kübel, Kuhfotze, menschliches Exkrement, Mießige, Mistbiene, Mistkäfer, Morastel, Müllkute, Nuttenaas, Pißdohle, Pissoir, Reifler, Sau, Saubesen, Sauloch, Saumensch, Schlampn, Schlapfe, Schlapfn, Schlumpe, Schmeißfliege, Seichamsel. *geschlechtskranke Prostituierte:* falsches Gepiß, Giftspritze, Gonokokkenmutterschiff, Pesteule, räudiges Schäfchen, Sandige, Tropfloch, trübe Quelle, Verkehrssünderin, Wehnuß. *ausländische Prostituierte:* Fremdarbeiterin, Gastarbeiterin. *deutsche Prostituierte:* horizontales Gretchen. *italienische Prostituierte:* Salamibrötchen, Salamischrippe. *Türkin:* Türkise. *Zigeunerin:* Kassan-

dra, Romni. *Araberin:* Musel. *Jüdin:* kille Mesuse, Kohels Mesuse. *Jüdin im nichtjüdischen Vokabular:* Schickse. *Nichtjüdin im jüdischen Vokabular:* Orelle, Schickse. *farbige Prostituierte:* dunkles Fleisch, Romanze in Braun, Romanze in Schwarz, Schokoladenbrötchen, schwarzes Elfenbein, ungebleichte Möse. *Mulattin:* weiße Kohle. *Chinesin, Japanerin:* Romanze in Gelb. *Prostituierte mit ausländischer Kundschaft:* Fremdarbeiterin, Gastarbeiterin. *Prostituierte mit amerikanischer Kundschaft:* Amihur, Amine, Amisette, Amizone, Fräulein (nur in den ersten Nachkriegsjahren), Veronika. *Prostituierte mit russischer Kundschaft* (DDR und Österreich): Iwanella, Russenhur. *Prostituierte mit farbiger Kundschaft:* Negerhur. *erfahrene Prostituierte:* Ausgekochte, Berufsflittchen, Gehaute, Hauptberufliche, Notorische, Offizielle, Pro (dieses Wort ist eines der ganz wenigen, das tatsächlich von Prostituierten benutzt wird. Fast alle anderen Synonyme für Prostituierte entstammen dem Sprachgebrauch der Außenwelt), Profikatze. *Prostituierte, die an einem gegebenen Tag noch keinen Kunden gehabt hat:* Eintagsjungfer, Jungfer. *teure Prostituierte:* Flöhfotze, Luxusdame, Luxusfotze, Luxusfrau, Luxuslebedame, Nobeldirne, Stradivari, Sündentrüffel. *Prostituierte, die hundert Mark pro «Stippvisite» nimmt:* Blaue. *Prostituierte, die 500 Mark nimmt:* Halbkilo, Halbzettel. *Prostituierte, die 1000 Mark nimmt:* Braune. *Prostituierte, die sich mit Lebensmitteln bezahlen läßt:* Naturaliennutte. *Prostituierte, die einen Kunden gratis bedient:* barmherzige Sau, barmherzige Schwester, mitleidige Schwester, Kreditfetzen, Schwarzarbeiterin, Schwarzvöglerin. *Prostituierte, die von einem Zuhälter besonders ausgebeutet wird:* Schindmähre. *Prostituierte ohne Zuhälter:* Einspännerin, Freischaffende, Partisanin, Solodame. *Freizeitprostituierte:* Cocktailpute, Freibeuterin, Freimenscherl, Freizeitgirl, Halbseide, Halbseidene, kesse Katze, Lebedämchen, Lebefräulein, Lebegirl, Lebemädchen, Lebeweib, Quartalsnutte, Steuerfreie, Sündentrüffel. *Amateurprostituierte:* Amateuse, Untertarifliche. *Ehefrau oder Freundin, die ihrem Mann oder Freund durch Prostitution Geld verdienen hilft:* Mitarbeiterin. *Schauspielerin, die sich in ihrer Freizeit prostituiert:* Bühnenschnalle. *Prostituierte aus einem anderen Ort oder Stadtteil:* Fremdarbeiterin, Gastarbeiterin. *Prostituierte, die in einem fremden Revier «wildert»:* Wildsau. *polizeilich nicht erfaßte Prostituierte:* Diskrete, Geheime, Private, Schlupfwespe, Wilde. *polizeilich erfaßte Prostituierte:* Amtliche, Diplomierte, Hauptberufliche, Kartenfrau, Kontrollfrau, Kontrollhur, Kontrollierte, Kontrolline, Kontrollmädchen, Kontrollmadl, Kontrollnymphe, Konzessionierte, Legitimierte, Lizensierte, Offizielle, Profikatze, Registerdame, Registerfrau, Registrierte, staatliche Geprüfte, Staatliche, Vertraute, Zünftige. *Straßenmädchen:* Ambulante, ambulante Dame, ambulante Schwester, Asphaltantilope, Asphaltblume, Asphalteuse, Asphaltlilie, Asphaltnymphe, Asphaltorchidee, Asphaltschwalbe, Asphaltwanze, Bachstelze, bemalter Wegweiser, Bordsteinlilie, Bordsteinnymphe, Bordsteinschleifer, Bordsteinschwalbe, Dabbelmichel, Dabbelschickse, Dabbelzauck, Dame vom ambulanten Gewerbe, Dammfee, Dammfetzen, Dammkuh, Dammwild, Eckensteherin, Eckstein, Fledermaus, Flitsche, Flitscher, Flitze, Flitzer, Frau an der Ecke, Fräulein Flügel, Fuchtel, Fußkokotte, Gams, Gassenfrau, Gassenhur, Gassenmensch, Gassennymphe, Geiß, Gelbseidene (Wien), gelbseidenes Tücherl (Wien), Gemse, gestiefeltes Kätzchen, Grabenhur (Wien), Grabenmadl (Wien), Grabenmamsell (Wien), Grabennymphe (Wien), Gürtelhur (Wien), Hallo-Flittchen, Hutfose, Hutschpferd, Kamel, Kletterbiene, Kletterfliege, Kletterhanne, Kletterjule, Kletterkätzchen, Klettermaus, Kletterpflanze, Kletterratte, Kletterwanze, Königin der Nacht, Kuhmensch (Berlin: von Ku = Kurfürstendamm), Läuferin, Laufjule, Laufkatze, Laufliese, Laufmaderl, Laufmieze, Laufschnecke, Lerche, Lercherl, Liebesdragoner, Linienschiff, Marschgrete, Mitternachtsamsel, Mitternachtsblume, Mitternachtsdame, Mitternachtsengel, Mitternachtsfee, Mitternachtsgrazie, Mitternachtshyäne, Mitternachtslilie, Mitternachtsschwalbe, Mitternachtswalküre, Motte, Nachtamsel, Nachtfalter, Nachtigall, Nachtmensch, Nachtpflanze, Nachtschattengewächs, Nachtschmetterling, Nachtschwalbe, Nachtschwärmerin, Nachtvogel, Nachtwandlerin, ob's d'hergest Madl (Wien), Peripatetikerin (Studentensprache des 19. Jahrh.), Pflastertreterin, Pistengrete, Pistenveilchen, Popoline, Praterveilchen (Wien), Praterhur (Wien), Pratermensch (Wien), Propeller, Randsteinlady, Rennpferd, Rinnsteinblume, Rinnsteinratte, Rinnsteinschnecke, Rührbein, Schleifstein, Schleppdampfer, Schleppsack, Schnepfe, Schnurmensch, Schwalbe, Stadtkind, Stadtnymphe, Stadtstreicherin, Standwild, Starterin, Stiefelnutte, Stöckelhenne, Straßenbekanntschaft, Straßenbesen, Straßendame, Straßenengel, Straßenfee, Straßenfrau, Straßenkätzchen, Straßenkehrerin, Straßen-

mieze, Straßenschönheit, Straßenwanze, Straßnerin, Streune, Strichba (Wien), Strichbiene, Strichdame, Strichfrau, Strichhexe, Strichhure, Strichkatze, Strichläuferin, Strichlerin, Strichmädchen, Strichmadl, Strichmensch, Strichmieze, Strichneuse, Strichninchen, Strichöse, Strichratte, Strichvogel, Strunze, Täschchenschwenkerin, Täubchen, Tippeline, Tippelkätzchen, Tippelmädchen, Tippelpuppe, Tippelschickse, Traberin, Trotteuse, Trottoirbesen, Trottoirblume, Trottoirfasan, Trottoirfliege, Trottoirlilie, Trottoirpflanze, Trottoirschwalbe, Trottoirwalküre, vorübergehende Dame, Wackelarsch, Wackeltante, Wandeldame, Wanderamourantin (Studentensprache des 19. Jahrh.), Wanderratte, Wetterhenne, Wippe, Wipperin, Witsche, Zeisig, Zugheuschrecke, Zugvogel. *Straßenmädchen in ihrer Gesamtheit:* Beritt, Dammwild, Gestüt, leichtes Fußvolk, leichte Infanterie, leichte Kavallerie, Reitstall, Rennstall, Standwild. *Prostituierte, die im Freien arbeitet:* Buschhur, Gartengemüse, Geländenutte, Parkhur, Parkmensch, Parkzauck, Praterveilchen (Wien), Staude, Staudenhur, Staudenmensch, Strohdecke, Wald- und Wiesennutte, Waldschnepfe. *Prostituierte, die unter Brücken arbeitet:* Brückendirne, Brückenhur. *Prostituierte, die in ausgebombten Gebäuden arbeitet:* Ruinenratte. *Prostituierte, die auf Friedhöfen arbeitet:* Grabsteinschickse, Totenvogel. *Prostituierte, die auf dem Stadtwall arbeitet:* Wallrutscher. *Prostituierte, die auf Rummelplätzen arbeitet:* Rummelnutte. *Prostituierte, die in Seebädern arbeitet:* Strandhur, Strandnutte. *Prostituierte, die ihre Kunden bei Pferderennen aufliest:* Turfkaroline. *Prostituierte, die ihre Kunden auf Bahnhöfen aufliest:* Bahnhur. *Prostituierte, die in internationalen Expreßzügen arbeitet:* Expreßkokotte, Zugvogel. *Prostituierte, die in Hafenstädten tätig ist:* Landungsbraut, Matrosenhur, Seemädchen. *Prostituierte, die ihre Kunden in Kaffeehäusern aufliest:* Kaffeejungfer, Kaffeemensch (Wien). *Prostituierte, die in Hotels arbeitet:* Hotelratte, Hotelwanze, Kammerzofe, Zimmermädchen. *Prostituierte, die ihre Kunden in Bars oder Nachtklubs aufliest:* Barfliege, Barhocker, Barmieze, Barnutte, Barsirene, Kneipenspinne, Tresenbiene, *Animiermädchen:* Amüsierfleisch, Animierbombe, Animierfleisch, Animierfräulein, Animierschöne, Anreißerin, Aufgeilerin, Fichteneule, Fichtenmotte, Häschen-Ober, Hockermensch, Kneipenspinne, Mieze, Raubvogel, Zwitscherliese. *Eros-Center-Insassin:* Arsenalnutte, Batteriehenne, Bunkerschnalle, Bunkerschwalbe, Erosine. *Prostituierte, die ihre Kunden in ihrer eigenen Wohnung empfängt:* Heimarbeiterin, Kammerzofe, Stubenmädchen, Zimmermädchen. *Prostituierte, die ihre Kunden im Auto aufliest:* Autobuttn (Wien), Autogratn (Wien), Autoheidl (Wien), Autokalle, Autoliebchen, Automädchen, Automat, Automätchen, Automenscherl (Wien), Benzinfotze, Benzinnutte, Benzinstute, Benzinwürstl, Car-Girl, fahrender Kinsey, Fahrnutte, Hupmädchen, Mercedeskokotte, Motorbraut, Motorisierte, Nitribitt, Rollerglunt, Rollerzuzzel, Strichfahrerin. *Gesamtheit der Automobilkokotten:* fahrendes Volk, motorisiertes Fußvolk. *Prostituierte, die ihre Kunden auf der Autobahn aufliest:* Anhalterin, Anwinkerin, Autobahnsirene, Bahnhäschen, Winkerin, Winknuttchen. *Prostituierte, die sich im Fenster anbietet:* Fensterblume, Fenstergrazie, Fensterhenne, Fensterlilie, Fensterschwalbe, Kiekse, Koberin, Sitzjule, Spinne. *Bordellinsassin:* Bordelliere, Bordelline, Eisenbahnerin, Hallendame, Hausbesen, Hausdame, Hausfrau, Hauskatze, Hausschwalbe, Kobelmädchen, Korbbiene, Ladenmädchen, Ladentochter, Laster vom Dienst, M. v. D., Mädchen vom Dienst, Mamsell, Matratzenbein, Matratzenvogel, Nonne, Pensionärin, Puffbiene, Puffdame, Puffhäschen, Puffhase, Puffi, Puffkätzchen, Puffkrätzn, Puffmädchen, Puffmadl, Puffmatratze, Puffmaus, Puffmieze, Puffotter, Puffschnecke, Rotlichtbildnerin, Rotlichtdame, Salondame, Schichtarbeiterin, Sprungfedervieh, Sprungfederwild, Stallhuhn, Stiftsdame, Stiftsfräulein, Sünde vom Dienst, Tempeldienerin. *Bordellinsassin (alter Wortschatz):* Amyenmamsell, Clötmoss. *Insassin des Bordells in der Hamburger Ulrikusstraße 9:* U 9. *das unpopulärste Mädchen im Bordell:* Ladenhüter. *die Bordellinsassinnen:* die Hausfrauenbrigade aus dem Brigadenhaus (DDR). *Callgirl:* Abrufnutte, Dame auf Abruf, Edelhure, Edelnutte, Edelschickse, Luxusbiene, Luxusfotze, Luxusliebchen, Luxusnutte, Luxuspuppe, Mädchen auf Abruf, Neckerfrau (nicht von «necken», sondern von «Neckermann»: weil der Kunde sie sich aus einem «Versandkatalog» aussucht), Nobelhur, Nobelnutte, Nummer, Nümmerchen, Nummermädchen, Pieze de Residangs, Privatdozentin, Rufmädchen, Taxigirl, Telefonnummer, Telefonnutte, teure Nummer, Unterhaltungskünstlerin. *Soldatenhure:* Armeematratze, Feldmatratze, Flattermine, Kasernenamsel, Kasernenblume, Kasernenfetzen, Kasernenkätzchen, Kasernenlilie, Kasernenmaus, Kasernenmizzi, Kasernenratte, Kasernenschwalbe, Kompaniefetzen, Kompaniefleisch, Kompaniematratze, Kompanie-

48.2 Prostituierte

schlitten, Nummermädchen, Regimentstochter, Reichsjungfrau (NS-Zeit), Soldatenhur, Wehrmachtbombe, Wehrmachtdragoner, Wehrmachtmatratze, Wehrmachtpritsche. *Insassin eines Offiziersbordells:* Offiziersfose, Offizierskuh, Offiziersmatratze, Offizierspritsche, Offiziersschlitten, Stabsnutte. *Insassin eines Bordells für Unteroffiziere:* Unteroffiziersfose, Unteroffiziersmatratze, Unteroffizierspritsche, UOF *Soldatenmädchen (alter Wortschatz):* Landsknechtsweib, Marketenderin, Wallrutscher. *Studentenmädchen (Prostituierte im Studentenvokabular des 18. und 19. Jahrh.):* Alma, Elysia, Empuse, Erosine, Florbüchse, Fuchsmaschine, Gefälligkeitskind, höhere Tochter, Knallnymphe, Lagermöbel, Liebesparze, Liebespriesterin, Lohnamourantin, Mathilde, Metze (in der Studentensprache des frühen 18. Jahrhunderts noch ein anständiges Mädchen. Erst durch Beifügung der Adjektive «üppig», «offen», «geil» wurde die Metze zur Hure), Mimi, Nymphe, Phryne, PP, Puella publica, Sylphe, Tebe, Venus, Venus vulgivaga mot, Venusierin, Venusmagd, Venuspriesterin. *Bademagd (Prostituierte des Mittelalters):* Badedirne, Badhur, Fladerfetzerin (Der Badekult des Mittelalters war weniger Reinlichkeitsfanatismus als Vorschub für einen Bordellbetrieb, in dem die Bademägde nicht nur den Männern, sondern auch den Frauen sexuell dienten. In Rußland überlebte diese Praxis bis ins 19. Jahrhundert. In Berlin überlebten die Worte «Badeguste» und «Bademinna» als Synonyme für Prostituierte noch über ein Jahrhundert, nachdem die Badeprostitution bereits ausgestorben war). *Prostituierte des 18. Jahrh., die im Hinterzimmer von Kaufmannsläden bei Kerzenlicht arbeitet:* Kerzenhur. *«Edelhure» des 19. Jahrhunderts:* Kokotte, Mätresse, Salondame, Tausendgüldenkraut (ursprünglich der Spitzname der Marie Preindl, 1803–1828, die ein Minimum von 1000 Gulden von ihren Liebhabern verlangte, danach Wiener Volksmund für alle Kokotten). *«bekehrte» Prostituierte des Mittelalters:* bekehrte Buhlerin, Büßerin, Reuerin, Sonnwegerin, Sündfegerin. *ambulante Dirnen des Mittelalters:* Allerweltshuren, fahrende Frauen, Landstörzerinnen. *die «babylonische Hure» des Mittelalters:* die Babel (in vielen Kunstwerken des Mittelalters finden wir die «große Babel» sitzend auf einem roten Pferd mit sieben Köpfen und sieben Hörnern. Sie trägt ein rotes, goldbesticktes Gewand und in der Hand den «Becher der Sinnenlust»). *von der Dirnenzunft gewählte Oberaufseherin eines mittelalterlichen Bordells:* Freudenkönigin. *aus den Reihen der Huren gewählte Verwalterin der Hurenangelegenheiten einer deutschen Stadt des Mittelalters:* Hurenkönigin. *Buchhalterin eines deutschen Bordells des Mittelalters:* Lohnsetzerin. *Frau, die Kleider an Prostituierte verleiht:* Lehnefrau. *Prostituierte des Mittelalters, die sich im Umkreis einer Kathedrale, manchmal sogar direkt im Kirchturm betätigte:* Münsterschwalbe. *Prostituierte (alter Wortschatz):* Äbtissin, Aftzger, Amyenmamsell, Barjonios, Basmeichel, Bonhäsin, Bubin, Buttervogel, Chaumel, Chaweres, Clötmoss, Fräule Wuscherl, freies Weib, Freifrau, Frün, geheimes Fräulein, gelüstiges Fräulein, gemeine Tochter, Gemeinfrau, Glid, Glunde, Glunte, Glyd, Glyde, Grasni, Guidillerschey, Hübschlerin, Hudelmetz, Hure (im Mittelalter die «gefallene» Frau, einerlei ob verführt oder verführend, verheiratet oder ledig, für Geld oder aus Liebe), Hutfose, Kedesche, Klunde, Kluntermaudel, leide Braut, Lorumhenne, Lorumschickse, Lublin, Lubni, Lobno, Lulin, Lustdirne, Lustweib, Mädchen der Freude, Mais, Moos, offene Bübin, öffentliche Person, Raffler, Reff, Rettich, Schref, Sonne, Spadizze, Speckthur, Spritzleder, Struppine, Tapermichel, Teilchen, Temea, Temegge, Temeige, Tücherl, Vagabundin der Liebe, Zwuschn. *masturbatorisch arbeitende Prostituierte:* Abfetzerin, Abschälerin, Abwichserin, Abzischerin, Abzupferin, Bananenpellerin, Handarbeiterin, Handfeger, Handpferd, Masseuse, Melkerin, öffentliche Hand, Palmenschüttlerin, Quetschkommode, Rausquetsche, Schwanzmasseuse, Schweifwuzzel, Wichserin, Wichsmädchen, Zupfgeige. *auf Analkoitus spezialisierte Prostituierte:* Arschgeige, Darmakrobatin, Dickdarmakrobatin, Kotfliege, Kotkäfer, Mastdarmakrobatin, Mistfliege, Mistkäfer, Müllkute, Pitsche, Popoline, Puhlloch, Schmeißfliege. *auf Anilinctus spezialisierte Prostituierte:* Arschminette, Arschpflegerin, Arschputze, Klistier mit Busen, Klistier mit Loch, Scheißkäfer, Schlotfeger, Schlotpflegerin, Schwester Braun. *auf Fellatio spezialisierte Prostituierte:* Beutelschleck, Blasbabbn, Blasebalg, Blasmichlerin, Französin, Hebamme, Leckmamsell, Leckmichlerin, Lutschmamsell, Maulhure, Minette, Minetteuse, Pariserin, Saugschwester. *auf urophilen Verkehr spezialisierte Prostituierte:* Bachstelze, Quellnymphe, Seepferdchen, Seeschlange, Wasserschlange. *auf urophilsadistischen Verkehr spezialisierte Prostituierte:* Nachttopfsklavin. *Prostituierte für sadistische Kundschaft:* Bimsmichlerin, Gehaute, Haumichblau, Quälmichlerin, Stiefelnutte, Stöckelhenne. *auf masochistische Kun-*

den spezialisierte Prostituierte: Bimse, Frau mit dem goldenen Arm, Grazie, Holzmadl, Klatschweib, Knetbesen, Knetkuh, Knetwalküre, Knetwalze, Kratzbürste, Masseuse, Peitsche, Piek-As, Piek-Dame, Stiefelnutte, Stöckelhenne. *Prostituierte, die ihre Kunden durch das Aussprechen «verbotener» Worte befriedigt:* Maulhure. *bisexuelle Prostituierte:* Drehorgel, Schillerechse, Wechselbalg. *lesbische Prostituierte:* Stichelnutte, warme Pro. *auf lesbischen Oralverkehr spezialisierte Prostituierte:* Blasbabbn, Blasebalg, Blasmichlerin, Büchsenbläserin, Buttenbläserin, Fosenbläserin, Französin, Futbläserin, Hebamme (von ausheben = cunnilingere), Leckmamsell, Leckmichlerin, Lutschmamsell, Minette, Minetteuse, Mundarbeiterin, Pariserin, Pletschenbläserin, Punzenbläserin, Rillenbläserin, Ritzenbläserin, Saugschwester. *auf lesbischen Manualverkehr spezialisierte Prostituierte:* Abfetze, Abstaube, Abwichse, Abwichserin, Büchsenmasseuse, Buttenmasseuse, Fosenmasseuse, Futmasseuse, Gebärmuttermasseuse, Handarbeiterin, Pflaumenmasseuse, Pletschenmasseuse, Punzenmasseuse, Reibe, Ribantze, Rillenmasseuse, Ritzenmasseuse.

48.3 Prostituiertenkind

Fetzenbankert, Hurenbankert, Hurenkind («Dem Hurenkind den Daumen drücken / ist besser als die Mutter ficken.» Dieser Volksvers beruht auf dem Aberglauben, daß der Händedruck eines Prostituiertenkindes Glück fürs ganze Leben bringt), Klunkerschräzgen (18. Jahrh.), Mamser. *im Bordell geborenes Kind:* hausbackener Bankert.

48.4 Prostituierter

Abgeiler, Abkocher, Abstauber, Akkordarbeiter, Amüsierfleisch, Aufgeiler, Ausziehknilch, Bauchbruder, Bauchfreund, Bauchwärmer, Bediener, Bua, Bubi, Dammhirsch, Dienstmann, einnehmendes Wesen, fauler Junge, Fiedelemil, Fosenjunge, Fummeljunge, Freudenjunge, Gewerbetreibender, Gunstgewerbler, Held fürs Geld, Herr Fick, Herr Schwanz, Hitzableiter, Hobelhengst, horizontal Erwerbstätiger, horizontal Gewerbetreibender, Horizontaler, Horizontalgewerbler, Hurenjunge, Jubeljunge, Kaufmann, Kleingewerbetreibender, Klettermaxe, Knallkörper, Kobeljunge, Leihbock, Leihfleisch, Leihhirsch, Leihjunge, Leihkörper, Leihrammler, Leihsack, Liebesdiener, Liebeserwerbstätiger, Liebesgewerbler, Liebespriester, Liebhaber, Lohnarbeiter, Lustbarkeitsspender, Lustknabe, Mann für alle, Mann vom Dienst, Massenmedium, Massenverkehrsmittel, Miet-Rammler, Milieumann, M. v. D., Nachtarbeiter, Nachtbruder, Nachtschwärmer, Nahkämpfer, öffentliches Verkehrsmittel, Pachtkörper, Pachtleib, Pachtschwanz, Pelzhändler, Pikbube, Rammler, Reithengst, Rupfer, Schaukelhengst, Schaukeljunge, Schleppsack, Schusterheini, Schwanzakrobat, Schwanzkünstler, Sex-Techniker, Steckrübe, Steuerfreier, Stöpselheini, Stößel, Stoßstange, Stundenbräutigam, Stundenmann, Tangobubi, Tarifschwanz, Venuspriester, Verkehrsexperte, Zusteher. *minderjähriger Prostituierter:* Bubi, Lustbengel, Lustbua, Lustknabe, Lustpimpf, Luststift, Sextaner. *Prostituierter für masochistische Kundschaft:* Abschwarter, Abstecher, Bimser, Britzer, Dalker, Decker, Holzer, Masseur, Piek-As, Piek-Bube, Piek-König. *Prostituierter, der seine Kundinnen masturbiert:* Abbürster, Abgarnierer, Abklavierer, Abputzer, Abrebler, Abschöpfer, Abstriegler, Abwichser, Abzupfer, Büchsenmasseur, Büchsenstreicher, Büchsenstriegler, Büchsenwichser, Büchsenzupfer, Bürstenmasseur, Bürstenstreichler, Bürstenstriegler, Bürstenwichser, Bürstenzupfer, Buttenmasseur, Buttenstreichler, Buttenstriegler, Buttenwichser, Buttenzupfer, Fosenmasseur, Fosenstreichler, Fosenstriegler, Fosenwichser, Fosenzupfer, Futmasseur, Futstreichler, Futstriegler, Futwichser, Futzupfer, Gebärmuttermasseur, Gebärmutterstreichler, Gebärmutterstriegler, Gebärmutterwichser, Gebärmutterzupfer, Handarbeiter, Handwerksbursche, Pflaumenmasseur, Pflaumenstreichler, Pflaumenstriegler, Pflaumenwichser, Pflaumenzupfer, Pletschenmasseur, Pletschenstreichler, Pletschenstriegler, Pletschenwichser, Pletschenzupfer, Punzenmasseur, Punzenstreichler, Punzenstriegler, Punzenwichser, Punzenzupfer, Rebler, Reibrat, Ribantzer, Rillenmasseur, Rillenstreichler, Rillenstriegler, Rillenwichser, Rillenzupfer, Ritzenmasseur, Ritzenstreichler, Ritzenstriegler, Ritzenwichser, Ritzenzupfer, Zwetschenmasseur, Zwetschenstreichler, Zwetschenstriegler, Zwetschenwichser, Zwetschenzupfer. *auf Cunnilinctus spezialisierter Prostituierter:* Blasebalg, Blasmichel, Büchsenbläser, Büchsenlecker, Bürstenbläser, Bürstenlecker, Buttenbläser, Buttenlecker, Fosenbläser, Fosenschleck, Franzose, Futbläser, Futlecker, Gebärmutterbläser, Gebärmuttersauger, Mundschenk, Pariser, Pflaumenlutscher, Pletschenlecker, Pletschenlutscher, Punzenbläser, Punzenlecker, Rillenlecker, Ritzenlecker, Ritzensauger, Zwetschenlutscher. *auf Anilinctus spezialisierter Prostituierter:* Afterpfleger, Auspufflackierer, Goldwäscher, Kaminfeger, Klistier auf Beinen, Klistier mit Schwanz, Ofenkehrer, Popolierer, Scheibenwischer, Schlotkehrer, Schornstein-

feger. *Prostituierter für urophilen Verkehr:* Feuerwehrmann, Pipicasso, Pipilot, Urinkönig. *Prostituierter für urophil-sadistischen Verkehr:* Nachttopfsklave. *Prostituierter für sadistische Kundinnen:* Bimsmichel, Gehauter, Haumichblau, Quälmichel. *Mann, der sich als Prostituierter ausgibt, aber kein Geld nimmt:* Schwarzficker. *Prostituierter (alter Wortschatz):* arger Mann (Edda), Badeknecht, Buhljunge, Fladerfetzer. *Straßenjunge:* Asphaltarbeiter, Asphaltcowboy, Bordsteinschleifer, Eckensteher, Eckstein, Laufbursche, Laufjunge, Pflastertreter, Stadtstreicher, Straßenarbeiter, Straßenbekanntschaft, Stricharsch, Strichbübchen, Strichbursch, Stricher, Strichjunge, vorübergehender Herr. *auffallender Strichjunge:* Bombardon, Gellflöte, Posaune, Signalpfeife. *billiger Strichjunge:* Achtgroschenjunge, Akkordschinder, Pißbudenlude. *Strichjunge, der gleichzeitig als Zuhälter tätig ist:* Doppelstenz, Pfeifenhändler, Schottenheini. *Strichjunge für weibliche und männliche Kundschaft:* Doppeldecker, Doppelverdiener, Gemischtwarenhändler, Halbseidener, Mampe, Zweidecker. *Strichjunge für weibliche und männliche Kundschaft, der gleichzeitig als Zuhälter tätig ist:* Dreimaster. *Strichjunge, der in weiblicher Kleidung arbeitet:* Dreigroschenhure, falsche Hure. *Strichjunge für männliche Kundschaft:* Bua, Bubi, Lauer, Leihbock, Leihhirsch, Leihjunge, Leihsack, Mädi, Pumpsack, Pumpschwanz, Pupenjunge, Rosaroter, Samenlocker, Schlurre, Strich, Strichbua, Stricher, Strichmann, Wärmeregler. *auf homosexuelle Masturbation spezialisierter Strichjunge:* Abfetzer, Abschäler, Abstauber, Abwichser, Abzupfer, Bananenpeller, Fämmler, Handarbeiter, Handwerker, Handwerksbursche, Masseur, Nillenzupfer, öffentliche Hand, Palmenschüttler, Pfeifenmasseur, Pfeifenstriegler, Pfeifenwichser, Rausquetscher, Rebler, Schleuderer, Schwanzmasseur, Schwanzstriegler, Schwanzwichser, Wichser, Wurstmasseur, Zupfmichel. *auf Analmasturbation spezialisierter Strichjunge:* Darmputzer, Darmschuster, Dickdarmmasseur, Prostataschuster, Prostatastriegler. *auf Anilinctus spezialisierter Strichjunge:* Braunkehlchen. *auf Fellatio spezialisierter Strichjunge:* Bananenschlecker, Bananenschlucker, Franzose, Pariser, Rüsselputzer, Schweifzuzzler. *auf Pedicatio spezialisierter Strichjunge:* Afterkönig, Aftervermieter, Auspuffreparierer, Bolzenfänger, Butterknecht, Darmakrobat, Darmzitterer, Dickdarmakrobat, Grubenvermieter, Hinterlader, Hinterspänner, Hüftbeckengenie, Hüftenschwenker, Hüftenwackler, Hüftroller, Kellerbursch, Kellermacher, Kistenschwenker, Kistentischler, Kotkäfer, Mastdarmakrobat, Mistkäfer, Popoldi, Prostatakünstler, Prellbock, Pupenbock, Pupenjunge, Puzenjunge, Rückkoppler, Rückkuppeler, Schlotbaron, Stricharsch, Vordermann, Wackelarsch, Wackelpeter, Wackeltante, Wackeltunte, Zitteraal, Zitterrochen. *Strichjunge, der nur während der Feriensaison arbeitet:* Saisongockel.

48.5 sich prostituieren

anschaffen, arbeiten, nafkenen, sich kobern lassen, im Leben stehen, beim Leben sein, im Metier sein, im Milieu sein, im Tableau sein, in der Innung sein, in der Zunft sein, beim Film sein, beim Theater sein, Weibchen spielen, das nackte Leben fristen, ein Stück Brot verdienen, unter Tage arbeiten, die Haut zum Markte tragen, in die Horizontale gehen, aufs falsche Gleis geraten. *sich als Straßenmädchen betätigen:* dackeln, herumstreichen, gehen, kaufen, nachtwandeln, pflastertreten, segeln, stehen, stöckeln, stricheln, strichern, tigern, wackeln. Ecke stehen, Leine ziehen, Linie ziehen. auf Anschaffe gehen, in die Arbeit gehen, auf den Damm gehen, auf Fang gehen, bei Fichte gehen, gassi gehen, ins Geschäft gehen, auf der Leine gehen, auf der Linie gehen, am Pfiff gehen, auf Schicht gehen, am Spagat gehen, auf den Start gehen, auf den Strich gehen, auf Tour gehen, auf Verdiene gehen, auf den Wackel gehen, sich die Füße in den Bauch stehen, sich die Füße ablaufen, sich die Hacken ablaufen, jeden Tag sex Stunden stehen, arbeiten wie ein Pferd. *auf einem fremden Strich gehen:* eine Gastrolle geben, eine Gastrolle spielen, wildern. *den Strich abklappern:* abwackeln, abweiden. *sich besonders aktiv auf dem Strich betätigen:* auf Hochtouren laufen, auf dem Zahnfleisch laufen, laufen wie eine gesengte Sau. *das Interesse eines potentiellen Kunden spüren:* Lunte riechen. *einen Kunden finden:* einen Freier aufgabeln. *einen Kunden ansprechen:* einen anzapfen. *einen Kunden mitnehmen:* einen abschleppen, einen ins Schlepptau nehmen, einen aufführen. *einen Kunden so schnell wie möglich bedienen:* einen auf die Schnelle abfertigen. Rin in die Kartoffeln, raus aus die Kartoffeln. *einen Kunden befriedigen (aber auch: ihm Geld abnehmen):* einen erleichtern. *einen Kunden zum Spendieren bewegen:* aus der Krone leiern, Knöpfe springen lassen, viel klein machen. *einen spendablen Kunden bedienen:* einen in der Mache haben. *einen impotenten Kunden bedienen:* auf Granit beißen. *sich durch masturbatorische und orale Prostitution ernähren:* von der Hand in den Mund leben. *von analer Prostitution leben:* das Berg-

werk (das Braunkohlenbergwerk, das Hügeldepot) auswerten. *von sadomasochistischer Prostitution leben:* abschwarten, sich durchs Leben schlagen, die Freier mit dem Schot aufzimbeln. *sich sowohl an Männer wie an Frauen verkaufen:* doppelgleisig fahren, doppeln, Karussell fahren, stereo fahren, zweigleisig fahren. *in der Kleidung des anderen Geschlechts auf den Strich gehen:* unter falscher Flagge segeln, im Fummel wackeln, pirmenteln. *sich homosexuell prostituieren:* auf den Wackel gehen. *nicht auf den Strich gehen, zu Hause bleiben:* krankfeiern, Schicht machen. *sie geht auf den Strich und er beaufsichtigt sie im Auto:* sie läuft und er fährt. *Kunden abfertigen, ohne es dem Zuhälter zu sagen:* schwarz arbeiten. *seinen Zuhälter anzeigen:* seinen Typ hochgehen lassen. *von der Straßenprostitution ins Bordell oder Eros-Center überwechseln:* seßhaft werden, sich zur Ruhe setzen. *im Schaufenster arbeiten* (wie z. B. in der Herbertstraße in Hamburg): auf der Wartburg sitzen, fenstern, kobern. *Freizeitprostitution betreiben:* auf Abstaube gehen, plus machen. *sich als Callgirl betätigen:* ins Haus kommen, ins Haus liefern. *sich von der Prostitution zurückziehen:* von der Bühne abtreten, in die Vertikale gehen, sich pensionieren lassen.

48.6 Verkehr mit Prostituierten

Strichbesuch ohne Kaufabsicht: Brautschau. *Ansprechen und Preisverhandlung:* Kontaktgespräch. *Koitus mit einem Straßenmädchen:* Dreiminutennummer, Rein und Raus, Schnellbleiche. *Bordellvisite:* Hausbesuch, Quellenforschung, Tiefseeforschung. *Tour durch die Bordelle:* Spritztour, Zug durch die Gemeinde. *Alibi eines Bordellbesuchs:* Dienstreise, Kunstreise, Nachtdienst. *Befriedigung eines Kunden:* Raubtierfütterung (Prostituiertensprache). *bezahlter Anilinctus:* teures Achterl, Klistier ohne Krankenkasse, Klistier für Privatpatienten. *Pedicatio oder Anilinctus im Männerbordell:* Arschputz im Arschpuff. *Flagellation oder Masturbation durch zwei Prostituierte:* Doppelmassage.

48.7 mit Prostituierten verkehren

nach Prostituierten suchen: auf Fang gehen, auf Schnallenritt gehen, auf Schnepfenjagd gehen, sich die Nacht um die Ohren hauen. *Prostituierten nachlaufen, ohne sie anzusprechen:* schaufenstern. *für Prostituierte Geld ausgeben:* etwas aus der Krone leiern, etwas springen lassen, Knöpfe springen lassen, Spendierhosen anziehen, viel klein machen. *mit einer Prostituierten verkehren:* einen Bolzen stemmen, am Eckstein stempeln. *sich von einer Prostituierten fellieren lassen:* sein Geld durch den Schlund jagen. *mit einer minderjährigen Prostituierten verkehren:* killekille machen. *eine Prostituierte um ihr Geld prellen:* das Kreuz blitzen, die Vergnügungssteuer hinterziehen, schwarz vögeln. *von einem Kunden, der sie überfordert, sagen die Pros:* er fickt, als ob er dafür bezahlt kriegt.

48.8 Kunde einer Prostituierten

Bär, Bubi, Freier, Geißbock, Gogo, Hampelmann, Kavalier, Kober, Mann der Tat, Schamster. *altes Vokabular:* Balhoche, Chossen, Glundkaffer, Kuttenstricher. *Mann, der Straßenmädchen nachläuft:* Gamsjäger, Gemsenjäger, Hurenbeutel, Hurenbock, Hurenbua, Hurentrecker, Klettervogel, Klopfhengst, Nachtschwärmer, Nachtwandler, Schnallentrecker. *Stammkunde einer Prostituierten:* Mameluk, Pressier. *Bordellhabitué:* Salonlöwe. *Kunde, der es eilig hat:* D-Zug, Düsenjäger, Zeitraffer. *Kunde, der sich ausziehen will:* Nacktsamer. *Kunde zur Messezeit:* Messeonkel. *Gruppe von Kunden:* Stoßbrigade, Stoßtrupp. *der letzte Kunde, der ein Bordell verläßt:* der letzte Mohikaner. *Mann, der sich bei einem Gruppenbesuch im Bordell einschleicht, ohne selber zu zahlen:* blinder Passagier. *Mann, der ins Bordell geht, um Kaffee zu trinken:* Zichoriensitzer. *Bordellbesucher, der den anderen zusieht, aber nicht mitmacht:* Seemann, Sehmann. *Prostituiertenkunde, der seine vereinbarte Zeit überschreitet:* Zeitlupe. *geiziger Kunde:* Kavalier in Strümpfen, Teele. *zahlungsunfähiger Kunde:* drahtloser Freier, fauler Kunde, flacher Freier, nasser Kober. *Mann, der eine Prostituierte um ihren Sold prellt:* Blitzer, Fudblitzer, Janitschek, Kreuzblitzer, Nassauer, Stubben. *Kunde einer Prostituierten, den sie gratis bedient:* schwarzer Freier, Schwarzvögler (bedeutet im Zuhälterjargon dagegen: Kunde, dessen Geld eine Prostituierte ihrem Zuhälter vorenthält. In der Bordellsprache: Kunde einer Bordellinsassin, dessen Geld sie nicht an die Puffmutter abliefert). *Kunde, der sich ausbeuten läßt:* Fetter, fetter Kober, Goldfisch, Konto, Kootze, Kren, Scheckbuch mit Schwanz, tofer Freier, Vetter, Wurzn, Zapfstelle. *naiver Kunde:* Potsdamer («Der Potsdamer bezahlt, aber er hat nichts davon»). *Kunde, der eine Prostituierte bezahlt, um bei ihr den Cunnilinctus vorzunehmen:* Zungenfreier. *Kunde, der eine Prostituierte bezahlt, um ihr die Füße abzulecken:* Fußfreier, Zehenlecker, Zehensauger. *Kunde, der eine Prostituierte bezahlt, um bei ihr den Anilinctus vorzunehmen:* Arschbeißer, Müllschlucker, Zungenfreier. *Kunde, der eine Prostituierte (oder einen Strichjungen)*

bezahlt, um bei ihr (oder ihm) die Pedicatio auszuüben: Aftermieter, Scheißfreier. *urophiler Kunde:* Brühfreier, Nachttopffreier, Nachttopfsklave, Pißfreier. *masochistischer Kunde:* Haumichblau, Knetfleisch.

48.9 Prostituiertensold

Bauzmiete, Bibelgeld (das Wort geht auf den Bibelspruch zurück: «Den Seinen gibt's der Herr im Schlafe»), Brautgeld, Brautgulden, Büchsengeld, Bunzengeld, Bunzengroschen, Busengeld, Deckgebühr, Deckungsgeld, Deichselgeld, Deichselkies, Dirnenzoll, Dosengeld, Einfuhrzoll, Eingangszoll, Entladegebühr, Fahrtaxe, Freudengeld, Haushaltsgeld, Heckpfennig, Hemdschilling, Hurenstamm, Jungfernpfennig, Kanaldeckel, Kreuz, Kreuzgeld, Kupferstich, Kurtaxe, Ladenmiete, Lagermiete, Lampengeld, Lasterzaster, Leibzoll, der Loth, Lustbarkeitssteuer, Lustgroschen, Miezsteuer, Minnesold, Nabelgeld, Nadelgeld, Nagelgeld, Pimpergroschen, der Preis für Menschenfleisch, Rollgeld, Schlummerkies, Schlummerzoll, Schürzengeld, Schustersteuer, Schwänzeldukaten, Schwänzelgeld, Schwänzelgroschen, Schwänzelpfennig, Schwanzgeld, Schwanzgulden, Schwanztaler, Sprungtaler, Steckgroschen, Stempelgebühr, Stempelsteuer, Stöpselgroschen, Stöpseltaler, Strumpfgeld (bedeutet auch: zusätzliches Trinkgeld einer Prostituierten), Studiengebühr, Tarif, Taxe. *auf dem Strich verdient man Geld:* das Geld liegt auf der Straße. *Sold eines Straßenmädchens:* Wanderpreis. *Sold eines Bordellmädchens:* Hauszins, Salongebühr. *Bordellabonnement, Bordellmarke:* Bahnsteigkarte (von Eisenbahn = Puff), Bezugsschein, Fahrschein, Freudenkarte, Lochkarte, Passierschein, Quartierschein, Schatzanweisung, Scheidemünze, Stempelmarke, Waffenschein, Zollschein. *Übernachtungsgebühr im Bordell:* Schlafgeld (im Mittelalter erhielt der Bordellwirt zusätzlich zu seinem Anteil an dem Hurensold auch ein Übernachtungsgeld, wenn der Mann das Mädchen erst am nächsten Tag verließ. Dieses Geld nannte der Volksmund «Schlafgeld», und aus dieser Wurzel bildeten sich die heutigen Worte «Schlummerkies» und «Schlummerzoll»). *unbezahlter Verkehr mit einer Prostituierten:* bargeldloser Einkauf, drahtloser Verkehr, freier Eintritt, Freistoß, Schwarzarbeit (dieses Wort wird nur von Prostituierten und Zuhältern benutzt). *Gratistag im Bordell:* Tag der offenen Tür. *gratis:* für naß, per naß, naß. *Einnahmen einer Prostituierten:* Pulver. *Einnahmen an den Zuhälter abliefern:* Pulver abladen. *Geld im Prostituiertenvokabular:* siehe 45.1–45.4. *Entgelt für masturbatorische Prostitution:* Handgeld. *Entgelt für orale Prostitution:* Mündelgeld. *Entgelt für anale Prostitution:* Aftermiete, Furzsteuer, Heckpfennig, Rückfahrkarte, Rückkauf, Rückporto, Rückvergütung, Rückzahlung. *Strichjungenentgelt:* Einfuhrzoll, Eingangszoll, Kuppe, Liebhaberpreis, Schwanzdukaten, Schwanzgeld, Schwanzgroschen, Schwanzpfennig.

48.10 Prostituiertenkontrolle

kontrollierter Bordellbetrieb: Eros Center, Kontrollhaus, Proviantamt für Liebe, staatliche Unzucht. *tolerierter Bordellbetrieb:* Toleranzhaus. *polizeiärztliche Kontrolle:* Batterieinspektion, Büchsenbeschau, Büchsenparade, Dosenappell, Dosenbeschau, Doseninspektion, Dosenkontrolle, Dosenparade, Fleischbeschau, Fleischinspektion, Fleischkontrolle, Fosenappell, Fosenbeschau, Foseninspektion, Fosenkontrolle, Fosenparade, Lochparade, Punzenappell, Punzeninspektion, Punzenparade, Spundlochkontrolle, Spundlochprobe, Trichineninspektion, Trichinenkontrolle. *medizinische Kontrollinstrumente:* Büchsenspanner, Dosenspanner, Flaschenöffner, Fotzenfernrohr, Fotzenoptik, Lorgnette, Mutterspiegel, Pflaumentrumeau. *polizeiärztlicher Untersuchungssessel:* Pflaumenbaum, Rasiersessel, Tiroler. *Trippesspritze:* Maschinengewehr. *Hospital für geschlechtskranke Dirnen:* Hungerkloster, Porzellanfabrik, Puppenklinik, Trockendock, Zirkus Salvarsani. *polizeiärztlich untersucht werden:* Modell stehen, nach oben gehen. *Polizeiarzt:* Batterieinspektor, Büchsenkontrolleur, Doktor Loch, Doseninspekteur, Fallensteller, Fleischbeschauer, Fosenkontrolleur, Fotzenoptiker, Höhlenforscher, Humsendrücker, Klapsgreifer, Lasterinspizient, Nuttenfilter, Punzenriecher, Ritzenkratzer, Schamlippen-Optiker, Schwermacher, Spundloch-Optiker, Trichineninspektor. *polizeiliche Kontrolle:* Evidenz. *Prostituiertenreglement:* blaues Buch. *polizeiliches Verzeichnis der ortsansässigen Prostituierten:* Fosenbaedeker, Fotzenkatalog. *die Polizei kontrolliert die Straßen:* die Steine brennen. *eine Prostituierte nach ihrem Ausweis fragen:* eine flebben. *Prostituiertenausweis:* Bäckerbuch, Bäckerkarte, Bäckerschein, Büchel, Diskretschein, Freudenkarte, gelber Schein, Gesundheitsbuch, Gesundheitsschein, Jagdschein (bedeutet auch «Unzurechnungsfähigkeitsbescheinigung» nach § 51 StGB), Kontrollbuch, Kontrollschein, Konzession, Lizenz, Laufpaß, Lochkarte, Permiß, Persilschein, Waffenschein, Zollschein. *Razzia auf Prostituierte:* Bienenfang, Katzenfang. *Reihenfolge der Prostituierten, die zur Vernehmung oder Untersuchung vorgeladen worden sind:* Speisezettel. *Vernehmungs-*

zimmer im Polizeirevier: Bullenstall, Klärbecken, Koberei. *Verhörstuhl:* Betschemel. *Sittendezernat:* Sitte, Unzucht. *Sittenpolizei:* Fotzenspähtrupp, Schnüffelgarde, Sitte, Tittenpolente, Verkehrspolizei. *unter der Kontrolle der Sittenpolizei:* unter Sitte. *Sittenpolizist:* Beutelrattler, Fotzenspitzel, Mösenmolch, Sauhirt, Schnüffelhund, Schnüffelnase, Schweinetreiber, Sittenbulle. *Sittenpolizist auf Streifendienst:* Gossenmolch, Nachteule, Nachtjäger, Streifenbulle. *Sittenpolizist in Zivil:* Geheimer, verdeckter Putz, Verkappter. *höherer Polizeibeamter im Sittendezernat:* Oberschenkel. *Kriminalbeamter im Sittendezernat:* Hurenreferent. *Sittenpolizistin:* Putzfrau, Putzkrone, Schlitzputz, Sittenkuh. *Sittenpolizistin auf Streifendienst:* Streifenkuh, Wespe. *Fürsorgerin:* Tugendfee, Tugendpfadfinderin, Unzuchtsabwehrkanone. *Prostituiertenaufseher im Mittelalter:* Ammeisterknecht, Amtmann, Bettelherr, Frauenmeister, Gewaltbote, Gewaltmeister, Hocher, Hurenhaber, Hurenweibel, Polzenmeister, Stocker, Vogthaber, Waltpode.

48.11 Prostituiertensteuer

Dirnenzoll, Finkengeld (Hamburg), Finkengroschen (Lübeck), Furzsteuer (Im Mittelalter verlangten manche deutsche Städte von den «fahrenden Frauen», daß sie entweder eine «Hurensteuer» bezahlten oder «facere unum bombum», einen Furz ließen. Der Volksmund taufte die Hurensteuer deshalb prompt «Furzsteuer»), Hura (Hamburg 1490), Kappengeld (Mainz, Frankfurt), Kunnengroschen (Bremen), Milchzoll. *Ablaßgebühr für das Halten einer Konkubine:* Milchzins (Trotz des Zölibats hielten viele katholische Geistliche eine Konkubine, die als Köchin oder Wirtschafterin fungierte. Für deren Duldung erhob die Kirche eine Ablaßgebühr, die im Volksmund «Milchzins» oder «Hurenzins» getauft wurde).

48.12 Prostituiertenstrafen

Bestrafung nach § 361 6–6c StGB: Koberstrafe. *Frauengefängnis im Prostituiertenvokabular:* Besenzirkus, Fischkasten, Jungfernzwinger, Lyzeum. *Beamter im Frauengefängnis:* Fotzenfeldwebel, Schmalzkönig. *Arbeitshaus (altes Vokabular):* Magdalenenhaus, Raspelhaus, Spinnhaus. *drehbarer Käfig, in dem Prostituierte in früheren Jahrhunderten bis zur Bewußtlosigkeit herumgewirbelt wurden:* Drehhäuschen, Drillerhaus, Drillhäuschen, Narrenkotter, Trillerhaus, Trülle. *Kotbeschmierung des Hauses einer Prostituierten:* Mauermachen. *Schandkleidung einer Prostituierten:* Strohkranz, Strohmantel. *Hemdabschneiden:* Bakskiurta (Nach westgotischem Brauch wurde einer Frau, die man bei der Prostitution ertappt hatte, der hintere Teil des Hemdes abgeschnitten. Hieraus entstand der Volksausdruck «Ehrabschneiden»). *Pranger:* Lasterstein (Ehebrecherinnen, Kupplerinnen und unautorisierte Dirnen pflegte man im Mittelalter mit entblößtem Gesäß auf einen steinernen Pranger zu setzen. Der Volksmund taufte diese Steine «Lastersteine»). *hölzerner Strafbock:* Esel (Die Verurteilte wurde nackend mit dem Kopf nach hinten auf den Strafbock gesetzt und unter Bekkenklang vom Büttel durch die Straßen gezogen. In früheren Zeiten wurde ein lebender Esel benutzt, dessen Schwanz die Prostituierte anpacken mußte. So wurde das Wort «Eselsritt» gleichbedeutend mit «Dirnenbestrafung»). *Wasserstrafe:* schnellen (Wurde eine Wanderdirne des Mittelalters in einer fremden Stadt bei der Ausübung ihres Gewerbes ertappt, so sperrte man sie in einen Käfig und tauchte diesen wiederholt in den Fluß, Teich oder Wassergraben, bis sie das Bewußtsein verlor. Dann wurde sie herausgeholt und – wenn sie noch lebte – laufengelassen). *das Heraustreiben der Dirnen aus einer fremden Stadt:* Auspauken (Nachdem man der Dirne das Haar abgeschnitten hatte, führte man sie mit gebundenen Händen an den Stadtrand und trieb sie fort, indem man mit einem einzigen Schlegel auf eine Pauke schlug). *Karren, auf dem wandernde Dirnen des Mittelalters durch die Stadt gefahren wurden:* Hurenkarren (Der Hurenkarren war ein Leiterwagen, in dem die Dirne nackt oder halb entkleidet an den Stadtrand gezogen und von Kindern mit faulen Eßwaren beworfen wurde). *Donauschiff, das vertriebene Wiener Dirnen nach Ungarn brachte:* Themesvarer Schübe. *Strafgeld für Bordellbesuch:* G'feel (Während der Regierung Kaiser Ferdinands I. wurden ausnahmsweise einmal die Kunden der Prostituierten bestraft: alle im Bordell erwischten Ehemänner mußten eine Geldbuße zahlen, die der Wiener Volksmund «G'feel» taufte).

48.13 Kuppelei

Arbeitsvermittlung, Gelegenheitsmacherei, Koberei, Menschenhandel, Stellenvermittlung.

48.14 Kupplerin

Arbeitsvermittlerin, Hundertachtzigerin, Koberin, Kuppelbosten, Kuppelmutter, Menschenhändlerin Stellenvermittlerin. *Kupplerin, die den Kunden Fotos der Prostituierten zeigt, die von ihr vermittelt werden:* Aufführfrau. *Kupplerin, die ihren Klienten Gelegenheit zum Geschlechtsverkehr (nicht notwendigerweise mit Prostitu-*

ierten) verschafft: Gelegenheitsmacherin. *Kupplerin für Amateurprostituierte im Wiener Vormärz:* Blondinenlieferantin. *Kupplerin, die ihren Kunden angebliche Jungfrauen verschafft:* Jungfernschaftsprokuristin. *ältere Frau, die eine jüngere in die Prostitution einführt:* Einheimserin, Einstößerin. *Kupplerin von Minderjährigen:* Grünkramhändlerin.

48.15 Kuppler

Arbeitsvermittler, Gelegenheitsmacher, Hundertachtziger, Koberer, Menschenhändler, Miezenkrämer, Stellenvermittler. *Call-girl-Vermittler:* Mädchengroßhändler, Verschicker. *Fiakerkutscher, der Liebespaare mit heruntergelassenen Vorhängen spazierenfährt:* Porzellannagler. *Vermittler minderjähriger Mädchen:* Grünkramhändler, Grünkrämer. *Vermittler angeblicher Jungfrauen:* Jungfernschaftsprokurist.

48.16 verkuppeln

kobern, Arbeit vermitteln, Stellen vermitteln, Gelegenheit machen, das Sachgebiet bearbeiten. *einem Mann zu einer Frau verhelfen:* einem in den Sattel helfen.

48.17 Mädchenhandel

Fleischhandel, Fosenvertrieb, Pelzhandel, Seelenverkauf, Sklavenhandel, Sklavenmarkt, Versandgeschäft. *veralteter Wortschatz:* weiße Sklaverei.

48.18 Mädchenhändler

Fleischhändler, Pelzhändler, Seelenverkäufer, Sklavenhändler, Waterman.

48.19 mit Mädchen handeln

mit Fleisch handeln, mit Pelz handeln, mit Miezen handeln, Pimperle kaufen, im Versandgeschäft sein, im Import-Export-Geschäft sein.

48.20 Zuhälterei

Arbeitsvermittlung, Bärentreiberei, Bekanntschaftsvermittlung, Feigengärtnerei, Fleischhandel, Fleischmarkt, Hunderteinundachtzig, Koberei, Liebesmanagement, Pferdeschinderei, Sautreiben, Schnallentreiben, Schrittmachen, Strabanzen.

48.21 Zuhälter

Alphonse, der Alte, Antreiber, Arbeitsvermittler, Atze, Bärentreiber, Beißer, Bekanntschaftsvermittler, Betriebsrat, Bräutigam, Bruder, Bua, Chabarrer, Decker, Deckhengst, Egon, Feigengärtner, Fiesel, Fikus, Fleischhändler, Fleischmarktgehilfe, Fleischmarkthelfer, Fosenhahn, Fotzenkönig, Geißbock, Gladenpinkel, Grammelkutscher, Grätenkutscher, Gustobua, Haber, Hackerbua, Hengst, Herzbua, Hirt, Hobelhengst, Hunderteinundachtziger, Hurenbeutel, Hurenbock, Hurenbua, Hurentreiber, Imker, Kameltreiber, Klötenpink, Koberer, Krönaufreißer, Kuhschinder, der liebe Mann, Liebesmanager, Loddel, Louis, Lude, Manager, Peitscherbua, Pferdehirt, Pferdeschinder, Pülcher, Radibua, Sautreiber, Sauzagel, Schani, Scheich, Schlurf, Schnallentreiber, Schnuddel, Schrittmacher, Schwuf, Staudenemil, Stenz, Stenzelmann, Strabanzer, Strabanzerbua, Straßenpascha, Strichbua, Strichler, Strizzi, Sultan, Treiber, Ziegenpeter, Zitronenschleifer, Zutreiber. *Zuhälter (alter Wortschatz):* Bärsch (Wien), Blondinenlieferant (Wien), Bolzenmeister, Friedrichstadter (Berlin), Habsburger, Herzvater, Kappelbua, Kellemann, Ludewig, Luki, Mützenprinz, Offizier, Petroleur, Pilger, Pinguin, Pinguiniker, Plattenbruder, Pulion, Purlierer, Sponsierer, Stromerbua, Stronzian, Strotter, Strotterbua, Wiesener (Wien). *Zuhälter im Prostituiertenvokabular:* mein Alter, mein Antreiber, mein Arbeitsvermittler, mein Herzbua, mein Manager, mein Peilgerät, mein Typ. *erfolgreicher Zuhälter:* Gemütsathlet (alle Zuhälter sind stolz darauf, keine Gefühle zu zeigen), Patentlude, Stehkragenlouis, Stehkragenschani, Toppllude, Zylinderlouis, Zylinderlude. *erfolgloser Zuhälter:* Pißbudenlude. *farbiger Zuhälter:* Schokoladenlouis. *farbiger Zuhälter mit deutschem Mädchen:* Schokoladenstulle. *erpresserischer Zuhälter:* Schraubenlouis. *Zuhälter, der seine Mädchen besonders hart arbeiten läßt:* Antreiber, Hurentreiber, Kameltreiber, Kuhschinder, Pferdeschinder, Sautreiber, Sauzagel, Schnallentreiber, Treiber, Zitronenschleifer. *Zuhälter, der auch als Strichjunge arbeitet:* Doppelstenz, Pfeifenhändler, Schottenheini. *Zuhälter, der angebliche Jungfrauen vermittelt:* Jungfernschaftsprokurist. *Zuhälter, der Mädchen entjungfert, um sie zu kompromittieren und in die Prostitution einzuführen:* Aufmacher, Einführer. *Freund einer Prostituierten, der kein Geld von ihr nimmt:* Liebesloddel. *Freundin eines Zuhälters, die nicht für ihn arbeitet:* Fieselzauck.

48.22 Schlepper

Anreißer, Bärenführer, Pufflouis, Schleppdampfer. *Portier eines Animierlokals:* Admiral. *Anreißer im Bordell, der mit den Mädchen koitiert, um den Kunden Lust zu machen:* Vorturner.

48.23 Bordellwirt

Bienenvater, Bumswirt, Eisenbahner, Hausbesitzer, Hausherr, Hauswirt, Hurenwirt, Liebesmanager, Pferdehirt, Puffwirt, Samenleiter, Schneckenpapa, Verkehrsdirektor, Vögelaktuar. *altes Vokabular:* Abt, Baas, Balbos, Balkenvater, Ballspieß, Beinvater, Bolzenmeister, Boos, Bordellhahn, Bost, Frauenwirt, Freihat, Freiwirt, Glydenfetzer, Hurenbeutel, Kallfrosch, Kommentvater, Kom-

mentwirt, Penneboos, Pennespieß, Seelenverkäufer, Töchterwirt. *Leiter eines Kinderbordells:* Grünkrämer, Grünkramhändler.

48.24 Bordellwirtin

die Alte, Anstandsdame, Bumsmama, Dekke, die Dicke, Eisenbahnerin, Haushälterin, Keibe, Koberin, Kuppelmutter, Lotte, Lotterl, Madam, Muttchen, Mutter, Muttersau, Patronatsdame, Puffmutter, Samenleiterin, Schleuse, Schneckenmama, Seelenverkäuferin, Tante. *altes Vokabular:* Äbtissin, Ausschütterin, Baiserin, Base, Boosten, Frauenmeisterin, Frauenwirtin, Glydenfetzerin, Hushelterin, Kallfroschin, Kommentmutter, Kuppelbosten, Lena, Parkemutter, Pelzkapore, Rippelreiger, Telegraf, Trüllerin, Verwererin, Ziehmutter. *Puffmutter eines Kinderbordells:* Grünkrämerin, Grünkramhändlerin.

48.25 Bordell

Arbeitshaus, Atelier, Backhaus, Bahnsteig, Bauhaus, Bauhof, Bienenhaus, Bienenkäfig, Bienenkorb, Bienenstock, blaue Laterne, Brautschule, Brunzwinkel, Bügelanstalt, der dritte Ort, Druckerei, Entschleimungsheim, Entschleimungshospital, Entschleimungskurhaus, Falle, Fleischbank, Fleischerei, Fleischmarkthalle, Fleischwarenhandlung, Fotzengestüt, Frauenzwinger, Freudenbunker, Freudenhaus, Garage mit Nachtdienst, Genußschuppen, Gesangbuch mit Loch, Gestüt, Hammerwerk, Haus, Haus des 6. Gebots, Hollerithhaus, *Ho*tel (Akzent auf der ersten Silbe), Hotel zur Eisenbahn, Hühnerhaus, Hühnerkorb, Hühnerstall, Hurenaquarium, Katzenhaus, Klappe, Knalltüte, Koberei, Kroatendörferl, Kunstanstalt, Kurzwarenhaus, Kurzwarengeschäft, Laden, Laichplatz, Laichschopf, Laichteich, Lampe, Laterne, Liebhaberei, Lust-Etage, Lustschloß, Lustspielhaus, Lyzeum, Mädchen-Großhandlung, Männerfalle, Metzgerei, Nahkampfarena, Nudelfriedhof, Nuttenschuppen, öffentliches Haus, Pension, Pensionat, Pfefferhäuschen, Pfefferhütte, Pflaumenhandlung, Puff, Quartier, Rangierbahnhof, Reitinstitut, Reitschule, Reitstall, Rennstall, Rondell, rote Lampe, rote Laterne, Rotlichtspielhaus, Rutschwinde, Saftpenne, Salon, Schmelzhütte, Schmiede, Schnallenhütte, Schnallenkasten, Schnallenkiste, Schnallenladen, Schwanzfalle, Sexschuppen, Siederei, Spritzenhaus, Stall, Stift, stille Knippe, Stoßbude, Stoßgeschäft, Stoßkaserne, Sündenwiese, Tattersall, Taubenhaus, Taubenschlag, Tempel des 6. Gebots, Treibhaus, Tummelplatz, Umschlagplatz der Liebe, Verkehrszentrum, Vogelbauer, Vogelhaus, Vögelhaus, Wiesen. *langweiliges Bordell:* klammer Laden, müder Laden, Kummerpuff. *schmutziges Bordell:* Mistbeet, Rattenstall, Saubetrieb, Saubude, Wanzenburg. *Bordelldistrikt:* Rotlichtdistrikt. *Bordellstraße:* Bumsgasse. *Bordell (alter Wortschatz):* Abtei, Amyenhaus, Bajis, Beiß, Beskarg, Bestofel, Bodach, Boos, Boß, Chontebajis, Chunebeiß, Clötkas, Traueneck, Frauenhaus, Freudentempel, gemeines Haus, Glidenboß, Glundekandich, Glydenblos, Glydenbosch, Glydenboss, Haus der Bewegung (NS-Zeit), Haus der gelüstigen Fräuleins, Haus der goldenen Sonne, Herbergslupanar, Hurentaiber, Hurenzelt, Jungfernhof, Kandich, Kandisch, Kamerette, Kasten, Kauwe, Kit, königliche Anstalt, Kübbo, offenes Haus, Parduzloch, Schrefenbos, Sonnenboss, Strom, Tempel der Freude, Tempel der Venus, Venustempel. *Bordellstraße (altes Vokabular):* Frauenpforte, Königsmauer. *deutsches Bordell nach französischem Muster* (16.–17. Jahrh.): Amyenhaus, Mamsellenhaus (Das deutsche Bordell des frühen Mittelalters, «Frauenhaus» oder «Kasten» genannt, befand sich fast stets am Stadtrand, vorzugsweise an einem Fluß oder Wassergraben, und unterstand der Stadtverwaltung oder dem örtlichen Kirchenfürsten. Bordelle im Privatbesitz nach französischem Muster tauchten erst im 16. Jahrh. auf, wurden in der Stadtmitte errichtet, unterstanden keinem Pächter, sondern einer Frau, der «Madame» oder «Amie», und wurden deshalb vom Volksmund «Mamsellenhäuser» oder «Amyenhäuser» getauft). *Bordellwirtschaften des 18. und 19. Jahrhunderts, in denen man auch Tabak kaufen und rauchen konnte.* Tabagien. *geheimes Bordell im Wiener Vormärz:* Seraphinenhain. *Vorraum eines Bordells:* Führring, Hühnerstange, Manege, Nichtschwimmerbassin, Salon, Wahllokal. *«Schlafzimmer» eines Bordells:* Arbeitsstube, Empfangszimmer, Spielraum. *Bett:* Arbeitslager. *Bordellwahrzeichen:* blaue Lampe, blaue Laterne, Feuerofen, Helmschnecke, rote Lampe, rote Laterne, Verkehrsampel, Verkehrslicht. *Bordell mit erotischen Darbietungen:* Liebhaberbühne, Panoptikum, Rotlichtspielhaus, Theater, Zirkus. *erotische Bordelldarbietung:* Linsengericht. *Schaustellung von entblößten Gesäßen:* goldene Berge, Kürbisfarm, Kürbisplantage. *durchsichtiges Bordellklosett für urophile und koprophile Darbietungen:* Glasklo.

48.26 Bordell für Sonderzwecke

Jahrmarktsbordell: fliegender Puff. *Bordellwagen auf einem Jahrmarkt:* Salonwagen. *Bordell für Geheimprostituierte (oft verheiratete oder berufstätige Frauen, die nicht im Haus wohnen, sondern von der «Aufführfrau» nach Auswahl aus einem Fotoalbum

bestellt werden): Aufführhaus. *masturbatorisches Bordell:* Handwerksbetrieb, Handwerkskammer, Massagesalon, Molkerei, Selbstbedienungsladen. *Bordell für Oralverkehr:* Blaserei, Leckerei, Säuglingsheim. *Bordell für Analverkehr:* Arschbliss, Popolynesien. *sadomasochistisches Bordell:* Bimsladen, Brunstrutenarsenal, Husterhaus, Kitzelkammer, Massagesalon, Rutenarsenal, Stockhaus, Tretmühle, Wiege, Zuchthaus, Zwingburg. *lesbisches Bordell:* Absteige (von absteigen = cunnilingere, nicht von Absteigequartier = Stundenhotel), Fotzenfalle, Fotzenschuppen, Katzenhaus, Kitzlerbliss, Schwesternheim, Warmmädchenheim. *homosexuelles Männerbordell:* Arschbliss, Bockstall, Brunstrutenarsenal, Brunzwinde, Drohnenkorb, Hahnenstall, Katerhaus, Kloster, Knochenmühle, Kurzwarenhandlung, Kurzwarenhaus, Pupenzwinger, Samenhandlung. *Bordell für homo- und heterosexuelle Kundschaft:* Gemischtwarenhandlung. *Kinderbordell:* Grünkramladen, Jugendherberge, Kindergarten, Kinderheim, Kinderhort, Schmalspureisenbahn, Schmalspurpuff.

48.27 Militärbordell

Ameisenhaufen, Damenbunker, Damenkaserne, Fosenarsenal, Fosenbunker, Frauenzwinger, Freudenkaserne, Germanenschwof, Kavallerie-Übungsplatz, Militär-Reit-Institut, Militär-Reitstall, Munitionsdepot, Nutten-Arsenal, Proviantamt für Liebe, Schnallenarsenal, Schnallenbunker, Schnallenkaserne, staatliche Unzucht, Stoßkaserne, Sündenbunker, Sündenkaserne. *«Schlafzimmer» eines Militärbordells:* Dienstraum. *Marinebordell:* Landungsstelle, Löschplatz, Trokkendock. *Büro eines Marinebordells:* Kommandobrücke. *Bordellverbot:* Hundesperre. *Bordellzelt in den Feldlagern des 17. und 18. Jahrh.:* Hurenzelt. *Bordellmarke:* siehe 48.9.

48.28 Männerbordell für weibliche Kundschaft

Drohnenkorb, Hahnenstall, Herrenklub, Katerhaus, Kurzwarengeschäft, Kloster, Saftkeller, Samland, Samenhandlung, Schwanzladen. *Bordell für Männer und Frauen:* Gemischtwarenhandlung. *männliche Prostitution für wohlhabende Frauen:* Hilfe für Entwicklungsländer. *Kundin eines Männerbordells:* Nonne. *Besitzer eines Männerbordells:* Pfeifenhändler. *Zuhälter eines Männerbordells:* Pfeifenstierer.

48.29 Dirnenunterkunft

Bienenhaus, Bienenkäfig, Bienenkorb, Bienenstock, Damenkaserne, Dirnenkaserne, Eros-Center, Frauenzwinger, Freudenbunker, Freudenkaserne, Gonokokkenbunker, Hochhaus der Liebe, Hühnerhaus, Hühnerkorb, Hühnerstall, Hurenaquarium, Lasterbunker, Liebesdienstkaserne, Liebessilo, Nuttenarsenal, Nuttenbunker, Nuttensilo, Proletenharem, Schnallenbunker, Schnallenkaserne, Schnallensilo, Stoßkaserne, Sündenhochhaus, Sündenkaserne, Sündensilo.

48.30 Stundenhotel

Absteige, Absteigequartier, Garni, Kaff, Kletterbude, Kletterburg, Kuppelbude, Kuppelburg, Liebhaberei, Schluf, Stundenpension, Sturmbude. *schmutziges Stundenhotel:* Laushutschn, Wanzenburg.

48.31 Chambre séparée

Dunkelkammer, Kitzelkammer, Separatl, Spielraum.

48.32 Prostituiertenlokal

Abkoch-Bar, Abschleppschuppen, Anheizkeller, Animierbude, Animierkneipe, Animierschuppen, Anschmeißschuppen, Aufreißladen, Bumscafé (nicht von Bumsmusik sondern von bumsen = koitieren), Fosencafé, Gesangbuch mit Henkel, Gesangbuch mit Loch, Hurenbums, Hurenkeller, Hurenkneipe, Hurenschuppen, Hurenstampe, Hurentimpe, Hurenwinde, Knallschuppen, Männerfalle, Nachtbums, Neppschuppen, Nuttenbums, Nuttenhöhle, Nuttenkeller, Nuttenkneipe, Nuttenschuppen, Nuttenstampe, Nuttentimpe, Nuttenwinde, Pflaumenbörse, Rattenfalle, Schnallenbums, Schnallenhöhle, Schnallenkeller, Schnallenstampe, Schnallentimpe, Schnallenwinde. *altes Vokabular:* Basteikneipe (Wien), Beisel (Wien), Fallbeis (Wien), Fallbeisel (Wien), Kaschemme (Berlin), Migchelkitten (Osnabrück), Tingeltangel. *Zuhälterlokal:* Ludenhöhle, Toppkeller.

48.33 Prostituiertenfeste

Pelzlaufen (In Österreich und Italien finden wir im 14. Jahrh. die ersten Berichte über ein Wettrennen nackender Huren. Die Siegerin gewann einen Pelzmantel, in den der Preisrichter, in Österreich «Pritschenmeister» genannt, sie hüllte). Scharlachrennen (In Italien war der Preis eines solchen Wettlaufs meist ein mit Pelz gefütterter roter Samtmantel, *palio* genannt. Das erste «Scharlachrennen» wurde von Castraccio di Castracani nach der gewonnenen Schlacht von Lucca veranstaltet. Der Palio in Siena und Florenz, heute ein Pferderennen, geht auf diesen Brauch zurück). Scharlachruf (In einem «Scharlachruf» des Königs Ladislaus V., Sohn des Habsburger Königs Albrecht II., heißt es am 31. 5. 1454: «Auch werden die freien Töchter zu einem Barchent laufen und welche die erste dazu ist, die hat gewonnen den Barchent»). Hurenprozession (Fastnachtsbrauch im alten Leipzig), Huorendanz (Am 1. 5. 1308 war König Al-

brecht I., der älteste Sohn Rudolfs I. von Habsburg, in Brugg a. d. Aare ermordet worden und in den Armen einer Hure gestorben. Zu ihrem Andenken veranstaltete der Landvogt von Baden alljährlich in Zurzach ein Tanzfest für alle Huren, das er selbst mit der feierlich erwählten «Hurenkönigin» anführte. Dieser Tanz, auch «Matzentanz» genannt, überlebte bis vor kurzem auf dem Zurzacher Markt). Huschertanz (Wiener Hurentanz in der 2. Hälfte des 18. Jahrh.). Brigittenauer Kirchtag (Wiener Kirmes, die bis 1848 die Prostituierten aus ganz Österreich zusammenbrachte).

48.34 Prostituiertensprache

Prostitution zum Zweck der Erpressung: Krampftour. *sie erpreßt ihre Kunden:* sie macht's auf die Nitribitt. *erpresserische Prostituierte:* Krampfhenne, Nitribitt. *Krach im Bordell:* Hausfriedensbruch, Eisenbahnunglück. *Bedienung im ausgezogenen Zustand:* Rohkost. *Bedienung mit Reizwäsche:* Rohkost mit Dressing. *Landwirtschaftsausstellung, die besonders viele Kunden bringt:* Bauernolympiade. *alle bürgerlichen Vergnügungen:* Jubeltrubel. *alle bürgerlichen Gewohnheiten:* Tinte. *das bürgerliche Establishment:* die Tintenburg. *ich kann dich zufriedenstellen:* bei mir liegst du richtig. *ich muß zu viele Kunden bedienen:* der ganze Puff liegt auf meinen Schultern.

48.35 Zuhältersprache

Feldsprache. *meine Mädchen:* meine, meine Herde, meine Pferdchen, mein Reitstall, mein Rennstall, mein Stall, mein Fotzendepot. *Prostituierte:* Kuh, Pferd, Sau, Schaf, Schwalbe, Taube, Ziege, Zitrone. *einträgliche Prostituierte:* Arbeitsbiene, Mordsfetzen, Paradepferd. Bank, Bankkonto, Konto, Krippe, Nährmutter, Portemonnaie, Scheckbuch, Sparbüchse, Sparkasse. fleißiges Lieschen, glatte Henne, goldene Fotze. *die einträglichste Prostituierte:* das beste Pferd im Stall, die Seele des Betriebs, die Toppsau. *unergiebige Prostituierte:* kreuzlahme Sau, Langweilerchen, stiere Kuh, Trauermädchen. *Einnahmen einer Prostituierten:* Kuppe, Pacht, Pulver. *der Strich macht sich bezahlt:* das Geld liegt auf der Straße. *eine Prostituierte eines anderen Zuhälters übernehmen:* eine kaufen, eine übernehmen. *ein neues Mädchen aufstöbern:* eine aufreißen, eine hochnehmen, Neuland finden. *ein neues Mädchen finden, aber noch nicht auf den Strich schicken:* eine auf Kiel legen, eine auf die Seite legen. *ein Mädchen in die Prostitution einführen:* eine ankobern, eine anrühren, eine einarbeiten, eine eintanzen, eine zureiten, eine ans Messer liefern, eine vom Stapel lassen, eine auf den Damm schicken, eine laufen lassen, ein Pferd laufen lassen. *feststellen, wieviel Geld eine Prostituierte verdienen kann:* sehen, wie das Häschen läuft. *außerdem arbeiten für mich:* ferner laufen für mich. *seiner Prostituierten das Geld abnehmen:* tanken, die Kuh melken, das Schäfchen scheren. *auch die neuen Mädchen verdienen:* Kleinvieh macht auch Mist. *sie verdient gut:* sie läuft wie geölt. *das Geschäft blüht:* der Rubel rollt. *wer erst einmal eine Prostituierte für sich arbeiten läßt, dem laufen andere von selber zu:* wo Tauben sind, fliegen Tauben zu. *seine Mädchen beherrschen:* fest im Sattel sitzen. *seinem Zuhälter gehorchen:* spuren. *ein Mädchen auf den Strich schicken kann jeder, aber sie dort halten können nur wenige:* setzen ist leicht, halten ist schwer. *seine Mädchen antreiben:* einen Schuß vor den Bug geben, an die Kandare nehmen, Trab machen, auf Trab bringen, in Trab halten, auf dem Laufenden halten. *Messerstichwunden, die ein Zuhälter seinem Mädchen beibringt, wenn sie Geld unterschlägt oder faul ist:* Treiberzinken. *seinen Mädchen Angst machen:* seine Pferde scheu machen. *er verliert die Herrschaft über seine Mädchen:* ihm gehen die Pferde durch. *von einer einzigen Prostituierten leben:* alles auf ein Pferd setzen. *von einer einzigen Prostituierten kann man nicht leben:* eine Schwalbe macht noch keinen Sommer. *die Prostituierte bringt nichts ein:* die Kuh steht stier. *eine Prostituierte abschieben:* eine aus dem Verkehr ziehen, eine trockenlegen. *einer Prostituierten ihre Ersparnisse abknöpfen:* sein Sparschwein schlachten. *verhaftet werden:* hoppgehen.

49 Moral

sexuelle Moral: Ehre im Leib. *Sittenkodex:* Moralkorsett.

49.1 Unmoral

Lieblingslaster, Schandfleck, Schönheitsfehler, schwache Seite. *falsche Moral:* doppelte Moral, Moral mit doppeltem Boden, Moralin, Kulisse, Zahnpastagrinsen. *moralischer Verfall:* Entgleisung, schiefe Ebene. *sexuelle Zustände, die als unsittlich gelten, weil sie unverständlich sind:* undurchsichtige Verhältnisse.

49.2 moralisch

biderb, senkrecht, stubenrein, trichinenfrei.

49.3 unmoralisch

oberfaul, schofel, undufte, *heuchlerisch:* hinten rum, hinterfötzig, maulfromm, moralinsauer, zipp. oben hui, unten pfui.

49.4 moralisch handeln

das Herz auf dem rechten Fleck haben.

49.5 unmoralisch handeln
hackschen, lumpen, über die Schnur hauen, über die Stränge schlagen, entgleisen, auf Abwege geraten, ins Gerede kommen, in anderer Leute Mäuler kommen, unter die Räder geraten, unter den Schlitten kommen, verkommen, verlottern, versacken, versumpfen, zum Tier herabsinken, nichts mehr zu verlieren haben. *moralisch wertlos sein:* keinen sittlichen Nährwert haben.

49.6 moralischer Mensch
moralischer Mann: frommer Bauch, reiner Tor, senkrechter Starter, Wort Gottes vom Lande. *moralische Frau:* ahnungsloser Engel, Unschuld vom Lande.

49.7 unmoralischer Mensch
unmoralischer Mann: Dreckfink, Drecksack, Dreckschwein, Dünnmann, Eiterbeule, Ferkel, Filou, Flaps, Flapsch, Gauch, Haderlump, Halbsäckl, Hundehund, Hundsbeutel, Kloakenschmetterling, Laumann, Liederjan, Lump, Mistaas, Miestvieh, Rastelbinder, Rübenschwein, Sauigel, Saukerl, Scheißtrümp, Schlawiner, Schmutzfink, Schubjack, Schweinigel, Sittenstrolch. *unmoralische Frau:* Bartwisch, böse Sieben, Krawallschachtel, Quissel, Skandalnudel. *Heuchler:* falscher Fuffziger, Schwindelhuber, Schwindelmeier, Spaltzüngler.

49.8 moralischer Verweis
Gardinenpredigt, Moralpauke, Moralpredigt, Putzstunde, seelische Putz- und Flickstunde, Standpauke, Vorwichser.

49.9 moralisch verweisen
den Hofmeister spielen, den Sittenrichter spielen. jemandem eine Gardinenpredigt (eine Moralpauke, eine Standpauke) halten. jemandem die Leviten lesen, jemandem Fehler aufmutzen, jemandem in der Seele rummatschen, jemandem auf den Sack treten, jemandem auf die Korsettstange pinkeln. jemanden abkanzeln, jemanden fertigmachen, jemanden herunterputzen, jemanden hofmeistern, jemanden ins Gebet nehmen, jemanden Mores lehren, jemanden moralisch erledigen, jemanden zur Sau machen, jemandes schmutzige Wäsche waschen, auf jemandem herumhacken, über jemanden losziehen.

49.10 Moralprediger
Generalpächter der Gnade, Himmelspächter, Moralapostel, Moralathlet, Moralpauker, Moralpisser, Sündenabwehrkanone.

49.11 Tugendwächter
Ausbund der Tugend, Beckmesser, Hofmeister, Schulfuchs, Sittenrichter, Splitterrichter, Tugendbold, Tugendpinsel; päpstlicher als der Papst sein.

49.12 Tugendwächterin
Anstandswauwau, Donna, Tugendbeule, Wauwau.

49.13 Keuschheit
keusche Welle, Kirchenmusik.

49.14 Unkeuschheit
Ausg'schamtheit, Medizynismus, nackte Welle, Pornowelle, Sexwelle, weiche Welle.

49.15 keusch
g'schamig, hausbacken. *prüde:* etepetete, zipp. *Redewendungen:* Huch nein, nicht doch! Bei mir Hochzeitsnacht: alles mit Anstand!

49.16 unkeusch
ausg'schamt, gepfeffert, heiß, locker, medizynisch, saftig, scharf. *Redewendungen:* etwas dabei finden, nichts dabei finden, es ist doch nichts dabei!

49.17 keusch handeln
kein Wässerchen trüben können.

49.18 unkeusch handeln
die Sauglocken läuten.

49.19 Keuschheitsprobe
Becherprobe (Im Mittelalter glaubte man, daß es gewisse Zauberbecher gäbe, aus denen keine keusche Frau zu trinken vermöge. Konnte eine Frau daraus trinken, galt dies als Beweis ihrer Unkeuschheit). Bitterwasserprobe (Zweifelte ein Ehemann an der Keuschheit seiner Frau, so gab er ihr Bitterwasser zu trinken. Starb sie, galt dies als Beweis ihrer Unkeuschheit). Efeuprobe (Konnte eine Frau ihren Urin nicht halten, nachdem man ihr ein urinlösendes Pulver aus gebrannten Efeuwurzeln eingab, galt sie als unkeusch). Fadenorakel (Im Mittelalter pflegte man den Halsumfang einer Jungfrau in regelmäßigen Zeitabständen mit einem Faden zu messen. Nahm der Hals an Umfang zu, nahm man an, daß sie ihre Unschuld verloren hatte). Feuerprobe (Wollte man die Keuschheit einer Frau erproben, gab man ihr ein glühendes Eisen in die Hände. Ließ sie es fallen, galt sie als unkeusch. Andere Formen der Feuerprobe: mit bloßen Füßen über glühende Kohlen schreiten, mit gewachstem Hemd durchs Feuer gehen, glühende Pflugscharen in der Hand halten). Handschuhprobe (Im Mittelalter glaubte man, daß gewisse Zauberhandschuhe die Kraft hätten, Jungfrauen unsichtbar zu machen. Hatten sie ihre Unschuld verloren, blieb jener Körperteil sichtbar, der die «Sünde» begangen hatte). Kesselfang (Wenn eine der Unkeuschheit verdächtigte Frau einen Kessel mit siedendem Wasser, den man ihr zuwarf, nicht auffangen konnte, galt ihre Unkeuschheit als erwiesen). Lichtanblasen (Im Mittelalter glaubte man, daß ein keusches Mädchen eine ausgeblasene Kerze wieder anblasen könne. Gelang ihr das nicht, galt sie als unkeusch). Mantelprobe (Im Mittelalter nahm man bei der Mantelprobe aus

einem Haufen Mäntel blindlings einen heraus und zog ihn der Frau an, deren Keuschheit erprobt werden sollte. Paßte er, galt ihre Keuschheit als erwiesen. Paßte er nicht, galt sie als unkeusch). Rauchprobe (Das Mädchen, dessen Keuschheit erprobt werden sollte, mußte sich auf ein Rauchgefäß setzen. War der Rauch dann als Mundgeruch wahrnehmbar, galt sie als unkeusch). Treusteinprobe (Wenn ein Ehemann die Treue seiner Frau anzweifelte, verbarg er einen Magnetstein unter ihrem Bett. Wenn sie Ehebruch begangen hatte, glaubte man, daß der «Treustein» die Kraft besäße, sie im Traum aus dem Bett zu schleudern).

49.20 Keuschheitsmittel
Agnus castus: Keuschbaum (Diese Staude hat im Volksglauben die Macht, den, der sie pflanzt, keusch zu halten. Deshalb wurde sie im Mittelalter hauptsächlich in Nonnenklöstern gepflegt).

49.21 Keuschheitsgürtel
Büchsenschoner, Büchsenschützer, Dosendekkel, Feigenblatt, Fotzenfutteral, Fudschoner, Genußbremse, Isolierband, Schamkapsel, Sperrklinke, Treuschutzgütel, Venusband, Venusgürtel, Wollustbremse.

49.22 Gewissen
moralische Korsettstange, Kappe («Wenn du das Kind austragen willst, nehm ich's auf meine Kappe»).

49.23 etwas auf dem Gewissen haben
Dreck am Schwanz haben, einen Fleck auf der weißen Weste haben, etwas auf dem Reff haben, Spinat auf dem Kopf haben, Spinat am Schwanz haben.

49.24 Gewissensbiß
Gewissenswurm, Kater, Moralischer, moralische Blähungen, Seelenkatarrh.

49.25 Gewissensbisse haben
einen Kater haben, einen Moralischen haben, sich an der Nase fassen, das Gewissen entrümpeln. *er hat ein schlechtes Gewissen:* ihm ist nicht wohl in seiner Haut.

49.26 Gewissenlosigkeit
dehnbares Gewissen, weites Gewissen, Gewissen mit Gummizug, Gewissen mit Keller, Gewissen mit Klärbecken, pariser Gewissen

50 Religion

die gleiche Religion haben (einen Katholiken oder eine Katholikin heiraten dürfen): dasselbe Gesangbuch haben. *sie haben die gleiche Religion:* das Gesangbuch stimmt. *nicht die gleiche Religion haben:* das falsche Gesangbuch haben, aus dem verkehrten Gesangbuch singen. *die Religion wechseln, um einen Andersgläubigen zu heiraten:* umsatteln.

50.1 sexuelle Aspekte des Glaubens
Conceptio immaculatis: Jungfernzeugung, unbefleckte Empfängnis. *Gebet einer Jungfrau in der Andreasnacht:* Andreasgebet (Der heilige Andreas galt im Mittelalter als Eheprokurator. In der Nacht vom 29. zum 30. November beteten die unverheirateten Frauen: «Andresgen, Mann, Bescherer, / Du treuer Jungfern Lehrer, / hier steh ich splitternackt! / Wann wird die Stunde kommen, / daß einer mich genommen / und mein Brautbett knackt?»). *Zusammenstellung erotischer Bibelzitate:* Gliederbüchlein (Die religiöse Sekte der Separatisten, die in Pforzheim und Bern Anhänger hatte, betrachtete den Geschlechtsverkehr als Gottesdienst und hatte sich zu diesem Zweck eine Sammlung erotischer und sexueller Bibelzitate zusammengestellt. Der Pforzheimer Volksmund taufte diese Sammlung «Gliederbüchlein»). *Amulett gegen Eifersucht:* Johannesgroschen (Die Bischöfe von Breslau prägten Silbergroschen, auf deren Avers der Heilige Johannes der Täufer zu sehen war. Verlobte hingen sich diese Münzen an die Beine, «damit ihnen die Eifersucht keine Nestel knüpfen könne»). *Seitenhöhlchen:* Höhligen (Im Sprachgebrauch der 1722 gegründeten Herrnhuter Brüdergemeine bedeutete das Wort «Höhligen» gleichzeitig die Vulva der Frau und die Wunde, die ein Kriegsknecht Jesus nach der Kreuzabnahme beibrachte. Das Herrnhuter Gotteshaus war in Form einer Vulva gebaut. Die Gläubigen sangen, während sie durch dies «Seitenhöhlchen» zogen: «Ach Höhligen von dem Speer, / halt schon dein Mäulgen her, / geküßt, geküßt muß seyn!») *rituelle Küsse im christlichen Brauchtum:* Altarkuß, Bruderkuß, Friedenskuß, Fußkuß, Osterkuß, Ringkuß, Seraphinenkuß (Zungenkuß bei den Königsberger Muckern). *mythische Tierwesen:* Blutwundenfisch, Wundenbienlein, Kreuzvögelein (Die sprachschöpferischen Herrnhuter erfanden eine Anzahl mythischer Tierwesen stark erotischen Charakters – Blutwundenfischlein, die seelig im Blute Christi schwammen, Wundenbienlein, die die Wunden Christi befruchteten, indem sie «Bluthonig» aus ihnen saugten, Kreuzvögelein, die den Herrn am Kreuz trösteten u.ä.m.).

50.2 Himmel
Liebeshimmel: der siebente Himmel, der Himmel voller Geigen (Geige = Frau).

50.3 Heiligenfiguren
Frautafel (schwangeres Marienbild des 17. und 18. Jahrhunderts. Um die Weihnachtszeit wurden die Frautafeln an die kinderlosen Frauen verliehen, damit sie ihnen

Fruchtbarkeit schenken mögen). Jeserl (Masturbationspuppe im Nonnenkloster). Leonhardsnagel (phallische Eisenfigur zu Ehren des heiligen Leonhard). Manna-Liendl (hermaphroditisches Ebenbild des heiligen Leonhard). Mareien (Fruchtbarkeits- und Geburtspatroninnen). Maria Schrei (Geburtspatronin). Schlüsselgrete (Bildnis der heiligen Margarete als Verwalterin des Geburtsschlosses, d. h. als Geburtspatronin). Weiberliendl (hermaphroditisches Ebenbild des heiligen Leonhard – manchmal auch St. Kümmernis genannt – als Frau mit Bart. Die Figur gilt als Schwangerschaftspatron. Man opfert ihr Bärmutterkröten). Weizenfrau (Darstellung der Madonna als Fruchtbarkeitspatronin, deren Kleid mit Weizenähren verziert ist).

50.4 Heiligen- und Kirchenfeste

Andreasnacht (Der heilige Andreas gilt als Schutzheiliger der Ehe. Um Mitternacht pflegten die Bauernmädchen in den ostdeutschen Grenzgebieten sich nackend auszuziehen und dreimal St. Andreas anzurufen. Im Fenster hofften sie dann das Bild ihres Zukünftigen zu erblicken). Aschermittwoch (Mittwoch nach Fastnacht. Bußtag für sexuelle Sünden). Fastnacht (Nacht vom Dienstag zum Mittwoch nach Quinquagesima. Das Wort geht auf «faseln», nicht auf «fasten» zurück. «Faseln» heißt: Unsinn treiben, Lärm machen, um die unfruchtbarmachenden Winterdämonen auszutreiben. Fastnachtsspiele sind deshalb obszöne Kurzszenen, die Vorgänge aus dem Eheleben mit derbem Witz darstellen. Bis ins 16. Jahrhundert war die Fastnacht in Franken eine Art Nacktball für jung und alt). Johannisnacht (Nacht vom 23. zum 24. Juni, die als Vornacht des Geburtsfestes Johannes des Täufers gilt, in Wahrheit aber die alte Sonnwendnacht, die viele der heidnischen Fruchtbarkeitsriten bis ins späte Mittelalter hinein aufrechterhielt: unfruchtbare Frauen tanzten nackt ums Sonnwendfeuer, der Stadtschultheiß zog mit seinen Amtsdienern feierlich ins Freudenhaus, die Handwerksburschen wurden von den Freudenmädchen mit Blumen geschmückt). Kirmes (eigentlich «Kirchmesse» oder «Kirchweihfest», in Wahrheit aber auch ein heidnisches Fruchtbarkeitsfest. Besonders die Michaelis-Kirchweihe war wegen ihrer sexuellen Ausgelassenheit berühmt und berüchtigt). Martinsfeuer (wiederum ein Synkretismus, der ein heidnisches Fruchtbarkeitsritual in ein christliches Fest verwandelte: am 11. November zündete man dem heiligen Martin ein Feuer an, damit die kinderlosen Frauen Beistand finden mochten. Oft half dann ein anderer Mann, um die Kinderlosigkeit zu überwinden).

50.5 Kirche

Apostelabsteige, Apostelhotel, Bibelpuff, Hallelujabordell, Seelenfickerei. *Kirchturm:* Bibelständer, Halleluja-Zinken, Pfaffenschwanz, Pfaffenständer. *Beichtstuhl:* Fickerlaubnis-Anlage.

50.6 Geistlicher

Bibelhengst, frommer Bauch, heilige Geige, Moralapostel, Moralathlet, Mucker (Die Jenaer Studentensprache, aus der das Wort «Mucker» stammt, versuchte das Gegenteil von dem auszudrücken, was Duden heute damit meint: «heuchlerische Frömmigkeit». Pietisten wie Eva von Buttlar, Heinrich Schönherr, Ebel und Diestel verkündeten keinen Puritanismus, sondern das Gegenteil: die Heiligkeit des Geschlechtsverkehrs. Eva von Buttlar glaubte um 1700, daß die letzte Heiligung nur durch Koitus erlangt werden könne. Die Ebel-Diestelschen «Mucker» in Königsberg hielten um 1820 Gottesdienste, bei denen die Frauen nackt waren, und bezogen den Zungenkuß als Ritual in ihre Gottesdienste ein), Seelenmasseur, Sündenschnüffel. *Prediger:* Kanzelscheißer, Moralpisser, Sündenabwehrkanone, Sündenflak. *Kleriker:* Hallelujagockel, Kasak (katholische Sündenabwehrkanone), schwarzer Arsch. *Beichtvater:* seelische Mülltonne. *Beichtvater eines Nonnenklosters:* Kuhhirt. *protestantischer Geistlicher:* Esak (evangelische Sündenabwehrkanone), Prosak (protestantische Sündenabwehrkanone). *Rabbiner:* Isak (israelitische Sündenabwehrkanone), Sakom (Sündenabwehrkanone ohne Mündungsschoner). *Pastoralpsychologe:* Psychopater.

50.7 Mönch

Joseph, Kapaun, Kuttenbrunzer, Kuttenhengst, Kuttenmolch, Kuttenwallach.

50.8 Nonne

Braut Gottes, Braut Jesu, Flughaube, Gugelfrentzin, Himmelhenne, Schleiereule, Seelenbraut, Seicherin.

50.9 gläubige Frau

Pfarrersfrau: Gallachin, Gallachschickse, Gallachspinde, Gallachte, Lefrantzin, Pfaffina, Schwarzfärberin, Schwarzfärberische, Schwarzfärbermosche. *Betschwester:* Quissel. *Heilsarmeesoldatin:* Hallelujamädchen, Hallelujaschwester, Himmelszicke, Kiepenjule.

50.10 Zölibat

Hungerstreik. *Zölibatsablaß:* Hurenzins, Milchzins (Trotz des Zölibats hatte so mancher Geistliche noch viele Jahre nach dem Tridentinischen Konzil eine Beischläferin, die als Köchin oder Wirtschafterin fungierte. Die Kirche duldete in manchen Fällen das

priesterliche Konkubinat und besteuerte es als «Milchzins» oder «Hurenzins»). *zölibatär leben:* tobiassen (Das Wort entstammt dem Buch Tobias der Apokryphen und verkörpert die Volkssitte, daß der Brautführer und die Brautmagd während der Hochzeitsnacht das Ehebett des Brautpaares teilen, um die unfruchtbarmachenden Gewalten von ihm fernzuhalten). *zölibatärer Priester:* Hungerkünstler, Joseph, Kapaun, Mönch, Tugendbold, Wallach. *unzölibatärer Priester:* Goliathskind (Im 10. Jahrhundert widmeten sich manche Kleriker einem so freien Leben, daß das Volk sie nach den apokryphen Söhnen des Riesen Goliath «Goliathskinder» nannte).

50.11 Teufel

der Arge, Aschmatai, Aschmedy, Aschmodai, Asoseil, Asosel, Beelzebub, Beng, der Böse, Deixel, Dirach, Erio, Gambart, Gamperle, Gangerle, Ganhart, Ganker, Gankerl, Gankerling, Gauhaert, der Gehörnte, Gennecker, Gottseibeiuns, Höllenfürst, Klumpfuß, Koes, Kohle, der Leibhaftige, Meister Leonhardt, Nickel, Pferdefuß, der Schwarze, Sodem, Sodum, Sodon, Stichel, Sudem, Suden, Teixl, Unhold. *Exorzismus:* Teufelsaustreibung (Wenn man im Mittelalter von der Austreibung des Teufels sprach, verstand man darunter stets das «Austreiben» sexueller Leidenschaften. Der Teufel wurde weniger als Antagonist Gottes denn als verkörperte Libido betrachtet. Das Vokabular, das sich hierauf zurückführen läßt, hat bis heute diese sexuelle Bedeutung beibehalten: «ein Teufel von einem Weib», «ein Teufelsweib», «das Mädchen ist der reine Teufel», «die Frauen sind des Teufels». Goethe sagt: «Denn wenn es keine Hexen gäbe, wer Teufel! möchte Teufel sein!»)

50.12 Hölle

Bratküche, Bratpuff, Fineisel, Gehinnom, Geinom.

50.13 Hexenglaube

Säuglingsmilch, die sich unter Hexeneinfluß blau färbt: Hexenmilch. *Kuhmilch, die sich unter Hexeneinfluß rot färbt:* Hexenblut. *Milch, die unter Hexeneinfluß aus den Brustwarzen eines Mannes fließt:* Vatermilch. *Stigma diaboli:* Hexenmal (Nach mittelalterlichem Glauben drückte Satan einer Hexe bei der Unterzeichnung des Paktes ein untilgbares Brandmal auf, das schmerzunempfindlich war. Die Inquisition verlangte deshalb, daß die Hexen sich nackt auszogen und alles Haar abrasierten. Die Suche der Hexenjäger nach dem «Hexenmal» hat zu zahllosen zotigen Legenden geführt). *schwarze Messe:* Eselsmesse (Der Esel gilt seit dem frühen Altertum als Fruchtbarkeitsbringer. Während des Mittelalters überlebten die heidnischen Fruchtbarkeitskulte in der Form des Hexenglaubens. «Eselsmessen» waren also Fruchtbarkeitszeremonien, in denen das Ritual der Kirche auf den Kopf gestellt und mit orgiastischem Zeremoniell versehen wurde). *Herba hyoscami, Hyoscami niger, Datura stramonium:* Hexenfett, Hexensalbe, Hexenschmalz (Bilsenkraut und Stechapfel waren Bestandteile der angeblichen «Hexensalbe», die den Hexen die Fähigkeit, durch die Luft zu fliegen, gab). *Besenritt:* Hexenritt (In der Walpurgisnacht ritten die Hexen angeblich auf Besen zum «Hexensabbat». In Mecklenburg und Schlesien wurden deshalb in der Walpurgisnacht alle Besen versteckt, in Böhmen sogar verbrannt, damit die Hexen sie nicht benutzen konnten). *Orgie zwischen Menschen und Teufel:* Hexensabbat. *Gottesurteil zur Überführung einer Hexe:* Hexenbad, Hexenwagen (Um eine Hexe zu überführen, warf man sie mit gefesselten Händen und Füßen ins Wasser. Ging sie unter, so war sie unschuldig. Blieb sie aber am Leben, war sie schuldig. Oder man wog sie, und wenn sie nach Ansicht des Hexenrichters wesentlich mehr oder weniger wog, als sie wiegen sollte, galt sie als Hexe). *Dämonomanie:* siehe 82.

50.14 Hexe

Finkel, Finkelmos, Finkelmosche, Finkelmuß, Finkelschitze, Koesmosse, Leepeneute, Machschefer. Siehe auch *Fruchtbarkeitsgottheiten und deren Diener:* 52.7. *Dämonomanin:* 82.1. *weiblicher Dämon:* 82.4.

50.15 Hexenmeister

Finkelschütz. Siehe auch *Dämonomane:* 82.2. *männlicher Dämon:* 82.5.

50.16 Zauberei

unfruchtbarmachen: nestelknüpfen. *zaubern:* bamen, bewispern, böten, pispern, pöpeln. siehe auch *Keuschheitsprobe:* 49.19. *Liebesorakel:* 52.1. *Liebesmittel:* 52.2. Fruchtbarkeitsamulette: 52.6. Unfruchtbarkeitszauber: 52.8. *liebeszerstörender Zauber:* 52.9.

51 Politik

Familienminister: Bundessamenleiter, Ehebettenminister, Verkehrsminister. *Bundeshaus:* Hämorrhoidengewächshaus. *Passierschein im geteilten Berlin:* Poussierschein. *CDU:* Club der Ungeküßten. *SPD:* Sauproletendorf. *FDP:* fick die Polente.

51.1 Nationalität, «Rasse»

deutsche Frau: horizontales Gretchen. *Italienerin:* Salamibrötchen, Salamischrippe. *Spanierin:* Orangeade, Senjorita. *Amerikanerin, Amerikanerfreundin:* Amine, Ami-

sette, Amizone, Veronika. *Russin, Russenfreundin:* Iwanella. *Jüdin:* Mesuse, Schickse. *Nichtjüdin im jüdischen Vokabular:* Orelle, Schickse. *Zigeunerin:* Kassandra, Romni. *Türkin:* Türkise. *Araberin:* Muselweibchen. *Chinesin, Japanerin:* Romanze in Gelb. *Negermädchen:* Romanze in Schwarz, Romanze in Braun, Schokolade, ungebleichte Möse. *Neger:* ungebleichter Schwanz.

51.2 Sexualität und Skatologie im Volksmund der NS-Zeit

Hitler: Knabenschänder (weil er 1944–1945 die 13- bis 14jährigen an die Front schickte). *Goebbels:* Bock von Babelsberg (weil er die Schauspielerinnen des Ufa-Ateliers in Babelsberg als seinen Privatharem betrachtete), Filmbabelbock, unkeuscher Josef. *Röhm:* Wärmemenge, die nötig ist, um einen jungen Mann auf 175 Grad zu erhitzen (wegen des bekannt «warmen» Temperaments des SA-Stabschefs und seiner vielen Verstöße gegen § 175 StGB). *Adolf Ziegler, Präsident der Reichskunstkammer und Hitlers bevorzugter Aktmaler:* Meister des gekräuselten Schamhaars. *Eva Braun:* Clivia (weil Hitler sie wie eine Zimmerpflanze behandelte). *Hedwig Scholz-Klink, NS-Frauenschaftsführerin:* Reichsjungfrau, Reichssamenleiterin, Zwitscherline. *Leni Riefenstahl, Regisseurin von Bergsteigerfilmen:* Reichsgletscherspalte. *N.S.D.A.P.:* Nullnull-Partei, Scheißhauspartei (weil sie der Fäkalienfarbe Braun huldigte). *S.A.:* suche Anschluß (wegen der hohen Anzahl von Homosexuellen im Führungsstab). *Röhms Stabswachmannschaft:* Himbeerbubis (weil sie rosarote Aufschläge trugen und sich «rosarot» gebärdeten). *homosexueller S.A.-Mann:* Röhmling. *homosexuelle Orgie mit Hitlerjungen:* Pimpfonie in Baldur. *Hitlerjunge:* A.A.-Mann. *N.S.V. (Nationalsozialistische Volkswohlfahrt):* nun such Vati (weil sie sich um uneheliche Kinder bemühte). *K.d.F. (Kraft durch Freude):* Kind durch Freund, schwach durch Genuß. *N.S.-Frauenschaft:* Gebärabteilung, Gebärtruppe, Krampfadergeschwader, Plattfußbrigade. *N.S.-Frau:* Naziege, Nazisse. *B.D.M. (Bund Deutscher Mädchen):* Amazonenkorps, Baldur drück mich (wegen ihrer Beziehungen zum Reichsjugendführer Baldur v. Schirach), Baldurs dumme Möpse, behalt die Möbel!, Bettunterlagen deutscher Männer, bin dauernd müde, Bubi drück mich!, Bubi deck mich!, Bund deutscher Matratzen, Bund deutscher Milchkühe, S.O.S. (Soldaten ohne Sack). *B.D.M.-Mädchen:* B.D.M.-Schnecke, B.D.M.-Walküre. *Bräuteschule der N.S.D.A.P.:* Brutanstalt. *Absolventin der N.S.D.A.P.-Bräuteschule:* Diplombraut, Zuchtsau. *S.S.-Aktion «Lebensborn»:* Himmler-Harem, schwarze Eisenbahn (schwarz wegen der Farbe der S.S.-Uniform, Eisenbahn = Puff), Nationales Vervielfältigungsbüro (weil die Aufgabe darin bestand, möglichst viel Nachwuchs zu zeugen). *Teilnehmerin an der S.S.-Aktion «Lebensborn»:* Zuchtsau. *Zeugungshelfer bei der Aktion «Lebensborn»:* Einspritzoffizier, Pascha v. D., Vatermann, Zuwachs-Arier. *blondiertes Haar:* aufgenordete Dachpfannen. *Hodensack:* Hitleranhänger. *Abtreibung:* Hitlerbremse. *Sterilisation:* Hitlerschnitt. *Röntgenstrahl zur Unfruchtbarmachung:* Hitlerstrahl. *Nürnberger Gesetz «zum Schutz des deutschen Blutes» vom 15. 9. 1935:* gelenkte Rassenvögelei. *Nachwuchs zeugen:* für Volk und Führer ficken. *Koitus:* Kraft durch Freude. *koitieren:* Kraft durch Freude verlieren, volksverbinden. *eng tanzen:* volksverbunden scherbeln. *Bordell:* Haus der Bewegung. *Bett einer Prostituierten:* deutsches Arbeitslager. *Mann mit großem Penis:* Standartenführer. *kinderloser Mann:* bevölkerungspolitischer Blindgänger. *Geburtshelfer:* Volksempfänger. *Schwangerschaft:* nationale Erhebung. *Mütterehrenkreuz:* Baby-Konjunkturorden, Brünhildenpietz, Damenpourlemérite, Fickorden erster Klasse, Fickpreis für Preisficker, Fleischherstellungsprämie, Karnickelorden, Krampfaderorden, Wurfprämie, Zuchtsauorden. *Abzeichen des N.S.-Reiterkorps:* Reichsroßapfel. *Propaganda:* Arschputze, braune Scheiße. *homosexuell:* braun, klobraun. *Parteikarriere durch homosexuelle Beziehungen:* Karriere in Braun. *homosexuelle Partei-Party:* Rendezvous in Braun. *Anilinctor:* Braunkehlchen. *N.S.-Variante des Götz-Zitats:* du kannst mich mal hakenkreuzweise! *Anus:* Röhmriff. *Hämorrhoiden:* Korallen am Röhmriff. *Pinkelgroschen:* PG (eigentlich «Parteigenosse»). *Straße mit Löchern:* B.D.M.-Straße.

51.3 Sexualität und Skatologie im Volksmund der Kriegszeit

Gewehr: eiserne Nille. *Gewehrlauf:* Klistierspritze. *Maschinengewehr:* Dünnschißkanone, Tripperspritze, Ziegenbock. *Mündungsschoner:* Vorhaut. *Handgranatenbehälter:* Hodensack. *junge Soldaten:* Milchgefick. *Soldat, der sich vom Frontdienst drückt:* Frontficker. *ferngetrauter Soldat:* Fernficker. *ängstlicher Soldat:* Brikettscheißer, Senfbüchse, Staudenscheißer. *Infanterist:* Bleiarsch (Fallschirmjäger-Jargon). *diensteifriger Soldat:* Dienstscheißer. *Etappenkrieger:* Kasernenfurz, Schütze Arsch. *Adjutant, Ordonnanzoffizier, Offiziersbursche:* Penisstütze. *Militärpfarrer:* Sündenabwehrkanone, Sündenflak. *Militärarzt:* Ausmi-

51.3 Sexualität in der Kriegszeit

ster, Ausräumer, Bandwurmbändiger, Bandwurmhusar, Rizineur. *Sanitätsrat:* Arschrat. *Lazaretthelfer:* Arschlochastronom, Arschlochgeometer, Arschlochputzer, Bettpfannenhusar, Bouillonschwenker, Brühfahrer (bedeutet manchmal auch «Latrinenkommando»), Kanalräumer, Klistierdragoner, Kübelschwenker, Leibschüsselhusar, Meister vom Stuhl, Nachttopfschwenker, Pipilot, Pißpotthusar, Puschiater, Urinoko. *militärische Untersuchung:* Nillenbeschau, Nillenparade, Pfeifeninspektion, Pfeifenkonzert, Schwanzparade, Schwanzrevue, Spundkontrolle, Stundschau. *Eicheltripper:* Kopfschuß. *papulöses Syphilid:* Bombenpapps. *Geschlechtskrankheit:* Etappenblessur. *Tripperspritze:* Maschinengewehr. *Präservativ:* kleines Sturmgepäck, Nahkampfmittel. *Pessar:* Mündungsschoner. *Impotenz:* Ladehemmung, Munitionsmangel. *impotent werden:* die Waffen strecken. *Senilität:* Waffenstillstand. *Lazarett:* Entwöhnungsheim, Hungerkloster, Trockendock, Zölibaterium. *Lazarettschwester:* Aspirinengel, Aspirineuse, Aspirinfee, Aspirinmaus, Aspirinmieze, Aspirinschnecke, Aspirinsirene, Aspirinstute, Bettpfannenköchin, Bettpfanni, Bouillonköchin, Feldspritze, Himmelfahrtsschaffnerin, Jodbürste, Jodistin, Karbolengel, Karboleuse, Karbolfee, Karbolgeist, Karboline, Karbolmaus, Karbolmieze, Karbolschnecke, Karbolsirene, Kittelbiene, Klistierfunse, Krautsäge, Kübelfee, Lazarettbosten, Lazarettengel, Lazarettfee, Lazarettmaus, Lazarettmieze, Lazarettschnecke, Lazarettsirene, Lazarinchen, Leibschüsselköchin, Leichenmuse, Lysolengel, Lysoleuse, Lysolfee, Lysolgeist, Lysoline, Lysolmaus, Lysolmieze, Lysolschnecke, Lysolsirene, Nachtengel, Nachttopffunse, Öse, Pflasterbüchse, Pflasterdose, Pflasterkästchen, Pflegemaus, Pillenengel, Pillenfee, Pillenmaus, Pillenmieze, Pillenschnecke, Pißpottschwester, RK (reizender Käfer), RKS (rote Kreuzschwester), Spritze, Spritzenjongleuse, Stationesse, Stationöse, Wickelkind. *koitierwillige Lazarettschwester:* Bettschwester, Lazarettmatratze, Lazarettpritsche, rote Kreuznutte, rote Kreuzotter, roter Kreuzschlitten, Schwester fürs Herz. *Oberschwester:* Karbolwalküre, Lazarettmutter, Lazarettschreck, Lysolhyäne, Lysolwalze, rote Kreuzhyäne, rote Kreuzwalküre, roter Kreuzdragoner. *Wehrmachthelferin:* Adjutantchen, Blitzmaus, Blitznutte, Blitzsau, Drahtamsel, Drahtmaus, Drahtschwalbe, Dreckamsel, Dreckloch, Etappensau, Flakeuse, Kaviarmäuschen, Klubmatratze, Kriegsfurie, Nachrichtenhure, Nutte vom Dienst, Schlitzsoldat, Stabsnutte, Stöpselnutte, Wehrmachtbombe, Wehrmachtdragoner, Wehrmachtfose, Wehrmachtmatratze, Wehrmachtnutte, Wehrmachtpritsche. *Wehrmachthelferinnen:* Fosengeschwader. *Kaserne für Wehrmachthelferinnen:* Mäuseturm. *Soldatenmädchen:* Armeematratze, Kasernenamsel, Kasernenkätzchen, Kasernenlilie, Kasernenmaus, Kasernenmieze, Kasernenmizzi, Kasernenschnecke, Kasernenschwalbe. *Freundin eines Offiziers:* Offiziersfose, Offizierskuh, Offizierspritsche, Offiziersschlitten. *Freundin eines Unteroffiziers:* UOF (Unteroffiziersfose). *Soldatenhure:* Feldmatratze, Flattermine, Kompaniefetzen, Kompaniefleisch, Kompaniematratze, Kompanieschlitten, Nummermädchen, Regimentstochter, Reichsjungfrau. *Soldatenhure (alter Wortschatz):* Landsknechtsweib, Marketenderin, Wallrutscher. *Marinehure:* Landungsbraut. *Militärbordell:* siehe 48.27. *Stallmagd:* Kuhstallfähnrich. *korsettierte Frau:* Panzerkreuzer. *Kellnerin:* Servier-Ordonnanz. *Vorzimmerdame:* Westwall. *nach oben gekämmtes Frauenhaar:* Entwarnungsfrisur (weil die Entwarnungslosung lautete: «alles nach oben»). *nach oben weisende Frauenbrüste:* Flak, Granatwerfer, Haubitzen. *ins Korsett eingezwängter Busen:* Panzergraben. *die Genitalien:* die Waffen. *Scheide:* Haubitze, Kartusche, Pulverpfanne, Pulverkiste, Schießbude, Schützengraben, Schützenloch, Stichblatt, Stichscheibe, Zielscheibe. *Regelbinde:* Mündungsklappe. *Penis:* Bajonett, Flinte, Handfeuerwaffe, Karabiner, Seitengewehr. *Vorhaut:* Mündungsschoner. *Hoden:* Flintenkugeln, Kanonenkugeln. *Hodensack:* Pulverkammer, Pulverkiste, Pulvermagazin, Tank. *Sperma:* Ladung, Munition, Schrot. *Koitus:* Bajonettdrill, Nahkampf. *Koitus im Stehen:* Vorderlader. *Koitus von hinten, Pedicatio:* Hinterlader. *postume Ehe mit einem Gefallenen:* Stahlhelmehe. *Ehebett:* Laderampe. *Entbindungsheim:* Kinderkriegerheim. *uneheliches Kind:* Querschläger, Wehrbeitrag des unehelichen Vaters. *militärische Bezeichnungen alkoholischer Getränke:* Unteroffizier (kleiner Schnaps), Wachtmeister (großer Schnaps), Rittmeister (zwölf große Schnäpse), Feldwebel (Bierschaum). *skatologische und sexuelle Soldatenvokabeln für Kasernenessen:* Arschmarteln (saure Pflaumen), Chansonettentitten (Frikadellen), dicker Arsch mit Furz, gefickter Arsch mit Bohnen (schlechtes Essen), Hengstklöten (Suppenklöße), Hoden in Scheiße (Eier in Senfsoße), kalter Arsch mit Schneegestöber, kalter Bauernarsch (kaltes Essen), Muckefick (dünner Kaffee), Negerpimmel (Blutwurst), Puparsch (dunkles Bier), Traum der Jungfrau (Bockwurst), Wochensuppe (Hafergrütze). *Abführmittel in der*

 52 Sitten und Gebräuche

Soldatensprache: Arschgranate, Entladungspulver, Marschierpulver, Soldatenhonig, Sprengkapsel. *Klosettbrille:* Generalsbrille. *Latrine:* Heimwehbude. *Latrinenstange:* Feldgestänge. *Inhalt einer Latrine:* Bouillon, Brühe. *Latrinenfuhre:* Bouillonfuhre, Brühfuhre, Nachtfuhre. *Klosettpapier:* Passierschein. *Sprache der Landsknechtsweiber und Marketenderinnen des Mittelalters:* Feldsprache.

52 Sitten und Gebräuche

Anagriff (Die mittelalterliche Sitte der Berührung der Vulva der Braut mit der Hand des Bräutigams. Das Edikt Hrotharit verbot den Anagriff, obgleich alle anderen Formen des Geschlechtsverkehrs zwischen Brautleuten erlaubt blieben). Beschlafen auf Treu und Glauben (Die Zimmersche Chronik berichtet von dem «beischlaffen uf glauben in Sachsen und dann in Niederland an etlichen Orten, welches wider alle vernunft ist, auch viel huren und dorechter weiber gemacht hat». Hier ging es um das Recht der Brautleute, im gleichen Bett zu schlafen, ohne Geschlechtsverkehr zu betreiben). Fastelabend (Fastnacht. Das Wort geht auf faseln = Unsinn treiben zurück und stellt ein Überbleibsel der mutterrechtlichen Gesellschaftsordnung dar. Am Fastelabend wird die patriarchalische Ordnung auf den Kopf gestellt: die Frauen tragen Männerkleidung, die Männer Frauengewänder. Die Ehegesetze sind suspendiert: jede Frau darf mit jedem Mann, jeder Mann mit jeder Frau koitieren. Um 1534 hieß es in Franken von den Frauen: Zur Fastnachtszeit «laufen etliche ohne Scham aller Dinge nackend umher»). Frauengeld (Im ausgehenden Mittelalter hatte ein Gläubiger das Recht, bei einer unternommenen Reise auch die Kosten seines Geschlechtslebens dem Schuldner anzulasten. Diesen Posten nannte der Volksmund «Frauengeld»). Gaukelfuhre (Faschingsfahrt, bei der koitiert wird). Geduldshahn (Opferhahn. Im Hildesheimischen war es während des Mittelalters Sitte, daß kinderlose Eheleute der Kirche alljährlich einen Hahn stifteten, damit man mit ihrem Unvermögen Geduld haben möge. Der Volksmund taufte diese Opfergabe «Geduldshahn»). Jungfernsteigerung (Mädchenversteigerung in St. Goar und anderen rheinischen Weindörfern. Die Auktion fand am Ostermontag statt. Wer ein Mädchen gewann, hatte das Recht, ein Jahr lang ihr Tanzpartner zu sein). Kabeln (Mädchenverlosung im Lüneburgischen. Wem es nicht gelang, die Gunst des Mädchens zu gewinnen, dessen Los er gezogen hatte, mußte den anderen Burschen einen Liter Branntwein spendieren. Diesen Brauch nannte der Volksmund «das Verkabeln der Mädchen»). Keusches Beilager (Das Zusammenschlafen der Brautleute unter Vermeidung des Koitus, gekennzeichnet durch das Niederlegen eines blanken Schwertes in der Bettmitte). Maibraut, Maigräfin, Maikönigin (Königin des Maifestes. Vom ausgehenden Mittelalter an pflegte man in fast allen deutschen Landen das schönste Mädchen des Ortes im Mai zur Königin zu krönen und feierlich für ein Jahr an den höchstbietenden Burschen oder den gewählten «Maikönig» zu vergeben. Das erzielte Versteigerungsgeld wurde benutzt, um die Aussteuer der weniger attraktiven Mädchen zu vergrößern. In Franken trug diese Versteigerung den Namen «Mailehen». Jedes Jahr wurden beim Maifest die aus Stroh gefertigten Ebenbilder der Freundinnen des vergangenen Jahres feierlich verbrannt. Der fränkische Volksmund taufte diese Strohpuppen «Mailienen»). Maibuhlschaft (Das volkstümliche Recht auf außerehelichen Geschlechtsverkehr im Monat Mai). Meitschimärit (Der zweite Tag der Berner Herbstmesse, die während des Mittelalters als Treffpunkt aller männersuchenden Mädchen galt). Minneburg (Die mythische Liebesburg des 12. und 13. Jahrhunderts: ein Ort, in dem der Liebe keine Grenzen gesetzt waren. Alles, was die Minnehöfe erstrebten, aber nicht durchführen konnten, war auf der Minneburg erlaubt). Minnedienst (Die selbstauferlegte Liebessklaverei eines Mannes, der sich zum Diener seiner auserwählten Herrin machte). Minnegarten (Der mythische Liebesgarten des 12. und 13. Jahrhunderts: ein säkularisiertes Paradies). Minnehof (Der Liebesgerichtshof des 12. und 13. Jahrhunderts, der unter dem Vorsitz einer edlen Dame stand, über Fragen der Sexualmoral zu entscheiden hatte, Liebeszwiste schlichtete und selbst das Eherecht maßgeblich beeinflußte). Müllern (elsässische Sitte, die den Dorfburschen erlaubte, vorbeigehende Mädchen auszuziehen). Osterfoilje (erotisches Spiel im Braunschweigischen. Beim Osterspaziergang hatten die Burschen das Recht, die eingesegneten Mädchen ungehindert «abzufühlen»). Pflastergeld (Abgabe eines Bräutigams an die Stadtverwaltung, wenn er mit seiner Braut zusammen wohnen wollte. Nürnberg 1760). Schlittenrecht (Das Recht, die Damen bei Schlittenfahrten unter der Decke zu berühren). Tag des Herrn (Himmelfahrt: weil an diesem Tage die traditionellen Herrenpartien stattfanden). Vatertag (Himmelfahrtstag in

der Bundesrepublik, in Österreich dagegen der zweite Pfingsttag oder der zweite Junisonntag). *Brechelstubenbräuche:* Agenschoppen (einen Burschen an den Genitalien berühren, ihn masturbieren. In den Brechel- oder Spinnstuben pflegten die Mädchen den Flachsabfall, «Agen» genannt, in die Hosenbünde der Burschen zu stopfen, eine Sitte, die meist nur ein Vorwand zur Masturbation des Burschen war). Brechelbraut (Flachskönigin. Das Wort brecheln kommt vom Brechen des Flachses in den Spinnstuben der deutschen Alpenländer. Am Anfang des Flachsbrechens wurde alljährlich das hübscheste Dorfmädchen zur «Brechelbraut» ernannt). Brechelbusch (Mit Bändern geschmückter Tannenwipfel: das Zepter der Flachskönigin. Sie warf den Brechelbusch unter die Burschen, damit sie sich um ihn raufen sollten. Wer ihn eroberte, gewann damit auch die Gunst der Brechelbraut. Heute überlebt das Wort «Brechelbusch» in der Bedeutung «Schamhaar»). Farkel (Flachskranz, den die Brechelbraut rückwärts an ihrem Kittel trug. Das Farkel mußte «getränkt» werden: die Burschen schütteten dem Mädchen einen Schaft Wasser auf den Hintern. Wenn der Rock und die Unterröcke dann zum Trocknen aufgehängt wurden, ergaben sich oft Gelegenheiten zum Geschlechtsverkehr. So wurde das Farkel zum Symbol der Fruchtbarkeit). Flachsbrecheln (ursprünglich das Brechen, Dörren und Spinnen des Flachses, später das ganze Treiben in den Brechelstuben, heute «flachsen», witzeln, Zoten reißen). Fleischhaufen (Menschenhaufen. In den Brechelstuben ließen sich die Burschen und Mädchen beim Fleischhaufenspielen auf den Fußboden fallen, so daß sich eine Art menschlicher Ameisenhaufen bildete, in dem jeder jeden berühren konnte, wo er wollte. Die Bistümer, die gegen all diese Spinnstubenbräuche waren, pflegten ganz besonders scharf gegen den Fleischhaufen zu predigen. Das Fleischhaufenspiel wurde vor wenigen Jahren in Frankreich als Teil des Modetanzes «Bostella» aufgefrischt). Haardörren (ursprünglich das Trocknen des Flachses, später ein volkstümliches Synonym für «koitieren»). Handelsbraut, Raufbraut (Brechelbraut, Flachskönigin). Schoppen (siehe Agenschoppen). *Fensterln:* In den deutschsprachigen Alpenländern bestand seit dem frühen Mittelalter die Sitte, daß ein Mädchen vor der Einsegnung einen oder mehrere Burschen am Fenster ihrer Kammer empfangen und unter Umständen mit ihm koitieren durfte. Wurde sie schwanger, so erwartete man, daß einer ihrer Freier sie heiratete. Das Wort «fensterln» ist nur eins von vielen regionalen Synonymen, die diese Sitte bezeichnen. Andere sind: bettfreien (Egerland), fechen (Bern), fenstergehen (Franken), fügen (Bregenz), gasselgehen (Kärnten), gasseln (Kärnten), Kammerfensterln, korteln, ans Lehmloch gehen (Rheinland), menschern (Kärnten), prenteln (Kärnten), Freierei (Norddeutschland), z'Hengert gehen (Schweiz), Hingelte (Werragegend), auf Karess gehen, Kiltgang (Bern), Nachtfreierei. *Kommnacht:* Die Nacht, in der ein Bursche in die Kammer seines Mädchens kommen durfte. Zu den Regeln der Kommnacht gehörte es, daß er auf möglichst gefahrvollem Wege zu ihrer Kammer hinaufkletterte, um seine Liebe unter Beweis zu stellen. Regionale Synonyme: Bettelnacht (Böhmen), Frejot (Lausitz), Hengertnacht (Schweiz), Probenacht (Egerland), Pumperlesnacht (Bayern).

52.1 Liebesorakel

Altweibersommer (Die vom Sommerwind getragenen Gespinstfäden der Feldspinne nennt der Volksmund «Altweibersommer», weil sie so wenig Gewicht wie die Liebeserwartung alter Frauen haben. Verfangen sich die Fäden jedoch im Haar eines jungen Mädchens, so glaubte man, daß dies eine baldige Hochzeit bedeutete. Der Glaube herrscht in vielen Gegenden Deutschlands und trägt solche regionalen Namen wie Ähnlsummer, Frauensommer, Mutter Gottes Gespinst, unser lieben Frauen Gespunst, Mädchensommer, Marienfaden, Mariengarn, Marienseide, Mettensommer, Witwensömmerli. Mettensommer leitet sich von den Metten = Nornen ab. Wenn die Gespinstfäden im Winde gleiten, sagt der Volksmund: die Metten spinnen). Bleigießen (Beim Bleigießen in der Silvesternacht hoffte man ursprünglich, das Bild der oder des Zukünftigen im sich abkühlenden Blei zu erkennen). Fensterspiegel (In der Thomasnacht, der Nacht des 21. Dezember, glaubten die Bauernmädchen das Bild ihres Zukünftigen sehen zu können, wenn sie sich auszogen, dreimal den Heiligen Thomas anriefen und sich dem Fenster zuwandten). Heiratslinie (Handlinie, die das Datum und die Länge der künftigen Heirat voraussagen soll). Hurenglück (Wenn einem am Morgen als erste Person eine Prostituierte über den Weg läuft, sagt der Volksmund: «Ich habe heut Hurenglück.» Das bedeutet in der Gegenwart: «Ich werde heute Glück haben.» In der Vergangenheit aber versprach es: «Ich werde bald heiraten»). Pantoffelwerfen (In der Andreasnacht pflegten die unverheirateten Mädchen ihren linken Pantoffel rückwärts über die Schulter zur Tür zu wer-

fen. Fiel er mit der Spitze zur Tür, bedeutete das: «Ich werde noch in diesem Jahr heiraten»). Rosenschwimmen (Zwei Rosenblätter, die mit den Namen zweier Liebender beschrieben waren, wurden ins Wasser geworfen. Schwammen sie, so sollte die Liebe gedeihen. Sanken sie, so würde die Liebe sterben). Vielliebchen, Filippchen, Filippinchen (Wer beim Mandel- oder Nüsseknacken eine Frucht mit zwei Kernen findet und sie mit einem Menschen des anderen Geschlechts teilt, wird diesen innerhalb eines Jahres heiraten).

52.2 Liebesmittel

Allermannsharnisch (Botrychium lunaria, angebliches Aphrodisiakum). Alpengarbe (wird vom Volksmund als Liebesmittel bezeichnet – vielleicht, weil sie das Alkaloid Achillein enthält). Alraunwurzel (Atropa mandragora. Wegen ihrer menschenähnlichen Form vom Volk seit eh und je als Liebesmittel betrachtet. Enthält die Alkaloide Atropin, Hyoscyamin und Scopolamin). Ameisengeist (als Destillat von zerstoßenen Waldameisen, Weingeist und Wasser seit dem frühen Mittelalter als Liebesmittel verehrt. Erzeugt Hyperämie). Armesünderfett (Menschenfett vom Körper eines Gehenkten. Gehörte zu den Liebesmitteln der Alchimie). Atzmann (Alraunwurzel oder aus Holz, Ton, Wachs, Honig, Mehlbrei, Menstrualblut, Kopfhaar, Schamhaar und Fäkalien geformtes Ebenbild der oder des Geliebten. Erzeugt in dem anderen Menschen die Leidenschaften, die man dem Atzmann einflößt. Klingt an Puppenfetischismus an, denn der Atzmann wird wie ein lebendes Wesen behandelt, z. B. wie ein Phallus in die Vagina der Besitzerin eingeführt, um dadurch den Geliebten zum Beischlaf zu zwingen). Bärlapp (Lycopodium clavatum, Lycopodium selago gelten als Liebesmittel, wenn man sie ins Kleid einnäht. Pflanzennamen, die die Namen angeblich potenter Tiere enthalten, z. B. Bär, Bock, Eber, Hase, Hengst, Löwe gelten oft als Potenzmittel). Basilienkraut (Ocimum Basilicum L., wird von Bauernmädchen am Busen getragen, um Männer anzulocken). Bilsenkraut (Hyoscyamus niger, enthält die Alkaloide Hyoscyamin und Scopolamin. Wird in Essigsud eingenommen oder verdampft eingeatmet. Stellt einen Bestandteil der sogenannten Hexensalbe dar. Gilt beim Landvolk als gefährliches Aphrodisiakum). Brautsteine (Monolithenpaare, die vom Volksmund so getauft wurden, weil sie als versteinerte Brautpaare gelten. Mädchen, die in der Nacht vom 30. April zum 1. Mai mit entblößten Genitalien über diese Steine rutschen, verschaffen sich die Liebhaber, die sie sich wünschen). Christwurzel (gilt als Penis des Heilands und deshalb als potenzsteigerndes Mittel. Enthält das kreislaufsteigernde Glycosid Helleborin). Drachenblut (Bernstein. Gilt in zermahlener Form als Volksaphrodisiakum). Dreckapotheke (Liebesapotheke, die auf den Ausscheidungen des menschlichen Körpers – Kot, Urin, Blut, Menstrualblut, Sperma, Smegma, Speichel, Schweiß usw. – aufgebaut ist. Man braute entweder aus den Ausscheidungen des eigenen Körpers oder aus denen des geliebten Wesens komplizierte Liebeselixiere und verzehrte sie selber oder mischte sie in die Speisen, die man dem anderen vorsetzte). Drudenkraut (Angebliches Aphrodisiakum, das die Macht der Druden, magischer Wesen, die sich mit Menschen paaren können, enthält). Eierantrieb (Volkswort für alle männlichen Potenzmittel). Eisenkraut (Verbena officinalis, angebliches Liebesmittel, das die Stärke des Eisens enthält. Bestandteil der Hexensalbe und deshalb besonders gefürchtet). Farnsamen (potenzsteigerndes Aphrodisiakum für Männer). Fliegenpilz (Amanita muscaria, Angebliches Liebesmittel. Enthält das Alkaloid Muscarin). Frauenhaar (Adiantum Capillus-veneris. Gilt, wie der Name sagt, als Liebesmittel für Frauen). Glückshändchen (Orchis latifolia, Orchis maculata. Wurzel des Knabenkrauts. Wird als Liebesamulett getragen). Granatapfel (Cortex granati. Enthält Alkaloide, die seit dem Altertum als Aphrodisiaka gelten. Von Theophrastus bereits in diesem Sinne erwähnt). Haarzauber (Ein Mädchen, das einen Burschen liebt, der ihre Liebe nicht erwidert, pflegte sich drei Haare oberhalb der Stirn, drei aus jeder Augenbraue, drei aus jeder Achselhöhle und drei vom Schamberg auszureißen und deren Asche in einem Gemisch von Wasser, Menstrualblut und Ringfingerblut dem Geliebten im Wein zu kredenzen. Dies galt als unfehlbares Liebeselixier). Hexenkraut (Lycopodium clavatum. Gilt als gefährliches Liebesmittel. Wird getrocknet ins Kleid genäht). Hexensalbe (rauscherzeugendes Gemisch von Alkaloiden, Hyperämie erzeugenden Pflanzen und Glycosiden. Ruft die Illusion des Fliegens und die Halluzination des Geschlechtsverkehrs hervor). Hirschbrunst, Hirschpilz, Hirschtrüffel (Elaphomyces cervinus. Da dieser Pilz während der Brunst besonders gierig von Hirschen gesucht wird, gilt er als Aphrodisiakum). Jungfernpergament (Im Mittelalter glaubte man, daß ein Pergament, das aus der Haut eines jungfräulichen Tieres zubereitet und noch nie von einer entjung-

ferten Frau berührt worden war, unfehlbare Liebeswirkungen auf den Empfänger eines auf diesem Material geschriebenen Liebesbriefes ausübte). Kindleinkraut (Atropa mandragora, eines der stärksten Liebesmittel. Enthält die Alkaloide Atropin, Hyoscyamin und Scopolamin). Kußzweig (Mistelzweig. Wer ein Mädchen unter einem Mistelzweig küßt, erwirbt sich ihre Liebe). Liebestinte (Aus Muttermilch, Magneteisenstein und der Asche alter Liebesbriefe hergestellte Tinte. Mit ihr geschriebene Briefe sind unwiderstehlich). Liebestrank (Aphrodisiakum). Liebstöckl (Levisticum. Gilt als Aphrodisiakum und trägt seinen Namen, weil es wie ein erigierter Penis aussieht). Löwenzahn (Taraxacum officinale. Gilt als Liebesmittel, wahrscheinlich wegen seines hohen Gehalts an Vitamin E). Mauerraute (lockt Männer an, wenn die Wäschetruhen damit parfümiert sind. Darf auch im Brautkranz nie fehlen). Mistel (Viscum album, Viscum quercinum. Eine Frau, die du unter einem Mistelzweig küßt, wird dich lieben und fruchtbar werden). Mondraute (Botrychium lunaria. Verschafft jungen Mädchen den Liebhaber, den sie haben wollen). Moschusschafgarbe (enthält das Alkaloid Achillein). Nieswurz (Helleborus niger. Enthält das Glycosid Helleborin). Roßstriegel (Feingesiebter Pferdemist wird noch heute in manchen Gegenden von den Bauernburschen auf den Tanzboden gestreut, weil er Juckreiz erzeugt und damit die Genitalien der Tänzer und Tänzerinnen stimuliert). Safran (Crocus sativus. Die getrockneten Narben des Krokos gelten seit dem Mittelalter als aphrodisisches Gewürz). Satansfrucht (Podophyllum peltatum. Trägt ihren Namen, weil sie Männer und Frauen zur Unzucht verleitet und dem Teufel zutreibt). Schierling (Datura stramonium. Gilt als Aphrodisiakum, weil er bewußtseinsverändernd wirkt. Bestandteil der Hexensalbe). Schlangenwurzel (Radix serpentariae. Gilt als Aphrodisiakum, weil sie wie ein Penis erectus aussieht. Enthält das dem Kampfer verwandte Borneol). Schluckbild (magisches Bild, das Liebe erzeugt, wenn man es verschluckt). Schusterpille (Volkswort für alle Aphrodisiaka). Sellerie (Apium graveolens. Gilt seit dem Altertum beim Volk als Aphrodisiakum). Spanische Fliege (Cantharis vesicatoria. Die zermahlenen, getrockneten Körper der Kanthariden gelten seit dem frühen Altertum als Aphrodisiaka. Hippokrates erwähnt sie bereits im 3. Jahrh. v. Chr.). Stabwurz (sieht aus wie ein Penis erectus und gilt deshalb als Aphrodisiakum. Enthält das Glycosid Helleborin). Stechapfel (Datura stramonium. Nachtschattengewächs mit aphrodisischer Rauschwirkung. Enthält Hyoscyamin, Atropin, Scopolamin). Stehpillen (Volkswort für alle männlichen Aphrodisiaka). Sudzauber (Wird ein Stück der Kleidung oder des Haares einer abwesenden Person in bestimmten Flüssigkeiten gesotten, muß die Person zu demjenigen kommen, der den «Sudzauber» ausübt, und zwar um so schneller, je mehr die Flüssigkeit siedet). Taumelkorn (Lolium temulentum. Beliebtes Volksaphrodisiakum). Taumellolch (Grasart, die wegen ihres hohen Alkaloidgehalts aphrodisische Rauschzustände erzeugt). Tollgerste (siehe Taumellolch). Tollkirsche (Atropa belladonna. Enthält bewußtseinsändernde Alkaloide. Bestandteil der Hexensalbe). Tollkorn (siehe Taumelkorn). Tollkraut (Scopolia carniolica. Hauptquelle des Skopolamins. Gefährliches Volksaphrodisiakum). Tränenstein (Absonderung der Tränendrüse des Rothirsches. Enthält Lithoffelinsäure. Gilt beim Volk als Aphrodisiakum). Twalch (siehe Taumellolch). Venushaar (Adiantum Capillus-veneris. Trägt seinen Namen, weil es auf Männer lusterzeugend wirkt). Weihnachtsrose (bewußtseinsänderndes Aphrodisiakum. Enthält Helleborin). Wolfskirsche (siehe Tollkirsche). Wolfsmilch (Euphorbia helioscopia. Bestandteil der Hexensalbe).

52.3 Fruchtbarkeitsmittel

potenzsteigernde Mittel: Allermannsharnisch, Alraunwurzel, Armesünderfett (Fett vom Körper eines Gehenkten), Bärenhoden, Christwurz (gilt als Penis des Heilands), Eisenkraut, Farnsamen, Fliegenpilz, Glückshändchen, Granatapfel, Hasenhoden, Hasensamen, Hengsthoden, Hengstsamen, Hirschbrunst, Hirschpilz, Hirschtrüffel, Knabenkraut, Königsfliegenpilz, Liebstöckl, Löwenzahn, Mistel, Mondraute, Schlangenwurz, Stabwurz, Stangensellerie, Stierhoden, Stiersamen. *potenzsteigernde Mittel im modernen Volksmund:* Eierantrieb, Stehpillen.

52.4 Fruchtbarkeitszauber

Altweibermühle (Mühle, die alte Frauen fruchtbar macht). Bärenbraten (In der Mark Brandenburg pflegte man in der Hochzeitsnacht gebratene Nieren unter das Bett der Neuvermählten zu stellen, um dem Mann Potenz und der Frau Fruchtbarkeit zu geben. Der Volksmund taufte diese Nieren, wahrscheinlich in Erinnerung an frühere Zeiten, «Bärenbraten», selbst wenn es sich um die Nieren anderer Tiere handelte). Bettsprung (Im Mittelalter sprang der Stellvertreter des Bräutigams, meist der Braut-

führer, mit Stiefeln und Sporen angetan ins Brautbett, um die unfruchtbarmachenden Kräfte zu bannen). Bohnenfest (Aus den römischen Saturnalien entwickelte sich in Germanien das Januarfest, das das Erwachen der Erde aus dem Winterschlaf feierte. Da die Bohne als Fruchtbarkeitssymbol gilt, taufte der deutsche Volksmund die Sauf- und Freßgelage des Januars «Bohnenfest»). Eselsmesse (Der Esel gilt seit frühesten Zeiten als Symbol männlicher Potenz. Im Mittelalter hielt man «Eselsmessen», in denen das Messeritual auf den Kopf gestellt und in ein Fruchtbarkeitsritual verwandelt wurde). Gipertennacht, Goebnacht (die Nacht vom 6. zum 7. Januar, die den Beginn der Fastnachtszeit markiert und im Volksglauben als «kinderbringende» Nacht gilt). Johannisnacht (Nacht vom 23. zum 24. Juni; Synkrise der heidnischen Sonnwendfeier mit dem Geburtsfest Johannes des Täufers. Unfruchtbare Frauen tanzten nackt ums Sonnwendfeuer, um fruchtbar zu werden, der Stadtschultheiß zog mit seinen Amtsdienern zeremoniell ins Frauenhaus, die Handwerksgesellen tanzten mit den Freudenmädchen und wurden von ihnen mit Blumen geschmückt, der altgermanische Minnetrunk überlebte als Johannislieb, Johannisminne, Johannissegen, Johannistrunk oder Johanniswein). Losnacht (Rauhnacht, in der die unfruchtbarmachenden Kräfte durch Lärm, Rauch und Obszönitäten gebannt werden). Maihochzeit (die Paarung des Maikönigs mit der Maikönigin, heute nur noch eine formelle Geste, früher jedoch ein tatsächlicher Koitus, der die Äcker befruchten sollte). Rauhnächte (die Nächte zwischen dem 25. 12. und dem 6. 1., die der Bekämpfung unfruchtbarmachender Kräfte dienen). Walpurgisnacht (Nacht vom 30. April zum 1. Mai. Synkrise zwischen dem heidnischen Fruchtbarkeitsfest des Sommeranfangs und dem Gedenktag der Heiligen Walpurga. Der Volksglaube bewahrt die Erinnerung an die orgiastischen Riten früherer Jahrhunderte in der Form des Hexensabbats auf dem Brocken, dem Kniebis und anderen alten Bergschreinen). *Feuer als Fruchtbarkeitszauber:* Johannisfeuer, Maifeuer, Martinsfeuer, Sonnwendfeuer. *Wasser als Fruchtbarkeitszauber:* Hollenbad, Hollenteich (Frau Holle holt die ungeborenen Kinder aus dem Hollenteich. Sie badet im Hollenbad und bewahrt sich dadurch ewige Jugend. Unfruchtbare Frauen, die im Hollenteich baden, werden fruchtbar), Jungbrunnen, Lebensbrunnen, Queckbrunnen, Quickbrunnen (einerseits der Brunnen, aus dem Leben stammt; andererseits das Wasser, das ewig jung hält. Der Brunnen ist die Vulva, das sprudelnde Wasser ist die Zeugung). Vreneliloch (das Fruchtbarkeitsbad der Heiligen Verena in Zurzach am Rhein). *Unrat als Fruchtbarkeitszauber:* Roichtschäggelen (Am Faschingsmontag und -dienstag pflegten die Burschen des Lotschentals, in Ziegenfelle gekleidet, mit Hörnern auf dem Kopf und Kuhglocken am Gürtel, die Mädchen mit Jauche zu bespritzen. Alle Elemente – Hörner, Ziegenfell, Glocken, Unrat – sind Symbole alter Fruchtbarkeitsgottheiten und kehren vereinzelt in den Fruchtbarkeitszeremonien anderer deutschsprachiger Länder wieder). *Flagellation als Fruchtbarkeitszauber:* Arschpussen (In Waldthurn, Wiedenbrück und Umgebung schlugen die Burschen den Mädchen mit einem gepolsterten Holzhammer auf den Hintern, um sie fruchtbar zu machen. Danach gab es Schnaps, den die Mädchen bezahlen mußten). Britzen (In der Gegend von Rintelen pflegte man während der Erntezeit die Burschen auf die Mädchen zu legen und mit dem Sensenstreicher im Takt eines Liedes zu schlagen. Der Brauch sollte eine gute Ernte sichern). Lebensrute (Die Rute als phallisches Symbol dient in fast allen deutschen Landen zur Fruchtbarmachung der Frauen und Äcker. Die früheste Form des Brauchs bestand darin, daß die Frauen sich nackt auf den Acker legten, Bauch nach unten, und von den Männern mit Ginster- oder Weidenruten geschlagen wurden. Dazu sprach man Zauberformeln, die heute noch in den Kinderversen des Schmackostern überleben: «Eins, zwei, drei, / hier kommt die Futtelei. / Gibst du mir kein Osterei, / schlag ich dir das Hemd entzwei!» Das Schlagen mit der Lebensrute hat Hunderte von regionalen Namen. Zum Beispiel: fitzeln, frischschlagen, fudeln, fuen, futteln, gesundschlagen, kindeln, pißnen, schapen, schapruatn, zempern). Spießrutenlaufen (In ganz Deutschland tauchen auch Varianten des Spießrutenlaufens als Fruchtbarkeitszeremonien auf. Zum Beispiel: Hütlerlaufen beim Tiroler Fasching, Perchtenlaufen, Schemenlaufen, Semperlaufen). *Pflügen als Fruchtbarkeitszauber:* Blockziehen (In den österreichischen Alpenländern pflegte man am Faschingsende die kinderlosen Frauen an einen Pflug oder einen großen Holzblock zu spannen und mit Peitschenhieben über die Felder zu jagen. Dies war nicht etwa als Strafe, sondern im Gegenteil als Liebesdienst gemeint, denn man glaubte, daß die Peitschenhiebe die unfruchtbarmachenden Kräfte aus dem Körper treiben würden und der Pflug den Körper zur Aufnahme des

Samens vorbereitet). Eggenziehen (Im Hohenzollerischen pflegte man die kinderlosen Frauen in der Fastnacht an eine mit Dorngestrüpp eingebundene Egge zu spannen. Ein Bursche ging ihnen voraus und streute Samen, aus dem die Kinder wachsen sollten). Jungfernpflügen (Am Rhein und in Franken wurden am Aschermittwoch alle Mädchen, die sich nicht im Fasching verheiratet hatten, von den Burschen an einen Pflug gespannt und in den nächsten Fluß, Teich oder See getrieben. Ein berittener Pfeifer bahnte ihnen den Weg. Hier galt das Pflügen als Symbol der Entjungferung, das Wasser als Symbol der Fruchtbarkeit, die Pfeife als Phallus. Dazu sang man: «Was heuer von Meiden ist überblieben und verlegen, / die sind gespannt in den Pflug und die Egen, / daß sie darinnen ziehen müssen, / und darinnen öffentlich büssen, / daß sie sein kommen zu ihr Tagen, / Fut, Arsch, Titten vergebens tragen.») *Kopulation mit der Erde:* Brautlager auf dem Ackerfeld (Bei den Germanen pflegten die Ackerbauer an bestimmten Tagen auf dem Ackerfeld zu koitieren, um durch ihr Vorbild die Saat anzuregen). Walen (In Scharrel, Saterland, legten die Burschen und Mädchen sich vor der Ernte gemeinsam im Feld nieder. Die Burschen ergriffen die Beine der Mädchen, während die Mädchen sich an den Beinen der Burschen festhielten. Dann wälzten sie sich gemeinsam über die Äcker, Felder und Wiesen, um ihnen so eine gute Ernte abzugewinnen).

52.5 Fruchtbarkeitstänze

Dunkelschotten, Hahnentanz, Maitanz, Pfingsttanz, Schimmeltanz, Sonnwendtanz (In der Sonnwendnacht, der Nacht vom 24. zum 25. Juni, auch Johannisnacht genannt, pflegten unfruchtbare Frauen nackt ums Sonnwendfeuer zu tanzen. Man nannte sie «Sonnwendbräute»), Webertanz.

52.6 Fruchtbarkeitsamulette und -objekte

Brautstein (Monolith, der Frauen Fruchtbarkeit verleiht, wenn sie ihre Genitalien an ihm reiben). Maibaum (Phallus-Symbol des germanischen Frühlingsfests, der Fruchtbarkeit verleiht, wenn man ihn umtanzt), Hochmutter (der konkave Teil des Gehäuses der Turboschnecke. Er ähnelt der Vulva und wird von Frauen als Fruchtbarkeitsamulett getragen). Hochvater (der konvexe Teil des Gehäuses der Turboschnecke. Männliches Fruchtbarkeitsamulett). Maderbeindl (Penisknochen eines Marders oder Iltis. Von Burschen in Bayern und Tirol als potenzgebendes Amulett getragen). Venusmuschel (Veneridae. Weibliches Fruchtbarkeitsamulett). Wachstum (kleiner Phallus aus Wachs. Fruchtbarkeitsamulett für Frauen). Würznägelein (Fruchtbarkeitsamulett im 17. Jahrh.).

52.7 Fruchtbarkeitsgottheiten und deren Diener

Greitje (Fruchtbarkeitsgöttin im Hannoverschen. Um die Pfingstzeit pflegte dort der zeremonielle Kampf zwischen dem «Hedemöpel» und dem Laubfrosch stattzufinden. Der Laubfrosch siegte stets und tanzte einen Fruchtbarkeitstanz mit dem Greitje, bei dem er einen riesigen Phallus trug). Frau Holle (Die Schutzherrin der Ungeborenen). Leonhardsnagel (phallische Eisenfigur zu Ehren des hermaphroditischen Schwangerschaftspatrons St. Leonhard). Mannaliendl (St. Leonhard). Mareien (Synkrise heidnischer Fruchtbarkeitsgöttinnen mit der Jungfrau Maria). Vreneli (Synkrise der Heiligen Verena mit der badisch-schweizerischen Fruchtbarkeitspatronin Frau Vreneli, deren Sanktuarium in Zurzach am Rhein liegt). Weiber-Liendl (St. Kümmernis, Schwangerschaftspatronin, die meist in hermaphroditischer Form als Frau mit Bart dargestellt wird. Man opfert ihr Bärmutterkröten). Weizenfrau (Darstellung der Madonna als Fruchtbarkeitsgöttin, deren Kleid mit Weizenähren geschmückt ist). Zuchtfrau (Frau, die das Brautbett segnet und vor bösen Geistern schützt). Siehe auch *Dämon:* 82.4–82.8.

52.8 Unfruchtbarkeitszauber

unfruchtbarmachende Pflanzen und Kräuter: Basilienkraut, Frauenhaar, Hexenkraut, Kindleinkraut, Mägdebaum, Mondraute, Schlangenmoos, Venushaar. *unfruchtbarmachende Wesen:* Alp, Aufhucker, Druntenlieger, Dunkelelf, Heini, Krotolf, Nachtmahr, Perchten, Schiachperchten, Schwarzelben. *unfruchtbarmachender Zauber:* Atzmann (Alraunwurzel oder aus Ton, Holz, Wachs, Honig, Mehlbrei, Menstruationsblut, Kopfhaar, Achselhaar, Schamhaar, Fäkalien geformtes Ebenbild eines Rivalen oder einer Rivalin, die man unfruchtbar macht, indem man den Unterleib des Ebenbilds zerstört). Böser Blick (macht unfruchtbar oder erzeugt Mißgeburten). Nestelknüpfen, Nestelstechen (Knotenknüpfen, Knotenschürzen. Wer bei einer Trauung gewisse Knoten in eine verborgene Schnur, z. B. in ein Schuhbändel oder Miederschnürchen knüpft, macht die Braut unfruchtbar und den Bräutigam impotent). Schloßzauber (Das Absperren eines Schlosses und das Wegwerfen des Schlüssels macht den Besitzer des Schlosses unfruchtbar). Verschreien (durch Aussprechen von Zauberformeln unfruchtbar machen). Versehen (die Geburt eines Kindes dadurch verhindern, daß man

der Mutter optische Eindrücke vermittelt, die zur spontanen Abtreibung führen). siehe auch *Hexenglaube:* 50.13.

52.9 liebeszerstörender Zauber

Halleluja-Klee (verwandelt Liebe in Haß), Stein der Nichtliebe (Amethyst, der Liebe in Haß verwandelt), ans Bein binden (der Ausdruck geht auf den Glauben zurück, daß Liebeskummer von unten nach oben steigt. Indem man eine Schnur ums Bein bindet, hält man den Kummer vom Herzen fern. Walther von der Vogelweide schrieb: «min leid bant ich ze beine.»).

53 Freizeit

Fickpause, Vögelsaison.

53.1 Geselligkeit

Gruppensex, Hackelbackel, Hackmack, Ringelpietz, Salonverkehr.

53.2 geselliger Mensch

Mitmacher, Mitmischer, Swinger. Gesellschaftslöwe, Salonlöwe, Salonschlange.

53.3 Orte, wo man Geselligkeit findet

Angelsteg, Jagdgelände, Menschenmarkt, Sklavenmarkt, Weidgebiet. *von jungen Mädchen frequentierter Stadtteil:* Baby-Strich, Lämmerweide, Mädchennaschmarkt, Mäuschenmarkt. *von älteren Frauen frequentiertes Lokal:* Café Torschluß, Klub der einsamen Herzen, Witwenklub. *von Gammlern frequentiertes Lokal:* Gammeltimpe, Gammelwinde. *Lokal mit dunklen Ecken:* Café Küßmich, Café Moll, Knutschkeller. *dunkle Ecke:* G'spusi-Ecke, Ischennische, Knutschlaube, Kuschelecke. *Nachtlokal:* Gummifabrik, Klebarsch, Nachdemlokal, Nachtbums. *Lokal, wo man Bekanntschaften macht:* Abschleppschuppen, Anbandelbar, Angelplatz, Aquarium, Aufreißladen, Bumscafé, Bumskneipe, Bumslokal, Fallbeis, Fosencafé, Hurenbums, Hurenkeller, Hurenkneipe, Knallschuppen, Nahkampfdiele, Nuttenbums, Nuttenhöhle, Nuttenkeller, Nuttenkneipe, Preßluftschuppen, Schnallenbums, Schnallenkeller, Schnallenwinde, Sexschuppen. *Rohrpost zur Bekanntschaftsvermittlung:* Nabelstrang, Tischpost. *Bartheke:* Anbeterleiste. *Barhocker:* Turnstuhl für Gymnastik mit Bardamen. *alter Wortschatz:* Brechelstube, Heimgarten, Kunkelstube, Lichtstubete, Rockenstube, Rosengarten, Spinnstube (Das Spinnen, das um Michaelis begann und zu Lichtmeß endete, gab in den Dörfern des Mittelalters Anlaß zu Liebeleien, Bekanntschaften und derben Scherzen. Die Kirchen versuchten deshalb seit dem 15. Jahrhundert, das Treiben in den Spinnstuben zu unterdrücken, weil dort «Töchter verführt, hinter den Vätern zu unziemlichen Ehen überredet, auch etwa geschwächt oder gar zuschanden gebracht werden». In den deutschen Alpenländern, wo das Haardörren und Flachsbrecheln während der Wintermonate stattfand, entwickelte sich ein außerordentlich aktives, oft obszönes Gesellschaftsleben, das neun Monate später zur Geburt der «Brechelkinder» führte. Da das Spinnrad erst um 1450 erfunden wurde, verlangte das Abspinnen des Fadens vom Rocken mittels des geworfenen Wirtels große Geschicklichkeit und gab Anlaß zu akrobatischen Leistungen der Mädchen, die für die Burschen hohen erotischen Reiz hatten. Hieraus ergaben sich die zahllosen erotischen Bräuche der «Brechelstuben», «Kunkelstuben», «Lichtstuben» und «Rockenstuben». Im Rheinischen waren es vor allem die Unverheirateten beiderlei Geschlechts, die sich an den langen Winternachmittagen in den «Heimgärten» und «Rosengärten» zusammenfanden – zum Spinnen, Stricken, Schnitzen, Basteln und zu einer großen Zahl traditioneller erotischer Gesellschaftsspiele).

53.4 Treffpunkt

Baude, Beiß, Bimpf, Bucht, Czecherl, Dimpf, Ecke, Grotte, Höhle, Jurte, Keller, Kiste, Klamine, Klappe, Laube, Mühle, Pinte, Scheibe, Schuppen, Stall, Stampe, Tenne, Timpe, Turm, Weide, Winde.

53.5 Gesellschaftsspiele

ein Gesellschaftsspiel beginnen: das Spielfaß aufmachen. *Kartenlegen:* Delphi, Orakel. *Kartenlegerin:* Ahnfrau, Kassandra, Pythia. *Trumpfkarte:* eiserner Arsch. *Spielgewinn:* gespaltener Arsch. *jemanden beim Kartenspiel besiegen:* jemandem den Arsch aufreißen. *erotische Gesellschaftsspiele:* Bein über Bein, Flaschendrehen, Katzenstriegeln, Klostermönch und Nönnchen, Lampenlöschen, Liebesbrücke, persische Hochzeit, Schäfer von der neuen Stadt, Schäferspiel, Schäften, Schlüsselziehen, Schmelzpferd, Schüelischläufe, Seewerfen, Strebkatz, Strip-Poker, Umstoß, Unter für Ober, der verliebte Jesuit, Wadenmessen, warme Hand, Zwei geilten miteinander viel, Zwei walten zu dem Zweck, Zwei wollten in die Blumen fallen (Die meisten der erotischen Gesellschaftsspiele sind Hunderte und manche sind Tausende von Jahren alt. Da viele bereits von Kindern gespielt werden, haben sie oft eine eher skatologische als sexuelle Note. Bei der persischen Hochzeit beispielsweise wird das Gesäß mit einem Gesicht bemalt und zum Fenster hinausgestreckt. Beim Katzenstriegeln hocken zwei Spieler auf Händen und Knien. Ein Strickring verbindet ihre Nacken. Wenn sie, wie das Spiel es

verlangt, einander umzureißen versuchen, rutschen die Hosen hinunter und die Hemden heraus. Die weiblichen Zuschauer können zuschlagen, wenn sie eine bloße Stelle entdecken. Beim Schmelzpferd kniet einer der beiden Spieler zwischen den Beinen einer sitzenden Spielerin und legt seinen Kopf in ihren Schoß. Die übrigen Teilnehmer klettern auf seinen Rücken, bis er unter der Last zusammenbricht. Wer wen wo berührt, macht den Spaß der Sache aus. Beim Seewerfen sitzen sich die Teilnehmer in zwei Reihen so gegenüber, daß sich jeweils zwei Füße verschiedener Personen zwischen den gespreizten Schenkeln der gegenübersitzenden Person befinden. Der Seewerfer steht draußen und versucht die Mädchen aus der Reihe herauszubrechen und in den «See» zu werfen. Beim Umstoß sitzt ein Mädchen auf dem Rücken eines auf allen vieren gehenden Burschen und streckt einen Fuß waagerecht vor, um einen auf einem Bein stehenden Burschen umzustoßen. Warme Hand ist eine Art Schinkenklopfen für Teilnehmer beider Geschlechter. Im Gegensatz zu den ländlichen Spielen der Vergangenheit sind die sexuellen Gesellschaftsspiele der Gegenwart – z. B. Flaschendrehen, Strip-Poker, Schlüsselziehen – entweder Pfänderspiele mit Kleidungsstücken als Pfandgegenständen, so daß die Teilnehmer am Ende nackt sind, oder Partnertauschspiele, besonders solche, bei denen der Partner von hinten oder im Dunkeln oder durch Löcher in einem Vorhang koitiert, so daß man raten muß, mit wem man es zu tun hat).

53.6 Festlichkeit

Teenage Party: Bediene, Faß, Zickenverlade. *Teenage Party mit Tanz:* Lämmerhüpfen. *alkoholfreie Party:* Cocaball, Sprudelball. *eine Party geben:* eine Bediene aufreißen, ein Faß anzapfen. *Männerausflug ohne Ehefrauen:* Herrenpartie. *Frauenfest:* Weibertag (In den Dörfern des Elsaß mußten die Ehemänner am Weibertag das Dorf verlassen. Die Frauen rösteten einen Bock und hielten alle durchreisenden Männer an, um mit ihnen zu schmausen und zu liebeln). *Ball mit Damenwahl:* Pantoffelball, Witwenball. *Aschermittwochsball:* schwarze Redoute (die berühmteste schwarze Redoute war der Aschermittwochsball in den Wiener Kasernen des Vormärz, dessen sexuelle Ausgelassenheit in den österreichischen Annalen einmalig ist). *Ballmüttergalerie:* Drachenburg, Drachenfels, Lorgnonhügel, Schwiegermütterwartburg.

53.7 Tanz

Anschleiche, Dielenreiber, Dreher, Fußwärmer, Hupf, Parkettmassage, Plattfuß, Ringel, Ringelpietz, Schwof, Stepp. *enger Tanz:* Anschmeiße, Kleistertanz, Nabelreiber, Nahkampf. *Diskothektanz:* Plattenhupf. *der erste Tanz:* Dielenwärmer, Parkettwärmer. *der letzte Tanz:* Kehraus, Rausschmeißer. *erotische Volkstänze der Vergangenheit:* Dunkelschotten, Fotzdudeln (Bauerntanz der Oberpfalz, bei dem die Lichter gelöscht wurden, so daß die Tanzpartner einander an den Geschlechtsteilen berühren konnten), Hahnentanz, Kranztanz (Erntetanz, bei dem man sich küßte), Lobetanz (Dorftanz der Meißener Umgebung, der abgehalten wurde, damit die Eingeladenen sich miteinander verlobten), Schimmeltanz, Webertanz. *tanzen:* knitteln, maibeln, nigeln, ringeln, rokken, scherbeln, schieben, schunkeln, schütteln, schwenken, schwofen, weelen, zammeln. lämmerhüpfen, plattfußen, das Parkett kratzen, das Parkett streicheln, eine Sohle aufs Parkett legen, eine Sense übers Parkett hauen, einen Stepp hinlegen, das Tanzbein schwingen. *tanzen gehen:* auf Anschleiche gehen, losschieben. *zum Tanzen auffordern:* auf Anschleiche bringen, zu Paaren treiben. *nicht zum Tanzen auffordern:* sitzenlassen, schimmeln lassen, verwelken lassen. *nicht zum Tanzen aufgefordert werden:* schimmeln, sitzen bleiben, auf der Wartburg sitzen, welken, ein Mauerblümchen sein. *eifrig tanzen:* fegen, die Dielen schinden, das Parkett schleifen. *eng tanzen:* anschmeißen, auf die Anschmeiße bringen, im Nahkampf liegen, kleistern, nabelreiben. *enge Führung:* Anschmeiße, enge Tour, Nabelreibe. *lockere Führung:* lockere Tour. *sich drehen:* kurbeln. *die Arme bewegen:* pumpen. *sich fallen lassen:* verkördern. *Tanzpartnerin:* Höhlenbraut, Hupfdohle, Hupfjule, Hupftöle, Jazzloch, Nahkampfbiene, Ringlerin, Tanzmaus, Tanzratte. *eifrige Tanzpartnerin:* Parkettbiene, Temperamentsbolzen. *Tanzpartner:* Höhlenjäger, Huppheini, Jazzschwanz, Nahkampfkrieger, Ringler. *eifriger Tanzpartner:* Dielenschinder, Parkettakrobat, Parkettschleifer, Sohlenmörder, Vollgasfahrer. *Mann, der eng tanzt:* Anschmeißer, Kleisterer, Nabelreiber, Nahkampfkrieger, Ranschmeißer. *bezahlter Tanzpartner:* Eintänzer, Gigolo. *Nicht-Tänzer:* Abstinenzler, Kümmerling, Verzichtpolitiker. *Nicht-Tänzerin:* Eckzahn, Mauerblümchen, Schattenmorelle. *Tanzlokal:* Abschleppschuppen, Anschmeißschuppen, Flirtschuppen, Hallensportplatz, heiße Stampe, Heißluft-Laube, Heißluft-Schuppen, Heißluft-Tenne, Heißluft-Winde, Höhle, Knitteltimpe, Lämmerweide, Nahkampfarena, schräges Parkett, Preßluftschuppen, Ringelscheider, Schmacht-Atoll, Schunkel-

schuppen, Schunkeltenne, Schunkeltimpe, Schunkelwinde, Schuppen, Schüttelbude, Schüttelhöhle, Schütteltenne, Schütteltimpe, Schüttelwinde, Schwofbude, Sex-Schuppen, Tanzbeinladen, Tanzbums, Tanzklappe, Tanzschaffe, Tanzscheune, Tanzschuppen, Tenne, Timpe, Wurstkessel. *billiges Tanzlokal:* Sechserstampe. *Tanzboden:* Nahkampfarena, Nudelbrett, Schwenkfeld. *Tanzschule:* Schwungschule, Wackelakademie. *Tanzschülerin:* Probierfräulein, Schmaltier, Tanzstundengerät. *Tanzstundenball:* Lämmerhüpfen. *Tanzkleid:* Klüftchen. *langes Tanzkleid:* Staubsauger. *Tanzbluse:* Nahkampfbluse. *Tanzschuhe:* heiße Schuhe.

53.8 Urlaub

Urlaub zu zweit: rosa Zeiten. *Reisebegleiterin:* Sexualproviant. *Urlaubsbekanntschaft:* Ferienliebe, Pastorale. *Frau, die sich von Männern zum Urlaub einladen läßt:* Ferienkokotte, Saisonnutte. *Strichjunge, der nur während der Urlaubssaison arbeitet:* Saisongockel. *Urlaubsort:* Amüsieroase, Sauerstofftankstelle. *einsamer Urlaubsort:* Hinterkuhdreckshausen, Hinterpimpelsheim, Kleinfladenhausen, Kuhbläk, Kuhschnappel. *Adriaküste:* Arbeitslosenstrand. *Ascona:* Asconshausen. *Chiemsee:* bayerisches Meer. *Costa Brava:* Putzfrauenküste. *Garmisch-Partenkirchen:* bayerische Reeperbahn. *Italien:* Zitronenstiefel. *Jugoslawien:* Titostan. *Mittelmeer:* Pißrinne. *Monaco:* Operettenstaat. *Nordsee:* Heringslake. *Riviera:* Wucherküste. *Sahara:* Bratpfanne. *Schwarzmeerküste:* sächsische Riviera. *Schweden:* Land der Mitternachtssünde. *Ferienhotel:* Kuppelburg, Liebhaberei, Touristensilo. *Regenversicherung:* Nieselprämie. *Reisebegleiter:* Bärenführer, Reisehirt, Schlepper. *Reisebegleiter einer Damengruppe:* Gänsehirt.

53.9 Kur

Kurort: Gesundbrunnen, Gesundheitstankstelle, Kurkaff, Neppenheim. *Kurpromenade:* Heilweg, Korso der Kontakte, Lästerallee. *Kurpark:* Lastergehölz. *Musikpavillon:* Parkharfe. *Sanatorium:* Omatorium. *Prießnitz-Sanatorium:* Frißnix-Salatorium. *Kaltwasserheilanstalt:* Aquarium. *Kurortsbekanntschaft:* Kurschatten, Liebe auf Krankenschein. *Frau, die in Kurorten Männer aufliest:* Sprudelnutte. *Förster:* Waldflöte, Waldhorn.

53.10 Schiffsreise

Kreuzfahrt: Abenteuer von der Stange. *Kreuzfahrtschiff:* Liebesbus, Luxusarche, Modearche, schwimmender Puff, Verlobungsgondel. *Kapitän dieses Schiffes:* Salzwasserscheich. *Sex auf Kreuzfahrtschiffen:* Bordliebe. *Stewardess:* Seenymphe. *Mittelmeer:* Pißrinne. *Nordsee:* Heringslake.

53.11 Flugreise

Frau, die auf Flughäfen Männerbekanntschaften anknüpft: Luftstraßenmädchen, Windsbraut, Wolkennutte. *Stewardess:* Luftengel, Luftkutschenbüchse, Luftmatratze, Wolkenengel. *Lufthansa-Stewardess:* fliegendes Gretchen.

53.12 Bahnreise

ermäßigte Bundesbahnreise für zwei: Bundesanbahnung, rosa Zeiten. *Wochenendzug, der die Ehemänner zum Urlaubsort ihrer Frauen bringt:* Strohwitwer-Expreß. *Raucherabteil:* Backfischräucherei. *Kursbuch:* Gebetbuch der Ferne, Sehnsuchtsbibel.

53.13 Autobusreise

Proletenexkursion, Putzfrauenexpreß. *Autobus:* Autobusen, geschminkte Minna, Omnibusen.

53.14 Autoreise

Nimm eine Frau mit: Pack Sex in den Tank. *Auto für die Urlaubsreise:* Balzgerät, Flirtmobil, gummibereiftes Schlafzimmer, Knutschkiste, Liebesdienstwagen, Liebeslaube, Liegesofa, Miezenschlepper, rasches Sofa, Schlafzimmer auf Rädern, schnelles Sofa, Sommerschlitten, Sündenwagen, Traumkutsche, Traumschiff, Traumschlitten, Triebwagen, Verführmobil, Verführungskarosse, Verführungskutsche, Verführungsschaukel, Verführungsschlitten. *Autokühler:* Chrombusen. *Kühlerverkleidung:* Hottentottenschürze. *Autofahrerin:* Auto-Amazone, Benzinhäschen, Benzinstute, Benzinwürstchen, Chauffeuse, Sirenenengel. *Anhalterin:* Autobahnsirene, Autokalle, Automenscherl, Benzinfotze, Chausseeblume, Chausseelilie, Chausseemaus, Chausseeschwalbe. *Schlagloch:* Chausseefotze. *Straße mit Schlaglöchern:* Fotzenstraße, (zur NS-Zeit:) B.D.M.-Straße. *§ 330c StGB* (unterlassene Hilfeleistung): Liebesparagraph. *Führerschein:* Verführerschein, Waffenschein.

53.15 Motorradausflug

Motorrad: Eierschaukel, Gonokokkenschaukel, Hämorrhoidenschaukel, Knatterarsch, Schnellfurz. *Mitfahrersitz:* Antiembryonensattel, Gebärmutterschaukel, Pupperlhutsche, Schlampenschleuder. *Motorrad mit Beiwagen:* Brautmobil, zweigeschlechtlicher Doppelsitzer. *Beiwagen:* Flitscherl-Etui, Flöten-Etui, Schatzkästchen. *Mitfahrerin:* Auspuffengel, Auspuffzahn, Klammeräffchen, Klammerbraut, Klammerkatze, Motorradbraut, Sattelbraut, Windsbraut, Zitterbraut, Zitterjule. *Motorroller:* Klo auf Rädern, schnelles Klo, Verlobungsvehikel. *Mitfahrerin:* Rollerbraut. *Moped:* fahrender Untersatz, Feuerfurz.

53.16 Zelten, Camping

Camping-Führer: Freiluft-Hotelführer.

Campingplatz: Feldquartier zum Gallenstein, Ischias-Anger, Konservendosenbasar, Rheumatismuswiese. *Campingplatz für Liebespärchen:* Hotel zur sündigen Wiese, Sünden-Anger, Sündenwiese. *Zelt:* Gichtbeutel, Haus im Sack, Leinwandhütte, Luftschloß, Popelin-Iglu, Popelin-Mansarde, Rheumazüchter, Segeltuchsarg, Tropfsteinhöhle, Wanderstall. *Zelt für Liebespärchen:* Knutschkiste, Liebeslaube, Traumtüte, Weekendbude. *Lagerordnung:* Camping-Knigge. *berittener Polizist, der Campingplätze überwacht:* Moralreiter. *Wohnwagen:* Landjacht, rollendes Ferienheim, Schneckenhaus. *Camping-Bett:* Ersatzmolle, Felsenbett, Plättbrett, Zementpritsche. *Luftmatratze:* Bett im Sack, Pusteliege. *Kleid, in dem man auch schlafen kann:* Campingbeutel.

53.17 Badeurlaub

baden: pflutzen. *Badeanzug, Badehose:* siehe 59.43. *Schwimmweste:* Büstenhalter, Mae West. *Badeort:* Negerdorf. *Badeort, in dem man leicht Anschluß findet:* Anbandelbad, Anschlußbad, Poussierbad, Sehbad, Tausendsassabad. *Schwimmbad:* Aquarium, Sardinenbüchse, Starlet-Aquarium. *städtisches Freibad:* Magistratsschwemme. *Badestrand:* Affenstrand, Badekorbplantage, Bikiniweide, Bikino, Bratpfanne, Fleischbeschau, Fleischmarkt, Fleischsalat, Fleischwiese, Gänsegrill, Hühneraugenweide, Midinettengrill, Panoptikum, Panorama, Sardinenbüchse, Sonnengrill, Sonnentankstelle, Umschlagplatz der Salzkrusten, Umschlagplatz der sandigen Haut, Umschlagplatz der Sommerliebe, Umschlagplatz des Sonnenöls, Weiberpachtmarkt. *deutscher Badestrand:* deutsches Panorama, Teutonengrill. *von Menschen im Badeanzug umgeben:* eingefleischt wie im Schlachthaus. *Strandkorb:* Krabbelkorb. *Badezelt im Mittelalter:* Baderof, Roven. *Strandpromenade:* feiner Strich, Jahrmarkt der Eitelkeit, Kälbermarkt, Korso der Kontakte, Küstenstrich, Lämmerweide, Lasterallee, Lästerallee, Trampelpfad der Liebe. *Musikpavillon:* Strandharfe. *Mädchen am Strand:* Badenixe, Bikinibombe, Nixe, Seenymphe, Strandgut, Strandnixe, Wassernixe. *Ferienverhältnis:* Badeliebe. *Badewärter:* Badwasch, Trost der einsamen Strandnixen. *Wasser-Skier:* Mahagoni-Flitzer. *Motorboot:* Paddenpuper. *schwimmendes Spielkasino mit Striptease:* Nackedei-Dampfer. *Adriaküste:* Arbeitslosenstrand. *Costa Brava:* Putzfrauenküste. *Mittelmeer:* Pißrinne. *Nordsee:* Heringslake. *Riviera:* Wucherküste. *Schwarzmeerküste:* sächsische Riviera. *Sylt:* Verkehrsinsel. *Westerland auf Sylt:* Verlobungsbad, Vögelbad. *Meerwasser:* Nordsee-Riesling. *Binnensee:* Luftmatratzengewässer. *Chiemsee:* bayerisches Meer. *Freikörperkultur:* Nacktkultur. *FKK-Gelände:* Abessinien, Äthiopien, Gelände, Hawaii, Kamerun, Nackedonien, Samoa. *Strand für Nicht-Nacktbadende:* Bekleidungsstrand, Textilstrand, Manhattan (= man hat an). *Pfad zwischen zwei Nacktbadestränden, den man nur bekleidet begehen darf:* Textilkorridor, polnischer Korridor. *FKK-Anhänger:* Abessinier, Äthiopier, Aschanti, Sonnenanbeter, Sonnenbeschwörer, Sonnenbruder.

53.18 Bergsteigen

Berg: Lungenschinder, Maulwurfshügel, Reklamehügel. *Alpental:* Jodelgrube. *Bergsteigerkleidung:* Felsenkluft. *Bergstock:* Alpenstange, Angststock. *Picknick:* Diner à la Rucksack. *Bergsteigerin:* Bergziege, Gletscherspalte, Schneehase, Schneehuhn, Schneekuh.

53.19 Wintersport

Alpen: Eiskonditorei. *Alpenhütte:* weißes Gefängnis. *Winterkurort:* Anbandelpiste, Anschlußpiste, Schneekarawanserei, Slalompiste der Liebelei, Slalomstrecke des Flirts, Umschlagplatz der Winterliebe, Umschlagplatz für Schnee und Liebe. *Wintersportlerin:* Bergziege, Gletscherspalte, Schneehase, Schneehuhn, Schneekuh, Skihase. *Ski-Lehrer:* Alpenhorn, Playboy in Schnee, Pistenbajazzo. *Skier:* Latten, Margarinebretter, Paneele, Raketen, Schwarteln, Schwartlinge. *Ski-Stock:* Angst-Stange. *Ski-Übungsgelände:* Badewannenacker, Eselswiese, Idiotenwiese, Purzelhang, Purzelrain, verhinderter Montblanc. *Ski-Piste:* Bummelpiste, Omnibusspur. *Ski-Lift:* Fremdenschaukel, Kadaverschlepper, Ski-Zirkus. *Garmisch-Partenkirchen:* bayerische Reeperbahn.

54 Unterhaltung

Unterleibshaltung, Unterhemdshaltung. *langweilige Veranstaltung:* Zickenverlade.

54.1 Literatur

erotische Literatur: Intimliteratur, Unterhemdslektüre, Unterhemdsmakulatur. *pornographische Literatur:* Unterleibsprosa, U.T.-Literatur (d. h. Literatur, die «unter der Theke» verkauft wird), Wichsvorlage. *Erotika:* scharfe Sachen, Schweinigeleien. *Schrank für Erotika:* Giftschrank. *erotische Erzählung:* Unterhemdsgeschichte. *erotisches Buch:* Aufgeilbuch, Sexualschmöker. *erotische Erzählung des 18. Jahrhunderts:* Dosenstück. *obszöne Verse:* Leberreime (improvisierte Zotenverse des 17. Jahrhunderts. Die Anfangszeilen «Die Leber ist von einem Hecht und nicht von einem ...» wird so ergänzt, daß sich Double entendres ergeben. Meist als Intelligenzduell zwischen zwei Gästen bei

einem Bankett oder als Wettbewerb bei einer Trinkrunde benutzt. Wer die witzigsten Verse improvisiert, braucht die nächste Runde nicht zu bezahlen), Spittelbergg'stanzel (Spittelberg, ein Teil des 7. Bezirks von Wien, ist seit dem 18. Jahrhundert als Prostituiertenviertel bekannt. In den dortigen Beiseln entstanden jene frechen Vierzeiler, die F. Schlögl, K. Giglleithner und G. Litschauer gesammelt haben), Stammbuchverse (Seit der Barockzeit findet man in den Stammbüchern der deutschen Handwerker oft sehr freie Verse, die der Volksmund «Stammbuchverse» taufte. Zum Beispiel: «Es leben alle Galgen, die auf Pantoffeln stehn / und mit den Delinquenten vergnügt zu Bette gehn.» Oder: «Vivat, was die Frau hat / unter ihrem Feigenblatt.» Oder: «Der die Bäume hat gegipfelt, / der die Männer hat gezipfelt, / der die Weiblein hat gespalten / wolle dich gesund erhalten!»), Wirtinnenverse. *Chronique scandaleuse:* Klatschchronik. *Sammlung alter Liebesverse und erotischer Rätsel:* Rockenbüchlein (Um die langen Winterabende in den Spinnstuben möglichst unterhaltend zu verbringen, erfanden die Burschen und Mädchen zahllose Versspiele, Rätsel und Lieder, die alle einen stark erotischen Ton hatten. Der Volksmund taufte die Sammlungen solcher Verse, Anekdoten und Erotika «Rockenbüchlein» nach dem Rocken, von dem der Spinnfaden von den Mädchen abgesponnen wurde). *Zote:* Döneken, dreckiger Witz, Sauglocke. *Zoten erzählen:* die Sauglocke läuten, wutzen. *obszönes Wort:* Stichwort (stechen = koitieren). *Sexuallexikon:* Stichwortverzeichnis, Sündenfibel. *Autor erotischer Schriften:* Sexwellenreiter. *Autor sentimentaler Liebesgeschichten:* Seelenmasseur. *Autorin von Frauenromanen:* Seelenmasseuse. *Lyriker:* Reimficker. *zweisilbiger Reim mit dem Akzent auf der vorletzten Silbe:* weiblicher Reim. *Gegensatz:* männlicher Reim. *erotische Lyrik:* Latrinenpoesie, Unterleibspoesie, Urinlyrik. *er hat Talent:* die Muse hat ihn geküßt. *Herrenmagazin:* Busenbilderbuch, Busenkatalog, Nackedei-Journal, Nackedei-Magazin, Sündenfibel. *Bildzeitung:* Skandalanzeiger. *gewagtes Extrablatt:* Sextrablatt. *Titelbild einer Illustrierten:* Busenheuler. *Heirats- und Bekanntschaftsspalte einer Zeitung:* Fleischmarkt, Kuppelbörse, Schamspalte, Sklavenmarkt, Sklavenplantage. *einzelne Ausgangszeile, die noch auf die neue Spalte kommt:* Hurenkind. *Liebeskummerspalte:* Briefkasten, Liebes-Knigge, Schamspalte, Seelenbriefkasten, Seufzerecke, Seufzerspalte. *Redakteurin einer Liebeskummerspalte:* Briefkastentante, Seufzertante. *Redakteur einer Liebeskummerspalte, der Leserbriefe beantwortet:* Amor im Briefumschlag, Briefkastenonkel, Seufzeronkel. *Journalist:* Blattscheißer. *Journalistin:* Blattlaus, Blattwanze. *Modejournalistin:* Toilettenfrau. *Zeitungsausträgerin:* Intelligenzfrau, Zeitungsanna.

54.2 Kunst

Aktbild: nackte Tatsachen. *Aktbild mit prominentem Busen:* Brustbild. *Aktbild mit prominenten Beinen:* Kniestück. *Aktbild mit prominentem Schamhaar:* Waldstück. *Aktbild mit prominentem Penis:* Baumschlag. *Aktbild mit prominenter Vulva:* Seegemälde. *Aktmodell:* Ausziehdame, Ausziehmädchen, Ausziehpuppe, Entpella, Gefrierfleisch, Nacktarbeiterin, Nacktengel, Nacktfee, Nacktfliege, Nacktfrosch, Nacktschnecke, Nix-Anhabi, Posierfleisch, Posierfose, Steueropfer. *Aktmodell an einer Kunstschule:* Lehrkörper. *rundliches Aktmodell:* Pampelmuse. *Freundin eines Malers, die auch für ihn Modell steht:* Mehrzweckkörper, Nackedei vom Dienst. *Malerin:* Malküre, Malweib, Ölkusine, Pinsulanerin, Terpentintante. *Sonntagsmalerin:* Manchmalweib. *Kunsthistoriker:* Wonnegrunzer. *Frau:* Reißbrett. *Penis:* Eierstab, Radiernadel. *schwache Erektion:* Flachrelief. *starke Erektion:* Hochrelief. *sexuelle Fähigkeit:* Griffelkunst, Kunststecherei. *erotische Münzen:* Coselgulden (Sächsische Gulden der Jahre 1706–1711. Angeblich wettete König August von Polen mit seiner Geliebten, der Gräfin Cosel, daß er eine Münze prägen könne, die die sächsischen und polnischen Wappen so verbände, daß sie die Geschlechtsteile der Cosel darstellten. Jedenfalls zeigen die zwischen 1706 und 1711 geprägten sächsischen Gulden eine Überschneidung der Wappenränder, die das Bild einer Vulva ergab. Der Volksmund taufte diese Münze deshalb «Coselgulden»), Ficktaler (Gräfisch Solmsche Münze aus dem Jahre 1627. Die lateinische Inschrift enthielt das Wort *vicarius* in der abgekürzten Form *vic.*, was prompt dazu führte, daß der Volksmund die Münzen «Ficktaler» taufte), Hirschgulden (Hessische Münzen aus der Zeit des Landgrafen Ludwig VIII. Als dieser eine Münze mit dem Bild eines gehörnten Hirsches prägte, antwortete der Volksmund mit einem Spottvers, der heute noch als Abzählreim im Hessischen auftaucht: «O wir armen Hörnerträger / haben wider Willen Schwäger.»), Hurenkarrentaler (Schautaler der Stadt Magdeburg aus dem Jahre 1622. Die Münze stellte Venus und die drei Grazien auf einem von Tauben und Schwänen gezoge-

nen Wagen dar. Der Volksmund taufte sie deshalb prompt «Hurentaler»), Kunnentaler (Dänische Silbermünze aus dem Jahr 1400. In den Hansestädten, wo diese Münze zirkulierte, galt das dänische Ø als Vulva der Königin Margarete. Der Volksmund taufte sie deshalb «Margaretengroschen» oder «Kunnentaler»), Kußtaler (Coburger Taler des Jahres 1593. Als Johann Casimir, Herzog von Coburg, 1592 seine Frau beim Ehebruch ertappte, sperrte er sie in ein Kloster ein und prägte eine Münze, die sie als Nonne zeigte. Die Umschrift des Revers lautete: «Wer küßt mich armes Nünnelein?» Der Volksmund taufte die Münze deshalb «Kußtaler»).

54.3 Fotografie

Aktfoto: Alles-ohne-Foto, nackte Tatsache, Pariser, Röntgenbild, scharfes Foto, schräges Foto, U.T.-Foto, (U.T. = unter der Theke). *Aktfoto, das zur Onanie dient:* Projektionsfläche, Vorstellung, Wichsvorlage. *Aktfotograf:* Fotzenbelichter, Kükenbelichter. *Aktfotograf auf der Suche nach einem Modell:* Sucher. *Modelle für Aktaufnahmen suchen:* auf Fotosafari gehen. *Aktmodell:* Ausziehdame, Ausziehmädchen, Ausziehpuppe, Entpella, Expella, Fotofose, Nacktarbeiterin, Nacktengel, Nacktfee, Nacktfliege, Nacktfrosch, Nacktschnecke, Nix-Anhabi, Posierfleisch, Posierfose, Steueropfer. *Freundin eines Fotografen, die auch für ihn Modell steht:* Mehrzweckmädchen, Nackedei vom Dienst, Pampelmuse. *ein Modell zum Beischlaf überreden:* ein Bild entwickeln. *Fotograf, der nicht mit seinem Modell schläft:* Amateur, Amateurfotograf, Mattscheibe. *Schlafzimmer eines Fotografen:* Dunkelkammer. *Beischlaf mit einem Fotografen:* Schnappschuß.

54.4 Fernsehen

Fernseh-Empfänger: Ehezerstörer. *Fernseh-Ansagerin:* Ablesemaschine, Anreißerin, Ansageküken, Bildschirmdame, Bildschirmgrüßerin, Bundeskostümsirene, Circe vom Dienst, Dame ohne Unterleib, Fernsehmieze, Guten-Abend-Fee, Mädchen hinter Glas, Oberkörper, Programmzettel mit Ohren, Röhrenzicke, Telekätzchen, Telemieze. *Ansagerin des Zweiten Deutschen Fernsehens:* Mainzelmädchen. *Lotto-Ansagerin:* Glücksfee, Glückskönigin, Lottofee. *Wetter-Ansagerin:* Wetterfee, Wettermädchen. *Liebelei mit einer Ansagerin:* Fernsehspiel. *Nachrichtenregisseur, der nicht mit einer Ansagerin schläft:* Fernsehamateur, Mattscheibe.

54.5 Film

Sexfilm: Drüsenkitzler, Kitsch mit Loch, Kitsch mit Schwanz, Nacktstreifen, Romanze in doll, Schlüssellochfilm, Schweinefilm. *erfolgreicher Sexfilm:* Sexknüller, Sexreißer, Sittenknüller, Sittenreißer, Sittenschlager. *erfolgloser Sexfilm:* Sexgähner, Sexschinken. *Sexkrimi:* Blubufilm (von Blut und Busen). *sentimentaler Liebesfilm:* Gemütsschmarren, Liebesschnulze, Rührfetzen, Rührkiste, Rührschnulze, Seelenbrause, Seelenknaatsch, Seelenmansch, Seelenquetscher, Seelenschnulze. *Kino für Sexfilme:* Bikino, Illusionsbunker. *dunkle Kinologe für Liebespärchen:* Amorsitz, Dunkelkammer, Vögelnest. *Platzanweiserin:* Glühwürmchen, Leuchtkäfer. *Filmschauspielerin:* Busengröße, Busenintelligenzbestie, Flimmernutte, Fotofose, Kurvenwunder, Leinwandfose, Nacktrice, Schaubusenbesitzerin, Sexbombe (eine Sexbombe abwerfen, eine Sexbombe entschärfen, eine Sexbombe explodieren lassen), Starlet, Vamp. *Brüste einer erfolgreichen Filmschauspielerin:* goldene Berge. *Beischlaf mit einer Filmschauspielerin:* Heimkino, Lichtspiel. *Komparsin, Statistin:* Filmschnuppe. *Filmtätiger, der mit Komparsinnen schläft:* Filmamateur, Schmalfilmliebhaber. *Filmagent:* Miezenkrämer. *Filmzensor:* Leinwandwäscher. *Scriptgirl:* Drehbuchhalterin. *Austausch von Freundinnen im Filmgeschäft:* Filmverleih. *Bett:* Agentenliege, Kurbelkasten. *Koitus:* Innenaufnahme, Naheinstellung. *koitieren:* drehen, kleben, kurbeln, synchronisieren. *Klosettpapierrolle:* Filmrolle.

54.6 Theater

erotisches Theater: Liebhaberbühne. *erotisches Schauspiel:* Kitsch mit Loch, Kitsch mit Schwanz, Romance in doll, Sauspiel. *erfolgreiches Sexualstück:* Sittenknüller. *erfolgloses Sexualstück:* Sexualgähner. *erotisches Musical:* Erotical, G'spusical. *sentimentales Liebesdrama:* Seelenmansch, Seelenquetscher, Seelenschnulze. *Bühnenrolle einer Schauspielerin, in der sie einen Mann oder eine als Mann verkleidete Frau spielt:* Hosenrolle. *Schauspielerin, die wegen ihrer Affairen bekannt ist:* Bühnenschnalle, Skandalnudel. *Schauspielerin, die Nacktrollen spielt:* Nacktrice. *Show-Girl:* Chorine, Revuekörper, Schaumädchen. *Mann, der Show-Girls nachstellt:* Chorinenjäger, Garderobenheini. *Beischlaf mit einer Schauspielerin:* Generalprobe. *Beischlaf zwischen zwei Vorstellungen:* Matinee. *jugendlicher Liebhaber:* Süßholzraspler. *Maskenbildner:* Fassadenmaurer. *Kulissenwand:* Fotzenwand, Scheidewand. *dunkle Theaterloge:* Amorsitz, Dunkelkammer, Vögelnest.

54.7 Zirkus, Varieté, Kabarett

Zirkus mit zwei Ringen: Klosettbrille. *Akrobatin:* verdrehte Fotze, wurleter Propeller. *Wahrsagerin:* Ahnfrau, Kassandra,

Orakel, Pythia. *Komiker:* Hanswurst, Pikkelhering, Pickelschwanz, Wurstl. *Humor, der kein Gelächter erweckt:* Dreimännerwitz (zwei Männer kitzeln, der dritte lacht). *Kabarett:* Musenstall, Nudlbrettbühne, Nikotintheater, Rauchtheater, Tingeltangel. *Kabarettistin:* Brettlfee, Sangtöse, Tingelmöse, Tingeltangeltöse.

54.8 Musik

Streichmusik: Darmgeräusch. *Opernarie:* warme Arie (ursprünglich als Gegenstück zu dem Ausdruck «heißer Song» geprägt, heute aber endgültig in der Bedeutung «homosexuelle Vorführung» festgelegt). *Schlager:* Drüsenkitzler, Knautsch- und Knutschschnulze. *Verführungsmusik:* Nachthupferl. *mißlungene Komposition:* Notenfehlgeburt. *Gitarre:* Sehnsuchtsbratpfanne. *Kino-Orgel:* Pufforgel. *Mundharmonika:* Fotzhobel. *Saiteninstrument:* Darmgeräuschapparatur. *Saxophon:* Sexophon. *Schallplatte:* Abortdekkel, Verführscheibe. *Klavierlehrerin:* Klavierpauke, Klimpernestra, Notendompteuse. *Pianistin:* Klavierassel. *Pianist:* Tastenkitzler. *Pianist, der mehr durch sein Aussehen als durch seine Musik wirkt:* Tastenadonis. *Violinistin:* Streichkörper. *Violinist:* Darmquetscher, Darmschänder, Streicharm. *Sängerin:* Amsel, Drossel, Kanarienvogel, Lerche, Nachtigall, Trillerin, Zwitschervogel. *Schlagersängerin:* Gefühlsmasseuse, Kitschsuse, Klageweib, Piepsmamsell, Schmachtamsel, Schnulzenhäschen, Schnulzenküken, Schnulzenlerche, Schnulziane, Schnulzistin, Wimmerkuh. *Beat-Sängerin:* Heulboje, Heulsuse, Kreissäge, Nebelkrähe, Rhythmuskäfer. *Straßensängerin:* Balladenweib, Harfenjule, Hofsängerin, Liederweib. *Schlagersänger:* Cocktail-Troubadour, Gefühlsmasseur, Kastratentenor, Mastdarmbariton, Schmachtkopp, Schmalzheini, Schmalzier, Schmalzlappen, Schmälzling, Schmalztenor, Schnulzen-Troubadour. *Beat-Sänger:* Gummihüftentenor, Hüftbeckengenie, Hüftbeckenbariton, Hüftroller, Hüftschwenker, Hüftverrenker, Hüftwackler, Pubertätsstar, Schlotterhose, Stöhnaufmännchen, Wackelheini, Wackelpeter, Wackeltenor, Zitteraal, Zitterrochen. *zwei konkurrierende Beat-Sänger:* Platzhirsche. *Beat-Band:* Zittertruppe. *Tenor:* Minnesänger. *Penis eines Tenors:* Tenorschlüssel. *Penis eines Baßsängers:* Baßschlüssel. *Geschlechtsorgan:* Griffbrett, Klaviatur, Manual, Tastatur, Tastenbrett, Zupfinstrument, Zungeninstrument. *Penis:* Blockflöte, Bügelhorn, Coda, Einhandflöte, Englischhorn, Fagott, Flöte, Flügelhorn, Geigenbogen, Gellflöte, Hohlflöte, Klarinette, Nachthorn, Oboe d'amore, Pfeife, Posaune, Rohrflöte, Sackpfeife, Schalmei, Schellenbaum, Schnabelflöte, Spitzflöte, Taschengeige, Trompete, Vogelflöte, Zungenpfeife. *Kinderpenis:* Hirtenflöte, Piccolo, Zartflöte: *Hodensack:* Dudelsack. *Gesäß:* Griffbrett. *Bauch:* Kesseltrommel. *Mutterleib:* Pauke, Trommel. *Scheide:* Balalaika, Drehorgel, Fiedel, Geige, Gitarre, Glockenspiel, Handorgel, Harfe, Klavier, Konzertina, Laute, Leier, Leierkasten, Mandoline, Orgel, Quetschkommode, Rührtrommel, Schlitztrommel, Spieldose, Spinett, Taschenorgel, Werkl, Wurlitzer, Ziehharmonika, Zither, Zupfgeige. Maultrommel, Mundharmonika, Mundhobel, Mundloch, Okarina. *Klitoris:* Spitzharfe. *Busen:* Griffbrett, Tastenbrett. *Erektion:* Ständchen. *Morgenerektion:* Morgenständchen, Aubade. *Koitus:* Abendlied, Abendmusik, Duett, Duo, Fuge, Kammermusik, Lied ohne Worte, Nachtmusik, Nachtstück, Notturno, Salonmusik, Salonstück, Schlaflied, Schlummerlied, Triller, Zwiegesang. *Koitus im Vokabular der Saitenspieler:* Doppelgriff. *unerwartete Gelegenheit zum Geschlechtsverkehr:* Zufallsmusik. *Koitallaute:* Blasmusik, Bumsmusik, Kammermusik, Katzenmusik, Knüppelmusik, Streichmusik, Tanzmusik. *Frau, die beim Koitus stöhnt:* Tonbüchse. *nicht so laut:* andante, calando, decrescendo, deficiendo, diluendo, diminuendo, espiranto, estinto, mancando, meno, morendo, perdendo, piano, pianissimo, quieto, sordo, tranquillo. *lauter:* forte, fortissimo, strepitoso. *koitieren:* fiedeln, flöten, geigen, harfen, pfeifen. *potent, vital:* vigoroso. *im gleichen Tempo:* a tempo, ostinato. *schnell:* agile, presto, stretto, tosto. *schneller:* accelerando, affrettando, precipitando. *langsam:* adagio, dilungando, lento, stentato. *langsamer:* abbandono, allargando, calando, deficiendo, lentando, meno, ritardando, slentano, strascinando. *gleitend:* glissando, strisciando. *stoßend:* acciaccaturo, staccato. *hämmernd:* martellato. *zum erstenmal:* prima volta. *noch einmal:* ancora, da capo. *wie du willst:* a piacere, sciolto. *stürmisch:* impetuoso. *feurig:* con spirito, fieramente, fuocoso, spirituoso. *wild:* feroce, furioso. *lebhaft:* allegretto, andantino, animato, animoso, con moto, mosso, vivace. *verspielt:* giocoso, scherzando. *graziös:* gracioso, piacevole. *ausdrucksvoll:* espressivo. *verliebt:* con affetto, amabile, amoroso, languendo. *zärtlich:* carezzando, lusingando, teneramente. *leidenschaftlich:* agitato, concitato, appassionato. *drängend:* precipitando, stringendo. *zurückhaltend:* dilungendo, ritenuto, stentato, tardando. *unten liegend, darunter liegend:* sotto. *Frau, die im Stehen koitiert:* Stehgeige. *Mann, der im Stehen koitiert:* Stehgeiger. *Mann, der schnell erigiert:* Flü-

gelhorn. *Masturbator:* Fiedler, Geiger, Harfner, Pianist, Spielmann, Tastendrescher, Zupfgeigenhansel. *masturbieren:* klimpern, leiern, orgeln, spielen. die Balalaika (die Drehorgel, die Fiedel, die Handorgel, die Konzertina, die Leier, den Leierkasten, die Mandoline, die Orgel, die Quetschkommode, die Rührtrommel, das Werkl, die Ziehharmonika, die Zither, die Zupfgeige) spielen, die Trommel rühren, die Spieldose laufen lassen. *beim Masturbieren:* pizzicato. *zwei Finger beim Masturbieren:* Stimmgabel. *Fähigkeit beim Masturbieren:* Anschlag, Tremolo, Vibrato. *Fähigkeit beim Koitus:* Bogenführung, Stabführung, Strich, geheimes Glockenspiel. *Fähigkeit beim Cunnilinctus:* Flatterzunge. *Fähigkeit bei der Fellatio:* Embouchure. *Fellator:* Bläser, Flötist, Hornist, Klarinettist, Pfeifer, Trompeter. *fellieren:* blasen, flöten, pfeifen, trompeten, ins Horn stoßen. *Pedicatio:* Pralltriller. *Pervert:* Querpfeife. *Landwirt, Landarbeiter:* Bauernflöte. *Schafhirt, Kuhhirt, Pferdehirt:* Hirtenflöte. *Förster:* Waldflöte, Waldhorn. *Mann mit tiefer Stimme:* Generalbaß. *Mann, der seine sexuellen Fähigkeiten anpreist:* Bombardon, Posaune, Signalpfeife. *Frau:* Kniegeige. *erhoffte Sexualpartnerin:* Zukunftsmusik. *Anbandlungsversuch:* Etüde, Ouvertüre. *Anfang einer Liebelei:* Präludium. *Liebelei:* Capriccio, Divertimento. *Verhältnis:* Erotikon. *kurzlebige Liaison zwischen zwei längeren Verhältnissen:* Entr'acte. *Ferien-Verhältnis:* Pastorale. *Bindung an einen anderen Menschen:* Ligatur. *Einklang:* Harmonie, Unisono. *Streit:* Disharmonie, Dissonanz. *Ende eines Verhältnisses:* Finale. *enttäuscht:* dolendo, funebre, lamentoso, lugubre, piangendo. *Geschlechtskrankheit:* Janitscharenmusik, Türkenmusik.

54.9 Tanz

Ballett: Plattfußarie, Wadenballett. *Bauchtanz:* Schaukelbauch, Venustanz. *Nackttanz:* Anschauungsunterricht, Drüsenschau, Fleischbeschau, Rückkehr vom Finanzamt, Schönheitstanz, Tittenschau, Tittenschaukeln. *Tänzerin:* Ballettkalb, Ballettratte, Flotte Cäcilia (nach der Heiligen Cäcilia, Schutzherrin der Musik, einer adligen Märtyrerin im Rom des 2. Jahrhunderts), Chorpflanze, Chorine, Hupfdohle, Hupfjule, Hupfflöte, Ratte, Trippeline, Tüllmaus, Tütütöse. *Tänzer:* Huppheini, Huppjoseph, Wadenheil. *Bauchtänzerin:* Bauchschaukel.

54.10 Striptease

Anschauungsunterricht, Drüsenschau, Fleischbeschau, Rückkehr vom Finanzamt, Stripaus, Strip-dich-aus, Tittenschau. *Striptease-Theater:* Fleischbeschauhalle, Strip-Höhle. *Stripper:* Aufgeilerin, Ausziehdame, Ausziehpuppe, Entkleidungskünstlerin, Entpella, Eva, Expella, Gefrierfleisch, Gefriertruhe, Nackedei vom Dienst, Nacktarbeiterin, Nacktengel, Nacktfee, Nacktgeige, Nacktfrosch, Nacktrice, Nachtschnecke, Nix-Anhabi, Steueropfer, Stripperin, Stripteuse, Striptieschen, Wäschekünstlerin. *das polizeilich vorgeschriebene Cache-sexe des Strippers:* Kappe. *das Band, das die Kappe hält:* G-Saite, Strippe. *so gekleideter Stripper:* kühle Blonde mit Strippe, Geige mit G-Saite. *sich als Stripper betätigen:* die Haut zu Markte tragen.

55 Essen und Trinken

sexuelle Metaphern: alter Mann mit jungem Mädchen (Käse mit Maden), Ammensaft (Bier), blaupfeifen (hungern), Brunzwasser (Alkohol), Bubespitzle (Gebäck), Büchsenöffner (alle Alkoholika, von denen der Mann glaubt, daß sie weiblichen Widerstand brechen, besonders aber Eierkognak), Bullen-Ei (Bulette), Chansonettentitten (Frikadellen), Dosenöffner (siehe Büchsenöffner), Eierantrieb (Eierkognak, Eierlikör. Aber auch alle anderen Eß- und Trinkwaren, von denen der Mann glaubt, daß sie seine Potenz erhöhen), Eisbrecher (siehe Büchsenöffner), Entmannungstee (Kräutertee), errötende Jungfrau (rote Grütze), freßbarer Schwanz (Banane), Gärtnerpint (Gurke), gefickter Fraß (Reste-Essen), geile Hengstklöten (Suppenklöße aus Knochenmark), Geilwasser (siehe Eierantrieb), gewichster Reis (deutscher Kaviar), Hebamme (Flaschenöffner, Korkenzieher), heiliger Essig (Wein, der über den Penis eines Fruchtbarkeitspatrons gegossen wird, ehe man ihn in Weinessig verwandelt. Üblich bei St. Cosimo, St. Damian, St. Futinus, St. Gorgon), Heldenaphrodisiakum (vor einem Feuergefecht ausgeteilter Schnaps), Hemdspreizer (siehe Büchsenöffner), Hengstklöten (Suppenklöße), Hoden in Scheiße (Eier in Senftunke), Hodenlikör (siehe Eierantrieb), Hofdamenkäse (Käse mit Löchern, z. B. Emmentaler), Hurenkaffee (Mokkalikör mit Kirsch), Jungfrau (Alkohol), kastrierter Hund (Gulasch), kastrierter Kaffee (koffeinfreier Kaffee), kleines Verhältnis (Bier mit Schnaps), Klöten mit Gänsedreck (Eier mit Spinat), kupierter Hund (Gulasch), Liebesapfel (Tomate), Liebesknochen (Gebäck), Mohr im Hemd (Schokolade mit Eierschaum), Muckefick (dünner Kaffee), Negerklöten (Schokoladeneier), Negerkuß (Gebäck), Negerpimmel, Negerpint, Negerschwanz (Blutwurst), Nuttenkäse (Käse mit Löchern), Rindstitte (Milch), Schlüp-

ferstürmer (siehe Büchsenöffner), schwangere Stulle (belegtes Brot), Schwesternküsse (Nachtisch), Soforthilfe (siehe Eierantrieb), Stoßkraftbrühe (vor einem Gefecht ausgeteilter Schnaps. Heute aber auch nahezu jedes angebliche Aphrodisiakum), Traum der Jungfrau (Riesenbockwurst), uneheliche Kinder (verlorene Eier), Unterleibskuchen (Pflaumenkuchen), versoffene Jungfer (Nachtisch auf alkoholischer Basis), Wackelpeter (Pudding), Witwenkonfekt (Pfefferminzplätzchen), Wochenbettsuppe (Hafergrütze), Wollusthügel (Frikadellen), Wonnekleister (Pudding). *skatologische Metaphern:* Aa-Suppe (Nudelsuppe), Affenscheiße (Spinat), Arschbackenbrühe (minderwertiges Getränk), Arschlochblockade (Schokolade), Arschmarterln (saure Pflaumen), Babykacke (Senf), Bärenarsch (großer Schinken), Bärenscheiße (Linsen), Dackel-Ei (kleiner Fleischkloß), Darmreißer (saurer Wein), Darmwürmer (Fadennudeln), dicker Arsch mit Furz (schlechtes Essen), Dividendenjauche (Aktienbier), Elefanten-Ei (großer Fleischkloß), Entenscheiße, (Spinat), feuchter Furz (Senf), frommer Arsch (Käse), Furzkanonadensuppe (Erbsensuppe), Fußschweiß (Specksoße), Gänsekacke (Spinat), Gaularsch, Gaulpopo (Gulasch), gebackener Furz (Windbeutel), Gedrämmeltes (Hackbraten), getrockneter Kamelmist (Kräutertee), Hundedreck (Erbsbrei), Hunde-Ei (kleiner Fleischkloß), Jauche (Bier mit Bodensatz), Jesuitengedärm (Spaghetti), Kacke mit Indianern (Lungenhaschee mit Tomaten), Kacke mit Italienern (Lungenhaschee mit Nudeln), Kacke mit Pelzbesatz (Rührei mit Schinken), Kackmixtur (cake mix), kalte Kacke (Coca-Cola), kalter Arsch mit Schneegestöber (Prünellen mit Sahne), kalter Bauernarsch (kaltes Essen), Kinderscheiße (Senf), Kleinkinderkacke (Senf), Klöten mit Gänsedreck (Eier mit Spinat), Knallblech (Sekt: nicht weil der Korken knallt, sondern weil die Bläschen zum Furzen anregen), Knallfrüchte (Bohnen, Erbsen), Korn mit Karnickelscheiße (Reis mit Rosinen), Krähenkacke, Krähenscheiße (schlechtes Essen), Kuhfladen (Kartoffelpuffer), Ku-Ka-Ke (Spinat), Nonnenfürzchen (Schmalzgebäck), Puparsch (dunkles Bier), Schafsknötel (Rosinen), Scheißdreck mit Mandeln (Erbsbrei mit Speck), Schißbaumwolle (Sauerkraut), Steuerjauche (dünnes Bier), tönendes Gemüse (Erbsen, Bohnen), trockener Schweinearsch (geräucherter Schinken), Vogelkacke, Vogelscheiße (Spinat), Wackelarsch (Pudding), wiehernder Darminhalt (Pferdewurst), Windelbrei, Windelpüree (Senf), Windregulierungspillen (Erbsen, Bohnen), Ziegenkötel (Korinthen). *urinophile Metaphern:* Ackerpisse (dünnes Bier), Aktienpisse (Aktienbier), Bockseiche (schlechtes Bockbier), Eselseiche (schlechtes Getränk jeglicher Art), Eulenpisse (Kaffeeaufguß), Eulenschiffe (Dünnbier), Eulenseiche (sowohl Kaffeeaufguß wie dünnes Bier), gebranntes Abwasser (schlechter Branntwein), Hebammenpisse (dünnes Bier), Jungfernseiche (unausgegorenes Bier), Kallenschiffe (dünnes Bier), kalte Pisse (Harnröhrenkatarrh von unausgegorenem Bier), Kuhschiffe (dünnes Bier), Löwenpisse (gelber Schnaps aller Art), Nonnenpisse (dünnes Bier), Ochsenpisse (warmes Bier), Pinkelsuppe (Wassersuppe), Piß mit Lehm (Bier mit Satz), Pissolin (obergäriges Bier), Pißpott (Weißbierglas), Seiche (abgestandenes Bier), Storchenpisse (dünnes Bier), Tigerpisse (Kognak, Whisky, gelber Schnaps aller Art), Urinol (unausgegorenes Bier), Ziegenpisse (hochprozentiger Schnaps). *mysophile Metaphern:* Abspülwasser (Kaffeeaufguß), Abwaschwasser (Wassersuppe), Abwasser (schlechtes Getränk), Aufwaschwasser (Wassersuppe), Affendreck (Spinat), Affenschweiß (Kaffeeaufguß), Chinesenschweiß (Tee), Darmwürmer (Nudeln), Dreck mit Soße (schlechtes Essen), Eiter (Eierlikör, Vanillepudding), Eiter mit Blut (Vanillepudding mit Himbeersaft), Eiterbeule (Gebäck mit Vanillecremefüllung), Entendreck (Spinat), Filzlausbrühe (Grießsuppe), Flohdreck (Kümmel), Fußschweiß (Kaffeeaufguß), Gänsedreck (Spinat), geschmorte Hühneraugen (Sagosuppe), Hundedreck (Erbsbrei), gefrorener Rotz am Marterpfahl (Eis am Stiel), Krähendreck (schlechtes Essen), Lehmbrühe (Bier mit Satz), Lumpen und Flöhe (Weißkohl mit Kümmel), Madenwürmer (Fadennudeln), Mulattenschweiß (Kaffeeaufguß), Nasenschleim (Vanillesoße), Negerschwitz (Kaffeeaufguß), Rotzglockenbrühe (Sagosuppe), Spülwasser (Kaffeeaufguß), Spulwürmer (Fadennudeln), Studentenkotze (Fleischsalat), Trichinen (Nudeln), Wanzen (Linsen), Wanzensuppe (Linsensuppe). *nekrophile Metaphern:* Aas in Dosen (Büchsenfleisch), Aasladen (Metzgerei), Bierleiche (Betrunkener), gehackter Missionar (Hackfleisch), gehackter Missionar im Schlafrock (Pastete), Hundeklein (Gulasch), Leiche (großer Schnaps), Leichenbitter (Magenbitter), Leichenbrühe (Dünnbier, Magermilch), Leichenfett (Schweineschmalz), Leichenfinger (Stangenkäse, Dampfwürste, Kartoffelnudeln, geschnittene Möhren), Leichenmus (Blutwurst), Leichensoße (Hammelfleisch mit Zwiebeln), Leichenwagen mit Troddeln (Kornschnaps mit Rum), Leichenwasser (dünnes Bier), Lei-

chenwürmer (Spaghetti), Mollenfriedhof (Bierbauch), Musleiche (Berliner Pfannkuchen), Schauhausbraten (Hammelfleisch mit Zwiebeln), Totenzähne (Graupen), toter Hund (Frikadelle), verreckte Katze (Frikadelle), verstecktes Aas (Kohlroulade).

55.1 Gebäck in Phallusform

Bubenschenkel, Bubespitzle, Burjunge, Herrenbrötchen, Knustsemmel, Knüppel, Kümmelstange, Mandelstange, Pfitzauf, Schusterjunge, Spitzel, Stengel, Stutzwecken, Zipfel.

55.2 Gebäck in Scheidenform

Baunzerl, Brötchen, Schrippe, Semmel, Wekken. *Gebäck in der Analsprache:* siehe 35.22.

55.3 Geschirr

Henkel der Brotbüchse eines Arbeiters: Trauring. *pyramidenförmiger Milchbehälter aus gewachstem Karton:* Picasso-Euter. *große Tasse:* Kinderbadewanne.

55.4 schmecken

gut schmecken: wie Titte mit Ei schmecken. *schlecht schmecken:* nach Unterhose schmekken. *nach nichts schmecken:* nicht nach ihm und nicht nach ihr schmecken (der Volksmund sexualisiert fast alles, was mit den fünf Sinnen zu tun hat. Stets gilt Asexualität als Negativum).

55.5 trinken

an die Titti gehen. *aus der Flasche trinken:* die Karline küssen. *Harnröhrenkatarrh vom Trinken unausgegorenen Biers:* Biertripper, kalte Pisse. *durch Suff und Sex verkommen:* vergurken, versumpfen.

55.6 Säuferin

Bierzahn, blauer Engel, Schmettertante, Spritzzahn, Sumpfhenne.

55.7 Köchin

Bratwurst, Kartoffelmuse, Klopskalle, Knux-Kalle, Küchenfee, Küchenfleisch, Küchengeist, Küchenkätzchen, Küchenmaus, Küchenmensch, Küchenwalküre, Küchenzwiebel. *Köchin für kalte Gerichte:* kalte Fee, kalte Mamsell, Salatschnecke.

55.8 Küchenmädchen

Abwaschlappen, Bedienerin, Kartoffelschälspritze, Küchenbesen, Küchentrabant, Rußmaus.

55.9 Kellnerin

Bediene, Butterfee, Hebe, Kaffeehausmenscher, Servierordonnanz, Springmaus, Stullendampfer, Tortenfee. *Getränkekellnerin:* Bierdroschke, Biergrazie, Bierhäuserlmenscher, Biermamsell, Biermops, Biernymphe, Bierschlitten, Bierspritze, Bierzahn, kohlensaure Jungfrau, Najade, Quellnymphe, Saftschwester, Sodaliske, Wassernixe, Wassernymphe, Wassersteiner.

55.10 Bardame

Animierdame, Animierfee, Anreißerin, Barhocker, Barmieze, Barnutte, Barsirene, Schankspritze, Tresenbiene, Tresenfee, Tresengrazie, Tresenkätzchen, Tresenmieze, Tresenspinne.

55.11 Gastwirtschaft

Baude, Beisel, Beiz, Bimpf, Bucht, Bums, Czecherl, Destille, Diele, Dimpf, Eck, Grotte, Höhle, Jurte, Keller, Kiste, Klamine, Klappe, Kretscham, Krug, Laube, Mühle, Piese, Piesel, Pinte, Quetsche, Scheibe, Schuppen, Schwemme, Spiese, Stall, Stampe, Tenne, Timpe, Tränke, Turm, Weide, Winde. *Gastwirtschaft, die der Anknüpfung von Bekanntschaften dient:* Abschleppschuppen, Anbandelbar, Aquarium, Aufreißladen, Bumscafé, Bumskneipe, Bumslokal, Fallbeisel, Fosencafé, Hurenbums, Hurenkeller, Hurenkneipe, Knallschuppen, Männerfalle, Nahkampfdiele, Nuttenbums, Nuttenhöhle, Nuttenkeller, Nuttenkneipe, Preßluftschuppen, Schnallenbums, Schnallenkeller, Schnallenwinde, Sexschuppen. *Rohrpost zur Anknüpfung von Bekanntschaften:* Nabelstrang, Tischpost. *Telefon zum gleichen Zweck:* Anknüpfstrippe, Tischtelefon. *ungestörte Gaststätte:* Café Küßmich, Café Moll, Knutschkeller. *ungestörte Ecke:* Ischennische, Knutschlaube, Kuschelecke. *von älteren Frauen besuchte Gaststätte:* Café Torschluß, Klub der einsamen Herzen, Witwenklub. *von Gammlern besuchtes Lokal:* Gammeltimpe, Gammelwinde. *von Rauschgiftbenutzern frequentiertes Lokal:* Essigladen, Giftbar, Gipsfabrik, Haschbucht, Haschhaus, Knarkbude, Kokskeller, Kokskiste, Potsdam, Sauerland, Säurebeiz, Scheißhaus, Schießbude, Stoffabrik, Stoffladen, Teehaus, Textilladen. *Nachtlokal:* Nachdem-Bude, Nachdem-Scheibe, Nachtbums. *Nachtlokal in jüdischem Besitz:* Barkochbar (nach dem Heerführer Bar Kochba, der im Jahre 132 den Aufstand der Hebräer gegen die Römer leitete: kein antisemitisches, sondern ein inner-jüdisches Wortspiel). *anrüchiges Lokal:* Abkoche, Anheizkeller, Animierbude, Animierschuppen, Apotheke für Gesunde, Gaunerklappe, Genickschußbar, Giftbude, Gimpeltimpe, Gummifabrik, Klebarsch, Lumpenbörse, Mausefalle, nasser Betrieb, Nepplokal, Planschbude, Rattenfalle, Rollbums, Stunkladen, Trinkgeldhöhle, Zieherkneipe. *Künstlerlokal:* Café Zwecklos, Musenstampe. *Bar:* Pudel, Sauftrog, Tonbank. *Bartheke:* Anbeterleiste. *Barhocker:* Turnstuhl für Gymnastik mit Bardamen.

56 Tabakwaren

sexuelle Metaphern: Affenflöte (Zigarette), Entmannte (Filterzigarette), kastrierte Lulle (Filterzigarette), Marke Dienstmädchen: geht gern aus (schlechte Zigarre), Negerpimmel (Zigarre), Oberrabbiner (Zigarrenabschneider), Schamgürtel (Zigarren-Bauchbinde), Schnuller (Zigarette), Tampax (Zigarettenfilter). *skatologische Metaphern:* Furzibus (stinkende Zigarre), getrockneter Kameldreck (schlechter Tabak), getrocknete Kuhscheiße (schlechter Tabak), Kackzigarre (vor dem Frühstück gerauchte Zigarre), Mundklistier (Pfeife), Negerdreck (Tabak), Rotzkocher, Rotztegel (Pfeife), Scheißbolzen (vor dem Frühstück gerauchte Zigarette), Stuhlgangzigarette (wie oben). *nekrophile Metaphern:* Leichenfinger (Zigarette), Sargnagel (Zigarette).

57 Drogen

von Nicht-Benutzern verwendete Sammelbegriffe: Traum aus der Ampulle (aus der Pillenschachtel, aus dem Rauch), Traumpulver, Traumsaft. *starke Dosis:* Atomladung, geballte Ladung. *Amphetamin:* Nervenpeitsche, Nervenputsche, Rollwasser, Schnellmacher, schwarzer Bomber. *Amylobarbiton:* Baba, Schlafpulver. *Bananenpaste:* elektrische Banane, Mellojello. *Barbiturat:* Einpenne, Nachtmütze, Schlafmütze, Schlummerpille. *Benzedrin:* Benni, chemische Peitsche, Wachbleibe. *Bufotinin:* B, Fliegengift, Pilzstoff. *Cannabis sativa indica:* Broccoli, Bu, Gras, Heu, Marijuana, Mary Jane, Pot, Schmilmert, Tea, Tee, Traumtabak. *milder Cannabis:* heller Türke, roter Libaneser. *starker Cannabis:* brauner Pakistani, schwarzer Afghan. *Cannabiszigarette:* Joint, Killer, Nudel, Schmilme, Stick, Viper. *Drei-Blatt-Stick:* Berliner Joint. *4–6-Blatt-Stick:* große Tüte. *9-Blatt-Stick:* Rakete. *Catnip:* Katzenmusik. *Dexamphetamin:* Dex, Dexa. *Dexamphetamin im Sprachgebrauch der amerikanischen Truppen in der BR:* half speed, reduced speed. *Diamorphin:* Babymorphium, Dia, Kinderbenzin. *Dimethyl Trytamin:* 2x3. *Diphenhycerinan:* Diphtherie. *Diphenhycerinan mit Methadon:* Amandrax. *d-Lysergsäurediäthylamid:* LSD, Säure, Traumsäure. *Drinamyl:* Drina, Trina, Purpurherz. *Freon 12:* Eis, Gas, Lachgas. *Haschisch:* Hasch, grüne Freude, grüner Saft, Shit, Stoff. *Heroin:* Drao, Etsch, H, Hero, Horse, Jiv, Skeg, Smeck. *Jetrium:* Jet, Jetpulver, Rollpulver. *Kokain:* Backpulver, Gips, Koka, Koks, Pulver, Schnee, Schnupfpulver, das Weiße, Weißling. *Librium:* Freiheitspille. *Methadon:* Metha. *Methedrin:* Meth, Speed. *Morphium:* Benzin, Lymphe, M. *Nepeta cataria:* Katzenminze. *Noludar in Alkohol:* K.O.-Tropfen. *Opium:* China, Kuligift, Mohn, O. *Parstelin:* Lachpulver. *Pethidin:* Holzhammer, Pet. *Peyote:* Indianergift, Kack, Kaktus, P. *Polamidon:* Schmerzkiller. *Preludin:* Hungerpulver, Prelltabletten, Prelu. *Psilocybin:* Pilz, Silo. *Serotinin:* Mellojello, S. *STP:* Kriegsgas, Supersäure. *Strychnin:* Krähenauge. *Tetrahydrocannabiol:* Drei, Tetra, THC. *Tranquillizer* (barbiturfreies Beruhigungsmittel): Glückspille, Seelensonnenbrille, Wunderpille.

57.1 Drogen benutzen
andrehen, anturnen, ausflippen, dröhnen, trippen. *injizieren:* fixen, schießen, spritzen, Stoff schmieren. *inhalieren:* koksen, schnokeln, schnupfen. *rauchen:* haschen, kiffen. *unter Drogeneinfluß:* high, stoned.

57.2 Benutzung von Drogen
Injektionsnadel: Maschinengewehr, Nadel, Regenschirm, Schießeisen, Spritze. *Injektion:* Fix, ein Gespritzter.

57.3 Drogenbenutzer
Kokainist: Kokser, Schneeriecher. *Kokainistin:* Kokse. *Heroinist, der noch nicht süchtig ist:* Chipper. *süchtiger Heroinist:* Mainliner. *Cannabis-Raucher:* Haschmich, Potbäcker, Potkopf, steiler Raucher, Teetrinker. *LSD-Benutzer:* Säurekopf. *Mann, der unter LSD-Einfluß an sexuellen Gruppenveranstaltungen teilnimmt:* LSD-Stocherer, Säurestocherer. *Spritzenbenutzer:* Fleischstecher, Piek-As, Spritzenjongleur, Spritzenmeister.

57.4 Rauschgifthändler
Dealer, der Mann, Postfach.

57.5 Sucht
Kokainismus: Schnupfen. *kokainsüchtig:* verkokst. *heroinsüchtig:* er schießt, spritzt.

57.6 Lokal, in dem man Drogen erhält:
Cannabis: Heuboden, Graswiese, Potsdam, Nudelmühle, Teehaus. *Haschisch:* Haschbucht, Haschhaus, Scheißhaus, Stoffladen, Textilladen. *Heroin:* Schießbude. *Kokain:* Gipsladen, Koksbude, Kokskiste. *LSD:* Essigladen, Sauerland, Säurebeiz.

57.7 Entziehung
Entziehungsklinik: Erziehungsanstalt. *harte Entziehungskur:* kalter Truthahn. *Bonhoeffer-Heilstätte:* Bonnies Ranch.

58 Schmuck

Bankkonto, Vitamin S, Zimt. *getragener Schmuck:* bronziertes Sauerkraut, Dachschittputz, Fassadenputz, Glitzerkram, Klempnerladen, Klimbim, Klimperblech,

Klimperladen, Klunker, Klunkerkram, Lametta, Landschaftsgarten, Spinat, Stukkatur, Takelage, Zierleiste. *geborgter Schmuck:* Lehnepump. *Schmuck, mit dem eine Frau einen Mann erobern will:* Kriegsschmuck, waffenscheinpflichtiger Klunker. *Schmuckkasten:* Schmollschatulle.

58.1 Gold

Messing, Zimt. *Goldmünze:* Gelbfuchs, Gelbvogel. *vergoldet:* gefuchst.

58.2 Diamant, Brillant

Almazu, Blinker, Blinzer, Blitzer, Briller, Brüller, Brummer, Karpfen, Vitamin B, Vitamin D. *unechter Stein:* linker Blinker.

58.3 Perle

Auster, Margolis, Millionärswarze, Perlich.

58.4 Fingerring

Fingerlich, Gaderling, Geidling, Karpfen, Keiterling, Reifling. *Brillantring:* Bankkonto am Finger, Blinker, Blinzerling, Blitzer, Blitzketerling, Briller, Brüller, Brummer, Vitamin B (Brillantring), Millionärswarze, Vitamin D (Diamantring). *Verlobungsring:* Brillantfessel, Diamantfessel, Fingerlin. *Ehering:* Banderl, Familienstandsabzeichen, Familienstandsmedaille, Familienstandsorden, Fangeisen, goldene Fessel, Handfessel, Handschelle, Sportabzeichen, Treuring, Unterhaltsreifen, Zimtfessel, Zwangseisen. *unechter Ring:* Benzolring, Sidolring, linker Blinker, linker Keiterling.

58.5 Armband

Kuhkette. *Freundschaftsarmband:* Amibändchen, Cherami, Kette der Liebe. *wertvolles Armband:* Bankkonto am Arm.

58.6 Halskette

Blechschlips, Chilgesschlange, Halseisen, Hälsling, Henkerschlinge. *goldene Halskette:* Zimtschlips. *Perlenkette:* Austernsalat, Margolisschlange, Perlichschlange. *unechte Kette:* Klunkerkette, Kullerkette, linke Schlinge, Benzolschlips, Sidolschlips.

58.7 Brosche

Brustblech, Busennadel, Busenspieß, Pletsche, Talsperre.

58.8 Ohrring

Bankkonto am Ohr, kleiner Mann im Ohr, Latscheboddüs, Zimt am Ohr.

58.9 Diadem, Tiara, Kopfschmuck

Dachverzierung, Geweih, Giebelschmuck, Hosiannahelm, Stirnziegel.

58.10 Brustschmuck

Busenring, Tittenquasten, Warzenhütchen.

58.11 Fußschmuck

Liebeskettchen, Sklavenfessel, Zehenblinker.

58.12 Fächer

Damendegen, Frauenzepter.

58.13 Krawattennadel

Kehlkopfpletsche, Margoliskropf, Perlichkropf, vorgerutschter Kragenknopf.

58.14 Blume im Knopfloch

Knopflochspargel, Kokettierwedel, Zierwedel.

59 Kleidung

Behang, Blatt, Borke, Fuhr, Gehäuse, Kit, Kitt, Klater, Kledage, Kluft, Klufterei, Malbisch, Montur, Pelle, Pluchze, Pluder, Plunder, Putz, Rinde, Schale, Schmiß, Staat, Staude, Takelage, Tapete, Verpackung, Vitamin K, Wäsche, Wichs, Wisch. *beste Kleidung:* Gala, Putz, Schmiß, Staat, Wichs. Karrierenkluft, Renommierkluft. *Feierkleidung:* Feierkluft, Fetenmontur. *gewagte Kleidung:* freche Schale, heiße Pelle, scharfe Rinde. *solide Kleidung:* glatte Rinde. *neue Kleidung:* Blitz. *Konfektionskleidung:* Fabrikmontur, Konservenschale, Stangenkledage, Stangenschick. *schlechte Kleidung:* Bruch, Pluder, Plunder. *Zivilkleidung:* Zivilgelumpe (Soldatensprache). *lange Kleidung:* Entwöhnungskledage, Liebestöter, Maxi, Rinnsteinschwenker, Rinnsteinstipper, Tugendfutteral. *kurze Kleidung:* Arschbetrüger, Arschverkühler, Beindekolleté, Furzverteiler, Marscherleichterung, Mini. *kurze Kleidung tragen:* barfuß bis zum Bauchnabel gehen, Hochwasser haben, kniefrei bis zur Hüfte gehen, mini gehen. *kurz:* aufgeschlossen, freigebig, mitteilsam, textilarm, textilentfremdet, textilfeindlich, tiefgründig. *Frau in kurzer Kleidung:* Beinfleisch, Minimädchen. *enge Kleidung:* Arschfutteral, Kurvenhülse, Preßsack, Rippenbezug, Schinkenfutteral, stramme Kluft, Wurstpelle, Zwangsjacke, zweite Haut. *eng:* bleistifteng, hauteng, knalleng, engherzig, geschrumpft, gespart, knapp, knapp wie Geld vor Ultimo, stramm, textilarm, textilentfremdet, textilfeindlich. auf Haut gearbeitet, auf die Haut gespritzt, vom Hochwasser angenagt. *enge Kleidung tragen:* aus der Pelle platzen. *Frau in enger Kleidung:* heiß eingefüllte Pelle, Wurst in Pelle, Preßwurst. *weite Kleidung:* Maxi, Sack, Schlotterkluft, Weitling. *Kinderkleidung:* siehe 18.15.

59.1 Kleidungsstücke

Brocken, Faden, Franzen, Klamotten, Kliftle, Kutten, Loden, Plosen, Plünnen. *gute Kleidungsstücke:* Arbeitgeberloden, Feierfaden, Fetenbrocken, Galaplosen, Karrierekutten, Renommierklamotten, Sonntagsplünnen. *schlechte Kleidungsstücke:* Fetzen, Fummel, Lumpen, Schlunzen. *Zivilkleidungsstücke im Soldatenvokabular:* Pappsen, Zivilbrocken, Zivilklamotten.

59.2 Stoffe und Materialien

Wollzotten: Haarfotz. *Pelz:* Plautz, Sturz,

Vitamin P. *Leder:* Patter, Schwumm, Tschamm. *Leder im Sprachgebrauch der Lederfetischisten:* Riemen.

59.3 Verarbeitung

spinnen: fösen. *Spinnerin:* Fösthur. *Fabrikant von Miederwaren:* Miederologe. *Textilarbeiterin:* Textille, Textilschlitten, Textilsocke. *bearbeiten:* befummeln. *Knopf:* Heges, Hegeste. *Hosenknopf:* Kirchengroschen. *Knopfloch ohne Knopf:* lediges Loch. *Reißverschluß:* Reizverschluß, Scheißverdruß, Schnellfeuerverschluß, Zip-zip-hurra. *Schnalle:* Rimmling, eiserne Fotze. *Dorn:* Punze, eiserner Schwanz. *Schneiderin:* Nadlerin, Nähmaschine, Penählope, Piekhur, Stichlerin, Stupflerin. *Damenschneiderin:* Toilettenfrau. *Damenschneiderei:* Damenausschnittbüro. *Bekleidungsgeschäft:* Gewandhaus, Klamottentempel, Kleiderbude, Zeughaus. *Kleiderverleih:* Pumphaus. *Putzmacher:* Kopfschuster. *Miederwarenschneiderin:* Miederologin.

59.4 Mode

Look (Lolita-Look, Mao-Look, Teen-Look, Twen-Look), Schick, Schrei (der letzte Schrei), Welle (blonde Welle, keusche Welle, nackte Welle, Sex-Welle). *die Modeschöpfer:* schicke Clique, Schickeria. *Modenschau:* Durchreise, Fleischbeschau, Klamottengalopp.

59.5 Mannequin

Dobinette, Kleidergalgen, lächelnder Kleiderständer, Laufstegdragoner, Laufstegpuppe, Laufstegziege, Posierfleisch, Schönheitsarbeiterin, Textille, Verführdame, wandelnde Kleiderpuppe, wippende Reitgerte. *Mannequin, das ein Verhältnis mit seinem Chef hat:* Mehrzweckmodell. *sie arbeitet als Mannequin, und er nimmt Bestellungen auf:* sie läuft und er schreibt.

59.6 sich anziehen

sich ankluften, sich anmöbeln, sich anpellen, sich anschalen, sich einkluften, sich einmummen, sich einpuppen, sich kluften, sich mustern, sich puppen, sich schalen, sich verkluften, sich vermalbischen, sich verpuppen, etwas überziehen. *sich umziehen:* sich umkluften, sich ummöbeln, sich ummustern, sich umpellen, sich umpuppen, sich umschalen, sich umtakeln. *angezogen sein:* etwas anhaben, etwas überhaben, etwas umhaben, nicht nackend gehen. *sich gut anziehen:* sich in Gala (in Kluft, in Montur, in Pelle, in Putz, in Rinde, in Schale, in Schmiß, in Staat, in Staude, in Wäsche, in Wichs, in Wisch) werfen (schmeißen), sich feinmachen, etwas aus sich machen, sich zusammenschwanzen. *gut angezogen:* schick, todschick, wie angegossen, wie angewachsen, wie aus dem Schächtelchen, wie aus dem Schachterl. *gut angezogene Frau:* Kanne, Mannequin, Modell, Modetyp. *sich übertrieben anziehen:* sich aufdonnern, sich aufhübschen, sich aufkratzen, sich auftakeln, sich aufwichsen. *übertrieben angezogen:* aufgedonnert, aufgestochen, aufgetakelt, aufgewichst; aufgedonnert wie ein Pfingstochse, aufgemacht wie eine bunte Kuh (wie ein Kakadu, wie ein Papagei), aufgeputzt wie ein Weihnachtsbaum, aufgeschirrt wie eine Kalesche (wie eine Schabracke, wie ein Zirkusgaul), aufgetakelt wie eine Dschunke (wie eine Fregatte). *übertrieben angezogene Frau:* bunte Kuh, Donna, Farferl, Fregatte, Girigari, Kakadu, Kalesche, Karo, Kleiderständer, Malke Schwo, Papagei, Paradiesvogel, Pfingstochse, Schabracke, Schippenmalke, Trottoirfasan, Zirkuspferd. *zu jung angezogene Frau:* auf Küken getrimmtes Suppenhuhn, auf Teen gequälte Frau mit Vergangenheit, auf Twen gekitzelte Dame im Schwabenalter, auf jung gequetschte Teenager-Spätlese. vorne Museum, hinten Lyzeum. letzter Versuch. *schlecht angezogen:* außen hui, innen pfui. verboten aussehend, schlotterig, verwetzt, zerfranst. *schlecht angezogen sein:* schlampen. sie hat keinen anständigen Faden am Leib. seine Socken ziehen Wasser. seine Stiefel haben Hunger. seine Hosen hängen auf Halbmast. *zerlumpte Frau:* Fetzenbankert. *Mann, der seine Kleider schnell verschleißt:* Reißteufel.

59.7 Kopfbedeckung

Bedachung, Behauptung, Bonni, Dach, Dachl, Dachschindel, Deckel, Dohle, Dom, Dunstkiepe, Fellmer, Flambo, Futinger, Gehirnprothese, Gehirnwärmer, Gewittertulpe, Gische, Hauptmann, Hülse, Kiepe, Kiff, Kopfmöbel, Kopfschale, Lausedom, Lausekaserne, Limoni, Oberkinn, Oberkopf, Obermann, Plafandel, Plafond, Reindl, Scheibling, Scheitelschoner, Starkasten, Teps, Tims, Topf, Tulpe, Tümes, Tüms, Übermann, Vogelkäfig, Vogelnest, Wetterhahn, Wetterverteiler, Windbekämpfer. *Hutkrempe:* Dachrinne. *Damenhut:* Vogelhaube, Vogelkäfig. *attraktiver Damenhut:* Hutgedicht. *Frühlingshut:* Frühlingsgedicht. *Sommerhut:* Sommergedicht. *unverkäuflicher Damenhut:* Ladenhüterchen. *kleiner Hut auf einer großen Frau:* Geßler-Gedächtnishut. *kleiner Damenhut ohne Krempe:* Gottbehütchen, Pillenschachtel, Puddinghut, Reibekuchen, Schlüsselkörbchen, Zünddeckel, Zündhütchen. *hoher Damenhut ohne Krempe:* Bubitöpfchen, Eimer, Filztopp, Kochtopf, Lampenschirm, Leimsieder, Melkkübel, Nachttopf, Nougathütchen, Papierkorb, Pißpott, Plastikeimer, Sektkübel, Topf, Topfhut, Trokkenhaube, Wolkenkratzer. *hoher Damenstrohhut:* Kiepe. *Damenstrohhut in Tortenform:* Tortelette. *schwarzer Damenhut in*

Schaufelform: Koksschippe. *schwarzer Damenhut mit schräger Vorderfront:* Kohlenkasten. *breitrandiger Damenhut:* Gewitterverteiler, Karrenrad, Tellermine, Wagenrad, Wippe. *pilzförmiger Damenhut:* Hut-Trüffel. *Damenhut mit Blumen- oder Fruchtgarnitur:* Blumenkübel, Blumentopf, Dachgarten, Erntekrone, Gartenbibi, Gemüsegarten, Geranientopf, Grünkramladen, Hut mit Grünkramkeller, Kompotthut, Kompottschüssel, Obstsalat, Obsttörtchen, Schlinggewächs, Suppengrün. *Damenhut mit Federgarnitur:* Fliegenwedel, Gänsekopf, Vogel Strauß, wanderndes Gänseklein, Hühnerhof auf Beinen. *Damenhut, der die Augen verdeckt:* Radarhut. *Bis über die Nase herabgezogener Damenhut mit Gucklöchern für die Augen:* Marshut, Raumfahrerhelm, Regentopf. *Zweispitz, Dreispitz:* Nebelreiter, Nebelspalter. *gewickelter Damenhut:* Präzisionsturban, Turban. *auffallender Damenhut:* Hurradohle, Trilli, letzter Versuch, Wunderdohle. *eigenwilliger Damenhut:* umgebautes Vogelnest, umgepreßter Bettvorleger, verbeulte Mülltonne, verdrehter Propeller. *Damenhut mit Schleier:* Fenstervorhang, Kreditfetzen, Portiere, Schauerlappen, Scheuerlappen, Schnodderfänger, Spinnennetz, Vorhang. *Haube:* Blatz, Bonnachel. *Heilsarmeehaube:* Hallelujahelm, Hallelujakiepe, Hallelujahut. *Kopftuch:* Beißkorb, Kritzelhut, Lappen, Lodenmantel, Maulkorb, Schneiche. *Haarschleife:* Propellerantrieb. *Männerhut:* Zivilhelm. *Männerhut mit breiter Krempe:* Angeberhut, Gewitterverteiler, Kalabreser, Karbonadenteller, Kuchenblech, Künstlerhut, Schlapphut, Sombrero. *Männerhut mit eingepreßtem Zentrum:* Eierkocher, Eiersieder, Ententeich, Kaffeebrenner, Spucknapf. *Strohhut:* Butterblume, Erbse, Kreissäge, Sonnenblume, Strohdach, Strohkeks, Strohmann, Strohtopf. *steifer Hut:* angerußter Pißpott, Bibi, Blutblase, Böller, Bombe, Bonbonhut, Börsenhelm, Eilinder, Geschäftshelm, Glocke, Harteknecher, Harter, Hartmann, Käseglocke, Knallerbse, Koks, Melone, Molle, Paul, Peller, Pipihut, Praliné, Schabbesdeckel, Schlosser, Stresemann, Teerblase, Teerbombe, Tintenfaß. *Homburg:* Arbeitgeberhut, Brötchengeberhut, Diplomatenhelm, Unternehmerkiepe. *Halbzylinder:* Halbkracher. *Zylinder:* Angströhre, Einmaster, Esse, Glanzbutte, Gox, großer Pfropfen, Hurradohle, Kochtopf, Kracher, Ofenröhre, Proppenhut, Rahmröhre, Resedatopf, Rohmtüte, Röhre, Schabbesdeckel, Schlot, Schornstein, Schornsteinfegerhelm, Schornsteinfegermütze, Siebenstöckiger, Silvesterpauke, Spind, Steinröschen, Stößer, Tintenkorken, Wichskasten, Wichsröhre, Wichstopf, Wolkenstößer, Zachlinder, Zappelinder. *Zylinder oder anderer Begräbnishut:* Buddeltopp, gestorbener Hut, Gramkiepe, Kummerröhre, Leichendeckel, Leichentopp, Mistbeetglocke, Totenhut, Trauertonne. *Zimmermannshut:* Landstreicher, Schauwerker. *bester Hut:* Schabbesdeckel, Sonntagsnachmittagsausgehhut, Staatshut. *zu klein gewordener Hut:* Hochwasserhut. *durch Fettabsonderung der Kopfhaut verschmutzter Hut:* Fettdeckel, Pfannendeckel, Speckdeckel. *durchlöcherter Hut:* Emmentaler Helm, Hut mit Fenster, Hut mit Notausgang, Hut mit Ventilation, Schweizer Hut, Theaterhut (d. h. Hut mit «Notausgang»). *Mütze:* Appeküh, Bonnacker, Göllert, Hock, Mützling, Pätz, Pletsch, Schapker. *Zipfelmütze:* Murmelbeutel, Nachtmütze, Pipihaube, Pudelmütze, Pudelknille. *Baskenmütze:* Blinddarmmütze, Kuhfladen, Kuhklack, Negerglatze, Rolli. *schwarze Wachstuchmütze:* Blechdeckel. *Sherlock-Holmes-Mütze:* Hirschjäger, Sherlock. *Zuhältermütze:* Louiskappe, Pülcherkappl. *Schirmmütze:* Blaser, Schiebermütze, Wolkenschieber. *tief ins Gesicht gezogene Schirmmütze:* Schlägermütze. *schirmlose Soldatenmütze:* Fettdeckel, Schiffchen, Zündhütchen. *Husarenmütze aus Lammfell:* Kalpak. *rote Mütze der Bundesbahn:* Blutblase, Fliegenpilz. *Arbeitermütze des 19. Jahrhunderts:* Ballonmütze, Krawallmütze, Radaumütze, Schlackenkappe. *Arbeitsdienstmütze im Dritten Reich:* Erbhofhut. *abgegriffene, fettige Mütze:* Fettdeckel, Pfannendeckel, Speckdeckel, Speckkappe. *Mütze mit Löchern:* Mütze mit Fenster, Mütze mit Notausgang, Mütze mit Ventilation. Emmentaler Mütze, Schweizer Mütze, Theatermütze (mit Notausgang). *Kopfbedeckung tragen:* aufhaben. *keine Kopfbedeckung tragen:* halbnackt herumlaufen, nackt gehen. *den Hut abnehmen:* deckeln. *den Hut nicht abnehmen:* Spatzen unterm Dach haben. *den Hut aufsetzen:* aufkriegen. *der Hut sitzt schief:* steht auf halb 8, auf halb 12, auf halb 13; sitzt auf Krakeel.

59.8 Handschuh

Fäustling, Klassiker, Klauenbezug, Klauenhülse, Kühmäuler, Milchtöppe, Pfotenfutteral, Pfotenschützer, Stulpen, Tatzenbeutel. *alter Wortschatz:* Feemdos, Fingerling, Fleischsäcklein, Getterling, Greifling, Griff, Wasteskero. *zerrissene Handschuhe:* Handschuhe mit Fenster, mit Notausgang, mit Ventilation. Schweizer Handschuhe, Theaterhandschuhe (mit Notausgang). *Pulswärmer:* Ammediste, Handinge, Mauchen, Stauchen, Stutzerl.

59.9 Mantel

Fang, Flohfänger, Jaß, Kaftan, Kafter, Ober-

59.10 Kleid

hänger, Obermalbisch, Überhänger, Übermann, Umhang, Windfang. *bester Mantel:* Sonntagsnachmittagsausgehmantel, Staatsmantel. *langer Mantel:* Maximantel, Rinnsteinschwenker, Rinnsteinstipper, Tugendfutteral. *kurzer Mantel:* Arschbetrüger, Arschverkühler, Furzjacke, Furzverteiler, Minimantel, Minimissimimantel, Windfang. *weiter Mantel:* Mantelsack, Sackmantel, Schwenker, Weitling. *enger Mantel:* Preßsack, Rippenklater, Schinkenetui, Schrumpfkutte. *billiger Mantel:* Arbeitnehmermantel, Dalleskaftan, Stotterhaut. *ungebügelter Mantel:* Harmonikapelle, ondulierter Mantel, Mantel mit Dauerwellen, Wellblechhülse, Ziehharmonikafutteral. *eingelaufener Mantel:* Hochwasserkutte. *schmutziger Mantel:* Trauerkaftan. *durchlöcherter Mantel:* Emmentaler Mantel, Schweizer Mantel, Theatermantel (mit Notausgang), Mantel mit Fenster, Mantel mit Ventilation. *Damenmantel:* Drachenhaut. *Pelzmantel:* Eisbär, Katze, Flohsack, Mottenburg, Platzhaut, Sturzhülse, Wirtschaftswunder-Trenchcoat. *echter Pelzmantel:* Nerz fürs Herz, Pelzwolke, Traumpelz, Wintergedicht, Vitamin P. *imitierter Pelzmantel:* Nerzkarnickel, Schrebergarten-Nerz, Pelz aus der Retorte, totgekitzelter Hundepelz, Dachhase auf Tiger getrimmt, Kalb auf Leopard gequält, Karnickel auf Nerz gequetscht. *Regenmantel:* Gewitterzelt, Pinkelpelle, Schlechtwetterhülse, Silikonhaut, Silikosehaut. *durchsichtiger Plastikregenmantel:* Frischhaltebeutel, Klarsichtkutte, Pinkelpelle, Regenhaut. *Nylon-Regenmantel:* Natokutte, Natoplane. *karierter Kunststoffregenmantel:* Netzhaut, Schachbrett. *Trenchcoat:* Arbeitnehmerpelle. *Lodenmantel:* grüne Welle, Hermann-Löns-Gedächtnismantel. *Militärmantel:* Barraskaftan, Dienstkutte, Etappenhaut, Frontplane, Kommißpelle. *warmer Wintermantel der Bundeswehr:* Bahnhofspennermantel, Kalmückenfell, Pferdedecke. *Offiziersmantel:* Jubelkaftan. *Cape, Künstlermantel:* Talentwindel. *Mantelsack:* Mimelich.

59.10 Kleid

Haut, Pelle. Etui, Futteral, Hülse, Packung. Beutel, Sack. Schlauch, Röhre. Fahne, Fähnchen, Fetzen, Feuel, Fummel, Gardine. Hemd, Kittel, Kostüm, Robe, Tunika. Vitamin K. *Sommerkleid:* Sommerfähnchen, Sommerfutteral, Campingbeutel. *Jungmädchenkleid:* Gänsehaut. *Brautkleid:* Brauthaut, Eulenschleier, Friedensfahne, Kapitulationsfahne, Totenhemd, weißer Traum. *Schwangerschaftskleid:* Bughemd, Deckmantel, Fußballhemd, Umstandskleid. *Trauerkleid:* Trauerfahne, Trauerhaut, Trauerstaat. *Modellkleid auf dem Weg zur Vorführung:* Leiche (weil es in weiße Tücher gehüllt wird, um es vor den Augen der Konkurrenz zu schützen). *bestes Kleid:* Nachmittagsausgehkostüm, Sonntagsnachmittagsausgehkleid, Staatskleid. *selbstgeschneidertes Kleid:* Eigenbau. *altes Kleid:* Fetzen, Schlunz. *altmodisches Kleid:* Omakleid. *billiges Kleid:* Dalleslappen, Stotterhaut. *ungebügeltes Kleid:* Kleid mit Dauerwellen, Korkenzieherkleid, onduliertes Keid, Wellblechkleid, Ziehharmonikakleid. *eingelaufenes Kleid:* Hochwasserkleid, Schrumpfkleid, Sparkleid. *zu enges Kleid:* Humpelkleid, Preßsack, Rippenklater, Stehkleid, Wurstkleid, Wursthaut, Wurstpelle, textilarmes Kleid, textilfeindliches Kleid. *buntes Kleid:* Farbenlappen, Musterkarte, Negerfahne. *Kleid mit gepolsterten Schultern:* Gendarmkleid, Kleiderbügelkleid, Military Look. *Kleid, das man sowohl vorwärts wie rückwärts tragen kann:* Januskleid. *einteiliges Kleid, das einen zweiteiligen Eindruck macht:* Mogelkostüm. *Kleid nach altrömischem Muster:* Tunika. *nach unten weiter werdendes Kleid:* Trapez. *untailliertes Kleid:* Engelshemd, Gespensterhemd, Hemdkleid, Kleidsack, Sackkleid, Nachtkittel, Röhrenkleid, Schlauchkleid, Schlupfschlauch. *enges Kleid:* Arschrobe, Kurvenhülse. *enges, glitzerndes Kleid:* Glanzfutteral, Glitzerpelle, Straßetui. *kurzes Kleid:* Minikleid, Minimissimikleid, Telegrammkleid. *langes Kleid:* Furzfänger, Maxikleid. *verführerisches Kleid:* Aufregekleid, Auskleidungsstück («ein Kleidungsstück, das man allein anzieht, um es gemeinsam auszuziehen»), Knutschkluft, Kuschelkleid, Lotterkleid, Puffrobe, Schaupackung. *dekolletiertes Kleid:* aufgeschlossenes (auskleidsames, einladendes, freigebiges, mitteilsames, offenherziges, offensichtliches, tiefgründiges, weitherziges) Kleid, Donnerwetterkleid, Gucklochkleid, Offenbarungskleid, Theaterkleid (mit Notausgang), Kleid mit Fenstern, mit Notausgang, mit Ventilation, Emmentaler Kleid (mit Löchern), Käsekleid, Schweizer Kleid. Unten nichts, oben nichts und in der Mitte Hohlsaum. *Dekolleté:* Durchblickfenster, Fenster, Käseloch, Mottenloch, Notausgang, Panorama, rosa Flicken, Schaufenster, Sonnenfenster, Ventilation. optischer Selbstbedienungsladen. Frühstück (Blick ins Dekolleté), Aufgeschlossenheit, Offenheit (einladende Offenheit, schonungslose Offenheit), Marscherleichterung, Offenbarungseid, Rückkehr vom Finanzamt, Steueropfer. *Frontdekolleté:* Ausschnitt bis ins Bodenlose, wohlgefüllter Ausschnitt, wohlgenährter Ausschnitt, Briefkasten, Schaukasten, Oberlicht, Tiefgang, weites Herz. *Kleid mit Frontdekolleté:* Draufguckkleid, Reinguck-

robe, Briefkastenkleid, Schaukastenkleid, Tunika mit Oberlicht. *unbedeckter Busen:* Drüsenschau, Tittenschau, Tittenkaltschale, Veranda ohne Geländer, kniefreie Titten, offenes Herz, offene Augen, abendfüllende Drüsenschau, ungedecktes Defizit. *Kleid mit unbedecktem Busen:* Oben-ohne-Kleid, Oberhalb-ohne-Kleid, Ohne-Kleid, ApO-Frauenschaftsuniform, ApO-Frauenkampfuniform. *Rückendekolleté:* Sex im Rücken, halsbrecherisches Defizit. *Kleid mit Rückendekolleté:* Arschrobe. *Seitendekolleté:* offene Flanke. *Taillendekolleté:* offenes Midriff. *Kleid mit Taillendekolleté:* Bikinikleid, Bikinissimikleid. *Schulterdekolleté:* kalte Schulter. *dekolletiert:* abendfüllend, aufgeschlossen, auskleidsam, einladend, freigebig, mitteilsam, tiefgründig, weitherzig, offenherzig, offensichtlich, mit offenen Augen, mit offenem Herzen, mit ohne was an, oben ohne, textilarm, textilentfremdet, textilfeindlich, textilfrei, textillos, barfuß bis zum Hals, kniefrei bis unter die Arme (bis zum Ohrring, bis zur Hüfte), bis zum Sohnes gesegnet (weil man beim Bekreuzigen mit den Worten «und des Sohnes» die Nabelgegend berührt), oben nichts, unten nichts und in der Mitte gerafft. *dekolletierte Frau:* Anblick, Panorama, Schaubusenbesitzerin, Steueropfer. Dame mit aufgeschlossenen (einladenden, freien, freigebigen, offenen, tiefgründigen, weitherzigen, offenherzigen) Ansichten. *sie ist dekolletiert:* sie hat sehr aufgeschlossene (freie, offene, offenherzige, tiefgründige) Ansichten. sie zeigt viel Herz. sie öffnet ihren Freunden gern ihr ganzes Herz. sie macht aus ihrem Herzen keine Mördergrube. sie trägt den Bauchnabel als Brosche. sie läutet mit beiden Glocken. sie trägt die Haut zu Markte. sie hält die Augen offen. sie läßt tief blicken. *durchsichtiges Kleid:* Klarsichtetui, duftiges Nichts, Gardinenkleid, Körpergardine, Netzhaut, Donnerwetterkleid, Gucklochkleid, Offenbarungskleid, Röntgenkleid. *durchsichtiges Kleid aus Metall- oder Plastikteilchen:* Klimperkleid, Marskostüm, Meermädchenkleid, Schuppenkleid, Talerkleid. *Kleidersaum:* Büttenrand.

59.11 Frauenanzug, Hosenkostüm, Kaminkleid

Après-Ski-Hülse, Fernsehanzug, Hausanzug, Verführungsanzug. *Damenhosen:* Arschfutteral, Schinkenetui, Kurvenhülsen, Orgelpfeifen, Spritzdosenhosen, Wurstpellen. *Shorts:* Marscherleichterungsbüxen, Minihosen, Minimissimihosen, Schrumpfhosen, Schrumpfhöschen, Sparbüsen, Strampelhöschen, Telegrammhöschen, textilarme (textilfeindliche) Höschen. *Bluejeans:* blaue Johanna, Nietenhosen für Hosennieten.

59.12 Herrenanzug

Beutel, Etui, Futteral, Gehäuse, Haut, Hülse, Kluft, Kutte, Mise, Montur, Pelle, Rinde, Sack, Schale, Staude, Wichs. *Arbeitsanzug:* Amtsrobe, Arbeitspäckchen, Takelpäckchen, Textil-Mitgift. *Sommeranzug:* Sommerfutteral. *Winteranzug:* Wintergehäuse. *salopper Anzug:* Räuberzivil. *bester Anzug:* Abendanzug, Galakluft, Karrierenkluft, Renommierkluft, Feierkluft, Fetenmontur, glatte Rinde, scharfe Rinde. Blitz, Schmiß, Staat, Wichs. *Sonntagsanzug:* Sabbatschlüpfer, Schabbesmontur, Sonntagsnachmittagsausgehanzug, Sonntagsnachmittagsvordertürstehanzug, Weekendsack. *Maßanzug:* handgebautes Modell, handgenähtes Etui, handgemachter Sack. *Konfektionsanzug:* Fabrikmontur, Konservenschale, Stangenkledage. *Anzug mit ausgestopften Schultern:* elektrischer Anzug, Kleiderbügelanzug. *Schulterwattierung:* Elektrizität, Kilowatt, Schneiderfett. *Anzug aus synthetischem Material:* Holzanzug. *Frack:* Affenjacke, Angstjacke, Arschbetrüger, Gehsthintri, Hochzeitsbandage, Quadrillenschwenker, Schniepel, Schwalbenschwanz, Schwalbenschweif, Schwenker, Tangoschwenker, Wadenschwenker. *Gehrock:* Bratenrock, Katechismusschwenker, Kathrinenschwenker, Schoßrock, Schwibbelrock, schwarze Wichs, Senkel. *Cutaway:* Cut, Kreditkittel, Stresemann. *kleiner Gesellschaftsanzug:* Smoking. *langer zweireihiger Anzug mit schrägen Taschen:* Kaftan. *schwarzer Anzug:* Arbeitgeberanzug. *dunkelblauer Anzug, der zu klein geworden ist:* Konfirmationsanzug, Kommunionsanzug. *Anzug, dessen Hosen zu eng geworden sind:* Hochwasseranzug. *ungebügelter Anzug:* Anzug mit Dauerwellen, Korkenzieherkluft, ondulierter Anzug, Wellblechwichs, Ziehharmonikagehäuse. *schlecht sitzender Anzug:* linker Sack. *schmutziger Anzug:* Saftkutte, Speckbeutel, Traueranzug. *Anzug mit Löchern:* Anzug mit Fenster, mit Notausgang, mit Ventilation. Emmentaler Anzug, Schweizer Anzug, Theateranzug (mit Notausgang). *geflickter Anzug:* Landkarte.

59.13 Jacke

Jankerl, Joppe, Juppe, Klaft, Schalk, Schlawittchen, Schlufer, Spenzer, Stürtz. *alter Wortschatz:* Brustmalbisch, Dußmann, Friedl, Furi, Hazika, Koller, Krummerick, Rachemni, Rotzola, Wams, Zierum. *Damenjacke in der Buckelmode des Jahres 1955:* Rucksackjäckchen. *Amtsrobe, Talar:* Dienstsakko. *Lodenjoppe:* kurze Wichs, Hausjoppe. *kurze Jacke:* Affenjacke, Arschverkühler, Furzverteiler, Hitzableiter, Hochwasserjacke, Sparjäckchen. *enge Jacke:* Rippenbezug, Rippenklater, Zwängling, Zwangsjacke.

Couleurjacke: Wichsrock. *Sakko:* Sack. *vornehme Jacke:* Arbeitgeberjacke, Kreditjacke, Kreditrock. *ungebügelte Jacke:* Jacke mit Dauerwellen, Korkenzieherjacke, ondulierte Jacke, Wellblechjacke, Ziehharmonikajankerl. *Jacke mit Löchern:* Jacke mit Fenstern, mit Notausgängen, mit Ventilation. Emmentaler Jacke, Schweizer Jacke, Theaterjacke (mit Notausgang).

59.14 Ärmel

Puffärmel: Freudenhausärmel, Schinkenärmel. *tief eingesetzte Ärmel, die wie Flügel aussehen, wenn man die Arme ausbreitet:* Fledermausärmel. *weite, lange Kleiderärmel:* Soßenstipper. *Männerärmel, die zum Abwischen der Nase benutzt worden sind:* Rotzbahn. *ungeplättete Ärmel:* Ärmel mit Dauerwellen, Korkenzieher, ondulierte Ärmel, Wellblechärmel, Ziehharmonikaärmel. *kurze Ärmel:* Hochwasserärmel, Schrumpfärmel, Sparärmel. *er hat zu kurze Ärmel:* er hat die Arme zu weit durchgesteckt.

59.15 Weste

Affenjacke, beschnittenes Jankerl, Göllert, Joche, kastriertes Jackett. *alter Wortschatz:* Brustmalbisch, Fischneß, Futterfinnichen, Gampel, Gumsche, Kamisol, Klifft, Lätschling, Mittelfinchen, Nefesch, *Lederweste:* Kreuzspanne. *weiße Weste:* Gipsverband. *schmutzige Weste:* Speckweste, Trauerweste, gedrängte Wochenübersicht. *eingelaufene Weste:* Hochwasserweste, Schrumpfweste, Sparweste. *ungeplättete Weste:* ondulierte Weste, Wellblechfront, Ziehharmonikaweste. *Weste mit Löchern:* Weste mit Fenstern, mit Notausgang, mit Ventilation.

59.16 Strickweste, Pullover

Strickweste: Biedermann, Lismer, Opaweste, Pantoffelweste, Seelenwärmer, Strick. *Damenpullover:* Brustfell, Campingrobe, Pulli. *enger Damenpullover:* Atompulli, Aufregepulli, Gepäcknetz, Hochwasserpulli, Kurvenhülse, Lollo, Minipulli, Preßsack, Reizpulli, Schrumpfpulli, Sparpulli, Telegrammpulli, Wurstpellenpulli, Wurstpelle, Zwangsjacke. *durchsichtiger Damenpullover:* Durchguckpulli, Donnerwetterpulli, Emmentaler Pulli, Klarsichtpulli, Pulli mit Fenstern, Pulli mit Notausgang, Pulli mit Ventilation, Röntgenpulli, Schweizer Pulli, Theaterpulli (mit Notausgang). *Männerpullover:* Apofrack, Schwitzer, Schwitzover, Studentensakko, Transpirierer. *Rollkragenpullover:* Rolli. *langer, locker gestrickter Pullover:* Kettenhemd. *quergestreifter Pullover:* Dutschke, Ringelschwitzer, Sambasweater, Zuchthauskaftan.

59.17 Hemd

Gewürzfutteral, Hanfstaude, Läusefänger, Lausehospital, Naidchen, Schutzüberzug, Staude, Windfang. *alter Wortschatz:* Fem, Femm, Gad, Gemsel, Hanfert, Kamis, Kamsel, Kassaunis, Kemize, Lima, Rezell, Spreukerling. *weißes Hemd:* Bielefelder. *grünes Hemd:* Salatstaude, Spinathemd. *durchsichtiges Nylonhemd:* Klarsichthemd. *Hemd mit großen Taschen:* Känguruh-Hemd. *quergestreiftes Baumwollstrickhemd:* Ringelhemd, Sambakittel, Zuchthausstaude. *offenes Hemd:* kniefreie Hemdbrust. *schmutziges Hemd:* Isabellenhemd, Speckstaude, Trauerhemd, Wohnhemd. *zerrissenes Hemd:* Bruchstaude, Emmentaler Hemd, Schweizer Hemd, Theaterhemd (mit Notausgang), Hemd mit Fenstern, Hemd mit Innenventilation. *kurzes Hemd:* Arschbetrüger, Arschverkühler, Furzfänger, Hochwasserstaude, Minihemd, Minimissimihemd. *ungeplättetes Hemd:* Hemd mit Dauerwellen, onduliertes Hemd, Wellblechfront, Ziehharmonikahemd. *Netzhemd:* Zwiebelbeutel. *Vorhemd:* Abreißkalender, Brettle, Brustlatz, Brüstle, Ehlende, Koller, Lungenschützer, Plättbrett, Seelenwärmer, Wallfahrtsbrettle. *Matrosenunterhemd:* Troyer.

59.18 Hemdmanschetten

weiße Manschetten: Gipsverband. *abknöpfbare oder lose Manschetten:* Menschenbescheißer, Röllchen.

59.19 Hemdkragen

Ganker, Koller, Schlawittchen, Wulster. *steifer Kragen:* Feuermauer, Gipsverband, Halseisen, Kalklatte, Kalkleiste, Kalkstreifen, Kopfgeländer, Stehkragen, Vatermörder, Zementkragen. *Frackkragen:* Kinnbalkon, Sehnenbandage. *Umlegekragen:* Kragen mit Geländer. *über die Jacke gefalteter Umlegekragen:* Schillerkragen, liegender Stehkragen. *Rollkragen:* Rolli. *weißer Kragen:* Gipsverband, Kalkstreifen, Kreditkragen, Kreditläppchen, Schmalzstulle. *schmutziger Kragen:* Isabellkragen, Lederkragen, Speckkragen, Trauerkragen. *du brauchst einen sauberen Kragen:* du mußt den Kragen wieder mal teeren lassen. *ungeplätteter Kragen:* Korkenzieherkragen, ondulierter Kragen, Wellblechkragen. *zerschlissener Kragen:* Emmentaler Kragen, Schweizer Kragen, Kragen mit Fenstern, mit Notausgang, mit Ventilation, Theaterkragen (mit Notausgang).

59.20 Krawatte

Anstandsbindfaden, Bindel, Kehlkopfwärmer, Kropfbinde, Kulturbändel, Kulturfaden, Kulturfetzen, Kulturlappen, Kulturstrick, Riemchen, Schlindebips, Schlips, Strick, Würgeknochen. *schmale Krawatte:* Bindfaden, Schnürsenkel. *breite Krawatte:* Brustwärmer. *gestreifte Krawatte:* Cassatascheibe, Zebrastrick. *hochgerutschte Krawatte:* Himmelfahrtsschlips. *heruntergerutschte Kra-*

watte: Halbmastbinder. *verdrückte Krawatte:* Korkenzieher. *Fertigbinder:* Assessorenkrawatte mit Stahlverschluß, Betonschlips, Eisenbinder mit Betoneinlage, Eisenschlips, Gipsbinder, Gummistrick, Lötbinder, Zementstrick. eiserne, geklebte, geleimte, gelötete, gemauerte, genagelte, gußeiserne, kuhscheißerne, kunstgeleimte Krawatte. *Querbinder:* Bindefliege, Damenbinder, Eintagsfliege, Fliege, Gurgelpropeller, Propeller, Schmetterling, Schnällchen, Schnalle. *schmaler Querbinder:* Bindfadenschlaufe, Schnürsenkelschleife. *breiter Querbinder:* Krawallschleife. *gestreifter Querbinder:* Cassatafliege, Zebrastreifen. *weißer Querbinder:* Frackbinde, Richterfliege. *schwarzer Querbinder:* Abendfliege, Nachtfalter, Nachtschmetterling, Schmeißfliege. *Fertigbinder im Querformat:* Betonfliege, Eisenschnalle, Gipsfliege, Gummipropeller, Lötfliege, Zementfliege. eiserne, geklebte, geleimte, gelötete, gemauerte, genagelte, gußeiserne, kuhscheißerne, kunstgeleimte Fliege. *Mann, der immer dieselbe Krawatte trägt:* Krawattenmuffel.

59.21 Halsbinde, Halstuch, Schal

Halsbinde: Beffchen, Hunderiemen, Kalkleiste, Lausekrawatte, Mopskrause, Seelenwärmer, Speckriemen, Stehkragen. *Halstuch:* Flamme, Kragenschoner, Quedel, Schneiche, Seelenwärmer, Windfang, Zawerle. *alter Wortschatz:* Chilgesbegert, Halsfünnchen. *wollenes Halstuch:* Drapp, Strickling. *seidenes Halstuch:* Friede, Weißfisch.

59.22 Taschentuch

Fahne, Gesichtswindel, Jammerlappen, Lappen, Morchel, Nasenwindel, Niesfahne, Popelfahne, Rotzfahne, Rotzfetzen, Rotzhobel, Rotzlappen, Rotzlumpen, Sacktuch, Schnechen, Schnelle, Schneuzling, Schneuzquadrat, Windel, Wischling. *alter Wortschatz:* Chaudeschneiche, Chautemschneiche, Gaudeschneiche, Poschmokus, Riechlingsflammert, Schneuzgatte, Schneuzlingsschneiche. *weißes Taschentuch:* Schnee. *schmutziges Taschentuch:* Trauerfahne. *Taschentuch bei der Selbstbefriedigung:* Bauernfänger, Eierschale, Fotzenwischer, Putzlappen, Samenteppich. *Ziertaschentuch:* Damenlocker, Damenwinker, Kavalierstaschentuch, Kokettierfetzen, Mädchenwinker, Pflanzfetzerl, Pflanztücherl, Poussierlappen, Protztuch, Schwindeltüchelchen, Strunzlappen.

59.23 Bluse

Busenetui, Drüsenhülse, Duttenfutteral, Klößchenbehälter, Kurvenhülse, Mirabellenschale, Schnürbrust, Tittensack, Tuttelzelt, Zitronenrinde. *enge, kurze Bluse:* Hochwasserbluse, Minibluse, Schrumpfbluse, Sparbluse, Telegrammbluse, textilarme (textilfeindliche) Bluse, Wurstpellenbluse, Zwangsjacke. *durchsichtige Bluse:* Donnerwetterbluse, Durchguckbluse, Frühstücksbluse, Gardinenbluse, Gepäcknetz, Gucklochbluse, Klarsichtbluse, mitteilsame Bluse, Netzhaut, Oben-ganz-ohne-Bluse, Röntgenbluse, Theaterbluse. *Bluse mit Tülleinsatz:* Bluse mit Fenster, mit Notausgang, mit Oberlicht, mit offenen Augen, mit Ventilation. Käsebluse, Emmentaler Bluse, Schweizer Bluse, *Bluse aus Plastik- oder Metallteilchen:* Klimperbluse, Meermädchenbluse, Schuppenbluse, Talerbluse. *die Bluse aufknöpfen:* die Augen aufmachen, dem Herzen Luft machen.

59.24 Schulterband, Schulterträger

Achselband, Träger. *schmale Schulterbänder:* Schnürsenkel, Spaghettiträger, Straps (Plural: Strapsen).

59.25 Damenrock

Flohfänger, Furzfänger, Furzglocke, Klammersack, Oben-ohne-Kleid, Oberhalb-ohne-Kleid, Ohne-Kleid, Windfang. *alter Wortschatz:* Doß, Feuel, Tschocha. *Minirock:* Arschrobe, Arschverkühler, Beindekolleté, Hochwasserrock, Mini, Minimissimi, Schrumpfrock, Sparrock, Telegrammrock, Unten-ohne-Kleid. aufgeschlossenes, auskleidsames, einladendes, freigebiges, mitteilsames, offensichtliches, textilarmes, textilentfremdetes, textilfeindliches, textilfreies, tiefgründiges Röckchen. *enger Damenrock:* Arschfutteral, Bleistiftrock, Gehrock (weil er zu eng zum Hinsetzen ist), Humpelrock, Schinkenetui, Zwangsrock. *weiter Rock:* Hühnerkorb, Lampenschirm, Tonne, Trapez, Trompete, Zwiebel. *langer Rock:* Maxi, Rinnsteinschwenker, Rinnsteinstipper, Tugendtschocher. *Rock mit Seitenschlitz:* mit offener Flanke. *ungeplätteter Rock:* Korkenzieher, ondulierter Rock, Rock mit Dauerwellen, Wellblech, Ziehharmonika.

59.26 Hose

Arschfutteral, Beinfutteral, Beingehäuse, Beinkleid, Beinling, Buchse, Butschkeile, Buxe, Furzfänger, Furzverteiler, Futteral, Pluder, Prachse, Praxe, Unausflüsterbare, Unaussprechliche, Unnennbare. *alter Wortschatz:* Bresem, Bruche, Kollew, Michnossajim, Schmerse, Schnun, Spruse. *maßgeschneiderte Hose:* handgebaute Buxe, Luxusfutteral. *Konfektionshose:* Konservenbüxe. *Hose mit Reißverschluß:* Schnellfeuerhose. *Hose mit Knöpfen:* Fickverhinderungshose. *Hosenknopf:* Kirchengroschen. *Nietenhose:* Blaue Johanna, Wildwesttröhre, Winchesterbüxe. *weiße Hose:* Bäckerhose, Porzellanbüxe, Schmantbuxe, Zigarettenstange. *schwarz-weiß-gestreifte Hose:* Stresemannpraxe, Zebraröhre. *Generalshose mit rotem Seitenstreifen:* Siegellackbüxe. *Reithose:* Fledermaus, Tausend PS. *Knickerbocker:* Acht-

Tage-Klosett. Monatsklo, Vierzehntagebüxe. Äppelklauer, Pluderhose, Pumphose, Schlauchboothose, Schlauchbuxe, Überfallhose. *Dreiviertelhose:* kurze Lange, lange Kurze. *kurze Hose:* Abgebissene, Abgebrochene, Arschverkühler, Beindekolleté, Campingröhre, Gefrierfleischbüxe, Kniehose, kurze Wichs, Shorts. *kurze Lederhose:* Arschleder, Krachlederne, Kurzlederne, Speckjäger. *enge Hose:* Bleistiftbüxe, Halbstarkenfutteral, Ofenpfeifen, Ofenröhren, Pfeiferlhosen, Röhren, Dr. Schlauchs Gesundheitshosen, Schmalspurorgeln, Sparbüxen, Stehfickerhosen, Wadenklemmer. auf die Haut gespritzte Hosen, freche Hosen, futteralenge Hosen, messerscharfe Hosen. *weite Hose:* Schlotterbüxe, Tangobüxe, Weitling. *unterhalb des Knies weiter werdende Hose:* Glockenhose, Matrosenhose, Saxophonhose, Trompetenhose, Zimmermannshose. *zu kurz gewordene Hose:* Halbmasthose, Hochwasserhose, Konfirmandenhose, Liftbuxe. *zu kurze Hosen tragen:* auf Halbmast flaggen, auf Halbstock laufen. *ungebügelte Hose:* Harmonikahose, Hose mit Dauerwellen, Kaffeesack, Korkenzieher, ondulierte Hose, Pfropfenzieher, Rohrhose, Schlauchhose, Wellblechröhre, Ziehharmonikahose. *Bügelfalte:* Rammsteven. *zerrissene Hose:* Fensterhose, Emmentaler Hose, Käsehose, Schweizer Hose, Theaterhose (mit Notausgang). *Loch in der Hose:* Arschfenster, Gösch, Landkarte, rosa Flicken, Sackventilation. *Hosenboden:* Plafond, Po-Ebene. *Hosenboden der Skihose:* Textilbremse. *Kotfleck auf dem Hosenboden:* Überschwemmung der Po-Ebene. *Hosenbein:* Beinkleid, Ofenpfeife, Ofenröhre, Pfeife, Röhre, Wadenklemmer, Wadenkneifer. *Hosenlatz:* Butschkeilenlatz, Ficktor, Hauptportal, Hosenschlitz, Klappe, Luftloch, Ofentür, Sackventilation, Stalltür, Taubenklappe, Victor. *Hosenschlitz mit Reißverschluß:* Schnellfeuerschlitz. *das Hoseninnere:* Bullenstall, Fleischbank, Hosenladen, Kuhstall, Ochsenstall, Portemonnaie, Samenbank, Schlag, Taubenschlag, Taubenstall, Vogelhäusl. *offene Hose:* offener Himmel, Weg zum Erfolg. *Vorsicht vor einer aggressiven Frau oder einem homosexuellen Mann!:* Schließ die Stalltür gut zu! Vergiß nicht, dein Hauptportal zu verriegeln! *Hosentasche:* Bunker, Butschkeilenmulde, Buxenmulde, Buxerande, englischer Pelzmantel, Ficke, Säckel. *er hat die Hände in den Hosentaschen:* er will verreisen, er hat die Hände schon eingepackt. er sucht die dritte Klöte. er sucht das dritte Ei. er spielt Taschenbillard, Taschengolf, Taschenorgel, Taschentennis. *Hosentasche mit Loch zur Selbstbefriedigung:* Kinotasche, Physiktasche, Selbstbefriedigungstasche, Taschentelefon, Wichstasche (Wenn ein Mann beim Anblick einer nackten Frau im Theater oder Kino durch die Hosentasche onaniert, sagt der Volksmund: «Er telefoniert mit der Künstlerin»).

59.27 Hosenträger

Butschkeilenbatterer, Butschkeilenkätscher, Hintergeschirr, Kreuzspanne, Laufgürtel, Patronengurt, Schnunknaller, Sicherheitsgurt.

59.28 Gürtel

Bruchband, Gallenkitzler, Halte, Hüfthalter, Hungerbarometer, Hungerriemen, Hungerskala, Kaldaunenpresse, Kaldaunenquetsche, Magenbremse, Magenquetsche Schmachtriemen, Teenage-Äquator, Treibriemen, Tugendleine, Überschwung, Zaumzeug. *verdeckter Gürtel:* Tunnelgürtel.

59.29 Damenunterwäsche

Flader, Linsen, Untergeknüll. *reizvolle Unterwäsche:* Dressing (Wortspiel aus dem Englischen, wo «dressing» sowohl «anziehen» wie «pikante Soße» bedeuten kann), Fickflader, Liebeswäsche, Reizwäsche, Tändelwäsche. *schwarze Unterwäsche:* Verdunkelungswäsche. *weiße Unterwäsche:* Schneegeknüll. *Spitzenwäsche:* Spitzengedicht, Spitzengeknüll, Spitzengericht. *reizlose Unterwäsche:* einbruchssichere Unterwäsche, Entwöhnungskledage, Genußbremse, Leib- und Seelenwäsche, Liebestod, Wollustbremse. *Untertaille:* Pullunder. *Körperstrumpf:* Körpergardine, Netzhaut. *Cul de Paris:* Franzosensteiß, Hüftkissen. *Menstrualbinde:* siehe 23.7.

59.30 Büstenhalter

Apfeltaschen, Balkongeländer, Balkonstütze, Behälter, BH, Brille, Brustfell, Brustfetzen, Brustwehr, Busenfreund, Busengestell, Busenschaukel, Drüsenheber, Duttelheber, Duttenhalter, Duttenheber, Duttenwiege, Frischhaltebeutel, Futteral, Gefallenenheber, Gepäckaufbewahrung, Gepäckhalter, Gepäcknetz, Gepäckträger, Glibberhalter, Glubberhalter, Haltmich, Hängematte, Hebamme, Heber, Hebevorrichtung, Hügelbügel, Hurenbörse, Klößchenheber, Küraß, Kurvenharnisch, Kurvenhülse, Leitplanken, Marke Heilsarmee («Hebt die Gefallenen!»), Memmenstipper, Milchgarage, Milchsatten, Milchschalen, Milchschüsseln, Mirabellenetui, Obstkammer, Obstschale, Schale, Schatzheber, Schatzhebungsmaschine, Schlauchträger, Schwalbennest, Sektschalen, Stütze der Hausfrau, Talsperre, Tittenbeutel, Tittenhalter, Tittenheber, Tittensack, Tittenschoner, Tuttelfetzen, Tuttelhalter, Tuttelklammer, Tuttelkraxen, Tuttelspanner, warme Acht, Wimmerlhalter, Zitronen-

falter, zweite Haut. Äpfel im Schlafrock, Hülle und Fülle, Inhaltsangabe, der Widerspenstigen Zähmung. Ferruccio Busoni? Titta Ruffo! *schwarzer Büstenhalter:* Sonnenbrille. *gepolsterter Büstenhalter:* Entwicklungshilfe, Gummibusen, Gummieuter, Gummituttel, Luftballon, Papiertitten, Reithofer, Schmähtutteln, Tarnkappe, Vorspiegelung falscher Tatsachen, Wunder der Technik. *sich einen Büstenhalter anziehen:* sich brüsten. *der Büstenhalter ist zu eng:* er schneidet einem ins Herz. das Herz schnürt sich einem zusammen. *der Büstenhalter platzt:* ihr geht das Herz auf. ihr gehen die Augen über. *einen gepolsterten Büstenhalter tragen:* kein Herz im Leibe haben. «Mädchen, dein ganzer BH ist ja leer! Wo hängt's denn?» Alle Herzen schlagen höher im Uplift BH. siehe auch *Mammalverkehr:* 37.

59.31 Korsett

Behälter, Blankscheid, Brustwehr der Tugend, Festung der Liebe, Futteral, Hüftenbändiger, Hüftenformer, Hüftenschlanker, Küraß, Kurvenharnisch, Leitplanken, Panzer, Panzerhemd, Preßsack, Prustpanzer, Rüstung, Stahlpanzer, der Widerspenstigen Zähmung, Zwangsjacke. *korsettierte Frau:* Panzerkreuzer. *ins Korsett eingezwängter Busen:* Panzergraben. *durch Korsettierung verengte Taille:* Wespe, Wespentaille. *Schnür mir das Korsett nicht zu fest!* Erbarmen mit den Bedrängten!

59.32 Hüftgürtel

Hüftenbändiger, Hüftenformer, Hüftenschlanker, Hüfthalter, Kraftriemen, Kurvenharnisch, Leitplanken, PH, Pohalter, Schinkenpresse, Zaumzeug.

59.33 Unterrock

besoffene Pelle, Flohfänger, Furzfänger, Furzglocke, Klammersack, Perlon-Kunststoffpferd, Petticoat, Scheibengardine, Vorhang, Vorhang zum Lustspielhaus, Wippchen, Wipprock.

59.34 Herrenunterhose

Arschfutteral, Herrenschlüpfer, Unterbuxe, Unterpraxe. *Suspensorium:* Apfeltüte, Bahnhofssperre, Bauchbinde, Behälter, Beutelhose, Beuteltuch, Drüsenhalter, Drüsenheber, Eierbecher, EH, Eierhalter, Eierheber, Eierkorb, Eiernäpfchen, Eierschale, Eierschaukel, Feigenblatt, Frischhaltebeutel, Gefallenenheber, Gepäckaufbewahrung, Gepäckhalter, Gepäcknetz, Gepäckträger, Glibberhalter, Glubberhalter, Haarnetz, Haltmich, Hängematte, Hebamme, Heber, Hebevorrichtung, Hodenschaukel, Isolierband, Kerngehäuse, Keuschheitsgürtel, Klößchenschale, Klötenhalter, Klötenheber, Klötenpanzer, Klötenschaukel, Krabbelbeutel, Kugellager, Küraß, Murmelbeutel, Nachkommenschaftsschützer, Minihose, Sackheber, Sackträger, Samenschützer, Schambinde, Schamgürtel, Schamkapsel, Schellengardine, Schiffsheber, Schnurrbartbinde, Schonungszaun, Schwanzhalter, Spielwiesenschoner, Talsperre, Tomatenkorb, Traubenbecher, Traubenkorb, Traubenschale, Vorhang zum Lustspielhaus, Wollustbremse, Zwiebelnetz. *alter Wortschatz:* Bruch (lederne Schambinde des Mittelalters), Gliedschirm (eisernes Suspensorium des 16. Jahrhunderts, das die männlichen Genitalien deutlich vom Rest der Ritterrüstung abzeichnete).

59.35 Damenunterhose

Banfutteral, Beinfutteral, Feigenblatt, Fotzenfetzen, Fotzengardine, Fudhosen, Fudfetzen, Fudschützer, Gaddehose, Gaddinger, Hemdhose, Hüllenhose, Kerngehäuse, Miederhöschen, Pantalette, Pantalon, Pflaumentüte, Schamkapsel, Schinkenbeutel, Schinkenetui, Schlüpfer, Slip, Vogelhaube. *lange Damenunterhose:* Genußbremse, Leib- und Seelenhose, Liebestöter, Wollustbremse. *kurze Damenunterhose:* Hochwasserhöschen, Minihöschen, Minislip, Schrumpfhose, Sparhöschen, textilfeindliches Höschen. *Reiz-Slip:* Spielhöschen. *Netz-Slip:* Verkehrsnetz. *Slip mit aufknöpfbarem Zwikkel:* Schnellfickerslip. *Damenhose des 16. Jahrhunderts, die man unter dem Aufklapprock sehen konnte:* Lockhose.

59.36 Strumpfhose

Hüllenhosen, Maschenrenner, Orgelpfeifen, Schlauchhosen, Strampelhosen. *enge Strumpfhose:* Schrumpfhose.

59.37 Strumpfband

Cancanbandl, Spannungsreifen, Versband (Im 18. Jahrhundert ließen die Galane oft galante Verse in die Strumpfbänder hineinsticken, die sie ihren Damen schenkten. Zum Beispiel: «Ein Seidenbändchen blau dem elfenschlanken Bein! / O! wäre ich dein Mann! O wärst du doch schon mein!» Der Volksmund taufte diese Dichtkunst «Strumpfbandpoesie» und nannte die so bestickten Strumpfbänder «Versbändel» oder «Versbandln»). *Oberschenkel oberhalb des Strumpfs:* Silberstreifen am Horizont.

59.38 Strumpf

Damenstrümpfe: Helancas, Nylons, Perlons. Fantasiestrümpfe, Spitzenstrümpfe, Nahtlose. *schwarze Damenstrümpfe:* Beinfinsternis. *weiße Damenstrümpfe:* Gipsbeine, Kalkbeine, Schmantwaden. *rote Damenstrümpfe:* Storchbeine. *grüne Damenstrümpfe:* Salatlatschen, Spinatwaden. *oberer Rand des Damenstrumpfes:* Hurenbörse. *Laufmasche:* Flohleiter, Gedankensteg des Mannes, Himmelsleiter, Hühnerleiter, Rennmasche. *Männerstrümpfe, Socken:* Bananenbezüge,

Bananenschalen, Beinlinge, Fußsäcke, die Halbschlüpf, Klauenbezüge, Lappen, Mauken, die Schlüpf, Wadenspanner, Wärmer, Zehnlinge. *quergestreifte Socken:* Ringelsokken, Sambasocken, Streiflinge, Singsingsokken. *herunterrutschende Socken, Socken ohne Sockenhalter:* Harmonikasocken, Korkenzieher, ondulierte Socken, Pfropfenzieher, Socken mit Dauerwellen, Wellblechsocken, Ziehharmonikasocken. die Socken ziehen Wasser. *Schweißsocken:* Käsebeutel, Saftmauken, Scheißsocken. *zerrissene Socken:* Socken mit Fenstern, mit Notausgang, mit Ventilation. *Loch im Strumpf:* Bolle, Fenster, Kartoffel, rosa Flicken, Zwiebel.

59.39 Gamaschen

Beinmanschetten, Flohdackerln, Geruchsdämpfer, Gichtsöckchen, Girlanden, Hundedeckchen, Hundelatschen, Käseglöckchen, Knallwaden, Stiefeletten, Wadenklemmer, Wickelbeine.

59.40 Schuhe

Damenschuhe mit hohen Absätzen: Bleistiftschuhe, Kubaner, Parkettzerstörer, Pflasterbohrer, Pflasterkratzer, Salatstecher, Stöckel, Stöckelpumps, Trippelbretter. *hohe Absätze:* Bleistiftabsätze, Bleistifthacken, Kubaner, Pennyhacken, Salzstangerln. *spitze Damenschuhe:* Schnabelschuhe, Schuhe mit Waffenschein. *Stadtschuhe:* Asphalttreter. *leichte Schuhe:* Galoppchen, schnelle Schuhe. *flache Absätze:* Tempeltreter. *Automobilschuhe:* Pedallatschen. *perforierte Schuhe:* Fensterschuhe, Käseschuhe, Emmentaler Schuhe, Schweizer Schuhe, Theaterschuhe (mit Notausgang), Schuhe mit Wasserleitung. *extra enge Damenschuhe für Schuhfetischisten:* spanische Schuhe, Spanier, Fußfesseln, Zehenklemmer, Zehenquäler. *Damenschuhe mit extra hohen Absätzen für Schuhfetischisten:* Bettenbohrer, Bettstecher, Bettzerstörer, Lusthacken, Lustschuhe. *extra hohe Damenstiefel für Schuhfetischisten:* Buschetten, Ellenmänner, Fußkorsett, Luststiefel, Trittlinge. *Männerschuhe, Stiefel:* Botten, Büsen, Gurken, Hülsen, Knetlinge, Latschen, Nuschen, Packeln, Panken, Schläuche, Sparfüße, Stammhansen, Töpfe, Töppe, Trippelbretter, Trittchen, Trittlinge, Untermänner. Beck, Brewe, Ellemer, Fußetui, Holle, Laufer, LMR, Packler, Plattler, Plattinger, Teppe, Tren, Treter, Valenki. *gelbe Männerschuhe:* blonde Füße, Durchfall-Latschen, Ententreter. *Lackschuhe:* Lackmeier, Lacktöppe, Lacktreter, Palaströhren, Salontreter. *Schuhe mit Gummisohlen:* Gummipatschen, Gummischleicher, Leisetreter, Salonschleicher, Salonschlorcher, Schleicher, Schlorcher. *Tennisschuhe:* Bäckertreter, Gipslatschen. *orthopädische Schuhe:* Gesundheitsschlapfen. *Sandalen:* Jesuslatschen, Petruslatschen. *Wanderschuhe:* Sandlatschen, Tippelbretter, Tippelschuhe, Tramper, Wandergurken. *Militärstiefel:* BB, Barras-Botten, Kanonenstiefel, Klumpen, Kommißbotten, Kummerbotten, Quantenklemmer, Salontrittchen. Fußschweißetui, Käsekasten, Mieflatschen, Schweißfußetui. *Schaftstiefel:* Kanonen, Knobelbecher, Langhälse, Langmuschen, Langschäfter, Opanken, Pappenheimer, Scheftlinge. *große Schuhe:* Äppelkähne, Betonstampfer, Flurschadentreter, Geigenkästen, Gondeln, Hochwasserkähne, Kinderbadewannen, Kindersärge, Klumpen, Kohlenkästen, Mabootcher, Niedertreter, Oberkähne, Pflastersteinbeleidiger, Plättbolzen, Plätteisen, Potsdamer, Quadratlatschen, Quanten, Sauerkohlstampfer, Sauerkrautstampfer, Sonntagsdampfer, Torfkähne, Trampeln, Trampen, U-Boote. «Die nächste Nummer hängt draußen.» *ausgetretene Schuhe:* Gurken, Salamilatschen, Salamitreter, Schlapfen, Schläpper, Schlumpen. *durchlöcherte Schuhe:* geerdete Schuhe, Rabattentreter, Schuhe mit Blitzableiter. *Schuhnägel:* Maisköpfe. *Sohle und Oberleder klaffen auseinander:* sein Schuh hat Hunger. *seine Schuhe knarren:* er hat seine Schuhe noch nicht bezahlt. *Holzschuhe:* Holzkorken, Holzpantinen, Jesuslatschen, Klapperlatschen, Klapperlinge, Klotzkorken, Klotzpantinen, Klumpen. *Hausschuhe:* Babusche, Babuschki, Fernsehpantoffeln, Filzlatschen, Filzpariser, Finken, Funken, Kolosseumschleicher, Korken, Lederkorken, Pantinen, Pariser, Patschen, Pazifistenlatschen, Patschen, Salonpatschen, Schlapfen, Schlappen, Schläpper, Schleicher, Schlorren, Schluffen, Schlurfwerkzeuge, Televisionstreter. *barfuß gehen:* auf Englisch-Leder gehen, paßgengen.

59.41 Hauskleidung

Bademantel, Frisiermantel, Hausmantel, Joppe, Kimono, kleine Wichs, Morgenmantel, Morgenrock, Schlafrock. *alter Wortschatz:* Dormmalves, Feikedoss, Schlaumalfes. *Negligé:* Nachtliege, Nachtligé. *Schürze:* Arbeitskittel, Kittelschürze, Latzschürze, Tändelschürze, Vorhang. *alter Wortschatz:* Fahrtuch, Flamme, Fürbretling, Fürling, Schwelf, Vorflam.

59.42 Schlafkleidung

Nachthemd: Maxijama, Mitternachtssegel, Mitternachtstalar, Nachtklater, Schlummerkaftan. *Damennachthemd:* Babydoll, Engelshemd, Nachtligé, Nahkampfkleid, Nahkampfpulli, Naidchen, Pelzmantel (Pelz = Schamhaar), Sommernachtstraum, Vorhang zum Lustspielhaus. *Damenschlafanzug:* Bubidoll, Nachtbikini, Nachtsportanzug, Nahkampfanzug. *Herrenschlafanzug:* Freu-

denfrack, Heimsmoking, Nachtfrack, Nachtsportanzug. *Schlafanzug mit kurzen Hosen:* Bubidoll, Minijama.

59.43 Badekleidung
Badeborke, Badeklamotten, Badekledage, Badekluft, Bademontur, Badepelle, Schwimmklater, Schwimmpelle, Schwimmrinde, Schwimmschale, Sonnenbehang, Sonnenpelle, Sonnentakelage. *Badeanzug:* Badefutteral, Einteiliger, Schwimmhaut, Sonnenanzug. *Damenbadeanzug:* Kaltwasserbeinkleid, Kaltwasserkleid, Nixengewand, Schwimmkleid. *Rückennaht am Damenbadeanzug:* Wirbelsäulenleiter. *attraktiver Damenbadeanzug:* Atommodell, frecher (heißer, scharfer) Strandschrei. *unattraktiver Damenbadeanzug:* einbruchssicheres Modell, Liebestöter. *Zwickel:* lustmindernder Einsatz. *Damenbadeanzug mit Ausschnitten:* Kaltwasserkleid mit Ausblick (mit Einblick, mit Notausgang, mit rosa Flicken, mit Sonnenfenstern, mit Ventilation, mit Wasseranschluß), Käsekostüm, Löcherkostüm, Schweizer Modell. *zweiteiliger Damenbadeanzug:* Bikini, Bikinimum, Bikinissimum, Briefmarkenbikini, Lochbikini, Mezzokini, Minibikini, Minikini, Minimissibikini, Minimissikini, Schrumpfbikini, Sexikini, Sparbikini, Verlust der Mitte. *Oberteil:* Obstkammer, Obstschale, Sektschale. *Unterteil:* Edelstrampelhöschen, Feigenblatt, Geisblatt, Schamkapsel. *attraktives Mädchen in zweiteiligem Badeanzug:* Bikinibombe. *Strand voller Bikinimädchen:* Bikino. *Männerbadehose:* Monokini, Trikini (2 Eier + 1 Wurst). *enge, kleine Männerbadehose:* Bubikini, dekolletierte Badehose, Drüsenschau, Eierbadehose, Fast-Adamskostüm, Feigenblatt, Hochwasserbadehose, Lendenschurz, Pfeifenausstellung, Rüsseljäckchen, Schamkapsel, Schwanzrelief. *Schwimmweste:* Büstenhalter, Lollo, Mae West. *Lendenschurz:* Nassergardine. *alter Wortschatz:* Badehr. siehe auch *Badeurlaub* 53.17.

60 Accessoirs und Utensilien

Blickfang, Kokettierkram, Verführungsfirlefanz.

60.1 Brille
Angeberkieke, Intelligenzprothese, -verstärker. *Sonnenbrille:* Augenverkleidung, Filmstarkneifer, Scheuklappe, Sonnenpeile. *Brillenträgerin:* Brillenschlange, Eule.

60.2 Einholkörbchen, Einkaufstasche
Babywiege, Hebammentasche.

60.3 Handtasche
Ficke, Haushalt mit Henkel, Kulturbeutel, Hurenbörse, Nuttentresor, Sechter.

60.4 Brieftasche
Drahtkommode, Lebensnerv, NFT (Nutten-Finanzierungs-Tasche), Opferstock, Portmariechen, Zapfstelle. *volle Brieftasche:* Brustpolster, dralle Marie, voller Euter, Watte auf der Brust. *Inhalt der Brieftasche:* Eingeweide.

60.5 Aktentasche, Aktenkoffer
Frühstückstarntasche, Präservativkoffer.

60.6 Wochenendkoffer
Beischlaf-Utensilienkoffer, Buk, Buko, Wochenend-und-Beischlaf-Utensilienkoffer, Wubuk.

60.7 Kosmetikkoffer
Betonmixer, Malkasten, Nuttenkoffer, Strichkoffer, Tuschkasten.

60.8 Sicherheitsnadel
Chansonettenzwirn.

61 Kosmetik

Fassadenputz, Putz, Kriegsbemalung, Retortenschick, Schönheit aus der Dose (aus der Schachtel, aus der Tube, aus der Tüte), Verfassungsschutz. *Kosmetika benutzen:* sich anhübschen, sich aufdonnern, sich aufhübschen, sich aufmachen, sich aufmascherln, sich auftakeln, sich aufwichsen, sich plätten, sich verschönern, sich zurechtmachen. *Kosmetiktasche:* Buk, Buko, Kulturbeutel, Nuttenkoffer, Strichkoffer, Wubuk. *Haarpflege:* Lockenputz. *Haarwasser:* Glatzenbremse, Schuppenklau. *Seife:* Abschminkcreme-Ersatz, Hautgift. *Parfum:* Blumen aus der Flasche, Schmeckatswasser. *starkes Parfum:* Gasolin, Lachgas, Nuttenparfum. *sich parfümieren:* sich einstinken, sich bekreuzigen. *Parfum in der Busenfurche haben:* etwas auf dem Herzen haben. *Parfumgeruch verbreiten:* abstinken. *stark nach Parfum riechend:* in einen Parfumladen geplumpst. *stark nach Parfum riechende Frau:* Parfumladen. *Bade-Essenz:* Bademilch, Badeschaum, Fichtensaft. *Hautcreme:* Backenschmalz, Backentran, Jungfernmilch, Lederfett, Mükkenfett, Unterlage, Wangenschmalz. *Hautcreme benutzen:* sich eincremen, sich einfetten. *sich abends eincremen:* das Bett einbuttern. *Schminke:* Anstrich, Emaille, Faltenleim, Fassadenputz, Firnis, Gips (der Gips ist ab, die Mauersteine gucken raus), Goschenlack, Hiesel, Koloratur, Kriegsbemalung, Landluft, Mezzotinto, Runzelkitt, Schellack, Schautenfritze, Schnutenlack, Verfassungsschutz, Verputz. *sich schminken:* sich anfärben, sich anhieseln, sich anschmieren, sich farbeln, sich fritzen, sich hieseln, den Fritzen über die Backen laufen lassen, Landluft auflegen, Landluft genießen, retu-

schieren. *Schminkkasten:* Malkasten, Mal-Utensilien, Tuschkasten. *geschminkte Frau:* bunte Kuh, Farblappen, Gemäldeausstellung, Girigari, Kakadu, Malkasten, Museum, Ölgemälde, Osterei, Papagei, Paradiesvogel, Pfingstochse, Tuschkasten. *geschminkter Mann:* Topfneger. *Puder:* Schönheitsmehl, Trockenschnee. *Splenia:* Schönheitspflästerchen, Schön-Flecken. *Lippenstift:* Petschaft, Salonkriegsgerät, Schnauzenpinsel. *Lippenrot:* Fresseputz, Putzpomade, roter Fritze, Schnauzenlack. *gerötete Lippen:* Rötelzeichnung. *rote Lippen und rotlackierte Fingernägel:* Maul- und Klauenseuche. *Lidschatten:* Augenputz, Augenschmalz, Fensterkitt, Fensterlack, Fensterpomade, Fensterputz, blauer Fritze, brauner Fritze, grüner Fritze. *Augenbrauenstift:* schwarzer Peter. *Wimperntusche:* Fensterwischerlack. *getuschte Wimpern:* lackierte Fliegenbeine. *falsche Wimpern:* Tausendfüßler. *Nagellack:* Krallenblut, Krallenlack, Krallentinte. *lackierte Fingernägel:* Perlentaucherhände, Perlmutterkrallen. *Nagellackentferner:* Krallengift, Perlenzersetzer, Perlmutterfresser. *rotlakkierte Nägel:* blutige Krallen, rote Krallen. *falscher Fingernagel:* Gickerling. *Deodorant:* Entschwitzer, Luftreiniger, Schweißkiller. *Vaginaldeodorant:* Fosengift, Intimspray. *Enthaarungsmittel:* Haargift, Pelzentferner. *Damenrasierapparat:* Achselhobel, Achselmäher, Achselroder, Unterwaldshobel. *sich rasieren:* sich schaben.

61.1 kosmetischer Chirurg

Altflicker, Entalterungskünstler, Fassadenklempner, Fassadenmaurer, Gesichtsmechaniker, Kunstkitter, Messerheld, Ritzenkitter, Runzelkitter, Schrumpelkitter, Stromlinienklempner, Tapetendoktor, Verschönerungsarchitekt, Verschönerungsingenieur, Verschönerungskünstler. *kosmetische Chirurgie vornehmen:* entaltern, die Gesichtszüge hochziehen. *sie hat sich kosmetisch operieren lassen:* neues Leben blüht aus den Ruinen. *die Operation ist mißlungen:* ihr sind die Gesichtszüge entgleist. *Chirurg, der Brustoperationen vornimmt:* Balkonbauer, Busenbauer, Busenklempner, Damenschneider, Duttelschuster, Euterflicker, Piezenflicker, Tittenheber, Tittenspengler. *sich die Brust heben lassen:* sich das Herz erleichtern. *Chirurg, der transsexuelle Operationen vornimmt:* Pflaumenbauer, Piezenflicker. *kosmetische Klinik:* Bügelanstalt, Entalterungsklinik, Fassadenklempnerei, Reparaturanstalt, Schönheitsfarm.

61.2 Kosmetiker, Kosmetikerin

Kosmetiker: Entalterungskünstler, Fassadentüncher, Gesichtsgärtner, Runzelkitter, Schminkmaxe, Schönheitsarbeiter, Schönheitsrat, Verschönerungsarchitekt, Verschönerungsingenieur, Verschönerungskünstler, Verschönerungsrat. *Kosmetikerin:* Entalterungskünstlerin, Gesichtsgärtnerin, Verschönerungsarchitektin, Verschönerungskünstlerin. *vom Kosmetiker (von der Kosmetikerin) behandelt:* frisch geplättet. *Schönheitssalon:* Bilderladen, Bügelanstalt, Entalterungsladen, Fassadenklempnerei, Jungbrunnen, Kosmetikschleuse, Reparaturanstalt, Schönheitsfarm.

61.3 Friseur, Friseuse

Figaro, Fips, Flachsgärtner, Flachsschuster, Flachsspengler, Haarbändiger, Haarformer, Haarförmling, Haarkünstler, Haarmetzger, Haarputzer, Lockenkünstler, Lockenpriester, Lockenverwickler, Lockenwirbler, Lodengrabbler, Lodenwirbler, Meister von der Schere, Pomadenhengst, Pudelscherer, Putz, Putzbeutel, Schnippelfritze, Schnitter, Schnittmacher, Verschönerungskünstler, Verschönerungsrat, Wellenreiter, Wollkämmer. *Friseuse:* Wollkrabbe. *Frisiersalon:* Flachsschusterei, Flachsspenglerei, Schneiderei, Wollfärberei. *Haarschneidemaschine:* Heumäher, Rasenmäher. *Kamm:* Jagdflinte, Lauseangel, Lausehaken, Lauseharke, Lausekamm, Lauseleiter, Lauserechen, Läuserich. *kämmen:* entlausen, strählen. *Haarwasser:* Glatzenbremse, Schuppenklau. *Haarpflege:* Lockenputz.

61.4 Barbier

Baderwaschl, Barbutz, Kratzer, Putzer, Schaber, Schneider, Schnitter, Schraper. Barthobler, Bartschinder, Bartschneider, Bartstutzer, Bockschaber, Borstengärtner, Borstenhobler, Borstenkratzer, Borstenmäher, Borstenrat, Borstenschaber, Borstenschinder, Borstenschraper, Borstenstutzer, Fotzenfeger, Fotzengerber, Fotzenkratzer, Fotzenpolierer, Fotzenputzer, Fotzenschaber, Fotzenschinder, Fotzenschraper, Fotzenwichser, Fressefeger, Fressegerber, Fressepolierer, Fresseputzer, Fresseschaber, Fresseschinder, Fresseschraper, Fressewichser, Gesichtsgärtner, Gesichtsgerber, Gesichtskratzer, Gesichtspolierer, Gesichtsputzer, Gesichtsschaber, Gesichtsschinder, Gesichtsschraper, Glatzengärtner, Glatzengerber, Glatzenschuster, Glatzenspengler, Glatzentischler, Goschenfeger, Goschengerber, Goschenkratzer, Goschenpolierer, Goschenputzer, Goschenschaber, Goschenschinder, Goschenschraper, Heumäher, Kotelettengärtner, Kotelettenhobler, Kotelettenkratzer, Kotelettenkünstler, Kotelettenmäher, Kotelettenrat, Kotelettenschaber, Kotelettenschinder, Kotelettenschneider, Kotelettenschnitter, Kotelettenschraper, Kotelettenstutzer, Krautgärtner, Krautmäher, Kraut-

schneider, Krautstutzer, Plattengärtner, Plattengerber, Plattenschuster, Plattenspengler, Plattentischler, Rasenmäher, Rasenstutzer, Rüsselfeger, Rüsselgerber, Rüsselpolierer, Rüsselputzer, Rüsselschaber, Rüsselschraper, Rüsselwichser, Schaumritter, Schaumschläger, Schnauzenfeger, Schnauzengerber, Schnauzenkratzer, Schnauzenpolierer, Schnauzenputzer, Schnauzenschaber, Schnauzenschinder, Schnauzenschraper, Schnauzenwichser, Schnippelfritze, Schnippelkünstler, Schnippler, Schnittmacher, Schnurrenfeger, Schnurrengerber, Schnurrenkratzer, Schnurrenputzer, Schnurrenschaber, Schnurrenschraper, Schnutenfeger, Schnutengärtner, Schnutengerber, Schnutenkratzer, Schnutenpolierer, Schnutenputzer, Schnutenschraper, Schnutenwichser, Seifenhengst, Seifenkünstler, Seifenpinsel, Stoppelhobler, Stoppelkratzer, Stoppelmäher, Stoppelrat, Stoppelschaber, Stoppelschinder, Stoppelschneider, Stoppelschraper, Stoppelstutzer. *Rasiermesser:* Barthobel, Bartsäge, Borstenhobel, Borstensense, Felleisen, Gesichtsmäher, Kratzeisen, Stoppelhobel, Stoppelmäher, Stoppelroder. *elektrischer Rasierapparat:* Barthobel usw. mit Stecker. *Rasierpinsel:* Borstenbesen, Gesichtsbesen, Goschenbesen, Krautbesen, Rasenbesen, Schnauzenbesen, Schnurrenbesen, Schnutenbesen. *er ist unrasiert:* er hat Fisch gegessen, die Gräten gucken raus.

61.5 Handpflegerin

Maniköse, Nageline, Pfotendiakonisse. *Nagellack:* Krallenblut, Krallenlack, Krallentinte. *Nagellackentferner:* Krallengift, Perlenzersetzer, Perlmutterfresser. *lackierte Fingernägel:* Perlentaucherhände, Perlmutterkrallen. *rotlackierte Fingernägel:* blutige Krallen, blutige Nägel, rote Krallen. *rote Lippen und rote Nägel:* Maul- und Klauenseuche.

61.6 Fußpflegerin

Pedalöse, Pediköse.

61.7 Masseuse

Frau Folterknecht, Frau Reibrat, Kratzbürste, Streichelarsch, Streichelfee, Streichelfose, Streichelhäschen, Streichelkätzchen, Streichelmaid, Streichelmaus, Streichelmieze, Wühlmaus.

61.8 Masseur

Bildhauer, Fleischhauer, Folterknecht, Herr Reibrat, Reibungsfaktor, Streichelheini, Streichelmaxe.

61.9 massieren

bildhauen, durchwalken, fleischhauen, foltern, streicheln, wühlen.

61.10 Massagegerät

eiserne Jungfrau, Zauberstab, Vibro.

62 Hygiene

Badewannenreligion, Desodorantismus, Seifenkultur, unbefleckte Erkenntnis, Waschmittelalter, Wasserkultur.

62.1 Säuberung

Hausputz, große Wäsche, Scheuerfest. *ungenügende Säuberung:* Katzenwäsche, Zifferblattwäsche.

62.2 Säuberungsgeräte und -utensilien

Bidet: Gebärmutteranhänger, Rundkachel, Scheibenwaschanlage, Steckbecken, Xanthippes Becken. *Waschbecken:* Katzenwaschbekken, Schaumterrine, Spielbecken. *Waschschüssel:* Hundenapf, Pißpott. *Seife:* Bohnerwachs, Hautgift, Wichsschmiere. *Schwamm:* Glatzenkamm, Herumtreiberkamm. *Gummischwamm:* Fleischkuchen, Preußischer Leberkäs, Rubbelgummi. *Lufaschwamm:* Rubbelkürbis, Seegurke. *Waschlappen:* Feigling, Stinklappen, Wischlappen. *Handtuch:* Keeler-Anzug, Zwehle. *Frottiertuch:* Rubbeltuch. *Zahnbürste:* Badezimmerorchidee, Maulhobel, Plombenschrubber, Schnauzenbesen. *Zahnpasta:* Plombenputz, Schnauzenputz. *Nagelbürste:* Fingerschrubber, Nagelschrubber. *Fußbodenbürste mit Stiel:* Feuel, Handeule, Leuwagen, Scheuerbürste, Schrubber. *Bodenlappen:* Aufwischlappen, Feudel, Scheuerlappen. *Besen:* Feger, Handbesen, Kehrbesen, Mopp. *Staubtuch:* Flederwisch, Hasenpfote. *Staubsauger:* Bodenventilator, Heulbesen, Staubsäugling, Vampir. *Teppichklopfer:* Arschklopfer, Ausklopfer, Datscher, Pletsch, Pretsch.

62.3 Sauberkeit

Putzfimmel, Putzsucht, Wassersucht. *deutsche Sauberkeit:* Waschmitteldeutsch.

62.4 sauber

blitzblank, blitzsauber, stubenrein, unbefleckt, weißer als weiß, wie frischgefallener Schnee.

62.5 säubern

ausmisten, feulen, misten, plädern, stöbern, klar Schiff machen, rein Deck machen, den Boden mit dem feuchten Lappen aufheben. *waschen:* auswaschen, durchwaschen, durchziehen, fladern, spülen. *Wäsche:* Schnee. *Wäschebeutel:* Ball-Handtäschchen, Theatertäschchen, Pompadour. *Wäschekorb:* Miefkiepe. *Wäscherei:* nasser Betrieb. *Waschfrau:* Chlortante, Fladerin, Frau Reinlich, Waschbär, Waschbesen. *Wäschetrockner:* Wäschestern. *baden:* naßwichsen, pflutzen, private FKK betreiben. *Badezimmer:* Goldfischbassin, Wichsbude. *Badezelt:* Baderof, Roven (15. Jahrh.). *Duschraum:* Brausebad, Selterbad, Regenzimmer. *Badewanne:* Atlantik des Heimkapitäns, Ozean des kleinen Schiffers, Patschenwanne, Sitzbad, Vollbad, Wan-

nenbad, Wechselbad. *Sitzbadewanne:* germanisches Hockergrab. *Badetuch:* Frottierwindel, Rubbeltuch, Rubbelwindel.

62.6 sauberer Mensch

Putzteufel, Waschmittelstürmer. *Putzfrau:* Bodenmasseuse, Frau Putz, Parkettakrobatin, Parkettkosmetikerin, Putzbolzen, Ritzenreinigungsgenie, Saugfee, Schrubberbesen, Wassersteiner.

62.7 Schmutzbewältigung

Spuckbecken: Rotzbecken, Speibecken, Spucknapf. *Ausgußbecken:* Handstein, Spülstein, Spüle. *Abwasserleitung:* Floß, Rinnstein, Siel. *Abfallbehälter:* Ascheneimer, Dranktonne, Flüstertonne, Mülleimer, Mülltonne. *Abfallschacht:* Aschenschütte, Dreckrachen, Müllschlucker. *Abfallfahrer:* Aschenprinz, Kulturwart, Matratzenfahrer, Mistbauer, Mistkäfer, Mistkutscher, Müllionär, Müllkutscher, Müll-Ulan, Stinkfuhrmann, Tonnengorilla. *Abfallwagen:* Abfuhrkutsche, Müllwagen, Stinkfuhre. *Abfallsortierer:* Perlenfischer. *Abfallberg:* Monte Scherbelino. *Abfallverbrennungsanlage:* Dreckkrematorium, Feuerbestattungsinstitut, Magistratsmülleimer. *Kläranlage:* Klärfeld, Rieselfeld, Senkgrube.

62.8 Beschmutzung

Biesterei, Ferkelei, Sauerei, Schmuttelei, Schweinerei, Sudelei, Wutzerei. siehe auch *Mysophilie:* 71.

62.9 beschmutzen

bekleckern, bematschen, besabbern, besauen, beschlabbern, beschlackern, beschmuddeln, beseibern, betruddeln, einsauen, kleckern, matschen, sabbern, schlabbern, schlackern, schmuddeln, seibern, truddeln, verdrecken, versaubeuteln, versauen, vollmachen. siehe auch *sich beschmutzen:* 71.4.

62.10 Schmutz

Drank, Dreck, Kahm, Matsch, Mist, Müll, Placken, Pladder, Quatsch, Schammas, Schlamm, Schmadder, Schmant, Schmiere, Schmuttel. Dreck und Speck, gedrängte Wochenübersicht, angebrochenes Sacktuch. Konjunkturmüll, Wohlstandsmüll. Dung, Dunghaufen, Jauche, Jauchegrube, Mist, Mistgrube, Misthaufen, Odel, Odelfaß. *Schmutzfleck:* Landkarte, Pladder. *Schmutzkruste:* Plack. *Schmutzrand:* Trauerrand. siehe auch 71.2.

62.11 schmutzig

dreckig und speckig, dunkelweiß, finnig, klaterig, mistig, muddelig, pickelig, schlunzig, schmuddelig, schmunkig, schmutzstarrend, in Dreck und Speck, in unbeschreiblichem Zustand. Wenn man ihn an die Wand schmeißt, bleibt er kleben.

62.12 schmutzig sein

ferkeln, matschen, quatschen, schweinigeln, sauen, sudeln, im Dreck wühlen, vor Schmutz starren, zum Himmel stinken, aus allen Knopflöchern stinken.

62.13 schmutziger Mensch

Dreckfink, Dreckhammel, Drecksack, Dreckskerl, Dreckspatz, Schmierfink, Kackmeier, Matschkittel, Saukerl, Saunickel, Schmierfink, Schmierlapp, Schmutzkittel, Schweinematz, Sudelkoch, Wutz. *schmutzige Frau:* Drecksau, Dreckschwalbe, Dreckspatz, Flederwisch, Grammel, Hudelmetz, Kübel, Lusch, Lusche, Miesel, Mießige, Mistvieh, Morastel, Müllkute, Sandige, Sau, Schlampe, Schlampampe, Schlapfe, Schlumpe, Schlunze, Schmuddelliese, Strampe, Trulle, Wanze, Zotte, Zwiebel. *Schmutz unter den Fingernägeln:* Hoftrauer. *schmutzige Fingernägel:* Trauerränder. *Schweißfüße:* Saftquanten, Schweißquanten. *ungewaschene Scheide:* Fischbüchse, Fischdose. *Frau mit unsauberer Scheide:* Brunzel, Büchsenfisch, Dosenfisch, Grammel, Knoblauchzwiebel. siehe auch *mysophiler Mensch:* 71.1.

62.14 schmutziger Ort

Dreckloch, Drecknest, Dreckstall, Flohbude, Flohkiste, Flohzirkus, Hundeloch, Kuhstall, Lotterwirtschaft, Saubude, Saustall, Schweinestall, Sudelküche, Wanzenbude, Wanzenburg, Wanzenloch.

63 Krankheit

Pubertätsstruma: Schulkropf. *Chlorose:* Jungfernbleiche. *Hypertrichose:* Damenbart, Hahnenfiedrigkeit. *Dysuria psychica:* Harnstottern. *Harnröhrenreizung nach Genuß von unausgegorenem Bier:* Biertripper, kalte Pisse.

63.1 Geschlechtskrankheit

Geschlechtskrankheit im allgemeinen: Dreck, Gichter, Musik, Sand. Denkzettel, Galanterie, Hurenspiegel, Liebesandenken, Liebesgabe, Präsent, Studiengebühr, Vergißmeinnicht, Vergnügungssteuer, Verkehrshindernis, Verkehrsstörung, Verkehrsunfall, Visite, Visitenkarte, es (es kommt in den besten Familien vor. Wo hat er sich's denn geholt? Hat er's schon gehabt?). *Gonorrhöe:* Auslauf, Ausläufer, bitterer Tropfen, falsches Gepiß, Frau G., Frau T., die halbe Muse, die halbe Musik, die kleine Galanterie, Haushaltsausschuß, Herr G., Herr T., Hosenkatarrh, Laufbursche, Laufer, Laufjunge, die Liesl, Nassauer, Perlfluß, der Reisende, Rinnerle, Rohrgeschwür, Rohrschaden, Schnupfen, Souterrainschnupfen, Stram, Straucken, die Susi, Tiefausläufer, Tripper, Trompete, Tropfen, Überfluß, Uferschaden, Untenausläufer. *Gonorrhöe und Syphilis:* Dreck und

Speck. *Syphilis und Gonorrhöe:* die Breiten und die Gespitzten, Pauken und Trompeten. *Vaginalgonorrhöe:* Uferschaden am Wasserfall. *Analgonorrhöe:* Arschtripper, Mastdarmtripper. *Morgentropfen bei chronischer Gonorrhöe:* Bonjourtropfen. *Syphilis:* Barach, die Breiten, Emigrantengalanterie (1800), große Galanterie, Franzosen, Franzosenkrankheit, Ger, Geschlechtspest (15. Jahrh.), Gnatz, Gnatze, Janitscharenmusik, Louis, Lustseuche, die ganze Muse, die ganze Musik, die türkische Muse, Parach, Pauke, Rauber, Frau S., das große S, Schebatz, Schinn, Schorges, die Siff, der Siffel, Speck, Tatterich, Türkenmusik. *Syphilid, Syphilom:* Bombenpapps (papulöses Syphilid), Fekele, Pauker, Rauber, Sexanthem, welsche Bossen. *Ulcus durum:* harter Schanker, Pauke, Räuber, Schusterwarze, die Gespitzten. *Corona veneris:* Venuskranz. *Leucoderma colli syphiliticum:* Halsband der Venus, Venushalsband. *syphilitische Verformung der Schädelknochen:* olympische Stirn. *syphilitische Verformung der Nasenknochen:* Sattelnase. *syphilitisch infizierte Scheide:* Syphilisklamm. *syphilitisch infizierter Penis:* Musikantenknochen mit Türkenmusik, weiches Gestell, zerbrochene Pfeife. *syphilitische Stimmverformung:* Abteilungsheiserkeit. *syphilitisch:* angenäht, bunt, geflickt, gesteppt, kariert, melatsch, nasvolo, schaberisch, zerrissen. *Balanitis:* Eicheltripper, Kopfschuß. *Salpingitis:* Tubenkatarrh. *Ulcus molle:* weicher Schanker, Siechtag, Siemen. *Kondylom:* Feigwarze, Schusterwarze, Tripperwarze. *Herpes labialis:* Liebesknötchen. *von braunen Zysten befallene Eierstöcke:* Schokoladentuben. *Leukorrhöe:* Weißfluß, weißer Fluß. *Orchichorie:* Eiertanz, Hodentanz. *Paraphimose:* spanischer Kragen. *Pfeiffersches Drüsenfieber:* Kußkrankheit. *Haut- und Geschlechtskrankheiten:* Haut und Fotze, Haut und Möse, Haut und Pfeife, Haut und Schwanz. *alle Geschlechtskrankheiten zusammen:* Pauken, Trompeten und Türkenmusik. *infizierter Penis:* Giftspritze, grüner Junge, heißes Eisen. *Infektion am Penis:* Dreck am Stekken, Rauber auf der Kerze. *Infektion an der Scheide:* Futwarze.

63.2 venerisch infizieren

jemanden ansandeln, jemanden anschmieren, jemanden brennen, jemandem etwas auf den Hals laden, einer Sand in die Büchse streuen, einer Sand in die Mühle schmeißen, einer Sand ins Getriebe schmeißen, einer eine anhängen, einer eine verpassen. *Geschlechtsverkehr, bei dem man sich ansteckt:* befleckte Empfängnis. *mit Gonorrhöe infizieren:* in Fluß bringen. *Redewendungen über gonorrhoische Infektion:* es hat geschnackelt. steter Tropfen höhlt das Bein. steter Tropfen höhlt das Mark. Elftes Gebot: Du sollst nicht ficken, wenn du Dreck am Stecken hast.

63.3 geschlechtskrank

angesandelt, heiß, radioaktiv, nicht stubenrein. lochkrank, mösenleidend, nillenkrank, pfeifenleidend, pfeifenkrank, schwanzkrank.

63.4 geschlechtskrank werden

sich etwas aufsacken, sich etwas holen, sich die Musik holen, sich die Gießkanne verbiegen, sich den Lauf verstopfen, sich die Pfeife verklopfen, sich den Schwanz verbrennen, sich das Horn verknacksen, sich einen wegfangen, sich einen zuziehen, sich verderben. den Kopf in den Sand stecken, aus trüben Quellen schöpfen, ins Unreine ficken, einen Otto bauen, einen Türken bauen. *sich oral infizieren:* von Mund zu Mund gehen. *sich mit Gonorrhöe infizieren:* sich die Trompeten holen. *sich mit Syphilis infizieren:* sich die Janitscharenmusik holen, sich die Türkenmusik holen.

63.5 geschlechtskrank sein

wie auf Eiern gehen, etwas am G. haben, etwas an der Gießkanne haben, auf der Nase liegen, nicht richtig im Kopf sein. *Gonorrhöe haben:* in Fluß sein, tropfen. *Syphilis haben:* Quecksilber im Leib haben (bedeutete früher: eine Merkuriumkur durchmachen; heute dagegen stets: syphilitisch sein, einerlei, ob bereits in Behandlung oder nicht).

63.6 Patientin

eine ganz futsche Frau (dieser Ausdruck geht angeblich auf eine Fernsehsendung zurück, in der zwei Kinder während einer surrealistischen Ausstellung unbeobachtet von Kamera und Mikrophon belauscht wurden. Vor einem Magritte, einem in konzentrische Ringe aufgeteilten Frauentorso, fragte das kleine Mädchen: «Und was ist das?» Der kleine Junge, wie aus der Pistole geschossen: «Das ist eine ganz futsche Frau!» Der Ausdruck wurde in den späten sechziger Jahren sehr populär und galt vor allem als Synonym für «geschlechtskranke Frau»). *Gonorrhöe-Patientin:* Giftschlange, Gonokokkenmutterschiff, schiefes Gepiß, Tropfloch. *Syphilitikerin:* räudiges Schaf, trübe Quelle, Sandige, Wehnuß.

63.7 Patient

Kryptorchismuspatient: Klopfhengst (Kryptorchismus: Retention der Hoden im Leistenkanal oder in der Bauchhöhle). *geschlechtskranker Mann:* Brunnenvergifter, Giftspritzer, Verkehrssünder.

63.8 Diagnose, Therapie

Arztbesuch: Fleischbeschau, Fleischkontrolle, Fleischparade, Visite. *anstrengende, erfolglose Therapie:* Gäulskur, Pferdekur, Roßkur. *Untersuchung einer Frau auf Geschlechts-*

krankheit: Büchsenbeschau, Dosenbeschau, Foseninspektion, Mösenvorführung, Punzenschau, Spundlochkontrolle. *Untersuchung eines Mannes auf Geschlechtskrankheit:* Nillenbeschau, Pfeifeninspektion, Schwanzrevue, Spundkontrolle, Spundschau. *militärärztliche Gruppenuntersuchung von Soldaten:* Nillenparade, Pfeifenkonzert, Schwanzparade. *polizeiärztliche Gruppenuntersuchung von Prostituierten:* Fosenappell, Fosenparade, Punzenappell, Punzenparade. *Merkuriuminunktionstherapie der Syphilis:* Schmierkur. *ärztlich untersuchen:* ninschen. *ärztlich untersucht werden:* Modell stehen. *ärztlich:* medizynisch. *Kosten der ärztlichen Behandlung:* Metzgerrechnung, Schneiderrechnung. *Kosten einer Gonorrhöe- oder Syphilisbehandlung:* Lustbarkeitssteuer Schulgeld, Studiengebühr, Vergnügungssteuer.

63.9 Medikament

Merkurium zur Syphilistherapie: Blei, Blei in den Gliedern, Blei in den Knochen, Quecksilber, Quecksilber im Leibe, Quecks, der silberne König der Erde. *Penicillin zur Gonorrhöetherapie:* Schnupfensalbe. *Merkursalbe gegen Filzläuse:* Reitersalbe, Reutersalbe. *Präventivmittel gegen venerische Infektion:* Nahkampfmittel, Unfallverhütungsmittel, Verkehrsmittel, Verkehrsschutz. *Präventivmittel in der Soldatensprache:* kleines Sturmgepäck, Nahkampfwaffen. *Volksmedikamente:* Frauenbutter, Menschenschmalz (aus Frauenmilch gebutterte Salben, die gegen alle venerischen Erkrankungen helfen sollen). *Abführmittel:* siehe 72.8. *Empfängnisverhütungsmittel: 16.1. Abtreibungsmittel:* 16.8. *Droge:* 57.

63.10 medizinisches Instrument

gynäkologischer Untersuchungsstuhl: Pflaumenbaum, Rasiersessel, Tiroler. *Operationstisch:* Nähtisch, Schlachtbank. *Operationsschale:* Grätenteller. *Speculum vaginae:* Büchsenspanner, Dosenspanner, Entenschnabel, Flaschenöffner, Fotzenfernrohr, Fotzenoptik, Lorgnette, Mutterspiegel, Pflaumentrumeau. *Kürette:* Kratzeisen, Löffel, Nachharke, Schaumkelle. *Geburtszange:* Gebärvater. *Tripperspritze:* Maschinengewehr. *Zirkumzisionsmesser:* Zigarrenabschneider. *Abtreibungsinstrumente:* siehe 16.7. *Klistier:* 72.9.

63.11 Operation

Anstich, Schächtung, Schlachtung, Schneiderei. *gynäkologische Operation:* Gluntreparatur. *kosmetische Operation:* siehe 61.1. *Abtreibung:* 16.5 *Zirkumzision:* Beschneidung, Enthauptung.

63.12 Arzt

Bazillensammler, Begerer, Fulceri, Fürwitz, Fuscher, Pöckerer, Rauf, Schinder, Schlächter, Storcher, Storger, Tinkturian. *Ärztin:* Trichine. *praktischer Arzt:* Wald- und Wiesendoktor, Feld-, Wald- und Wiesendoktor. *Vertrauensarzt:* Rentenentzieher, Rentenkürzer. *Chefarzt:* Medizinpapst, großer Medizinmann. *Unterarzt:* kleiner Medizinmann. *Frauenarzt:* Armaturhobler, Armaturspengler, Balalaikazupfer, Batterieinspektor, Büchsenflicker, Büchsenpolierer, Büchsenreparierer, Büchsenschuster, Büchsenspengler, Bürstenbinder, Bürstenschuster, Buttenpolierer, Buttenschuster, Damenschneider, Doktor Loch, Dosenflicker, Dosenlöter, Dosenpolierer, Dosenschuster, Dosenspengler, Feigenpolierer, Feigenschlosser, Feigenschuster, Fingerling, Flaschenöffner, Foseninspektor, Fotzeninspektor, Fotzenklempner, Fotzenmechaniker, Fotzenoptiker, Fudspanner, Fummelklempner, Fummelschuster, Gluntbürster, Gluntrichter, Höhlenforscher, Humsendrücker, Humsenrichter, Kaminfeger, Kartuschenreparierer, Kartuschenspengler, Klumsenbrenner, Klumsenspengler, Lochschaber, Nutteninspektor, Pletschenruinierer, Punzenriecher, Ritzenkratzer, Schamlippenoptiker, Scheidenhofrat, Scheidenprinzipal, Schlitzputzer, Spundlochriecher, Spundlochschuster, Zahnarzt, Zwetschenkonservierer. *Frauenarzt, der Abtreibungen vornimmt:* siehe 16.9. *Geburtshelfer:* 17.17 *Facharzt für Haut- und Geschlechtskrankheiten:* Abstinenzarzt, Bockpfeifer, Bullendoktor, Doktor Loch, Doktor Schwanz, Facharzt für Haut und Fotze, Facharzt für Haut und Liebe, Facharzt für Hoch- und Tiefbau, Fellklempner, Fleischbeschauer, Flötenspengler, Gießkannenmechaniker, Gnatzenjäger, Gonokokkenfischer, Herrenschneider, Hosenstallknecht, Klötengreifer, Klötenklempner, Klötenschuster, Kratzer, Krätzeschaber, Lasterinspizient, Nillenflicker, Parachschaber, Penicillinbaron, Pfeifenbohrer, Pfeifenklempner, Pfeifenreiniger, Pfeifenschmied, Pfeifenzieher, Piepenzieher, Pietzkenflicker, Pitzeflicker, Riemenschneider, Rüsselschaber, Schankerklempner, Schankermechaniker, Schwanzbeschauer, Schwanzseher, Spirochätenklempner, Spitzeflicker, Spritzeningenieur, Spritzenjongleur, Spritzenklempner, Spritzenschlosser, Stallknecht, Steuerprüfer, Trichinendoktor. *Arzt, der Sterilisierungen vornimmt:* Beutelschneider, Klötenklipper, Knips, Kugelschneider, Sackschneider. *Facharzt für Rektoskopie:* Armdoktor, Arscheologe, Arschlochgeometer, Arschrat, Popodist, Popologe, Poposoph. *Rektoskopin:* Klistierfunse. *Urologe:* Nachttopfschwenker, Pipiloge, Pipilot, Pißforscher, Puschiater, Rohrleger, Schiffbauingenieur, Urinoko, Urinpro-

phet, Wasserdoktor. *kosmetischer Chirurg:* 61.1. *Gehirnchirurg:* Deezbohrer. *Nervenarzt:* 64.4. *Psychoanalytiker:* 64.7. *Polizeiarzt:* Fallensteller, Klapsgreifer, Leichendoktor, Schwermacher. *Polizeiarzt, der Prostituierte auf Geschlechtskrankheiten kontrolliert:* Aufsichtsrat, Batterieinspektor, Doktor Loch, Fleischbeschauer, Foseninspektor, Fotzenoptiker, Höhlenforscher, Humsendrücker, Kieker, Lasterinspizient, Meister vom Stuhl, Nuttenfilter, Punzenriecher, Ritzenkratzer, Schamlippenoptiker, Spundlochriecher, Verkehrspolizist. *Mann, der sich fälschlich als Arzt ausgibt:* Fehlinger, schwarzer Doktor, Schwarzarzt. *Tierarzt:* Bullenextraktagent, Bullenextraktor, Gaulsdoktor, Gleistrampelmarodipink, Kuharschastronom, Kuhdoktor, Kuhflicker, Pferdedoktor, Pferdeflicker, Pferdekarboler, Roßdoktor, Rucksackbulle, Rucksackstier, Sackschneider, Viechdoktor, Viehdoktor, Viehmuse, Ziegendoktor, vierbeiniger Doktor, zweibeiniger Stier.

63.13 Krankenschwester

Aspirinengel, Aspirineuse, Aspirinfee, Aspirinmaus, Aspirinmieze, Aspirinschnecke, Aspirinsirene, Aspirinstute, Himmelfahrtsschaffnerin, Hospitalfee, Hospitalmaus, Hospitalmieze, Hospitalschnecke, Hospitalsirene, Jodbürste, Jodistin, Karbolengel, Karbolfee, Karbolgeist, Karbolmaus, Karbolmieze, Karbolschnecke, Karbolsirene, Kittelbiene, Krautsäge, Lazarettbosten, Lazarettengel, Lazarettsirene, Lazarinchen, Leichenmuse, Lysolengel, Lysolfee, Lysolgeist, Lysoline, Lysolmaus, Lysolmieze, Lysolschnecke, Öse, Pflasterbüchse, Pflasterdose, Pflasterkästchen, Pflegemaus, Pillenengel, Pillenfee, Pillenmaus, Pillenmieze, Pillenschnecke, RK (reizender Käfer), RKS (Rote-Kreuz-Schwester), Spitalengel, Spitaleuse, Spitalfee, Spitalgeist, Spitalmaus, Spitalmieze, Spitalschnecke, Spitalsirene, Spitalwachtel, Spritze, Spritzenjongleuse, Stationesse, Stationöse, Wickelkind. Bettpfannenköchin, Bettpfanni, Bouillonköchin, Klistierfunse, Kübelfee, Leibschüsselköchin, Mistkäfer, Nachttopffunse, Pißpottschwester. *koitierwillige Krankenschwester:* Bettschwester, Lazarettmatratze, rote Kreuznutte, rote Kreuzotter, roter Kreuzschlitten, Schwester fürs Herz. *Oberschwester:* Hospitalschreck, Karbolwalküre, Karbolwalze, Karbolzicke, Lazarettmutter, Lysolhyäne, Lysolwalküre, Lysolzicke, rote Kreuzhyäne, rote Kreuzwalküre, rote Kreuzzicke, roter Kreuzdragoner. *Hebamme:* siehe 17.18. *Physiotherapeutin:* Arbeitgeberin.

63.14 Krankenhaus

Beckerbais, Beckerkitt, Beckerwinde, Besserungsanstalt, Gesundheitsfabrik, Knochenbude, Pöckerkitt, Pöckerwinde, Reparaturanstalt, Teewinde, Tinkturium, Verwesungsgarage, Verwesungsheim. *Frauenkrankenhaus:* Armaturhoblerei, Armaturspenglerei, Batteriefabrik, Büchsenflickerei, Büchsenschusterei, Büchsenspenglerei, Bürstenschusterei, Buttenspenglerei, Buttentischlerei, Damenschneiderei, Dosenflickerei, Dosenschusterei, Dosenspenglerei, Feigengärtnerei, Flaschenfabrik, Fosenschusterei, Fosenspenglerei, Fosentischlerei, Fotzenklempnerei, Fotzenschusterei, Fotzenspenglerei, Fotzentischlerei, Fudspenglerei, Fummelklempnerei, Gluntbürsterei, Humsenhoblerei, Humsenschusterei, Humsenspenglerei, Humsentischlerei, Kartuschengarage, Kartuschenwerkstatt, Klumsenbrennerei, Klumsenspenglerei, Pletschenhoblerei, Pletschentischlerei, Porzellanfabrik, Punzenspenglerei, Puppenklinik, Ritzenhobelwerkstatt, Ritzenreparatur, Scheidenwerkstatt, Schlitzflickerei, Spundlochreparatur, Spundlochschusterei, Zahnwerkstatt, Zwetschengärtnerei, Zwetschenpflanzung. *Hospital für Haut- und Geschlechtskrankheiten:* Abstinenzklinik, Behandlungskammer, Entwöhnungsheim, Fellklempnerei, Flötenklempnerei, Franzosenhaus, Gießkannengarage, Gnatzenflickerei, Gonokokkenbunker, Herrenschneiderei, Hospital für Haut und Fotze, Hospital für Haut und Liebe, Hungerkloster, Klötengarage, Klötenspenglerei, Kurzwarengeschäft, Lasterbunker, Musikpavillon, Nillengarage, Penicillinversorgungsanstalt, Pfeifengarage, Pfeifenklinik, Pfeifentischlerei, Pietzkenflickerei, Reparaturwerkstatt für zerbrochene Pfeifen, Riemenschneiderei, Ritterburg, Rüsselkäfig, Schankerkasten, Schwefelkasten, Schwanzgarage, Schwanzklinik, Spirochätenbunker, Spritzenhaus, Steuerprüfungsinstitut, Trokkendock, Trompetenschuke, Wallachei, Zirkus Salvarsani, Zölibatorium. *Redewendungen:* Es kommt ihn an wie das Laufen in Grimmental (Grimmental war der Wallfahrtsort der Syphilitiker im 15. Jahrh.). *Entbindungsklinik:* siehe 17.16. *kosmetische Klinik:* 61.1. *Nervenklinik:* 64.3. *psychoanalytisches Institut:* 64.8.

63.15 Apotheke

Giftküche, Giftladen, Pillenmühle, Tinkturium. *Apotheker:* Fuscher, Giftkoch, Giftmischer, Pillendreher, Retortenheini, Tinkturian.

64 Psychopathologie

Grillenforschung, Meisenkunde, Rappelkunde, Spinnlehre, Vogelkunde. Fimmelsophie, Klapsologie, Knacksologie, Knalliatrie, Manoliatrie, Spinnologie, Spleeniatrie.

64.1 Schwachsinn
Ballonleck, Batterieausfall, Brägenschwund, Dachschaden, Kopf- und Maulsperre, Stromausfall. ausgelaufene Kokosnuß, ausgetrockneter Kürbis, undichter Ballon, undichter Giebel.

64.2 Irrenanstalt
Abteilung Klaps, Baastkiste, Dachschadenpalast, Dalldorf, Drallkasten, Drehscheibe, Drehwinde, Fimmelburg, Gitterbett, Gugelhupf, Gummihaus, Gummihütte, Holzhammerwerk, Hotel zum schwachen Geist, Hupla, Internat, Klapsanstalt, Klapsmühle, Knacksbaracke, Knallbaude, Kollerbude, Kopfschußbunker, Luftschloß, Mallkaserne, Manolifabrik, Meisenheim, Nervenzwinger, Plemplemmerie, Puschelwinde, Rappelkasten, Sparrenweide, Spinnerei, Spleenschuppen, Stichplatz, Stußbude, Ticktimpe, Tollkiste, Trallerkasten, Trallkasten, Trieselbrennerei, Trillerhaus. Affenkasten, Idiotenkäfig, Irrenhaus, Kauzkäfig, Kretinbunker, Narrenhaus, Schautenweide, Spinnerfarm, Sumserhorst, Vogelkäfig.

64.3 psychiatrische Klinik
Batteriereparaturwerkstatt, Brägenräucherei, Charakterdock, Dachdeckerei, Deezbrennerei, Dunstkiepenwäscherei, Gedankenraffinerie, Gefühlsbergwerk, Gehirngerberei, Gemütsfärberei, Giebelschlosserei, Grindputzerei, Gripslabor, Grützmühle, Hirnwerkstatt, Kopfwäscherei, Oberstübchenausräucherei, Psychopavillon, Psychosenklappe, Psychosenstall, Seelenbäckerei, Triebwerk, Verstandsmanufaktur. Graupenacker, Grillennest, Mottenkiste, Muckenbucht, Piepmatzkäfig, Raupendrescherei, Rosinenfarm, Schlangengrube, Vogelhaus, Zirkus der weißen Mäuse.

64.4 Psychiater
Ballonflicker, Ballonforscher, Ballonführer, Ballonkutscher, Ballonlenker, Ballonsteuermann, Batterieinspektor, Batterielöter, Birnenpolierer, Brägenputzer, Charakterflicker, Charakterschuster, Charakterspengler, Dachdecker, Dachinspektor, Dachklopfer, Dr. Baast, Dr. Klaps, Dr. Knacks, Dr. Knall, Dr. Koller, Dunstkiepenputzer, Dunstkiepenreiniger, Gedankenbader, Gehirnflikker, Gehirnklempner, Gehirnputzer, Gehirnspengler, Gemütsrestaurateur, Giebelarchitekt, Giebelklopfer, Grindklopfer, Grindputzer, Gripsklempner, Hirnklempner, Hirnschuster, Hirnspengler, Hirntischler, Kabbesflicker, Kabbesklempner, Kabbesputzer, Kopfschlosser, Kopfschuster, Kopfspengler, Kopftischler, Kürbisflicker, Kürbisputzer, Oberstübchenreiniger, Psychoklempner, Psychosenmatz, Schlangenfänger, Schlangenjäger, Seelenbader, Seelenflicker, Seelenklempner, Seelenlöter, Seelenpolierer, Seelenputzer, Seelenschuster, Seelenspengler, Seelensteuermann, Seelentischler. *Chefarzt einer Nervenklinik:* Psychopatriarch. *Psychometriker:* Gripstester. *Pastoralpsychologe:* Psychopater. *Neurochemiker:* Gedankenkoch, Gefühlspillendreher, Gehirngerber, Psychokoch, Seelenchemiker. *Irrenarzt:* Grillenaufseher, Grillenchef, Grillendirektor, Gummigerber, Idiotenfänger, Idiotengreifer, Idiotenhäuptling, Idiotenintendant, Idiotenklopfer, Idiotenmanager, Idiotenmeister, Idiotenrektor, Idiotentribun, Klapsdoktor, Klapsflicker, Klapsgreifer, Klapsmühlentreuhänder, Klapsmüller, Mallendreher, Mallengerber, Mallenkapitän, Mallenrat, Mallentribun, Mottenaufseher, Mottenboss, Mottenchef, Mottendirektor, Mottenführer, Mottenhäuptling, Mottenmeister, Oberleitungsaufseher, Rappelkastenaufseher, Rappelkastenboss, Rappelkastenchef, Rappelkastenhäuptling, Rappelkastenintendant, Rappelkastenrat, Schlangenfänger, Schlangengerber, Schlangenjäger, Schwachstromtechniker, Trallerdoktor, Trallergreifer, Trallerkastenspengler, Trottelboss, Trottelchef, Trotteldoktor, Trottelputzer, Trottelrektor.

64.5 Psychiatrie
Ballonforschung, Dachdeckerei, Gehirnwäscherei, Gemütsspionage, Giebelreinigung, Kopfjagd, Schwachstromtechnik, Seelenleserei.

64.6 Psychoanalyse
Anneliese, Brägenmassage, Genitalmud, Ödipussage, Seelenspionage. Gedankenjagd, Gedankenfang, Gedankenleserei, Graupenjagd, Graupenfang, Graupenzucht, Grillenjagd, Grillenfang, Grillenzucht, Mallenjagd, Mallenfang, Mallenzucht, Meisenjagd, Meisenfang, Meisenzucht, Mottenjagd, Mottenfang, Mottenzucht, Muckenjagd, Muckenfang, Muckenzucht, Raupenjagd, Raupenfang, Raupenzucht, Rosinenzucht, Schlangenjagd, Schlangenfang, Schlangenzucht, Spinnenjagd, Spinnenfang, Spinnenzucht, Triebjagd, Triebfang, Triebspionage, Vogeljagd, Vogelfang, Vogelzucht.

64.7 Psychoanalytiker
Brägenbohrer, Brägenkratzer, Brägenpopler, Charakterinspektor, Charakterleser, Charakterspion, Charakterverkenner, Charakterzerfetzer, Dachbohrer, Dachkratzer, Deezbohrer, Enthemmer, Gedankenjäger, Gedankenleser, Gefühlsbohrer, Gefühlskratzer, Gefühlspopler, Gefühlszerfetzer, Gehirnwäscher, Gesundbeter, Grillenfabrikant, Grillenfänger, Grillenfischer, Grillenjäger, Grindbohrer, Grindfetzer, Grindkratzer, Grindpopler, Gripsbohrer, Gripsdreher,

Gripskratzer, Gripspopler, Gripszerfetzer, Idiotenmacher, Kabbesbohrer, Kabbesdreher, Kabbesreißer, Kopfjäger, Mallenjäger, Meisenjäger, Mottenfänger, Menschenverkenner, Nasenwurmzieher, Psychodrechsler, Psychopopler, Raupenfänger, Raupenfischer, Raupenjäger, Seelenbohrer, Seelenfänger, Seeleninspektor, Seelenjäger, Seelenklosett, Seelenleser, Seelenpopler, Seelenreißer, Seelenspion, Seelenwäscher, Seelenzerfetzer, seelische Mülltonne, Spinnenfänger, Spinnenjäger, Triebfischer, Triebrat, Triebspion, Vogelfänger, Vogeljäger. *Tiefenpsychologe:* Tiefbauingenieur, Tiefbohrer, Tiefenfischer, Tiefenforscher, Tiefenheini, Tiefeninspektor, Tiefenkratzer, Tiefenpopler, Tiefenspion. *Chefarzt einer psychoanalytischen Klinik:* Gehirnwäschereibesitzer.

64.8 psychoanalytische Praxis

Grillenfalle, Meisenfalle, Neurosengarten, Seelenklosett, Spinnerei, Spinnstube. *Sofa des Analytikers:* Beichtstuhl. *psychoanalytisches Institut:* Besinnagoge, Gedankenlesestube, Gehirnwäscherei, Gesundbetschule, Seelenkläranlage, Seelenklärbecken, Seelenklärteich.

64.9 psychoanalysieren

gedankenlesen, gehirnwaschen, gesundbeten, grindfetzen, ödipussieren, raupendreschen. auf Graupenjagd, Grillenjagd, Kopfjagd, Meisenjagd, Mottenjagd, Muckenjagd, Raupenjagd, Triebjagd gehen. auf Gedankenfang, Seelenfang, Spinnenfang gehen. die Würmer aus der Nase ziehen, die Grütze abfüllen, den weißen Mäusen Zucker geben.

64.10 Neurose, Psychose

Dachschaden, Drall, Dreh, Fimmel, Klaps, Knacks, Knall, Koller, Kopfschuß, Luftschloß, Puschel, Rappel, Sparren, Spleen, Stich, Tick, Traller, Triesel, Triller. Meise, Piepmatz, Vogel. Psychöschen mit Rüsche, Psychöschen mit Schlitz, Psychöschen mit Reißverschluß. dunstige Kiepe, loser Ziegel, madige Birne, undichter Ballon, undichter Giebel, vergammeltes Innenleben. Durchfall im Deez, Gehirnverstopfung, Gripsgrippe, Gemütsstarrkrampf, Kabbeskatarrh. Er hat nicht alle Tassen im Schrank.

64.11 Neurotiker, Psychotiker

Englischhorn, Krummhorn, Querflöte, Querpfeife. Spinner, Spinnmaschine, Traumtänzer.

64.12 Neurotikerin

Grille, Malle, Meise, Motte, Raupe, Spinne, Vogel. verdrehte Fotze, wurleter Propeller, schräger Vogel.

64.13 Angst

Angst vor dem Alleinsein: Budenangst. *Angst vor dem Geschlechtsverkehr* (Cypridophobie, Genitalangst, Venerophobie): Fickmanschetten, Vögelschiß, weiße Leber. *Angst vor sexueller Bindung:* Distanzliebe (die Unfähigkeit, einen Menschen zu lieben, der in der Nähe ist), Schattenliebe (die Unfähigkeit, einen Menschen zu lieben, der verfügbar ist), Doppelliebe (die Neigung, sich stets gleichzeitig in zwei Menschen zu verlieben, so daß man vor sich selber ein Alibi hat, sich an keinen von beiden binden zu können). *Angst vor Männern* (Androphobie, Misandrie): Fracksausen, Kanonenfieber, Männerhaß, Männerscheu, Pfeifenangst. *Frau, die vor Männern Angst hat:* Bangbüchse, Bangdose, Gummipuppe, Marzipanpuppe, Schattenmorelle, Zimperliese. *Frau, die ihre Männerangst vor sich selbst verbirgt, indem sie sich vormacht, ihre Eltern nicht im Stich lassen zu können:* Familiensklave. *vor Männern Angst haben:* kein Pulver riechen können, sich vor jedem Schwanz in die Hosen machen, vor jedem Schwanz Mores haben, keinen Pfeifenrauch ausstehen können. *Angst vor Frauen:* (Gynäkophobie, Misogynie): Frauenhaß, Frauenscheu, Gänsehaut, Weiberhaß, Weiberscheu. *Mann, der vor Frauen Angst hat:* Bangbüxe, Drückeberger, Hasenherz, Pantoffelheld, Schlappschwanz, Schlotterhose, Waschlappen, banger Zibbel. Frauenhasser, Männerrechtler, Weiberfeind. *von Angst vor Entdeckung überschatteter Geschlechtsverkehr:* Angstpartie.

64.14 Verfolgungswahn

an Verfolgungswahn leiden: einen Haschmich haben, Gespenster sehen, die Welt voller Nachsteiger sehen, hinter jedem Baum einen Schnallentrecker vermuten.

64.15 Hysterie

Mutterweh, Weiberkoller, Lieschen-Müller-Koller.

64.16 Eifersucht

Alleinvertretungsanspruch, Fosenneid, Mösenneid, Punzenneid, Pfeifenneid, Schwanzneid. *sich in eine Liebschaft mit zwei Männern oder Frauen verwickeln, die aufeinander eifersüchtig sind:* in die Mühle geraten, zwischen zwei Feuer geraten.

64.17 Frustration

Frustration des Geschlechtsverkehrs: Angstpartie. *beim GV frustriert werden:* auf Raten ficken. *Mensch, der einen beim GV frustriert:* Anstandswauwau, Vögelscheuche. *jemanden beim GV frustrieren:* jemandem die Sache verbauen, jemanden nicht ranlassen, jemanden kalt ablaufen lassen, jemanden am steifen Arm verhungern lassen (steifer Arm = Penis erectus), sich querlegen. *Verweigerung des GV:* Liebesstreik. *jemanden durch Zurückhaltung frustrieren:* sich im Zaum halten, den Kopf über Was-

ser halten (d. i. im Scheidenvorhof koitieren, nicht tiefer eindringen), sein Pulver trocken halten (sich keine Ejakulation gönnen), nicht gegenhalten (keine Koitusbewegungen machen), nicht klemmen (die Scheidenmuskeln lasch halten), auf Sparflamme brennen (keine Gefühle zeigen), geizen (mit seinen Gefühlen sparen), sich haben, jemandem einen Dämpfer aufsetzen, jemanden kurzhalten, jemanden schmoren lassen, jemanden im eigenen Saft schmoren lassen, jemanden zappeln lassen. *frustrierende Frau:* nasses Biest, Scharfmacherin, Halbjungfer, Bruchbiene, Pißnelke. *frustrierender Mann:* Halbbauer, Sparvögler, Scharfmacher. *einen Mann zur Erektion bringen und dann nicht befriedigen:* scharfmachen, oben heiß und unten kalt machen, oben hui und unten pfui sagen, stehen und liegen lassen (stehen = erigieren). *eine Erektion haben und dann nicht befriedigt werden:* allein dastehen, vor dem Nichts stehen, wie der Ochse vorm zu'en Tor stehen, mit reingewaschenem Hals dastehen, es knüppeldick haben, eine auf dem Rohr haben, einen kalten Spieß haben, mit langer Nase abziehen (lange Nase = Penis erectus). *unfreiwillige Enthaltsamkeit:* Diät, Durststrecke, Fasttag, fleischlose Kost, Hungerkur, Hungersnot, Unterernährung, nichts Ordentliches im Leibe. *durch unfreiwillige Enthaltsamkeit frustriert:* abgezehrt, ausgehungert, hungrig, leer, ungefrühstückt, unterernährt, ohne einen warmen Löffel im Leibe, ohne Naß und Trocken. *unfreiwillige Enthaltsamkeit üben:* sich einen Dämpfer aufsetzen, ein Loch zurückstecken, ein paar Pfähle zurückstecken, kurztreten, fasten. «Und da fast täglich wie zum Hohn, ihm Knopf um Knopf abgeht, / hat er seinen Hosenlatz verflucht und zugenäht.» *Enthaltsamkeitskrankheiten:* Bräutigamseier (Neuralgia testis), Bräutigamswehen (Epididymitis sympathica), Ehemetritis (Parametritis posterior), Hasenherz (Phrenokardie), Jungfernbleiche (Chlorose), Keuschheitswimmerl, Liebesknötchen (Herpes labialis), Schwanzverstopfung (Paradidymitis sympathica). *Morgenerektion:* Mopila (morgendliche Pißlatte), Morgenständer, Nachtkerze, Schlafständer, Wasserständer, Wassersteife. *Pollution:* Abgänger, Achterl, Blauwasser, Huhn im Beutel, Jaucker, Käfferle, kalter Bauer, kühler Landwirt, Magermilch, Nachtopfer. *eine Pollution haben:* unter sich gehen lassen. *Kur der Frustration:* Stoßtherapie.

64.18 Hemmung

Bahnhof (sie kennt keinen Bahnhof), Bremsklotz (den Instinkten einen Bremsklotz vorschieben), Hemmschuh (seinen Gefühlen einen Hemmschuh anlegen), Maulkorb (sich einen Maulkorb umbinden), Notbremse (die Hemmung ist die Notbremse des Trieblebens), Riegel (den Versuchungen einen Riegel vorschieben), Sicherung (ihr ist die Sicherung durchgebrannt), Strang (über die Stränge schlagen), Tritt (er hat den Tritt verloren), Zaum (sich einen Zaum anlegen), Zügel (sie hat die Zügel schießen lassen), Zwang (seinen Gefühlen keinen Zwang antun). Hindernisrennen (für den Gehemmten ist das ganze Leben ein einziges Hindernisrennen), Hürdenlauf (der Kampf mit den Hemmungen ist der Hürdenlauf der Libido). *Hemmungen überwinden:* aus sich herausgehen, die Bahn freimachen, Hindernisse aus dem Weg räumen, die Zollschranken beseitigen.

64.19 Erektionsschwierigkeiten

Dehnungsprobleme, Schwellungsprobleme, Wachstumsschwierigkeiten. *Impotentia erigendi:* Blutarmut, Hinfälligkeit, totale Erschlaffung. *an Impotentia erigendi leiden:* nicht für jemanden geradestehen können, die Fahne nicht hissen können, nicht auf der Höhe sein, nicht gut imstande sein, einen schweren Stand haben, einen Platten haben, einen Weichen haben, weich werden, flau werden, klein beigeben, die Flagge streichen, die Waffen strecken, den Schwanz hängenlassen, erschlaffen, schlappmachen, umfallen, umkippen, zusammensacken. *Mann mit Impotentia erigendi:* Fisch ohne Gräten, kleine Portion, Mende, Pappenstiel, Rehleder, Ritter von der traurigen Gestalt, Schlappschwanz, sinkender Stern, Umfäller, Umkipp, Weichling, Weichtier, Wurm. *Penis eines erektionsunfähigen Mannes:* Fensterleder, Gummiknüppel, Halbmast, Haut, Häutl, Kipfel, Knetgummi, Knetmasse, Müdling, Pappenstiel, Rehleder, Schlappschwanz, Umfäller, Weichling, Weichtier, Wurm. angeknackster Rüssel, bamstige Nudel, eingebeulte Stoßstange, eingeschrumpfte Krawatte, geknackster Ständer, geknickter Ast, Fisch ohne Gräten, kaputter Schwanz, sinkender Stern, verbogene Flinte, verbogener Steven, weiche Banane, weiche Nudel, welker Stengel. *erektionsunfähig:* angeknackst, eingebeult, eingeschrumpft, flau, geknickt, kaputt, schlaff, schlapp, verbogen, weich, welk, nicht auf der Höhe, nicht gut imstande. *erektionsunfähiger Deutscher:* Schrumpfgermane. *Aufruf zur Erektion:* Kopf hoch! Alle Mann hoch! Brich dir man ja keinen ab! *Erektionsgeräte:* Baumstütze, Tragepfeiler, Tupf, Unterstützungsbeihilfe, Zigarettenhalter, Zumpfprothese (Penisstütze). Hut (Penisverlängerer). Verstärker (Gerät zur Reizverstärkung).

64.20 Ejakulationsschwierigkeiten
Ejaculatio deficiens: Ladehemmung, Leerlauf, Sendestörung, Sprinklerpanne, Spritzendefekt. Fieselregen, Nieselregen, Regenausfall. *an Ejaculatio deficiens leiden:* nieseln, tröpfeln, sickern, leerlaufen, trockenlaufen. seine Uhr steht still. *Mann mit Ejaculatio deficiens:* Kahlschlag, Trockenfisch, Trockenständer, Trockenstange. *Penis eines ejakulationsunfähigen Mannes:* ausgetrockneter Geiser, blockierter Spritzapparat, plombierter Zapfhahn, verkapselter Schaumkopf, versperrtes Spritzenhaus, verstopfte Fontäne. *Ejaculatio praecox:* Frühzündung, Lampenfieber, Vorfeier, Vorfreude, Vorläufer, Vorschuß. *an Ejaculatio praecox leiden:* zu früh schießen, Vorschußlorbeeren verteilen, seiner Zeit voraus sein. seine Uhr geht vor. *Mann mit Ejaculatio praecox:* Brausekopf, Flügelhorn, Frühzünder, Sturmvogel, Tropfhahn, Vorzeitmensch, Zappelphilipp. *Ejaculatio retardata:* Nachernte, Nachfeier, Nachgeburt, Nachspiel, Spätzündung, Verkehrsstockung. *an Ejaculatio retardata leiden:* nachbeten, hinter der Zeit zurücksein, der Zeit nachhinken, im Rückstand sein, den Anschluß verpassen. seine Uhr geht nach. *Mann mit Ejaculatio retardata:* Bummelzug, Kleckerficker, Nachläufer, Spätzünder, Stottervögler, Trödelbuxe, Trödelfritze, Trödelphilipp, Zeitzünder.

64.21 Potenzschwierigkeiten
mangelnde Potenz: Ehemüdigkeit, Ebbe, Flaute, Manneschwäche, Munitionsmangel. Stromausfall, Verkehrsstockung. Tropfen aus dem Stein («Einmal raus, einmal rein, / nur 'n Tropfen aus 'm Stein»). *potenzmangelnd:* blutarm, flau, lahm, lasch, lau, matt, müde, saftlos. kein Mark im Knochen, nicht im Schuß, ohne Saft und Kraft. *Mann mit mangelnder Potenz:* Flasche, Halbsäckel, Hutzel, Jammerlappen, Krücke, Lappen, Mezzofortist, Niete, Pappenstiel, Schlappier, Schlappsack, Schlappschwanz, Spittelfink, Waschlappen. elender Knochen, lascher Bock, müder Heini, müder Knochen, müder Sack, nasser Sack, nasses Handtuch, schlechter Stern, trauriger Sack, trübe Tasse. *Impotentia generandi:* Fehlzündung, Kahlschlag, Leerlauf, Minderlieferung. *impotent:* ausgeronnen, ausgefickt, ausgelaufen, ausgevögelt, erledigt, geschafft, kaputt, leer. *Ausrufe:* Aus der Traum! Na denn gut Nacht! *impotent sein:* nicht in Form sein, ab sein, geknickt sein, herunter sein, alle sein, erledigt sein, hin sein, so klein mit Hut sein, kein großes Licht sein, keinen Knochen am Leibe haben, die Zukunft hinter sich haben, auf dem Aussterbeetat stehen, keine Sprünge mehr machen können. der alte Knochen will nicht mehr, sein Sack hängt, der Traum ist aus, der Bart ist ab, auf dem sein Messer kannste nach Rom reiten, dem sein Messer schneidt kalt Wasser ohne gewärmt. *impotent werden:* seine Pfeile verschießen, sein Pulver verschießen, den Atem verlieren, aus der Puste kommen, keine Puste mehr haben, keine Luft mehr haben, keine Spucke mehr haben, schlapp machen, die Fahne senken, die Fahne auf Halbmast setzen, die Waffen strecken, die Flinte ins Korn schmeißen, den Kopf hängen lassen (Kopf = Eichel), der Kopf wird ihm schwer, ihm bleibt die Luft weg, ihm bleibt die Spucke weg, er hat keine Luft, keine Puste, keine Spucke mehr, sein Schwanz wedelt schon lange nicht mehr, ihm ist die Pfeife ausgegangen, er hat sich übernommen, er hat sich verausgabt, er hat sich den Schnabel abgewetzt, er hat sich die Eier wegamüsiert, er hat sich die Seele aus dem Leib gefickt. *impotenter Mann:* abgebrannte Lunte, abgegriffener Schlips, abgespielte Flöte, abgespielte Walze, abgewetzter Säbel, abgewetzter Schnabel, abgewichster Schlegel, abgewichster Stiebel, ausgebrannte Batterie, ausgebrannter Docht, ausgedörrte Wurzel, ausgelutschter Bonbon, ausgelutschter Spargel, ausgequetschte Rübe, ausgequetschte Tube, durchgewetzter Strick, eingerostete Stange, geschlagener Mann, lahmer Hengst, lahmer Sack, leere Gießkanne, leere Pfeife, leere Spritze, leere Tube, leerer Sack, leerer Tank, leeres Pulverfaß, rostiger Riegel, rostiger Schlüssel, rostiger Schwengel, schrottreifer Schlot, stumpfe Nadel, stumpfer Bohrer, stumpfer Hobel, stumpfer Quirl, stumpfer Specht, stumpfer Stachel, stumpfes Messer. Angel ohne Haken, Kegel ohne Kugel, Pfeil ohne Bogen. *impotenter Mann, der sich öffentlich mit attraktiven Frauen zeigt:* Schattenboxer, Talmigalan. *Potenzmittel:* Brunzwasser, Eierantrieb, Geilwasser, Soforthilfe, Stoßkraftbrühe.

64.22 Kopulationsschwierigkeiten
Vaginismus: Fotzenklemme, Klemmfotze, Vögelkrampf, gedrückte Verhältnisse. *sie leidet an Vaginismus:* ihr ist die Gräte im Schlund stecken geblieben.

64.23 Orgasmusschwierigkeiten
Beischlafbredouillen, Eiertanz, verlorene Liebesmüh, Vögelkrampf. *Orgasmolepsie:* Leerlauf, Fehlzündung, Fickmühle, Fickpanne, Fickpleite, K. K., kalte Küche, kalte Pfeife, kalter Bauer, kalter Spieß, Kaltnadelradierung, kühler Landwirt, Magermilch. *anorgasmischer Koitus:* Blindgänger, Fehlzünder, Kahlschlag, Starrkrampf. *Frigidität:* Fischblut, Froschblut, Eisleben. *Koitus*

mit einem frigiden Partner: Eisgang, Eiskunstlauf, Frostzittern, Gletschervorstoß, Kältekur, Kaltwasserbehandlung, Kaltwasserkur, Schüttelfrost. Froststarre, Kältetod, Nachtfrost, Vereisung, der weiße Tod. *frigide Frau:* Eisbein, Eisberg, Eisblume, Eisdecke, Eisfabrik, Eiskiste, Eisvogel, Gefrierfleisch, Gefriertruhe, Gletscherkalb, Gletscherspalte, Kaltblut, kalte Ente, kalte Pracht, kalter Ofen, kalter Umschlag, Kühlapparat, Kühlerfigur, Kühlrippe, Kühlschlange, Lollofrigida, Miss Tiefgekühlt, Polarlandschaft, Schneehase, Schneehuhn, Schneekuh, Tiefkühltruhe. *frigider Mann:* Eisbär, Eisbeutel, Eisheiliger, Eispickel, Eiszapfen, Kaltblüter, Schneemann. *Hyposexualität:* Baumwollust, Blutarmut. *Koitus mit einem hyposexuellen Partner:* Dämmerschlaf, Winterschlaf, Starrkrampf. *hyposexuelle Frau:* Einschlafe, Schlafmittel, Schlafpille. *hyposexueller Mann:* Lahmarsch, Leimsieder, Ölgötze, Trübling. *Hypersexualität:* Brunstfieber, Brunstwallung, Brunstwehen, Fegefeuer, Feuer im Dach, Fickfieber, Ficktick, Sexkoller, Sinnesbrunst, Vögelpest, Vögelseuche, Wechselfieber. *Koitus mit einem hypersexuellen Partner:* Brandopfer, Feuerbestattung, Hexenritt, Höllenfahrt. *Nymphomanie:* Mannsbrunst, Mannskoller, Mannstollheit, Nillengier, Mutterwut, Pfeifensucht, Schwanzgier. *Nymphomanin:* Beißzange, Bügeleisen, Fangzahn, Nimmersatt, Peniszange, Quetsche, Samenklau, Schwanzklammer, Schwanzklemme, Vamp, Zange, Zwicke. Brandbombe, Brandblase, Fegefeuer, Feuerloch, Sprengkapsel, Stichflamme. Faß ohne Boden, Schraube ohne Ende, hohler Zahn. *mit einer Nymphomanin koitieren:* seine Pfeile umsonst verschießen, sein Pulver umsonst verknallen, Wasser ins Meer schütten, Wasser ins Sieb schütten, tief in den Sack greifen, sich abmarachen, sich die Seele aus dem Leibe ficken, sich die Eier wegamüsieren, den Atem verlieren, aus der Puste kommen, keine Luft mehr haben, keine Puste mehr haben, keine Spucke mehr haben, schlapp machen, die Fahne senken, die Fahne auf Halbmast setzen, die Flinte ins Korn schmeißen, die Waffen strecken, den Kopf hängen lassen. *einen Mann überfordern:* kleinkriegen, mürbe machen, schlauchen, schwach machen, stillegen, zu Tode reiten, weich machen. Wenn du zu der Lola gehst, mußt du die Stalltür verriegeln! *Satyriasis:* Feuer im Schwanz, Feuer im Sack, Fickfieber, Ficktick, Fosenkoller, Mösenkoller, Pfeifenwehen, Pimmeltrieb, Wechselfieber. *Satyr:* Bohrwurm, Fikus, Immergeil, Nimmersatt, Rotschwanz. Atombrenner, Brandbock, Brennstift, Feuerbock, Feuerhaken, Flammenwerfer, Lötkolben, Pulversack, Schneidbrenner, Tauchsieder. *Deflorationsmanie:* Entjungferungsgier, Entjungferungstrieb, Jungfernhunger, Jungfernsucht. *Entjungferer:* Bohrwurm, Büchsenöffner, Dietrich, Dosenreißer, Einbrecher, Jungfernstecher, Nußknacker, Premierentiger, Schlitzsprenger, Tresorknacker.

64.24 Idiogamie

Ehejoch, Hörigkeit, Liebesfron, Schlüsselgewalt. *hörig sein:* an jemandem hängen, am Bandel (am Gängelband, an der Leine, an der Strippe, am Schürzenband, am Schürzenzipfel) hängen, der Fahne folgen, unter jemandes Fuchtel stehen, nach jemandes Pfeife tanzen, einen Pfahl im Fleisch haben. *sich jemanden hörig machen:* jemanden auf die Pfanne nehmen, jemandem den richtigen Stiefel anpassen, jemanden ans Bändel (ans Gängelband, an die Leine, an die Strippe, ans Schürzenband, an den Schürzenzipfel) binden, jemanden unter die Fuchtel kriegen, jemandem einen Pfahl ins Fleisch setzen, jemanden nach seiner Pfeife tanzen lassen, die Fäden fest in die Hand nehmen. *höriger Mann:* Ehekrüppel, Liebessklave, Nachttopfsklave, Pantoffelheld. *hörige Frau:* Bartwisch, Liebessklavin, Pißpott des Hausherrn, unverbaubare Aussicht.

64.25 Aberration, Perversion

abwegige Neigung: Drall, Grille, Meise, Sparren, Spielart, Stich, Tick, Trall. *der Punkt, an dem eine abwegige Neigung pathologisch wird:* Tollpunkt. *Perversion:* Abart, Fehlschaltung, Sonderangebot, Webfehler. *pervers:* abwegig, anders, andersrum, schief, schief gewickelt, schräg, verbogen. chinesisch, französisch, italienisch, spanisch. vom anderen Bahnhof, vom anderen Bahnsteig, von der anderen Fachschaft, von der anderen Fakultät, vom umgekehrten Ende. *sie ist pervers:* ihr ist die Sicherung durchgehauen, durchgeknallt, durchgeschlagen. Was die nicht macht, das gibt's nicht. *einer Perversion verfallen:* den Tritt verlieren, Blut lecken, auf den Geschmack kommen, die Kinderschuhe auswachsen. *Pervert:* Englischhorn, Krummhorn, Querflöte, Querpfeife, Sexzentriker. schiefer Turm, schräger Vogel, verbogener Steven.

65 Bisexualität

Doppelleben, Wankelmut, Zweigleisigkeit, Zweikreissystem.

65.1 Bisexuelle(r)

Chamäleon, Doppeldecker, Doppelgänger, Doppelkopf, Drehorgel, Drehpeter, Drehwurm, Dreidraht, Dreiling, Engel mit einem

B, Halbseidene, Halbseidener, Irrlicht, Mampe, Mittelding, Mittelgewicht, Schaukelstuhl, Schillerechse, Schwankfigur, Seelenzwitter, Wankelmotor, Wechselbalg, Weichensteller, Windei, Zweidecker, Zweispänner, Zweitakter, Zwilch, Zwischenfall, Zwitterblüte. *die Bisexuellen:* das dritte Geschlecht.

65.2 bisexuell
beidarmig, doppeldeutig, doppelgleisig, doppelsinnig, halb und halb, halbschlächtig, mehrsprachig, sächlich, stereo, zweigleisig, zweischläfrig, zweispännig, zweispurig.

65.3 bisexuell sein, bisexuell verkehren
doppelgleisig fahren, doppelspurig sein, doppelspurig verkehren, doppeln, Karussell fahren, sich mehrsprachig unterhalten, stereo spielen, zweigleisig fahren, zweispurig verkehren.

65.4 bisexuelle Prostitution
Gemischtwarenhandel. *bisexuelle Prostituierte:* Drehorgel, Halbseidene, Schillerechse, Wechselbalg. *bisexueller Strichjunge:* Doppeldecker, Gemischtwarenhändler, Halbseidener, Mampe, Zweidecker.

65.5 bisexuelles Vokabular
bisexuelle Welt: Halbwelt, Zwischenreich. *bisexuelle Veranlagung:* Drehstrom, gemischte Gefühle, Wechselstrom. *im Dilemma zwischen hetero- und homosexueller Neigung:* zwischen Baum und Borke. *die homosexuelle Komponente eines Bisexuellen ausnutzen:* sich jemanden warmhalten. *Arrhenoidie:* Erpelfiedrigkeit. *Frauenbart:* Erpelfedern.

66 Transvestitismus

Rollenspiel, Rollentausch, Verkleidungssucht, Vortäuschung falscher Tatsachen.

66.1 Transvestit
Damenimitator, Doppelgänger, Drehpeter, Fummeltrine, Gummitante, Herr Mampe, Kehrum, Kehrwisch, Kleiderzwitter, Mädi, Mampe, Roßtäuscher, Verwandlungskünstler, Wandelsmann, Wechselbalg, Wendehals.

66.2 Transvestitin
Drehorgel, Drehwurm, Frau Mampe, Fummeltrine, Herrenimitator, Wandelniere, Wechselkleid, Wend-Ei, Wetterfahne.

66.3 transvestitisch
halb-und-halb, umgezogen.

66.4 sich transvestieren
unter falscher Flagge segeln, im Fummel gehen, Karussell fahren, kostümfesteln, maskenballern, pirmenteln.

66.5 transvestitische Prostitution
Transvestitenstrich: Wandelgang. *Mann, der sich in Frauenkleidung prostituiert:* falsche Hure, Dreigroschenhure. *sich in der Kleidung des anderen Geschlechts prostituieren:* unter falscher Flagge segeln, im Fummel wackeln, pirmenteln.

66.6 transvestitisches Vokabular
transvestitisches Leben: Doppelleben, Zweigleisigkeit. *transvestitische Libido:* Drehstrom, Wechselstrom. *transvestitische Welt:* Halbwelt. *das Anlegen transvestitischer Kleidung:* Kostümfest, Maskenball, Umkleidung. *die männliche Kleidung einer Transvestitin:* Umstandsanzug.

67 Exhibitionismus

Schleuderfeuer, Stripgibber.

67.1 Exhibitionist
Aufknöpfer, Aussteller, Brieföffner, Mädchenschreck, Schleuderer, Schlitzöffner, Vorführer.

67.2 Exhibitionistin
Ausstellerin, Knabenschreck, Mannequin, Spektakelsau, Stripteuse, Vorführdame.

67.3 exhibieren
aufmachen, ausstellen, bloßlegen, bloßstellen, strippen. *den Penis zeigen:* die Fahne hinaushängen.

67.4 Exhibition
Aufmachung, Ausstellung, Bloßlegung, Bloßstellung, Privatvorstellung, Schleuderkunst, Schlitzparade, Schwanzparade.

67.5 exhibitionistische Prostitution
Schaugeschäft. *exhibitionistisches Bordell:* Liebhaberbühne, Panoptikum, Rotlichtspielhaus, Theater, Zirkus. *exhibitionistische Prostituierte:* Bühnenschnalle, Spektakelsau, Zirkuspferd. *exhibitionistischer Prostituierter:* Zirkusclown, Zirkusrammler. *exhibitionistische Darbietung:* Linsengericht. *Schaustellung von entblößten Gesäßen:* goldene Berge, Kürbisfarm, Kürbisplantage. *durchsichtiges Klosett für exhibitionistische Darbietungen:* Glasklo.

67.6 verbaler Exhibitionismus (Erotolalie)
dreckige Schnauze, ungewaschenes Maul, Maulhurerei, Schweinigelei. *Verbalexhibitionist:* Dreckschnauze, Liebeslautsprecher, Schweinezunge, Tonkünstler. *Verbalexhibitionistin:* Maulhure. s. a. *Koprolalie:* 75.

68 Skoptophilie

Astlochastronomie, Äugelei, Blickschieberei, Blickvögelei, Fensterkini, Intimsphärenforschung, Pupillenmassage, Schlüssellochtheater.

68.1 Voyeur
Abgeiler, Astlochastronom, Blickschieber,

Dierer, Eschnobber, Fenstergucker, Fernseher, Fickspion, Fleischbeschauer, Froschauge, Herr Kuckuck, Intimsphärenforscher, Kiebitz, Kuckuck, Linser, Lochgucker, Mitschnacker, Operngläser, Pärchengeiler, Privatforscher, Pupillenverrenker, Rauner, Ritzenkieker, Ritzenseher, Rohner, Röntgenauge, Ruppendrescher, Schlüsselloecher, Schwanzäugler, Spanner, Spencer, Spincer, Spökenkieker, Stielauge, Stierer, Vorhangwichser.

68.2 Voyeuse

Abgeilerin, Fleischbeschauerin, Frau Fenstergucker, Frau Kiebitz, Frau Kuckuck, Frau Operngläser, Frau Ritzenkieker, Frau Röntgen, Frau Schwanzauge, Frau Stielauge, Linse, Mäuschen, Privatforscherin.

68.3 sich als Voyeur betätigen

belinsen, blickschieben, dieren, fenstervögeln, kiebitzen, linsen, raunen, rohnen, ruppendreschen, sexaminieren, spannen, spinxen, stieren, zulinsen. Augenradar machen, Augenspielchen machen, Luckilucki machen, Mäuschen spielen, eine Pupille riskieren, aufs Rohr nehmen, Röntgenaugen machen, Scheinlingszwack machen, sightseeing gehen.

68.4 Adspektprostitution

Schaugeschäft. *Adspektbordell:* Liebhaberbühne, Panoptikum, Rotlichtspielhaus, Theater, Zirkus. *Adspektprostituierte:* Bühnenschnalle, Spektakelsau, Zirkuspferd. *Adspektprostituierter:* Zirkusclown, Zirkusrammler. *sexuelles Schauspiel:* Linsengericht. *Schaustellung von entblößten Gesäßen:* goldene Berge, Kürbisfarm, Kürbisplantage. *durchsichtiges Klosett:* Glasklo.

69 Akuophilie

Abhorscher, Geräuschforschung, Ohrenschmaus, Tonaufnahme.

69.1 Sexualgeräusche

Bumsmusik, Kammermusik, Matratzenmusik, Salonmusik, Tanzmusik. Sexaudi, Stoßgebet, Stoßseufzer. *Koitallaute der Frau:* Gebet der Jungfrau, Katzenmusik. *Koitallaute des Mannes:* Hirschgeröhre, Katermusik, Knüppelmusik. *Flatus vaginae:* Fotzenfurz, Generalbaß, Kontrabaß, Scheidenfurz. *Sexualgeräusch aus dem Nebenzimmer:* Nebengeräusch.

69.2 Auditeur

Echolot, Geräuschforscher, Horchmichel, Langohr, Ohrwurm, Spitzohr, Tonmeister, Türhorcher, Wandohr.

69.3 Auditeuse

Frau Langohr, Frau Spitzohr, Frau Wandohr, Geräuschforscherin, Hörmuschel, Ohrmuschel, Tonbüchse, Tongerät.

69.4 sich als Auditeur betätigen

lange Ohren machen, Radar machen, Mäuschen spielen, ein Ohr riskieren, Röntgenohren machen.

69.5 akuophile Prostitution

Prostituierte, die ihre Kunden durch das Aussprechen «verbotener» Worte befriedigt: Maulhure.

70 Fetischismus

Budenzauber, Kammertheater, Zimmertheater, Schlafzimmertheater. *Fetisch:* Handwerkszeug, Kitt, Schwung, Spielzeug, Werkzeug.

70.1 Deformationsfetischismus

Krüppelgibber. *Deformationsfetischist:* Krüppelfreier. *Buckel:* Ast, Kriegskasse, Meck, Ockelbe, Sparkasse. *Buckliger:* Aster, Asterwitz, von Asterwitz, Astmann, Hahnreiter, Hauker. *Hautschaden, Pickel:* Aisse, Barrach, Bartkrätze, Bläderle, blutiger Tau, Blutschwamm, Faulecke, Feigwarze, Feuermal, Finne, Fistel, Geibe, Ger, Gnatz, Gnatze, Griebe, Grind, Grützbeutel, Gumme, Hautblüte, Hautfinne, Hiwwel, Karbunkel, Karfunkel, Keuschheitswimmerl, Klecks, Krämerkrätze, Kneiß, Krätze, Leberfleck, Liebesknötchen, Lieschen, Mal, Melkerknoten, Mitesser, Mongolenfleck, Muttermal, Papel, Patz, Pfiferle, Pinnagel, Pluster, Poche, Pustel, Quaddel, Quese, Rose, Rotlauf, Schabatz, Schaber, Schimm, Schorf, Schorgel, Schwager, Siechtag, Storchenbiß, Warze, Weinfleck, Wimmerl. Kaffernpocken, Schinnen, Schoben, Schuppen, Schwären, Simmen. Gesicht voller Blüten, Matzeponim.

70.2 Blutfetischismus

Blutdurst, Blutgier, Blutlust, Dammfeuer, Fooschfeuer. *Blutfetischist:* Blutsauger, Menschenfresser, Näpfer, Nosferatu. *Blutfetischistin:* Kuse, Nagezahn, Schneidezahn, Vampir. *blutsaugen:* menschenfressen, näpfen. *Menstrualblut:* Pflaumensaft, rote Grütze, Rotkohl, Tunke. *Menstrualbinde:* Bauchbinde, Besuchshandtuch, Büchsenschoner, Büchsenschützer, Feiertagsgürtel, Feigenblatt, Fotzenfetzen, Fotzengardine, Fotzenschärpe, Fudbiese, Fudbinde, Geschichtsfetzen, Kirmesschärpe, Lochbiese, Löschblatt, Mariengürtel, Nassergardine, Rosenhecke, roter Teppich, Verkehrsnetz, Vorhang zum Lustspielhaus. siehe auch *Blut:* 1.25. *Menstruation:* 23. *Blut im Pikazismus:* 78.3. *Blut in der Anthropophagie:* 79.2. *Blut im Sadomasochismus:* 80.18.

70.3 Genitalfetischismus

Die psychoanalytische Schule der Sexualfor-

schung hält den Terminus «Genitalfetischismus» für eine Contradictio in adjecto, da Fetischismus ja eben die Negation der Genitalität sei. In der sexuellen Umgangssprache findet man dagegen eine verdächtig große Anzahl von Ausdrücken, die sich mit denjenigen Kleidungsstücken befassen, die die Genitalien bedecken. Wenn es keinen Genitalfetischismus gibt, dann vielleicht doch einen Genital*kleidungs*fetischismus, besonders unter männlichen und weiblichen Homosexuellen. *weibliche Genitalkleidung* (Slip u. ä.): Feigenblatt, Fotzenfetzen, Fotzengardine, Fudhose, Kerngehäuse, Pflaumentüte, Schamkapsel, Scheibengardine, Spielhöschen, Verkehrsnetz, Vorhang, Vorhang zum Lustspielhaus. *männliche Genitalkleidung* (Suspensorium, Unterhose, Badehose, Hose): Apfeltüte, Bubikini, Drüsenhalter, Drüsenschau, Eierbadehose, Eierbecher, Eierschaukel, Feigenblatt, Haarnetz, Klößchenschale, Klötenpanzer, Krabbelbeutel, Rüsseljäckchen, Schellengardine, Stehfickerhose, Tomatenkorb, Traubenbecher, Trikini («zwei Eier und eine Wurst»), Zwiebelnetz.

70.4 Gesäßfetischismus

Arschbrunst, Arschgeriß, Arschgibber. *Gesäß:* Arschiv, Wonnegebirge. *Gesäßbacken:* Kurven, Potenzen, runde Sachen. *Anblick des Gesäßes:* Rückschau, Rücksicht. *Entblößung des Gesäßes:* Rücksichtnahme. *die entblößten Gesäße mehrerer Personen, deren übriger Körper bedeckt oder bekleidet ist:* goldene Berge, Kürbisplantage. *erotische Betätigung am Gesäß:* Kürbisernte, Kürbispflücken. *das Gesäß betrachten:* die Hinterreifen besichtigen. *von hinten betrachtet:* rücksichtlich. *entblößt:* rücksichtsvoll. *bekleidet:* rücksichtslos. *durchsichtiger Abort zur Betrachtung eines anderen Menschen bei der Defäkation:* Glasklo. *kurzes Bekleidungsstück, das die Gesäßbacken nackt läßt:* Arschverkühler, Minihemd, Minimissimihemd. *Hose:* Arschfutteral, Kurvenhülse, Schinkenetui, Wursthaut. *siehe auch Analverkehr:* 35. *Kopromanie:* 72. *Koprographie:* 74. *Koprolalie:* 75. *Koprophagie:* 76.

70.5 Brustfetischismus

Busenfreundschaft, Tittenheimweh. *Brustfetischist:* Busenfreund, Busenpatron, Tittenheini. *Brust:* Amper, Apparat, Armatur, Auslage, Balkon, Balustrade, Berliner, Bettbrettl, Bluse, Bocherei, Bries, Brüstung, Euter, Fahrrüber, Front, Gedütt, Gepäck, Geschirr, Gespinn, Gibber, Griffbrett, Herz, Hügeldepot, Kasten, Kiste, Lollo, Meierei, Memme, Milchamper, Milchfabrik, Milchgebirge, Milchgeschäft, Milchgeschirr, Milchladen, Milchwirtschaft, Molkerei, Nuckelpulle, Oberbau, Oberweite, Pietz, Pudding, Puffer, Tastatur, Tastenbrett, Veranda, Vorbau, Vorbelastung, Vorderfront, Vorgarten, Vorgebirge. Ammenmärchen, Atombusen, Gleiswonne, Wonnebibber, Wonnegebirge. *Brüste:* Äpfel, Äpfelchen, Appeltitchen, Appeltittchen, Augäpfel, Augen, Ballen, Birnchen, Blusenspanner, Brötchen, Buchteln, Dinger, Drüsen, Düsen, Dutten, Fenster, Glocken, Hanzen, Hügel, Klementinen, Klementinchen, Klößchen, Krapfen, Kurven, Kutteln, Labern, Liebesäpfel, Liebesdrüsen, Milchbotten, Milchkandeln, Milchklößchen, Mirabellen, Paradiesäpfel, Pietzen, Piezen, Potenzen, Puffer, Rundungen, Schwalben, Schwimmkandeln, Stricheln, Titten, Titti, Trauben, Tutteln, Tutti, Warzen, Zitzen. Ballons, Bomben, Gleishänse, Haubitzen, Scheinwerfer, Spaßlabern, Wuchteln. *Büstenhalter:* Busenschaukel, Drüsenheber, Frischhaltebeutel, Gepäcknetz, Mirabellenetui, Tittensack. *schwarzer Büstenhalter:* Sonnenbrille. *Pullover:* Brustfell, Kurvenhülse. *enger Pullover:* Aufregepulli, Minipulli, Preßsack, Reizpulli, Schrumpfpulli, Sparpulli, Telegrammpulli, Wurstpelle, Zwangsjacke. *Bluse:* Tittenhemd. *durchsichtige Bluse:* Donnerwetterbluse, Durchguckbluse, Emmentaler Bluse, Gardinenbluse, Gucklochbluse, Klarsichtbluse, Röntgenbluse, Theaterbluse. *Dekolleté:* Drüsenschau, Tittenschau. siehe auch *Busen:* 1.58. *Mammalverkehr:* 37.

70.6 Fuß-, Schuh-, Strumpf- und Strumpfbandfetischismus

Fußfetischismus: Fisolenbrunst, Fußgeriß, Limburger Hitze. *Fußfetischist:* Fußfreier, Zehenlutscher, Zehenriecher, Zehenschnüffler. *auf Fußfetischisten spezialisierte Dirne:* Fußpferd. *deren Kunde:* Pferdefuß. *fußfetischistische Redensarten:* er liegt ihr zu Füßen, er fickt ihr am Zeh, er wichst ihr am Zeh (Berlin), ich bin von Kopf bis Fuß auf Liebe eingestellt (Dieser einst von Marlene Dietrich gesungene Refrain gilt heute in der spezialisierten Prostitution als Kennzeichen des Fußfetischismus und seiner Varianten. Wo diese Platte gespielt wird, weiß jeder Eingeweihte, was hier geboten wird). *Schuhfetischismus:* Trittlingsgibber. *Schuhfetischist:* gestiefelter Kater, Schuhfreier, Schuh-Onkel, Trittlingsfreier. *auf Schuhfetischisten spezialisierte Dirne:* gestiefeltes Kätzchen, Stiefelmädchen, Stöckelhenne. *Schnürstiefel:* Ellenmann, Fußkorsett, Langhals, Langmuschel, Pappenheimer, Spanier. *Lackschuhe:* Lackmeier, Lacktöpfe. *Schuhe mit extra hohen Absätzen:* Bettenbohrer, Bleistiftschuhe, Lustschuhe, Pflasterbohrer, Pflasterkratzer, Salatstecher, Stöckelpumps, Trippelbretter,

Schuhe mit Waffenschein. *hoher, spitzer Absatz:* Bleistifthacken, Damendegen, Lusthakken, Mordhacken, Pfennighacken, Salzstangenabsatz, Hacken mit Waffenschein. *Strumpffetischismus:* Nylongibber, Strumpfgeriß. *Strumpffetischist:* Nylonfreier, Strumpfonkel. *Damenstrümpfe:* Aufreizer. *Oberschenkel oberhalb des Strumpfes:* Silberstreifen am Horizont. *Strumpfhosen:* Orgelpfeifen. *enge Strumpfhose:* Schrumpfhose. *Körperstrumpf:* Körpergardine, Netzhaut, zweite Haut. siehe auch *Beine, Füße:* 1.86. *Fußschmuck:* 58.11. *Strumpfband:* 59.37. *Strumpf:* 59.38. *Schuh:* 59.40.

70.7 Hutfetischismus

Dachschaden, Deckelgibber. *Hutfetisch:* Betthut, Flambo. siehe auch *Hut:* 59.7.

70.8 Hand- und Handschuhfetischismus

Fingerfeuer, Handgeriß. *Handfetischist:* Handlanger, Handwerker. *Hand:* Fühler, Streichinstrument. *Berührung der Hände:* Fingerspiel, Fingerübung, Handarbeit, Handhabung, Handmassage, Handwerk. *Handschuhfetischist:* Handschuhfreier. *Handschuh:* Fingerschlüpfer, Getterling, Handfose, Handfud, Kuhmaul. siehe auch *Hand:* 1.54. *Masturbation:* 25. *Handschuh:* 59.8.

70.9 Kleidungsfetischismus

Klafottgibber. *fetischistische Kleidung:* Behang, Dressing, Kitt, Klafott, Schwung. *sich verkleiden:* pirmenteln. *Mann, der Frauenkleidung stiehlt, um mit ihr zu masturbieren:* Klafottfetzer. siehe auch *Kleidung:* 59. *sadomasochistische Kleidung:* 80.92.

70.10 Uniformfetischismus

Kluftgibber. *Uniformfetischist:* Jackenaffe. *Uniform:* Affenjacke, Kluft, Schale. *Uniformjacke mit extra stark gepolsterten Schultern:* elektrische Jacke, Kilowattjacke, Kleiderbügeljacke. siehe auch *Sexualität im Vokabular der Kriegszeit:* 51.3.

70.11 Kinderkleiderfetischismus

Windelgibber. *Kinderkleidung:* Baby-Look, Kinderzimmer-Kledage. *Kind:* 18.3–18.5. *Pädophilie:* 28.

70.12 Wäschefetischismus

Fladergibber, Flatterwonne, Glunterei. *Wäschefetischist:* Ante, Bihengst, Glunterich, Mergezer, Schneekönig. *Mann, der Frauenwäsche von der Leine stiehlt, um mit ihr zu masturbieren:* Fladerfetzer, Schneefahrer, Schneefänger, Schneeschaufler. *Wäsche stehlen:* fladerfetzen, flatterfahren, schneefahren, schneefangen, schneeschaufeln. *Wäsche:* Flader, Schnee. *Unterwäsche:* Liebeswäsche, Lockwäsche, Reizwäsche, Untergeknüll, Unterwonne. *schwarze Unterwäsche:* Verdunkelungswäsche. *weiße Unterwäsche:* Schneegeknüll. *durchsichtige Unterwäsche:* Klarsichtwäsche. *Mann, der nur dann potent ist, wenn seine Partnerin Unterwäsche mit Spitzeneinsatz trägt:* Spitzenreiter. siehe auch *Kleidung:* 59.

70.13 Pelzfetischismus

Plautzwonne, Schwummfeuer, Sturzgibber. *Pelzfetischist:* Pelzjäger, Severin. *Pelzfetischistin:* Venus im Pelz, Wanda. *Pelz:* Plautz, Schwumm, Sturz.

70.14 Lederfetischismus

Riemengeriß, Tschammerei. *Lederfetischist:* Lederfreier, Lederer, Patterbock, Patterbruder, Riemenbruder, Riemenonkel, Riemenschwanz. *Lederfetischistin:* Lederfrau, Patterloch, Patterschwester, Pattertante, Riemenschwester, Riementante, Riementitti. *Leder:* Ores, Patter, Plautz, Schwumm, Tschamm. *Lederweste:* Kreuzspanne. *Ledergürtel:* Gallenkitzler, Schmachtriemen. siehe auch *Kolligationssadismus:* 80.87. *Kolligationsmasochismus:* 80.88.

70.15 Gummifetischismus

Gummigibber. *Gummifetischist:* Gummifreier, Gummichel, Gummischuh. *Gummifetischistin:* Gummieze.

70.16 Plastikfetischismus

Plastick, Plastik-Tick. *Plastikfetischist:* Plastikus. siehe auch *Zellophaner:* 80.80.

70.17 Kolligationsfetischismus

Fesselfreude, Riemengeriß. *Kolligationsfetischist:* Anklitscher, Korsettzieher, Riemenbruder, Riemenschwanz, Schnürmeister. *Kolligationsfetischistin:* Gelederte, Riemenschwester, Riementante, Riementitti, Schnürmeisterin. *fesseln:* 80.84. *Fesselung:* 80.85. *Instrumente zum Fesseln:* 80.86. *Schulterbänder:* Schnürsenkel, Schulterfesseln, Sicherheitsgurte. *Korsett:* Futteral, Küraß, Kurvenharnisch, Panzer, Panzerhemd, Preßsack, Rüstung, Zwangsjacke. *Hüftgürtel:* Hüftenbändiger, Kraftriemen, Leitplanken, Pohalter, Schinkenetui. *Gürtel:* Gallenkitzler, Schmachtriemen. *Schuh:* Fußkorsett, Hemmschuh, Quantenklemmer, spanischer Stiefel, Zehenquäler. *Lederweste:* Kreuzspanne, Zwangsjacke.

70.18 Antifetischismus

Für jeden Fetisch gibt es einen Antifetisch. Was dem einen Lust verursacht, erzeugt beim anderen Unlust, Widerwillen, Ekel, Haß. Das Vokabular des Antifetischismus ist jedoch weit kleiner als das des Fetischismus. Zum Beispiel: Bilderschändung, Gewandschlitzen, Kleiderschlitzen, Rockschlitzen, Säurespritzen, Tintenspritzen, Zopfabschneiden. *Antifetischist:* Bilderschänder, Gewandschlitzer, Gewandschneider, Kleideraufschlitzer, Rockaufschlitzer, Säurespritzer, Tintenspritzer, Zopfabschneider.

71 Mysophilie

Dreckgibber, Schmutzliebe, Wutzerei. *Mysophagie:* siehe 78.

71.1 mysophiler Mensch
angebrochenes Sacktuch, Dreckfink, Drecksau, Dreckspatz, Hudelmetz, Mistvieh, Morastel, Placken, Sau, Schmutzfänger, Wutz, Zotte. siehe auch *schmutziger Mensch:* 62.13.

71.2 Schmutz
Dreck, Klater, Matsch, Mist, Plack, Saudreck, Schmuttel, Schlunz, Sudel. *Fingernagelschmutz:* Hoftrauer. siehe 62.8–62.14; 78.3.

71.3 Ungeziefer
Besuch, Fremdenverkehr. Filzläuse (Betthasen, Beutelhasen, Büchsenhasen, Feigenkrabbler, Filzbeine, Fudhusaren, Huadergesellen, Pelzkrabbler, Pipelchen, Sackratten, Schamläuse, Sand, Vielfüße, Weichselzöpfe, Wetterwecker), Fliegen (Dungfliegen, Fleischfliegen, Lausfliegen, Schmeißfliegen, Stechfliegen), Flöhe (Bewohner, Kostgänger. Mitbewohner, Müllerflöhe, stille Marschierer, Überläufer), Gelsen, Gnidden, Hundertfüßler, Kellerasseln, Läuse, (Bismarckkäfer, Blutläuse, Kupferl, Reichskäfer, Schildläuse, Schwarthusaren, unsere lieben Feldgrauen), Milben (Krätzmilben, Mehlmilben, Müllerperlen), Motten (Kleidermotten, Pelzmotten, Tapetenmotten), Ohrwürmer, Schaben (Kakerlaken, Küchenschaben, Schwaben), Schnaken, Silberfischchen, Spinnen, Wanzen (Bettflundern, Bettwanzen, Hautwanzen, Kotwanzen, die Tapete bewegt sich), Zuckergäste.

71.4 sich beschmutzen
sich behammeln, sich versauen. siehe auch *beschmutzen:* 62.9.

72 Kopromanie

menschliches Rühren, Kackwühlerei, Kakteenzucht, Kegelspiel, Frachtverkehr, großes Geschäft, Goldgeschäft, Silbergeschäft, Naturforschung.

72.1 Kopromanin
Nachttopfsklavin, A-Ameise, Kakteenfreundin, große Geschäftsfrau, Vergolderin, Versilberin, Honigbiene, Kotkäfer, Mistkäfer, Naturforscherin.

72.2 Kopromane
Nachttopfsklave, Kackwühler, Kakteenfreund, Kaktuspflanzer, Kegelschieber, Frachtabfertiger, großer Geschäftsmann, Juwelier, Vergolder, Versilberer, Honigschmierer, Kotschmierer, Mostrichschmierer, Naturforscher.

72.3 Kot schmieren
kackwühlen, Kakteen ziehen, kegelspielen, vergolden, versilbern. Afterschmalz (braune Butter, Creme, Honig, türkischen Honig, Scheibenhonig, Mostrich, Senf) schmieren, die Hände vergolden, die Finger versilbern.

72.4 Kot
Aa, Achterl, Afterschmalz, Bolt, Boslem, braune Butter, Braunkohl, Creme, Currywurst, Fetschner, Fracht, Frankfurter, Fuhl, Gatsch, Gold, großes Geschäft, Hausmacherwurst, Honig, Kabinettsausschuß, Kack, Kacke, Kakao, Kaktus, Kefel, Kötel, Losung, Matsch, Modder, Mostrich, Muckendreck, Obam, Poportion, Quatsch, Rose, Rückenmark, Salami, Scheibenhonig, Scheißdreck, Scheiße, Schiet, Schund, Sefel, Seibel, Senf, Tinnef, Trüffel, türkischer Honig, Wurst, Würstchen, Würstchen mit Senf. *Kothaufen:* Achterl, Bemmerl, Füchel, Glückspilz, Hammel, Haufen, Hinterlegung, Kaktus, Kegel, Nachtwächter, Posten, Schildwache, Seeigelkaktus, Tretmine, Trüffel, Trümmerhaufen, Visitenkarte. *Kotfleck:* Eingemachtes, Hinterbliebenes, Hinterlassenschaft, Lammel, Landkarte, Rostfleck, Rückbleibsel, Visitenkarte. *Defäkation:* Sitzung (erfolgreiche, harte, lange, schwierige S.), der große Wunsch. *erste Defäkation nach dem Aufstehen:* Morgenei. *Defäkation auf den Fußboden des Klosetts:* Danebenpfiff. *Kotreste am After:* Rückenmark, Winterkirschen. *Kotflecke im Bett:* Eingemachtes, Hinterlassenschaft, Rostfleck, Rückbleibsel. *Kot am Penis* (nach der Pedicatio): Frankfurter mit Mostrich, Würstchen mit Senf. *Kot und Sperma gemischt:* Braunkohl mit Tunke. *Widerstand der Fäzes gegen den eindringenden Penis:* Rückstau, Rücktrittbremse. *aus dem After rückfließender Kot* (nach der Pedicatio): Bemmerl, Darmcreme, Rückgang, Seeigelkaktus, Sternschnuppe.

72.5 defäzieren
(Duden sagt: defäkieren. Das scheint mir falsch zu sein, denn in der deutschen Umgangssprache wird das lateinische «c» gewohnheitsmäßig vor a, o und u in ein «k» verwandelt, vor i und e aber in ein «z»). Aa machen, ableichtern, abprotzen, abwerten, ausbüchsen, bolten, darmspülen, eckenen, eindecken, entlüften, entmisten, entschlacken, feseln, fetzen, fuhlen, kacken, kippern, knöken, pohlen, rosen, scheißen, schmelzen, schmettern, schunden, sefeln, seibeln, verschwinden. Blümchen suchen, Dung abladen, ein Ei legen, ein Ei pflanzen, Erbsen dreschen, groß machen, sein großes Geschäft machen, die Hinterreifen besichtigen, die Hosen umdrehen, einen Kaktus pflanzen, seine Sache machen, auf den Topf gehen, wohin gehen, wohin müssen. *im Freien defäzieren:* die Geographie bereichern, die

Landschaft bereichern, die Natur bereichern, Kakteen pflanzen, den Wald düngen, sich verewigen.

72.6 Durchfall

Abweichen, Aftersausen, Beschleunigung, Breischiß, der Dünne, die Dünne, Dünnpfiff, Dünnschiß, Dünnschliff, Durchmarsch, Durchschiß, Flitzeritis, Flodder, der Flotte, Fuhlete, der Galoppierende, Kakao, Kettenschiß, Kielwasser, Klodern, Kinderkacke, Machfixe, der Marschierer, Rennen, Renneritis, Rinnerte, Scheißerei, Scheißeritis, die Schnelle, Schnellmachfixe, Schokomei, die Schwarzen, Tinne. die dünne Kathi, der dünne Machfix, die dünne Machfixe, der flotte Heinrich, der flotte Kack, Katharina Schnell, die schnelle Kathi, die schnelle Kathrin, die schnelle Minna, der schnelle Otto, SKH, Sturm und Drang, Überschwemmung der Po-Ebene. *Mann, der an Durchfall leidet:* Kackmeier. *er hat Durchfall:* bei ihm ist die Sicherung durchgeknallt, er scheißt sich weg, er scheißt über sieben Beete. *er hat auf den Boden defäziert:* er hat daneben gepfiffen, er hat's unter sich gehen lassen. *er hat in die Hosen defäziert:* er hat sich in die Hosen gemacht, ihm ist etwas Menschliches begegnet, er hat ins Kraut geschissen.

72.7 Verstopfung

Kloß im Arsch, Korken im Bauch, Stöpsel im Darm. *verstopft:* hartleibig, verkorkt, vermauert, zugenäht, zugestöpselt. *er ist verstopft:* er kann nicht aus der Hose, die Scheiße steht ihm bis zum Hals.

72.8 Abführmittel

Apothekerschnaps, Arschgranate, Entladungspastille, Entladungspille, Entladungspulver, Flitzerpastille, Flitzerperle, Flitzerpille, Flitzerpulver, Käckertüchtig, Kackpastillen, Kackperlen, Kackpillen, Kackpulver, Knallpastillen, Knallperlen, Knallpillen, Knallpulver, Marschierpastillen, Marschierperlen, Marschierpillen, Marschierpulver, Scheißelocker, Scheißpastillen, Scheißperlen, Scheißpillen, Scheißpulver, Schießpulver, Sherry-kacki, Soldatenhonig, Sprengkapsel, Springerl, Treibstoff, Untendurchpastillen, Untendurchpillen, Wühlmixtur, Wühlpulver, Zaubertrank.

72.9 Klistier

Arschkitzler, Arschpuste, Kackspritze, Kreuzspüler, Klistierspritze, schnelle Spritze, Wurstspritze. Innenwaschung, Leerlauf, Spüler, Spülung. *im Vokabular des Pedikators:* Straßenreinigung, Vorfick. *jemandem ein Klistier geben:* ihn torpedieren. *sich selbst ein Klistier geben:* sich vollaufen lassen.

72.10 Crepitus

Aftersausen, Bock, Bremser, Dertsche, Duftschiß, Fiechel, Fist, Frosch im Bauch, Furz, Gruß aus Darmstadt, Gasangriff, Hosenschleicher, Kondensstreifen, Liebesgeflüster, Müllwolke, Naturfagott, Nefiche, Pfeifton, Pup, Pups, Qualm, Rollsalve, Rückseitenwetter, Rücksprache, Schirm, spanischer Wind, Stinker, Ventilation, Windharfe, Zimmerflak. *Wind im Darm:* Querfurz.

72.11 crepare

abprotzen, bremsen, entlüften, farzen, fichen, fisten, furzen, gasen, pupen, pupsen, qualmen, vermisten, sich verewigen, von Liebe sprechen, aus dem falschen Loch reden, die Weiche falsch stellen, falschrum atmen, verkehrt atmen, nicht dicht sein, undicht sein, seinem Herzen Luft machen, einen fahren lassen, einen fliegen lassen, einen gehen lassen, einen streichen lassen, eine Nefiche lassen, einen Koffer stehen lassen, einen von der Pfanne rollen lassen, Gas geben, aus dem letzten Loch pfeifen, Kacke verdampfen, aus allen Knopflöchern stinken, einen toten Vogel in der Tasche haben, einen Schirm aufspannen müssen. ihm sitzt einer quer, ihm geht einer ab, er furzt wie ein Waldesel. *Ausrufe:* Du machst mir zuviel Wind für dein kurzes Hemd! Los, komm, aufriechen helfen!

72.12 Abort

Abé, Absalom, Arschbliss, Brunzwinde, Brunzwinkel, Buklo, Büro, Donnerwinde, Eckloge, Erleichterungsbüro, Eti-Kettenzimmer, Geschäftslokal, Gewürzinsel, Goldmühle, Hauskapelle, heilige Halle, Herzkammer, Kakteenzimmer, Kaktusplantage, kleine Villa, Klo, Kloster, Laube, Lehmmühle, Lesezimmer, Liebeskammer, Loge, Lokalitätchen, Null-Null, Nummer Null, optisches Institut, Ort des geringsten Widerstandes, Örtchen, Pforzheim, Pupkammer, Rauchsalon, Rettich, Ruhrort, Rumpfkabinett, Scheißwinde, Schissoir, Schmelzer, Schmelzgusch, Schmelzkitt, Schmelzwinde, Schmettersalon, Sitzungssaal, Sitzungszimmer, Stätte der Erleichterung, stilles Örtchen, Strickzimmer, Strippenzimmer, Tempel, Thronsaal, To, Töchen, Tonhalle, verschwiegenes Örtchen. *Studentensprache:* Brunzelianum, Hades, Knökophon, Knökophonium, Laboratorium, Lokus. *alter Wortschatz:* Arschpisse, Beskis, Boltkas, Danziger, Danzke, Fichebeis, Fuhlkitt, Nefel, Noll, Schundbeis, Schunderwinde, Seibelbeis. *Frauenabort:* Malerwerkstatt, Marzipanklosett, Tante Anna, Tante Meier. für kleine Mädchen. *Männerabort:* Bubidet, Bullenkloster, Onkel Meier, Onkel Otto. für kleine Jungens. *altmodischer Abort:* Großvaterbrille. *Abort im Hof:* Hofburg. *öffentlicher Abort:* Groschenhaus, Häuschen, Häusl,

Kackhaus, Machhäuschen, Null-Null-Haus, Scheißhaus, Schmelzhütte, Bedürfniskiosk, Befreiungshalle, Café Achteck, Café Wellblech, Knökbude, Notstandspavillon, Protzbude, Würstchenbude. *Studentensprache:* Abtrittorium, Ministerium, Orkus, Sanität, Sekret, Sekretariat, Vespasianum. *Münze zur Benutzung einer öffentlichen Bedürfnisanstalt für Frauen:* Pinkelgroschen. *Abort im Freien:* Abort mit Luftspülung, Bumsklo, Fallgrube, Goldgrube, Klatschkute, Klatschnest, Loch, Mostrichtopf, Natur C, Plumpsabé, Plumpsdingsbums, Plumpskabüse, Plumpsklo, Scheißkute, Senfpott, Stinkpütz. *Feldlatrine:* Generalsbrille, Heimwehbude, Zeltstuhl. *Abort im Vokabular der Masturbation:* Melkkammer, Onanierkloster, Wichsbude.

72.13 Nachttopf
Brunzkachel, Brunzscherben, Butterdose, Dampfkessel, Daniel, Fuhlnolle, Gesundheitsporzellan, Gewürzkästchen, Kakaobüchse, Kammertopf, Krachgeschirr, Kübel, Lehmkübel, Mostrichpott, Mußtopf, Nachtgeschirr, Nachtscherbe, Potschamberl, Pott, Prunzkachel, Prunzscherbe, Rundkachel, Scherbe, Scherben, Seichkachel, Seichscherben, Seichpott, Seichtopf, Senfpott, Senftiegel, Topf, Töpfchen, tragbares Gas, Tröster. *Nachttopf mit Deckel in Form eines aufklappbaren Buches:* Nachtbuch (Leibniz besaß ein solches «Nachtbuch» und nahm es auf alle seine Reisen mit. Die Herzogin von Braunschweig ließ sich ein Duplikat anfertigen). *Nachttopf als Hochzeitsgeschenk:* Brauttopf, Hochzeitstopf (Im 18. Jahrhundert gehörte es zu den beliebtesten Hochzeitsscherzen, der Braut einen bemalten Nachttopf zu schenken. Auf dem Grund befand sich meist das Bild eines männlichen Gesichts mit weit aufgerissenen Augen und Unterschriften wie: «Das Auge sieht den Himmel offen» oder «wenn du wüßtest, was ich sehe . . .»).

72.14 Nachtstuhl
Donnerstuhl, Fahrstuhl, Gewürzkasten, Hochsitz, Kacksessel, Kackstuhl, Lehmkübel, Leibstuhl, Mitternachtsapostel, Mitternachtsveilchen, Schundkasten, Senftiegel, Sorgensitz, Stammsitz. *altes Vokabular:* Faldestoil, Fichestuel, Fuhlstuhl, Schunderstuel.

72.15 Klosettstange
Balcon de cnattre, Balkenloge, Donnerstange, Feldgestänge, Hühnerstange, Kackstange, Klatschbalken, Knatterbalken, Lesestange, Scheißholz, Schmelzkante, Wonnebalken, Zwitscherstange.

72.16 Klosettbecken
Brunzkachel, Brunzscherben, Butterdose, Dampfkessel, Daniel, Donnerstuhl, Gesundheitsporzellan, Gewürzkasten, Hansi, Hochsitz, Kacksessel, Kakaobüchse, Klostergewölbe, Krachgeschirr, Lehmkübel, Mostrichpott, Mostrichtiegel, Pabst, Protzkachel, Prunzkachel, Prunztiegel, Rundkachel, Schmelzkessel, Schundkachel, Seichkachel, Seichpott, Senfpott, Senftiegel, Sorgensitz, Stammsitz, Thron, Thronsessel, Trichter.

72.17 Klosettbrille
Brille, Gonokokkenfänger, Großvaterbrille, Hockbrille, Hornbrille, Intelligenzbrille, Lokusbrille, Stuhlpolster.

72.18 Wasserzug
Etikette.

72.19 Klosettpapier
Amtsblatt, Arschwisch, Dokument, Extrablatt, Fahrschein, Frachtbrief, Kanalfrachtbrief, Passierschein. *Klosettpapierrolle:* Filmrolle.

72.20 Klosettbürste
Blumenstrauß, Weihwedel.

72.21 Klosettür
Tür mit Herz. *Ausruf:* Stich mich mal Papier durchs Herz!

72.22 Abortgebühr
Heckpfennig, Hockersteuer, Lotsendankspende, Lotsen-Gage, Lotsensold, Wergelt. *Mann, der seinen Abortgroschen nicht zahlt:* Schwarzkacker.

72.23 Abortwärterin
Abétante, Frau im Winkel, Frau Kack, Frau Kanalrat, Frau Wischmeier, geheime Kabinettsrätin, Groschenfee, Groschensirene, Häuselfrau, Kacktante, Kloakenschmetterling, Klofrau, Klomama, Klosettfrau, Klosterfrau, Klostergeist, Klotante, Labormieze, Nonne, Patronesse, Rotundelein, Rotundenfrau, Schokoladenfrau, Tante Anna, Tante Meier, Tante Wischmeier, Tempelfee, Tempelhüterin, Toiletta, Wassernixe, Würstchenfrau. *Wartefrau im Schnellzug:* Schienenfee.

72.24 Abortwärter
Arschputzer, Bärenstecher, Brillenaugust, Brillenmann, Brillenputzer, Brillenverwalter, Brillenwischer, Furzriecher, Goldarbeiter, Goldgräber, Groschensammler, Häuselmann, Herr Kack, Herr Klo, Herr Meier, Herr Wischmeier, Kabinettsrat, Kackhäusler, Kackwühler, Kanalrat, Kloakenfriedrich, Kloakerich, Klosteraner, Klosterbruder, Klostergeist, Kotangler, Kustos, der letzte Mann, Logenschließer, Mann im Winkel, Meister vom Stuhl, Mistbauer, Nachtkönig, Nachtwächter, Null-Null-Sieben, Prior, Scheißhausgeneral, Scheißkutenindianer, Schokoladenmann, Schundkönig, Stoffwechselassistent, Tropfenfänger, Wurstmaxe.

72.25 Latrinenfahrer
Bouillonchauffeur, Brühfahrer, Kaffeefahrer, Kakaochauffeur, Nachtfahrer, Odeurkut-

scher. *Latrinenwagen:* Bouillonbomber, Bouillonklotz, Bouillonfuhre, Brühfuhre, Kaffeemaschine, Kakaowagen, Miefchaise, Nachtkutsche, Odeurkutsche, Stinkdroschke, Tankwagen.

72.26 Vokabular der Kopromanie

Koseworte: Kacker, Scheißer, Mistsau, Miststück, Mistvieh. *kotwühlen:* menschliches Rühren. *Beine:* Kackstelzen. *Kotreste im After:* Rückenmark, Winterkirschen. *Kotfleck:* Eingemachtes. *sich beim Kotwühlen mit Kot beflecken:* sich befeseln, sich berunten, sich betun, sich eindecken.

73 Uromanie

Wassersucht. *Harntrieb:* Wasserkraft. *urophiles Interesse:* Quellenforschung, Tiefseeforschung. *urophiler Verkehr:* Gießkunst, Schiffsschaukelei, Seegang, Teestunde, Wasserball, Wasserbehandlung, Wasserheilverfahren, Wasserkunst, Wasserski, Wassersport. *Orgasmus:* Pißtolenschuß. *durch Urinieren befriedigt:* wassergekühlt.

73.1 Uromane

Brunnschauer, Harnbeseher, Nachttopffreier, Nachttopfsklave, Pipilot, Pißfreier, Reeder, Regenpfeifer, Regensburger, Seebär, Urinkönig, Wasserburger, Wasserkopf, Wassermann. *Mann auf der Suche nach urophilem Verkehr:* Brühfahrer, Schiffahrer, Seefahrer.

73.2 Uromanin

Bachstelze, Nachttopfsklavin, Quellnymphe, Seejungfer, Seekuh, Seeschlange, Seichamsel, Wasserjungfer, Wassernixe, Wasserratte, Wasserschlange.

73.3 uroman sein, urophil handeln

sich beim Urinieren abreagieren: sich abregnen. *jemanden urophil befriedigen:* jemanden wasserkühlen.

73.4 Urin

Abwasser, Bach, Bächlein, Brühe, Brunzer, Fitz, Floje, Flössel, Kartoffelwasser, kleiner Wunsch, kleines Geschäft, Miege, Pipi, Pisse, Quellwasser, Schiffe, Schiffgewässer, Seich, Seiche, Stinkparfum, Wasser. *Frauenurin:* Mutterschiff, Scheidewasser. *Studentensprache:* Eau de Pologne.

73.5 Urinieren

Abwassern, Bachmachen, Büchsenausleeren; Kartoffelabgießen, Kleinmachen. kleiner Wunsch, kleines Geschäft, Pinkulatur, Wasserlaß.

73.6 urinieren

bingen, binkeln, brunzen, fisseln, flojen, flösseln, guddern, masseln, miegen, nässeln, nullen, pinkeln, pissen, pritschen, pullen, pullern, punzen, schiffen, schmuddern, schnudeln, seichen, stippern, strahlen, urfeln, wischerln, zischen. einen Bach machen, dem Bruder die Hand geben, die Büchse ausleeren, den Familienstrumpf auswringen, sein kleines Geschäft besorgen, Kartoffeln abgießen, das Kartoffelwasser abschütten, den Kaspar schneuzen, klein machen, klein müssen, Pipi machen, seine Sache machen, sich die Sache durch den Kopf gehen lassen, die Sache in die Hand nehmen und sehen, wie sie abläuft; auf die kleine Seite gehen, einen Strahl in die Ecke stellen, den Strumpf auswinden, Wasser abschlagen, eine Stange Wasser in die Ecke stellen, eine Stange an die Wand stellen, die Wasserleitung aufdrehen. *Studentensprache:* die Pinkulatur ergreifen. *ich muß urinieren:* navigare necesse est. ich muß meinem Bruder die Hand geben, weil er morgen fortreist. *urinierend:* wasserabstoßend.

73.7 Urinator

Eckenpisser, Harnleiter, Pinkel, Pinkler, Pisser, Schiffer, Seeigel, Seehund. *Mann, der die Klosettbrille beim Urinieren nicht hochhebt:* Brillenpisser. *Studentensprache:* Pinkus, Pipicasso, Pisistratos.

73.8 Uringefäß

Bedarfsvase, Brunnenglas, Gesundheitsporzellan, lichtscheue Vase, Mitternachtstasse, Nachtvase, Pißkachel, Pißpott, Traumvase, Urindepot, Vase, Xanthippes Becken. *Urinflasche:* Ente, Tulpe.

73.9 Pissoir

Gießhaus, Leuchtturm für bedrängte Schiffer, Luftschiffhalle, Pinkelbude, Pinkelwinde, Pißbude, Pißort, Pißwinkel, Plätscherhalle, Pullerei, Reederei, Schifferanda, Schiffernakel, Schifflände, Seichteich, Stehanstalt. *Studentensprache:* Pinkelage, Pinkulativ, Pinkulatorium, Schifforium, Schiffoir, Schiffonium, Tapisserie, Tempel St. Blasii, Tretoir, Trittoir. *Pissoirgebühr:* PG, Pinkelgroschen. *Pissoirwärter:* Pinkelbudiker, Pißbudenhengst, Pißonkel, Schiffhallenchef. *Pissoirwärterin:* Pipimadam, Pißtante, Zwetschenurinöse. *Klosettbrille:* Pißbrille. *Baum, an dem ein Hund regelmäßig uriniert:* Stammbaum.

73.10 Urophobie

Seekrankheit, Wasserscheu. *Dysuria psychica:* Pipistottern.

73.11 Bettnässen

Schwanzdurchfall. *Bettnässer:* Bettseicher, Matratzenwäscher, Pinkler, Strohpinkler. *Bettnässerin:* Bachstelze. *er pinkelt ins Bett:* er ist nicht dicht, er leckt, er schwitzt, er tropft.

73.12 urophile Prostitution

Prostituierte für urophilen Verkehr: Bachstelze, Quellnymphe, Seepferdchen, See-

schlange, Wasserschlange. *Prostituierte für sadistisch-urophilen Verkehr:* Nachttopfsklavin. *urophiler Klient einer Prostituierten:* Brühfreier, Nachttopffreier, Nachttopfsklave, Pißfreier. *Strichjunge für urophile Kundschaft:* Feuerwehrmann, Pipicasso, Pipilot, Urinkönig. *Besuch bei einer urophilen Prostituierten oder einem urophilen Strichjungen:* Quellenforschung, Tiefseeforschung. *urophile Befriedigung:* Abregnung, Kneippkur, Wasserbehandlung, Wasserheilverfahren, Wasserkühlung.

73.13 Vokabular der Uromanie

Vagina: Blase, Brunzbusch, Brunzbutten, Brunzer, Brunzerl, Brunzrutschen, Brunzzeug, Leck, Pißchenpee, Pißdüse, Pißfalte, Pißmarie, Pissoir, Quellgebiet, Schifferklavier, Seehafen, Seichbüchse, Wasseranschluß, Wasserkante, Wassermühle, Wasserscheide, Wasserwerk. *Penis:* Ausguß, Fürst Pipi, Luller, Lulli, Lulu, Pisser, Pißmann, Pißpinsel, Pißtole, Pullemann, Pullermann, Röhre, Seegurke, Seicher, Struller, Wasserhahn, Wassermesser, Wasserpfeife, Wasserschlauch, Wasserspeier, Wasserspender, Herr Ziesemann. *Penis beim Harnröhrenkatarrh:* schiefer Turm von Pissa. *Hoden:* Pißtaziennüsse. *Harnblase:* Tank. *schwache Harnblase:* Sextanertank. *Allantois:* Harnsack. *Harnröhrenausgang:* Wasseranschluß, Wasserkante. *Morgenerektion:* Mopila, morgendliche Pißlatte, hoher Wasserstand. *Frustration:* Wasserverdrängung. *Harnröhrenreizung:* Biertripper, falsches Gepiß, kalte Pisse, Wasserpest. *Urologie:* Wasserkraftlehre. *Urologe:* Gießkannenmechaniker, Harnbeseher, Urinprophet, Wasserdoktor. *Sanitäter:* Pißpottschwenker. *Krankenschwester:* Urinmensch. *Lesbierin:* alte Pisse. *kurzbeinige Frau:* niedriger Wasserfall. *langbeinige Frau:* hoher Wasserfall. *Liebesobjekt eines urophilen Mannes:* Pipimädchen, Pißnelke, Schiffskörper, Seepferdchen. *Pedikator:* Arschpisser.

73.14 urophil-urophobisches Vokabular der Umgangssprache:

Das folgende Vokabular ist nicht vollständig. Es soll nur als Hinweis dienen, daß der Volksmund auch anscheinend asexuelle Begriffe in urophiler oder urophobischer Weise ausdeutet: *Frau, Mädchen:* Pipimädchen, Pißnelke, Pissoir, Seepferdchen. *Mann:* Seichbeutel. *Journalist:* Tintenpisser. *energieloser Mann:* müder Pinkel. *geziert tuender Mann:* feiner Pinkel. *protziger Mann:* reicher Pinkel. *er verkehrt in der feinen Gesellschaft:* er geht mit großen Hunden pissen. *er läßt sich nichts gefallen:* er läßt sich nicht an den Wagen pinkeln. *jemanden verleumden:* jemanden an den Wagen pinkeln. *jemandem nichts Schlechtes nachsagen können:* jemandem nicht an den Wagen pinkeln können. *jemandem gut zureden:* jemandem ins Gemüt pinkeln. *sich absondern:* sich verpinkeln. *Dünnbier:* Jungfernseiche, Kallenschiffe, Nonnenpisse.

73.15 urophiles Volksbrauchtum

Zahllose Kinderspiele beziehen das Urinieren als kryptosexuelle Handlung in den Spielprozeß ein, z. B. «Feuerwehr», wo das «Feuer» durch Urinieren gelöscht wird und so den Knaben und Mädchen einen Vorwand gibt, einander die Genitalien zu zeigen.

74 Koprographie, Urographie

Koprographie: Abortliteratur, Klokunst, Latrinenpoesie, Popoesie, Popornographie. *Urographie:* Pipipoesie, Urinlyrik. *Urograph:* Urino Urinaldini.

75 Koprolalie

Scheißsprache, Kackrhetorik. *Neigung zu skatologischem Vokabular:* schmutziges Maul, ungewaschener Mund, ungewaschenes Maul. *Koprolalistin:* Maulhure.

76 Koprophagie

Bemmerlgier, Braunkohlfraß, Brockenfresserei, Kackprasserei, Kackschlemmerei, Kackschwelgerei, Mostrichfraß, Salamifresserei, Scheißfresserei, Scheißgier, Scheißhunger, Senffresserei, Wiederkäuerei. *Pikazismus:* siehe 78.

76.1 Koprophage

Bemmerlschlecker, Braunkohlenfresser, Brokkenschlucker, Kackefresser, Kaktusfresser, Mostrichfresser, Müllschlucker, Nagetier, Salamifresser, Scheißfresser, Schundfresser, Senflecker, Wiederkäuer. *Kotesser:* siehe 78.1.

76.2 Kot essen

a-asen, Braunkohl fressen, Creme schlürfen, Eingemachtes essen, am türkischen Honig naschen, Kakao schlecken, Kaktus fressen, am Mostrich naschen, aus dem Popokal saufen, eine Poportion zu sich nehmen, Salami fressen, am Scheibenhonig naschen, Scheiße fressen, Schokolade essen, Schund fressen, Senf lecken, am Sitzfleisch nagen, Winterkirschen knabbern, Würstchen essen. *in Kot getauchte Nahrungsmittel essen:* siehe *Pikazismus* 78.2.

76.3 Vokabular der Koprophagie

Kot: Achterl, Afterschmalz, braune Butter,

Braunkohl, Creme, Currywurst, Darmcreme, Ei, Eingemachtes, Frankfurter Würstchen, Hammelfleisch, Honig, Kakao, Leckerbissen, Mostrich, Salami, Scheibenhonig, Schokolade, Senf, Trüffel, türkischer Honig, Winterkirschen, Wurst, Würstchen, Würstchen mit Senf. *Kotgeschmack:* Gewürz. *Gaumen:* Hintergaumen. *Zunge:* Arschputzer, Arschlecker, Hinterlecker. *After:* Mostrichtopf, Senfpott. *Abort:* Kantine, Kantine vom großen Geschäft. siehe auch: *Vokabular des Anilinctus* 35.21.

77 Uropotie

Harnsaufen, Harnschlecken, Pipitrinken, Pissedurst, Wassersucht. *in Urin getränktes Brot:* Ambrosam, gelbe Datsch, gelbe Beffchen, gelbe Linde, Hindenburgtorte mit Sahne, Honigbrot, Königskuchen mit Saft, Musel mit Tunke, Runksen mit Honig, Schmolle mit Schuß, Wasserpolster.

77.1 Urintrinker

Brillenlecker, Brillenputzer, Harnschleck, Pisseschlucker, Urinoko, durstige Seele.

77.2 Vokabular der Uropotie

Klosettbecken, Nachttopf: Mitternachtspokal, Mitternachtstasse, Punschbowle, Punschterrine, Sauciere, Suppenteller. *Pissoir:* Muschelbar, Stehbier-Anstalt, Teehaus.

78 Pikazismus

Feinschmeckerei, Schlemmerei. *Koprophagie:* 76.

78.1 Pikazist

Feinschmecker, Giermagen, Gierpansch, Gierschlung, Leckermaul. *Mann, der sich von einer Frau das Essen vorkauen läßt:* Wiederkäuer. *Mann, der das Sperma eines anderen Mannes aus dessen Kondom trinkt:* Präserpuster, Schnullerbeißer. *Kotesser:* 76.1. *Urintrinker:* 77.1. *Menschenfresser:* 79.1.

78.2 pikazistisch essen

Nahrungsmittel in den After oder die Vagina einführen: Futter schütten, Kastanien säen. *Nahrungsmittel aus dem After oder der Vagina eines anderen Menschen herauslecken:* äsen, grasen, weiden, sich verlustieren, die Kastanien aus dem Feuer holen. *aus dem Schuh einer Frau trinken:* einen Stiebel saufen. *von einem anderen Menschen vorgekaute Nahrungsmittel essen:* wiederkäuen. *Kot essen:* 76.2. *Urin trinken:* 77.2. *Menschenfleisch essen:* 79.2.

78.3 Objekte des Pikazismus

Speichel: Aule, Auster, Geifer, Guscht, Qualster, Rack, Sabber, Spucke. *Erbrochenes:* gedrängte Wochenübersicht, Studentenfrühstück. *Nasenschleim:* Butz, Kenkel, Licht, Popel, Rotz. *Ohrenwachs:* Ohrenschmalz. *Schweiß:* Achselparfum, Fußkäse, Schwitz, Schwitze. *Schweißfüße:* Saftquanten, Schweißblätter, Knoblauchzehen. *Sperma:* Ambrosia, Apfelgelee, Aspik, Bananensaft, Begeisterungssaft, Blauwasser, Brause, Buttermilch, Eierkognak, Eierschaum, Eierspeise, Eis, Gallert, Gelee, Götterspeise, Gurkensaft, Honig, Kaviar, Kindelbier, Kinderwein, Majonäse, Manna, Männermilch, Mark, Motschka, Mundwasser, Nektar, Pfeifensaft, Pilzsoße, Rahm, Rohkost, Rübensaft, Rührei, russische Eier, Saft, Sahne, Schaum, Schlagobers, Schlagrahm, Schlagsahne, Schlegelmilch, Schlippermilch, Schlottermilch, Schwitze, Soße, Spargelsuppe, Sprudel, Stockmilch, Sülze, Süppchen, Tunke, türkischer Honig, Vatermilch, verlorene Eier, Weißpfeffer, Wonnekleister. *Smegma:* Käsmatte, Klatschkäse, Mazzenkäse, Schmierkäse. Harzer, Mainzer, Münster. *Vaginalsekret:* Ambrosia, Aspik, Begeisterungssaft, Blütenhonig, Buttenmost, Feigensaft, Fotzenkäse, Gallert, Gelee, Götterspeise, Honig, Kuhsaft, Manna, Nektar, Pflaumenmus, Pflaumensaft, Pflaumensuppe, Pfläumliwasser, Rohkost, Saft, Sahne, Schaum, Schaumspeise, Scheidewasser, Schlagobers, Schlagrahm, Schlagsahne, Schleim, Schlippermilch, Schlottermilch, Schwitze, Seim, Soße, Sülze, türkischer Honig, Wonnekleister, Zwetschenmus, Zwetschensaft, Zwetschensuppe. *in den After eingeführte und mit der Zunge wieder herausgeleckte Eßwaren:* Arschfutter, Kastanien, Leckerbissen, Leckweise, Negerküsse, Nonnenfürzchen, Pfeffernüsse, Schmalzgebackenes, Zwiebelfische, Zwiebelkuchen. *in die Scheide eingeführte und mit der Zunge wieder herausgeleckte Eßwaren:* Fotzenfourage, Mazzenkäse, Schmierkäse. *in die Scheide eingeführte Hühnerschenkel:* Liebesknochen. *aus der Scheide getrunkener Wein:* Pflaumenschnaps, Zwetschenwasser. *der Geschmack von Eßwaren, die in die Scheide oder den After eingeführt worden sind:* Hautgout à gogo. *Kot im pikazistischen Vokabular:* siehe 72.4. *Blut:* rote Soße, rote Suppe, roter Saft, Rotwasser. Himbeersaft, Johannisbeersaft, Kirschsaft. *Menstrualblut:* rote Grütze, rote Tunke, Rotkohl.

79 Anthropophagie

Leichenschmaus, Menschenfresserei.

79.1 Anthropophage

Aasgeier, Hyäne, Menschenfresser.

79.2 Menschenfleisch
zweibeiniges Kalbfleisch, Rindfleisch vom Leichenschauhaus, Schwein von der Chirurgie. *Gesäß:* Saftarsch, Schinken, Sitzfleisch, Speckseite. *Menschenblut:* Himbeersaft, Johannisbeersaft, Kirschsaft, roter Saft, rote Soße, rote Suppe, Rotwasser.
79.3 anthropophages Vokabular der Umgangssprache
jemanden zum Fressen gern haben. ich könnte dich vor Liebe auffressen. ein appetitliches Mädchen. zum Anknabbern.

80 Sadomasochismus

Blutdurst, Blutgier, Blutlust, Schmerzgier, Schmerzgeilheit.
80.1 sadomasochistischer Verkehr
Disziplin, Domptur, Dressur, Drill, Gymnastik, Massage, Sport, Tanz, Tänzchen, Turnstunde, Zucht.
80.2 Sadismus
Blutdurst, Blutgier, Blutlust, Herrenart, Quälsucht, ungebrannte Asche, Vernichtungswille, Zerstörungslust. *vorgetäuschter Sadismus:* gebrannte Asche.
80.3 Masochismus
Knechtseligkeit, Liebedienerei, Sklavensinn, das Glück des Gehorchendürfens. Dienstbarkeit, Fügsamkeit, Gefügigkeit, Gehorsam, Hörigkeit, Selbsterniedrigung, Untertänigkeit, Unterwerfung, Unterwürfigkeit, Widerstandslosigkeit, Willfährigkeit. Bande, Fessel, Frondienst, Gängelband, Joch, Leibeigenschaft, Knechtschaft, Sklaverei. Bauchrutsch, Fußfall. *Brief eines Masochisten an seine Herrin:* Sklavenbrief. *Lust am Verkehr mit alten oder häßlichen Menschen:* siehe 27 (Gerontophilie) und 71 (Mysophilie). *Anilinctus:* 35.15. *Koprophagie:* 76. *Uropotie:* 77. *Pikazismus:* 78.
80.4 Sadistin
Domina, Dompteuse, Erzieherin, Fegefeuer, Frau Folterknecht, Gouvernante, Gymnastiklehrerin, Hauslehrerin, Herrin, Kyria, Männerfeindin, Masseuse, Meisterin, polnische Mutter, Sportlehrerin, strenge Erzieherin, strenge Gouvernante, strenge Herrin, strenge Meisterin, Tanzlehrerin, Turnlehrerin, Wanda, Zuchtmeisterin. *Sexualpartnerin eines Masochisten:* Tanzpartnerin.
80.5 Sadist
Balgtreter, dominierende Persönlichkeit, Dompteur, Dresseur, Erzieher, Folterknecht, Frauenschinder, Gymnastiklehrer, Hauslehrer, Henkersknecht, Herr, Masseur, Meister, Nachrichter, Nudelwalker, Quälgeist, Radiergummi, Scharfrichter, Schinder, Schlagzeuger, Sportlehrer, Tanzlehrer, Turnlehrer, Weiberschinder, Zuchtmeister. *Sexualpartner einer Masochistin:* Tanzpartner. *Männer, die eine Frau festhalten, während sie gefoltert wird:* Stillhaltekommission.
80.6 Masochistin
Bettsklavin, Bimsmichlerin, Dienerin, Dienstbalken, Dienstkrappen, Fußmatte, Hündin, Kammerzofe, Karnickel, Liebedienerin, Liebessklavin, Matratze, Nachttopfsklavin, Quälmichlerin, Riementitti, Schlafzimmersklavin. *Sexualpartnerin eines Sadisten:* Sportfreundin, Tanzpartnerin.
80.7 Masochist
Bettsklave, Bimsmichel, Buckeljucker, Deisbirnfresser, Drahtpuppe, Fotzenknecht, Haumichblau, Haumichel, Hintersasse, Juckfell, Kammerdiener, Knetfleisch, Leibdiener, Leibeigener, Leibfuchs, Nachttopfsklave, Pantoffelheld, Pudel, Quälmichel, Schlafzimmersklave, Severin, Sklave, Stangenreiter, Stockbuckel, Weiberknecht, Züchtling. *Sexualpartner einer Sadistin:* Sportfreund, Tanzpartner.
80.8 sadistisch
blutdürstig, blutgierig, drakonisch, eisern, erbarmungslos, grausam, hart, herrisch, gebieterisch, gnadenlos, kaltlächelnd, mitleidlos, scharf, schonungslos, stramm, streng, strikt, unbeugsam, unerbittlich, unnachgiebig. vom gleichen Schlag. ein Gemüt wie ein Schlächterhund.
80.9 masochistisch
bäuchlings, bedientenhaft, demütig, dienstwillig, ergeben, folgsam, fügsam, gefügig, gehorsam, hörig, hündisch, knechtisch, knechtselig, leibeigen, nachgiebig, servil, sklavisch, speichelleckerisch, untertänig, unterwürfig, willfährig. labil, ungehorsam, ungezogen. hart im Nehmen, vom Stamme Nimm.
80.10 sadistisch sein, sadistisch handeln, sadistisch verkehren
abstrafen, bändigen, bemeistern, bestrafen, beugen, brechen, disziplinieren, dominieren, dressieren, drillen, erniedrigen, kleinkriegen, knechten, meistern, regieren, strafen, unterwerfen, versklaven, zähmen, züchtigen, zwingen. abhärten, ertüchtigen, stählen. gefügig machen, hörig machen, kirre machen, untertänig machen, zum Sklaven machen. Disziplin halten, ein strenges Regime führen, Gehorsam erzwingen, den Starrsinn brechen, den Stolz brechen, den Dünkel austreiben, Mores lehren, Respekt lehren, der Zucht unterstellen, in Zucht nehmen, an die Kandare nehmen, schonungslos behandeln, schonungslos verfahren, schonungslos vorgehen. keine Schonung, keine Gnade (kein Erbarmen, kein Mitleid, keine Nachsicht, kein Pardon) geben (gewähren, kennen, gelten lassen, walten lassen). in Strafe nehmen, Strafe zumessen,

zuerkennen, auferlegen, angedeihen lassen, vollstrecken. die Strafe nicht schenken, ein Exempel statuieren. es einem beibringen, einem die Flötentöne beibringen, einem die Leviten lesen. *foltern:* 80.20.

80.11 masochistisch sein, masochistisch handeln, masochistisch verkehren

dienen, fronen, gehorchen, kuschen, parieren, spuren, willfahren. sich beugen, sich biegen, sich bücken, sich demütigen, sich ergeben, sich erniedrigen, sich fügen, sich krümmen, sich quälen, sich schmiegen, sich unterordnen, sich unterwerfen, sich versklaven, sich im Staub wälzen, sich unter das Joch beugen, sich abstrafen lassen, sich auffrischen lassen, sich bändigen lassen, sich bearbeiten lassen, sich bemeistern lassen, sich bestrafen lassen, sich disziplinieren lassen, sich dressieren lassen, sich drillen lassen, sich einheizen lassen, sich erniedrigen lassen, sich frikassieren lassen, sich heimzahlen lassen, sich hochnehmen lassen, sich knechten lassen, sich mißhandeln lassen, sich schinden lassen, sich schlauchen lassen, sich schleifen lassen, sich schurigeln lassen, sich stauchen lassen, sich striegeln lassen, sich triezen lassen, sich zähmen lassen, sich züchtigen lassen, sich zudecken lassen, sich zurichten lassen, sich zwacken lassen, sich zwiebeln lassen. sich gefügig machen, sich hörig machen, sich untertänig machen, sich zum Sklaven machen. sich der Disziplin unterwerfen, sich der Dressur unterwerfen, sich der Strafe unterwerfen, sich dem Willen unterwerfen, sich der Zucht unterwerfen, sich den Dünkel austreiben lassen, sich den Starrsinn austreiben lassen, sich den Stolz austreiben lassen, sich die Flötentöne beibringen lassen, sich Disziplin beibringen lassen, sich Gehorsam beibringen lassen. den Rücken krümmen, das Knie beugen, auf den Knien rutschen, platt liegen, unter dem Stiefel sein, den Arsch küssen, den Fuß küssen, die Hand küssen, den Pantoffel küssen, die Rute küssen. Befehle ausführen, Geheiß tun. hart im Nehmen sein, viel einstecken können. für die Strafe gehorsamst danken.

80.12 Schmerz

Folterqual, Geriß, Kreuz, Nachtschweiß, Pein, Ping, Strohfeuer, Weh.

80.13 Schmerz empfinden

durchmachen, an die Nieren gehen, durch Mark und Bein gehen, durch Mark und Pfennig gehen, die Engel im Himmel pfeifen hören.

80.14 schmerzhaft

unterkittig, wie gerädert, nicht zu blasen.

80.15 Wunde

Bausen, Fahrer, Hecker, Kratzer, Merk, Schrunde, Tupf, Tupfer, Wahn, Wischer. *Biß- oder Kußwunde:* Knutschfleck, Liebesbiß, Liebesblümchen, Liebesrose, Venusblümlein, Venusfleck, Venusrose.

80.16 verwunden

Blut abnehmen, Blut abzapfen, schröpfen.

80.17 sich verwunden lassen

Blut spenden, Blut stiften.

80.18 Blut

Damm, Foosch, Himbeersaft, Johannisbeersaft, Kirschsaft, Rat, rote Grütze, roter Saft, rote Soße, rote Suppe, rote Tinte, Rötling, Rotwasser, Saft, Schmutz, Schweiß, Soße, Tinte. *Blut am Busen:* Blubu. *Blut an der Scheide:* Foblu. *Blut am Penis:* Schwablu. siehe auch *Blut:* 1.15. *Blutfetischismus:* 70.2. *Blut im Pikazismus:* 78.3. *Blut in der Anthropophagie:* 79.2.

80.19 blutig

befooscht, bekleckst, bespritzt, markiert.

80.20 foltern

abrebeln, abriegeln, auffrischen, bearbeiten, bedienen, bleien, erwischen, frikassieren, fuchsen, hochnehmen, hustern, knöcheln, kujonieren, kuranzen, marinieren, nowacken, panieren, pempsten, pfeffern, piesacken, placken, pledern, polieren, pracken, radieren, sanieren, schinden, schlauchen, schleifen, schmieren, schmirgeln, schmitzen, schripfen, schurigeln, stanzen, stauchen, stempeln, stranzen, striegeln, strupfen, triezen, zudecken, zurichten, zusetzen, zwacken, zwiebeln. andere Saiten aufziehen, einem anders kommen, einem aufspielen, einem eingeben, einem einheizen, einem einschenken, einem eintränken, einem eintrichtern, einem heimleuchten, einem heimzahlen, einem die Eier schleifen, einem die Gladen ausheben. einen einpökeln, einen bei der Binde (beim Kanthaken, beim Kragen, beim Schlafittchen, beim Wickel) kriegen. einen in der Mache (unter der Fuchtel) haben. sich jemanden greifen, holen, kaufen, langen, vorknöpfen, vornehmen. jemanden schmoren (tanzen, zappeln) lassen. jemandem die Hölle heiß machen, mit jemandem Schlitten fahren. nicht viel Federlesens machen, keine Umstände machen, nicht lange fackeln. *ausprobieren, wieviel Schmerz das Opfer ertragen kann:* fiebermessen.

80.21 Folter

Bleie, Inne, Narkose, Schärfe, Schmitze, Schripf, Speck, Strupf, Zeisel. Disziplin, Domptur, Dressur, Drill, Gymnastik, Massage, Sport, Tanz, Tänzchen, Turnstunde, Zucht. peinliche Frage, scharfe Frage.

80.22 Folterinstrumente

Handwerkszeug, Keli, Kitt, Schwung, Spielwaren, Spielzeug, Sportgerät, Turngerät, Werkzeug. *Territion* (das Vorzeigen der Folterinstrumente): Auftritt, Vorspiel.

80.23 Tormentum ignis
Feuerdrill, Feuerwerk, Funk, Kohl, Lango, Simen. *Brandmarkung und Flagellation:* Kohl und Speck. *das Absengen des Schamhaars:* Waldbrand. *durch Hitze hervorgerufene Ohnmacht:* Feuerbestattung, Feuertod. *die erste Feuertortur:* Feuerprobe, Feuertaufe.
80.24 brennen, brandmarken
feuerwerken, funken, kohlen, Kohl geben, sartenen, simmen, teeren und federn, versarfenen, auf den Scheiterhaufen setzen (der «Scheiterhaufen» braucht in der Praxis nicht mehr als ein Streichholz, eine Kerze oder ein elektrischer Toaster zu sein, da der sexuelle Sadismus zum großen Teil symbolischer Natur ist). *flagellieren und brandmarken:* Speck und Kohl geben. siehe auch *Pyromanie:* 81.
80.25 Instrumente zum Brennen und Brandmarken
Feuer, Flamme: Lango, Scheiterhaufen. *brennender Schwefel:* Feuerwerk. *flüssiges Blei:* Silvesterscherz. *siedendes Harz:* Freudengelee. *heißes Pech:* Blutsuppe. *Teer und Federn:* Blutsuppe mit Einlage. *mit Phosphor oder Schwefel bestrichene Nadeln, die glühend in die Haut gestochen werden:* Eicheln. *glühende Stahldrähte zum Flagellieren:* eiserne Rute. *eiserner Stuhl mit erhitzbarer Sitzfläche:* Hackerstuhl. *heizbarer Kasten, in den das Opfer eingesperrt wird:* Brutkasten, Schwitzkasten.
80.26 auf Feuer fixierter Sadomasochismus
Feuereifer, Feuersbrunst, Feuersnot. *die Fähigkeit, Brandwunden zu ertragen:* Feuerfestigkeit. *Brandstiftung:* siehe 81.3.
80.27 auf Feuer fixierter Sadist
Brandstifter, Brenner, Feueranzünder, Feuerleiter, Funker, Kohler, Sarfener.
80.28 auf Feuer fixierte Sadistin
Brandbombe, Brennessel, Feuerbombe.
80.29 auf Feuer fixierter Masochist
Feuerwerkskörper, Feuerzeug.
80.30 auf Feuer fixierte Masochistin
Brandblase. *sie kann viele Brandwunden ertragen:* sie ist feuerbeständig, feuerfest, feuersicher.
80.31 Tormentum aquae
Hexenbad, Wasserbad, Wasserball, Wasserbehandlung, Wasserheilverfahren, Wasserkunst, Wasserprobe, Wasserung, Wasserversorgung. *durch Luftmangel erzeugte Ohnmacht:* Wassertod (tritt ein, wenn das Opfer mit dem Kopf in eine Waschschüssel, Badewanne oder Wassertonne gesteckt wird. In den Bordellbetrieben und den *cercles noires*, die über ihre eigenen Einrichtungen verfügen, geschieht dies meist, indem das gefesselte Opfer mit dem Kopf nach unten an einem Flaschenzug von der Decke in eine Wassertonne herabgeseilt wird, bis es das Bewußtsein verliert. Dann wird es wieder herausgezogen und ärztlich versorgt). *die Lust, den «Wassertod» zu erleiden* (ein häufiges masochistisches Syndrom): Wassersucht.
80.32 Wassertortur vornehmen
das Opfer wiederholt mit dem Kopf ins Wasser stecken, bis es ohnmächtig wird: schnellen, schwemmen, mit Wasser versorgen, Wasserball spielen, die Wasserbehandlung vornehmen, das Wasserheilverfahren praktizieren, Wasserkunst machen, die Wasserprobe machen.
80.33 Instrumente zur Wassertortur
Flaschenzug, mit dem man das Opfer mit dem Kopf nach unten in die Wasserbutte abseilt: Angel. *Wasserbutte:* Wasserbett.
80.34 auf Wasser fixierter Sadist
Bademeister, Badewärter, Schwimmlehrer.
80.35 auf Wasser fixierte Masochistin
Nixe, Wasserhenne, -huhn, Wasserscheide.
80.36 auf Wasser fixierter Masochist
Wasserhahn, Wasserpfeife.
80.37 rädern
Im Mittelalter verstand man unter *rädern* das Zerschmettern des Brustkorbs mit der Nabe eines Wagenrads und manchmal auch das Verflechten des zerschmetterten und deshalb biegsamen Körpers mit den Speichen des Rades. Im sadomasochistischen Vokabular der Gegenwart dagegen ist *rädern* das Herumwirbeln auf einer Drehscheibe. Wird das Opfer mit dem Kopf nach außen aufgeschnallt, so tritt übermäßiger Blutdruck im Hirn ein, der angeblich Wollust erzeugt. Wird das Opfer mit den Füßen nach außen aufgeschnallt, tritt Blutleere im Hirn und Ohnmacht ein. Die hierfür benutzte *Drehscheibe* hat die folgenden Namen: Drillmühle, Drillscheibe, Galgel, Miesig, Narrenkotter, Rad, Teller, Tretmühle, Trülle. *rädern:* tellern.
80.38 stechen
abfetzen, angeigen, anpumpen, anspritzen, aufspießen, baneln, bedienen, beleimsen, bemschen, fetzen, fiebermessen, fuzzeln, heimdrehen, kitzeln, kneipen, kuffen, markieren, pfählen, pfetzen, plotten, polieren, pracken, pumpen, radieren, sticheln, stumpfen, titschkern. *einem Masochisten Messerwunden beibringen, um ihn zu befriedigen:* einen mit dem Freund kitzeln.
80.39 Stich
Fahrer, Merk, Nadelprobe, Tupf, Tupfer, Wischer. *Durchlöcherung des Skrotums:* Eierstich. *Stechen:* Stichelei, Stichkampf, Stichprobe. *Leberfleck, Sommersprosse, Warze oder anderer Körperfleck, in den man Nadeln sticht:* Hexenmal.

80.40 Instrumente zum Stechen
Messer oder andere Stichwaffe: Amor, Bankanett, Bruder, Feitel, Freund, Gatte, Haro, Härterich, Hartling, Härtling, Härtrich, Hechtl, Hechtling, Hettling, Hirt, Hirtling, Kitzler, Klinko, Kneip, Korde, Michel, Pickling, Schärfling, Spitzling, Steche, Stichling, Stiftling, Titschkerl, Zahnstocher, Zwick. *Nadel:* Stupferling. *mit Nägeln bestückter Stuhl:* Nagelstuhl. *mit Nägeln bestücktes Bett:* Fakirbett, Nagelbett. *mit Nägeln bestückter Hohlraum:* eiserne Jungfrau. *mit Nägeln bestückter Holzbock:* gespickter Hase, Igel, Stachelschwein.

80.41 auf Stechen fixierter Sadist
Abstecher, Fuzzeler, Heimdreher, Kitzler, Mädchenstecher, Piek-Bube, Stachelschwein, Stichel, Stichler, Stichling, Viehstecher.

80.42 auf Stechen fixierte Sadistin
Bremse, Busennadel, Gelse, Hornisse, Piek-Dame, Stechfliege, Stechmücke, Stichflamme, Wespe.

80.43 auf Stichwunden fixierter Masochist
Nadelschlucker, Stichblatt, Stichscheibe. *er kann viele Stichwunden vertragen:* er ist stichhaltig, er ist stichfest.

80.44 Lust am Stechen
Scharfsinn.

80.45 Lust am Gestochenwerden
Stichfestigkeit, Stichhaltigkeit.

80.46 schneiden
dolmen, feiteln, flitschen, fuzzeln, geigen, kitzeln, kotern, kratzen, ritzen, titschkerln.

80.47 Schnitt
Fahrer, Hecker, Kratzer, Merk, Schmarren, Schmiß, Schramme, Schrunde, Wischer.

80.48 Instrument zum Schneiden
Amor, Bruder, Freund, Gatte. *Messer:* Bankanett, Blankmichel, Dolmen, Feitel, Fiebermesser, Flitsche, Gartl, Gatl, Geige, Glandi, Haro, Härterich, Hartling, Härtling, Härtrich, Hechtl, Hechtling, Hirt, Hirtling, Hütling, Kandl, Kaut, Kehrum, Kitzler, Knappkoter, Kneif, Kneip, Korde, Langmichel, Man, Mandl, Michel, Nusch, Ritzer, Sackin, Sax, Schärfling, Schirm, Schneider, Schneidling, Schnittling, Schurri, Schwert, Spitzling, Spritze, Thermometer, Titschkerl. *Klappmesser:* Knicker, Schnapper, Schnapphärtling. *Rasiermesser, Rasierklinge:* Kratzer, Lomel, Massper, Muradi, Rosewei. *Schere:* Schneide.

80.49 auf Schneiden fixierter Sadist
Aufschlitzer, Fuzzeler, Koterer, Ripper, Ritzer, Schneidbrenner, Schneider, Schnitter, Schnitzler. *Mann, der Kleider aufschlitzt:* Damenschneider, Gewandschneider, Gewandschlitzer, Kleideraufschlitzer, Rockaufschlitzer. *Mann, der Frauenhaar abschneidet:* Geheimfriseur, Zopfabschneider.

80.50 auf Schneiden fixierte Sadistin
Kuse, Ritze, Nagezahn, Schneiderin, Schneidezahn, Schnitte.

80.51 auf Schneiden fixierte Masochistin
Schneiderpuppe, Schnittblume.

80.52 Lust am Schneiden
Schneid. *Lust am Schneiden haben:* scharf sein, schneidig sein, schnittig sein.

80.53 Treffpunkt von Messersadisten
Schneidemühle, Schneiderei, Schneiderwerkstatt, Schnitzbank.

80.54 hacken
amputieren, döllern, garsen, sezieren, spalten. (Was in der Einführung über den symbolischen Charakter eines großen Teils des sadomasochistischen Vokabulars gesagt worden ist, gilt besonders für die obigen Ausdrücke, die sich mit Amputation befassen und für die folgenden Verben, die den Prozeß der Hinrichtung beschreiben. Selbstverständlich ist weder das Amputieren noch das Hinrichten wörtlich gemeint. Diese Worte beschreiben einen rituellen, symbolischen Vorgang, der für alle Beteiligten – den «Henker», das «Opfer» und die Zuschauer – sexuelle Bedeutung hat.) *hinrichten:* enthaupten, guillotinieren, henken, kappen, köpfen. *Redewendung:* Wir wollen dem Herrn mal einen Scheitel ziehen.

80.55 Beil
Äxtlein, Döller, Garsen, Hacke, Häckerling, Hackeisen, Hackfenne, Kardom, Karst, Mühlkracher, Picke. *Guillotine:* Breitbeil, Fallbeil, Hackbank, Hackmaschine, Kopfabmaschine, nasse Guillotine, Staatsrasierapparat, Staatsrasiermesser, Zigarrenabschneider.

80.56 Richtblock
Blutbühne, Bühne, Richtholz, Schafott, Schranne.

80.57 Scharfrichter
Angstmann, Benz, Blutrichter, Blutvogt, Dalcher, Dallinger, Demmer, Dollmann, Fleischer, Feinlein, Hämmerlein, Hämmerling, Kurzab, Meister Fix, Meister Hans, Nachrichter.

80.58 schlagen
abbürsten, abrebeln, abringeln, abschmieren, abschwarten, abstauben, abzischen, aufbremsen, aufbügeln, aufdünsten, aufkaufen, auflegen, aufsäen, aufschmieren, aufzimbeln, ausfegen, ausfetzen, aushauen, aushemden, ausklopfen, auswischen, bamsen, belachsen, beuteln, bimsen, blätschen, bleien, bleuen, britzen, bürsten, dalken, deckeln, decken, deissen, docken, draufschmieren, dreinschmieren, dreschen, dressieren, dulksen, durchbeuteln, durchbleuen, durchflammen, durchflapchen, durchhauen, durchprügeln, durchschmieren, durchwachteln, durchwalken,

durchwamsen, durchwapschen, durchwassern, durchweichen, durchwichsen, eindecken, eingeben, einheizen, einpökeln, einreiben, einschenken, eintränken, faschieren, fauzen, fegen, fetschen, ficken, fickfacken, fitzeln, fitzen, flachsen, flapschen, flapsen, fleischhauen, frikassieren, fuchsen, fudeln, futteln, gallern, geigen, gerben, guffen, gummieren, hampeln, hauen, häuten, heichen, heimgeigen, heimleuchten, hobeln, holzen, hustern, kabacken, kallen, kamisolen, karniefeln, karnöffeln, keilen, kielholen, kleistern, klitschen, kloppen, knallen, knöcheln, knüppeln, knütteln, knuten, kofen, kohlen, konfirmieren, kuffen, kuranzen, küssen, lachsen, lackieren, linieren, losschmieren, lynchen, mackeln, marelen, marinieren, massieren, mischen, modellieren, nollen, nowacken, nussen, ondulieren, panieren, pecken, pelzen, pempsten, pfeffern, pflanzen, pflastern, pledern, prügeln, pudern, rallern, rollen, salben, salzen, scheuern, schlauchen, schmakustern, schmalzen, schmettern, schmieren, schmirgeln, schmitzen, schnappen, schripfen, simmen, stanzen, stauben, stauchen, stauken, stäupen, stempeln, stenzen, stiffeln, stranzen, striegeln, struppen, tünen, tuschen, tuschieren, überlegen, überziehen, verarschen, verarzten, verballern, verbeuteln, verbimsen, verbleuen, verbolzen, verbrüsewitzen, verdeffeln, verdreschen, verhämmern, verhauen, verholzen, verkamisolen, verkanten, verkeilen, verklappen, verklopfen, verkneiseln, verknüppeln, verlatschen, verledern, vermakeln, vermätschen, vermöbeln, vermöckeln, vernageln, verpecken, verpflastern, verplatzen, verpötern, verpumjacken, verrollen, verschalen, verschlagen, verschmieren, versimsen, versohlen, verstrakeln, vertobacken, vertrimmen, vertrommeln, verwackeln, verwalken, verwamsen, verwansen, verwichsen, wacheln, wächeln, walken, walzen, wamsen, wichsen, wippen, wuppen, wuschen, zempern, zerbleuen, zerschmieren, zimbeln, zusammenhauen, zusammenstauchen. die Augen flimmern machen, den Balg gerben, auf die Bank schnallen, am Boden zerstören, braun und blau hauen, braun und grün schlagen, den Buckel blau färben, das Fell gerben, das Fell locker machen, das Fell versohlen, das Fell vollhauen, unter die Finger kriegen, die Flöhe abkehren, den Frack verschlagen, unter die Fuchtel nehmen, gassenlaufen lassen, es jemandem geben, den Heiligen Geist schicken, Gufti stecken, zu Gulasch verarbeiten, die Hammelbeine langziehen, eine Handvoll ungebrannter Asche zu kosten geben, eins auf den Arsch (auf den Hintern, auf den Hosenboden) geben, die Hosen abknöpfen, die Hosen spannen, die Hosen strammziehen, die Hucke vollhauen, Kattun geben, Kleinholz machen, in den Klumpatsch hauen, übers Knie legen, die Knochen kaputtschlagen, die Knochen numerieren, ins Kontor schlagen, ein paar auf den Laden geben, etwas aufs Leder geben, das Leder gerben, das Lederzeug anstreichen, in der Mache haben, Maksen kühlen, Maß nehmen, eine zärtliche Meinung überbraten, die Möbel geraderücken, zu Mus hauen, eine Naht geben, eine Pakkung geben, einen auf den Pelz geben, auf den Pelz kommen, den Pelz gerben, Prügel applizieren (aufmessen, aufzählen, austeilen, verabreichen, versetzen, zukommen lassen), mit Ruten streicheln, in Sauer einwecken, Scheines geben, Schimes geben, schlafen legen, einen Schlag hacken, die Schwarte gerben, hauen daß die Schwarte kracht, den Spanischen tanzen lassen, das Spanische zu kosten geben, Speck und Kohl geben, Speck und Schinken geben, spießrutenlaufen lassen, den Stecken anmessen, mit dem Stock traktieren, übern Stuhl legen, Talkum geben, tanzen lassen, eine Tracht aufladen, ein paar überziehen, aus der Wäsche hauen, weich klopfen, weich stoßen, windelweich schlagen, eine Wucht geben, den Zacharias riechen lassen, mit dem hagebüchenen Pinsel blau anstreichen, mit dem Birkenpinsel rot malen. *flagellieren:* abzischen, auspeitschen, durchpeitschen, geißeln, kantschuen, karbatschen, peitschen, mit der Peitsche streicheln. *ins Gesicht schlagen:* bretzeln, dachteln, goschen, maulschellen, ohrfeigen, patschen, tachteln. einem eine andrehen, auswischen, backen, geben, kleben, kleistern, knallen, lackieren, langen, latschen, leuchten, löffeln, löschen, patzen, pflanzen, pflastern, picken, reißen, runterhauen, runterknallen, runterlangen, schallen, scheuern, schmieren, schwalben, stechen, trillern, verpassen, watschen, zünden, zwitschern. einem einen Abdruck liefern, eine brennen, ein paar hinter die Löffel hauen, ein paar hinter die Ohren hauen, ein paar an den Laden geben, einen vor den Latz knallen, eins auf den Kopf geben, eine hinter die Schallgardine langen, eine Schwalbe stechen. *Talent zum Schlagen haben:* eine eiserne Faust haben, eine eiserne Hand haben, eine starke Hand haben, handfest sein, eine gute Kelle schlagen, einen guten Schlag hacken.

80.59 sich schlagen lassen

gassenlaufen, spießruten laufen, tanzen, walzen. sich abstauben lassen, Deisbirn fressen, eine fangen, den Heiligen Geist besuchen, vom Heiligen Geist beschattet werden, Maksen kühlen, sich Scheines holen, Schimes holen, in den Schwitzkasten kommen. eine kriegen, Abfälle kriegen, eine abkriegen, eine

vor die Batterie kriegen, Besuch vom Heiligen Geist kriegen, eine draufkriegen, eine eingehängt kriegen, sein Fett kriegen, Fische kriegen, eine geklebt kriegen, eine geknallt kriegen, eine gemoppt kriegen, eine gerissen kriegen, eine hinter die Lappen kriegen, eine auf den Kopf kriegen, eine zu kosten kriegen, Lachse kriegen, eine auf die Nase kriegen, ein paar draufkriegen, eine vor die Pflaume kriegen, etwas rauskriegen, Scheines kriegen, Schimes kriegen, eine zu schmecken kriegen, eine verpaßt kriegen, eine vorkriegen. es regnet in Ägypten, es gibt aus der Armenkasse raus, er hat ihm eingehengt, das Fell juckt ihm, der Heilige Geist kommt, ihm juckt der Buckel.

80.60 geschlagen

braun und blau geschlagen: b & b. *blau und grün geschlagen:* b & g.

80.61 Schläge

Abdrücke, Abfälle, Abreibung, Abschwartung, Abwichsung, Abzug, Äppel, Armsünderschmalz, Asche, Ausstäubung, Autogramm, Baumwachs, Bimp, Bimse, Birkenzauber, Dab, Deisbirn, Denkzettel, Doge, Desche, Einreibung, Fänge, Fegefeuer, Fett, Fische, Fuchtel, Fünfundzwanzig, Geißelung, Gepfeffertes, Gesalzenes, Gufti, Hacksteak, Haue, Haumiblau, Haumichblau, Heichse, Hiebe, Hoige, Hosespannes, Hugo, Jackenfett, Johannes, Kalasche, Kalle, Kasteiung, Kattun, Keile, Kilo, Kleinholz, Klitsche, Klöpfe, Kloppe, Kloppfisch, Knop, Knüppel, Lachse, Lektion, Mackes, Morgenstern, Moschis morum, Naht, Palmos, Pecke, Pflaster, Platze, Prügel, Prügelsuppe, Pumps, Rampes, Riß, Saures, Schacht, Scheines, Schimes, Schinkenklopfen, Schlag, Schmiere, Schmiß, Schwumbse, Senge, Simse, Speck und Kohl, Speck und Schinken, Spießruten, Stauke, Staupe, Stockfisch, Streiche, Talkum, Tracht, Treff, Tschaipe, Tusch, Überzieher, Wichs, Wichse, Wickel, Wucht, Zunder. für 5 Pfennig Haumichblau, schlagende Beweise, trockener Schnaps, zwei Herzen und ein Schlag, ungebrannte Asche. *Schlag ins Gesicht:* Backenstreich, Backpfeife, Dachtel, Damsel, Diladizsche, Drassem, Dusel, Ebige, Fake, Fisole, Fleck, Flinke, Handzeichnung, Hinhorche, Horbel, Husche, Jatmatne, Katzenkopf, Knallschote, Latsche, Maulschelle, Medaille, Nuß, Ohrfeige, Ohrgehäng, Ohrwatsche, Patsche, Pflaume, Schmetterling, Schwalbe, Schwappe, Surre, Tachtel, Watsche, Wischer. *Schläge auf die Brust einer Frau:* Brustfleck, Magenstrudel, Mohnstrudel. *Rutenschlag:* Spitzigheiches. *Genitalflagellation:* Schlag ins Kontor. *nutzloser Schlag, der keinen Orgasmus herbeiführt:* Fehlschlag. *Flagellation durch zwei Personen:* Doppelmassage. *die Seite, auf die man geschlagen wird:* Schlagseite. *die Stunde, in der man geschlagen wird:* geschlagene Stunde.

80.62 Instrumente zum Schlagen

Stock: Augustflinte, Bakel, Battum, Bengel, Bettelstab, Buckelwärmer, Fitzer, gelbe Gefahr, Gelber, gelber Onkel, Grüner, Haselstock, Haslacher, Haslinger, Holzasche, Keilhaue, Kilo, Knittel, Knucken, Knute, Kommstock, Kono, Krückstock, Luller, Makkel, Matte, Medizinflasche, Meerrohr, Morgenstern, Nudelwalker (Nudel = Penis), polnische Mutter, Prengel, Prügel, Punktroller, Roding, Rovli, Salzer, Seelenwärmer, Spanat, Spanisch-Ritt, Spanisch-Rohr, der Spanische, Sprade, Stenze, Treiber, Tröster, Überzieher, Vaterhand, Zacharias, Ziegenhainer, Zilis. *Rute:* Birkengretchen, Birkenpinsel, Gerte, Grete, Rann, Ruting, Spitzig, Struppert, Überzieher, Wachel, Zuchtrute. *Peitsche:* Braune, Fackel, Feine, Hampelmann, Kabacke, Kantschu, Karnöffel, Kobermenterin, Nagaika, neunschwänzige Katze, Nolle, Ochsenschweif, Ochsenziemer, Pastorenschwanz, Pfarrersschwanz, Pinsel, Priesterschwanz, russischer Regierungsrat, Schnappert, Schot, Sende, Tschupni. *Brennessel zur Flagellation der Genitalien:* Beißgrün. *Tau-Ende:* Mettwurst. *Gummiknüppel:* Gummiwurst, Luller, Tröster. *Schlagring:* Dummel. *Hammer:* Fäustl, Pattisch. *Sechskanteisen:* Sexkanter.

80.63 Flagellantin

Domina, Dompteuse, Erzieherin, Fegefeuer, Frau Folterknecht, Gouvernante, Gymnastiklehrerin, Hauslehrerin, Herrin, Masseuse, Meisterin, polnische Mutter, Sportlehrerin, Stöckelhenne, Tanzlehrerin, Turnlehrerin, Wanda, Zuchtmeisterin.

80.64 Flagellant

Abschwarter, Abstauber, Abzischer, Bekkenschläger, Bimser, Britzer, Dalker, Decker, Faschierer, Fetscher, Fleischhauer, Fuchser, Geißelbruder, Haudegen, Hobelhengst, Holzer, Kuranzer, Lackierer, Nudelwalker, Pelzer, Salzer, Schlagzeuger, Schlaucher, Schmalzer, Seelenwärmer, Stockmeister, Stranzer, Strupfer, Tuschmaler, Zischer. *Gruppe von Flagellanten, die einen Masochisten flagelliert:* Salzergasse.

80.65 Talent für Flagellation

eiserne Faust (Hand), guter Abzug, gute Kelle, guter Schlag, loses Handgelenk, persönliche Handschrift, sauberes Autogramm.

80.66 dehnen, reißen, strecken

fetzen, fillen, Reißtag halten, vierteilen, zerschabern. *die Haut abziehen:* häuten.

80.67 Instrumente zum Reißen und Strecken

Was unter 80.54 gesagt worden ist, gilt

auch hier: in der sadomasochistischen Prostitution und in den sadomasochistischen «Privatzirkeln» wird nicht gevierteilt, amputiert oder in Stücke gerissen; statt dessen findet ein symbolischer Vorgang statt, bei dem zwar Schmerzen gesucht und ausgeteilt werden, der aber nie – es sei denn durch einen unglücklichen Zufall – zum Tode führt. Es geschieht jedoch trotzdem von Zeit zu Zeit, daß Masochisten, die sich an gefesselten Händen aufhängen lassen und obendrein verlangen, daß man ihnen schwere Gewichte an die Füße hängt, dabei körperlichen Schaden nehmen. Die Gewichte, die für diesen Zweck benutzt werden, heißen Briefbeschwerer oder Tannenzapfen.

80.68 auf Dehnen, Reißen, Strecken fixierter Sadist

Dehner, Fetzer, Filler, Reißbruder, Schaberer.

80.69 drücken, zwicken, pressen

kneifen, massieren, pfetzen, steinigen, striegeln. *die Hoden quetschen:* dengeln. *die Finger quetschen:* Daumenschrauben anlegen, den Daumenstock zudrehen, mecklenburgern. *Schienbein und Waden quetschen:* Beinschrauben anlegen, den Beinstock zudrehen. *die Füße quetschen:* die spanischen Schuhe anziehen.

80.70 Instrumente zum Drücken, Zwicken, Pressen

Beinschrauben, Beinstock, Daumenschrauben, Daumenstock, Mecklenburg (Daumenschraube), Pommersche Mütze (Kopfschraube), Silavi (Zange), spanische Schuhe, spanische Stiefel (Fußbinde aus einem Material, das sich zusammenzieht, sobald es angefeuchtet wird. Außerordentlich schmerzhafte Tortur).

80.71 beißen

blutsaugen, menschenfressen, näpfen.

80.72 Biß

Caneckos, Kneifkuß, Liebesbiß. *Bißwunde:* Knutschfleck, Liebesblume, Liebesrose, Venusblume, Venusrose.

80.73 auf Beißen fixierte Sadistin

Kuse, Nagezahn, Schneidezahn, Vampir.

80.74 auf Beißen fixierter Sadist

Blutsauger, Menschenfresser, Näpfer, Nosferatu, Vampir.

80.75 knebeln

beuschen, halftern, zäumen, zügeln.

80.76 Knebel

Beißkorb, Chut, Gebiß, Halfter, Kandare, Kappzaum, Knebeltrense, Kriche, Kricherl, Maulkorb, Obbert, Sperling, Sperrling, Trense, Zaum, Zügel, Zuzzel.

80.77 würgen, ersticken

garrottieren, den Hals umdrehen, krageln, regieren, bei der Sängerhalle kriegen, zellophanieren (d. h. eine Cellophantüte über den Kopf stülpen und am Hals zuschnüren. Diese Prozedur erzeugt offenbar, wie Tiefseetauchen, eine Art Wollust. Man muß die Tüte nur rechtzeitig aufschnüren oder perforieren. Unbeabsichtigter «Selbstmord» kann nur allzu oft eintreten, wenn der lebenswichtige Augenblick verpaßt wird).

80.78 Würgegriff

Krawatte, Manschette, Schwitzkasten, Zange.

80.79 Instrumente zum Würgen und Ersticken

Garrotte: Krawatte. *Isolierdraht:* Halsband. *Tüte:* Himmelstüte, Zellophanhelm.

80.80 Würger

Kragler, Krawattenmuffel. *Würgesadist, der seinen Opfern den Hals mit isoliertem Elektrodraht zuschnürt:* Elektriker. *Mann, der seinem Opfer eine Cellophantüte über den Kopf stülpt und sie am Hals festhält:* Zellophaner (Dasselbe Wort wird auch von Masochisten benutzt, die sich selber auf diese Weise in eine Stickstoffohnmacht versetzen).

80.81 aufhängen

aufknüpfen, hängen, henken, durchs hänfene Fenster sehen, die Krawatte umbinden, die Seilerstochter ficken. *sich selber aufhängen:* die Luft über sich zusammenschlagen lassen. *an den Armen aufhängen:* einen Jesus machen, Jesus spielen.

80.82 Instrumente zum Aufhängen

Galgen: Hachelstuhl, Himmelsleiter, Kran. *Seil:* Chewel, Chut, Darm, Ditza, Dorik, Drall, Gasidi, Hanf, Hänfling, Langling, Lankos, Leef, Parta, Pessil, Schello, Scheluro, Schnur, Silidori, Strang, Strick, Werni. *Henkersknoten:* Halfter, hänfenes Fenster, Halskette, Knebeltrense, Krawatte, Kutsche, Leitseil, Maßgeier, Schlaufe, Schleife, Schlinge. *Haken, an den man einen Menschen hängt:* Fleischerhaken, Kanthaken, Krossen, Metzgerhaken. *Flaschenzug:* Wippe (wenn das Opfer an den rückwärts zusammengefesselten Händen und Füßen hängt), Kran (wenn das Opfer an den Händen hängt), Zug (wenn das Opfer an den rückwärts zusammengebundenen Händen hängt).

80.83 Henker

Angstmann, Benz, Dalcher, Dallinger, Demmer, Dollmann, Knüpfauf, Meister Fix, Meister Hans, Nachrichter, Scharfrichter. (Alle diese Worte haben selbstverständlich nur symbolische Bedeutung. Im sexuellen Sadomasochismus werden «Strafen» nur angedeutet und sinnbildlich vollzogen).

80.84 fesseln

anbinden, anketten, anklitschen, anleinen, anmessen, anschmieden, barseln, binden, einnähen, einpferchen, einrahmen, einzwängen, fesseln, festbinden, ketten, knebeln, nollen,

passeln, rahmen, regieren, schlangeln, schnüren, stärken, verbarseln, verdussen, zogern, zwingen. an die Barsel legen, in den Block legen, in den Bock spannen, in Eisen legen, die Eiseln anmessen, an die Galeere schmieden, Handschuhe anlegen, den Hemmschuh vorlegen, an die Kandare legen, an die Kandare nehmen, die Kandare anlegen, an die Kette legen, Ketten anlegen, an die Leine legen, Rosenkranz beten, die Schleife anlegen, warm setzen, einen Zaum anlegen, in die Zwangsjacke spannen.

80.85 Fesselung

zusammengebundene Hände und Füße: geschlossene Gesellschaft. *zusammengebundene Hände und Füße, die oben an einen Flaschenzug angebunden sind:* Wippe.

80.86 Instrumente zum Fesseln

Fesselstrick, Fesselkette: Bande, Bandl, Barsel, Chewel, Darm, Ditza, Dorik, Drall, Gasidi, Hänfling, Kette der Liebe, Kutsche, Langling, Lankos, Lauri, Leef, Leitseil, Liebeskette, Parta, Pessil, Regierung, Scharcheres, Schello, Schelura, Schlange, Schlangerling, Schlaufe, Schleife, Schlinge, Silidori, Werni. *Kettenschloß:* Abzug, Buklo, Chozer, Dietz, Dusche, Dusse, Dußhund, Hund, Kien, Klitzsch, Korb, Krott, Kutte, Labina, Lustschloß, Maßgeier, Nolle, Tole. *Schlüssel:* Fritzel. *Schließeisen:* Beten, Eisen, Schellen, Schnapper, Spangen, Springer. *Handschellen:* Armbänder, Armspangen, Bretzeln, Femenfinger, Fremdenführer, Handbretzen, Jagdbarseln, Manschetten, Rosenkränzlein, Tauschling. *Doppelhandschellen:* Acht. *Halseisen:* Braslet, Drossel, Giraffe, Zawerwinde. *Fußeisen:* eiserne Stiebel, Fußball, Fußkugel, Kettenkugel, Sockenhalter. *Zwangsjacke:* Büstenhalter, Fischneß, Kreuzspanne, Küraß, Mieder, Prießnitzumschlag, Pullover. *Strafbock:* Bock, Esel, Folterbank, Fuchs, Mariandl, Pferd. *Fesselstuhl:* Tiroler. *Instrument, das Arme oder Beine in mit Löchern versehene Bretter einzwängt:* Block, Stock.

80.87 Kolligationssadist

Anklitscher, Barseler, Dusseler, Eiselmacher, Handschuhfabrikant, Korsettzieher, Passelmann, Rahmenmacher, Rosenkranzler, Schnürmeister, Zogerer.

80.88 Kolligationsmasochist

Gelederter, Riemenonkel, Riemenschwanz.

80.89 Kolligationsmasochistin

Gelederte, Riementante, Riementitti.

80.90 einsperren

einbuchten, eindussen, einlochen, einmauern, einrahmen, einstecken, eintürmen, rähmen, verbarseln. *in einen Sack stecken:* sacken.

80.91 Kerker

Bauer, Besserungsanstalt, Bleikammer, Blindgewölbe, Doveskandig, Galeere, Käfig, Kaschott, Schuldturm, Stockhaus, Zuchthaus, Zwinger. *Gitter:* Blocker, Gerähms, Spinne, Stärkung.

80.92 sadomasochistische Kleidung

Leder, Lederzeug, Riemen, Schwung. *Lederweste:* Kreuzspanne. *Korsett:* Küraß. *Schnürstiefel:* Quantenklemmer, Schuhe mit Waffenschein, spanische Stiefel. *spitze Absätze:* Damendegen, Mordhacken, Pfennighacken.

80.93 Objektsadismus

Mann, der Kunstwerke zerstört: Bilderschänder. *Mann, der Frauenkleider mit Säure oder Farbe bespritzt:* Säurespritzer, Tintenspritzer.

80.94 sadomasochistische Prostitution

sadomasochistisches Bordell: Bimsladen, Brunstrutenarsenal, Husterhaus, Kitzelkammer, Massagesalon, Rutenarsenal, Stockhaus, Tretmühle, Wiege, Zuchthaus, Zwingburg. *Prostituierte für sadistische Kundschaft:* Bimsmichlerin, Gehaute, Haumichblau, Quälmichlerin. *Prostituierte für masochistische Kundschaft:* Bimse, Frau mit dem goldenen Arm, Grazie, Holzmadl, Klatschweib, Knetbesen, Knetkuh, Knetwalküre, Knetwalze, Kratzbürste, Masseuse, Peitsche, Piek-As, Piek-Dame, Stiefelnutte, Stöckelhenne. *Strichjunge für masochistische Kundschaft:* Abfetzer, Abschwarter, Abstauber, Abstecher, Bimser, Britzer, Dalker, Decker, Holzer, Masseur, Piek-Bube. *masochistischer Prostituiertenkunde:* Knetfleisch, Nachttopffreier. *flagellieren:* abschwarten, sich durchs Leben schlagen, mit dem Schot aufzimbeln.

80.95 Vokabular des Sadomasochismus

Vagina: Anstich, Durchstich, Durchstoß, Einstich, geriebene Semmel, Riß, Schießscheibe. *Penis:* Axt, Bajonett, Beil, Brecheisen, Brechstange, Brennstift, Büchsenreißer, Buschmesser, Buttenreißer, Dampfhammer, Dampframme, Distelstecher, Dorn, Dosenreißer, Feitl, Feuerhaken, Flinte, Fudhobel, Fudreißer, Fudwalker, Gnadenhammer, Karabiner, Kloben, Krötenstecher, Meißel, Paunzenstecher, Pistole, Prügel, Ramme, Riemen, Rute, Schlitzmesser, Schlitzreißer, Schlitzsprenger, Schmoreisen, Schneidbrenner, Schüreisen, Seitengewehr, Taschenmesser, Unterleibszerstörer, Widerhaken. *Gesäß:* Erziehungsfläche, Fußtrittfänger, pädagogische Fläche. *Haut:* Balg, Schwarte. *Blut:* Tribut

81 Pyromanie

Feuersbrunst. *Tormentum ignis:* siehe 80.23. *Instrumente zum Brennen:* 80.25.

81.1 Pyromanin
Brandblase.

81.2 Pyromane
Eischer, Feueranzünder, Flackerfahrer, Flammenwerfer, Funkerer, Sarfener. *minderjähriger Brandstifter:* Brandstift. *auf Feuer fixierter Sadist:* 80.27. *auf Feuer fixierte Sadistin:* 80.28.

81.3 Brandstiftung
Feuerbestattung, Flackerei, Flackerfahrt, Hahn, Lustfeuer. *auf Feuer fixierter Sadomasochismus:* 80.26.

81.4 brandstiften
ankernten, flackerfahren, flackern, flammen, flämmen, sarfenen. *brennen, brandmarken:* siehe 80.24.

82 Dämonomanie

Alpminne (der Glaube, daß eine Frau im Schlaf von einem «Alp» vergewaltigt werden kann und dadurch entweder unfruchtbar wird oder ein totes Kind zur Welt bringt). Teufelsbuhlschaft (der Glaube, daß Frauen mit dem Teufel koitieren und sich dadurch besondere Vorteile erwerben können. Der Penis des Teufels ist kalt und mit Schuppen bedeckt; sein Sperma ist eisig). *Hexenglaube:* siehe 50.13.

82.1 Dämonomanin
Besenreiterin, Bockreuterin, Drut, Gabelreiterin, Galsterweib, Nachtfrau, Nebelweib, Schmalzfliege, Schmiervogel, Teufelsbraut, Vampir, Wolfsbraut. *Hexe:* siehe 50.14.

82.2 Dämonomane
Loßleger, Mannwolf, Mantelfahrer, Nachtwandler, Schwarzkünstler, Vampir, Wiedergänger.

82.3 Dämon
Balderle, Barbale, Berggeist, Bobas, Bubu, Disen, Doggele, Erdgeist, Gnom, Heimchen, Kobold, Nachzehrer, Pelzwärtel, Poltergeist, Quarks, Querx, Schadgeist, Schatte, Wuwelackes. siehe auch *Fruchtbarkeitsgottheiten:* 52.7.

82.4 weiblicher Dämon
Blumenelfe, Druntenlieger, Elfe, Elfenkönigin, Erdweibchen, Fee, Feldweibchen, Fraupert, Ghule, Huldin, Kornweib, Krackerla, Lorelei, Maräuschen, Meerjungfrau, Meermaid, Meerweib, Oidran, Rautendelein, Roggenmuhme, Roggenmutter, Schwanenjungfrau, Seejungfrau, Tittenwief, Untermutter, Wasserjungfrau, weiße Frau. *Fruchtbarkeitsgöttinnen:* 52.7.

82.5 männlicher Dämon
Alf, Alp, Aufhucker, Bergkönig, Binsenschnitter, Blecklin, Boz, Butzemann, Buzeker, Druckerle, Dunkelelf, Enongermoer, Erlkönig, Frostriese, Hafermann, Haxthorn, Heidemann, Huckup, Kiekenapp, Klabautermann, Kornmann, Letsel, Mahr, Nachtmahr, Nöck, Obenauflieger, Rack, Roggenmann, Rübezahl, Sandmann, Schratt, Trempe, Troll, Trull, Vietzbuhr, Waldmann, Waldschratt, Wassermann, Weiberpritscher, Weizenklepper, wilder Mann. *Fruchtbarkeitsdämon:* 52.7.

82.6 tierischer Dämon
Alpkröte, Bock, Drache, Einhorn, Krötenalp, Krotolf, Midgardschlange, Werwolf.

82.7 Dämonenkind
Drudenbüblein, Elb, Elbentrötsch, Hexenkind, Höllenbrut, Kielkropf, Koboldkind, Nixkind, Satansbrut, Stäbchen, Teufelsgezücht, Unterschmeißel, Wasserbütte, Wechselbalg, Windwurm.

82.8 Zwerge
Bergmännchen, Butzelmännele, Erdmännchen, Feuermännchen, Glasmännlein, graue Männchen, Hanselmännchen, Heinzelmännchen, Heulermännlein, Hinzenmännchen, Hollenmännchen, Kornhansli, Kornmandl, Kräutermännlein, Nachtmännlein, Putkelütt, Schnurbübl, Schrättele, Schrettel, Steppchen, Strädl, Sträßl, Toggeli, Toggi, Troinmandl, Wichtelmännlein, Zwergenkönig.

82.9 Vokabular der Dämonomanie
Teufelsbündnis (in Blut geschriebener Pakt mit dem Satan), Venushöhle (Sitz der Liebesgöttin, in dem sie ihre verzauberten Liebhaber gefangenhält), Wolfssegen (Bann gegen Werwölfe, der in der Weihnachtsnacht abgesungen wird).

A

A 1.63, 2.1
A und O
Aa 72.4
Aa 72.5
Aa machen
Aal 1.73, 29.10, 36.12
Aal 36.4
Aal essen
Aal 26.9
den Aal beim Schwanz fassen
Aal 7.8
sich dem Wettlauf um den warmen Aal anschließen
Aal 7.7
Wettlauf um den warmen Aal
aalen 41.6
sich aalen
A.A.-Mann 51.2
A-Ameise 72.1
Aas 12.20
Ääs 1.83
Aas 55
Aas in Dosen
Aas 55
verstecktes Aas
Aasgeier 14.74, 47.3, 79.1
aasig 6.4
Aasladen 55
Aa-Suppe 55
ab 64.21
ab sein
Abart 64.25
abbalgen 26.10
abbandono 26.31, 54.8
abbeißen 36.4
einem einen abbeißen
abbetteln 45.6
abblasen 30.4
Abbläser 29.3, 36.2
Abbläserin 36.3
abblitzen 11.4, 14.3
abblitzen 11.5, 14.11
abblitzen lassen
abbrechen 6.5
bei ihr ist die Verzierung abgebrochen
abbrechen 64.19
Brich dir man ja keinen ab!
abbrechen 1.11
bricht jeden Moment ab
abbrechen 11.19, 13.3
die Zelte abbrechen
abbrennen 13.10
jemanden abbrennen
abbriesen 26.5
abbröckeln 1.16
Abbruch 11.21, 13.4, 16.3
Abbruch 11.21
Abbruch des Spieles
Abbruch 14.32
auf Abbruch heiraten
Abbruch 47.4
auf Abbruch schlafen
abbürsten 25.1, 47.4, 80.58
abbürsten 24.1
sich einen abbürsten
Abbürster 25.4, 25.7, 47.4, 48.4
abbusseln 26.3
Abc 18.4, 22.9
Abc-Schütze
abdampfen 11.19, 13.3
Abdankung 14.41
Abdruck 80.58
einem einen Abdruck liefern
Abdrücke 80.61
abdrücken 25.1, 26.5
abdrücken 25.1
einem einen abdrücken
abdrücken 24.1
sich einen abdrücken
Abe 16.5, 17.24
Abé 72.12
Abendanzug 59.12
Abendfliege 59.20
abendfüllend 59.10
abendfüllende 59.10
abendfüllende Drüsenschau
Abendlied 26.27, 54.8
Abendmusik 26.27, 54.8
Abendstunde 12.43
der Schreck in der Abendstunde
Abenteuer 13
Abenteuer 13, 53.10
Abenteuer von der Stange
abern 26.25
Aberration 64.25
Abessinien 53.17
Abessinier 26.15, 53.17
Abétante 72.23
abfahren 11.4, 14.13
abfahren 11.5, 14.11
abfahren lassen
Abfallbehälter 62.7
Abfallberg 62.7
Abfälle 80.61
Abfälle 80.59
Abfälle kriegen
Abfallfahrer 62.7
Abfallschacht 62.7
Abfallsortierer 62.7
Abfallverbrennungsanlage 62.7
Abfallwagen 62.7
abferkeln 17.16
abfertigen 48.5
einen auf die Schnelle abfertigen
Abfetze 48.2
abfetzen 80.38
abfetzen 25.1
einem einen abfetzen
abfetzen 24.1
sich einen abfetzen
Abfetzer 24.3, 25.4, 25.7, 29.3, 35.13, 48.4, 80.94
Abfetzerin 48.2
Abficker 47.3
abfilzen 26.5, 47.3
abfingern 26.5
abfingern 35.12
den Arsch abfingern, sich etwas am Arsch abfingern
abfingern 5.4, 35.22
sich etwas am Arsch abfingern
abfliegen 36.4, 36.8
Abforderung 14.41
abfühlen 25.1
Abfuhr 11.3, 14.12
Abfuhr 14.13
eine Abfuhr kriegen
Abfuhrkutsche 62.7
Abführmittel 35.22, 47.37, 51.3, 72.8
abfüllen 64.9
die Grütze abfüllen
Abgänger 64.17
Abgangstag 41
abgarnieren 25.1
abgarnieren 13.10
jemanden abgarnieren
abgarnieren 24.1
sich einen abgarnieren
Abgarnierer 25.4, 25.7, 48.4
abgebissen 1.73, 36.12
abgebissenes Mundstück
Abgebissene 59.26
abgebrannt 12.34, 39.10, 45.6
abgebrannt 27.3, 39.13, 64.21
abgebrannte Lunte
abgebrochen 1.73, 36.12
abgebrochener Backenzahn
abgebrochen 8.22
abgebrochener Henkel, abgebrochener Spieß
abgebrochen 1.12
abgebrochener Riese
abgebrochen 16.13
abgebrochener Stift
abgebrochen 13.4
abgebrochenes Spiel
abgebrochen 3.7
scharf wie 'n abgebrochenes Messer
Abgebrochene 59.26
abgebröckelt 39.1
abgebrüht 12.34
abgegriffen 39.1, 39.10
abgegriffen 27.3, 39.12
abgegriffenes Klavier
abgegriffen 59.7
abgegriffene Mütze, fettige Mütze
abgegriffen 64.21
abgegriffener Schlips
abgehackt 16.13
abgehackte Wurzel
abgehaicht 39.1
abgehängt 10.6
abgehängt 8.9
abgehängter Wagen
abgehen 26.23
abgehen 26.39
ab geht die Post!
abgehen 72.11
ihm geht einer ab
abgeilen 24.1, 25.1,

26.25,
26.40, 45.6
Abgeiler 14.24, 48.4, 68.1
Abgeilerin 14.23, 14.48, 48.2, 68.2
abgeknackst 64.19
abgeknackster Rüssel
abgelaufen 8.9
abgelaufene Mühle, abgelaufene Uhr, abgelaufener Apparat
abgelaufen 14.72
abgelaufene Platte, abgelaufener Apparat, abgelaufener Film
abgelaufen 14.73
abgelaufene Platte, abgelaufener Film
abgelaufen 8.22
abgelaufener Apparat
abgelaufen 13.4
abgelaufenes Uhrwerk
abgelegt 8.9
abgelegte Bluse, abgelegter Pullover
abgelegt 8.22
abgelegtes Hemd
abgelegt 8.9
abgelegte Socken
abgelegt 12.41
seine Zukünftige schon abgelegt haben
abgelehnt 14.13
abgelehnt werden
abgemahlen 27.3, 39.12
abgemahlene Mühle
abgemeldet 10.6
abgenutzt 39.10
abgerüstet 26.12
abgerüstet bis auf die Pelle
abgesägt 16.13
abgesägter Ast
Abgesägter 1.12
abgeschmiert 3.6, 4.8
abgeschnitten 16.13
abgeschnittener Stengel
abgeschmust 39.10
abgeschraubt 8.9
abgeschraubter Zahn
abgespielt 1.73, 36.12, 39.13
abgespielte Flöte
abgespielt 8.9
abgespielte Flöte, abgespielte Geige, abgespielte Platte, abgespielte Walze
abgespielt 64.21
abgespielte Flöte, Walze
abgespielt 27.3, 39.12
abgespielte Geige, Mandoline, Flöte
abgespielt 8.22
abgespielter Film, abgespielte Flöte, Geige, Platte, Walze
abgestanden 22.10
abgestandenes Bier
abgestoßen 39.10
abgestoßen 22.7
sich die Hörner noch nicht abgestoßen haben
abgetakelt 39.1
abgewetzt 39.10
abgewetzt 64.21
abgewetzter Säbel, Schnabel
abgewetzt 39.13
abgewetzter Säbel, Schnabel, Stein
abgewetzt 27.3
abgewetzter Säbel, Stein
abgewetzt 64.21
er hat sich den Schnabel abgewetzt
abgewichst 39.10
abgewichst 27.3, 39.13 64.21
abgewichster Schlegel, Stiebel
Abgewöhne 4.6, 6.5, 6.14
Abgewöhnen 6.4
zum Abgewöhnen
abgewrackt 39.10
abgezehrt 64.17
abgießen 73.5
Kartoffeln abgießen
abgrasen 7.3
abgrasen 13.10
jemanden abgrasen
abgreifen 26.5
abgucken 12.12
jemandem etwas abgucken
abhacken 16.11
die Wurzel abhacken
abhalten 26.25
einen Pfiff abhalten
abhampeln 25.1, 26.25
abhampeln 24.1
sich einen abhampeln
abhanden 25.8
abhanden kommen
abhängen 14.70
den Ehepartner abhängen
abhängen 10.7
eine abhängen
abhängen 11.18, 13.3
jemanden abhängen
Abhängige 47.17
Mißhandlung Abhängiger
abhärten 80.10
abhauen 13.3
abhauen 26.25
einen Stepp abhauen
abheizen 24.1, 25.1
abheizen 24.1
sich einen abheizen
abhobeln 25.1
einem einen abhobeln
abhobeln 24.1
sich einen abhobeln
abhorchen 26.25
Abhorcher 69
Abhorchübung 26.27
Abhorchübungen 26.25
Abhorchübungen vornehmen
abhusten 36.4, 36.8
Abitur 22.2
mit Abitur
abkanzeln 14.53
den Ehemann abkanzeln
abkanzeln 49.9
jemanden abkanzeln
abkapiteln 14.53
abkauen 30.4
Abkauer 29.3
abkaufen 14.52
ihm den Schneid abkaufen
abkehren 80.58
die Flöhe abkehren
Abkehrtag 41
abkeilen 26.3, 26.5
abketschen 26.10
abklappern 29.6
die Klappen abklappern
abklappern 7.5
die Zahngasse abklappern
abklavieren 25.1
abklavieren 25.1
eine abklavieren
abklavieren 24.1
sich einen abklavieren
Abklavierer 25.4, 25.7, 48.4
abknöpfbar 59.18
abknöpfbare oder lose Manschetten
abknöpfen 47.4
Abknöpfer 47.4
abknudeln 26.5
abknüpfen 80.58
die Hosen abknüpfen
Abkoch-Bar 48.32
Abkoche 55.11
abkochen 47.4, 47.8
abkochen 13.10
jemanden abkochen
Abkocher 47.4, 47.8, 48.4
Abkömmling 17, 18.9, 40
abkratzen 25.1
abkratzen 24.1
sich einen abkratzen
abkriegen 7.6, 80.59
eine abkriegen
abkriegen 7.9
einen abkriegen
abkauen 36.4
einem einen abkauen
Abkauer 36.2, 36.6
Abkauerin 36.3, 36.7
Abkunft 40
ablachen 24.1
sich einen ablachen
abladen 26.25
abladen 26.25
bei jemandem abladen, Schlamm abladen
abladen 72.5
Dung abladen
abladen 35.7
Müll abladen
abladen 48.9
Pulver abladen
ablaufen 26.23

ablaufen lassen
ablaufen 11.5, 14.11, 64.17
kalt ablaufen lassen
ablaufen 73.5
die Sache in die Hand nehmen und sehen, wie sie abläuft
ablaufen 48.5
sich die Füße, die Hacken ablaufen
ablegen 17.16
Ableger 17, 18.8, 18.9, 40
ablehnen 14.11
den Heiratsantrag ablehnen
Ablehnung 14.12
ableichtern 26.25, 72.5
ableichtern 13.10
jemanden ableichtern
ableiern 25.1
eine ableiern
ableiern 24.1
sich einen ableiern
Ablesemaschine 54.4
ablesen 26.40
den Wunsch von den Augen ablesen
ablutschen 30.4, 36.4, 36.8
ablutschen 36.4
die Gräte ablutschen
Ablutscher 29.3, 36.2, 36.6
Ablutscherin 36.3, 36.7
abmarchen 64.23
sich abmarchen
abmeiern 11.18, 13.3
jemanden abmeiern
abmelden 11.5
Bei mir bist du abgemeldet.
abmelken 25.1
einem einen abmelken
abmelken 24.1
sich einen abmelken
abnabeln 17.16, 20.8
abnehmen 80.16
Blut abnehmen
abnehmen 59.7
den Hut abnehmen
abnehmen 59.7
den Hut nicht abnehmen
abnuggeln 36.4
abonniert 14.46
abonniert sein
Abort 25.8, 72.12, 76.3
Abort 72.12
Abort mit Luftspülung
Abortdeckel 54.8
Abortgebühr 72.22
Abortkritzeleien 47.21
Abortliteratur 74
Abortwärter 72.24
Abortwärterin 72.23
abpellen 26.10
abpfeifen 36.4
Abpfiff 11.21, 13.4
Abpfiff 11.21
letztes Spiel vorm Abpfiff
abpimmeln 25.1
einem einen abpimmeln
abpimmeln 24.1
sich einen abpimmeln
abprellen 11.5, 14.11
abprellen lassen
abprotzen 26.26, 72.5, 72.11
abpusten 36.4
abputzen 25.1
abputzen 24.1
sich einen abputzen
Abputzer 25.4, 25.7, 48.4
Abraham 13.9, 14.32, 20.12, 41.11
Abrahams Schoß
Abrahamshäutchen 1.75
abrebeln 25.1, 47.4, 80.20, 80.58
abrebeln 25.1
einer das Zwickerl abrebeln
abrebeln 24.1
sich einen abrebeln
Abrebler 25.4, 25.7, 47.4, 48.4
abregnen 73.3
sich abregnen
Abregnung 73.12
Abreibung 14.53, 80.61
abreißen 25.1
abreißen 16.11
den Kopf abreißen
abreißen 25.1
einem einen abreißen
abreißen 24.1
Reiß dir einen ab!
abreißen 24.1
sich einen abreißen
Abreißkalender 59.17
abrichten 20.8, 21.1
Abrichtung 20
abriegeln 80.20
abriemeln 25.1
abriemeln 24.1
sich einen abriemeln
abringeln 80.58
Abruf 41.7
auf Abruf schlafen
Abruf 48.2
Dame auf Abruf
Abruf 41.1
Haus auf Abruf
Abruf 45
Heinzelmännchen auf Abruf
Abruf 8.10, 48.2
Mädchen auf Abruf
Abrufnutte 48.2
abrupto 16.3
sex abrupto
abrutschen 11.4, 14.13
abrutschen 11.5, 14.11
abrutschen lassen
absacken 16.11
absäbeln 16.11
die Rübe absäbeln
absägen 1.75
absägen 41.7
den Wald absägen
absägen 11.18, 13.3
jemanden absägen
absahnen 26.40, 47.4
absahnen 13.10
jemanden absahnen
Absalom 72.12
absalzen 14.41
absamen 24.1, 26.40, 36.4
absamen 25.1
einem einen absamen
Absatz 59.40
Damenschuhe mit extra hohen Absätzen für Schuhfetischisten
Absatz 70.6
hoher, spitzer Absatz
Absätze 59.40
Damenschuhe mit hohen Absätzen; hohe, flache Absätze
Absätze 80.92
spitze Absätze
absaugen 36.4
Absaugevorrichtung 1.42, 1.66, 30.8, 36.12
absausen 36.4, 36.8
absausen 11.5, 14.11
absausen lassen
äbsch 6.4
abschälen 25.1, 26.10
abschälen 24.1
sich einen abschälen
Abschäler 24.3, 25.4, 25.7, 48.4
Abschälerin 48.2
abschalten 41.7
den Strom abschalten
abschalten 41.8
die Innenbeleuchtung abschalten
abschätzen 12.9
abschlaffen 26.25
abschlagen 11.11, 14.58, 73.5
abschlenkern 11.5, 14.11
abschleppen 12.26
eine abschleppen
abschleppen 48.5
einen abschleppen
Abschleppschuppen 48.32, 53.3, 53.7, 55.11
abschleudern 25.1
einem einen abschleudern
abschleudern 24.1
sich einen abschleudern
abschlürfen 36.4
Abschlußprüfung 22.2
mit Abschlußprüfung
abschmieren 3.8, 26.5, 80.58
Abschminkcreme-Ersatz 61
abschmoren 30.4, 36.3, 36.8
Abschmorer 29.3, 36.2, 36.6
Abschmormädchen 36.7
abschnappen 14.30
abschöpfen 25.1, 30.4, 36.4, 36.8
abschöpfen 13.10
Fett abschöpfen
abschöpfen 24.1

sich einen abschöpfen
Abschöpfer 25.4, 25.7, 29.3, 36.2, 36.6, 48.4
Abschöpferin 36.7
abschrauben 11.8
einem Rivalen einen Zahn abschrauben
abschrauben 11.8
jemandem die Geliebte abschrauben
abschreiben 11.18, 13.3
jemanden abschreiben
abschuften 42
sich die Möse abschuften
Abschußliste 47.40
auf die Abschußliste setzen
Abschußringe 1.37
abschustern 26.25
abschütteln 24.1
sich einen abschütteln
abschütten 73.5
das Kartoffelwasser abschütten
abschwarten 48.5, 80.58
Abschwarter 48.4, 80.64, 80.94
Abschwartung 80.61
abschwulen 24.1
sich einen abschwulen
absehen 12.8, 14.7
es auf jemanden absehen
abseifen 11.5
Absengen 80.23
Absengen des Schamhaars
absengen 13.10
jemanden absengen
absensen 10.7
alle Felder absensen
abservieren 11.5
abservieren 13.10
jemanden abservieren
absetzen 11.19, 13.3
sich absetzen
Absichten 14.4
ernste Absichten
absocken 11.19, 13.3
absondern 73.14
sich absondern
abspenstig 11.8
abspenstig machen
abspringen 16.3
abspringen 16.3
vor der Kurve abspringen
Abspülwasser 55
Abstammung 17, 40
abstampfen 26.25
Abstaube 48. 48.2
Abstaube 48.5
auf Abstaube gehen
abstauben 36.4, 36.8, 80.58
abstauben 80.59
sich abstauben lassen
abstauben 35.7, 35.18
das Gesims abstauben
abstauben 13.10
jemanden abstauben
Abstauber 25.7, 29.9, 35.9, 36.2, 36.6, 48.4, 80.64, 80.94
Abstecher 48.4, 80.41, 80.94
abstehend 1.39
abstehende Ohren
Absteige 14.2, 29.8, 30.6, 30.7, 30.8, 41.2, 41.3, 41.12, 48.26, 48.30
Absteige 48
fahrbare Absteige
absteigen 25.1, 26.30, 30.4, 36.4, 36.8, 41
absteigend 17, 18.1, 40
absteigende Linie
Absteigequartier 48.30
Absteiger 26.30, 29.3, 35.13, 36.2, 36.3, 36.6
Absteigerin 36.3, 36.7
Absteigmaxe 41.15
Absteigmieze 26.1, 26.30, 41.16
abstellen 41.8
den Augenschondienst abstellen
Abstellgleis 14.70
den Ehepartner aufs Abstellgleis schicken
Abstellgleis 10.7
eine aufs Abstellgleis schieben
Abstellgleis 11.18, 13.3
jemanden aufs Abstellgleis schieben
abstieren 47.3
Abstierer 47.3
Abstiererin 47.3
abstinent 14.43
abstinente Brautnacht
abstinent 14, 14.43
abstinente Ehe
Abstinenzarzt 63.12
Abstinenzklinik 63.14
Abstinenzler 53.7
abstinken 61
abstottern 41.7
den Schlaf abstottern, den Traum abstottern
abstrafen 80.10
abstrafen 80.11
sich abstrafen lassen
abstrampeln 25.1
abstrampeln 24.1
sich einen abstrampeln
abstreifen 25.1
einem einen abstreifen
abstreifen 24.1
sich einen abstreifen
Abstriegler 25.4, 25.7, 48.4
absuseln 36.4, 36.8
Abt 48.23
abtakeln 26.10
Abtanz 11.21, 13.4
abtanzen 14.41
abtatschen 26.5, 47.3
Abtei 48.25
Abteil 8.11, 8.13, 8.24, 8.26, 14.64, 14.65
freies Abteil
Abteil 8.13
sich in ein freies Abteil setzen
Abteil 8.13, 8.26
unbelegtes Abteil
Abteilung 64.2
Abteilung Klaps
Abteilung 7.2
meine Abteilung
Abteilung 7.11
sie gehören zur selben Abteilung
Abteilungsheiserkeit 63.1
Äbtissin 48.2, 48.24
abtreiben 16.6
Abtreiber 16.9
Abtreiberin 16.9
Abtreibung 16.5, 47.14, 51.2
Abtreibungsinstrument 16.7
Abtreibungsmittel 16.8
abtreten 48.5
von der Bühne abtreten
Abtritt 11.21
Abtrittorium 72.12
abtutschen 36.4
abwackeln 48.5
Abwaschlappen 41.19, 55.8
Abwaschwasser 55
Abwasser 1.78, 26.29, 55, 73.4
Abwasser 55
gebranntes Abwasser
Abwasserleitung 62.7
Abwassern 73.5
Abwege 49.5
auf Abwege geraten
abwegig 64.25
abwegig 64.25
abwegige Neigung
Abweichen 72.6
abweiden 26.3, 48.5
abweisen 35.22
jemanden abweisen
abweisend 4.13, 11.5
abweisend 4.14
abweisende Frau
abweisend 4.15
abweisender Mann
Abweisung 11.3
Abweisung 11.4
eine Abweisung erhalten
abwerfen 54.5
eine Sexbombe abwerfen
abwerten 72.5
abwetzen 25.1
abwetzen 24.1
sich einen abwetzen
Abwichse 48.2
abwichsen 25.1
abwichsen 25.1
einem einen abwichsen
abwichsen 24.1
sich einen abwichsen
Abwichser 24.3, 25.4, 25.7, 29.9, 48.4
Abwichserin 30.7, 48.2
Abwichslung 80.61

abwimmeln 11.5, 14.11
abwischen 59.14
Männerärmel, die zum Abwischen der Nase benutzt worden sind
abwuzzeln 25.1
abwuzzeln 24.1
sich einen abwuzzeln
Abzahlung 41.7
auf Abzahlung schlafen
abzapfen 24.1, 25.1, 80.16
Saft abzapfen
abziehen 22.14
der Gans (dem Hasen) die Haut abziehen
abziehen 26.25
eine Nummer (eine Runde, eine Tour) abziehen
abziehen 12.4
eine Schau abziehen
abziehen 64.17
mit langer Nase abziehen
abzischen 25.1, 36.4, 36.8, 80.58
abzischen 35.18
den Brunzer abzischen
abzischen 24.1
sich einen abzischen
Abzischer 24.3, 25.4, 25.7, 36.2, 36.3, 36.6, 80.64
Abzischerin 36.3, 36.7, 48.2
Abzug 41, 80.61, 80.86
Abzug 80.65
guter Abzug
Abzugsgeld 14.1
Abzugstag 41
abzupfen 25.1
abzupfen 11.8
jemandem die Geliebte abzupfen
abzupfen 24.1
sich einen abzupfen
Abzupfer 24.3, 25.4, 25.7, 29.3, 29.9, 35.13, 48.4
Abzupferin 48.2
abzuzzeln 25.1
abzuzzeln 24.1
sich einen abzuzzeln
abzwicken 25.1
einem einen abzwicken
abzwicken 24.1
sich einen abzwicken
abzwitschern 36.4, 36.8
abzwitschern 24.1
sich einen abzwitschern
accelerando 26.31, 54.8
Accessoirs 60
acciaccaturo 54.8
acciaturo 26.31
Achass 40.1
Achergonim 1.83
Acherponim 1.83
Aches 40.2
Achse 1.73
Achse 26.25, 36.4
die Achse schmieren
Achsel 1.51
Achselband 59.24
Achselhobel 61
Achselhöhle 1.51
Achselmäher 61
Achselparfum 78.3
Achselroder 61
Achsenfett 1.46, 1.78, 35.4
Acht 80.86
Acht 59.30
warme Acht
Achteck 72.12
Café Achteck
Achter 1.34
Achterfick 26.30, 35.4
Achterkatz 26.30
Achterl 35.4, 35.15, 35.21, 36.12, 64.17, 72.4, 76.3
Achterl 35.18, 36.4
ein Achterl ausheben
Achterl 35.7
ein Achterl ausheben, ein Achterl hintergießen
Achterl 35.20, 48.6
teures Achterl
achtern 26.30
von achtern
Achtersteven 1.83
Achtgroschenjunge 29.9, 48.4, 47.39
Acker 1.66
Acker 26.25
den Acker pflügen
Ackerbau 44
Ackerbau und Viehzucht
Ackermann 26, 41.24
bei Ackermann
Ackermann 26, 31.4, 41.24
zu Ackermann fahren
Ackerpisse 55
Ackervieh 44
Ackervieh und Bauzucht
Ackerzucht 44
Ackerzucht und Viehbau
adagio 26.31, 54.8
Adam 2.5, 26.15
Adam 6.3
Allzweck-Adam
Adam 1.73, 2.7
der alte Adam
Adamitenball 31.5
Adamsapfel 1.49
Adamsberg 1.83, 29.10, 35.10
Adamskostüm 26.11
Adamskostüm 26.12
im Adamskostüm
Adamskrutzen 1.49
Adamsrippe 2.2
Adamssöhne 2.7
Adam-und-Eva-Silo 41.1
Adebar 17.22
Adelsfrau 47
Adjutant 51.3
Adjutantchen 51.3
Adlerauge 1.36
Adlerhorst 26.30, 41.2, 41.3
Adlernase 1.40
Adlerstein 17.22
Admiral 48.22
Adolar 12.2, 19.4
Adriaküste 53.8, 53.17
Adspektbordell 68.4
Adspektprostituierte 68.4
Adspektprostitution 68.4
affektiert 12.5
Affen 12.4
angeben wie 'ne Lore Affen
Affen 9.3
seinen Affen an jemandem fressen
Affenanstalt 20.1
Affendreck 55
Affenflöte 56
Affengesicht 6.5
Affengetue 9.10
Affenjacke 59.12, 59.13, 59.15, 70.10
Affenkasten 20.1, 41.1, 64.2
Affenliebe 9.10
Affenscheiße 55
Affenschweiß 55
Affenstrand 53.17
Affentanz 12.1
affig 12.5
affig 12.3
affige Brieze
affrettando 26.31, 54.8
Afghan 57
schwarzer Afghan
After 35.10, 35.14, 76.3
After 1.83
Haare am After
After 1.85
männlicher After
After 1.85
weiblicher After
Afterasseln 35.8
Afterbrause 35.4, 35.15
Afterdusche 35.15
Afterfetzer 35.13
Aftergeige 1.73, 29.10, 35.10
Afterglaube 35.1
Afterhobler 35.4, 35.5
Afterkönig 29.9, 35.9, 48.4
Afterkuß 35.15
afterlecken 35.18
Afterlecker 35.16
afterlutschen 35.18
Aftermiete 29.9, 35.9, 48.9
Aftermieter 29.3, 29.9, 35.5, 35.9, 35.20, 41.13, 48.8
Aftermuse 35.3
afternuckeln 35.18
Afternuckler 35.16
Afterperlen 35.8
Afterpfleger 29.9, 35.5, 35.9, 35.13, 35.16, 35.20, 36.11, 48.4
Afterriecher 35.16
Afterrose 1.85, 29.10, 35.10
Afterrose 35.18
die Afterrose begießen
Afterrose 35.18
die Afterrose wässern

Afterrosen 35.12
Afterrosen pflücken
aftersaugen 35.18
Aftersausen 72.6, 72.10
Afterschleck 35.15
Afterschmalz 35.21, 72.3, 72.4, 76.3
Afterschmierung 35.15
Afterschnüffel 47.39
Afterschnüffler 35.16, 35.22, 47.37
Aftersprache 35.1
Afterspülung 35.4, 35.15
Aftervermieter 29.9, 35.9, 48.4
Afterwinter 35
Aftzger 48.2
Agen 25.1
Agen stopfen
Agenschoppen 52
Agentenliege 41.5, 54.5
aggressiv 4.16
aggressiv 4.17
aggressive Liebhaberin
aggressiv 4.18
aggressiver Liebhaber
aggressiv 59.26
Vorsicht vor einer aggressiven Frau oder einem homosexuellen Mann
agile 26.31, 54.8
agitato 54.8
Agnese 22.10, 44.2
Agnus castus 49.20
Ägypten 80.59
es regnet in Ägypten
Ägypten 13.12, 14.32, 20.11
Fleischtöpfe Ägyptens
Ahle 1.73
Ahnen 40
Ahnenprobe 40
Ahnenreihe 40
Ahnenschwund 40
Ahnfrau 40, 53.5, 54.7
Ahnherr 40
Ähnlsummer 52.1
ahnungslos 21.11, 22.8, 49.6
ahnungsloser Engel
Ährenmadonna 44.2
Aidousoter 24.5
Aisse 70.1
Akademie 47.41
Akademiemonde 20.1
Akkordarbeit 48
Akkordarbeiter 4.18, 42, 48.4
Akkordarbeiterin 48.2
Akkordschinder 48.4
Akrobat 29.3
Akrobatin 54.7
Akrobatin 12.36
Chaiselongue-Akrobatin
akrobatisch 35.19
akrobatische Zunge
akrobatisch 36.10
akrobatische Schnauze, Zunge
Aktbild 47.21, 54.2
Aktengeier 47.33
Aktenhengst 45
Aktenkacker 35.22, 45, 47.32
Aktenkoffer 60.5
Aktenscheißer 35.22, 45
Aktenstück 45
Aktenstück 47.18
das Aktenstück ausreißen
Aktentasche 60.5
Aktentasche 16.1
Fromms Aktentasche
Aktenwallach 45
Aktfoto 54.3
Aktfotograf 54.3
Aktienbier 55
Aktienpisse 55
Aktmagazin 47.21
Aktmodell 47.21, 54.2, 54.3
akuophil 69.5
akuophile Prostitution
Akuophilie 69
Alarm 23.9
falscher Alarm
albern 12.5
albern 12.3
alberne Kuh
Alf 82.5
Alfanzerei 12.1
Alimente 15.6
Alimente 14.73
geschiedener Mann, der Alimente zahlt
Alkohol 55
Alkovengeheimnis 14.42
Alkovengeheimnisse 2.4
Allantois 73.13
allargando 26.31, 54.8
alle 39.10
alle 64.21
alle sein
alle 9.9
der Herrlichste von allen
alle 31.3
vor aller Augen
allegehen 47.40
allegretto 54.8
allein 22.12
allein 64.17
allein dastehen
allein 17.10
nicht allein
allein 17.11
sie ist nicht mehr allein, sie geht nicht mit sich allein
Alleinsein 14.17, 64.13
Angst vor dem Alleinsein
Alleinunterhalter 24.2, 24.3
Alleinunterhalterin 24.2, 48.2
Alleinunterhaltung 24
Alleinvertretungsanspruch 11.9, 14.60, 64.16
Allergrößte 6.3
der Allergrößte
Allermannsharnisch 52.2, 52.3
Allerweltshuren 48.2
Allerweltsmädel 48.2
Allerwertester 1.83
der Allerwerteste
alles 9
ein und alles
alles 4.11
für alles zu haben
allewerden 47.40
allewerden 47.40
allewerden lassen
allgemeingültig 48.2
allgemeingültiges Mädchen
Allzweck 6.3
Allzweck-Adam
Alma 20.10, 48.2
Alma mater 13.12, 20.11
Almazu 58.2
Almon 14.75
Almone 14.74
Aloysius 17.22
St. Aloysius
Aloysiusfläschchen 17.22
Alp 52.8, 82.5
Alpen 53.19
Alpendollar 45.1
Alpengarbe 52.2
Alpenhorn 53.19
Alpenhütte 53.19
Alpenstange 53.18
Alpental 53.18
Alphonse 48.21
Alphorn 1.73
Alpkröte 82.6
Alpminne 82
Alraunwurzel 52.2, 52.3
alt 39.1
alt 39.4
alte Drossel, Dschunke, Frau, Fregatte, Jacke, Jungfer, Platte, Schabracke, Schachtel, Schaluppe, Scharteke, Schatulle, Schraube, Schrippe, Tasche, Vettel, Wachtel, Walze, altes Haus
alt 6.5
alte Drossel, alte Schachtel, alte Vettel, alte Zange, alte Zott
alt 48.2
alte Dschunke, Fregatte, Prostituierte, Schabracke, Schaluppe, Schrippe, Tasche, altes Haus
alt 39.6
alte Fußlappen, altes Eisen, alte Leute
alt 14.15
alte Jungfer, alte Tante, alte Vettel, alte Wachtel
alt 9
alte Liebe
alt 73.13
alte Pisse

alt 2.2
alter Dampfer
alt 39.5
alter Hut, Käse, Knabe, Knacker, Kohl, Kracher
alt 39.5
alter Mann
alt 55
alter Mann mit jungem Mädchen
alt 14.16
alter Knabe, alter Sack
alt 35.22
alter Scheißer
alt 4.18, 39.7
alter Steiger
alt 8.22
altes Eisen
alt 8.7, 8.20
altes Haus
alt 59.10
altes Kleid
alt 29.3
alte Tante, alte Tunte
alt 1.66
alte Tasche, altes Haus
alt 12.16
alte Tour
alt 39.3
alt sein
alt 39.2
alt werden
alt 1.73, 2.7
der alte Adam
alt 1.73
der alte Fuchs
alt 31.3
eingefleischt wie im alten Rom
alt 24.1, 25.1
in der alten Wunde bohren
alt 39.2
ins alte Eisen geraten
alt 17.3
mein alter Herr
alt 17.2
meine alte Dame
alt 17.1
meine alten Herrschaften
alt 38.2
tausend Wochen alt
alt 39.1
von der alten Schule, aus der alten Zeit
alt 31
Zustände wie im alten Rom
Altar 14.38
zum Altar schleppen
Altarkuß 50.1
Alte 1.73, 48.21
der Alte
Alte 48.24
die Alte
Alte 8.2, 14.48
meine Alte
Alter 39
Alter 39
biblisches Alter, gesetztes Alter; Bürde des Alters
Alter 38
das beste Alter
älter 39.6
die älteren Semester
Alter 39.8
gefährliches Alter
Alter 38.2
im besten Alter
Alter 8.15, 14.49, 48.21
mein Alter
Altenteiler 39.5
Ältermutter 40.9
Altersforscher 27.1
Altersforscherin 27.2
Altersheim 39.14
Altersschwäche 27, 39.9
Altertümelei 27
Altertumsforschung 27
Ältervater 40.10
Altflicker 61.1
Altfrauenheim 39.14
Altfrauenwohnheim 41.22
Altgeige 27.2
Althandel 27.4
Althistoriker 27.1
Altist 27.1
Altistin 27.2
altklug 19.8
altmachen 26.25
Altmännerheim 39.14
Altmaterial 13.12, 39.4, 39.6, 48.2
altmodisch 59.10
altmodisches Kleid
Altrisch 17.3, 27.3, 39.1, 39.4, 39.5
Altrische 17.1, 17.2
Altrischer 39.5
Altruismus 27
Altstoffsammlung 39.6
Altvorder 40.12
Altvorderin 40.11
Altvordern 40
Altwaren 39.6
Altwarenhandel 27.4
Altweibermühle 52.4
Altweibersommer 52.1
amabile 54.8
Amandrax 57
Amateur 54.3
Amateurfotograf 54.3
Amateurprostituierte 48.2
Amateurprostitution 48
Amateuse 48.2
Amazone 1.8, 4.17, 14.50, 30.2
Amazone 47.38
Parkplatz-Amazone
Amazone 47.38
Polizei-Amazone
Amazonenkorps 51.2
Ambrosam 77
Ambrosia 1.70, 1.78, 30.8, 36.12, 78.3
Ambrosia 36.4, 36.8
jemandem Ambrosia füttern
ambulant 48.2
ambulante Dame, Schwester
ambulant 48
ambulantes Gewerbe
ambulant 48.2
Dame vom ambulanten Gewerbe
Ambulante 48.2
Ambulanz 48
Ameisengeist 52.2
Ameisenhaufen 48.27
Amerikanerfreundin 51.1
Amerikanerin 51.1
Amibändchen 58.5
Amihur 48.2
Amine 48.2, 51.1
Amisette 48.2, 51.1
Amizone 48.2, 51.1
Amme 18.18
Amme 1.58
Front wie 'ne wendische Amme
Ammediste 59.8
Ammefrau 17.18
Ammeisterknecht 48.10
Ammenmacher 17.4
Ammenmärchen 1.58, 70.5
Ammensaft 55
Ammenwinkel 29.8, 30.6
Ammo 1.55
Amnion 17.15
Amnionwasser 17.15
Amor 1.73, 80.40, 80.48
Amor 54.1
Amor im Briefumschlag
Amor 1.73
Amors Pfeil
Amor 14.31
elektrischer Amor
amore 29.10, 36.12
Oboe d'amore
amore 36.4
Oboe d'amore blasen
amore 24.1, 25.1
Oboe d'amore spielen
amore 24.3, 25.4
Oboist d'amore
amoroso 54.8
Amorsitz 54.5, 54.6
Amper 1.58, 70.5
Amphetamin 57
Ampulle 57
Traum aus der Ampulle
amputieren 80.54
Amsel 2.2, 54.8
Amt 42
Amt für Menschenhandel, Amt für Sklavenhandel
Amt 46.2
Fräulein vom Amt
Amtfrau 17.18
Amtliche 48.2
Amtmann 48.10
Amtsblatt 72.19
Amtsrobe 59.12, 59.13
amüsant 6.10
amüsant 6.11
amüsante Frau
amüsant 6.12
amüsanter Mann
Amüsierfleisch 13.5, 14.48, 48.2, 48.4

Amüsiermatratze 6.11, 13.5, 14.48, 48.2
Amüsieroase 53.8
Amyenhaus 48.25
Amyenmamsell 48.2
Amylobarbiton 57
Anagriff 14.29, 52
anal 1.85
anal 35
anale Frustration
anal 35.12
anal masturbieren
anal 35.7
anal vergewaltigen
Analerotik 35.1
Analerotiker 29.3, 35.5
analerotisch 35.2
analerotisch 35.3
analerotischer Fall
Analgonorrhöe 35.8, 63.1
Analkoitus 35.9
Prostituierte, Strichjunge für Analkoitus
Analmasturbation 35.11
Analmasturbationsinstrument 35.11
Analmasturbator 29.3, 35.13
Analtourist 45
Analverkehr 35
Analverkehr 35.9
Bordell für Analverkehr
anbahnen 13.1
ein Verhältnis anbahnen
anbahnen 9.3, 13.1
es bahnt sich etwas an
anbalzen 26.25
Anbandelbad 53.17
Anbandelbar 53.3, 55.11
anbändelbar 4.11
anbandeln 12.15
anbändeln 12.15
Anbandelpiste 53.19
Anbändelungsdialoge 12.18
Anbändelungsmethoden 12.16
Anbändelungsphrasen 12.18
Anbandelungsversuch 54.8
anbauen 41
sich anbauen
anbeißen 9.3, 12.7, 12.27, 14.10
Anbeißen 6.1, 19.3
zum Anbeißen
anbembern 26.25
anbemsen 26.25
anbeten 9.13
Anbeter 9.6, 14.67
Anbeterleiste 53.3, 55.11
anbinden 80.84
anblasen 17.8, 22.14, 26.25, 36.4
Anblasen 14.41
das Anblasen der Braut
anblasen 36.4
das Feuer (den Kamin, die Pfeife) anblasen
anblasen 3.8
Kohlen unter dem Arsch anblasen
Anblick 59.10
Anblick 1.5, 6.2
gebrachter Anblick
anbohren 17.8, 22.14, 26.25
anbohren 35.7
den Arsch, den Braunen, den Darm, die Dotsch, das Faß, den Gasometer hinten, die Kiste, den Schwarzen, das Spundloch anbohren
anbohren 26.25
die Büchse (das Bügelbrett, die Dose, die Dotsch, das Faß, das Plättbrett, den Spund, den Zahn) anbohren
anbohren 22.14
die Dose (die Dotsch, das Faß, den Spund, den Tresor, den Zahn) anbohren
anbohren 47.26
eine anbohren
anbohren 17.8
eine Büchse (ein Faß, einen Zahn) anbohren
anbrennen 10.7
nichts anbrennen lassen
Anbruch 22.13
Anbruch 17.5, 22.13
Anbruch des neuen Zeitalters
anbrungern 17.8, 22.14, 26.25
anbrunsten 9.13
anbrunzen 26.25
anbuffen 17.8, 22.14, 26.25, 47.25
anbuffen 22.14
die Tomate anbuffen
anbumbern 26.25
anbumsen 17.8, 22.14, 26.25
anbumsen 22.14
die Kutsche (den Stellwagen) anbumsen
anbumsen 37.4
die Molkerei anbumsen
ancora 54.8
andante 54.8
andantino 54.8
ander 17.10
auf ander Wetter
ander 17.11
sie ist auf ander Wetter
andere 1.83
das andere Gesicht
andere 25.2
er ist in anderen Händen
Andergeschwisterkind 29.3
Andergeschwisterkinder 40.13
Anderlusien 29.8, 30.6
Andermatt 29.8, 30.6
anders 29.4, 30.3
anders 30.3
andersrum, vom anderen Bahnhof, Bahnsteig, von der anderen Fachschaft, Fakultät, Feldpostnummer, Plattform
anders 29.6, 30.4
anders verkehren
anders 29.6
anders verkehren, andersrum verkehren
anders 35.7
das andere Gesicht füttern
anders 35.18
das andere Gesicht küssen
anders 29
der andere Bahnhof, Bahnsteig, die andere Fachschaft, Fakultät, Feldpostnummer
anders 29.3, 30.8
Kollege vom anderen Bahnhof (vom anderen Bahnsteig, von der anderen Fachschaft, von der anderen Fakultät, der anderen Feldpostnummer, der anderen Plattform)
anders 29.10, 30.2
Kollegin vom anderen Bahnhof (vom anderen Bahnsteig, von der anderen Fachschaft, der anderen Fakultät, der anderen Feldpostnummer, der anderen Plattform)
anders 4.7
(mir wird ganz anders, wenn du so tanzt)
anders 29.4
vom anderen Bahnhof, vom anderen Bahnsteig, von der anderen Fachschaft, von der anderen Fakultät, von der anderen Feldpostnummer
anders 64.25
vom anderen Bahnhof, Bahnsteig, von der anderen Fachschaft, Fakultät
anders 3.3, 29.4
vom anderen Bahnhof, die andere Fakultät
Andersen 29.3
Andersen 29.3
Hans Andersen
Andersgläubige 30.8
Andersgläubiger 29.3, 29.10
andersrum 1.85, 29.4, 30.3, 64.25
andersrum
andersrum 30.4
andersrum verkehren
Anderssein 29
Andreasgebet 50.1
Andreasnacht 50.4

andrehen 3.8, 22.14, 57.1
andrehen 22.14
die Feige andrehen
andrehen 80.58
einem eine andrehen
andrehen 17.8
einer eins andrehen
andritschen 17.8
andritschkert 17.10
andritscht 17.10
Androphobie 64.13
Anencephalus 17.25
Anfahrt 1.82
Anfahrtrampe 1.82
Anfänger 22.9
Anfänger 22.9
blutiger Anfänger
anfärben 61
sich anfärben
Anfassen 12, 26.7
Ringelpietz mit Anfassen
anfeuchten 26.18
die Eichel anfeuchten
anfeuchten 1.49, 36.4
die Kehle anfeuchten
anfliegen 12.15
anflöten 12.17
anfragen 14.7
anfüllen 17.8
anfüttern 3.8
angeben 12.4
angeben 12.4
angeben wie 'ne Lore Affen
angeben 12.4
eine Stange angeben
Angeber 12.2
Angeberei 12.1
Angeberei beim Liebesspiel
Angeberhut 59.7
Angeberin 12.3
angeberisch 12.5
Angeberkieke 60.1
Angebinde 12.24
angeblasen 17.10, 22.17
angebohrt 17.10, 22.17
angebohrt 22.18
angebohrter Spund (Tresor, Zahn), angebohrtes Bügelbrett (Faß, Plättbrett)
angeboren 40
angebrochen 62.10, 71.1
angebrochenes Sacktuch
angebrüht 6.1
angebrungert 22.17
angebufft 17.10, 22.17
angebufft 22.18, 47.26
angebuffte Tomate
angebumst 17.10, 22.17
angebumst 22.18
angebumste Kutsche, angebumster Stellwagen
angedeihen 80.10
Strafe angedeihen lassen
angedreht 17.10, 22.17
angedreht 17.12, 22.18
angedrehte Feige
angefaßt 2.2
angefaßte, angestoßene Apfelsine
angeführt 10.6
angeführt mit Löschpapier
angegangen 27.3, 39.12
angegangenes Fleisch
angegeigt 17.10, 22.17
angegeigt 1.59
angegeigter Batzen
angegossen 7.11
paßt wie angegossen
angegossen 59.6
wie angegossen
angehaucht 29.4, 30.3
warm angehaucht
angeheiratet 14.54
angeheitert 14.54
angeheitert 14.54
angeheiterte Sippschaft
angeheizt 29.4, 30.3
angeigen 17.8, 22.14, 26.25, 80.38
angejahrt 39.1
angeknackst 64.19
angeknallt 17.10, 22.17
angekratzt 39.1
leicht angekratzt
Angel 1.73, 80.32
Angel 12.7, 12.27, 14.10
an die Angel gehen
Angel 64.21
Angel ohne Haken
Angel 25.1
einem an die Angel gehen
Angel 1.82
zwischen Tür und Angel
Angelblei 14.32
Angelblei 13.8
Angelblei zahlen
Angelegenheiten 26.25
den Kopf (die Nase) in fremde Angelegenheiten stecken
Angelegenheiten 14.59
die Nase (den Schwanz) in fremde Angelegenheiten stecken
Angelhaken 1.73
angeln 7.3, 9.12, 12.6, 14.8, 26.25, 47.40
angeln 7.3
angeln gehen
Angelplatz 53.3
Angelsteg 48, 53.3
angenagt 59
vom Hochwasser angenagt
angenäht 1.23, 63.1
angenehm 26.17
Angenehmes Flohbeißen!
angepempert 17.10, 22.17
angepickt 17.10
angeputzt 17.10
angerußt 59.7
angerußter Pißpott
angesandelt 63.3
angeschlagelt 17.10
angeschlagen 17.10, 22.17
angeschlagen 22.18
angeschlagene Sau, angeschlagenes Faß
angeschlagen 22.18, 47.26
angeschlagenes Faß
angespritzt 17.10, 22.17
angespritzt 22.18
angespritzter Gully
angestochen 17.10, 22.17
angestochen 22.18
angestochene Biene, Sau, angestochenes Faß
angestochen 47.26
angestochene Biene, Sau, Wespe
angestoßen 17.10, 22.17
angestoßen 2.2, 17.2, 22.18
angestoßene Apfelsine
angestoßen 22.18
angestoßene Apfelsine (Tomate)
angestrichen 17.10, 22.17
angestrichen 22.18
angestrichene Geige
angestrichen 1.59
angestrichene Pauke
angewachsen 59.6
wie angewachsen
angezapft 17.10, 22.17
angezapft 22.18
angezapfte Tonne, angezapftes Faß
angezogen 59.6
angezogen sein
angezogen 59.6
gut angezogen
angezogen 59.6
gut angezogene Frau
angezogen 59.6
schlecht angezogen
angezogen 59.6
schlecht angezogen sein
angezogen 59.6
übertrieben angezogen
angezogen 59.6
übertrieben angezogene Frau
angezogen 59.6
zu jung angezogene Frau
angitschen 26.25
Angleichung 29
Anglerin 14.18
angreifen 24.1, 25.1
angriffslustig 4.16
Angst 35.22, 64.13
Angst 36.10
Angst bindet ihr die Zunge, Angst lähmt ihm die Zunge
Angst 14.17, 64.13
Angst vor dem Alleinsein
Angst 64.13
Angst vor dem Geschlechtsverkehr
Angst 14.17
Angst vor dem Ledigbleiben
Angstarsch 1.10, 4.21

Angsthase 4.21
Angstjacke 59.12
ängstlich 4.19
ängstlich 4.20
ängstliche Frau
ängstlich 4.21
ängstlicher Liebhaber
Angstmann 4.21, 80.57, 80.83
Angstmeier 4.21
Angstpartie 64.13, 64.17
Angströhre 59.7
Angststange 53.19
Angststock 53.18
anhaben 14.52
die Hosen anhaben, die Stiefel anhaben
anhaben 59.6
etwas anhaben
anhaben 59.10
mit ohne was an
Anhabi 26.14
Nix-Anhabi
anhalten 14.7
anhalten 16.3
die Luft anhalten
anhalten 16.3
halt die Luft an!
anhalten 12.17
um gut Wetter anhalten
anhalten 25.2
um jemandes Hand anhalten
Anhalterin 46.4, 48.2, 53.14
Anhalterpuff 46.4
Anhalterstrich 48
Anhaltervernaschgerät 46.4
Anhang 8.7, 8.20, 14.23, 14.24, 14.48, 14.49, 15.2, 18.5
Anhang 8.12, 14.23, 14.62, 14.72, 15.3
Dame mit Anhang
Anhang 8.25, 13.9, 14.24, 14.63, 14.73
Herr mit Anhang
Anhang 40
mit Anhang belastet
anhängen 63.2
einer eine anhängen
anhängen 17.8
einer eins anhängen
anhänglich 10.1
anhänglich wie Rheumatismus, anhänglich wie ein Klotz am Bein
Anhänglichkeit 10
Anhängsel 8.7, 8.20, 14.23, 14.24, 14.48, 14.49, 15.2
anheizen 3.8, 29.6, 30.4
anheizen 24.1
den Lötkolben anheizen
anheizen 35.7
den Schmelzer anheizen
Anheizkeller 48.32, 55.11
anherrschen 35.22
jemanden anherrschen
anhieseln 61
sich anhieseln
anhimmeln 9.13
anhübschen 61
sich anhübschen
Anilinctor 51.2, 29.3, 35.16
Anilinctrix 35.17
Anilinctus 35.15
Anilinctus 35.20
Anilinctus in der Prostitution
Anilinctus 35.19
Fähigkeit beim Anilinctus
Anilinctus 35.19
Unfähigkeit beim Anilinctus
anilingebare 35.18
anilingere 35.18
animato 54.8
Animierbombe 48.2
Animierbude 48.32, 55.11
Anker 41
Anker werfen, vor Anker gehen
Anker 14.38, 41
vor Anker gehen
Ankergeld 14.56
ankern 14.38
ankernten 81.4
Ankerplatz 14.42, 41.5
anketten 80.84
Anklagebank 47.29
anklingeln 17.11
der Storch hat angeklingelt
anklitschen 80.84
Anklitscher 70.17, 80.87
ankluften 59.6
sich ankluften
Anknabbern 6.1, 19.3, 79.3
zum Anknabbern
anknallen 17.8, 22.14
Anknüpfstrippe 55.11
ankobern 48.35
eine ankobern
ankommen 17.16
ankommen 11.4, 14.13
schief ankommen
ankommen 14.13
schief ankommen, schön ankommen
Ankratz 7.10
Ankratz 7.9
Ankratz haben
ankratzen 12.15
Ankunftschauffeur 17.17
Ankunftschauffeuse 17.18
ankurbeln 3.8, 41.9
anlachen 7.6
sich eine anlachen
anlachen 7.9
sich einen anlachen
anlassen 3.8, 41.9
anlassig 3.6, 4.8
anläuten 17.11
Herr Storch hat angeläutet
anlegen 26.5, 26.30, 41
anlegen 80.69
Beinschrauben anlegen
anlegen 80.69
die Daumenschrauben anlegen
anlegen 80.84
Handschuhe anlegen, die Kandare anlegen, die Schleife anlegen
anlehnen 26.30, 29.6, 35.7
Anlehner 26.30, 29.7
anlehnungsbedürftig 19.3
anleinen 80.84
anlinsen 12.10
anlocken 12.6
anlocken 12.7
angelockt werden
anmäuerln 17.8, 22.14, 26.25
anmessen 80.84
anmessen 80.84
die Eisen anmessen
anmessen 80.58
den Stecken anmessen
anmöbeln 59.6
sich anmöbeln
Anna 72.12, 72.23
Tante Anna
Anneliese 64.6
Anöde 4.6, 6.14
anorgasmisch 64.23
anorgasmischer Koitus
Animierdame 55.10
Animierfleisch 48.2
Animierfräulein 48.2
Animierkneipe 48.32
Animiermädchen 48.2
Animierschöne 48.2
Animierschuppen 48.32, 55.11
animoso 54.8
Anke 1.56
anpassen 20.8
die richtigen Sandalen anpassen
anpassen 64.24
jemandem den richtigen Stiefel anpassen
anpeilen 12.8
anpellen 59.6
sich anpellen
anpelzen 17.8
anpempern 12.15, 17.8, 22.14, 26.25
anpfeffern 3.8
anpicken 17.8
anpinkeln 5.3
der ist so blöd, daß ihn die Hunde anpinkeln
anpumpen 80.38
anputzen 17.8
anquaken 12.17
anquasseln 12.17
anquatschen 12.17
anreißen 12.15
anreißen 12.28
eine Büchse anreißen
Anreißer 48.22
Anreißerin 48.2, 54.4, 55.10
Anriß 7.10

anrüchig 55.11
anrüchiges Lokal
anrücken 14.4
sie rückt mit gezücktem Segen an
anrühren 26.5, 26.25
anrühren 48.35
eine anrühren
Ansageküken 54.4
ansandeln 63.2
jemanden ansandeln
Anschaffe 7, 48
Anschaffe 7.3, 48.5
auf Anschaffe gehen
anschaffen 48.5
anschäften 35.22
jemandem den Arsch anschäften
anschalen 59.6
sich anschalen
anschärfen 35.7
den Arsch anschärfen
Anschauungsmaterial 20.4
Anschauungsunterricht 20.6, 21, 54.9, 54.10
anschieben 26.25
Anschiß 14.53, 35.22
Anschlag 12.16, 54.8
Anschlag 25.6
guter Anschlag
anschlagen 17.8, 22.14, 47.26
anschlagen 22.14
das Faß anschlagen
anschlagen 17.8
ein Faß (eine Tonne) anschlagen
Anschleiche 53.7
Anschleiche 53.7
auf Anschleiche bringen
Anschleiche 53.7
auf Anschleiche gehen
anschließen 35.7
den Schlauch anschließen
anschließen 7.8
sich dem Wettlauf um die Wurst (um den warmen Aal, die Banane, die Bockwurst, die Currywurst, die Eier, die Gurke, die Pfeife, die Rübe, die Salzstange, den Spargel) anschließen
Anschluß 7.3, 7.8
Anschluß suchen
Anschluß 14.14, 64.20
den Anschluß verpassen
Anschluß 51.2
suche Anschluß
Anschlußbad 53.17
Anschlußpiste 53.19
Anschmeiße 53.7
Anschmeiße 53.7
auf die Anschmeiße bringen
anschmeißen 53.7
anschmeißen 12.19
sich anschmeißen
Anschmeißer 53.7
Anschmeißschuppen 48.32, 53.7
anschmieden 80.84
Anschminkungscreme-Ersatz 61
anschmieren 63.2
jemanden anschmieren
anschmieren 12.19, 61
sich anschmieren
anschmoren 29.6, 30.4, 35.7
anschmusen 12.19
sich anschmusen
anschnallen 30.4
sich einen anschnallen
anschneiden 35.7
den Schinken anschneiden
anschustern 12.19
sich anschustern
anschwärmen 9.13, 30.4
anschweigen 11.6
jemanden laut anschweigen
ansehen 35.22
jemanden mit dem Arsch ansehen
ansetzen 1.20, 17.8
ansetzen 1.20
Fett ansetzen, Speck ansetzen, Kummerspeck ansetzen
ansetzen 17.11
sie hat Fett angesetzt
ansetzen 17.11
sie hat Speck angesetzt
Ansichten 59.10
Dame mit aufgeschlossenen, einladenden, freien, freigebigen, offenen, tiefgründigen, weitherzigen, offenherzigen Ansichten
Ansichten 26.13
freie Ansichten haben
Ansichten 26.13
offenherzige Ansichten vortragen
Ansichtskartensammlung 48
anspitzen 24.1, 25.1, 26.9, 26.20
den Stift anspitzen
ansprechen 12.17
anspritzen 17.8, 22.14, 80.38
anspritzen 22.14
den Gully anspritzen
Anstalt 10
Einloch-Anstalt
Anstalt 48.25
königliche Anstalt
Anstand 49.15
alles mit Anstand
anständig 59.6
sie hat keinen anständigen Faden am Leib
Anstandsbindfaden 59.20
Anstandsdame 8.14, 48.24
Anstandsnutte 14.23, 14.48
Anstandswauwau 49.12, 64.17
anstarren 12.12
gierig anstarren
anstechen 17.8, 22.14, 26.25, 47.26
anstechen 29.6
einen anstechen
anstechen 17.8, 22.14
eine Birne (ein Faß, eine Sau) anstechen
Anstich 1.66, 63.11, 80.95
Anstoß 47.20
der Stein des Anstoßes
anstoßen 17.8, 22.14
anstoßen 22.14
die Apfelsine anstoßen
anstreichen 17.8, 22.14
anstreichen 80.58
das Lederzeug anstreichen
anstreichen 22.14
die Geige anstreichen
anstreichen 26.25
die Pauke (die Trommel) anstreichen
anstreichen 17.8
einer die Pauke anstreichen
anstreichen 17.8
einer die Trommel anstreichen
anstreichen 80.58
mit dem hagebüchenen Pinsel blau anstreichen
Anstreicher 17.4
Anstrich 22.13, 61
anstückeln 26.25
antauchen 26.25, 36.4, 36.8
Antaucher 26.27
Ante 70.12
Antenne 1.73
Anthropophage 79.1
Anthropophagie 79
Antiembryonensattel 46.4
Antiembryonenschaukel 53.15
Antifetischismus 70.18
Antifetischist 70.18
Antike 17.1
Antike 17.2
meine Antike
Antiken 17.1
meine Antiken
Antiker 17.3
mein Antiker
Antiquitätenhandel 27.4
Antiquitätenliebhaber 27.1
Antiquitätenliebhaberin 27.2
Antiquitätensammler 27.1
Antiquitätensammlerin 27.2
antreiben 17.8
antreiben 17.8, 26.52
einer die Pauke antreiben
antreiben 17.8, 26.25
einer die Trommel antreiben
Antreiber 17.4, 48.21

Antreiber 48.21
mein Antreiber
antun 26.25
antun 9.12
es jemandem antun
anturnen 57.1
Anus 1.85, 29.10, 35.21, 51.2
Anuskrauler 35.5
Anwalt 47.32
Anwalt auf Krankenschein
Anwalt 14.71, 47.32
Anwalt für umgekippte Gefühle
anwanzen 12.19
sich anwanzen
anwärmen 29.6
anwärmen 25.1
einem den Lötkolben anwärmen
anwärmen 25.1
einer den Lötkolben anwärmen
anwerfen 41.9
Anwinkerin 48.2
anzapfen 17.8, 22.14, 26.25, 36.4, 47.26
anzapfen 26.25
das Faß (den Hochspannungsmast, den Spund) anzapfen
anzapfen 35.7
den Arsch, das Bergwerk, den Braunen, den Darm, die Dotsch, das Faß, den Gasometer, das Hügeldepot, den Schwarzen hinten anzapfen
anzapfen 37.4
die Milchbotten anzapfen
anzapfen 48.5
einen anzapfen
anzapfen 17.8, 22.14, 53.6
ein Faß anzapfen
anzapfen 17.8, 22.14
ein Faß (eine Tonne) anzapfen
anzapfen 26.23
Grundwasser anzapfen
Anzapfung 22.13
anziehen 47.4
die Schrauben anziehen
anziehen 80.69
die spanischen Schuhe anziehen
anziehen 59.6
sich anziehen
anziehen 59.6
sich übertrieben anziehen
anziehen 59.30
sich einen Büstenhalter anziehen
anziehen 59.6
sich gut anziehen
anziehen 48.7
Spendierhosen anziehen
anziehend 6.1
anziehend 6.2
anziehende Frau
anziehend 6.3
anziehender Mann
Anziehungskraft 6
Anziehungskraft 6.22
von zweifelhafter Anziehungskraft
Anzug 59.12
Anzug aus synthetischem Material
Anzug 59.12
Anzug, dessen Hosen zu eng geworden sind
Anzug 59.12
Anzug mit ausgestopften Schultern
Anzug 59.12
Anzug mit Dauerwellen
Anzug 59.12
Anzug mit Löchern, mit Fenster, mit Notausgang, mit Ventilation
Anzug 59.12
bester Anzug
Anzug 59.12
dunkelblauer Anzug, der zu klein geworden ist
Anzug 59.12
elektrischer Anzug
Anzug 59.12
Emmentaler Anzug
Anzug 59.12
geflickter Anzug
Anzug 59.12
langer, zweireihiger Anzug mit schrägen Taschen
Anzug 1.15
luftleerer Anzug
Anzug 59.12
ondulierter Anzug
Anzug 59.12
salopper Anzug
Anzug 59.12
schlecht sitzender Anzug
Anzug 59.12
schmutziger Anzug
Anzug 59.12
schwarzer Anzug
Anzug 59.12
Schweizer Anzug
Anzug 59.12
ungebügelter Anzug
Apartmenthaus 41.1
Apfel 1.83
Äpfel 70.5
Äpfel 1.58
Äpfel der Zwietracht
Apfel 59.30
Äpfel im Schlafrock
Apfel 40
der Apfel fällt nicht weit vom Baum
Apfel 14
der saure Apfel
Apfel 14.38
in den sauren Apfel beißen
Apfel 7, 7.4
Streit um den Apfel
Apfel 7, 7.7
Wettlauf um den Apfel
Äpfelchen 1.58, 70.5
Apfelesser 35.16
Apfelgelee 1.78, 36.12, 78.3
Apfelgelee 36.4
jemandem Apfelgelee füttern
Apfelmus 9.10
ich bin gerührt wie Apfelmus
Apfelschnut 35.16, 35.17
Apfelsine 2.2
angefaßte Apfelsine
Apfelsine 2.2, 17.12, 22.18
angestoßene Apfelsine
Apfelsine 22.18
gespritzte Apfelsine
Apfelsine 22.14
die Apfelsine anstoßen
Apfelsine 22.14
die Apfelsine spritzen
Apfeltaschen 59.30
Apfeltüte 59.34, 70.3
Aphrodisiakum 52.2
a piacere 54.8
Apo 59.10
Apo-Frauenschaftsuniform, -Frauenkampfuniform
Apo 1.29
Apo-Wolle, Apo-Persianer
Apofick 26.30, 35.4
Apofrack 59.16
Apollo 29.10
Apollo 175
Apollo 175 41.2
Apo-Orden 1.48
Apostel 1.48
Apostelabsteige 50.5
Apostelhotel 50.5
a posteriori 1.85
Apotheke 63.15
Apotheke 55.11
Apotheke für Gesunde
Apotheker 63.15
Apothekerschnaps 72.8
Apo-Wolle 1.48
appassionato 54.8
Apparat 1.58, 1.63, 8.15, 70.5
Apparat 8.9, 8.22, 14.72
abgelaufener Apparat
Apparat 26.25
den Apparat aufladen
Apparat 37.4
den Apparat aushobeln
Apparat 26.25
den Apparat unter Strom stellen
Apparat 8.18
fabrikneuer Apparat
Apparat 6.2
heißer Apparat
Apparat 8.15
mein Apparat

Apparat 1.58
netter Apparat
Apparat 8.22
toter Apparat
Apparatur 1.58, 1.63
Appeal 3.2
Sex-Appeal
Appeküh 59.7
Äppel 1.77, 36.12, 80.61
Äppel 37.4
die Äppel polieren
Appelfatzke 12.2
Äppelkähne 59.40
Äppelklauer 59.26
Appeltitchen 1.58, 70.5
Appeltüte 1.76, 36.12
Appeltüte 36.4
an der Appeltüte knabbern
Appetit 17.10
mit Appetit befallen
appetitlich 79.3
ein appetitliches Mädchen
applizieren 80.58
Prügel applizieren
Après-Ski-Hülse 59.11
Après-Ski-Kleid 26.11
Après-Ski-Sport 26.27
Aquarium 1.66, 53.3, 53.9, 53.17, 55.11
Aquarium 26.25
das Aquarium ausloten
Araber 29.3
Araberin 48.2, 51.1
arabisch 1.83, 1.85, 29.10, 35.10
arabische Möse
arabisch 35.18
die arabische Möse auskauen
Arbeit 42, 48
Arbeit 48.16.
Arbeit vermitteln
Arbeit 48.5
in die Arbeit gehen
Arbeit 48
motorisierte Arbeit
Arbeit 26.30
sich in die Arbeit knien
arbeiten 48.5
arbeiten 24.6
an Hand von Unterlagen arbeiten, an Hand des Buches arbeiten
arbeiten 41.7
arbeiten wie ein Beamter, Gewerkschaftler, Pensionär, wie pensioniert
arbeiten 48.5
arbeiten wie ein Pferd
arbeiten 25.1
Hand in Hand arbeiten
arbeiten 42
lieber in der Woche ficken als sonntags arbeiten
arbeiten 42
schludrig arbeiten
arbeiten 48.5
schwarz arbeiten
arbeiten 42
hart arbeiten, schwer arbeiten
arbeiten 48.5
unter Tage arbeiten
Arbeitermütze 59.7
Arbeitermütze des 19. Jahrhunderts
Arbeitgeberanzug 59.12
Arbeitgeberhut 59.7
Arbeitgeberin 63.13
Arbeitgeberjacke 59.13
Arbeitgeberloden 59.1
Arbeitnehmermantel 59.9
Arbeitnehmerpelz 59.9
Arbeitsamt 42, 48
Arbeitsanzug 59.12
Arbeitsbiene 2.2, 48.35
Arbeitsdienstmütze 59.7
Arbeitsdienstmütze im Dritten Reich
Arbeitshaus 48.12, 48.25
Arbeitskittel 59.41
Arbeitskleidung 26.11
Arbeitskluft 48.1.
Arbeitslager 48.25
Arbeitslager 51.2
deutsches Arbeitslager
Arbeitslast 41.7
über die Arbeitslast nachdenken
Arbeitslosenstrand 53.8, 53.17
Arbeitspäckchen 59.12
Arbeitsstube 48.25
Arbeitsvermittler 48.15, 48.21
Arbeitsvermittler 48.21
mein Arbeitsvermittler
Arbeitsvermittlung 48, 48.13, 48.14, 48.20
Arbeitszeit 41.7
über die Arbeitszeit nachdenken
Arbeitszimmer 41.3
ärbern 12.4
Arche Noah 27.3, 39.4, 48.2
Area mammae 1.58
Area vitellina 17.15
arg 29.3, 29.9, 48.4
arge Männer
Arge 50.11
der Arge
Argusauge 1.36
Ärgernis 47.20
Erregung öffentlichen Ärgernisses
Arie 31.5
Arie 29.7, 54.8
warme Arie
Arier 51.2
Zuwachs-Arier
Arm 1.52
arm 45.6
arm 35.22
ach, du armer Arsch!
arm 36.10
armer Schlucker
Arm 6.19, 9.4
Arm in Arm
Arm 9.4
Arm in Arm, per Arm
Arm 58.5
Bankkonto am Arm
Arm 1.73
der dritte Arm
Arm 25.1
einem unter den Arm greifen
Arm 59.14
er hat die Arme zu weit durchgestreckt
Arm 48.2, 80.94
Frau mit dem goldenen Arm
Arm 64.17
jemanden am steifen Arm verhungern lassen
Arm 12.27, 14.29
per Arm gehen
arm 3.6, 4.8, 9.4
wie der Teufel hinter der armen Seele her sein
Armatur 1.58, 1.63, 1.66, 1.73, 70.5
Armatur 3.8, 37.4
die Armatur unter Strom setzen
Armatur 26.25
die Armatur unter Strom stellen
Armaturhobler 37.3, 63.12
Armaturhoblerei 63.14
Armaturspengler 63.12
Armaturspenglerei 63.14
Armband 58.5
Armband 58.5
wertvolles Armband
Armbänder 47.37, 80.86
Armbrust 12.6
die Armbrust spannen
Armdoktor 63.12
Arme 26.5
in die Arme fliegen, die Arme um den Hals werfen
Arme 59.10
kniefrei bis unter die Arme
Arme 26.25
sich dem Laster in die Arme werfen
Armeematratze 48.2, 51.3
Ärmel 1.73, 59.14
Ärmel 59.14
Ärmel mit Dauerwellen
Ärmel 59.14
er hat zu kurze Ärmel
Ärmel 59.14
kurze Ärmel
Ärmel 59.14
ondulierte Ärmel
Ärmel 59.14
ungeplättete Ärmel
Armenkasse 80.59
es gibt aus der Armenkasse raus
Armesünderfett 52.2, 52.3
Armsauger 29.3, 35.16

Armspangen 80.86
Armsünderschmalz 80.61
Armut 45.6
armzuzzeln 35.18
Armzuzzler 35.16
Aroma 1.71
Arrhenoidie 65.5
Arrogans 4.14, 45
Arsch 35.18
am Arsch lecken
Arsch 1.30, 1.33, 35.22
Arsch mit Ohren
Arsch 35.22
Arsch mit Ohren; ach, du armer Arsch; Himmel, Arsch und Wolkenbruch; leck mich am Arsch; dicker Arsch mit Furz; gefickter Arsch mit Bohnen; kalter Arsch mit Schneegestöber; mit dem Arsch einreißen, was man mit den Händen gebaut hat; es ist am Arsch; sich den Arsch ausreißen lassen; in den Arsch kriechen; Zucker in den Arsch blasen; jemandem den Arsch anschäften; jemandem den Arsch aufreißen; jemanden mit dem Arsch ansehen; ihm geht der Arsch mit Grundeis; wie Arsch auf Eimer passen; Pech am Arsch haben; den Arsch betrügen; im Arsch ist's duster; sich etwas am Arsch abfingern
Arsch 35.12
den Arsch abfingern, sich etwas am Arsch abfingern
Arsch 35.7
den Arsch anbohren (anzapfen, auffüllen, ausbürsten, ausfegen, aushobeln, ausputzen, ausraspeln, ausrebeln, ausspritzen, begießen, bohnern, bügeln, plätten, schmieren), im Arsch bohnern (bolen, buttern, rucksen)
Arsch 35.7
den Arsch anschärfen
Arsch 35.7
den Arsch aufbrechen (aufstemmen, einhacken)
Arsch 80.11
den Arsch küssen
Arsch 1.41
der obere Arsch
Arsch 55
dicker Arsch mit Furz, frommer Arsch, kalter Arsch mit Schneegestöber
Arsch 51.3
dicker Arsch mit Furz, gefickter Arsch mit Bohnen, kalter Arsch mit Schneegestöber
Arsch 35.7
einem den Arsch aufreißen
Arsch 80.58
eins auf den Arsch geben
Arsch 53.5
eiserner Arsch, gespaltener Arsch, jemandem den Arsch aufreißen
Arsch 4.19
ihm geht der Arsch (der Schwanz, die Eier) mit Grundeis
Arsch 35.18
jemandem den Arsch auf die Schnauze setzen
Arsch 72.7
Kloß im Arsch
Arsch 3.8
Kohlen unter dem Arsch anblasen
Arsch 8.1
Kopf und Arsch
Arsch 35.18
Leck mich am Arsch!
Arsch 18.7
noch den Ring am Arsch haben
Arsch 7.11
paßt wie Arsch auf Eimer
Arsch 35.22
Pfeffer im Arsch
Arsch 35.22
Schütze Arsch
Arsch 50.6
schwarzer Arsch
Arsch 5.4
sich etwas am Arsch abfingern
Arsch 45.6
sie deckt sich mit dem nackten Arsch zu, sie hat kein Hemd vorm Arsch
Arsch 12.19
Zucker in den Arsch blasen
Arschaufgang 35.22
Arschausheber 35.16
Arschbacken 1.41
die oberen Arschbacken
Arschbackenbrühe 55
Arschbackenscheitel 1.29
Arschbeißer 35.16, 35.20, 36.11, 48.8
Arschbell 1.84
Arschbetrüger 29.10, 59, 59.9, 59.12, 59.17
Arschbläser 35.16
Arschbliss 29.9, 35.9, 48.26, 72.12
Arschblockade 55
Arschbohrer 35.5
Arschbrause 35.15
Arschbrot 35.23
Arschbrunst 70.4
arschbürsten 35.18
Arschbürster 35.5
Arschdusche 35.15
Arscheologe 29.3, 35.5, 35.22, 63.12
Arscheologie 29.1, 35
Arschfahnder 35.22, 47.37
Arschfenster 35.22, 59.26
Arschfick 35.4
arschficken 35.7
Arschficker 29.3, 35.5
Arschfiddel 35.11
Arschfutter 78.3
Arschfutteral 35.22, 59, 59.11, 59.26, 59.25, 59.34, 70.4
Arschgeige 29.10, 35.5, 35.6, 35.9, 35.10, 35.11, 48.2
Arschgeriß 70.4
Arschgesicht 1.33, 35.16, 35.22
Arschgesicht 35.18
das Arschgesicht küssen
Arschgevatter 18.10
Arschgibber 70.4
Arschglocken 1.84
Arschgranate 51.3, 72.8
Arschitekt 35.5
Arschiv 1.85, 29.10, 35.10, 35.14, 70.4
Arschiv 35.15
Arschiv-Räumung
Arschiv 35.7
das Arschiv aufbrechen (aufstemmen, einhacken)
Arschiv 35.12
das Arschiv durchsuchen (sortieren)
Arschiv 35.18
das Arschiv polieren
Arschivar 35.5, 35.13
Arschivfeger 35.16
Arschivpflegerin 35.17
Arschivputzer 35.16
Arschkitzel 35.15
Arschkitzler 1.73. 29.10, 35.10, 35.13, 72.9
arschklar 35.22
Arschkletten 35.8
Arschklopfer 62.2
Arschkratzer 35.22
Arschkrauler 35.13
Arschkriecher 35.22
Arschkuß 35.15
Arschküsser 35.16
Arschlaterne 35.22
Arschlecken 35.15, 35.18
Arschlecker 35.16, 35.21, 35.22, 76.3
Arschleder 1.83, 35.22, 59.26
ärschlings 26.30, 35.22
Arschloch 1.85, 35.22
Arschloch 35.7
das Arschloch aufstem-

men (aufbrechen, einhacken)
Arschloch 35.7
ins Arschloch ficken (spritzen, tauchen)
Arschloch 35.18
ins Arschloch pusten
Arschlochastronom 51.3
Arschlochgeometer 51.3
Arschlochputzer 51.3
arschlullen 35.18
Arschlullern 35.15, 35.18
Arschlutschen 35.15
Arschlutscher 35.16
Arschmarterln 35.22, 51.3, 55
arschmausen 35.7
Arschminette 35.17, 35.20, 36.11, 48.2
Arschmöse 1.85, 29.10, 35.10
Arschmöse 35.18
die Arschmöse auslutschen
Arschmöse 35.12
die Arschmöse wichsen (arschwichsen, arschzupfen)
Arschnuckeln 35.15, 35.18
Arschnuckler 35.16
arschnuggeln 35.18
arscho 26.12
nackto arscho
Arschpauker 29.3, 35.5, 35.22
Arschpflegerin 35.17, 35.20, 36.11, 48.2
Arschpisser 73.13
Arschpolitur 35.15
Arschposse 72.12
Arschpuderer 29.3, 35.5
Arschpuff 35.20, 48.6
Arschputz im Arschpuff
Arschpussen 35.23, 52.4
Arschpuste 72.9
Arschputz 35.15
Arschputz 35.20, 48.6
Arschputz im Arschpuff
Arschputze 36.11, 48.2, 51.2
Arschputzer 35.16, 35.21, 72.24, 76.3
Arschrat 35.22, 51.3, 63.12
arschrauken 35.18
Arschreinigung 35.15
Arschrobe 35.22, 59.10, 59.25
Arschsabbern 35.15, 35.18
Arschsaugen 35.15, 35.18
Arschschnüffelei 35.15, 35.16, 47.39
Arschschuster 29.3, 35.5
Arschspießer 29.3
Arschspülung 35.15
Arschstecher 29.3, 35.5
arschstippen 35.18
arschstopfen 35.18
Arschstütze 35.22
arschsuckeln 35.18
Arschtripper 35.8, 63.1
Arschverkühler 35.22, 59, 59.9, 59.13, 59.17, 59.25, 59.26, 70.4
arschvögeln 35.7
arschweiden 35.18
arschwichsen 35.12
die Arschmöse arschwichsen
Arschwichser 35.13
Arschwisch 72.19
Arschwisch 7.12
er paßt ihr wie der Igel zum Arschwisch
Arschwurzel 1.73
arschzupfen 35.12
die Arschmöse arschzupfen
Arschzupfer 35.13
Arschzuzzeln 35.15
Arschwuzzler 35.5, 35.16
Arsenalnutte 48.2
Artikel 48.2
Arzt 35.22, 63.12
Arzt 16.14
Arzt, der Sterilisierungen und Kastrationen vornimmt
Arztbesuch 63.8
Ärztin 63.12
ärztlich 63.8
Aschanti 1.24, 53.17
Asche 80.61
Asche 80.2
ausgebrannte Asche
Asche 80.58
eine Handvoll ungebrannter Asche zu kosten geben
Asche 80.2
gebrannte Asche
Asche 80.61
ungebrannte Asche
Ascheneimer 62.7
Aschenkasten 45.3
Aschenprinz 62.7
Aschenschütte 62.7
Aschermittwoch 50.4
Aschermittwochsball 53.6
Aschmatai 50.11
Aschmedy 50.11
Aschmodai 50.11
Ascona 53.8
Asconshausen 53.8
äsen 30.4, 35.18, 36.4, 36.8, 78.2
Äser 1.44
Asmodi 14.43
Asoseil 50.11
Asosel 50.11
Aspekte 14.32
finanzielle Aspekte der Eheschließung
Asphalt 48
Asphaltantilope 48.2
Asphaltarbeiter 48.4
Asphaltblume 48.2
Asphaltcowboy 29.9, 48.4
Asphalteuse 48.2
Asphaltlilie 48.2
Asphaltnymphe 48.2
Asphaltorchidee 48.2
Asphaltpflanze 18.4
Asphaltschwalbe 48.2
Asphalttreter 59.40
Asphaltwanze 48.2
Aspik 1.70, 1.78, 30.8, 36.12, 78.3
Aspik 36.4, 36.8
jemandem Aspik füttern
Aspirinengel 51.3, 63.13
Aspirineuse 51.3, 63.13
Aspirinfee 51.3, 63.13
Aspirinmaus 51.3, 63.13
Aspirinmieze 51.3, 63.13
Aspirinschnecke 51.3, 63.13
Aspirinsirene 51.3, 63.13
Aspirinstute 51.3, 63.13
Assel 6.5, 48.2
Assessorenkrawatte 59.20
Assessorenkrawatte mit Stahlverschluß
Assistent 17.17
Baby-Assistent
Assistentin 17.18, 18.19
Baby-Assistentin
Ast 1.56, 1.73, 70.1
Ast 16.13
abgesägter Ast
Ast 64.19
geknickter Ast
Aster 1.56, 70.1
Äster 2.5a
Asterwitz 1.56, 70.1
Asterwitz 70.1
von Asterwitz
Astewitz 1.56
von Astewitz
Astlochastronom 68
Astlochastronomie 68
Astmann 1.56, 70.1
Astralkörper 1.3, 6.2
Astralleib 6.2
astrein 10.1
Atelier 48.25
Atem 26.34
Atem 64.21, 64.23
den Atem verlieren
a tempo 54.8
Äthiopien 53.17
Äthiopier 53.17
Atlantik 62.5
Atlantik des Heimkapitäns
atmen 72.11
falschrum atmen
atmen 72.11
verkehrt atmen
Atmestid 41
Atombombe 1.5, 4.2, 6.2, 8.6
Atombomber 6.3, 8.19
Atombrenner 64.23
Atombusen 1.58, 70.5
Atomladung 57
Atommodell 59.43
Atompulli 59.16
Atomschlitten 12.36
Ätte 17.3
attraktiv 20.4
attraktive Lehrerin
attraktiv 59.43

attraktiver Damenbadeanzug
attraktiv 59.7
attraktiver Damenhut
Atze 48.21
Atzel 1.31
Atzmann 52.2, 52.8
Aubade 26.22, 54.8
Audienzsaal 41.3
Auditeur 69.2
Auditeuse 69.3
auf 22.17
Aufbau 1.2
aufbauen 13.1
eine Koalition aufbauen
aufbauschen 35.22
aufbinden 30.4
sich eine Rute aufbinden
aufblasen 35.18
den Dickdarm aufblasen
aufblasen 29.10
den Schlauch aufblasen
aufbleiben 26, 26.25, 41.6
aufbrechen 22.14, 47.26
aufbrechen 35.7
den Arsch (das Arschiv, das Arschloch, den Braunen, die Kiste, den Protzkasten, den Wackelarsch) aufbrechen
aufbrechen 22.14
die Eingangstür (das Eingangstor, das Geschäft, das Gitter, die Haartruhe, das Hauptportal, die Kiste, den Koffer, die Kommode, den Laden, die Ladentür, das Lustschloß, das Lustspielhaus, die Schachtel, die Schatulle, das Schloß, die Schublade, das Schutzgitter, das Sicherheitsschloß, das Spind, den Stall, das Stalltor, die Stalltür, das Tor, den Tresor, die Truhe, die Tür, den Verschluß, den Verschlußdeckel, die Wohnungstür) aufbrechen
aufbremsen 80.58
aufbügeln 26.25, 80.58
aufbügeln 37.4
die Klamotten aufbügeln
aufbügeln 12.28
eine Bluse aufbügeln
aufdonnern 59.6, 61
sich aufdonnern
aufdrehen 11.15
die Leitung aufdrehen, den Wasserhahn aufdrehen
aufdrehen 73.5
die Wasserleitung aufdrehen
aufdünsten 80.58
auferlegen 80.10
Strafe auferlegen
auffädeln 26.25
einen Stich auffädeln
Auffahrt 1.82
Auffahrtrampe 1.82
auffallend 59.7
auffallender Damenhut
auffangen 12.30, 26.26
einen Stich auffangen
auffordern 53.7
zum Tanzen auffordern
auffressen 79.3
ich könnte dich vor Liebe auffressen
auffrischen 80.20
auffrischen 80.11
sich auffrischen lassen
Aufführe 1.1
aufführen 3.8
aufführen 26.25
ein Bettballett (einen Tanz) aufführen
aufführen 48.5
einen aufführen
Aufführfrau 48.14
Aufführhaus 48.26
auffüllen 35.7
den Arsch, den Braunen, das Butterfaß, den Darm, die Dotsch, das Faß, den Gasometer hinten, den Mörteltrog, den Senftopf auffüllen
aufgabeln 7.9
eine Bockwurst aufgabeln, eine Currywurst aufgabeln, eine Wurst aufgabeln
aufgabeln 48.5
einen Freier aufgabeln
aufgabeln 12.26
sich eine aufgabeln
aufganserln 3.8
aufgeblasen 12.5
aufgeblasen 12.3
aufgeblasener Frosch
Aufgebot 14.33
Aufgebot 14.33
das Aufgebot bestellen
Aufgebotsfeier 14.33
aufgebrochen 22.17
aufgebrochen 22.18
aufgebrochene Kiste (Kommode, Schachtel, Schatulle, Truhe), aufgebrochener Laden (Stall), aufgebrochenes Geschäft (Spind)
aufgebrochen 47.26, 22.18
aufgebrochene Kiste, Laden
aufgedonnert 59.6
aufgedonnert 59.6
aufgedonnert wie ein Pfingstochse
aufgehängt 45.6
sie leckt an 'nem aufgehängten Heringsschwanz
aufgehen 1.30
bei ihm geht der Mond auf
aufgehen 26.22
Da geht einem das Messer in der Tasche auf!
aufgehen 26.19
Das Messer geht einem in der Tasche auf
aufgehen 37.5
die Augen gehen ihr auf
aufgehen 59.30
ihr geht das Herz auf
aufgehen 26.22
Mir geht ein Licht auf!
aufgehend 26.22
aufgehender Stern
Aufgeilbrief 46.3
Aufgeilbuch 3.9, 21.7, 54.1
aufgeilen 3.8
Aufgeiler 48.4
Aufgeilerin 48.2, 54.10
aufgeklärt 21.2, 22.17, 29.4, 31.3
aufgeklärt 21.5
aufgeklärte Frau
aufgeklärt 21.6
aufgeklärter Mann
aufgeklärt 21.5, 22.18
aufgeklärtes Klärchen
aufgeklärt 21.4
aufgeklärt sein
aufgeklärt 21.3
aufgeklärt werden
Aufgeklärte 30.8
noch nicht Aufgeklärte
aufgeknackt 22.18
aufgeknackte Büchse (Dose), aufgeknackter Tresor
aufgeknöpft 22.17
aufgeknöpft 22.18
aufgeknöpfte Tasche
aufgekratzt 4.1
aufgemacht 22.17
aufgemacht 22.18
aufgemachte Büchse (Dose, Flasche, Kiste, Kommode, Schachtel, Schatulle, Schublade, Tasche, Tonne, Truhe), aufgemachter Koffer (Laden), aufgemachtes Faß (Geschäft, Paradies, Schubfach, Spind, Spundloch)
aufgemacht 59.6
aufgemacht wie ein Kakadu, eine bunte Kuh, ein Papagei
aufgenordet 1.28
aufgenordet 1.28, 51.2
aufgenordete Dachpfannen
aufgeputzt 59.6
aufgeputzt wie ein Weihnachtsbaum
aufgerissen 22.17
aufgerissen 22.18
aufgerissene Tasche
aufgeschirrt 59.6
aufgeschirrt wie eine Kalesche, eine Schabracke, ein Zirkusgaul

aufgeschlossen 22.17, 26.12, 59, 59.10
aufgeschlossen 22.18
aufgeschlossene Kommode (Schachtel, Schatulle, Schublade), aufgeschlossener Tresor, aufgeschlossenes Lustschloß (Paradies, Schatzkästlein)
aufgeschlossen 59.10
aufgeschlossenes Kleid
aufgeschlossen 59.25
aufgeschlossenes Röckchen
aufgeschlossen 59.10
Dame mit aufgeschlossenen Ansichten
Aufgeschlossenheit 59.10
aufgeschnallt 22.17
aufgesprengt 22.17
aufgesprengt 22.18
aufgesprengter Laden
aufgestemmt 22.17
(Kommode, Schatulle, gestemmter Koffer, auf- (Tresor)
aufgestemmt 22.18
aufgestemmte Kiste Schublade, Truhe), aufgestemmtes Spind
aufgestochen 59.6
aufgetakelt 59.6
aufgetakelt 59.6
aufgetakelt wie eine Dschunke, Fregatte
aufgewichst 59.6
aufhaben 59.7
etwas aufhaben
aufhalsen 15.5
sich eins aufhalsen
aufhängen 80.81, 80.82
aufheben 62.5
den Boden mit dem feuchten Lappen aufheben
aufhören 16.3
aufhübschen 59.6, 61
sich aufhübschen
Aufhucker 52.8, 82.5
aufhupfen 26.25
Aufhupfer 26.27
aufkaufen 80.58
Aufklapprock 59.35
aufklären 20.8, 21.1, 22.14, 30.3
aufklären 22.14
das Klärchen aufklären
Aufklärung 21, 22.13
Aufklärungsliteratur 21.7
aufknacken 22.14, 47.26
aufknacken 22.14
die Büchse (die Dose, den Tresor) aufknacken
aufknöpfen 22.14
aufknöpfen 26.10, 59.23
die Bluse aufknöpfen
aufknöpfen 26.10
die Hosen aufknöpfen
aufknöpfen 12.30, 22.14, 26.26
die Tasche aufknöpfen
Aufknöpfer 67.1
aufknüpfen 80.81
aufkratzen 59.6
sich aufkratzen
aufkriegen 22.14
aufkriegen 59.7
den Hut aufkriegen
aufladen 26.25
den Apparat (die Batterie, die Maschinka, die Seele) aufladen
aufladen 80.58
eine Tracht aufladen
aufladen 63.2
jemandem etwas auf den Hals laden
auflassen 35.7
das Hauptportal (die Hintertür, das Poportal) auflassen
auflassen 12.30, 26.26
das Tor auflassen
auflecken 36.8
Soße auflecken
auflegen 80.58
auflegen 12.17
eine Platte auflegen, eine heiße Platte auflegen
auflösen 26.23
sich in Wohlgefallen auflösen
aufmachen 22.14, 26.25, 67.3
aufmachen 35.7
das Hauptportal (die Hintertür, das Poportal) aufmachen
aufmachen 53.5
das Spielfaß aufmachen
aufmachen 22.14, 26.25
den Betrieb aufmachen
aufmachen 26.25
den Betrieb (die Büchse, die Dose, den Eingang, die Eingangstür, das Eingangstor, das Faß, die Flasche, das Geschäft, die Haartruhe, das Hauptportal, die Haustür, die Kiste, den Koffer, die Kommode, den Laden, die Ladentür, die Schachtel, die Schatulle, das Schatzkästlein, die Schublade, das Spind, den Stall, das Stalltor, die Stalltür, die Tasche, das Tor, den Tresor, die Truhe, die Tür, die Wohnungstür) aufmachen
aufmachen 12.30, 26.9, 26.10, 26.26
den Stall aufmachen
aufmachen 59.23
die Augen aufmachen
aufmachen 12.41
die Hosen mit der Kneifzange aufmachen, die Büchse (Dose) mit der Axt aufmachen
aufmachen 61
sich aufmachen
Aufmacher 48.21
Aufmachung 67.4
aufmascherln 61
sich aufmascherln
aufmessen 80.58
Prügel aufmessen
aufmutzen 49.9
jemandem Fehl'er aufmutzen
aufpacken 26.10
aufpumpen 35.7
den Schlauch aufpumpen
aufpumpen 35.7
die Hinterreifen aufpumpen
Aufregekleid 59.10
Aufregepulli 59.16, 70.5
Aufreiße 7
aufreißen 22.14, 47.26
aufreißen 36.10
den Rachen weit aufreißen
aufreißen 12.30, 26.26
die Büchse aufreißen
aufreißen 22.14
die Tasche aufreißen
aufreißen 48.35
eine aufreißen
aufreißen 53.6
eine Bediene aufreißen
aufreißen 7.6
eine Büchse aufreißen
aufreißen 35.7
einem den Arsch aufreißen
aufreißen 35.22, 53.5
jemandem den Arsch aufreißen
aufreißen 12.26
sich eine aufreißen
aufreißen 7.3
was Menschliches aufreißen
Aufreißladen 48.32, 53.5, 55.11
Aufreizer 70.6
aufrichten 26.19
sich aufrichten
aufriechen 72.11
Los, komm, aufriechen helfen!
Aufriß 7.10
aufsacken 63.4
sich etwas aufsacken
aufsäen 80.58
Aufsatz 14.41
aufsaugen 36.4
aufsaugen 20.6
mit der Muttermilch aufsaugen
aufscheuchen 41.9
Aufschlag 12.16
Aufschlag 12.16
harter Aufschlag, weicher Aufschlag
Aufschlag 12.39

kaputter Aufscnlag
aufschlagen 41
seine Zelte aufschlagen
aufschließen 22.14, 26.25
aufschließen 26.25
den Betrieb (die Büchse, die Dose, den Eingang, die Eingangstür, das Eingangstor, das Faß, die Flasche, das Geschäft, die Haartruhe, das Hauptportal, die Haustür, die Kiste, den Koffer, die Kommode, den Laden, die Ladentür, die Schachtel, die Schatulle, das Schatzkästlein, die Schublade, das Spind, den Stall, das Stalltor, die Stalltür, die Tasche, das Tor, den Tresor, die Truhe, die Tür, die Wohnungstür) aufschließen
aufschließen 22.14, 26.25
die Eingangstür aufschließen
aufschließen 26.9, 26.10, 26.25
die Stalltür aufschließen
aufschließen 12.30, 26.25, 26.26
die Truhe aufschließen
Aufschlitzer 47.27, 80.49
aufschmieren 80.58
aufschnallen 22.14
Aufschneider 63.14
aufschrecken 41.9
aufschwemmen 1.20
aufsetzen 59.7
den Hut aufsetzen
aufsetzen 64.17
jemandem einen Dämpfer aufsetzen
aufsetzen 14.59
jemandem Hörner aufsetzen
aufsetzen 64.17
sich einen Dämpfer aufsetzen
Aufsichtsrat 63.12
aufspannen 72.11
einen Schirm aufspannen müssen
aufspielen 80.20
einem aufspielen
aufspießen 26.25, 80.38
Aufspießer 29.3
aufsprengen 22.14, 47.26
aufsprengen 22.14
den Eingang aufsprengen
aufstecken 29.6
einem Hörner aufstecken
aufstecken 26.25
ein Licht aufstecken
aufstehen 41.10
Aufstehen 14.44
das Aufstehen
aufstehen 5.1
Wer die reinlegen will, muß früh aufstehen.
aufsteigen 26.19
Der Stern steigt auf.
aufsteigend 17, 40
aufsteigende Linie
Aufstelle 1.1
aufstellen 12.30, 26.26
die Büchse, die Füße, die Haxen aufstellen
aufstellen 26.25. 26.26
die Füße (die Haxen) aufstellen
aufstellen 7.6, 12.30, 26.26
eine Büchse aufstellen
aufstellen 7.3
was Menschliches aufstellen
aufstemmen 22.14, 47.26
aufstemmen 35.7
den Arsch (das Arschiv, das Arschloch, den Braunen, die Dotsch hinten, die Kiste, den Protzkasten, den Schwarzen, den Wackelarsch) aufstemmen
aufstemmen 22.14
die Eingangstür aufstemmen
auftakeln 59.6, 61
sich auftakeln
auftanken 26.25
auftauchen 16.3
aus der Versenkung auftauchen
auftauen 41.8
auftreiben 1.20
auftreiben 7.6
eine Bluse auftreiben
auftreiben 7.9
einen Schwanz auftreiben
Auftritt 80.22
auftun 7.6
eine auftun
auftun 12.26
sich eine auftun
aufwachen 41.8
aufwachsen 19.6
aufwärmen 36.4
den kalten Bauern aufwärmen
aufwarten 12.23, 14.32
aufwarten mit
Aufwaschwasser 55
aufwecken 41.9
aufwichsen 59.6, 61
sich aufwichsen
aufwischen 36.8
den Keller aufwischen
Aufwischlappen 62.2
aufzählen 80.58
Prügel aufzählen
aufzäumen 3.8
aufzäumen 25.7, 30.4
das Pferdchen aufzäumen
aufzäumen 25.7
das Pferdchen aufzäumen, das Pferd beim Schwanz aufzäumen
aufzäumen 25.7, 30.7
das Pferd beim Schwanz aufzäumen
aufzäumen 26.9
ein Pferdchen beim Schwanz aufzäumen
aufziehen 80.20
andere Saiten aufziehen
aufziehen 17.27
Deine Mutter hat wohl das Kind weggeschmissen und die Nachgeburt aufgezogen.
aufziehen 26.19
die Fahne aufziehen
aufziehen 3.8, 26.9, 26.25
die Uhr aufziehen
aufziehen 3.8
eine Schatulle aufziehen
aufziehen 17.8
eine Uhr aufziehen
aufzimbeln 80.58
aufzimbeln 48.5
die Freier mit dem Schot aufzimbeln
aufzimbeln 80.94
mit dem Schot aufzimbeln
Augapfel 1.58
Augäpfel 1.58, 70.5
Auge 1.36
Auge 26.33
blaues Auge
Auge 11.15
da bleibt kein Auge trocken
Auge 14.7
das Auge auf jemanden werfen
Auge 12.8
das Auge auf jemanden werfen, das Auge auf jemanden haben
Auge 1.36
die guckt mit dem linken Auge in die rechte Westentasche
Auge 9.3
ein Auge auf jemanden werfen, jemandem zu tief in die Augen sehen, sich die Augen aus dem Kopf sehen
Auge 7.12
er paßt ihr wie die Faust aufs Auge
Auge 26.8
ins Auge fassen, fest ins Auge fassen, den Daumen aufs Auge setzen
Auge 12.8
kein Auge von ihm lassen
Auge 11.19, 13.3
mit einem blauen Auge davonkommen
Äugelei 68
äugeln 12.10, 12.11

Augen 1.58, 37.5, 70.5
Augen 1.36
angeschlagene Augen
Augen 12.11
Augen machen
Augen 9.13
Augen wie ein gestochenes Kalb machen
Augen 26.30
aus weiblichen Augen
Augen 7.2
Bei mir Veilchen: Vorliebe für blaue Augen.
Augen 59.7
bis über die Nase herabgezogener Damenhut mit Gucklöchern für die Augen
Augen 59.23
Bluse mit offenen Augen
Augen 59.7
Damenhut der die Augen verdeckt
Augen 26.40
den Wunsch von den Augen ablesen
Augen 59.23
die Augen aufmachen
Augen 80.58
die Augen flimmern machen
Augen 41.7
ein paar Augen voll Schlaf nehmen, die Augen schonen
Augen 9.3
er hat ihr zu tief in die Augen geschaut
Augen 26.22
Er steht mir vor Augen!
Augen 1.58
große Augen
Augen 59.30
ihr gehen die Augen über
Augen 37.5
ihr in die Augen sehen, ihm die Augen öffnen, mit offenen Augen schlafen; die Augen gehen ihr auf, die Hand vor den Augen sehen, aus den Augen gehen; soweit das Auge reicht, wie die Faust aufs Auge; Auge in Auge, die Augen schließen
Augen 12.12
jemanden mit den Augen ausziehen, mit den Augen balzen, mit den Augen röhren, mit den Augen verschlingen
Augen 12.8
jemanden mit den Augen verfolgen
Augen 1.38
mit den Augen Knallerbsen spielen
Augen 12.11
mit den Augen kullern
Augen 9.13
mit den Augen verschlingen
Augen 3.6
mit den Augen vögeln
Augen 26.12, 59.10
mit offenen Augen
Augen 59.10
offene Augen
Augen 1.37
Ringe unter den Augen
Augen 59.10
sie hält die Augen offen
Augen 9.4
unter vier Augen
Augen 31.5
vier Augen
Augen 31.3
vor aller Augen
Augenbrauenstift 61
Augenlidentzündung 1.36
Augenlider 1.36
Augenputz 61
Augenradar 68.3
Augenradar machen
Augenradar 12.8
das Augenradar spielen lassen
Augenschmalz 61
Augenschondienst 41.7
Augenschondienst leisten
Augenschondienst 41.8
den Augenschondienst abstellen
Augenspiel 1.38
Augenspielchen 12.11, 68.3
Augenspielchen machen
Augensprache 1.38
Augensprache 12.11
in der Augensprache verkehren
Augenverkleidung 60.1
Augenzahn 1.44
Augustflinte 80.62
Auheft 8.15
Aule 78.3
Aumerling 1.36
Ausbad 14.41
ausbaden 14.41
ausbembern 26.25
ausbeuteln 35.12
den Schlauch ausbeuteln
ausbeuten 13.10
Gönner ausbeuten
ausbeuten 13.13
Gönnerinnen ausbeuten
ausbeuten 13.11
Männer ausbeuten
ausblasen 30.4, 36.4
ausblasen 36.8
das Fetscherl ausblasen, die Düse ausblasen
ausblasen 35.18
das Rückschlagventil ausblasen
ausblasen 36.4
den Hobel (das Mundstück, das Pimperl, den Rüssel, den Zumpf) ausblasen
Ausblaser 29.3, 36.2
Ausbläserin 36.3
ausblaxeln 26.25
ausblaxeln 26.25
das Frauenlob (Weiberlob) ausblaxeln
ausblembern 24.1
sich ausblembern
Ausblick 59.43
Kaltwasserkleid mit Ausblick
ausblubbern 24.1, 25.1, 36.4
ausblubbern 24.1
sich ausblubbern
ausbomben 26.25, 26.40
ausbüchsen 72.5
Ausbund 49.11
Ausbund der Tugend
ausbürsten 35.7
den Arsch, den Braunen, den Darm, die Dotsch hinten, die Hinterkammer, die Hintertasche, den Schwarzen ausbürsten
ausbürsten 36.8
die Düse ausbürsten
ausdörren 39.2
ausdrucksvoll 54.8
auseinandergehen 1.20
auseinandergehen 1.20
auseinandergehen wie ein Kräppel
auseinanderlaufen 1.20
auseinanderlaufen 1.20
auseinanderlaufen wie ein Pfannkuchen
auseinandernehmen 47.40
auseinanderstemmen 26.30
den Wackelarsch auseinanderstemmen
Außenleben 41.10
das Außenleben besichtigen
Außenleben 41.8
auf Außenleben schalten
Außenrolle 1.29
außerehelich 26.30
im außerehelichen Standesamt
Auserwählte 7.1
der (die) Auserwählte
ausessen 36.8
ausfegen 80.58
ausfegen 35.7
den Arsch, den Braunen, das Büro, den Darm, die Dotsch hinten, das Hinterhaus, die Hinterkammer, den Keller, das Ofenloch, den Schwarzen ausfegen
ausfegen 26.25
den Keller ausfegen
ausfetzen 80.58
ausfilzen 13.10
jemanden ausfilzen
ausflippen 57.1

Ausfrager 47.37
ausführen 80.11
Befehle ausführen
Ausgängertag 41
ausgebacken 21.2, 38.2
ausgeben 14.29
sich als Ehepaar ausgeben
ausgebohrt 2.2
ausgebohrtes Brett
ausgebrannt 39.10
ausgebrannt 80.2
ausgebrannte Asche
ausgebrannt 8.9, 27.3, 39.12, 64.21
ausgebrannte Batterie
ausgebrannt 64.21
ausgebrannte Batterie, ausgebrannter Docht
ausgebrannt 27.3, 39.13, 64.21
ausgebrannter Docht
ausgedörrt 39.10
ausgedörrt 27.3, 39.13
ausgedörrte Wurzel
ausgefickt 64.21
ausgeflogen 8.9
ausgeflogene Biene
ausgefuchst 12.34
ausgegoren 21.2, 38.2
Ausgehaltene 13.5
ausgehaltene 13.5
ausgehaltene Frau
ausgehaltener 13.6
ausgehaltener Mann
ausgehen 41
ausgehen 11.19
den Ofen ausgehen lassen
ausgehen 13.7
groß ausgehen
ausgehen 64.21
ihm ist die Pfeife ausgegangen
ausgehen 56
Marke Dienstmädchen: geht gern aus
Ausgehtag 41
ausgehungert 64.17
Ausgekochte 48.2
ausgelassen 6.10
ausgelaufen 64.21
ausgeleiert 27.3, 39.12
ausgeleierte Harmonika, ausgeleierte Matratze
ausgeleiert 1.66
ausgeleierte Leier
ausgeleiert 39.12
ausgeleierte Pritsche
ausgelotet 22.17
ausgelotet 22.18
ausgelotete Einfahrt (Meeresenge), ausgeloteter Spund
ausgelutscht 36.10, 39.10
ausgelutscht 1.73, 36.12, 64.21
ausgelutschter Bonbon
ausgelutscht 1.73, 27.3, 36.12, 39.13, 64.21
ausgelutschter Spargel
ausgeorgelt 39.10
ausgequetscht 39.10
ausgequetscht 27.3, 39.13, 64.21
ausgequetschte Rübe
ausgequetscht 64.21
ausgequetschte Tube
ausgeronnen 39.10, 64.21
ausgeronnen 27.3, 39.12
ausgeronnenes Röhrl
Ausgeronnene 39.4, 48.2
ausgerupft 22.18
ausgerupfte Lilie, ausgerupftes Blümchen (Gänseblümchen, Marienblümchen, Pflänzchen)
ausgeschissen 35.22
er hat bei mir ausgeschissen
ausgeschlaucht 39.10
ausgeschmust 39.10
ausgeschwärmt 8.9
ausgeschwärmte Biene
ausgeschwärmt 8.22
ausgeschwärmter Bienerich, ausgeschwärmter Drohnerich
ausgesetzt 15.10
ausgesetztes Kind
ausgestopft 59.12
Anzug mit ausgestopften Schultern
ausgetreten 59.49
ausgetretene Schuhe
ausgetrocknet 39.10
ausgetrocknet 64.20
ausgetrockneter Geiser
ausgetrocknet 64.1
ausgetrockneter Kürbis
ausgetrocknet 1.73, 36.12
ausgetrockneter Liebesquell
ausgevögelt 64.21
ausgevögelt 39.10
ausgevögelt bis zum tz
ausgeweitet 1.67
ausgeweitete Schamlippen
ausgeweitet 1.67
ausgeweitete Scheide
ausgewetzt 39.10
ausgewichst 39.10
Ausgreifen 14.41
das Ausgreifen der Braut
ausg'schamt 47.21, 49.16
Ausg'schamtheit 49.14
Ausguß 1.73, 73.13
Ausgußbecken 62.7
aushalten 13.8
einen Studenten aushalten
aushalten 13.7
Frauen aushalten
aushalten 13.8
Männer aushalten
aushängen 14.33
aushauen 80.58
ausheben 30.4, 36.4, 36.8
ausheben 36.4
Blauwasser ausheben
ausheben 35.7, 35.18
Braunkohl ausheben
ausheben 35.7
das Hauptportal (die Hintertür, das Portal) ausheben
ausheben 35.18
das Weidloch ausheben
ausheben 35.7
die Lehmkuhle ausheben
ausheben 35.7
die Müllkute ausheben
ausheben 35.7, 35.18, 36.4
ein Achterl ausheben
ausheben 80.20
einem die Gladen ausheben
Ausheber 29.3, 36.1, 36.2, 36.5, 36.6, 36.7
Ausheberin 36.3, 36.7
aushemden 80.58
Aushilfsbatterie 8.10
Aushilfschauffeur 8.23
aushobeln 37.4
den Apparat, den Balkon aushobeln
aushobeln 35.7
den Arsch, den Braunen, den Darm, die Dotsch hinten, die Kiste, den Schlitz, den Schwarzen aushobeln
aushobeln 37.4
den Balkon aushobeln
aushobeln 37.4
die Kiste aushobeln
aushobeln 26.25
die Ritze aushobeln
ausixen 16.6, 47.35
auskacken 35.22
sich auskacken
auskauen 35.18
die arabische Möse, die Glumsen, den Kürbis auskauen
auskauen 36.4
einem einen auskauen
Auskauer 36.2, 36.6
Auskauerin 36.7
auskleidsam 26.12, 59.10
auskleidsam 59.10
auskleidsames Kleid
auskleidsam 59.25
auskleidsames Röckchen
Auskleidungsstück 59.10
ausklopfen 26.25, 80.58
ausklopfen 24.1, 25.1, 26.25
die Pfeife ausklopfen
Ausklopfer 62.2
auskluften 26.10
auskneifen 11.19, 13.3
auskoddern 26.23
auskratzen 11.19, 13.3, 16.6
Auskratzer 16.9
Auskratzung 16.5

Auslage 1.58, 70.5
ausländisch 48.2
ausländische Prostituierte
Auslauf 26.24, 63.1
Auslauf 22.1, 26.40
Auslauf haben
Auslauf 22.1
sich Auslauf verschaffen
auslaufen 64.1
ausgelaufene Kokosnuß
Ausläufer 26.24, 63.1
ausleben 22.1
sich ausleben
auslecken 36.4, 36.8
auslecken 35.18
das Butterfaß auslecken, das Faß auslecken, die Homofotze auslecken, das Puhlloch auslecken
ausleeren 26.25
ausleeren 73.5
die Büchse ausleeren
ausloten 22.14
ausloten 26.25
das Aquarium (den Kinderbrunnen, die Liebesgrotte, die Meeresenge, die Untiefe) ausloten
ausloten 35.7
das Bergwerk, das Bohrloch, die Goldgrube, das Hügeldepot, das Loch, das Puhlloch, das Spundloch ausloten
ausloten 37.4
das Hügeldepot ausloten
ausloten 22.14
die Einfahrt (die Meeresenge, den Spund, die Untiefen) ausloten
Auslotung 22.13
auslutschen 36.4
auslutschen 35.18
die Arschmöse auslutschen
auslutschen 30.4, 36.8
die Feige auslutschen
auslutschen 36.8
die Pflaume (die Zwetsche, die Zwetschken) auslutschen
ausmelken 13.11
ausmisten 62.5
Ausmister 16.9, 51.3
ausnehmen 47.40
ausnehmen 13.10
jemanden ausnehmen wie 'ne Weihnachtsgans
Auspauken 14.60, 48.12
auspeitschen 80.58
auspellen 26.10
auspempern 26.25
die Walze (den Wedel, den Wenzel) auspempern
ausplaudern 46
Liebesgeheimnisse ausplaudern
ausplembern 25.1, 26.25
ausplembern 26.25
die Walze (den Wedel, den Wenzel) ausplembern
auspovern 13.10
jemanden auspovern
Auspuff 1.85
Auspuff 35.7, 35.18
den Auspuff lackieren
Auspuff 35.7
den Auspuff polieren, vergolden, versilbern
Auspuff 35.22
jemandem den Auspuff zeigen
Auspuffengel 46.4, 53.15
Auspufflackierer 35.5, 35.16, 35.20, 36.11, 48.4
Auspuffpflege 35.15
Auspuffpolierer 35.5, 35.16
Auspuffputzer 35.16
Auspuffreinigung 35.15
Auspuffreparierer 29.3, 29.9, 35.5, 48.4
Auspuffschleck 29.3, 35.16
Auspuffzahn 46.4, 53.15
auspumpen 47.40
auspusten 36.4
ausputzen 26.25
ausputzen 35.7
den Arsch, den Braunen, das Büro, den Darm, die Dotsch hinten, das Lustspielhaus, den Schwarzen, das Spundloch ausputzen
ausputzen 35.18
den Braunen, den Fetschner, die Hinterkammer, das Lustspielhaus ausputzen
ausputzen 25.1
einer das Röhrl ausputzen
ausputzen 36.8
das Loch ausputzen
ausputzen 26.25
das Ofenrohr (die Röhre) ausputzen
ausputzen 30.4
die Röhre ausputzen
ausputzen 24.1
das Röhrl ausputzen
ausputzen 36.4
den Schlot ausputzen
ausquetschen 47.40
ausquetschen 37.4
die Trauben ausquetschen
ausquetschen 24.1, 25.1, 29.10
die Tube ausquetschen
ausquetschen 47.40
jemanden ausquetschen wie 'ne Quetschkommode, wie 'ne Ziehharmonika, wie 'ne Zitrone
ausrangieren 14.70
den Ehepartner ausrangieren
ausrangieren 10.7
eine ausrangieren
ausrangieren 11.18, 13.3
jemanden ausrangieren
ausrangiert 10.6
ausraspeln 16.6, 26.25
ausraspeln 35.7
den Arsch, den Braunen, die Dotsch hinten, das Loch, das Ofenloch, den Schlitz, den Schwarzen ausraspeln
ausraspeln 26.25
das Ofenloch (den Schlitz) ausraspeln
ausräumen 16.6
Ausräumer 16.9, 51.3
Ausräumung 16.5
ausrebeln 35.7
den Arsch, den Braunen, die Dotsch hinten, das Loch, das Puhlloch, den Schlitz, den Schwarzen ausrebeln
ausreißen 13.3
ausreißen 47.18
das Aktenstück ausreißen
ausreißen 11.19, 13.3
ausreißen wie Schafsleder
ausreißen 35.22
sich den Arsch ausreißen lassen
ausrenken 36.10
sich die Zunge ausrenken
ausrinnen 26.25
ausrücken 11.19, 13.3
Ausrufungszeichen 1.1
stramm wie ein Ausrufungszeichen
ausruhen 41.6
sich auf seinen Lorbeeren ausruhen
ausrupfen 22.14, 47.26
ausrupfen 22.14
das Blümchen (das Gänseblümchen, das Marienblümchen, die Lilie, das Pflänzchen) ausrupfen
ausrutschen 47.1
ausschaben 16.6
Ausschaber 16.9
Ausschabung 16.5
ausschälen 26.10
ausschalten 41.7
die Scheibenwischer ausschalten
ausscheißen 11.5
Bei mir hast du ausgeschissen.
Ausschellen 14.41
das Ausschellen der Braut

Ausschlag 41
ausschlecken 36.8
das Reindl ausschlecken
ausschleifen 26.25
ausschleifen 26.25
das Ofenloch (den Schlitz) ausschleifen
ausschleifen 37.4
die Puffer ausschleifen
ausschleimen 24.1, 25.1, 26.25
ausschleimen 25.1
einen ausschleimen
ausschleimen 26.25
den Hugo (den Stemmel, den Triemel, den Wenzel, den Zacharias, den Zebedäus, den Zupf, den Zuzzel) ausschleimen
ausschleimen 24.1
sich ausschleimen
ausschmieren 26.25
ausschmieren 37.4
die Haubitzen ausschmieren
Ausschnitt 26.11, 59.10
Ausschnitt bis ins Bodenlose
Ausschnitt 59.43
Damenbadeanzug mit Ausschnitten
Ausschnitt 59.10
wohlgefüllter, wohlgenährter Ausschnitt
ausschütten 13.7, 17.16
ausschütten 14.7, 46
das Herz ausschütten
Ausschütterin 48.24
aussegnen 33.2
Aussegnung 17.20, 33.3
aussehend 59.6
verboten aussehend
aussein 26.13
aussenden 12.6
Duft aussenden, Pollen aussenden
Aussetzung 15.10
Aussetzung unehelicher Kinder
Aussicht 7.1, 8.13
freie Aussicht
Aussicht 9.5, 14.32, 64.24
unverbaubare Aussicht
ausspachteln 35.18
das Bohrloch, die Bubifurkation ausspachteln
ausspachteln 35.7
das Puhlloch ausspachteln
ausspannen 11.8
jemandem die Geliebte ausspannen
ausspritzen 26.25
ausspritzen 35.7
den Arsch, den Braunen, den Darm, die Dotsch, die Glumsen hinten, die Lehmkuhle, die Müllkute, den Schwarzen ausspritzen
ausspritzen 37.4
die Düsen ausspritzen
ausspritzen 26.25
die Muschel (die Zwetschken) ausspritzen
ausspülen 35.18
die Müllkute ausspülen
Ausstand 41
Ausstäupung 80.61
ausstehen 64.13
keinen Pfeifenrauch ausstehen können
aussteigen 10.7, 11.9, 13.3
aussteigen 16.3
vorher aussteigen
ausstellen 67.3
Aussteller 67.1
Ausstellerin 67.2
Ausstellung 67.4
Aussterbeetat 17.26
Aussterbeetat 17.26, 64.21
auf dem Aussterbeetat stehen
Aussterbeetat 39.11
steht auf dem Aussterbeetat
Aussteuer 15.2
ausstoßen 26.23
Ausstoßer 35.5
Ausstrahlung 3.2
sexuelle Ausstrahlung
Austanzen 14.41
das Austanzen des Brautschleiers
austeilen 80.58
Prügel austeilen
Auster 58.3, 78.3
Austernsalat 58.6
austoben 22.1
sich austoben
Austrag 17.16
zum Austrag bringen
austragen 17.16
ein Kind austragen
Austräger 39.5
austreiben 80.10
den Dünkel austreiben
austreiben 80.11
sich den Dünkel, den Starrsinn, den Stolz austreiben lassen
austreten 19.6
Kinderschuhe austreten
austrocknen 39.2
ausüben 7.8
das Frauenstimmrecht ausüben
ausverschämt 4.16
auswachsen 38.1
sich auswachsen
auswachsen 64.25
die Kinderschuhe auswachsen
auswaschen 62.5
auswaschen 35.18
die Goldgrube auswaschen
ausweiten 35.12
den Klemmring ausweiten
auswerten 35.9, 48.5
das Bergwerk (das Braunkohlenbergwerk, das Hügeldepot) auswerten
auswetzen 26.25
auswetzen 24.1, 26.25
die Scharte auswetzen
auswetzen 25.1
einer die Scharte auswetzen
auswichsen 25.1
auswichsen 35.12
die braune Kammer auswichsen, die schwarze Kammer auswichsen
auswinden 73.5
den Strumpf auswinden
auswischen 80.58
auswringen 73.5
den Familienstrumpf auswringen
Ausziehdame 48.2, 54.2, 54.3. 54.10
ausziehen 41, 47.40
ausziehen 47.40
bis aufs Hemd ausziehen
ausziehen 13.10
jemanden bis aufs Hemd ausziehen
ausziehen 12.12
jemanden mit den Augen ausziehen
ausziehen 16.3
vor Michaeli ausziehen
Ausziehknilch 48.4
Ausziehmädchen 54.3
Ausziehpuppe 14.48, 24.6, 47.21, 48.2, 54.2, 54.3, 54.10
Ausziehtisch 41.4
Auto 18.13
Auto des kleinen Mannes
Autoamazone 46.4, 53.14
Autobahn 46.4
Autobahnsirene 46.4, 48.2, 53.14
Autobus 46.4, 53.13
Autobusen 46.4, 53.13
Autobusreise 53.13
Autobuttn 48.2
autocunnilingere 36.8
Autofahrerin 46.4, 53.14
Autogramm 80.61
Autogramm 80.65
sauberes Autogramm
Autogratn 48.2
Autoheidl 48.2
Autokalle 46.4, 48.2, 53.14
Autokühler 46.4, 53.14
Autoliebchen 48.2
Automädchen 48.2
Automat 48.2
Automätchen 48.2
Automatenschlitz 1.66
Automenscherl 46.4, 48.2, 53.14
Automobil 46.4

Automobilgeschäft 48
Automobilprostitution 48
Automobilschuhe 59.40
Automobilstrich 48
Autoreise 53.14
Axt 1.73, 80.95
Axt 12.43
die Axt im Wald
Axt 16.11
die Axt an die Wurzel legen
Axt 12.41
die Büchse (Dose) mit der Axt aufmachen
Äxtlein 80.55

B

B 57
b 80.60
b & b
b 80.60
b & g
B 65.1
Engel mit einem B
B 28.4, 28.9
Engel mit großem B
B 14.25, 58.2, 58.4
Vitamin B
Ba 2.2
Ba 48.2
das Ba
Ba 6.2
gesunde Ba
Ba 10.7
linke Ba
Baas 48.23
Baastkiste 64.2
Baba 18.11, 41.5, 57
Babbel 1.42
Babe 40.9
Babel 48.2
die große Babel
Babelsberg 51.2
Bock von Babelsberg
Babetuttchen 18.2
Babusch 40.10
Babuschka 40.9
Babuschki 59.40
Babussche 59.40
Baby 2.2, 18.2
Baby 17.17
Baby-Assistent
Baby 17.18, 18.19
Baby-Assistentin
Baby 18.21
Baby-Bonus
Baby 18.13
Baby-Garage
Baby 18.13
Baby-LKW
Baby 17.15
Baby-Schnaps
Baby 19.2
Baby-Soxer
Baby 17.11
sie bekommt ein Baby
Babydoll 59.42
Babykacke 55
Babykonjunkturorden 51.2
Babykutsche 18.13
Baby-Look 70.11
Babymorphium 57
Babypuderer 18.20
Babysoxer 28.4
Baby-Strich 48, 53.3
Babywiege 60.2
Bach 73.4
Bach 73.5
einen Bach machen
Bach 11.16
sie ist nah am Bach gebaut
Bächlein 73.4
Bachmachen 73.5
Bachstelze 48.2, 73.2, 73.11, 73.12
Bachwalm 26.25
den Bachwalm versenken
Backbord 26.30
von Backbord
Backe 1.41
linke Backe
Backen 1.41, 1.84
Backen 61
den Fritzen über die Backen laufen lassen
backen 38.1, 80.58
backen 24.1
Back dir einen selber!
backen 25.1
jemandem einen backen
backen 24.1
sich einen backen
Backenschmalz 61
Backenstreich 80.61
Backentran 61
Backenzahn 1.44, 1.73, 29.10, 36.12
Backenzahn 1.73, 36.12
abgebrochener Backenzahn
Bäcker 35.22
Bäckerbeine 1.86
Bäckerbuch 48.10
Bäckerhose 59.26
Bäckerin 44.2
Bäckerkarte 48.10
Bäckerschein 48.10
Bäckertreter 59.40
Backfisch 19.2
Backfischaquarium 20.2
Backfischräucherei 53.12
Backhaus 48.25
Backhendl 2.2, 6.2
Backhendlfriedhof 1.60
Backobst 14.15, 39.6
Backpfeife 80.61
Backpulver 57
baddisch 17.10
Badeanzug 59.43
Badeanzug 59.43
attraktives Mädchen in zweiteiligem Badeanzug
Badeborke 59.43
Badedirne 48.2
Bade-Essenz 61
Badefutteral 59.43
Badeguste 48.2
Badehose 70.3
Badehose 59.43
dekolletierte Badehose
Badehr 59.43
Badeklamotten 59.43
Badekledage 59.43
Badekleidung 59.43
Badekluft 59.43
Badeknecht 48.4
Badekorbplantage 53.17
Badeliebe 13, 53.17
Bademagd 48.2
Bademantel 59.41
Bademeister 80.34
Bademilch 61
Bademinna 48.2
Bademodengesetz vom 18. 8. 1932 47
Bademontur 59.43
Bademulde 1.66, 14.48, 48.2
baden 53.17, 62.5
baden 1.49, 36.4
die trockene Kehle baden
Badenixe 53.17
Badeort 53.17
Badepelle 59.43
Baderof 53.17, 62.5
Baderwaschl 61.4
Badeschaum 61
Badestrand 53.17
Badestrand 53.17
deutscher Badestrand
Badetuch 62.5
Badeurlaub 53.17
Badewanne 62.5
Badewannenacker 53.19
Badewannenreligion 62
Badewannenschwangerschaft 17.5
Badewärter 53.17, 80.34
Badezelt 62.5
Badezelt 53.17
Badezelt im Mittelalter
Badezimmer 62.5
Badezimmerorchidee 62.2
Badhur 48.2
Badlade 14.41
Badwasch 53.17
Bafeign 48.2
Bagger 35.5
baggern 26.30
Bählamm 5.2, 21.11, 22.8
Bahn 64.17
die Bahn freimachen
Bahn 7.1, 14.64
freie Bahn
Bahnhäschen 48.2
Bahnhof 1.33, 1.66, 3.3
Bahnhof 23.3
blockierter Bahnhof

Bahnhof 29
der andere Bahnhof
Bahnhof 29.3, 30.8
Kollege vom anderen Bahnhof
Bahnhof 29.10, 30.2
Kollegin vom anderen Bahnhof
Bahnhof 64.18
sie kennt keinen Bahnhof
Bahnhof 3.3, 29.4, 30.3
vom anderen Bahnhof
Bahnhof 64.25
vom andern Bahnhof
Bahnhofspennermantel 59.9
Bahnhofssperre 23, 23.8, 59.34
Bahnhofssperre 23.1
Bahnhofssperre haben
Bahnhur 48.2
Bahnreise 53.12
Bahnsteig 3.3, 48.25
Bahnsteig 29
der andere Bahnsteig
Bahnsteig 29.3, 30.8
Kollege vom anderen Bahnsteig
Bahnsteig 29.10, 30.2
Kollegin vom anderen Bahnsteig
Bahnsteig 29.4, 30.3, 64.25
vom anderen Bahnsteig
Bahnsteig 3.3
vom selben Bahnsteig
Bahnsteigkarte 48.9
Bähschaf 5.2
Baiserin 48.24
Bajis 48.25
Bajonett 1.73, 51.3, 80.95
Bajonettdrill 26.27, 51.3
Bakel 80.62
Bakschisch 12.24
Bakskiurta 48.12
Bal 2.5a
Balalaika 1.66, 25.8, 30.8, 54.8
Balalaika 24.1
an der Balalaika zupfen
Balalaika 24.1, 26.25
Balalaika spielen
Balalaika 54.8
die Balalaika spielen
Balalaika 25.1
einer an der Balalaika zupfen, Balalaika spielen, mit der Balalaika spielen
Balalaika 24.1, 26.9
mit der Balalaika spielen
Balalaikaspieler 24.2, 25.4
Balalaikaspielerin 24.2
Balalaikazupfer 63.12
Balanitis 63.1
Balbos 48.23
Balcon de cnattre 72.15
Balderle 82.3
Baldur 51.2
Baldur drück mich, Baldurs dumme Möpse
Baldur 51.2
Pimpfonie in Baldur
Balg 1.23, 15.2, 18.3, 18.4, 80.95
Balg 80.58
den Balg gerben
Balges 1.60, 17.15
Balgtreter 80.5
Balhoche 48.8
Balken 1.73
Balkenloge 72.15
Balkenvater 48.23
Balkon 1.58, 41.3, 70.5
Balkon 37.4
den Balkon aushobeln
Balkonbauer 61.1
Balkonfahrt 37.3
Balkonfresse 1.47
Balkongeländer 59.30
Balkonstütze 59.30
Ball 62.5
Ball-Handtäschchen
Ball 53.6
Ball mit Damenwahl
Balladenweib 54.8
Ballast 8.8, 8.21
Bälle 25.2
jemandem die Bälle servieren
Ballen 1.54, 1.58, 45.1, 70.5
ballen 24.1
die Faust in der Tasche ballen
Ballerbüchse 18.15
Ballett 54.9
Ballettkalb 54.9
Ballettratte 54.9
Ballmüttergalerie 53.6
Ballon 1.32, 1.40, 1.58
Ballon 22.7
einen roten Ballon kriegen
Ballon 64.1, 64.10
undichter Ballon
Ballonfahrer 47.4
Ballonflicker 64.4
Ballonforscher 64.4
Ballonforschung 64.5
Ballonführer 64.4
Ballonkutscher 64.4
Ballonleck 64.1
Ballonlenker 64.4
Ballonmütze 59.7
Ballonnase 1.40
Ballons 1.58, 70.5
Ballonsteuermann 64.4
Ballop 17.3
Ballspieß 48.23
Balustrade 1.58, 70.5
Balustrade 37.4
auf der Balustrade schaukeln
balzen 9.13, 12.22
balzen 12.12
mit den Augen balzen
Balzgerät 46.4, 53.14
Bambina 18.8
Bambino 18.9
Bambino 17.8
einer einen Bambino stricken
bamen 50.16
Bammel 4.19
hat einen Bammel
bammeln 26.25
Bamsen 18.5
bamsen 80.58
bamstig 64.19
bamstige Nudel
Ban 2.2
Banane 1.40, 1.73, 24.5, 29.10, 30.5, 36.12, 55
Banane 36.4
an der Banane knabbern
Banane 36.4
an der Banane lutschen
Banane 24.1, 25.1
die Banane pellen
Banane 57
elektrische Banane
Banane 7.8
sich dem Wettlauf um die Banane anschließen
Banane 1.73, 36.12, 64.19
weiche Banane
Banane 7, 7.7
Wettlauf um die Banane
Bananen 1.86
Bananen 36.4
Bananen essen
Bananenbezüge 59.38
Bananenlecken 36.1
Bananenlecker 29.3, 36.2
Bananenleckerin 36.3
Bananenmasseur 25.7
Bananenpaste 57
Bananenpeller 24.3, 25.4, 25.7, 29.9, 48.4
Bananenpellerin 48.2
Bananenpellerine 25.3
Bananensaft 1.78, 36.12, 78.3
Bananensaft 36.4
jemandem Bananensaft füttern
Bananenschale 1.75
Bananenschalen 59.38
Bananenschleck 29.3, 36.3, 36.11
Bananenschlecker 29.9, 48.4
Bananenschlucker 29.9, 36.2, 36.11, 48.4
Bananenschluckerin 36.3
Bananenstaude 1.73
Bande 80.3, 80.86
Bande 13
feste Bande
Bande 29.2
schwule Bande
Bande 13.1
zarte Bande knüpfen
Bandel 64.24

am Bandel hängen
Bändel 64.24
jemanden ans Bändel binden
Banderl 13, 14.36, 58.4
bändigen 80.10
bändigen 80.11
sich bändigen lassen
Bandl 80.86
Bandwurm 46.1
Bandwurmbändiger 51.3
Bandwurmhusar 51.3
baneln 80.38
Banfeige 1.66
Banfeigen 1.67
Banfutteral 1.66, 59.35
bang 4.21, 64.13
banger Zibbel
Bangbüchse 1.10, 4.20, 64.13
Bangbüxe 4.21, 64.13
Bangdose 4.20, 64.13
Bank 48.35
Bank 80.58
auf die Bank schnallen
Bank 31.4
durch die Bank gehen
Bankanett 80.40, 80.48
Bankangestellte 45
Bankarbeit 48
Bankert 15.2, 18.3
Bankert 48.3
hausbackener Bankert
Bankertflicker 18.20
Bankfleisch 14.15, 27.3, 39.4, 48.2
Bankfleischstraße 48
Bankiere 45
Bankkonto 13.9, 14.32, 48.35, 58
Bankkonto 58.5
Bankkonto am Arm
Bankkonto 14.25, 14.36, 58.4
Bankkonto am Finger
Bankkonto 58.8
Bankkonto am Ohr
Bankkonto 14.67
Bankkonto auf Beinen
Bankkonto 14.56
Bankkonto des Ehemanns
Bankkonto 13.12, 20.11
Bankkonto mit Busen, Bankkonto mit Loch
Bankkonto 20.12
Bankkonto mit Ohren, Bankkonto mit Schwanz
Bankverkehr 26, 41.24
Bappe 17.3
Bar 18.9, 55.11
Bär 48.8
Bär 1.9
Bär von Mann
Bär 41.7
schlafen wie ein Bär
Barach 63.1
Barachschaber 16.9
Barbale 82.3
Barber 27.3, 39.5
Barbere 39.4
Barbier 1.29, 61.4
barbieren 13.11
die Hampelmänner barbieren
Barbiturat 57
Barchent 48.33
Bardame 55.10
Bardamen 53.3, 55.11
Turnstuhl für Gymnastik mit Bardamen
Bardot 1.42
Bare 2.5a
Bärenarsch 55
Bärenbraten 52.4
Bärenführer 48.22, 53.8
Bärenhaut 41.6
auf der Bärenhaut liegen
Bärenhoden 52.3
Bärenklauen 1.54
Bärenscheiße 55
Bärenstecher 72.24
Bärentreiber 48.21
Bärentreiberei 48.20
Barfliege 4.25, 48.2
barfuß 59
barfuß bis zum Bauchnabel gehen
barfuß 26.12, 59.10
barfuß bis zum Hals
barfuß 16.2
barfuß fahren
barfuß 59.40
barfuß gehen
bargeldlos 48.9
bargeldloser Einkauf
Barhocker 4.25, 48.2, 53.3, 55.10, 55.11
bari 17.10
Barjonios 48.2
Barkochbar 55.11
Bärlapp 16.1, 52.2
barmherzig 48.2
barmherzige Sau, barmherzige Schwester
Barmieze 48.2, 55.10
Bärmutter 17.22
Barnutte 55.10
Barockmöbel 41.4
Baron 13.6, 41.13
baronisieren 13.13
Barputz 61.4
Barra 1.29
Barrach 70.1
Barras-Botten 59.40
Barras-Kaftan 59.9
Bärsch 48.21
Barsel 80.86
Barsel 80.84
an die Barsel legen
Barseler 80.87
barseln 80.84
Barsirene 48.2, 55.10
Bart 1.48, 1.65, 1.66
Bart 64.21
der Bart ist ab
Bart 39.3
sein Bart hat schon Dauerwellen
Bart 12.19
um den Bart gehen
Bartheke 53.3, 55.11
Barthel 21.4, 22.3
wissen wo Barthel den Most holt
Barthobel 61.4
Barthobel 61.4
Barthobel mit Stecker
Barthobler 61.4
Bartholomäuskind 15.2
Bärtiger 1.48
Bartkrätze 4.17, 8.8, 14.18, 14.48, 14.50, 70.1
Bartmann 34.4
Bartsäge 61.4
Bartschinder 61.4
Bartschneider 61.4
Bartstoppeln 1.48
Bartstutzer 61.4
Bartwisch 1.65, 9.5, 14.48, 36.2, 36.3, 49.7, 64.24
Base 2.2a, 40.3, 48.24
Basilienkraut 52.2, 52.8
Basiliskenauge 1.36
Baskenmütze 59.7
Basmeichel 1.66, 2.2a, 48.2
Basmeloches 48.2
Bass 18.8
Bassermann 48.2
Bassermannsche Gestalten
Baßgeige 6.5, 14.50, 30.2
Baßschlüssel 1.73, 54.8
Bastard 15.2
Basteikneipe 48.32
basteln 12.35, 26.25
basteln 12.38
basteln können
Bastelraum 41.3
Bastelwiese 14.42, 41.5
Bastler 12.37
Batschen 17.15
Batterie 1.33, 1.35, 1.44, 1.63, 1.66, 2.2
Batterie 8.9, 27.3, 39.12, 64.21
ausgebrannte Batterie
Batterie 26.25
die Batterie aufladen
Batterie 26.25
die Batterie unter Strom stellen
Batterie 80.59
eine vor die Batterie kriegen
Batterie 26.25
in die Batterie schleimen
Batterie 8.2
meine Batterie
Batterie 8.9
tote Batterie
Batterieausfall 64.1
Batteriefabrik 63.14
Batteriehenne 48.2
Batterieinspekteur 64.4
Batterieinspektion 48.10
Batterieinspektor 48.10, 63.12
Batterielöter 64.4
Batteriereparaturwerkstatt 64.3

batterisch 17.10
battes 17.10
Battum 80.62
Batzen 1.78
Batzen 1.59
angegeigter Batzen
Bau 1.2, 41.2, 41.3
Bau 1.4
krummer Bau
Bau 1.3
solider Bau
Bau 48
vom Bau
Bauch 1.60, 1.66, 54.8
Bauch 12.17
ein Kind in den Bauch reden
Bauch 49.6, 50.6
frommer Bauch
Bauch 72.10
Frosch im Bauch
Bauch 72.7
Korken im Bauch
Bauch 5.1
schlauer Bauch
Bauch 48.5
sich die Füße in den Bauch stehen
Bauch 17.9
sich einen Bauch zulegen
Bauch 17.11
sie hat sich einen Bauch zugelegt
Bauchbinde 23.7, 59.34, 70.2
Bauchbruder 48.4
Bauchfell 1.60
Bauchfleck 1.66
Bauchfreund 48.4
Bauchfreundin 26.1, 48.2
bauchhutschen 26.25
Bauchhutscher 26.27
bauchlackieren 16.3
Bauchladen 48.2
bäuchlings 80.9
Bauchnabel 1.60
Bauchnabel 59
barfuß bis zum Bauchnabel gehen
Bauchnabel 26.13
den Bauchnabel als Brosche tragen
Bauchnabel 59.10
sie trägt den Bauchnabel als Brosche
bauchpinseln 12.19
Bauchrutsch 80.3
bauchrutschen 26.25
Bauchrutscher 26.27
Bauchschaukel 54.9
Bauchschwager 8.27, 14.67, 26.2, 31.2
Bauchschwägerin 8.14, 14.66, 31.1
Bauchschwarte 1.60
Bauchschwester 26.1, 48.2
Bauchspritze 16.3
Bauchspritzer 1.78, 16.3, 25.8
Bauchstiel 17.15
Bauchstimme 46.1
Bauchtanz 54.9
bauchtanzen 26.31
Bauchtänzerin 54.9
Bauchtasche 1.66
Bauchwärmer 1.73, 2.2, 2.5, 48.2, 48.4
Baude 53.4, 55.11
bauen 32.2
auf eigener Scholle bauen, seinen eigenen Kohl bauen
bauen 41
ein eigenes Haus bauen
bauen 11.4, 14.13, 63.4
einen Otto bauen
bauen 63.4
einen Türken bauen
bauen 12.15, 13.1
eine Nummer bauen
bauen 41
Hütten bauen
bauen 26.25
Männchen (eine Nummer, eine Tour) bauen
bauen 35.22
Scheiße bauen
Bauer 35.22, 44.1, 80.91
Bauer 36.4
den kalten Bauern aufwärmen
Bauer 16.3, 64.17, 64.23
kalter Bauer
Bäuerin 44.2
Bauernarsch 35.22, 51.3, 55
kalter Bauernarsch
Bauernbraut 48.2
Bauernfänger 25.8, 59.22
Bauernflöte 44.1, 54.8
Bauerngans 44.2
Bauernkind 18.4
Bauernmädchen 44.2
Bauernolympiade 48.34
Bauernpenis 44.1
Bauernschönheit 44.2
Bauernschreck 6.5, 14.50, 48.2
Bauernschwager 14.54
Bauernschwägerin 14.54
Bauerntrampel 44.2
Bauerntrina 44.2
Bauerntruhe 1.66
baufällig 39.10
baufällig 41.1
baufälliges Haus
Bauhaus 48.25
Bauhof 48.25
Baujahr 17.16
Baujahr 48.2
Wagen mit frühem Baujahr
Baum 2.5
Baum 1.73, 22, 29.10, 36.12
Baum der Erkenntnis
Baum 1.63, 2.1
Baum und Borke
Baum 40
der Apfel fällt nicht weit vom Baum
Baum 26.23
Der Saft steigt ihm in den Baum.
Baum 64.13
hinter jedem Baum einen Schnallentrecker vermuten
Baum 1.9
Kerl wie ein Baum
Baum 22.15, 29.10, 36.4
vom Baum der Erkenntnis essen
Baum 65.5
zwischen Baum und Borke
Baumeister 1.73
Baumholder 48
Baumschlag 54.2
Baumstütze 64.19
Baumwachs 80.61
Baumwollstrickhemd 59.17
quergestreiftes Baumwollstrickhemd
Baumwollust 4.4, 64.23
Baunzerl 1.66, 30.8, 36.12, 55.2
Bauplatz 1.30, 1.66
Bauplatz 1.30
Bubikopf mit Bauplatz
Bauplatz 23.3
versperrter Bauplatz
Bausen 80.15
bausparen 41
Baustelle 1.30
Bauxerl 2.2, 18.3
Bauzmiete 14.1, 48.9
Bauzmiete 13.7
Bauzmiete zahlen
Bauzucht 44
Ackervieh und Bauzucht
bayerisch 53.8, 53.19
bayerische Reeperbahn
bayerisch 53.8, 53.17
bayerisches Meer
Bazi 8.15
Bazillensammler 63.12
BB 59.40
B.D.M. 51.2
B.D.M.-Straße 51.2, 53.14
Beamter 35.22
Beamter 41.7
arbeiten wie ein Beamter
bearbeiten 42, 59.3, 80.20
bearbeiten 26.25, 48.16
das Sachgebiet bearbeiten
bearbeiten 80.11
sich bearbeiten lassen
Beat-Band 54.8
Beat-Sänger 54.8
Beat-Sängerin 54.8
bebriesen 26.5
Becher 1.66, 30.8, 36.12
Becher 36.8
den Becher leeren, im Becher Zerstreuung suchen, tief in den Becher schauen
Becher 30.8, 36.12

zu tief in den Becher schauen
bechern 30.4, 36.8
Becherprobe 49.19
Beck 59.40
Becken 62.2, 73.8
Xanthippes Becken
Beckenschläger 80.64
Beckerbais 63.14
Beckerkitt 63.14
Beckerwinde 63.14
Beckmesser 49.11
Bedachung 59.7
bedackeln 10.7
jemanden bedackeln
bedackelt 10.6
Bedarfskippe 8.10
Bedarfstaxi 8.23
Bedarfsvase 73.8
Beddemunt 14.1
bedeppt 4.19
Bediene 53.6, 55.9
Bediene 53.6
eine Bediene aufreißen
bedienen 26.25, 26.40, 80.20, 80.38
bedienen 35.7
das Braunkohlebergwerk bedienen, den Braunschweiger bedienen
bedienen 13.10
sich bedienen
Bediener 48.4
Bedienerin 30.2, 41.19, 48.2, 55.8
bedient 12.40, 26.42
bedientenhaft 80.9
bedingungslos 12.32
bedingungslose Kapitulation
bedrängt 73.9
Leuchtturm für bedrängte Schiffer
bedrippt 4.19
Bedürfnis 14.68
Bedürfnis nach dem abwesenden Ehepartner
Bedürfnisanstalt 29.10, 35.9
Bedürfniskiosk 72.12
Beele 18.2
Beelzebub 50.11
beenden 13.3
ein Verhältnis beenden
beendet 13.4
beendetes Verhältnis
Beene 46.1
ihr Maul läuft schneller wie die Beene
Beene 5
mehr Schmalz zwischen die Ohren als zwischen die Beene
Beeneken 1.86
Gebrüder Beeneken
Beerdigung 11.7
die Beerdigung übersehen
Beete 72.6
er scheißt sich über sieben Beete
befallen 17.10
mit Appetit befallen
Befehle 80.11
Befehle ausführen
befeseln 72.26
sich befeseln
befesseln 35.7
sich befesseln
Beff 1.66, 2.2a
Beffchen 1.67, 59.21
Beffchen 77
gelbe Beffchen
Beffzen 1.67
Befickengeld 45.1
befingern 25.1
befleckt 63.2
befleckte Empfängnis
befooscht 80.19
Befreier 14.71, 47.32
befreit 8.9, 8.22, 14.72, 14.73, 14.74, 14.75
befreites Gebiet
Befreiungshalle 72.12
Befreiungshonorar 16.10
Befreiungskrieger 14.71, 47.32
befreundet 8.1
befriedigen 26.40
befriedigen 24.1
sich selbst befriedigen
befriedigen 24.2
sich selbst befriedigende Frau
befriedigen 24.3
sich selbst befriedigender Mann
befriedigend 26.41
befriedigt 26.42
befriedigt 14.46
befriedigte Ehefrau
befriedigt 26.43
befriedigte Frau
befriedigt 73
durch Urinieren befriedigt
Befriedigung 26.44
befriedricht 26.42
Befruchtung 17.6
künstliche Befruchtung
befummeln 25.1, 26.5, 42, 59.3
befummeln 35.12
die Bubifurkation befummeln
Begatterich 14.49
begeben 26.17
sich auf horizontale Kampfebene begeben
begegnen 72.6
ihm ist etwas Menschliches begegnet
begeilen 3.8
Begeisterungsknöpfchen 1.58, 1.68
Begeisterungsknüppel 1.73
Begeisterungssaft 1.70, 1.78, 30.8, 36.12, 78.3
Begeisterungssaft 36.4, 36.8
jemandem Begeisterungssaft füttern
Begerer 63.12
begießen 26.25
begießen 35.7
den Arsch begießen
begießen 35.7
den Kürbis begießen
begießen 35.7
den Pudding begießen
begießen 35.18
die Afterrose begießen
begießen 26.25, 35.7
die Blume begießen
begießen 35.7
die Butten begießen
begießen 26.25
die Genußwurzel, das Liebstöckl, die Nase, die Passionsblume, die Pflaume, die Wunderblume, die Wurliblume, die Zwetschken begießen
begießen 35.7
die Glumsen begießen, die Rosen begießen, den Saftarsch begießen, den Wackelpudding begießen
begießen 41
die Wände begießen
Begleiter 8.20, 9.9, 14.24
Begleiter 8.20, 9.9, 14.67
ständiger Begleiter
Begleiterin 8.7, 14.23, 14.48
Begleiterin 8.7
ständige Begleiterin
Begleiterscheinung 8.23
begraben 11.11, 14.58, 26.25
das Kriegsbeil begraben
Begräbnis 11.7
das Begräbnis verquatschen
Begräbnisanstalt 14.34
Begräbnisanstalt für Doppelsärge
Begräbnishut 59.7
begreifen 5.4
begreifen 35.22
etwas begreifen
Begrüßaugust 41.20
Begucke 14.5
behaart 1.86
behaarte Männerbeine
behalten 26.20
den Kopf oben behalten
Behälter 59.30, 59.31, 59.34
Behälter 14.56
Behälter für Schmu-Geld
behammeln 71.4
sich behammeln
behandeln 80.10
schonungslos behandeln, verfahren, vorgehen
behändigen 12.23, 14.32
Behandlungskammer 63.14
Behang 1.39, 59, 70.9
Beharrungsvermögen 10
Behauptung 1.26, 59.7

Behauptung 1.31
falsche Behauptung
Behauptung 1.30
mangelnde Behauptung
Behelfsbluse 8.10
Behelfsknilch 8.23
beherrschen 14.52
den Ehemann beherrschen
beherrscht 14.51
von seiner Frau beherrschter Ehemann
behexen 12.6
behexen 9.12
jemanden behexen
behumpsen 10.7
jemanden behumpsen
behumpst 10.6
beibiegen 20.8
beibiegen 7.6, 12.28
sich eine beibiegen
beibiegen 7.9
sich einen beibiegen
beibiegen 7.3
sich was Menschliches beibiegen
beibringen 21.1
beibringen 17.8
einer eins beibringen
beibringen 80.10
es einem beibringen, einem die Flötentöne beibringen
beibringen 80.11
sich die Flötentöne beibringen lassen, sich Disziplin beibringen lassen, sich Gehorsam beibringen lassen
Beichtmutter 8.3
Beichtstuhl 50.5, 64.8
Beichtvater 8.16, 50.6
beidarmig 65.2
beide 16.11
beide Köpfe ab
beieinander 1.58
gut beieinander
beieinander 38.2
sie hat alles gut beieinander
Beifrau 17.18
beigeben 64.19
klein beigeben
Beihilfe 26.44
masturbatorische Beihilfe beim Koitus
Beil 1.73, 80.55, 80.95
Beilager 14.43
Beilager 14.29, 52
keusches Beilager
Beilager 14.41
öffentliches Beilager
Bein 2.2a, 48.2
Bein 10.1
anhänglich wie ein Klotz am Bein
Bein 52.9
ans Bein binden
Bein 26.25
auf dem dritten Bein stehen
Bein 18.16, 53.5
Bein über Bein
Bein 1.73
das dritte Bein
Bein 80.13
durch Mark und Bein gehen
Bein 59.7
Hühnerhof auf Beinen
Bein 3.6
ihm geht's durch Mark und Bein
Bein 8.21, 14.48, 15.2
Klotz am Bein
Bein 1.63, 1.78, 2
Mark und Bein
Bein 5
mehr Schmalz zwischen die Ohren als zwischen die Beene
Bein 15.5
sich einen Klotz ans Bein binden
Bein 26.30
sich einen Knoten ins Bein machen
Bein 25.8, 63.2
steter Tropfen höhlt das Bein
Beindekolleté 59, 59.25, 59.26
Beindl 2.2, 48.2
Beine 1.86, 72.26
Beine 14.67
Bankkonto auf Beinen
Beine 1.86
dem haben sie die Beine falsch rum eingeschraubt
Beine 1.86
dicke Beine
Beine 1.86
dünne Beine
Beine 26.25
einer Frau den Knüppel zwischen die Beine werfen
Beine 1.86
er hat seine Beine über der Regentonne getrocknet
Beine 35.20, 36.11, 48.4
Klistier auf Beinen
Beine 35.16
Klistier mit Beinen
Beine 26.22
Kopf hoch, kleiner Mann, wir werden dich schon auf die Beine kriegen!
Beine 1.86
krumme Beine
Beine 1.86
kurze Beine
Beine 1.86
lange Beine
Beine 23
Nasenbluten zwischen den Beinen
Beine 23.1
Nasenbluten zwischen den Beinen haben
Beine 1.86
O-Beine
Beine 20.12
Portemonnaie auf Beinen
Beine 14.49
Portemonnaie mit Beinen
Beine 1.86
verliebte Beine, verwunderte Beine
Beine 1.86
X-Beine
Beinfinsternis 59.38
Beinfleisch 59
Beinfutteral 59.26, 59.35
Beingehäuse 59.26
Beinkleid 59.26
Beinl 2.2a
Beinling 1.44, 59.26
Beinlinge 59.38
Beinmanschetten 59.39
Beinschrauben 80.70
Beinschrauben 80.69
Beinschrauben anlegen
Beinstock 80.70
Beinstock 80.69
den Beinstock zudrehen
Beinvater 48.23
Beischlaf 26.27
Beischlaf 54.3
Beischlaf mit einem Fotografen
Beischlaf 16
Beischlaf mit Verhütungsmittel
Beischlaf 14.58
den ehelichen Beischlaf verweigern
Beischlaf 14.55
der eheliche Beischlaf der Eltern
Beischlafbredouillen 64.23
Beischlafdieb 47.3
Beischlafdiebin 47.3
Beischlafdiebstahl 47.3
Beischläfer 26.1, 26.2, 41.5
Beischläfer 15
Einrede mehrerer Beischläfer
Beischläferin 26.1
Beischlafmöbel 14.42, 41.5
Beischlaf-Utensilienkoffer 60.6
Beischlafverweigerung 14.58
Beischlafverweigerung beim Ehekrach
Beisel 48.32, 55.11
Beiß 48.25, 53.4
beißen 80.71
beißen 36.12
auf Eisen beißen
beißen 11.4, 48.5
auf Granit beißen
beißen 17.11
der Storch hat sie ins Bein gebissen
beißen 14.38
in den sauren Apfel

beißen
beißen 36.8
sich auf die Lippen beißen
beißen 36.4
sich in den Schwanz beißen
beißen 1.42
sie kann sich ins Ohrläppchen beißen
Beißer 1.44, 48.21
Beißerchen 1.44
Beißgrün 80.62
Beißkorb 59.7, 80.76
Beißum 1.44
Beißzange 1.66, 4.17, 6.17, 11.12, 14.50, 64.23
Beistieberin 44.2
Beistrich 1.12
Beiwagen 8.7, 8.20, 9.9, 14.23, 14.24, 14.48, 14.49, 14.67, 46.4, 53.15
Beiwagen 53.15
Motorrad mit Beiwagen
Beiweib 17.18
Beiwohnung 26.27
Beiz 55.11
Beize 1.78
Beize 47.40
in die Beize nehmen
bejahrt 13.12
bejahrte Gönnerin
Bekanntschaft 7.10
Bekanntschaftsvermittler 48.21
Bekanntschaftsvermittlung 48.20
bekehrt 48.2
bekehrte Buhlerin
Bekehrungsanstalt 20.1
bekibbichen 25.1
bekibbichen 35.12
das Poportal bekibbichen
bekibbischen 26.9
bekibbischen 24.1
sich bekibbischen
Bekieke 14.5
bekleckern 62.9
bekleckst 80.19
bekleidet 26.12
nur mit ihrer Unschuld bekleidet
Bekleidungsgeschäft 59.3
Bekleidungsstrand 53.17
beknien 26.25
bekommen 36.8
eine auf den Mund bekommen
bekommen 26.19
eine ellenlange Nase bekommen
bekommen 17.9
einen Stich bekommen
bekommen 26.40
eine vor die Nase gesetzt bekommen
bekommen 21.3
er bekommt Wind
bekommen 26.4
Hast du wenigstens deine Spesen bekommen?
bekommen 17.11
sie bekommt ein Baby
bekommen 17.11
sie bekommt ein Kind
bekommen 26.36
wieder Luft (Puste) bekommen
bekreuzigen 61
sich bekreuzigen
belabern 17.8, 26.25
belabert 17.10
belachen 80.58
belämmern 26.25
belastet 40
erblich belastet, mit Gepäck belastet, mit Anhang belastet
Belauf 48
belaxeln 26.25
beleben 36.4
den toten Landwirt beleben
belegen 12.26
eine belegen
belegen 12.4
eine Schnalle belegen
belegen 41
mit Beschlag belegen
belegt 8.12, 8.25, 14.22
belegt 14.23
belegte Koje, belegte Schrippe, belegte Semmel, belegte Stulle, belegte Zunge, belegter Platz, belegtes Bett, belegtes Brötchen
belegt 8.25, 14.24
belegter Platz, belegtes Bett, belegtes Brot
belegt 55
belegtes Brot
belegt 2.2
belegtes Brötchen
belegt 14.62
belegte Schrippe, belegte Zunge, belegter Platz, belegtes Bett, belegtes Brötchen
belegt 8.12
belegte Schrippe (Semmel, Stulle, Zunge, Platz, Bett, Brötchen)
belegt 8.12, 8.25
mit Beschlag belegt
belehren 35.22
beleimsen 80.38
Belemnit 17.22
Belieben 7
belinsen 12.10, 68.3
Bellamunts 1.63
Bellel 1.49
bellen 34.3
mit dem Schwanz bellen
Beller 1.42
Belmont 2.1
Belmont und Konstanz
Belmonte 1.73
Belmonte 1.63
Belmonte und Konstanz
bemachen 35.7
sich bemachen
bemalt 48.2
bemalter Wegweiser
bematschen 62.9
bematscht 12.40
bemeiseln 26.25
bemeistern 80.10
bemeistern 80.11
sich bemeistern lassen
Bemmerl 35.4, 72.4
Bemmerlgier 76
Bemmerlschlecker 76.1
bemoost 39.1
bemoost 39.5
bemoostes Haupt
bemschen 80.38
Benehme 47.42
Benehmige 20.1
Benehmigte 47.42
Beng 50.11
Bengel 1.73, 18.4, 19.4, 28.4, 28.9, 80.62
Benhanide 15.2
Benimmbuch 20.7
Benimmfibel 20.7
Benimmknigge 20.7
Benimmpenne 47.42
Benimmschleifwerk 47.42
Benjamin 18.4
Benn 18.9
Benni 57
benützen 26.25
benutzen 36.4
den Lippenstift benutzen, den Zahnstocher benutzen
Benutzung 57.2
Benutzung von Drogen
Benz 80.57, 80.83
Benzedrin 57
Benzin 57
Benzinarbeit 48
Benzinfose 46.4
Benzinfotze 46.4, 48.2, 53.14
Benzingewerbe 48
Benzinhäschen 46.4, 53.14
Benzinhotel 48
Benzinnutte 48.2
Benzinstute 46.4, 48.2, 53.14
Benzinwürstchen 46.4, 53.14
Benzinwürstl 48.2
Benzolring 14.25, 14.36, 58.4
Benzolschlips 58.6
beredt 1.45, 35.19, 36.10
beredte Zunge
bereichern 72.5
die Geographie, die Landschaft bereichern, die Natur bereichern
bereift 39.1
mit bereiften Locken
bereiten 26.25
bereiten 37.4
das Vorgebirge bereiten

Berg 1.83, 53.18
Berg 12.41
wie der Ochse vorm Berg stehen
Berge 1.58, 1.85, 31.5, 48.25, 54.5, 67.5, 68.4, 70.4
goldene Berge
Bergegeld 13.8
Bergegeld zahlen
bergen 26.25
den Wempling bergen
Bergfex 12.2
Berggeist 82.3
Bergkönig 82.5
Bergmännchen 82.8
Bergsteigen 53.18
Bergsteigerin 53.18
Bergsteigerkleidung 53.18
Bergstock 53.18
Berg-und-Tal-Bahn fahren 37.4
Bergwerk 1.85, 29.10, 35.10
Bergwerk 35.7
das Bergwerk anzapfen (ausloten, erkunden)
Bergwerk 35.9, 48.5
das Bergwerk auswerten
Bergwerk 35.12
im Bergwerk buddeln (krabbeln)
Bergziege 44.2, 53.18, 53.19
Beritt 48.2
Berlin 8.9, 8.22
Koffer in Berlin
Berliner 1.58, 70.5
Berliner 57
Berliner Joint
berückend 6.16
Berufsbekanntschaft 7.10
Berufsflittchen 48.2
Berufskleidung 26.11
horizontalgewerbliche Berufskleidung
Berufskluft 26.10
sich in horizontale Berufskluft schmeißen
Beruhigungsmittel 26.44
berühren 25.1
berühren 26.8
die Brüste berühren
berühren 26.9
die Genitalien berühren
Berührung 26.7
Berührungspunkt 26.7
Berührungspunkte 26, 26.5
Berührungspunkte haben
berunten 35.7, 72.26
sich berunten
Berzel 1.73
Berzerl 18.3
besabbern 62.9
besauen 62.9
beschälen 17.8, 26.25
beschält 17.10
beschatten 26.25
beschattet 80.59
vom Heiligen Geist beschattet werden
Beschau 14.5, 14.32
bescheißen 35.22
bescheißen 10.7
jemanden bescheißen
Bescheißer 35.22
bescheuert 12.40
Beschiß 35.22
beschissen 10.6, 35.22
beschlabbern 62.9
beschlackern 62.9
beschlafen 17.8
beschlafen 14.29, 52
beschlafen auf Treu und Glauben
beschlafen 26.17
die Sache gemeinsam beschlafen
Beschlag 41
mit Beschlag belegen
Beschlag 8.12, 8.25
mit Beschlag belegt
beschlagen 17.8, 17.10, 26.25
Beschlagen 14.41
das Beschlagen der Brautleute
beschlagen 1.73
er ist beschlagen
Beschleunigung 72.6
beschmuddeln 62.9
beschmusen 12.19
beschmutzen 62.9
beschmutzen 71.4
sich beschmutzen
Beschmutzung 62.8
beschnarchen 26.17
die Sache gemeinsam beschnarchen
beschnarchen 26.25
gemeinsam beschnarchen
beschneiden 1.75
Beschneidung 63.11
beschnitten 1.75
beschnitten 59.15
beschnittenes Jankerl
beschnitten 1.75
beschnittenes Praeputium
beschränkt 63.12
Mordgesellschaft mit beschränkter Haftung
beschränkt 63.12
Mediziner mit beschränkter Haftung
Beschreiten 14.41
das Beschreiten der Braut
beseibern 62.9
beseitigen 64.17
die Zollschranken beseitigen
Besen 1.73, 2.2, 14.48, 14.50, 41.19, 48.2, 62.2
Besen 26.25
auf den Besen laden
Besen 1.14
ausgedrückter Besen
Besen 29.6, 35.7
einen auf den Besen laden
Besengarde 41.19
besengt 4.6
besengter Ofen
Besenreiterin 82.1
Besenritt 26.27, 50.13
Besenstiel 1.73, 29.10
Besenstiel 29.10
den Besenstiel verschlucken
Besenstiel 36.4
einen Besenstiel verschlucken
Besenzirkus 47.41, 48.12
Beserl 1.29, 2.2, 48.2
besetzen 41
besetzen 12.26
eine besetzen
besetzt 8.12, 8.25, 14.22
besetzt 8.12, 14.23, 14.62
besetzte Nummer, besetzter Parkplatz, besetztes Gebiet
besetzt 8.25, 14.24
besetzter Parkplatz, besetzter Platz, besetztes Gebiet
besichtigen 41.10
das Außenleben besichtigen
besichtigen 41.7
das Innenleben besichtigen
besichtigen 72.5
die Hinterreifen besichtigen
Besinnagoge 64.8
Besitz 8.13
in den unbewachten Besitz einbrechen
Besitz 8.11, 8.13, 8.24, 8.26, 14.68
unbewachter Besitz
Beskarg 48.25
Beskis 72.12
besoffen 59.33
besoffene Pelle
besonders 23.1
besonders sein
besorgen 73.5
sein kleines Geschäft besorgen
bespringen 17.8, 26.25
bespritzt 80.19
besser 8.2, 8.15, 14.48, 14.49
meine bessere Hälfte, meine besseren fünfzig Prozent
Besserungsanstalt 63.14, 80.91
beste 38
die besten Jahre, der beste Saft, das beste Alter
beste 38.3
Frau in den besten Jahren
beste 38.2

in den besten Jahren, im besten Alter, im besten Saft
beste 38.4
Mann in den besten Jahren
besteigen 26.25
bestellen 26.25
bestellen 14.33
das Aufgebot bestellen
bestellen 17.11
sie hat sich was bestellt
Bestemm 1.73
Bestemutter 14.54
Bestervater 14.54
Bestofel 48.25
bestrafen 80.10
bestrafen 80.11
sich bestrafen lassen
bestrickend 6.16
bestückt 1.58, 45.5
Besuch 23, 71.3
Besuch 23.1
Besuch haben
Besuch 80.59
Besuch vom Heiligen Geist kriegen
Besuch 23.2
die Kathi (die Marie, die Minna, die Resitante, die Tante, die Tante aus Rothensiedel) ist zu Besuch
besuchen 35.7
das Lustspielhaus besuchen
besuchen 80.59
den Heiligen Geist besuchen
besuchen 26
jemanden auf einen Sprung besuchen
Besuchshandtuch 23.7, 70.2
Besuchsritze 14.42, 41.5
Besuchsverbot 20.13
Besula 2.2, 22.10
bet 45.6
betatschen 26.5
betatzen 26.5
Betäubungsmittel 26.44
beteiligen 7.8
sich am Kampf ums Bubespitzle beteiligen
beteiligen 13.10
sich an der Vermögensbildung beteiligen
Beten 80.86
beten 17.20
aus dem Kindbett (aus dem Wochenbett) beten
beten 80.84
Rosenkranz beten
Bethlehem 41.5
Bethlehem 41.9
aus Bethlehem holen
Bethlehem 41.8
aus Bethlehem zurückkommen
Bethlehem 26.25
nach Bethlehem fahren
Bethlehem 26.17
nach Bethlehem gehen
Bethlehem 41.6
nach Bethlehem ziehen
Betoneinlage 59.20
Eisenbinder mit Betoneinlage
Betonfliege 59.20
Betonklotz 10.2
auf jemandem stehen wie auf einem Betonklotz
Betonmixer 60.7
Betonscheißer 35.22, 43
Betonschlips 59.20
Betonstampfer 1.86, 59.40
betören 9.12, 12.6
betören 9.12
jemanden betören
betrachten 41.7
sich von innen betrachten
betreiben 13.2
ein Verhältnis betreiben
betreiben 12.13
Fußfunk betreiben
betreiben 32.2
Inzest betreiben
betreiben 62.5
private FKK betreiben
Betrieb 22.14
den Betrieb aufmachen
Betrieb 26.25
den Betrieb aufschließen
Betrieb 22.14
den Betrieb eröffnen
Betrieb 48.35
die Seele des Betriebs
Betrieb 10
Einmann-Betrieb
Betrieb 22.18
eröffneter Betrieb, geöffneter Betrieb, offener Betrieb
Betrieb 55.11, 62.5
nasser Betrieb
Betrieb 24
selbständiger Betrieb
Betriebskapital 45.1
Betriebskurven 1.37
Betriebsrat 48.21
Betriebsstoff 45.1
Betriebsunfall 15, 15.2
betrogen 10.6
betrogen 14.61
betrogener Ehemann
betruddeln 62.9
Betrug 35.22
betrügen 35.22
betrügen 35.22
den Arsch betrügen
betrügen 14.59
den Ehegatten betrügen
betrügen 10.7
jemanden betrügen
Betrüger 35.22
Betrunkener 55
Betschemel 47.40, 48.10
Betschwester 14.15, 39.4, 50.9
Betstuhl 26.30
auf dem Betstuhl
Betstunde 26.27
Betstunde 26.27
Betstunde haben
Bett 25.8, 35.22, 41.5, 48.25, 54.5
Bett 8.12, 8.25, 14.23, 14.24, 14.62
belegtes Bett
Bett 48
Bett auf Rädern
Bett 41.5, 53.16
Bett im Sack
Bett 61
das Bett einbuttern
Bett 14.59
die Füße (die Pantoffeln, die Schuhe) unter ein fremdes Bett stellen
Bett 41.5
enges Bett
Bett 14.32
gemachtes Bett
Bett 80.40
mit Nägeln bestücktes Bett
Bett 41.7
nicht aus dem Bett finden
Bett 10.7
seine Pantoffeln unter ein fremdes Bett stellen
Bett 14.69
Trennung von Tisch und Bett
Bett 26.17, 41.6
zu Bett gehen
Bettballett 26.27
Bettballett 26.25
ein Bettballett aufführen
Bettbrettl 1.58, 70.5
Bettdecke 41.5
Bettelherr 48.10
Bettelnacht 14.29, 52
Bettelstab 80.62
betten 26.30
sich im Hauseingang betten
betten 13.10
sich weich betten
betten 13.7
weich betten
Bettenbohrer 59.40, 70.6
Bettenhausen 41.9
aus Bettenhausen holen
Bettenhausen 26.17
nach Bettenhausen gehen
Bettenhausen 41.6
nach Bettenhausen ziehen
Bettenhausen 41.8
aus Bettenhausen zurückkommen
Bettfalter 41.20
Bettfedern 41.5
Bettflasche 26.1, 41.5
Bettflundern 71.3
Bettfrau 41.12

bettfreien 14.29, 52
Bettgäßchen 41.5
Bettgeher 4.26, 13.6, 26.2
41.13
Bettgenosse 14.67, 17.7,
26.2, 41.14
Bettgenossin 26.1, 41.14
Betthäschen 4.12
Betthase 4.12, 26.1
Betthasen 71.3
Betthexe 48.2
Betthupfer 4.26, 13.6,
26.27
Betthupfer 26.25
einen Betthupfer machen
Betthupferl 4.12
Betthut 70.7
Bettlaken 41.5
Bettlaken 14.70
das Bettlaken zerschneiden
Bettmaid 48.2
Bettnachbar 14.67, 26.2
Bettnachbarin 26.1
Bettnässen 73.11
Bettnässer 73.11
Bettnässerin 73.11
Bettpfannenhusar 51.3
Bettpfannenköchin 51.3,
63.13
Bettpfanni 51.3, 63.13
Bettschatz 26.1
Bettschoner 4.25, 26.1,
26.30
Bettschwere 3.5
Bettschwester 51.3, 63.13
Bettseicher 73.11
Bettsklave 80.7
Bettsklavin 80.6
Bettsprung 52.4
Bettstecher 59.40
Bettstimme 46.1
Bettstümperei 12.39
polizeiwidrige Bettstümperei
Bettuch 11.20, 13.3, 14.70
das Bettuch zerschneiden
Bettunterlagen 51.2
Bettunterlagen deutscher Männer
Bettvorleger 1.48, 41.5
Bettvorleger 59.7
umgepreßter Bettvorleger
Bettwanze 4.25, 48.2
Bettwanzen 71.3
Bettwärme 4
Bettwärmer 14.48, 14.49,
26.1, 26.2
Bettwärmer 14.48
Bettwärmer mit Busen
Bettwärmer 26.1
Bettwärmer mit Loch
Bettwärmer 14.49, 26.2
Bettwärmer mit Schwanz
Bettzerstörer 59.40
Bettziehe 41.5
Bettzipfel 1.73
Bettzipfel 3.6
nach dem Bettzipfel schielen
betucht 45.5
betun 35.7, 72.26
sich betun
beugen 80.10
beugen 80.11
das Knie beugen
beugen 80.11
sich beugen
beugen 80.11
sich unter das Joch beugen
beugen 29.10, 36.4
sich unter die Rute beugen
beugen 14.38
sich unters Joch beugen
Beule 17.15
Beuschel 1.66
beuschen 80.75
Beutel 1.73, 1.76, 59.10,
59.12
Beutel 26.25
den Beutel einlegen
Beutel 1.77
den Daumen auf dem Beutel halten
Beutel 24.1, 25.1
den Daumen auf den Beutel halten
Beutel 64.17
Huhn im Beutel
Beutelhasen 71.3
Beutelhose 59.34
Beutelhutsche 26
Beutelhutschen 12
Beutelmurrer 1.78
beuteln 80.58
Beutelratte 48.2
Beutelrattler 47.37, 47.39,
48.10
Beutelschleck 29.3, 36.1,
36.2, 36.3, 36.7, 36.11,
48.2
beutelschlecken 1.76, 36.4
BH 59.30
BH 59.30
Uplift-BH
Biaf 14.40
Bibber 1.58, 1.78
bibelfest 21.2
Bibelgeld 48.9
Bibelhengst 50.6
Bibelpuff 50.5
Bibelständer 50.5
Biber 1.48
Bibi 29.3, 40.7, 48.2, 59.7
biblisch 39
biblisches Alter
Bibsi 1.66, 19.9, 28.4
biderb 49.2
Bidet 62.2
Biedermann 59.16
biegen 26.25
biegen 80.11
sich biegen
Biele 19.2
Bielefelder 59.17
Biene 19.2
Biene 22.18, 47.26
angestochene Biene
Biene 8.9
ausgeflogene Biene, ausgeschwärmte Biene
Biene 25.1
die Biene melken
Biene 2.2
(dufte, flotte, kesse Biene, Arbeitsbiene)
Biene 6.2
flotte Biene
Biene 6.2
rasche Biene
Bienel 47.31
Bienenfang 7, 7.4, 14.5,
48.10
Bienenfang 7.5
auf Bienenfang gehen
Bienenhaus 20.2, 41.22,
48.25, 48.29
**Bienenkäfig 20.2, 41.22,
47.41, 47.42, 48.25,
48.29**
Bienenkorb 20.2, 30.6,
41.5, 41.22, 48.29
Bienenstich 24.5
Bienenstock 48.25, 48.29
Bienenvater 48.23
Bienerich 8.22
ausgeschwärmter Bienerich
Bier 55
Bier 22.10
abgestandenes Bier
Bier 55
Bier mit Bodensatz
Bier 55
Bier mit Schnaps
Bier 35.22, 51.3, 55
dunkles Bier
Bier 55
dünnes Bier
Bier 63
Harnröhrenreizung nach Genuß von unausgegorenem Bier
Bierarsch 1.83
Bierbauch 55
Bierdroschke 55.9
Bierfilter 1.59
Biergeld 14.56
Biergrazie 55.9
Bierhäuserlmenscher 55.9
Bierleiche 55
Biermamsell 55.9
Biermops 55.9
Biernymphe 55.9
Bierschlitten 55.9
Bierspritze 55.9
Biertripper 55.5, 63,
73.13
Bierwärmer 1.73
Bierzähler 1.49
Bierzahn 55.6, 55.9
Biesi 1.66, 19.9, 28.4
Biest 47.3, 64.17
nasses Biest
Biest 47.3
schiefes Biest
Biesterei 34, 62.8

bieten 26.40
er hat was zu bieten
Bietzchen 1.58
Bigamie 47.10
Bigamist 47.10
Bihengst 70.12
Bikini 59.43
Bikinibombe 53.17, 59.43
Bikinikleid 59.10
Bikinimädchen 59.43
Strand voller Bikinimädchen
Bikinimum 59.43
Bikinissimikleid 59.10
Bikinissimum 59.43
Bikiniweide 53.17
Bikino 53.17, 54.5, 59.43
Bild 1.83
Bild 12.19, 54.3
ein Bild entwickeln
Bild 6.1
ein Bild von
Bild 20.8, 21.1
ins Bild setzen
bilden 26.17
zwei gestreckte Winkel bilden
Bilderbuch 48
Bilderladen 1.33, 61.2
Bilderschänder 70.18, 80.93
Bildfläche 11.19. 13.3
von der Bildfläche verschwinden
bildhauen 61.9
Bildhauer 61.8
Bildschirmdame 54.4
Bildschirmgrüßerin 54.4
bildschön 1.7
bildschön ist ein Dreck dagegen
Bildzeitung 54.1
Billard 24.1
Billard spielen
billardieren 1.77, 24.1, 25.1, 26.9
Billardkugel 1.30, 25.8
Billardkugeln 1.77
Billardqueue 1.73, 25.8
Billardspieler 24.3, 25.4
billig 48.2
billige Nummer, billiger Schuß
billig 48.2
billige Prostituierte
billig 59.9
billiger Mantel
billig 48.4
billiger Strichjunge
billig 59.10
billiges Kleid
Bilsenkraut 52.2
biltragen 47.4
Bimbam 1.73
Bimbam 24.1, 25.1
den Bimbam läuten
bimmeln 26.25
bimmeln 26.39
Sie bimmelt wie 'n Wecker.
Bimp 80.61
Bimpf 53.4, 55.11
Bimpf 29.8
heißer Bimpf
Bimpf 29.8, 30.6
schwuler Bimpf
Bimpf 29.8
warmer Bimpf
Bims 45.1
Bimse 48.2, 80.61, 80.94
bimsen 26.25, 80.58
Bimser 48.4, 80.64, 80.94
Bimsladen 1.42, 1.66, 48.26, 80.94
Bimsmichel 48.4, 80.7
Bimsmichlerin 48.2, 80.6, 80.94
Bimsrutsche 1.66
Bimsrutschen 1.43, 1.67
Bimsstein 1.68, 25.8, 29.10
Binde 80.20
einen bei der Binde kriegen
Bindefliege 59.20
Bindel 59.20
binden 80.84
binden 36.10
Angst bindet ihr die Zunge
binden 52.9
ans Bein binden
binden 64.24
jemanden ans Bändel, ans Gängelband, an die Leine, an die Strippe, ans Schürzenband, an den Schürzenzipfel binden
binden 15.5
sich einen Klotz ans Bein binden
Bindfaden 59.20
Bindfadenschlaufe 59.20
Bindung 54.8
Bindung an einen anderen Menschen
Bindungstag 41
Bing 2.5a
bingen 73.5
Bingerl 18.9
Bink 2.5a
binkeln 73.5
Binkerl 18.9
Binnenmeer 1.66
Binnensee 53.17
Binse 1.10
Binsenschnitter 82.5
biologisch 17.26
biologischer Kahlschlag
Bipser 34.4
Birkengretchen 80.62
Birkenpinsel 80.62
Birkenpinsel 80.58
mit dem Birkenpinsel rot malen
Birkenzauber 80.61
Birnchen 1.58, 70.5
Birne 1.32
Birne 1.63, 2
Birne und Stiel
Birne 22.14
die Birne anstechen
Birne 17.8
eine Birne anstechen
Birne 1.63
Für jede Birne ist ein Stiel gewachsen.
Birne 64.10
madige Birne
Birnenpolierer 64.4
Birnspritze 16.1
Bisexualität 65
bisexuell 65.2
bisexuell 48.2
bisexuelle Prostituierte
bisexuell 65.4
bisexuelle Prostitution
bisexuell 65.3
bisexuell verkehren
Bisexuelle(r) 65.1
Biskuitfahrt 31
Biskuitfuhre 31.5
Bismarckkäfer 71.3
Biß 80.72
Bißgurn 6.17, 11.12, 14.50
bissig 4.16
Bißwunde 80.15, 80.72
Bitschen 1.67
Bitschigogerl 1.66, 19.9, 28.4
Bittelmann 14.6
bitten 46
um Gehör, um schön Wetter bitten
bitten 14.7
um jemandes Hand bitten, um Gehör bitten, um ein geneigtes Ohr bitten
bitter 63.1
bitterer Tropfen
Bitterwasserprobe 49.19
Biwak 26, 41.7, 41.24
Biwak reißen
Blackscheißer 35.22, 45
blad 1.19
Bläderle 70.1
Bladi 1.18
Blag 2.5a, 18.4
Blage 18.4, 19.2, 28.6, 48.2
Blähungen 49.24
moralische Blähungen
blanco 26.12
nackto blanco
blangi 3.6, 4.8
blank 45.6
blank 45.1
blanker Draht
Blanke 1.83
der Blanke
Blankmichel 80.48
Blapperer 1.42
Blasbabb'n 30.2, 30.7, 36.2, 36.3, 36.7, 36.11, 48.2
Blasbalg 1.59, 30.2, 36.7
Blase 1.66, 73.13
Blasebalg 29.3, 36.2, 36.3, 36.11, 48.2, 48.4
Blasen 36.9
Tuten und Blasen

blasen 36.4, 54.8
blasen 35.18
die Trompete blasen
blasen 31.4
ins gleiche Horn blasen
blasen 80.14
nicht zu blasen
blasen 36.4
Pfeife (Sackpfeife, Zungenpfeife) blasen, Flöte (Blockflöte, Gellflöte, Hirtenflöte, Hohlflöte, Rohrflöte, Schnabelflöte, Spitzflöte, Vogelflöte, Vögelflöte) blasen, Fagott (Klarinette, Oboe d'amore, Posaune, Schalmei, Trompete, Waldhorn, Nachthorn) blasen; ich werd dir was blasen; sich einen blasen lassen; sich einen blasen
blasen 12.19, 35.22
Zucker in den Arsch blasen
Blasengel 1.17, 1.41, 30.2, 36.3, 36.7
Blaser 29.3, 36.1, 36.2, 59.7
Bläser 29.3, 54.8
Blaserei 36.11, 48.26
Blaserer 36.1
Blaserl 36.1
blasiert 12.5
Blasinstrument 1.63
Blasius 29.3, 36.2
Blaskunst 36.1
Blasmichel 36.2, 36.11, 48.4
Blasmichlerin 30.2, 30.7, 36.3, 36.11, 48.2
Blasmusik 26.32, 36, 36.12, 54.8
Blasröhrchen 1.66, 1.73, 1.85, 29.10, 35.21, 36.12
Blasröhrl 1.66, 1.73, 29.10, 36.12
blätschen 80.58
Blatt 1.45, 1.51, 2.2, 59
Blatt 36.12
kein Blatt vor den Mund nehmen
Blatt 14.64, 22.10
unbeschriebenes Blatt
Blatt 3.9, 21.8
vom Blatt spielen
Blatte 1.29
Blattlaus 54.1
Blattscheißer 35.22, 54.1
Blattwanze 54.1
Blatz 59.7
blau 7.2
Bei mir Veilchen: Vorliebe für blaue Augen.
blau 59.11, 59.26
blaue Johanna
blau 48.25
blaue Lampe, Laterne
blau 48.25
blaue Laterne
blau 11.21, 46.3
blauer Brief
blau 55.6
blauer Engel
blau 26.4
blauer Fleck
blau 61
blauer Fritze
blau 26.33
blaues Auge
blau 48.10
blaues Buch
blau 47.38
blaues Mäuschen
blau 45.1
blaue Taube, blauer Lappen
blau 1.36
blaue Veilchen
blau 80.60
braun und blau geschlagen
blau 80.58
braun und blau hauen, den Buckel blau färben
blau 11.19, 13.3
mit einem blauen Auge davonkommen
Blauding 41.5
Blaue 1.28, 48.2
Blauer 45.1
Blauer 45.5
dicker Blauer
Blauflügel 45.1
Bläumlinge 41.5
Bläumlingsmette 41.5
blaupfeifen 55
Blaustrumpf 5.1, 47.39
Blauwasser 1.78, 36.12, 64.17, 78.3
Blauwasser 36.4
Blauwasser ausheben
Blauwasser 36.4
jemandem Blauwasser füttern
blaxeln 26.25
Blech 45.1
Blech 12.39
zwei linke Hände und ein Schwanz aus Blech
Blechdeckel 59.7
blechen 12.23, 14.32
blechern 4.6, 4.14
blecherne Fut
Blechkasten 45.4
Blechkiste 45.4
Blechschlips 58.6
Blechtute 4.25, 46.1
Blecklin 82.5
Blei 63.9
Blei in den Gliedern, in den Knochen
Blei 80.25
flüssiges Blei
Blei 36.10
Schnauze aus Blei
Bleiarsch 35.22, 51.3
Bleibe 41.2, 41.3
Bleibe 41.3
garnierte Bleibe
Bleibe 41.24
ohne Bleibe
bleiben 10.2, 29
bei der Stange bleiben
bleiben 26
von gestern übrigbleiben
Bleichgesicht 1.24
Bleie 80.21
bleien 80.20, 80.58
bleiern 41.7
Bleifuß 12.41, 26.25
mit Bleifuß ficken
Bleigießen 52.1
Bleikammer 80.91
Bleischnauze 35.17, 36.10
Bleistiftabsätze 50.40
Bleistiftbüxe 59.26
bleistifteng 59
Bleistifthacken 59.40, 70.6
Bleistiftrock 59.25
Bleistiftschuhe 59.40, 70.6
bletern 26.25
Bletschen 1.67
Bletz 1.66
bletzen 26.25
Bletzer 1.73
bleuen 80.58
Blick 1.73
Blick 52.8
böser Blick
Blick 9
Liebe auf den ersten Blick
Blick 9.13
mit dem Blick verzehren
blickenlassen 59.10
sie läßt tief blicken
Blickfang 60
blickschieben 12.11, 68.3
Blickschieber 68.1
Blickschieberei 68
Blickvögelei 68
blickvögeln 12.12
blind 9
blinde Liebe
blind 14.67, 48.8
blinder Passagier
blind 9
Liebe macht blind
Blinddarm 1.68
Blinddarmmütze 59.7
Blindekuh 18.16
Blindgänger 64.23
Blindgänger 14.16, 17.26, 51.2
bevölkerungspolitischer Blindgänger
Blindgewölbe 80.91
Blinker 14.25, 58.2, 58.4
Blinker 14.25, 58.2, 58.4
linker Blinker
blinzeln 45.5
ihm blinzelt der Zimt aus dem Hosenschlitz
Blinzer 58.2
Blinzerling 14.25, 58.4
Blitz 26.38, 46.2, 59, 59.12
Blitz 47.26
vom Blitz gespalten werden
Blitzableiter 1.73, 14.48, 14.49, 45

Blitzableiter 59.40
Schuhe mit Blitzableiter
blitzblank 62.4
Blitzbraut 4.2, 26.1
blitzen 26.10, 26.25
blitzen 48.7
das Kreuz blitzen
blitzen 9.3
es hat geblitzt
Blitzer 1.73, 14.25, 48.8, 58.2, 58.4
Blitzketerling 14.25, 58.4
Blitzmädchen 46.2
Blitzmädel 1.5, 6.2
Blitzmaus 41.3
Blitznutte 51.3
Blitzsau 51.3
blitzsauber 62.4
Block 1.83, 4.14, 42, 80.86
Block 80.84
in den Block legen
Blocker 1.29, 80.91
Blockflöte 1.73, 29.10, 36.12, 54.8
Blockflöte 36.4
Blockflöte blasen
blockiert 23.3
blockierte Möse, blockierter Bahnhof
blockiert 64.20
blockierter Spritzapparat
Blockziehen 52.4
blöd 5.2
blöde Kuh
blöd 35.22
blöd wie Schifferkacke
blöd 5.3
der ist so blöd, daß ihn die Hunde anpinkeln
blond 59.40
blonde Füße
blond 1.28, 6.17
blondes Gift
blond 1.28
blonde Welle
blond 1.28
blond gefärbt, blond gefärbte Haare, blonde Mode
Blond 1.28
Romanze in Blond
blond 59.4
blonde Welle
Blonde 54.10
kühle Blonde mit Strippe
Blondgefärbte 1.28
blondiert 51.2
blondiertes Haar
Blondine 1.28
gefährliche Blondine
Blondine 41.16
sturmfreie Blondine
Blondinenlieferant 48.21
Blondinenlieferantin 48.14
bloßhappert 16.2
bloßhappert fahren
bloßlegen 67.3
Bloßlegung 67.4
bloßstellen 67.3
Bloßstellung 67.4
Blubber 1.58
Blubu 37.5, 80.18
Blubufilm 54.5
Blue jeans 59.11
blühen 61.1
neues Leben blüht aus den Ruinen
Blümchen 1.66, 1.68, 19.9, 25.8, 28.4
Blümchen 1.68
am Blümchen nagen
Blümchen 22.18
ausgerupftes Blümchen, geknicktes Blümchen
Blümchen 24.1, 25.1, 26.9
Blümchen pflücken
Blümchen 26.25, 72.5
Blümchen suchen
Blümchen 22.14
das Blümchen ausrupfen
Blümchen 22.14
das Blümchen entblättern
Blümchen 22.14
das Blümchen knicken
Blümchen 47.26
entblättertes Blümchen
Blümchenpflücken 1.68
Blume 1.66, 1.73, 1.85, 2.2a, 29.10, 35.10, 36.12
Blume 36.4, 36.8
an der Blume nagen
Blume 58.14
Blume im Knopfloch
Blume 26.25, 35.7
die Blume begießen
Blume 35.7
die Blume düngen, spritzen
Blume 10.7
von einer Blume zur anderen flattern
Blumen 61
Blumen aus der Flasche
Blumen 12.24
geschenkte Blumen
Blumen 18.16, 53.5
Zwei wollten in die Blumen fallen
Blumenelfe 82.4
Blumengarnitur 59.7
Damenhut mit Blumen- oder Fruchtgarnitur
Blumenkübel 59.7
Blumensprache 12.24
Blumenstöckel 1.73
Blumenstrauß 72.20
Blumenstrauß 12.24
geschenkter Blumenstrauß
Blumentopf 59.7
Blunze 1.60, 1.73, 29.10, 36.12
Blunzen 1.17, 1.73
Blunz'n 5.2
Bluse 1.58, 2.2, 8.2, 19.2, 59.23, 70.5
Bluse 8.9
abgelegte Bluse
Bluse 59.23
Bluse aus Plastik- oder Metallteilchen
Bluse 59.23
Bluse mit Fenster, mit Notausgang, mit Oberlicht, mit offenen Augen, mit Ventilation
Bluse 59.23
Bluse mit Tülleinsatz
Bluse 26.10, 59.23
die Bluse aufknöpfen
Bluse 6.2
dufte Bluse
Bluse 4.6
dünne Bluse
Bluse 59.23
durchsichtige Bluse
Bluse 12.28
eine Bluse aufbügeln
Bluse 7.6
eine Bluse auftreiben
Bluse 59.23, 70.5
Emmentaler Bluse
Bluse 59.23
enge, kurze Bluse
Bluse 4.9
heiße Bluse
Bluse 59.23
mitteilsame Bluse
Bluse 59.23
Oben-ganz-ohne-Bluse
Bluse 59.23
Schweizer Bluse
Bluse 1.58
sie hat viel Leben in der Bluse
Bluse 59.23
textilarme, textilfeindliche Bluse
Bluse 1.58
wohlgefüllte Bluse
Blusenspanner 1.58, 70.5
Blut 1.25, 78.3, 80.18, 80.95
Blut 80.16
Blut abnehmen, Blut abzapfen
Blut 80.18
Blut am Busen
Blut 80.18
Blut am Penis
Blut 80.18
Blut an der Scheide
Blut 64.25
Blut lecken
Blut 80.17
Blut spenden, Blut stiften
Blut 1.25, 23.4
böses Blut
Blut 32.3
die Stimme des Blutes
Blut 40
ein Fleisch, ein Blut
Blut 55
Eiter im Blut
Blut 35.22
er hat Scheiße im Blut
Blut 18.5
Fleisch und Blut, junges Blut

Blut 21.1
in Fleisch und Blut übergehen lassen
blutarm 4.5, 6.13, 64.21
blutarm 6.15
blutarmes Fischchen
Blutarmut 4.4, 64.19, 64.23
Blutbeil 17.22
Blutblase 59.7
Blutbühne 80.56
Blutdurst 70.2, 80, 80.2
blutdürstig 80.8
Blüte 2.2, 18
Blüte 36.8
aus der Blüte Honig saugen
Blüte 19
des Lebens Blüte
Blüte 38
die Blüte der Jahre
Blüte 38.2
in der Blüte der Jahre
Blüte 10.6
von Blüte zu Blüte
Blüten 10.7
an allen Blüten naschen
Blüten 10.7
aus allen Blüten Honig saugen
Blüten 70.1
Gesicht voller Blüten
blutend 11
blutendes Herz
Blütenhonig 1.70, 30.8, 36.12, 78.3
Blütenhonig 36.8
jemandem Blütenhonig füttern
Blütenlese 7, 7.4, 14.5
Blütenlese 7.5
Blütenlese machen
Blutfaden 17.22
Blutfetischismus 70.2
Blutfetischist 70.2
Blutfetischistin 70.2
Blutfleck 23.4
Blutgier 70.2, 80.2, 80
blutgierig 80.8
Blutgruppe 12.38
jemandes Blutgruppe haben
Blutgruppe 7.2
meine Blutgruppe
Blutgruppe 7.11
sie haben die gleiche Blutgruppe
Bluthonig 50.1
Bluthund 47.33
blutig 80.19
blutig 61, 61.5
blutige Krallen
blutig 61.5
blutige Nägel
blutig 22.9
blutiger Anfänger
blutig 70.1
blutiger Tau
blutig 23.6, 26.25
sich einen blutigen Kopf holen
blutjung 18.6, 19.1, 19.3
Blutläuse 71.3
Blutlust 70.2, 80, 80.2
Blutrichter 80.57
Blutring 17.22
blutsaugen 70.2, 80.71
Blutsauger 41.11, 70.2, 80.74
Blutschande 32
Blutschwamm 70.1
Blutspender 1.73
Blutstein 17.22
Blutsuppe 80.25
Blutsuppe 80.25
Blutsuppe mit Einlage
blutt 26.12, 45.6
Blutvogt 80.57
Blutwärme 4
Blutwundenfisch 50.1
Blutwurst 1.73, 17.15, 29.10, 36.12, 51.3, 55
Bobas 82.3
Bobele 18.3
Bocherei 1.58, 1.66, 1.73, 70.5
Bochereifick 37.3
Bock 2.5, 4.10, 19.4, 72.10, 80.86, 82.6
Bock 20.5
Bock als Gärtner
Bock 51.2
Bock von Babelsberg
Bock 25.1
den Bock melken
Bock 80.84
in den Bock spannen
Bock 6.3
knäbbiger Bock
Bock 6.15, 19.4, 64.21
lascher Bock
Böcke 12.41
Böcke schießen
Böcke 13.11
den Böcken das Fell über die Ohren ziehen
Bockfleisch 14.41
Bockpfeife 1.73
Bockpfeifer 63.12
Bockreuterin 82.1
Bocksbraten 14.41
Bockschaber 61.4
Bockseiche 55
Bocksfuß 1.87
Bocksgeruch 1.81
Bockshorn 1.73
Bockspfeife 1.73
Bockstall 29.9, 48.26
bocksteif 26.21
Bockwurst 1.73, 29.10, 36.12, 29.10
Bockwurst 36.4
Bockwurst essen
Bockwurst 7.9
eine Bockwurst aufgabeln
Bockwurst 7.8
sich dem Wettlauf um die Bockwurst anschließen
Bockwurst 7.7
Wettlauf um die Bockwurst
Bodach 48.25
Boden 31.2
Boden 80.58
am Boden zerstören
Boden 62.5
den Boden mit dem feuchten Lappen aufheben
Boden 64.23
Faß ohne Boden
Boden 49.1
Moral mit doppeltem Boden
Boden 26.19
wie ein Pilz aus dem Boden schießen
Bodenlappen 62.2
bodenlos 26.11, 59.20
Ausschnitt bis ins Bodenlose
Bodenmasseuse 41.19, 62.6
Bodenperson 48.2
Bodenpersonal 48.2
Bodensatz 26.30
Bodenventilator 62.2
Bogen 12.35, 26.25
den Bogen raushaben
Bogen 64.21
Pfeil ohne Bogen
Bogen 1.73
Pfeil und Bogen
Bogenführung 12.16, 54.8
Bogenführung 12.33
gute Bogenführung
Bohnen 55
Bohnen 35.22, 51.3
gefickter Arsch mit Bohnen
Bohnenfest 52.4
Bohnenstange 1.11
Beutelschneider 16.14, 63.12
Beuteltuch 59.34
bevölkerungspolitisch 14.16, 17.26, 51.2
bevölkerungspolitischer Blindgänger
Bevölkerungsrat 14.49
Bevölkerungsrat 14.67, 17.7
geheimer Bevölkerungsrat
bevölkerungstechnisch 17.26
bevölkerungstechnische Pleite
Bewachung 8.2, 8.15, 14.48, 14.49
meine Bewachung
bewaffnet 4.16
bis an die Zähne bewaffnet
Bewährungsverhinderer 47.42
bewegen 71.3
die Tapete bewegt sich
Bewegung 51.2, 48.25
Haus der Bewegung

Bewegung 41.9
in Bewegung setzen
Beweise 80.61
schlagende Beweise
bewerben 14.7
sich um jemandes Gunst bewerben
bewispern 50.16
Bewohner 71.3
bezahlen 59.40
er hat seine Schuhe noch nicht bezahlt
bezahlen 36.12
mit dem Kopf bezahlen
bezahlt 53.7
bezahlter Tanzpartner
bezahlt 48.7
er fickt, als ob er dafür bezahlt kriegt
bezahlt 26.25
ficken, als ob man's bezahlt bekommt
bezastert 45.5
Beziehungen 32.1
inzestuöse Beziehungen
Beziehungen 3, 9, 46
zwischenmenschliche Beziehungen
bezirzen 12.6
bezirzen 9.12
jemanden bezirzen
bezirzend 6.16
Bezugsschein 48.9
bezupfen 47.3
Bezupfer 47.3
Bezupferin 47.3
Bohnenstroh 10.1
treu wie Bohnenstroh
bohnern 35.7
bohnern 35.7
den Arsch bohnern
bohnern 35.7
den Braunen bohnern, das Büro bohnern, die Dotsch bohnern, das Hinterhaus bohnern, den Schwarzen bohnern
bohnern 35.7
die Hinterkammer bohnern
bohnern 35.7
im Arsch bohnern
Bohnerwachs 62.2
Bohnerwichse 1.46, 1.70, 1.78, 35.4
Böhnhase 22.9
bohren 26.25, 47.26
bohren 26.30
das Schiff in den Grund bohren
bohren 35.7
einen in den Grund bohren
bohren 26.25
ein Loch bohren, nach Öl bohren
bohren 1.66
in den Grund bohren
bohren 24.1, 25.1
in der alten Wunde bohren
Bohrer 1.73
Bohrer 64.21
stumpfer Bohrer
Bohrloch 1.66, 1.85, 29.10, 35.10
Bohrloch 35.7
das Bohrloch ausloten
Bohrloch 35.18
das Bohrloch ausspachteln
Bohrloch 23.3
verregnetes Bohrloch
Bohrlochschmierung 35.15
Bohrturm 1.73
Bohrwurm 4.18, 22.16, 64.23
bolen 29.6, 35.7
bolen 35.7
im Arsch bolen
Bolle 59.38
Böller 59.7
Bolt 72.4
Bölt 41.5
Boltkas 72.12
Bolzen 1.73, 14.50, 41.19, 47.37, 48.2
Bolzen 22.14
den Bolzen stemmen
Bolzen 26.25, 48.7
einen Bolzen stemmen
Bolzen 22.18
gestemmter Bolzen
Bolzenfänger 29.9, 35.6, 35.9, 48.4
Bolzenfängerin 35.6
bolzengerade 26.21
Bolzenmeister 4.18, 48.21, 48.23
Bombardon 1.73, 12.2, 48.4, 54.8
Bombe 1.5, 1.32, 4.2, 6.2, 8.6, 59.7
Bomben 1.58, 70.5
Bombenpapps 51.3, 63.1
Bomber 6.3, 8.19, 19.4, 26.37
Bomber 57
schwarzer Bomber
bombig 6.1
bombig 6.3
bombiger Hirsch
Bonbon 1.73, 29.10
Bonbon 36.4
am Bonbon lutschen
Bonbon 1.73, 36.12, 64.21
ausgelutschter Bonbon
Bonbon 26.12
nur mit 'm Bonbon im Mund
Bonbonhut 59.7
Bonbononkel 28.3
Bonbontante 28.2
bonforzionös 6.1
Bonhäsin 48.2
Bonhoeffer-Heilstätte 57.7
Bonjourtropfen 63.1
Bonnachel 59.7
Bonnacker 59.7
Bonni 59.7
Bonus 18.21
Baby-Bonus
Bonzenflugblatt 45.1
Boos 48.23, 48.25
Boosten 48.24
boppen 26.25
Bordell 48.25, 51.2
Bordell 35.9
Bordell für Analverkehr
Bordell 48.26
Bordell für Sonderzwecke
Bordell 67.5
exhibitionistisches Bordell
Bordell 29.9
Homosexuellen-Bordell
Bordell 48.25
langweiliges Bordell
Bordell 30.7
Lesbierinnen-Bordell
Bordell 25.7
masturbatorisches Bordell
Bordell 80.94
sadomasochistisches Bordell
Bordellabonnement 48.9
Bordelldarbietungen 48.25
erotische Bordelldarbietungen
Bordelldistrikt 48.25
Bordellhabitué 48.8
Bordellhahn 48.23
Bordelliere 48.2
Bordelline 48.2
Bordellinsassin 48.2
Bordellmarke 48.9
Bordellstraße 48.25
Bordellverbot 48.27
Bordellvisite 48.6
Bordellwirt 48.23
Bordellwirtin 48.24
Bordliebe 46.6, 53.10
Bordsteinlilie 48.2
Bordsteinnymphe 48.2
Bordsteinschleifer 48.2, 48.4
Bordsteinschwalbe 48.2
Borke 1.66, 59
Borke 1.63, 2.1
Baum und Borke
Borke 65.5
zwischen Baum und Borke
Börsenhut 59.7
Borste 1.73
Borsten 1.65
Borstenbesen 61.4
Borstengärtner 61.4
Borstenhobel 61.4
Borstenhobler 61.4
Borstenkratzer 61.4
Borstenmäher 61.4
Borstenrat 61.4
Borstenschaber 61.4
Borstenschinder 61.4
Borstenschraper 61.4
Borstensense 61.4
Borstenstutzer 61.4
Borten 1.27
Borzel 18.4, 18.9
Bos 35.18

Jann mei Bos!
böse 52.8
böser Blick
böse 23.4
böses Blut
böse 11.12, 14.50, 49.7
böse Sieben
Böse 50.11
der Böse
Boslem 72.4
Boß 1.83, 48.25
Boß 35.18
Muff mei Boß!
Bossen 63.1
welsche Bossen
Bost 48.23
Boste 2.2a
Bosten 2.2a
Bosten 47.38
Polizei-Bosten
böten 50.16
Botrychium lunaria 52.2
Botten 59.40
Boudoir 41.3
Bouillon 51.3
Bouillonbomber 72.25
Bouillonchauffeur 72.25
Bouillonfuhre 51.3, 72.25
Bouillonklotz 72.25
Bouillonköchin 51.3, 63.13
Bouillonschwenker 51.3
Boy 19.4, 28.4, 28.9, 29.3
Boy 6.3
wonniger Boy
Boz 82.5
Brägen 1.35
Brägenbohrer 64.7
Brägenkratzer 64.7
Brägenmassage 64.6
Brägenpopler 64.7
Brägenputzer 64.4
Brägenräucherei 64.3
Brägenschwund 64.1
Brandblase 64.23, 80.30
Brandbock 64.23
Brandbombe 64.23, 80.28
brandmarken 80.24, 80.25
Brandmarkung 80.23
Brandopfer 64.23
Brandstift 81.2
brandstiften 81.4
Brandstifter 80.27
Brandstiftung 81.3
Branntwein 55
schlechter Branntwein
Brante 1.54, 1.87
Braslet 80.86
Braten 13.12
braten 12.28
ein Häschen braten
Braten 21.3
er riecht den Braten
Braten 22.10
schlachtfrischer Braten
Bratengabel 29.3
Bratenriecher 47.34
Bratenrock 59.12
Braterl 2.2, 13.12
Bratkartoffelverhältnis 13
Bratküche 50.12
Bratpfanne 53.8, 53.17
Bratpuff 50.12
Bratwurst 55.7
Braun, Eva 51.2
Braun 7.2
Bei mir Kastanie: Vorliebe für Braun.
braun 35.21, 72.3, 72.4, 76.3
braune Butter
braun 1.85, 29.10, 35.10
braune Kammer
braun 1.85, 35.10
braune Kiste
braun 61
brauner Fritze
braun 45.1
brauner Lappen, brauner Riese
braun 57
brauner Pakistani
braun 29.3, 35.6
brauner Zimmerherr
braun 51.2
braune Scheiße
braun 35.6
braune Zimmerdame
braun 80.60
braun und blau geschlagen
braun 80.58
braun und blau hauen, braun und grün schlagen
braun 35.12
die braune Kammer auswichsen
braun 35.18
die braune Kammer lackieren
Braun 35.12
Frau Braun die Hand geben, Herrn Braun die Hand reichen
Braun 35.18
Frau Braun küssen, Herrn Braun küssen
Braun 1.85
Fräulein Braun, Frau Braun, Herr Braun
Braun 35.10
Herr Braun, Frau Braun
Braun 35.7
Herrn Braun füttern, Frau Braun füttern
Braun 51.2
Karriere in Braun, Rendezvous in Braun
Braun 1.28, 48.2, 51.1
Romanze in Braun
Braun 35.17, 35.70, 36.11, 48.2
Schwester Braun
Braune 48.2, 80.62
Braune 1.85
der Braune
Brauner 45.1
Brauner 35.7
den Braunen anbohren (anzapfen, auffüllen, ausbürsten, ausfegen, aushobeln, ausraspeln, ausrebeln, ausspritzen, bohnern, bügeln, durchspülen, füttern, schmieren, spachteln, vollpacken)
Brauner 35.7
den Braunen aufbrechen (aufstemmen, einhacken)
Brauner 35.7, 35.18
den Braunen ausputzen
Brauner 35.10
der Braune
Braunflügel 45.1
Braunkehlchen 29.9, 35.17, 48.4, 51.2
Braunkohl 35.21, 72.4, 76.3
Braunkohl 35.7, 35.18
Braunkohl ausheben
Braunkohl 76.2
Braunkohl fressen
Braunkohl 1.78, 35.4, 72.4
Braunkohl mit Tunke
Braunkohlenbergwerk 1.85
Braunkohlenbergwerk 35.9, 48.5
das Braunkohlenbergwerk auswerten
Braunkohlenbergwerk 35.7
das Braunkohlenbergwerk bedienen
Braunkohlenbergwerk 35.12
im Braunkohlenbergwerk buddeln (krabbeln)
Braunkohlenfresser 76.1
Braunkohlfraß 76
Braunschweiger 1.85, 29.3, 35.5
Braunschweiger 35.7
den Braunschweiger bedienen, füttern, vollpacken
Braunschweiger 35.18
den Braunschweiger küssen
Brause 1.78, 36.1, 36.12, 78.3
Brause 36.4
jemandem Brause füttern
Brausebad 62.5
Brausekopf 64.20
Braut 9.8, 14.27, 48.2
Braut 50.8
Braut Gottes, Braut Jesu
Braut 14.41
das Anblasen der Braut
Braut 14.41
das Ausgreifen der Braut
Braut 14.41
das Ausschellen der Braut

Braut 14.41
das Einkreisen der Braut
Braut 1.30
er hat eine Braut mit rauhen Oberschenkeln
Braut 14.41
falsche Braut
Braut 14.43
«Gefährlichkeit der Braut»
Braut 4.6
klamme Braut
Braut 6.2
tolle Braut
Brautbad 14.41
Brautbaum 14.21
Brautbecher 14.41
Brautbegehren 14.41
Brautbeilager 14.43
Brautbett 14.41
das Beschreiten des Brautbettes
Brautbrief 14.21
Brautehe 14.29
Brautengel 14.41
Bräuterich 14.24
Brautermahnung 14.41
Brautexamen 21
Brautführer 14.6, 14.41
Brautgeld 14.1, 48.9
Brautgeselle 14.41
Brautgulden 14.1, 48.9
Brautgürtel 14.41
Brauthaube 14.41
Brauthaut 14.37, 59.10
Brauthemdbesichtigung 14.41
Brauthemmen 14.41
Brauthirt 14.41
Brauthuhn 14.44
Bräutigam 14.28, 48.21
Bräutigamseier 64.17
Bräutigamswehen 64.17
Brautjungfern 14.41
Brautkasten 14.32
Brautkiste 14.32
Brautkleid 59.10
Brautknecht 14.41
Brautkranz 14.41
Brautkrone 14.41
Brautkuh 14.41
Brautlader 14.41
Brautlager 52.4
Brautlager auf dem Ackerfeld
Brautlauf 14.40, 14.41
Brautlauftrinken 14.41
Brautleute 14.41
das Beschlagen der Brautleute
Brautleute 14.41
das Verbaden der Brautleute
Brautmaie 14.21
Brautmaye 14.21
Brautmobil 46.4, 53.15
Brautnacht 14.43
Brautnacht 14.43
abstinente Brautnacht
Brautpforte 14.41
Brautportal 14.41
Brautschatz 14.32
Brautschau 7, 7.4, 12, 14.5, 48.6
Brautschau 7.5, 14.7
auf Brautschau gehen
Brautschleier 14.41
Brautschleier 14.41
das Austanzen des Brautschleiers
Brautschuh 14.41
Brautschule 14.26, 20.2, 48.15
Brautsegen 14.41
Brautstand 14.26
Brautstand 14.20
sich in den Brautstand stürzen
Brautstein 52.6
Brautsteine 52.2
Brautsuppe 14.41
Brauttanz 14.41
Brautteller 14.41
Brauttopf 72.13
Brauttruhe 14.32
Brauttruhenführen 14.41
Brauttruhenführer 14.32
Brauttür 14.41
Brautwagen 14.32, 14.41
Brautwerber 14.6
Brautzug 14.41
Brecheisen 1.73, 80.95
Brechelbraut 52
Brechelbusch 1.65, 52
Brechelpredigt 14.53
Brechelstube 53.3
Brechelstubenbräuche 52
brechen 80.10
brechen 3.8
das Eis brechen
brechen 80.10
den Starrsinn brechen, den Stolz brechen
brechen 22.14
eine übers Knie brechen
brechen 12.19
Herzen brechen
brechen 11.1
jemandem das Herz brechen
brechen 47.26
übers Knie brechen
Brechlerin 4.25
Brechmittel 6.5, 6.6
Brechstange 1.73, 80.95
Brechwanze 6.5, 48.2
Breda 1.35
Breimaul 6.9, 46.1
Breischiß 72.6
breit 59.20
breite Krawatte
breit 59.20
breiter Querbinder
breit 59.7
Männerhut mit breiter Krempe
Breitbeil 80.55
Breite 1.20
in die Breite gehen
Breite 17.11
sie geht in die Breite
Breiten 63.1
die Breiten
Breiten 63.1
die Breiten und die Gespitzten
Breitlaft 14.40
Breitling 41.5
breitrandig 59.7
breitrandiger Damenhut
Breitschwanz 1.73, 26.22
Breitwandfresse 1.42
breitwandfüllend 1.19, 1.58
Bremse 80.42
bremsen 16.3, 26.25, 41.7, 72.11
Bremser 16.3, 72.10
Bremsklotz 64.18
den Instinkten einen Bremsklotz vorschieben
Bremsrutsche 1.66
Bremsrutschen 1.67
Bremsstein 48.2
Bremsstengel 1.73
brennen 47.4, 80.24, 80.25
Brennen 47.4
auf Brennen nehmen
brennen 64.17
auf Sparflamme brennen
brennen 80.25
brennender Schwefel
brennen 48.10
die Steine brennen
brennen 80.58
eine brennen
brennen 63.2
jemanden brennen
Brenner 47.4, 80.27
Brennessel 80.28
Brennstift 1.73, 64.23, 80.95
Bresche 1.66
Bresem 59.26
Breslauer 1.73, 1.75
Brett 2.2
ausgebohrtes, verbogenes Brett, Brett mit zwei Linsen
Brett 9.2, 10.2, 35.7
einen Stein im Brett haben
Brett 1.58
Linsen auf 'm Brett
Brett 35.4
Stein im Brett
Bretten 1.58
sie ist von Bretten
Bretter 41.7
Bretter schneiden
Brettle 59.17
Brettlfee 54.7
Bretzeln 80.86
bretzeln 80.58
Brewe 59.40
Brezel 1.73, 29.10, 36.12
Brief 11.21, 46.3
blauer Brief

Brief 22.18
entsiegelter Brief
Brief 22.11
versiegelter Brief
Briefbeschwerer 80.67
Briefkasten 1.42, 3.9, 11, 54.1, 59.10
Briefkastenkleid 59.10
Briefkastenonkel 54.1
Briefkastentante 54.1
Briefmarkenbikini 59.43
Brieföffner 67.1
Brieftasche 45.2, 60.4
Brieftasche 60.4
Inhalt der Brieftasche
Brieftasche 60.4
volle Brieftasche
Brieftascheninhalt 45.2
Brieftaube 46.3
Brieftäuberich 46.3
Briefträger 46.3
Briefumschlag 54.1
Amor im Briefumschlag
Bries 1.58, 70.5
Brieze 2.2, 19.2
Brieze 12.3
affige Brieze
Brieze 6.2
rabige Brieze
Brieze 6.2
senkrechte Brieze
Brigadenhaus 48.2
die Hausfrauenbrigade aus dem Brigadenhaus
Brigittenauer Kirchtag 48.33
Brikett 1.54
Briketts 1.54
Brikettscheißer 35.22, 51.3
brikettschieben 1.54
Brillant 58.2
Brillanten 35.22
die Brillanten durchs Klosett jagen
Brillantfessel 58.4
brillantiniert 1.29
brillantiniertes Haar
Brillantring 14.25, 58.4
Brille 59.30, 60.1, 72.17
Brillenaugust 72.24
Brillenlecker 77.1
Brillenmann 72.24
Brillenpisser 73.7
Brillenputzer 72.24, 77.1
Brillenschlange 5.1, 60.1
Brillenträgerin 60.1
Brillenverwalter 72.24
Brillenwischer 72.24
Briller 14.25, 58.2, 58.4
bringen 26.10
ans Licht bringen
bringen 25.1, 26.25
den Stein ins Rollen bringen
bringen 25.1
die Steine, die Eier, die Klöten ins Rollen bringen
bringen 26.23, 30.4
in Fluß bringen
bringen 14.31
unter die Haube bringen, an den Mann (an die Frau) bringen
bringen 17.8
zu Fall bringen, in andere Umstände bringen
bringen 17.16
zum Austrag bringen
Briske 40.1, 40.2
Britsche 1.73
Britsche 26.25
den Britsche singen lassen
britschigagadeln 26.25
Britzen 52.4, 80.58
Britzer 48.4, 80.64, 80.94
Broccoli 57
Brocken 59.1
Brocken 14.32
fetter Brocken
Brockenfresserei 76
Brockenschlucker 76.1
Broker 2.5
Brombeeren 35.8
bronziert 58
bronziertes Sauerkraut
Brosche 58.7
Brosche 26.13
den Bauchnabel als Brosche tragen
Brosche 59.10
sie trägt den Bauchnabel als Brosche
Brosche 1.58
wo die Brosche ist, ist vorn
Bröselmaschine 27.3, 39.4, 48.2
bröselnackert 26.12
Brot 45.1
Brot 8.25, 14.24, 55
belegtes Brot
Brot 17.15
Brot im Ofen
Brot 17.8
einer ein Brot in den Ofen schieben
Brot 48.5
ein Stück Brot verdienen
Brot 77
in Urin getränktes Brot
Brot 17.11
sie hat ein Brot im Ofen
Brot 22.10
unbelegtes Brot
Brotbäcker 17.4
Brötchen 1.58, 1.66, 30.8, 36.12, 55.2, 70.5
Brötchen 30.4, 36.8
am Brötchen knabbern
Brötchen 2.2, 8.12, 14.23, 14.62
belegtes Brötchen
Brötchen 8.13
ein unbelegtes Brötchen vernaschen
Brötchen 26
kommt wie die Brötchen
Brötchen 2.2, 8.13, 14.64, 22.10
unbelegtes Brötchen
Brötchengeber 13.9
Brötchengeberhut 59.7
Brotladen 1.42
Brotschere 1.44
Brown 1.66, 1.85, 35.10
Miss Brown
Brown 35.18
Miss Brown küssen
Brown 1.85, 35.10
Mr. Brown
Bruch 59, 59.34
Bruchband 59.28
Bruchbiene 6.5, 48.2, 64.17
Bruche 59.26
Bruchstaude 59.17
Brücke 7.1
Licht auf der Brücke
Brückendirne 48.2
Brückenhur 48.2
Bruder 1.73, 8.16, 29.10, 40.2, 48.21, 80.40, 80.48
Bruder 14.54
Bruder des Schwagers oder der Schwägerin
Bruder 6.12
Bruder Lustig
Bruder 24.1, 25.1, 26.9, 73.5
dem Bruder die Hand geben
Bruder 26.25
den Bruder taufen
Bruder 1.73, 19.10, 28.4, 28.9
der kleine Bruder
Bruder 73.5
ich muß meinem Bruder die Hand geben, weil er morgen fortreist
Bruder 25.8
ich muß meinem Bruder die Hand geben, weil er fortreist
Bruder 29.3
schwuler Bruder, warmer Bruder
Bruder 29.3
süßer Bruder
Bruderkuß 36.9, 50.1
brüderlich 40.2
meine brüderliche Liebe
Brudersohn 40.6
Brudertochter 40.5
Brühe 51.3, 73.4
Brühfahrer 51.3, 72.25, 73.1
Brühfreier 48.8, 73.12
Brühfuhre 51.3, 72.25
Brülläffchen 18.2
Brüllaffe 18.2
brüllen 11.15
Brüller 14.25, 58.2, 58.4
Brumme 2.2, 8.2, 9.8,

14.27, 19.2
Brumme 6.2
spitze Brumme
Brummeisen 11.12
brummen 3.6
brummen 3.6
es brummt ihr brünstig
Brummer 2.2, 58.2, 58.4
Brünette 1.28
Brunger 1.73
Brünhildenpietz 51.2
Brunnen 1.66, 36.12
Brunnenbohrer 1.73
Brunnenglas 73.8
Brunnenkresse 1.65
Brunnenvergifter 63.7
Brunnschauer 73.1
Brunst 3.5
Brunstbusch 1.65, 1.66
Brunstbusch 26.25
den Brunstbusch roden
Brunstbutte 1.66
Brunstbutten 1.67
Brunster 1.66
Brunsterl 1.66
Brunstfieber 64.23
brunstig 3.6, 4.8
brünstig 3.6
es brummt ihr brünstig
Brunstrutenarsenal 29.9, 48.26, 80.94
Brunstrutsche 1.66
Brunstwallung 64.23
Brunstwehen 64.23
Brunstwinkel 1.66
Brunstzeug 1.66
Brunz 3.5
Brunzbusch 1.66, 73.13
Brunzbutten 1.66, 1.67, 73.13
Brunzel 1.71, 62.13
Brunzelianum 72.12
brunzeln 1.71
brunzen 73.5
Brunzer 1.66, 1.73, 1.85, 29.10, 35.10, 73.4, 73.13
Brunzer 35.18
den Brunzer abzischen
Brunzerbrause 35.15
Brunzerdusche 35.15
Brunzerl 1.66, 73.13
Brunzerputz 35.15
Brunzkachel 72.13, 72.16
Brunzkugeln 1.77
Brunzrüssel 1.73
Brunzrutschen 1.66, 73.13
Brunzscherben 72.13, 72.16
Brunzwasser 55, 64.21
Brunzwinde 29.9, 35.9, 48.26, 72.12
Brunzwinkel 26.1, 48.2, 48.25, 72.12
Brunzzeug 1.63, 1.66, 73.13
Brust 70.5
Brust 37.4
die Pistole auf die Brust setzen
Brust 1.58
schwach auf der Brust
Brust 61.1
sich die Brust heben lassen
Brust 37.4
vor die Brust klatschen
Brust 45.2, 60.4
Watte auf der Brust
Brustbild 54.2
Brustblech 58.7
Brüste 70.5
Brüste 20.6
an den Brüsten der Wissenschaft hängen
Brüste 21.1
an den Brüsten der Wissenschaft saugen lassen
Brüste 26.8
die Brüste berühren
Brüste 20.4
die Brüste der Wissenschaft
Brüste 1.58
nach oben weisende Brüste
brüsten 59.30
sich brüsten
Brustfell 59.16, 59.30, 70.5
Brustfetischismus 70.5
Brustfetischist 70.5
Brustfetzen 59.30
Brustfleck 1.58, 80.61
Brustkasten 1.50
Brustlatz 59.17
Brüstle 59.17
Brustmalbisch 59.13, 59.15
Brustpanzer 59.31
Brustpolster 45.2, 60.4
Brustschmuck 58.10
brustschwimmen 26.30
Brüstung 1.58, 70.5
Brustwärmer 59.20
Brustwarze 1.58
Brustwehr 59.30
Brustwehr 59.31
Brustwehr der Tugend
Brutanstalt 14.26, 17.16, 20.2, 51.2
Brutanstaltleiter 17.17
brüten 26.25
brüten 17.11
sie brütet
Brutkäfig 17.16
Brutkasten 17.23, 80.25
Brutmaschine 17.23
Brutplatz 41.2, 41.3
Brutreaktor 17.2
schneller Brutreaktor
Brutsche 1.42
Bu 57
Bua 1.73, 18.4, 18.9, 19.4, 28.4, 28.9, 29.3, 29.9, 48.4, 48.21
Bub 18.4, 18.9, 19.4
Bübchen 26.30
Bübchen machen
Bubenquelle 1.73
Bubenquelle 17.9
an der Bubenquelle naschen
Bubenquelle 17.11
sie hat an der Bubenquelle genascht
Bubenschenkel 55.1
Bubespitzle 1.73, 29.10, 36.12, 55, 55.1
Bubespitzle 36.4
am Bubespitzle knabbern
Bubespitzle 7.8
sich am Kampf ums Bubespitzle beteiligen
Bubespitzle 7.7
Wettlauf ums Bubespitzle
Bubi 1.10, 12.20, 18.4, 18.9, 28.6, 28.10, 29.3, 29.9, 30.2, 48.4, 48.8
Bubi 51.2
Bubi deck mich!
Bubi drück mich!
Bubi 26.30
den Bubi spielen
Bubidet 72.12
Bubidoll 59.42
Bubifurkation 1.83, 1.84, 29.10, 35.10
Bubifurkation 35.18
die Bubifurkation ausspachteln
Bubifurkation 35.12
die Bubifurkation befummeln
Bubifurkationskitzler 35.16
Bubigamie 28.7, 29.1, 29.7, 30
Bubikini 59.43, 70.3
Bubikopf 1.68, 1.74
Bubikopf 1.30
Bubikopf auf Rand genäht, Bubikopf mit Bauplatz, mit Gartenzaun, mit Hintergarten, mit Landebahn, mit Landeplatz, mit Parketteinlage, mit Pause, mit Planschbecken, mit Schwimmbassin, mit Seitengarten, mit Spielwiese, mit Sprungbrett, mit Tanzboden, mit Tennisplatz, mit Vorgarten
Bubin 48.2
Bübin 48.2
offene Bübin
bubisexuell 29.4, 30.3
Bubitöpfchen 59.7
Bubu 82.3
Buch 24.6
an Hand des Buches arbeiten
Buch 48.10
blaues Buch
Buch 31.1
Buch mit drei Spalten
Buch 31.1, 31.5
Buch mit zwei Spalten
Buch 54.1

erotisches Buch
Buch 12.41, 21.8
nach dem Buch ficken
Buch 3.9
nach dem Buch vögeln
Büchel 48.10
Buchhalter 45
Buchhalterin 45
Büchlein 46.3
Buchse 59.26
Büchse 1.66, 2.2
Büchse 22.18
aufgeknackte Büchse, aufgemachte Büchse, geöffnete Büchse
Büchse 26.25
die Büchse anbohren, die Büchse aufmachen (aufschließen)
Büchse 22.14
die Büchse aufknacken
Büchse 12.30, 26.26
die Büchse aufreißen
Büchse 12.30, 26.26
die Büchse aufstellen
Büchse 73.5
die Büchse ausleeren
Büchse 26.25
die Büchse lackieren
Büchse 12.41
die Büchse mit der Axt aufmachen
Büchse 22.14
die Büchse öffnen
Büchse 26.25
die Büchse polieren
Büchse 17.8
eine Büchse anbohren
Büchse 12.28
eine Büchse anreißen
Büchse 7.6
eine Büchse aufreißen, eine Büchse aufstellen
Büchse 63.2
einer Sand in die Büchse streuen
Büchse 47.26
geöffnete Büchse
Büchse 26.25
in der Büchse rühren
büchseln 26.25
Büchsenausleeren 73.5
Büchsenbeschau 48.10, 63.8
Büchsenbläser 36.11, 48.4
Büchsenbläserin 36.11, 48.2
Büchsendeckel 1.69, 23.8
Büchsenernährung 36.5
Büchsenfabrikant 17.3, 17.4
Büchsenficker 43
Büchsenfisch 1.71, 62.13
Büchsenfleisch 17.6, 55
Büchsenflicker 63.12
Büchsenflickerei 63.14
Büchsengeld 48.9
Büchsenhasen 71.3
Büchsenkontrolleur 48.10
Büchsenlecker 36.11, 48.4
Büchsenmacher 17.4
Büchsenmassage 24, 25, 30.5
Büchsenmasseur 25.4, 25.7, 48.4
Büchsenmasseuse 24.2, 25.3, 25.7, 30.2, 30.7, 48.2
Büchsenöffner 1.73, 17.17, 22.16, 55, 64.23
Büchsenöffnerin 17.18
Büchsenparade 48.10
Büchsenpolierer 1.73, 63.12
Büchsenreißer 1.73, 47.26, 80.95
Büchsenreparierer 63.12
Büchsenschleck 30.2, 36.6, 36.7
Büchsenschlecker 34.4
Büchsenschleuder 4.25
Büchsenschleuderin 48.2
Büchsenschoner 23.7, 49.21, 70.2
Büchsenschuster 63.12
Büchsenschützer 23.7, 49.21, 70.2
Büchsenspanner 1.73, 48.10, 63.10
Büchsenspengler 63.12
Büchsenstocherer 1.73
Büchsenstreichler 25.7, 48.4
Büchsenstriegler 25.7, 48.4
Büchsenwichser 25.7, 48.4
Büchsenzupfer 48.4
Buchstaben 1.83
die vier Buchstaben, die fünf Buchstaben
Bucht 41.2, 41.5, 53.4, 55.11
Buchteln 1.58, 70.5
Buckel 1.56, 70.1
Buckel 80.59
ihm juckt der Buckel
Buckeljucker 80.7
Buckelmode 59.13
Damenjacke in der Buckelmode des Jahres 1955
buckeln 26.25
Buckelwärmer 80.62
bucken 26.25
bücken 80.11
sich bücken
bucklig 1.56
Buckliger 1.56, 70.1
Budara 34.4
Buddhageburt 17.24
Buddel 12.43
buddeln 25.1
buddeln 35.12
im Bergwerk buddeln
buddeln 35.12
im Braunkohlenbergwerk buddeln, in der Goldgrube buddeln, im Hügeldepot buddeln
Buddeltopp 59.7
Bude 41.2, 41.3
Bude 29.8
heiße Bude
Bude 41
mir fällt die Bude auf den Deetz
Bude 41.3
sturmfreie Bude
Bude 29.8, 30.6
warme Bude
Budeil 14.1
Budenangst 3.5, 14.17, 64.13
Budenangst 41
Budenangst kriegen
Budenzauber 41, 70
Budike 41.1, 41.2, 41.3
Budikenbulle 47.37
Büffelei 20
büffeln 21.3
Bufotinin 57
Bug 1.51, 1.56
Bug 17.15
Bug im Hemd
Bug 48.35
einen Schuß vor den Bug geben
Bug 17.8
einer einen Bug ins Hemd schieben
Bug 17.11
sie hat einen Bug im Hemd
Bügel 1.73
Bügelanstalt 61.1, 61.2, 48.25
Bügelbrett 1.14, 1.58, 2.2, 14.42, 14.48, 26.1, 41.5
Bügelbrett 22.18
angebohrtes Bügelbrett
Bügelbrett 26.25
das Bügelbrett anbohren
Bügelbrett 4.9
heißes Bügelbrett
Bügeleisen 1.73, 64.23
Bügelfalte 59.26
Bügelhorn 1.73, 54.8
bügeln 26.25
bügeln 35.7
den Arsch, den Braunen, den Darm, die Dotsch, den Schwarzen hinten bügeln
Bügelschnur 1.73
Bughemd 17.14, 59.10
Bugspriet 26.30
vom Bugspriet
Buhlebrief 14.1, 14.60, 46.3
Buhlegeld 14.32
Buhlerin 48.2
bekehrte Buhlerin
Buhljunge 48.4
Bühne 80.56
Bühne 48.5
von der Bühne abtreten
Bühnenschnalle 48.2, 54.6, 67.5, 68.4
bujen 26.25
Buk 60.6, 61
Buklo 72.12, 80.86
Buko 60.6, 61

Bulette 55
Bulle 4.10, 19.4, 26.37, 29.3, 47.37
Bulle 1.9
Bulle von Kerl
Bulle 6.3
klotziger Bulle
Bulle 6.15
lahmer Bulle
Bullenburg 41.22
Bullen-Ei 55
Bullenextraktagent 63.12
Bullenextraktor 63.12
Bullenkloster 41.22, 72.12
Bullenstall 47.40, 48.10, 59.26
Bullich 34.4
bumbern 26.25
Bumede 14.1
Bumm 18.11
Bumme 1.73
Bummel 26.27
Bummel 26.25
einen Bummel machen
Bummelpiste 53.19
Bummelzug 64.20
Bummerl 1.73
Bums 55.11
Bums 29.8
heißer Bums
Bums 29.8, 30.6
schwuler Bums
Bums 29.8
warmer Bums
Bumscafé 48.32, 53.3, 55.11
bumsen 26.25
Bumser 1.73
Bumsetui 1.66, 2.2, 14.42, 41.5
Bumsgasse 48.25
Bumsklo 72.12
Bumskneipe 53.3, 55.11
Bumslokal 53.3, 55.11
Bumsmama 48.24
Bumsmusik 26.32, 54.8, 69.1
Bumswirt 48.23
Bund 14.38
den Bund fürs Leben schließen
Bündel 18.2
Bündelberg 41
Bündelfest 41
Bündelhochzeit 41
Bündeltag 41
Bundesanbahnung 46.5, 53.12
Bundesanstalt 47.35
Bundesanstalt für Fickspionage
Bundesbahn 1.33
Mit so 'ne Gesichtszüge würd ich die Bundesbahn verklagen.
Bundesbahnmütze 59.7
rote Mütze der Bundesbahn
Bundeshaus 51
Bundeskanzlei 14.48
meine Bundeskanzlei
Bundeskanzler 14.49
mein Bundeskanzler
Bundeskostümsirene 54.4
Bundesmaulkorb 47.35
Bundesmoralwarte 47.35
Bundesonanierbüro 47.35
Bundesprüfstelle für jugendgefährdende Schriften 47.35
Bundessamenleiter 51
Bundesschatzbrief 46.3
Bundessittenwacht 47.35
Bundeswehr 59.9
warmer Wintermantel der Bundeswehr
Bunker 1.69, 41.5, 59.26
Bunkerschnalle 48.2
Bunkerschwalbe 48.2
bunkert 1.19, 1.23, 1.58
bunkisch 17.10
Bünseltag 41
bunt 1.23, 63.1
bunt 1.36
bunte Fensterläden
bunt 59.6, 61
bunte Kuh
bunt 31
bunte Platte, bunte Reihe
bunt 59.10
buntes Kleid
Bunzengeld 14.1, 48.9
Bunzengroschen 14.1, 48.9
Bunzenlecker 34.4
Bupper 1.83
Bürde 39
Bürde des Alters, des Lebens
Burenhäutl 1.73, 16.1, 29.10, 36.12
Burgfräulein 41.3
Turm mit Burgfräulein
Burjunge 1.73, 55.1
Büro 1.66, 1.85, 29.10, 35.10, 72.12
Büro 35.7
das Büro ausfegen (ausputzen, bohnern)
Büro 35.18
das Büro putzen
Büroangestellte 45
beischlafwillige, beischlafunwillige Büroangestellte, Verhältnis mit einer Büroangestellten
Büroangestellter 45
Büroehe 45
Bürokirschen 35.8
Büroklammer 45
Büromaschine 45
Büronixe 45
Büropalme 45
Bürotrine 45
Bürowanze 45
Bürozahn 45
Bursche 19.4
Bürste 1.66, 2.2
Bürste 4.9
scharfe Bürste
Bürsten 1.65, 1.67
bürsten 26.25, 36.4, 80.58
Bürstenbinder 63.12
Bürstenbläser 48.4
Bürstenkauer 36.3
Bürstenkauerin 36.7
Bürstenlecker 36.11, 48.4
Bürstenmasseur 25.4, 25.7, 48.4
Bürstenpinsel 1.73
Bürstensauger 36.11
Bürstenschuster 63.12
Bürstenstecher 22.16, 47.26
Bürstenstreichler 25.7, 48.4
Bürstenstriegler 25.4, 25.7, 48.4
Bürstenwichser 25.4, 25.7, 48.4
Bürstenzupfer 48.4
Bürsterei 31
Burzel 1.73
Bürzel 1.83
Bus 29.3, 35.5
Busch 1.60, 1.65, 1.66
Buscha 1.66
Buschetten 59.40
Buschhur 48.2
Buschi 18.3
Buschmesser 1.73, 80.95
Busen 1.58, 2.2, 8.2, 9.8, 19.2, 54.8
Büsen 59.40
Busen 1.58
am Busen
Busen 26, 41.24
am Busen der Natur
Busen 41.7
am Busen der Natur schlafen
Busen 13.12, 20.11
Bankkonto mit Busen
Busen 14.48
Bettwärmer mit Busen
Busen 80.18
Blut am Busen
Busen 37.5
das Gehirn ist ihr in den Busen gerutscht
Busen 10.8
falscher Busen
Busen 1.58
Frau mit großem Busen
Busen 1.58
Frau mit kleinem Busen
Busen 1.58
großer Busen
Busen 59.31
ins Korsett eingezwängter Busen
Busen 59.10
Kleid mit unbedecktem Busen
Busen 1.58
kleiner Busen
Busen 21.5
Kinsey mit Busen
Busen 36.11, 35.17, 35.20,

48.2
Klistier mit Busen
Busen 13.12
Konto mit Busen
Busen 13.12, 14.32, 20.11
Portemonnaie mit Busen
Busen 13.12
Scheckbuch mit Busen, Sparbüchse mit Busen
Busen 30.2
Schlange am Busen
Busen 6.2
steiler Busen
Busen 59.10
unbedeckter Busen
Busenbauer 61.1
Busenbilderbuch 47.21, 54.1
Busenetui 59.23
Busenfreund 37.1, 59.30, 70.5
Busenfreundin 30.2
Busenfreundschaft 30.37, 70.5
Busenfurche 1.58
Busenfurche 61
Parfum in der Busenfurche haben
Busengeld 48.9
Busengeld 13.7
Busengeld zahlen
Busengestell 59.30
Busengram 11
Busengröße 54.5
Busenheuler 54.1
Busenhuhn 14.1
Busenintelligenzbestie 1.58, 54.5
Busenkatalog 54.1
Busenklempner 61.1
Busenleier 37.2
Busenliebe 37
Busennadel 58.7, 80.42
Busenpatron 37.1, 70.5
Busenpatronat 37
Busenrecht 14.1
Busenring 58.10
Busenschaukel 59.30, 70.5
Busenspieß 58.7
Busenzins 14.1
buserieren 29.6
busseln 26.3
Busserant 29.3, 35.5
Busserei 29.7, 35.4
Busserer 29.3, 35.5
busserieren 35.7
Büßerin 48.2
Busserl 26.4, 29.3, 35.5
Bussi 28.8, 29.3, 35.5
Büstenhalter 53.17, 59.30, 59.43, 70.5, 80.86
Büstenhalter 59.30
der Büstenhalter ist zu eng
Büstenhalter 59.30
der Büstenhalter platzt
Büstenhalter 59.30
einen gepolsterten Büstenhalter tragen
Büstenhalter 59.30
gepolsterter Büstenhalter
Büstenhalter 59.30
schwarzer Büstenhalter
Büstenhalter 59.30
sich einen Büstenhalter anziehen
Buteil 14.1
Butsch 30.2
Butscherl 1.66
Butschgerl 1.66
Butschkeile 59.26
Butschkeilenbatterer 59.27
Butschkeilenkätscher 59.27
Butschkeilenmulde 59.26
Butschlenlatz 59.26
Butte 1.66, 2.2
Butten 1.67, 1.84
Butten 26.25
auf die Butten legen, auf der Butten liegen
Butten 47.26
auf die Butten schmeißen
Butten 2.4
die Butten
Butten 35.7
die Butten begießen
Butten 35.18
die Butten polieren
Butten 12.28, 22.14
eine auf die Butten legen
Butten 22.14
eine auf die Butten schmeißen
Butten 29.6, 35.7
einen auf die Butten schmeißen
Buttenbläser 36.11, 48.4
Buttenbläserin 36.11, 48.2
Buttenlecker 36.11, 48.4
Buttenmassage 30.5
Buttenmasseur 25.7, 25.4, 48.4
Buttenmasseuse 24.2, 25.3, 25.7, 30.7, 48.2
Buttenmost 1.70, 30.8, 36.3, 78.3
Buttenmost 36.8
jemandem Buttenmost füttern
Buttenpolierer 1.73, 63.12
Büttenrand 59.10
Buttenreißer 1.73, 80.95
Buttenschleck 30.2, 36.7
Buttenschuster 63.12
Buttenspenglerei 63.14
Buttenstreichler 48.4
Buttenstriegler 48.4
Buttentischlerei 63.14
Buttenwichser 48.4
Buttenzupfer 48.4
Butter 35.21, 72.3, 72.4, 76.3
braune Butter
Butter 4.11
sie hat ein Herz wie Butter
Butterberg 1.58
Butterblume 59.7
Butterdose 72.13, 72.16
Butterer 35.5
Butterfaß 1.85, 29.10, 35.10, 35.21
Butterfaß 35.7
das Butterfaß auffüllen
Butterfaß 35.18
das Butterfaß auslecken
Butterfee 45, 55.9
Bütterich 1.83
Butterknecht 29.9, 35.6, 35.9, 48.4
Buttermilch 1.78, 36.12, 78.3
Buttermilch 36.4
jemandem Buttermilch füttern
buttern 35.7, 37.4
buttern 35.7
im Arsch buttern
Butternest 14.45
Butterseite 12.19
die Butterseite hervorkehren
Buttervogel 48.2
Butterwochen 14.45
Butterwöchner 14.45
Butterwöchnerin 14.45
Butz 78.3
Bützchen 1.58
Butzel 18.2, 18.4, 18.9
Butzelmann 1.73
Butzelmännele 82.8
Butzemann 6.6, 82.5
Bützenring 1.58
Buweroll 2.2a
Buxe 59.26
Buxe 59.26
handgebaute Buxe
Buxen 1.67
Buxenmulde 59.26
Buxerande 59.26
Buzeker 82.5

C

C 72.12
Natur C
Cäcilia 54.9
flotte Cäcilia
Café 72.12
Café Achteck, Café Wellblech
Café 55.11
Café Küßmich, Café Moll, Café Torschluß, Café Zwecklos
cake mix 55
calando 26.31, 54.8
Callgirl 48.2
Callgirl-Vermittler 48.15
Callgirl-Vermittlung 48

Callgirl-Verzeichnis 48
Callgirl-Zentrale 48
Camping 53.16
Camping-Bett 53.16
Campingbeutel 53.16, 59.10
Campingführer 53.16
Campingknigge 53.16
Campingplatz 53.16
Campingrobe 59.16
Campingröhre 59.26
Cancanbandl 59.37
Caneckos 80.72
Cannabis 57.6
Cannabis 57
milder, starker Cannabis
Cannabisraucher 57.3
Cannabis sativa indica 57
Cannabiszigarette 57
Cape 59.9
Capriccio 54.8
carezzando 54.8
Car-Girl 48.2
Cassatafliege 59.20
Cassatascheibe 59.20
Castro 1.48
Catnip 57
CDU 51
Cervix uteri 1.66
Chabarrer 8.15, 48.21
Chaise 2.2, 4.25, 48.2
Chaiselongue 41.5
Chaiselongue-Akrobat 12.37
Chaiselongue-Akrobatin 12.36, 48.2
Chamäleon 65.1
Chambre séparée 48.31
Chance 47.42
Lager der letzten Chance
Chansonettentitten 51.3, 55
Chansonettenzwirn 60.8
Chaplin 1.48
Charakterdock 64.3
charakterfest 10.1
Charakterflicker 64.4
Charakterinspektor 64.7
Charakterleser 64.7
Charakterpipler 3.10
Charakterschuster 64.4
Charakterspengler 64.4
Charakterspion 64.7
Charakterverkenner 64.7
Charakterzerfetzer 64.7
Chassis 1.2, 1.62, 1.86
Chassis 1.3
solides Chassis
Chassis 1.4
verbogenes Chassis
Chassne 12.1, 14.40
Chaude 1.40
Chaudeschneiche 59.22
Chauffeuse 46.4, 53.14
Chaumel 2.2, 48.2
Chaumelei 48
chaumeln 26.25
Chaussee 40.1
Chausseeblume 46.4. 53.14
Chausseefotze 53.14
Chausseelilie 46.4, 53.14
Chausseemaus 46.4, 53.14
Chausseeschwalbe 46.4, 53.14
Chautemschneiche 59.22
Chaweres 8.2, 48.2
Che 1.48
Chef 1.73, 29.10
Chef 45
neureicher Chef
Chef 41.7
über den Chef nachdenken
Chef 17.3
mein Chef
Chefnutte 45
Chefsekretärin 45
Cheftille 45
Chemiestudentin 20.9
chemisch 57
chemische Peitsche
Cherami 58.5
Chewel 80.82, 80.86
Chiemsee 53.8, 53.17
Chilges 1.49
Chilgesbegert 59.21
Chilgesschlange 58.6
China 57
Chinesen 3
Innenleben mit sieben nackten Chinesen
Chinesen 4.8
scharf wie tausend Chinesen
Chinesenschweiß 55
Chinesin 48.2, 51.1
chinesisch 64.25
Chingerdo 26.25
den Chingerdo singen lassen
Chipper 57.3
Chirurg 61.1
kosmetischer Chirurg
Chirurgie 79.2
Schwein von der Chirurgie
Chlorose 63, 64.17
Chlortante 62.5
Chom 14.54
Chomerin 14.54
Chonte 2.2, 48.2
Chontebajis 48.25
Chorin 54.9
Chorine 54.6
Chorinjäger 54.6
Chorion 17.15
Chorpflanze 54.9
Chossen 48.8
Chozer 80.86
Christkindchen 5.2, 21.11, 22.8
Christwurz 52.3
Christwurzel 52.2
Chrombusen 46.4, 53.14
Chronique scandaleuse 47.21, 54.1
chronisch 12.39
chronischer Talentmangel im Sexfach
Chrumgelie 14.16
Chunebeiß 48.25
Chut 80.76, 80.82
Circe 54.4
Circe vom Dienst
Circulus 36.9
Circulus vitiosus
Clique 59.4
schicke Clique
Clivia 51.2
Clötkas 48.25
Clötmoss 48.2
Cocaball 53.6
Coca-Cola 55
Cocktailkirsche 13.5
Cocktailpute 13.5, 48.2
Cocktail-Troubadour 54.8
Cocktailzwiebel 13.5
Coda 54.8
Coitus a tergo 26.30
Coitus intermammarius 37.3
Coitus interruptus 16.3
Colliculus seminalis 1.80
Colostrum gravidarum 17.15
Columnae rugorum 17.15
Combo 1.86
Computer zur Ehevermittlung 14.31
con affetto 54.8
Conceptio immaculatis 50.1
concitato 54.8
con moto 54.8
Constrictor cunni 1.66
Corona veneris 63.1
Coselgulden 47.21, 54.2
Costa Brava 53.8, 53.17
Couch 41.5
Couleurjacke 59.13
Cour 12.22, 14.7
die Cour schneiden
Creme 35.21, 72.3, 72.4, 76.3
Creme 76.2
Creme schlürfen
crepitare 72.11
Crepitus 72.10
Cul de Paris 50.29
Cunnagium 14.1
Cunnilinctor 36.6
Cunnilinctrix 36.7
Cunnilinctus 36.5
Cunnilinctus 54.8
Fähigkeit beim Cunnilinctus
Cunnilinctus 1.70
Vaginalsekret beim Cunnilinctus
cunnilingebare 36.8
cunnilingere 36.8
Cunnilingus 1.68
Klitoris beim Cunnilingus
Currywurst 1.73, 29.10, 35.21, 36.12, 72.4, 76.3
Currywurst 7.9
eine Currywurst aufgabeln
Currywurst 36.4
Currywurst essen

Currywurst 7.8
sich dem Wettlauf um die Currywurst anschließen
Currywurst 7.7
Wettlauf um die Currywurst
Cut 59.12
Cutaway 59.12
Cypridophobie 64.13
Czecherl 53.4, 55.11

D

D 14.25, 58.2, 58.4
Vitamin D
Dab 80.61
Dabbelmichel 48.2
Dabbelschickse 48.2
Dabbelzauck 48.2
dabei 3.1
(etwas dabei finden, nichts dabei finden, was ist schon dabei?)
dabei sein 49.16
ist doch nichts dabei!
da capo 54.8
Dach 1.32, 1.34, 59.7
Dach 25.8
besser ein Spatz in der Hand als eine Taube auf dem Dach
Dach 41
ein Dach überm Kopf haben
Dach 3.5, 9, 64.23
Feuer im Dach
Dach 41.24
kein Dach überm Kopf
Dach 59.7
Spatzen unterm Dach haben
Dach 35.22
wie kommt die Kuhscheiße aufs Dach?
Dachabdeckerin 14.50
Dachbohrer 64.7
Dachdecker 64.4
Dachdeckerei 64.3, 64.5
Dachdeckerparterre 41.2
Dachgarten 59.7
Dachhase 59.9
Dachhase auf Tiger getrimmt
Dachinspekteur 64.4
Dachkaluppe 41.2
Dachklopfer 64.4
Dachkratzer 64.7
Dachl 59.7
Dachpfanne 1.26
Dachpfanne 51.2
aufgenordete Dachpfanne
Dachpfannen 1.27
Dachpfannen 1.28
aufgenordete Dachpfannen
Dachrinne 59.7
Dachs 2.5
Dachs 19.4, 28.4, 28.9
junger Dachs
Dachs 4.3
frecher Dachs
Dachs 41.7
schlafen wie ein Dachs
Dachschaden 64.1, 64.10, 70.7
Dachschadenpalast 64.2
Dachshöhle 41.2, 41.3
Dachschindel 59.7
Dachschittputz 58
dachsen 41.7
Dachtel 80.61
dachteln 80.58
Dachverzierung 1.31, 58.9
Dackel 1.86
Dackel-Ei 55
dackeln 48.5
Dade 17.3
dafür 25.6
ein Händchen dafür haben
dagegenhalten 26.25
Dager 27.3, 39.5
dahinter 9.4
dahinter wie ein Geier
dahinterkommen 21.3
Dalcher 80.57, 80.83
Dalk 12.43
Dalker 48.4, 80.64, 80.94
dalken 80.58
Dalldorf 64.2
Dalles 45.6
Dalleskaftan 59.9
Dalleslappen 59.10
Dallinger 80.57, 80.83
Dämchen 2.2, 4.25
Dame 48.2
ambulante Dame
Dame 48.2
horizontale Dame
Dame 48.2
käufliche Dame
Dame 48.2
leichte Dame
Dame 48.2
vorübergehende Dame
Dame 48.2
Dame auf Abruf
Dame 48.2
Dame fürs Geld
Dame 48.2
Dame vom ambulanten Gewerbe
Dame 14.48
Dame des Hauses
Dame 26.14
Dame im Evaskostüm
Dame 8.12, 14.23, 14.62, 14.72, 15.3
Dame mit Anhang
Dame 59.10
Dame mit aufgeschlossenen, einladenden, freien, freigebigen, offenen, tiefgründigen, weitherzigen, offenherzigen Ansichten
Dame 54.4
Dame ohne Unterleib
Dame 22.4
Dame von Welt
Dame 59.6
auf Twen gekitzelte Dame im Schwabenalter
Dame 17.2
meine alte Dame
Dame 13.5
Pik-Dame
Damenanzug 59.11
Damenausschnittbüro 59.3
Damenbadeanzug 59.43
Damenbadeanzug 59.43
attraktiver Damenbadeanzug
Damenbadeanzug 59.43
Damenbadeanzug mit Ausschnitten
Damenbadeanzug 59.43
Rückennaht am Damenbadeanzug
Damenbadeanzug 59.43
unattraktiver Damenbadeanzug
Damenbadeanzug 59.43
zweiteiliger Damenbadeanzug
Damenbart 1.65, 30.8, 63
Damenbesuch 41.14
Damenbinder 59.20
Damenbunker 48.27
Damenclub 30.6
Damendegen 1.68, 25.8, 58.12, 70.6, 80.92
Damenfahrrad 46.4
Damenfinger 1.55
Damenfrisur 1.29
Damengruppe 53.8
Reisebegleiter einer Damengruppe
Damenhosen 59.11
Damenhut 59.7
Damenhut 59.7
attraktiver Damenhut
Damenhut 59.7
auffallender Damenhut
Damenhut 59.7
bis über die Nase herabgezogener Damenhut mit Gucklöchern für die Augen
Damenhut 59.7
breitrandiger Damenhut
Damenhut 59.7
Damenhut, der die Augen verdeckt
Damenhut 59.7
Damenhut mit Blumen- oder Fruchtgarnitur
Damenhut 59.7
Damenhut mit Federgarnitur
Damenhut 59.7
Damenhut mit Schleier
Damenhut 59.7
eigenwilliger Damenhut
Damenhut 59.7

gewickelter Damenhut
Damenhut 59.7
hoher Damenhut ohne Krempe
Damenhut 59.7
kleiner Damenhut ohne Krempe
Damenhut 59.7
pilzförmiger Damenhut
Damenhut 59.7
schwarzer Damenhut in Schaufelform
Damenhut 59.7
schwarzer Damenhut mit schräger Vorderfront
Damenhut 59.7
unverkäuflicher Damenhut
Damenimitator 29.3, 66.1
Damenjacke 59.13
Damenjacke in der Buckelmode des Jahres 1955
Damenkaserne 48.27, 48.29
Damenlocker 59.22
Damenmantel 59.9
Damennachthemd 59.42
Damenpourlemérite 51.2
Damenpullover 59.16
Damenpullover 59.16
durchsichtiger, enger Damenpullover
Damenrasierapparat 61
Damenrock 59.25
Damenrock 59.25
enger Damenrock
Damensattel 26.30
im Damensattel
Damenschlafanzug 59.42
Damenschneider 61.1, 80.49
Damenschneiderei 59.3
Damenschneiderin 59.3
Damenschuhe 59.40
Damenschuhe mit extra hohen Absätzen für Schuhfetischisten
Damenschuhe 59.40
Damenschuhe mit hohen Absätzen
Damenschuhe 59.40
extra enge Damenschuhe für Schuhfetischisten
Damenschuhe 59.40
spitze Damenschuhe
Damenstiefel 59.40
extra hohe Damenstiefel für Schuhfetischisten
Damenstift 1.73
Damenstrohhut 59.7
Damenstrohhut in Tortenform
Damenstrohhut 59.7
hoher Damenstrohhut
Damenstrümpfe 59.38, 70.6
Damenstrümpfe 59.38
grüne Damenstrümpfe
Damenstrumpf 59.38
oberer Rand des Damenstrumpfs
Damenstrümpfe 59.38
rote Damenstrümpfe
Damenstrümpfe 59.38
schwarze Damenstrümpfe
Damenstrümpfe 59.38
weiße Damenstrümpfe
Damentröster 1.55
Damenunterhose 59.35
Damenunterhose 59.35
kurze, lange Damenunterhose
Damenunterwäsche 59.29
Damenvertrieb 48
Damenwahl 7, 7.7
Damenwahl 53.6
Ball mit Damenwahl
Damenwahl 7.8
Damenwahl machen
Damenwinker 59.22
Damenzimmer 41.3
Damhirsch 4.10
Damkuh 4.9, 30.2, 48.2
dämlich 2.3
dämlich 5.2
dämliche Tasse, selten dämliches Luder
dämlich 46.1
sie quatscht sich dumm und dämlich
Dämlichkeit 2.2
Dämlichkeit 2.4
die Dämlichkeit
Damm 1.25, 48, 80.18
Damm 1.82, 48.5
auf den Damm gehen
Damm 48.35
eine auf den Damm schicken
Dammbruch 23
Dammbruch 23.1
Dammbruch haben
dämmern 21.3
es dämmert ihm
dämmern 3.6
es dämmert ihr
Dämmerschlaf 64.23
Dämmerschoppen 36.1
Dammfee 48.2
Dammfetzen 48.2
Dammfeuer 70.2
Dammhirsch 48.4
Dammkuh 48.2
Dammwild 48.2
Dämon 82.3
Dämon 82.5
männlicher Dämon
Dämon 82.6
tierischer Dämon
Dämon 82.4
weiblicher Dämon
Dämonenkind 82.7
Dämonomane 82.2
Dämonomanie 82
Dämonomanin 82.1
Dampf 14.58
Dampf in der Küche, Dampf im Haus
Dampf 11.10, 14.58
Dampf in der Waschküche
Dampf 4.19
hat Dampf vor
Dampfer 2.2
alter, lahmer Dampfer
Dampfer 2.2, 6.2
flotter Dampfer
Dampfer 6.2
schnittiger Dampfer
Dämpfer 64.17
jemandem einen Dämpfer aufsetzen
Dämpfer 64.17
sich einen Dämpfer aufsetzen
Dampfhammer 1.73, 80.95
Dampfkessel 72.13, 72.16
Dampfnudel 1.17
Dampframme 1.73, 80.95
Dampfwalze 1.17
Dampfwürste 55
Damsel 80.61
Danebenpfiff 72.4
Daniel 72.13, 72.16
Daniel 1.63
Daniel in der Löwengrube
danken 80.11
für die Strafe gehorsamst danken
Danksagung 14.41
Danziger 72.12
Danzke 72.12
dappeln 26.25
Darm 80.82, 80.86
Darm 35.12
am Darm zupfen
Darm 35.7
den Darm anbohren (anzapfen, auffüllen, ausbürsten, ausfegen, aushobeln, ausputzen, ausspritzen, bügeln, schmieren, streichen, vollpacken)
Darm 35.7, 35.18
den Darm durchspülen
Darm 72.7
Stöpsel im Darm
Darm 72.10
Wind im Darm
Darmakrobat 29.3, 29.9, 35.6, 35.9, 48.4
Darmakrobatik 35.4
Darmakrobatin 35.6, 35.9, 48.2
Darmbremse 35.4
Darmcreme 35.21, 72.4, 76.3
Darmfummler 35.13
Darmgeräusch 54.8
Darmgeräuschapparatur 54.8
Darminhalt 55
wiehernder Darminhalt
Darmkitzler 35.5, 35.13
Darmkrabbler 35.13
Darmkrauler 35.13
Darmlackierung 35.15

Darmling 29.3, 35.5
Darmlutscher 35.16
Darmmassage 35.11
Darmpuster 35.16
Darmputzer 29.3, 29.9, 35.4, 35.5, 35.9, 35.16, 48.4
Darmputzerei 29.7, 35.4
Darmquetscher 54.8
Darmreißer 55
Darmrutscher 29.3, 35.4, 35.5
Darmrutscherei 35.4
Darmschänder 54.8
Darmschlecker 35.16
Darmschuster 29.3, 29.9, 35.5, 35.9, 48.4
Darmschusterei 35.4
Darmstößer 35.5
darmspülen 72.5
Darmspüler 35.5
Darmspülung 35.15
Darmstadt 72.10
Gruß aus Darmstadt
Darmstößer 29.3, 35.5
Darmstößerei 35.4
Darmstreicher 35.5
Darmwürmer 55
Darmzitterer 29.3, 29.9, 35.6, 35.9, 48.4
Darmzupfer 35.13
dastehen 64.17
allein, mit reingewaschenem Hals dastehen
dastehen 36.12
mit offenem Mund dastehen
Datsch 1.54
Datsch 77
gelbe Datsch
Datsche 2.2a
Datscher 62.2
Datte 47.31
Dattel 1.66
Dattelkern 1.68
am Dattelkern lutschen
Datterich 1.60, 39.13
Datura stramonium 50.13
Dauerbrenner 13, 26, 26.4
Dauerlutscher 36.2
Dauerlutscherin 36.3, 36.7
Dauermieter 41.13
Dauerwellen 59.12
Anzug mit Dauerwellen
Dauerwellen 59.14
Ärmel mit Dauerwellen
Dauerwellen 59.17
Hemd mit Dauerwellen
Dauerwellen 59.26
Hose mit Dauerwellen
Dauerwellen 59.13
Jacke mit Dauerwellen
Dauerwellen 59.10
Kleid mit Dauerwellen
Dauerwellen 59.9
Mantel mit Dauerwellen
Dauerwellen 59.25
Rock mit Dauerwellen
Dauerwellen 39.3
sein Bart hat schon Dauerwellen
Dauerwellen 59.38
Socken mit Dauerwellen
Däumchen 1.68, 1.73, 19.10, 25.1, 28.4, 28.9
Däumchen 24.1
Däumchen drehen
Daumen 1.55, 1.73, 25.8, 29.10
Daumen 29.10, 36.4
am Daumen lutschen
Daumen 1.77, 24.1, 25.1
den Daumen auf dem Beutel halten
Daumen 26.8
den Daumen aufs Auge setzen
Daumen 24.1, 25.1
den Daumen drücken
Daumen 45.6
die hat 'nen trockenen Daumen
Daumen 45.6
Rheumatismus zwischen Daumen und Zeigefinger
Daumen 12.9
über den Daumen peilen
daumendick 45.5
daumendicke Fettlebe
Daumenlutschen 36.1
Daumenlutscher 29.3, 36.2
Daumenmaus 1.54
Daumennagel 1.74
Daumenschraube(n) 80.69, 80.70
Daumenschrauben 80.69
die Daumenschrauben anlegen
Daumenstock 80.70
Daumenstock 80.69
den Daumenstock zudrehen
Däumling 1.55, 16.1, 18.3, 19.10, 28.4, 28.9
davonkommen 11.19, 13.3
mit einem blauen Auge davonkommen
dazwischenfunken 11.8
Dealer 57.4
Debitum conjugale 14.2
Deck 62.5
rein Deck machen
Deckadresse 26.1, 48
Decke 1.23, 48.24
Decke 41
mir fällt die Decke auf den Kopf
Decke 14.59
mit einer (mit einem) unter der gleichen Decke stecken
Decke 13.2
unter einer Decke stecken
Deckel 1.73, 4.26, 26.2, 59.7
Deckel 1.63, 2
Topf und Deckel
Deckelgibber 70.7
deckeln 59.7, 80.58
decken 17.8, 26.25, 80.58
Decker 13.6, 17.5, 26.2, 26.27, 48.4, 48.21, 80.64, 80.94
Deckgebühr 48.9
Deckhengst 4.10, 17.4, 26.37, 48.21
Deckmantel 17.14, 59.10
Deckprämie 18.21
Deckung 17, 17.5, 41.5
Deckung 17.6
defizitäre Deckung
Deckungsgeld 48.9
decrescendo 54.8
Deernsafgohn 41
Deetz 1.32
Deez 41
mir fällt die Bude auf den Deez
Deezbohrer 64.7
Deezbrennerei 64.3
Defäkation 72.4
defäkieren 72.5
defäzieren 72.5
deficiendo 26.31, 54.8
Defizit 1.58
Defizit 59.10
halsbrecherisches Defizit
Defizit 59.10
ungedecktes Defizit
defizitär 17.6
defizitäre Deckung
Deflorationsmanie 64.23
Deformationsfetischismus 70.1
Deformationsfetischist 70.1
dehnbar 47
dehnbares Gesetz
dehnbar 49.26
dehnbares Gewissen
dehnen 80.66
Dehner 80.68
Dehnungsprobleme 64.19
Deichsel 1.73
Deichselgeld 48.9
Deichselkies 48.9
Deinige 8.15
der Deinige
Deinige 8.2
die Deinige
Deisbirn 80.61
Deisbirn 80.59
Deisbirn fressen
Deisbirnfresser 80.7
Deise 41.2
Deiselmoß 17.18
Deislerei 17.16
deissen 26.25, 80.58
Deixel 50.11
Dekolleté 59.10, 70.5
dekolletiert 59.10
dekolletiert 59.43
dekolletierte Badehose
dekolletiert 59.10
dekolletierte Frau
dekolletiert 59.10
dekolletiertes Kleid
dekolletiert 59.10

sie ist dekolletiert
Delphi 53.5
Demivierge 22.10
Demmer 80.57, 80.83
demnächst 6.9
demnächst in diesem Theater
demütig 80.9
demütigen 80.11
sich demütigen
dengeln 26.25, 26.33, 80.69
Denkmal 27.3, 39.4
Denkmal 22.14
das Denkmal einweihen, enthüllen
Denkmal 39.7
ein Denkmal enthüllen
Denkmal 22.18
eingeweihtes, enthülltes Denkmal
Denkmalsenthüllung 22.13
Denkzettel 15.2, 63.1, 80.61
Denter 1.44
Deodorant 61
derglich 6.4
Derjenige 8.20, 9.9, 14.24, 14.67
Derjenige welcher
Desche 80.61
Desodorantismus 62
Destillatio 26.18
Destille 55.11
Deuslerin 17.12
Deußlerei 17.16
deutsch 51.1
deutsche Frau
deutsch 48.2
deutsche Prostituierte
deutsch 53.17
deutsches Panorama
deutsch 62.3
deutsche Sauberkeit
deutsch 11.9
deutscher Uriasbrief
Deutschmeister 1.37
Deutschmeisteraugen 1.37
Dex 57
Dexa 57
Dexamphetamin 57
Dez 1.32
Dez 64.10
Durchfall im Dez
Dezbohrer 63.12, 64.7
Dia 57
Diadem 58.9
Diagnose 63.8
Diamant 58.2
diamanten 14.57
diamantene Hochzeit
Diamantenfessel 58.4
Diamantfessel 14.25
Diamantring 58.4
Diamorphin 57
Diät 64.17
Diät 23.2
Sie lebt Diät.
dicht 4.13, 22.12
dicht 73.11
er ist nicht dicht
dicht 72.11
nicht dicht sein
dicht 4.11
nicht ganz dicht
dick 6.1, 9.4, 17.10, 45.5
dick 1.73, 15.2, 26.22
das dicke Ende
dick 1.86
dicke Beine
dick 31.5
dicke Lotte
dick 35.22
dicker Arsch mit Furz
dick 45.5
dicker Blauer
dick 45.1
dicke Rosine
dick 1.73
dicker Penis
dick 8
dicke Tunke
dick 17.8
dick machen
dick 8.1
dick wie Tunke
dick 26.20
einen dicken Kopf haben
dick 26.36
einen dicken Sack haben
dick 11.1
jemandem den Kopf dick machen
Dickdarm 35.18
den Dickdarm aufblasen
Dickdarmakrobat 29.9, 35.6, 35.9, 48.4
Dickdarmakrobatin 35.6, 35.9, 48.2
Dickdarmmassage 35.11
Dickdarmmasseur 29.9, 48.4
Dicke 48.24
die Dicke
dicke 45.5
er hat's dicke
Dicker 12.20
Dickerle 12.20
Dickmann 26.22
Dicksack 1.18
Dickschwanz 1.18
Dicktuer 12.2
Diebsbraut 47.41
Diejenige 8.2, 8.7, 9.8, 14.66, 26.1
Diejenige welche
Diel 2.2a, 44.2
Diele 2.2a, 48.2, 55.11
Dielen 53.7
die Dielen schinden
Dielenreiber 53.7
Dielenschinder 53.7
Dielenwärmer 53.7
dienen 80.11
Dienerin 80.6
Dienerin 48.2
Dienerin der Liebe
Dienst 14.48
Frau vom Dienst
Dienst 48.2
Laster vom Dienst, Mädchen vom Dienst
Dienst 8.9
Mädchen außer Dienst
Dienst 8.2
Mädchen vom Dienst
Dienst 8.22
Mann außer Dienst
Dienst 8.15, 14.49, 48.4
Mann vom Dienst
Dienst 26.14
Nackedei vom Dienst
Dienst 48.2
Sünde vom Dienst
Dienst 41.7
über den Dienst nachdenken
Dienstbalken 80.6
Dienstbarkeit 80.3
Dienstbesen 41.19
Dienstbolzen 41.19
Dienstfleck 41.19
Dienstfrau 14.48
Dienstkiste 41.19
Dienstklater 41.19
Dienstkrab 41.19
Dienstkrappen 80.6
Dienstkutte 59.9
Dienstmann 14.49, 14.51, 48.4
Dienstmädchen 14.51
Dienstmädchen in Hosen, Dienstmädchen mit Schwanz
Dienstmädchen 56
Marke Dienstmädchen: geht gern aus
Dienstpfote 41.19
Dienstpolster 41.19
Dienstputz 41.19
Dienstraum 48.27
Dienstreise 48.6
Dienstsakko 59.13
Dienstscheißer 35.22, 51.3
Dienstspritze 41.19
dienstunfähig 39.10
dienstunfähig 23.1
dienstunfähig sein
dienstwillig 80.9
dieren 12.10, 68.3
Dierer 68.1
Dierling 1.36
Dietrich 1.73, 22.16, 64.23
Dietz 1.73, 80.86
Diladizsche 80.61
Dille 2.2a, 48.2
diluendo 54.8
dilungando 26.31, 54.8
dilungendo 54.8
Dimethyl Trytamin 57
diminuendo 54.8
Dimpf 55.11
Dimpf 29.8, 30.6
schwuler Dimpf
Dimpf 29.8
heißer, warmer Dimpf
Diner 53.18
Diner à la Rucksack
Ding 1.66, 18.3, 19.9, 28.4
Ding 1.73, 26.27

Ding mit Pfiff
Ding 2.2
dummes, freches, hübsches, junges Ding
Ding 26.25
ein Ding drehen
Ding 19.2
hübsches, junges Ding usw.
dingen 14.57
Dinger 1.58, 70.5
Dingerich 1.73, 2.5
Dingerl 1.66, 19.9, 28.4
Dingmarkt 41
Dingsda 2.2
die Dingsda
Dingtag 41
Dingus 1.73
Dinnestag 41
Diphenhycerinan 57
Diphenhycerinan 57
Diphenhycerinan mit Methadon
Diphtherie 57
Diplom 21.2, 22.2
mit Diplom
Diplomatenhelm 59.7
Diplombraut 1.5, 6.2, 8.6, 22.4, 51.2
Diplomfikus 12.37
Diplomfose 12.36, 21.5, 22.4
Diplomhengst 6.3, 8.19
Diplomierte 48.2
Diplompfeife 21.6, 22.5
Dirach 50.11
Direktionsfilter 45
Dirne 48.2
Dirnenkaserne 48.29
Dirnenunterkunft 48.29
Dirnenzoll 48.9, 48.11
Disen 82.3
Disharmonie 54.8
Diskothektanz 53.7
diskret 12.16
diskrete Tour
Diskrete 48.2
Diskretschein 48.10
Dissonanz 54.8
Distanzliebe 64.13
Distel 1.66
Disteln 26.25
Disteln stechen
Distelstecher 1.73, 80.95
Disziplin 80.1, 80.21
Disziplin 80.10
Disziplin halten
Disziplin 26.27
Disziplin im Knochen
Disziplin 12.35, 26.25
Disziplin im Knochen haben
Disziplin 80.11
sich der Disziplin unterwerfen
Disziplin 80.11
sich Disziplin beibringen lassen
disziplinieren 80.10
disziplinieren 80.11
sich disziplinieren lassen
Ditschlerei 26
Dittchen 45.1
Ditz 18.2, 18.3
Ditza 80.82, 80.86
Divertimento 54.8
Dividendenjauche 55
Diwanwalzer 26.27
d-Lysergsäurediäthylamid 57
Dobcher 18.3
Dobe 1.54
Dobinette 59.5
docken 80.58
Docht 41.4
Docht 27.3, 39.13, 64.21
ausgebrannter Docht
Doge 80.61
Doggele 82.3
Dohle 47.3, 48.2, 59.7
Doktor 18.16
Doktor 48.10, 63.12
Doktor Loch
Doktor 63.12
Doktor Schwanz
Doktor 18.20
Onkel Doktor
Doktor 63.12
schwarzer Doktor
Doktor 63.12
vierbeiniger, zweibeiniger Doktor
Dokument 72.19
Dokus 1.83
dolendo 54.8
doll 54.5, 54.6
Romanze in doll
Döller 80.55
döllern 80.54
Dollmann 80.57, 80.83
Dolmen 80.48
dolmen 80.46
Dom 59.7
Domina 80.4, 80.63
dominieren 80.10
dominierend 80.5
dominierende Persönlichkeit
Domino 1.32
Dompteur 80.5
Dompteur 39.5, 39.13
Holzwurm-Dompteur
Dompteuse 80.4, 80.63
Domptur 80.1, 80.21
Döneken 54.1
Donja 41.19
Donna 1.5, 2.2, 6.2, 41.19, 48.2, 49.12, 59.6
Donnerbüchse 18.15
Donnerkeil 17.22
Donnerstange 72.15
Donnerstuhl 72.14, 72.16
Donnerwetterbluse 59.23, 70.5
Donnerwetterkleid 59.10
Donnerwetterpulli 59.16
Donnerwinde 72.12
Doofi 5.2
klein Doofi mit Plüschloch
Doppeldecker 14.63, 47.10, 48.4, 65.1, 65.4
doppeldeutig 6.22, 65.2
Doppelehe 47.10
Doppeletui 14.42
Doppelgänger 65.1, 66.1
doppelgleisig 6.22
doppelgleisig 48.5, 65.3
doppelgleisig fahren
Doppelgriff 25, 54.8
Doppelhandschellen 80.86
Doppel-Ische 1.5, 6.2, 8.6
Doppel-Knäcke 6.3
Doppelkoje 14.42
Doppelkopf 65.1
Doppelleben 65, 66.6
Doppelliebe 64.13
Doppelloch 31.1
Doppelmassage 25, 25.7, 31.5, 48.6, 80.61
Doppelmichel 24.5
Doppelminette 36.9
doppeln 26.25, 29.5, 48.5, 65.3
Doppelpeter 8.19, 24.5
Doppelsärge 14.34
Begräbnisanstalt für Doppelsärge
doppelsinnig 6.22, 65.2
Doppelsitzer 46.4, 53.15
zweigeschlechtlicher Doppelsitzer
Doppelspiel 10.5
doppelspurig 65.3
doppelspurig sein, doppelspurig verkehren
Doppelstenz 29.9, 48.4, 48.21
doppelt 8.1
doppelt gemoppelt
doppelt 8.1
doppelt hält besser
doppelt 49.1
doppelte Moral, Moral mit doppeltem Boden
doppelt 38.3
doppelter Teenager
Doppeltröster 24.5
Doppeltwen 38.4
Doppelverdiener 29.9, 48.4
Doppelweibchen 43
Doppler 26.27
Dorik 80.82, 80.86
Dorli 1.66, 36.12
dormen 26.25, 41.7
dormisch 41.7
Dormmalves 59.41
Dorn 1.73, 59.3, 80.95
Dorn 1.63, 2.1
Dorn und Schnalle
Dorn 26.25
mit dem Dorn pieken
Dörrfleisch 27.3, 39.6, 39.12
Dörrfleisch 27.4
Handel in Dörrfleisch
Dörrgemüse 27.3, 39.6, 39.12
Dörrgemüse 27.4
Handel in Dörrgemüse
Dörrobst 39.6

Dortsche 72.10
Dos' 9.4
weg wie 'm Papa sei' Dos'
Dose 1.66, 2.2
Dose 22.18
aufgeknackte Dose, aufgemachte Dose, geöffnete Dose
Dose 22.14
die Dose anbohren, aufknacken
Dose 26.25
die Dose anbohren, die Dose aufmachen (aufschließen)
Dose 26.25
die Dose lackieren
Dose 12.41
die Dose mit der Axt aufmachen
Dose 26.25
die Dose polieren
Dose 26.25
den Stecker in die Dose stecken
Dose 47.26
geöffnete Dose
Dose 61
Schönheit aus der Dose
Dose 1.63, 2.1
Stecker und Dose
dösen 41.7
Dosenappell 48.10
Dosenbeschau 48.10, 63.8
Dosendeckel 1.69, 23.8, 49.21
Dosenernährung 36.5
Dosenfabrikant 17.3, 17.4
Dosenfisch 1.71, 62.13
Dosenfleisch 17.6
Dosenflicker 63.12
Dosenflickerei 63.14
Dosenfresser 36.6
Dosenfresserin 30.2, 36.7
Dosengeld 48.9
Doseninspekteur 48.10
Doseninspektion 48.10
Dosenkontrolle 48.10
Dosenlöter 63.12
Dosenmacher 17.4
Dosenmassage 25
Dosenöffner 1.73, 17.17, 55
Dosenparade 48.10
Dosenpolierer 1.73, 63.12
Dosenreißer 1.73, 22.16, 47.26, 64.23, 80.95
Dosenschuster 63.12
Dosenschusterei 63.14
Dosenspanner 1.73, 48.10, 63.10
Dosenspengler 63.12
Dosenspenglerei 63.14
Dosenstück 2.2, 47.21, 54.1
Dosis 57
starke Dosis
Doß 59.25
Dotsch 1.83, 1.85, 35.6
Dotsch 22.14, 26.25, 35.7
die Dotsch anbohren
Dotsch 35.7
die Dotsch anzapfen, auffüllen, aufstemmen, ausbürsten, ausfegen, aushobeln, ausputzen, ausraspeln, ausrebeln, ausspritzen, bohnern, bügeln, durchspülen, lackieren, polieren, vergolden, versilbern, vollpacken
Dotsch 26.25
die Dotsch lackieren
Dotsch 26.25
die Dotsch polieren
Dotterhof 17.15
Dötzken 18.4, 18.9, 19.4
Doveskandig 80.91
Drache 14.50, 41.19, 82.6
Drachen 11.12
Drachenblut 52.2
Drachenburg 14.14, 41.22, 53.6
Drachenfels 53.6
Drachenfutter 14.60
Drachenhaut 59.9
Dragoner 1.8, 1.58, 4.17, 14.50, 30.2, 41.19
Dragonerkaserne 30.6
Draht 45.1
Draht 45.1
blanker Draht
Drahtamsel 45, 46.2, 51.3
Drahtbesen 11.12, 14.50
Drähte 46.2
flüstern, bis die Drähte glühen
Drahtkommode 45.2, 60.4
drahtlos 45.6
drahtlos 48.8
drahtloser Freier
drahtlos 48.9
drahtloser Verkehr
Drahtmaus 45, 51.3
Drahtmolle 41.5
Drahtpuppe 80.7
Drahtschwalbe 45, 46.2, 51.3
Drahtverhau 1.48, 1.65, 45.4
drakonisch 80.8
Drall 3.3, 64.10, 64.25, 80.82, 80.86
drall 1.19
drall 45.2, 60.4
dralle Marie
Drallkasten 64.2
Drämel 12.43
dran 38.2
an ihr ist alles dran
Drang 3, 72.6
Sturm und Drang
Drangeld 14.32
drängen 36.12
sich auf die Lippen drängen, sich auf die Zunge drängen
drängend 54.8
Drank 62.10
Dranktonne 62.7
Drao 57
Drapp 59.21
Drassen 80.61
Draufgeld 14.32
Draufguckkleid 59.10
draufhalten 25.1
die Hand draufhalten
draufkommen 64.25
auf den Geschmack kommen
draufkriegen 80.59
eine draufkriegen
drauflegen 25.1
die Hand drauflegen
draufschmieren 80.58
Dr. Baast 64.4
Dreck 62.10, 63.1, 71.2
Dreck 49.23
Dreck am Schwanz haben
Dreck 63.1
Dreck am Stecken
Dreck 55
Dreck mit Soße
Dreck 62.10, 63.1
Dreck und Speck
Dreck 62.11
in Dreck und Speck
Dreck 62.12
im Dreck wühlen
Dreck 16.3
die Karre aus dem Dreck ziehen
Dreck 63.2
Elftes Gebot: Du sollst nicht ficken, wenn du Dreck am Stecken hast.
Dreckamsel 51.3
Dreckapotheke 52.2
Dreckelche 12.24
Dreckfink 49.7, 62.13, 71.1
Dreckgibber 71
Dreckhammel 62.13
dreckig 47.21, 54.1
dreckiger Witz
dreckig 67.6
dreckige Schnauze
dreckig 62.11
dreckig und speckig
Dreckkrematorium 62.7
Dreckliese 48.2
Dreckloch 41.1, 41.2, 41.3, 48.2, 51.3, 62.14
Drecknest 62.14
Dreckrachen 62.7
Drecksack 49.7, 62.13
Drecksau 71.1, 62.13
Dreckschleuder 11.12, 14.50, 46.1
Dreckschnauze 67.6
Dreckschwalbe 62.13
Dreckschwein 49.7
Dreckskerl 62.13
Dreckspatz 62.13, 71.1
Dreckstall 62.14
Dreh 26.27, 64.10
Dreh 26.25
den Dreh heraushaben

Dreh 12.35, 26.25
den Dreh raushaben
Drehbuchhalterin 54.5
drehen 26.25, 54.5
drehen 24.1
an der Drehorgel (der Handorgel, dem Leierkasten, der Orgel, der Spieldose, dem Werkl) drehen
drehen 24.1, 25.1
Däumchen drehen
drehen 17.8
dran drehen
drehen 26.25
ein Ding (eine Nummer, eine Runde, eine Tour) drehen
drehen 25.1
einer an der Drehorgel (der Handorgel, dem Leierkasten, der Orgel, der Spieldose, dem Werkl, der Wurlitzer) drehen
drehen 53.7
sich drehen
Dreher 53.7
Drehhäuschen 14.60, 48.12
Drehlade 15.10
Drehorgel 1.66, 25.8, 30.8, 48.2, 65.1, 65.4, 66.2
Drehorgel 24.1
an der Drehorgel drehen
Drehorgel 54.8
die Drehorgel spielen
Drehorgel 24.1
Drehorgel spielen
Drehorgel 25.1
einer die Drehorgel polieren, einer an der Drehorgel drehen, Drehorgel spielen
Drehpeter 65.1, 66.1
Drehscheibe 64.2, 80.37
Drehstrom 65.5, 66.6
Drehwinde 64.2
Drehwurm 65.1, 66.2
Drei 57
drei 26.25
auf dem dritten Bein stehen
drei 31.1
Buch mit drei Spalten
drei 24.1, 25.1, 26.9
das dritte Ei (die dritte Klöte, die dritte Kugel, die dritte Tomate) suchen
drei 29.2, 30.1
das dritte Geschlecht
drei 24.1
drei glatt, drei verkehrt machen
drei 31.5
drei Mann hoch
drei 23.2
drei Tage rote Grütze, drei Tage Rotkohl
Dreiblatt 31.5
Dreidraht 65.1
Dreieck 14.59, 31.5
dreieckig 31.3
dreieckig 13
dreieckiges Verhältnis
Dreierzug 31.5
dreifältig 31.3
Dreifelderwirtschaft 31.5
Dreigroschenhure 48.4, 66.5
Dreihundertfünfundneunziger 29.3
Dreikäsehoch 18.3, 19.4
Dreiklang 31.5
Dreiling 65.1
Dreimännerwitz 54.7
Dreimannloch 13.5, 14.62, 31.1
Dreimaster 31.2, 48.4
Dreiminutennummer 48.6
dreinschmieren 80.58
Dreispänner 13.6, 14.63, 14.67
Dreispitz 1.65, 1.66, 59.7
dreist 4.16
Dreiviertel 59.26
Dreiviertel-Hose
dreiviertel 17.11
sie hat eine dreiviertel Packung
Dremel 1.73
dreschen 80.58
dreschen 72.5
Erbsen dreschen
dreschen 12.17
Sirup dreschen
Dreschflegel 1.52
Dresseur 80.5
dressieren 20.8, 21.1, 80.10, 80.58
dressieren 80.11
sich dressieren lassen
dressiert 34.4
für menschlichen Geschlechtsverkehr dressiertes Tier
Dressing 59.29, 70.9
Dressing 48.34
Rohkost mit Dressing
Dressur 20, 80.1, 80.21
Dressur 80.11
sich der Dressur unterwerfen
Dressuranstalt 20.1
Dr. Hemdenmatz 18.20
Dr. Hoffmann 17.4
Herr Dr. Hoffmann
Dr. Hosenmatz 18.20
Drill 80.1, 80.21
Drillbohrer 1.73
drillen 80.10
drillen 80.11
sich drillen lassen
Drillerhaus 14.60, 48.12
Drillhäuschen 14.60, 48.12
Drillmühle 80.37
Drillscheibe 80.37
drin 6.22
es ist noch alles drin
Drina 57
Drinamyl 57
dritte 1.73
der dritte Arm, das dritte Bein
dritte Zähne 1.44
die dritten Zähne, zum drittenmal Zähne kriegen, sich die dritten Milchzähne holen
dritter 1.73
dritter Fuß
Dr. Klaps 64.4
Dr. Knacks 64.4
Dr. Knall 64.4
Dr. Koller 64.4
Drogen 57
Drogen 57.2
Benutzung von Drogen
Drogen 57.1
Drogen benutzen
Drogen 57.6
Lokal, in dem man Drogen erhält
Drogeneinfluß 57.1
unter Drogeneinfluß
Drogenbenutzer 57.3
Droheier 17.20
dröhnen 57.1
Drohnenkorb 29.8, 29.9, 29.10, 39.14, 41.2, 41.22, 48.26, 48.28
Drohnerich 8.22
ausgeschwärmter Drohnerich
Dromedar 12.42, 41.19
Droschke 2.2
Droschke 8.9
weggefahrene Droschke
Drosse 1.49
Drossel 1.49, 48.2, 54.8, 80.86
Drossel 6.5, 39.4
alte Drossel
Dr. Schlauch 59.26
Dr. Schlauchs Gesundheitshosen
Dr. Storch 17.17
Herr Dr. Storch
drüberkräulen 26.25
drüberkräulen 35.7
bei einem drüberkräulen
drüberlassen 12.30, 26.26
einen drüberlassen
drübersteigen 26.25
Druchs 47.37
Druck 45.6
Druck 35.7
die Hinterreifen, den Schlauch auf Druck bringen
Drückeberger 4.21, 64.13
drücken 80.69, 80.70
drücken 25.1
auf die Tube drücken
drücken 24.1, 25.1
den Daumen drücken
drücken 21.3
die Schulbank drücken
drücken 3.4

(drück mal auf 'n Knopf, damit's losgeht)
drücken 25.1
einer den Daumen drücken
Drücker 45
an den Drücker kommen, am Drücker sein
Druckerei 48.25
Drückerei 26
Druckerle 82.5
Druckpunkt 11.19, 41.6
Druckpunkt nehmen
Drucks 47.33
Drudenbüblein 82.7
Drudenkraut 16.1, 52.2
Druntenlieger 14.51, 52.8, 82.4
Drüsen 1.58, 1.77, 70.5
Drüsenfieber 63.1
Pfeiffersches Drüsenfieber
Drüsenhalter 1.76, 59.34, 70.3
Drüsenheber 59.30, 59.34, 70.5
Drüsenhülse 59.23
Drüsenkitzler 54.5, 54.8
Drüsenschau 26.11, 54.9, 54.10, 59.10, 59.43, 70.3, 70.5
Drüsenschau 59.10
abendfüllende Drüsenschau
Drut 82.1
Dschunke 39.4, 48.2
alte Dschunke
Dschunke 59.6
aufgetakelt wie eine Dschunke
Dschunke 22.14
die Dschunke torpedieren
Dschunke 22.18
torpedierte Dschunke
du 8.1
auf du und du
du 29.6
auf du und du stehen
du 7.11
sie stehen auf du und du
d. u. 39.10
d. u. 23.1
d. u. sein
Duckmäuser 4.21
Duckdich 41.2
Villa Duckdich
Dudelsack 1.76, 36.12, 54.8
Dudelsack 24.1, 25.1, 36.4
Dudelsack spielen
Dudelsackbläser 36.2
Dudelsackbläserin 36.3
Dudelsackspiel 36.1
Dudelsackspieler 24.3, 25.4
Duett 26.27, 54.8
Duettblaserei 36.9
Duf 1.66, 19.9, 28.4
Duft 12.6
Duft aussenden
dufte 6.1
dufte 2.2
dufte Biene
dufte 6.2
dufte Bluse
dufte 6.3
dufter Pünke
dufte 41.3
dufter Turm
Duftgemüse 12.24
duftig 59.10
duftiges Nichts
Duftschiß 72.10
Dulcinea 1.5, 6.2
D.U.-Litze 23.7
dulksen 80.58
Dulle 2.2a, 48.2
dumm 35.22
dumm 5.2
dumme Frau
dumm 5.3
dummer Mann
dumm 2.2
dummes Ding
dumm 2.2
dummes Huhn
dumm 35.22
dumm sein
dumm 46.1
sie quatscht sich dumm und dämlich
Dummel 80.62
Dung 62.10
Dung 72.5
Dung abladen
düngen 35.7
die Blume düngen
düngen 35.7
die Rosen düngen
düngen 72.5
den Wald düngen
Dungfliegen 71.3
Dunghaufen 62.10
dunkel 1.63
dunkler Punkt
dunkel 35.22
dunkles Bier
dunkel 48.2
dunkles Fleisch
Dünkel 80.10
den Dünkel austreiben
Dünkel 80.11
sich den Dünkel austreiben lassen
dunkelblau 59.12
dunkelblauer Anzug, der zu klein geworden ist
Dunkelelf 52.8, 82.5
dunkelgrün 22.9
dunkelgrüner Laie
Dunkelkammer 41.3, 48.31, 54.3, 54.5, 54.6
Dunkelschotten 52.5, 53.7
dunkelweiß 62.11
dünn 4.5, 6.13, 12.40
dünn 1.86
dünne Beine
dünn 4.6
dünne Bluse
dünn 72.6
der, die Dünne
dünn 72.6
die dünne Kathi, der dünne Nachfix, die dünne Nachfixe
dünn 6.15
dünner Stift
Dünnbier 55, 73.14
dünnemachen 11.19, 13.3
sich dünnemachen
Dünnmann 1.10, 4.21, 49.7
Dünnpfiff 72.6
Dünnschiß 72.6
Dünnschißkanone 51.3
Dünnschliff 72.6
Dünnung 1.61
Dunsel 2.2a
dunstig 64.10
dunstige Kiepe
Dunstkiepe 1.35, 59.7
Dunstkiepenputzer 64.4
Dunstkiepenreiniger 64.4
Dunstkiepenwäscherei 64.3
Dunstkreis 3.2
Dunzel 2.2a, 5.2, 21.11, 22.8, 22.10
Duo 26.27, 54.8
durchbeuteln 80.58
durchbleuen 80.58
Durchblickfenster 59.10
durchbohren 35.7
die Kehrseite der Medaille durchbohren
durchbrennen 10.7, 11.19, 13.3
Durchfall 72.6
Durchfall 64.10
Durchfall im Deez
Durchfall 59.40
Durchfall-Latschen
durchflammen 80.58
durchflapchen 80.58
Durchgangszimmer 41.3
durchgebrannt 8.9
durchgebrannte Glühbirne
durchgebrannt 8.22
durchgebrannter Hengst
durchgehauen 64.25
ihr ist die Sicherung durchgehauen
durchgehen 48.35
ihm gehen die Pferde durch
durchgeknallt 72.6
bei ihm ist die Sicherung durchgeknallt
durchgeknallt 64.25
ihr ist die Sicherung durchgeknallt
durchgeschlagen 46.25
ihr ist die Sicherung durchgeschlagen
durchgewetzt 39.10
durchgewetzt 64.21
durchgewetzter Strick

durchgewichst 39.10
Durchguckbluse 59.23, 70.5
Durchguckpulli 59.16
durchhauen 80.58
durchlässig 22.17
durchlöchern 47.26
durchlöchert 59.7
durchlöcherter Hut
durchlöchert 59.9
durchlöcherter Mantel
durchlöchert 59.40
durchlöcherte Schuhe
Durchlöcherung 80.39
Durchlöcherung des Skrotums
durchmachen 26, 80.13
durchmachen 41.6
die Nacht durchmachen
Durchmarsch 72.6
durchpeitschen 80.58
durchprügeln 80.58
durchputzen 26.25
Durchreise 59.4
durchrühren 26.25
Durchschiß 72.6
durchschmieren 80.58
durchsägen 41.7
den Urwald durchsägen
durchsichtig 59.23
durchsichtige Bluse
durchsichtig 59.16
durchsichtiger Damenpullover
durchsichtig 59.9
durchsichtiger Plastikregenmantel
durchsichtig 59.10
durchsichtiges Kleid
durchsichtig 16.1
durchsichtiges Kondom
durchsichtig 59.17
durchsichtiges Nylonhemd
durchspülen 36.4
durchspülen 35.7
den Braunen, den Darm, die Dotsch hinten, den Schwarzen durchspülen
durchspülen 35.18
den Darm durchspülen, den Mastdarm durchspülen
durchsteigen 5.4
ich steig da nicht durch
Durchstich 1.66, 80.95
durchstochern 26.25
Durchstoß 1.66, 80.95
durchstrecken 59.14
durchstrecken, durchgestreckt; er hat die Arme zu weit durchgestreckt
durchsuchen 25.1
durchsuchen 35.12
das Arschiv, das Hinterhaus durchsuchen
durchsumpfen 26, 41.6
durchwachteln 80.58
durchwalken 61.9, 80.58
durchwamsen 80.58
durchwapschen 80.58
durchwaschen 62.5
durchwassern 80.58
durchweichen 80.58
durchwichsen 80.58
durchziehen 26.25, 62.5
Durchzieher 1.29
Durmklamine 41.3
Durst 26.25, 26.40
den Durst löschen
durstig 36.2, 36.3, 77.1
durstige Seele
durstlöschend 26.41
Durststrecke 64.17
Dusche 80.86
Duschraum 62.5
Düse 1.66, 2.2, 36.12
Düse 36.8
die Düse ausblasen, die Düse ausbürsten
Düse 26.25
die Düse polieren
Düse 30.4
die Düse säubern
Düse 23.3
verstopfte Düse
Dusel 18.4, 18.9, 19.4, 28.4, 28.9, 80.61
duseln 41.7
Düsen 1.58, 70.5
Düsen 37.4
die Düsen ausspritzen
Düsenantrieb 4.2
Loch mit Düsenantrieb
Düsenantrieb 4.18
Schwanz mit Düsenantrieb
Düsenjäger 4.18, 6.18, 18.13, 48.8
Düsenputzer 1.45, 1.73, 4.18, 30.8, 34.4, 36.5, 36.6, 36.12
Dusse 80.86
Dusseler 80.87
Dußhund 80.86
Dußmann 59.13
duster 35.22
im Arsch ist's duster
Dut 1.66
Dutsch 1.83
Dutschke 59.16
Dutt 1.29
Duttelamper 1.58
Duttelfick 37.3
Duttelheber 59.30
Duttelschuster 61.1
Duttelspritzer 37.3
Duttelwärzlein 1.58
Dutten 1.58, 70.5
Duttenfutteral 59.23
Duttenhalter 59.30
Duttenheber 59.30
Duttenwiege 59.30
Dysuria psychica 63, 73.10
D-Zug 48.8

E

E 14.48
E-Loch
E 14.36, 14.48
Vitamin E
Eau de Pologne 73.4
Ebbe 17.26, 23.10, 45.6, 64.21
Ebbe 17.26
Ebbe haben
eben 1.58
Ebene 59.26
Po-Ebene
Ebene 12.39
Untalent auf der horizontalen Ebene
Ebene 49.1
schiefe Ebene
Eberborsten 1.72
Ebige 80.61
Echolot 1.73, 69.2
Echse 2.2
Echse 6.8
Sex-Echse
echt 59.9
echter Pelzmantel
Eck 55.11
Ecke 48, 53.4
Ecke 48.5
Ecke stehen
Ecke 73.5
einen Strahl in die Ecke stellen
Ecke 73.5
eine Stange Wasser in die Ecke stellen
Ecke 48.2
Frau an der Ecke
Ecke 55.11
ungestörte Ecke
Ecke 48
scharfe Ecke
Ecken 40
um sieben Ecken verwandt
eckenen 72.5
Eckenpisser 73.7
Eckensteher 48.4
Eckensteherin 48.2
Eckloge 72.12
Eckner 35.5
Eckstein 48.2, 48.4
Eckstein 48.7
am Eckstein stempeln
Eckzahn 1.44, 4.20, 53.7
edeldufte 6.1
Edelhengst 12.37
Edelhure 48.2
Edelmann 8.19
Edelnutte 48.2
Edelschaffe 1.5, 6.2, 8.6
Edelschickse 48.2
Edelstrampelhöschen 59.43
Edeltippse 45
Efeuprobe 49.19
eff-effen 12.35
Effektitten 1.58
Eggenziehen 52.4

Egon 48.21
EH 59.34
Ehe 14
Ehe 14, 14.43
abstinente Ehe
Ehe 14.70
die Ehe geht auf den Leim
Ehe 14.60
die Ehe leimen
Ehe 14.68
Ehe, die nur noch selten vollzogen wird
Ehe 47.10
dreifache Ehe
Ehe 14.68
Ehe auf Raten
Ehe 13
freie Ehe, wilde Ehe
Ehe 47.9
hinkende Ehe
Ehe 29.7
homosexuelle Ehe
Ehe 14, 15.8
Kurzschluß-Ehe, Muß-Ehe
Ehe 51.3
postume Ehe
Ehe 29.7
viereckige Ehe
Ehe 14.42
Werkbank der Ehe
Ehe 14, 29.7
zweigleisige Ehe
Ehealltag 14.55
Ehebetrug 47.9
Ehebett 14.42, 51.3
Ehebett 14.42
Spalte zwischen den Ehebetten, Gespräch im Ehebett
Ehebettminister 51
Ehebolzen 14.48
Eheb osten 14.48
ehebrechen 14.59
ehebrecherisch 14.59
ehebrecherisches Verhältnis
Ehebruch 14.59
Ehebruch 14.60
Toleranz und Eifersucht beim Ehebruch
Ehebruchpilot 14.71, 47.30
Ehebruchsstrafe 14.60
Ehebruchstribunal 14.60
Ehebruchsvertrag 14.60
Ehedrache 14.50
Eheeinspruch 14.1
Ehefabrik 14.34
Ehefrau 14.48
Ehefrau 14.46
befriedigte Ehefrau
Ehefrau 24.5
elektrische Ehefrau
Ehefrau 14.50
herrschsüchtige Ehefrau
Ehefrau 14.62
Ehefrau mit Freund
Ehefrau 14.64
Ehefrau ohne Freund
Ehefrau 14.32
reiche Ehefrau
Ehegatte 14.59
den Ehegatten betrügen
Ehehahn 14.49
Ehehelfer 14.67, 17.7
Ehehur 14.48
Ehejoch 64.24
Ehekrach 14.58
Ehekrach 14.58
es gibt Ehekrach, Ehekrach haben, nach einem Ehekrach koitieren, Schweigetaktik beim Ehekrach
Ehekreuz 14.50
Ehekrieger 14.73
Ehekrieger mit Kriegsandenken
Ehekriegerin 14.72
Ehekriegerin mit Kriegsandenken
Ehekrücke 14.48
Ehekrüppel 64.24
Ehekübel 14.48
ehelich 14.55
ehelicher Beischlaf der Eltern
ehelich 14.46
ehelicher Geschlechtsverkehr
ehemalig 8.9
ehemalige Freundin
ehemalig 8.22
ehemaliger Freund
Ehemann 14.49
Ehemann 14.53
Abkanzelung des Ehemannes
Ehemann 14.56
Bankkonto des Ehemanns
Ehemann 14.61
betrogener Ehemann
Ehemann 14.53
den Ehemann abkanzeln
Ehemann 14.25
den Ehemann beherrschen
Ehemann 24.5
Ehemann in der Handtasche
Ehemann 14.55, 24.5, 30.5
elektrischer Ehemann
Ehemannersatz 14.55
Ehemann 14.63
Ehemann mit Freundin
Ehemann 14.65
Ehemann ohne Freundin
Ehemann 24.5
tragbarer Ehemann
Ehemann 14.65
unaufgeweckter Ehemann
Ehemann 14.51
von seiner Frau beherrschter Ehemann
Ehematratze 14.48
Ehemetritis 64.17
Ehemöbel 14.48
Ehemolle 14.42
Ehemüdigkeit 14.55, 64.21
Ehemühle 14.48
Ehen 14.31
Ehen vermitteln
Ehepaar 14.47
Ehepaar 14.29
sich als Ehepaar ausgeben
ehepaaren 14.29
Ehepartner 14.70
den Ehepartner abhängen, aufs Abstellgleis schicken, ausrangieren, fallenlassen
Ehepfeife 14.49
Eherecht 14.2
Eherecht der Gegenwart
Eherecht 14.1
Eherecht der Vergangenheit
Ehering 14.36, 58.4
Ehering 14.36
unechter Ehering
Eheschaukel 14.42
Ehescheidungen 14.69
auf Ehescheidungen spezialisierte Rechtsanwaltfirma
Eheschließung 14.32
finanzielle Aspekte der Eheschließung
Eheschmiede 14.34
Eheschwanz 14.49
Ehesegen 11.11, 14.58
der Ehesegen hängt schief
Ehesegen 11.11
der Ehesegen wackelt
Ehestand 14.38
sich in den Ehestand stürzen
Ehestandsauto 18.13
Ehestandsdroschke 18.13
Ehestandsequipage 18.13
Ehestandskarrete 18.13
Ehestandskutsche 18.13
Ehestandslokomotive 18.13
Ehestandsprobe 14.29
Ehestreik 14.58
Ehetaler 14.41
Ehetauglichkeitszeugnis 14.1, 46.3
Ehetrümmerhaufen 14.69
Eheurlaub 14.68
Ehevermittler 14.31
Ehevermittlung 14.31
Ehevermittlung 14.31
Computer zur Ehevermittlung
Ehevermittlung 14.31
Kosten der Ehevermittlung
Ehevermittlungsinstitut 14.31
Ehevertrag 14.32
Ehewinkel 1.30
Ehezerstörer 54.4
Ehlende 59.17
Ehni 40.10
Ehrabschneiden 48.12

Ehrabschneider 14.60
ehrbar 22.18
ehrbare Hure
Ehre 33.2
die letzte Ehre erweisen
Ehre 49
Ehre im Leib
Ehre 33.3
letzte Ehre
Ehrenbett 33.4
Ehrenjungfer 48.2
Ehrenseite 26.30
von der Ehrenseite
ehrlich 15.7
eine ehrliche Frau aus ihr machen
ehrlich 14.38
er hat ihr ehrlich jemacht
Ei 24.5, 35.21, 76.3
Ei 1.77, 24.1, 25.1, 26.9
das dritte Ei suchen
Ei 72.5
ein Ei legen, ein Ei pflanzen
Ei 59.26
er sucht das dritte Ei
Ei 17.27
Gib dem Huhn vorn ein Korn, kommt hinten ein Ei raus.
Ei 14.32
goldenes Ei
Ei 18.7
kaum aus dem Ei gekrochen sein
Ei 55.4
wie Titte mit Ei schmecken
Ei 59.43
2 Eier mit 1 Wurst
Eia 18.11, 41.5
Eichel 1.74, 1.75
Eichel 26.18
die Eichel anfeuchten
Eichelmast 1.73
Eicheln 80.25
Eicheltripper 51.3, 63.1
Eidam 14.54
Eiderdaunen 41.5
Ei-Ei 26.6, 26.7
ei-ei 26.5
ei-ei machen
Eier 1.77, 1.78, 36.12, 45.1
Eier 17.16
auf den Eiern sitzen
Eier 3.6
das Herz schlägt ihm in den Eiern
Eier 1.77
die Eier des Kolumbus
Eier 25.1
die Eier ins Rollen bringen
Eier 2.5
Sache mit Eiern
Eier 36.12
Eier des Kolumbus
Eier 14.44
Eier im Schmalz
Eier 25.22, 51.3
Eier in Senfsoße
Eier 55
Eier in Senftunke
Eier 55
Eier mit Spinat
Eier 80.20
einem die Eier schleifen
Eier 31.5
eine Stiege Eier
Eier 64.21
er hat sich die Eier wegamüsiert
Eier 13.8
goldene Eier legen
Eier 4.19
ihm gehen die Eier (der Arsch, der Schwanz) mit Grundeis
Eier 25.2
jemandem die Eier servieren
Eier 36.4
jemandem russische Eier füttern
Eier 36.4
jemandem verlorene Eier füttern
Eier 31.5
Klappstulle mit Eiern
Eier 7.8
nach Eiern suchen
Eier 1.78, 36.12, 78.3
russische Eier
Eier 4.3
Sache mit Eiern
Eier 7.8
sich dem Wettlauf um die Eier anschließen
Eier 64.23
sich die Eier wegamüsieren
Eier 17.11
sie sitzt auf den Eiern
Eier 1.78
ungelegte Eier
Eier 1.78, 15.2, 36.12, 55, 78.3
verlorene Eier
Eier 7.7
Wettlauf um die Eier
Eier 63.5
wie auf Eiern gehen
Eierantrieb 52.2, 52.3, 55, 64.21
Eierauflauf 26.24
Eierbadehose 59.43, 70.3
Eierbecher 1.76, 36.12, 59.34, 70.3
Eierbecher 36.4
am Eierbecher knabbern
Eierhalter 59.34
Eierheber 59.34
Eierkiste 41.5
Eierkocher 59.7
Eierkognak 1.78, 36.12, 55, 78.3
Eierkognak 36.4
jemandem Eierkognak füttern
Eierkopf 1.32
Eierkorb 59.34
Eierkuchen 1.78, 31.5, 36.12
Eierkuchen 36.4
jemandem Eierkuchen füttern
eierlegen 17.16
Eierlikör 55
eiern 24.1, 25.1
Eiernäpfchen 59.34
Eiersack 1.76, 36.12
Eiersack 36.4
am Eiersack knabbern
Eierschale 25.8, 59.22, 59.34
Eierschalen 18.6, 21.9
noch in den Eierschalen
Eierschaukel 1.76, 36.12, 46.4, 53.15, 59.34, 70.3
Eierschaukel 36.4
an der Eierschaukel knabbern
Eierschaum 1.78, 36.12, 78.3
Eierschaum 36.4
jemandem Eierschaum füttern
Eierschaum 55
Schokolade in Eierschaum
Eierschläger 1.73
Eierschlürfer 36.2
Eierschnee 36.4
jemandem Eierschnee füttern
Eierschwamm 1.73, 29.10, 36.12
Eiersieder 59.7
Eierspeise 1.78, 36.12, 78.3
Eierspeise 36.4
jemandem Eierspeise füttern
Eierstab 1.73, 54.2
Eierstich 80.39
Eierstöcke 63.1
von braunen Zysten befallene Eierstöcke
Eiertanz 7, 7.7, 26.27, 63.1, 64.23
Eiertanz 7.8
einen Eiertanz veranstalten
Eiertätsch 24.3, 25.4
Eifersucht 11.9, 14.60, 64.16
Eifersucht 14.60
eheliche Eifersucht überwinden
Eifersuchtsgroschen 11.9
eigen 32.2
auf eigener Scholle bauen, seinen eigenen Kohl bauen
eigen 14.48
die eigene Kuh
eigen 18.8, 14.48
die eigene Scholle

eigen 13.3
eigene Wege gehen
eigen 35.1
Hintansetzung des eigenen Vorteils
eigen 64.17
jemanden im eigenen Saft schmoren lassen
eigen 26.12
nur mit der eigenen Haut kostümiert
Eigenbau 24, 59.10
Eigentum 8.11, 8.13, 8.24, 8.26, 14.64, 14.65, 14.68
freies Eigentum
Eigentumstornister 1.56
eigenwillig 59.7
eigenwilliger Damenhut
Eihaut 1.76, 17.15, 17.22, 36.12
Eihaut 36.4
an der Eihaut knabbern
Eihäutchen 1.75
Eileiter 17.15
Eilinder 59.7
Eimer 59.7
Eimer 47.40
im Eimer sein
Eimer 7.11
paßt wie Arsch auf Eimer
Eimer 35.22
wie Arsch auf Eimer passen
ein 9
ein und alles
einander zublinzeln 12.11
einarbeiten 48.35
eine einarbeiten
einbleuen 20.8
Einblick 59.43
Kaltwasserkleid mit Einblick
einbrechen 22.14, 26.25
einbrechen 35.7
bei einem einbrechen
einbrechen 8.13
in den unbewachten Besitz einbrechen
Einbrecher 22.16, 47.26, 64.23
Einbruch 11.3, 14.12, 22.13, 26.27, 47.26
einbruchssicher 59.43
einbruchssicheres Modell
einbruchssicher 59.29
einbruchssichere Unterwäsche
einbuchten 47.40, 80.90
einbunkern 47.40
einbuttern 12.19
einbuttern 61
das Bett einbuttern
eincremen 61
abends eincremen
eincremen 61
sich eincremen
eindecken 72.5, 80.58
eindecken 72.26
sich eindecken
eindeutig 35.22
eindillen 26.25
eindösen 41.7
eindrehen 26.25
eindrehen 26.25
den Rührer (das Stehaufmännchen, den Stöpsel, die Schraube) eindrehen
eindunseln 41.7
einduseln 41.7
eindussen 80.90
Eine 1.66
Einer 1.73
einfädeln 26.25
einfädeln 13.1, 26.25
einen Stich einfädeln
einfädeln 9.3
es fädelt sich was ein
Einfahrt 1.66
Einfahrt 22.18
ausgelotete Einfahrt
Einfahrt 22.14
die Einfahrt ausloten
Einfahrt 23.3
gesperrte Einfahrt
einfangen 7.6
ein Mädchen einfangen
einfangen 7.9
einen Mann einfangen
einfangen 12.26
sich eine einfangen
einfetten 61
sich einfetten
einficken 21.1
einficken 21.10, 22.7
er hat sich noch nicht eingefickt
einficken 21.3, 22.1
sich einficken
einflößen 36.4
neues Leben einflößen
einfuchsen 20.8, 21.1
einführen 26.25
Einführer 29.3, 48.21
Einfuhrzoll 29.9, 35.9, 48.9
Einfüller 35.5
Eingang 26.25
den Eingang aufmachen (aufschließen)
Eingang 22.14
den Eingang aufsprengen
Eingang 22.14
den Eingang einrennen
Eingang 22.18
offener Eingang
Eingangstor 1.69
Eingangstor 22.14
das Eingangstor aufbrechen
Eingangstor 26.25
das Eingangstor aufmachen (aufschließen)
Eingangstor 22.14
das Eingangstor einrennen
Eingangstor 22.14
das Eingangstor entriegeln
Eingangstür 1.69
Eingangstür 22.14
die Eingangstür aufbrechen
Eingangstür 26.25
die Eingangstür aufmachen (aufschließen)
Eingangstür 22.14
die Eingangstür aufschließen
Eingangstür 22.14
die Eingangstür aufstemmen
Eingangstür 22.14
die Eingangstür einrennen
Eingangstür 22.14
die Eingangstür einschlagen
Eingangszoll 29.9, 35.9, 48.9
eingeben 80.58
eingeben 80.20
einem eingeben
eingebeult 64.19
eingebeult 64.19
eingebeulte Stoßstange
eingebildet 17
eingebildete Schwangerschaft
eingefahren 12.34
eingefallen 1.50
eingefallener Oberkörper
eingefickt 12.34
eingefleischt 53.17
eingefleischt wie im Schlachthaus
eingefleischt 31.3
eingefleischt wie in der Metzgerei (wie im Schlachthof, wie auf Matzens Hochzeit, wie im alten Rom)
eingefüllt 59
heiß eingefüllte Pelle
eingehängt 80.59
eine eingehängt kriegen
eingehängt 80.59
er hat ihm eingehängt
eingehen 13.1, 26.25
eine Symbiose eingehen
Eingehtag 41
eingelaufen 59.9
eingelaufener Mantel
eingelaufen 8.7
eingelaufener Schlitten, eingelaufene Socke
eingelaufen 8.20
eingelaufener Schlitten, eingelaufener Strumpf
eingelaufen 59.10
eingelaufenes Kleid
eingelaufen 59.15
eingelaufene Weste
Eingemachtes 35.4, 35.21, 72.3, 72.4, 72.26

Eingemachtes 76.2
Eingemachtes essen
eingepackt 39.11
hat eingepackt
eingepreßt 59.7
Männerhut mit eingepreßtem Zentrum
eingerostet 39.10
eingerostet 27.3, 39.13, 64.21
eingerostete Stange
eingeschenkt 1.58
eingeschenkter Pullover
eingeschraubt 1.86
dem haben sie die Beine falschrum eingeschraubt
eingeschrumpft 39.10, 64.19
eingeschrumpft 64.19
eingeschrumpfte Krawatte
eingeseift 10.6
eingespielt 12.34
eingestellt 70.6
ich bin von Kopf bis Fuß auf Liebe eingestellt
eingevögelt 12.34
Eingeweide 60.4
Eingeweide 47.40
die Eingeweide rausnehmen
eingeweiht 22.17
eingeweiht 22.18
eingeweihtes Denkmal (Lustschloß, Lustspielhaus)
eingewickelt 10.6
eingezwängt 59.31
ins Korsett eingezwängter Busen
eingliedern 26.25
Eingriff 25
tiefgreifender Eingriff
einhacken 35.7
den Arsch (das Arschiv, das Arschloch, den Braunen, die Kiste, den Protzkasten, den Wackelarsch) einhacken
Einhandflöte 1.73, 25.8, 54.8
Einhandflöte 24.1, 25.1
Einhandflöte spielen, mit der Einhandflöte spielen
Einhandflötist 24.3, 25.4
einhängen 26.25
einhängen 26.25
das Vordergeschirr einhängen
einhängen 35.7
einem den Gebärvater einhängen
einhauen 26.25
Einheimserin 48.14
Einheirat 14.32
einheizen 80.58
einheizen 80.20
einem einheizen
einheizen 80.11
sich einheizen lassen
Einholkörbchen 60.2
Einholkörbchen, Einkaufstasche
Einhorn 82.6
einhusten 26.25
einig 14.20
sich einig werden
einigeln 41.6
sich einigeln
einkacheln 47.40
Einkauf 48.9
bargeldloser Einkauf
Einkaufsnetz 1.76
Einkaufstasche 60.2
Einholkörbchen, Einkaufstasche
Einklang 54.8
einklemmen 11.2
den Schwanz einklemmen
einkluften 59.6
sich einkluften
einkochen 26.25
Saft einkochen
Einkommensteuer 36.12
Schlund wie die Einkommensteuer
einkratzen 12.19
Einkreisen 14.41
das Einkreisen der Braut
einladend 59.10
einladend 59.10
Dame mit einladenden Ansichten
einladend 59.10
einladende Offenheit
einladend 26.11
einladende Offenherzigkeit
einladend 59.10
einladendes Kleid
einladend 26.14
einladendes Panorama
einladend 59.25
einladendes Röckchen
Einlage 80.25
Blutsuppe mit Einlage
einlassen 12.27
sich mit einem einlassen
Einlauf 26.24, 26.27, 35.4
einlaufen 1.16
einlaufen 14.38
in den Hafen einlaufen
Einlaufstelle 17.19
einlegen 26.25
einlegen 26.25
den Beutel einlegen
Einlieger 41.13
Einloch 10
Einloch-Anstalt
einlochen 47.40, 80.90
einlogieren 41
sich einlogieren
Einmann-Betrieb 10
Einmannwagen 10.3
Einmarkstück 45.1
einmarschieren 22.14
einmarschieren 35.7
durch die Hintertür, hinten einmarschieren
Einmaster 59.7
einmauern 80.90
einmieten 41
sich einmieten
einmummen 59.6
sich einmummen
einnähen 47.40, 80.84
einnehmen 8.13
die freie Stelle einnehmen
einnehmen 35.22
zum Kacken einnehmen
einnehmend 48.2, 48.4
einnehmendes Wesen
einnicken 41.7
einnisten 41
sich einnisten
einochsen 20.8
einpacken 59.26
er will verreisen, er hat die Hände schon eingepackt
einpacken 6.8
In die möcht ich den Kaspar einpacken!
einpacken 53.14
Pack Sex in den Tank
einpauken 20.8, 21.1
Einpenne 57
einpferchen 80.84
einpflanzen 26.25
die Genußwurzel (das Liebstöckl, die Passionsblume) einpflanzen
Einphasenstrom 10
einpökeln 80.58
einpökeln 80.20
einem einpökeln
einpuppen 7.6, 59.6
sich einpuppen
einrahmen 26.30, 80.84, 80.90
Einrahmen 6.3
Schwanz zum Einrahmen
Einrede 15
Einrede mehrerer Beischläfer
einreiben 26.25, 80.58
Einreibung 26.27, 80.61
Einreibung 26.25
eine Einreibung geben
einreißen 35.22
mit dem Arsch einreißen, was man mit den Händen gebaut hat
einrennen 22.14
einrennen 22.14
den Eingang (das Eingangstor, die Eingangstür, das Hauptportal, die Haustür, die Ladentür, das Stalltor, das Tor, die Tür, die Wohnungstür) einrennen
einrennen 22.14
sich den Kopf einrennen

einrücken 35.7
bei einem einrücken
einrühren 26.25
die Schwitze einrühren
eins 3, 9
Thema eins
einsacken 47.4
einsacken 41
sich einsacken
einsäckeln 13.13
einsam 53.3, 55.11
Klub der einsamen Herzen
einsam 53.17
Trost der einsamen Strandnixen
einsam 53.8
einsamer Urlaubsort
Einsatz 59.43
lustmindernder Einsatz
einsauen 62.9
einsäumen 14.59
jemandem die Ohrwatscheln einsäumen
einschalten 41.7
die Innenbeleuchtung einschalten
einschalten 41.8
die Scheibenwischer, den Strom einschalten
einschaukeln 12.35
einschenken 80.58
einschenken 80.20
einem einschenken
Einschlafe 4.6, 6.14, 64.23
einschlafen 41.7
einschlagen 22.14, 26.25
einschlagen 22.14
die Eingangstür einschlagen
einschlagen 17.11
es hat eingeschlagen
einschleichen 41
in ein leerstehendes Haus einschleichen
einschneiden 26.25
Einschnitt 22.13, 26.27
einschrumpfen 1.16
einschwalben 31.4
einseifen 12.19
einseifen 13.11
die Freier einseifen
einseifen 10.7
jemanden einseifen
einsetzen 64.24
jemandem einen Pfahl ins Fleisch setzen
einspannen 14.38
ins Joch einspannen
Einspänner 14.16, 14.65, 18.4
Einspännerin 14.15, 48.2
einspännig 14.3
einsperren 80.89
einspielen 9.3
es spielt sich was ein
einspinnen 47.40
Einspritzmotor 1.73, 4.18, 26.37
Einspritzoffizier 51.2
Einspritzung 26.24, 26.27, 35.4, 36.1
einspunden 47.40
einst 9.4
wie einst im Mai
einstallen 41
sich einstallen
einstampfen 26.30
Einstand 41
Einstand feiern
einstecken 47.40, 80.90
einstecken 80.11
viel einstecken können
Einstich 1.66, 80.95
Einstiegluke 1.66
einstinken 61
sich einstinken
Einstößerin 48.14
Eintagsfliege 59.20
Eintagsjungfer 48.2
eintanzen 48.35
eine eintanzen
Eintänzer 13.6, 14.67, 53.7
eintauchen 26.25, 36.4, 36.8
Eintaucher 26.27
eintauschen 35.22
Schmuck gegen Eßwaren eintauschen
einteilig 59.10
einteiliges Kleid
Einteiliger 59.43
Eintopf 10
Eintopf-Küche
Eintopf 31
Gemüse-Eintopf
eintränken 80.58
eintränken 80.20
einem eintränken
eintrichtern 20.8, 21.1
eintrichtern 80.20
einem eintrichtern
Eintritt 8.13
freien Eintritt finden
Eintritt 8.13, 48.9
freier Eintritt
eintunken 26.25
eintunneln 26.25
in den Venusberg (das Venusbergwerk) eintunneln
eintürmen 80.90
Einundfünfziger 47.43
einvögeln 21.1
einvögeln 22.7
er hat sich noch nicht eingevögelt
einvögeln 21.3
sich einvögeln
einwecken 80.58
in Sauer einwecken
einweichen 26.31
einweihen 22.14
einweihen 22.14
das Denkmal (das Lustschloß, das Lustspielhaus, die Orgel, das Theater) einweihen
einweihen 35.7
das Lustspielhaus einweihen
Einweihung 22.13
einwickeln 26.25
den Kaspar einwickeln
einwickeln 12.19
eine einwickeln
einwickeln 6.8, 26.25
In die möcht ich mich einwickeln!
einwickeln 10.7
jemanden einwickeln
Einzelbett 41.5
einziehen 41
einziehen 11.2, 11.19
den Schwanz einziehen
einzig 18.4
einziges Kind
Einzimmerapartment 41.2
Einzug 41
Einzug feiern
Einzugstag 41
einzwängen 80.84
einzwicken 26.25
Eis 1.78, 36.12, 57, 78.3
Eis 4.5
aus Eis
Eis 3.7
aus Eis sein
Eis 3.8
das Eis brechen
Eis 55
Eis am Stiel
Eis 36.4
jemandem Eis füttern
Eisbär 4.7, 46.23, 59.9
Eisbein 1.57, 1.73, 4.6, 29.10, 36.12, 64.23
Eisbein 36.4
am Eisbein knabbern
Eisbein 23.6
Eisbein mit Rotkohl
Eisbeine 1.87
Eisberg 4.6, 64.23
Eisbeutel 4.7, 46.23
Eisblume 4.6, 64.23
Eischer 81.2
Eisdecke 4.6, 64.23
Eiselmacher 80.87
Eisen 1.73, 8.15, 80.86
Eisen 8.22, 39.6
altes Eisen
Eisen 36.12
auf Eisen beißen
Eisen 26.25
das Eisen schmieden
Eisen 63.1
heißes Eisen
Eisen 80.84
in Eisen legen, die Eisen anmessen
Eisen 39.2
ins alte Eisen geraten
Eisen 10.7
mein Pferd braucht neue Eisen
Eisen 10.7, 13.2
mehrere Eisen im Feuer haben
Eisen 8.18
neues Eisen
Eisen 26.22
Stange wie Eisen

Eisen 15.2
verlorenes Eisen
Eisen 31.4
zwei Eisen im Feuer haben
Eisenbahn 48.25
Hotel zur Eisenbahn
Eisenbahn 51.2
schwarze Eisenbahn
Eisenbahner 48.23
Eisenbahnerin 48.2, 48.24
Eisenbahnunglück 48.34
Eisenbinder 59.20
Eisenbinder mit Beton-einlage
Eisenkraut 52.2, 52.3
Eisenscheißer 43
Eisenschlips 59.20
Eisenschnalle 59.20
eisern 80.8
eisern 1.69
der eiserne Vorhang
eisern 80.58
eine eiserne Faust haben, eine eiserne Hand haben
eisern 80.65
eiserne Faust, eiserne Hand
eisern 59.20
eiserne Fliege
eisern 59.3
eiserne Fotze
eisern 14.57
eiserne Hochzeit
eisern 4.14, 24.5, 61.10, 80,40
eiserne Jungfrau
eisern 59.20
eiserne Krawatte
eisern 51.3
eiserne Nille
eisern 53.5
eiserner Arsch
eisern 24.5, 30.5
eiserne Ration
eisern 59.3
eiserner Schwanz
eisern 26.22, 80.25
eiserne Rute
eisern 80.86
eiserne Stiebel
Eisfabrik 4.6, 64.23
Eisgang 64.23
Eisheiliger 4.7, 64.23
Eiskeller 41.3
Eiskiste 4.6, 64.23
Eiskonditorei 53.19
Eiskrematorium 4.6
Eiskunstlauf 64.23
Eisleben 64.23
Eismacher 36.2
Eismacherin 36.3
Eispickel 4.7, 64.23
Eisvogel 4.6, 64.23
Eiszapfen 4.7, 64.23
Eitelkeit 53.17
Jahrmarkt der Eitelkeit
Eiter 55
Eiter 55
Eiter mit Blut
Eiterbeule 49.7, 55
Ejaculatio deficiens 64.19
Ejaculatio praecox 64.20
Ejaculatio retardata 64.20
Ejakulation 26.24
Ejakulationsschwierig-keiten 64.20
ejakulieren 26.23
Ekelkur 23.6
elastisch 43
elastische Kuppelung
Elb 82.7
Elbentrötsch 82.7
Elefant 8.27, 45.1
Elefantenbaby 38.6
Elefantenei 55
Elefantenhaxen 1.87
Elefantenküken 1.17, 38.6
Elektriker 80.80
elektrisch 57
elektrische Banane
elektrisch 17.23
elektrische Henne
elektrisch 70.10
elektrische Jacke
elektrisch 18.11
elektrische Oma
elektrisch 14.31
elektrischer Amor
elektrisch 59.12
elektrischer Anzug
elektrisch 14.55, 24.5, 30.5
elektrischer Ehemann
elektrisch 24.5
elektrischer Kavalier, elektrische Ehefrau
elektrisch 14.55, 24.5
elektrischer Hausfreund
elektrisch 61.4
elektrischer Rasier-apparat
elektrisch 47.40
elektrischer Stuhl
elektrisch 17.23
elektrisches Küken
elektrisch 35.19, 36.10
elektrische Zunge
elektrisch 24.5
elektrischer Vibrierpenis
Elektrizität 59.12
Element 7.2
mein Element
Elend 11.14
das heulende Elend
elend 64.21
elender Knochen
Elend 1.11
langes Elend
elf 16.2
elftes Gebot
Elfe 82.4
Elfenbein 48.2
schwarzes Elfenbein
Elfenkönigin 82.4
Ella 2.2a
Ellbogen 1.53
Ellemer 59.40
ellenlang 26.22
ellenlange Nase
ellenlang 26.19
eine ellenlange Nase bekommen
Ellenmann 70.6
Ellenmänner 59.40
Eller 40.10
Ellermutter 40.9
Ellervater 40.10
Elster 47.3
Eltern 17.1
Eltern 17
die Wahl der Eltern
Eltern 32.3
Inzest mit den Eltern
Eltern 17.1
meine Eltern
Eltern 40
Wahl der Eltern
Elternabend 32.3
Elternhaus 17.1, 40
Elternhaus 17.1
kinderreiches Elternhaus
Elternliebe 32.3
Elysia 48.2
Emaille 61
Embouchure 54.8
Embouchure 35.19, 36.10
solide Embouchure
Emigrantengalerie 63.1
Emigration 14.58
innere Emigration
Emma 2.2a, 29.3, 41.19, 48.2
Emmchen 45.1
Emmentaler 59.12
Emmentaler Anzug
Emmentaler 59.23, 70.5
Emmentaler Bluse
Emmentaler 59.8
Emmentaler Handschuhe
Emmentaler 59.17
Emmentaler Hemd
Emmentaler 59.26
Emmentaler Hose
Emmentaler 59.13
Emmentaler Jacke
Emmentaler 59.10
Emmentaler Kleid mit Löchern
Emmentaler 59.19
Emmentaler Kragen
Emmentaler 59.9
Emmentaler Mantel
Emmentaler 59.7
Emmentaler Mütze
Emmentaler 59.16
Emmentaler Pulli
Emmentaler 59.40
Emmentaler Schuhe
Emmentaler 31.5
Klappstulle mit Emmentaler
Emmentalerhelm 59.7
Empfang 29.6
einen warmen Empfang geben
Empfänger 1.66, 1.85, 29.10, 35.10
Empfängnis 63.2
befleckte Empfängnis
Empfängnis 45
Mariä Empfängnis
Empfängnis 50.1

unbefleckte Empfängnis
Empfangschef 17.17, 41.20
Empfangsdame 17.18
Empfangslager 14.42
Empfangszimmer 41.3, 48.25
empfehlen 11.19, 13.3
sich empfehlen
empfehlen 11.19, 13.3
sich französisch empfehlen
empfehlen 11.19
sich englisch, hintenrum, still empfehlen
empfinden 80.13
Schmerz empfinden
empfindlich 3.4
empfindlicher Punkt
Empuse 48.2
Ende 1.73, 15.2, 26.22
das dicke Ende
Ende 11.21, 13.4
das Ende vom Lied
Ende 12.27
ein Ende mitlatschen
Ende 1.11
langes Ende
Ende 4.17, 64.23
Schraube ohne Ende
Ende 64.25
vom umgekehrten Ende
energielos 73.14
energieloser Mann
eng 59
eng 59.30
der Büstenhalter ist zu eng
eng 59.13
enge Jacke
eng 59
enge Kleidung
eng 59
enge Kleidung tragen
eng 59.23
enge, kurze Bluse
eng 59.16
enger Damenpullover
eng 59.25
enger Damenrock
eng 1.66
enger Schlund, enges Geschirr
eng 59.26
enge Hose
eng 59.43
enge, kleine Männerbadehose
eng 59.9
enger Mantel
eng 53.7
enger Tanz
eng 41.5
enges Bett
eng 1.66
enge Scheide
eng 59.36
enge Strumpfhosen
eng 41.3
enges Zimmer
eng 53.7
enge Tour
eng 59.40
extra enge Damenschuhe für Schuhfetischisten
eng 59
Frau in enger Kleidung
eng 59.10
zu enges Kleid
Engel 8.2, 12.20
Engel 21.11, 22.8, 49.6
ahnungsloser Engel
Engel 55.6
blauer Engel
Engel 80.13
die Engel im Himmel pfeifen hören
Engel 65.1
Engel mit einem B
Engel 28.4, 28.9
Engel mit großem B
Engel 9.11
er hört die Engel im Himmel pfeifen
Engel 6.20
friedlicher Engel
Engelmacherei 15.11
Engelmacherin 15.11
Engelshemd 59.10, 59.42
Engelszungen 6.7
mit Engelszungen
Engerling 1.18
engherzig 59
Englisch 24.3
Englischer Hornist
Englisch 25.4
Englischer Hornspieler
englisch 59.26
englischer Pelzmantel
englisch 26.31
englisch verkehren
englisch 11.19
sich englisch empfehlen
Englischhorn 54.8, 64.11, 64.25
Englischhorn 24.1, 25.1
Englischhorn spielen
Englischhornspieler 24.3, 25.4
Englisch-Leder 59.40
auf Englisch-Leder gehen
Engpaß 1.66
enharmonisch 31
enharmonische Verwechslung
Enongermoer 82.5
entaltern 61.1
Entalterungsklinik 61.1
Entalterungskünstler 61.1, 61.2
Entalterungskünstlerin 61.2
Entalterungsladen 61.2
Entbinderung 17.16
Entbindung 17.16
Entbindung 17.16
Ort und Zeit der Entbindung
Entbindungsheim 51.3
Entbindungsklinik 63.14
Entbindungsladen 17.16
entblättern 22.14, 26.10, 26.25, 47.26
entblättern 12.28
eine entblättern
entblättern 22.14
das Blümchen (das Gänseblümchen, das Marienblümchen, das Pflänzchen, die Lilie) entblättern
entblättern 47.18
die Vorzimmerlinde entblättern
entblättert 22.17
entblättert 22.18
entblätterte Lilie, entblättertes Gänseblümchen (Marienblümchen, Pflänzchen)
entblättert 47.26
entblättertes Blümchen, Gänseblümchen, Marienblümchen, Pflänzchen
Entblätterung 22.13, 26.27
entblößen 26.10
sich entblößen
entdecken 21.10
das Pulver (die Weibsen, die Löcher, die Pfeifen, die Schwänze) noch nicht entdeckt haben
entdecken 22.7
das Pulver (die Weiber, die Männer, die Löcher, die Schwänze, die Mösen, die Pfeifen) noch nicht entdeckt haben
entdecken 9
sein Herz für jemanden entdecken
Ente 1.66, 73.8
Ente 4.6, 64.23
kalte Ente
Ente 2.2, 4.6
lahme Ente
Ente 2.2
rasche Ente
Entendreck 55
Entenpelz 41.5
Entenscheiße 55
Entenschnabel 63.10
Ententeich 59.7
Ententreter 59.40
Enterer 47.3
entern 47.3
entfalten 38.1
sich entfalten
entflogen 8.22
entflogener Täuberich
entflogen 8.9
entflogenes Täubchen
Entgattungshelfer 14.71, 47.32
entgegenschlagen 9.2
alle Herzen schlagen ihr entgegen
entgittert 22.17
entgleisen 49.5

entgleisen 61.1
ihr sind die Gesichtszüge entgleist
entgleisen 14.59
jemandes Geleitzug entgleisen lassen
entgleisen 1.33
dem sind alle Gesichtszüge entgleist
Entgleisung 49.1
Enthaarungsmittel 61
Enthaltsamkeit 64.17
unfreiwillige Enthaltsamkeit
Enthaltsamkeitskrankheiten 64.17
enthaupten 80.54
Enthauptung 63.11
enthäuten 22.14
enthäuten 22.14
die Gans (den Hasen) enthäuten
enthäutet 22.17
enthäutet 22.18
enthäutete Gans, enthäutetes Häschen
Enthäutung 22.13
Enthemmer 64.7
enthüllen 22.14, 26.10
enthüllen 22.14
das Denkmal enthüllen
enthüllen 39.7
ein Denkmal enthüllen
enthüllt 22.18
enthülltes Denkmal
Enthüllung 22.13
Entjungferer 22.16, 64.23
entjungfern 22.14
entjungfern 47.18
eine Vorzimmerdame entjungfern
entjungfert 22.17
entjungfert 22.18
entjungferte Frau
entjungfert werden 22.15
Entjungferung 22.13
Entjungferungsgier 64.23
Entjungferungstrieb 64.23
entkleiden 26.10
Entkleidungskünstlerin 54.10
entkorken 22.14
entkorken 22.14
die Flasche entkorken
entkorkt 22.17
entkorkt 22.18
entkorkte Flasche
Entladegebühr 48.9
Entladungspastille 72.8
Entladungspille 72.8
Entladungspulver 51.3, 72.8
Entlassungsschreiben 46.3
entlaubt 1.30
entlaubte Stirn
entlaufen 8.22
entlaufener Kater
entlaufen 8.9
entlaufenes Kätzchen
entlausen 61.3
Entlein 6.5
häßliches Entlein
entlüften 72.5, 72.11
Entmannte 56
Entmannungstee 55
entmasten 16.11
entmisten 72.5
Entpella 47.21, 54.2, 54.3, 54.10
entpuppen 17.16
sich entpuppen
Entr'acte 54.8
entriegeln 22.14
entriegeln 22.14
das Eingangstor entriegeln
entriegelt 22.17
entrümpeln 49.25
das Gewissen entrümpeln
Entsafterin 2.2, 48.2
Entsafterin 14.23, 14.48
offizielle Entsafterin
entsaftet 27.3, 39.12
entsaftete Zitrone
entschärfen 16.11, 47.35
entschärfen 54.5
eine Sexbombe entschärfen
Entschärferei 47.35
entschlacken 72.5
entschleiern 26.10
entschleimen 26.25
Entschleimer 1.42, 1.66, 30.8, 36.12
Entschleimungsheim 48.25
Entschleimungshospital 48.25
Entschleimungskurhaus 48.25
entschlüsselt 22.17
Entschwitzer 61
entsiegeln 22.14
entsiegelt 22.17
entsiegelt 22.18
entsiegelter Brief, entsiegeltes Paket
Entstehungsursache 17.5
enttäuscht 54.8
Enttäuschung 11.3
entvölkert 16.12
entvölkertes Gebiet
entwachsen 19.6
der Rute entwachsen
Entwarnungsfrisur 1.29, 51.3
entwetzen 11.19, 13.3
entwickeln 12.19, 54.3
ein Bild entwickeln
entwickeln 38.1
sich entwickeln
entwickelt 38.2
entwicklungsfähig 19.3
Entwicklungshilfe 13.6, 22.13, 59.30
Entwicklungshilfe 8.13
Entwicklungshilfe geben
Entwicklungsland 8.13, 19.2, 22.10, 28.4, 28.6, 48.2
Entwicklungsländer 13.6, 22.13, 48.28
Hilfe für Entwicklungsländer
Entwöhnungsheim 41.22, 51.3, 63.14
Entwöhnungskledage 59, 59.29
Entziehung 57.7
Entziehungsklinik 57.7
Entzweier 14.71, 47.32
Epididymitis sympathica 64.17
er 1.73, 14.49
Erbarmen 59.31
Erbarmen mit den Bedrängten
Erbarmen 80.10
kein Erbarmen kennen, gelten lassen, walten lassen, gewähren
erbarmungslos 80.8
Erbhofhut 59.7
erblich 40
erblich belastet
erblicken 17.16, 26.16, 29.6
das Licht der Welt erblicken
erblondet 1.28
über Nacht erblondet
erbrechen 35.22
sich erbrechen
Erbrochenes 78.3
Erbsbrei 55
Erbsbrei 55
Erbsbrei mit Speck
Erbse 59.7
Erbsen 55
Erbsen 1.23
da hat der Teufel Erbsen gedroschen
Erbsen 72.5
Erbsen dreschen
Erbsen 41.7
Erbsen kochen
Erbsensuppe 55
Erde 63.9
der silberne König der Erde
Erdgeist 82.3
Erdmännchen 82.8
Erdweibchen 82.4
Ereignis 17.16
freudiges Ereignis
Erektion 26.22, 29.10, 54.8
Erektion 26.20
eine Erektion haben
Erektion 25
manuell erzeugte Erektion
Erektion 26.22
schwache Erektion
Erektion 54.2
schwache, starke Erektion
Erektion 26.22
starke Erektion
Erektionsgeräte 64.19
Erektionsschwierigkeiten 64.19
erektionsunfähig 64.19

erfahren 48.2
erfahrene Prostituierte
erfahren 22.5
erfahrener Mann
Erfahrung 22
Erfindung der Mösen 22.7
bei der Erfindung der Mösen hat er geschlafen
Erfindung der Schwänze 21.10
sie hat bei der Erfindung der Schwänze im Nebenzimmer gesessen
Erfolg 26.10
der Weg zum Erfolg steht offen
Erfolg 26.16
den Weg zum Erfolg offen sehen
Erfolg 59.26
Weg zum Erfolg
erfolgreich 72.4
erfolgreiche Sitzung
erforschen 26.25
die Liebesgrotte erforschen
erforschen 8.13
unentdecktes Gebiet erforschen
erfüllen 26.40
das Plansoll erfüllen
erfüllen 12.44
jemandes sexuelle Wünsche nicht erfüllen
erfunden 12.41
das Pulver nicht erfunden haben, die Weibsen nicht erfunden haben, die Schwänze nicht erfunden haben
ergeben 80.9
ergeben 12.30, 14.9, 80.11
sich ergeben
ergreifen 13.3
das Hasenpanier ergreifen
ergreifen 73.5
die Pinkulatur ergreifen
erhalten 11.4
eine Abweisung erhalten
erhalten 26.35, 38.2
gut erhalten
Erhebung 51.2
nationale Erhebung
erhitzen 51.2
Wärmemenge, die nötig ist, einen jungen Mann auf 175 Grad zu erhitzen
Erholungsort 41.2
erhören 12.30, 14.9
erhört 12.31
erhört werden
Erhörung 12.32
erigieren 26.19, 26.21
erigiert 47.20
der Penis erigiert
Erinnerungen 47.4
von Erinnerungen leben
Erio 50.11
erkaltet 9
die Liebe ist erkaltet
erkältet 1.40
erkältete Nase
Erkenntnis 1.73, 22, 29.10, 36.12
Baum der Erkenntnis
Erkenntnis 22.15, 29.10, 36.4
vom Baum der Erkenntnis essen
Erkenntnis 62
unbefleckte Erkenntnis
Erker 1.40
erklären 14.33
den Krieg erklären
erklären 14.7
sich erklären
erklären 35.22
wie erklärt man sich das?
erkunden 35.7
das Bergwerk, die Goldgrube, das Hügeldepot erkunden
Erl 17.3
Erl 14.24, 14.28
gekrönter Erl
Erle 2.5
erledigen 22.14, 26.25, 26.40, 47.26
erledigen 29.6
einen erledigen
erledigen 49.9
jemanden moralisch erledigen
erledigt 39.10, 64.21
erledigt 22.18, 47.26
erledigtes Geschäft
erledigt 64.21
erledigt sein
erleichtern 26.25, 26.40
erleichtern 48.5
einen erleichtern
erleichtern 61.1
sich das Herz erleichtern
erleichternd 26.41
erleichtert 26.42
Erleichterung 72.12
Stätte der Erleichterung
Erleichterungsbüro 72.12
Erlkönig 82.5
erloschen 9
die Liebe ist erloschen
Ern 41.2
Ernährer 14.49
erniedrigen 80.10
erniedrigen 80.11
sich erniedrigen
erniedrigen 80.11
sich erniedrigen lassen
ernst 14.4
ernste Absichten
ernten 17.8
Erntekrone 59.7
erobern 9.12, 14.7
erobern 12.19
eine erobern
erobern 12.19
Herzen im Sturm erobern
erobern 8.13
unbesetztes Gebiet erobern
Eroberungen 12.31
Eroberungen machen
eröffnen 22.14
eröffnen 22.14
den Betrieb (das Geschäft, das Lustschloß, das Lustspielhaus, die Saison, das Theater) eröffnen
eröffnet 22.17
eröffnet 22.18
eröffneter Betrieb (Laden), eröffnetes Geschäft
Eröffnung 22.13
erogen 3.4
erogene Zone
Eros-Center 48.10, 48.29
Eros-Center-Insassin 48.2
Erosine 1.5, 6.2, 20.10, 48.2
Erotical 54.6
Erotika 54.1
Erotikon 54.8
erotisch 1.54
erotische Handlinie
erotisch 54.1
erotische Literatur
erotisch 20.10
erotische Munition
erotisch 54.6
erotisches Musical
erotisch 54.6
erotisches Theater
Erotolalie 67.6
Erpelfedern 65.5
Erpelfiedrigkeit 65.5
erpressen 47.4
Erpresser 47.4
Erpresserin 47.4
erpresserisch 48.34
erpresserische Prostituierte
Erpressung 47.4
Erpressung 47.4
Opfer sexueller Erpressung
Erpressung 47.4
sexuelle Erpressung
erregt 26.40
Öl auf die erregten Wogen gießen
Erregung 47.20
Erregung öffentlichen Ärgernisses
erreichen 26.39
den Orgasmus erreichen
errichten 26.19
die Senkrechte errichten
erröten 55
errötende Jungfrau
Ersatzbaby 17.6
Ersatzfrau 8.10
Ersatzfreundin 8.10, 8.23
Ersatzmann 8.23
Ersatzmolle 53.16
Ersatzpapa 47.37

erschaffen 6.4
von Gott im Zorn erschaffen
erschlaffen 64.19
Erschlaffung 64.19
totale Erschlaffung
erschließen 22.14
erschließen 22.14
das Gelände (Neuland, das Reisegebiet) erschließen
Erschließung 22.13
erschlossen 22.17
erschlossen 22.18
erschlossenes Gebiet (Gelände, Land, Reisegebiet)
Er-sie-es 47.41
erste Freundin 8.4
erster Freund 8.17
ersticken 80.77
erstorben 9
die Liebe ist erstorben
ertüchtigen 80.10
erwarten 17.11
sie erwartet
Erwe 32
erweisen 33.2
die letzte Ehre erweisen
erweitern 25.1
einer den Horizont erweitern
erweitert 1.30
erweiterte Stirn
Erweiterung 25
Erweiterung des Horizonts
Erwerbstätige 48.2
horizontal Erwerbstätige
Erwerbstätiger 48.4
horizontal Erwerbstätiger
erwischen 80.20
erwischen 17.11
es hat sie erwischt
erwischen 9.3
ihn hat's erwischt
erwünscht 12.24
erwünschtes Geschenk
erzählen 35.22
langwierig erzählen
Erzählung 47.21, 54.1
erotische Erzählung
Erze 2.2, 48.2
Erzeuger 17.3
Erzeugerin 17.2
Erzeugung 17.5
Erzieher 80.5
Erzieherin 80.4, 80.63
Erzieherin 80.4
strenge Erzieherin
Erziehung 20
Erziehungsanstalt 47.42, 57.7
Erziehungsanstalt 47.42
Erziehungsanstalt für Mädchen
Erziehungsfläche 1.83, 80.95
erzwingen 80.10
Gehorsam erzwingen
Es 13, 18.2
es 63.1
Es kommt in den besten Familien vor. Wo hat er sich's denn geholt? Hat er's schon gehabt?
Esak 50.6
Eschnobber 68.1
Esel 14.60, 15.4, 48.12, 80.86
Esel 15.1
Der Esel hat ihn im Galopp verloren. Der Esel hat ihn an die Wand geschissen.
Esel 35.22
Du bist wohl vom wilden Esel im Galopp geschissen!
Eselseiche 55
Eselsmesse 50.13, 52.4
Eselsritt 48.12
Eselswiese 53.19
Eskorte 8.7, 8.20, 14.23, 14.24, 14.48, 14.67
Eskorte 8.15
meine Eskorte
Eskorteur 14.67
espiranto 54.8
espressivo 54.8
Esse 59.7
essen 35.22, 36.4, 36.8
Essen 55
essen 36.4
Aal (Bananen, Bockwurst, Currywurst, Hausmacherwurst, Salami, Zungenwurst) essen
essen 36.8
aus dem Fleischtopf essen
essen 30.4, 36.8
aus der Pfanne essen
essen 36.10
den Spargel quer essen können
essen 76.2
Eingemachtes essen
Essen 35.22, 55
kaltes Essen
essen 76.2
Kot essen
essen 78.2
pikazistisch essen
Essen 35.22, 51.2, 55
schlechtes Essen
essen 76.2
Schokolade essen, Würstchen essen
essen 1.42
sie kann den Spargel quer essen; sie kann den Schwanz quer essen
essen 22.15, 29.10, 36.4
vom Baum der Erkenntnis essen
Essig 55
heiliger Essig
Essigladen 55.11, 57.6
Eßmantel 18.15
Eßwaren 78.3
der Geschmack von Eßwaren, die in die Scheide oder den After eingeführt worden sind
Eßwaren 78.3
in den After (die Scheide) eingeführte und mit der Zunge wieder herausgeleckte Eßwaren
Eßzimmer 1.42, 1.44
Eßzimmerteppich 1.45
Estersweh 40.1
estinto 54.8
Etappenblessur 51.3
Etappenhaut 59.9
Etappenkrieger 51.3
Etappensau 51.3
etepetete 4.13, 4.19, 49.15
Etikette 72.18
Eti-Kettenzimmer 72.12
Etsch 57
Ette 17.3
Etüde 54.8
Etui 1.66, 1.85, 2.2, 16.1, 26.1, 29.10, 35.6, 35.10, 41.5, 59.10, 59.12
Etui 22.18
gebrauchtes Etui
Etui 59.12
handgenähtes Etui
Etwas 3.2, 6
das gewisse Etwas
Eule 2.2, 6.5, 60.1
Eulenpisse 55
Eulenschiffe 55
Eulenschleier 14.37, 59.10
Euter 1.58, 17.15, 45.2, 70.5
Euter 1.66
Schaf-Euter
Euter 45.2, 60.4
voller Euter
Euterfick 37.3
Euterflicker 61.1
Euterribantze 37.2
Eva 2.2, 26.14, 54.10
Evasbirne 1.49
Evaskostüm 26.11
Evaskostüm 26.14
Dame im Evaskostüm
Evaskostüm 26.12
im Evaskostüm
Evastochter 2.2, 48.2
Evastöchter 2.4
Evidenz 48.10
ewig 22.9, 22.19, 38.7
ewiger Jüngling
ewig 22.8, 38.6
ewiges Mädchen
Exceptio plurium 15
Exempel 80.10
ein Exempel statuieren
Exerzismus 50.11
exhibieren 67.3
Exhibition 67.4
Exhibitionismus 67
Exhibitionist 47.20, 67.1

Exhibitionistin 67.2
exhibitionistisch 67.5
exhibitionistisches Bordell, exhibitionistische Darbietung, Prostituierte, exhibitionistischer Prostituierter
Existenzialistenpelz 1.48
Exkrement 48.2
menschliches Exkrement
Expella 54.3, 54.10
Experimentierapparat 8.4, 8.17
explodieren 54.5
eine Sexbombe explodieren lassen
explodiert 17.12
explodierte Munition
Expreß 14.68, 46.5, 53.12
Strohwitwer-Expreß
Expreßkokotte 48.2
extra 6.1
Extrablatt 72.19

F

F 2.2, 4.25
F-Loch
F 26.27
Schema F
F 2.2, 4.2, 6.2, 26.27
Vitamin F
Fabrikant 59.3
Fabrikant von Miederwaren
Fabrikarbeiterin 43
Fabrikbaby 17.6
Fabrikfick 17.6
Fabrikfick aus der Fickfabrik
Fabrikjurte 41.1
Fabrikmontur 59, 59.12
fabrikneu 19.3, 22.12
fabrikneu 2.2, 22.10
fabrikneue Haut
fabrikneu 8.18
fabrikneuer Apparat
fabrikneu 8.5
fabrikneuer Schlitten
Fabrikneue 8.5
Fabrikneuer 8.18
Fabrikschlitten 43
Fabriksocke 43
Facharzt 63.12
Facharzt für Haut und Fotze, Haut und Liebe, Hoch- und Tiefbau
Facharzt 63.12
Facharzt für Haut- und Geschlechtskrankheiten, für Rektoskopie
Fächer 58.12
Fachmann 21.6, 22.5
Fachschaft 29
die andere Fachschaft
Fachschaft 29.3, 30.8
Kollege von der anderen Fachschaft
Fachschaft 30.2, 29.10
Kollegin von der anderen Fachschaft
Fachschaft 29.4, 30.3, 64.25
von der anderen Fachschaft
Fachwort 3.9
sexuelles Fachwort
Fackel 80.62
fackeln 80.20
nicht lange fackeln
Fackeltanz 14.41
Faden 59.1
Faden 1.73
der rote Faden
Fäden 64.24
die Fäden fest in die Hand nehmen
Faden 1.10
dünner Faden
Fäden 13.1
seidene Fäden spinnen
Fäden 9
seidene Fäden, zarte Fäden
Faden 59.6
sie hat keinen anständigen Faden am Leib
Fadennudeln 55
Fadenorakel 49.19
Fagott 1.73, 29.10, 36.12, 54.8
Fagott 36.4
Fagott blasen
Fagott 24.1, 25.1
Fagott spielen
Fagottspieler 24.3, 25.4
Fähigkeit 25.6
Fähigkeit bei der Masturbation
Fähigkeit 36.10
Fähigkeit beim Oralverkehr
Fähigkeiten 35.19
Fähigkeiten beim Anilinctus
Fähnchen 59.10
Fahne 1.73, 59.10, 59.22
Fahne 4.24, 10.6
Bei mir Fahne: immer flatterhaft.
Fahne 64.24
der Fahne folgen
Fahne 67.3
die Fahne hinaushängen
Fahne 26.19
die Fahne hissen, die Fahne aufziehen
Fahne 64.19
die Fahne nicht hissen können
Fahne 26.25
die Fahne schwenken
Fahne 64.21, 64.23
die Fahne senken, die Fahne auf Halbmast setzen
Fahnenstange 1.73
fahrbar 48
fahrbare Absteige
fahren 11.15
Auf deinen Tränen kann ich Kahn fahren.
fahren 26.25
aus der Haut fahren, nach Kissingen (nach Bethlehem) fahren, zu Schacht fahren
fahren 16.2
barfuß fahren, bloßhappert fahren
fahren 37.4
Berg-und-Tal-Bahn fahren
fahren 65.3, 48.5
doppelgleisig fahren
fahren 24.1, 25.1
Handwagen fahren
fahren 35.7
in den Tunnel fahren
fahren 37.4
ins Holz fahren, Milch in die Meierei fahren
fahren 48.5, 66.4
Karussell fahren
fahren 80.20
mit jemandem Schlitten fahren
fahren 10.7, 29.10
mit Fleisch fahren
fahren 36.8
nach Futbach fahren
fahren 25.1, 26.9
nach Greifenstein fahren
fahren 26.3
nach Kissingen fahren
fahren 35.7
nach Pforzheim fahren
fahren 48.5
sie läuft und er fährt
fahren 48.5
Stereo, zweigleisig fahren
fahren 26, 31.4
zu Ackermann fahren
fahren lassen 72.11
einen fahren lassen
fahrend 48.2
fahrende Frauen
fahrend 48.2
fahrender Kinsey, fahrendes Volk
fahrend 53.15
fahrender Untersatz
Fahrer 26.27, 80.15, 80.39, 80.47
Fahrer 26.25
einen Fahrer machen
Fahrerflucht 15.9, 47.13
Fahrgestell 1.62, 1.86
Fahrnutte 48.2
Fahrrad 46.4

Fahrrüber 70.5
Fahrschein 48.9, 72.19
Fahrstuhl 72.14
Fahrtaxe 48.9
Fahrtuch 59.41
Fahrüber 1.58
Fahrwerk 1.62, 1.86, 1.87
faiken 26.25, 41.7
Fake 80.61
Fakirbett 80.40
Fakultät 3.3
Fakultät 3.3, 29
die andere Fakultät
Fakultät 48
die fünfte Fakultät
Fakultät 29.3, 30.8
Kollege von der anderen Fakultät
Fakultät 29.10, 30.2
Kollegin von der anderen Fakultät
Fakultät 29.4, 30.3, 64.25
von der anderen Fakultät
Faldestoil 72.14
Falkenauge 1.36
Fall 7.12
er ist nicht mein Fall
Fall 9.6
harter Fall
Fall 7.2
mein Fall
Fall 7.11
sie ist sein Fall
Fall 17.8
zu Fall bringen
Fall 17.9, 22.15
zu Fall kommen
Fallbeil 80.55
Fallbeis 53.3, 48.32
Fallbeisel 48.32, 55.11
Falle 1.66, 12.25, 14.42, 41.5, 48.25
Falle 7.3
Fallen stellen
fallemachen 47.4
Fallemacher 47.4
fallen 14.70
den Ehepartner fallenlassen
fallen 26.22
Er steht und fällt.
fallen 25.8
es ist ihm in die Hände gefallen
fallen 4.19
ihr fällt das Herz in die Schuhe (in die Haxen, in die Fotze, ins Loch)
fallen 41
mir fällt die Decke auf den Kopf, mir fällt die Bude auf den Deetz
fallen 14.33
von der Kanzel fallen
fallen 26.30
von der Stange fallen
fallen 18.16, 53.5
zwei wollten in die Blumen fallen
fallen lassen 53.7
sich fallen lassen
fallenlassen 11.18, 13.3
jemanden fallenlassen
Fallensteller 6.18, 47.37, 48.10, 63.12
Fallgrube 41.5, 72.12
Fallobst 1.58
falsch 12.41
auf die falsche Taste drücken, die falsche Taste erwischen
falsch 48.5
aufs falsche Gleis geraten
falsch 72.11
aus dem falschen Loch reden, die Weiche falsch stellen
falsch 50
das falsche Gesangbuch haben
falsch 3.4
die falsche Taste
falsch 36.12
es in die falsche Kehle bekommen
falsch 36.10
falsch gepfiffen
falsch 1.30
falsche Behauptung, falscher Wilhelm
falsch 14.41
falsche Braut
falsch 48.4
falsche Hure
falsch 2.2
falsche Katze
falsch 49.1
falsche Moral
falsch 29.6, 30.4
falschen Tritt haben, unter falscher Flagge segeln
falsch 23.9
falscher Alarm
falsch 10.8
falscher Busen
falsch 49.7
falscher Fuffziger
falsch 14.25
falscher Verlobungsring
falsch 1.44, 11.12
falsches Gebiß
falsch 48.2, 63.1, 73.13
falsches Gepiß
falsch 12.41
ins falsche Loch rutschen
falsch 29.9, 48.5
unter falscher Flagge segeln
falsch 59.30
Vorspiegelung falscher Tatsachen
Fälscher 29.3
falschrum 29.4, 30.3
falschrum 72.11
falschrum atmen
falschrum 29.6, 30.4
falschrum verkehren
Falte 1.66
Falten 1.67
Faltenleim 61
Faltenzunge 1.45
Falter 2.2
Familie 40
Familie 40
in der Familie
Familie 1.66, 32.3
Schoß der Familie
Familie 17.1
vielköpfige Familie
Familie 14.42
Werkbank der Familie
Familien 15.1
Es kommt in den besten Familien vor.
Familienabend 32.3
Familienauto 18.13
Familienchaise 18.13
Familienchronik 40
Familienforschung 32.3, 40
Familiengeschichte 40
Familienglück 32
Familiengrab 1.66, 32.3
Familiengruft 1.66, 32.3
Familienkreis 32.3
Familienkunde 32.3
Familienkutsche 18.13
Familienlokomotive 18.13
Familienminister 51
Familienmutter 17.2
vielköpfige Familienmutter, zahlreiche Familienmutter
Familienpflegerin 40.9
Familiensegen 11.11, 14.58
der Familiensegen hängt schief
Familiensegen 11.11
der Familiensegen wackelt
Familiensilo 41.1
Familiensimpelei 40
Familiensimpeln 40
Familiensinn 40
Familiensklave 64.13
Familienstand 1.73, 32.3
Familienstandsabzeichen 14.36, 58.4
Familienstandsmedaille 14.36, 58.4
Familienstandsorden 14.36, 58.4
Familienstolz 40
Familienstrumpf 1.73
Familienstrumpf 73.5
den Familienstrumpf auswringen
Familientag 32.3
Familientradition 40
Familientröster 1.73
Familienvater 32.1
Familienvater 17.3
vielköpfiger Familienvater, zahlreicher Familienvater

Familienwerkstatt 14.42
Familienwiese 14.42
Fämmler 24.3, 25.4, 25.7, 48.4
famos 6.1
Fang 1.42, 7, 59.9
Fang 48.5
auf den Fang gehen
Fang 7.3, 48.7
auf Fang gehen
Fänge 80.61
Fangeisen 14.36, 58.4
fangen 80.59
eine fangen
fangen 9.3
Feuer fangen
Fänger 47.37
Fangzahn 4.17, 6.17, 14.18, 64.23
Fanni 1.66, 2.2
Fant 19.4
Fantasie 24
Fantasie mit Schneegestöber
Fantasiebild 24.6
masturbatorisches Fantasiebild
Fantasiestrümpfe 59.38
Fantemer 18.5
farbeln 61
sich farbeln
färben 80.58
den Buckel blau färben
Farbenlappen 59.10
Farber 34.4
farbig 48.2
farbige Prostituierte
Farblappen 61
Farferl 59.6
Farnsamen 52.2, 52.3
Farkel 52
farzen 72.11
faschieren 80.58
Faschierer 80.64
Faser 1.73
Faser des Herzens
fasernackt 26.12
Faß 1.66, 1.85, 2.2, 6.3, 29.10, 35.10, 45.2
Faß 22.18
angebohrtes Faß
Faß 22.18, 47.26
angeschlagenes Faß
Faß 22.18
angestochenes Faß, angezapftes Faß, aufgemachtes Faß, geöffnetes Faß, offenes Faß
Faß 26.25. 35.7, 22.14
das Faß anbohren
Faß 22.14
das Faß anschlagen
Faß 22.14
das Faß anstechen
Faß 22.14, 26.25, 35.7
das Faß anzapfen
Faß 35.7
das Faß auffüllen, ins Faß tauchen
Faß 26.25
das Faß aufmachen, aufschließen
Faß 35.18
das Faß auslecken, ins Faß tauchen
Faß 17.8
ein Faß anbohren, ein Faß anschlagen, ein Faß anstechen
Faß 17.8, 53.6
ein Faß anzapfen
Faß 64.23
Faß ohne Boden
Faß 17.26
leeres Faß
Fassade 1.33
Fassadenklempner 61.1
Fassadenklempnerei 61.1, 61.2
Fassadenmaurer 54.6, 61.1
Fassadenputz 58, 61
Fassadentüncher 61.2
Fasse 1.54, 47.37
fassen 26.9
den Aal beim Schwanz fassen
fassen 26.8
ins Auge fassen, fest ins Auge fassen, sich ein Herz fassen
fassen 49.25
sich an der Nase fassen
fassen 26.25
sich kurz fassen
Faßreiter 1.86
Faßschnüffler 35.16
Fast-Adamskostüm 59.43
Fastelabend 52
fasten 64.17
Fastnacht 50.4
Fastnachtskind 15.2
Fasttag 64.17
Fatschenkind 18.2
Fatzke 12.2
faul 4.5, 42
faul 10.8
fauler Zahn
faul 48.4
fauler Junge
faul 12.39
fauler Kniff
faul 48.8
fauler Kunde
faul 4.6, 10.8
fauler Zahn
Faulecke 70.1
Faust 24.1
die Faust in der Tasche ballen
Faust 80.58
eine eiserne Faust haben
Faust 80:65
eiserne Faust
Faust 7.12
er paßt ihr wie die Faust aufs Auge
Faust 7.12
er paßt ihr wie der Faust aufs Gretchen
Faust 37.5
wie die Faust aufs Auge
Faustball 24
Faustball 1.77, 24.1, 25.1
Faustball spielen
Faustballer 24.3, 25.4
Faustballerina 25.3
Faustballspieler 24.3, 25.4
faustdick 12.35
es faustdick haben
Faustkampf 25
Faustkenner 24.3, 25.4
Fäustl 80.62
Fäustling 59.8
Faustrecht 24
Faustschüler 24.3, 25.4
fauzen 80.58
Faxen 12.1
Faxen 12.44
Faxen machen
FDP 51
fechen 52
Fede 41.5
Fede 41.10
aus der Fede hotschen
Fede 26.17, 26.25, 41.6
in die Fede hotschen
Fedelwagen 14.32
Feder 1.45
Federallee 41.6
in die Federallee gehen
Federball 26.27
Federball 26.17, 41.6
auf den Federball gehen
Federball 26.25
Federball spielen
Federgarnitur 59.7
Damenhut mit Federgarnitur
Federhausen 41.9
aus Federhausen holen
Federhausen 41.8
aus Federhausen zurückkommen
Federhausen 26.17
nach Federhausen gehen
Federhausen 41.6
nach Federhausen ziehen
Federlesens 80.20
nicht viel Federlesens machen
Federn 41.5
Federn 41.9
aus den Federn holen
Federn 41.10
aus den Federn kriechen
Federn 80.25
Federn und Teer
Federn 26.17
in den Federn
Federn 26.17
in die Federn kriechen
federn 80.24
teeren und federn
Fee 1.5, 2.2a, 6.2, 8.2,

82.4
Fee 55.7
kalte Fee
Feemdos 59.8
Fegefeuer 4.2, 14.50, 22.13, 26.27, 48.2, 64.23, 80.4, 80.61, 80.63
fegen 26.25, 53.7, 80.58
fegen 35.7
den Schlot fegen
Feger 4.25, 2.2, 26.27, 48.2, 62.2
Fehlanzeige 17, 23.9
Fehler 49.9
jemandem Fehler aufmutzen
Fehlgeburt 17.24
Fehlinger 47.25
Fehlschaltung 64.25
Fehlschlag 80.61
Fehltritt 10.5
Fehlzünder 22.19, 64.23
Fehlzündung 17.26, 64.21, 64.23
Fehm 1.54
Feierabend 11.21, 13.4, 14.69
Feierabend 11.20, 13.3, 14.70
Feierabend machen
Feierfaden 59.1
Feierkleidung 59
Feierkluft 59, 59.12
feiern 41
den Einzug feiern
feiern 17.20
die Geburt feiern
Feiertag 23
Feiertag 23.1
Feiertag haben
Feiertagsgürtel 23.7, 70.2
Feige 1.66, 2.2, 30.8, 36.12, 41.5, 48.2
Feige 17.12, 22.18
angedrehte Feige
Feige 22.14
die Feige andrehen
Feige 30.4, 36.8
die Feige auslutschen
Feige 1.14
dürre Feige
feige 35.22
er ist feige
Feige 4.25
verbrunzte Feige
Feige 7, 7.4
Wettlauf um die Feige
Feigenblatt 1.65, 1.66, 23.7, 49.21, 59.34, 59.35, 59.43, 70.2, 70.3
Feigengärtner 48.21
Feigengärtnerei 48.20, 63.14
Feigenkorn 1.68
Feigenkrabbler 71.3
Feigenkranz 1.65
Feigenlutscher 36.6
Feigenlutscherin 36.7
Feigenpolierer 63.12
Feigensaft 1.70, 30.8, 36.12, 78.3
Feigensaft 36.8
jemandem Feigensaft füttern
Feigenschlosser 63.12
Feigenschuster 63.12
Feigenwarze 1.68, 35.8
Feigenzinker 1.55
Feiglaps 1.10, 4.21
Feigling 62.2
Feigwarze 63.1, 70.1
fein 73.14
feiner Pinkel
fein 36.10
feine Zunge
Feinkost 6.2
Feinschmecker 36.6, 78.1
fein 1.45, 36.10
feine Zunge
fein 12.2, 73.14
feiner Pinkel
fein 26.41
klein aber fein
Feine 80.62
Feinkost 1.5, 6.2
Feinlein 80.57
feinmachen 59.6
sich feinmachen
Feinschmecker 36.2, 36.6, 78.1
Feinschmeckerei 78
Feinschmeckerin 36.3, 36.7
feist 1.19, 1.21
Feitel 80.40, 80.48
feiteln 80.46
Feitl 1.73, 80.95
Fekele 63.1
Felddoktor 63.12
Feld-, Wald- und Wiesendoktor
Felder 10.7
alle Felder absensen
Feldgestänge 51.3, 72.15
Feldgraue 71.3
unsere lieben Feldgrauen
Feldknudel 44.2
Feldlager 14.42
Feldlatrine 72.12
Feldlazarett 63.12
Chefarzt eines Feldlazaretts
Feldmatratze 48.2, 51.3
Feldpflanze 44.2
Feldpostnummer 29
die andere Feldpostnummer
Feldpostnummer 29.3, 30.8
Kollege von der anderen Feldpostnummer
Feldpostnummer 29.10, 30.2
Kollegin von der anderen Feldpostnummer
Feldpostnummer 29.4, 30.3
von der anderen Feldpostnummer
Feldquartier 53.16
Feldquartier zum Gallenstein
Feldsprache 48.35, 51.3
Feldspritze 51.3
Feldwebel 1.8, 51.3
Feldwebel 14.48
mein Feldwebel
Feldweibchen 82.4
Fell 1.23, 1.65
Fell 80.58
das Fell gerben, das Fell locker machen, das Fell versohlen, das Fell vollhauen
Fell 80.59
das Fell juckt ihm
Fell 13.11
den Böcken das Fell über die Ohren ziehen
fellare 36.4
Fellatio 1.42, 1.46, 36.1
Fellatio 54.8
Fähigkeit bei der Fellatio
Fellatio 29.10
Penis bei der Fellatio
Fellatio 1.45
Talent für Fellatio
Fellator 1.45, 29.3, 36.2, 54.8
Fellatrix 36.3
Felleisen 61.4
fellieren 1.42, 1.45, 54.8
Fellklempner 63.12
Fellklempnerei 63.14
Fellmer 59.7
Felltreten 14.41
Felsen 10.3
Felsen 10.2
auf jemandem stehen wie auf dem Felsen von Gibraltar
Felsenbett 53.16
felsenfest 26.21
Felsenkluft 53.18
Fem 59.17
Femenfinger 80.86
Femm 59.17
Fenster 1.33, 1.36, 1.58, 48, 59.10, 59.38, 70.5
Fenster 59.12
Anzug mit Fenster
Fenster 59.23
Bluse mit Fenster
Fenster 37.4
die Fenster putzen
Fenster 80.81
durchs hänfene Fenster sehen
Fenster 59.8
Handschuhe mit Fenster
Fenster 80.82
hänfenes Fenster
Fenster 59.17
Hemd mit Fenstern
Fenster 59.7
Hut mit Fenster
Fenster 59.13
Jacke mit Fenstern
Fenster 59.10
Kleid mit Fenster
Fenster 59.19

Kragen mit Fenstern
Fenster 59.9
Mantel mit Fenster
Fenster 59.7
Mütze mit Fenster
Fenster 59.16
Pulli mit Fenster
Fenster 59.38
Socken mit Fenster
Fenster 59.15
Weste mit Fenstern
Fensterblume 48.2
fenstergehen 14.29, 52
Fenstergrazie 48.2
Fenstergucker 68.1
Fenstergucker 68.2
Frau Fenstergucker
Fensterhenne 48.2
Fensterhose 59.26
Fensterkini 68
Fensterkitt 61
Fensterlack 61
Fensterläden 1.36
Fensterläden 1.36
bunte Fensterläden
Fensterleder 1.73, 64.19
Fensterlilie 48.2
fensterln 12.22, 14.29, 52
fenstern 48.5
Fensterpomade 61
Fensterpromenade 12.22
Fensterpromenade machen
Fensterputz 61
Fensterriegel 52.1
Fensterschuhe 59.40
Fensterschwalbe 48.2
Fensterstock 1.66
fenstervögeln 68.3
Fenstervorhang 59.7
Fensterwischerlack 61
Ferien 42
Ferien vom Ficken, fickfreie Ferien von der Frauenfotze
Ferienheim 53.16
rollendes Ferienheim
Ferienhotel 53.8
Ferienkokotte 53.8
Ferienliebe 53.8
Ferienverhältnis 13, 53.17, 54.8
Ferkel 49.7
Ferkelei 62.8
ferkeln 62.12
Ferkelstecher 47.32
Ferne 53.12
Gebetbuch der Ferne
Fernehe 14
Fernficker 14.28, 51.3
ferngetraut 14.28
ferngetrauter Soldat
Fernsehamateur 54.4
Fernsehansagerin 54.4
Fernsehanzug 59.11
Fernsehempfänger 54.4
Fernsehen 54.4
Fernseher 68.1
Fernsehgerät 14.55
Fernsehmieze 54.4
Fernsehpantoffeln 59.40
Fernsehspiel 54.4
Fernzel 1.32
feroce 54.8
Ferrucio Busoni 59.30
Ferse 1.87
Fertigbinder 59.20
Fertigbinder 59.20
Fertigbinder im Querformat
Fertighaus 41.1
fertigmachen 26.25, 26.40
fertigmachen 49.9
jemanden fertigmachen
fertigwerden 26.39
fesch 2.2
fesche Katze
feschen 14.29
feseln 72.5
Fessel 14.25, 80.3
Fessel 14.36, 58.4
goldene Fessel
Fesselfreude 70.17
Fesselkette 80.86
fesseln 80.84
Fesseln 9.12
in Fesseln legen
Fesselstrick 80.86
Fesselstuhl 80.86
Fesselung 80.85
fest 9.2, 10.2
fest im Sattel sitzen
fest 26.8
fest ins Auge fassen
fest 13
feste Bande
fest 8.7
feste Freundin
fest 8.20
fester Freund
fest 14.24
fester Herr
fest 26.22
fester Knochen
fest 8.12, 8.25
in festen Händen
fest 25.1
mit fester Hand regieren
festbinden 80.84
Feste 8.7, 9.8
die Feste
Fester 8.20, 9.9
der Feste
Festhalten 1.58, 38.2
sie hat was zum Festhalten
Festlichkeit 53.6
Festlichkeiten 14.44
Festlichkeiten am Tag nach der Hochzeit
Festnahme 47.40
Festneger 47.3
Festnegerin 47.3
festnehmen 47.40
festschnüren 59.31
Schnür mir das Korsett nicht zu fest!
festsetzen 41
sich festsetzen
Festung 59.31
Festung der Liebe
Fetenbrocken 59.1
Fetenmontur 59, 59.12
Fetisch 70
Fetischismus 70
fetischistisch 70.9
fetischistische Kleidung
fetschen 80.58
Fetscher 80.64
Fetscherl 1.66
Fetscherl 36.8
das Fetscherl ausblasen
Fetschner 1.83, 1.85, 72.4
Fetschner 35.18
den Fetschner ausputzen
Fetschner 35.12
den Fetschner massieren
Fetschner 35.7
den Fetschner rebeln
Fett 80.61
fett 17.10
Fett 45.5
er sitzt im Fett
Fett 13.10
Fett abschöpfen
Fett 1.20
Fett ansetzen
fett 14.32
fetter Brocken
fett 45.5, 48.8
fetter Kober
fett 1.83
fettes Gesäß
Fett 80.59
sein Fett kriegen
Fett 17.11
sie hat Fett angesetzt
Fettabsonderung 59.7
durch Fettabsonderung der Kopfhaut verschmutzter Hut
Fettarsch 1.18
Fettdeckel 59.7
Fetter 45.1, 45.5, 48.8
Fettfleck 1.18
Fettgans 1.17
Fetthenne 1.17
fettig 59.7
abgegriffene, fettige Mütze
Fettlebe 45.5
daumendicke Fettlebe
Fettleibigkeit 11
kompensatorische Fettleibigkeit
Fettschwanz 1.18
Fettsteiß 1.83
Fettwanst 1.18
Fettwanze 1.17
Fetze 2.2, 48.2
Fetzen 2.2., 45.1, 48.2, 59.1, 59.10
fetzen 24.1, 72.5, 80.38, 80.66
fetzen 25.1
einen fetzen
Fetzen 26.25
ficken, daß die Fetzen fliegen

Fetzen 45.1
halber Fetzen
Fetzen 47.38
Polizei-Fetzen
Fetzenbankert 48.3, 59.6
Fetzer 1.83, 24.3, 25.4, 80.68
feucht 62.5
den Boden mit dem feuchten Lappen aufheben
feucht 55
feuchter Furz
Feuchtlag 26.27
Feudel 62.2
Feuel 59.10, 59.25, 62.2
Feuer 80.25
Feuer 80.27
auf Feuer fixierter Sadist
Feuer 36.4
das Feuer anblasen
Feuer 24.1, 25.1, 26.9
die Hand ins Feuer legen
Feuer 78.2
die Kastanien aus dem Feuer holen
Feuer 1.86
er kann mit den Knien Feuer schlagen
Feuer 9.3
Feuer fangen
Feuer 3.5, 9, 64.23
Feuer im Dach
Feuer 9
Feuer im Loch
Feuer 9, 64.23
Feuer im Schwanz, im Sack
Feuer 3.5
Feuer im Stall
Feuer 3.8
Feuer legen, Feuer schüren
Feuer 9.1
für jemanden durchs Feuer gehen
Feuer 6.16
im Feuer
Feuer 10.7, 13.2
mehrere Eisen im Feuer haben
Feuer 24.1, 25.1
mit dem Feuer spielen
Feuer 26.25
Öl ins Feuer gießen
Feuer 31.4, 64.9
zwei Eisen im Feuer haben, zwischen zwei Feuer geraten
Feuer 11.9
zwischen zwei Feuer kommen
Feueranzünder 80.28, 81.2
feuerbeständig 80.30
sie ist feuerbeständig
Feuerbestattung 64.23, 80.23, 81.3
Feuerbestattungsinstitut 62.7
Feuerbock 64.23
feuerbohren 26.25
Feuerbohrer 1.73
Feuerbombe 1.28, 4.2, 80.28
Feuerdrill 80.23
Feuereifer 80.26
Feuereisen 26.22
feuerfest 80.30
sie ist feuerfest
Feuerfestigkeit 80.26
Feuerfurz 46.4, 53.15
Feuerhaken 1.73, 64.23, 80.95
Feuerleiter 80.27
Feuerloch 64.23
Feuerlöscher 1.73, 4.15
Feuerlöscher 12.44
den Feuerlöscher spielen
Feuermal 70.1
Feuermännchen 82.8
Feuermauer 59.19
Feuermelder 1.28, 4.2
Feuerofen 1.66, 48.25
Feuerprobe 49.19, 80.23
Feuerquirl 1.73
feuerquirlen 26.25
Feuersbrunst 80.26, 81
feuersicher 80.30
sie ist feuersicher
Feuersnot 80.26
Feuerspritze 1.73
Feuertaufe 22.13, 80.23
Feuertod 80.23
Feuerwagen 1.28, 17.18
Feuerwehr 18.16, 73.15
Feuerwehr 7.2
Bei mir Feuerwehr: Vorliebe für Rot.
Feuerwehrmann 14.24, 14.49, 48.4, 73.12
Feuerwerk 80.23, 80.25
Feuerwerk 17.12
geplatztes Feuerwerk
feuerwerken 80.23
Feuerwerkskörper 80.29
Feuerzeug 80.29
feulen 62.5
feurig 54.8
feurig 1.45, 35.19, 36.10
feurige Zunge
FF 12.33
FF 12.35, 26.25
aus dem FF können
FF 26.25
ficken aus dem FF
FKK 62.5
private FKK betreiben
FKK-Anhänger 53.17
FKK-Gelände 53.17
Fichebeis 72.12
fichen 72.11
Fichestuel 72.14
Fichte 48.5
bei Fichte gehen
Fichteneule 48.2
Fichtenmotte 48.2
Fichtensaft 61
Fick 26.27
Fick 48.2
Frau Fick
Fick 48.4
Herr Fick
Fickballon 47.21
Fickbild 24.6
Fickbuch 24.6
Fickbüchel 24.6
Fickchassis 1
Ficke 59.26, 60.3
Fickeline 4.25, 48.2
ficken 26.25, 80.58
ficken 64.17
auf Raten ficken
ficken 23.6
die Resitante ficken
ficken 80.81
die Seilerstochter ficken
ficken 63.2
Elftes Gebot: Du sollst nicht ficken, wenn du Dreck am Stecken hast.
ficken 48.7
er fickt, als ob er dafür bezahlt kriegt
ficken 70.6
er fickt ihr am Zeh, er wichst ihr am Zeh
Ficken 42
Ferien vom Ficken
ficken 51
fick die Polente
ficken 26.25
ficken was das Leder hält, wie geschmiert, daß es nur so raucht, daß die Fetzen fliegen, aus dem FF, als ob man's bezahlt bekommt, als ob man den Rekord schlagen will
ficken 26.40, 26.25
ficken was das Zeug hält
ficken 12.35, 26.25
ficken wie geölt
ficken 51.2
für Volk und Führer ficken
ficken 35.7
ins Arschloch ficken
ficken 16.2, 63.4
ins Unreine ficken
ficken 42
lieber in der Woche ficken als sonntags arbeiten
ficken 26.25
ins Ohr ficken, die Resitante ficken
ficken 12.41, 26.25
mit Bleifuß ficken, nach dem Buch ficken
ficken 21.8
nach dem Buch ficken, nach Noten ficken
ficken 64.23
sich die Seele aus dem Leib ficken
Fickenspieler 47.3
Fickenspielerin 47.3
Ficker 4.26, 13.6, 26.2

Fickerich 34.4
Fickerlaubnisanlage 50.5
Fickfabrik 17.6
Fabrikfick aus der Fickfabrik
Fickfach 26.25
aus dem Fickfach können
Fickfack 26.27, 42
Fickfack 26.25
aus dem Fickfack können
fickfacken 80.58
Fickfähigkeit 12.33
Fickfertigkeit 12.33
Fickfieber 64.23
Fickflader 59.29
Fickfrau 9.5
Fick- und Flickfrau
fickfrei 42
fickfreie Ferien von der Frauenfotze
Fickgestell 1
Fickgrube 1.66, 1.85, 29.10, 35.10
Fickgrubenräumung 35.15
Fickmanschetten 64.13
Fickmaschine 1, 26.37
Fickmobil 46.4
Fickmühle 7, 64.23
Fickmühle 26.25
in die Fickmühle geraten
Fickorden 51.2
Fickorden erster Klasse
Fickpanne 64.23
Fickparadies 20.13
Fickpause 53
Fickpenne 41
Fickpleite 64.23
Fickpreis 18.21, 51.2
Fickpreis für Preisficker
fickrig 3.6, 4.8
Fickritze 1.66
Fickspion 68.1
Fickspionage 47.35
Bundesanstalt für Fickspionage
Fickstreik 14.58
Ficktaler 54.2
Fickthaler 47.21
Ficktick 3, 64.23
Ficktor 59.26
Fickus 26.2, 26.27
Fickus 26.25
einen Fickus machen
Fickverhinderungshose 59.26
fiddeln 26.25
fidel 3.6, 4.1, 6.10
Fidibus 1.73
fiebermessen 80.20, 80.38
Fiebermesser 80.48
Fiebermittel 26.44
Fiechel 72.10
Fiedel 1.66, 25.8, 30.8, 54.8
Fiedel 54.8
die Fiedel spielen
Fiedel 25.1
einer an der Fiedel zupfen, Fiedel spielen
Fiedel 24.1
Fiedel spielen, an der Fiedel zupfen
Fiedelbogen 1.73, 25.8, 29.10
Fiedelelse 4.25, 48.2
Fiedelemil 48.4
fiedeln 26.25, 54.8
Fiedler 25.4, 54.8
fieramente 54.8
fies 6.4
fies 6.6
fieser Möpp
Fiesel 1.73, 4.26, 48.21
fieseln 26.25
Fieselregen 64.20
Fieselzauck 48.2, 48.21
Fifi 19.9, 28.4
Figaro 61.3
Figur 1
Loch mit Figur drum
Fikus 4.10, 26.2, 48.21, 64.23
Filia hospitalis 20.10
Filippchen 52.1
Filippinchen 52.1
fillen 80.66
Filler 80.68
Filltag 41
Film 54.5
Film 14.72, 14.73
abgelaufener Film
Film 8.22
abgespielter Film
Film 48.5
beim Film sein
Film 7.12
er ist nicht mein Film
Film 7.2
mein Film
Film 8.5, 8.18, 13
neuer Film
Filmagent 54.5
Filmamateur 54.5
Filmbabelbock 51.2
filmen 12.4
Filmrolle 54.5, 72.19
Filmschauspielerin 54.5
Filmschnuppe 54.5
Filmstarkneifer 60.1
Filmverleih 31, 54.5
Filmzensor 54.5
Filou 49.7
Filterzigarette 56
Filzbeine 71.3
Filzbruder 47.37
filzen 41.7, 47.3
Filzinger 26.5, 47.3
am Filzinger sein
Filzlatschen 59.40
Filzlaus 47.3
Filzlaus 48.2
Filzlaus-Verschiebebahnhof
Filzlausbrühe 55
Filzläuse 71.3
Filzpariser 59.40
Filztopp 59.7
Fimmel 64.10
Fimmelburg 64.2
Fimmelsophie 64
Finale 54.8
Finanz 45
Finanzamt 26.11, 54.9, 54.10, 59.10
Rückkehr vom Finanzamt
Finanzamt 1.42
Schlund wie's Finanzamt
Finanzausgleich 48
horizontaler Finanzausgleich
finanziell 35.22
finanziell übertölpelt werden
Finanzierungsbüro 48
Finanzkrüppel 14.73
Finanzminister 14.48, 14.49
mein Finanzminister
Findelhaus 15.10
Findelkind 15.10
finden 49.16
etwas dabei finden, nichts dabei finden
finden 48.35
Neuland finden
finden 41.7
nicht aus dem Bett finden
finden 14.20
sich finden und kriegen
Findling 15.10
Fineisel 50.12
Finger 1.55
Finger 14.25, 14.36, 58.4
Bankkonto am Finger
Finger 13.13
den Finger auf dem richtigen Loch haben
Finger 1.73
der elfte Finger
Finger 2.8
der kleine Finger
Finger 80.69
die Finger quetschen
Finger 72.3
die Finger versilbern
Finger 25.1
einer den Finger auf die offene Wunde legen, eine um den kleinen Finger wickeln
Finger 25.6
Gold in den Fingern
Finger 1.55, 1.73, 19.10, 28.4, 28.9
kleiner Finger
Finger 24.1, 25.1
krumme Finger machen
Finger 2.8
sein kleiner Finger sagt es ihm
Finger 24.1
sich um den kleinen Finger wickeln, den Finger auf die offene Wunde legen
Finger 80.58

unter die Finger kriegen
Fingerbad 1.66, 25, 25.8, 30.8
Fingerbiebchen 1.10
Fingerfertigkeit 25.6
Fingerfeuer 70.8
Fingerhut 1.75
Fingerkuppe 1.74
Fingerlich 14.25, 58.4
Fingerlin 58.4
Fingerling 16.1, 24.5, 30.5, 59.8, 63.12
Fingerlutschen 36.1
Fingerlutscher 29.3, 36.2
fingern 12.35, 24.1, 25.1, 26.5
fingern 24.1
sich fingern
Fingernagel 1.55
Fingernagel 61
falscher Fingernagel
Fingernägel 61, 61.5
lackierte Fingernägel
Fingernägel 1.55
lange Fingernägel
Fingernägel 61.5
rotlackierte Fingernägel
Fingernägel 1.55, 62.13
schmutzige Fingernägel
Fingernägel 62.13
Schmutz unter den Fingernägeln
Fingernagelschmutz 71.2
Fingerring 58.4
Fingerschlüpfer 70.8
Fingerschrubber 62.2
Fingerspiel 25, 70.8
Fingerspitze 1.55, 1.74
Fingerspitzengefühl 3, 12.33
Fingerspitzengefühl 12.35, 26.25
Fingerspitzengefühl haben
Fingerübung 25, 70.8
Finkel 50.14
Finkelmos 50.14
Finkelmosche 50.14
Finkelmuß 50.14
Finkelschitze 50.14
Finkelschütz 50.15
Finken 59.40
Finkengold 48.11
Finkengroschen 48.11
Finkerl 18.9
Finne 70.1
finnig 62.11
finster 4.5, 6.4, 6.13, 12.40
finster 6.6, 6.15
finstere Geige
finster 23.1
finster sein
Finstergardine 23.7
fippen 26.25
Fips 61.3
Firlefanz 12.1
Firnis 61
Fisch 1.73
Fisch 26.25
den Fisch schwimmen lassen
Fisch 1.48
er hat Fisch gegessen
Fisch 61.4
er hat Fisch gegessen, die Gräten gucken raus
Fisch 64.19
Fisch ohne Gräten
Fischblut 4.4, 64.23
Fischblut 3.7
Fischblut haben
Fischbüchse 1.66, 34.6, 62.13
Fischchen 6.15
blutarmes Fischchen
Fischdose 34.6, 62.13
Fische 80.61
Fische 80.59
seine Fische kriegen
fischeln 1.71
fischen 13.13, 14.8
Fischer 47.3
Fischerin 14.18, 47.3
Fischfrau 30.2
Fischkasten 20.2, 30.6, 30.8, 41.2, 41.22, 47.41, 48.12
Fischneß 59.15, 80.86
Fisel 1.73
Fisematenten 12.1
Fisematenten 12.44
Fisematenten machen
Fisematentenmacher 47.34
Fisole 80.61
Fisolen 1.87
Fisolenbrunst 70.6
Fist 72.10
Fistel 70.1
fisten 72.11
fisseln 73.5
fitschigagadeln 26.25
Fitschigogerl 1.66, 19.9, 28.4
fitse 6.1
fitse 6.2
fitse Haut
Fitz 73.4
Fitzebunn 17.20, 18.10
fitzeln 26.25, 52.4, 80.58
fitzen 80.58
Fitzer 80.62
Fitzigingerl 1.66, 19.9, 28.4
Fitzigogerl 1.66
Fix 57.2
Fix 80.57, 80.83
Meister Fix
fixen 57.1
Flabbe 1.33, 1.42
Flabben 1.43
flach 45.6
flach 59.40
flache Absätze
flach 48.8
flacher Freier
flach 12.19, 14.7
flach machen
flach 26.17, 41.6
sich flach legen
flachbrüstig 1.58
Fläche 1.83, 80.95
pädagogische Fläche
Flachrelief 26.22, 26.30, 54.2
Flachs 1.26
Flachsbrecheln 52
Flachse 1.73
flachsen 26.25, 52, 80.58
Flachsgärtner 61.3
Flachskönigin 52
Flachsschuster 61.3
Flachsschusterei 61.3
Flachsspengler 61.3
Flachsspenglerei 61.3
Flackerei 81.3
flackerfahren 81.4
Flackerfahrer 81.2
Flackerfahrt 81.3
flackern 81.4
Flader 59.29, 70.12
fladerfetzen 70.12
Fladerfetzer 48.4, 70.12
Fladerfetzerin 48.2
Fladergibber 70.12
Fladerin 41.20, 62.5
fladern 62.5
Flagellant 80.64
Flagellantin 80.63
Flagellation 80.23
flagellieren 80.24, 80.58, 80.94
flagellieren 47.17
einen Lehrling flagellieren
Flagge 64.19
die Flagge streichen
Flagge 29.6, 29.9, 30.4, 48.5, 66.4, 66.5
unter falscher Flagge segeln
flaggen 59.26
auf Halbmast flaggen
Flak 1.58, 51.3
Flakeuse 51.3
Flambo 59.7, 70.7
Flämen 1.61
Flamme 9.8, 59.21, 59.41, 80.25
Flamme 9.1
für jemanden in Flammen stehen
Flamme 12.19
Herzen auf langsamer Flamme garkochen
flammen 81.4
flämmen 81.4
Flammenwerfer 4.2, 4.3, 6.18, 64.23, 81.2
Flandern 10.6
aus Flandern, von Flandern
Flanellwache 26.27
Flanellwache 10.7, 26.25
Flanellwache stehen
Flanke 1.61
Flanke 59.10
offene Flanke
Flanke 59.25
Rock mit offener Flanke
flankieren 26.30
Flansche 26.1, 48.2
Flappe 1.42

Flappen 45.1
Flapps 1.42
flappsen 26.3
Flaps 49.7
Flapsch 49.7
flapschen 80.58
flapsen 80.58
flapsig 1.19
Fläschchen 2
Fläschchen und Pfröpfchen
Fläschchen 1.63, 2.2
jedes Fläschchen braucht sein Pfröpfchen
Flasche 2.2, 64.21
Flasche 22.18
aufgemachte, entkorkte, offene Flasche
Flasche 61
Blumen aus der Flasche
Flasche 26.25
die Flasche aufmachen (aufschließen)
Flasche 22.14
die Flasche entkorken
Flasche 22.18, 47.26
geöffnete Flasche
Flasche 3.8
jemanden an der Flasche riechen lassen
Flaschenbeine 1.86
Flaschendrehen 53.5
Flaschenfabrik 63.14
Flaschenkind 18.2
Flaschenöffner 1.73, 17.17, 17.18, 48.10, 55, 63.10, 63.12
Flaschenpost 46.3
Flaschenzug 80.82
flatterfahren 70.12
flatterhaft 10.6
flatterhaft 4.24, 10.6
Bei mir Fahne: immer flatterhaft.
Flattermine 48.2, 51.3
flattern 10.7
von einer Blume zur anderen flattern
Flatterwonne 70.12
Flatterzunge 35.19, 36.10, 54.8
Flatus vaginae 26.32, 69.1
flau 4.5, 6.13, 64.21, 64.19
flau 6.15
flauer Hahn
flau 4.6
flaue Zirze
flau 64.19
flau werden
Flauen 41.5
flaumbärtig 18.7
Flausch 1.26, 1.65
Flausenmacher 12.2
Flaute 64.21
flebben 48.10
eine flebben
Fleck 80.61
Fleck 26.4
blauer Fleck
Fleck 49.4
das Herz auf dem rechten Fleck haben
Fleck 49.23
einen Fleck auf der weißen Weste haben
fleddern 47.3
Fledermaus 47.3, 48.2, 59.26
Fledermausärmel 59.14
Fledermäuse 45.1
fledern 47.3
Flederwisch 4.25, 41.25, 62.2, 62.13
fleezen 41.6
sich fleezen
Flegel 19.4
Flegeljahre 18, 19.7
flehen 12.17
um schön Wetter flehen
Fleisch 2.2, 4.25, 48.2
Fleisch 27.3, 39.12
angegangenes Fleisch
Fleisch 48.2
dunkles Fleisch
Fleisch 64.24
einen Pfahl im Fleisch haben
Fleisch 40
ein Fleisch, ein Blut
Fleisch 18.5
Fleisch und Blut
Fleisch 1.73
Fleisch und Knochen
Fleisch 22.10
frisches Fleisch
Fleisch 21.1
in Fleisch und Blut übergehen lassen
Fleisch 64.24
jemandem einen Pfahl ins Fleisch setzen
Fleisch 10.7, 29.10
mit Fleisch fahren
Fleisch 48.19
mit Fleisch handeln
Fleisch 1.63
Pfahl im Fleisch
Fleisch 1.16
vom Fleisch fallen
Fleischbank 48.25, 59.26
Fleischbeschau 7, 26.11, 26.14, 48.10, 53.17, 54.9, 54.10, 59.4, 63.8
Fleischbeschauer 48.10, 63.12, 68.1
Fleischbeschauerin 68.2
Fleischbeschauhalle 54.10
fleischeln 26.25
Fleischer 80.57
Fleischerei 48.25
Fleischerhaken 80.82
Fleischerzeuger 17.4, 17.5
Fleischfliegen 71.3
Fleischgeschäft 48
fleischhacken 22.14
Fleischhacker 22.16, 47.26
Fleischhandel 48, 48.17, 48.20
Fleischhändler 48.18, 48.21
fleischhauen 61.9, 80.58
Fleischhauer 61.8, 80.64
Fleischhaufen 52
Fleischhersteller 17.3, 17.4
Fleischherstellung 17, 17.5
Fleischherstellung 17.6
künstliche Fleischherstellung
Fleischherstellungsprämie 18.21, 51.2
Fleischinspektion 48.10
Fleischkasten 33.4
Fleischkloß 55
kleiner Fleischkloß
Fleischkontrolle 48.10, 63.8
Fleischkuchen 62.2
fleischlos 64.17
fleischlose Kost
Fleischmarkt 48, 48.20, 53.17, 54.1
Fleischmarktgehilfe 48.21
Fleischmarkthalle 48.25
Fleischmarkthelfer 48.21
Fleischparade 63.8
Fleischsäcklein 59.8
Fleischsalat 31, 53.17, 55
Fleischstecher 57.3
Fleischtopf 1.66, 25.8, 30.8, 36.12
Fleischtopf 30.4
am Fleischtopf naschen
Fleischtopf 36.8
aus dem Fleischtopf essen, am Fleischtopf lecken
Fleischtopf 20.11
Fleischtopf Ägyptens
Fleischtopf 25.1
einer im Fleischtopf rühren
Fleischtopf 24.1, 26.9, 26.25
im Fleischtopf rühren
Fleischtopf 7.4
Wettlauf um den Fleischtopf
Fleischtöpfe 14.32
die Fleischtöpfe Ägyptens
Fleischtöpfe 13.12
Fleischtöpfe Ägyptens
Fleischwarenhandlung 48.25
Fleischwiese 53.17
fleißig 48.35
fleißiges Lieschen
flennen 11.15
Flennliese 11.16
Fleppen 45.1
Flick 19.4, 28.4, 28.9
flicken 26.25
flicken 59.12
flicken, geflickter Anzug
Flicken 59.43
Kaltwasserkleid mit rosa Flicken
Flicken 59.10, 59.26, 59.38
rosa Flicken
Flickfrau 9.5
Fick- und Flickfrau
Flickstunde 49.8
seelische Putz- und

Flickstunde
Fliege 1.48, 48.2, 59.20
Fliege 59.20
eiserne, geklebte, geleimte, gelötete, gemauerte, genagelte, gußeiserne, kuhscheißerne, kunstgeleimte Fliege
Fliege 2.2
flinke Fliege
Fliege 2.2, 4.25, 48.2
lose Fliege
Fliege 52.2
spanische Fliege
Fliegen 71.3
fliegen 9.3
auf jemanden fliegen
fliegen 26.25
ficken, daß die Fetzen fliegen
fliegen 26.5
in die Arme fliegen
fliegen 48.35
wo Tauben sind, fliegen Tauben zu
Fliegen 31.4
zwei Fliegen mit einer Klappe schlagen
fliegen lassen 72.11
einen fliegen lassen
Fliegenbeine 61
lackierte Fliegenbeine
fliegend 48, 48.26
fliegender Puff
fliegend 46.7, 53.11
fliegendes Gretchen
fliegend 29.5
mit fliegender Standarte zum Freund übergehen
Fliegengift 57
Fliegenpilz 52.2, 52.3, 59.7
Fliegenwedel 59.7
Fliegerfurz 35.22
Fliegerparterre 41.2
fließen 36.10
glatt von den Lippen fließen
fließen 1.66, 1.85, 35.21, 36.12
Land wo Milch und Honig fließt
flimmern 80.58
die Augen flimmern machen
Flimmernutte 54.5
Flinke 80.61
Flinserl 48.2
Flinte 1.73, 51.3, 80.95
Flinte 11.19, 64.21, 64.23
die Flinte ins Korn schmeißen
Flinte 64.19
verbogene Flinte
Flintenkugeln 1.77, 51.3
Flip 1.40
Flipflop 26.27
Flipper 1.54
Flipperei 26
flippern 26.25
Flirt 53.19
Slalomstrecke des Flirts
Flirtmobil 46.4, 53.14
Flirtschuppen 53.7
Flitsch 19.2, 48.2
Flitsche 2.2, 4.25, 41.25, 48.2, 80.48
flitschen 80.46
Flitscher 4.25, 48.2
Flitscherl 19.2, 28.6, 48.2
Flitscherletui 46.4, 53.15
Flittchen 4.25
Flitternest 14.45
Flitterwochen 14.45
Flitterwöchner 14.45
Flitterwöchnerin 14.45
Flitze 48.2
Flitzer 48.2
Flitzeritis 72.6
Flitzerpastille 72.8
Flitzerperle 72.8
Flitzerpille 72.8
Flitzerpulver 72.8
F-Loch 48.2
Flodder 72.6
Flohbeißen 26.17, 41.6
Angenehmes Flohbeißen!
Flohbude 62.14
Flohdackerln 59.39
Flohdreck 55
Flöhe 45.1, 71.3
Flöhe 80.58
die Flöhe abkehren
Flöhe 55
Lumpen und Flöhe
Flohfänger 1.65, 1.66, 34.6, 59.9, 59.25, 59.33
Flohfotze 48.2
Flöhfotze 48.2
Flohkiste 41.5, 62.14
Flohkiste 41.10
aus der Flohkiste kriechen
Flohkiste 26.17
in die Flohkiste kriechen
Flohkommode 41.5
Flohleiter 59.38
Flohsack 41.5, 59.9
Flohtruhe 1.66, 34.6
Flohzirkus 41.5, 62.14
Floje 73.4
flojen 73.5
flöppen 26.25
Flor 20.10
Florbesen 20.10
Florbüchse 48.2
Floß 62.7
Flosse 1.54
Flössel 73.4
flösseln 73.5
Flossen 1.54
Flöte 1.73, 1.85, 2.2, 8.2, 29.10, 35.21, 36.12, 48.2, 54.8
Flöte 1.73, 8.9, 8.22, 27.3, 36.12, 39.13, 64.21
abgespielte Flöte
Flöte 36.4
Flöte blasen
Flöte 26.25
Flöte spielen
flöten 26.25, 36.4, 54.8
Flötenbläser 29.3, 36.2
Flötenbläserin 36.3
Flötenduett 29.7, 36.9
Flötenetui 46.4, 53.15
Flötenklempnerei 63.14
Flötensolo 36.1
Flötenspengler 63.12
Flötenspiel 36.1
Flötenspieler 29.3
Flötentöne 80.10
einem die Flötentöne beibringen
Flötentöne 80.11
sich die Flötentöne beibringen lassen
Flötist 54.8
flott 4.1, 6.1, 10.6, 19.3
flott 72.6
der flotte Heinrich
flott 72.6
der flotte Kack
flott 10.7
ein flottes Leben führen
flott 2.2, 6.2
flotte Biene
flott 54.9
flotte Cäcilia
flott 26
flotte Fünfzehn
flott 2.2
flotte Hummel
flott 12.16
flotte Masche
flott 2.2, 6.2
flotter Dampfer
flott 4.3
flotter Fuchs
flott 1.86
flottes Gehwerk
flott 26
flottes Leben
flott 46.1
sie ist unter der Nase flott zu Fuß
Flotter 72.6
der Flotte
Flüche 35.22
Fluckert 34.4
Fluder 4.25
Flugblatt 47.21
gewagtes Flugblatt
Flügel 1.39, 1.67
Flügel 48.2
Fräulein Flügel
Flügel 26.30
vom linken, vom rechten Flügel
Flügelhorn 1.73, 26.2, 26.37, 29.10, 54.8, 64.20
Flügelkleid 18.15
Flugerl 4.25, 48.2
Flugerl 9.3, 12.10
ein Flugerl auf jemanden haben
flügge 21.2, 38.2
flügge 19.6, 38.1
flügge werden
flügge 18.6, 21.9
noch nicht flügge
Flughaube 50.8

Flugreise 53.11
Flugverkehr 46.7
Flunder 1.58
Flunsch 1.42
Flurschadenhölzer 1.86
Flurschadentreter 1.87, 59.40
Fluß 1.70, 1.78, 23, 23.4, 26.24
Fluß 63.5
im Fluß sein
Fluß 1.70, 23.9, 25.1, 26.23, 30.4
in Fluß bringen
Fluß 23.1
in Fluß sein
Fluß 3.8
jemanden in Fluß bringen
Fluß 24.1
sich in Fluß bringen
Fluß 63.1
weißer Fluß
Flüsterjule 46.2
Flüstermaschine 46.2
flüstern 46.2
flüstern, bis die Drähte glühen
Flüsterstimme 46.1
Flüstertonne 62.7
Flut 23, 26.24
Flut 23.1
Flut haben
Flutkontrolle 23.8
Flüztag 41
Foblu 80.18
Föhle 18.4
Fohlen 2.2
fohlen 17.16
Fohlenbucht 20.2
folgen 9
auf Liebe folgt Leid
folgen 64.24
der Fahne folgen
folgsam 80.9
Folter 80.21
Folterbank 80.86
Folterinstrumente 80.22
Folterknecht 61.8, 80.5
Folterknecht 61.7, 80.4, 80.63
Frau Folterknecht
foltern 61.9, 80.20
Folterqual 80.12
Foosch 1.25, 80.18
Fooschfeuer 70.2
Förderstunde 21
Form 26.35
in Form, in bester Form
Form 26.34
in Form, in großer Form, nicht in Form
Form 64.21
nicht in Form sein
Förster 53.9, 54.8
Fortbildungsanstalt 47.41, 47.42
forte 54.8
Fortgeschrittene 47
fortissimo 54.8
Fortpflanzung 17
Fortpflanzungsbeutel 1.76
Fortpflanzungsventil 1.73
fortreisen 25.8, 73.5
ich muß meinem Bruder die Hand geben, weil er fortreist
Fohse 1.66
Fose 2.2, 4.25, 48.2
Fose 23.3
plombierte Fose
fosen 26.25
fösen 59.3
Fosenappell 48.10, 63.8
Fosenarsenal 48.27
Fosenbaedeker 48, 48.10
Fosenbeschau 48.10
Fosenbläser 36.11, 48.4
Fosenbläserin 36.11, 48.2
Fosenbunker 48.27
Fosenbürster 36.6
Fosencafé 48.32, 53.3, 55.11
Fosenentgifter 1.71
Fosenentlüfter 1.71
Fosengeschwader 51.3
Fosengift 1.25, 23.4, 61
Fosenhahn 2.5, 4.10, 48.21
Foseninspektion 48.10, 63.8
Foseninspektor 63.12
Fosenjunge 48.4
Fosenkoller 64.23
Fosenkontrolle 48.10
Fosenkontrolleur 48.10
Fosenlecker 36.11
Fosenmasseur 25.4, 25.7, 48.4
Fosenmasseuse 24.2, 25.3, 25.7, 48.2
Fosenneid 64.16
Fosenparade 48.10, 63.8
Fosensauger 36.6, 36.11
Fosenschleck 36.11, 48.4
Fosenschusterei 63.14
Fosenspenglerei 63.14
Fosenstreichler 25.7, 48.4
Fosenstriegler 25.4, 25.7, 48.4
Fosentischlerei 63.14
Fosenverleih 48
Fosenvertrieb 48.17
Fosenwichser 25.4, 25.7, 48.4
Fosenzupfer 48.4
fossil 39.1
Fösthur 59.3
Foto 54.3
scharfes, schräges U.T.-Foto
Fotoalbum 8.9, 48
Fotofose 54.3, 54.5
Fotografie 54.3
Fotosafari 54.3
auf Fotosafari gehen
Fötus 17.15
Fotzblende 41.4
Fotzdudeln 53.7
Fotze 1.66, 2.2, 48.2
Fotze 59.3
eiserne Fotze
Fotze 3.7
Er läßt meine Fotze trocken.
Fotze 63.12
Facharzt für Haut und Fotze
Fotze 1.83, 29.10, 35.10
Fotze der Zukunft
Fotze 48.35
goldene Fotze
Fotze 63.1
Haut und Fotze
Fotze 4.19
Ihr fällt das Herz in die Fotze.
Fotze 3.8
jemandem Saft in die Fotze treiben
Fotze 1.65
ratzekahle Fotze
Fotze 22.10, 27.3, 39.12
trockene Fotze
Fotze 54.7, 64.12
verdrehte Fotze
fotzen 26.25
Fotzenallee 46.4
Fotzenauge 3.6
Fotzenaugen bekommen
Fotzenbelichter 54.3
Fotzenbürste 36.7
fotzenbürsten 36.8
Fotzendepot 48.35
mein Fotzendepot
Fotzenfalle 30.6, 30.7, 30.8, 41.2, 48.26
Fotzenfeger 61.4
Fotzenfeldwebel 47.41, 48.12
Fotzenfernrohr 48.10, 63.10
Fotzenfetzen 23.7, 59.35, 70.2, 70.3
Fotzenfourage 78.3
Fotzenfurz 26.32, 69.1
Fotzenfutteral 49.21
Fotzengardine 23.7, 59.35, 70.2, 70.3
Fotzengerber 61.4
Fotzengestüt 48.25
Fotzenhobel 1.73, 36.12
Fotzenhobel 36.8
Fotzenhobel spielen
Fotzeninspektor 63.12
Fotzenkäse 1.70, 30.8, 36.12, 78.3
Fotzenkäse 36.8
jemandem Fotzenkäse füttern
Fotzenkatalog 48.10
Fotzenklemme 64.22
Fotzenklempnerei 63.14
Fotzenknautsche 36.7
Fotzenknautscher 36.6
Fotzenknecht 80.7
Fotzenkönig 48.21
Fotzenkratze 30.2
Fotzenkratzer 1.55, 61.4
Fotzenleckerin 30.2, 36.7
Fotzenmassage 30.5
Fotzenmasseuse 30.2, 30.7
Fotzenmechaniker 63.12

Fotzenneid 11.9
Fotzenoptik 48.10, 63.10
Fotzenoptiker 48.10, 63.12
Fotzenpolierer 61.4
Fotzenputzer 61.4
Fotzenraspel 36.7
fotzenraspeln 36.8
Fotzenräumer 16.9, 36.6
Fotzenräumung 16.5
fotzenreinigen 36.8
Fotzenreiniger 1.55
Fotzenriecher 47.34
Fotzenschaber 61.4
Fotzenschärpe 23.7, 70.2
Fotzenscheitel 1.29
Fotzenschinder 61.4
Fotzenschnüffel 47.34
Fotzenschnupperer 36.6
Fotzenschraper 61.4
Fotzenschuppen 30.6, 30.7, 48.26
Fotzenschusterei 63.14
Fotzensortierer 45
Fotzenspähtrupp 47.36, 48.10
Fotzensperre 23.8
Fotzenspenglerei 63.14
Fotzenspion 3.10, 47.34
Fotzenspitzel 47.37, 48.10
Fotzenstraße 53.14
Fotzenstreichler 1.55
Fotzenstriegel 1.73
Fotzenstriegler 1.55
Fotzentischlerei 63.14
Fotzenwand 54.6
Fotzenwichser 61.4
Fotzenwinde 30.6
Fotzenwischer 25.8, 59.22
Fotzhobel 1.73, 54.8
fotzig 2.3
Fotzn 48.2
Fotz'n 1.42
Fraache 40.9
Fracht 72.4
Frachtabfertiger 72.2
Frachtbrief 72.19
Frachtverkehr 72
Frack 59.12
Frack 80.58
den Frack verschlagen
Frackbinde 59.20
Frackkragen 59.19
Fracksausen 64.13
Fracksausen 4.19
Er kriegt das alte Fracksausen.
Fractura penis 26.33
Frage 80.21
peinliche Frage, scharfe Frage
Fragezeichen 1.1
geschissenes Fragezeichen
franca 26, 41.24
in franca villa
franca villa 41.7
in franca villa schlafen
Frankfurter 72.4
Frankfurter 72.4
Frankfurter mit Mostrich
Frankfurter 76.3
Frankfurter Würstchen
Franz 1.73
Franzen 59.1
Franzos' 36.2, 36.6
Franzose 29.9, 36.11, 48.4
Franzosen 63.1
Franzosenhaus 63.14
Franzosenkrankheit 63.1
Franzosensteiß 59.29
Französin 36.3, 36.7, 36.11, 48.2
französisch 64.25
französisch 26.4
französischer Kuß
französisch 36.1, 36.5, 36.9
französischer Verkehr
französisch 36.4, 36.8
französisch verkehren
französisch 11.19, 13.3
sich französisch empfehlen
Fraß 55
gefickter Fraß
Fratz 18.3
Fratz 2.2, 19.2
kleiner, süßer Fratz
Fratze 1.33
Frau 2.2, 2.2a, 54.2, 73.14
Frau 4.14
abweisende Frau
Frau 39.4
alte Frau
Frau 6.11
amüsante Frau
Frau 14.31
an die Frau bringen
Frau 4.20
ängstliche Frau
Frau 6.2
anziehende Frau
Frau 11.11
auf einer Frau rumreiten
Frau 21.5
aufgeklärte Frau
Frau 59.6
auf Teen gequälte Frau mit Vergangenheit
Frau 13.5
ausgehaltene Frau
Frau 26.43
befriedigte Frau
Frau 59.10
dekolletierte Frau
Frau 14.29
die kluge Frau baut vor
Frau 5.2
dumme Frau
Frau 15.7
eine ehrliche Frau aus ihr machen
Frau 25.1
eine Frau masturbieren
Frau 63.6
eine ganz futsche Frau
Frau 26.25
einer Frau den Knüppel zwischen die Beine werfen
Frau 13.7
eine schützende Hand über eine Frau halten
Frau 22.18
entjungferte Frau
Frau 48.2
Frau an der Ecke
Frau 48.2
Frau auf Zeit, Frau Fick, Frau Huber
Frau 1.85
Frau Braun
Frau 35.10
Frau Braun, Frau Schwarz
Frau 35.12
Frau Braun die Hand geben
Frau 35.7
Frau Braun füttern
Frau 35.18
Frau Braun küssen, Frau Schwarz küssen
Frau 17.2
Frau, die leicht schwanger wird
Frau 61.7, 80.4
Frau Folterknecht
Frau 26.1
Frau Fut
Frau 72.23
Frau im Winkel, Frau Kack, Frau Kanalrat, Frau Wischmeier
Frau 59
Frau in enger Kleidung
Frau 48.2
Frau mit dem goldenen Arm
Frau 1.58
Frau mit großem Busen
Frau 1.58
Frau mit kleinem Busen
Frau 62.13
Frau mit unsauberer Scheide
Frau 62.6
Frau Putz
Frau 24.2, 25.3, 30.2, 61.7
Frau Reibrat
Frau 62.5
Frau Reinlich
Frau 63.1
Frau S
Frau 17.18
Frau Storch
Frau 2
Frau und Mann
Frau 14.48
Frau vom Dienst
Frau 38.3
Frau von Welt, Frau in den besten Jahren, Frau mit Vergangenheit
Frau 17.22
Frau Vreneli
Frau 6.20

friedliche Frau
Frau 63.1
Frau G., Frau T.
Frau 6.17
gefährliche Frau
Frau 4.9
geile Frau
Frau 27.2
gerontophile Frau
Frau 12.36
geschickte Frau
Frau 14.72
geschiedene Frau
Frau 61
geschminkte Frau
Frau 59.6
gutangezogene Frau
Frau 14.18
heiratslustige Frau
Frau 30.8
heterosexuelle Frau
Frau 5.1
intelligente Frau
Frau 14.45
jung verheiratete Frau
Frau 59.31
korsettierte Frau
Frau 6.14
langweilige Frau
Frau 14.15
ledige Frau
Frau 4.25
liederliche Frau
Frau 17.2
meine Frau Mama
Frau 23.3
menstruierende Frau
Frau 17.13
mit einer schwangeren Frau koitieren
Frau 26.14
nackte Frau
Frau 38.3
reife Frau
Frau 62.13
schmutzige Frau
Frau 17.12
schwangere Frau
Frau 24
Selbstbefriedigung der Frau
Frau 4.22
sensitive Frau
Frau 24.2
sich selbst befriedigende Frau
Frau 16.12
sterilisierte Frau
Frau 4.6
temperamentlose Frau
Frau 4.2
temperamentvolle Frau
Frau 10.3
treue Frau
Frau 10.8
treulose Frau
Frau 59.6
übertrieben angezogene Frau
Frau 14.7
um eine Frau werben
Frau 6.5
unattraktive Frau
Frau 21.11
unaufgeklärte Frau
Frau 22.8
unerfahrene Frau
Frau 17.26
unfruchtbare Frau
Frau 12.42
ungeschickte Frau
Frau 38.6
unreife Frau
Frau 11.12
verärgerte Frau
Frau 6.8
verführerische Frau
Frau 14.62
verheiratete Frau mit zwei Freunden
Frau 31.5
verheiratete Frau sucht Freundin
Frau 11.12
verleumderische Frau
Frau 9.5
verliebte Frau
Frau 11.16
weinerliche Frau
Frau 16.9, 17.18
weise Frau
Frau 82.4
weiße Frau
Frau 11.12
zänkische Frau
Frau 59.6
zerlumpte Frau
Frau 4.17
zudringliche Frau
Frau 4.12
zugängliche Frau
Frau 59.6
zu jung angezogene Frau
Frau Holle 52.7
Fraubaserei 46.1
Frauchen 34.1
Frauen 48.2
fahrende Frauen
Frauen 13.7
Frauen aushalten
Frauen 7
Ich habe Glück bei den Frauen: mir gefällt jede!
Frauen 3.3
Sekt, Kaviar und schöne Frauen
Frauen 30
Verkehr zwischen Frauen
Frauenabort 72.12
Frauenanzug 59.11
Frauenarzt 63.12
Frauenbart 1.48, 65.5
Frauenbutter 63.9
Fraueneck 48.25
Frauenfest 53.6
Frauenfigur 1.3
gute Frauenfigur
Frauenfotze 42
fickfreie Ferien von der Frauenfotze
Frauengasse 48
Frauengefängnis 47.41
Frauengeheimnisse 2.4
Frauengeld 52
Frauengemach 41.3
Frauengift 1.25, 23.4
Frauenhaar 16.8, 52.2, 52.8
Frauenhaar 1.29
seitwärts hochgekämmtes Frauenhaar
Frauenhaß 64.13
Frauenhasser 64.13
Frauenhaus 48.25
Frauenherrschaft 14.52
Frauenkampfuniform 59.10
Apo-Frauenkampfuniform
Frauenkloster 30.6
Frauenklub 30.6
Frauenkrankenhaus 63.14
Frauenliebe 30
Frauenlist 10.5
Frauenlob 1.73
Frauenlob 26.25
das Frauenlob ausblaxeln
Frauenmeister 48.10
Frauenmeisterin 48.24
Frauenohren 1.39
Frauenopfer 15.4
Frauenpforte 48.25
Frauenschaftsuniform 59.10
Apo-Frauenschaftsuniform
Frauenscheu 64.13
Frauenschinder 80.5
Frauensommer 52.1
Frauenstimmrecht 7, 7.7
Frauenstimmrecht 7.8
das Frauenstimmrecht ausüben
Frauentaler 17.22
Frauenurin 73.4
Frauenwirt 48.23
Frauenwirtin 48.24
Frauenwohnheim 41.22
Frauenzepter 58.12
Frauenzimmer 2.2a
Frauenzins 14.1
Frauenzwinger 14.1, 48.25, 48.27, 48.29
Fraukules 1.8
Fräule 40.9
Fräule 48.2
Fräule Wuscherl
Fräulein 48.2
Fräulein 1.85
Fräulein Braun
Fräulein 48.2
Fräulein Flügel
Fräulein 15.3
Fräulein Mutter
Fräulein 4.25
Fräulein Schlitzki, Fräulein Wuscherl
Fräulein 17.23
Fräulein Ungeduld

Fräulein 46.2
Fräulein vom Amt
Fräulein 48.2
geheimes Fräulein, gelüstiges Fräulein
Fräuleins 48.25
Haus der gelüstigen Fräuleins
Fraupert 82.4
Frautafel 50.3
frech 4.1
frech 59.26
freche Hosen
frech 59
freche Schale
frech 4.3
frecher Dachs
frech 59.43
frecher, heißer, scharfer Strandschrei
frech 2.2
freches Ding
Fregatte 14.50, 59.6
Fregatte 39.4, 48.2
alte Fregatte
Fregatte 59.6
aufgetakelt wie eine Fregatte
Fregatte 22.14
die Fregatte torpedieren
Fregatte 22.18
torpedierte Fregatte
frei 22.17
frei 24.1, 25.1
aus der freien Lamäng machen
frei 59.10
Dame mit freien Ansichten
frei 30.4
der Zunge freien Lauf lassen
frei 8.13
die freie Stelle einnehmen
frei 26.13
freie Ansichten haben
frei 7.1
freie Aussicht, freie Bahn, freie Stelle, freie Strecke, freie Wirtschaft
frei 8.13
freie Aussicht, freie Stelle, freie Stecke, freier Eintritt, freier Spielraum, freies Abteil, freies Eigentum
frei 13
freie Ehe
frei 25.8
freie Hand haben
frei 9
freie Liebe
frei 8.13
freien Eintritt finden, sich in ein freies Abteil setzen
frei 13.2, 14.60
freien Spielraum geben
frei 48.9
freier Eintritt
frei 14.16
freier Mann
frei 8.11, 8.24
freies Abteil, freies Eigentum
frei 14.64
freies Abteil, freies Eigentum, freie Bahn, freie Liegenschaft, freie Strecke
frei 14.65
freies Abteil, freies Eigentum, freie Liegenschaft
frei 8.26
freies Abteil, freies Eigentum, freie Wirtschaft
frei 14.68
freies Eigentum, freie Liegenschaft
frei 14.60
freies Spiel lassen
frei 48.2
freies Weib
frei 25.2
jemandem freie Hand geben
frei 36.4, 36.8
jemandes Zunge freien Lauf lassen
frei 25
Politik der freien Hand
Freibad 53.17
städtisches Freibad
Freibeuterin 48.2
Freibrief 14.60
freien 14.7
freien 28.5
Jung gefreit hat nie gereut.
Freier 14.19, 48.8
Freier 13.11
die Freier einseifen
Freier 48.5
die Freier mit dem Schlot aufzimbeln
Freier 48.8
drahtloser Freier, flacher Freier
Freier 48.5
einen Freier aufgabeln
Freier 48.8
schwarzer Freier
Freier 48.8
tofer Freier
Freierei 14.29, 52
Freierin 48.2
Freiersfüße 7.5
auf Freiersfüßen gehen
freificken 22.7
er hat sich noch nicht freigefickt
freificken 22.1
sich freificken
Freifrau 48.2
freigebig 4.11, 26.12, 59, 59.10
freigebig 59.10
Dame mit freigebigen Ansichten
freigebig 59.10
freigebiges Kleid
freigebig 59.25
freigebiges Röckchen
freigefickt 12.41
sich noch nicht freigefickt haben
freihändig 12.35
Sie kann's stehend freihändig.
Freihat 48.23
Freiheit 14.38
der Freiheit Lebwohl sagen
Freiheitspille 57
Freihochzeit 14.41
Freikedoss 59.41
Freikörperkultur 53.17
freilegen 26.10
freilegen 26.9, 26.10
die Wurzel freilegen
Freiluft-Hotelführer 53.16
freimachen 64.18
die Bahn freimachen
Freimadl 48.2
Freimenscherl 48.2
Freischaffende 48.2
freischwimmen 11.20, 13.3, 14.70
sich freischwimmen
Freistoß 26, 41.24, 48.9
Freistoß 26.25
einen Freistoß machen
Freiwerber 14.6
Freiwirt 48.23
Freizeit 53
Freizeitgestalter 8.15, 14.24
Freizeitgestalterin 8.2
Freizeitgirl 48.2
Freizeitprostituierte 48.2
Frejot 14.29, 52
fremd 26.25
den Kopf (die Nase) in fremde Angelegenheiten stecken
fremd 10.7
seine Nase in fremde Löcher stecken, seine Pantoffeln unter ein fremdes Bett stellen, seinen Pelz in einen fremden Schrank hängen
Fremdarbeiterin 48.2
Fremdenführer 80.86
Fremdenschaukel 53.19
Fremdenverkehr 71.3
fremdgehen 10.7
Freon 12 57
Fresse 1.33, 1.42
Fresse 6.5
verbotene Fresse
Fresse 1.33
verbotene Fresse; Wenn ich so 'ne Fresse

hätte, würd ich meine Hose drüberziehn.
freßbar 55
freßbarer Schwanz
Fressefeger 61.4
Fressegerber 61.4
fressen 36.8
fressen 76.2
Braunkohl, Kaktus fressen
fressen 80.59
Deisbirn fressen
fressen 9.3
er hat an ihr einen Narren gefressen
Fressen 79.3
jemanden zum Fressen gern haben
fressen 76.2
Salami fressen, Scheiße fressen, Schund fressen
fressen 30.4, 36.8
Seim fressen
fressen 9.3
seinen Affen an jemandem fressen
fressen 36.4
Sülze fressen
fressen 6.1, 19.3
zum Fressen
Fressepolierer 61.4
Fresseputz 61
Fresseputzer 61.4
Fresseschaber 61.4
Fresseschinder 61.4
Fresseschraper 61.4
Fressewichser 61.4
Freßlade 1.42
Freßloch 1.42
Freßmaschine 1.42, 1.44
Freßprothese 1.44
Frett 17.18
Frettchen 2.2, 4.25, 48.2
Freude 1.58
das Herz hüpft ihr vor Freude
Freude 57
grüne Freude
Freude 51.2
Kraft durch Freude, Kraft durch Freude verlieren
Freude 48.2
Mädchen der Freude
Freude 48.25
Tempel der Freude
Freuden-Almanach 48
Freudenbunker 48.25, 48.29
Freudenfrack 59.42
Freudenfrau 48.2
Freudengelee 80.25
Freudengeld 14.1, 48.9
Freudenhaus 48.25
Freudenhausärmel 59.14
Freudenhochhaus 41.1
Freudenjunge 48.4
Freudenkarte 48.9, 48.10
Freudenkaserne 48.27, 48.29
Freudenkönigin 48.2
Freudenkratzer 41.1
Freudenmädchen 48.2
Freuden-Quelle 48
Freudensilo 41.1
Freudental 1.66
Freudentempel 48.25
freudig 17.16
freudiges Ereignis
Freund 1.73, 8.15, 29.10, 80.40, 80.48
Freund 14.62
Ehefrau mit Freund
Freund 14.64
Ehefrau ohne Freund
Freund 8.22
ehemaliger Freund
Freund 80.38
einen mit dem Freund kitzeln
Freund 8.17
erster Freund
Freund 8.20
fester Freund
Freund 8.21
Freund, den man nicht loswerden kann
Freund 1.73, 29.10
Freund Hugo
Freund 8.27
gemeinsamer Freund
Freund 8.19
idealer Freund
Freund 51.2
Kind durch Freund
Freund 8.12
Mädchen mit festem Freund
Freund 8.13
Mädchen ohne Freund
Freund 29.5
mit fliegender Standarte zum Freund übergehen
Freund 8.18
neuer Freund
Freund 8.16
platonischer Freund
Freundin 8.2
Freundin 8.9
ehemalige Freundin
Freundin 14.63
Ehemann mit Freundin
Freundin 14.65
Ehemann ohne Freundin
Freundin 8.4
erste Freundin
Freundin 8.7
feste Freundin
Freundin 8.8
Freundin, die man nicht loswerden kann
Freundin 8.14
gemeinsame Freundin
Freundin 8.6
ideale Freundin
Freundin 8.24
Mann, dessen Freundin abwesend ist
Freundin 8.25
Mann mit fester Freundin
Freundin 8.26
Mann ohne Freundin
Freundin 8.5
neue Freundin
Freundin 8.3
platonische Freundin
Freundin 31.5
verheiratete Frau sucht Freundin
freundlich 35.22
freundlich tuend
Freundschaft 8
Freundschaft 40
je größer die Verwandtschaft, desto kleiner die Freundschaft
Freundschaft 8
platonische Freundschaft
Freundschaftsarmband 58.5
Freveltaxe 47.20
Frieda 6.20
Friede 59.21
Friedegunde 6.20
Friedel 6.21
Friedemann 6.21
Friedemund 6.21
Frieden 6.19
um des lieben Friedens willen
Friedensfahne 14.37, 59.10
Friedenskuß 50.1
Friederike 6.20
Friedgar 6.21
Friedhelm 6.21
Friedhilde 6.20
Friedhof 46.3
Friedhof 39.11
steht mit einem Fuß im Friedhof
friedhofieren 33.2
Friedhofrat 33.1
Friedl 59.13
friedlich 6.19
friedlich 6.20
friedliche Frau
friedlich 6.20
friedlicher Engel
friedlich 6.21
friedlicher Mann
Friedmar 6.21
Friedmund 6.21
Friedolin 6.21
Friedrich 6.21
Friedrichstadter 48.21
Friedvorhof 39.14
frieseln 26.25
Frigidität 64.23
Frille 26.1
Frikadellen 51.3, 55
frikassieren 80.20, 80.58
frikassieren 80.11
sich frikassieren lassen
frisch 6.1, 22.12
frisch 6.2
frische Ische
frisch 22.10

frisches Fleisch
frischen 17.16
frischgebacken 14.39
frisch gefallen 62.4
wie frisch gefallener Schnee
Frischgefangte 28.6, 48.2
Frischhaltebeutel 1.76, 36.12, 59.9, 59.30, 59.34, 70.5
Frischhaltebeutel 36.4
am Frischhaltebeutel knabbern
Frischling 19.2, 28.4
frischschlagen 52.4
Friseur 1.29, 35.22, 61.3
Friseuse 61.3
frisieren 1.29
frisieren 1.30
er kann sich mit dem Schwamm frisieren
Frisiermantel 59.41
Frisiersalon 61.3
Frißnix-Sanatorium 53.9
fristen 48.5
das nackte Leben fristen
Frisur 1.30
bei ihm ist die Kniescheib durch die Frisur gewachsen
Fritz 1.73
Fritze 61
blauer Fritze, brauner Fritze, grüner Fritze, roter Fritze
Fritzel 80.86
Fritzen 61
den Fritzen über die Backen laufen lassen
fritzen 61
sich fritzen
fromm 55
frommer Arsch
fromm 49.6, 50.6
frommer Bauch
Fromms 16.1
Fromms Aktentasche
Frondienst 80.3
fronen 80.11
Front 1.58, 70.5
Front 1.58
Front wie 'ne wendische Amme
Front 19.5
grüne Front
Frontdekolleté 59.10
Frontdekolleté 59.10
Kleid mit Frontdekolleté
Frontficker 51.3
Frontplane 59.9
Frosch 2.2, 4.14, 19.2, 28.4
Frosch 12.3
aufgeblasener Frosch
Frosch 4.14
Der Frosch hat ein wasserdichtes Gemüt.
Frosch 36.10
einen Frosch im Hals haben
Frosch 12.44
ein Frosch sein
Frosch 72.10
Frosch im Bauch
Froschauge 68.1
Froschaugen 1.36
Froschaugen 12.12
Froschaugen machen
Froschblut 4.4, 64.23
Froschblut 3.7
Froschblut haben
Froschhaxen 1.86
Froschperspektive 26.30
aus der Froschperspektive
Froschschenkel 1.86
frostbeständig 10.1
Frostriese 82.5
Froststarre 64.23
Frostzittern 64.23
Frottiertuch 62.2
Frottierwindel 62.5
Frucht 15.2
Frucht der Liebe
Fruchtbarkeitsamulette 52.6
Fruchtbarkeitsgottheiten 52.7
Fruchtbarkeitsmittel 52.3
Fruchtbarkeitsobjekte 52.6
Fruchtbarkeitstänze 52.5
Fruchtbarkeitszauber 52.4
Früchtchen 4.25, 18.4
Früchte 47, 47.21
verbotene Früchte
fruchteln 26.25
Fruchtgarnitur 59.7
Damenhut mit Blumen- oder Fruchtgarnitur
Fruchtschmiere 17.15
Fruchtwasser 17.15
Fruchtwichse 17.15
früh 19.8
zu früh geboren
früh 64.20
zu früh schießen
Frühaufsteher 19.8
frühgeboren 17.23
Apparat zur Aufziehung frühgeborener Kinder
frühgeboren 17.23
frühgeborenes Kind
Frühgeburt 17.23
Frühgeburt 17.23
eine Frühgeburt haben
Frühgemüse 18.5
Frühjahrsanfang 19.8
Frühling 18
Frühling 19
der Frühling des Lebens
Frühling 28.5
Hasch mich, ich bin der Frühling!
Frühlingserwachen 19.8
Frühlingsgedicht 59.7
Frühlingshut 59.7
frühreif 19.8
frühreif 19.8
frühreifer Knabe
frühreif 18.4
frühreifes Kind
frühreif 19.8
frühreifes Mädchen
frühreif 19.8
sie ist frühreif
Frühreife 19.8
Frühstück 37.5, 59.10
Frühstücksbluse 59.23
Frühstückstarntasche 60.5
Frühzünder 15.2, 18.4, 19.8, 64.20
Frühzündung 64.20
Frün 48.2
Frustration 64.17, 73.13
Frustration 35
anale Frustration
Fu 45.1
Füchel 35.4, 72.4
Fuchs 2.5, 34.4, 80.86
Fuchs 1.73
der alte Fuchs
Fuchs 4.3
flotter Fuchs
Fuchsbau 41.2, 41.3
fuchsen 26.25, 80.20, 80.58
Fuchser 80.64
Fuchsloch 41.2, 41.3
Fuchsmaschine 48.2
Fuchtel 11.12, 14.50, 48.2, 80.61
Fuchtel 80.20
einen unter der Fuchtel haben
Fuchtel 64.24
jemanden unter die Fuchtel kriegen
Fuchtel 80.58
unter die Fuchtel nehmen
Fuchtel 64.24
unter jemandes Fuchtel stehen
Fud 2.2, 48.2
Fud 1.66
Frau Fud
Fudbiese 23.7, 70.2
Fudbinde 23.7, 70.2
Fudbleuer 34.1, 44.1
Fudblitzer 48.8
Füdele 1.83
fudeln 52.4, 80.58
Fudfetzen 59.35
Fudhobel 1.73, 80.95
Fudhosen 59.35, 70.3
Fudhusaren 71.3
Fudläppchen 1.67
Fudleckerin 30.2
Fudleckerl 1.45, 30.8
Fudmasseur 25.4, 25.7
Fudmasseuse 25.7, 30.7
fudnackert 26.12
Fudnoll 1.64
Fudpolierer 1.73
Fudraspel 1.73, 46.4
Fudreißer 1.73, 80.95
Fudrillen 1.67
Fudschleck 30.2, 36.6, 36.7
fudschlecken 36.8

Fudschoner 23.7, 49.21
Fudschützer 59.35
Fudspanner 1.73, 63.12
Fudspenglerei 63.14
Fudstreichler 25.7
Fudstriegler 25.4, 25.7
Fudstrieglerin 30.2
Fudwalker 1.73, 80.95
Fudwärmer 1.73
Fudwichser 25.4, 25.7
fuen 52.4
Fuffziger 49.7
falscher Fuffziger
Fuge 26.27, 54.8
Fuge 1.20
aus den Fugen gehen
Fuge 35.7
die Fugen spachteln
fügen 14.29, 52
fügen 80.11
sich fügen
fügsam 80.9
Fügsamkeit 80.3
Fuhl 72.4
fuhlen 72.5
fühlen 25.1
fühlen 3.4, 26.5
den Puls fühlen
fühlen 21.1
auf den Zahn fühlen
Fühler 1.54, 1.55, 25.8, 35.14, 70.8
Fuhlete 72.6
Fuhlkitt 72.12
Fuhlnolle 72.13
Fuhlstuhl 72.14
Fuhr 59
führen 18.11
das Wiegenholz führen
führen 10.7
ein flottes Leben führen, eine scharfe Klinge führen, ein Lotterleben führen
führen 80.10
ein strenges Regime führen
führen 10.7
jemanden hinters Licht führen
führen 36.10
viel im Munde führen
Führer 51.2
für Volk und Führer ficken
Führerschein 46.4, 53.14
Führerschein 21.2, 22.2
mit Führerschein
Führring 48.25
Führung 53.7
enge Führung
Führung 53.7
lockere Führung
Führungszeugnis 47
polizeiliches Führungszeugnis
Fulceri 63.12
Fülle 59.30
Hülle und Fülle
füllig 1.19
Fummel 1.66, 2.2, 4.25, 48.2, 59.1, 59.10
Fummel 66.4
im Fummel gehen
Fummel 48.5, 66.5
im Fummel wackeln
Fummelhobel 1.73
Fummeljunge 48.4
Fummelklempner 63.12
fummeln 25.1, 26.9, 26.25
Fummelschuster 63.12
Fummelspenglerei 63.14
Fummeltrine 66.1, 66.2
Fummler 1.54, 25.8, 35.14
funebre 54.8
fünf 1.83
die fünf Buchstaben
Fünf 12.40
in Sex eine Fünf
Fünfeck 31.5
Fünfgroschenjunge 47.39
Fünfmarkstück 45.1
Fünfminutenbrenner 26.4
Fünfuhrfrau 14.62
Fünfundzwanzig 80.61
Fünfzehn 26
Fünfzehn 26
flotte Fünfzehn
Fünfzehn 26
kurze Fünfzehn
Fünfzehn 26.25, 41.7
kurze Fünfzehn machen
fünfzig 8.15, 14.48, 14.49
meine besseren fünfzig Prozent
Funiculus umbilicus 17.15
Funk 12, 80.23
Funke 2.5
Funke 6.3
irrer Funke
Funken 59.40
funken 80.23
funken 9.3, 17.11
es hat gefunkt
Funker 80.27
Funkerer 81.2
Funkerl 18.9
Funkstille 11.6, 46.2
Funkturm 1.73
Funzel 1.66, 2.2, 48.2
Funzeldocht 1.68, 1.73
Funzen 6.5
fuocoso 54.8
Fürbretling 59.41
Furche 1.66, 41.5
Furchen 1.67
Furchenkacker 44.1
Furchenscheißer 35.22, 44.1
furchtsam 4.20
furchtsames Häschen
Furi 1.66, 59.13
Furie 11.12, 14.50
furioso 54.8
Fürling 59.41
Fürsorge 47.42
Fürsorgeanstalt 47.42
Fürsorger 47.42
Fürsorgerin 47.42, 48.10
Fürst 1.73
Fürst 8.15
mein Fürst
Fürst 73.13
Fürst Pipi
Fürstin 8.2
meine Fürstin
Fürwitz 63.12
Furz 72.10
Furz 35.22, 51.3, 55
dicker Arsch mit Furz
Furz 55
feuchter Furz
Furz 41.4
Furz in der Laterne
Furz 55
gebackener Furz
furzen 72.11
furzen 72.11
er furzt wie ein Waldesel
Furzfänger 35.22, 59.10, 59.17, 59.25, 59.26, 59.33
Furzgestell 41.5
Furzglocke 35.22, 59.25, 59.33
Furzibus 56
Furzjacke 59.9
Furzkanonadensuppe 55
Furzkapsel 41.5
Furzkiste 41.5
Furzklappe 41.5
Furzmolle 35.22, 41.5
Furzmulde 35.22, 41.5
Furzriecher 35.16, 47.34, 72.24
Furzschnüffel 47.34, 47.39
furzschnüffeln 35.18
Furzschnüffler 35.16, 35.22, 47.37
Furzschnüfflerin 35.17
Furzsteuer 35.9, 48.9, 48.11
Furzverteiler 35.22, 59, 59.9, 59.13, 59.26
Fuscher 63.15
Fusel 1.66
Fuß 1.87
Fuß 80.11
den Fuß küssen
Fuß 1.73
dritter Fuß
Fuß 70.6
ich bin von Kopf bis Fuß auf Liebe eingestellt
Fuß 39.1
mit einem Fuß im Grab
Fuß 1.87
rechter Fuß
Fuß 17.10
schwer zu Fuß
Fuß 46.1
sie ist unter der Nase flott zu Fuß
Fuß 1.87
zu Fuß
Fußball 17.15, 80.86
Fußball 17.9
einen Fußball verschlucken
Fußball 17.11
sie hat einen Fußball

verschluckt
Fußballbraut 8.11, 14. 68
Fußballhemd 17.14, 59.10
Fußbinde 80.70
Fußbodenbürste 62.2
Fußbodenbürste mit Stiel
Fußbodenmasseuse 41.19
Füße 1.87
Füße 59.40
blonde Füße
Füße 12.30, 26.25, 26.26
die Füße aufstellen
Füße 13.13
die Füße unter den Tisch stellen
Füße 14.59
die Füße unter einen fremden Tisch (unter ein fremdes Bett) stellen
Füße 23.1
ein Handtuch zwischen den Füßen haben
Füße 45.5
er hat was an den Füßen
Füße 70.6
er liegt ihr zu Füßen
Füße 1.87
Füße nach innen setzen
Füße 80.69
Füße quetschen
Füße 1.87
geschwollene Füße
Füße 1.87
große Füße
Füße 23
Handtuch zwischen den Füßen
Füße 1.87
kalte Füße
Füße 1.86
ondulierte Füße
Füße 48.5
sich die Füße in den Bauch stehen, sich die Füße ablaufen
Füße 26.27
Umhang mit Händen und Füßen
Fußeisen 80.86
füßeln 12.13
Fußetui 59.40
Fußfall 80.3
Fußfesseln 59.40
Fußfetischismus 70.6
Fußfetischist 70.6
Fußfreier 48.8, 70.6
Fußfunk 12.13
Fußfunk betreiben
Fußgeriß 70.6
Fußkäse 1.87, 78.3
Fußkokotte 48.2
Fußkorsett 59.40, 70.6, 70.17
Fußkugel 80.86
Fußkuß 50.1
Fußlappen 39.6
alte Fußlappen
Fußmatte 80.6
Fußpferd 70.6
Fußpflegerin 61.6
Fußsack 1.48
Fußsäcke 59.38
Fußschmuck 58.11
Fußschweiß 1.87, 55
Fußschweißetui 59.40
Fußsohle 1.87
Fußtrittempfänger 1.83
Fußtrittfänger 80.95
fußvögeln 12.13
Fußvolk 48.2
leichtes Fußvolk
Fußvolk 48.2
motorisiertes Fußvolk
Fußwärmer 53.7
Fut 1.66, 2.2, 48.2
Fut 4.6, 4.14
blecherne Fut
Fut 26.1
Frau Fut
Futbach 36.8
nach Futbach fahren, gegen Futbach schauen
Futbläser 36.11, 48.4
Futbläserin 36.11, 48.2
Futinger 1.32, 59.7
Futlecker 36.11, 48.4
Futmasseur 48.4
Futmasseuse 48.2
Futrille 1.66
futsch 63.6
eine ganz futsche Frau
Futschlecker 34.4
Futstreichler 48.4
Futstriegler 48.4
Futtches 18.16
futteln 52.4, 80.58
Futter 78.2
Futter schütten
Futter 1.19
steht gut im Futter
Futteral 1.66, 1.85, 2.2, 16.1, 26.1, 29.10, 35.6, 35.10, 59.10, 59.12, 59.26, 59.30, 59.31, 70.17
Futteral 22.18
gebrauchtes Futteral
futteralenge 59.26
futteralenge Hosen
Futterfinnichen 59.15
Futterklappe 1.42
Futterluke 1.42
füttern 26.25
das Tier füttern
füttern 35.7
den Braunen füttern, den Braunschweiger füttern, das andere Gesicht füttern, den Schwarzen füttern
füttern 35.7
Herrn Braun füttern, Frau Braun füttern
füttern 36.4, 36.8
jemanden füttern
füttern 36.4
jemandem Ambrosia (Apfelgelee, Aspik, Bananensaft, Begeisterungssaft, Blauwasser, Brause, Buttermilch, Eierkognak, Eierkuchen, Eierschaum, Eierschnee, Eierspeise, Eis, Gallert, Gelee, Götterspeise, Gurkensaft, Honig, Kaviar, Kindelbier, Kinderwein, Knochenmark, Leckerbissen, Magenbeton, Majonäse, Manna, Männermilch, Mark, Nektar, Öl, Pilzsoße, Rohkost, Rübensaft, Rührei, russische Eier, Saft, Sahne, Schaum, Schaumspeise, Schlagobers, Schlagrahm, Schlagsahne, Schlegelmilch, Schlippermilch, Schlottermilch) füttern
füttern 36.8
jemandem Ambrosia (Aspik, Begeisterungssaft, Blütenhonig, Buttenmost, Feigensaft, Fotzenkäse, Gallert, Gelee, Götterspeise, Honig, Kuhsaft, Manna, Maulbeeren, Nektar, Pflaumenmus, Pflaumensaft, Pflaumensuppe, Rohkost, Saft, Sahne, Schaum, Schaumspeise, Scheidewasser, Schlagobers, Schlagrahm, Schlagsahne, Schleim, Schlippermilch, Schlottermilch, Schwitze, Seim, Soße, Sülze, Tunke, Wonnekleister, Zwetschenmus, Zwetschensaft, Zwetschenschnaps, Zwetschensuppe) füttern
füttern 35.18
jemandem Honig (Mostrich, Schinken, Senf, Würstchen, Würstchen mit Senf, Winterkirschen) füttern
füttern 36.4
jemandem Schwitze (Seim, Soße, Spargelsuppe, Sprudel, Stockmilch, Sülze, Tunke, Vatermilch, verlorene Eier, Weißpfeffer, Wonnekleister) füttern
füttern 17.11
sie füttert zwei
füttern 17.9
zwei füttern
Futtinger 14.19
Futtlerin 2.2
Futtner 14.19
Futwarze 1.68, 63.1
Futwichser 48.4
Futzupfer 48.4

Fuzzeler 80.41, 80.49
fuzzeln 80.38, 80.46

G

G 1.63
G 26.25
auf der G-Saite spielen
g 80.60
b & g
G. 63.5
etwas am G. haben
G 63.1
Frau G.
G 63.1
Herr G.
Gabelfrühstück 25
gäbelimachen 14.61
gabelmachen 14.61
Gabel 1.54
Gabel mit fünf Zinken
Gabelreiterin 82.1
gackeln 26.25
Gad 59.17
Gaddehose 59.35
Gaddinger 59.35
Gaderling 58.4
Gagelwitz 1.66, 19.9, 28.4
Gageritz 1.66, 19.9, 28.4
Gageritzen 1.67
Gagi 44.2
Gaglhenne 14.41
Gako 40, 40.4
Gala 59
Gala 59.6
sich in Gala schmeißen
Gala 59.6
sich in Gala werfen
Galakluft 59.12
Galanterie 63.1
Galanterie 63.1
die kleine Galanterie
Galanterie 63.1
große Galanterie
Galanteriewaren 16.1
Galaplosen 59.1
Galeere 80.91
Galeere 80.84
an die Galeere schmieden
Galerie 47.2
Galgel 80.37
Galgen 80.82
Galgenmahl 14.41
Galgenschwengel 1.73
Gall 1.23, 48.2
Gallachin 50.9
Gallachschickse 50.9
Gallachspinde 50.9
Gallachte 50.9
Gallenkitzler 59.28, 70.14, 70.17
Gallenstein 53.16
Feldquartier zum Gallenstein
gallern 80.58
Gallert 1.70, 1.78, 30.8, 36.12, 78.3
Gallert 36.4, 36.8
jemandem Gallert füttern
Galm 18.4
Galopp 15.1
Der Esel hat ihn im Galopp verloren.
Galopp 35.22
Du bist wohl vom wilden Esel im Galopp geschissen!
Galoppchen 59.40
galoppierend 72.6
der Galoppierende
Galsterweib 82.1
galvanisch 24.5
galvanische Penishülse
Gamaschen 59.39
Gambart 50.11
Gambes 18.4
Gambesmette 17.16
Gammel 48.2
Gammelgermanisch 19
gammelig 39.1
Gammelmädchen 41.25
gammeln 26.25
Gammelperücke 1.29
Gammeltimpe 53.3, 55.11
Gammelwinde 53.3, 55.11
Gampel 15.2, 18.4, 59.15
Gamperle 50.11
gamrig 3.6, 4.8
Gams 2.2, 48.2
Gamsbart 1.65
Gamsjäger 4.18, 6.18, 48.8
Gang 26.27
Gang 41.9
in Gang bringen
Gang 3.8
jemanden in Gang bringen
Gangadl 26.27
gangbar 22.17
Gängelband 18, 20, 80.3
Gängelband 64.24
am Gängelband hängen
Gängelband 64.24
jemanden ans Gängelband binden
Gangerle 50.11
Gängerling 1.87
Gängling 1.87
Gangwerk 1.86
Ganhart 50.11
Ganker 50.11, 59.19
Gankerl 50.11
Gankerling 50.11
Gans 2.2, 5.2, 12.3
Gans 22.14
die Gans enthäuten
Gans 22.14
die Gans häuten
Gans 22.14
der Gans die Haut abziehen
Gans 22.18
enthäutete Gans
Gänse 18.7
noch mit den Gänsen im Streit liegen
Gänseblümchen 2.2, 22.10
Gänseblümchen 22.18
ausgerupftes Gänseblümchen, entblättertes Gänseblümchen, geknicktes Gänseblümchen
Gänseblümchen 22.14
das Gänseblümchen ausrupfen
Gänseblümchen 22.14
das Gänseblümchen entblättern
Gänseblümchen 22.14
das Gänseblümchen knicken
Gänseblümchen 47.26
entblättertes Gänseblümchen
Gänsedreck 55
Klöten mit Gänsedreck
Gänsedresseur 20.5
Gänsefüßchendame 48.2
Gänsegrill 53.17
Gänsehaut 1.23, 59.10, 64.13
Gänsehaut 4.19
hat Gänsehaut
Gänsehirt 20.5, 53.8, 47.41
Gänsekacke 55
Gänseklein 19.2
Gänseklein 59.7
wanderndes Gänseklein
Gänsekopf 59.7
Gänseliesel 20.4
Gänsestall 20.2, 41.22, 47.41
ganz 31.3
die ganze Mütze voll
ganz 18.1
ganz die Mutter, ganz der Vater
ganz 25.1
ganz in jemandes Hand liegen
ganz 6.1
ganz groß
Ganzzarte 48.2
Gäppert 1.42
gar 21.2, 38.2
Garage 41.2
Garage 18.13
Baby-Garage
Garage 48.2, 48.25
Garage mit Nachtdienst
Garage 41
Garage mit Nachttisch
Garde 19.2
Lolita-Garde
Garderobenheini 54.6
Gardine 59.10
Gardinenbluse 59.23, 70.5
Gardinenkleid 59.10
Gardinenpredigt 14.53, 49.8

Gardinenpredigt 49.9
jemandem eine Gardinenpredigt halten
gären 38.1
Gari 1.73
Gari 24.1, 25.1
den Gari wuzzeln
Gari-Kiß 1.76, 36.12
Gari-Kiß 36.4
am Gari-Kiß knabbern
garkochen 12.19
Herzen auf langsamer Flamme garkochen
garkochen 13.10
jemanden garkochen
Garmisch-Partenkirchen 53.8, 53.19
Garn 12.7, 12.29, 14.10
ins Garn gehen
Garn 9.12, 12.6, 14.8, 14.38
ins Garn locken
Garni 26, 41.24, 48.30
garnieren 24.1, 25.1
garniert 41.3
garnierte Bleibe
garniert 41.3
garniertes Handtuch
Garnison 41
in Garnison liegen
Garnitur 1.63, 1.73
Garnrolle 17.6
Garrotte 80.79
garrottieren 80.77
Garsen 80.55
garsen 80.54
Gartenarbeit 48
Gartenbank 41.5
Gartenbibi 59.7
Gartengemüse 48.2
Gartenspritze 26, 41.24
Gartenzaun 1.30
Bubikopf mit Gartenzaun
Gartl 80.48
Gartenzwerg 1.12
Gärtner 36.2
Gärtner 20.5
Bock als Gärtner
Gärtnerpint 55
Gas 57
Gas 72.11
Gas geben
Gas 72.13
tragbares Gas
Gasangriff 72.10
Gasara 1.87
gasen 72.11
Gasfabrik 1.83
Gasfabrik 35.7
die Gasfabrik versorgen
Gasfuß 1.87
Gasidi 80.82, 80.86
Gasolin 61
Gasometer 1.85
Gasometer 35.7
den Gasometer anbohren (anzapfen, auffüllen, lackieren, polieren, vergolden, versilbern)
Gasometer 35.18
den Gasometer polieren
gaß 1.19, 12.5
gasselgehen 14.29, 52
gasseln 14.29, 52
Gassenfrau 48.2
Gassenhur 48.2
Gassenmensch 48.2
Gassennymphe 48.2
gassenlaufen 80.59
gassenlaufen 80.58
gassenlaufen lassen
gassi 48.5
gassi gehen
Gast 41.14
Gastarbeiterin 48.2
Gastgeber 41.15
Gastgeber 35.22
zu lange bei einem Gastgeber bleiben
Gastgeberin 41.16
Gastrolle 14.59
eine Gastrolle geben
Gastrolle 48.5
eine Gastrolle geben, spielen
Gastschilling 14.1
Gastspielleitung 47.41
Gaststätte 55.11
ungestörte Gaststätte
Gastwirtschaft 55.11
Gatl 80.48
gätlich 38.2
Gatsch 72.4
Gatschi 44.2
Gatt 1.83
Gatte 80.40, 80.48
gatten 26.25
Gattenwahl 7, 7.7
Gattenwahl 7.8
auf Gattenwahl gehen
Gatterich 14.49
Gatzam 18.4
Gatzman 18.4
Gatzom 18.4
Gauch 49.7
Gaudeschneiche 59.22
Gauhaert 50.11
Gaukelfuhre 52
Gaularsch 55
Gaulpopo 55
Gaulsdoktor 63.12
Gäulskur 63.8
Gaumen 1.49, 35.21, 76.3
Gaumen 1.49, 36.4
den Gaumen kitzeln
Gaumen 36.10
ihm klebt die Zunge am Gaumen
Gaumenkitzel 36, 36.1
Gaunerklappe 55.11
Gaupe 41.2
Gawert 1.42
Gaxi 2.2a
Gazam 18.4
gearbeitet 59
auf die Haut gearbeitet
Geäse 1.42, 1.44
Gebäck 55.1
Gebäck in Phallusform
Gebäck 55.2
Gebäck in Scheidenform
gebacken 55
gebackener Furz
gebacken 26.28
heiß gebacken, kalt gebacken
gebacken 26.28
warm gebacken
Gebälk 11.11, 14.58
es knistert im Gebälk
geballt 26.24
eine geballte Ladung
geballt 57
geballte Ladung
Gebärabteilung 51.2
gebären 17.16
Gebärmaschinist 17.17
Gebärmaschinistin 17.18
Gebärmutter 1.58, 1.66, 17.12, 17.15, 17.18, 17.22
Gebärmutteranhänger 62.2
Gebärmutterbetreuer 17.17
Gebärmutterbläser 48.4
Gebärmutterhänger 36.6
Gebärmutterimpfer 1.73
Gebärmuttermasseur 25.7, 48.4
Gebärmuttermasseuse 48.2
Gebärmuttersauger 36.6, 36.11, 48.4
Gebärmutterschaukel 46.4, 53.15
Gebärmutterstreichler 25.4, 25.7, 48.4
Gebärmutterstriegler 25.7, 48.4
Gebärmutterwichser 25.7, 48.4
Gebärmutterzupfer 48.4
Gebärstuhl 17.16
Gebärtruppe 51.2
Gebärvater 1.73, 17.17, 63.10
Gebärvater 35.7
einem den Gebärvater einhängen
Gebäude 1.2
Gebäude 1.4
schiefes Gebäude
gebaut 1.73
er ist stark gebaut
gebaut 1.3
gebaut für ein Jahrhundert
gebaut 35.22
mit dem Arsch einreißen, was man mit den Händen gebaut hat
gebaut 1.66
sie ist eng gebaut
gebaut 11.16
sie ist nah am Bach (nah am Wasser) gebaut
gebaut 1.66
sie ist weit gebaut
gebaut 26.35
stark gebaut
geben 80.58
geben 25.1
die Hand geben

geben 25.1
dem Bruder die Hand geben
geben 35.12
dem Schwarzen die Hand geben
geben 25.1
der Schwester die Hand geben
geben 26.9
der Schwester die Hand geben, dem Bruder die Hand geben
geben 26.25
eine Einreibung (ein Klistier, einen Stich, einen Stoß) geben, Tropfen geben
geben 17.8
einer einen Stoß geben
geben 80.58
es jemandem geben
geben 35.12
Frau Braun die Hand geben
geben 25.8
ich muß meinem Bruder die Hand geben, weil er fortreist
geben 25.2
jemandem freie Hand geben, jemandem das Messer in die Hand geben, er hat's ihr in die Hand gegeben
geben 80.10
keine Schonung, Gnade, Erbarmen, Mitleid, Nachsicht, Pardon
geben 26.25
Kontra geben
geben 25.8
sie hat's ihm in die Hand gegeben
Gebeine 1.22
Gebet 26.32
Gebet der Jungfer
Gebet 69.1
Gebet der Jungfrau
Gebet 20.8
ins Gebet nehmen
Gebet 49.9
jemanden ins Gebet nehmen
Gebetbuch 53.12
Gebetbuch der Ferne
Gebiet 8.9, 8.22, 14.72, 14.73, 14.74, 14.75
befreites Gebiet
Gebiet 8.12, 8.25, 14.23, 14.24, 14.62
besetztes Gebiet
Gebiet 16.12
entvölkertes Gebiet
Gebiet 22.18
erschlossenes Gebiet
Gebiet 41.22
sexterritoriales Gebiet
Gebiet 8.13, 8.26, 14.64, 14.65, 45
unbesetztes Gebiet
Gebiet 8.13
unbesetztes Gebiet erobern
Gebiet 8.13, 8.26, 22.10
unentdecktes Gebiet
Gebiet 8.13
unentdecktes Gebiet erforschen
Gebiet 22.10
unerschlossenes Gebiet
Gebiet 1.58
unterentwickeltes Gebiet
Gebiet 8.9
verlassenes Gebiet
Gebieter 8.15
mein Herr und Gebieter
gebieterisch 80.8
Gebiß 2.4, 19.2, 80.76
Gebiß 1.44, 11.12
falsches Gebiß
geboren 29.4
am 17. Mai geboren
geboren 17.16
geboren werden
geboren 15.1
unehelich geboren sein
geboren 19.8
zu früh geboren
geborgt 58
geborgter Schmuck
geborgt 14.32
geborgtes Heiratskapital
Gebot 16.2
elftes Gebot
Gebot 63.2
Elftes Gebot: Du sollst nicht ficken, wenn du Dreck am Stecken hast.
Gebot 48.25
Haus des 6. Gebots
Gebot 48.25
Tempel des 6. Gebots
gebracht 1.7, 6.1
gebracht 6.2
gebrachter Anblick
gebrannt 80.2
gebrannte Asche
gebrannt 55
gebranntes Abwasser
Gebrauchsanweisung 21.8
nach der Gebrauchsanweisung vögeln
Gebräuche 52
gebraucht 19.3, 22.17
gebraucht 22.18
gebrauchtes Etui (Futteral)
gebrochen 11.2
an gebrochenem Herzen sterben
gebrochen 11
gebrochenes Herz
Gebrüder 1.86
Gebrüder Beeneken
gebügelt 46.1
gebügelt 1.86
er ist über die Tonne gebügelt
Geburt 17, 17.16
Geburt 17.20
die Geburt feiern
Geburt 17.16
Geburt, bei der das Gesäß des Kindes zuerst auftaucht
Geburt 17.27
Scheltwendungen über Geburt und Abstammung
Geburtenregelung 16
Geburtenstatistik 17
Geburtsamulette 17.22
Geburtsfeier 17.20
Geburtsglaube 17.22
Geburtsglaube und -aberglaube
Geburtshelfer 1.73, 17.17, 51.2
Geburtsort 17.19
Geburtsschutz 17.22
Geburtszange 63.10
Geburtszyklus 17.15
Gedächtnishut 59.7
Geßler-Gedächtnishut
Gedächtnismantel 59.9
Hermann-Löns-Gedächtnismantel
Gedack 1.58
Gedanke 7.11
sie sind zwei Seelen und ein Gedanke
Gedanke 6.19, 8.1
zwei Seelen und ein Gedanke
Gedanke 3, 9.7, 14.47
zwei Seelen und ein Gedanke
Gedanken 24.1
es in Gedanken tun, mit dem Gedanken spielen
Gedankenbader 64.4
Gedankenfach 1.34
Gedankenfang 64.6
Gedankengenerator 1.35
Gedankenjagd 64.6
Gedankenjagd 64.9
auf Gedankenjagd gehen
Gedankenjäger 64.7
Gedankenkoch 64.4
Gedankenkondensator 1.35
Gedankenlesen 64.9
Gedankenleser 64.7
Gedankenleserei 64.6
Gedankenlesestube 64.8
Gedankenraffinerie 64.3
Gedankenscheune 1.34
Gedankensteg 59.38
Gedankensteg des Mannes
gedeckt 17.10
Gedeiheier 17.20
Gedrämmeltes 55
gedrängt 59.15, 62.10, 78.3
gedrängte Wochenübersicht
gedrosselt 36.10

gedrosselt sein
gedrückt 64.22
gedrückte Verhältnisse
Geduldshahn 52
Gedütt 1.58, 70.5
geeicht 12.34, 21.2, 22.2
geeicht 21.2, 12.34
auf Sex geeicht
Geel 1.85
geerbt 12.23
ich habe es geerbt
geerdet 59.40
geerdete Schuhe
Geeze 2.2a
Gefahr 80.62
gelbe Gefahr
gefährlich 6.16
gefährlich 6.17
gefährliche Frau
gefährlich 6.18
gefährlicher Mann
Gefährlichkeit 14.43
«Gefährlichkeit der Braut»
gefallen 7
Ich habe Glück bei den Frauen: mir gefällt jede!
gefallen 18.16
Wie gefällt dir dein Nachbar?
Gefallenenheber 59.34
Gefallenheber 59.30
gefallen lassen 73.14
er läßt sich nichts gefallen
Gefälligkeitskind 48.2
gefangen 41.3
gefangenes Zimmer
Gefängnis 20.1, 47.41
Gefängnis 53.19
weißes Gefängnis
Gefängnisdirektion 47.41
Gefängnisdirektor 47.41
Gefängnisentlassungsschein 47.41
Gefängniskorridor 47.41
Gefängniswärter 47.41
Gefängniswärterin 47.41
Gefängniszelle 47.41
gefährlich 39.8
gefährliche Jahre, gefährliches Alter
Gefecht 26.27
gefickt 64.21
er hat sich die Seele aus dem Leib gefickt
gefickt 35.22
gefickter Arsch mit Bohnen
gefickt 55
gefickter Fraß
Gefieder 1.26
Gefilde 41.1, 41.2, 41.3
das heimatliche Gefilde
Gefilme 12.1
geflickt 1.23, 63.1
Geflügel 2.4
Gefräß 1.42, 1.44
gefressen 9.1
an jemandem einen Narren gefressen haben
Gefrierbollen 11.4, 14.13
sich Gefrierbollen holen
Gefrierfleisch 4.6, 26.14, 47.21, 54.2, 54.10, 64.23
Gefrierfleischbüxe 59.26
Gefriertruhe 47.21, 54.10, 64.23
gefroren 55
gefrorener Rotz am Marterpfahl
gefuchst 58.1
gefuchst 14.36
gefuchste Handfessel
Gefüdach 2.2a, 48.2
gefügig 80.9
gefügig 80.10
gefügig machen
gefügig 80.11
sich gefügig machen
Gefügigkeit 80.3
Gefühl 3.6
seinen Gefühlen kein Korsett anlegen
Gefühle 14.71, 47.32
Anwalt für umgekippte Gefühle
Gefühle 29, 65.5
gemischte Gefühle
geführt 10.6
hinters Licht geführt
Gefühlsbergwerk 64.3
Gefühlsbohrer 64.7
Gefühlsduselei 9.10
gefühlsduselig 9.4
Gefühlsklo 8.16
Gefühlsklosett 8.3
Gefühlskratzer 64.7
Gefühlsmasseur 54.8
Gefühlsmasseuse 54.8
Gefühlspillendreher 64.4
Gefühlspopler 64.7
Gefühlsremise 46.3
Gefühlszerfetzer 64.7
gefunden 12.23
ich habe es gefunden
gefunden 7.11
sie haben sich gesucht und gefunden
Gefuße 14.54, 40.1
gegen gehen 7.12
sie geht mir gegen den Strich
gegenhalten 26.25
gegenhalten 64.17
nicht gegenhalten
gegenseitig 36.9
gegenseitiger Oralverkehr
Gegl 41.5
gehackt 55
gehackter Missionar im Schlafrock
gehängt 12.34
Gehängte 12.36
Gehängte 5.1
eine ganz Gehängte
Gehängter 12.37
Gehäre 1.26
Gehäuse 59, 59.12
gehaut 12.34, 22.2
Gehaute 12.36, 48.2, 80.94
Gehaute 5.1
eine ganz Gehaute
Gehauter 12.37, 48.4
geheim 72.23
geheime Kabinettsrätin
geheim 14.67, 17.7
geheimer Bevölkerungsrat
geheim 48.2
geheimes Fräulein
geheim 54.8
geheimes Glockenspiel
Geheimagent 1.73
Geheime 48.2
Geheimer 47.37, 48.10
Geheimfriseur 80.49
geheimhalten 17
geheimgehaltene Schwangerschaft
Geheimrat 38.4
Herr Geheimrat
Geheimratsecken 1.30
Geheimratswinkel 1.30
Geheimratswinkel 38.4
Herr mit Geheimratswinkeln
Geheiß 80.11
Geheiß tun
gehen 48.5
gehen 26.17
auf den Federball gehen, auf den Matratzenball gehen, in die Horizontale gehen
gehen 30.4, 36.8
auf die Zahngasse gehen
gehen 59.40
auf Englisch-Leder gehen
gehen 26.25
auf Tauche (auf die Rassel, auf den Schnallenritt) gehen, in die Häbin (in die Höhe, in die Horizontale) gehen, über die Tuchent gehen
gehen 37.5
aus den Augen gehen
gehen 17.20
aus dem Kindbett (aus dem Wochenbett) gehen
gehen 59.40
barfuß gehen
gehen 11.19
da geht er hin und singt nicht mehr
gehen 26.30
der Sache auf den Grund gehen
gehen 31.4
durch die Bank gehen, durch die Schnur gehen
gehen 11.19, 13.3
eigene Wege gehen
gehen 25.6
gut von der Hand gehen
gehen 30.4, 35.7, 35.18

in den Keller gehen
gehen 36.8
in den Keller gehen, in die Knie gehen
gehen 26.19
in die Höhe gehen
gehen 26.30
in die Knie gehen, in den Keller gehen
gehen 24.1
in sich gehen
gehen 9.7, 13.2
miteinander gehen
gehen 14.29
miteinander gehen, per Arm gehen
gehen 26.17
nach Bettenhausen (Federhausen, Kissingen, Bethlehem) gehen
gehen 48.10
nach oben gehen
gehen 59.7
nackt gehen
gehen 13.2
nebenaus gehen
gehen 36.10
schwer von der Zunge gehen
gehen 17.11
sie geht in die Breite
gehen 17.11
sie geht in die Höhe
gehen 17.11
sie geht nicht mit sich allein
gehen 12.8
sightseeing gehen
gehen 11.19
stiften gehen
gehen 63.5
wie auf Eiern gehen
gehen 1.87
wie der Storch durch den Salat gehen
gehen 26.17
zu Bett gehen
gehen lassen 72.11
einen gehen lassen
gehen lassen 72.6
er hat's unter sich gehen lassen
gehen lassen 64.17
unter sich gehen lassen
gehend 48
gehendes Gewerbe, gut gehendes Gewerbe
Gehilfin 17.18
Gehilfin einer Hebamme
Gehinnom 50.12
gehirmen 26.25
Gehirn 37.5
das Gehirn ist ihr in den Busen gerutscht
Gehirn 5.3
Dem haben sie ins Gehirn geschissen und vergessen umzurühren.
Gehirnchirurg 63.12
Gehirnflicker 64.4
Gehirngerber 64.4
Gehirngerberei 64.3
Gehirnklempner 64.4
Gehirnprothese 59.7
Gehirnputzer 64.4
Gehirnspengler 64.4
Gehirnverstopfung 64.10
Gehirnwärmer 59.7
Gehirnwaschen 64.9
Gehirnwäscher 64.7
Gehirnwäscherei 64.5, 64.8
Gehirnwäschereibesitzer 64.7
gehoben 38.3
gehobener Teenager
gehoben 38.4
gehobener Twen
Gehör 12.31, 14.20
Gehör finden
Gehör 14.9
Gehör schenken
Gehör 14.7, 46
um Gehör bitten
gehorchen 80.11
Gehorchendürfen 80.3
das Glück des Gehorchendürfens
gehörnt 10.6
Gehörnte 14.61, 50.11
der Gehörnte
Gehorsam 80.3
gehorsam 80.9
Gehorsam 80.10
Gehorsam erzwingen
Gehorsam 80.11
sich Gehorsam beibringen lassen
Gehörschnecken 1.39
Gehrock 59.12, 59.25
Gehsthintri 59.12
Gehtag 41
gehüllt 26.12
bis zum Kopf in Haut gehüllt
Gehwarzen 1.86
Gehwerk 1.87
Gehwerk 1.86
flottes Gehwerk
Geibe 70.1
Geidling 58.4
Geier 9.4
dahinter wie ein Geier
Geierauge 1.36
Geifer 78.3
Geige 1.66, 2.2, 4.7, 25.8, 30.8, 45.1, 48.2, 54.8, 80.48
Geige 8.9, 8.22, 27.3, 39.12
abgespielte Geige
Geige 22.18
angestrichene Geige
Geige 22.14
die Geige anstreichen
Geige 6.6, 6.15
finstere Geige
Geige 54.10
Geige mit G-Saite
Geige 25.1, 26.25
Geige spielen
Geige 24.1
Geige spielen, an der Geige zupfen
Geige 50.6
heilige Geige
Geigen 26.30
geigen 26.25, 54.8, 80.46, 80.58
Geigen 26.30
den Himmel voller Geigen sehen
Geigen 50.2
der Himmel hängt voller Geigen
Geigen 9
der Himmel voller Geigen
geigen 12.28
einer was geigen
Geigen 1.66
Himmel voller Geigen
geigen 3.8
jemandem was geigen
Geigenbogen 1.73, 54.8
Geigenkästen 59.40
Geigenspielerin 30.2
Geiger 25.4, 54.8
Geigerin 2.2, 4.25, 30.2, 48.2
Geigerl 4.25, 30.2, 48.2
Geigerzähler 1.73
geil 3.6, 4.8
geil 3.7
geil wie 'n Sack Wasser
geil 4.9
geile Frau
geil 55
geile Hengstklöten
geil 4.10
geiler Mann
geilen 18.16, 53.5
zwei geilten miteinander viel
geilig 3.6, 48
Geilwasser 55, 64.21
Geinom 50.12
Geisblatt 59.43
Geiser 64.20
ausgetrockneter Geiser
Geiß 2.2, 48.2
Geißbart 1.65
Geißblatt 1.66
Geißbock 4.10, 26.37, 48.8, 48.21
Geißelbruder 80.64
geißeln 80.58
Geißelung 80.61
Geißloch 1.66
Geist 64.2
Hotel zum schwachen Geist
geistesfrei 7.12
geistesfreier Sex
geistig 22.6
geistig halbstark
geistig 22.9
geistiger Halbstarker
geistig 39.10
geistig halb weggetreten
Geistlicher 50.6
geizen 64.17
Geizkragen 14.65

gekitzelt 59.6
auf Twen gekitzelte Dame im Schwabenalter
geklebt 80.59
eine geklebt kriegen
geklebt 59.20
geklebte Krawatte
geknackst 64.19
geknackster Ständer
geknallt 80.59
eine geknallt kriegen
geknickt 22.17, 64.19
geknickt 22.18, 47.26
geknickte Lilie
geknickt 22.18
geknicktes Blümchen (Gänseblümchen, Marienblümchen, Pflänzchen)
geknickt 64.19
geknickter Ast
geknickt 11
geknicktes Herz
geknickt 64.21
geknickt sein
gekräuselt 51.2
Meister des gekräuselten Schamhaars
geköpft 16.11
geköpft und kastriert
gekrochen 12.23
ich habe es geschonken gekrochen
gekrochen 18.7
kaum aus dem Ei gekrochen sein
gekrönt 14.24, 14.28
gekrönter Erl
gelackmeiert 10.6
Gelackmeierter 14.61
der Gelackmeierte
geladen 6.7
mit Sex geladen
gelähmt 35.19, 36.10
gelähmte Zunge
Gelände 53.17
Gelände 22.14
das Gelände erschließen
Gelände 22.18
erschlossenes Gelände
Geländenutte 48.2
Geländer 59.19
Kragen mit Geländer
Geländer 59.10
Veranda ohne Geländer
Gelb 48.2, 51.1
Romanze in Gelb
gelb 4.19
gelb wattiert
gelb 77
gelbe Datsch, Beffchen, Linde
gelb 59.40
gelbe Männerschuhe
gelb 17.15
gelbe Milch
gelb 80.62
gelbe Gefahr, gelber Onkel
gelb 48.10
gelber Schein
Gelber 80.62
Gelbfuchs 58.1
Gelbschnabel 18.4, 19.4
gelbseiden 48.2
gelbseidenes Tücherl
Gelbseidene 48.2
Gelbvogel 58.1
Geld 45.1
Geld 48.9, 48.35
das Geld liegt auf der Straße
Geld 45.5
er hat Geld
Geld 45.5
er hat Geld wie Scheiße
Geld 14.56
Geld in der Ehe
Geld 48.4
Held fürs Geld
Geld 59
knapp wie Geld vor Ultimo
Geld 36.11, 48.7
sein Geld durch den Schlund jagen
Geld 10.7
sein Geld verbumsen (verbuttern, verjubeln, vermöbeln, verorgeln, verwichsen)
Geld 45.1
viereckiges Geld
Geldbombe 45.3
Geldbörse 45.2
Geldehe 14.32
Geldheirat 14.32
Geldkassette 45.3
Geldkater 47.3
Geldkatze 13.5, 13.12, 47.3
Geldschachtel 45.3
Geldscheine 45.1
Geldschrank 45.4
Geldstück 45.1
Geldstücke 45.1
Gelederte 70.17, 80.89
Gelederter 80.88
Gelee 1.78, 30.8, 36.12, 78.3
Gelee 36.4, 36.8
jemandem Gelee füttern
Gelegenheit 48.16
Gelegenheit machen
Gelegenheitsmacher 48.15
Gelegenheitsmacherei 48.13
Gelegenheitsmacherin 48.14
Gelegenheitsmusik 26.18
gelegt 22.18
gelegter Grundstein
geleimt 59.20
geleimte Krawatte
Geleit 33.2
das letzte Geleit geben
Geleit 33.3
letztes Geleit
Geleitzug 8.7, 8.20, 9.9, 14.23, 14.24, 14.48
Geleitzug 14.59
jemandes Geleitzug entgleisen lassen
gelenkig 35.19, 36.10
gelenkige Zunge
geliebt 9.2
geliebt werden
Geliebte 9.8
Geliebte 11.8
jemandem die Geliebte abschrauben (abzupfen, ausspannen, loseisen, wegschnappen)
Geliebte 14.66
Geliebte eines verheirateten Mannes
Geliebte 14.66
Geliebte in ihrer Beziehung zur Ehefrau
Geliebter 9.9
Geliebter 14.67
Geliebter, der die Ehefrau aushält
Geliebter 14.67
Geliebter, der sich von der Ehefrau aushalten läßt
Geliebter 14.67
Geliebter dreier Frauen
Geliebter 14.67
Geliebter einer verheirateten Frau
Geliebter 14.67
Geliebter einer Witwe oder geschiedenen Mutter
Geliebter 14.67
Geliebter in seiner Beziehung zum Ehemann
Geliebter 14.67
Geliebter zweier Frauen
Gellflöte 1.73, 29.10, 36.12, 48.4, 54.8
Gellflöte 36.4
Gellflöte blasen
gelockt 1.29
gelöst 22.18, 47.26
gelöstes Rätsel
gelötet 59.20
gelötete Krawatte
Gelse 1.14, 1.70, 48.2, 71.3, 80.42
Gelsen 1.14, 71.3
gelten lassen 80.10
keine Schonung, Gnade, Erbarmen, Mitleid, Nachsicht, Pardon
Gelust 3.5
gelüstig 48.2
gelüstiges Fräulein
gelüstig 48.25
Haus der gelüstigen Fräuleins
gelzen 16.11
Gemächt 1.63, 1.66, 1.73, 1.76
gemacht 14.32
gemachtes Bett
Gemäldeausstellung 61
gemauert 59.20
gemauerte Krawatte
gemein 48.25
gemeines Haus

gemein 48.2
gemeine Tochter
Gemeinde 48.6
Zug durch die Gemeinde
Gemeindebulle 5.2
Laß dich vom Gemeindebullen umficken!
Gemeinfrau 48.2
gemeinsam 26.17
die Sache gemeinsam beschlafen (beschnarchen)
gemeinsam 26.25
gemeinsam beschnarchen
gemeinsam 8.14
gemeinsame Freundin
gemeinsam 8.27
gemeinsamer Freund
Gemeinsames 26
Gemeinsames haben
gemischt 47.21
gemischt 29, 65.5
gemischte Gefühle
gemischt 19.5
gemischtes Gemüse
Gemischtwarenhandel 65.4
Gemischtwarenhändler 48.4, 65.4
Gemischtwarenhandlung 29.9, 48.26, 48.28
gemoppelt 8.1
doppelt gemoppelt
gemoppt 80.59
eine gemoppt kriegen
Gemse 2.2, 19.2, 28.6, 48.2
Gemsel 59.17
Gemsenjäger 4.18, 48.8
Gemüse 2.4
Gemüse 19.5
gemischtes Gemüse, grünes Gemüse
Gemüse 31
Gemüse-Eintopf
Gemüse 18.5, 38.6
grünes Gemüse
Gemüse 19.2
(grünes, junges, heißes, kaltes Gemüse)
Gemüse 48.2
junges Gemüse
Gemüse 55
tönendes Gemüse
Gemüsegarten 59.7
Gemüserestaurateur 64.4
Gemüsesheriff 47.37
Gemüsespionage 64.5
Gemüt 4.14
Der Frosch hat ein wasserdichtes Gemüt.
Gemüt 80.8
ein Gemüt wie ein Schlächterhund
Gemüt 73.14
jemandem ins Gemüt pinkeln
Gemüt 9.10
Zuckerguß fürs Gemüt
Gemütsathlet 4.15, 48.21
Gemütsfärberei 64.3
Gemütsmassage 12, 26, 26.27, 26.44
Gemütsschmarren 54.5
Gemütsstarrkrampf 64.10
genagelt 59.20
genagelte Fliege
genagelt 59.20
genagelte Krawatte
genasführt 10.6
Gendarmkleid 59.10
geneigt 4.12
geneigtes Ohr
geneigt 14.7
um ein geneigtes Ohr bitten
Generalbaß 26.32, 46.1, 54.8, 69.1
Generalpächter 49.10
Generalpächter der Gnade
Generalprobe 54.6
Generalsbrille 51.3, 72.12
Generalshose 59.26
Generalshose mit rotem Seitenstreifen
Genick 1.56
Genickschußbar 55.11
Genickschußbremse 1.29
genießen 61
Landluft genießen
Genitalangst 64.13
Genitalfetischismus 70.3
Genitalflagellation 80.61
Genitalhöcker 1.63
Genitalien 1.63, 51.3
Genitalien 26.9
die Genitalien berühren
Genitalität 3
Genitalkleidung 70.3
weibliche, männliche Genitalkleidung
Genitalmud 64.6
Genitalverwertungsstelle 14.31
Gennecker 50.11
Genuß 1.5, 6.2, 26.14
Genuß für die Pupille
Genuß 51.2
schwach durch Genuß
Genußbremse 23, 23.8, 35.8, 49.21, 59.29, 59.35
Genußbremse 23.2
Sie hat die Genußbremse gezogen.
Genußmittel 1.63
Genußschuppen 48.25
Genußwaren 1.63
Genußwurzel 1.73
Genußwurzel 1.68
an der Genußwurzel nagen
Genußwurzel 26.25
die Genußwurzel begießen
Genußwurzel 26.25
die Genußwurzel einpflanzen
geöffnet 22.17
geöffnet 47.26
geöffnete Büchse, Dose, Flasche
geöffnet 22.18
geöffnete Büchse (Dose, Flasche, Kiste, Kommode, Schachtel, Schatulle, Schublade, Truhe), geöffneter Betrieb (Koffer, Laden, Tresor), geöffnetes Faß (Geschäft, Lustspielhaus, Schatzkästlein, Spind)
Geographie 72.5
die Geographie bereichern
Geöhr 1.39
geölt 12.35, 26.25
ficken wie geölt
geölt 36.10
geöltes Mundwerk
geölt 35.19
geölte Zunge
geölt 48.35
sie läuft wie geölt
Gepäck 1.58, 1.77, 70.5
Gepäck 40
mit Gepäck belastet
Gepäckaufbewahrung 59.30, 59.34
Gepäckhalter 1.76, 59.30, 59.34
Gepäcknetz 1.76, 59.16, 59.23, 59.30, 59.34, 70.5
Gepäckträger 1.76, 59.30, 59.34
gepfeffert 4.1, 47.21, 49.16
Gepfeffertes 80.61
gepfiffen 72.6
er hat daneben gepfiffen
gepfiffen 36.10
gut gepfiffen, schlecht gepfiffen, falsch gepfiffen
Gepiß 48.2, 63.1, 73.13
falsches Gepiß
Gepiß 63.6
schiefes Gepiß
geplättet 46.1
geplättet 1.29, 61.2
frisch geplättet
geplatzt 17.12
geplatztes Feuerwerk
gepolstert 1.19, 1.58
gepolstert 59.30
einen gepolsterten Büstenhalter tragen
gepolstert 59.30
gepolsterter Büstenhalter
gepolstert 59.10
Kleid mit gepolsterten Schultern
geprüft 22.2
auf Sex geprüft
Geprüfte 48.2
staatlich Geprüfte
gequält 59.6
auf Teen gequälte Frau mit Vergangenheit
gequetscht 59.6
auf jung gequetschte Teenage-Spätlese
Ger 63.1, 70.1
Gerade 14.32

gerädert 80.14
wie gerädert
geraderücken 80.58
die Möbel geraderücken
geradestehen 26.20
für jemanden geradestehen
geradestehen 64.19
nicht für jemanden geradestehen können
gerafft 26.12, 59.10
oben nichts, unten nichts und in der Mitte gerafft
Gerähme 80.91
Geranientopf 59.7
geraten 26.25
in die Mühle (die Fickmühle, die Zwickmühle) geraten
geraten 64.16
in die Mühle geraten, zwischen zwei Feuer geraten
geraten 39.2
ins alte Eisen geraten
geraten 35.7
ins Hintertreffen geraten
geraten 31.4
zwischen zwei Feuer geraten
geräuchert 55
geräucherter Schinken
Geräuschforscher 69.2
Geräuschforscherin 69.3
Geräuschforschung 69
gerben 26.25, 80.58
gerben 80.58
das Fell gerben
gerben 80.58
das Leder gerben
gerben 80.58
den Balg gerben
gerben 47.17
den Mops gerben
gerben 80.58
den Pelz gerben
gerben 80.58
die Schwarte gerben
gerecht 12.34, 21.2, 26.25
in allen Sätteln gerecht
Gerede 49.5
ins Gerede kommen
Gereit 1.83
Gericht 47.29
Gerichtssaal 47.29
gerieben 12.34, 22.2
gerieben 1.66, 80.95
geriebene Semmel
geriemelt 22.18
geriemeltes Würstl
Gerippe 1.15, 1.22
Geriß 3.5, 80.12
Geriß 9.2, 12.38
jemandes Geriß haben
Geriß 7.2
mein Geriß
Geriß 7.11
sie hat sein Geriß
gerissen 80.59
eine gerissen kriegen
Germ 1.78
Germanenschwof 48.27
germanisch 62.5
germanisches Hockergrab
gern haben 79.3
jemanden zum Fressen gern haben
Gernegroß 18.4, 19.8
gerontophil 27.2
gerontophile Frau
gerontophil 27.4
gerontophile Prostitution
gerontophil 27.1
gerontophiler Mann
Gerontophilie 27
Gerontophilie 27.3
Liebesobjekte der Gerontophilie
gerötet 61
gerötete Lippen
Gerste 1.40, 45.1
Gerstenkorn 1.36, 1.40
Gerte 80.62
Geruchsdämpfer 59.39
Gerüchte 35.22
Gerüchte verbreiten
Gerüst 1.22
Ges 44.2
Gesalzenes 80.61
Gesangbuch 7.11
das Gesangbuch paßt
Gesangbuch 14.38
das Gesangbuch stimmt
Gesangbuch 50
dasselbe Gesangbuch haben, das Gesangbuch stimmt, das falsche Gesangbuch haben, aus dem verkehrten Gesangbuch singen
Gesangbuch 48.32
Gesangbuch mit Henkel, mit Loch
Gesangbuch 48.25
Gesangbuch mit Loch
Gesantemoß 14.23, 14.27
Gesäß 1.83, 29.10, 35.10, 35.21, 54.8, 79.2, 80.95
Gesäß 1.83
fettes Gesäß
Gesäß 1.83
Frau mit fettem Gesäß
Gesäß 1.83
Gesäß im homosexuellen Sprachgebrauch
Gesäß 1.83
Gesäß im oralerotischen Sprachgebrauch
Gesäß 1.83
Gesäß im sadomasochistischen Sprachgebrauch
Gesäß 17.16
Geburt, bei der das Gesäß des Kindes zuerst auftaucht
Gesäß 1.83
nacktes Gesäß
Gesäßbacke 1.84, 29.10, 35.10, 70.4
Gesäßbacken 1.84
Gesäßbacken im analerotischen Vokabular
Gesäßbacken 1.84
Gesäßbacken im homosexuellen Vokabular
Gesäßfetischismus 70.4
Gesäßspalte 1.83, 1.84
männliche Gesäßspalte
gesät 22.7
noch keinen Hafer gesät haben
gesaugt 36.4
sie hat ihm einen gesaugt
geschaffen 26.12
wie Gott ihn (sie) geschaffen hat
geschafft 22.17, 26.42, 64.21
Geschaffte 22.18, 47.26
eine Geschaffte
Geschäft 1.63, 1.73, 47.2 48
Geschäft 22.18
aufgebrochenes Geschäft, aufgemachtes Geschäft, erledigtes Geschäft, eröffnetes Geschäft, geöffnetes Geschäft, offenes Geschäft
Geschäft 22.14
das Geschäft aufbrechen
Geschäft 26.25
das Geschäft aufmachen (aufschließen)
Geschäft 22.14
das Geschäft eröffnen
Geschäft 47.26
erledigtes Geschäft
Geschäft 72, 72.4
großes Geschäft
Geschäft 48.5
ins Geschäft gehen
Geschäft 76.3
Kantine vom großen Geschäft
Geschäft 73.4, 73.5
kleines Geschäft
Geschäft 72.5
sein großes Geschäft machen
Geschäft 73.5
sein kleines Geschäft besorgen
Geschäftsfrau 48.2
Geschäftsfrau 72.1
große Geschäftsfrau
Geschäftshelm 59.7
Geschäftslokal 72.12
Geschäftsmann 72.2
großer Geschäftsmann
geschält 1.75
geschälte Gurke
geschehen 9.3
es ist um ihn geschehen
Geschenk 12.24

Geschenk 12.24
erwünschtes Geschenk, schnelles Geschenk
Geschenk 14.60
Geschenk, um eine eifersüchtige Ehefrau zu beschwichtigen
Geschenk 12.24
SOS-Geschenk
geschenkt 12.24
geschenkte Blumen, geschenkter Blumenstrauß
Geschichte 23
Geschichte 23.1
die Geschichte haben
Geschichtsfetzen 23.7, 70.2
Geschick 12.33
Geschick im Liebesspiel
geschickt 12.34
geschickt 12.36
geschickte Frau
geschickt 12.35
geschickt sein
geschieden 14.72
geschiedene Frau
geschieden 14.73
geschiedener Mann
geschieden 14.69
Kinder geschiedener Eltern
Geschirr 1.58, 1.66, 55.3, 70.5
Geschirr 1.66
enges Geschirr
Geschirr 6.2
glattes Geschirr
Geschirrspüler 1.73
Geschirrspülmaschine 14.49, 14.51
Geschiß 35.22
Geschiß machen
geschissen 15.1
Der Esel hat ihn an die Wand geschissen.
geschissen 35.22
Du bist wohl vom wilden Esel im Galopp geschissen!
geschlagen 80.60
geschlagen 80.60
braun und blau geschlagen
geschlagen 39.13, 64.21
geschlagener Mann
geschlagen 80.61
geschlagene Stunde
Geschlänge 1.59
Geschlecht 65.1
das dritte Geschlecht
Geschlecht 29.2
das dritte Geschlecht, das schwache Geschlecht, das zarte Geschlecht
Geschlecht 30.1
das dritte Geschlecht, das starke Geschlecht
Geschlecht 2.4, 2.7
das schöne, schwache, starke, zarte Geschlecht
Geschlecht 2.7
die Männer, das männliche Geschlecht
Geschlecht 2.7
Geschlecht in der Homosexuellensprache, das schöne, schwache, zarte Geschlecht
Geschlecht 11.10, 26
Kampf der Geschlechter
Geschlechterbuch 40
Geschlechtsfalten 1.63
Geschlechtsgraben 1.63
Geschlechtshügel 1.63
Geschlechtskanal 1.63
geschlechtskrank 63.3
geschlechtskrank 48.2
geschlechtskranke Prostituierte
Geschlechtskranker 63.7
Geschlechtskrankheit 51.3, 54.8, 63.1
Geschlechtskrankheiten 63.1
Haut- und Geschlechtskrankheiten
Geschlechtsleben 41.24
Geschlechtsleben im Freien
Geschlechtsorgan 36.12, 54.8
Geschlechtspartner 47
verbotene Geschlechtspartner
Geschlechtspest 63.1
Geschlechtsrinne 1.63
Geschlechtstag 26
Geschlechtsteil 1.63, 25.8
Geschlechtsverkehr 26, 46.4
Geschlechtsverkehr 64.13
Angst vor dem Geschlechtsverkehr
Geschlechtsverkehr 14.46
ehelicher Geschlechtsverkehr
Geschlechtsverkehr 34.4
für menschlichen Geschlechtsverkehr dressiertes Tier
Geschlechtsverkehr 26.18
Präliminarien des Geschlechtsverkehrs
Geschlechtsverkehr 47
verbotener Geschlechtsverkehr
Geschlechtsverkehr 14.29
vorehelicher Geschlechtsverkehr
Geschlechtswülste 1.63
geschlossen 80.85
geschlossene Gesellschaft
geschlossen 36.9
geschlossener Kreis
Geschmack 64.25
auf den Geschmack kommen
Geschmacksrichtung 3.3
sexuelle Geschmacksrichtung
Geschmackssinn 36
Geschmeih 47.36
geschmiert 26.25
ficken wie geschmiert
geschmiert 12.35
vögeln wie geschmiert
geschminkt 61
geschminkte Frau
geschminkt 46.4, 53.13
geschminkte Minna
geschminkt 61
geschminkter Mann
geschmort 55
geschmorte Hühneraugen
Geschnäbel 26.4
geschneckelt 1.29
geschnitten 18.1
der Mutter (dem Vater) wie aus dem Gesicht geschnitten
geschonken 12.23
ich habe es geschonken gekrochen
Geschoß 1.73
geschrumpft 59
Geschütz 1.73
Geschütz 1.73
schweres Geschütz
geschwanger 17.10
geschwängert 17.9
geschwängert werden
Geschwängerte 15.8
Heirat mit einer Geschwängerten
Geschwängerte 15.9, 47.13
Verlassen einer Geschwängerten
Geschwister 32.3
Inzest mit den Geschwistern
Geschwof 9.9
geschwollen 17.10
geschwollen 1.87
geschwollene Füße
geschwulstig 29.4, 30.3
gesegnet 17.10
gesegneten Leibes
gesegnet 17.20
gesegneter Kirchgang
gesellig 53.2
geselliger Mensch
Geselligkeit 53.1
Gesellschaft 80.85
geschlossene Gesellschaft
Gesellschaftsanzug 59.12
kleiner Gesellschaftsanzug
Gesellschaftslöwe 22.5, 53.2
Gesellschaftsspiele 53.5
Gesellschaftsspiele 53.5
erotische Gesellschaftsspiele
gesengt 48.5
laufen wie eine gesengte Sau
Gesetz 47
dehnbares Gesetz
gesetzt 26.40
eine vor die Nase gesetzt bekommen

gesetzt 39
gesetztes Alter
Gesicht 1.33
Gesicht 1.83
das andere Gesicht
Gesicht 35.7
das andere Gesicht füttern
Gesicht 35.18
das andere Gesicht küssen
Gesicht 1.42
das ganze Gesicht eine Schnauze
Gesicht 1.23
das Gesicht kriegt Junge
Gesicht 18.1
der Mutter (dem Vater) wie aus dem Gesicht geschnitten
Gesicht 1.33
Gesicht zum Reinhauen. So 'n Gesicht gehört in die Hose. So 'n Gesicht auf 'm Tresor, da kann vor Lachen keiner einbrechen.
Gesicht wie ein Verkehrsunfall.
Gesicht 1.48
Gräten im Gesicht
Gesicht 80.58
ins Gesicht schlagen
Gesicht 80.61
Schlag ins Gesicht
Gesicht 59.7
tief ins Gesicht gezogene Schirmmütze
Gesichtsbesen 61.4
Gesichtserker 1.40
Gesichtsgärtner 61.2, 61.4
Gesichtsgärtnerin 61.2
Gesichtsgerber 61.4
Gesichtskratzer 61.4
Gesichtsmäher 61.4
Gesichtsmatratze 1.48
Gesichtsmechaniker 61.1
Gesichtspersianer 1.48
Gesichtspolierer 61.4
Gesichtspunkte 1.23
Gesichtsputzer 61.4
Gesichtsschaber 61.4
Gesichtsschinder 61.4
Gesichtsschraper 61.4
Gesichtswindel 59.22
Gesichtszüge 1.33
Dem sind alle Gesichtszüge entgleist.
Mit so 'ne Gesichtszüge würd ich die Bundesbahn verklagen.
Gesichtszüge 61.1
die Gesichtszüge hochziehen
Gesichtszüge 61.1
ihr sind die Gesichtszüge entgleist
Gesims 1.83
Gesims 35.7, 35.18
das Gesims abstauben
gespalten 22.17
gespalten 1.43
gespaltene Oberlippe
gespalten 22.18. 47.26
gespaltene Kerbe
gespalten 53.5
gespaltener Arsch
gespalten 47.26
vom Blitz gespalten werden
Gespann 9.7, 14.47
gespart 59
Gespaßederl 1.66
Gespenst 1.15
Gespenster 64.14
Gespenster sehen
Gespensterhemd 59.10
gesperrt 23.3
gesperrte Einfahrt
gespickt 80.40
gespickter Hase
Gespinn 1.58, 70.5
Gespitzte 63.1
die Breiten und die Gespitzten
Gespitzter 63.1
die Gespitzten
Gespräche 14.42
Gespräche im Ehebett
gesprengt 22.17
gespritzt 22.17
gespritzt 59
auf die Haut gespritzt
gespritzt 59.26
auf die Haut gespritzte Hosen
gespritzt 22.18
gespritzte Apfelsine
Gespritzter 57.2
ein Gespritzter
Geßler 59.7
Geßler-Gedächtnishut
Gestalt 2.2
Gestalt 6.6, 39.13, 64.19
Ritter von der traurigen Gestalt
Gestalt 1.4
traurige Gestalt
Gestalten 48.2
Bassermannsche Gestalten
Gestaltpsychologie 10.5, 12
gestanden 1.9
gestandener Mann, gestandenes Mannsbild
gestanden 6.3
gestandenes Mannsbild
Gesteck 6.5
Gestecker 19.2
gesteilt 26.21
Gestell 1.2, 2.2, 26.30
Gestell 1.86, 6.2
kesses Gestell
Gestell 1.4, 6.6, 63.1
weiches Gestell
gestemmt 22.18
gestemmter Bolzen
gesteppt 1.23, 63.1
gestern 39.3
ist nicht mehr von gestern
gestern 21.2
nicht von gestern
gestern 22.6
von gestern
gestern 26
von gestern übrigbleiben
gestiefelt 70.6
gestiefelter Kater
gestiefelt 48.2, 70.6
gestiefeltes Kätzchen
gestillt 26.42
gestochen 9.13
Augen wie ein gestochenes Kalb machen
gestochen 4.8
vom Kitzel gestochen
gestorben 59.7
gestorbener Hut
gestorben 39.11
ist längst gestorben
gestreckt 41.6
einen gestreckten Winkel bilden
gestreckt 26.17
zwei gestreckte Winkel bilden
gestreift 59.20
gestreifte Krawatte
gestreift 59.20
gestreifter Querbinder
gestreift 59.26
schwarz-weiß gestreifte Hose
Geströde 41.5
Gestüt 48.2, 48.25
gesucht 7.11
sie haben sich gesucht und gefunden
gesund 6.1
gesund 6.2
gesunde Ba, gesunde Niere
gesund 10.3
gesunde Niere
gesundbeten 64.9
Gesundbeter 64.7
Gesundbetschule 64.8
Gesundbrunnen 53.9
Gesunde 55.11
Apotheke für Gesunde
Gesundheitsbuch 48.10
Gesundheitsfabrik 63.14
Gesundheitshosen 59.26
Dr. Schlauchs Gesundheitshosen
Gesundheitsporzellan 72.13, 72.16, 73.8
Gesundheitsschein 48.10
Gesundheitsschlapfen 59.40
Gesundheitstankstelle 53.9
gesundschlagen 52.4
gesundstoßen 26.40
gesundstoßen 13.13
sich gesundstoßen
Getterling 59.8, 70.8

Getränk 55
minderwertiges Getränk
Getränkekellnerin 55.9
Getriebe 63.2
einer Sand ins Getriebe schmeißen
Getriebeöl 1.46, 1.70, 1.78, 35.4
getrimmt 59.6
auf Küken getrimmtes Suppenhuhn
getrimmt 6.7
auf Sex getrimmt
getrocknet 1.86
er hat seine Beine über der Regentonne getrocknet
getrocknet 56
getrockneter Kameldreck, getrocknete Kuhscheiße
getrocknet 55
getrockneter Kamelmist
Getue 11.3
getuscht 61
getuschte Wimpern
Geul 1.49
Gevau 26.27
Gevögel 2.4, 26.27, 48.2
gewagt 47.21
gewagt 59
gewagte Kleidung
gewähren 80.10
keine Schonung, keine Gnade, kein Erbarmen, kein Mitleid, keine Nachsicht, kein Pardon gewähren
Gewaltbote 48.10
Gewaltinger 47.26
Gewaltmeister 48.10
gewalzt 26.28
kalt gewalzt
Gewandhaus 59.3
Gewandschlitzer 70.18, 80.49
Gewandschneider 70.18, 80.49
Gewehr 1.73, 2.5a, 51.3
Gewehrlage 26.30
die richtige Gewehrlage. So stimmt die Gewehrlage!
Gewehrlauf 51.3
Geweih 1.34, 58.9
geweiht 10.6
Gewerbe 48
ambulantes Gewerbe, gehendes Gewerbe, gut gehendes Gewerbe
Gewerbe 48.2
Dame vom ambulanten Gewerbe
Gewerbe 48
horizontales, liegendes Gewerbe
Gewerbetreibende 48.2
Gewerbetreibender 48.4
Gewerbetreibender 48.4
horizontal Gewerbetreibender
Gewerkschaftler 41.7
arbeiten wie ein Gewerkschaftler
Gewerzel 18.5
gewichst 12.34
gewichst 55
gewichster Reis
gewickelt 59.7
gewickelter Damenhut
gewickelt 1.75, 12.40, 64.25
schief gewickelt
Gewihre 2.2a
gewinnen 17.16
Gewinnerin 17.12
gewiß 3.2, 6
das gewisse Etwas
Gewissen 49.22
Gewissen 49.25
das Gewissen entrümpeln
Gewissen 49.26
dehnbares Gewissen, weites Gewissen, Gewissen mit Gummizug, Gewissen mit Keller, Gewissen mit Klärbecken, pariser Gewissen
Gewissen 49.25
ein schlechtes Gewissen haben
Gewissen 49.23
etwas auf dem Gewissen haben
Gewissenlosigkeit 49.26
Gewissensbiß 49.24
Gewissensbisse 49.25
Gewissensbisse haben
Gewissenswurm 49.24
Gewittertulpe 59.7
Gewitterverteiler 59.7
Gewitterzelt 59.9
gewitzt 22.2
gewöhnlich 48.2
gewöhnliche Nummer
Gewürz 35.21, 76.3
Gewürzfutteral 59.17
Gewürzgurke 1.73, 29.10, 36.12
Gewürzinsel 72.12
Gewürzkästchen 72.13
Gewürzkasten 72.14, 72.16
Gezäppel 18.5
Geziere 11.3
geziert 73.14
geziert tuender Mann
gezückt 14.4
gezückter Segen, sie kommt mit gezücktem Segen, sie rückt mit gezücktem Segen an
gezogen 23.2
Sie hat die Genußbremse gezogen.
G'feel 48.12
Ghule 82.4
Gibber 1.58, 1.78, 3.5, 70.5
Gibraltar 10.2
auf jemandem stehen wie auf dem Felsen von Gibraltar
Gichtbeutel 53.16
Gichter 63.1
Gichtsöckchen 59.39
Gickerling 1.55, 61
gicksen 26.25
Giebel 1.32, 1.40
Giebel 64.1, 64.10
undichter Giebel
Giebelarchitekt 64.4
Giebelklopfer 64.4
Giebelreinigung 64.5
Giebelschlosserei 64.3
Giebelschmuck 1.31, 58.9
Giel 1.42
gierig 12.12
gierig anstarren
Giermagen 78.1
Gierpansch 78.1
Gierschlung 78.1
gießen 26.25
gießen 26.40
Öl auf die erregten Wogen gießen
gießen 3.8, 26.25
Öl auf die Lampe gießen
gießen 26.25
Wasser auf die Mühle, Öl ins Feuer gießen
Gießhaus 73.9
Gießkännchen 1.73
Gießkanne 1.73
Gießkanne 63.5
etwas an der Gießkanne haben
Gießkanne 17.26, 39.13, 64.21
leere Gießkanne
Gießkanne 63.4
sich die Gießkanne verbiegen
Gießkannengarage 63.14
Gießkannenmechaniker 63.12, 73.13
Gießkunst 73
Gift 1.28, 6.17
blondes Gift
Gift 4.8
scharf wie Gift
Giftbar 55.11
Giftbude 55.11
Giftkoch 63.15
Giftkolben 1.40
Giftkröte 46.1
Giftküche 63.15
Giftladen 11.12, 14.50, 63.15
Giftmischer 63.15
Giftnudel 11.12, 14.50
Giftschlange 6.17, 11.12, 63.6
Giftschopf 1.65
Giftschrank 54.1
Giftspritze 11.12, 14.50, 48.2, 63.1
Giftspritzer 11.13, 63.7
Giftzwerg 11.13
Gigelwitz 1.66, 19.9, 28.4

Gigeritz 1.66, 19.9, 28.4
Gigeritzen 1.67
Gigerl 13.6, 14.67
Gigolo 13.6, 14.67, 53.7
Gimpel 22.9
Gimpeltimpe 55.11
giocoso 54.8
Gipertennacht 52.4
Gips 45.1, 57
Gips 61
der Gips ist ab, die Mauersteine gucken raus
Gipsbeine 59.38
Gipsbinder 59.20
Gipsfabrik 55.11
Gipsfliege 59.20
Gipsladen 57.6
Gipslatschen 59.40
Gipsverband 59.15, 59.18, 59.19
Giraffe 80.86
Giraffenhals 1.49
Girigari 1.73, 59.6, 61
Giritzenmoos 47.29
Girlanden 59.39
Girlitz 1.66, 2.2, 19.9, 28.4, 48.2
Gische 59.7
Gise 14.54
Gisse 14.54
Gitarre 1.66, 2.2, 25.8, 30.8, 54.8
Gitarre 24.1
an der Gitarre zupfen
Gitarre 25.1
einer an der Gitarre zupfen
Gitarre 24.1, 25.1, 26.25
Gitarre spielen
Gittchenschein 47.41
Gitter 1.69, 80.91
Gitter 22.14
das Gitter aufbrechen
Gitterbett 64.2
Gitz 1.40
Gitzi 1.66, 19.9, 28.4
Gizi 2.2, 48.2
Gladbach 1.58
sie ist aus Gladbach
Gladen 1.67, 1.77
Gladen 80.20
einem die Gladen ausheben
Gladenpinkel 48.21
Glanbrißche 40.1
Glandi 80.48
Glans penis 1.74
Glanzarsch 35.22, 45
Glanzbutte 59.7
Glanzfutteral 59.10
Glanzpopo 35.22, 45
Glas 54.4
Mädchen hinter Glas
Glasklo 48.1, 48.25, 67.5, 68.4, 70.4
Glasmännlein 82.8
Glaspapier 45.1
glatt 6.1, 45.6
glatt 24.1
drei glatt drei verkehrt machen
glatt 2.2
glatte Haut
glatt 6.2, 48.35
glatte Henne
glatt 59, 59.12
glatte Rinde
glatt 6.2
glatte Spinde, glattes Geschirr
glatt 36.10
glatt von der Zunge gehen, glatt von den Lippen fließen
Glatzenbremse 61, 61.3
Glatzengärtner 61.4
Glatzengerber 61.4
Glatzenkamm 62.2
Glatzenschuster 61.4
Glatzenspengler 61.4
Glatzentischler 61.4
Glauben 10.1
auf Treu und Glauben
Glauben 14.29, 52
beschlafen auf Treu und Glauben
glauben 22.7
noch an den Weihnachtsmann glauben
Glauben 50.1
sexuelle Aspekte des Glaubens
glauben 21.10
sie glaubt noch an den Weihnachtsmann
gläubig 50.9
gläubige Frau
gleich 25.1, 31.4
am gleichen Strick ziehen
gleich 26.9
gleich rausnehmen
gleich 31.4
in die gleiche Kerbe hauen, ins gleiche Horn blasen
Gleis 48.5
aufs falsche Gleis geraten
Gleishänse 1.58, 70.5
Gleistrampelmarodipink 63.12
Gleiswonne 1.58, 70.5
gleitend 54.8
Gleitwachs 1.46, 1.70, 1.78, 35.4
Glemse 1.66
Glemsen 1.67
Gleschen 1.67
Gletsche 1.66
Gletscherkalb 4.6, 64.23
Gletscherspalte 4.6, 53.18, 53.19, 64.23
Gletschervorstoß 64.23
Gletze 1.66
Gletzen 1.67
Glibber 1.58, 1.78
Glibber 37.4
im Glibber wackeln
Glibberhalter 59.30, 59.34
Glibberkorb 1.76
Glid 2.2a, 48.2
Glidenboß 48.25
Glied 18.8, 18.9, 40.1
Gliedauge 48.2
Glieder 63.9
Blei in den Gliedern
Gliederbüchlein 50.1
Gliederpuppe 24.6
Gliedschirm 59.34
glimmend 9.11
glimmende Leidenschaft
Glisbout 18.4
glissando 26.31, 54.8
Glitsche 1.66
Glitschen 1.67
Glitschn 48.2
Glitzerkram 58
Glitzerpelle 59.10
Globus 1.32
Globus hystericus 1.49
Glocke 1.66, 59.7
Glocke 1.63, 2
Glocke und Klöppel
Glocke 1.63, 2
Glocke und Schwengel
Glocke 22.3
wissen wo die Glocke hängt
Glocken 1.58, 70.5
Glocken 25.1, 37.4
die Glocken läuten
Glocken 21.3
die Glocken läuten hören
Glocken 12.6, 14.8
mit allen Glocken läuten
Glocken 59.10
sie läutet mit beiden Glocken
Glockenhose 59.26
Glockenläuten 26.27
Glockenschlag 26.39
Sie kommt mit dem Glockenschlag.
Glockenschwengel 1.73
Glockenspiel 1.66, 25.8, 30.8, 54.8
Glockenspiel 24.1
das Glockenspiel polieren
Glockenspiel 25.1
einer das Glockenspiel polieren
Glockenspiel 54.8
geheimes Glockenspiel
Glockenspiel 7.11
sie hat ein geheimes Glockenspiel, das kann nur er hören
Glockerl 1.73
glonten 26.25
Glotzaugen 1.36
Glotzen 1.36
Glotzerlich 1.36
Glubber 1.58, 1.78
Glubberhalter 59.30, 59.34
Glück 80.3
das Glück des

Gehorchendürfens
Glück 32
Glück im Winkel
Glück 7
Ich habe Glück bei den Frauen: mir gefällt jede!
Gluckenersatz 18.18
glücklich 25.6
glückliche Hand
Glücksbücherl 1.66
Glücksfee 54.4
Glückshändchen 52.2, 52.3
Glückshaube 17.15, 17.22
Glückskleeblatt 31.5
Glückskönigin 54.4
Glückspille 57
Glückspilz 72.4
Glücksschmiede 14.34
Gluden 1.77
Gludenkiß 1.76, 36.12
Gludenkiß 36.4
am Gludenkiß knabbern
Glühbirne 1.40
Glühbirne 8.9
durchgebrannte Glühbirne
glühen 46.2
flüstern, bis die Drähte glühen
glühen 9.1
für jemanden glühen
Glühwürmchen 54.5
Glumse 1.66, 1.70, 1.85, 2.2, 48.2
Glumse 35.7
die Glumsen ausspritzen (begießen)
Glumsen 1.67
Glumsen 35.18
die Glumsen auskauen
Glumsenbohrer 1.73
Glumsenbohrung 35.4
Glund 2.2a, 26.1
Glundbürsten 1.67
Glunde 2.2a, 26.1, 48.2
Glundekandich 48.25
glunden 26.25
Glundkaffer 48.8
Glunse 1.48
Glunsen 1.48, 1.67
Glunt 48.2
Gluntbürste 1.65, 1.66
Gluntbürster 63.12
Gluntbürsterei 63.14
Glunte 2.2a, 26.1, 48.2
Glunterei 70.12
Glunterich 70.12
Gluntreparatur 63.11
Gluntrichter 63.12
Gluren 1.36
Gluterabend 41
Glyd 2.2a, 26.1, 48.2
Glyde 2.2a, 26.1, 48.2
glyden 26.25
Glydenbosch 48.25
Glydenboss 48.25
Glydenblos 48.25
Glydenfetzer 48.23
Glydenfetzerin 48.24
Gnade 49.10
Generalpächter der Gnade
Gnade 80.10
keine Gnade geben, gewähren, kennen, gelten lassen, walten lassen
Gnadenhammer 1.73, 80.95
gnadenlos 80.8
Gnadenstoß 11.21
Gnatz 63.1, 70.1
Gnatze 63.1, 70.1
Gnatzenflickerei 63.14
Gnatzenjäger 63.12
Gnidden 71.3
Gnom 18.3, 82.3
Gode 18.10
Godemiché 24.5
Goebbels 51.2
Goebnacht 52.4
Gof 18.4
Goffen 1.84
Gogo 48.8
Gohdschencher 19.4
Göhre 28.4, 48.2
Gold 12.20, 58.1, 72.4
Gold 25.6
Gold in den Fingern
Gold 25.6, 35.14
Gold in der Hand
Gold 35.19, 36.10
Gold in der Kehle
Gold 35.22
Gold kacken
Gold 35.18
Gold waschen
Goldadern 35.8
Goldarbeiter 72.24
golden 3
das goldene Kalb
golden 3, 48
der Tanz ums goldene Kalb
golden 48.2, 80.94
Frau mit dem goldenen Arm
golden 1.58, 1.85, 31.5, 48.25, 54.5, 67.5, 68.4, 70.4
goldene Berge
golden 13.8
goldene Eier legen
golden 14.36, 58.4
goldene Fessel
golden 48.35
goldene Fotze
golden 58.6
goldene Halskette
golden 35.14
goldene Hand
golden 14.57
goldene Hochzeit
golden 36.10
goldene Kehle
golden 14.32
goldenes Ei
golden 25.6
goldenes Handgelenk
golden 14.32
goldenes Kalb
golden 35.19
goldenes Mundwerk
golden 14.36
goldenes Sportabzeichen
golden 1.45, 35.19, 36.10
goldene Zunge
golden 48.25
Haus der goldenen Sonne
Goldfinger 1.55
Goldfisch 13.12, 14.32, 45.5, 47.4, 48.8
Goldfischbassin 62.5
Goldgeschäft 72
Goldgräber 13.6, 14.67, 35.5, 41.13, 72.24
Goldgräberin 47.3
Goldgrube 1.66, 1.85, 35.10, 35.14, 72.12
Goldgrube 35.7
die Goldgrube ausloten, erkunden
Goldgrube 35.18
die Goldgrube auswaschen
Goldgrube 35.12
in der Goldgrube buddeln
Goldjunge 19.4
Goldkehlchen 35.17, 36.3, 36.7, 36.10
Goldmine 1.66
Goldmühle 72.12
Goldmünze 58.1
Goldmünzen 45.1
Goldpünke 6.3
Goldwäscher 35.16, 35.20, 36.11, 48.4
Goldwäscherin 35.17
Goldzahn 1.5, 1.44, 6.2, 35.17
Goliathskind 50.10
Goll 1.23
Göll 18.10
Golle 2.2a
Göllerl 59.15
Gollert 2.2a
Göllert 59.7
Gondel 41.5
Gondeln 59.40
Gönner 13.9
Gönner 13.10
Gönner ausbeuten
Gönner 13.9, 20.12
homosexueller Gönner
Gönner 13.9
verheirateter Gönner
Gönnerin 13.12
Gönnerin 13.12
bejahrte Gönnerin
Gönnerin 13.12
Gönnerin eines Studenten
Gönnerin 14.62
verheiratete Gönnerin
Gönnerinnen 13.12
Gönnerinnen 13.13
Gönnerinnen ausbeuten
Gonokokkenbunker 48.29, 63.14

Gonokokkenfänger 72.17
Gonokokkenfischer 63.12
Gonokokkenmutterschiff 48.2, 63.6
Gonokokkenschaukel 46.4, 53.15
Gonorrhöe 63.1
Gonorrhöe 63.1
Gonorrhöe und Syphilis
Gonorrhöe 63.2
mit Gonorrhöe infizieren
Gonorrhöe 63.1
Morgentropfen bei chronischer Gonorrhöe
Gör 2.2, 18.4
Gör 19.2
Pie-Gör
Göre 19.2
Gori 45.1
Gorrel 18.10
Gösch 59.26
Gosche 1.42
goschen 80.58
Goschenbesen 61.4
Goschenfeger 61.4
Goschengerber 61.4
Goschenkratzer 61.4
Goschenlack 61
Goschenpolierer 61.4
Goschenputzer 61.4
Goschenschaber 61.4
Goschenschinder 61.4
Goschenschraper 61.4
Goscherl 26.4
Gossenmolch 47.37, 48.10
Goth 18.10
Gotschem 19.4
Gott 50.8
Braut Gottes
Gott 6.4
von Gott im Zorn erschaffen
Gott 26.12
wie Gott ihn (sie) geschaffen hat
Gottbehütchen 59.7
Gotte 18.10
Götte 40
Göttergatte 14.49
Götterspeise 1.70, 1.78, 30.8, 36.12, 78.3
Götterspeise 36.4, 36.8
jemandem Götterspeise füttern
Göttin 8.2
Göttling 40
Gottseibeiuns 50.11
Götzenjeckel 1.73
Gouvernante 80.4, 80.63
Gouvernante 80.4
strenge Gouvernante
Gox 59.7
Gra 2.2a
Grab 26.38
Grab in den Wellen
Grab 39.1
mit einem Fuß im Grab
Grabbelmutter 17.18
grabbeln 26.5
Grabbelvater 17.17
Grabbler 26.5
am Grabbler sein
Graben 1.66
graben 26.25
den Maulwurf graben lassen
Grabenhur 48.2
Grabenmadl 48.2
Grabenmamsell 48.2
Grabennymphe 48.2
Grabschule 39.14
Grabsteinschickse 48.2
Grabstichel 1.73
gracioso 54.8
Graitel 1.86
Gramkiepe 59.7
Grammel 1.71, 4.25, 14.50, 27.3, 39.4, 48.2, 62.13
Grammelkutscher 48.21
grammeln 1.71
Grammophonstifte 1.48
Granatapfel 52.2, 52.3
Granate 26.38
Granatwerfer 1.58, 1.73, 51.3
Granit 4.14, 4.15
Granit 11.4, 48.5
auf Granit beißen
Grannen 1.27
Graps 17.18
Mutter Graps
Graps 17.17
Papa Graps
Grapsche 17.18
Grapscher 17.17
Gras 57
Grasaff 19.2
Grasaffe 19.4
grasen 30.4, 36.4, 36.8, 78.2
grasen 30.4
an der Wurliblume grasen
Graser 1.45
Grasni 48.2
Graswiese 57.6
Gräte 1.73, 2.2, 29.10, 36.12, 48.2
Gräte 36.4
die Gräte ablutschen
Gräte 36.12
die Gräte verschlucken
Gräte 64.22
ihr ist die Gräte im Schlund steckengeblieben
Gräten 61.4
er hat Fisch gegessen, die Gräten gucken raus
Gräten 64.19
Fisch ohne Gräten
Gräten 1.48
Gräten im Gesicht
Grätenkutscher 48.21
Grätenlutscher 29.3, 36.2
Grätenteller 63.10
Grätl 2.2
Gratn 48.2
gratulieren 17.11
man kann gratulieren
grau 2.2
bei Nacht sind alle Katzen grau
grau 82.8
graue Männchen
grau 47.42
graue Maus
grau 27.3, 38.4, 39.7
Herr mit grauen Schläfen
grau 39.1
mit grauen Schläfen
Graubart 27.3, 39.5
Grauhaariger 1.28
Graukopf 27.3, 39.5
Graunerei 14.40
Graupen 55
Graupenacker 64.3
Graupenfang 64.6
Graupenjagd 64.6
Graupenjagd 64.9
auf Graupenjagd gehen
Graupenzucht 64.6
grausam 80.8
Grauschimmel 1.28, 27.3, 39.5
gravise 40.9
gravise Hepfi
graviser 40.10
graviser Hopf
Grazie 1.5, 6.2, 48.2, 80.94
graziös 54.8
Greenhorn 22.9
greifbar 26.7
greifbare Nähe
Greife 1.54
Greifen 18.16, 25.1
greifen 25.1
an den Kopf greifen
greifen 3.4
den Puls greifen
greifen 25.1
einem unter den Arm greifen
greifen 26.8
ins Volle greifen
greifen 26.9
nach den Sternen greifen
greifen 24.1
sich an den Kopf greifen
greifen 80.20
sich jemanden greifen
greifen 64.23
tief in den Sack greifen
Greifenstein 25.1, 26.9
nach Greifenstein fahren
Greifensteiner 25
Greifensteiner 25.1
einen Greifensteiner machen
Greifer 1.54, 25.8, 35.14, 47.27
Greifling 59.8
Greintag 41
Greitje 52.7
Grenzgasch 14.47
Gretchen 1.29, 2.2

Gretchen 7.12
er paßt ihr wie der Faust aufs Gretchen
Gretchen 46.7, 53.11
fliegendes Gretchen
Gretchen 48.2, 51.1
horizontales Gretchen
Grete 2.2a, 48.2, 80.62
Gretl 2.2
Griebe 70.1
Grießsuppe 55
Griff 12.16, 59.8
Griff 12.35, 26.25
die Sache im Griff haben
Griff 25.6
einen guten Griff haben
Griff 12.39
lahmer Griff
Griffbrett 1.63, 1.66, 1.82, 1.83, 1.85, 25.8, 30.8, 35.14, 54.8, 70.5
Griffbrett 25.1
auf dem Griffbrett klimpern
Griffbrett 25.1
einer auf dem Griffbrett klimpern
Griffe 21.4
die Griffe kennen, die Griffe raushaben
Griffe 24.1, 25.1, 26.25
Griffe kloppen
Griffel 1.73
Griffelkunst 12.33, 54.2
griffeln 26.5
Griffelspitzer 22.16
Griffling 1.54
Grille 64.12, 64.25
Grillenaufseher 64.4
Grillenchef 64.4
Grillendirektor 64.4
Grillenfabrikant 64.7
Grillenfalle 64.8
Grillenfang 64.6
Grillenfang 64.9
auf Grillenjagd gehen
Grillenfänger 3.10, 64.7
Grillenfischer 64.7
Grillenforschung 64
Grillenhaus 1.66
Grillenjagd 64.6
Grillenjäger 64.7
Grillennest 64.3
Grillenzucht 64.6
Grimmental 63.14
Es kommt ihn an wie das Laufen in Grimmental.
Grind 1.32, 70.1
Grindbohrer 64.7
grindfetzen 64.9
Grindfetzer 64.7
Grindklopfer 64.4
Grindkratzer 64.7
Grindpopler 64.7
Grindputzer 64.4
Grindputzerei 64.3
Grips 1.35
Grips 47.40
beim Grips kriegen
Grips 5
mehr Grips als Schwanz
Gripsbohrer 64.7
Gripsdreher 64.7
Gripsgrippe 64.10
Gripsklempner 64.4
Gripskratzer 64.7
Gripslabor 64.3
Gripspopler 64.7
Gripstester 64.4
Gripszerfetzer 64.7
Groschenfee 72.23
Groschenhaus 72.12
Groschensammler 72.24
Groschensirene 72.23
groß 6.1
groß 7
die große Lotterie
groß 36.10
ein großes Maul haben, einen großen Mund haben
groß 28.4, 28.9
Engel mit großem B
groß 6.1
ganz groß
groß 6.3
ganz großer Macker
groß 6.2
ganz große Sache
groß 13.7
groß ausgehen
groß 1.58
große Augen
groß 1.54
große Hände
groß 1.40
große Nase
groß 26.37
große Portion
groß 31
großer Klumpatsch
groß 1.11
großer Knochen, große Portion
groß 1.42
großer Mund
groß 1.55
großer Peter
groß 59.7
großer Pfropfen
groß 59.40
große Schuhe
groß 1.58
großes Herz
groß 62.1
große Wäsche
groß 72.5
groß machen
groß 26.34
in großer Form
groß 64.21
kein großes Licht sein
Großfamilie 31
großkotzig 12.5
Großmutter 40.9
Großmutter 48.2
Großmutter der Liebe
Großstadtkind 18.4
Großvater 40.10
Großvaterbrille 72.12, 72.17
Grotte 41.2, 41.3, 53.4, 55.11
Grotte 41.3
Grotte mit Zapfen
Grube 1.66
Grubenbaron 35.5
Grubeneigner 35.6
Grubenvermieter 29.9, 35.9, 48.4
grün 18.6, 21.9, 22.6, 38.5
Grün 26, 41.24
bei Mutter Grün
Grün 41.7
bei Mutter Grün schlafen
grün 80.60
blau und grün geschlagen
grün 80.58
braun und grün schlagen
grün 59.38
grüne Damenstrümpfe
grün 57
grüne Freude, grüner Saft
grün 19.5
grüne Front
grün 1.73, 19.10, 22.19, 28.4, 28.9, 38.7
grüne Gurke, grüne Rübe, grüner Spargel
grün 61
grüner Fritze
grün 28.10
grüner Gurkenhandel, grüner Rübenhandel, grüne Spargelzucht
grün 19.4
grüner Heini
grün 19.4, 38.7, 63.1
grüner Junge
grün 45.1
grüner Lappen
grün 18.5, 19.5, 38.6
grünes Gemüse
grün 14.20
grünes Licht bekommen
grün 12.30, 14.9
grünes Licht geben
grün 12.31
grünes Licht kriegen
grün 59.9
grüne Welle
grün 26.30
von der grünen Seite
Grund 1.66
Grund 26.30
das Schiff in den Grund bohren
Grund 26.30
der Sache auf den Grund gehen
Grund 35.7
einen in den Grund bohren
Grund 9
im Grund des Herzens
Grund 1.66
in den Grund bohren

Grundeis 4.19, 35.22
ihm geht der Arsch mit Grundeis
Grundeis 4.19
ihm geht der Schwanz, gehen die Eier mit Grundeis
gründen 14.38
sich einen eigenen Herd gründen
Grundstein 17.8, 22.14
den Grundstein legen
Grundstein 22.18
gelegter Grundstein
Grundsteinleger 17.4
Grundsteinlegung 17, 17.5, 22.13
Grundwasser 1.78
Grundwasser 26.23
Grundwasser anzapfen
Grüner 45.1, 80.62
Grünerei 14.40
Grünflügel 45.1
Grünfutter 12.24
Grünkaffer 14.24, 14.28
Grünkram 19.5
Grünkrämer 28.6, 48.15, 48.23
Grünkrämerin 48.24
Grünkramhandel 28.6
Grünkramhändler 28.6, 48.15, 48.23, 48.24
Grünkramhändlerin 28.6, 48.14
Grünkramkeller 59.7
Hut mit Grünkramkeller
Grünkramladen 28.6, 48.26, 59.7
Grünlicht 14.9
Grünlicht geben
Grünlicht 14.20
Grünlicht kriegen
Grünschnabel 18.4, 19.4, 19.8
Grüntmoß 14.23, 14.27
Grünzeug 18.5, 19.2
Gruppe 34
zoophile Gruppe
Gruppenmasturbation 25, 31.5
Gruppensex 31, 53.1
Gruppensex 1.73
Penis im Sprachgebrauch des Gruppensex
Gruppenverkehr 31
Grüse 2.2a
Gruß 72.10
Gruß aus Darmstadt
Grüßaugust 41.20
Grüßemil 41.20
Grützbeutel 70.1
Grütze 1.25, 23, 23.4, 23.6, 55, 70.2, 78.3, 80.18
Grütze 64.9
die Grütze abfüllen
Grütze 23.2
drei Tage rote Grütze
Grützkasten 1.34
Grützmühle 64.3
G-Saite 1.63, 54.10
G-Saite 54.10
Geige mit G-Saite
Gschamerl 48.2
g'schamig 49.15
G'schamster 4.26, 13.6
g'schlampert 13
g'schlampertes Verhältnis
G'schwof 4.26, 13.6
G'spons 4.26, 13.6
G'spusi 8.2, 8.15, 9.8, 9.9, 13, 13.6, 14.66
G'spusical 54.6
G'spusi-Ecke 53.3
Gstattn 48.2
Guckelhochzeit 14.41
gucken 1.36
die guckt mit dem linken Auge in die rechte Westentasche
Gucker 1.36
Guckguck 18.16
Guckindiewelt 18.3
Gucklochbluse 59.23, 70.5
Gucklöcher 59.7
bis über die Nase herabgezogener Damenhut mit Gucklöchern für die Augen
Gucklochkleid 59.10
guddern 73.5
guffen 80.58
Gufti 80.61
Gufti 80.58
Gufti stecken
Gugelfrentzin 50.8
Gugelhupf 64.2
Gugelhupftanz 14.41
Guggermucken 1.23
Guidillerschey 48.2
Guillotine 80.55
Guillotine 80.55
nasse Guillotine
guillotinieren 80.54
Gulasch 55
Gulasch 80.58
zu Gulasch verarbeiten
gülden 14.44
güldener Morgen
Güldentag 14.44
Gully 22.18
angespritzter Gully
Gully 22.14
den Gully anspritzen
Gullydeckel 23.8, 35.8
Gumme 70.1
Gummi 1.58, 16.1
Gummi 37.4
den Gummi kneten
gummibereift 46.4, 53.14
gummibereiftes Schlafzimmer
Gummibusen 59.30
Gummichel 70.15
gummieren 80.58
Gummieuter 59.30
Gummieze 70.15
Gummifabrik 53.3, 55.11
Gummifetischismus 70.15
Gummifetischist 70.15
Gummifetischistin 70.15
Gummifotze 24.5
Gummifreier 70.15
Gummigerber 64.4
Gummigibber 70.15
Gummihaube 16.1
Gummihaus 64.2
Gummihüftentenor 54.8
Gummihütte 64.2
Gummiknüppel 24.5, 30.5, 64.19, 80.62
Gummimann 24.5, 30.5
Gummiparagraph 47
Gummipatschen 59.40
Gummipeter 24.5, 30.5
Gummipropeller 59.20
Gummipuppe 4.20, 24.5, 64.13
Gummischleicher 59.40
Gummischuh 70.15
Gummischwamm 62.2
Gummischwanz 24.5
Gummisohle 59.40
Schuhe mit Gummisohlen
Gummistrick 59.20
Gummitante 66.1
Gummituttel 59.30
Gummiwurst 24.5, 30.5, 80.62
Gummizug 49.26
Gewissen mit Gummizug
Gumsche 59.15
Gunst 14.7
sich um jemandes Gunst bewerben
Gunstgewerbe 48
Gunstgewerbler 48.4
Gunstgewerblerin 48.2
Gurgel 1.49
Gurgel 1.49, 36.4
durch die Gurgel jagen
gurgeln 41.7
mit Koks gurgeln
Gurgelpropeller 59.20
Gurke 1.40, 1.73, 19.10, 22.19, 28.4, 28.9, 36.12, 38.7, 55
Gurke 36.4
an der Gurke lutschen
Gurke 1.75
geschälte Gurke
Gurke 7.8
sich dem Wettlauf um die Gurke anschließen
Gurke 7.7
Wettlauf um die Gurke
Gurken 59.40
Gurkenfaß 1.85, 29.10, 35.10, 35.21
Gurkenfaß 35.18
das Gurkenfaß leerfressen
Gurkenfaß 35.12
im Gurkenfaß rühren
Gurkenfresser 36.2
Gurkenhandel 28.10
grüner Gurkenhandel

Gurkenheinrich 29.3
Gurkensaft 1.78, 36.12, 78.3
Gurkensaft 36.4
jemandem Gurkensaft füttern
Gurkensalat 1.73, 29.7, 31.5
Gurkenschale 1.75
Gurre 34.4, 48.2
Gürtel 59.28, 70.17
Gürtel 59.28
verdeckter Gürtel
Gürtelhur 48.2
Gusche 1.42, 41.5
guschedurmen 26.25
Guscht 78.3
gußeisern 17.27
Das ist um gußeiserne Junge zu kriegen!
gußeisern 59.20
gußeiserne Fliege
gußeisern 59.20
gußeiserne Krawatte
Guste 2.2
Gusto 1.55, 1.87
Gustobua 48.21
gut 26.25
eine gute Klinge schlagen
gut 25.2
er ist in guten Händen
gut 1.58
gut beieinander
gut 26.35
gut bei Leibe, gut erhalten, gut in Schuß
gut 14.32
gute Partie
gut 25.6
guter Anschlag, gutes Tremolo, gutes Vibrato, einen guten Griff haben, gut von der Hand gehen
gut 38.2
gut erhalten; sie hat alles gut beieinander
gut 17.10
guter Hoffnung
gut 28.3
guter Onkel
gut 36.10
gut gepfiffen
gut 26.20
gut im Stande sein
gut 12.36
gute Vöglerin, gute Wetze
gut Nacht 12.40
aber dann gut Nacht!
gut Nacht 64.21
Na denn gut Nacht!
gut sein 9.1
jemandem gut sein
Guten-Abend-Fee 54.4
GV 26.27
Gymnastik 26.27, 80.1, 80.21
Gymnastik 53.3, 55.11
Turnstuhl für Gymnastik mit Bardamen
Gymnastiklehrer 80.5
Gymnastiklehrerin 80.4, 80.63
gynäkologisch 63.10
gynäkologischer Untersuchungsstuhl
Gynäkophobie 64.13

H

H 48.2, 57
Haar 1.26
Haar 51.2
blondiertes Haar
Haar 29.10
mit Haut und Haar verschlingen
Haarbändiger 61.3
Haardörren 52
Haare 1.27
Haare 1.27
Da fallen einem ja die Haare von der Brust!
Haare 1.30
der Kopf ist ihm durch die Haare gewachsen, er hat noch nicht alle Haare
Haare 1.48
er hat Haare auf den Zähnen
Haare 1.83
Haare am After
Haare 36.4
mit Haut und Haaren verschlingen
Haare schneiden 1.29
sich die Haare schneiden lassen
Haarfarbe 1.28
Haarformer 61.3
Haarförmling 61.2
Haarfotz 59.2
Haargift 61
Haarkünstler 61.3
Haarlinge 1.27
Haarmatratze 1.48
Haarmetzger 61.3
Haarnetz 59.34, 70.3
Haarpflege 1.29, 61, 61.3
Haarputzer 61.3
Haarschleife 59.7
Haarschneidemaschine 61.3
Haarschnitt 1.29
römischer Haarschnitt, Bürstenhaarschnitt
Haarsieb 45
Haartruhe 1.66
Haartruhe 22.14
die Haartruhe aufbrechen
Haartruhe 26.25
die Haartruhe aufmachen, aufschließen
Haarwasser 61, 61.3
Haarzauber 52.2
Haarzunge 1.45
haben 9.3
es hat ihn
haben 26.36
es in sich haben
haben 9.7
es miteinander haben
haben 13.2
es mit jemandem haben
haben 4.11
für alles zu haben
haben 9
für jemanden ein Herz haben
haben 14.3
noch zu haben
haben 12.4, 64.17
sich haben
haben 7.11
sie hat was
haben 25.6
zwei linke Hände haben, ein Händchen dafür haben, einen guten Griff haben
Haber 48.21
Haberer 9.9, 47.31
Haberermeister 47.31
Haberfeld 47.29
Haberfeldtreiben 47.30
Haberverse 47.30
Häbin 26.25
in die Häbin gehen
Habsburger 4.26, 48.21
Hachelstuhl 80.82
Hackbank 80.55
Hackbraten 55
Hacke 80.55
Hackeisen 80.55
Hackelbackel 31, 53.1
hacken 26.25, 47.26, 80.54
hacken 26.25
den Specht hacken lassen, einen Schlag hacken
hacken 80.58
einen guten Schlag hacken
hacken 26.27, 80.58
einen Schlag hacken
Hacken 70.6
Hacken mit Waffenschein
hacken 37.4
Holz hacken
Hacken 48.5
sich die Hacken ablaufen
hacken 12.21
Tatschkerl hacken
Hackerbua 48.21
Häckerling 80.55
Hackerstuhl 80.25
Hackfenne 80.55
Hackfleisch 4.25, 55
Hackfleisch 35.7

einen zu Hackfleisch verarbeiten
Hackmach 53.1
Hackmack 31
Hackmaschine 80.55
hackschen 49.5
Hacksteak 80.61
Häderer 1.44
Haderlump 49.7
Hades 72.12
Hafen 14
Hafen 14.38
in den Hafen einlaufen
Hafeneinfahrt 1.66
Hafer 3.6
ihn sticht der Hafer
Hafer 22.7
noch keinen Hafer gesät haben
Hafer 22.1
wilden Hafer säen
Hafergeiß 4.9
Hafergrütze 51.3, 55
Hafermann 82.5
Haffel 1.42
Haft 26.27
Haftel 26.27
Haftel 26.25
ein Haftel machen
Häftling 47.41
weiblicher Häftling
Häftlingskleidung 47.41
weibliche Häftlingskleidung
Haftung 63.12
Mediziner mit beschränkter Haftung
Haftung 63.12
Mordgesellschaft mit beschränkter Haftung
hagebüchen 80.58
mit dem hagebüchenen Pinsel blau anstreichen
Hagelkorn 1.36
Hagestolz 14.16
Hahn 1.73, 19.4, 28.4, 28.9, 81.3
Hahn 26.25
den Hahn krähen lassen
Hahn 6.15
flauer Hahn
Hahn 2.5
(Fosenhahn, Haupthahn, scharfer Hahn, Schmachthahn, toller Hahn usw.)
Hahn 14.41
Hahn im Korb
Hahn 36.4
jemandem den Hahn an die Lippen setzen
Hahn 14.49
legitimer Hahn
Hahn 14.49
offizieller Hahn
Hahn 4.3, 6.3
scharfer Hahn
Hahnbutterer 26.27
ein Hahnbutterer
Hahnenfedern 1.48, 30.8
Hahnenstall 29.8, 29.9, 29.10, 41.2, 48.26, 48.28
Hahnentanz 52.5, 53.7
Hahnenfiedrichkeit 63
Hahnrei 14.61
Hahnreiter 1.56, 70.1
Hahnreithaler 47.21
häkeln 31.4
Haken 1.40, 1.73, 80.82
Haken 64.21
Angel ohne Haken
Haken 1.63, 2.1
Haken und Öse
hakenkreuzweise 51.2
Du kannst mich mal hakenkreuzweise.
Hakennase 1.40
halb 8 59.7
der Hut steht auf halb 8
halb 12 59.7
der Hut steht auf halb 12
halb 13 59.7
der Hut steht auf halb 13
halb 63.1
die halbe Muse, Musik
halb 19.2, 28.4
halbe Portion
halb 19.2
halbes Kind
halb 6.22, 65.2, 66.3
halb und halb
Halbbauer 64.17
halbe 1.58
halbe Portion
Halbflor 20.10
Halbfurzer 35.22, 45
halbgar 18.6, 19.1, 19.7, 38.5
Halbgeback 19.5
Halbglatze 1.30
Halbhoher 1.12
Halbjungfer 22.10, 64.17
Halbkilo 48.2
Halbkracher 59.7
Halbkugel 1.83
Halbmast 64.19
Halbmast 59.26
auf Halbmast flaggen
Halbmast 64.21, 64.23
die Fahne auf Halbmast setzen
Halbmast 59.6
seine Hosen hängen auf Halbmast
Halbmastbinder 59.20
Halbmasthose 59.26
Halbmond 1.73, 1.83
halbnackt 59.7
halbnackt herumlaufen
Halbsäckel 64.21
Halbsäckl 49.7
halbschlächtig 6.22, 65.2
Halbschlüpf 59.38
die Halbschlüpf
Halbseide 47.2, 48, 48.2
Halbseidene 48.2, 65.1, 65.4
Halbseidener 29.3, 48.4, 65.4
halbstark 18.6, 19.1, 19.7, 38.5
halbstark 22.6
geistig halbstark
Halbstarkenfutteral 59.26
Halbstarker 19.7, 28.9
Halbstarker 22.9
geistiger Halbstarker
Halbstock 59.26
auf Halbstock laufen
Halbwelt 65.5, 66.6
halbzart 19.1, 19.3, 19.7, 38.5
Halbzettel 48.2
Halbzylinder 59.7
Hälfte 8.2, 8.15, 14.48, 14.49
meine bessere Hälfte
Halfter 80.76, 80.82
halftern 80.75
Halle 72.12
heilige Halle
Hallelujabordell 50.5
Hallelujagockel 50.6
Hallelujahelm 59.7
Hallelujahut 59.7
Hallelujakiepe 59.7
Halleluja-Klee 52.9
Hallelujamädchen 50.9
Hallelujaschwester 50.9
Hallelujazinken 50.5
Hallelujazwiebel 1.29
Hallendame 45, 48.2
Hallensportplatz 53.7
Hallo-Flittchen 48.2
Hallo-Girl 46.2
Hälmle 1.27
Hals 1.49, 1.73
Hals 26.12, 59.10
barfuß bis zum Hals
Hals 36.10
das Wasser steht ihr bis zum Hals
Hals 14.38
den Hals in die Schlinge stecken
Hals 36.12
den Hals nicht voll genug kriegen können
Hals 80.77
den Hals umdrehen
Hals 26.5
die Arme um den Hals werfen
Hals 72.7
die Scheiße steht ihm bis zum Hals
Hals 36.10
einen Frosch im Hals haben
Hals 1.49, 36.4
einen langen Hals machen
Hals 14.38
er hat sie am Hals
Hals 36.12
ihr hängt die Zunge zum Hals raus; Zwirn um den Hals haben

Hals 63.2
jemandem etwas auf den Hals laden
Hals 64.17
mit reingewaschenem Hals dastehen
Hals 15.5
sich eins auf den Hals laden
Hals 36.10
Zwirn um den Hals haben
Halsband 80.79
Halsband 63.1
Halsband der Venus
Halsbinde 59.21
halsbrecherisch 59.10
halsbrecherisches Defizit
Halseisen 58.6, 59.19, 80.86
Halsfünnchen 59.21
Halskette 58.6, 80.82
Halskette 58.6
goldene Halskette
Halskrankheit 36.10
eine Halskrankheit haben
Hälsling 58.6
halslos 1.49
halsloses Wunder
Halstuch 59.21
Halstuch 59.21
seidenes Halstuch
Halstuch 59.21
wollenes Halstuch
halt 46.1
halt den Mund!
haltbar 10.1
Halte 59.27
halten 24.1, 25.1
den Daumen auf den Beutel halten
halten 25.1
die Hand drauf halten
halten 25.1
die Stange halten
halten 36.10
die Zunge im Zaum halten
halten 80.10
Disziplin halten
halten 26.9
einem Kerl die Stange halten
halten 13.7
eine schützende Hand über eine Frau halten
halten 10.2
ihm die Stange halten
halten 49.9
jemandem eine Gardinenpredigt, eine Moralpauke, eine Standpauke halten
halten 64.17
jemanden kurzhalten
halten 36.12
reinen Mund halten
halten 48.35
setzen ist leicht, halten ist schwer
Haltmich 59.30, 59.34
Hambacher 1.48
Hamm 1.83
Hammel 17.26, 72.4
Hammel 7.8
die Hämmel hüpfen lassen
Hammelbeine 1.86
Hammelbeine 80.58
die Hammelbeine langziehen
Hammelfleisch 35.21, 76.3
Hammelfleisch 55
Hammelfleisch mit Zwiebeln
Hammelsprung 7, 7.7
Hammelsprung 7.8
einen Hammelsprung veranstalten
Hammer 1.73, 80.62
Hämmerlein 80.57
Hämmerling 80.57
hämmern 26.25
hämmernd 54.8
Hammerwerk 48.25
Hämmling 16.13, 17.26
Hämoritter 35.22, 45
Hämorrhoiden 35.8, 51.2
Hämorrhoidengewächshaus 51
Hämorrhoidenschaukel 46.4, 53.15
Hämorrhoidenzäpfchen 35.8
Hampelmann 24.3, 48.8, 80.62
Hampelmänner 13.11
die Hampelmänner barbieren
hampeln 25.1, 26.25, 80.58
Hanake 1.9
Hand 1.54, 25.8, 35.14, 70.8
Hand 24.6
an Hand des Buches arbeiten, an Hand von Unterlagen arbeiten
Hand 24.1, 25.1, 26.9
das Steuer in die Hand nehmen
Hand 24.1, 25.1, 26.9, 73.5
dem Bruder die Hand geben
Hand 29.10
den Trumpf in der Hand haben
Hand 25.1
den Trumpf in die Hand nehmen, jemandem die Hand reichen
Hand 24.1, 25.1, 26.9
der Schwester die Hand geben
Hand 26.8
die Augen in die Hand nehmen, das Herz in die Hand nehmen
Hand 64.24
die Fäden fest in die Hand nehmen
Hand 37.5
die Hand vor Augen sehen
Hand 14.38
die Hand fürs Leben reichen
Hand 70.11
die Hand küssen
Hand 25.1
die Hand geben, in die Hand nehmen, die Hand drauf halten, die Hand drauf legen, die Hand im Spiel haben, die Hand ins Feuer legen
Hand 24.1
die Hand ins Feuer legen, Hand an sich legen, den Trumpf in die Hand nehmen
Hand 26.9
die Hand ins Feuer legen, das Ruder in die Hand nehmen
Hand 73.5
die Sache in die Hand nehmen und sehen, wie sie abläuft
Hand 80.58
eine eiserne Hand haben, eine starke Hand haben
Hand 13.7
eine schützende Hand über eine Frau halten
Hand 80.65
eiserne Hand
Hand 25.8
es zuckt mir die Hand; ich muß meinem Bruder die Hand geben, weil er fortreist; sie hat's ihm in die Hand gegeben; besser ein Spatz in der Hand als eine Taube auf dem Dach
Hand 35.12
Frau Braun die Hand geben, Herrn Braun die Hand reichen
Hand 25.8
freie Hand haben
Hand 25.6
glückliche Hand, Gold in der Hand, lockere Hand, gut von der Hand gehen, schnell bei der Hand sein
Hand 35.14
goldene Hand, Gold in der Hand
Hand 6.19, 9.4
Hand in Hand
Hand 25.1

Hand in Hand arbeiten
Hand 1.63, 2.1
Hand und Handschuh
Hand 73.5
ich muß meinem Bruder die Hand geben, weil er morgen fortreist
Hand 20.8, 21.1
in die Hand nehmen
Hand 25.2
jemandem freie Hand geben, um jemandes Hand anhalten, er hat's ihr in die Hand gegeben
Hand 25.1
mit fester Hand regieren, den Trumpf in der Hand haben, ganz in jemandes Hand liegen
Hand 25.7, 48.2, 48.4
öffentliche Hand
Hand 25
Politik der freien Hand
Hand 1.54
rechte Hand
Hand 1.54
schöne Hand
Hand 14.7
um jemandes Hand bitten
Hand 25.5
unter der Hand, in die hohle Hand
Hand 25.7, 29.9, 36.11, 48.5
von der Hand in den Mund leben
Hand 18.16, 53.5
warme Hand
Handarbeit 25, 70.8
Handarbeit 30.5
Hand- und Mundarbeit
handarbeiten 24.1, 25.1
Handarbeiter 24.3, 25.4, 25.7, 29.9, 48.4
Handarbeiterin 48.2
Handarbeiterin 30.2, 30.7
Hand- und Mundarbeiterin
Handball 24
Handball 1.77, 24.1, 25.1, 26.9
Handball spielen
Handballen 1.54
Handballer 24.3, 25.4
Handballerina 25.3
Handballspieler 24.3, 25.4
Handbesen 1.65, 62.2
Handbewegung 25
Handbremse 1.73, 25.8, 29.10
Handbretzen 80.86
Händchen 25.6, 26.25
ein Händchen dafür haben
Händchen 12.35
ein Händchen für die Frauen haben
Hände 24.1, 25.1
die Hände in den Schoß legen
Hände 72.3
die Hände vergolden
Hände 25.1
die Hände voll zu tun haben
Hände 25.1
einer die Hände in den Schoß legen
Hände 59.26
er hat die Hände in den Hosentaschen
Hände 59.26
er will verreisen, er hat die Hände schon eingepackt
Hände 25.8
es ist ihm in die Hände gefallen
Hände 1.54
große Hände
Hände 8.12, 8.25
in festen Händen
Hände 25.2
jemandem die Hände schmieren, er ist in guten Händen, er ist in anderen Händen
Hände 9.1
jemanden auf Händen tragen
Hände 25.1
mit beiden Händen zugreifen
Hände 35.22
mit dem Arsch einreißen, was man mit den Händen gebaut hat
Hände 26.27
Umhang mit Händen und Füßen
Hände 25.6
zwei linke Hände haben
Hände 12.39
zwei linke Hände und ein Schwanz aus Blech
Händedruck 25
Händedruck 25
ein Händedruck unter Männern
Händedruck 1.54
warmer Händedruck
Handel 45
Handel 27.4
Handel in Dörrfleisch, Handel in Dörrgemüse
handeln 49.17
keusch handeln
handeln 48.19
mit Fleisch, Pelz, Miezen handeln
handeln 49.4
moralisch handeln
handeln 9
nach dem Herzen handeln
handeln 80.10
sadistisch handeln
handeln 49.18
unkeusch handeln
handeln 49.5
unmoralisch handeln
Handelsbraut 52
Händeringen 25
händeschütteln 1.54
Handeule 62.2
Händewaschen 25
Handfeger 1.65, 25.7, 48.2
Handfertigkeit 25.6
Handfessel 14.36, 58.4
Handfessel 14.36
gefuchste Handfessel
handfest 80.58
handfest sein
Handfetischismus 70.8
Handfetischist 70.8
Handfeuerwaffe 1.73, 25.8, 29.10, 51.3
Handfose 70.8
Handfud 70.8
Handfunk 26.7
handgebaut 59.26
handgebaute Buxe
handgebaut 59.12
handgebautes Modell
Handgeld 14.32, 25.7, 29.9, 48.9
Handgelenk 24.1, 25.1
aus dem Handgelenk schütteln
Handgelenk 25.6
goldenes Handgelenk
Handgelenk 25.6, 80.65
loses Handgelenk
handgemacht 59.12
handgemachter Sack
handgemein 25.1
handgemein werden
Handgemenge 25, 31.5
handgenäht 59.12
handgenähtes Etui
Handgepäck 1.68, 25.8
Handgeriß 70.8
handgewebt 3
handgewebtes Innenleben
Handgranate 24, 25
Handgranatenbehälter 51.3
handgreiflich 25.1
handgreiflich werden
Handgreiflichkeit 25
handhaben 25.1
Handhabung 25, 70.8
Handinge 59.8
Handkäs' 25
Handkäs' 25
Handkäs' mit Musik
Handkuß 26.4, 36.1, 36.5
Handlanger 24.3, 25.4, 70.8
handlangern 25.1
Handlinie 1.54
erotische Handlinie

Handmassage 25, 70.8
Handorgel 1.66, 1.73, 25.8, 29.10, 30.8, 54.8
Handorgel 24.1
an der Handorgel drehen, die Handorgel polieren
Handorgel 54.8
die Handorgel spielen
Handorgel 25.1
einer die Handorgel polieren, einer an der Handorgel drehen, Handorgel spielen
Handorgel 24.1
Handorgel spielen
handorgeln 24.1, 25.1
Handpferd 25.7, 48.2
Handpflegerin 61.5
Handpresse 24.5
Handreichung 14.21, 25
Handschelle 14.36, 58.4
Handschellen 80.86
Handschrift 25
Handschrift 80.65
persönliche Handschrift
Handschuh 59.8, 70.8
Handschuh 1.63, 2.1
Hand und Handschuh
Handschuhe 80.84
Handschuhe anlegen
Handschuhe 59.8
Handschuhe mit Fenster, mit Notausgang, mit Ventilation
Handschuhe 59.8
Schweizer, Emmentaler Handschuhe
Handschuhe 59.8
zerrissene Handschuhe
Handschuhehe 14
Handschuhfabrikant 80.87
Handschuhfetischismus 70.8
Handschuhfetischist 70.8
Handschuhfreier 70.8
Handschuhnummer 12.38
jemandes Handschuhnummer haben
Handschuhnummer 7.2
meine Handschuhnummer
Handschuhnummer 7.11
sie haben die gleiche Handschuhnummer
Handschuhnummer 7.12
sie hat nicht meine Handschuhnummer
Handschuhprobe 49.19
Handstein 62.7
Handstreich 25
Handtäschchen 62.5
Ball-Handtäschchen
Handtasche 60.3
Handtasche 24.5
Ehemann in der Handtasche
Handteile 1.54
Handtreue 14.21
Handtuch 23.7, 62.2
Handtuch 23.1
ein Handtuch zwischen den Füßen haben
Handtuch 41.3
garniertes Handtuch
Handtuch 23
Handtuch zwischen den Füßen
Handtuch 64.21
nasses Handtuch
Handumdrehen 25.5
im Handumdrehen
Handvoll 80.58
eine Handvoll ungebrannter Asche zu kosten geben
Handwagen 24.1, 25.1
Handwagen fahren
Handwerk 25, 70.8
Handwerker 25.7, 70.8
Handwerkerstand 25
Handwerksbetrieb 25.7, 48.26
Handwerksbursche 25.4, 25.7, 29.9, 48.4
Handwerkskammer 25.7, 48.26
Handwerkszeug 24.5, 30.7, 48.1, 70, 80.22
Handzeichnung 80.61
Hanewackel 1.73
Hanf 80.82
hänfen 80.81
durchs hänfene Fenster sehen
hänfen 80.82
hänfenes Fenster
Hanfert 59.17
Hänfling 19.4, 80.82, 80.86
Hanfstaude 59.17
Hängebusen 1.58
Hängemann 1.73, 28.4, 28.9
Hängematte 1.76, 23.7, 59.30, 59.34
hängen 80.81
hängen 64.24
am Bandel, am Gängelband, an der Leine, an der Strippe, am Schürzenband, am Schürzenzipfel hängen
hängen 20.6
an den Brüsten der Wissenschaft hängen
hängen 46.2
an der Nabelschnur hängen, sich an die Nabelschnur hängen
hängen 9.1, 10.2, 64.24
an jemandem hängen
hängen 36.12
an jemandes Mund hängen
hängen 14.33
im Kasten hängen
hängen 37.5
niedriger hängen
hängen 18.7
noch an Mutters Rockschößen (Mutters Schürzenzipfel) hängen
hängen 59.6
seine Hosen hängen auf Halbmast
hängen 64.21
sein Sack hängt
hängen lassen 64.19
den Schwanz hängen lassen
hängen lassen 64.21, 64.23
den Kopf hängen lassen
hängend 1.43
hängende Unterlippen
Hängepietzen 1.58
Hänger 1.73
Hängeschläuche 1.58
Hängetitten 1.58
Hängetutten 1.58
Hanide 23.3
Hanke 1.61
Hanne 2.2, 48.2
Hanne 4.8
Die Hanne ist so scharf, die braucht 'n Waffenschein.
Hannefatzke 12.2
Hans 1.73
Hans 29.3
Hans Andersen
Hans 12.43
Hans Huckebein
Hans 80.57, 80.83
Meister Hans
Hänschen 1.73
Hänschen 14.41
Hänschen im Keller
Hänschenklein 1.73, 19.10, 28.4, 28.9
Hansel 1.73
Hanselmännchen 82.8
Hansi 72.16
Hanswurst 1.73, 54.7
Hanzen 1.58, 70.5
Happerl 26.27
Harem 14.1
Harem 26.1
mein Harem
Harem 10.7
seine Sense durch den Harem reißen
Harfe 1.66, 2.2, 25.8, 30.8, 54.8
Harfe 24.1
an der Harfe zupfen
Harfe 25.1
einer an der Harfe zupfen, Harfe spielen
Harfe 24.1, 26.25
Harfe spielen
harfen 26.25, 54.8
Harfenjule 54.8
Harfner 25.4, 54.8
Harke 1.73
Harmonie 54.8
Harmonika 1.66, 2.2, 25.8, 30.8
Harmonika 27.3, 39.12

ausgeleierte Harmonika
Harmonika 26.25
Harmonika spielen
Harmonika 26.9
mit der Harmonika spielen
Harmonikahose 59.26
Harmonikapelle 59.9
Harmonikasocken 59.38
Harmonikaspielerin 30.2
Harnbeseher 73.1, 73.13
Harnblase 73.13
Harnisch 4.16
in Harnisch
Harnleiter 73.7
Harnröhrenausgang 73.13
Harnröhrenkatarrh 1.73
Penis beim Harnröhrenkatarrh
Harnröhrenreizung 73.13
Harnröhrenreizung 63
Harnröhrenreizung nach Genuß von unausgegorenem Bier
Harnsack 73.13
Harnsaufen 77
Harnschleck 77.1
Harnschlecken 77
Harnstottern 63
Harntrieb 73
Haro 80.40, 80.48
hart 80.8
hart 26.20
einen harten Kopf haben
hart 4.15
harte Nuß
hart 12.16
harter Aufschlag
hart 9.6
harter Fall
hart 4.15, 26.22
harter Knochen
hart 1.73
harter Penis
hart 72.4
harte Sitzung
hart 80.9
hart im Nehmen
hart 80.11
hart im Nehmen sein
Harte 45.1
Harteknecher 59.7
Harter 59.7
Härterich 80.40, 80.48
hartleibig 72.7
Hartling 80.40, 80.48
Hartmann 26.22, 59.7
Härtrich 80.40
Harz 80.25
siedendes Harz
Harzer 1.79, 36.12, 78.3
Hasch 57
Haschbucht 55.11, 57.6
haschen 57.1
haschen 28.5
Hasch mich, ich bin der Frühling!
Häschen 2.2, 12.20, 18.3
Häschen 26.30
das Häschen macht Männchen
Häschen 12.28
ein Häschen braten
Häschen 22.18
enthäutetes Häschen
Häschen 4.20
furchtsames Häschen
Häschen 19.2, 28.4
heuriges Häschen
Häschen 48.35
sehen, wie das Häschen läuft
Häschenober 48.2
Haschhaus 55.11, 57.6
Haschisch 57, 57.6
Haschmisch 57.3
Haschmisch 64.14
einen Haschmisch haben
Hase 2.2, 18.4
Hase 22.14
dem Hasen die Haut abziehen
Hase 22.14
den Hasen enthäuten
Hase 22.14
den Hasen häuten
Hase 26.25
einen Hasen schießen
Hase 80.40
gespickter Hase
Hase 19.4
heuriger Hase
Hase 21.4, 22.3
wissen wie der Hase läuft
Haseln 9.3
in die Haseln gehen
Haselstock 80.62
Hasen 12.28
einen Hasen schießen
Hasen 16.6
einer den Hasen nehmen
Hasenfuß 4.21
Hasenherz 1.58, 4.21, 64.13, 64.17
Hasenhoden 52.3
Hasenpanier 11.19, 13.3
das Hasenpanier ergreifen
Hasenpfote 62.2
Hasensamen 52.3
Hasenscharte 1.43
Hasenstall 17.1, 18.5, 18.12, 18.14, 41.2
Hasin 26, 41.24
bei der Hasin
Hasin 26, 41.7, 41.24
bei der Hasin pfeifen
Haslacher 80.62
Haslinger 80.62
hat 45.5
er hat's, er hat's dicke
Hätschelkind 18.4
hätscheln 12.21
Hatschen 6.5
Hatschn 48.2
Häubchen 16.1
Haube 1.66, 14, 16.1, 59.7
Haube 14.31
unter die Haube bringen
Haube 14.38, 14.41
unter die Haube kommen
Haubenwerfen 14.1
Häuberl 15.1
Haubitze 1.66, 51.3
Haubitzen 1.58, 51.3, 70.5
Haubitzen 37.4
die Haubitzen ausschmieren
Haubung 14.41
Hauch 1.15
Haudegen 80.64
Haue 80.61
hauen 80.58
hauen 80.58
aus der Wäsche hauen
hauen 80.58
braun und blau hauen
hauen 53.7
eine Sense übers Parkett hauen
hauen 80.58
ein paar hinter die Löffel hauen, ein paar hinter die Ohren hauen
hauen 80.58
hauen, daß die Schwarte kracht
hauen 80.58
in den Klumpatsch hauen
hauen 31.4
in die gleiche Kerbe hauen
hauen 14.59
in dieselbe Kerbe hauen
hauen 10.7
sein Schwert in jede Kerbe hauen
hauen 48.7
sich die Nacht um die Ohren hauen
hauen 26.17, 41.6
sich in die Klappe (in den Sack, aufs Ohr) hauen
hauen 49.5
über die Schnur hauen
hauen 80.58
zu Mus hauen
Hauer 1.44
hauern 17.8
macheres hauern
Haufen 72.4
Hauker 1.56, 70.1
haukerig 1.56
Haumichblau 48.2, 48.4, 48.8, 80.7, 80.61, 80.94
Haumichblau 80.61
für 5 Pfennig Haumichblau
Haumichel 80.7
Haupt 39.5
bemoostes Haupt

Hauptberufliche 48.2
Hauptfreund 8.20
Hauptfreundin 8.7
Haupthahn 2.5, 8.20, 9.9
Hauptmann 59.7
Hauptportal 1.66, 1.85, 8.7, 29.10, 35.10, 59.26
Hauptportal 22.14
das Hauptportal aufbrechen
Hauptportal 35.7
das Hauptportal auflassen (aufmachen, offenlassen)
Hauptportal 26.25
das Hauptportal aufmachen (aufschließen)
Hauptportal 35.7
das Hauptportal ausheben
Hauptportal 22.14
das Hauptportal einrennen
Hauptportal 35.7
das Hauptportal lackieren (polieren, schmieren)
Hauptportal 59.26
Vergiß nicht, dein Hauptportal zu verriegeln!
Hauptwort 45.1
Haus 1.66, 2.2, 48.2, 48.25
Haus 1.66, 8.7, 8.20, 39.4, 48.2
altes Haus
Haus 41.1
baufälliges Haus
Haus 14.48
Dame des Hauses
Haus 14.58
Dampf (Qualm, Rauch) im Haus
Haus 41.1
das eigene Haus
Haus 41
ein eigenes Haus bauen
Haus 48.25
gemeines Haus, Haus der Bewegung, Haus der gelüstigen Fräuleins, Haus der goldenen Sonne
Haus 41.1
Haus auf Abruf
Haus 48.25
Haus des 6. Gebots
Haus 15.10
Haus für ausgesetzte Kinder
Haus 53.16
Haus im Sack
Haus 18.5
Haus mit vielen Kindern
Haus 14.49
Herr im Haus
Haus 48.5
ins Haus kommen, ins Haus liefern
Haus 26
kommt ins Haus, wird ins Haus geliefert
Haus 8.7
Loch im Haus
Haus 41.1
mein Haus
Haus 48.25
offenes Haus
Haus 48.25
öffentliches Haus
Haus 8.20, 14.49, 26.2
Sack im Haus
Haus 8.20
Schwanz im Haus
Haus 1.58
sie hat Holz vor dem Haus
Haus 10.6
von Haus zu Haus
Hausangestellte 41.19
Hausanzug 59.11
hausbacken 49.15
hausbacken 48.3
hausbackener Bankert
Hausbar 41.3
Hausbesen 14.48, 48.2
Hausbesitzer 48.23
Hausbesuch 31.5, 48.6
Häuschen 72.12
Hausdame 48.2
Hausdrache 14.50, 41.17
Hausdurchsuchung 26.7, 26.27
Hauseingang 26.30
sich im Hauseingang betten
Hausehre 14.48
Häuselfrau 72.23
Häuselmann 72.24
hausen 26.25, 41
Hauserin 13.5, 41.19
Häuserl 1.66
Hausfrau 48.2
Hausfrau 59.30
Stütze der Hausfrau
Hausfrauenbrigade 48.2
die Hausfrauenbrigade aus dem Brigadenhaus
Hausfreund 13.6, 14.67
Hausfreund 14.55, 24.5
elektrischer Hausfreund
Hausfriedensbruch 48.34
Hausgeige 20.10, 41.12
Hausgeist 41.19
Haushalt 14.55
Haushalt 60.3
Haushalt mit Henkel
Haushälterin 48.24
Haushaltsausschuß 63.1
Haushaltsdebatte 14.58
Haushaltsdefizit 14.56
Haushaltsgeld 48.9
Haushaltsschule 20.2
Haushaltsspritze 14.66, 41.19
Hausherr 48.23
Hausherr 41.19, 64.24
Pißpott des Hausherrn
Hausjoppe 59.13
Hauskapelle 72.12
Hauskatze 14.56, 48.2
Hauskleidung 59.41
Hausknochen 1.73, 22.16, 32.3
Hauskreuz 14.50
Hauskrone 14.48
Häusl 72.12
Hauslatsch 14.49
Hauslehrer 80.5
Hauslehrerin 80.4, 80.63
häuslich 1.66, 32.3
häusliche Schwelle
häuslich 41
sich häuslich niederlassen
Hausmacherwurst 1.73, 29.10, 35.21, 36.12, 72.4
Hausmacherwurst 36.4
Hausmacherwurst essen
Hausmann 14.51
Hausmannskost 14.46, 26
Hausmantel 59.41
Hausmeister 1.73, 14.49 41.18
Hausmeisterin 41.17
Hausnudel 41.19
Hausnummer 12.38
jemandes Hausnummer haben
Hausnummer 7.2
meine Hausnummer
Hausnummer 7.11
sie haben dieselbe Hausnummer
Hausnummer 7.12
sie hat nicht meine Hausnummer
Hausordnung 41.22
Hausordnung 20.13
Hausordnung im Studentenheim
Hausputz 62.1
hausschlachten 14.49
hausschlachtene Wurst
Hausschlüssel 1.73
Hausschuhe 59.40
Hausschwalbe 41.19, 48.2
Haussegen 14.48
Haussegen 11.11, 14.58
der Haussegen hängt schief
Haussegen 11.11
der Haussegen wackelt
Hauswirt 48.23
Haustier 34.4
Haustür 1.69
Haustür 26.25
die Haustür aufmachen (aufschließen)
Haustür 22.14
die Haustür einrennen
Haustyrann 14.49
Hauszierde 14.48
Hauszins 48.9
Haut 1.69, 1.73, 1.75, 8.2, 29.10, 48.2, 59.10, 59.12, 64.19, 80.95
Haut 59
auf die Haut gearbeitet

Haut 59
auf die Haut gespritzt
Haut 59.26
auf die Haut gespritzte Hosen
Haut 26.25
aus der Haut fahren
Haut 26.12
bis zum Kopf in Haut gehüllt
Haut 22.14
der Gans (dem Hasen) die Haut abziehen
Haut 22.15
die Haut verlieren
Haut 48.5, 54.10
die Haut zu Markte tragen
Haut 22.2, 19.2, 22.10
fabrikneue Haut
Haut 63.12
Facharzt für Haut und Fotze, Facharzt für Haut und Liebe
Haut 6.2
fitse Haut
Haut 2.2
glatte Haut
Haut 80.66
Haut abziehen
Haut 63.1
Haut und Fotze
Haut 63.1
Haut- und Geschlechtskrankheiten
Haut 1.73
Haut und Knochen
Haut 63.1
Haut und Möse
Haut 49.25
ihm ist nicht wohl in seiner Haut
Haut 3.8
jemandem unter die Haut gehen
Haut 36.4
mit Haut und Haaren verschlingen
Haut 29.10
mit Haut und Haar verschlingen
Haut 8.5
neue Haut
Haut 26.12
nur mit der eigenen Haut kostümiert
Haut 63.1
Schwanz, Haut und Pfeife
Haut 9.3
sie geht ihm unter die Haut
Haut 59.10
sie trägt die Haut zu Markte
Haut 10.3
treue Haut
Haut 53.17
Umschlagplatz der sandigen Haut
Haut 9.12
unter die Haut gehen
Haut 16.1, 59, 59.30, 70.6
zweite Haut
Hautblüte 70.1
Hautcreme 61
Hautcreme 61
Hautcreme benutzen
häuten 22.14, 26.10, 47.26, 80.58, 80.66
häuten 47.18
den Mops häuten
häuten 22.14
die Gans (den Hasen) häuten
hauteng 59
Hautfinne 70.1
Hautgift 61
Hautgout 78.3
Hautgout à gogo
Häutl 1.66, 64.19
Hautschaden 70.1
Hautwanzen 71.3
Hautz 2.5 a
Hautzin 2.2 a
Hawaii 53.17
Hawege 4.26
hawege 4.24
sehr hawege
Haxen 1.86
Haxen 12.30, 26.25, 26.26
die Haxen aufstellen
Haxen 4.19
Ihr fällt das Herz in die Haxen.
Haxthorn 82.5
Hazika 59.13
HB 1.58
Hebamme 17.18, 36.3, 36.7, 36.11, 48.2, 55, 59.30, 59.34, 63.13
Hebamme 17.18
Gehilfin einer Hebamme
Hebammenpisse 55
Hebammentasche 60.2
Hebammer 17.17
Hebe 55.9
Hebemaschine 26.30
Hebemutter 17.18
heben 36.4
heben lassen 61.1
sich die Brust heben lassen
Heber 29.3, 36.2, 36.6, 36.7, 59.30, 59.34
Heberin 36.2, 36.7
Hebevater 17.17
Hebevorrichtung 59.30, 59.34
Hebewerk 26.30
Hebmutter 1.49
Hechselstreuen 47.30
Hecht 4.3
toller Hecht
Hechtl 80.40, 80.48
Hechtling 80.40, 80.48
Heck 26.30
vom Heck
hecken 17.16
Heckenpenne 26, 41.24
Heckenpenne 26, 41.24
Heckenpenne machen
Heckenscheißer 35.22
Hecker 80.15, 80.47
Heckmeck 12.1
Heckmeck 12.44
Heckmeck machen
Heckpfennig 29.9, 35.9, 48.9, 72.22
Hefebauch 17.15
Hefekloß 1.17
Hefen 1.32
Hefihanna 17.18
Heft 1.40, 1.73
Heftel 24.5
Heges 59.3
Hegeste 59.3
Heia 18.11, 41.5
heia 41.7
heia machen
Heiabett 41.5
Heiakörbchen 14.42, 41.2, 41.3, 41.5
Heiawagen 18.13
heichen 80.58
Heichse 80.61
Heidemann 82.5
Heidenmoos 45.1
Heidi 1.5, 2.2, 6.2, 48.2
Heidl 2.2, 48.2
heikel 6.16
heikel 1.63, 3.4
heikler Punkt
Heilanstalt 47.13
Heil- und Pflegeanstalt
Heilgymnastik 26, 26.44
Heilicht 14.33
heilig 50.6
heilige Geige
heilig 72.12
heilige Halle
heilig 55
heiliger Essig
Heiligenfeste 50.4
Heiligenfiguren 50.3
Heiliger Geist 80.59
Besuch vom Heiligen Geist kriegen, der Heilige Geist kommt
Heiliger Geist 80.59
den Heiligen Geist besuchen, vom Heiligen Geist beschattet werden
Heiliger Geist 80.58
den Heiligen Geist schicken
heilsam 26.41
Heilsarmeehaube 59.7
Heilsarmeesoldatin 50.9
Heilweg 53.9
Heim 41, 41.2
das eigene Heim
Heim 32.3
Liebe im trauten Heim
Heimarbeiterin 48.2
Heimat 17.22
Wasser als Heimat der Ungeborenen
Heimatabend 32.3
Heimaterde 1.66, 32.3
Heimatfest 32.3
Heimatfilm 14.60

Heimathafen 17.19, 32.3, 41.5
Heimatkunde 32.3
heimatlich 41.1, 41.2, 41.3
das heimatliche Gefilde
heimatlich 14.48
die heimatliche Scholle
Heimchen 82.3
heimdrehen 80.38
Heimdreher 80.41
heimelig 6.7
Heimgarten 53.3
heimgeigen 80.58
Heimkapitän 62.5
Atlantik des Heimkapitäns
Heimkino 14.46, 54.5
heimleuchten 80.58
heimleuchten 80.20
einem heimleuchten
Heimsmoking 59.42
Heimstattassistentin 41.19
Heimtreiber 1.73
Heimweh 32.3
Heimwehbude 51.3, 72.12
heimzahlen 80.20
einem heimzahlen
heimzahlen 80.11
sich heimzahlen lassen
Heini 1.55, 52.8
Heini 19.4
grüner Heini
Heini 2.5, 4.3, 6.3
heißer Heini
Heini 4.7, 6.15
Himbeer-Heini
Heinrich 26.22
langer Heinrich
Heini 64.21
müder Heini
Heini 2.5
steiler Heini
Heini 41.15
sturmfreier Heini
Heinrich 72.6
der flotte Heinrich
Heinrich 6.21, 29.3
sanfter Heinrich
Heinzelmädchen 45
Heinzelmännchen 82.8
Heinzelmännchen 45
Heinzelmännchen auf Abruf
Heirat 15.8
Heirat mit einer Geschwängerten
heiraten 14.38
heiraten 14.32
auf Abbruch heiraten
heiraten 15.7
die Mutter des unehelichen Kindes heiraten
heiraten 14.29
mit Vorliebe heiraten
Heiratsabsichten 14.4
Heiratsalter 38
Heiratsantrag 14.11
den Heiratsantrag ablehnen
Heiratsentferner 14.71, 47.32
Heiratsfinger 1.55
Heiratskapital 14.32
geborgtes Heiratskapital
Heiratslinie 52.1
heiratslustig 14.18
heiratslustige Frau
heiratslustig 14.19
heiratslustiger Mann
heiratslustig 14.18
heiratslustige Studentin
Heiratsschmuh 47.8
Heiratsschwindel 47.8
Heiratsschwindler 47.8
heiratswillig 20.9
heiratswillige Studentin
Heiratswünsche 14.10
den Heiratswünschen einer Frau nachgeben
Heis 41.5
Heische 41.5
heiß 3.6, 4.1, 4.8, 6.1, 6.16, 29.4, 30.3, 47.21, 49.16, 63.3
heiß 12.17
eine heiße Platte auflegen
heiß 80.20
jemandem die Hölle heiß machen
heiß 4.9
heiße Bluse, heißer Ofen, heiße Tomate, heißes Bügelbrett, heißes Plättbrett
heiß 29.8
heiße Bude (Pinte, Scheibe, Stampe, Timpe, Weide, Winde), heißer Bimpf (Bums, Dimpf, Keller, Laden, Schuppen, Winkel)
heiß 59
heiß eingefüllte Pelle
heiß 59
heiße Pelle
heiß 12.16
heiße Platte
heiß 6.2
heißer Apparat
heiß 2.5, 4.3, 6.3
heißer Heini
heiß 1.54
heißer Hundedreck
heiß 59.43
heißer Strandschrei
heiß 53.7
heiße Schuhe
heiß 63.1
heißes Eisen
heiß 80.25
heißes Pech
heiß 1.78, 26.29
heiße Spur
heiß 53.7
heiße Stampe
heiß 29.8, 29.9, 48
heiße Straße
heiß 29.8, 29.9
heißer Strich
heiß 29.8
heißer Winkel
heiß 3.3
heiße Welle
heiß 26.28
heiß gebacken, auf heißem Wege hergestellt
heiß 64.17
oben heiß und unten kalt machen
heiß 25.8
Tropfen auf den heißen Stein
Heiße 30.2
die Heiße
Heißer 29.3
Heißlufthaube 53.7
Heißluftschuppen 53.7
Heißlufttenne 53.7
Heißluftwinde 53.7
Heite 17.3
Heizbatterie 9.8, 14.48
heizen 26.25
den Ofen heizen
Heizkissen 26.1
Heizklappe 9.8
Helancas 59.38
Held 48.4
Held fürs Geld
Heldenaphrodisiakum 55
Heldenmutter 1.58, 17.2
Heldenvater 17.3, 17.4
Helena 1.5, 6.2, 20.10
helfen 48.16
einem in den Sattel helfen
helfen 17.8
einer auf den Weg helfen
hell 57
heller Türke
Hellerhur 48.2
Helmschnecke 1.66, 34.6, 48.25
Helmspitze 1.40
Hemd 19.4, 28.4, 28.9, 59.10, 59.17
Hemd 8.22
abgelegtes Hemd
Hemd 47.40
bis aufs Hemd ausziehen
Hemd 17.15
Bug im Hemd
Hemd 17.27
Dich hat dein Vater wohl durchs Hemd gemacht.
Hemd 72.11
Du machst mir zuviel Wind für dein kurzes Hemd.
Hemd 17.8
einer einen Bug ins Hemd schieben
Hemd 59.17
Emmentaler Hemd
Hemd 59.17

geplättetes Hemd
Hemd 59.17
grünes Hemd
Hemd 59.17
Hemd mit Dauerwellen
Hemd 59.17
Hemd mit Fenstern, mit Innenventilation
Hemd 13.10
jemanden bis aufs Hemd ausziehen
Hemd 59.17
Känguruh-Hemd
Hemd 6.15
klammes Hemd
Hemd 59.17
kurzes Hemd
Hemd 55
Mohr im Hemd
Hemd 4.3
nervöses Hemd
Hemd 59.17
offenes Hemd
Hemd 59.17
onduliertes Hemd
Hemd 59.17
schmutziges Hemd
Hemd 59.17
Schweizer Hemd
Hemd 17.11
sie hat einen Bug im Hemd
Hemd 45.6
sie hat kein Hemd vorm Arsch
Hemd 26.25
unters Hemd jubeln
Hemd 59.17
weißes Hemd
Hemd 59.17
zerrissenes Hemd
Hemdabschneiden 48.12
Hemdbrust 59.17
kniefreie Hemdbrust
Hemdenmatz 18.3
Hemdenmatz 18.20
Dr. Hemdenmatz
Hemdhose 59.35
Hemdkleid 59.10
Hemdkragen 59.19
Hemdlaken 14.1
Hemdlenz 1.73
Hemdmanschetten 59.18
Hemdschilling 14.1, 48.9
Hemdspreizer 1.73, 55
Hemmschuh 70.17
Hemmschuh 80.84
den Hemmschuh vorlegen
Hemmschuh 64.18
seinen Gefühlen einen Hemmschuh anlegen
Hemmung 64.18
Hemmungen 64.18
Hemmungen überwinden
Hendlpecker 34.1
Hengert 14.29
Hengert 52
z' Hengert gehen
Hengertnacht 52
Hengst 4.10, 19.4, 26.37, 48.21
Hengst 35.7
den Hengst hinter den Wagen spannen
Hengst 8.22
durchgebrannter Hengst
Hengst 39.13, 64.21
lahmer Hengst
Hengst 6.3
rabiger Hengst
Hengsthoden 52.3
Hengstklöten 51.3
Hengstklöten 55
geile Hengstklöten
Hengstsamen 52.3
Henkel 1.39, 1.52, 1.73, 1.87, 2.5
Henkel 8.22
abgebrochener Henkel
Henkel 48.32
Gesangbuch mit Henkel
Henkel 60.3
Haushalt mit Henkel
henken 80.54, 80.81
Henker 80.83
Henkerschlinge 58.6
Henkersknecht 80.5
Henkersknoten 80.82
Henne 2.2, 14.48, 44.2, 48.2
Henne 17.23
elektrische Henne
Henne 6.2, 48.35
glatte Henne
Henne 4.9
scharfe Henne
Henri IV. 1.48
Hepfi 17.2
Hepfi 40.9
gravise Hepfi
Heppin 1.17
her 6.22
hin und her
herabsinken 49.5
zum Tier herabsinken
herausbilden 38.1
sich herausbilden
herausfallen 1.14
sie fällt aus den Kleidern
herausfuttern 1.20
sich herausfuttern
herausgehen 26.19, 64.18
aus sich herausgehen
herausgucken 61.4
er hat Fisch gegessen, die Gräten gucken raus
heraushaben 26.25
den Dreh heraushaben
herausholen 41.9
aus den Federn, dem Traumland, Bethlehem, Bettenhausen, Federhausen, Kissingen holen
herausriechen 1.71
aus der Vagina riechen
herausrücken 12.23
herausziehen 47.40
die Würmer aus der Nase ziehen
herausziehen 48.35
eine aus dem Verkehr ziehen
Herba hyoscami 50.13
Herberge 1.58
sie hat Holz vor der Herberge
Herbergsbonus 20.10
Herbergslupanar 48.25
Herbertstraße 48
Herbst 39
Herbst des Lebens
Herbstmarkt 41
Herd 41.1, 41.2
der eigene Herd
Herd 14.38
sich einen eigenen Herd gründen
Herde 48.35
meine Herde
hereinfunken 11.8
hergestellt 26.28
auf heißem Wege hergestellt, auf kaltem Wege hergestellt
Hering 26.25
Hering wässern
Heringsbändiger 1.15
Heringsdose 1.66, 34.6
Heringslake 53.8, 53.10, 53.17
Heringsschwanz 45.6
sie leckt an 'nem aufgehängten Heringsschwanz
Herkunft 40
Hermann Löns 59.9
Hermann-Löns-Gedächtnismantel
Hero 57
Herodes 1.83
Heroin 57, 57.6
Heroinist 57.3
heroinsüchtig 57.5
er ist heroinsüchtig
Herpes labialis 63.1
Herr 1.73, 29.10, 80.5
Herr 14.24
fester Herr
Herr 1.85, 35.10
Herr Braun
Herr 2.5
Herr der Schöpfung
Herr 48.4
Herr Fick, Herr Schwanz
Herr 63.1
Herr G., Herr T.
Herr 17.4
Herr Hoffmann, Herr Storch, Herr Dr. Hoffmann, Herr Dr. Storch
Herr 14.49
Herr im Haus
Herr 39.7
Herr in den besten Jahren, Herr mit grauen Schläfen

Herr 8.25, 13.9, 14.24, 14.63, 14.73
Herr mit Anhang
Herr 38.4
Herr mit Geheimratswinkeln, Herr Geheimrat
Herr 27.3, 38.4
Herr mit grauen Schläfen
Herr 35.12
Herrn Braun die Hand reichen
Herr 35.7
Herrn Braun füttern
Herr 35.18
Herrn Braun küssen, Herrn Schwarz küssen
Herr 25.4, 61.8
Herr Reibrat
Herr 35.10
Herr Schwarz
Herr 17.17
Herr Storch, Herr Dr. Storch
Herr 17.23
Herr Ungeduld
Herr 17.3
mein alter Herr
Herr 17.3
mein Herr Papa
Herr 8.15
mein Herr und Gebieter
Herr 41.13
möblierter Herr
Herr 52
Tag des Herrn
Herr 48.4
vorübergehender Herr
Herrche 40.10
Herrchen 34.1
Herren 2.7
die Herren der Schöpfung
Herrenanzug 59.12
Herrenart 80.2
Herrenbesuch 41.14
Herrenbrötchen 55.1
Herrenimitator 66.2
Herrenklub 29.8, 48.28
herrenlos 8.13
herrenloses Hündchen
Herrenmagazin 54.1
Herrenpartie 31.5, 53.6
Herrenschlafanzug 59.42
Herrenschlüpfer 59.34
Herrenschnitt 1.29
Herrenunterhose 59.34
Herrenwinker 1.29
Herrenzimmer 41.3
Herrgottsgabel 1.54
Herrin 80.4, 80.63
Herrin 80.4
strenge Herrin
herrisch 80.8
Herrle 40.10
Herrlichste 9.9
der Herrlichste von allen
Herrschaften 17.1
meine alten Herrschaften, meine hohen Herrschaften
Herrschaftseinfahrt 35.10
Herrschaftseingang 1.85, 29.10, 35.10
herrschsüchtig 14.50
herrschsüchtige Ehefrau
herunterrutschen 59.38
herunterrutschende Socken
herschwimmen 17.1
er ist nicht auf der Wassersuppe hergeschwommen
Herstellungsdatum 17.16
Herstellungskosten 15.6
Herstellungsort 17.19
herumbringen 12.19
herumführen 25.1
jemanden an der Nase herumführen
herumfummeln 26.5
herumhacken 49.9
auf jemand herumhacken
herumkommen 22.1
viel herumkommen
herumkriegen 12.19, 14.7
herumlaufen 59.7
halbnackt herumlaufen
herumschwänzeln 12.22
herumstreichen 48.5
Herumtreiberkamm 62.2
herunter 64.21
herunter sein
herunterputzen 49.9
jemanden herunterputzen
heruntergerutscht 59.20
heruntergerutschte Krawatte
hervorkehren 12.19
die Butterseite hervorkehren
Herz 1.58, 1.59, 37.5, 70.5
Herz 9.2
alle Herzen fliegen ihr zu, alle Herzen schlagen ihr entgegen
Herz 59.30
Alle Herzen schlagen höher im Uplift BH.
Herz 26.3, 37.5
am Herzen nagen
Herz 11.2
an gebrochenem Herzen sterben
Herz 26.9
auf Herz und Nieren prüfen
Herz 11
blutendes, gebrochenes, geknicktes, schweres, zerrissenes Herz
Herz 49.4
das Herz auf dem rechten Fleck haben
Herz 14.7, 46
das Herz ausschütten, das Herz öffnen
Herz 26.8
das Herz in die Hand nehmen, ans Herz rühren, sich ein Herz fassen
Herz 3.6
das Herz lacht ihm im Schwanz
Herz 26.10, 46
das Herz öffnen, dem Herzen Luft machen
Herz 3.6
das Herz schlägt ihm in den Eiern
Herz 59.30
das Herz schnürt sich einem zusammen
Herz 59.23
dem Herzen Luft machen
Herz 9
die Stimme des Herzens
Herz 8.1, 9.4, 6.19
ein Herz und eine Seele
Herz 59.30
er schneidet einem ins Herz
Herz 61
etwas auf dem Herzen haben
Herz 1.73
Faser des Herzens
Herz 9.1
für jemanden ein Herz haben
Herz 1.58
großes Herz
Herz 4.19
ihr fällt das Herz in die Schuhe (in die Haxen, in die Fotze, ins Loch)
Herz 59.30
ihr geht das Herz auf
Herz 11.1
jemandem das Herz schwer machen, jemandem das Herz im Leibe umdrehen, jemandem das Herz brechen, jemandem das Herz zerreißen
Herz 9.3
jemandem sein Herz schenken, sein Herz an jemanden verlieren, jemandem ans Herz wachsen, jemanden ins Herz schließen
Herz 9.1
jemanden im Herzen tragen
Herz 59.30
kein Herz im Leibe haben
Herz 59.10
mit offenem Herzen
Herz 59.9
Nerz fürs Herz

Herz 59.10
offenes Herz
Herz 51.3, 63.13
Schwester fürs Herz
Herz 72.11
seinem Herzen Luft machen
Herz 9
sein Herz für jemanden entdecken, jemandem sein Herz öffnen, jemandem sein Herz schenken, jemandem ans Herz wachsen, jemanden ins Herz schließen, jemanden im Herzen tragen, für jemanden ein Herz haben, sein Herz verlieren, nach dem Herzen handeln, von Herzen kommen, von ganzem Herzen, im Grunde des Herzens
Herz 61.1
sich das Herz erleichtern
Herz 37.5
sie auf Herz und Nieren prüfen
Herz 1.58
sie hat ein großes Herz, sie hat viel Herz, das Herz hüpft ihr vor Freude
Herz 4.11
sie hat ein Herz wie Butter
Herz 59.10
sie macht aus ihrem Herzen keine Mördergrube
Herz 59.10
sie öffnet ihren Freunden gern ihr ganzes Herz
Herz 7.11
sie sind ein Herz und eine Seele
Herz 17.11
sie trägt was unterm Herzen
Herz 59.10
sie zeigt viel Herz
Herz 72.21
Stich mich mal Papier durchs Herz!
Herz 72.21
Tür mit Herz
Herz 59.10
weites Herz
Herzbändel 12.20
Herzbluten 11.2
Herzbluten haben
Herzbriefkasten 3.9
Herzbua 48.21
Herzbua 48.21
mein Herzbua
Herzchen 12.20
Herzeleid 11
Herzen 12.19
Herzen brechen, Herzen im Sturm erobern, Herzen auf die Sanfte massieren, Herzen auf langsamer Flamme garkochen
Herzen 53.3, 55.11
Klub der einsamen Herzen
Herzen 80.61
zwei Herzen und ein Schlag
Herzensfreund 37.1
Herzensfreundschaft 37
Herzensliebe 37
Herzenslust 37
Herzjesusbinkerl 1.58
Herzkammer 72.12
Herzklappe 9.9
Herzknacks 11
Herzkrankheit 9
Herzschwäche 9
Herzvater 48.21
Herzverpflanzung 9
heschpen 14.38
Heschpete 14.40
heterosexuell 30.8
heterosexuelle Frau
Heterosexueller 29.10
Hetschenwaberl 17.18
Hettling 80.40
hetzen 1.49, 36.4
durch die Kehle hetzen
Hetztag 41
Heu 57
Heu 45.5
er hat das Heu in der Scheune
Heuboden 57.6
Heuchler 49.7
heuchlerisch 49.3
Heuergangszeit 41
Heuertag 41
Heugeige 1.14
Heulbesen 62.2
Heulboje 4.20, 11.16, 54.8
heulen 11.15
heulen 11.14
das heulende Elend
heulen 11.15
wie ein Schloßhund heulen
Heulermännlein 82.8
Heulliese 11.16
Heulpeter 11.17
Heulsuse 11.16, 54.8
Heumäher 61.3, 61.4
heurig 19.1
heurig 19.4
heuriger Hase
heurig 19.2, 28.4
heuriges Häschen
Hexe 12.20, 50.14
Hexenbad 50.13, 80.31
Hexenblut 50.13
Hexenfett 50.13
Hexenglaube 50.13
Hexenhammer 14.53
Hexenkind 82.7
Hexenkraut 16.1, 52.2, 52.8
Hexenmal 50.13, 80.39
Hexenmeister 50.15
Hexenmilch 50.13
Hexenritt 64.23
Hexensabbat 50.13
Hexensalbe 50.13, 52.2
Hexenschmalz 50.13
Hexenwagen 50.13
Hiebe 80.61
hierher 26.22
Er steht mir bis hierher!
Hiesel 61
hieseln 61
sich hieseln
high 57.1
Hildegard 1.66
Hilenk 14.33
Hilfe 13.6, 22.13, 48.28
Hilfe für Entwicklungsländer
Hilfsbatterie 8.10
Hilfskraft 8.23
Hilftag 45
Maria Hilftag
Hillich 14.33
Himbeerbubis 29.3, 51.2
Himbeerheini 4.7, 6.15, 19.4
Himbeersaft 1.25, 78.3, 79.2
Himbeersaft 55
Vanillepudding mit Himbeersaft
Himbeerzunge 1.45
Himmel 26.30, 50.2
Himmel 80.13
die Engel im Himmel pfeifen hören
Himmel 26.16, 26.30, 29.6
den Himmel offen sehen
Himmel 26.30
den Himmel voller Geigen sehen
Himmel 50.2
der Himmel hängt voller Geigen, der siebente Himmel
Himmel 9
der siebente Himmel, der Himmel voller Geigen
Himmel 9.11
er hört die Engel im Himmel pfeifen
Himmel 35.22
Himmel, Arsch und Wolkenbruch!
Himmel 1.66
Himmel voller Geigen
Himmel 59.26
offener Himmel
Himmel 26.27
Stoß im Himmel
Himmel 62.12
zum Himmel stinken
Himmelfahrtsnase 1.40
Himmelfahrtsschaffnerin 51.3, 63.13
Himmelfahrtsschlips 59.20
Himmelhenne 50.8
himmeln 1.38, 9.13

Himmelsleiter 59.38, 80.82
Himmelspächter 49.10
Himmelsparterre 41.2
Himmelstoß 26.27
Himmelstüte 80.79
Himmelszicke 50.9
Himmlerharem 51.2
hin 9.4
hin 35.22
es ist hin
hin 64.21
hin sein
hin 6.22
hin und her
hinaushängen 67.3
die Fahne hinaushängen
Hindenburgtorte 77
Hindenburgtorte mit Sahne
Hindernisrennen 64.18
für den Gehemmten ist das ganze Leben ein einziges Hindernisrennen
Hindernisse 64.17
Hindernisse aus dem Weg räumen
hineinhängen 26.25
den Paßmann (das Vordergeschirr) hineinhängen
hineinhängen 26.25
einer einen hineinhängen
Hinfälligkeit 64.19
hingeben 26.26
sich koitieren lassen, sich hingeben
Hingelte 14.29, 52
hingerissen 9.3
er ist hingerissen und weggeschleppt
hingerissen 9.4
hingerissen und weggeschleppt
hinhalten 12.30, 26.26
Hinhorche 80.61
hinkend 47.9
hinkende Ehe
hinkriegen 12.19, 26.40
hinlegen 53.7
einen Stepp hinlegen
hinrichten 80.54
Hintansetzung 35.1
Hintansetzung des eigenen Vorteils
hinten 35.7
eins hinten reinkriegen
hinten 35.7
hinten anbohren (anzapfen, auffüllen, aufstemmen, ausbürsten, ausfegen, aushobeln, ausputzen, ausraspeln, ausrebeln, ausspritzen, bügeln, durchspülen, einmarschieren, reinkriechen, schmieren, spachteln)
hinten 59.6
vorne Museum, hinten Lyzeum
hintenrum 1.85, 49.3
hintenrum 29.6
hintenrum verkehren
hintenrum 11.19
sich hintenrum empfehlen
hinter 12.41
die große Zukunft schon hinter sich haben
hinter den Ohren haben 22.3
es dick (faustdick, knüppeldick) hinter den Ohren haben
hinter her sein 12.14
hinter jemandem her sein
Hinterbacken 1.84
Hinterbeine 35.7
sich auf die Hinterbeine stellen
Hinterbliebene 35.4
das Hinterbliebene
Hinterbliebenes 72.4
Hinterdeck 26.30
vom Hinterdeck
hinterfötzig 49.3
Hintergarten 1.30
Bubikopf mit Hintergarten
Hintergaumen 1.49, 35.21, 76.3
Hintergedanke 35.10
Hintergeschirr 59.27
Hintergestell 1.83
hintergießen 35.7
hintergießen 35.7
ein Achterl hintergießen
Hinterglied 1.73, 29.10, 35.10
hintergründig 35.2
Hinterhaupt 35.16
Hinterhaus 1.85, 29.10, 35.10
Hinterhaus 35.7
das Hinterhaus ausfegen (bohnern, streichen)
Hinterhaus 35.12
das Hinterhaus durchsuchen
Hinterhaus 35.18
das Hinterhaus lackieren
Hinterkammer 1.85, 29.10, 35.10
Hinterkammer 35.7
die Hinterkammer ausbürsten (ausfegen, bohnern, streichen)
Hinterkammer 35.18
die Hinterkammer ausputzen
Hinterkammer 35.12
die Hinterkammer wichsen
Hinterkastell 1.83
Hinterkasten 1.83
Hinterklappe 18.15
Kinderhöschen mit Hinterklappe
Hinterkuhdreckshausen 53.8
Hinterlader 18.15, 26.30, 29.3, 29.9, 35.4, 35.6, 35.9, 48.4, 51.3
Hinterladerei 29.1
Hinterlassenschaft 35.4, 72.4
Hinterlecker 35.21, 76.3
Hinterlegung 72.4
Hinterlist 29.1, 35, 35.1
Hintermann 29.3, 35.5
Hintern 1.83
Hintern 80.58
eins auf den Hintern geben
Hintern 35.8, 35.10
Hummeln im Hintern
Hintern 35.7
in den Hintern kriechen
Hintern 18.7
noch das Wiegenstroh am Hintern haben
Hinternlecker 45
Hinterpimpelsheim 53.8
Hinterputzer 35.5
Hinterquartier 1.83
Hinterreifen 1.84
Hinterreifen 70.4, 72.5
die Hinterreifen besichtigen
Hinterreifen 35.7
die Hinterreifen auf Druck bringen (aufpumpen, vollmachen)
hinterrücks 1.85
Hintersaß 29.3, 35.5
Hintersasse 35.5, 80.7
hinterschlucken 35.18
Hinterspänner 29.9, 35.9, 48.4
Hinterster 1.83
der Hinterste
Hintersteven 1.83
Hintertasche 35.7
die Hintertasche ausbürsten
Hintertreffen 35.7
ins Hintertreffen geraten
Hintertreppe 1.82, 35.22
Hintertür 1.85, 29.10, 35.10
Hintertür 35.7
die Hintertür auflassen (aufmachen, offenlassen)
Hintertür 35.7
die Hintertür ausheben
Hintertür 35.18
die Hintertür schmieren
Hintertür 35.7
durch die Hintertür einmarschieren (reingehen, reinkommen), die Hintertür lackieren (polieren, schmieren)
Hintertürchen 35.7
es durchs Hintertürchen

versuchen
Hintertürchen 1.85
Hinterviertel 1.83
Hinterwald 1.83
Hinterwäldler 12.43, 29.3, 35.5
hinterziehen 48.7
die Vergnügungs-steuer hinterziehen
Hinterzimmer 35.10
Hinterzimmer 35.12
das Hinterzimmer schrubben
Hinüberschreiten 14.1
Hinzenmännchen 82.8
Hippe 2.2
Hippie 38.4
Senior-Hippie
Hippiekapuze 1.29
Hirn 1.35
Hirnkasten 1.34
Hirnklempner 64.4
Hirnschale 1.34
Hirnschuster 64.4
Hirnspengler 64.4
Hirntischler 64.4
Hirnwerkstatt 64.3
Hirsch 2.5, 6.3, 14.61, 19.4
Hirsch 4.3
rascher Hirsch
Hirsch 6.3
bombiger Hirsch
Hirschbrunst 52.2, 52.3
Hirschgeröhre 26.32, 69.1
Hirschgulden 47.21, 54.2
Hirschjäger 59.7
Hirschpark 41.2, 41.3, 41.22
Hirschpilz 52.2, 52.3
Hirschtrüffel 52.2, 52.3
Hirt 48.21, 80.40, 80.48
Hirtenflöte 1.73, 19.10, 28.4, 28.9, 29.10, 36.12, 44.1, 54.8
Hirtenflöte 36.4
Hirtenflöte blasen
Hirtling 80.40, 80.48
hissen 26.19
die Fahne hissen
hissen 64.19
die Fahne nicht hissen können
Hitler 1.48, 51.2
Hitleranhänger 51.2
Hitlerbremse 51.2
Hitlerjunge 51.2
Hitlerschnitt 51.2
Hitlerstrahl 51.2
Hitzableiter 8.15, 14.48, 14.49, 26.1, 26.2, 48.2, 48.4, 59.13
Hitzableiterin 9.8
Hitze 3.5
Hitze 4.8
in der Hitze
Hitze 3.6
in der Hitze sein
Hitze 70.6
Limburger Hitze
Hitzeableiterin 8.2
hitzebeständig 10.1
hitzig 3.6, 4.8
Hiwwel 70.1
Höbbel 34.4
Hobel 1.73
Hobel 36.4
den Hobel ausblasen
Hobel 64.21
stumpfer Hobel
Hobelbank 14.42, 25.8, 41.5
Hobelhengst 4.10, 26.37, 48.4, 48.21, 80.64
hobeln 24.1, 25.1, 26.25, 80.58
hobeln 17.27
Wo gehobelt wird, fallen Späne.
Hobelspäne 15.2, 18.5
Hobler 26.27
Hobler 26.25
einen Hobler machen
hoch 59.40
Damenschuhe mit extra hohen Absätzen für Schuhfetischisten
hoch 59.40
Damenschuhe mit hohen Absätzen
hoch 31.5
drei Mann hoch, vier Mann hoch
hoch 59.40
extra hohe Damenstiefel für Schuhfetischisten
hoch 9.2
hoch im Kurs stehen
hoch 38.2
hoch in den 29
hoch 59.40
hohe Absätze
hoch 59.7
hoher Damenhut ohne Krempe
hoch 59.7
hoher Damenstrohhut
hoch 73.13
hoher Wasserfall
hoch 9.11
hohe Verdichtung, hoher Wellengang
hoch!
Kopf hoch! Alle Mann hoch!
hoch 17.1
meine hohen Herr-schaften
hoch 26.39
Stör jetzt die Meiers nicht, die sind auf hoher See!
Hochbau 26.5, 29, 29.7, 36.9
Hoch- und Tiefbau
Hocher 48.10
hochgehen 47.40
hochgehen 7.9
einen Schwanz hoch-gehen lassen
hochgehen 47.40
hochgehen lassen
hochgehen 26.22
Ich denke, mir geht der Hut hoch!
hochgehen 48.5
seinen Typ hochgehen lassen
hochgerutscht 59.20
hochgerutschte Krawatte
Hochhaus 48.29
Hochhaus der Liebe
Hochheimer 26.22
Hochhuth 8.23
Hochin 44.2
hochkommen 6.4
da kommt einem der Konfirmationskaffee hoch
Hochmutter 52.6
hochnehmen 47.4, 47.40, 80.20
hochnehmen 48.35
eine hochnehmen
hochnehmen 80.11
sich hochnehmen lassen
Hochnehmer 47.4
Hochrelief 26.30, 54.2
hochschwanger 41.4
hochschwangere Möbel
Hochsitz 72.14, 72.16
Hochspannung 6
Hochspannungsmast 1.73
Hochspannungsmast 26.25
den Hochspannungsmast anzapfen
Hochtouren 48.5
auf Hochtouren laufen
Hochtouren 46.1
ihr Maul läuft auf Hochtouren
hochtragen 26.20
die Nase hochtragen
Hoch- und Tiefbau 63.12
Facharzt für Hoch- und Tiefbau
Hochvater 52.6
Hochwasser 3.5
Hochwasser 59
Hochwasser haben
Hochwasser 59
vom Hochwasser an-genagt
Hochwasseranzug 59.12
Hochwasserärmel 59.14
Hochwasserbadehose 59.43
Hochwasserbluse 59.23
Hochwasserhöschen 59.35
Hochwasserhose 59.26
Hochwasserhut 59.7
Hochwasserjacke 59.13
Hochwasserkähne 59.40
Hochwasserkleid 59.10
Hochwasserkutte 59.9
Hochwasserpulli 59.16
Hochwasserrock 59.25
Hochwasserstaude 59.17
Hochwasserweste 59.15
Hochzeit 14.40
Hochzeit 13.2, 31.4
auf zwei Hochzeiten tanzen
Hochzeit 31.3

eingefleischt wie auf Matzens Hochzeit
Hochzeit 14.44
Festlichkeiten am Tage nach der Hochzeit
Hochzeit 18.16, 35.23, 53.5
Persische Hochzeit
Hochzeit 14.57
silberne, goldene, diamantene, eiserne Hochzeit
Hochzeit 14.44
Tag nach der Hochzeit
Hochzeit 29.7
wälsche Hochzeit
Hochzeitsaltar 14.40
Hochzeitsbad 14.41
Hochzeitsbandage 59.12
Hochzeitsbitter 14.41
Hochzeitsfeier 14.41, 14.43, 14.44
Hochzeitsgebet 14.41
Hochzeitsgebräuche 14.41
Hochzeitsgürtel 14.41
Hochzeitsjubiläum 14.57
Hochzeitskleid 14.37
Hochzeitsknecht 14.41
Hochzeitskranz 14.41
Hochzeitskrone 14.41
Hochzeitskutsche 14.41
Hochzeitslader 14.41
Hochzeitsmagd 14.41
Hochzeitsmahl 14.41
Hochzeitsmann 14.6
Hochzeitsmünze 14.41
Hochzeitsnacht 14.43
Hochzeitsnacht 49.15
bei mir Hochzeitsnacht
Hochzeitsrede 14.41
Hochzeitsriten 14.41
Hochzeitssitten 14.41
Hochzeitsspieß 14.41
Hochzeitsstrumpf 14.41
Hochzeitstag 14.40
Hochzeitstanz 14.41
Hochzeitstopf 72.13
hochziehen 26.18
den Vorhang zum Lustspielhaus hochziehen
hochziehen 61.1
die Gesichtszüge hochziehen
hochziehen 41.8
die Läden hochziehen
Hock 59.7
Hockbrille 72.17
hocken 26.30
hinterm Ofen hocken
Höcker 1.56
Hockergrab 62.5
germanisches Hockergrab
Hockermensch 48.2
Hockersteuer 72.22
Hoden 1.77, 25.8, 36.12, 51.3, 73.13
Hoden 36.4
die Hoden lecken
Hoden 80.69
die Hoden quetschen
Hoden 1.77
Hoden bei der Masturbation
Hoden 1.77
Hoden im oralerotischen Sprachgebrauch
Hoden 1.77
Hoden im urophilen Sprachgebrauch
Hoden 35.22, 51.3, 55
Hoden in Scheiße
Hoden 36.4
Hoden schlürfen
Hoden 1.77
mit den Hoden spielen
Hodenlecken 36.1
Hodenlecker 36.2
Hodenleckerin 36.3
Hodenlikör 55
hodenquetschen 26.33
Hodensack 51.2, 51.3, 54.8
Hodenschaukel 1.76, 59.34
Hodentanz 63.1
Hoeldag 41
Hof 12.22, 14.7
den Hof machen
Hofburg 72.12
Hofdamenkäse 55
Hoffmann 17.4
Herr Hoffmann, Herr Dr. Hoffmann
Hoffmannstropfen 17.9
Hoffmannstropfen trinken
Hoffmannstropfen 17.11
sie hat Hoffmannstropfen getrunken
Hoffnung 17.10
guter Hoffnung
Höflichkeitsgemüse 12.24
Hofmeister 49.11
Hofmeister 49.9
den Hofmeister spielen
hofmeistern 49.9
jemanden hofmeistern
Hofratsecken 1.30, 1.34
Hofratswinkel 1.34
Hofsängerin 54.8
Hoftrauer 1.55, 62.13, 71.2
Höh' 17.10
in der Höh'
Höhe 26.20, 26.35
auf der Höhe sein
Höhe 26.19, 26.25
in die Höhe gehen
Höhe 64.19
nicht auf der Höhe sein
Höhe 17.11
sie geht in die Höhe
höher 20.3, 48.2
höhere Tochter
hohl 64.23
hohler Zahn
hohl 25.5
in die hohle Hand
Hohlarsch 35.22
Höhle 1.66, 1.85, 41.2, 41.3, 53.4, 53.7, 55.11
Höhle 41.3
Höhle mit Wasserspülung
Höhle 29.8, 30.6
schwule Höhle
Höhle 29.8, 30.6
warme Höhle
höhlen 25.8
steter Tropfen höhlt das Bein
Höhlenblasius 35.16, 36.6
Höhlenbraut 53.7
Höhlenfee 35.17
Höhlenforscher 29.3, 35.5, 35.16, 36.6, 48.10, 63.12
Höhlenforscherin 35.17, 36.7
Höhlenforschung 29.7, 30.5, 35.4, 35.15, 36.5
Höhlenjäger 53.7
Hohlflöte 1.73, 29.10, 36.12, 54.8
Hohlflöte 36.4
Hohlflöte blasen
Hohlflöte 24.1, 25.1
Hohlflöte spielen
Hohlflötenspieler 24.3, 25.4
Höhligen 50.1
Hohlsaum 26.12, 59.10
unten nichts, oben nichts und in der Mitte Hohlsaum
Hohlweg 1.66
Hoige 80.61
Hölcherling 1.87
holen 26.25
einen Rührer holen
holen 23.6
sich einen blutigen Kopf holen
holen 63.4
sich etwas holen, sich die Musik holen, sich die Trompeten holen, sich die Janitscharenmusik holen, sich die Türkenmusik holen
holen 80.20
sich jemanden holen
Holle 59.40
Holle 52.7
Frau Holle
Hölle 50.12
Hölle 80.20
jemandem die Hölle heiß machen
Hölle 23
rote Hölle
Hölle 23.2
Sie ist in der roten Hölle.
Hollenbad 52.4
Höllenbrut 82.7
Höllenfahrt 64.23
Höllenfürst 50.11
Hollenmännchen 82.8
Hollenteich 17.22, 52.4
Hollerithhaus 48.25
Holliowend 41

Hölsgesmarkt 41
holten 72.5
Holz 1.73
Holz 4.5
aus Holz
Holz 3.7
aus Holz sein
Holz 37.4
Holz hacken
Holz 37.4
ins Holz fahren
Holz 1.58
sie hat Holz vor der Herberge, vor dem Haus, vor der Hütte, an der Wand
Holzanzug 59.12
Holzasche 80.62
Holzarbeit 48
holzen 80.58
Holzer 48.4, 80.64, 80.94
Holzessig 16.8
Holzessig 4.8
scharf wie Holzessig
Holzhammer 57
Holzhammerwerk 64.2
Holzkiste 47.29
Holzkohlegrill 9.11
vom Holzkohlegrill
Holzkorken 59.40
Holzmadl 48.2, 80.94
Holzpantinen 59.40
Holzverkehr 26, 41.24
Holzschuhe 59.40
Holzwurm 39.5, 39.13
Holzwurm-Dompteur
Homburg 59.7
Homerl 29.3
homo 29.4
Homo 30.2
die Homo
Homodrall 3.3
Homofotze 1.85, 29.10, 35.10
Homofotze 35.18
die Homofotze auslecken
Homokrat 29.3
Homosexualität 29
Homosexualität 29.1
männliche Homosexualität
homosexuell 29.4, 51.2
homosexuell 29.5
homosexuell bleiben
homosexuell 29.7
homosexuelle Ehe
homosexuell 29.7
homosexuelle Orgie
homosexuell 29.9
homosexuelle Prostitution
homosexuell 13.9, 20.12
homosexueller Gönner
homosexuell 29.7
homosexueller Verkehr
homosexuell 29.6
homosexuell verkehren
homosexuell 29.5
homosexuell werden
homosexuell 59.26
Vorsicht vor einer aggressiven Frau oder einem homosexuellen Mann
Homosexuelle 29.2
die Homosexuellen
Homosexuellen-Bordell 29.9
Homosexuellen-Lokal 29.8
Homosexuellen-Treffpunkt 29.8
Homosexueller 29.3
Honig 1.70, 1.78, 30.8, 35.21, 36.12, 72.3, 72.4, 76.3, 78.7
Honig 107
aus allen Blüten Honig saugen
Honig 76.2
am türkischen Honig naschen
Honig 36.8
aus der Blüte Honig saugen
Honig 1.66, 1.85, 35.21, 36.12
Land wo Milch und Honig fließt
Honig 36.4
jemandem Honig um den Mund schmieren
Honig 36.4, 36.8
jemandem Honig ums Maul schmieren
Honig 35.18, 36.4, 36.8
jemandem Honig füttern
Honig 77
Runksen mit Honig
Honig 1.78, 30.8, 35.21, 36.12, 72.3, 72.4, 76.3, 78.3
türkischer Honig
Honigbiene 35.17, 36.3, 36.7, 72.1
Honigblüte 1.66, 36.12
Honigbrot 77
Honigkuchenpferd 21.12
Honiglecken 35.15
Honigsaugen 35.15, 35.18, 36.1, 36.5
Honigsauger 29.3, 35.16, 36.2, 36.6
Honigschmierer 72.2
Honkel 1.54
Honorarjungfrau 48.2
Hontz 2.5a
Honz 19.4
Honzchen 18.3
Hopf 17.3
Hopf 40.10
graviser Hopf
Hopfenstange 1.15
hoppgehen 47.40, 48.35
Hoppmädchen 48.2
hoppnehmen 47.4, 47.40
hops 17.10
hopsen 26.25
Hopser 26.27
Hopser 26.25
einen Hopser machen
hopsgehen 47.40
hopsnehmen 47.40
Horbel 80.61
horchen 41.7
an der Matratze horchen
Horcher 1.39
Horchlappen 1.39
Horchlöffel 1.39
Horchmichel 69.2
hören 21.3
die Glocken läuten hören
hörig 64.24, 80.9
hörig 80.10
hörig machen
hörig 80.11
sich hörig machen
Hörigkeit 64.24, 80.3
Horizont 1.66
Horizont 25.1
einer den Horizont erweitern
Horizont 25
Erweiterung des Horizonts
Horizont 1.86, 70.6
Silberstreifen am Horizont
horizontal 26.30
auf horizontaler Kampfebene
horizontal 48
horizontaler Finanzausgleich, horizontales Gewerbe
horizontal 48.2
horizontal Erwerbstätige, horizontale Dame
horizontal 48.4
horizontal Erwerbstätiger, Gewerbetreibender
horizontal 48.2, 51.1
horizontales Gretchen
horizontal 26.17, 41.6
sich auf horizontale Kampfebene begeben
horizontal 26.10
sich in horizontale Berufskluft schmeißen
horizontal 12.39
Untalent auf der horizontalen Ebene
Horizontale 26.27, 41.5, 48.2
Horizontale 26.17, 26.25, 26.27, 41.6, 48.5
in die Horizontale gehen
Horizontaler 48.4
Horizontalgewerbler 48.4
Horizontalgewerblerin 48.2
horizontalgewerblich 26.11
horizontalgewerbliche Berufskleidung
Hörling 1.39

hormonal 16.1
hormonale Verhütungsmittel
Hörmuschel 69.3
Horn 1.73
Horn 14.59, 31.4, 36.12
ins gleiche Horn stoßen
Horn 36.4, 54.8
ins Horn stoßen
Horn 63.4
sich das Horn verknacksen
Hornbläser 36.2
Hornbläserin 36.3
hornblöde 21.9
hornblöde 5.3
der ist hornblöde
Hornbrille 72.17
horndoof 21.9
horndoof 5.3
der ist horndoof
Hörner 14.61
die Hörner weisen
Hörner 29.6
einem Hörner aufstecken
Hörner 14.59
jemandem Hörner aufsetzen
Hörner 22.1
sich die Hörner abstoßen
Hörner 22.7
sich die Hörner noch nicht abgestoßen haben
Hörner 1.14
sie kann einen Bock zwischen die Hörner küssen
Hornfisch 26.22
Hornhaut 1.23
Hornisse 6.17, 80.42
Hornist 54.8
Hornist 24.3
Englischer Hornist
Hornspieler 25.4
Englischer Hornspieler
Horse 57
horsten 41
Höschen 59.11
textilarme, textilfeindliche Höschen
Höschen 59.35
textilfeindliches Höschen
Hose 35.22, 59.26, 70.3, 70.4
Hose 59.26
auf die Haut gespritzte Hosen
Hose 11.15
Da bleibt keine Hose tränenleer.
Hose 39.3
der Kalk rieselt aus der Hose
Hose 59.26
Dreiviertel-Hose
Hose 59.26
Emmentaler Hose
Hose 59.26
enge Hose
Hose 72.7
er kann nicht aus der Hose
Hose 59.26
freche Hosen
Hose 59.26
futteralenge Hosen
Hose 4.19
hat die Hosen voll
Hose 59.26
Hose mit Dauerwellen
Hose 59.26
Hose mit Knöpfen
Hose 59.26
Hose mit Reißverschluß
Hose 59.26
kurze Hose
Hose 35.22, 59.26
Loch in der Hose
Hose 59.26
maßgeschneiderte Hose
Hose 59.26
messerscharfe Hosen
Hose 59.26
offene Hose
Hose 59.26
ondulierte Hose
Hose 59.42
Schlafanzug mit kurzen Hosen
Hose 59.26
schwarz-weiß gestreifte Hose
Hose 59.26
Schweizer Hose
Hose 1.33
So 'n Gesicht gehört in die Hose.
Wenn ich so 'ne Fresse hätte, würd ich meine Hose drüberziehn.
Hose 59.26
ungebügelte Hose
Hose 59.26
unterhalb des Knies weiter werdende Hose
Hose 59.26
weiße Hose
Hose 59.26
weite Hose
Hose 59.26
zerrissene Hose
Hose 59.26
zu kurze Hosen tragen
Hose 59.26
zu kurz gewordene Hose
Hosen 2.7
alles, was Hosen anhat
Hosen 80.48
die Hosen abknüpfen, die Hosen spannen, die Hosen strammziehen
Hosen 14.52
die Hosen anhaben
Hosen 26.10
die Hosen aufknöpfen
Hosen 72.5
die Hosen umdrehen
Hosen 14.51
Dienstmädchen in Hosen
Hosen 35.22
er hat die Hosen voll
Hosen 72.6
er hat in die Hosen gemacht
Hosen 59.6
seine Hosen hängen auf Halbmast
Hosen 64.13
sich vor jedem Schwanz in die Hosen machen
Hosenbein 59.26
Hosenboden 59.26
Hosenboden 80.58
eins auf den Hosenboden geben
Hosenboden 59.26
Hosenboden der Skihose
Hosenboden 59.26
Kotfleck auf dem Hosenboden
Hoseninneres 59.26
das Hoseninnere
Hosenkatarrh 63.1
Hosenknopf 59.3, 59.26
Hosenknöpfe 45.1
Hosenkostüm 59.11
Hosenladen 59.26
Hosenlatz 59.26
Hosenmatz 18.3
Hosenmatz 18.20
Dr. Hosenmatz
Hosennieten 59.11
Nietenhosen für Hosennieten
Hosenrolle 54.6
Hosenscheißer 4.21, 19.4, 35.22
Hosenscheißerl 18.3
Hosenschleicher 72.10
Hosenschlitz 59.26
Hosenschlitz 59.26
Hosenschlitz mit Reißverschluß
Hosenschlitz 45.5
ihm blinzelt (kiekt, sieht) der Zimt aus dem Hosenschlitz
Hosenstallknecht 63.12
Hosentasche 25.8, 59.26
Hosentasche 59.26
er hat die Hände in den Hosentaschen
Hosentasche 59.26
Hosentasche mit Loch zur Selbstbefriedigung
Hosenträger 14.50, 59.27
Hosespannes 80.61
Hosiannahelm 58.9
Hospital 63.14
Hospital für Haut und Fotze
Hospital 63.14
Hospital für Haut und Liebe
Hospitalfee 63.13
Hospitalmaus 63.13

Hospitalmieze 63.13
Hospitalschnecke 63.13
Hospitalschreck 63.13
Hotel 41.21, 48.25
Hotel 64.2
Hotel zum schwachen Geist
Hotel 48.25
Hotel zur Eisenbahn
Hotel 53.16
Hotel zur sündigen Wiese
Hotelangestellte 41.20
Hotelführer 53.16
Freiluft-Hotelführer
Hotelpage 41.20
Hotelportier 41.20
Hotelratte 48.2
Hotelwanze 48.2
hotschen 41.10
aus der Fede hotschen
hotschen 26.17, 26.25, 41.6
in die Fede hotschen
hott 26.30
von hott
Hottentottenschürze 1.67, 46.4, 53.14
Hottentottenvenus 1.17, 1.83
Hotze 18.11
hü 26.30
von hü
Huadergesellen 71.3
Huber 48.2
Frau Huber
hübsch 2.2
hübsches Ding
hübsch 12.4
sich hübsch finden
Hübschlerin 48.2
Hübschling 1.6
Hucke 1.57
Hucke 80.58
die Hucke vollhauen
Huckebein 12.43
Hans Huckebein
Huckup 82.5
Hudelmetz 48.2, 62.13, 71.1
Huf 1.87
Hufeisen 17.8, 17.9, 26.25
ein Hufeisen verlieren
Hufeisen 17.11
sie hat ein Hufeisen verloren, er hat ein Hufeisen bei ihr verloren
Hufeisen 15.2
verlorenes Hufeisen
hufkrank 1.86
er ist hufkrank
Hufschmied 17.4
Hüftbeckenbariton 54.8
Hüftbeckengenie 29.9, 35.6, 35.9, 48.4, 54.8
Hüfte 1.61
Hüfte 59.10
kniefrei bis zur Hüfte
Hüfte 59
kniefrei bis zur Hüfte gehen
Hüftenbändiger 59.31, 59.32, 70.17
Hüftenformer 59.31, 59.32
Hüftenschlanker 59.31, 59.32
Hüftenschwenker 29.3, 29.9, 35.6, 35.9, 48.4
Hüftenwackler 29.3, 29.9, 35.6, 35.9, 48.4
Hüftgürtel 59.32, 70.17
Hüfthalter 59.28, 59.32
Hüftkissen 59.29
Hüftroller 29.9, 35.6, 35.9, 48.4, 54.8
Hüftschwenker 54.8
Hüftverrenker 54.8
Hüftwackler 54.8
Hügel 1.58, 70.5
Hügel 37.4
die Hügel pflügen, die Hügel roden
Hügelbügel 59.30
Hügeldepot 1.58, 1.66, 1.85, 29.10, 35.10, 70.5
Hügeldepot 35.7
das Hügeldepot anzapfen (ausloten, erkunden)
Hügeldepot 37.4
das Hügeldepot ausloten
Hügeldepot 35.9, 48.5
das Hügeldepot auswerten
Hügeldepot 35.12
im Hügeldepot buddeln
Hugo 1.73, 80.61
Hugo 26.25
den Hugo ausschleimen
Hugo 26.25
den Hugo singen lassen
Hugo 1.73, 29.10
Freund Hugo
Hugo 16.2
Hugo Leichtsinn
Huhn 34.4
Huhn 2.2
dummes, leichtsinniges, verrücktes H.
Huhn 17.27
Gib dem Huhn vorn ein Korn, kommt hinten ein Ei raus.
Huhn 64.17
Huhn im Beutel
Huhn 29.8
Huhn-Lokal
Hühner 29.10
mit den Hühnern schlafen gehen
Hühnerauge 1.87
Hühneraugen 55
geschmorte Hühneraugen
Hühneraugenweide 53.17
Hühnerbrust 1.50
Hühnerficker 34.1
Hühnerhaus 20.2, 41.22, 48.25, 48.29
Hühnerhof 59.7
Hühnerhof auf Beinen
Hühnerkorb 20.2, 30.6, 41.22, 48.25, 48.29, 59.25
Hühnerleiter 59.38
Hühnerlollo 1.14, 1.58
Hühnerlollos 1.58
Hühnerobst 1.77, 36.12
Hühnerstall 20.2, 30.6, 41.22, 48.25, 48.29
Hühnerstange 48.25, 72.15
hui 59.6
außen hui, innen pfui
hui 64.17
oben hui und unten pfui sagen
Hulda 2.2a, 41.19, 48.2
Huldin 82.4
Hülle 59.30
Hülle und Fülle
Hüllenhose 59.35
Hüllenhosen 59.36
Hülse 1.73, 16.1, 41.5, 59.7, 59.10, 59.12
Hülse 59.11
Après-Ski-Hülse
Hülsen 59.40
Hülsenreißer 16.1
Hummel 1.66, 3.5, 20.4, 34.6
Hummel 2.2
flotte, kesse, wilde Hummel
Hummeln 35.8, 35.10
Hummeln im Hintern
Humpelkleid 59.10
Humpelrock 59.25
Humse 1.66, 2.2, 48.2
Humsen 1.67, 2.2, 48.2
Humsendrücker 48.10, 63.12
Humsenhoblerei 63.14
Humsenrichter 63.12
Humsenschusterei 63.14
Humsenspenglerei 63.14
Humsenspritzer 26.27
Humsentischlerei 63.14
Hündchen 8.13
herrenloses Hündchen
Hund 80.86
Hund 55
kastrierter Hund
Hund 55
kupierter Hund
Hund 7.12
sie sind wie Hund und Katze
Hund 55
toter Hund
Hunde 5.3
Der ist so blöd, daß ihn die Hunde anpinkeln.
Hunde 73.14
er geht mit großen Hunden pissen
Hundedeckchen 59.39
Hundedreck 55
Hundedreck 1.54
heißer Hundedreck
Hunde-Ei 55

Hundehund 49.7
Hundehütte 1.40, 1.66, 34.6
Hundeklein 55
Hundelatschen 59.39
Hundeloch 41.1, 41.2, 41.3, 62.14
Hundemutter 34.1
Hundenärrin 34.1, 62.2
Hundepelz 59.9
totgekitzelter Hundepelz
Hunderiemen 59.21
Hunderl 2.2
hundert 26.25, 26.40
hundert rauskitzeln
Hundertachtundsiebziger 47.19
Hundertachtziger 48.15
Hundertachtzigerin 48.14
Hundertdreiundachtziger 47.20
Hunderteinundachtzig 48.20
Hunderteinundachtziger 48.21
Hunderteinundsiebziger 47.10
Hundertfünfundsiebziger 29.3
Hundertfüßler 71.3
Hundertsechsundsiebziger 47.26
Hundertsiebenundsiebziger 47.26
Hundertvierundachtziger 47.21
Hundertzweiundachtziger 28.3
Hundeschnauze 3.7
eine Hundeschnauze haben
Hundeschnauze 4.5
kalt wie eine Hundeschnauze
Hundesperre 20.13, 41.22, 48.27
Hündin 80.6
hündisch 80.9
Hundsbeutel 49.7
Hundsfose 34.1
Hundsfott 34.1
Hundshütte 1.40
Hunger 59.6
seine Stiefel haben Hunger
Hunger 59.40
sein Schuh hat Hunger
Hungerbarometer 59.28
Hungerkloster 48.10, 51.3, 63.14
Hungerkünstler 50.10
Hungerkur 64.17
hungern 55
Hungerpfote 36.4
an der Hungerpfote lutschen
Hungerpulver 57
Hungerriemen 59.28
Hungerskala 59.28
Hungersnot 64.17
Hungerstreik 50.10
Hungertanz 14.41
hungrig 64.17
Huorendanz 48.33
Hupf 26.27, 53.7
Hupfdohle 53.7, 54.9
hupfen 26.25
hüpfen 7.8
die Hämmel hüpfen lassen
Hupfer 26.27
Hupferl 26.27
Hupfflöte 54.9
Hupfjule 53.7, 54.9
Hupftöle 53.7
Hupla 64.2
Hupmädchen 48.2
Huppheini 29.3, 53.7, 54.9
Huppjosef 29.3, 54.9
Hur 48.2
Hura 48.11
Hürdenlauf 64.18
der Kampf mit den Hemmungen ist der Hürdenlauf der Libido
Hure 48.2
Hure 22.18
ehrbare Hure
Hure 48.4, 66.5
falsche Hure
Hurenaquarium 48.25, 48.29
Hurenbankert 48.3
Hurenbeutel 4.26, 48.8, 48.21, 48.23
Hurenbock 4.10, 4.26, 48.8, 48.21
Hurenbörse 45.2, 59.30, 59.38, 60.3
Hurenbrüche 15.12
Hurenbua 48.8, 48.21
Hurenbums 48.32, 53.3, 55.11
Hurengeld 45.1
Hurenglück 52.1
Hurenhaber 48.10
Hurenjunge 48.4
Hurenkaffee 55
Hurenkarren 14.60, 48.12
Hurenkarrenthaler 47.21, 54.2
Hurenkasten 47.41
Hurenkeller 48.32, 53.3, 55.11
Hurenkind 48.3, 54.1
Hurenkneipe 48.32, 53.3, 55.11
Hurenkönigin 48.2, 48.33
Hurenprozession 48.33
Hurenreferent 47.37, 48.10
Hurenschuppen 48.32
Hurenspiegel 63.1
Hurenstamm 48.9
Hurenstampe 48.32
Hurensteuer 48.11
Hurentaiber 48.25
Hurentaler 54.2
Hurentimpe 48.32
Hurentrecker 48.8
Hurentreiber 48.21
Hurenweibel 48.10
Hurenwinde 48.32
Hurenwirt 48.23
Hurenzelt 48.25, 48.27
Hurenzins 48.11, 50.10
Hurradohle 59.7
Husar 1.86
Husarenmütze 59.7
Husarenmütze aus Lammfell
Husarensäbel 1.73
husch 26.17
Husch, husch, die Waldfee! Husch, husch, ins Körbchen! Husch, husch, der Sandmann!
husch 41.5
Husch, husch, ins Körbchen! Husch, husch, der Sandmann! Husch, husch, die Waldfee!
Husche 80.61
Huschel 2.2, 4.25
Huschelliese 2.2, 4.25
Huschelmetz 2.2, 4.25
Huschertanz 48.33
Hushelterin 48.24
Husten 1.49
Husterhaus 48.26, 80.94
hustern 80.20, 80.58
Hut 1.66, 64.19
Hut 39.5
alter Hut
Hut 59.7
bester Hut
Hut 59.7
den Hut abnehmen
Hut 59.7
den Hut aufsetzen
Hut 59.7
den Hut nicht abnehmen
Hut 59.7
der Hut sitzt schief, steht auf halb 8, auf halb 12, auf halb 13, sitzt auf Krakeel
Hut 59.7
durch Fettabsonderung der Kopfhaut verschmutzter Hut
Hut 59.7
durchlöcherter Hut
Hut 59.7
gestorbener Hut
Hut 59.7
Hut mit Fenster
Hut 59.7
Hut mit Grünkramkeller
Hut 59.7
Hut mit Notausgang
Hut 59.7
Hut mit Ventilation
Hut 26.22
Ich denke, mir geht der Hut hoch!

Hut 59.7
kleiner Hut auf einer großen Frau
Hut 59.7
Mao-Hut
Hut 59.7
Schweizer Hut
Hut 64.21
so klein mit Hut sein
Hut 59.7
steifer Hut
Hut 59.7
zu klein gewordener Hut
Hut 31.4
zwei unter einen Hut bringen
hüten 36.10
die Zunge hüten
Hutfetisch 70.7
Hutfetischismus 70.7
Hutfose 48.2
Hutgedicht 59.7
Hutkrempe 59.7
Hütlerlaufen 52.4
Hütling 80.48
Hutsche 26.1, 48.2
Hutschen 41.5
hutschen 26.25
Hutscher 10.9, 26.27
Hutschpferd 26.1, 48.2
Hutsimpel 21.12
Hütte 1.58
sie hat Holz vor der Hütte
Hütten 41
Hütten bauen
Huttrüffel 59.7
Hutweite 12.38
jemandes Hutweite haben
Hutweite 7.2
meine Hutweite
Hutweite 7.11
sie haben dieselbe Hutweite
Hutweite 7.12
sie hat nicht meine Hutweite
Hutzel 1.13, 17.26, 39.13, 64.21
Hutzelweib 39.4
HWG 10.5, 26
Hyäne 14.50, 33.1, 79.1
Hyäne 47.38
Parkplatz-Hyäne
Hydrocephalus 17.25
Hygiene 62
Hymen 1.69
Hymen 1.69
Beschützerin des Hymens
Hymen 1.69
Mittel zur Herstellung der Illusion eines Hymens
Hyoscami niger 50.13
Hyperjaucker 12.37
Hypersexualität 64.23
Hypertrichose 30.8, 63
Hyposexualität 64.23
hyposexuell 64.23
hyposexuelle Frau
hyposexuell 64.23
hyposexueller Mann
Hysterie 64.15

I

ideale Freundin 8.6
idealer Freund 8.19
Idiogamie 64.24
Idiotenfänger 64.4
Idiotengreifer 64.4
Idiotenhäuptling 64.4
Idiotenintendant 64.4
Idiotenkäfig 64.2
Idiotenklopfer 64.4
Idiotenmacher 64.7
Idiotenmanager 64.4
Idiotenmeister 64.4
Idiotenrektor 64.4
Idiotentribun 64.4
Idiotenwiese 53.19
Igel 24.5, 80.40
Igel 7.12
er paßt ihr wie der Igel zum Arschwisch
Igel 7.12
er paßt ihr wie der Igel zur Türklinke
Igelbeine 1.86
Igelkalb 17.15, 17.25
Igelkopf 1.29
Igelputz 1.29
Iglu 41.1, 41.2, 41.3
mein Iglu
ignorieren 11.6
ihre 1.66
Ihrige 8.15
der Ihrige
Ihrige 1.66
die Ihrige
Illusionsbunker 54.5
imitiert 59.9
imitierter Pelzmantel
Imker 48.21
Imme 17.2
Immergeil 4.10, 17.8, 26.37, 29.3, 64.23
impetuoso 54.8
Import-Export-Geschäft 48.19
im Import-Export-Geschäft sein
impotent 64.21
Impotentia erigendi 64.19
Impotentia generandi 64.21
Impotenz 51.3
imstande sein 64.19
nicht gut imstande sein
Inangriffnahme 22.13
Inbetriebnahme 22.13
Indianer 45.1
Indianer 55
Kacke mit Indianern
Indianergift 57
Industrie 43
industrieblond 1.28
Industrieblonde 1.28
Infanterie 48.2
leichte Infanterie
Infanterist 51.3
Infektion 63.1
Infektion am Penis
Infektion 63.1
Infektion an der Scheide
infizieren 63.2
venerisch infizieren
infiziert 63.1
infizierter Penis, infizierte Scheide
Inhalation 36.1, 36.5
inhalieren 36.4, 57.1
Inhalierer 29.3, 36.2, 36.6
Inhalt 60.4
Inhalt der Brieftasche
Inhaltsangabe 59.30
Injektion 26.24, 26.27, 57.2
Injektionsnadel 1.73, 57.2
injizieren 57.1
Inne 80.21
innen 3
der innere Mensch
innen 41.7
sich von innen betrachten
Innenaufnahme 26.27, 54.5
Innenbeleuchtung 41.8
die Innenbeleuchtung abschalten
Innenbeleuchtung 41.7
die Innenbeleuchtung einschalten
Innenleben 26.17
auf Innenleben schalten
Innenleben 41.7
das Innenleben besichtigen, auf Innenleben schalten
Innenleben 3
handgewebtes, kleinkariertes Innenleben mit Schwimmbad, mit Wasserspülung, mit drei rothaarigen Nutten, mit sieben nackten Chinesen
Innenleben 64.10
vergammeltes Innenleben
Innenrolle 1.29
Innenventilation 59.17
Hemd mit Innenventilation

Innenwaschung 72.9
innere 1.59
innere Organe
Innung 47.2, 48.2
Innung 48.5
in der Innung sein
Insel 8.9, 8.11, 8.24
verlassene Insel
Inselt 1.21
Institut 72.12
optisches Institut
intakt 22.12
intakt 22.11
intakter Zustand
intelligente Frau 5.1
Intelligenz 5
Intelligenzbestie 5.1
Intelligenzbrille 72.17
Intelligenzfrau 54.1
Intelligenzprothese 60.1
Intelligenzverstärker 60.1
intermammal 37.4
intermammal koitieren
intermammarius 37.3
Coitus intermammarius
Internat 47.41, 47.43, 64.2
Intimliteratur 54.1
Intimsphärenforscher 68.1
Intimsphärenforschung 68
Intimsphäreninvasion 3.9
Intimspray 61
intus 12.35, 17.11
sie hat's intus
inversa 26.30
Positio inversa
Inzest 32
Inzest 32.2
Inzest betreiben
Inzest 32.3
Neigung zum Inzest mit dem Vater, mit den Eltern, mit den Geschwistern, mit den Kindern, mit der Mutter
inzestuös 32.1
inzestuöse Beziehungen
irdisch 1.66
das irdische Jammertal
irre 6.1
irre 6.3
irrer Funke
Irrenanstalt 64.2
Irrenarzt 64.4
Irrenhaus 64.2
Irrlicht 65.1
Isabellenhemd 59.17
Isabellkragen 59.19
Isak 50.6
Isch 6.3
schnafter Isch
Ische 8.2, 19.2
Ische 6.2
frische Ische
Ischennische 53.3, 55.11
Ischias-Anger 53.16
Ischling 45.1
Isolierband 23.7, 49.21, 59.34
Isolierdraht 80.79
Iste 1.73
Meister Iste
Italien 53.8
Italiener 55
Kacke mit Italienern
Italienerin 51.1
italienisch 64.25
italienisch 48.2
italienische Prostituierte
Iwanella 48.2, 51.1

J

Jabeläum 31
Jack 1.36
Jacke 39.4
alte Jacke
Jacke 70.10
elektrische Jacke
Jacke 35.22
kurze Jacke
Jacke 59.13
Jacke mit Löchern, mit Fenstern, mit Notausgängen, mit Ventilation, mit Dauerwellen
Jacke 59.13
Emmentaler, Schweizer Jacke
Jacke 59.13
enge, kurze, ondulierte, ungebügelte, vornehme Jacke
Jackenaffe 41.20, 70.10
Jackenfett 80.61
Jackett 59.15
kastriertes Jackett
Jad 1.54, 19.4
Jadl 18.4, 18.9
Jagd 7
Jagd 7.3
auf Jagd gehen
Jagdbarseln 80.86
Jagdflinte 61.3
Jagdgelände 53.3
Jagdrevier 48
Jagdschein 48.10
jagen 7.3, 12.6
jagen 35.22
die Brillanten durchs Klosett jagen
jagen 1.49, 36.4
durch die Gurgel jagen
jagen 36.11, 48.7
sein Geld durch den Schlund jagen
Jäger 35.22
Jägerauge 1.36
Jahre 38
die besten Jahre
Jahre 38
die Blüte der Jahre
Jahre 38
die Vollkraft der Jahre
Jahre 38.3
Frau in den besten Jahren
Jahre 39.8
gefährliche Jahre
Jahre 39.7
Herr in den besten Jahren
Jahre 38.2
in den besten Jahren
Jahre 39.1
in den Jahren
Jahre 38.2
in der Blüte der Jahre, in der Vollkraft der Jahre
Jahre 39.2
in die Jahre kommen, zu Jahren kommen
Jahre 39.3
hat Jahre auf dem Rücken
Jahre 38.4
Mann in den besten Jahren
Jahreszeit 23.10
trockene Jahreszeit
Jahrgang 17.16
weißer Jahrgang
Jahrmarkt 53.17
Jahrmarkt der Eitelkeit
Jahrmarktsbordell 48.26
Jakob 7.1
der wahre Jakob
Jammerlappen 1.10, 59.22, 64.21
Jammerling 14.74
Jämmerling 14.74
Jammertal 1.66
das irdische Jammertal
Janckerl 1.77
Jankerl 59.13
Jankerl 59.15
beschnittenes Jankerl
Janitscharenmusik 54.8, 63.1
Janitscharenmusik 63.4
sich die Janitscharenmusik holen
Janitschek 48.8
jannen 26.3, 30.4, 35.18, 36.4, 36.8
jannen 35.18
Jann mei Bos!
Janner 29.3, 36.2, 36.6
Januskleid 59.10
Januskopf 9.7, 14.47
Japanerin 48.2, 51.1
Jaß 59.9
Jatmatne 80.61
Jauche 55, 62.10
Jauchegrube 62.10
Jaucker 1.73, 64.17
Jaucker 22.14
einer den Jaucker reinhämmern, reinhauen, reinschlagen
Jazzloch 53.7

Jazzschwanz 53.7
jecke 6.1
Jengert 14.54
jenisch 22.2
Jenseits 39.1
an der Pforte des Jenseits
Jenseits 39
Pforte des Jenseits
Jenseits 39.11
steht an der Pforte des Jenseits
Jeserl 50.3
Jesuit 53.5
der verliebte Jesuit
Jesuitengedärm 55
Jesus 1.48
Jesus 50.8
Braut Jesu
Jesus 80.81
einen Jesus machen, Jesus spielen
Jesuslatschen 59.40
Jesuslatscher 59.40
Jet 57
Jetpulver 57
Jetrium 57
Jiv 57
Joch 14, 14.47, 80.3
Joch 14.38
den Kopf ins Joch stecken, sich unters Joch beugen
Joch 14.38
ins Joch einspannen
Joch 80.11
sich unter das Joch beugen
Joche 59.15
jockeln 26.25
Jodbürste 51.3
Jodelgrube 53.18
Jodistin 51.3
jofe 6.1
Johanna 59.11, 59.26
blaue Johanna
Johannes 1.73, 80.61
Johannesgroschen 11.9, 50.1
Johannessegen 14.41
Johannisbeersaft 1.25, 78.3, 79.2, 80.18
Johannisfeuer 52.4
Johannislieb 52.4
Johannisminne 52.4
Johannisnacht 50.4, 52.4
Johannissegen 52.4
Johannistrieb 39.8
Johannistrunk 52.4
Johanniswein 52.4
Joint 57
Joint 57
Berliner Joint
jökeln 26.25
Joppe 59.13, 59.41
Josch 26.27
joschen 39.1, 39.5
joscherisch 41.7
joschnen 26.25
Josef 51.2
unkeuscher Josef
Joseph 50.7, 50.10
Joseph 22.19
keuscher Joseph
Josephsnacht 14.43
Journalist 73.14
Journalistin 54.1
Jubelgreis 39.7
Jubelhure 29.3
Jubeljunge 48.4
Jubelkaftan 59.9
Jubelmädchen 48.2
jubeln 26.25
unters Hemd jubeln
Jubeltrubel 48.34
Jubiläumsgelübde 14.57
Juchhe 41.5
Juchhei 41.5
Jück 2.2a
jucken 80.59
das Fell juckt ihm, ihm juckt der Buckel
Juckfell 80.7
Jud 1.68, 25.8
Jud 36.8
den Jud stemmen
Jud 24.1
den Jud wuzzeln
Jud 25.1
einer den Jud wuzzeln
Judenknochen 1.53
Judenzuzzler 36.6
Jüdin 48.2, 51.1
Judzuzzler 36.6
Jugend 19
Jugend 19
von der Jugend an
jugendbewegt 28.1
Jugendbewegung 28.7
Jugendforscher 28.3
Jugendfreund 28.3
Jugendfreundin 28.2
Jugendfreundschaft 28
Jugendgefährdungsstelle 47.35
Jugendgefängnis 47.41
Jugendgehabe 19
Jugendherberge 28.6, 48.26
Jugendland 18
jugendlich 28.6
jugendliche Prostituierte
jugendlich 54.6
jugendlicher Liebhaber
Jugendpflege 28
Jugendschutz 47.35
Jugendsprache 19
Jugendstil 19
Jugendstil 28.1
im Jugendstil
Jugendtraum 18
Jugoslawien 53.8
Jule 2.2
Juliustürmchen 14.56
jung 19.1
jung 55
alter Mann mit jungem Mädchen
jung 59.6
auf jung gequetschte Teenage-Spätlese
jung 9
junge Liebe
jung 28.5
Jung gefreit hat nie gereut.
jung 19.5
junge Menschen
jung 19.4, 28.4, 28.9
junger Dachs
jung 18.5
junges Blut
jung 2.2
junges Ding
jung 48.2
junges Gemüse
jung 19.2
junges Mädchen
jung 59.6
zu jung angezogen, zu jung angezogene Frau
Jungaktivist 28.8
Jungbrunnen 28, 52.4, 61.2
Jungchen 26.17
Marsch, jetzt in die Klappe, Jungchen, oder Mama geht ohne dich!
Junge 19.4
Junge 17.27
Das ist um gußeiserne Junge zu kriegen!
Junge 48.4
fauler Junge
Junge 19.4, 38.7, 63.1
grüner Junge
jungen 17.16
Jungens 72.12
für kleine Jungens
Jünger 27.1
Jüngere 28
Verkehr mit Jüngeren
Jüngerin 27.2
Jungfer 2.2a, 22.10, 48.2
Jungfer 14.15, 39.4
alte Jungfer
Jungfer 26.32
Gebet der Jungfer, Stoßgebet der Jungfer
Jungfer 22.19
männliche Jungfer
Jungfer 55
versoffene Jungfer
Jungfernbleiche 19.7, 64.17, 63
Jungfernbremse 1.69
Jungfernessig 1.69
Jungfernhäutchen 1.69
Jungfernhof 48.25
Jungfernhunger 64.23
Jungfernkranz 14.41
Jungfernkranz 7.4
Wettlauf um den Jungfernkranz
Jungfernmilch 61
Jungfernmutter 15.3
Jungfernpergament 52.2
Jungfernpfennig 14.1, 48.9

Jungfernpflügen 52.4
Jungfernschaft 22.11
Jungfernschaftsprokurist 48.15, 48.21
Jungfernschafts-prokuristin 48.14
Jungfernseiche 55, 73.14
Jungfernsilo 20.2, 41.22
Jungfernstecher 22.16, 64.23
Jungfernsteigerung 52
Jungfernstich 22.13, 26.27
Jungfernstieg 47.41, 48
Jungfernsucht 64.23
Jungfernturm 20.2, 41.22
Jungfernzeugung 17, 50.1
Jungfernzwinger 20.2, 41.22, 47.41, 47.42, 48.12
Jungfrau 22.10, 55
Jungfrau 4.14, 24.5, 61.10, 80.40
eiserne Jungfrau
Jungfrau 55
errötende Jungfrau
Jungfrau 69.1
Gebet der Jungfrau
Jungfrau 55.9
kohlensaure Jungfrau
Jungfrau 51.3, 55
Traum der Jungfrau
Jungfrau 22.15
wie die Jungfrau zum Kind kommen
jungfräulich 22.12
Jungfräulichkeit 22.11
Junggeselle 14.16, 28.8
Junggesellenbund 14.16
Junggesellenwohnung 41.2
Junggesellenzimmer 41.3
Junggesellin 28.2
Jungholz 18.5
Jüngling 22.9, 22.19, 38.7
ewiger Jüngling
Jünglingsräuber 28.8
jungmädchenhaft 19.3
Jungmädchenkleid 59.10
Jungmädchenscheide 19.9
Jungsau 28.6, 48.2
Jungschweinernes 19.2, 28.4
jungshaft 29.4, 30.3
jüngstes 18.4
jüngstes Kind
Juppe 59.13
Jurte 41.1, 41.2, 41.3
meine Jurte
Jurte 53.4, 55.11
Jus primae noctis 14.1
Justizkasten 47.29
Juwelen 35.22
die Juwelen verscheißen
Juwelier 72.2
Juxbude 31
Jux primae noctis 14.1

K

K 59, 59.10
Vitamin K
Kabache 41.1, 41.2, 41.3
Kabacke 80.62
kabacken 80.58
Kabarett 54.7
Kabarettistin 54.7
Kabbelei 11.10
kabbeln 11.11
sich kabbeln
Kabbes 1.32
Kabbesbohrer 64.7
Kabbesdreher 64.7
Kabbesflicker 64.4
Kabbeskatarrh 64.10
Kabbesklempner 64.4
Kabbesputzer 64.4
Kabbesreißer 64.7
Kabeln 52
Kabinettsausschuß 72.4
Kabinettsrat 72.24
Kabinettsrätin 72.23
geheime Kabinettsrätin
kabni 17.10
Kabuff 41.1, 41.2, 41.3
Kack 57, 72.4
Kack 72.6
der flotte Kack
Kack 72.23
Frau Kack
Kack 72.24
Herr Kack
Kacke 72.4
Kacke 55
Kacke mit Indianern, Kacke mit Italienern, mit Pelzbesatz, kalte Kacke
Kacke 72.11
Kacke verdampfen
Kackefresser 76.1
kacken 72.5
kacken 35.22
Gold kacken
Kacken 35.22
zum Kacken einnehmen
Kacker 72.26
Käckertüchtig 72.8
kackfidel 6.10
Kackhaus 72.12
Kackhäusler 43, 72.24
Kackmeier 62.13, 72.6
Kackmixtur 55
Kackpastillen 72.8
Kackperlen 72.8
Kackpillen 72.8
Kackprasserei 76
Kackpulver 72.8
Kackrhetorik 75
Kacksackel 36.2
Kacksackl 29.3
Kackschlemmerei 76
Kackschwelgerei 76
Kacksessel 72.14, 72.16
Kackspritze 72.9
Kackstange 72.15
Kackstelzen 1.86, 72.26
Kackstuhl 72.14
Kacktante 72.23
kackwühlen 72.3
Kackwühler 35.5, 35.22, 72.2, 72.24
Kackwühlerei 72
Kackzigarre 56
Kadaver 33.4
ein attraktiver Kadaver
Kadaverficker 33.1
Kadaverschlepper 53.19
kadavervögeln 33.2
Kadettenflöte 1.73, 19.10, 28.4, 28.9
Kaf 1.54
Käfer 2.2
kesser, netter, niedlicher, reizender, süßer Käfer
Käfersammlung 20.2, 41.22
Kaff 41.21, 48.30
Kaffee 51.3, 55
dünner Kaffee
Kaffee 55
kastrierter, koffeinfreier Kaffee
Kaffeeaufguß 55
Kaffeebrenner 59.7
Kaffeefahrer 72.25
Kaffeehausmenscher 55.9
Kaffeejungfer 48.2
Kaffeeklatsch 30.5
Kaffeemaschine 72.25
Kaffeemensch 48.2
Kaffeesack 45.5, 59.26
Kaffeeschlacht 30.5
Kaffeeschwester 30.2, 47.41
Kaffeetaufe 17.20
Kafferdille 44.2
Kafferin 44.2
Kafferinchen 18.4
Kafferine 44.2
Kafferkrone 44.2
Käfferle 14.16, 26.24, 64.17
Käfferle 24.1
Käfferle pflanzen
Kaffernpocken 70.1
Kaffschuck 45.1
Käfig 80.91
Kafiller 33.1
Kaftan 59.9, 59.12
Kaftan 59.9
Barras-Kaftan
Kafter 59.9
Kahlschlag 1.30, 22.19, 64.20, 64.21, 64.23
Kahlschlag 17.26
biologischer Kahlschlag
Kahm 62.10
Kahn 41.5
Kahn 11.15
Auf deinen Tränen kann ich Kahn fahren.
Kaiserbart 1.65
Kaiserstraße 48
Kaiserwalzer 26.27

Kaiser Wilhelm 1.48
Kaiser-Wilhelm-Gedächtnisknoten 1.29
Kakadu 59.6, 61
Kakadu 59.6
aufgemacht wie ein Kakadu
Kakao 35.21, 72.4, 72.6, 76.3
Kakao 76.2
Kakao schlecken
Kakaobüchse 72.13, 72.16
Kakaochauffeur 72.25
Kakaowagen 72.25
Kakerlaken 71.3
Kakteen 72.5
Kakteen pflanzen
Kakteen 72.3
Kakteen ziehen
Kakteenfreund 72.2
Kakteenfreundin 72.1
Kakteenzimmer 72.12
Kakteenzucht 72
Kaktus 57, 72.4
Kaktus 72.5
einen Kaktus pflanzen
Kaktus 76.2
Kaktus fressen
Kaktus 1.48
wie ein Kaktus
Kaktusfresser 76.1
Kaktuspflanzer 72.2
Kaktusplantage 72.12
Kalabreser 59.7
Kalasche 80.61
Kalb 2.2
Kalb 9.13
Augen wie ein gestochenes Kalb machen
Kalb 3
das goldene Kalb, der Tanz ums goldene Kalb
Kalb 48
der Tanz ums goldene Kalb
Kalb 14.32
goldenes Kalb
Kalb 59.9
Kalb auf Leopard gequält
Kalb 12.43, 21.12
Kalb Moses
Kalb 22.10
schlachtreifes Kalb
kalben 17.16
kalben 29.10
Bei den Schwulen kalben die Ochsen!
Kälbermarkt 53.17
Kälbernes 19.2, 28.4
Kalbfleisch 19.2, 28.4
Kalbfleisch 79.2
zweibeiniges Kalbfleisch
Kaldaunen 1.60
Kaldaunenpresse 59.28
Kaldaunenquetsche 59.28
Kalender 23
Rot im Kalender
Kalender 23.1
Rot im Kalender haben
Kalendrine 45
Kalennertag 41
Kalesche 59.6
Kalesche 59.6
aufgeschirrt wie eine Kalesche
Kalk 39.3
der Kalk knirscht in den Knochen, der Kalk rieselt aus der Hose
Kalkbeine 59.38
Kalkfelsen 27.3, 39.5
Kalklatte 59.19
Kalkleiste 59.19, 59.21
Kalkstreifen 59.19
Kalle 2.2, 4.25, 8.2, 14.54, 48.2, 80.61
kallen 80.58
Kallenschiffe 55, 73.14
Kallfrosch 48.23
Kallfroschin 48.24
Kalmückenfell 59.9
Kalpak 59.7
kalt 1.87
kalte Füße
kalt 3.7
einen kalten Schwanz haben, eine kalte Schnauze haben
kalt 4.5
kalt wie eine Hundeschnauze
kalt 4.6, 64.23
kalte Ente, kalte Pracht, kalter Ofen, kalter Umschlag
kalt 11.4, 14.13
die kalte Schulter kriegen
kalt 11.5, 14.11
kalt ablaufen lassen
kalt 11.5, 14.11
die kalte Schulter zeigen
kalt 12.39
kalte Küche
kalt 16.3, 64.17
kalter Bauer
kalt 25.5
in die kalte Lamäng
kalt 26, 41.24
kalte Penne
kalt 26, 41.7
kalte Penne machen
kalt 26.28
kalt gebacken, auf kaltem Wege hergestellt
kalt 26.28
auf kaltem Wege, kalt gewalzt
kalt 35.22
kalter Bauernarsch, kalter Arsch mit Schneegestöber
kalt 36.4
den kalten Bauern aufwärmen
kalt 41.3
kalte Pracht
kalt 55
kalter Bauernarsch, kaltes Essen, kalte Kacke, kalter Arsch mit Schneegestöber
kalt 55.7
kalte Fee, Mamsell
kalt 57.7
kalter Truthahn
kalt 59.10
kalte Schulter
kalt 63, 73.13
kalte Pisse
kalt 64.17
jemanden kalt ablaufen lassen
kalt 64.17
einen kalten Spieß haben
kalt 64.17
oben heiß und unten kalt machen
kalt 64.23
kalte Küche, Pfeife, kalter Bauer, Spieß
kalt 35.22
kaltes Essen
Kaltblut 4.6, 64.23
Kaltblüter 4.7, 64.23
Kältekur 64.23
Kältetod 64.23
kaltgebacken 26.28
kaltlächelnd 80.8
kaltlassen 3.7
Sie läßt mich kalt.
Kaltläufer 16.3
Kaltnadelregierung 64.23
Kaltschale 1.76, 36.12
Kaltschale 36.4
an der Kaltschale knabbern
kaltwalzen 26.25
Kaltwasserbehandlung 64.23
Kaltwasserbeinkleid 59.43
Kaltwasserheilanstalt 53.9
Kaltwasserkleid 59.43
Kaltwasserkleid 59.43
Kaltwasserkleid mit Ausblick, mit Einblick, mit Notausgang, mit rosa Flicken, mit Sonnenfenstern, mit Ventilation, mit Wasseranschluß
Kaltwasserkur 64.23
Kaluppe 41.1, 41.2, 41.3
Kamel 48.2
Kameldreck 56
getrockneter Kameldreck
Kamellen 39.6
olle Kamellen
Kamelmist 55
getrockneter Kamelmist
Kameltreiber 48.21
Kamerad 1.73, 29.10
Kameradschaftsehe 13
Kamerette 48.25
Kamerun 53.17

Kamikadze 10
Kamikadze-Schwur
Kamin 36.4
den Kamin anblasen
Kamin 35.18
in den Kamin pusten
Kamineisen 26.22
Kaminfeger 16.9, 35.16, 35.20, 36.11, 48.4, 59.11, 63.12
Kaminpflegerin 35.17
Kaminräumer 35.16
Kamis 59.17
Kamisol 59.15
kamisolen 80.58
Kamm 1.73, 61.3
Kamm 26.19
Ihm schwillt der Kamm.
Kamm 26.22
Kein Wunder, daß ihm der Kamm schwillt!
kämmen 61.3
kämmen 1.30
er kann sich mit dem Staubsauger kämmen
Kammer 1.66
Kammer 1.85, 29.10
braune Kammer
Kammer 1.85, 29.10
schwarze Kammer
Kammer 35.10
braune Kammer, schwarze Kammer
Kammer 35.12
die braune Kammer auswichsen
Kammer 35.12
die schwarze Kammer auswichsen
Kammer 35.18
die braune Kammer lackieren
Kammer 35.18
die schwarze Kammer lackieren
Kammerbesen 41.20
Kammerdiener 80.7
Kammerfee 41.20
Kammerfensterln 52
Kammerkätzchen 41.20
Kammermaus 41.20
Kammermieze 41.20
Kammermusik 26.27, 26.32, 54.8, 69.1
Kammernymphe 41.20
Kammertheater 70
Kammertopf 72.13
Kammerwagen 14.32
Kammerzofe 48.2, 80.6
Kampf 11.10, 26
Kampf der Geschlechter
Kampf 7.8
sich am Kampf ums Bubespitzle beteiligen
kampfbereit 4.16
Kampfebene 26.30
auf horizontaler Kampfebene
Kampfebene 26.30
auf vertikaler Kampfebene
Kampfebene 26.17, 41.6
sich auf horizontale Kampfebene begeben
Kampfebene 41.10
sich auf vertikale Kampfebene begeben
Kampfeisen 14.36
kampflustig 4.16
Kampfurteil 47.30
kampieren 41
Kamsel 59.17
Kanaldeckel 45.1, 48.9
Kanalfrachtbrief 72.19
Kanalrat 72.24
Kanalrat 72.23
Frau Kanalrat
Kanalräumer 51.3
Kanarienbauer 41.2
Kanarienvogel 1.73, 54.8
Kandare 80.76
Kandare 48.35, 80.10
an die Kandare nehmen
Kandare 80.84
an die Kandare legen, in die Kandare nehmen, die Kandare anlegen
Kandich 48.25
Kandisch 48.25
Kandl 80.48
Känguruh 59.17
Känguruh-Hemd
Kaninchenstall 18.12, 18.14
Kanne 59.6
Kanone 1.73
Kanonen 59.40
Kanonenfieber 64.13
Kanonenfieber 4.19
hat Kanonenfieber
Kanonenkugeln 1.77, 51.3
Kanonenstiefel 59.40
Kanonier 41.7
schlafen wie ein Kanonier
Kante 1.5, 2.2, 6.2, 19.2
Kante 8.2
meine Kante
Kante 6.2
scharfe Kante
Kanthaken 80.82
Kanthaken 80.20
einen beim Kanthaken kriegen
kantig 1.7, 6.1
kantig 6.3
kantiger Koffer
Kantine 76.3
Kantine 76.3
Kantine vom großen Geschäft
Kantschu 80.62
kantschuen 80.58
Kantum 26.27
Kantum 26.25
Kantum machen
Kanzel 14.33
von der Kanzel fallen
Kanzelscheißer 50.6
Kapaun 16.13, 17.26, 50.7, 50.10
Kapaunenheirat 14, 14.43
Kapazität 21.6, 22.5
Kapelle 1.66
Kapitalistentitte 18.18
Kapitän 46.6
Kapitän 53.10
Kapitän eines Kreuzfahrtschiffes
Kapitulation 14.40, 22.13
Kapitulation 12.32
bedingungslose Kapitulation
Kapitulationsfahne 14.37, 59.10
Kappe 49.22, 54.10
Kappelbua 48.21
kappen 16.11, 80.54
kappen 11.20, 13.3
die Taue kappen
Kappengeld 48.11
Kappzaum 80.76
Kapsel 41.5
kaputt 17.26, 64.19, 64.21
kaputt 12.39
kaputter Aufschlag
kaputt 8.22
kaputter Latz
kaputt 8.9
kaputte Niere
kaputt 26.33
kaputte Pfeife
kaputt 64.19
kaputter Schwanz
kaputtschlagen 80.58
die Knochen kaputtschlagen
Karabiner 1.73, 51.3, 80.95
karbatschen 80.58
Karbolengel 51.3
Karboleuse 51.3
Karbolfee 51.3, 63.13
Karbolgeist 51.3, 63.13
Karboline 51.3
Karbolmaus 51.3, 63.13
Karbolmieze 51.3, 63.13
Karbolschnecke 51.3, 63.13
Karbolsirene 51.3, 63.13
Karbolwalküre 51.3, 63.13
Karbolwalze 63.13
Karbolzicke 63.13
Karbonadenteller 59.7
Karbunkel 70.1
Kardiestelgeld 14.1
Kardom 80.55
Karess 14.29
Karess 52
auf Karess gehen
Karfunkel 70.1
kariert 1.23, 63.1
kariert 59.9
karierter Kunststoffregenmantel
Karl 1.73, 2.5
Karl 1.73
Karl der Große
Karline 2.2

Karline 55.5
die Karline küssen
Karnickel 80.6
Karnickel 59.9
Karnickel auf Nerz gequetscht
Karnickel 21.4, 22.3
wissen wie die Karnickel Karnickel machen
Karnickelbonus 18.21
Karnickelorden 51.2
Karnickelscheiße 55
Korn mit Karnickelscheiße
Karnickelstall 17.1, 18.5, 18.12, 18.14, 41.2
karniefeln 80.58
Karnöffel 80.62
karnöffeln 80.58
Karo 27.3, 39.4, 48.2, 59.6
Karosserie 1.50
Karpfen 58.2, 58.4
Karre 1.73
Karre 16.3
die Karre aus dem Dreck ziehen
Karrenrad 59.7
Karriere 51.2
Karriere in Braun
Karrierekutten 59.1
Karrierenkluft 59, 59.12
Karst 80.55
karten 26.25
Kartenfrau 48.2
Kartenhaus 1.10
Kartenlegen 53.5
Kartenlegerin 53.5
Kartoffel 1.40, 59.38
Kartoffelabgießen 73.5
Kartoffelfriedhof 1.60
Kartoffelmuse 41.19, 55.7
Kartoffeln 73.5
Kartoffeln abgießen
Kartoffeln 48.5
Rin in die Kartoffeln, raus aus die Kartoffeln.
Kartoffelnase 1.40
Kartoffelnudeln 55
Kartoffelpuffer 55
Kartoffelschälspritze 55.8
Kartoffelwasser 73.4
Kartoffelwasser 73.5
das Kartoffelwasser abschütten
Karton 1.32, 16.1
Kartusche 1.66, 51.3
Kartuschen 1.67
Kartuschengarage 63.14
Kartuschenreparierer 63.12
Kartuschenspengler 63.12
Kartuschenwerkstatt 63.14
Karussell 48.5, 65.3, 66.4
Karussell fahren
Kasak 50.6
Kaschemme 48.32
kaschen 47.40
Kaschott 80.91
Käse 55
Käse 12.40
alles Käse!
Käse 39.5
alter Käse
Käse 12.29
auf den Käse gehen
Käse 26.25
die Made in den Käse stecken
Käse 1.63, 35.4
Made im Käse
Käse 55
Käse mit Maden
Käse 2.1
Made und Käse
Käsebeutel 59.38
Käsebluse 59.23
Käsedolch 1.73
Käseglöckchen 59.39
Käseglocke 59.7
Käsehose 59.26
Käsekasten 59.40
Käsekeil 1.73
Käsekleid 59.10
Käsekostüm 59.43
Käseloch 59.10
kasematutteln 26.25
Käsemesser 1.73
Käsenille 1.73
Kasernenamsel 48.2, 51.3
Kasernenblume 48.2
Kasernenfetzen 48.2
Kasernenfurz 35.22, 51.3
Kasernenkätzchen 48.2, 51.3
Kasernenlilie 48.2, 51.3
Kasernenmaus 48.2, 51.3
Kasernenmieze 51.3
Kasernenmizzi 48.2, 51.3
Kasernenratte 48.2
Kasernenschnecke 51.3
Kasernenschwalbe 48.2, 51.3
Käseschuhe 59.40
Käsetasche 1.66
Käsmatte 1.79, 36.12, 78.3
Kaspar 26.25
den Kaspar einwickeln
Kaspar 24.1, 73.5
den Kaspar schneuzen
Kaspar 25.1
einem den Kaspar schneuzen
Kaspar 6.8
In die möcht ich den Kaspar einpacken!
Kasper 1.73
kaspern 12.4, 26.25
Kassandra 48.2, 51.1, 53.5, 54.7
Kassaunis 59.17
Kassette 45
kassieren 47.40
Kassiererin 45
Kastanie 1.28, 7.2
Bei mir Kastanie: Vorliebe für Braun.
Kastanien 78.3
Kastanien 78.2
Kastanien säen, aus dem Feuer holen
Kasteiung 80.61
Kastelfuhre 41
Kasten 1.50, 1.58, 48.25, 70.5
Kasten 14.33
im Kasten hängen
Kasten 1.58
sie hat viel auf dem Kasten
Kastratentenor 54.8
Kastrationen 16.14
Arzt, der Sterilisierungen und Kastrationen vornimmt
kastrieren 16.11, 47.35
kastriert 16.11
geköpft und kastriert
kastriert 55
kastrierter Hund
kastriert 59.15
kastriertes Jackett
kastriert 55
kastrierter Kaffee
kastriert 56
kastrierte Lulle
Katarrhbremse 1.48
Katechismusschwenker 59.12
Kater 49.24
Kater 49.25
einen Kater haben
Kater 8.22
entlaufener Kater
Kater 70.6
gestiefelter Kater
Katerhaus 29.8, 29.9, 48.26, 48.28
Katerl 1.31
Katermusik 26.32, 69.1
Katharina 72.6
Katharina Schnell
Kathederfee 20.4
Kathi 23
Kathi 23.2
die Kathi ist zu Besuch
Kathi 23.6, 26.25
die Kathi vögeln
Kathi 72.6
die dünne Kathi, die schnelle Kathi
Kathi 23.2
die rote Kathi ist da
Kathi 23
rote Kathi
katholisch 45.6
sie ist katholisch im Portemonnaie
Kathrin 72.6
die schnelle Kathrin
Kathrinenschwenker 59.12
Kattun 80.61
Kattun 80.58
Kattun geben
Kattunbesen 2.2a, 20.10
Katz 1.66, 34.6
Katz 1.63
Katz und Maus

Katz 7.12
sie sind wie Katz und Maus
Kätzchen 2.2
Kätzchen 8.9
entlaufenes Kätzchen
Kätzchen 48.2, 70.6
gestiefeltes Kätzchen
Katze 1.66, 34.6, 48.2, 59.9
Katze 12.41, 14.29
die Katze im Sack kaufen
Katze 2.2
(falsche, fesche Katze, bei Nacht sind alle Katzen grau)
Katze 48.2
kesse Katze
Katze 80.62
neunschwänzige Katze
Katze 7.12
sie sind wie Hund und Katze
Katze 55
verreckte Katze
Katzenbalgerei 11.10
Katzenbett 14.42
Katzenfang 7, 7.4, 14.5, 48.10
Katzenfang 7.5
auf Katzenfang gehen
Katzenficken 34.6
es ist zum Katzenficken!
Katzenhaus 30.6, 30.7, 48.25, 48.26
Katzenkopf 80.61
Katzenminze 57
Katzenmusik 26.32, 54.8, 57, 69.1
Katzenstriegeln 18.16, 53.5
Katzenwaschbecken 62.2
Katzenwäsche 62.1
Katzenzunge 1.45
Katzerl 1.66, 19.9, 28.4, 34.6
Kau 41.5
kauen 36.4
einem einen kauen
kauen 36.4
Nille kauen
kaufen 48.5
kaufen 12.41, 14.29
die Katze im Sack kaufen
kaufen 48.35
eine kaufen
kaufen 48.19
Pimperle kaufen
kaufen 80.20
sich jemanden kaufen
kaufen 13.8
sich eine Pfeife kaufen
Kauffrau 48.2
käuflich 48.2
käufliche Dame
Kaufmann 48.4
Kaunitzel 28.6, 48.2
Kaut 80.48
Kaute 1.66, 41.5
Kauwe 48.25
Kauwerkzeuge 1.44
Kauz 6.12
lustiger Kauz
Kauzkäfig 64.2
Kavalier 13.9, 48.4
Kavalier 24.5
elektrischer Kavalier
Kavalier 24.5
Kavalier im Muff
Kavalier 48.8
Kavalier in Strümpfen
Kavalier 24.5
tragbarer Kavalier
Kavalierstaschentuch 59.22
Kavallerie 48.2
leichte Kavallerie
Kavallerieübungsplatz 48.27
Kavallerist 1.86
Kaviar 1.78, 36.12, 78.3
Kaviar 55
deutscher Kaviar
Kaviar 36.4
jemandem Kaviar füttern
Kaviar 3.3
Sekt, Kaviar und schöne Frauen
Kaviarmäuschen 13.5, 51.3
K.d.F. 51.2
Kebse 14.66, 26.1
Kebseri 17.18
Kebsweib 13.5
Kedesche 48.2
Keeg 1.32
Keeler-Anzug 62.2
Kefel 72.4
Kegel 1.73, 15.2, 72.4
Kegel 64.21
Kegel ohne Kugel
Kegel 40
Kind und Kegel
Kegelbahn 1.76, 25.8, 41.3, 41.5
Kegelkopf 1.68, 1.74, 25.8
Kegelkugel 25.8
Kegelkugeln 1.77
Kegelkugeln 1.73
Kind und Kegelkugeln
kegeln 1.77, 24.1, 25.1, 26.25
Kegelschieber 72.2
Kegelspiel 72
kegelspielen 72.3
Kegelspieler 24.3, 25.4
Kegler 24.3, 25.4
Kehle 1.49, 1.66, 1.73, 36.12
Kehle 1.49
die Kehle anfeuchten, die trockene Kehle baden, durch die Kehle hetzen
Kehle 36.4
die Kehle anfeuchten, durch die Kehle hetzen, die trockene Kehle baden
Kehle 36.12
eine trockene Kehle haben
Kehle 36.12
es in die falsche Kehle bekommen
Kehle 35.19
Gold in der Kehle
Kehle 36.10
Gold in der Kehle, goldene Kehle
Kehle 36.4
jemandem das Messer an die Kehle setzen
Kehlkopfspletsche 58.13
Kehlkopfwärmer 59.20
Kehr 2.5a, 19.4
Kehrab 14.12
Kehraus 11.21, 13.4, 53.7
Kehrbesen 1.73, 62.2
Kehrin 2.2a
Kehrle 18.4
Kehrseite 1.83
Kehrseite 35.18
die Kehrseite putzen
Kehrseite 1.83
Kehrseite der Medaille
Kehrseite 35.7
die Kehrseite der Medaille durchbohren (vergolden, versilbern)
Kehrum 66.1, 80.48
Kehrwisch 66.1
Keibe 4.25, 8.2, 14.48, 48.24
Keifzange 11.12, 14.50
Keil 1.73
Keil 35.7
einem den Keil reinschlagen
Keil 22.14
einer den Keil reinhämmern (reinhauen, reinschlagen)
Keile 80.61
keilen 80.58
Keilhaue 80.62
Keimepithel 17.15
Zellen des Keimepithels, aus denen die Ovosysten entstehen
keimfrei 47.21
nicht keimfrei
Keimzelle 14.42, 41.3
Keiterling 58.4
Keiterling 58.4
linker Keiterling
Keks 1.32
Kelch 1.66, 1.73, 29.10, 36.12
Kelch 36.8
den Kelch leeren
Keli 80.22
Kelle 1.54, 1.73
Kelle 80.58
eine gute Kelle schlagen

Kelle 80.65
gute Kelle
Kellemann 48.21
Kellen 1.54
Keller 1.66, 1.85, 29.10, 35.10, 36.12, 53.4, 55.11
Keller 26.25
den Keller ausfegen
Keller 35.7
den Keller ausfegen (streichen, vollpacken), in den Keller gehen
Keller 35.18
den Keller säubern, in den Keller gehen
Keller 49.26
Gewissen mit Keller
Keller 14.41
Hänschen im Keller
Keller 29.8
heißer Keller
Keller 26.30, 30.4
in den Keller gehen
Keller 36.8
in den Keller gehen, den Keller aufwischen
Keller 29.8, 30.6
schwuler Keller
Keller 29.8
warmer Keller
Kellerassel 48.2
Kellerasseln 71.3
Kellerausheber 35.16, 36.6
Kellerbaß 30.2
Kellerbursch 29.3, 29.9, 35.6, 35.9, 36.6, 48.4
Kellerfrau 26.30, 35.6
Kellermacher 29.3, 29.9, 35.6, 35.9, 36.6, 48.4
Kellermacherin 30.2
Kellermädchen 35.17
Kellermeister 26.30, 36.6
Kellermeisterin 36.7
kellern 26.30, 35.7, 36.8
Kellerpflege 35.15
Kellerputz 35.15
Kellerreinigung 35.15
Kellerschleck 30.2
Kellnerin 51.3, 55.9
Kemenate 41.3
Kemize 59.17
Kenkel 78.3
kennen 21.4
die Griffe kennen
kennen 80.10
keine Schonung, Gnade, Nachsicht, kein Erbarmen, Mitleid, Pardon kennen
Kerbe 1.66, 1.85
Kerbe 22.14, 35.7
die Kerbe spalten
Kerbe 31.4
in die gleiche Kerbe hauen
Kerbe 14.59
in dieselbe Kerbe hauen
Kerbe 22.18, 47.26
gespaltene Kerbe
Kerbe 10.7
sein Schwert in jede Kerbe hauen
Kerbschnitzerei 26
Kerker 80.91
Kerl 1.73, 19.4, 30.2
Kerl 1.9
Bulle von Kerl
Kerl 26.9
einem Kerl die Stange halten
Kerl 6.3
toller Kerl
Kerl 1.9
Kerl wie ein Baum
kerlig 30.3
kerlnarrisch 3.6, 4.8
kerlshaft 30.3
Kerngehäuse 1.76, 59.34, 59.35, 70.3
Kernspaltung 22.13, 47.26
Kerze 1.73
Kerze 8.18
neue Kerze
Kerze 63.1
Rauber auf der Kerze
kerzengerade 26.21
Kerzenhur 48.2
Kerwehe 18.10, 40.2
keß 4.1, 6.1, 19.3, 29.4, 30.3
keß 2.2
kesse Biene
keß 2.2
kesse Hummel
keß 48.2
kesse Katze
keß 12.16
kesse Masche
keß 2.2
kesser Käfer
keß 4.3
kesser Schwanz
keß 30.2
kesser Vater
keß 1.86, 6.2
kesses Gestell
Kesselfang 49.19
Kesselpauke 1.60
Kesseltrommel 1.60, 54.8
Ketchup 23.6
Ketchup 23.6
Spargel mit Ketchup
Keterling 14.25
Blitz-Keterling
Kette 31.5
Kette 11.11, 13.3, 14.70
an den Ketten rütteln
Kette 80.84
an die Kette legen, Ketten anlegen
Kette 58.5, 80.86
Kette der Liebe
Kette 58.6
unechte Kette
ketten 80.84
Kettenhemd 59.16
Kettenkugel 80.86
Kettenschiß 72.6
Kettenschloß 80.86
Keule 8.15, 40.2, 48.2
Keusch 49.15
keusch 49.17
keusch handeln
keusch 22.10
keusche Lilie, keusche Susanne
keusch 49.13, 59.4
keusche Welle
keusch 22.19
keuscher Joseph
keusch 14.29. 52
keusches Beilager
Keuschbaum 49.20
Keuschheit 49.13, 49.19
Keuschheitsetui 14.42, 41.5
Keuschheitsgürtel 23.7, 49.21, 59.34
Keuschheitshülle 41.5
Keuschheitsmittel 49.20
Keuschheitsnacht 14.43
Keuschheitsprobe 49.19
Keuschheitswimmerl 64.17, 70.1
Kichererbse 19.2
Kichermaus 19.2
Kichernest 14.45
Kicherwochen 14.45
Kicherwöchner 14.45
Kicherwöchnerin 14.45
Kiebes 1.32
kiebes 17.8
kiebes machen
kiebig 3.6, 4.8
Kiebitz 1.66, 1.73. 34.6, 68.1
Kiebitz 68.2
Frau Kiebitz
kiebitzen 12.10, 68.3
kieken 45.5
ihm kiekt der Zimt aus dem Hosenschlitz
Kiekenapp 82.5
Kieker 1.36, 63.12
Kiekerling 1.36
Kiekindiewelt 18.3, 19.4
Kiekse 48.2
Kiel 48.35
eine auf Kiel legen
kielholen 80.58
Kielkropf 82.7
Kielwasser 1.78, 35.4, 72.6
Kiemen 1.40
Kien 80.86
Kiepe 59.7
Kiepe 64.10
dunstige Kiepe
Kiepenjule 50.9
Kies 45.1
Kietz 48
Kiez 41.5
Kiff 59.7
kiffen 57.1
Kijak 1.49
Kikeriki 1.73
kille 48.2
kille Mesuse
killekille 28.5, 48.7

killekille machen
Killer 57
Kilo 45.1, 80.61, 80.62
Kilo 45.1
halbes Kilo
Kilometerwurst 26.22
Kilowatt 59.12
Kilowattjacke 70.10
Kiltgang 14.29, 52
Kimme 1.83, 1.84, 1.85
Kimono 59.41
Kind 18.4
Kind 17.23
Apparat zur Aufziehung frühgeborener Kinder
Kind 15.10
ausgesetztes Kind
Kind 1.78
das Kind im Manne
Kind 18.4
Kind, dessen Eltern es am Tage allein lassen
Kind 15.7
die Mutter des unehelichen Kindes heiraten
Kind 17.16
ein Kind austragen
Kind 12.17
ein Kind in den Bauch reden
Kind 17.8
einer ein Kind machen
Kind 18.4
Kind eines neurotischen Vaters
Kind 18.4
einziges Kind
Kind 17.23
frühgeborenes Kind
Kind 18.4
frühreifes Kind
Kind 19.2
halbes Kind
Kind 18.4
jüngstes Kind
Kind 15.2
Kind der Liebe
Kind 51.2
Kind durch Freund
Kind 40
Kind und Kegel
Kind 1.73
Kind und Kegelkugeln
Kind 15.3
Mutter eines unehelichen Kindes
Kind 15.2
natürliches Kind
Kind 15.5
sich mit einem unehelichen Kind belasten
Kind 17.11
sie bekommt ein Kind
Kind 18.4
unartiges Kind
Kind 15.2, 51.3
uneheliches Kind
Kind 18.4
unruhiges Kind
Kind 18.4
verspieltes Kind
Kind 15.4
Vater eines unehelichen Kindes
Kind 18.4
verwöhntes Kind
Kind 5.3
Bei dem haben sie das Kind weggeschmissen und die Nachgeburt aufgezogen.
Kind 17.27
Deine Mutter hat wohl das Kind weggeschmissen und die Nachgeburt aufgezogen.
Kind 22.15
wie die Jungfrau zum Kind kommen
Kind 21.1
Wie sag ich's meinem Kinde?
Kindbett 17.20
aus dem Kindbett beten (gehen, lesen, leiten, segnen)
Kindbetthof 17.20
Kindbettkellner 17.17
Kindbettkellnerin 17.18
Kindelbier 17.20, 18.10, 36.12, 78.3
Kindelbier 36.4
jemandem Kindelbier füttern
kindeln 52.4
Kinder 18.5
Kinder 18.5
Kinder aller Altersstufen
Kinder 15.10
Apparat zum Empfang ausgesetzter Kinder
Kinder 15.10
Aussetzung unehelicher Kinder
Kinder 14.69
Kinder geschiedener Eltern
Kinder 15.10
Haus für ausgesetzte Kinder
Kinder 18.5
Haus mit vielen Kindern
Kinder 32.3
Inzest mit den Kindern
Kinder 18.5
Stall voll Kinder
Kinder 40
Stall voller Kinder
Kinder 15.11
Tötung unehelicher Kinder
Kinder 55
uneheliche Kinder
Kinder 18.5
viele Kinder versorgen
Kinderarm 1.73, 19.10, 28.4, 28.9
Kinderarzt 18.20
Kinderbadewanne 55.3
Kinderbadewannen 59.40
Kinderbenzin 57
Kinderbetterin 17.12
Kinderbier 1.78
Kinderbordell 28.6, 48.26
Kinderbringer 17.22
Kinderbrunnen 1.66, 17.22
Kinderbrunnen 26.25
den Kinderbrunnen ausloten
Kinderchaise 18.13
Kinderei 17.16, 47.42
Kinderficker 28.3
Kinderfräulein 20.4
Kinderfreund 28.3
Kinderfreundin 28.2
Kindergarten 18.14, 28.6, 48.26
Kindergarten 47.41
krimineller Kindergarten
Kindergärtnerin 18.19
Kindergeld 18.21
Kinderheim 28.6, 48.26
Kinderhort 28.6, 48.26
Kinderhöschen 18.15
Kinderhöschen mit Hinterklappe
Kinderkacke 72.6
Kinderkakao 17.15
Kinderkillerspritze 16.7
Kinderkillerzoll 16.10
Kinderkleiderfetischismus 70.11
Kinderkleidung 18.15, 70.11
Kinderkriegen 17.27
Das ist zum Kinderkriegen!
Kinderkriegerheim 17.16, 51.3
Kinderland 18
kinderlieb 28.1
Kinderliebe 28, 32.3
Kinderlimousine 18.13
kinderlos 51.2
kinderloser Mann
Kindermädchen 18.19
Kindermatratze 28.2
Kindermord 16, 16.5
Kindermund 17.2
Mutter im Kindermund
Kinderpelglin 17.15
Kinderpenis 1.73, 54.8
Kinderplanschbecken 1.66
Kinderpritsche 28.2
Kinderrecht 18.21
kinderreich 17.2
kinderreiche Mutter
kinderreich 17.3
kinderreicher Vater
kinderreich 17.1
kinderreiches Elternhaus
Kindersarg 16.7
Kindersärge 1.87, 59.40
Kinderschar 40

Kinderscheide 1.66
Kinderscheiße 55
Kinderschreck 28.3
Kinderschuhe 19.6
den Kinderschuhen entwachsen
Kinderschuhe 64.25
die Kinderschuhe auswachsen
Kinderschuhe 19.6
Kinderschuhe austreten
Kinderschuhe 18.7
noch in den Kinderschuhen stecken
Kindersegen 17
Kinderspeck 17.15
Kinderspiele 18.16
erotische Kinderspiele
Kinderspielplatz 18.17
Kinderstall 18.5
Kinderstube 17.1, 18, 20
Kinderstube 40
gute, schlechte
Kindertag 41
Kinderverzehrerin 28.2
Kinderwagen 18.13
Kinderwagen-Abstellplatz 18.13
Kinderwein 1.78, 36.12, 78.3
Kinderwein 36.4
jemandem Kinderwein füttern
Kinderzimmer 18.12
Kinderzimmer-Kledage 70.11
Kindesaussetzung 47.15
Kindesbein 19
von Kindesbein an
Kindeskind 32.1
Kindestötung 15.11, 18, 47.28
Kindleinkraut 16.1, 16.8, 52.2, 52.8
kindlich 18.6
kindlich 18.7
kindlich sein
Kindschaft 17, 18.1, 40
Kindschenck 17.20
Kindsegen 18.1, 40
Kindskopf 19.4
Kindstaufe 18.10
Kindstuhl 17.16
Kinkerlitzchen 11.3
Kinn 1.47
Kinn 26.25
unters Kinn niesen
Kinnbalkon 59.19
Kinnmatratze 1.48
Kino 54.5
Kino für Sexfilme
Kino 14.55
Papas Kino
Kinobeine 1.86
Kinologe 54.5
Kinologe für Liebespärchen
Kino-Orgel 54.8
Kinotasche 25.8, 59.26
Kinsey 48.2
fahrender Kinsey
Kinsey 21.6
Kinsey der Zweite, wandelnder Kinsey
Kinsey 21.5
Kinsey mit Busen, Kinsey mit Loch
Kinsey 21.4
Kinsey war schon da
Kipfel 64.19
Kipferl 1.66, 1.73, 29.10, 30.8, 36.12
Kipp 34.4
Kippe 8.2, 16.5
kippe 16.6
kippe machen
kippeln 26.25
kippen 16.6
kippern 72.5
Kirche 50.5
Kirchengroschen 59.3, 59.26
Kirchenmusik 49.13
Kirchfeste 50.4
Kirchführer 14.41
Kirchführerin 14.41
Kirchgang 17.20
gesegneter Kirchgang
Kirchmesse 50.4
Kirchtag 48.33
Brigittenauer Kirchtag
Kirchturm 50.5
Kirchturmglocken 24.1
die Kirchturmglocken läuten
Kirchweihfest 50.4
kirmen 22.14, 29.6, 35.7
Kirmes 1.60, 23, 50.4
Kirmes 23.1
Kirmes haben
Kirmesschärpe 23.7, 70.2
kirre 26.40
kirre kriegen, kirre machen
kirre 80.10
kirre machen
kirren 9.12
Kirschsaft 1.25, 78.3, 79.2, 80.18
Kiß 36.12
Gari-Kiß
Kiß 36.4
am Gari-Kiß knabbern
Kissenpuper 35.22, 45
Kissingen 41.9
aus Kissingen holen
Kissingen 41.8
aus Kissingen zurückkommen
Kissingen 26.3, 26.25
nach Kissingen fahren
Kissingen 26.17
nach Kissingen gehen
Kissingen 41.6
nach Kissingen ziehen
Kißler 47.3
Kißlerin 47.3
Kißnägel 1.44
Kiste 1.58, 1.83, 35.10, 41.5, 53.4, 55.11, 70.5
Kiste 22.18, 47.26
aufgebrochene Kiste
Kiste 22.18
aufgemachte Kiste, aufgestemmte Kiste, geöffnete Kiste, offene Kiste
Kiste 1.85, 29.10
braune Kiste
Kiste 35.7
die Kiste anbohren (aushobeln, vollpacken)
Kiste 22.14
die Kiste aufbrechen
Kiste 26.25
die Kiste aufmachen (aufschließen)
Kiste 35.7
die Kiste aufstemmen (aufbrechen, einhacken)
Kiste 37.4
die Kiste aushobeln
Kiste 41
Kiste rücken
Kiste 17.26
leere Kiste
Kiste 29.10
schwarze Kiste
Kiste 1.58
stramme Kiste
Kiste 22.10
unaufgeschlossene Kiste
Kiste 1.4
unbediente Kiste
Kiste 22.10
vernagelte Kiste
Kistenhobler 35.5
Kistenrücken 41
Kistenschieber 29.3, 35.5
Kistenschwenker 29.9, 35.5, 35.6, 35.9, 48.4
Kistentag 41
Kistentischler 29.3, 29.9, 35.5, 35.6, 48.4
Kistenwagen 14.32
Kit 48.25, 59
Kitsch 54.5, 54.6
Kitsch mit Loch, mit Schwanz
Kitschsuse 54.8
Kitt 6.1, 30.7, 45.1, 48.1, 59, 70, 70.9, 80.22
Kittel 59.10
Kittelbiene 51.3, 63.13
kitteln 26.25
Kittelschürze 59.41
Kitzel 3.6
Ihn sticht der Kitzel.
Kitzel 4.8
vom Kitzel gestochen
Kitzelkammer 41.3, 48.26, 48.31, 80.94
kitzeln 25.1, 80.38, 80.46
kitzeln 7.11
das kitzelt ihn
kitzeln 1.49, 36.4
den Gaumen kitzeln
kitzeln 12.17
die Ohren kitzeln
kitzeln 80.38

einen mit dem Freund kitzeln
kitzeln 24.1
sich einen kitzeln
Kitzler 1.68, 80.40, 80.41, 80.48
Kitzler 36.8
den Kitzler witzeln
Kitzler 36.6
Kitzler-Witzler
Kitzlerbliss 30.7, 48.26
Kitzlerbude 30.8, 41.2
Kitzlerkeller 30.6
Kitzler-Kitzler 1.55
Kitzlerschuppen 30.6
kitzlig 6.16, 47.21
kitzlig 1.68, 3.4
kitzliger Punkt
K.K. 64.23
Klabautermann 82.5
Klackerfrau 44.2
Klackermann 44.1
klaffen 59.40
Sohle und Oberleder klaffen auseinander
Klafott 70.9
Klafottfotze 70.9
Klafottgibber 70.9
Klaft 59.13
Klageweib 47.33, 54.8
Klamine 41.3, 53.4, 55.11
klamm 4.5, 6.13, 12.40, 45.6
klamm 4.6
klamme Braut
klamm 6.15
klammes Hemd
klamm 48.25
klammer Laden
Klammer 1.54
Klammeräffchen 46.4, 53.15
Klammeraffe 8.21
Klammerbraut 46.4, 53.15
Klammerkatze 46.4, 53.15
Klammersack 59.25, 59.33
Klamotte 1.54
Klamotten 1.84, 1.86, 1.87, 45.1, 59.1
Klamotten 37.4
die Klamotten aufbügeln
Klamotten 41
seine Klamotten packen
Klamottengalopp 59.4
Klamottenkiste 27.3, 39.4, 39.14
Klamottentempel 59.3
Klang 45.1
Klappe 1.42, 29.10, 41.5, 48.25, 53.4, 55.11, 59.26
Klappe 29.6
die Klappen abklappern, durch die Klappen streichen
Klappe 41.6
Marsch in die Klappe
Klappe 26.17
Marsch, jetzt in die Klappe, Jungchen, oder Mama geht ohne dich!
Klappe 26.17, 41.6
sich in die Klappe hauen
Klappe 31.4
zwei Fliegen mit einer Klappe schlagen
klappen 47.40
Klappenfehler 29.1
Klappenschrankmädchen 46.2
Klapperkiste 41.1, 41.2
Klapperlatschen 59.40
Klapperlinge 59.40
Klapperschlange 45
Klapperstein 17.22
Klapperstorch 17.4
Klappmesser 80.48
Klappstulle 31.5
Klappstulle 31.5
Klappstulle mit Emmentaler, Klappstulle mit Eiern, Klappstulle mit Riesenbockwurst
Klaps 64.10
Klaps 64.2
Abteilung Klaps
Klapsanstalt 64.2
Klapsdoktor 64.4
Klapsflicker 64.4
Klapsgreifer 48.10, 63.12
Klapsmühle 64.2
Klapsmühlentreuhänder 64.4
Klapsmüller 64.4
Klapsologie 64
klar 62.5
klar Schiff machen
Klara 41.19
Tante Klara
Kläranlage 62.7
Klärbecken 47.40, 48.10
Klärbecken 49.26
Gewissen mit Klärbecken
Klärchen 22.10
Klärchen 21.5, 22.18
aufgeklärtes Klärchen
Klärchen 22.14
das Klärchen aufklären
Klärfeld 62.7
Klarinette 1.73, 29.10, 36.12, 54.8
Klarinette 24.1, 25.1, 26.25
Klarinette spielen
Klarinette 36.4
Klarinette blasen
Klarinettenbläser 36.2
Klarinettenbläserin 36.3
Klarinettensolo 36.1
Klarinettist 24.3, 25.4, 54.8
Klärling 1.36
Klarsicht 16.1
Klarsicht-Pariser
Klarsichtbluse 59.23, 70.5
Klarsichtetui 59.10
Klarsichthemd 59.17
Klarsichtkutte 59.9
Klarsichtpulli 59.16
Klarsichtwäsche 70.12
Klasse 6.1
Klassefrau 1.5, 6.2
Klassemann 6.3, 38.4
Klasseweib 1.5, 6.2
Klassiker 59.8
Klate 1.66, 2.2, 22.10, 48.2
Klater 2.2, 48.2, 59, 71.2
klaterig 62.11
Klatschbalken 72.15
Klatschbase 11.12, 14.50, 46.1
Klatschchronik 47.21, 54.1
klatschen 37.4
vor die Brust klatschen
Klatschkäse 1.79, 36.12, 78.3
Klatschkute 72.12
Klatschnest 72.12
Klatschweib 48.2, 80.94
Klaue 1.54
Klauenbezug 59.8
Klauenbezüge 59.38
Klauenhülse 59.8
Klauenseuche 61, 61.5
Maul- und Klauenseuche
Klauentaler 14.1
Klaviatur 1.63, 1.66, 1.85, 25.8, 30.8, 35.14, 54.8
Klaviatur 25.1
auf der Klaviatur klimpern
Klaviatur 25.1
einer auf der Klaviatur klimpern
Klavier 1.44, 1.66, 2.2, 25.8, 30.8, 54.8
Klavier 27.3, 39.12
abgegriffenes Klavier
Klavier 24.1, 25.1, 26.25
Klavier spielen
Klavier 26.9
mit dem Klavier spielen
Klavier 11.12
verstimmtes Klavier
Klavierassel 54.8
Klavierbeine 1.86
Klavierlehrerin 54.8
Klavierpauke 54.8
Klavierschnauze 1.42
Klavierspieler 25.4
Klavierspielerin 24.2, 30.2
Klebarsch 53.3, 55.11
kleben 26.25, 54.5, 80.58
kleben 10.2
an jemandem kleben
kleben 59.20
geklebte Fliege
kleben 36.10
ihm klebt die Zunge am Gaumen
kleben 62.11
Wenn man ihn an die

Wand schmeißt, bleibt er kleben.
Kleckerbusch 18.15
Kleckerficker 64.20
kleckern 62.9
Klecks 70.1
Kledage 59
Kledage 26.12
sans Kledage
Kleeblatt 31.5
Kleeblatt 31.5
Kleeblatt mit Stengel
Kleemeister 33.1
Kleeweiß 34.4
Kleid 59.10
Kleid 59.10
altes Kleid
Kleid 59.10
altmodisches Kleid
Kleid 26.11
Après-Ski-Kleid
Kleid 59.10
bestes Kleid
Kleid 59.10
billiges Kleid
Kleid 59.10
buntes Kleid
Kleid 59.10
dekolletiertes Kleid
Kleid 59.10
durchsichtiges Kleid
Kleid 59.10
eingelaufenes Kleid
Kleid 59.10
einteiliges Kleid
Kleid 59.10
Emmentaler Kleid mit Löchern
Kleid 59.10
enges, glitzerndes Kleid
Kleid 59.10
enges Kleid
Kleid 59.10
kurzes Kleid
Kleid 59.10
Kleid mit Dauerwellen
Kleid 59.10
Kleid mit Fenstern, mit Notausgang, mit Ventilation
Kleid 59.10
Kleid mit Frontdekolleté
Kleid 59.10
Kleid mit gepolsterten Schultern
Kleid 35.22, 59.10
Kleid mit Rückendekolleté
Kleid 59.10
Kleid mit Taillendekolleté
Kleid 59.10
Kleid mit unbedecktem Busen
Kleid 59.10
langes Kleid
Kleid 59.10, 59.25
Oben-ohne-Kleid
Kleid 59.10, 59.25
Oberhalb-ohne-Kleid
Kleid 59.10, 59.26
Ohne-Kleid
Kleid 59.10
onduliertes Kleid
Kleid 59.10
Schweizer Kleid
Kleid 59.10
selbstgeschneidertes Kleid
Kleid 59.10
textilarmes Kleid
Kleid 59.10
textilfeindliches Kleid
Kleid 59.10
ungebügeltes Kleid
Kleid 59.10
untailliertes Kleid
Kleid 59.25
Unten-ohne-Kleid
Kleid 59.10
verführerisches Kleid
Kleid 59.10
zu enges Kleid
Kleiderärmel 59.14
Kleideraufschlitzer 70.18, 80.49
Kleiderbude 59.3
Kleiderbügelanzug 59.12
Kleiderbügeljacke 60.10
Kleiderbügelkleid 59.10
Kleidergalgen 59.5
Kleidergestalt 41.4
Kleidergestell 41.4
Kleidermotten 71.3
Kleiderpuppe 59.5
wandelnde Kleiderpuppe
Kleidersaum 59.10
Kleiderschrank 1.9, 1.66
Kleiderständer 1.11, 59.6
Kleiderständer 59.5
lächelnder Kleiderständer
Kleiderstange 1.15
Kleiderverleih 59.3
Kleiderzwitter 66.1
Kleidsack 59.10
Kleidung 48.1, 59
Kleidung 59
beste Kleidung
Kleidung 59
enge Kleidung
Kleidung 59
enge Kleidung tragen
Kleidung 59
Frau in enger Kleidung
Kleidung 59
Frau in kurzer Kleidung
Kleidung 48.1
geborgte Kleidung
Kleidung 59
gewagte Kleidung
Kleidung 8.92
sadomasochistische Kleidung
Kleidung 59
kurze Kleidung
Kleidung 59
kurze Kleidung tragen
Kleidung 59
lange Kleidung
Kleidung 59
neue Kleidung
Kleidung 59
schlechte Kleidung
Kleidung 59
solide Kleidung
Kleidung 59
weite Kleidung
Kleidungsfetischismus 70.9
Kleidungsstücke 59.1
Kleidungsstücke 59.1
gute Kleidungsstücke
Kleidungsstücke 59.1
schlechte Kleidungsstücke
klein 18.13
Auto des kleinen Mannes
klein 28.9
der kleine Bruder, Spielbank des kleinen Mannes, kleiner Finger
klein 19.10
der kleine Bruder, Spielbank des kleinen Mannes, kleiner Finger, kleine Portion
klein 2.8
der kleine Finger
klein 63.1
die kleine Galanterie
klein 59.43
enge, kleine Männerbadehose
klein 25.1
eine um den kleinen Finger wickeln
klein 1.55, 28.4
kleiner Finger
klein 72.12
für kleine Jungens
klein 72.12
für kleine Mädchen
klein 26.41
klein aber fein, klein aber oho
klein 1.13, 6.1, 19.3
klein aber oho
klein 64.19
klein beigeben
klein 1.58, 19.2, 64.19
kleine Portion
klein 28.4
kleine Portion, kleine Schwester, der kleine Bruder, Spielbank des kleinen Mannes
klein 19.9
kleine Schwester
klein 59.41
kleine Wichs
klein 59.7
kleiner Damenhut ohne Krempe
klein 1.73
kleiner Finger, kleine

Portion, Spielbank des kleinen Mannes
klein 2.2
kleiner Fratz
klein 59.12
kleiner Gesellschaftsanzug
klein 59.7
kleiner Hut auf großer Frau
klein 31
kleiner Klumpatsch
klein 58.8
kleiner Mann im Ohr
klein 48.2
kleine Nummer
klein 1.55
kleiner Schwanz
klein 6.20
kleines Lämmchen
klein 41.3
kleines Zimmer
klein 73.5
klein machen, klein müssen
klein 62.5
Ozean des kleinen Schiffers
klein 2.8
sein kleiner Finger sagt es ihm
klein 24.1
sich um den kleinen Finger wickeln
klein 25.8
Spielbank des kleinen Mannes
klein 64.21
so klein mit Hut sein
klein 24
Tennis des kleinen Mannes
klein 48.5
viel klein machen
klein 59.7
zu klein gewordener Hut
Kleine 19.9, 28.4
die Kleine
Kleine 1.66
die Kleine, kleine Schwester
Kleiner 1.68, 1.73, 19.10, 28.4, 28.9
der Kleine
Kleinfladenhausen 53.8
Kleingeld 45.1
Kleingewerbetreibende 48.2
Kleingewerbetreibender 48.4
Kleinholz 80.61
Kleinholz 35.7
einen zu Kleinholz machen
Kleinholz 47.26, 80.58
Kleinholz machen
kleinkariert 3
kleinkariertes Innenleben
Kleinkind 18.3
Kleinkinderbewahranstalt 47.41
Kleinkinderkacke 55
Kleinkramdoktor 18.20
kleinkriegen 64.23, 80.10
Kleinmachen 73.5
Kleinvieh 48.35
Kleinvieh macht auch Mist
Kleisterer 53.7
kleistern 53.7, 80.58
Kleistertanz 53.7
Klementinchen 1.58, 2.2a, 19.2, 70.5
Klementine 1.66, 2.2a, 48.2
Klementinen 1.58, 1.67, 70.5
Klemme 1.66, 1.68, 45.6
klemmen 47.4
Klemmen 1.67
klemmen 64.17
nicht klemmen
klemmen 1.66
sie klemmt
klemmen 1.66
sie klemmt nicht
Klemmfotze 1.66, 1.68, 30.2, 64.22
Klemmring 1.66, 1.85, 24.5, 29.10, 35.10
Klemse 1.66, 2.2, 48.2
Kleriker 50.6
Klesch 1.66, 2.2, 48.2
Kleschen 1.67
Kletten 7.11
sie sind wie die Kletten
Kletten 8.1
wie die Kletten
Kletterbiene 48.2
Kletterbude 41.21, 48.30
Kletterburg 41.21, 48.30
Kletterfliege 48.2
Kletterhanne 48.2
Kletterjule 48.2
Kletterkätzchen 48.2
Klettermaus 48.2
Klettermäuschen 28.6, 48.2
Klettermaxe 48.4
klettern 26.25
Kletterpflanze 48.2
Kletterratte 48.2
Klettervogel 48.8
Kletterwanze 48.2
Kletzen 1.67, 35.8
Klifft 59.15
Kliftle 59.1
Klimakterium 39.8
Klimbim 58
Klimmzüge 27
Klimmzüge an der Titti
Klimperblech 58
Klimperbluse 59.23
Klimperkleid 59.10
Klimperladen 58
Klimperlinge 45.1
klimpern 25.1, 54.8
klimpern 24.1
am Schellenbaum klimpern
klimpern 25.1
am Schellenbaum klimpern, auf dem Griffbrett (der Klaviatur, der Tastatur, den Tasten) klimpern
klimpern 24.1
auf den Tasten klimpern
klimpern 25.1
einer auf dem Griffbrett (der Klaviatur, der Tastatur, den Tasten) klimpern
klimpern 12.11
mit den Wimpern klimpern
Klimpernestra 54.8
Klinge 1.73
Klinge 26.25
die Klinge reinhauen
Klinge 26.25
eine gute Klinge schlagen
Klinge 10.7
eine scharfe Klinge führen
Klinge 4.18, 6.18
scharfe Klinge
Klingelbeutel 1.73, 1.76
Klingelfee 41.20, 45, 46.2
Klingelknopf 1.58, 41.4
Klingelkugel 24.5
klingeln 26.39
klingeln 17.11
es hat geklingelt
Klingelwarze 41.4
Klingelzug 26.30
Klinik 61.1
kosmetische Klinik
Klinik 64.3
psychiatrische Klinik
Klinke 1.73
klinkenputzen 36.4
Klinkenputzer 29.3, 36.2
Klinkenputzerin 36.3
Klinko 80.40
Klippanstalt 20.1
Klistier 35.4, 72.9
Klistier 26.25
ein Klistier geben
Klistier 26.25
ein Klistier verabreichen
Klistier 35.7
ein Klistier verpassen
Klistier 35.16, 35.20, 36.11, 48.4
Klistier auf Beinen, Klistier mit Schwanz
Klistier 35.17, 35.20, 36.11, 48.2
Klistier mit Busen, Klistier mit Loch
Klistier 35.20, 48.6
Klistier ohne Krankenkasse, Klistier für

Privatpatienten
Klistierdragoner 51.3
Klistierfunse 35.22, 51.3, 63.12, 63.13
Klistierspritze 51.3, 72.9
Klitoris 1.68, 25.8, 30.8, 36.12, 54.8
Klitoris 36.8
an der Klitoris lecken
Klitoris 24.1
mit der Klitoris spielen
Klitoris 1.68
Frau mit hervorstehender Klitoris
Klitoris 1.68
Klitoris beim Cunnilingus
Klitoris 1.68
Klitoris bei der Masturbation
Klitsche 1.66, 2.2, 48.2, 80.61
Klitschen 1.67
klitschen 80.58
Klitzsch 80.86
Klo 72.12
Klo 72.24
Herr Klo
Klo 46.4, 53.15
Klo auf Rädern, schnelles Klo
Kloakenfriedrich 72.24
Kloakenschmetterling 49.7, 72.23
Kloakerich 72.24
Kloben 1.73, 80.95
klobraun 51.2
Klodern 72.6
Klofrau 72.23
Klojahrgang 17.16
Klokunst 74
Klomama 72.23
Klonte 2.2, 4.25, 22.10, 48.2
Klooten 1.77
Klöpfe 80.61
klopfen 80.58
klopfen 10.7
an allen Türen klopfen
klopfen 80.58
weich klopfen
Klopfhengst 14.19, 48.8, 63.7
Klopfstute 45
Kloppe 80.61
Klöppel 1.73
Klöppel 1.63, 2
Glocke und Klöppel
klöppeln 31.4
Klöppelspitze 26.25
Klöppelspitze machen
kloppen 24.1, 25.1, 26.25
Griffe kloppen
kloppen 12.17
Sprüche kloppen
Kloppfisch 80.61
Klopsakademie 20.2
Klopskalle 41.19, 55.7
Klosett 59.26
Acht-Tage-Klosett
Klosett 35.22
die Brillanten durchs Klosett jagen
Klosettbecken 72.2
Klosettbrille 51.3, 54.7, 72.17, 73.9
Klosettbürste 72.20
Klosettdeckelvisage 1.33
Klosettfrau 72.23
Klosettmuschel 72.16
Klosettpapier 51.3, 72.19
Klosettpapierrolle 54.5, 72.19
Klosettstange 72.15
Klosettür 72.21
Klosettzug 72.18
Kloß 72.7
Kloß im Arsch
Klößchen 1.58, 1.77, 36.12, 70.5
Klößchenbehälter 59.23
Klößchenheber 59.30
Klößchenschale 1.76, 36.12, 59.34, 70.3
Klößchenschale 36.4
an der Klößchenschale knabbern
Klöße 1.77, 36.12
Kloster 1.69, 29.8, 29.9, 48.26, 48.28, 72.12
Klosteraner 72.24
Klosterbruder 72.24
Klosterfrau 72.23
Klostergeist 72.23, 72.24
Klostergewölbe 72.16
Klostermönch 53.5
Klostermönch und Nönnchen
Klotante 72.23
Klöte 1.77, 24.1, 25.1, 26.9
die dritte Klöte suchen
Klöte 59.26
er sucht die dritte Klöte
Klöten 1.77
Klöten 25.1
die Klöten ins Rollen bringen
Klöten 26.25
die Klöten plysien
Klöten 25.2
jemandem die Klöten servieren
Klöten 55
Klöten mit Gänsedreck
Klöten 26.9
Klöten plysien
Klötenbecher 1.76
Klötengarage 63.14
Klötengreifer 1.54, 25.8, 29.3, 63.12
Klötenhalter 59.34
Klötenheber 59.34
Klötenheini 24.3, 25.4
Klötenklempner 63.12
Klötenklipper 16.14, 63.12
Klötenmasseur 24.3, 25.4
Klötenpanzer 59.34, 70.3
Klötenpink 48.21
Klötenschaukel 59.34
Klötenschuster 63.12
Klötenspenglerei 63.14
Klötenstriegler 24.3, 25.4
Klotz 10.1
anhänglich wie ein Klotz am Bein
Klotz 8.21, 14.48, 15.2
Klotz am Bein
Klotz 15.5
sich einen Klotz ans Bein binden
Klotzen 1.87
klotzig 6.1, 26.21
klotzig 6.3
klotziger Bulle
Klotzkorken 59.40
Klotzpantinen 59.40
Klubmatratze 51.3
Kluft 59, 59.12, 70.10
Kluft 59.6
sich in Kluft schmeißen
Kluft 59.6
sich in Kluft werfen
Kluft 59
stramme Kluft
Klüftchen 53.7
kluften 59.6
sich kluften
Klufterei 59
Kluftgibber 70.10
klug 14.29
die kluge Frau baut vor
klugscheißen 35.22
Klumpatsch 31
Klumpatsch 31
kleiner Klumpatsch, großer Klumpatsch
Klumpatsch 80.58
in den Klumpatsch hauen
Klumpen 59.40
Klumpfuß 1.87, 50.11
Klumse 1.66, 2.2, 48.2
Klumsen 1.67, 48.2
Klumsenbohrer 1.73
Klumsenbrenner 63.12
Klumsenbrennerei 63.14
Klumsenspengler 63.12
Klumsenspenglerei 63.14
Klunde 48.2
klüngeln 13.2
Klunker 58
Klunker 58
waffenscheinpflichtiger Klunker
Klunkerkette 58.6
Klunkerkram 58
Klunkern 26.30
Klunkerschräzgen 48.3
Kluns 34.4
Klunse 1.66, 2.2, 4.25, 48.2
Klunsen 1.67
klünsen 22.14, 26.25
Klunte 1.66, 2.2, 4.25, 29.3, 30.2, 48.2
Kluntengampel 15.2
Kluntenschrätzchen 15.2
Kluntermaudel 48.2
kluntig 29.4, 30.3
Kluntscher 1.58
Knabberbeeren 35.8
knabbern 36.4, 36.8

knabbern 36.8
am Brötchen (an der Schrippe, an der Prinzeßbohne) knabbern
knabbern 30.4
am Brötchen knabbern
knabbern 35.18
am Sitzfleisch knabbern
knabbern 36.4
an der Banane (am Bubespitzle, am Eisbein, an der Kümmelstange, am Pfifferling, am Pilz, an der Rübe, an der Salzstange, am Spitzbein, an der Steckrübe, am Steinpilz, am Stengel, am Waldmeister, an der Wolfswurzel, an der Wurst) knabbern
knabbern 36.4
an der Appeltüte (am Eierbecher, am Eiersack, an der Eierschaukel, an der Eihaut, am Frischhaltebeutel, am Gari-Kiß, am Gludenkiß, an der Kaltschale, an der Klößchenschale, am Tomatenkorb, am Traubenbecher, am Traubenkorb, an der Traubenschale, am Wassersack, am Zwiebelbeutel) knabbern
knabbern 76.2
Winterkirschen knabbern
Knabe 19.4
Knabe 14.16, 39.5
alter Knabe
Knabe 19.8
frühreifer Knabe
Knabe 36.12
des Knaben Wunderhorn
Knabenfreundschaft 28.7
Knabenhandel 28.10
Knabenkraut 52.3
Knabenliebchen 28.9
Knabenliebe 28.7
Knabenpenis 19.10
Knabenpflege 28.7
Knabenschaft 14.16
Knabenschänder 51.2
Knabenschreck 67.2
knäbbig 6.1
knäbbig 6.3
knäbbiger Bock
Knäcke 2.5, 6.3, 19.4
Knäcke 6.3
Doppel-Knäcke
knacken 47.26, 47.40
knacken 1.58
bei der kann man 'ne Laus drauf knacken
Knacker 2.5
Knacker 39.5
alter Knacker
knackfidel 4.1
Knackmandel 31.1
Knacksbaracke 64.2
Knacksologie 64
knafte 6.1
knafte 6.3
knafter Trumm
Knall 64.10
Knallbaude 64.2
Knallblech 55
Knalle 1.5, 1.58, 2.2, 4.25, 6.2, 48.2
knallen 26.25, 80.58
knallen 80.58
einen vor den Latz knallen
knalleng 59
Knallerbse 59.7
Knallerbsen 1.38
mit den Augen Knallerbsen spielen
Knallfrosch 2.2, 4.2, 4.25, 6.2, 48.2
Knallfrüchte 55
knallhart 26.21
Knalliatrie 64
Knallkörper 1.3, 1.58, 2.2, 4.25, 6.2, 48.2, 48.4
Knallnymphe 20.10, 48.2
Knallpastillen 72.8
Knallperlen 72.8
Knallpillen 72.8
Knallpulver 72.8
Knallschote 80.61
Knallschuppen 48.32, 53.3, 55.11
Knalltüte 5.2, 48.25
Knallwaden 59.39
knapp 45.6, 59
knapp 59
knapp wie Geld vor Ultimo
Knappenehe 14.60
Knappkoter 80.48
Knarkbude 55.11
Knarren 1.56
knarren 59.40
seine Schuhe knarren
Knast 1.56
Knatterarsch 46.4, 53.15
Knatterbalken 72.15
Knautsch 41.5
Knautschgesicht 1.33
Knautsch- und Knutschschnulze 54.8
Kneann 17.3
Knebel 1.48, 1.73, 29.10, 80.76
knebeln 80.75, 80.84
Knebeltrense 80.76, 80.82
Knecht 1.73
knechten 80.10
knechten 80.11
sich knechten lassen
knechtisch 80.9
Knechtmarkt 41
Knechtschaft 80.3
knechtselig 80.9
Knechtseligkeit 80.3
Kneckes 18.3
Kneif 80.48
kneifen 80.69
Kneifkuß 26.4, 80.72
Kneifzange 12.41
die Hosen mit der Kneifzange aufmachen
Kneip 80.40, 80.48
kneipen 80.38
Kneipenspinne 48.2
Kneippkur 73.12
Kneiß 70.1
Kneitebeu 41
Knelen 1.32
Knern 1.32
Knetbesen 48.2, 80.94
kneten 37.4
den Gummi kneten
kneten 25.1
jemanden weich kneten
Knetfleisch 48.8, 80.7, 80.94
Knetgummi 1.58, 64.19
Knetkuh 48.2, 80.94
Knetlinge 59.40
Knetmasse 64.19
Knetwalküre 48.2, 80.94
Knetwalze 48.2, 80.94
knicken 22.14, 47.26
knicken 22.14
das Blümchen (das Gänseblümchen, das Marienblümchen, das Pflänzchen, die Lilie) knicken
Knicker 80.48
Knickerbocker 59.26
Knickstiefel 39.5, 39.13
Knie 1.73
Knie 26.30, 80.11
auf den Knien rutschen
Knie 80.11
das Knie beugen
Knie 22.14
eine übers Knie brechen
Knie 1.86
er kann mit den Knien Feuer schlagen
Knie 26.30, 36.4, 36.8
in die Knie gehen
Knie 47.26
übers Knie brechen
Knie 80.58
übers Knie legen
Knie 26.39
weich in den Knien werden
Kniebeuge 26.30
in der Kniebeuge
Kniebohrer 1.86
Kniebreche 26.30
aus der Kniebreche
Knief 1.73
kniefrei 59.10
kniefrei bis unter die Arme, bis zum Ohrring, bis zur Hüfte, bis zum Sohnes gesegnet
kniefrei 26.12
kniefrei bis zum Ohrring, mit kniefreien

Titten
kniefrei 59
kniefrei bis zur Hüfte gehen
kniefrei 59.17
kniefreie Hemdbrust
kniefrei 26.11, 59.10
kniefreie Titten
Kniegeige 2.2, 26.1, 26.30, 54.8
Knieholz 26.30
Knieholz machen
Kniehose 59.26
knien 47.40
sich auf jemanden knien
knien 26.30
sich aufs Leder knien, sich in die Arbeit knien
Knieradler 1.86
Knieriemen 26.30
Knierutscher 26.30
Kniescheibe 26.30
Kniescheibe 1.30
bei ihm ist die Kniescheibe durch die Frisur gewachsen
Knieschwester 26.1
Kniestück 54.2
Kniff 12.16, 19.4, 28.4, 28.9
Kniff 12.39
fauler Kniff
Kniffe 12.35
die Kniffe raushaben
Knilch 2.5, 8.15, 9.9, 19.4, 28.4, 28.9
Knippe 48.25
stille Knippe
Knips 16.14
Knirps 1.12, 18.3
knirschen 39.3
der Kalk knirscht in den Knochen
Knispeldose 1.66
knistern 11.11, 14.58
es knistert im Gebälk
Knittel 80.62
knitteln 53.7
Knitteltimpe 53.7
knitterfest 4.13, 22.2
Knobelbecher 59.40
knobeln 12.35, 26.25
knobeln 12.38
knobeln können
Knoblauchzehen 1.87, 78.3
Knoblauchzwiebel 1.71, 62.13
Knobler 12.37
knöcheln 80.20, 80.58
Knochen 1.54, 1.73, 1.86, 2.5, 12.24, 29.10
Knochen 36.4
am Knochen lutschen
Knochen 63.9
Blei in den Knochen
Knochen 36.12
den Knochen verschlucken
Knochen 64.21
der alte Knochen will nicht mehr
Knochen 39.3
der Kalk knirscht in den Knochen
Knochen 80.58
die Knochen kaputtschlagen, die Knochen numerieren
Knochen 25.1
die Knochen zusammennehmen
Knochen 26.27
Disziplin im Knochen
Knochen 12.35, 26.25
Disziplin im Knochen haben
Knochen 64.21
elender Knochen
Knochen 26.22
fester Knochen, harter Knochen
Knochen 1.73
Fleisch und Knochen
Knochen 1.11
großer Knochen
Knochen 4.15
harter Knochen
Knochen 39.11
hat kein Mark mehr in den Knochen
Knochen 1.73
Haut und Knochen
Knochen 26.19
Ihm steht der Knochen.
Knochen 64.21
keinen Knochen am Leibe haben
Knochen 64.21
kein Mark im Knochen
Knochen 64.21
müder Knochen
Knochen 9.3
sie steht ihm im Knochen
Knochen 29.3
zarter Knochen
Knochenbude 63.14
Knochenbukett 12.24
knochenhart 26.21
Knochenkoffer 33.4, 41.5
knochenkotzen 36.12
Knochenmark 36.12
Knochenmark 36.4
jemandem Knochenmark füttern
Knochenmark 55
Suppenklöße aus Knochenmark
Knochenmühle 29.8, 48.26
Knochensauger 29.3, 36.2
Knochenwedel 12.24
Knödelseminar 20.2
Knökbude 72.12
knöken 72.5
Knökophon 72.12
Knökophonium 72.12
Knolle 1.40, 1.73
Knolling 1.54
Knop 80.61
Knopf 1.68, 1.73, 2.5, 3.4, 59.3
Knopf 3.4
drück mal auf 'n Knopf, damit's losgeht
Knopf 59.26
Hose mit Knöpfen
Knopf 59.3
Knopfloch ohne Knopf
Knopf 1.63, 2.1
Knopf und Knopfloch
Knöpfchen 1.58, 1.68, 3.4
Knöpfe 45.1
Knöpfe 48.5
Knöpfe springen lassen
Knöpfle 1.60
Knopfloch 1.66
Knopfloch 62.12, 72.11
aus allen Knopflöchern stinken
Knopfloch 58.14
Blume im Knopfloch
Knopfloch 59.3
Knopfloch ohne Knopf
Knopfloch 1.63, 2.1
Knopf und Knopfloch
Knopfloch 11, 11.14
Träne im Knopfloch
Knopflöcher 45.5
er stinkt aus allen Knopflöchern
Knopflochseminar 20.2
Knopflochspargel 58.14
knopflos 45.6
Knorpel 1.49, 36.4
hinter den Knorpel schlippern
Knösel 1.12, 19.4
Knospe 1.40
Knoten 1.29
Knoten 11.20
Mach dir mal 'n Knoten in 'n Schwanz, damit du mich nicht vergißt.
Knoten 26.30
sich einen Knoten ins Bein machen
Knoten 21.4, 22.3
wissen wo der Knoten sitzt
Knubbel 1.73
Knubbelchen 35.8
Knucken 80.62
Knul 19.4
Knülch 8.15
Knull 1.66
knüllen 26.25
Knüpfauf 80.83
knüpfen 13.1
zarte Bande knüpfen
Knüppel 1.73, 55.1, 80.61
Knüppel 26.25
einer Frau den Knüppel zwischen die Beine werfen
knüppeldick 26.21
knüppeldick 64.17
es knüppeldick haben
knüppelhart 26.21
Knüppelmusik 26.32, 54.8, 69.1

knüppeln 80.58
Knusperchen 1.58
knusprig 6.1, 19.3
Knustsemmel 55.1
Knute 80.62
knuten 80.58
Knutsch 9.9, 26.4
Knutsche 8.2, 9.8
knutschen 26.3
Knutschfleck 26.4, 26.33, 80.15, 80.72
Knutschkeller 53.3, 55.11
Knutschkiste 14.42, 41.5, 46.4, 53.14, 53.16
Knutschkluft 59.10
Knutschlaube 53.3, 55.11
Knutschschnulze 54.8
Knautsch- und Knutschschnulze
Knutschwedel 12.24
Knüttel 1.73
knütteln 80.58
Knux-Kalle 41.19, 55.7
Koalition 13
Koalition 13.1
eine Koalition aufbauen
Köbel 1.32
Kobeljunge 48.4
Kobelmädchen 4.25, 26.1, 48.2
Kober 48.8
Kober 13.11
die Kober rasieren
Kober 45.5, 48.8
fetter Kober
Kober 48.8
nasser Kober
Koberei 47.40, 48.10, 48.13, 48.20, 48.25
Koberer 48.15, 48.21
Koberfenster 48
Koberin 48.2, 48.14, 48.24
Koberleine 48
Kobermenterin 80.62
kobern 26.25, 48.5, 48.16
kobern 48.5
sich kobern lassen
Koberstrafe 48.12
Kobold 82.3
Koboldkind 82.7
Kochanweisung 20, 20.7, 21
Kochemerschickse 47.41
Kochemgasche 47.41
kochen 41.7
Erbsen kochen
kochen 24.1
sich sein eigenes Süppchen kochen
Köchin 55.7
Kochklosett 41.2
Wohncouch mit Kochklosett
Kochlöffelakademie 20.2
Kochlokus 41.2
Kochlokus mit Wohnnische
Kochnische 41.2
Wohnlokus mit Kochnische
Kochrezept 21.7
Kochtopf 59.7
Kodderschnauze 46.1
koddrig 12.5
ködern 9.12, 12.6, 14.8
Kodesch 29.3
Koes 50.11
Koesmosse 50.14
kofen 80.58
koffeinfrei 55
koffeinfreier Kaffee
Koffer 1.66, 2.2, 6.3, 10.4
Koffer 22.18
aufgemachter Koffer, aufgestemmter Koffer, geöffneter Koffer, offener Koffer
Koffer 22.14
den Koffer aufbrechen
Koffer 26.25
den Koffer aufmachen (aufschließen)
Koffer 72.11
einen Koffer stehen lassen
Koffer 6.1
ein Koffer
Koffer 35.22
jemandem vor den Koffer scheißen
Koffer 6.3
kantiger Koffer
Koffer 8.9, 8.22
Koffer in Berlin
Koffer 4.6
lahmer Koffer
Kofferabend 41
Kofferdeckel 1.68
Kofferschlüssel 1.73
Koffersonntag 41
Koffertag 41
Kogel 1.73
Kognak 55
Kohel 48.2
Kohels Mesuse
Kohl 80.23
Kohl 39.5
alter Kohl
Kohl 80.24
Kohl geben
Kohl 80.23
Kohl und Speck
Kohl 32.2
seinen eigenen Kohl bauen
Kohl 80.61
Speck und Kohl
Kohl 80.24, 80.58
Speck und Kohl geben
Kohle 50.11
Kohle 1.24, 48.2
weiße Kohle
Kohlen 45.1
Kohlen 3.8
Kohlen unter dem Arsch anblasen
kohlen 80.23, 80.58
Kohlenbergwerk 45.4
Kohlenkasten 59.7
Kohlenkasten 45.6
sie schläft im Kohlenkasten
Kohlenkästen 59.40
Kohlenkeller 45.4
Kohlenpott 14.56, 45.3, 45.4
Kohlensack 45.2
kohlensauer 55.9
kohlensaure Jungfrau
Kohler 80.27
Kohlkopf 1.32
Kohlrabi 1.32
Kohlroulade 55
Kohlrübe 1.32
Koitalbewegungen 26.31
Koitallaute 26.32, 54.8, 69.1
Koitalstellungen 26.30
Koitalverletzungen 26.33
koitieren 26.25, 51.2, 54.5, 54.8
koitieren 41.24
auf einer Parkbank koitieren, im Freien koitieren
koitieren 16.2
Du sollst nicht ohne Kondom koitieren!
koitieren 37.4
intermammal koitieren
Koitieren 26.4
Küssen und Koitieren
koitieren 14.59
mit dem gleichen Mann (mit der gleichen Frau) koitieren
koitieren 17.13
mit einer schwangeren Frau koitieren
koitieren 16
mit Verhütungsmittel koitieren
koitieren 14.58
nach einem Ehekrach koitieren
koitieren 16.2
ohne Verhütungsmittel koitieren
koitieren 26.26
sich koitieren lassen
koitieren 46.4
Taxifahrt, bei der man koitiert
Koitus 26.27, 51.2, 51.3, 54.5, 54.8
Koitus 64.23
anorgasmischer Koitus
Koitus 26.17, 26.28
beim Koitus
Koitus 26.28
durch Koitus
Koitus 64.23
Koitus mit einem frigiden Partner
Koitus 64.23
Koitus mit einem homosexuellen Partner
Koitus 26.44
masturbatorische Beihilfe beim Koitus

Koitus 26.29
Sperma beim Koitus
Koitus 1.70
Vaginalsekret beim Koitus
Koje 1.66, 2.2, 9.8, 14.48, 41.5
Koje 14.23
belegte Koje
Koka 57
Kokain 57, 57.6
Kokainismus 57.5
Kokainist 57.3
Kokainistin 57.3
kokainsüchtig 57.5
Kokeles 1.86
Kokettierfetzen 59.22
Kokettierkram 60
Kokettierwedel 58.14
Kokosnuß 1.32
Kokosnuß 64.1
ausgelaufene Kokosnuß
Kokotte 13.5, 48.2
Koks 45.1, 57, 59.7
Koks 41.7
mit Koks gurgeln
Koksbude 57.6
Kokse 57.3
koksen 41.7, 57.1
Kokser 57.3
Kokskeller 55.11
Kokskiste 55.11, 57.6
Koksschippe 59.7
Kolben 1.40, 1.73
Kolben 26.25
den Kolben ölen
Kolbendampfmaschine 24.3, 25.4
Kolleg 48
das fünfte Kolleg
Kollege 29.3, 30.8
Kollege von der anderen Fachschaft (Fakultät, Feldpostnummer), Kollege vom anderen Bahnhof (Bahnsteig)
Kollege 30.8
Kollege von der anderen Plattform
Kollegin 29.10, 30.2
Kollegin vom anderen Bahnhof (vom anderen Bahnsteig, von der anderen Fachschaft, der anderen Fakultät, der anderen Feldpostnummer, der anderen Plattform)
Koller 59.13, 59.17, 59.19, 64.10
Kollerbude 64.2
Kollert 1.49
Kollew 59.26
Kolligationsfetischismus 70.17
Kolligationsfetischist 70.17
Kolligationsfetischistin 70.17
Kolligationsmasochist 80.88
Kolligationsmasochistin 80.89
Kolligationssadist 80.87
Kollo 1.83
kolonisieren 41
Koloratur 61
Kolosseum 39.7
Kolosseumschleicher 59.40
Kolter 41.5
Kolumbus 1.77
die Eier des Kolumbus
Kolumbus 36.12
Eier des Kolumbus
Komiker 54.7
Komma 1.63, 2
Punkt und Komma
Kommandobrücke 48.27
kommen 26.23, 26.39
kommen 25.8
abhanden kommen
kommen 80.59
der Heilige Geist kommt
kommen 80.20
einem anders kommen
kommen 39.2
in die Jahre kommen, zu Jahren kommen
kommen 17.16
in die Wochen kommen
kommen 4.16
jemandem zu nahe kommen
kommen 26
kommt ins Haus, kommt wie die Milch, kommt wie die Brötchen
kommen 26.39
Sie kommt pünktlich wie die Post! Sie kommt mit dem Glockenschlag!
kommen 22.15
wie die Jungfrau zum Kind kommen
kommen 9
von Herzen kommen
kommen 17.9, 22.15
zu Fall kommen
kommen 26.25
zur Sache (zum Zug) kommen
kommen 11.7
zu spät kommen
Kommentmutter 48.24
Kommentvater 48.23
Kommentwirt 48.23
Kommhermund 1.42
Kommißbotten 59.40
Kommißpelle 59.9
kommlich 6.7
Kommnacht 14.29, 52
Kommode 35.10
Kommode 22.18
aufgebrochene Kommode, aufgemachte Kommode, aufgeschlossene Kommode, aufgestemmte Kommode, geöffnete Kommode, offene Kommode
Kommode 22.14
die Kommode aufbrechen
Kommode 26.25
die Kommode aufmachen (aufschließen)
Kommode 11.20
er schläft jetzt aufs Sofa und freßt von die Kommode
Kommode 22.10
unaufgeschlossene Kommode
Kommstock 80.62
Kommtag 41
Kommunardin 20.10
Kommune 31
Kommunikation 46
Kommunionsanzug 59.12
Kompaniefetzen 48.2, 51.3
Kompaniefleisch 51.3
Kompaniematratze 48.2, 51.3
Kompanieschlitten 48.2, 51.3
Komparsin 54.5
kompensatorisch 11
kompensatorische Fettleibigkeit
Komposition 54.8
mißlungene Komposition
Kompotthut 59.7
Kompottschüssel 59.7
Komtesse 1.5, 6.2, 8.2, 30.2, 48.2
Kondensstreifen 72.10
Kondom 16.1
Kondom 16.1
durchsichtiges Kondom
Kondom 16.2
Du sollst nicht ohne Kondom koitieren!
Kondom 16.1
zerrissenes Kondom
Kondylom 63.1
Konfektionsanzug 59.12
Konfektionshose 59.26
Konfektionskleidung 59
Konfession 14.38
sie haben die gleiche Konfession
Konfirmandenhose 59.26
Konfirmationsanzug 59.12
Konfirmationskaffee 6.4
da kommt einem der Konfirmationskaffee hoch
konfirmieren 80.58
König 23.2
der rote König ist da
König 63.9
der silberne König der Erde
König 23
roter König
Königin 48.2
Königin der Nacht

königlich 48.25
königliche Anstalt
Königsfliegenpilz 52.3
Königskuchen 77
Königskuchen mit Saft
Königsmauer 48.25
Konjunkturmüll 61.10
Konkurs 39.9
können 26.25
aus dem FF können, aus dem Fickfack (Fickfach) können
Kono 80.62
Konsequenzen 15.7
Konsequenzen ziehen
Konservenbüchse 1.66, 1.69
Konservenbüxe 59.26
Konservendosenbasar 53.16
Konservenfabrikant 43
Konservenpalast 41.1
Konservenschale 59, 59.12
Konstanz 1.73
Konstanz 1.63, 2.1
Belmonte und Konstanz
Kontakte 53.9, 53.17
Korso der Kontakte
Kontaktgespräch 48.6
Konto 13.9, 14.32, 47.4, 48.8, 48.35
Konto 13.12
Konto mit Busen
Konto 13.12
Konto mit Loch
Kontor 1.63, 1.66
Kontor 80.58
ins Kontor schlagen
Kontor 80.61
Schlag ins Kontor
Kontra 31.2
Kontra 26.25
Kontra geben
Kontrabaß 26.32, 69.1
Kontrollbuch 48.10
Kontrollfrau 48.2
Kontrollhaus 48.10
Kontrollhur 48.2
kontrolliert 35.19, 36.10
kontrolliertes Vibrato
Kontrollierte 48.2
Kontrolline 48.2
Kontrollmädchen 48.2
Kontrollmadl 48.2
Kontrollnymphe 48.2
Kontrollschein 48.10
Kontrollstraße 48
Konzeptionszettel 17.22
Konzeptionszyklus 17.15
Konzeptions- und Geburtszyklus
Konzertina 1.66, 24.2, 25.3, 25.8, 30.8, 54.8
Konzertina 24.1
die Konzertina polieren
Konzertina 54.8
die Konzertina spielen
Konzertina 25.1
einer die Konzertina polieren, Konzertina spielen
Konzertina 24.1
Konzertina spielen
Konzession 48, 48.10
Konzessionierte 48.2
Kootze 45.5, 48.8
Kopf 1.73, 1.74
Kopf 25.1
an den Kopf greifen
Kopf 26.18
auf den Kopf spucken
Kopf 26.12
bis zum Kopf in Haut gehüllt
Kopf 16.11
den Kopf abreißen
Kopf 64.21, 64.23
den Kopf hängen lassen
Kopf 63.4
den Kopf in den Sand stecken
Kopf 36.8
den Kopf in die Schlinge stecken
Kopf 26.25
den Kopf in fremde Angelegenheiten stecken
Kopf 14.38
den Kopf ins Joch stecken
Kopf 26.25
den Kopf ins Loch stecken
Kopf 36.12
den Kopf riskieren, mit dem Kopf bezahlen
Kopf 64.17
den Kopf über Wasser halten
Kopf 1.30
der Kopf ist ihm durch die Haare gewachsen
Kopf 64.21
der Kopf wird ihm schwer
Kopf 41
ein Dach überm Kopf haben
Kopf 80.59
eine auf den Kopf kriegen
Kopf 26.20
einen dicken Kopf haben, einen harten Kopf haben, den Kopf oben behalten
Kopf 16.11
einen Kopf kürzer machen
Kopf 80.58
eins auf den Kopf geben
Kopf 1.32
großer Kopf
Kopf 70.6
ich bin von Kopf bis Fuß auf Liebe eingestellt
Kopf 11.1
jemandem den Kopf dick machen
Kopf 9.12
jemandem den Kopf verdrehen, jemandem den Kopf verrücken
Kopf 41.24
kein Dach überm Kopf
Kopf 29.6
Kopf an Kopf stehen
Kopf 64.19
Kopf hoch!
Kopf 8.1
Kopf und Arsch
Kopf 1.75
Kopf und Kragen
Kopf 1.32
mißgestalteter Kopf
Kopf 10.7
mit dem Kopf durch alle Wände wollen
Kopf 22.14
mit dem Kopf durch die Wand wollen
Kopf 63.5
nicht richtig im Kopf sein
Kopf 35.22
Scheiße im Kopf haben
Kopf 24.1
sich an den Kopf greifen
Kopf 22.14
sich den Kopf einrennen
Kopf 26.33
sich den Kopf zerbrechen
Kopf 9.3
sich die Augen aus dem Kopf sehen
Kopf 73.5
sich die Sache durch den Kopf gehen lassen
Kopf 23.6, 26.25
sich einen blutigen Kopf holen
Kopf 49.23
Spinat auf dem Kopf haben
Kopf 26.36
viel im Kopf haben
Kopfabmaschine 80.55
Kopfbedeckung 59.7
Kopfbedeckung 59.7
keine Kopfbedeckung tragen
Kopfbedeckung 59.7
Kopfbedeckung tragen
Köpfe 16.11
beide Köpfe ab
Köpfe 31.4
die Köpfe zusammenstecken
köpfen 80.54
Kopfgeländer 59.19
Kopfhaut 59.7
durch Fettabsonderung der Kopfhaut verschmutzter Hut
Kopfjagd 64.5
Kopfjagd 64.9
auf Kopfjagd gehen

Kopfjäger 47.33, 47.37, 64.7
Kopfmöbel 59.7
Kopfschale 59.7
Kopfschlosser 64.4
Kopfschmuck 58.9
Kopfschuß 51.3, 63.1, 64.10
Kopfschußbunker 64.2
Kopfschuster 59.3, 64.4
Kopfspengler 64.4
Kopfsperre 64.1
Kopf- und Maulsperre
Kopftischler 64.4
Kopftuch 59.7
Kopfwäscherei 64.3
Kopp 1.35
Kopp 5
mehr im Kopp als im Sack
Kopp 1.33
So 'n Kopp auf der Pipe, da kannste vor Lachen nich ziehn.
Köppchen 1.35
Kopographie 74
Koprolalie 75
Koprolalistin 75
Kopromane 72.2
Kopromanie 72, 72.26
Kopromanin 72.1
Koprophage 76.1
Koprophagie 76
Kopulationsschwierigkeiten 64.22
Korallen 35.8
Korallen 51.2
Korallen am Röhmriff
Korb 11.3, 14.12, 80.86
Korb 11.5, 14.6, 14.11
einen Korb geben
Korb 11.4, 14.13
einen Korb kriegen
Korbbiene 48.2
Körbchen 41.5
Körbchen 26.17, 41.6
Husch, husch, ins Körbchen!
Körberlgeld 14.56
Korbgroschen 14.56
Korbsechser 14.56
Korde 80.40, 80.48
Koreapeitsche 1.29
Korinthen 55
Korken 17.15, 59.40
Korken 72.7
Korken im Bauch
Korkenzieher 17.17, 17.18, 55, 59.14, 59.20, 59.25, 59.26, 59.38
Korkenzieherjacke 59.13
Korkenzieherkleid 59.10
Korkenzieherkluft 59.12
Korkenzieherkragen 59.19
Korn 7.3, 12.6, 14.8
aufs Korn nehmen
Korn 11.9, 64.21, 64.23
die Flinte ins Korn schmeißen
Korn 17.27
Gib dem Huhn vorn ein Korn, kommt hinten ein Ei raus.
Korn 55
Korn mit Karnickelscheiße
Kornhansli 82.8
Kornmandl 82.8
Kornmann 82.5
Kornschnaps 55
Kornschnaps mit Rum
Kornweib 82.4
Körper 2.2
Körper 1
der weibliche Körper, der männliche Körper
Körpergardine 59.10, 59.29, 70.6
Körperhaltung 1.1
gute Körperhaltung, schlechte Körperhaltung, Mann mit schlechter Körperhaltung
Körperstrumpf 59.29, 70.6
Körperwärme 4
Korporal 34.4
korrespondieren 39.11
korrespondiert schon mit Petrus
Korridor 53.17
polnischer Korridor
Korsett 59.31, 70.17, 80.92
Korsett 59.31
ins Korsett eingezwängter Busen
Korsett 59.31
Schnür mir das Korsett nicht zu fest.
Korsett 3.6
seinen Gefühlen kein Korsett anlegen
korsettiert 59.31
korsettierte Frau
Korsettierung 59.31
durch Korsettierung verengte Taille
Korsettstange 49.9
jemandem auf die Korsettstange pinkeln
Korsettstange 49.22
moralische Korsettstange
Korsettzieher 70.17, 80.87
Korso 53.9, 53.17
Korso der Kontakte
korteln 14.29, 52
kosen 12.21
Koseworte 12.20
Kosmetik 61
Kosmetika 61
Kosmetika benutzen
Kosmetiker 61.2
Kosmetikerin 61.2
Kosmetikkoffer 60.7
Kosmetikschleuse 61.2
Kosmetiktasche 61
kosmetisch 61.1
kosmetische Klinik
kosmetisch 61.1
kosmetischer Chirurg
Kosmos 31
Kost 64.17
fleischlose Kost
kosten 80.58
das Spanische zu kosten geben
kosten 80.59
eine zu kosten kriegen
Kosten 16.10
Kosten der Abtreibung
Kosten 14.31
Kosten der Ehevermittlung
Kostgänger 1.60, 17.15, 71.3
Kostgänger 17.9
sich einen Kostgänger zulegen
Kostgänger 17.11
sie hat einen Kostgänger
Kostschachtel 13.12, 14.32, 20.11, 41.12
Kostüm 59.10
Kostümfest 66.6
kostümfesteln 66.4
kostümiert 26.12
nur mit der eigenen Haut kostümiert
Kostverächter 4.15
Kostverächter 4.11
Sie ist kein Kostverächter.
Kot 35.21, 72.4, 76.3
Kot 76.2
Kot essen
Kot 72.3
Kot schmieren
Kotangler 72.24
Kötel 19.4, 72.4
Koteletten 1.48, 61.4
Kotelettengärtner 61.4
Kotelettenhobler 61.4
Kotelettenkratzer 61.4
Kotelettenkünstler 61.4
Kotelettenmäher 61.4
Kotelettenrat 61.4
Kotelettenschaber 61.4
Kotelettenschinder 61.4
Kotelettenschneider 61.4
Kotelettenschnitter 61.4
Kotelettenschraper 61.4
Kotelettenstutzer 61.4
Koterer 80.49
kotern 80.46
Kotfleck 72.4, 72.26
Kotfleck 59.26
Kotfleck auf dem Hosenboden
Kotfliege 29.3, 35.6, 35.9, 35.17, 35.20, 48.2
Kotflügel 1.84, 1.86
Kotgeschmack 35.21, 76.3
Kothaufen 72.4
Kotkäfer 29.3, 29.9, 35.6, 35.9, 35.20, 48.2, 48.4, 72.1
K.O.-Tropfen 57
Kotschmierer 72.2
Kotwanzen 71.3

kotwühlen 72.26
kotzen 6.4
zum Kotzen, zum Kotzen schön
Krabbe 2.2, 18.3, 19.2
Krabbelbeutel 1.76, 25.8, 59.34, 70.3
Krabbelkorb 53.17
krabbeln 24.1, 25.1, 26.9, 26.25
krabbeln 35.12
im Bergwerk krabbeln
krabbeln 35.12
im Braunkohlenbergwerk krabbeln, im Tunnel krabbeln
Krabbelvisite 26
Krabbenfang 7, 7.4, 14.5
Krabbentante 18.19
Krabbler 1.54, 25.8, 35.14, 39.5
Krabbler 25.1
am Krabbler sein
Kracher 59.7
Kracher 39.5
alter Kracher
Krachgeschirr 72.13, 72.16
Krachlederne 59.26
Krächling 1.44
Krachmandel 31.1
Kracker 39.5
Krackerla 82.4
Kraft 26.34
Kraft 51.2
Kraft durch Freude, Kraft durch Freude verlieren
Kraft 64.21
ohne Saft und Kraft
Kraft 26.36
vor lauter Kraft nicht umfallen können
Krafteier 1.77, 36.12
Kraftlatz 1.9
Kraftmeier 12.2
Kraftprotz 12.2
Kraftriemen 59.32, 70.17
krageln 80.77
Kragen 1.49, 1.75, 63.1
Kragen 59.19
du brauchst einen sauberen Kragen
Kragen 59.19
du mußt den Kragen mal wieder teeren lassen
Kragen 80.20
einen beim Kragen kriegen
Kragen 59.19
Emmentaler Kragen
Kragen 1.75
Kopf und Kragen
Kragen 59.19
Kragen mit Fenstern, mit Geländer, mit Notausgang, mit Ventilation
Kragen 59.19
ondulierter Kragen
Kragen 59.19
schmutziger Kragen
Kragen 59.19
Schweizer Kragen
Kragen 59.19
steifer Kragen
Kragen 59.19
ungeplätteter Kragen
Kragen 59.19
weißer Kragen
Kragen 59.19
zerschlissener Kragen
Kragenknopf 58.13
vorgerutschter Kragenknopf
Kragennummer 12.38
jemandes Kragennummer haben
Kragennummer 7.2
meine Kragennummer
Kragennummer 7.11
sie haben die gleiche Kragennummer
Kragennummer 7.12
sie hat nicht meine Kragennummer
Kragenschoner 59.21
Kragenweite 12.38
jemandes Kragenweite haben
Kragenweite 7.2
meine Kragenweite
Kragenweite 7.11
sie haben dieselbe Kragenweite
Kragler 80.80
Krähe 2.2, 6.5, 47.3, 48.2
krähen 26.25
den Hahn krähen lassen
Krähenauge 1.87, 57
Krähendreck 55
Krähenkacke 55
Krähenscheiße 55
Krakau 1.85
Krakeel 59.7
der Hut sitzt auf Krakeel
Kral 41.1, 41.2, 41.3
mein Kral
Kralle 1.54, 1.55
krallen 47.40
Krallen 61, 61.5
blutige Krallen
Krallen 61, 61.5
rote Krallen
Krallenblut 61, 61.5
Krallengift 61, 61.5
Krallenlack 61, 61.5
Krallentinte 61, 61.5
Kralling 1.54
Kram 7.12
er paßt ihr nicht in den Kram
Kramel 48.2
Krämerkrätze 70.1
Krampel 1.55
Krampen 6.5
Krampf 47.4
Krampf 47.4
auf Krampf gehen
Krampfadergeschwader 41.19, 51.2
Krampfaderorden 51.2
krampfen 47.4
Krampfhahn 47.3
Krampfhenne 47.3, 47.4, 48.34
Krampftour 48.34
Krampftour 47.4
auf Krampftour gehen
Kran 80.82
krank 12.40
Krankenhaus 63.14
Krankenkasse 35.20, 48.6
Klistier ohne Krankenkasse
Krankenschein 47.32
Anwalt auf Krankenschein
Krankenschein 53.9
Liebe auf Krankenschein
Krankenschwester 35.22, 63.13, 73.13
krankfeiern 48.5
Krankheit 63
Kranzabnahme 14.41
Kranzelabtanzen 14.41
Kranzeldame 14.41
Kranzelherren 14.41
Kränzeljungfer 14.41
Kränzelmädchen 14.41
Kranzgeld 14.30
Kränzlerin 14.41
Kranztanz 53.7
Krapfen 1.58, 1.66, 36.12, 70.5
Krapp 2
Krapp und Schlink
Krater 1.66
Kratz 47.4
Kratz 47.4
auf Kratz gehen
Kratzbürste 4.14, 11.12, 14.50, 48.2, 61.7, 80.94
Krätze 6.5, 70.1
Kratzeisen 16.7, 61.4, 63.10
kratzen 12.4, 16.6, 47.4, 80.46
kratzen 53.7
das Parkett kratzen
kratzen 26.25
die Kurve kratzen
kratzen 12.35
die richtige Kurve kratzen
Kratzer 16.9, 47.4, 61.4, 63.12, 80.15, 80.47, 80.48
Krätzeschaber 63.12, 16.9
Kratzhahn 47.3, 47.4
Kratzhenne 47.3, 47.4
Krätzmilben 71.3
Kratztour 47.4
auf Kratztour gehen
kraulen 25.1
kraulen 12.17
die Ohren kraulen
Kraut 1.26
Kraut 72.6
er hat ins Kraut

geschissen
Krautbesen 61.4
Krauter 2.5, 39.5
Kräutermännlein 82.8
Kräutertee 55
Krautgärtner 61.4
Krautkopf 1.32
Kräutlein 4.14
Kräutlein rühr mich nicht an
Krautmäher 61.4
Krautsäge 51.3, 63.13
Krautschneider 61.4
Krautstutzer 61.4
Krautwurst 44.2
Krawallmütze 59.7
Krawallschachtel 11.12, 14.50, 49.7
Krawallschleife 59.20
Krawalltöle 29.3
Krawatte 1.73, 59.20, 80.78, 80.79, 80.82
Krawatte 59.20
breite Krawatte
Krawatte 80.81
die Krawatte umbinden
Krawatte 64.19
eingeschrumpfte Krawatte
Krawatte 59.20
eiserne, geklebte, geleimte, gelötete, gemauerte, genagelte, gußeiserne, kuhscheißerne, kunstgeleimte Krawatte
Krawatte 59.20
gestreifte Krawatte
Krawatte 59.20
heruntergerutschte Krawatte
Krawatte 59.20
hochgerutschte Krawatte
Krawatte 59.20
Mann, der immer dieselbe Krawatte trägt
Krawatte 59.20
schmale Krawatte
Krawatte 59.20
verdrückte Krawatte
Krawattenmuffel 59.20, 80.80
Krawattennadel 58.13
Krax 1.30
Kraxen 27.3, 39.4
Kraxn 48.2
Krebesse 1.54
Kreditfetzen 48.2, 59.7
Kreditjacke 59.13
Kreditkittel 59.12
Kreditkragen 59.19
Kreditläppchen 59.19
Kreditrock 59.13
Kreipel 1.12
Kreis 31.5
Kreis 32.3
der Kreis der Seinigen
Kreis 36.9
geschlossener Kreis
Kreisorje 31.5
Kreissäge 54.8, 59.7
Kreisverkehr 36.9
Krempe 59.7
hoher Damenhut ohne Krempe
Krempe 59.7
kleiner Damenhut ohne Krempe
Krempe 59.7
Männerhut mit breiter Krempe
Kren 45.5, 48.8
Kretinbunker 64.2
Kretscham 55.11
Kreuz 1.57, 48.9, 80.12
Kreuz 26.25
auf das Kreuz legen
Kreuz 47.4, 47.26, 47.40
aufs Kreuz legen
Kreuz 48.7
das Kreuz blitzen
Kreuz 12.28, 22.14
eine aufs Kreuz legen
Kreuz 22.14
eine aufs Kreuz schmeißen
Kreuz 35.7
einen aufs Kreuz schmeißen
Kreuzblitzer 48.8
Kreuzdragoner 51.3, 63.13
roter Kreuzdragoner
Kreuzfahrt 53.10
Kreuzfahrtschiff 53.10
Kreuzgeld 48.9
Kreuzgrübchen 1.57
Kreuzhyäne 51.3, 63.13
rote Kreuzhyäne
kreuzlahm 48.35
kreuzlahme Sau
Kreuzleine 48
Kreuznutte 51.3, 63.13
rote Kreuznutte
Kreuzotter 51.3, 63.13
rote Kreuzotter
Kreuzschlitten 51.3, 63.13
roter Kreuzschlitten
Kreuzspanne 59.15, 59.27, 70.14, 70.17, 80.86, 80.92
Kreuzspüler 72.9
Kreuzvögelein 50.1
Kreuzwalküre 51.3, 63.13
rote Kreuzwalküre
kreuzweise 31.3
kreuzweise 1.36
der laufen die Tränen kreuzweise den Rücken runter
Kreuzzicke 63.13
rote Kreuzzicke
Kriche 80.76
Kricherl 80.76
kriechen 12.7
auf den Leim kriechen
kriechen 41.10
aus den Federn, der Flohkiste, dem Nest, dem Sack kriechen
kriechen 35.22
in den Arsch kriechen
kriechen 35.7
in den Hintern kriechen
kriechen 26.17
in die Federn (Flohkiste, das Nest) kriechen
kriechen 41.6
ins Nest kriechen
Krieg 14.33
den Krieg erklären
kriegen 26.25
kriegen 26.25
auf den Spitz kriegen, vor den Spitz kriegen, am Spitz kriegen
kriegen 36.8
eine aufs Maul kriegen
kriegen 80.59
eine kriegen, Abfälle kriegen, eine vor die Batterie kriegen
kriegen 80.20
einen bei der Binde kriegen, beim Kanthaken, beim Kragen, beim Schlafittchen, beim Wickel
kriegen 14.20
sich finden und kriegen
kriegen 14.38, 26, 26.25
sich kriegen
kriegerisch 4.16
Kriegsandenken 11.21, 14.69, 15.2
Kriegsandenken 14.73
Ehekrieger mit Kriegsandenken
Kriegsandenken 14.72
Ehekriegerin mit Kriegsandenken
Kriegsartikel 14.32
Kriegsbeil 1.73
Kriegsbeil 11.11, 14.58, 26.25
das Kriegsbeil begraben
Kriegsbemalung 61
Kriegsbemalung 4.16
in voller Kriegsbemalung
Kriegsdroschke 14.41
Kriegsentschädigung 14.32
Kriegsentschädigung 13.8
Kriegsentschädigung zahlen
Kriegserklärung 14.33
Kriegsfurie 51.3
Kriegsgas 57
Kriegsgedenktag 14.40
Kriegskasse 1.56, 70.1
Kriegskrüppel 14.73
Kriegsopfer 14.28
Kriegsschatz 14.32
Kriegsschmuck 58
Kriegsversehrter 14.73
Kriminalbeamter 47.37
Kriminalgericht 47.29
kriminell 47.41

krimineller Kindergarten
Kringeln 6.10
zum Kringeln
Krinser 1.66, 1.85
Krippe 48.35
Krips 1.49
Kritzelhut 59.7
Kroatendörferl 48.25
Krögel 1.49
Krokodilstränen 11.14
Krönaufreißer 48.21
Krone 45.2
Krone 48.5
aus der Krone leiern
Krone 2.2
Krone der Schöpfung
Kröne 14.40
krönen 14.38
sich krönen lassen
Kronenbraut 14.41
Kronenfest 14.41
Kroner 14.24, 14.28
Krönfleppen 14.35
Kronleuchter 26.30
Krönmusch 14.23, 14.27
Krönschein 14.40
Kropf 1.49, 15.2
Kropfbinde 59.20
Kroppzeug 18.5
Krossen 80.82
Kröte 2.2, 18.3, 19.2
Kröten 26.25
Kröten stechen
Krötenalp 82.6
Krötenkopf 17.25
Krötenstecher 1.73, 80.95
Krötenstein 17.22
krötig 4.16
Krotolf 52.8, 82.6
Krott 18.3, 19.2, 80.86
Krücke 4.6, 4.7, 6.5, 6.14, 6.15, 12.43, 19.4, 39.13, 64.21
Krückstock 80.62
Krug 55.11
Krümel 1.12, 18.3
krumm 47.21
krumm 24.1, 25.1
krumme Finger machen
Krummei 1.66, 2.2a, 48.2
Krummel 1.66, 2.2a, 48.2
krümmen 80.11
den Rücken krümmen
krümmen 80.11
sich krümmen
Krummerik 59.13
Krummhorn 64.11, 64.25
krummlegen 45.6
sie legt sich krumm
krumpert 39.1
krumpet 1.56
Krünkel 1.23
Krüppelfreier 70.1
Krüppelgibber 70.1
Kruspelspitz 1.73, 29.10, 36.12
Kryptorchismuspatient 63.7
Kubaner 59.40
Kübbo 48.25
Kübel 1.32, 1.66, 2.2, 4.25, 48.2, 62.13, 72.13
Kübelfee 51.3, 63.13
Kübelschwenker 51.3
Kubikarschloch 35.22
Kubikfresse 1.42, 46.1
Kubikschnauze 46.1
Kubus 1.32
Küche 14.58
Dampf (Qualm, Rauch) in der Küche
Küche 10
Eintopf-Küche
Küche 12.39, 64.23
kalte Küche
Küchelbad 17.20
Kuchelwagen 14.32
Küchenanweisung 20, 20.7
Küchenbesen 55.8
Kuchenblech 59.7
Küchenfee 55.7
Küchenfleisch 55.7
Küchengarten 14.55
Küchengeist 55.7
Küchenkätzchen 55.7
Küchenmädchen 55.8
Küchenmaus 55.7
Küchenmensch 55.7
Küchenschaben 71.3
Küchentrabant 55.8
Küchenwalküre 55.7
Küchenzwiebel 55.7
Kuckelfrau 28.2
Kuckelweib 28.2
Kucklfrau 30.2
Kucklweib 30.2
Kuckuck 68.1
Kuckuck 68.2
Frau Kuckuck
Kuckuck 68.1
Herr Kuckuck
Kuckucksei 15.2
Kuckucksmagd 41
Kudernest 14.45
Kuderwochen 14.45
Kuderwöchnerin 14.45
kuffen 80.38, 80.58
Kugel 24.1, 25.1, 26.9
die dritte Kugel suchen
Kugel 12.35, 26.25
eine gute Kugel schieben
Kugel 12.35, 26.25
eine ruhige Kugel stoßen
Kugel 64.21
Kegel ohne Kugel
Kugellager 1.76, 35.8, 59.34
kugeln 1.77, 24.1, 25.1
Kugeln 6.10
zum Kugeln
Kugelomme 1.30
kugelschieben 1.77, 24.1, 25.1
Kugelschieber 24.3, 25.4
Kugelschneider 16.14, 63.12
kugelstoßen 1.77, 24.1, 25.1
Kugelstoßer 24.3, 25.4
Kuh 2.2, 47.4, 48.35
Kuh 12.3
alberne Kuh
Kuh 59.6
aufgemacht wie eine bunte Kuh
Kuh 5.2
blöde Kuh
Kuh 59.6, 61
bunte Kuh
Kuh 14.48
die eigene Kuh
Kuh 25.1, 48.35
die Kuh melken
Kuh 48.35
die Kuh steht stier
Kuh 48.35
stiere Kuh
Kuh 21.10, 22.7
wie die Kuh vorm neuen Schwanz stehen
Kuharsch 1.83
Kuharschastronom 63.12
Kuhbläk 53.8
Kuhbusenentsafterin 44.2
Kuhbusensaftgewinner 44.1
Kuhbusensaftgewinnerin 44.2
Kuhdoktor 63.12
Kühemelken 18.16
Kuhflicker 63.12
Kuhfladen 55, 59.7
Kuhfladendirektor 35.22, 44.1
Kuhfotze 1.66, 4.25, 48.2
Kuhhandel 14.6, 14.31
Kuhhirt 50.6, 54.8
Kuhkäse 39.13
Kuhkette 58.5
Kuhklack 59.7
kühl 54.10
kühle Blonde mit Strippe
kühl 12.16
kühle Platte
kühl 64.17, 64.23
kühler Landwirt
Kühlapparat 4.6, 64.23
kühlen 80.58, 80.59
Maksen kühlen
Kühlerfigur 4.6, 64.23
Kühlerverkleidung 46.4, 53.14
Kühlrippe 4.6, 64.23
Kühlrippen 1.67
Kühlschlange 4.6, 64.23
Kuhmaul 1.42, 14.50, 46.1, 70.8
Kühmäuler 59.8
Kuhmensch 48.2
Kühnstock 34.4
Kuhohren 1.39
Kuhr 1.87
Kuhsaft 1.70, 36.12, 78.3
Kuhsaft 36.8
jemandem Kuhsaft füttern
Kuhscheiße 56

getrocknete Kuhscheiße
Kuhscheiße 35.22
wie kommt die Kuhscheiße aufs Dach?
kuhscheißerne 59.20
kuhscheißerne Fliege, Krawatte
Kuhschiffe 55
Kuhschinder 48.21
Kuhschnappel 53.8
Kuhschwanz 1.73, 34.6
Kuhschwanz 12.6
wackeln wie ein Kuhschwanz
Kühschweif 14.41
Kuhstall 59.26, 62.14
Kuhstallfähnrich 44.2, 51.3
kujonieren 80.20
Ku-Ka-Ke 55
Küken 18.3, 19.2, 22.8
Küken 59.6
auf Küken getrimmtes Suppenhuhn
Küken 17.23
elektrisches Küken
Kükenbelichter 54.3
Kuligift 57
Kulisse 49.1
Kulissenwand 54.6
Kulleraugen 1.36
Kulleraugen 12.11
Kulleraugen machen
Kullerkette 58.6
kullern 12.11
mit den Augen kullern
Kullern 6.10
zum Kullern
Kullo 1.83
Kullo 35.18
Marschi ma Kullo!
Kulmen 41.5
Kulmesmette 41.5
kulpen 26.25
Kulpus 26.27
Kulpus 26.25
Kulpus machen
Külter 41.5
Kulturbändel 59.20
Kulturbeutel 60.3, 61
Kulturbremser 20.5, 39.5
Kulturfaden 59.20
Kulturfetzen 59.20
Kulturlappen 59.20
Kulturstrick 59.20
Kulturwart 62.7
Kümmel 55
Kümmelblättchen 31.5
Kümmelposche 45.1
Kümmelspalter 12.43
Kümmelstange 1.73, 29.10, 36.12, 55.1
Kümmelstange 36.4
an der Kümmelstange knabbern
Kümmelstangenlecker 29.3, 36.2
Kümmeltürke 4.7, 6.15
Kummerbotten 59.40
Kümmerling 53.7
kümmern 35.22
sich um alles kümmern
kümmern 35.22
sich um jeden Scheißdreck kümmern, sich einen Scheißdreck drum kümmern
kümmern 35.22
sich um nichts kümmern
Kümmernis 17.22
St. Kümmernis
Kummerpuff 48.25
Kummerröhre 59.7
Kummerspeck 1.21, 11
Kummerspeck 1.20
Kummerspeck ansetzen
Kump 1.40
Kumpel 2.5, 8.16
Kumpel 6.3
rascher Kumpel
Kumpf 1.40, 1.66, 1.73
Kumpfel 1.40
Kunde 48.8
fauler Kunde
Kunde 48.8
Kunde einer Prostituierten
kunkeln 12.21, 26.5, 26.25
Kunkelmagen 40
Kunkelstube 53.3
Kunne 1.66, 2.2, 4.25, 48.2
Kunnengroschen 48.11
Kunnenthaler 47.21, 54.2
Kunst 54.2
Kunstanstalt 48.25
kunstgeleimt 59.20
kunstgeleimte Fliege
kunstgeleimt 59.20
kunstgeleimte Krawatte
Kunsthistoriker 54.2
Kunstkitter 61.1
Künstlerhut 59.7
Künstlerlokal 55.11
Künstlermantel 59.9
künstlich 17.6
künstliche Befruchtung
künstlich 17.6
künstliche Fleischherstellung
künstlich 24.5
künstliche Scheide
Kunstreise 48.6
Kunstreiter 12.37
Kunststecherei 12.33, 54.2
Kunststoffpferd 59.33
Kunststoffregenmantel 59.9
karierter Kunststoffregenmantel
Kunte 1.83
Kupferl 71.3
Kupfermünzen 45.1
Kupferstich 48.9
kupiert 55
kupierter Hund
Kuppe 1.55, 26.30, 29.9, 48.9, 48.35
Kuppelbeamter 14.34
Kuppelbörse 14.31, 54.1
Kuppelbosten 48.14, 48.24
Kuppelbude 41.21, 48.30
Kuppelburg 41.21, 48.30, 53.8
Kuppelei 48.13
Kuppelmutter 48.14, 48.24
Kuppelpelz 14.31
sich einen Kuppelpelz verdienen
Kuppelstange 43
Kuppelung 43
elastische Kuppelung
Kuppelungsflansch 43
Kuppelungshaken 43
Kuppler 48.15
Kupplerin 48.14
Kur 47.4, 53.9
kuranzen 80.20, 80.58
Kuranzer 80.64
Küraß 59.30, 59.31, 59.34, 70.17, 80.86, 80.92
Kurbelaffe 24.5
Kurbelkasten 41.5, 54.5
kurbeln 26.25, 53.7, 54.5
Kürbis 1.32, 1.83, 35.21
Kürbis 64.1
ausgetrockneter Kürbis
Kürbis 35.18
den Kürbis auskauen, am Kürbis lecken
Kürbis 35.7
den Kürbis begießen, spritzen
Kürbisernte 1.85, 31.5, 35.10, 70.4
Kürbisfarm 48.25, 67.5, 68.4
Kürbisflicker 64.4
Kürbispflücken 1.85, 70.4
Kürbisplantage 48.25, 67.5, 68.4, 70.4
Kürbisputzer 64.4
Kürettage 16.5
Kürette 63.10
kürettieren 16.6
Kurkaff 53.9
Kurort 53.9
Kurortsbekanntschaft 53.9
Kurpark 53.9
Kurpromenade 53.9
Kurs 9.2
hoch im Kurs stehen
Kursbuch 53.12
Kurschatten 53.9
Kurtaxe 48.9
Kurtaxe 13.7
Kurtaxe zahlen
Kurve 26.25
die Kurve kratzen
Kurve 26.25
die Kurve raushaben
Kurve 12.35
die richtige Kurve kratzen
Kurve 16.3
vor der Kurve abspringen
Kurven 1.58, 1.83, 1.84, 29.10, 35.10, 70.4, 70.5

Kurven 1.58
schädelechte Kurven
Kurven 1.57
wo die Kurven unten liegen
Kurvenharnisch 59.30, 59.31, 59.32, 70.17
Kurvenhülse 59, 59.10, 59.11, 59.16, 59.23, 59.30, 70.4, 70.5
kurvenreich 1.58
kurvenreich 1.83, 29.10, 35.10
kurvenreiche Landschaft
kurvenreich 46.4
kurvenreiche Straße mit Schlaglöchern
Kurventechnik 10.5, 12
Kurven-Übersoll 1.58
Kurvenwunder 1.58, 1.83, 54.5
kurvig 1.58
kurz 59
kurz 59.23
enge, kurze Bluse
kurz 59
Frau in kurzer Kleidung
kurz 59.14
kurze Ärmel
kurz 59.35
kurze Damenunterhose
kurz 26
kurze Fünfzehn
kurz 59.26
kurze Hose
kurz 35.22
kurze Jacke
kurz 59
kurze Kleidung
kurz 59
kurze Kleidung tragen
kurz 59.26
kurze Lange
kurz 59.26
kurze Lederhose
kurz 35.22, 59.9
kurzer Mantel
kurz 1.73
kurzer Penis
kurz 59.17
kurzes Hemd
kurz 59.13, 59.26
kurze Wichs
kurz 14.46
Rose mit kurzem Stiel
kurz 59.42
Schlafanzug mit kurzen Hosen
kurz 26.25
sich kurz fassen, kurze Fünfzehn machen
Kurzab 80.57
kurzbeinig 73.13
kurzbeinige Frau
Kurzer 1.12
kurzhalten 64.17
jemanden kurzhalten
Kurzlederne 59.26
Kurzschluß 17, 25
Kurzschluß 14, 15.8
Kurzschluß-Ehe
Kurzschlußheirat 14.17
kurztreten 64.17
Kurzwaren 1.73, 16.1
Kurzwarengeschäft 48.25, 48.28, 63.14
Kurzwarenhandlung 29.9, 48.26
Kurzwarenhaus 29.9, 48.25
Kurzwellensender 1.73, 19.10, 28.4, 28.9
Kuschedurm 26.27
Kuschedurm 26.25
Kuschedurm machen
kuschedurmen 26.25
Kuschee 41.5
Kuschee 41.6
Kuschee gehen
Kuschelecke 53.3, 53.11
kuschelig 6.1, 6.19, 19.3
Kuschelkleid 59.10
kuscheln 26.5
Kuschelwiese 41.5
kuschen 80.11
Kuse 1.40, 70.2, 80.50, 80.73
Kuß 26.4
Kuß 26.4
französischer Kuß, tiefer Kuß
Kußbremse 1.48
küssen 26.3, 80.58
küssen 35.18
das Arschgesicht küssen, das andere Gesicht küssen
küssen 80.11
den Arsch küssen, den Fuß küssen, die Hand küssen, den Pantoffel küssen, die Rute küssen
küssen 35.18
den Braunschweiger küssen, Frau Braun küssen, Frau Schwarz küssen, Herrn Braun küssen, Herrn Schwarz küssen, den Wackelpeter küssen, die Wackeltante küssen, die Rosette küssen, Miss Brown küssen
küssen 55.5
die Karline küssen
küssen 54.1
die Muse hat ihn geküßt
küssen 26.3
Und wer küßt mich?
Küssen 26.4
Küssen und Koitieren
Küssen 6.1, 19.3
zum Küssen
Kußfleck 26.4, 26.33
Kußhand 26.4
Kußkrankheit 63.1
Küßmich 53.3, 55.11
Café Küßmich
Kußmonat 14.45
Kußtaler 54.2
Kußthaler 47.21
Kußwunde 80.15
Kußzweig 26.4, 52.2
Küstenstrich 53.17
Kustos 72.24
Kutsche 1.66, 2.2, 48.2, 80.82, 80.86
Kutsche 22.18
angebumste Kutsche
Kutsche 22.14
die Kutsche anbumsen
Kutsche 8.9
weggefahrene Kutsche
Kutscherstich 24, 25
Kutte 1.66, 2.2, 47.41, 48.2, 59.12, 80.86
Kuttelflecke 1.58
Kutteln 1.58, 70.5
Kutten 59.1
Kuttenbrunzer 50.7
Kuttenhengst 4.10, 50.7
Kuttenmolch 50.7
Kuttenstricher 48.8
Kuttenwallach 50.7
Kuttenzins 47.30
Kützche 26.30
auf dem Kützche sitzen, im Kützche machen
Küwekeschnut 1.42
Kyma 30.8
warmes Kyma
Kyria 80.4

L

Laatsch 12.43
Laban 1.11
langer Laban
Labbe 1.42
Labern 1.58, 70.5
Labia 36.12
Labia majora 1.67
Labia minora 1.67
labil 80.9
Labina 80.86
Laboratorium 72.12
Labormieze 20.9, 72.23
lächelnd 59.5
lächelnder Kleiderständer
Lachen 17.20
lachen 26.4
Lach mal, kriegst 'n Ringelkeks!
Lachgas 57, 61
Lachpulver 57
Lachse 80.61
Lachse 80.59
Lachse kriegen
lachsen 80.58
Lachwochen 14.45

Lachwöchner 14.45
Lack 39.3
der Lack ist ab
Lackaffe 1.6, 12.2
lackieren 26.25, 80.58
lackieren 35.18
das Hinterhaus lackieren, die schwarze Kammer lackieren
lackieren 35.7, 35.18
den Auspuff lackieren
lackieren 35.18
die braune Kammer lackieren
lackieren 26.25
die Büchse (die Dose, die Dotsch, die Pfanne, die Trommel, das Vogelhaus) lackieren
lackieren 35.7
die Dotsch lackieren, den Gasometer lackieren, das Hauptportal lackieren, die Hintertür lackieren, das Ofenloch lackieren
lackieren 35.18
die Vögelkiste lackieren
Lackierer 1.73, 4.26, 13.6, 80.64
lackiert 61, 61.5
lackierte Fingernägel
lackiert 61
lackierte Fliegenbeine
Lackierung 26.27
Lackmeier 59.40, 70.6
lackmeiern 10.7, 14.59
jemanden lackmeiern
Lackschuhe 59.40, 70.6
Lacktöpfe 70.6
Lacktöppe 59.40
Lacktreter 59.40
Ladebaum 1.73
Ladehemmung 51.3, 64.20
Lademast 1.73
Laden 1.63, 1.66, 48.25
laden 26.25
auf den Besen laden
Laden 22.18, 47.26
aufgebrochener Laden
Laden 22.18
aufgemachter Laden, aufgesprengter Laden, eröffneter Laden, geöffneter Laden, offener Laden
Laden 22.14
den Laden aufbrechen
Laden 26.25
den Laden aufmachen (aufschließen)
Läden 41.8
die Läden hochziehen
Laden 29.8, 30.6
schwuler Laden
Laden 29.8, 30.6
warmer Laden
laden 29.6, 35.7
einen auf den Besen laden
Laden 80.58
ein paar an den Laden geben
Laden 80.58
ein paar auf den Laden geben
Laden 29.8
heißer Laden
Laden 48.25
klammer, müder Laden
laden 26.18
scharf laden
laden 15.5
sich eins auf den Hals laden
Ladenbiene 45
Ladenfee 45
Ladengeflügel 45
Ladengrazie 45
Ladenhüter 39.5, 45, 48.2
Ladenhüterchen 59.7
Ladenkätzchen 45
Ladenmädchen 48.2
Ladenmiete 48.9
Ladenschwengel 1.73
Ladentochter 48.2
Ladentür 1.69
Ladentür 22.14
die Ladentür aufbrechen
Ladentür 26.25
die Ladentür aufmachen (aufschließen)
Ladentür 22.14
die Ladentür einrennen
Ladenzähne 1.44
Laderampe 14.42, 41.5, 51.3
Laderaum 41.3
Ladestock 1.73, 29.10
Ladestock 29.10, 36.4
den Ladestock verschlucken
Ladmann 14.41
Ladung 1.78, 51.3
Ladung 24.1, 25.1
die Ladung löschen
Ladung 26.25
die Ladung reinhauen
Ladung 26.24
eine geballte Ladung
Ladung 35.7
einem die Ladung reinhauen
Ladung 22.14
einer die Ladung reinhämmern (reinhauen, reinschlagen)
Ladung 57
geballte Ladung
Lady 2.2
Laffoi 1.66
Lager 47.42
Lager der letzten Chance
Lagermiete 48.9
Lagermöbel 48.2
lagern 41
Lagerordnung 53.16
lahm 4.5, 6.13, 12.40, 64.21
lahm 2.2, 4.6
lahme Ente
lahm 6.15
lahmer Bulle
lahm 2.2
lahmer Dampfer
lahm 12.39
lahmer Griff
lahm 39.13, 64.21
lahmer Hengst
lahm 4.6
lahmer Koffer
lahm 39.13, 64.21
lahmer Sack
Lahmarsch 1.10, 4.7, 6.15, 35.6, 64.23
lähmen 36.10,
Angst lähmt ihm die Zunge
laichen 17.16
Laichplatz 17.16, 48.25
Laichschopf 48.25
Laichschule 17.16
Laichteich 17.16, 48.25
Laichzeit 17.16
Laie 22.9
dunkelgrüner Laie
Laken 13.3
das Laken zerschneiden
Lakritzen 45.1
Laller 1.45
Lamäng 1.54
Lamäng 24.1, 25.1
aus der freien Lamäng machen
Lamäng 25.5
in die kalte Lamäng
lamentoso 54.8
Lametta 58
Lämmchen 6.20
kleines Lämmchen
Lammel 72.4
lammen 17.16
Lämmerhüpfen 53.6, 53.7
Lämmerschwanz 1.10, 4.21
Lämmerweide 53.3, 53.7, 53.17
Lammfell 59.7
Husarenmütze aus Lammfell
Lämmling 18.3
Lammschweif 1.73
Lampe 1.66, 41.4, 48.25
Lampe 48.25
blaue Lampe
Lampe 3.8, 26.25
Öl auf die Lampe gießen
Lampe 48.25
rote Lampe
Lampendocht 1.73
Lampenfieber 64.20
Lampengeld 48.9
Lampenlöschen 53.5
Lampenschirm 59.7, 59.25
Land 1.85, 35.21, 36.12
das Land wo Milch und Honig fließt
Land 12.26

eine an Land ziehen
Land 22.18
erschlossenes Land
Land 8.13, 8.26, 14.64, 22.10
unentdecktes Land
Land 22.10
unerschlossenes Land
Land 22.10, 41.19, 44.2, 49.6
Unschuld vom Lande
Land 20.13
versprochenes Land
Land 49.6
Wort Gottes vom Lande
Landarbeiter 54.8
Landarbeiterin 44.2
Landebahn 1.30
Landebahn 1.30
Bubikopf mit Landebahn
landen 12.31, 41
Landeplatz 1.30
Landeplatz 1.30
Bubikopf mit Landeplatz
Landeplatz 1.30
Landeplatz mit Stoppeln
Landeplatz 1.83, 29.10
wohlgekurvter Landeplatz
Landjacht 53.16
Landkarte 23.4, 59.12, 59.26, 62.10, 72.4
Landluft 61
Landluft 61
Landluft genießen
Landpomeranze 44.2
Landschaft 72.5
die Landschaft bereichern
Landschaft 1.83, 29.10, 35.10
kurvenreiche Landschaft
Landschaftsgarten 58
Landsknechtsweib 48.2, 51.3
Landstörzerinnen 48.2
Landstreicher 59.7
Landstreicherin 41.25, 46.4
Landtag 41
Landtag machen
Landungsbraut 46.6, 48.2, 51.3
Landungsstelle 48.27
Landwirt 44.1, 54.8
Landwirt 36.4
den toten Landwirt beleben
Landwirt 64.17, 64.23
kühler Landwirt
Landwirtschaft 44
Landzunge 1.68
lang 36.4
einen langen Hals machen
lang 59.35
lange Damenunterhose
lang 59
lange Kleidung
lang 59.26
lange Kurze
lang 12.39
lange Leitung
lang 14.61
lange Nase machen
lang 69.4
lange Ohren machen
lang 26.22
langer Heinrich, lange Nase
lang 59.16
langer, lockergestrickter Pullover
lang 59.9
langer Mantel
lang 59.25
langer Rock
lang 26.37
langer Stiel
lang 1.11
langes Elend, langes Ende, langer Laban, langes Laster, lange Latte, langes Leiden, langer Lulatsch, langes Register
lang 72.4
lange Sitzung
lang 46.1
lange Soße
lang 64.17
mit langer Nase abziehen
lang 14.46, 26.43
Rose mit langem Stiel
lang 59.14
weite, lange Ärmel
langbeinig 73.13
langbeinige Frau
langen 80.58
langen 80.58
eine hinter die Schallgardine langen
langen 80.20
sich jemanden langen
Langert 1.49
Langeweile 14.55
sexuelle Langeweile in der Ehe
Langhals 70.6
Langhälse 59.40
langlegen 12.30, 26.26
sich langlegen
Langling 1.73, 26.22, 80.82, 80.86
Langmann 1.55
Langmichel 80.48
Langmuschel 70.6
Langmuschen 59.40
Lango 80.23, 80.25
Langohr 69.2
Langohr 69.3
Frau Langohr
langsam 54.8
langsam 12.19
Herzen auf langsame Flamme garkochen
langsamer 54.8
Langschäfter 59.40
langschleimen 12.14
Langspielplatte 46.1
languendo 54.8
Langwegendanz 14.41
Langweilerchen 48.35
langweilig 6.13
langweilig 6.14
langweilige Frau
langweilig 6.15
langweiliger Mann
langweilig 6.15
langweiliger Peter
langweilig 54
langweilige Veranstaltung
Langwellensender 1.73
langwierig 35.22
langwierig erzählen
langziehen 80.58
die Hammelbeine langziehen
Lankos 80.82, 80.86
Lanzenstechen 26.27
Lanzette 1.73
Lapparsch 35.6
Lappen 1.39, 1.43, 1.67, 45.1, 59.7, 59.22, 59.38, 64.21
Lappen 45.1
blauer Lappen
Lappen 62.5
den Boden mit dem feuchten Lappen aufheben
Lappen 80.59
eine hinter die Lappen kriegen
Lappen 45.1
grüner Lappen
Lappen 11.19, 13.3
sich auf die Lappen machen
Lappenanhänger 1.68
Laps 12.43
Lapsch 12.43
Larve 1.33
lasch 4.5, 6.13, 12.40, 64.21
lasch 12.39
lasche Masche
lasch 6.15, 19.4, 64.21
lascher Bock
Laschi 45.1
lassen 12.30, 26.26
einen lassen
lassen 12.30, 26.26
sich lassen
lassen 12.8
kein Auge von ihm lassen
Last 2.2a
Last 48.2
der Last
Lastenausgleich 15.6
Laster 1.11
langes Laster
Laster 48.2
Laster vom Dienst
Laster 26.25
sich dem Laster in die Arme werfen

Lästerakademie 41.22
Lästerallee 53.9, 53.17
Lästerbank 14.50
Lasterbunker 41.3, 48.29, 63.14
Lästergehölz 53.9
Lasterinspizient 48.10, 63.12
Lästerloge 41.3
Lastermilbe 48.2
Lasterrampe 41.5
Lästerschwein 11.12, 14.50, 40.1
Lasterstein 14.60, 48.12
Lasterweibchen 48.2
Lasterwiese 41.5
Lasterzaster 48.9
Lastwagen 46.4
Laterne 1.40, 48.25
Laterne 48.25
blaue, rote Laterne
Laterne 41.4
Furz in der Laterne
Laternenpfahl 1.11, 1.15
Laternenpfahl 26.30
Laternenpfahl spielen
Latrine 51.3
Latrinenfahrer 72.25
Latrinenfuhre 51.3
Latrineninhalt 51.3
Latrinenjahrgang 17.16
Latrinenkommando 51.3
Latrinenpoesie 54.1, 74
Latrinenstange 51.3
Latrinenwagen 72.25
Latsche 80.61
Latscheboddüs 58.8
Latschen 1.39, 1.87, 59.40
latschen 80.58
Latschen 59.40
Durchfall-Latschen
Lätschling 59.15
Latte 1.73
Latte 1.11
lange Latte
Latte 1.15
tapezierte Latte
Latten 53.19
Lattencouch 26, 41.24
Lattengerüst 31.5
Lattenjäger 29.3
Lattenkönig 47.41
Lattenparadies 47.41
Latz 18.15
Latz 80.58
einen vor den Latz knallen
Latz 8.22
kaputter Latz
Lätzel 18.15
Latzschürze 59.11
lau 64.21
Laube 41.2, 41.3, 53.4,. 55.11, 72.12
Lauer 29.9, 48.4
Lauf 1.73, 1.86, 1.87
Lauf 26.25
den Lauf putzen
Lauf 1.45, 30.4
der Zunge freien Lauf lassen
Lauf 36.4, 36.8
jemandes Zunge freien Lauf lassen
Lauf 63.4
sich den Lauf verstopfen
Laufbahn 48
Laufbursche 48.4, 63.1
laufen 59.26
auf Halbstock laufen
laufen 48.5
auf Hochtouren, auf dem Zahnfleisch, wie eine gesengte Sau laufen
laufen lassen 61
den Fritzen über die Backen laufen lassen
laufen 12.31
die Sache läuft
laufen lassen 54.8
die Spieldose laufen lassen
laufen 48.35
eine laufen lassen, ein Pferd laufen lassen
laufen 48.35
ferner laufen für mich
laufen 48.5
sie läuft und er fährt
laufen 59.5
sie läuft und er schreibt
laufen 48.35
sie läuft wie geölt
laufen 31.4
Spalier laufen
laufen 1.87
über den großen Onkel laufen
laufen 21.4
wissen aus welchem Loch der Saft läuft
laufen 21.4
wissen wie der Hase läuft
laufend 23.5
laufende Woche
Laufendes 48.35
auf dem Laufenden halten
Laufer 1.86, 1.87, 59.40, 63.1
Läuferin 48.2
Laufgeschäft 48
Laufgürtel 59.27
läufig 3.6, 4.8
Laufjule 48.2
Laufjunge 48.4, 63.1
Laufkatze 48.2
Laufliese 48.2
Läufling 1.86, 1.87
Laufmädchen 45
Laufmaderl 48.2
Laufmasche 59.38
laufmaschensicher 26.12
Laufmieze 48.2
Laufpampel 45
Laufpaß 14.69, 48.10
Laufpaß 14.70
ihm den Laufpaß geben
Laufpaß 11.18, 13.3
jemandem den Laufpaß geben
Laufschnecke 48.2
Laufstegdragoner 59.5
Laufstegpuppe 59.5
Laufstegziege 59.5
Laufwerk 1.87
Laufwerk 1.86
schlaues Laufwerk
Laumann 49.7
Laune 12.35
die richtige Laune rauskitzeln
Launenwinkel 41.3
Laupdag 41
Laupeldag 41
Laura 1.5, 6.2, 20.10, 48.2
Lauri 80.86
Laus 1.58
bei der kann man 'ne Laus drauf knacken
Lausallee 1.29
Lausbub 18.4, 19.4
Lauscher 1.39
lauschig 6.7, 6.19
Lauschling 1.39
Läuse 71.3
Läuseallee 1.29
Lauseangel 61.3
Lausebengel 19.4
Läusechaussee 1.29
Lausedom 59.7
Lausefalle 41.5
Läusefänger 59.17
Lausehaken 61.3
Lauseharke 61.3
Lausehospital 59.17
Lausejunge 19.4
Lausekadett 19.4
Lausekahn 41.5
Lausekamm 61.3
Lausekaserne 59.7
Lausekrawatte 59.21
Lauseleiter 61.3
Lauselümmel 19.4
Lausepfad 1.29
Lauser 19.4
Lauserechen 61.3
Läuserich 61.3
Läusetag 41
Lausewenzel 1.73
Lausewiese 41.5
Lausfliegen 71.3
Laushutschn 48.30
Lausmarkt 1.32
Lausmensch 6.5
Laute 1.66, 25.8, 30.8, 54.8
Laute 25.1
einer an der Laute zupfen, Laute spielen
Laute 24.1
Laute spielen, an der Laute zupfen
läuten 24.1, 25.1
den Bimbam läuten
läuten 25.1, 37.4
die Glocken läuten

läuten 21.3
die Glocken läuten hören
läuten 24.1
die Kirchturmglocken läuten
läuten 47.21
die Sauglocke läuten
läuten 49.18
die Sauglocken läuten
läuten 17.11
es hat geläutet
läuten 12.6, 14.8
mit allen Glocken läuten
läuten 59.10
sie läutet mit beiden Glocken
Lautenspieler 25.4
lauter 54.8
Lautori 1.66
Lautsprecher 1.42, 11.12, 14.50, 46.1
Lautsprecher 18.2
Lautsprecher mit Ohren
Lavoir 1.66
laxieren 3.8
Lazarett 51.3
Lazarettbosten 51.3, 63.13
Lazarettengel 51.3, 63.13
Lazarettfee 51.4
Lazaretthelfer 51.3
Lazarettmatratze 51.3, 63.13
Lazarettmaus 51.3
Lazarettmieze 51.3
Lazarettmutter 51.3, 63.13
Lazarettpritsche 51.3
Lazarettschnecke 51.3
Lazarettschreck 51.3
Lazarettschwester 51.3
Lazarettsirene 51.3, 63.13
Lazarinchen 51.3, 63.13
Lebedämchen 13.5, 48.2
Lebedame 13.5
Lebefräulein 13.5, 48.2
Lebegirl 48.2
Lebekies 45.1
Lebemädchen 13.5, 48.2
Lebemann 22.5, 39.7
Leben 47.2, 48
Leben 39
Bürde des Lebens, Herbst des Lebens, Neige des Lebens
Leben 48.5
das nackte Leben fristen
Leben 14.38
den Bund fürs Leben schließen, die Hand fürs Leben reichen
Leben 19
des Lebens Blüte, des Lebens Mai, der Frühling des Lebens
Leben 10.7
ein flottes Leben führen
Leben 26
flottes Leben
Leben 48.5
im Leben stehen, beim Leben sein
Leben 38.2
im Mittag des Lebens
Leben 38
Mittag des Lebens
Leben 61.1
neues Leben blüht aus den Ruinen
Leben 36.4
neues Leben einflößen
Leben 48.5, 80.94
sich durchs Leben schlagen
Leben 1.58
sie hat viel Leben in der Bluse
leben 23.2
sie lebt Diät
Leben 17.11
sie spürt Leben
leben 13.10
von der freien Marktwirtschaft leben
leben 25.7, 29.9, 36.11, 48.5
von der Hand in den Mund leben
leben 47.4
von Erinnerungen leben
Lebensabend 39
Lebensborn 51.2
Lebensbrunnen 52.4
Lebensbund 14
Lebensfriste 45.1
Lebensgemeinschaft 13
Lebenshöhe 38
Lebenshöhe 38.2
auf der Lebenshöhe
lebenslänglich 14.48, 14.49
lebenslängliche Wärmflasche
Lebensnerv 45.2, 60.4
Lebensrute 52.4
Lebenssaft 1.78
Leber 3.7
Er hat 'ne weiße Leber.
Leber 64.13
weiße Leber
Leberfleck 70.1, 80.39
Leberkäs 62.2
preußischer Leberkäs
Leberreime 47.21, 54.1
Leberstück 47.42
Leberwurst 1.75
Lebeweib 48.2
lebhaft 54.8
Lebwohl 14.38
der Freiheit Lebwohl sagen
Leck 73.13
Leckage 1.63
lecken 26.3, 30.4, 36.4, 36.8
lecken 35.18
am Arsch lecken
lecken 36.8
am Fleischtopf lecken
lecken 35.18
am Kürbis lecken, am Schinken lecken, am Senffaß lecken, am Wackelpudding lecken, am Zitterpudding lecken
lecken 1.76
am Skrotum lecken
lecken 36.8
an der Klitoris lecken
lecken 64.25
Blut lecken
lecken 36.4
die Hoden lecken
lecken 73.11
er leckt
lecken 35.18, 35.22
Leck mich am Arsch!
lecken 76.2
Senf lecken
lecken 45.6
sie leckt an 'nem aufgehängten Heringsschwanz
lecken 36.8
Sülze lecken
Lecker 1.45, 29.3, 30.8, 36.2, 36.6, 36.12
Lecker 36.4, 36.8
am Lecker sein
Leckerbissen 1.78, 35.21, 36.12, 76.3, 78.3
Leckerbissen 36.4
jemandem Leckerbissen füttern
Leckerei 36, 36.1, 36.5, 36.11, 48.26
Leckerin 30.2, 36.3, 36.7
Leckerli 1.63
Leckermaul 29.3, 30.2, 36.2, 36.3, 36.6, 78.1
Leckermäulchen 36.3, 36.7
Leckmädchen 36.3
Leckmamsell 30.2, 30.7, 36.3, 36.7, 36.11, 48.2
Leckmichlerin 30.2, 30.7, 36.3, 36.7, 36.11, 48.2
Leckweise 78.3
Leckwiese 1.83
Leder 59.2, 70.14, 80.92
Leder 80.58
etwas aufs Leder geben, das Leder gerben
Leder 26.25
ficken was das Leder hält
Leder 59.2
Leder im Sprachgebrauch der Lederfetischisten
Leder 26.30
sich aufs Leder knien
Lederbalsam 1.46, 1.70, 1.78, 35.4
Lederer 70.14
Lederfetischismus 70.14

Lederfetischist 70.14
Lederfetischisten 59.2
Leder im Sprachgebrauch der Lederfetischisten
Lederfetischistin 70.14
Lederfett 61
Lederfrau 70.14
Lederfreier 70.14
Ledergürtel 70.14
Lederhaut 17.15
Lederhose 59.26
kurze Lederhose
Lederkorken 59.40
Lederkragen 59.19
Lederweste 59.15, 70.14, 70.17, 80.92
Lederzeug 1.83, 80.92
Lederzeug 80.58
das Lederzeug anstreichen
ledig 14.14
ledig bleiben
ledig 14.15
ledige Frau
ledig 14.16
lediger Mann
ledig 59.3
lediges Loch
ledig 14.3
los und ledig
Ledigbleiben 14.17
Angst vor dem Ledigbleiben
Ledigenwohnheim 14.14
Lee 26.30
von Lee
Leef 80.82, 80.86
Leems 41.5
Leepeneute 50.14
leer 17.26, 39.10, 64.17, 64.21
leer 17.26, 39.13, 39.14, 64.21
leere Gießkanne
leer 17.26
leeres Faß, leere Kiste, leerer Ofen, leere Schatulle
leer 17.26, 39.13, 64.21
leere Pfeife, leerer Sack
leer 17.26, 64.21
leere Spritze, Tube, leerer Sack, Tank, leeres Pulverfaß
leeren 36.8
den Kelch leeren, den Becher leeren
leerfressen 35.18
das Gurkenfaß leerfressen
leergelaufen 39.10
leergevögelt 39.10
leergewetzt 39.10
leergewichst 39.10
Leerlauf 17.26, 64.20, 64.21, 64.23, 72.9
leerlaufen 17.26, 64.20
leermachen 26.40
Leermacher 4.18
Leerung 26.24, 26.27
Leerung 39.7
letzte Leerung vor Postschluß
Lefrantzin 50.9
Lefrantzinkind 15.2
Lefzen 1.42
legalisiert 14.1
legalisiertes Verhältnis
legato 26.31
Legegeld 18.21
legen 17.16
legen 26.25
auf die Butten (das Kreuz, die Matte) legen
legen 1.45
auf die Zunge legen
legen 24.1
den Finger in die offene Wunde legen
legen 17.8, 22.14
den Grundstein legen
legen 16.11
die Axt an die Wurzel legen
legen 25.1
die Hand drauf legen
legen 24.1, 26.9
die Hände in den Schoß legen
legen 24.1, 25.1, 26.9
die Hand ins Feuer legen
legen 12.28, 22.14
eine auf die Butten legen, eine aufs Kreuz legen
legen 22.14
eine auf die Matte legen
legen 48.35
eine auf Kiel, auf die Seite legen
legen 72.5
ein Ei legen
legen 25.1
einer den Finger auf die offene Wunde legen, einer die Hände in den Schoß legen
legen 36.4, 36.8
es jemandem auf die Zunge legen
legen 3.8
Feuer legen
legen 13.8
goldene Eier legen
legen 24.1
Hand an sich legen
legen 9.12
in Fesseln legen
legen 13.1
jemanden an die Leine legen
legen 26.17
sich flach legen
legen 17.16
sich legen
legen 7.3
Vögelfallen legen
legitim 14.49
legitimer Hahn
legitim 14.23, 14.48
legitimer Zahn
Legitimierte 48.2
Lehm 45.1
Lehm 55
Piß mit Lehm
Lehmbrühe 55
Lehmkübel 72.13, 72.14, 72.16
Lehmkuhle 1.85
Lehmkuhle 35.7
die Lehmkuhle ausheben (ausspritzen, vollpacken)
Lehmkuhle 35.18
die Lehmkuhle spülen
Lehmloch 14.29, 52
ans Lehmloch gehen
Lehmmühle 72.12
Lehnefrau 48.2
Lehnepump 48.1, 58
Lehnsherr 41.11
lehren 20.8
lehren 49.9
jemanden Mores lehren
lehren 80.10
Mores lehren, Respekt lehren
Lehrer 35.22
Lehrerin 20.4
Lehrerin 20.4
attraktive Lehrerin
Lehrkörper 12.36, 20.4, 21.5, 47.21, 48.2, 54.2
Lehrling 47.17
einen Lehrling flagellieren
Lehrling 42, 45
weiblicher Lehrling
Lehrmädchen 47.17
Lehrmädchen schlagen
Lehrmittel 20.4
Leib 17.15
Leib 49
Ehre im Leib
Leib 25.1
einer den Leib pflegen
Leib 17.8
einer den Leib segnen, einer den Leib vollschlagen
Leib 64.21
er hat sich die Seele aus dem Leib gefickt
Leib 17.10
gesegneten Leibes
Leib 26.35
gut bei Leibe
Leib 11.1
jemandem das Herz im Leibe umdrehen
Leib 59.30
kein Herz im Leibe haben
Leib 64.21
keinen Knochen am Leibe haben
Leib 64.17

nichts Ordentliches im Leibe
Leib 64.17
ohne einen warmen Löffel im Leibe
Leib 63.9
Quecksilber im Leibe
Leib 63.5
Quecksilber im Leib haben
Leib 64.23
sich die Seele aus dem Leib ficken
Leib 59.6
sie hat keinen anständigen Faden am Leib
Leib 11.5
vom Leibe halten
Leibdiener 80.7
Leibe 26.5
zu Leibe rücken
leibeigen 80.9
Leibeigener 80.7
Leibeigenschaft 80.3
Leibesvisitation 26.6, 26.7
Leibfuchs 80.7
Leibgedinge 14.32
Leibhaftiger 50.11
der Leibhaftige
Leibhose 59.35
Leib- und Seelenhose
Leibschüsselhusar 51.3
Leibschüsselköchin 51.3
Leibsoll 48.9
Leibstuhl 72.14
Leibwache 14.67
Leibwache 8.2, 8.15
meine Leibwache
Leibwächter 14.67
Leibwächter 8.15
mein Leibwächter
Leibwärmer 14.48
Leib- und Seelenwärmer
Leibwäsche 59.29
Leib- und Seelenwäsche
Leichdorn 1.87
Leiche 55, 59.10
Leiche 33.4
eine schöne Leiche
Leichenbegängnis 33.3
Leichenbeschauer 33.1
Leichenbitter 55
Leichenbrühe 55
Leichendeckel 59.7
Leichendoktor 63.12
Leichenfett 55
Leichenfinger 55, 56
Leichenfledderer 47.3
Leichenfledderin 47.3
Leichengeburt 17.24
Leichengibber 33
Leichenheini 33.1
Leichenheini 33.4
Leichenheinis Privatbordell, Leichenheinis Nacktbühne
Leichenmacher 63.12
Leichenmolch 33.1
Leichenmuse 51.3, 55, 63.13
Leichenschändung 33
Leichenschauhaus 33.4
Leichenschauhaus 79.2
Rindfleisch vom Leichenschauhaus
Leichenschmaus 79
Leichensoße 55
Leichentopp 59.7
Leichentupfer 33.1
leichenvögeln 33.2
Leichenwagen 55
Leichenwagen mit Troddeln
Leichenwasser 55
Leichenwürmer 55
leicht 4.24, 10.6
leicht 39.1
leicht angekratzt
leicht 48.2
leichte Dame
leicht 4.25
leichter Vogel, leichtes Rücherl
leicht 59.40
leichte Schuhe
leicht 48.2
leichtes Fußvolk, leichte Infanterie, Kavallerie
Leichtsinn 16.2
Hugo Leichtsinn
Leichtsinn 16.2
Lina Leichtsinn
leichtsinnig 2.2
leichtsinniges Huhn
Leid 9
auf Liebe folgt Leid
Leiden 1.11
langes Leiden
Leidenschaft 9.11
glimmende Leidenschaft
leidenschaftlich 54.8
Leidenskelch 11
Leier 1.66, 1.73, 2.2, 24.2, 25.3, 25.8, 30.8, 54.8
Leier 1.66
ausgeleierte Leier
Leier 54.8
die Leier spielen
Leier 25.1
einer an der Leier zupfen, Leier spielen
Leier 26.25
Leier spielen
Leier 24.1
Leier spielen, an der Leier zupfen
Leier 26.9
mit der Leier spielen
Leierkasten 1.66, 25.8, 30.8, 54.8
Leierkasten 24.1
an dem Leierkasten drehen
Leierkasten 54.8
den Leierkasten spielen
Leierkasten 25.1
einer den Leierkasten polieren, einer an dem Leierkasten drehen, Leierkasten spielen
Leierkasten 24.1
Leierkasten spielen
leiern 24.1, 25.1, 54.8
leiern 48.5
aus der Krone leiern
Leierspieler 25.4
Leihbock 29.9, 48.4
Leihdame 48.2
Leihfleisch 48.4
Leihfotze 48.2
Leihhirsch 29.9, 48.4
Leihjunge 29.9, 48.4
Leihkörper 48.2, 48.4
Leihmaid 48.2
Leihrammler 48.4
Leihsack 29.9, 48.4
Leim 12.29, 14.10
auf den Leim gehen
Leim 12.7
auf den Leim kriechen
Leim 9.12, 12.6, 14.8
auf den Leim locken
Leim 1.20
aus dem Leim gehen
Leim 14.70
die Ehe geht auf den Leim
Leim 11.20
die Liebe geht aus dem Leim
leimen 14.60
die Ehe leimen
leimen 59.20
geleimte Fliege
Leimsieder 4.7, 6.15, 59.7, 64.23
Leine 48
Leine 64.24
an der Leine hängen
Leine 80.84
an die Leine legen
Leine 48.5
auf der Leine gehen
Leine 64.24
jemanden an die Leine binden
Leine 13.1
jemanden an die Leine legen
Leine 11.19, 48.5
Leine ziehen
Leinwandfose 54.5
leinwandfüllend 1.19, 1.58
Leinwandhütte 53.16
Leinwandwäscher 54.5
Leisetreter 59.40
Leisten 2.2
leisten 41.7
Augenschondienst leisten
leiten 17.20
aus dem Kindbett (aus dem Wochenbett) leiten
Leitfaden 1.73
Leitkuh 14.50, 20.4
Leitplanken 59.30, 59.31,

59.32, 70.17
Leitseil 20, 80.82, 80.86
Leitung 11.15
die Leitung aufdrehen
Leitung 12.39
lange Leitung
Leitungsengel 46.2
Leitwerk 1.66
Leixen 1.87
lekichen 14.38
Lektion 80.61
Lena 48.24
Lende 1.61
lendenlahm 42
Lendenschurz 59.43
Lenin 1.48
lentando 26.31, 54.8
lentano 26.31
lento 26.31, 54.8
Lentz 1.73
Peter Lentz
Lenz 39.8
der zweite Lenz
Leonhard 17.22
St. Leonhard
Leonhardsnagel 50.3, 52.7
Leonhardt 50.11
Meister Leonhardt
Leopard 59.9
Kalb auf Leopard gequält
Lepschi 7
Lepschi 7.3
auf Lepschi gehen
Lerche 2.2, 48.2, 54.8
Lerchenfang 7, 7.4, 14.5
Lerchenfang 7.5
auf Lerchenfang gehen
Lercherl 48.2
lernen 20.8
lernen 21.3
lesen lernen, tanzen lernen
lernen 21.3
von der Pike auf lernen
Lesbe 30.2
Lesbenmaschores 47.41
Lesbierin 29.10, 30.2, 73.13
Lesbierinnen 30.1
die Lesbierinnen
Lesbierinnen-Bordell 30.7, 48.26
Lesbierinnen-Lokal 30.6
lesbisch 30.3
lesbisch 30.5
lesbische Masturbationsinstrumente
lesbisch 30.7
lesbische Prostituierte
lesbisch 30.7
lesbische Prostitution
lesbisch 3.3
lesbischer Tick
lesbisch 30.5
lesbischer Verkehr
lesbisch 30.8
lesbisches Vokabular
lesbisch 30.4
lesbisch verkehren
lesen 17.20
aus dem Kindbett (aus dem Wochenbett) lesen
lesen 80.10
einem die Leviten lesen
lesen 49.9
jemandem die Leviten lesen
lesen 21.3
lesen lernen
Lesestange 72.15
Lesezimmer 72.12
Letsche 1.42
Letsel 82.5
Letze 1.42
letzte 33.2
die letzte Ehre erweisen, das letzte Geleit geben
letzte 33.3
letzte Ehre, letztes Geleit
letzte 26
letzte Ölung
letzter 48.8
der letzte Mohikaner
letzter 59.6
letzter Versuch
leuchten 80.58
leuchten 12.4, 26.25
sein Licht leuchten lassen
leuchten 47.8
sein Zwielicht leuchten lassen
Leuchtkäfer 54.5
Leuchtturm 73.9
Leuchtturm für bedrängte Schiffer
Leucoderma colli syphiliticum 63.1
Leukorrhöe 63.1
Leute 39.6
alte Leute
Leute 36.12
in aller Leute Mund sein
Leute 49.5
in andrer Leute Mäuler kommen
Leuwagen 62.2
Levantiner 29.3
Leviten 80.10
einem die Leviten lesen
Leviten 49.9
jemandem die Leviten lesen
Lexikon 5.1, 12.36
Lexikon mit Loch
Lexikon 12.37
Lexikon mit Schwanz
Lexikon 5.1
zweibeiniges Lexikon mit Zopf
Libanese 57
roter Libanese
liberal 35.22
liberaler Scheißer
Librium 57
Licht 1.36, 78.3
Licht 26.10
ans Licht bringen
Licht 17.16, 26.16, 29.6
das Licht der Welt erblicken
Licht 26.25
ein Licht aufstecken
Licht 1.73
großes Licht, kleines Licht usw.
Licht 14.20
grünes Licht bekommen
Licht 12.30, 14.9
grünes Licht geben
Licht 12.31
grünes Licht kriegen
Licht 10.6
hinters Licht geführt
Licht 10.7
jemanden hinters Licht führen
Licht 64.21
kein großes Licht sein
Licht 7.1
Licht auf der Brücke
Licht 26.22
Mir geht ein Licht auf!
Licht 11.3
rotes Licht
Licht 12.4, 26.25
sein Licht leuchten lassen
Licht 48.2
Zunft vom roten Licht
Lichtanblasen 49.19
Lichterträger 1.40
lichtscheu 73.8
lichtscheue Vase
Lichtspiel 54.5
Lichtstubete 53.3
Lichtung 1.30
lieb 48.21
der liebe Mann
Lieb 9
Lieb und Lust
liebäugeln 9.3, 12.12
liebbehalten 9.1
Liebchen 9.8
Liebe 9, 12.20
Liebe 11.20
die Liebe geht aus dem Leim
Liebe 48.2
Dienerin der Liebe
Liebe 63.12
Facharzt für Haut und Liebe
Liebe 59.31
Festung der Liebe
Liebe 15.2
Frucht der Liebe
Liebe 48.2
Großmutter der Liebe
Liebe 48.29
Hochhaus der Liebe
Liebe 70.6
ich bin von Kopf bis Fuß auf Liebe eingestellt
Liebe 79.3

ich könnte dich vor Liebe auffressen
Liebe 15.2
Kind der Liebe
Liebe 58.5, 80.86
Kette der Liebe
Liebe 9
Liebe auf den ersten Blick, alte Liebe, blinde Liebe, freie Liebe, junge Liebe, platonische Liebe, reine Liebe, wilde Liebe, das zarte Pflänzchen Liebe
Liebe 53.9
Liebe auf Krankenschein
Liebe 48
Liebe auf Rädern
Liebe 32.3
Liebe im trauten Heim
Liebe 9
Liebe macht blind, Liebe ist stark wie der Tod, Liebe geht durch den Magen, auf Liebe folgt Leid, die Liebe ist erkaltet, erloschen, erstorben
Liebe 48
Liebe von der Stange
Liebe 40.2
meine brüderliche Liebe
Liebe 6.19
mit dem Mantel der Liebe zugedeckt
Liebe 48.10
Proviantamt der Liebe
Liebe 48.27
Proviantamt für Liebe
Liebe 13.6, 26.37
Roboter der Liebe
Liebe 7
Roulette der Liebe
Liebe 9
Sinn für Liebe
Liebe 9.5
Sklavin der Liebe
Liebe 53.17
Trampelpfad der Liebe
Liebe 48, 48.25, 53.19
Umschlageplatz der Liebe
Liebe 48.2
Vagabundin der Liebe
Liebe 72.11
von Liebe sprechen
Liebe 41.5
Werkbank der Liebe
Liebe 41.3
Werkstatt der Liebe
liebebedürftig 9.4
Liebedienerei 80.3
Liebedienerin 9.5, 48.2, 80.6
liebedienern 9.1
Liebelei 9, 54.8
Liebelei 54.8
Anfang einer Liebelei
Liebelei 54.4
Liebelei mit einer Ansagerin
Liebelei 53.19
Slalompiste der Liebelei
liebeln 9.1, 13.2
lieben 9.1, 14.7
lieben 18.16
wie (wo, warum) liebst du's?
liebenlernen 9.3
liebenswert 9.4
liebenswürdig 9.4
Lieberich 6.9, 9.8
Liebesabenteuer 9
Liebesandenken 15.2, 63.1
Liebesäpfel 1.58, 1.77, 36.12, 55, 70.5
Liebesbande 9
Liebesbezeigung 9
Liebesbeziehungen 9
Liebesbiß 80.15, 80.72
Liebesblümchen 80.15
Liebesblume 80.72
Liebesbrief 9, 46.3
Liebesbriefe 11.21
alte Liebesbriefe
Liebesbrücke 14.42, 53.5
Liebesbrunnen 1.66
Liebesbus 46.6, 53.10
Liebesdiener 48.4
Liebesdienerin 48.2
Liebesdienst 9
Liebesdienstkaserne 48.29
Liebesdienstmädchen 9.5
Liebesdienstwagen 46.4, 48, 53.14
Liebesdolch 1.73
Liebesdragoner 48.2
Liebesdrüsen 1.58, 1.77, 70.5
Liebesengel 48.2
Liebeserklärung 9
Liebeserwerbstätige 48.2
Liebeserwerbstätiger 48.4
Liebesfee 48.2
Liebesfett 11
Liebesfilm 54.5
sentimentaler Liebesfilm
Liebesfron 64.24
Liebesgabe 9, 15.2, 63.1
Liebesgaben-Spenderin 48.2
Liebesgaben-Spezialistin 48.2
Liebesgarten 1.65, 9
Liebesgeflüster 72.10
Liebesgeheimnisse 46
Liebesgeheimnisse ausplaudern
Liebesgeschichte 9
Liebesgespräch 46
Liebesgewerbler 48.4
Liebesgewerblerin 48.2
Liebesgrotte 1.66
Liebesgrotte 26.25
die Liebesgrotte ausloten
Liebesgrotte 26.25
die Liebesgrotte erforschen
Liebesgürtel 1.54
Liebeshändlerin 48.2
Liebesheirat 14.32
Liebeshimmel 9, 50.2
Liebeshochhaus 41.1
Liebeskalender 23.5
Liebeskerker 1.66
Liebeskettchen 58.11
Liebeskette 80.86
Liebesknigge 3.9, 21.7, 54.1
Liebesknochen 1.73, 29.10, 36.12, 55, 78.3
Liebesknochen 36.4
am Liebesknochen lutschen
Liebesknötchen 63.1, 64.17, 70.1
Liebeskreuz 11
Liebeskrüppel 9.5
Liebeskummer 9, 11, 72.12
Liebeskummer 11.1
Liebeskummer bereiten
Liebeskummer 11.2
Liebeskummer haben
Liebeskummerspalte 11, 54.1
Liebeslaube 46.4, 53.14, 53.16
Liebeslaufbahn 48
Liebeslautsprecher 67.6
Liebesleben 9
Liebesleben 14.29
Liebesleben der Verlobten
Liebesloddel 48.21
Liebeslohn 12.24
Liebeslotterie 7
Liebesmanagement 48.20
Liebesmanager 48.21, 48.23
Liebesmarkt 48
Liebesmittel 52.2
Liebesmüh 64.23
verlorene Liebesmüh
Liebesmühe 9
Liebesmuschel 1.66
Liebesobjekt 28.9
Liebesobjekt der Päderastie
Liebesobjekt 28.4
Liebesobjekt der Pädophilie
Liebesobjekte 27.3
Liebesobjekte der Gerontophilie
Liebesorakel 52.1
Liebespaar 9.7
Liebesparagraph 46.4, 53.14
Liebespartner 12.8
sich nach einem Liebespartner umsehen
Liebesparze 48.2
Liebespriester 48.4
Liebespriesterin 48.2
Liebesprüfer 3.10
Liebesquell 1.66, 1.73, 29.10, 30.8, 36.12
Liebesquell 1.73, 36.12

ausgetrockneter Liebesquell
Liebesquell 36.4, 36.8
vom Liebesquell schöpfen
Liebesquell 36.4
am Liebesquell trinken
Liebesradar 1.73
Liebesrose 80.15, 80.72
Liebesschlitz 1.66
Liebesschnulze 54.5
Liebesschrieb 46.3
Liebessegen 11.11
der Liebessegen hängt schief (wackelt)
Liebessilo 48.29
Liebessklave 64.24
Liebessklavin 64.24, 80.6
Liebesspalte 1.66
Liebesspeck 11
Liebesspiel 12
Liebesspiel 12.1
Angeberei beim Liebesspiel
Liebesspiel 12.33
Geschick im Liebesspiel
Liebesspiel 12.39
Ungeschick im Liebesspiel
Liebesspiel 12
wortloses Liebesspiel
Liebesstreik 64.17
Liebestinte 52.2
Liebestod 59.29
liebestoll 9.4
Liebestöter 59, 59.35, 59.43
Liebestoto 7
Liebestrank 52.2
Liebestrunk 36.1
liebestrunken 9.4
Liebesverhältnis 9
Liebesverhinderungsstelle 47.35
Liebesverkäuferin 48.2
Liebesverse 47.21
Liebeswäsche 18.15, 59.29, 70.12
Liebeswerk 26, 26.27
Liebeszauber 9
liebeszerstörend 52.9
liebeszerstörender Zauber
liebevoll 9.4
Liebfrauenbett 17.16
Liebfrauenkirchturm 1.73
liebgewinnen 9.3
liebgeworden 9.4
liebhaben 9.1
Liebhaber 48.4
Liebhaber 4.18
aggressiver Liebhaber
Liebhaber 4.21
ängstlicher Liebhaber
Liebhaber 54.6
jugendlicher Liebhaber
Liebhaberbühne 48.25, 54.6, 67.5, 68.4
Liebhaberei 14.31, 41.21, 48.25, 48.30, 53.8
Liebhaberin 48.2
Liebhaberin 4.17
aggressive Liebhaberin
Liebhaberpreis 29.9, 48.9
Liebhaberwert 6
Liebhaberwert 6
sie hat hohen Liebhaberwert
liebkosen 9.1
Liebkosung 9
liebleer 9.4
lieblich 9.4
Lieblichkeit 9
Lieblingslaster 49.1
lieblos 9.4
Lieblosigkeit 9
Liebrat 3.10
liebreich 9.4
Liebreiz 9
Liebschaft 9
Liebste 12.20
Liebster 12.20
Liebstöckl 1.73, 29.10, 36.12, 52.2, 52.3
Liebstöckl 36.4, 36.8
am Liebstöckl nagen
Liebstöckl 26.25
das Liebstöckl begießen
Liebstöckl 26.25
das Liebstöckl einpflanzen
Lied 11.21, 13.4
das Ende vom Lied
Lied 26.27, 54.8
Lied ohne Worte
Lied 22.3
von der Sache ein Lied singen können
Liederjan 4.26, 49.7
liederlich 4.24
liederlich 4.25
liederliche Frau
liederlich 4.26
liederlicher Mann
Liederweib 54.8
liefern 48.35
eine ans Messer liefern
liefern 80.58
einem einen Abdruck liefern
liefern 48.5
ins Haus liefern
liefern 26
wird ins Haus geliefert
Liege 41.5
Liegelang 41.5
liegen 26.25
auf der Butten liegen
liegen 48.34
bei mir liegst du richtig, der ganze Puff liegt auf meinen Schultern
liegen 25.1
ganz in jemandes Hand liegen
liegen 12.17
in den Ohren liegen
liegen 17.16
in den Wochen liegen
liegen 80.11
platt liegen
liegen 21.4
wissen woran's liegt
liegend 59.19
liegender Stehkragen
liegend 48
liegendes Gewerbe
liegend 54.8
unten, darunter liegend
liegen lassen 64.17
stehen und liegen lassen
Liegenschaft 14.64, 14.65, 14.68
freie Liegenschaft
Liegesofa 46.4, 53.14
Liegewiese 41.5
liemen 41.7
Liemlag 14.24, 14.28
Liemthur 14.23, 14.27
Liendl 17.22
Manna-Liendl, Weiber-Liendl
Lieschen 70.1
Lieschen 48.35
fleißiges Lieschen
Lieschen-Müller-Koller 64.15
Liese 2.2
Liesl 2.2
Liesl 63.1
die Liesl
Lidschatten 61
Liftbuxe 59.26
Liftergeschwisterkinder 40.13
Ligatur 54.8
Lilie 2.2
Lilie 22.18
ausgerupfte Lilie, entblätterte Lilie, geknickte Lilie
Lilie 22.14
die Lilie ausrupfen
Lilie 22.14
die Lilie entblättern
Lilie 22.14
die Lilie knicken
Lilie 47.26
geknickte Lilie
Lilie 22.10
keusche Lilie
Lille 1.60
Lima 59.17
Limburger 1.87
Limburger 70.6
Limburger Hitze
Limlag 9.9
Limoni 1.32, 59.7
Limthur 9.8
Lina 16.2
Lina Leichtsinn
lind 6.19
Linde 77
gelbe Linde
lindernd 26.41
Linderungsmittel 26.44
Lindwurm 1.73
Linie 48
Linie 17, 18.1, 40
absteigende Linie
Linie 48.5
auf der Linie gehen
Linie 17, 40

aufsteigende Linie
Linie 48.5
Linie ziehen
Linie 40
mütterliche, väterliche
Linienschiff 48.2
linieren 80.58
link 10.8
linke Ba
link 14.25, 58.2
linker Blinker
link 58.4
linker Keiterling
link 10.5, 49.1
linke Tour
Linker 29.3
links 1.41
linke Backe
links 58.4
linker Blinker
links 59.12
linker Sack
links 58.6
linke Schlinge
links 26.30
vom linken Flügel
links 25.6
zwei linke Hände haben
links 12.39
zwei linke Hände und ein Schwanz aus Blech
Linksanwalt 47.32
Linksdootsche 1.86
Linkser 1.86, 26.30
linksgewebt 30.3, 29.4
linkshändig 26.30
linksrum 29.4, 30.3
linksrum 29.6, 30.4
linksrum verkehren
Linksverdreher 47.32
Linksverkehr 29.7
Linse 68.2
Linsen 1.36, 45.1, 55, 59.29, 68.3
Linsen 2.2
Brett mit zwei Linsen
Linsen 1.58
Linsen auf 'm Brett
Linsengericht 48.25, 67.5, 68.4
Linsensuppe 55
Linser 68.1
Lippe 1.42
Lippen 1.43, 1.67, 36.12
Lippen 61
gerötete Lippen
Lippen 36.10
glatt von den Lippen fließen
Lippen 36.4
jemandem den Hahn an die Lippen setzen
Lippen 36.10
nicht über die Lippen bringen
Lippen 61.5
rote Lippen und rote Nägel
Lippen 36.8
sich auf die Lippen beißen
Lippen 36.12
sich auf die Lippen drängen
Lippenmassage 36
Lippenrot 1.42, 61
Lippensauger 36.6
Lippenstift 1.73, 29.10, 36.12, 61
Lippenstift 36.4
den Lippenstift benutzen
Lippentriller 36.1, 36.5
Lismer 59.16
Literatur 54.1
Lithopaedion 17.25
Litze 23.7
D.U.Litze
Lizenz 48.10
Lizensierte 48.2
LKW 18.13
Baby-LKW
LKW-Fresse 1.42
LKW-Schuppen 1.42
LMR 59.40
Lobbingel 4.26, 13.6
Lobbink 14.24, 14.28
Lobelbier 14.21
Lobetanz 53.7
Lobies 45.1
Lobmädel 14.23
Lobmädl 14.27
Lobpinkel 14.24, 14.28
Loch 1.66, 1.85, 2.2, 41.3, 72.12
Loch 59.12
Anzug mit Löchern
Loch 7.6
auf ein Loch stoßen
Loch 72.11
aus dem falschen Loch reden
Loch 72.11
aus dem letzten Loch pfeifen
Loch 20.11
Bankkonto mit Loch, Portemonnaie mit Loch
Loch 14.48, 26.1
Bettwärmer mit Loch
Loch 6.5
das letzte Loch
Loch 35.7
das Loch ausloten (ausraspeln, ausrebeln)
Loch 36.8
das Loch ausputzen
Loch 24.1, 35.12
das Loch massieren
Loch 11.2
das Loch zuklemmen
Loch 11.11
das Loch zusperren
Loch 1.42
das obere Loch
Loch 7.1
das richtige Loch
Loch 13.13
den Finger auf dem richtigen Loch haben
Loch 26.25
den Kopf ins Loch stecken
Loch 10.7
den Schnabel an jedem Loch wetzen
Loch 3.6
Der Puls schlägt ihr im Loch.
Loch 36.10
der Wind pfeift aus einem anderen Loch
Loch 10.7
die Nase in jedes Loch stecken
Loch 48.10, 63.12
Doktor Loch
Loch 25.1
einer das Loch massieren
Loch 26.25
ein Loch bohren
Loch 41.7
ein Loch in den Tag schlafen
Loch 64.17
ein Loch zurückstecken
Loch 14.48
E-Loch
Loch 9
Feuer im Loch
Loch 2.2, 4.25
F-Loch
Loch 48.25, 48.32
Gesangbuch mit Loch
Loch 59.26
Hosentasche mit Loch zur Selbstbefriedigung
Loch 4.19
Ihr fällt das Herz ins Loch.
Loch 3.6
Ihr läuft das Wasser im Loch zusammen.
Loch 12.41
ins falsche Loch rutschen
Loch 59.13
Jacke mit Löchern
Loch 36.8
jemandem das Loch auf die Schnauze setzen
Loch 4.16
jemandem ins Loch spucken
Loch 3.8
jemanden am Loch riechen lassen
Loch 21.5
Kinsey mit Loch
Loch 54.5, 54.6
Kitsch mit Loch
Loch 35.17, 35.20, 36.11
Klistier mit Loch
Loch 13.12
Konto mit Loch, Bankkonto mit Loch
Loch 59.3
lediges Loch
Loch 4.25, 48.2
letztes Loch
Loch 5.1, 12.36
Lexikon mit Loch

Loch 8.7
Loch im Haus
Loch 35.22, 59.26
Loch in der Hose
Loch 59.38
Loch im Strumpf
Loch 4.2
Loch mit Düsenantrieb
Loch 1
Loch mit Figur drum
Loch 1.13
mehr Loch als Frau
Loch 59.7
Mütze mit Löchern
Loch 13.12, 14.32
Portemonnaie mit Loch
Loch 3.6
Sie kann nicht weiter als ihr Loch sehen.
Loch 45
Spesenkonto mit Loch
Loch 23.3
tamponiertes Loch
Loch 8.7, 14.23, 14.48
Umhang mit Loch
Loch 59.15
Weste mit Löchern
Loch 12.41, 21.10, 22.17
wie der Ochse vorm Loch stehen
Loch 7.11
wie der Schwanz ins Loch
Loch 21.4, 22.3
wissen aus welchem Loch der Saft läuft
Lochbiese 23.7, 35.8, 70.2
Lochbikini 59.43
Lochbohrer 1.73, 22.16, 35.5, 47.26
Löcher 21.10, 22.7
die Löcher noch nicht entdeckt haben
Löcher 14.59
die Nase (den Schwanz) in fremde Löcher stecken
Löcher 10.7
seine Nase in fremde Löcher stecken
Löcherkostüm 59.43
Locherl 19.9, 28.4
Löcherl 1.66, 19.9, 28.4
Lochgucker 68.1
Lochien 17.15
Lochkarte 48.9, 48.10
Lochkartenkontoristin 45
lochkrank 63.3
Lochmädchen 45
Lochparade 48.10
Lochputzer 1.73
Lochrahmen 1
Lochschabe 16.9
Lochschaber 16.9, 63.12
Lochschwager 8.27, 14.67, 31.2
Lochschwägerin 14.66
Lochspanner 1.73
Lochstreifen 1.82
Lochtester 3.10
Lochtrine 47.41
Lochumrandung 1
Locken 1.27
locken 9.12, 12.6, 14.8, 14.38
ins Garn locken
locken 9.12, 12.6, 14.8
ins Netz locken, auf den Leim locken
Locken 39.1
mit bereiften Locken
locken 3.8, 12.35, 26.40
Samen locken
Lockenkünstler 61.3
Lockenpriester 61.3
Lockenputz 61, 61.3
Lockenverwickler 61.3
Lockenwickler 1.29
Lockenwirbler 61.3
locker 4.24, 10.6, 49.16
locker 80.58
das Fell locker machen
locker 25.6
lockere Hand
locker 4.25
lockerer Vogel
locker 53.7
lockere Tour
lockerstricken 59.16
lockergestrickt; langer, lockergestrickter Pullover
Lockhose 59.35
Lockspeise 12.16
Lockspitzel 47.39
Lockvogel 6.17
Lockwäsche 70.12
Loddel 48.21
Loden 59.1
Lodengrabbler 61.3
Lodenjoppe 59.13
Lodenmantel 59.7, 59.9
Lodenwirbler 61.3
Loderstellen 47.30
Lofas 1.73
Löffel 1.39, 1.87, 63.10
Löffel 80.58
ein paar hinter die Löffel hauen
Löffel 64.17
ohne einen warmen Löffel im Leibe
Löffel 16.7
scharfer Löffel
Löffelei 12
löffeln 26.25, 80.58
löffeln 23.6, 26.25
Rotkohl löffeln
Löffelnägel 1.55
Löffler 9.6
Loge 72.12
Logenschließer 72.24
Logierritze 14.42, 41.5
Lohnamourantin 48.2
Lohnarbeiter 48.4
Lohnarbeiterin 48.2
Lohnsetzerin 48.2
Lokal 55.11
anrüchiges Lokal
Lokal 29.8
Homosexuellen-Lokal
Lokal 29.8
Huhn-Lokal
Lokal 57.6
Lokal, in dem man Drogen erhält
Lokalitätchen 72.12
Lokus 72.12
Lokusbrille 72.17
Lokusdeckel 1.36
Lola 64.23
Wenn du zur Lola gehst, mußt du die Stalltür verriegeln.
Lolita 19.8, 28.4, 28.6, 48.2
Lolita 19.2
Lolita-Garde
Lolita-Look 59.4
Lollo 1.58, 59.13, 59.43, 70.5
Lollobrigidastraße 46.4
Lollofrigida 4.6, 64.23
Lollos 1.58
schwere Lollos
Lomel 80.48
Look 59.4
Lolita-, Mao-, Teen-, Twen-Look
Look 59.10
Military-Look
Lopsteck 1.87
Lopstecken 1.86
Lorbeeren 41.6
sich auf seinen Lorbeeren ausruhen
Lorbeerkranz 1.48
Lord 6.3, 8.19, 19.4
Lore 12.4
angeben wie 'ne Lore Affen
Lorelei 82.4
Lorenz 1.73
Lorettohäubchen 17.22
Lorgnette 48.10, 63.10
Lorgnonhügel 53.6
Lorum 48
Lorumhenne 48.2
Lorumschickse 48.2
los 14.3
los und ledig
losbinden 11.20
sich losbinden
Löschblatt 23.7, 70.2
Loschen 1.45
löschen 26.25, 80.58
löschen 26.25, 26.40
den Durst löschen
löschen 24.1, 25.1
die Ladung löschen
Löschhorn 1.40, 1.73
Löschpapier 14.56
Löschpapier 10.6
angeführt mit Löschpapier
Löschplatz 48.27
lose 4.24, 10.6
lose 36.10
ein loses Maul haben, einen losen Mund haben
lose 2.2, 4.25, 48.2
lose Fliege
lose 4.25
loser Vogel

lose 64.10
loser Ziegel
lose 25.6, 80.65
loses Handgelenk
lose 45.1
loses Pulver
Losehe 14
loseisen 11.8
jemandem die Geliebte loseisen
lösen 22.14
das Rätsel lösen
lösen 14.30
die Verlobung lösen
lösen 36.12
jemandem die Zunge lösen
Loser 29.3
Loser 29.10
O du Loser!
Losnacht 52.4
Loßleger 82.2
losschieben 53.7
losschmieren 80.58
Losung 72.4
Losung 35.18
an der Losung schnüffeln
loswerden 8.21
Freund, den man nicht loswerden kann
loswerden 8.8
Freundin, die man nicht loswerden kann
losziehen 49.9
über jemanden losziehen
Lötbinder 59.20
löten 26.25
löten 59.20
gelötete Fliege
Lötfliege 59.20
Loth 48.9
der Loth
Lötkolben 1.40, 1.68, 1.73, 25.8, 64.23
Lötkolben 24.1
den Lötkolben anheizen
Lötkolben 25.1
einem den Lötkolben anwärmen
Lötkolben 25.1
einer den Lötkolben anwärmen
lotrecht 26.21
Lotsendankspende 72.22
Lotsen-Gage 72.22
Lotsensold 72.22
Lottchen 2.2, 48.2
Lotte 2.2, 48.2, 48.24
Lotte 31.5
dicke Lotte
Lotter 4.25, 4.26
Lotterie 7
die große Lotterie
Lotterkleid 59.10
Lotterl 1.66, 48.2, 48.24
Lotterleben 10.5, 26
Lotterleben 10.7
ein Lotterleben führen
Lotterpenne 41.5
Lotterwirtschaft 41.2 62.14
Lottoansagerin 54.4
Lottofee 54.4
Lotung 26.30
Louis 48.21, 63.1
Louiskappe 59.7
Löwengrube 6.17, 41.2, 41.3
Löwengrube 1.63
Daniel in der Löwengrube
Löwenhöhle 1.66, 34.6, 41.22
Löwenpisse 55
Löwenzahn 52.2, 52.3
LSD 57, 57.6
LSD-Benutzer 57.3
LSD-Stocherer 57.3
Lublin 48.2
Lubni 48.2
Lubno 84.2
Lucht 41.2
Luchsauge 1.36
Luckilucki 68.3
Lückenbüßer 8.23
Lückenbüßerin 8.10
Lude 48.21
Ludenhöhle 48.32
Luder 1.66, 4.25
Luder 5.2
selten dämliches Luder
Luderleben 26
Ludewig 48.21
Lufaschwamm 62.2
Luft 1.78
Luft 26.10, 46, 59.23
dem Herzen Luft machen
Luft 16.3
die Luft anhalten
Luft 80.81
die Luft über sich zusammenschlagen lassen
Luft 26.34
er bekommt keine Luft
Luft 64.21
er hat keine Luft mehr
Luft 16.3
halt die Luft an!
Luft 26.34, 64.21
ihm bleibt die Luft weg
Luft 36.10
ihr bleibt die Luft weg
Luft 25.1
jemandem Luft machen
Luft 26.23
Jetzt gibt's Luft.
Luft 64.21, 64.23
keine Luft mehr haben
Luft 72.11
seinem Herzen Luft machen
Luft 24.1
sich Luft machen
Luft 26.36
wieder Luft bekommen
Luftballon 16.1, 17.24, 59.30
Luftballon 17.9
einen Luftballon verschlucken
Luftballon 17.11
sie hat einen Luftballon verschluckt
Luftbombe 35.22
lüften 26.10
den Vorhang zum Lustspielhaus lüften
Luftengel 46.7, 53.11
Lufthansa-Stewardess 46.7, 53.11
Luftkind 17
Luftkutschenbüches 46.7, 53.11
luftleer 1.15
luftleerer Anzug
Luftloch 59.26
Luftmatratze 41.5, 46.7, 53.11, 53.16
Luftmatratzengewässer 53.17
Luftreiniger 61
Luftschifferparterre 41.2
Luftschiffhalle 73.9
Luftschloß 53.16, 64.2, 64.10
Luftspülung 72.12
Abort mit Luftspülung
Luftstraßenmädchen 46.7, 53.11
Luftveränderung 41
lugubre 54.8
luimen 26.25
Luki 48.21
Lulatsch 1.11
langer Lulatsch
Lulin 48.2
Lulle 56
kastrierte Lulle
lullen 36.4, 36.8
Luller 1.73, 29.10, 36.12, 73.13, 80.62
lullern 30.4, 36.4, 36.8
Lullgeder 41.3
Lulli 1.73, 73.13
Lulu 19.10, 28.4, 28.9, 73.13
Lumbe 1.61
Lümmel 1.73, 19.4, 19.10
Lümmelchen 1.73
Lump 49.7
Lumpen 1.66, 1.67, 59.1
lumpen 49.5
Lumpen 55
Lumpen und Flöhe
Lumpenbörse 55.11
Lumpensammler 47.37
Lumpi 1.73, 19.10, 28.4, 28.9
Lumpus 1.73
Lumumba 7.2
Bei mir Lumumba: Vorliebe für Schwarz.
lunen 26.25
Lunge 1.59, 1.66, 36.12
Lungenflügel 1.67
Lungenhaschee 55
Lungenhaschee mit Tomaten, Nudeln
Lungenschinder 53.18
Lungenschützer 59.17
lunsen 41.7

Lunte 1.73
Lunte 27.3, 39.13, 64.21
abgebrannte Lunte
Lunte 3.6, 21.3
er riecht Lunte
Lunte 3.8
jemanden an der Lunte riechen lassen
Lunte 12.7, 48.5
Lunte riechen
lupfen 26.10
Lusch 62.13
Lusche 2.2, 4.25, 48.2, 62.13
Luser 1.39
lusingando 54.8
Lust 3.5
Lust 3.7
keine Lust haben
Lust 9
Lieb und Lust
Lust 3.6
Lust haben
Lust 3.8
Lust machen
Lustbarkeitsspender 48.4
Lustbarkeitsspenderin 48.2
Lustbarkeitssteuer 15.2, 15.6, 48.9, 63.8
Lustbengel 28.6, 28.9, 28.10, 48.4
Lustbua 28.6, 28.9, 28.10, 48.4
Lustdirne 48.2
Lustetage 48.25
Lustfeuer 81.3
Lustgartenhecke 1.65
Lustgreis 39.7
Lustgroschen 48.9
Lusthacken 59.40
Lusthacker 70.6
Lusthase 48.2
lustig 29.4, 30.3
Lustig 6.12
Bruder Lustig
lustig 6.12
lustiger Kauz, lustiger Vogel
lustig 6.11
lustiger Spatz
lustig 29.3
lustige Witwe
Lustknabe 28.6, 48.4
lustlos 42
Lustmacher 3.10
lustmindernd 59.43
lustmindernder Einsatz
Lustmörder 47.27
Lustpimpf 28.6, 28.9, 28.10, 48.4
Lustpritsche 14.42, 41.5
Lustschloß 1.66, 48.25, 80.86
Lustschloß 22.18
aufgeschlossenes Lustschloß, eingeweihtes Lustschloß
Lustschloß 22.14
das Lustschloß aufbrechen
Lustschloß 22.14
das Lustschloß einweihen
Lustschloß 22.14
das Lustschloß eröffnen
Lustschnecke 1.66
Lustschuhe 59.40, 70.6
Lustseuche 63.1
Lustspielhaus 1.66, 1.85, 25.8, 29.10, 35.10, 48.25
Lustspielhaus 22.14
das Lustspielhaus aufbrechen
Lustspielhaus 35.7, 35.18
das Lustspielhaus ausputzen
Lustspielhaus 35.7
das Lustspielhaus besuchen
Lustspielhaus 22.14, 35.7
das Lustspielhaus einweihen
Lustspielhaus 22.14
das Lustspielhaus eröffnen
Lustspielhaus 26.18
den Vorhang zum Lustspielhaus hochziehen
Lustspielhaus 26.10
den Vorhang zum Lustspielhaus lüften
Lustspielhaus 22.18
eingeweihtes Lustspielhaus, geöffnetes Lustspielhaus, offenes Lustspielhaus
Lustspielhaus 23.7, 59.33, 59.34, 59.42, 70.2, 70.3
Vorhang zum Lustspielhaus
Lustspielplan 12.25
Lustspielverderber 47.34
Luststiefel 59.40
Luststift 28.6, 28.9, 28.10, 48.4
Lustwäldchen 1.65
Lustweib 48.2
Lustwiese 1.30, 6.11, 14.42, 41.5
Lustzapfen 1.68, 1.73
Lutschbasar 30.2
Lutschbeutel 1.63, 1.66
Lutschbonbon 1.73, 29.10, 36.12
lutschen 30.4, 36.4, 36.8
lutschen 1.68
am Dattelkern lutschen
lutschen 29.10, 36.4
am Daumen lutschen
lutschen 36.4
an der Banane (am Bonbon, an der Gurke, am Knochen, am Liebesknochen, am Schnuller, am Schwanz, am Spargel, am Zuckerstein) lutschen, Schwanz lutschen
lutschen 36.4
an der Hungerpfote lutschen
lutschen 36.4
Stixibonbon lutschen
Lutscher 1.58, 29.3, 36.2, 36.6
Lutscherin 30.2, 36.3, 36.7
Lutschkind 18.2
Lutschknochen 1.73, 29.10, 36.12
Lutschmädchen 36.3, 36.7
Lutschmamsell 36.3, 36.11, 48.2
Lutschmund 1.42
Lutschschnecke 34.6
lütt 18.6
lütt 1.55
lütter Pünke
Luv 26.30
von Luv
Luxusarche 46.6, 53.10
Luxusbiene 13.5, 48.2
Luxusdame 48.2
Luxusfigur 1.3, 6.2, 13.5
Luxusfotze 13.5, 48.2
Luxusfrau 48.2
Luxusfutteral 59.26
Luxuslebedame 48.2
Luxusliebchen 13.5, 48.2
Luxusnutte 13.5, 48.2
Luxuspuppe 13.5, 48.2
Luxusschwanz 6.3
Lymphe 57
lynchen 80.58
Lyriker 54.1
Lysolengel 51.3, 63.13
Lysoleuse 51.3
Lysolfee 51.3, 63.13
Lysolgeist 51.3, 63.13
Lysolhyäne 51.3, 63.13
Lysoline 51.3, 63.13
Lysolmaus 51.3, 63.13
Lysolmieze 51.3, 63.13
Lysolschnecke 51.3, 63.13
Lysolsirene 51.3
Lysolwalküre 63.13
Lysolwalze 51.3
Lysolzicke 63.13
Lyze 20.3
Lyzeum 47.41, 47.42, 48.12, 48.25
Lyzeum 39.7
hinten Lyzeum, vorne Museum
Lyzeum 59.6
vorne Museum, hinten Lyzeum

M

M 57
M 2.2, 2.5, 4.3, 6.3, 26.37
Vitamin M
M.a.A. 8.10

Maase 14.53, 46.1
Mabootcher 59.40
Machart 12.38
jemandes Machart haben
Machart 7.2
meine Machart
Machart 7.12
sie hat nicht meine Machart
Mache 48.5, 80.20
einen in der Mache haben
Mache 20.8, 80.58
in der Mache haben
Mache 20.8
in die Mache kriegen
macheln 80.58
machen 26.25, 47.26
machen 17.8
einer ein Kind machen
machen 36.8
es jemandem machen
machen 59.6
etwas aus sich machen
machen 80.10
gefügig machen, hörig, kirre, untertänig, zum Sklaven
machen 73.5
klein machen
machen 36.4
sie macht's ihm
machen 7.6
was machen
macheres 17.8
macheres hauern
Machfixe 72.6
Machhäuschen 72.12
Machilo 1.83
Machschefer 50.14
machulle 45.6
Macke 4.6, 6.14
Mackel 80.62
mackeln 80.58
Macker 2.5, 4.26, 6.3, 19.4
Macker 6.3
ganz großer Macker
Mackes 80.61
macklig 1.19
M.a.D. 8.9, 8.22
Madam 48.24
madamig 1.58, 4.13
Mädchen 73.14
Mädchen 48.2
allgemeingültiges Mädchen
Mädchen 55
alter Mann mit jungem Mädchen
Mädchen 59.43
attraktives Mädchen in zweiteiligem Badeanzug
Mädchen 79.3
ein appetitliches Mädchen
Mädchen 7.6
ein Mädchen einfangen
Mädchen 22.8, 38.6
ewiges Mädchen
Mädchen 19.8
frühreifes Mädchen
Mädchen 72.12
für kleine Mädchen
Mädchen 19.2
junges Mädchen
Mädchen 8.10, 48.2
Mädchen auf Abruf
Mädchen 8.9
Mädchen außer Dienst
Mädchen 59.30
«Mädchen, dein ganzer BH ist ja leer! Wo hängt's denn!»
Mädchen 48.2
Mädchen der Freude
Mädchen 8.11
Mädchen, dessen Freund abwesend ist
Mädchen 48.2
Mädchen für alle, fürs Geld
Mädchen 54.4
Mädchen hinter Glas
Mädchen 8.12
Mädchen mit festem Freund
Mädchen 8.13
Mädchen ohne Freund
Mädchen 8.2, 48.2
Mädchen vom Dienst
Mädchen 1.41
pausbäckiges Mädchen
Mädchen 4.20
scheues Mädchen
Mädchen 48.2
schräges Mädchen
Mädchen 14.15, 39.4
spätes Mädchen
Mädchenbeine 1.86
hübsche Mädchenbeine
Mädchengroßhändler 48.15
Mädchengroßhandlung 48.25
Mädchenhandel 48, 48.17
Mädchenhändler 48.18
Mädchennaschmarkt 48, 53.3
Mädchenschreck 67.1
Mädchenschule 20.2
Mädchenschullehrer 20.5
Mädchenschullehrerin 20.4
Mädchensommer 52.1
Mädchenstecher 47.26, 80.41
Mädchensuche 7.4
Mädchensuche 7.5
auf Mädchensuche gehen
Mädchenvernaschmarkt 48
Mädchenwinker 59.22
Made 1.73
Made 26.25
die Made in den Käse stecken
Made 1.63, 35.4
Made im Käse, Made im Speck
Made 2.1
Made und Käse
Made 2.1
Made und Speck
Maden 55
Käse mit Maden
Madenwürmer 55
Maderbeindl 52.6
Mädi 28.10, 29.3, 29.9, 48.4, 66.1
madig 64.10
madige Birne
Madl 48.2
ob's d'hergest Madl
Mae West 53.17, 59.43
Magd 44.2
Magdalenenhaus 48.12
Mägdebaum 16.8, 52.8
Magen 1.60, 40
Magen 9
Liebe geht durch den Magen
Magenbeton 1.78, 36.12
Magenbeton 36.4
jemandem Magenbeton füttern
Magenbitter 55
Magenbremse 59.28
Magenquetsche 59.28
Magenstrudel 80.61
Magermilch 1.78, 36.12, 55, 64.17, 64.23
Magistratsmülleimer 62.7
Magistratsschwemme 53.17
Magnetfeld 6
Magnetismus 6
persönlicher Magnetismus
Mahagoniflitzer 53.17
mahlen 26.25
Mahlschatz 14.32
Mähne 1.26
Mahr 82.5
Mährliese 4.20, 6.14
Mährpeter 6.15
Mährsuse 4.20, 6.14
Mai 18
Mai 29.4
am 17. Mai geboren
Mai 29.6
am 17. Mai verkehren
Mai 19
des Lebens Mai
Mai 29.4
vom 17. Mai
Mai 9.4
wie einst im Mai
Mai 29.1
17. Mai
Maibaum 52.6
maibeln 53.7
Maibraut 52
Maibuhlschaft 52
Maid 2.2a
Maidlefisseler 6.9
Maidlelecker 36.6
Maidleleckerin 30.2, 36.7
Maidleschmecker 6.9
Maientau 1.69
Maifeuer 52.4
Maigräfin 52

Maihäutchen 1.69
Maihochzeit 52.4
Maika 17.2
Maikäfer 2.2, 41
Maikatze 2.2, 15.3
Maikönigin 52
Mailehen 52
Mailienen 52
Mainliner 57.3
Mainzelmädchen 54.4
Mainzer 1.79, 36.12, 78.3
Mais 48.2
Maisköpfe 59.40
Maitanz 52.5
Majonäse 36.12, 78.3
Majonäse 36.4
jemandem Majonäse füttern
Makkaroni 1.73, 29.10, 36.12
Maksen 80.58, 80.59
Maksen kühlen
Mal 70.1
Mal 22.6
zum ersten Mal
Malachit 17.22
Malbisch 59
malen 80.58
mit dem Birkenpinsel rot malen
Malerin 54.2
Malerwerkstatt 72.12
Malheur 15, 15.2
Malkasten 60.7, 61
Malke 2.2a, 59.6
Malküre 54.2
Malle 64.12
Mallendreher 64.4
Mallenfang 64.6
Mallenjagd 64.6
Mallenjäger 64.7
Mallenkapitän 64.4
Mallenrat 64.4
Mallentribun 64.4
Mallkaserne 64.2
Mallus 1.83
Malstatt 14.1
Maltersack 1.18
Malutensilien 61
Malvasir 24.3
Malweib 54.2
Mama 17.2
Mama 32.3
Mamas Schoß
Mama 17.2
meine Frau Mama
Mameluk 48.8
Mämerk 18.5
Mammae 37.5
Mammafurche 1.58
Mammagraben 1.58
Mammakanal 1.58
Mammalerotik 37
Mammalerotiker 37.1
Mammalerotikerin 37.2
Mammalverkehr 37
Mamme 17.2
Mammi 17.2
Mampe 48.4, 65.1, 65.4, 66.1
Mampe 66.2
Frau Mampe
Mampe 66.1
Herr Mampe
Mamsell 48.2
Mamsell 55.7
kalte Mamsell
Mamsellenhaus 48.25
Mamser 48.3
Man 1.73, 80.48
Manager 48.21
Manager 48.21
mein Manager
mancando 54.8
Manchmalweib 54.2
Mandel 1.66, 31.5, 36.12
Mandeln 55
Scheißdreck mit Mandeln
Mandelstange 55.1
Mandl 80.48
Mandl 48.2
der Mandl
Mandoline 1.66, 2.2, 25.8, 30.8, 48.2, 54.8
Mandoline 27.3, 39.12
abgespielte Mandoline
Mandoline 24.1
an der Mandoline zupfen
Mandoline 54.8
die Mandoline spielen
Mandoline 25.1
einer an der Mandoline zupfen
Mandoline 24.1, 25.1, 26.25
Mandoline spielen
Mandoline 26.9
mit der Mandoline spielen
Mandolinenspielerin 30.2
Mandolinist 25.4
Manege 48.25
Mangelholz 1.73
mangelnd 64.21
Mann mit mangelnder Potenz
mangelnd 64.21
mangelnde Potenz
Manhattan 53.17
Maniköse 61.5
Mann 1.73, 2.5, 2.5a, 73.14
Mann 4.15
abweisender Mann
Mann 39.5
alter Mann
Mann 55
alter Mann mit jungem Mädchen
Mann 6.11, 6.12
amüsanter Mann
Mann 14.31
an den Mann bringen
Mann 6.3
anziehender Mann
Mann 48.4
arger Mann
Mann 21.6
aufgeklärter Mann
Mann 13.6
ausgehaltener Mann
Mann 18.13
Auto des kleinen Mannes
Mann 1.9
Bär von Mann
Mann 1.78
das Kind im Manne
Mann 57.4
der Mann
Mann 72.24
der letzte Mann
Mann 48.21
der liebe Mann
Mann 14.9
der Werbung eines Mannes nachgeben
Mann 31.5
drei Mann hoch, vier Mann hoch, Not am Mann!
Mann 5.3
dummer Mann
Mann 11.11
einem Mann eine Szene machen
Mann 7.9
einen Mann einfangen
Mann 25.1
einen Mann masturbieren
Mann 22.5
erfahrener Mann
Mann 14.16
freier Mann
Mann 6.21
friedlicher Mann
Mann 59.38
Gedankensteg des Mannes
Mann 6.18
gefährlicher Mann
Mann 4.10
geiler Mann
Mann 14.73
geschiedener Mann
Mann 64.21
geschlagener Mann
Mann 61
geschminkter Mann
Mann 1.9
gestandener Mann
Mann 14.19
heiratslustiger Mann
Mann 14.45
jung verheirateter Mann
Mann 58.8
kleiner Mann im Ohr
Mann 6.15
langweiliger Mann
Mann 14.16
lediger Mann
Mann 4.26
liederlicher Mann
Mann 14.24, 14.49
Mann an der Spritze
Mann 8.22
Mann außer Dienst
Mann 48.8
Mann der Tat

Mann 8.24
Mann, dessen Freundin abwesend ist
Mann 48.4
Mann für alle
Mann 72.24
Mann im Winkel
Mann 38.4
Mann in den besten Jahren, Mann mit Vergangenheit
Mann 1.55
Mann in der Tasche
Mann 8.25
Mann mit fester Freundin
Mann 8.26
Mann ohne Freundin
Mann 2.1
Mann und Frau
Mann 8.15, 14.49, 48.4
Mann vom Dienst
Mann 14.24, 14.49, 26.2
Mann von der Spritze
Mann 22.5, 38.4
Mann von Welt
Mann 26.15
nackter Mann
Mann 28.3
pädophiler Mann
Mann 26.37
potenter Mann
Mann 2.6
pro Mann
Mann 38.4
reifer Mann
Mann 26.20
seinen Mann stehen
Mann 24.4
Selbst ist der Mann!
Mann 4.23
sensitiver Mann
Mann 24.3
sich selbst befriedigender Mann
Mann 19.10, 25.8, 28.4, 28.9
Spielbank des kleinen Mannes
Mann 17.26
steriler Mann
Mann 16.13
sterilisierter Mann
Mann 4.7
temperamentloser Mann
Mann 4.3
temperamentvoller Mann
Mann 24
Tennis des kleinen Mannes
Mann 10.4
treuer Mann
Mann 10.9
treuloser Mann
Mann 14.8
um einen Mann werben
Mann 21.12
unaufgeklärter Mann
Mann 6.6, 22.9
unattraktiver Mann
Mann 22.19
unberührter Mann
Mann 12.43
ungeschickter Mann
Mann 38.7
unreifer Mann
Mann 6.9
verführerischer Mann
Mann 14.63
verheirateter Mann mit zwei Freundinnen
Mann 9.6
verliebter Mann
Mann 11.17
weinerlicher Mann
Mann 17.17
weiser Mann
Mann 82.5
wilder Mann
Mann 11.13
zänkischer Mann
Mann 4.18
zudringlicher Mann
Manna 1.70, 30.8, 36.12, 78.3
Manna 36.4, 36.8
jemandem Manna füttern
Mannaliendl 52.7
Manna-Liendl 17.22, 50.3
mannbar 38.2
Mannbarkeit 38
Männchen 18.3, 26.24
Männchen 26.30
das Häschen macht Männchen
Männchen 82.8
graue Männchen
Männchen 26.25
Männchen bauen
Männchen 26.25
Männchen machen
Männe 9.9, 12.20
Mannequin 59.5, 59.6, 67.2
Mannequin 59.5
Mannequin, das ein Verhältnis mit seinem Chef hat
Männer 29.3, 29.9
arge Männer
Männer 2.7
die Männer
Männer 22.7
die Männer noch nicht entdeckt haben
Männer 25
ein Händedruck unter Männern
Männer 13.11
Männer ausbeuten
Männer 13.8
Männer aushalten
Männer 29
Verkehr zwischen Männern
Männerabort 72.12
Männerärmel 59.14
Männerärmel, die zum Abwischen der Nase benutzt worden sind
Männerausflug 53.6
Männerausflug ohne Ehefrauen
Männerbadehose 59.43
Männerbadehose 59.43
enge, kleine Männerbadehose
Männerbeine 1.86
behaarte Männerbeine
Männerbordell 48.26
homosexuelles Männerbordell
Männerfalle 29.8, 48.25, 48.32, 55.11
Männerfang 7.7
Männerfang 7.8
auf Männerfang gehen
Männerfeindin 80.4
Männerfigur 1.3
gute Männerfigur
Männerhaar 1.29
seitwärts hochgekämmtes Männerhaar
Männerhaß 64.13
Männerhut 59.7
Männerhut 59.7
Männerhut mit breiter Krempe
Männerhut 59.7
Männerhut mit eingepreßtem Zentrum
Männermilch 36.12, 78.3
Männermilch 36.4
jemandem Männermilch füttern
Männermoschus 1.81
Männerpullover 59.16
Männerrechtler 64.13
Männerscheu 64.13
Männerschuhe 59.40
Männerschuhe 59.40
gelbe Männerschuhe
Männerstrümpfe 59.38
Männertoilette 29.10
Männerwohnheim 41.22
Mannesalter 38
Manneskraft 1.78, 26.34
Mannesschwäche 64.21
Mannhebamme 17.17
männlich 2.7
das männliche Geschlecht
männlich 1
der männliche Körper
männlich 29.1
männliche Homosexualität
männlich 22.19
männliche Jungfer
männlich 54.1
männlicher Reim
männlich 1.83, 1.84, 29.10, 35.10
männliche Rundungen
männlich 34.4
männliches Tier
männlich 29.3
männliche Type
Männlichkeit 2.8
Männlichkeit 2.8
die Männlichkeit

Mannloch 1.66
Mannsbild 2.5
Mannsbild 1.9, 6.3
gestandenes Mannsbild
Mannsbrust 64.23
Mannskoller 64.23
mannstoll 9.4
Mannstollheit 64.23
Mannweib 30.2
Mannwolf 82.2
manoli 29.4, 30.3
manoli sorum
Manoliatrie 64
Manolifabrik 64.2
Mansarde 41.2
Marsardine 14.2, 41.16
Manschette 80.78
Manschetten 80.86
Manschetten 59.18
abknöpfbare oder lose Manschetten
Manschetten 4.19
hat Manschetten
Manschetten 59.18
weiße Manschetten
Manschettenjunker 4.21
Mantel 16.1, 59.9
Mantel 59.9
bester Mantel
Mantel 59.9
billiger Mantel
Mantel 59.9
durchlöcherter Mantel
Mantel 59.9
eingelaufener Mantel
Mantel 59.9
Emmentaler, schweizer Mantel
Mantel 59.9
enger Mantel
Mantel 35.22, 59.9
kurzer Mantel
Mantel 59.9
langer Mantel
Mantel 59.9
Mantel mit Dauerwellen
Mantel 59.9
Mantel mit Fenster, mit Ventilation
Mantel 6.19
mit dem Mantel der Liebe zugedeckt
Mantel 59.9
ondulierter Mantel
Mantel 59.9
schmutziger Mantel
Mantel 59.9
Schweizer Mantel
Mantel 59.9
ungebügelter Mantel
Mantel 59.9
weiter Mantel
Mantelfahrer 82.2
Mantelkind 15.2
Mantelprobe 49.19
Mantelsack 59.9
Manual 1.63, 1.66, 1.85, 25.8, 30.8, 35.14, 54.8
manuell 25
manuell erzeugte Erektion
manuell 24, 25
manuell erzeugter Orgasmus
manuell 25.7
manuelle Prostitution
Mao-Hut 59.7
Mao-Look 59.4
Maräuschen 82.4
Mareien 50.3, 52.7
Mareien 17.22
die Mareien
marelen 80.58
Margaretengroschen 47.21, 54.2
Margarinebretter 53.19
Margarinefee 45
Margolis 58.3
Margoliskropf 58.13
Margolisschlange 58.6
Margrello 17.2
Margro 17.3
Maria 45
Maria Hilftag
Mariä Empfängnis 45
Maria 50.3
Maria Schrei
Mariandl 80.86
Marie 23, 45.1
Marie 23.2
die rote Marie ist da
Marie 45.2, 60.4
dralle Marie
Marie 23
rote Marie
Marienblümchen 2.2, 22.10
Marienblümchen 22.18
ausgerupftes Marienblümchen, geknicktes Marienblümchen
Marienblümchen 22.14
das Marienblümchen ausrupfen
Marienblümchen 22.14
das Marienblümchen entblättern
Marienblümchen 22.14
das Marienblümchen knicken
Marienblümchen 22.18, 47.26
entblättertes Marienblümchen
Marinebordell 48.27
Marienfaden 52.1
Mariengarn 52.1
Mariengürtel 23.7, 70.2
Marijuana 57
Marienkäfer 2.2, 48.2
Marienseide 52.1
Marille 1.66, 1.67, 36.12
Marinehure 51.3
marinieren 80.20, 80.58
Mark 1.78, 26.34, 36.12, 78.3
Mark 80.13
durch Mark und Bein gehen, durch Mark und Pfennig gehen
Mark 39.11
hat kein Mark mehr in den Knochen
Mark 3.6
Ihm geht's durch Mark und Bein.
Mark 36.4
jemandem Mark füttern
Mark 64.21
kein Mark im Knochen
Mark 1.63, 1.78, 2
Mark und Bein
Mark 63.2
steter Tropfen höhlt das Mark
Marke Heilsarmee 59.30
«Hebt die Gefallenen»
Marketenderin 48.2, 51.3
markieren 80.38
markiert 80.19
Markknochen 36.12
Markt 48.5, 54.10
die Haut zu Markte tragen
Markt 59.10
sie trägt die Haut zu Markte
Markthändlerin 45
Marktschlampe 45
Marktwirtschaft 13.10
von der freien Marktwirtschaft leben
Marsch 41.6
Marsch in die Klappe
Marscherleichterung 59, 59.10
Marscherleichterung 26.10
Marscherleichterung vornehmen
Marscherleichterungsbüxen 59.11
Marschgrete 48.2
marschi 35.18
Marschi ma Kullo!
Marschierer 72.6
der Marschierer
Marschierer 71.3
stille Marschierer
Marschierpastillen 72.8
Marschierperlen 72.8
Marschierpillen 72.8
Marschierpulver 51.3, 72.8
Marshut 59.7
Marskostüm 59.10
martellato 26.31, 54.8
Märten 18.4, 18.9, 19.4
Marterpfahl 55
gefrorener Rotz am Marterpfahl
Martinifickerei 47.36
Martinsfeuer 50.4, 52.4
Marx 1.48
Mary Jane 57
Marzipanklosett 72.12
Marzipanpuppe 4.20, 64.13
Masche 12.16
Masche 12.16
flotte Masche, kesse Masche
Masche 12.39
lasche Masche

maschenfest 4.13
Maschenrenner 59.36
Maschine 1.66
Maschinenfotze 45
Maschinenfräulein 45
Maschinengewehr 46.1, 48.10, 51.3, 57.2, 63.10
Maschinistin 45
Maschinka 1.63, 1.66, 1.85 2.2
Maschinka 26.25
die Maschinka aufladen
Maschinka 26.25
die Maschinka unter Strom stellen
Maskenball 66.6
maskenballern 66.4
Maskenbildner 54.6
Masochismus 80.3
Masochist 80.7
Masochist 80.29
auf Feuer fixierter Masochist
Masochistin 80.6
masochistisch 80.9
masochistisch 80.11
masochistisch sein, handeln, verkehren
Maß 80.58
Maß nehmen
Massage 25, 80.1, 80.21
Massagegerät 61.10
Massagesalon 25.7, 29.9, 48.26, 80.94
Maßanzug 59.12
masseln 73.5
Massengrab 31.1, 48.2
Massenmedium 31.1, 48.2, 48.4
Massenverkehrsmittel 31.1, 48.2, 48.4
Masseur 25.7, 29.9, 48.4, 61.8, 80.5, 80.94
Masseuse 25.3, 25.7, 48.2, 61.7, 80.4, 80.63, 80.94
Maßgeier 80.82, 80.86
maßgeschneidert 59.26
maßgeschneiderte Hose
massieren 25.1, 26.25, 61.9, 80.58, 80.69
massieren 24.1
das Loch massieren
massieren 35.12
den Fetschner massieren, das Loch massieren
massieren 25.1
einer das Loch massieren
massieren 12.19
Herzen auf die Sanfte massieren
massig 1.19
Massik 1.8, 4.17
Maßkoffer 8.19
Maßmieze 1.5, 6.2, 8.6
Maßpecker 12.37
Massper 80.48
Mastdarm 35.18
den Mastdarm durchspülen
Mastdarmakrobat 29.9, 35.6, 35.9, 48.4
Mastdarmakrobatin 35.6, 48.2
Mastdarmbariton 54.8
Mastdarmbläser 35.16
Mastdarmpflegerin 35.17
Mastdarmpuster 35.16
Mastdarmtripper 63.1
mästen 26.40
Mastgans 1.17
Mastochse 1.18
Masturbation 1.66, 25
Masturbation 25.8
durch Masturbation zum Orgasmus kommen
Masturbation 25.6
Fähigkeit bei der Masturbation
Masturbation 1.63
Geschlechtsteil bei der Masturbation
Masturbation 1.68
Klitoris bei der Masturbation
Masturbation 25.8
Masturbation schadet
Masturbationsinstrumente 30.5
lesbische Masturbationsinstrumente
Masturbationspuppe 24.5
Masturbator 25.4, 54.8
Masturbatorin 25.3
masturbatorisch 25.5
masturbatorisch 25.7
masturbatorisch arbeitende Prostituierte
masturbatorisch 25.7
masturbatorisch arbeitender Strichjunge
masturbatorisch 26.44
masturbatorische Beihilfe beim Koitus
masturbatorisch 25.7
masturbatorisches Bordell
masturbatorisch 24.6
masturbatorisches Fantasiebild
masturbieren 25.1, 54.8
masturbieren 35.12
anal masturbieren
masturbieren 25.1
eine Frau masturbieren
masturbieren 25.1
einen Mann masturbieren
Masturbieren 54.8
Fähigkeit beim Masturbieren
masturbieren 25.8
ich muß masturbieren
masturbieren 25.8
ich will masturbieren
masturbieren 25.8
masturbieren dürfen
masturbieren 25.2
sich masturbieren lassen
Masumen 45.1
Mätebeu 41
Material 59.12
Anzug aus synthetischem Material
Materialien 59.2
Stoffe und Materialien
Materie 1.78
Mathilde 20.10, 48.2
Matinee 26, 54.6
Matineefrau 14.62
Matineemädchen 8.2, 26.1
Matka 17.2
Matratze 1.48, 2.2, 26.1, 41.5, 48.2, 80.6
Matratze 41.7
an der Matratze horchen
Matratze 27.3, 39.12
ausgeleierte Matratze
Matratzen 51.2
Bund deutscher Matratzen
Matratzenball 26.17, 41.6
auf den Matratzenball gehen
Matratzenbein 4.25, 48.2
Matratzenfahrer 62.7
Matratzengolf 26.27
Matratzengruft 41.3, 41.5
Matratzenmassage 26.27
Matratzenmusik 26.32, 69.1
Matratzensaft 1.78, 25.8
Matratzensport 26.27
Matratzentennis 26.27
Matratzenvogel 4.25, 48.2
Matratzenwalküre 4.17
Matratzenwäscher 73.11
Matratzenzirkus 41.5
Mätresse 48.2
Matrimonium claudicans 47.9
Matritze 43
Matrosenhose 59.26
Matrosenhur 48.2
Matrosenunterhemd 59.17
Matroß 2.2
Matsch 62.10, 71.2, 72.4
Matschaugen 1.36
matschen 62.9, 62.12
Matschkittel 62.13
Matschpflaume 5.2
matt 64.21
Matte 26.1, 41.5, 48.2, 80.62
Matte 26.25
auf die Matte legen
Matte 47.26
auf die Matte werfen
Matte 22.14
eine auf die Matte legen (schmeißen)
Mattscheibe 4.6, 6.14, 54.3, 54.4
Maturastraße 48
Matzen 31.3
eingefleischt wie auf Matzens Hochzeit
Matzenhochzeit 31
Matzentanz 48.33
Matzeponim 70.1
Matzin 41.17, 41.19

Mauchen 59.8
Maudel 2.2a
Mauer 1.69
die Mauer
Mauerblümchen 4.20, 53.7
Mauerblümchen 53.7
ein Mauerblümchen sein
Mauermachen 14.60, 48.12
mauern 59.20
gemauerte Fliege
Mauerraute 52.2
Mauf 34.4
Mauken 1.86, 1.87, 59.38
Maul 1.42
Maul 36.12
das Maul spitzen, das Maul stopfen, das Maul zu voll nehmen, sich das Maul zerreißen, sich das Maul verbrennen
Maul 36.8
eine aufs Maul kriegen
Maul 36.10
ein großes Maul haben
Maul 36.10
ein loses Maul haben
Maul 36.12
ein schiefes Maul ziehen
Maul 46.1
ihr Maul läuft auf Hochtouren, ihr Maul läuft schneller wie die Beene
Maul 36.4
jemandem das Maul schmieren, jemandem das Maul stopfen
Maul 36.4, 36.8
jemandem das Maul wäßrig machen, jemandem Honig ums Maul schmieren
Maul 75
schmutziges Maul
Maul 30.8
sich das Maul verbrennen
Maul 67.6, 75
ungewaschenes Maul
Maulbeeren 1.70, 36.12
Maulbeeren 36.8
jemandem Maulbeeren füttern
Maulbeeren 30.4, 36.8
Maulbeeren pflücken
Mauldiarrhöe 46.1
maulen 30.4, 36.4, 36.8
Mäuler 49.5
in andrer Leute Mäuler kommen
Mäuler 18.5, 40
viele Mäuler zustopfen
Maulesel 36.2, 36.6
maulfromm 49.3
Maulgemach 41.3
Maulheld 12.2, 36.2, 36.6
Maulhobel 62.2
Maulhure 36.3, 36.7, 36.11, 48.2, 67.6, 69.5, 75
Maulhurerei 67.6
Maulkorb 59.7, 80.76
Maulkorb 64.18
sich einen Maulkorb umbinden
Maulrechteler 47.32
Maulschelle 80.61
maulschellen 80.58
Maulseuche 61, 61.5
Maul- und Klauenseuche
Maulsperre 64.1
Kopf- und Maulsperre
Maultier 36.3
Maultrommel 1.66, 30.8, 36.12, 54.8
Maultrommel 36.8
Maultrommel spielen
Maulvögler 36.2
Maulvöglerin 30.2, 36.3, 36.7
Maulwerk 36.1, 36.5
Maulwurf 1.73, 29.3, 29.10, 35.5, 35.10, 35.16, 36.2, 36.6
Maulwurf 26.25
den Maulwurf graben lassen
Maulwurfshügel 53.18
Maurer 35.22, 43
Maurer 23.5
pünktlich wie die Maurer sein
Maus 1.54, 1.66, 1.68, 1.73, 2.2, 17.22, 34.6, 48.2
Maus 24.1, 25.1
die Maus melken
Maus 47.42
graue Maus
Maus 1.63
Katz und Maus
Maus 7.12
sie sind wie Katz und Maus
Maus 64.3
Zirkus der weißen Mäuse
Mäuschen 1.53, 68.2
Mäuschen 47.38
blaues Mäuschen
Mäuschen 68.3, 69.4
Mäuschen spielen
Mäuschenmarkt 48, 53.3
Mause 18.5
Mäuse 45.1
Mäuse 45.1
stramme Mäuse
Mäusebussard 47.37
Mäusedreck 1.12
Mausefalle 55.11
Mauseloch 1.66, 34.6
Mäusemelken 34.6
es ist zum Mäusemelken!
mausen 26.25
Mauser 15.2
Mauserl 1.66, 34.6
mausern 26.25
mausern 19.6, 38.1
sich mausern
Mäuseturm 51.3
Mausi 9.9, 12.20
Mausoleum 39.4, 39.14
Maxen 45.1
Maxi 59, 59.25
Maxijama 59.42
Maxikleid 59.10
Maximantel 59.9
Mazzenkäse 1.79, 36.12, 78.3
Mechile 1.85
Mechile 35.7
die Mechile preien
Mechthild 20.10
Mechutten 14.54
Meck 1.56, 70.1
Meckes 34.4
Mecklenburg 80.70
mecklenburgern 80.69
Medaille 80.61
Medaille 35.7
die Kehrseite der Medaille durchbohren (vergolden, versilbern)
Medaille 1.83
Kehrseite der Medaille
Medaille 41.7
sich eine Medaille zusammenschlafen
Medikament 63.9
Medizinflasche 80.62
medizynisch 63.8, 49.16
Medizynismus 49.14
Meer 1.66
Meer 53.8, 53.17
bayerisches Meer
Meer 26.25, 64.23
Wasser ins Meer schütten
Meeresenge 1.66
Meeresenge 22.18
ausgelotete Meeresenge
Meeresenge 22.14, 26.25
die Meeresenge ausloten
Meerjungfrau 82.4
Meermädchenbluse 59.23
Meermädchenkleid 59.10
Meermaid 82.4
Meerrohr 80.62
Meerwasser 53.17
Meerweib 82.4
Megäre 11.12, 14.50
Meges 45.1
Mehlhas 18.3
Mehlmilben 71.3
Mehrfachtwen 38.4
mehrsprachig 6.22, 65.2
mehrsprachig 65.3
sich mehrsprachig unterhalten
Mehrverkehr 31
Mehrzweckkörper 14.48, 54.2
Mehrzweckmädchen 45, 47.21, 54.3
Mehrzweckmodell 59.5
Mehrzweckwirtin 41.12
Meier 72.24
Herr Meier
Meier 72.12

Onkel Meier
Meier 72.12, 72.23
Tante Meier
Meierei 1.58, 70.5
Meierei 37.4
Milch in die Meierei fahren
Meiereistoß 37.3
meiern 37.4
meine 26.1, 48.35
meiner 26.2
Meinerin 23.3
Meinige 8.15, 14.49, 26.2
der Meinige
Meinige 8.2, 14.48, 26.1
die Meinige
Meinigen 26.1
die Meinigen
Meinung 80.58
eine zärtliche Meinung überbraten
mein Zimmer 41.3
Meis 1.66, 2.2, 48.2
meischeln 26.25
Meise 64.10, 64.12, 64.25
Meisenfalle 64.8
Meisenfang 64.6
Meisenheim 64.2
Meisenjagd 64.6
Meisenjagd 64.9
auf Meisenjagd gehen
Meisenjäger 64.7
Meisenkunde 64
Meisenzucht 64.6
Meißel 1.73, 80.95
Meissel 1.73
Meister 80.5
Meister 51.2
Meister des gekräuselten Schamhaars
Meister 80.83, 80.57
Meister Fix, Meister Hans
Meister 1.73
Meister Iste
Meister 50.11
Meister Leonhardt
Meister 72.24
Meister vom Stuhl
Meister 61.3
Meister von der Schere
Meisterin 80.4, 80.63
Meisterin 80.4
strenge Meisterin
meistern 80.10
Meisterprüfung 21.2, 22.2
mit Meisterprüfung
Meitschimärit 52
Mekonium 17.15
melatsch 63.1
Meles 1.60
melken 13.11, 26.25, 36.4, 47.4
melken 25.1
den Bock melken
melken 25.1
die Biene melken
melken 25.1, 48.35
die Kuh melken
melken 24.1, 25.1
die Maus melken
melken 13.11
die Ochsen melken
melken 13.10
die Wirtschaftswunderkuh melken
melken 25.1
einen melken
melken 11.1, 12.19
Tränen melken
Melker 25.4, 25.7, 29.3, 29.9, 36.2, 47.3, 47.4
Melkerin 36.3, 47.3, 47.4, 48.2
Melkerknoten 70.1
Melkkammer 25.8, 72.12
Melkkübel 59.7
Melkmaschine 1.66
Melkschemel 25.8, 41.5
Melkschemel 26.30
auf dem Melkschemel
Mellojello 57
Melone 1.32, 59.7
melonisch 3.1
Memme 1.58, 4.21, 29.3, 70.5
Memmenstipper 59.30
Men 17.15
Mende 64.19
Menkel 1.42
meno 26.31, 54.8
Menopause 23.10
Mensch 2.2, 4.25, 48.2
das Mensch
Mensch 3
das Tier im Menschen
Mensch 3
der innere Mensch
Mensch 35.22
häßlicher Mensch
Mensch 49.6
moralischer Mensch
Mensch 33.1
nekrophiler Mensch
Mensch 62.6
sauberer Mensch
Mensch 62.13
schmutziger Mensch
Mensch 34.1
tierlieber Mensch
Mensch 49.7
unmoralischer Mensch
Mensch 34.1
zoophiler Mensch
Menschen 19.5
junge Menschen
Menschenbescheißer 59.18
Menschenblut 79.2
Menschenfleisch 48.2, 79.2
Menschenfleisch 48.9
der Preis für Menschenfleisch
Menschenflicker 63.14
menschenfressen 70.2, 80.71
Menschenfresser 70.2, 79.1, 80.74
Menschenfresserei 79
Menschenhandel 48.13
Menschenhandel 42
Amt für Menschenhandel
Menschenhändler 48.15
Menschenhändlerin 48.14
Menschenmarkt 53.3
Menschenschmalz 63.9
Menschenverkenner 64.7
Menscherl 2.2
Menscherl 48.2
das Menscherl
menscherln 14.29
menschern 52
Menschliches 7.6
auf was Menschliches stoßen
menschlich 34.4
für menschlichen Geschlechtsverkehr dressiertes Tier
Menschliches 72.6
ihm ist etwas Menschliches begegnet
menschlich 48.2
menschliches Exkrement
menschlich 3.5, 72, 72.26
menschliches Rühren
menschlich 7.3
was Menschliches aufreißen, was Menschliches aufstellen, sich was Menschliches beibiegen
menschlings 26.30
Menstrualbinde 23.7, 59.29, 70.2
Menstrualblut 1.25, 23.4, 70.2, 78.3
Menstrualtampon 23.8
Menstruation 23
Menstruationsausfall 23.9
Menstruationskalender 23.5
Menstruationstag 23.5
Menstruationstage 23.5
Menstruationsverkehr 23.6
Menstruationswoche 23.5
menstruieren 23.1
menstruieren 23.5
regelmäßig menstruieren
menstruieren 23.2
sie menstruiert
menstruierende 23.3
menstruierende Frau
mepper 17.10
mepperes 17.10
Mepperin 17.12
Mercedes 29.3
Mercedes 175
Mercedes 16.9
Mercedes 218
Mercedes 18.13
Windel-Mercedes
Mercedeskokotte 48.2
merfen 17.8, 26.25
Mergezer 70.12
Merk 80.15, 80.39, 80.47
Merkurium 63.9
Merkurium zur Syphilistherapie
Meschinne 45.1
Mese 1.66, 2.2, 48.2

Messe 50.13
schwarze Messe
Messel 1.58
sie ist von Messel
messen 26.5
die Taillenweite messen
Messeonkel 48.8
Messer 1.73, 80.40, 80.48
Messer 64.21
auf dem sein Messer kannste nach Rom reiten
Messer 26.30
auf des Messers Scheide
Messer 26.22
Da geht einem das Messer in der Tasche auf!
Messer 26.19
Das Messer geht einem in der Tasche auf.
Messer 48.35
eine ans Messer liefern
Messer 36.4
jemandem das Messer an die Kehle setzen
Messer 25.2
jemandem das Messer in die Hand geben
Messer 3.7
scharf wie 'n abgebrochenes Messer
Messer 64.21
stumpfes Messer
Messerheld 4.18, 6.18, 61.1
messerscharf 59.26
messerscharfe Hosen
Messing 58.1
Meßle 1.66, 2.2, 48.2
Mesumen 45.1
Mesuse 1.66, 4.25, 51.1
Mesuse 10.7
keine Mesuse stehen lassen
Mesuse 48.2
kille Mesuse, Kohels Mesuse
Metallteilchen 59.23
Bluse aus Plastik- oder Metallteilchen
Meth 57
Metha 57
Methadon 57
Methadon 57
Diphenhycerinan mit Methadon
Methedrin 57
Metier 47.2, 48
Metier 48.5
im Metier sein
Meträsse 13.5
Mette 1.66, 2.2, 4.25, 48.2
Mettensommer 52.1
Mettwurst 80.62
Metz 1.66, 2.2
Metze 1.66, 2.2, 48.2
Metzgerei 48.25, 55
Metzgerei 31.3
eingefleischt wie in der Metzgerei
Metzgerhaken 80.82
Metzgerrechnung 63.8
Mezzofortist 4.7, 6.15, 19.7, 64.21
Mezzokini 59.43
Mezzosopran 30.2
Mezzotinto 51
Michaeli 16.3
vor Michaeli ausziehen
Michel 80.40, 80.48
Michnossajim 59.26
Michole 1.66, 2.2a
Mick 2.2
Mickmer 2.2a
Midgardschlange 82.6
Midinettengrill 53.17
Midriff 59.10
offenes Midriff
Mieder 80.86
Miederhöschen 59.35
Miederologe 43, 59.3
Miederologin 59.3
Miederwaren 59.3
Fabrikant von Miederwaren
Miederwarenfabrikant 43
Miederwarenschneiderin 59.3
Miefbeutel 41.5
Miefchaise 72.25
Miefkiepe 62.5
Miefkiste 41.5
Miefkoje 41.5
Mieflatschen 59.40
Miege 2.2, 73.4
miegen 73.5
Mieken 18.8, 19.2
mies 6.4
mies 6.5
miese Tomate
Miese 45.1
Miesel 2.2, 62.13
Miesig 80.37
Miesnick 6.6
Mießige 6.5, 48.2, 62.13
Mieter 41.13
Mietersilo 41.1
Miet-Rammler 13.6, 48.4
Mietsche 48.2
Mietshaus 41.1
Mietskaserne 41.1
Mietzimmer 41.3
störungsfreies Mietzimmer
Mieze 2.2, 48.2
Miezekatze 1.66, 19.9, 28.4, 34.6
Miezen 48.19
mit Miezen handeln
Miezenkrämer 48.15, 54.5
Miezenschlepper 46.4, 53.14
Miezsteuer 48.9
Migchelkitten 48.32
Migräne 14.14
Migräne-Silo
Milange 14.48
Milbe 2.2, 6.5, 48.2
Milben 71.3
Milch 55
Milch 1.85, 35.21
das Land wo Milch und Honig fließt
Milch 11.11, 14.58
die Milch ist sauer
Milch 17.15
gelbe Milch
Milch 26
kommt wie die Milch
Milch 1.66, 36.12
Land wo Milch und Honig fließt
Milch 37.4
Milch in die Meierei fahren, Milch pumpen
Milchamper 1.58, 70.5
Milchbart 19.7
Milchbotten 1.58, 70.5
Milchbotten 37.4
in den Milchbotten rühren, die Milchbotten anzapfen
Milcher 2.5
Milchfabrik 1.58, 70.5
Milchfrau 18.18
Milchgarage 59.30
Milchgebirge 1.58, 70.5
Milchgefick 51.3
Milchgeschäft 1.58, 70.5
Milchgeschäftsfrau 18.18
Milchgeschirr 1.58, 70.5
Milchgesicht 19.7
Milchkandeln 1.58, 70.5
Milchklempner 18.20
Milchklößchen 1.58, 70.5
Milchkuh 26.43, 47.4
Milchkühe 51.2
Bund deutscher Milchkühe
Milchladen 1.58, 70.5
Milchmädchen 18.18, 25.7, 36.3, 47.4
Milchsatten 59.30
Milchschalen 59.30
Milchschüsseln 59.30
Milchstein 17.22
Milchtöppe 59.8
Milchwirtschaft 1.58, 70.5
Milchzahn 1.44, 19.2, 19.8, 28.4, 50.10
Milchzähne 1.44
sich die dritten Milchzähne holen
Milchzins 48.11
Milchzoll 48.11
Milieu 47.2, 48
Milieu 48.5
im Milieu sein
Milieudame 48.2
Milieumann 48.4
Millionärswarze 58.3, 58.4
Militärarzt 51.3
Militärbordell 48.27
Militärmantel 59.9
Militärpfarrer 51.3
Militärreitinstitut 48.27
Militärreitstall 48.27
Militärstiefel 59.40
Military-Look 59.10

Mimelich 59.9
Mimi 1.66, 2.2, 19.9, 28.4, 48.2
Mimosennille 4.23
minderjährig 48, 48.2
minderjährige Prostituierte
minderjährig 48.4
minderjähriger Prostituierter
minderjährig 28.6
minderjähriger Strichjunge
Minderjährige 47.16
Verführung Minderjähriger
Minderjährige 28.6
Zuhälter einer Minderjährigen
Minderlieferung 64.21
Mine 1.66, 17.2
Minen 12.6, 14.8
alle Minen springen lassen
Minette 36.1, 36.3, 36.5, 36.7, 36.11, 48.2
Minette 36.4, 36.8
Minette machen
Minettegoschen 30.2, 36.2, 36.3, 36.7
Minettemacher 36.2, 36.6
Minettemacherin 36.3, 36.7
Minetteuse 36.3, 36.7, 36.11, 48.2
minettieren 36.4, 36.8
Mini 59, 59.25
mini 59
mini gehen
Miniaturausgabe 1.12
Minibikini 26.11, 59.43
Minibluse 59.23
Minigolf 24, 26.27
Minihemd 59.17, 70.4
Minihöschen 59.35
Minihosen 59.11, 59.34
Minijama 59.42
Minikini 59.43
Minikleid 59.10
Minimädchen 59
Minimantel 59.9
Minimissibikini 59.43
Minimissikini 59.43
Minimissimi 59.25
Minimissimihemd 59.17, 70.4
Minimissimihosen 59.11
Minimissimikleid 59.10
Minimissimimantel 59.9
Minipille 16.1
Minipulli 59.16, 70.5
Minirock 59.25
Minislip 26.10, 59.35
Ministerium 72.12
Ministerkopf 1.32
Minkelmankel 13
Minkelmann 13
Minna 23, 41.19
Minna 23.2
die Minna ist zu Besuch
Minna 23.2
die rote Minna ist da
Minna 72.6
die schnelle Minna
Minna 46.4, 53.13
geschminkte Minna
Minna 23
rote Minna
Minneburg 52
Minnedienst 52
Minnegarten 52
Minnehof 14.60, 52
Minnehuhn 14.44
Minnesänger 54.8
Minnesold 48.9
Minsch 1.63, 1.66
Mintz 1.66, 2.2a
minus 3.9
Siebenfach-minus
Minuskavalier 12.43
Mirabellen 1.58, 70.5
Mirabellenetui 59.30, 70.5
Mirabellenschale 59.23
Misandrie 64.13
Mischehe 14
mischen 80.58
Mischpoche 40
Mise 59.12
Misgen 1.27
Misogynie 64.13
Miss 2.2
Miss 1.66, 1.35, 35.10
Miss Brown
Miss 25.18
Miss Brown küssen
Miss 13.12, 45, 45.5
Miss Moos
Miss 4.6, 64.23
Miss Tiefgekühlt
Mißbrauch 47.18
Mißbrauch Abhängiger zur Unzucht
Mißernte 17.24
Mißfall 17.24
Mißgeburt 15.2, 17.25
mißhandeln 80.11
sich mißhandeln lassen
Mißhandlung 47.17
Mißhandlung Abhängiger
Missionar 55
gehackter Missionar im Schlafrock
Mißvergnügen 1.73
Wurzel des Mißvergnügens
Mist 62.10, 71.2
Mist 48.35
Kleinvieh macht auch Mist
Mistaas 49.7
Mistbauer 62.7, 72.24
Mistbeet 48.25
Mistbeetglocke 59.7
Mistbiene 48.2
Mistel 52.2, 52.3
Mistelzweig 26.4
misten 62.5
Mistfink 35.22, 44.1
Mistfliege 29.3, 35.9, 35.17, 35.20, 48.2
Mistgabel 1.54, 35.14
Mistgabelhengst 44.1
Mistgabelstute 44.2
Mistgrube 62.10
Misthaufen 62.10
Misthupfer 35.22, 44.1
mistig 62.11
Mistiker 44.1
Mistize 44.2
Mistkäfer 29.3, 29.9, 35.5, 35.9, 35.17, 35.20, 48.2, 48.4, 62.7, 63.13, 72.1
Mistkutscher 62.7
Mistpeter 35.22, 44.1
Misträumer 35.5, 35.16
Mistsau 72.26
Miststück 72.26
Mistvieh 49.7, 62.13, 71.1, 72.26
Mistwagenstellen 47.30
Mitarbeiterin 48.2
Mitbestimmungsrecht 13.10
das Mitbestimmungsrecht wahrnehmen
Mitbewohner 71.3
Mitbringsel 12.24
miteinander 9.7
es miteinander haben
miteinander 9.7, 13.2, 14.29
miteinander gehen
miteinander 18.16
zwei geilten miteinander viel
Mitesser 70.1
Mitfahrer 14.67, 17.7
Mitfahrerin 46.4, 53.15
Mitfahrersitz 46.4, 53.15
Mitgabe 14.32
mitgehen 12.27
Mitgift 14.32
Mitgift 59.12
Textil-Mitgift
Mitgiftjäger 14.32
Mitgifttruhe 14.32
Mitglied 20.10
weibliches Mitglied einer Studentenkommune
mitlatschen 12.27
ein Ende mitlatschen
mitlatschen 13.2
ein Stück mitlatschen
Mitläufer 1.60
Mitleid 80.10
kein Mitleid kennen, gewähren, walten lassen, gelten lassen
mitleidig 48.2
mitleidige Schwester
mitleidlos 80.8
mitmachen 26.25
Mitmacher 53.2
mitmischen 31.4
Mitmischer 53.2
mitnehmen 12.26
mit ohne 59.10
mit ohne was an

Mitsche 31
Mitschnacker 68.1
Mittag 38.2
im Mittag des Lebens
Mittag 38
Mittag des Lebens
Mitte 41.5
Mitte 11.19
ab durch die Mitte
Mitte 26.12
oben nichts, unten nichts und in der Mitte gerafft, unten nichts, oben nichts und in der Mitte Hohlsaum
Mitte 59.43
Verlust der Mitte
mitteilsam 59, 59.10
mitteilsam 59.23
mitteilsame Bluse
mitteilsam 59.10
mitteilsames Kleid
mitteilsam 59.25
mitteilsames Röckchen
Mittelalter 22.18
Mittelding 65.1
Mittelfinger 1.55, 25.8
Mittelfinchen 59.15
Mittelgewicht 65.1
Mittelmeer 53.8, 53.10, 53.17
Mittelscheitel 1.29
Mitternachtsamsel 48.2
Mitternachtsapostel 72.14
Mitternachtsblume 48.2
Mitternachtsdame 48.2
Mitternachtsengel 48.2
Mitternachtsfee 48.2
Mitternachtsgrazie 48.2
Mitternachtshyäne 48.2
Mitternachtslilie 48.2
Mitternachtspokal 77.2
Mitternachtsschwalbe 48.2
Mitternachtssegel 59.42
Mitternachtssünde 53.8
Land der Mitternachtssünde
Mitternachtstalar 59.42
Mitternachtstasse 73.8, 77.2
Mitternachtsveilchen 72.14
Mitternachtswalküre 48.2
Mizzi 1.66, 2.2, 19.9, 28.4, 48.2
Möbel 51.2
behalt die Möbel
Möbel 80.58
die Möbel **geraderücken**
Möbel 41.4
hochschwangere Möbel
Möbelumstellung 41
Mobiliar 41.4
möbliert 41.13
möblierter Herr
möbliert 41.3
möbliertes Zimmer
Mockel 2.2a, 17.2
Modder 72.4
Mödder 40.7
Mode 23, 59.4
Mode 23.1
die Mode haben
Modearche 46.6, 53.10
Modejournalistin 54.1
Model 2.2a
Modell 59.6
Modell 59.43
einbruchssicheres Modell
Modell 59.12
handgebautes Modell
Modell 48.10, 63.8
Modell stehen
Modell 59.43
Schweizer Modell
modellieren 80.58
Modellkleid 59.10
Modellkleid auf dem Weg zur Vorführung
Modellkugeln 1.58
Modellstück 1.6, 6.3
Modenschau 59.4
Modepuppe 12.3
Modeschöpfer 59.4
die Modeschöpfer
Modetyp 59.6
Mogelkostüm 59.10
mogeln 16
Mohikaner 48.8
der letzte Mohikaner
Mohn 57
Mohnstrudel 80.61
Mohr 1.29
Mohr 55
Mohr im Hemd
Möhren 55
geschnittene Möhren
Moje 40.7
Mokkalikör 55
Mokkalikör mit Kirsch
Molkerei 1.58, 1.66, 25.7, 29.8, 29.9, 48.26, 70.5
Molkerei 37.4
die Molkerei anbumsen
Moll 53.3, 55.11
Café Moll
Molle 1.32, 41.5, 59.7
Mollenfriedhof 1.60, 55
mollert 1.19, 1.58
mollig 1.58
Monaco 53.8
Monarchen 45.1
stumme Monarchen
Monatsbinde 23.7
Monatsferien 23
Monatsferien 23.1
Monatsferien haben
Monatsfluß 1.25, 23, 23.4
Monatsfluß 23.1
Monatsfluß haben
Monatsklo 59.26
Monatslohn 41.7
über den Wochenlohn nachdenken
Mönch 1.73, 24.5, 30.5, 50.7, 50.10
Mönch 1.73
einen Mönch stecken
Mond 1.30, 1.83
Mond 1.30
bei ihm geht der Mond auf
Mondaufgang 1.30
Mondfinsternis 23
Mondfinsternis 23.1
Mondfinsternis haben
Mondkalb 17.25, 21.12
Mondkrankheit 23
Mondkrankheit 23.1
die Mondkrankheit haben
Mondraute 16.8, 52.2, 52.3, 52.8
Mondschein 1.30
Moneten 45.1
Mongolenfleck 70.1
Monni 45.1
Monokini 59.43
Mons veneris 1.64
Montblanc 53.19
verhinderter Montblanc
Monte Scherbelino 62.7
Montur 59, 59.12
Montur 59.6
sich in Montur schmeißen, werfen
Moos 1.65, 45.1, 48.2
Moos 13.12, 45, 45.5
Miss Moos
Mooskiste 45.3
Mooskuppe 1.64
Moospolster 1.66
Moped 46.4, 53.15
Mopila 26.22, 64.17, 73.13
Mopp 62.2
Möpp 6.6
fieser Möpp
Moppel 1.17
moppseln 26.25
Mops 1.33, 42, 45
Mops 47.17
den Mops gerben
Mops 47.18
den Mops häuten
Möpse 45.1
Möpse 51.2
Baldurs dumme Möpse
mopsen 17.8
Mopskrause 59.21
Moral 49
Moral 49.1
falsche, doppelte Moral, Moral mit doppeltem Boden
Moralapostel 49.10, 50.6
Moralathlet 47.31, 49.10, 50.6
Moralin 49.1
moralinsauer 49.3
moralisch 49.2
moralisch 49.9
jemanden moralisch erledigen
moralisch 49.24
moralische Blähungen
moralisch 49.22
moralische Korsettstange
moralisch 49.6
moralischer Mensch
moralisch 49.4
moralisch handeln

moralisch 49.9
moralisch verweisen
Moralischer 49.24
Moralischer 49.25
einen Moralischen haben
Moralkorsett 47.42, 49
Moralpauke 49.8
Moralpauke 49.9
jemandem eine Moralpauke halten
Moralpauker 47.34, 49.10
Moralpisser 49.10, 50.6
Moralprediger 49.10
Moralpredigt 49.8
Moralreiter 46.4, 47.37, 53.16
Morastel 48.2, 62.13, 71.1
Morchel 39.4, 59.22
Morchelturm 41.22
Mord 47.27
Mordad 17.3
Mordai 17.2
Mörder 9.9, 12.20
Mördergrube 59.10
sie macht aus ihrem Herzen keine Mördergrube
Mordhacken 70.6, 80.92
Mordsbursche 19.4
Mordsfetzen 48.35
Mordsjunge 19.4
Mordsold 16.10
Mordspratzen 1.54
Mordstatzen 1.54
Mordsweib 1.5, 6.2
Mordszahn 1.5, 6.2
morendo 54.8
Mores 49.9
jemanden Mores lehren
Mores 4.19
hat Mores
Mores 80.10
Mores lehren
mores 3.3
sex mores
Mores 64.13
vor jedem Schwanz Mores haben
Morgen 14.44
güldener Morgen
morgendlich 26.22, 73.13
morgendliche Pißlatte
Morgenei 72.4
Morgenerektion 26.22, 54.8, 64.17, 73.13
Morgengabe 14.32
Morgenmantel 59.41
Morgenrock 59.41
Morgenständchen 26.22, 54.8
Morgenständer 64.17
Morgenstern 80.61, 80.62
Morgentropfen 63.1
Morgentropfen bei chronischer Gonorrhöe
Morphium 57
morsen 12.13
Mörser 1.66, 2.2, 2.5
Mörser 1.63, 2
Mörser und Stössel
Mörteltrog 1.83
Mörteltrog 35.7
den Mörteltrog auffüllen (vollpacken)
Mosch 2.2, 17.2, 48.2
Mosche 2.2, 48.2
Moschis morum 80.61
Moschusschafgarbe 52.2
Möse 1.66, 2.2, 48.2
Möse 1.83, 1.85, 29.10, 35.10
arabische Möse
Möse 23.3
blockierte Möse
Möse 35.18
die arabische Möse auskauen
Möse 42
die Möse schonen
Möse 63.1
Haut und Möse
Möse 42
sich die Möse abschuften
Möse 48.2, 51.1
ungebleichte Möse
Mösen 22.7
die Mösen noch nicht entdeckt haben
Mösenkoller 64.23
Mösenlecker 34.4, 36.6
Mösenleckerin 36.7
mösenleidend 63.3
Mösenmolch 47.37, 47.41, 48.10
Mösenneid 64.16
Mösensauger 36.6
Mösenvorführung 63.8
Möserkes 45.5
er hat Möserkes
Moses 4.7, 6.15, 8.21, 8.27, 19.4, 27.3, 39.5
Moses 45.5
er hat Moses
Moses 12.43, 21.12
Kalb Moses
Moss 1.66, 2.2
Moß 1.66, 2.2, 48.2
Mößchen 1.66, 2.2, 48.2
Mosse 1.66, 2.2, 19.2, 28.6, 48.2
Mosse 12.3
verkalberte Mosse
mossig 6.1
Mößle 1.66, 2.2, 19.9, 28.4, 48.2
mosso 54.8
Most holen 21.4
wissen wo Barthel den Most holt
Mostrich 72.3, 72.4
Mostrich 76.2
am Mostrich naschen
Mostrich 72.4
Frankfurter mit Mostrich
Mostrich 35.18
jemandem Mostrich füttern
Mostrichfraß 76
Mostrichfresser 76.1
Mostrichlecker 35.16
Mostrichpott 72.13, 72.16
Mostrichschmierer 72.2
Mostrichtiegel 72.16
Mostrichtopf 1.85, 35.21, 72.12, 76.3
Motorboot 53.17
Motorbraut 48.2
Motorgeschäft 48
motorgetrieben 18.11
motorgetriebene Schaukelwiege
motorisiert 48
motorisierte Arbeit
motorisiert 48.2
motorisiertes Fußvolk
motorisiert 46.1
sie hat 'ne motorisierte Zunge
Motorisierte 48.2
Motoröl 1.70, 1.78, 35.4
Motorrad 46.4, 53.15
Motorrad 46.4
Motorrad mit Beiwagen
Motorradausflug 53.15
Motorradbraut 46.4, 53.15
Motorroller 46.4, 53.15
Motschka 1.78, 36.12, 78.3
Motschka 26.25
den Motschka reinhauen
Motschka 22.14
einer den Motschka reinhämmern (reinhauen, reinschlagen)
Motte 2.2, 4.25, 19.2, 28.6, 41.25, 48.2, 64.12
Motten 71.3
Mottenaufseher 64.4
Mottenboß 64.4
Mottenburg 59.9
Mottenchef 64.4
Mottendirektor 64.4
Mottenfang 64.6
Mottenfänger 64.7
Mottenführer 64.4
Mottenhäuptling 64.4
Mottenjagd 64.6
Mottenjagd 64.9
auf Mottenjagd gehen
Mottenkiste 39, 64.3
Mottenkiste 39.1
aus der Mottenkiste
Mottenkiste 39.3
ist aus der Mottenkiste vorgeholt
Mottenloch 59.10
Mottenmeister 64.4
Mottennest 18.12, 18.14
Mottenzucht 64.6
Möwchen 2.2
Möwe 2.2, 48.2
Mr. 1.85, 35.10
Mr. Brown
Mücke 1.48, 2.2
Muckefick 51.3, 55
Mücken 45.1
Muckenbucht 64.3

Muckendreck 72.4
Muckenfang 64.6
Mückenfett 61
Muckenjagd 64.6
Muckenjagd 64.9
auf Muckenjagd gehen
Muckenzucht 64.6
Mucker 50.6
muddelig 62.11
müde 64.21
müde 51.2
bin dauernd müde
müde 64.21
müder Heini, müder Knochen
müde 48.25
müder Laden
müde 73.14
müder Pinkel
müde 39.13, 64.21
müder Sack
Müdling 64.19
Muff 1.42, 1.65, 1.66
Muff 24.5
Kavalier im Muff
muff 35.18
Muff mei Boß!
Muffel 1.42
muffen 26.3
Muffer 1.40
Müh 12.41
jemanden mit Müh und Not zurechtfummeln
Mühle 1.66, 2.2, 53.4, 55.11
Mühle 8.9
abgelaufene Mühle
Mühle 27.3, 39.12
abgemahlene Mühle
Mühle 10.7
ihre Mühle steht nie still
Mühle 12.29, 26.25, 64.16
in die Mühle geraten
Mühle 26.25
Wasser auf die Mühle gießen
Mühlkracher 80.55
Mühlsteine 11.9
zwischen die Mühlsteine geraten
Muhme 40.7
Mui 1.42
Mulattenschweiß 55
Mulattin 48.2
Mulde 1.66, 41.5
Müll 61.10
Müll 35.7
Müll abladen
Müll 62.7
Müll-Ulan
Müllabfuhr 29.7, 35.15, 36.1, 36.5
Mulle 41.5
Mülleimer 62.7
Mullemaus 1.66, 34.6
Müllerflöhe 71.3
Müllerin 44.2
Müllern 52
müllern 26.10
Müllerperlen 71.3
Müllionär 62.7
Müllkute 1.66, 1.85, 4.25, 14.48, 35.6, 35.9, 48.2, 62.13
Müllkute 35.7
die Müllkute ausheben (ausspritzen, vollpacken)
Müllkute 35.18
die Müllkute ausspülen
Müllkutsche 26.1
Müllkutscher 29.3, 35.5, 62.7
Müllkutte 2.2
Müllschlucker 26.11, 35.16, 35.20, 36.2, 48.8, 62.7, 76.1
Mülltonne 62.7
Mülltonne 8.3, 8.16, 14.48, 50.6, 64.7
seelische Mülltonne
Mülltonne 59.7
verbeulte Mülltonne
Müllwagen 62.7
Müllwolke 72.10
Mulm 1.42
Mulme 47.37
Mulmer 47.33
mulmig 4.19
Mumientupfer 33.1
Mumm 1.87
Mummelgreis 39.5, 59.13
mümmelig 39.1
Mummes 45.1
Mund 1.42, 30.8, 36.12
Mund 1.42
den Mund wässerig machen
Mund 36.8
eine auf den Mund bekommen
Mund 36.10
einen großen Mund haben, viel im Munde führen, einen losen Mund haben
Mund 1.42
großer Mund
Mund 36.12
in aller Leute Mund sein, an jemandes Mund hängen, mit offenem Mund dastehen, jemandem den Mund verbieten, reinen Mund halten, es nicht in den Mund nehmen, kein Blatt vor den Mund nehmen
Mund 36.4
jemandem Honig um den Mund schmieren
Mund 1.42
Mensch mit großem Mund
Mund 26.12
nur mit 'm Bonbon im Mund
Mund 36.5
Schloß vor dem Mund
Mund 1.42
sie hat einen großen Mund
Mund 1.42
sinnlicher Mund
Mund 1.42
süßer Mund
Mund 1.42
Übergangshaut des Mundes
Mund 1.42
verlockender Mund
Mund 25.7, 29.9, 36.11, 48.5, 63.4
von der Hand in den Mund leben
Mundarbeit 30.5
Hand- und Mundarbeit
Mundarbeiterin 36.11, 48.2
Mundarbeiterin 30.2, 30.7
Hand- und Mundarbeiterin
Mündelgeld 29.9, 36.11, 48.9
Mundfunk 26.4
mundgerecht 1.42, 36.8, 36.10
mundgerecht machen
Mundharmonika 1.66, 1.73, 29.10, 30.8, 36.12, 54.8
Mundharmonika 30.4, 36.8
Mundharmonika spielen
Mundhobel 1.66, 1.73, 29.10, 30.8, 36.12, 54.8
Mundhobel 36.8,
Mundhobel spielen
mündig 38.2
Mündigkeit 38
Mundkäse 36.12
Mundklistier 56
Mundloch 1.66, 30.8, 36.12, 54.8
Mundpflege 36, 36.1, 36.5
Mundschenk 36.2, 36.6, 36.11, 48.4
Mundschenkin 36.3, 36.7
Mundstück 1.73, 1.74, 29.10, 36.12
Mundstück 1.73, 23.12
abgebissenes Mundstück
Mundstück 36.4
das Mundstück ausblasen
Mündungsklappe 23.8, 51.3
Mündungsschoner 1.75, 16.1, 51.3
Mundwalt 18.21
Mundwasser 1.78, 36.12, 78.3
Mundwerk 36.1, 36.5
Mundwerk 36.10
geöltes Mundwerk, rostiges Mundwerk
Mundwerk 35.19
goldenes Mundwerk
Mundwerk 35.19
verrenktes Mundwerk

Muni 45.1
Munition 1.78, 2.2, 26.1, 26.2, 26.34, 51.3
Munition 20.10
erotische Munition
Munition 17.12
explodierte Munition
Munitionsdepot 48.27
Munitionsmangel 51.3, 64.21
munkeln 12.21, 26.25
Münster 36.12, 78.3
Münsterschwalbe 48.2
Munt 14.1
munter 3.6, 4.1
Münzen 54.2
erotische Münzen
Münzen 47.21
obszöne Münzen
Muppe 1.42
Muradi 80.48
mürbe 64.23
mürbe machen
Murf 1.42, 26.4
Murf 26.3
Murf stecken
Murfel 27.3, 39.4
murfeln 26.3
Murkel 18.4, 18.9
Murl 1.24
Murmelbeutel 1.76, 25.8, 59.7, 59.34
Murmeln 1.77, 25.8, 45.1
Murmelspiel 24.5
Murmeltier 41.7
schlafen wie ein Murmeltier
Murrer 1.78
Mus 80.58
zu Mus hauen
Musch 1.66, 2.2, 14.23, 14.27, 14.48, 48.2
Müsch 1.66, 2.2, 48.2
Musche 1.66, 2.2, 48.2
Müsche 1.66, 48.2
Muschel 1.66, 2.2, 34.6, 48.2
Müschel 2.2, 48.2
Muschel 26.25
die Muschel ausspritzen
Muschel 26.25
in die Muschel rotzen
Muschelbar 77.2
Muschelhaus 2.2
Muschelöffner 1.73
Müscher 1.66
Müscherl 1.66, 2.2, 48.2
Muschi 1.66, 19.9, 28.4, 34.6, 48.2
Muschifängerin 30.2
Muschilecker 34.4, 36.6
Muschl 1.66, 2.2, 48.2
Müschl 1.66, 2.2, 48.2
Muse 63.1
die ganze Muse
Muse 63.1
die Halbe Muse
Muse 54.1
die Muse hat ihn geküßt
Muse 63.1
die türkische Muse
Musel 48.2
Musel 77
Musel mit Tunke
Muselweibchen 51.1
Musenstall 54.7
Musenstampe 55.11
Museum 39.4, 39.14, 61
Museum 39.7
hinten Lyzeum, vorne Museum
Museum 59.6
vorne Museum, hinten Lyzeum
Museumsdirektor 27.1
Musical 54.6
erotisches Musical
Musik 23, 54.8, 63.1
Musik 63.1
die ganze Musik
Musik 63.1
die halbe Musik
Musik 23.1
die Musik haben
Musik 25
Handkäs' mit Musik
Musik 8.1
mit Musik
Musik 63.4
sich die Musik holen
Musikant 17.4
Musikant 17.9
mit einem Musikanten poussieren
Musikant 17.11
sie hat mit einem Musikanten poussiert und der hat die Pauke bei ihr stehen lassen
Musikanten 45.1
Musikanten 21.4, 22.3
wissen wo die Musikanten wohnen
Musikantenknochen 1.53, 1.73
Musikantenknochen 63.1
Musikantenknochen mit Türkenmusik
Musikantentisch 1.66
Musikpavillon 53.9, 53.17, 63.14
Muskelgebirge 1.9
Muskelprotz 1.9
Musleiche 55
Muß 1.66, 2.2, 48.2
Musse 1.66, 2.2, 17.2, 48.2
Müßchen 1.66, 48.2
Muß-Ehe 14, 15.8
Mussen 1.66, 2.2, 48.2
müssen 73.5
klein müssen
Mußken 1.66. 2.2, 48.2
Mußtopf 72.13
Musterkarte 59.10
mustern 59.6
sich mustern
Muttchen 1.58, 30.2, 48.24
Mutter 17.2, 43, 48.24
Mutter 26, 41.24
bei Mutter Grün
Mutter 41.7
bei Mutter Grün schlafen
Mutter 17.27
Dich hat deine Mutter wohl beim Saltomortale im Zirkus verloren. Deine Mutter hat wohl das Kind weggeschmissen und die Nachgeburt aufgezogen.
Mutter 15.7
die Mutter des unehelichen Kindes heiraten
Mutter 15.3
Fräulein Mutter
Mutter 32.3
Inzest mit der Mutter
Mutter 17.2
kinderreiche Mutter
Mutter 17.2
meine Mutter
Mutter 15.3
Mutter eines unehelichen Kindes
Mutter 17.18
Mutter Graps
Mutter 17.2
Mutter im Kindermund
Mutter 17.2
Mutter vieler Söhne
Mutter 18.1
nach der Mutter schlagen, der Mutter nacharten (nachkommen, nachschlagen), der Mutter wie aus dem Gesicht geschnitten, ganz die Mutter
Mutter 18.7
noch an Mutters Rockschößen (Mutters Schürzenzipfel) hängen
Mutter 80.4, 80.62, 80.63
polnische Mutter
Mutter 18.16
Vater und Mutter
Mutterboden 1.66, 32.3
Mutterbruder 40.8
Mutterbrunst 17.15
Mütterehrenkreuz 51.2
Muttereisen 43
Mutterform 43
Müttergenesungswerk 32.3
Muttergotteshemdlein 17.15, 17.22
Mutterhals 17.15
Mutterkorken 23.8
Mutterkorn 1.68
Mutterkuchen 17.15
Mutterleib 1.59, 17.15, 54.8
mütterlich 40
mütterliche Linie
Mutterliebe 32.3
Muttermal 70.1
Muttermilch 17.15
Muttermilch 20.6
mit der Muttermilch

aufsaugen
Muttermund 17.15
Muttersau 48.24
Mutterschaft 15.12
Strafe für uneheliche Mutterschaft
Mutterschiff 1.66, 73.4
Mutterschwester 40.7
Muttersöhnchen 18.4, 29.3
Mutterspiegel 48.10, 63.10
Mutterstöpsel 23.8
Muttertag 32.3
Muttertrompete 17.15
Muttertrompeter 17.17
Mutterweh 64.15
Mutterweihe 17.20
Mutterwut 64.23
mutterwütig 4.8
Mutterzapfen 23.8
Mutti 1.66, 17.2, 30.2
Mutsch 17.2
Mutz 1.75
Mutze 48.2
Mütze 59.7
Mütze 59.7
abgegriffene, fettige Mütze
Mütze 31.3
die ganze Mütze voll
Mütze 59.7
Emmentaler Mütze
Mütze 59.7
Mütze mit Fenster
Mütze 59.7
Mütze mit Löchern
Mütze 59.7
Mütze mit Notausgang
Mütze 59.7
Mütze mit Ventilation
Mütze 59.7
rote Mütze der Bundesbahn
Mütze 59.7
Schweizer Mütze
Mütze 7.12
sie ist nicht nach meiner Mütze
Mütze 59.7
Sherlock-Holmes-Mütze
Mutzen 48.2
Mutzenbacherin 48.2
Mützenprinz 48.21
Mützenrecht 14.1
Mützling 59.7
M. v. D. 8.2, 8.15. 48.4
Myrtenkranz 14.41
mysophil 71.1
mysophiler Mensch
Mysophilie 71

N

naar 19.1
Nabel 3
Welt unterm Nabel
Nabelgeld 14.1, 48.9
Nabelpfleger 18.20
Nabelreibe 53.7
nabelreiben 53.7
Nabelreiber 53.7
Nabelschnur 17.15, 46.2
Nabelschnur 46.2
an der Nabelschnur hängen, jemanden bei der Nabelschnur kriegen, sich an die Nabelschnur hängen
Nabelsprung 1.66
Nabelstrang 53.3, 55.11
Nabelstrippe 17.15
nacharten 18.1
der Mutter (dem Vater) nacharten
Nachbar 18.16
Wie gefällt dir dein Nachbar?
nachbeten 64.20
Nachdem-Bude 55.11
Nachdemlokal 53.3
Nachdem-Scheibe 55.11
nachdenken 41.7
über den Chef nachdenken, über den Dienst, über die Arbeitslast, über die Arbeitszeit, über den Stundenlohn, über den Wochenlohn, über den Monatslohn
Nachernte 64.20
Nachfeier 64.20
Nachfix 72.6
der dünne Nachfix
Nachfixe 72.6
die dünne Nachfixe
nachfliegen 12.14
nachgampeln 9.13
nachgeben 14.10
den Heiratswünschen einer Frau nachgeben
nachgeben 14.9
der Werbung eines Mannes nachgeben
Nachgeburt 17.15, 64.20
Nachgeburt 5.3
Bei dem haben sie das Kind weggeschmissen und die Nachgeburt aufgezogen.
Nachgeburt 17.27
Deine Mutter hat wohl das Kind weggeschmissen und die Nachgeburt aufgezogen.
nachgehen 21.10
ihre Uhr geht nach
nachgehen 22.7, 64.20
seine Uhr geht nach
nachgeifern 9.13
nachgiebig 80.9
Nachharke 16.7, 63.10
Nachhilfeunterricht 21
nachhinken 64.20
der Zeit nachhinken
Nachkomme 17, 18.4, 40
nachkommen 18.1
der Mutter (dem Vater) nachkommen
Nachkommenschaft 17, 18.1, 40
Nachkommenschaftsschützer 59.34
Nachkömmling 17
nachlaufen 12.14
Nachläufer 64.20
Nachmieter 41.13
Nachmittagsausgehkostüm 59.10
Nach-Neun-Frau 48.2
nachpallisieren 12.14
Nachrichten 80.57
Nachrichtenhure 51.3
Nachrichter 80.5. 80.83
nachschimmeln 12.14
nachschlagen 18.1
der Mutter (dem Vater) nachschlagen
Nachschmaus 14.41
Nachschub 35.4
Nachsicht 80.10
keine Nachsicht gewähren, gelten lassen, walten lassen, kennen
Nachspiel 26.45, 64.20
nachsteigen 12.14
Nachsteiger 4.18
Nachsteiger 64.14
die Welt voller Nachsteiger sehen
Nacht 2.2
bei Nacht sind alle Katzen grau
Nacht 41.6
die Nacht durchmachen
Nacht 48.2
Königin der Nacht
Nacht 48.7
sich die Nacht um die Ohren hauen
Nacht 10.7
sich die Nacht um die Ohren schlagen
Nachtamsel 48.2
Nachtarbeit 48
Nachtarbeiter 48.4
Nachtbikini 59.42
Nachtbruder 48.4
Nachtbuch 72.13
Nachtbums 48.32, 53.3, 55.11
Nachtdienst 48.6
Nachtdienst 48.2, 48.25
Garage mit Nachtdienst
Nachtengel 51.3
Nachteule 6.5, 47.37, 48.10
Nachtfahrer 72.25
Nachtfalter 48.2, 59.20
Nachtfrack 59.42
Nachtfrau 82.1
Nachtfreierei 14.29, 52
Nachtfrost 4.4. 64.23

Nachtfuhre 51.3
Nachtgeige 4.25
Nachtgeschirr 72.13
Nachthemd 59.42
Nachthochzeit 14.41
Nachthorn 1.73, 29.10, 36.12, 54.8
Nachthorn 36.4
Nachthorn blasen
Nachthorn 24.1, 25.1
Nachthorn spielen
Nachthornist 24.3, 25.4
Nachthupferl 54.8
Nachtigall 48.2, 54.8
nachtippeln 12.14
Nachtisch 55
Nachtjäger 47.37, 48.10
Nachtkerze 64.17
Nachtkittel 59.10
Nachtklater 59.42
Nachtkönig 72.24
Nachtkutsche 72.25
Nachtliege 59.41
Nachtligé 59.42
Nachtlokal 53.3, 55.11
Nachtmahr 52.8, 82.5
Nachtmännlein 82.8
Nachtmensch 48.2
Nachtmusik 26, 26.27, 54.8
Nachtmütze 57, 59.7
Nachtopfer 64.17
Nachtpflanze 48.2
Nachtschattengewächs 48.2
Nachtscherbe 72.13
Nachtschmetterling 48.2, 59.20
Nachtschnecke 54.10
Nachtschwalbe 48.2
Nachtschwärmer 48.4, 48.8
Nachtschwärmerin 48.2
Nachtschweiß 3.5, 80.12
Nachtschwester 48.2
Nachtsportanzug 59.42
Nachtstock 1.73
Nachtstück 26.27, 54.8
Nachtstuhl 72.14
Nachttopf 59.7, 72.13, 77.2
Nachttopffreier 48.8, 73.1, 73.12, 80.94
Nachttopffunse 51.3, 63.13
Nachttopfschwenker 51.3
Nachttopfsklave 48.8, 64.24, 72.2, 73.1, 73.12, 80.7
Nachttopfsklavin 48.2, 72.1, 73.2, 73.12, 80.6
Nachtvase 73.8
Nachtvogel 48.2
Nachtwächter 72.4, 72.24
nachtwandeln 48.5
Nachtwandler 48.8, 82.2
Nachtwandlerin 48.2
Nachwuchs 17, 18.1, 18.4, 40
Nachwuchs 51.2
Nachwuchs zeugen
Nachwuchspflegerin 18.19
Nachwuchssteuerung 16
Nachzehrer 82.3
Nack 1.40
Nackedaimler 48
Nackedei 18.2
Nackedei 26.14, 47.21, 54.2, 54.3, 54.10
Nackedei vom Dienst
Nackedeidampfer 53.17
Nackedei-Journal 54.1
Nackedei-Magazin 54.1
Nackedonien 53.17
nackend 26.16
jemanden nackend sehen
nackend 59.6
nicht nackend gehen
nackt 26.12
nackt 26.14
nackte Frau
nackt 26.15
nackter Mann
nackt 1.83
nacktes Gesäß
nackt 26.11, 47.21, 54.2, 54.3
nackte Tatsachen
nackt 3.3, 49.14, 59.4
nackte Welle
nackt 59.7
nackt gehen
nackt 26.13
nackt sein
nackt 45.6
sie deckt sich mit dem nackten Arsch zu
Nacktarbeiterin 26.14, 47.21, 54.2, 54.3, 54.10
Nacktbühne 33.4
Leichenheinis Nacktbühne
Nacktengel 26.14, 47.21, 54.2, 54.3, 54.10
Nacktfee 26.14, 54.2, 54.3, 54.10
Nacktfliege 26.14, 54.2, 54.3
Nacktfrosch 26.14, 47.21, 54.2, 54.3, 54.10
Nacktfrosch 18.2
Nacktgeige 54.10
Nacktheit 26.11
Nacktkultur 53.17
Nacktloge 31
nackto 26.12
nackto arscho
nackto 26.12
nackto blanco
Nacktrice 54.5, 54.6, 54.10
Nacktsamer 26.2, 26.15, 48.8
Nacktschnecke 26.14, 47.21, 54.2, 54.3
Nacktstreifen 54.5
Nackttanz 54.9
Nadel 1.73, 57.2, 80.40
Nadel 13.11
bei einem was auf der Nadel haben
Nadel 42
mit der heißen Nadel nähen
Nadel 64.21
stumpfe Nadel
Nadelbüchse 1.66
Nadelgeld 14.32, 14.56, 48.9
Nadelöhr 1.66
Nadelprobe 80.39
Nadelschlucker 80.43
Nadelspitze 1.74
Naderer 47.39
Nadlerin 59.3
Naffke 48.2
Nafke 2.2
nafkenen 26.25, 48.5
Nagaika 80.62
Nagel 1.54, 1.55, 1.73, 8.15, 48.2
Nägel 61.5
blutige Nägel
Nagel 26.25
den Nagel reinhauen
Nägel 61.5
rote Lippen und rote Nägel
Nagelbett 80.40
Nagelbürste 62.2
Nagelgeld 14.1, 48.9
Nagelkopf 1.74
Nagellack 61, 61.5
Nagellackentferner 61, 61.5
Nagelline 61.5
nageln 26.25
Nagelprobe 25.1
die Nagelprobe machen
Nagelschmutz 1.55
Nagelschrubber 62.2
Nagelstock 1.73
Nagelstuhl 80.40
nagen 36.4
nagen 1.68
am Blümchen nagen
nagen 26.3, 37.5
am Herzen nagen
nagen 76.2
am Sitzfleisch nagen
nagen 36.4, 36.8
an der Blume (am Liebstöckl, an der Wunderblume, an der Wurliblume) nagen
nagen 1.68
an der Genußwurzel nagen
Nager 1.73
Nager 19.7
Pfefferminztee-Nager
Nager 19.2, 19.7
Tee-Nager
Nagetier 35.16, 36.2, 36.6, 36.12, 76.1
Nagezahn 70.2, 80.50, 80.73
Nähe 26.7
greifbare Nähe
nahe 4.16
jemandem zu nahe kommen
nahe 4.16
jemandem zu nahe treten
Naheinstellung 26.27, 54.5
nähen 42
mit dem heißen

Schwanz nähen, mit der heißen Nadel nähen
näherkommen 9.3
sich näherkommen
Nahkampf 26, 26.27, 51.3, 53.7
Nahkampf 53.7
im Nahkampf liegen
Nahkampfanzug 59.42
Nahkampfarena 14.42, 41.3, 41.5, 48.25, 53.7
Nahkampfbiene 53.7
Nahkampfbluse 53.7
Nahkampfbosten 4.17, 48.2
Nahkampfdiele 53.3, 55.11
Nahkampfdragoner 4.17, 48.2
Nahkämpfer 48.4
Nahkämpferin 48.2
Nahkampfgeschwader 48.2
Nahkampfkleid 59.42
Nahkampfkrieger 53.7
Nahkampfmittel 16.1, 51.3, 63.9
Nahkampfpulli 59.42
Nahkampfpullover 16.1
Nahkampfsocke 16.1
Nahkampftruppe 48.2
Nahkampfwaffen 16.1, 63.9
Nahkampfwalküre 48.2
Nähkästchen 30.6, 30.8, 41.2
Nähkästchen 2.4, 46
aus dem Nähkästchen plauschen
Nähkästchengeheimnisse 2.4
Nähmaschine 59.3
Nähracker 41.11
Nährmutter 13.12, 14.32, 20.11, 41.12, 48.35
Nährvater 13.9, 20.12
Nährwert 49.5
keinen sittlichen Nährwert haben
Nähschule 20.2
Naht 80.61
Naht 80.58
eine Naht geben
Naht 45.5
er hat was auf der Naht
Nähte 26.5
auf die Nähte rücken
Nähtisch 63.10
Nahtlose 59.38
Naidchen 59.17, 59.42
Nairos 2.2a
Najade 55.9
Nalle 12.2
Nalle 12.4, 12.22
die Nalle machen
nallig 12.5
nallig 12.3
nallige Priemel
Nalkon 1.40
Namensehe 14
Nandl 2.2, 48.2
näpfen 26.25, 70.2, 80.71
Näpfer 70.2, 80.74
narbig 1.23
Narkose 80.21
Narodos 8.15
Narodoskina 8.2
Narren 9.1
an jemandem einen Narren gefressen haben
Narren 9.3
er hat an ihr einen Narren gefressen
Narrenbein 1.53
Narrenhaus 64.2
Narrenkotter 14.60, 48.12, 80.37
Narzisse 24.2
naschen 30.4
am Fleischtopf naschen
naschen 76.2
am Mostrich naschen, am Scheibenhonig naschen
naschen 35.18
am Pudding naschen
naschen 76.2
am türkischen Honig naschen
naschen 10.7
an allen Blüten naschen
naschen 17.9
an der Bubenquelle naschen
naschen 17.11
sie hat an der Bubenquelle genascht
Naschwerk 36.5
Nase 1.40, 2.5
Nase 63.5
auf der Nase liegen
Nase 59.7
bis über die Nase herabgezogener Damenhut mit Gucklöchern für die Augen
Nase 26.25
die Nase begießen
Nase 26.20
die Nase hoch tragen
Nase 14.59, 26.25
die Nase in fremde Angelegenheiten stecken
Nase 14.59
die Nase in fremde Löcher stecken
Nase 10.7
die Nase in jedes Loch (in jeden Topf) stecken
Nase 25.1, 26.25, 64.9
die Würmer aus der Nase ziehen
Nase 80.59
eine auf die Nase kriegen
Nase 26.19
eine ellenlange Nase bekommen
Nase 26.40
eine vor die Nase gesetzt bekommen
Nase 26.40
er hat die richtige Nase
Nase 1.40
erkältete Nase
Nase 1.40
große Nase
Nase 25.1
jemanden an der Nase herumführen
Nase 26.22
lange Nase, ellenlange Nase
Nase 14.61
lange Nase machen
Nase 1.40
Mann mit großer Nase
Nase 64.17
mit langer Nase abziehen
Nase 18.7
muß sich noch die Nase putzen lassen
Nase 2.6
pro Nase
Nase 1.40
rote Nase
Nase 10.7
seine Nase in fremde Löcher stecken
Nase 7.12
seine Nase paßt ihr nicht
Nase 49.25
sich an der Nase fassen
Nase 24.1
sich die Würmer aus der Nase ziehen
Nase 1.40
Sie ist gerannt, als der liebe Gott die Nasen verteilt hat.
In der ihre Nase, da kann Regenwasser stehn.
Nase 46.1
sie ist unter der Nase flott zu Fuß
Nase 24.1
Zupf dich an deiner eigenen Nase!
Nasenbluten 23
Nasenbluten zwischen den Beinen
Nasenbluten 23.1
Nasenbluten zwischen den Beinen haben
Nasenformen 1.40
besondere Nasenformen
Nasenkitzler 1.48
Nasenknochen 63.1
syphilitische Verformung der Nasenknochen
Nasenkönig 1.40
Nasenlöcher 1.38, 9.13, 12.12
verliebte Nasenlöcher machen
Nasenquetscher 33.4
Nasenschleim 55, 78.3
Nasenspitze 1.74
Nasenwindel 59.22
Nasenwurmzieher 64.7
Naserer 36.6
nasführen 10.7

jemanden nasführen
Nasius 1.40
Naso 1.40
naß 45.6
naß 48.9
für naß, per naß
naß 80.55
nasse Guillotine
naß 55.11, 62.5
nasser Betrieb
naß 48.8
nasser Kober
naß 64.21
nasser Sack, Handtuch
naß 47.3, 64.17
nasses Biest
naß 21.9, 38.5
naß hinter den Ohren
naß 22.6
noch naß hinter den Ohren
Naß 64.17
ohne Naß und Trocken
Nassauer 48.8, 63.1
nässeln 73.5
nassen 26.3
Pee nassen
Nassergardine 23.7, 59.43, 70.2
naßforsch 4.16, 12.5
naßwischen 62.5
nasvolo 63.1
national 51.2
nationale Erhebung
Nationalität 51.1
Natokutte 59.9
Natoplane 59.9
Natter 6.17
Natur 1.78
Natur 26, 41.24
am Busen der Natur
Natur 41.7
am Busen der Natur schlafen
Natur 72.5
die Natur bereichern
Natur 24.1, 25.1
die Natur reizen
Natur 3
die Stimme der Natur
Natur 72.12
Natur C
Naturaliennutte 48.2
Naturfagott 72.10
Naturforscher 29.3, 35.5, 36.6, 72.2
Naturforscherin 35.17, 36.7, 72.1
Naturforschung 29.7, 35.4, 35.15, 36.5, 72
natürlich 15.2
natürliches Kind, natürlicher Sohn, natürliche Tochter
Naturmensch 26.15
Naturschutz 47.35
Naturschutzgebiet 1.65
Natz 31
Natze 31
natzkern 26.25
navigare necesse est 73.5
Naziege 51.2
Nazisse 51.2
Nebelkrähe 54.8
Nebelspalter 59.7
Nebelreiter 59.7
Nebelweib 82.1
nebenaus 13.2
nebenaus gehen
nebenehelich 13
nebeneheliches Verhältnis
Nebenfrau 14.66
Nebengeräusch 69.1
Nebenluft 13, 14.59
Nebenzimmer 21.10
sie hat bei der Erfindung der Schwänze im Nebenzimmer gesessen
Neckerfrau 48.2
Neckerfrau-Katalog 48
Nefel 17.24, 72.12
Nefesch 59.15
Neffe 40.6
Nefiche 72.10
Nefiche 72.11
eine Nefiche lassen
Neger 45.1, 51.1
Negerdreck 56
Negerdorf 53.17
Negerfahne 59.10
Negerglatze 59.7
Negerhur 48.2
Negerklöten 55
Negerkuß 55
Negerküsse 78.3
Negermädchen 51.1
Negerpimmel 51.3, 55, 56
Negerpint 55
Negerschwanz 55
Negerschwitz 55
Negligé 59.41
Negus 1.73
nehmen 80.10
an die Kandare nehmen, in Strafe nehmen
nehmen 36.12
das Maul zu voll nehmen
nehmen 26.9
das Ruder in die Hand nehmen
nehmen 25.1, 26.9
das Steuer in die Hand nehmen
nehmen 25.1
den Trumpf in die Hand nehmen
nehmen 26.8
die Augen in die Hand nehmen, das Herz in die Hand nehmen
nehmen 16.6
einer den Hasen nehmen
nehmen 36.12
es nicht in den Mund nehmen, kein Blatt vor den Mund nehmen
Nehmen 80.9
hart im Nehmen
Nehmen 80.11
hart im Nehmen sein
nehmen 20.8, 21.1, 25.1
in die Hand nehmen
nehmen 31.4
in die Zange nehmen
nehmen 20.8
ins Gebet nehmen
nehmen 16.6
sich's nehmen lassen
Neidhammel 47.34
Neige 39
Neige des Lebens
nein 49.15
Huch nein, nicht doch!
nein sagen 4.11
Sie kann nicht nein sagen.
Neinsagerei 41.23
Nekef 1.66, 2.2a
nekrophil 33.1
nekrophiler Mensch
Nekrophilie 33
Nekrophilie 33.4
Objekte der Nekrophilie
Nektar 1.70, 1.78, 30.8, 36.12, 78.3
Nektar 36.4, 36.8
jemandem Nektar füttern
Nelke 2.2, 48.2
Nelke 27.3, 39.12
welke Nelke
Neloff 1.40
Nepeta cataria 57
Neppe 2.2, 48.2
neppen 26.25
Neppenheim 53.9
Nepplokal 55.11
Neppschuppen 48.32
Nerv 7.11
er hat für sie einen Nerv
Nerv 9.1
für jemanden einen Nerv haben
Nervenarzt 63.12
Nervenklinik 63.14
Nervenklinik 64.4
Chefarzt einer Nervenklinik
Nervenpeitsche 57
Nervenputsche 57
Nervenzwinger 64.2
nervös 4.3
nervöses Hemd
Nerz 59.9
Karnickel auf Nerz gequetscht
Nerz 59.9
Nerz fürs Herz
Nerz 59.9
Schrebergarten-Nerz
Nerzkarnickel 59.9
Nessel 4.17, 6.17, 8.8, 14.50
Nest 1.66, 34.6, 41.2, 41.3, 41.5
Nest 41.10
aus dem Nest kriechen
Nest 26.17, 41.6
in das Nest kriechen

Nestelknüpfen 17.22, 50.16, 52.8
Nestelstechen 52.8
Nestgeruch 40
Nesthäkchen 18.4
Nesthupferl 18.3
Nestküken 18.4
Nestwärme 40
nett 1.58
netter Apparat
nett 2.2
netter Käfer
Nettchen 1.5, 2.2, 6.2, 6.11, 48.2
Nettl 2.2, 48.2
Netz 12.16
Netz 12.16
einem das Netz verheddern
Netz 12.7, 12.29, 14.10
ins Netz gehen
Netz 9.12, 12.6, 14.8
ins Netz locken
Netz 59.35
Netz-Slip
Netz 12.39
verheddertes Netz
Netzhaut 59.9, 59.10, 59.23, 59.29, 70.6
Netzhemd 59.17
neu 22.13
Anbruch des neuen Zeitalters
neu 59
neue Kleidung
neu 8.5
neue Freundin
neu 8.5
neuer Film, neue Haut, neuer Pullover
neu 13
neuer Film, neue Platte, neue Walze
neu 8.18
neuer Freund
neu 8.18
neues Eisen, neuer Film, neue Kerze, neue Platte, neuer Stern
neu 61.1
neues Leben blüht aus den Ruinen
neu 36.4
neues Leben einflößen
neu 18.16
Schäfer von der neuen Stadt
Neubau 8.5, 8.18
Neufundland 8.5, 8.18
Neuland 8.5, 8.18, 22.10
Neuland 22.14
Neuland erschließen
Neuland 48.35
Neuland finden
neugebacken 14.39
neunundsechzig 36.9
neunschwänzig 80.62
neunschwänzige Katze
Neuralgia testis 64.17
neuralgisch 3.4
neuralgischer Punkt
neureich 45
neureicher Chef
Neurochemiker 64.4
Neurose 64.10
Neurosengarten 64.8
Neurotiker 64.11
Neurotikerin 64.12
neurotisch 18.4
Kind eines neurotischen Vaters
NFT 60.4
Nutten-Finanzierungs-Tasche
Nichtbeschnittener 1.75
nicht doch 49.15
Huch nein, nicht doch!
Nichte 40.5
Nichtliebe 52.9
Stein der Nichtliebe
Nichts 59.10
dufliges Nichts
nichts 26.12
oben nichts, unten nichts und in der Mitte gerafft; unten nichts, oben nichts und in der Mitte Hohlsaum
Nichts 64.17
vor dem Nichts stehen
Nichtschwimmerbassin 48.25
Nichttänzer 53.7
Nichttänzerin 53.7
Nickel 2.2, 18.3, 45.1, 48.2, 50.11
nicken 41.7
Nidde 23.3, 48.2
niederfetzen 26.25
niederhauen 26.25
niederkommen 17.16
niederlassen 41
sich häuslich niederlassen
niederlassen 13.13
sich im Sessel niederlassen
niederreißen 26.25
niederrüsseln 26.25
Niedertreter 59.40
niedlich 6.1, 19.3
niedlich 6.2
niedliche Ratte
niedlich 2.2
niedlicher Käfer
niedrig 48.2
niedrige Nummer
niedrig 73.13
niedriger Wasserfall
niedriger 37.5
niedriger hängen
niedriger Wasserfall 1.13
sie hat einen niedrigen Wasserfall
Niemandskind 15.2
Niemandsland 8.11, 8.13, 8.24, 8.26
Niere 1.59, 8.2
Niere 6.2, 10.3
gesunde Niere
Niere 8.9
kaputte Niere
Nieren 26.9
auf Herz und Nieren prüfen
Nieren 80.13
an die Nieren gehen
Nieren 37.5
sie auf Herz und Nieren prüfen
Nierensteine 1.59
Nierensteine haben
nieseln 64.20
Nieselprämie 53.8
Nieselregen 64.20
niesen 17.8
niesen 26.25
unters Kinn niesen
Niesfahne 59.22
Nieswurz 52.2
Niete 17.26, 64.21
Nietenhose 59.26
Nietenhosen 59.11
Nietenhosen für Hosennieten
nigeln 53.7
niggeln 26.25
Nikotintheater 54.7
Nille 1.73
Nille 51.3
eiserne Nille
Nille 36.4
Nille kauen
Nille 1.1
verbogene Nille
Nille 1
verlängerte Nille
Nillenbeschau 51.3, 63.8
Nillenbläser 36.2
Nillenchassis 1
Nillenflicker 63.12
Nillengarage 63.14
Nillengestell 1
Nillengier 64.23
Nillenkarosse 1
Nillenkauer 36.2
nillenkrank 63.3
Nillenlutscher 36.2
Nillenmasseur 25.7, 29.9
Nillenparade 51.3, 63.8
Nillenpfleger 3.10
Nillenstriegler 25.7, 29.9
Nillenzupfer 25.7, 29.9, 48.4
Nilliken 1.73
Nimm 80.9
vom Stamme Nimm
Nimmersatt 4.10, 64.23
ninschen 63.8
Nirschel 41.5
Nischel 1.32
nisten 41
Nisthöhle 41.2, 41.3
Nisthöhle 41.1, 41.2, 41.3
meine Nisthöhle
Nitribitt 48.2, 48.34
Nitribitt 28.6, 48.2
Schmalspur-Nitribitt
Nitribitt 48.34
sie macht's auf die Nitribitt
nitsch 6.4
nivellieren 26.25

Nix 26.14, 47.21, 54.2, 54.3, 54.10
Nix-Anhabi
Nixe 53.17, 80.35
Nixengewand 59.43
Nixkind 82.7
Noah 27.3
Arche Noah
Nobeldirne 48.2
Nobelhur 48.2
Nobelnutte 48.2
Nöck 82.5
Nockerlaquarium 20.2
noideln 26.25
noisseln 26.25
Noll 72.12
Nolle 80.62, 80.86
nollen 26.25, 80.58, 80.84
Noludar 57
Noludar in Alkohol
Nönnchen 53.5
Klostermönch und Nönnchen
Nonne 47.41, 48.2, 48.28, 50.8, 72.23
Nonnenfürzchen 55, 78.3
Nonnenkloster 20.2
Nonnenpisse 55, 73.14
Nonnentracht 47.41
Nordlicht 1.40
Nordsee 53.8, 53.10, 53.17
Nordseeriesling 53.17
Nörsing 1.83
Nosferatu 70.2, 80.74
Not 12.41
jemanden mit Müh und Not zurechtfummeln
Not 31.5
Not am Mann!
Notausgang 59.10
Notausgang 59.12
Anzug mit Notausgang
Notausgang 59.23
Bluse mit Notausgang
Notausgang 59.8
Handschuhe mit Notausgang
Notausgang 59.7
Hut mit Notausgang
Notausgang 59.13
Jacke mit Notausgängen
Notausgang 59.43
Kaltwasserkleid mit Notausgang
Notausgang 59.10
Kleid mit Notausgang
Notausgang 59.19
Kragen mit Notausgang
Notausgang 59.7
Mütze mit Notausgang
Notausgang 59.16
Pulli mit Notausgang
Notausgang 59.38
Socken mit Notausgang
Notausgang 59.12
Theateranzug mit Notausgang
Notausgang 59.8
Theaterhandschuhe mit Notausgang
Notausgang 59.17
Theaterhemd mit Notausgang
Notausgang 59.26
Theaterhose mit Notausgang
Notausgang 59.13
Theaterjacke mit Notausgang
Notausgang 59.10
Theaterkleid mit Notausgang
Notausgang 59.19
Theaterkragen mit Notausgang
Notausgang 59.9
Theatermantel mit Notausgang
Notausgang 59.7
Theatermütze mit Notausgang
Notausgang 59.16
Theaterpulli mit Notausgang
Notausgang 59.40
Theaterschuhe mit Notausgang
Notausgang 59.15
Weste mit Notausgang
Notbremse 64.18
die Hemmung ist die Notbremse des Trieblebens
Noten 21.8
nach Noten ficken
Notendompteuse 54.8
Notenfehlgeburt 54.8
Notgeld 14.56
Nothelfer 1.73, 25.8
nötigen 47.18
eine Büroangestellte nötigen
Nötigung 47.25, 47.26
Notkoffer 8.10
Notnagel 8.23
Notorische 48.2
Notstandspavillon 72.12
Notturno 26.27, 54.8
Notweg 14.41
Notwehrbaby 15.2
Notzucht 47.26
notzüchtigen 47.26
Notzüchtiger 47.26
Nougathütchen 59.7
Nova 8.5
Novemberkind 15.2
nowacken 80.20, 80.58
N.S.D.A.P. 51.2
N.S.-Frau 51.2
N.S.-Frauenschaft 51.2
N.S.V. 51.2
NS-Zeit 51.2
Sexologie und Skatologie im Volksmund der NS-Zeit
Nuckel 1.58, 16.1
nuckeln 30.4, 36.4
nuckeln 36.4
am Saftstiel nuckeln
nuckeln 35.18
am Spundloch nuckeln
nuckeln 1.68, 30.4
an der Prinzeßbohne nuckeln
nuckeln 36.4, 36.8
an der Saftpresse nuckeln
Nuckelpulle 1.58, 70.5
Nudel 1.73, 2.2, 29.10, 36.12, 57
Nudel 64.19
bamstige Nudel
Nudel 1.73, 36.12, 64.19
weiche Nudel
Nudelbrett 1.66, 53.7
Nudelbrettbühne 54.7
nudelfressen 36.4
Nudelfriedhof 1.66, 4.25, 48.2, 48.25
Nudelkopf 1.74
Nudelkulle 1.73
Nudelmühle 57.6
Nudeln 55
Nudelschleck 29.3, 36.2
Nudelschlucker 36.2
Nudelschluckerin 36.3
Nudelsieb 1.66, 2.2, 4.25, 48.2
Nudelsuppe 55
Nudeltasche 1.66
Nudeltaschen 1.67
Nudelwalker 1.73, 80.5, 80.62, 80.64
Nüff 1.40
Nuge 1.42
Nuka 14.54
Null 72.12
Nummer Null
nullen 73.5
Null-Null-Haus 72.12
Nullnull-Partei 51.2
Null-Null-Sieben 72.24
Nulp 1.58, 16.1
nulschen 41.7
numerieren 26.25
numerieren 80.58
die Knochen numerieren
Nummer 2.2, 26.27, 48, 48.2
Nummer 10.7
auf alle Nummern setzen
Nummer 8.12, 14.23, 14.62
besetzte Nummer
Nummer 48.2
billige Nummer
Nummer 59.40
«Die nächste Nummer hängt draußen.»
Nummer 26.25
eine Nummer abziehen
Nummer 12.15, 13.1, 26.25
eine Nummer bauen
Nummer 26.25
eine Nummer drehen
Nummer 26.25
eine Nummer machen
Nummer 26.25
eine Nummer schieben
Nummer 48.2

gewöhnliche Nummer
Nummer 12.38
jemandes Nummer haben
Nummer 48.2
kleine, niedrige Nummer
Nummer 7.2
meine Nummer
Nummer 7.12
sie hat nicht meine Nummer
Nummer 48.2
teure Nummer
Nummer 4.9
tolle Nummer
Nümmerchen 48.2
Nummermädchen 48.2, 51.3
Nuppel 1.58, 16.1
Nürnberger Trichter 1.66, 20
Nürschel 41.5
Nusch 80.48
Nusche 1.33, 1.42, 1.73
Nüschel 1.32, 1.40
Nuschen 59.40
Nuß 1.32, 1.40, 2.2, 80.61
Nuß 4.15
harte Nuß
Nuß 4.6, 5.3, 6.15, 19.4
taube Nuß
Nüsse 1.77, 36.12
nussen 80.58
Nußknacker 1.47, 1.73, 5.3, 22.16, 47.26, 64.23
Nute 1.66
Nutsch 1.58, 16.1
Nutte 48.2
Nutte 51.3
Nutte vom Dienst
Nutte 47.3
schiefe Nutte
Nutten 3
Innenleben mit drei rothaarigen Nutten
Nuttenaas 48.2
Nuttenarsenal 48.27, 48.29
Nuttenbums 48.32, 53.3, 55.11
Nuttenbunker 48.29
Nuttenfilter 48.10, 63.12
Nuttenhöhle 48.32, 53.3, 55.11
Nutteninspektor 63.12
Nuttenkadett 47.37
Nuttenkäse 55
Nuttenkeller 48.32, 53.3, 55.11
Nuttenkneipe 48.32, 53.3, 55.11
Nuttenkoffer 60.7, 61
Nuttenparfum 61
Nuttenschuppen 48.25, 48.32
Nuttensilo 48.29
Nuttenstampe 48.32
Nuttentimpe 48.32
Nuttentresor 60.3
Nuttenwinde 48.32
Nylon 59.9
Nylon-Regenmantel
Nylonfreier 70.6
Nylongibber 70.6
Nylonhemd 59.17
durchsichtiges Nylonhemd
Nylons 59.38
Nylonstreife 47.38
Nymphe 1.5, 6.2, 48.2
Nymphomanie 64.23
Nymphomanin 64.23

O

O 57
O 1.63, 2.1
A und O
Oase 1.66
Oase 1.65
Oase mit Palmen
Obam 72.4
Obbert 80.76
Obdachlosigkeit 41.24
O-Beine 1.86
O-beinig 1.86
oben 26.20
den Kopf oben behalten
oben 47.40, 48.10
nach oben gehen
oben 59.23
Oben-ganz-ohne-Bluse
oben 64.17
oben heiß und unten kalt machen, oben hui und unten pfui sagen
oben 49.3
oben hui, unten pfui
oben 37.5
oben ja, unten nein
oben 26.12, 59.10
oben nichts, unten nichts und in der Mitte gerafft
oben 26.12, 59.10
unten nichts, oben nichts, und in der Mitte Hohlsaum
Obenauflieger 82.5
obenohne 59.10
Obenohne 59.10, 59.25
Obenohne-Kleid
Ober 18.16, 53.5
Unter für Ober
Oberbau 1.50, 1.58, 70.5
oberfaul 49.3
obere 1.42
das obere Loch
obere 1.41
der obere Arsch, die oberen Arschbacken
Oberförster 1.48
Oberhalb 59.10, 59.25
Oberhalb-ohne-Kleid
Oberhänger 59.9
Oberheh 47.36
Oberkähne 59.40
Oberkinn 59.7
Oberkopf 59.7
Oberkörper 1.50, 41.20, 54.4
Oberkörper 1.50
eingefallener Oberkörper
Oberkörper 1.50
großer Oberkörper
Oberkriminell 47.37
Oberleder 59.40
Sohle und Oberleder klaffen auseinander
Oberleitungsaufseher 64.4
Oberlicht 59.10
Oberlicht 59.23
Bluse mit Oberlicht
Oberlicht 59.10
Tunika mit Oberlicht
Oberlippe 1.43
gespaltene Oberlippe
Oberlippe 1.48
zugewachsene Oberlippe
Oberlippen 1.67
Obermalbisch 59.9
Obermann 59.7
obermies 6.4
Oberrabbiner 56
Oberschenkel 47.37, 48.10
Oberschenkel 1.30
er hat eine Braut mit rauhen Oberschenkeln
Oberschenkel 59.37, 70.6
Oberschenkel oberhalb des Strumpfs
Oberschenkel 1.86
weibliche Oberschenkel
Oberschwester 51.3, 63.13
Oberseite 26.30
von der Oberseite
Oberstübchen 1.34, 1.35
Oberstübchenausräucherei 64.3
Oberstübchenreiniger 64.4
Oberteil 59.43
Oberverdachtsschöpfer 47.33
Oberweite 1.58, 37.5, 70.5
Objektsadismus 80.93
Oboe d'amore 1.73, 29.10, 36.12
Oboe 36.4
Oboe d'amore blasen
Oboe 24.1, 25.1
Oboe d'amore spielen
Oboe d'amour 54.8
Oboist 24.3, 25.4
Oboist d'amore
obscoena aequivoca 14.44
Obst 19.2, 38.6
unreifes Obst
Obstkammer 59.30, 59.43
Obstsalat 59.7

Obstschale 59.30, 59.43
Obsttörtchen 59.7
obszön 47.21
obszöne Münzen
obszön 47.21
obszönes Wort, Buch, obszöne Anzeige
Ocher 1.83
Ochse 12.41
wie der Ochse vorm Berg (vorm Tor) stehen
Ochse 12.41, 21.10, 22.7
wie der Ochse vorm Loch stehen
Ochse 64.17
wie der Ochse vorm zu'en Tor stehen
ochsen 21.3
Ochsen 29.10
Bei den Schwulen kalben die Ochsen!
Ochsen 13.11
die Ochsen melken
Ochsenpisse 55
Ochsenschweif 80.62
Ochsenstall 59.26
Ochsenziemer 80.62
Ochserei 20
Ockelbe 1.56, 70.1
Odebar 17.22
Odel 62.10
Odelfaß 62.10
Odeurkutsche 72.25
Odeurkutscher 72.25
Ödipussage 64.6
ödipussieren 64.9
Odor hircini 1.81
Ofen 1.60, 1.66, 1.83, 2.2, 3.5
Ofen 4.6
besengter Ofen
Ofen 17.15
Brot im Ofen
Ofen 11.19
den Ofen ausgehen lassen
Ofen 26.25
den Ofen heizen
Ofen 17.8
einer ein Brot in den Ofen schieben
Ofen 4.9
heißer Ofen
Ofen 26.30
hinterm Ofen hocken
Ofen 11.5
Jetzt ist der Ofen aus.
Ofen 4.6, 64.23
kalter Ofen
Ofen 17.26
leerer Ofen
Ofen 1.65
Ofen mit schwarzen Pfannen
Ofen 17.11
sie hat ein Brot im Ofen
Ofen 29.3
warmer Ofen
Ofenbank 1.65
Ofenkehrer 35.5, 35.16, 35.20, 36.11, 48.4
Ofenloch 1.66, 1.85
Ofenloch 35.7
das Ofenloch ausfegen (ausraspeln, lackieren)
Ofenloch 26.25
das Ofenloch ausraspeln (ausschleifen)
Ofenloch 35.18
ins Ofenloch pusten
Ofenpfeife 59.26
Ofenpfeifen 59.26
Ofenreiniger 1.73
Ofenrohr 1.73
Ofenrohr 26.25
das Ofenrohr ausputzen
Ofenröhre 1.66, 59.7, 59.26
Ofentür 59.26
offen 22.17
offen 59.23
Bluse mit offenen Augen
offen 35.7
das Hauptportal (die Hintertür, das Poportal) offenlassen
offen 24.1
den Finger in die offene Wunde legen
offen 26.16, 29.6
den Himmel offen sehen
offen 26.16
den Weg zum Erfolg offen sehen
offen 59.10
Dame mit offenen Ansichten
offen 25.1
einer den Finger auf die offene Wunde legen
offen 8.13
in die offene See stechen (stoßen)
offen 59.10
mit offenem Herzen
offen 36.12
mit offenem Mund dastehen
offen 26.12, 59.10
mit offenen Augen
offen 37.5
mit offenen Augen schlafen
offen 59.10
offene Flanke
offen 48.2
offene Bübin
offen 22.18
offene Flasche (Kiste, Kommode, Schachtel, Schatulle Schublade, Truhe), offener Betrieb (Eingang, Koffer, Laden, Spund, Stall, Tresor), offenes Faß (Geschäft, Lustspielhaus, Schatzkästlein, Spind, Theater, Tor)
offen 59.26
offene Hose
offen 8.13
offene See
offen 2.2, 4.11, 4.12, 22.18
offene Tür
offen 59.26
offener Himmel
offen 48.25
offenes Haus
offen 59.17
offenes Hemd
offen 59.10
offenes Herz, offene Augen
offen 59.10
offenes Midriff
offen 4.12
offenes Ohr
offen 12.32, 26, 48.9
Tag der offenen Tür
Offenbarungseid 39.9, 59.10
Offenbarungseid 26.13
den Offenbarungseid schwören
Offenbarungskleid 59.10
offenhalten 59.10
sie hält die Augen offen
Offenheit 59.10
einladende Offenheit
Offenheit 26.11, 59.10
schonungslose Offenheit
offenherzig 26.12, 59.10
offenherzig 59.10
Dame mit offenherzigen Ansichten
offenherzig 26.13
offenherzige Ansichten vortragen
offenherzig 59.10
offenherziges Kleid
Offenherzigkeit 26.11
einladende Offenherzigkeit
offensichtlich 59.10
offensichtlich 59.10
offensichtliches Kleid
offensichtlich 59.25
offensichtliches Röckchen
offenstehen 26.10
der Weg zum Erfolg steht offen
offenstehen 12.31
ihm stehen alle Türen offen
öffentlich 47.20
Erregung öffentlichen Ärgernisses
öffentlich 25.7, 48.2, 48.4
öffentliche Hand
öffentlich 48.2
öffentliche Person
öffentlich 72.12
öffentlicher Abort
öffentlich 14.41
öffentliches Beilager
öffentlich 48.25

öffentliches Haus
öffentlich 48.2, 48.4
öffentliches Verkehrsmittel
öffentlich 47.21
öffentliche Visitenkarte
Offizialverteidiger 47.32
offiziell 14.23, 14.48
offizielle Entsafterin
offiziell 14.49
offizieller Hahn
Offizielle 48.2
Offizier 48.21
Offiziersbursche 51.3
Offiziersfose 48.2, 51.3
Offizierskuh 48.2, 51.3
Offiziersmantel 59.9
Offiziersmatratze 48.2
Offiziersspritsche 48.2, 51.3
Offiziersschlitten 48.2, 51.3
öffnen 22.14
öffnen 14.7, 26.10, 46
das Herz öffnen
öffnen 22.14
die Büchse öffnen
öffnen 26.23
die Schleusen öffnen
öffnen 37.5
ihm die Augen öffnen
öffnen 9
jemandem sein Herz öffnen
öffnen 59.10
sie öffnet ihren Freunden gern ihr ganzes Herz
Oheim 40.8
Ohm 40.8
ohne 26.12
mit ohne was an
ohne 59.23
Oben-ganz-ohne-Bluse
Ohne 59.10
Ohne-Kleid
Ohnekleid 59.25
ohne Telefon mit Gott reden 1.11
er kann ohne Telefon mit dem lieben Gott reden
oho 6.1, 19.3, 26.41
klein aber oho
Ohr 1.39, 1.66
Ohr 58.8
Bankkonto am Ohr
Ohr 69.4
ein Ohr riskieren
Ohr 4.12
geneigtes Ohr, williges Ohr, offenes Ohr
Ohr 26.25
ins Ohr ficken
Ohr 58.8
kleiner Mann im Ohr
Ohr 26.17, 41.6
sich aufs Ohr hauen
Ohr 14.7
um ein geneigtes Ohr bitten
Ohr 58.8
Zimt am Ohr
Ohren 1.39
abstehende Ohren
Ohren 1.30, 1.33, 35.22
Arsch mit Ohren
Ohren 20.12
Bankkonto mit Ohren
Ohren 13.11
den Böcken das Fell über die Ohren ziehen
Ohren 80.58
ein paar hinter die Ohren hauen
Ohren 22.3
es dick (faustdick, knüppeldick) hinter den Ohren haben
Ohren 12.17
in den Ohren liegen, die Ohren kitzeln, die Ohren kraulen
Ohren 69.4
lange Ohren machen
Ohren 18.2
Lautsprecher mit Ohren
Ohren 5
mehr Schmalz zwischen die Ohren als zwischen die Beene
Ohren 21.9, 38.5
naß hinter den Ohren
Ohren 22.6
noch naß hinter den Ohren
Ohren 18.7
noch nicht trocken hinter den Ohren sein
Ohren 54.4
Programmzettel mit Ohren
Ohren 48.7
sich die Nacht um die Ohren hauen
Ohren 10.7
sich die Nacht um die Ohren schlagen
Ohren 9.4
verknallt bis über die Ohren
Ohren 1.39, 2.4
zarte Ohren
Ohrenschmalz 78.3
Ohrenschmaus 69
Ohrenwachs 78.3
Ohrfeige 80.61
ohrfeigen 80.58
Ohrgehäng 80.61
Ohrläppchen 1.42
sie kann sich ins Ohrläppchen beißen
Öhrm 41.2
Ohrmuschel 69.3
Ohrring 58.8
Ohrring 26.12, 59.10
kniefrei bis zum Ohrring
Ohrwatsche 80.61
Ohrwatscheln 14.59
jemandem die Ohrwatscheln einsäumen
Ohrwurm 69.2
Ohrwürmer 71.3
Oidran 82.4
Okarina 1.66, 1.73, 29.10, 30.8, 36.12, 54.8
Öl 1.78, 36.12
Öl 36.4
jemandem Öl füttern
Öl 26.25
nach Öl bohren
Öl 26.40
Öl auf die erregten Wogen gießen
Öl 3.8, 26.25
Öl auf die Lampe gießen
Öl 26.25
Öl auf die Wogen schütten
Öl 26.25
Öl ins Feuer gießen
Ölbohrer 1.73
Olders 17.2
olders 39.1
Olderskaffer 17.3
Oldersmuß 17.2
ölen 26.25
den Kolben ölen
Ölgemälde 61
Ölgötze 4.7, 6.15, 64.23
Ölkopp 1.29
Ölkusine 54.2
oll 39.1
Olla 16.1
Ollagummi 16.1
olle 39.6
olle Kamellen
Olle 14.52
sene Olle hat ihm mit 'm Topplappen jepudert
Ollsche 17.2
Ollscher 17.3
Olmische 17.1, 17.2
Olmischer 17.3
Ölpullenbruder 29.3
Öltank 41.3
oltrisch 39.1
Oltrische 17.1
Ölung 26
letzte Ölung
olympisch 63.1
olympische Stirn
Oma 40.9
Oma 18.11
elektrische Oma
Omaficker 27.1
Omakleid 59.10
Omatorium 53.9
Omavögler 27.1
Omma 1.58, 30.2
Omme 1.30
Omnibusen 46.4, 53.13
Omnibusspur 53.19
Onanierbandage 24.5
Onaniergurke 1.73, 25.8
Onanierkäfig 24.5
Onanierkloster 25.8, 72.12
Onanierschanze 25.8,

41.5
Onanierwiese 25.8, 41.5
ondulieren 80.58
onduliert 59.14
ondulierte Ärmel
onduliert 1.86
ondulierte Füße
onduliert 59.26
ondulierte Hose
onduliert 59.13
ondulierte Jacke
onduliert 59.12
ondulierter Anzug
onduliert 59.19
ondulierter Kragen
onduliert 59.9
ondulierter Mantel
onduliert 59.25
ondulierter Rock
onduliert 59.17
onduliertes Hemd
onduliert 59.10
onduliertes Kleid
onduliert 59.38
ondulierte Socken
onduliert 59.15
ondulierte Weste
Onkel 13.9, 14.67, 28.3, 29.3, 30.2, 40.8, 41.11
Onkel 28.3
guter Onkel
Onkel 18.20
Onkel Doktor
Onkel 72.12
Onkel Meier, Onkel Otto
Onkel 1.87
über den großen Onkel laufen
Onkel 29.3
warmer Onkel
Onkelehe 13
Opa 40.10
Opamatratze 27.2
Opanken 59.40
Opapritsche 27.2
Opaweste 59.16
Operation 63.11
Operationsschale 63.10
Operationstisch 63.10
Operettenstaat 53.8
Opernarie 54.8
Opernglaser 68.1
Opernglaser 68.2
Frau Opernglaser
Opfer 1.78, 12.24, 15.4, 25.8
opfern 24.1
jemandem opfern
opfern 12.23, 14.32, 26.25
Opferstock 1.73, 60.4
Opium 57
Optiker 48.10
Fotzenoptiker, Schamlippenoptiker, Spundlochoptiker
optisch 59.10
optischer Selbstbedienungsladen
optisch 72.12
optisches Institut
Orakel 14.48, 14.50, 46.1, 53.5, 54.7
oral 36.11
orale Prostitution
Oralerotik 1.63
Geschlechtsteil im Vokabular der Oralerotik
Oralverkehr 1.45, 36
Oralverkehr 36.10
Fähigkeit beim Oralverkehr
Oralverkehr 36.10
Unfähigkeit beim Oralverkehr
Orangeade 51.1
Orchichorie 63.1
Ordentliches 64.17
nichts Ordentliches im Leibe
Ordonnanzoffizier 51.3
Orelle 48.2, 51.1
Ores 70.14
Organe 1.59
innere Organe
organisieren 7.9
eine Pfeife organisieren
organisieren 7.6
einen Pullover organisieren
organisieren 13.10
Stipendien organisieren
Organist 25.3
Organistin 24.2, 25.3
Orgasmolepsie 64.23
Orgasmus 26.38, 73
Orgasmus 26.39
den Orgasmus erreichen
Orgasmus 25.8
durch Masturbation zum Orgasmus kommen
Orgasmus 24, 25
manuell erzeugter Orgasmus
Orgasmusschwierigkeiten 64.23
Orgel 1.66, 25.8, 30.8, 54.8
Orgel 24.1
an der Orgel drehen, die Orgel polieren
Orgel 22.14
die Orgel einweihen
Orgel 54.8
die Orgel spielen
Orgel 25.1
einer die Orgel polieren, einer an der Orgel drehen, Orgel spielen
Orgel 26.9
mit der Orgel spielen
Orgel 24.1, 26.25
Orgel spielen
orgeln 24.1, 25.1, 26.25, 54.8
Orgelpfeifen 18.5, 59.11, 59.36, 70.6
Orgelpräludium 26.18
Orgelspieler 25.4
Orgie 29.7
homosexuelle Orgie
Orificium uteri 17.15
Orkus 72.12
Orpheus 1.63
Orpheus in der Unterwelt
Ort 48.25
der dritte Ort
Ort 72.12
Ort des geringsten Widerstandes
Ort 62.14
schmutziger Ort
Örtchen 72.12
Örtchen 72.12
stilles Örtchen
Örtchen 72.12
verschwiegenes Örtchen
Orthopädie 63.12
orthopädisch 59.40
orthopädische Schuhe
Ortsbesichtigung 14.5
Öse 51.3, 63.13
Öse 1.63, 2.1
Haken und Öse
Osen 1.39
Osterei 61
Ostereier 7.8
nach Ostereiern suchen
Osterfoilje 52
Osterkuß 50.1
ostinato 26.31, 54.8
Otter 2.2, 4.9
Otto 11.3, 14.12
Otto 72.6
der schnelle Otto
Otto 11.4, 14.13, 63.4
einen Otto bauen
Otto 72.12
Onkel Otto
Out-of-Bounds-Allee 48
Ouvertüre 26.18, 54.8
Ovosysten 17.15
Zellen des Keimepithels, aus denen die Ovosysten entstehen
Oxydbombe 1.28
Ozean 62.5
Ozean des kleinen Schiffers

P

P 57
P 59.2, 59.9
Vitamin P
Paare 14.31, 53.7
zu Paaren treiben
Pabst 1.73, 72.16
Pacht 48.35
Pachtkörper 48.4
Pachtleib 48.2, 48.4

Pachtschwanz 48.4
Pachtweib 48.2
Pachuni 1.48
Pack 173
Sack und Pack
Päckchen 17.15, 18.2
Päckchen 17.9
ein Päckchen übernehmen
Päckchen 17.8
einer ein Päckchen zuschieben
Päckchen 17.11
sie hat ein Päckchen
Packeln 59.40
packen 26.25
packen 25.1
am Schwanz packen
packen 24.1, 25.1
das Übel an der Wurzel packen
packen 12.14
Pack Sex in den Tank!
packen 41
seine sieben Sachen packen, seine Klamotten packen
packen 25.8
Tiere soll man nicht beim Schwanz packen
Packer 47.37
Packerin 48.2
Packler 59.40
packschierlich 6.1
Packung 59.10
Packung 80.58
eine Packung geben
Packung 17.11
sie hat eine dreiviertel Packung
Packung 22.11
unbeschädigte Packung
pädagogisch 1.83, 80.95
pädagogische Fläche
Padde 1.83, 41.3, 41.5, 45.2
Paddenpuper 53.17
Paddenspicker 1.73
Päderast 28.8
Päderastie 28.7
Päderastie 28.9
Liebesobjekt der Päderastie
päderastisch 28.10
päderastische Prostitution
Padlat 17.20
pädophil 28.1
pädophil 28.2
pädophile Frau
pädophil 28.3
pädophiler Mann
pädophil 28.6
pädophile Prostitution
pädophil 28.5
pädophil verkehren
Pädophilie 28
Pädophilie 28.4
Liebesobjekt der Pädophilie
Pagenkopf 1.29
Paket 40
Paket 22.18
entsiegeltes Paket
Paket 22.11
versiegeltes Paket
Paketchen 2.2
Paketpostträger 17.4
Pakistani 57
brauner Pakistani
Palaströhren 59.40
Palduno 1.83
Palio 48.33
Palme 25.1
einem einen von der Palme schütteln
Palme 24.1
sich einen von der Palme schütteln
Palmen 1.65
Oase mit Palmen
Palmenschüttler 24.3, 25.4, 25.7, 29.9, 48.4
Palmenschüttlerin 48.2
Palmos 80.61
Palobrek 1.58
Pampel 2.2
Pampelmuse 47.21, 54.2, 54.3
Pamperl 2.2
Pamperletsch 18.3
Pandorabüchse 11
Paneele 53.19
panieren 80.20, 80.58
Panken 59.40
Panoptikum 48.25, 53.17, 67.5, 68.4
Panorama 1.5, 6.2, 26.14, 53.17, 59.10
Panorama 53.17
deutsches Panorama
Panorama 26.14
einladendes Panorama
Pansen 18.5
Pantalette 59.35
Pantalon 59.35
Pantinen 59.40
Pantoffel 80.11
den Pantoffel küssen
Pantoffel 14.52
er kommt unter den Pantoffel, sie kriegt ihn unter ihren Pantoffel, sie hat ihn unterm Pantoffel, er steht unterm Pantoffel, sie schwingt den Pantoffel
Pantoffeln 14.59
die Pantoffeln unter einen fremden Tisch (unter ein fremdes Bett) stellen
Pantoffeln 10.7
seine Pantoffeln unter ein fremdes Bett stellen
Pantoffelball 53.6
Pantoffelheld 1.10, 14.51, 64.13, 64.24, 80.7
Pantoffelherrschaft 14.52
Pantoffelregiment 14.52
Pantoffelwerfen 52.1
Pantoffelweste 59.16
Pantscherl 13, 14.59, 26.27
Panz 18.4
Panze 18.4
Panzer 1.60, 59.31, 70.17
Panzergraben 51.3, 59.31
Panzerhemd 59.31, 70.17
Panzerkreuzer 51.3, 59.31
Papa 17.3
mein Herr Papa
Papa 17.17
Papa Graps
Papa 14.55
Papas Kino
Papa 32.3
Papas Penis
Papa 14
Papas Privatbordell
Papa 17.2
Papas Privatetui
Papa 9.4
weg wie 'm Papa sei' Dos'
Pappi 17.3
Papagei 59.6, 61
Papagei 59.6
aufgemacht wie ein Papagei
Papel 70.1
Papier 72.21
Stich mich mal Papier durchs Herz!
Papierkorb 59.7
Papiertitten 59.30
Papiervogel 45.1
Papo 40.10
Pappen 1.42
Pappsen 59.1
Pappenheimer 59.40, 70.6
Pappenstiel 64.19, 64.21
Paprika 4.8
scharf wie Paprika
Papst 49.11
päpstlicher als der Papst sein
päpstlich 49.11
päpstlicher als der Papst sein
papulös 63.1
papulöses Syphilid
Papus 40.10
Parabel 1.31
Parach 63.1
Parachschaber 63.12
Paradebiene 1.5, 6.2, 8.6
Paradefee 1.5, 6.2, 8.6
Paradefleisch 1.5
Paradehahn 1.6, 6.3
Paradehäschen 1.5
Paradeheini 1.6
Paradehengst 1.6, 6.3, 8.19
Paradehirsch 1.6, 6.3, 8.19
Paradepferd 48.35
Paradesack 1.6, 6.3
Paradeschnecke 1.5
Paradeschwanz 1.6
Paradidymitis sympathica 64.17

Paradies 1.66
Paradies 22.18
aufgemachtes Paradies, aufgeschlossenes Paradies
Paradies 11.11
das Paradies verriegeln
Paradies 1.51
Paradies des kleinen Mannes
Paradiesäpfel 1.58, 70.5
Paradiesschlüssel 1.73
Paradiesvogel 59.6, 61
Paragraph 47
Pariser Paragraph
§ 170 StGB 47.9
§ 170 b StGB 47.12
§ 170 c StGB 47.13
§ 171 StGB 47.10
§ 172 StGB 47.11
§ 173 StGB 47.24
§ 174 StGB 47.18
§§ 175–175 a StGB 47.22
§ 175 b StGB 47.23
§§ 177–178 StGB 47.26
§ 176, 178 StGB 47.19
§ 180–181 StGB 47.5
§ 181 a StGB 47.6
§ 182 StGB 47.16
§ 183 StGB 47.20
§ 184 StGB 47.21
§ 218 StGB 47.14
§ 217 StGB 47.28
§ 211 StGB 47.27
§ 221 StGB 47.15
§ 223 b StGB 47.17
§ 240 StGB 47.25
§ 263 StGB 47.8
§ 330 c StGB 46.4
§ 361, 6–6 c StGB 47.7
§ 361 6–6 c StGB 47.30
Paragraphenfresser 47.33
Paragraphenkacker 35.22
Paragraphenknacker 47.32
Paragraphenknilch 47.33
Paragraphenscheißer 35.22, 47.32
Paragraphenzirkus 47.29
Parametritis posterior 64.17
Paraphimosis 63.1
Pärchengeiler 68.1
Pardon 80.10
kein Pardon geben, kennen, gewähren, gelten lassen, walten lassen
Parduzloch 48.25
Parfum 61
Parfum 61
Parfum in der Busenfurche haben
Parfumgeruch 61
Parfumgeruch verbreiten
parfümieren 61
Parfumladen 61
Parfumladen 61
in einen Parfumladen geplumpst
parieren 80.11
Paris 36.1
Pariser Verkehr
Pariser 16.1, 29.9, 36.2, 36.6, 36.11, 48.4, 54.3, 59.40
Pariser 16.1
Klarsicht-Pariser
Pariser 47
Pariser Paragraph
Pariser 16.1
Pariser Schwammerl
pariser 49.26
pariser Gewissen
Pariserin 30.2, 36.3, 36.7, 36.11, 48.2
parisern 36.4, 36.8
Parisurteil 7, 7.4
Park 1.65
Parkbank 26, 41.24
Parkett 53.7
das Parkett kratzen, streicheln, eine Sohle aufs Parkett legen, eine Sense übers Parkett hauen, das Parkett schleifen
Parkett 53.7
schräges Parkett
Parkettakrobat 53.7
Parkettakrobatin 41.19, 62.6
Parkettbiene 53.7
Parketteinlage 1.30
Bubikopf mit Parketteinlage
Parkettkosmetikerin 41.19
Parkettmassage 53.7
Parkettmasseuse 41.19
Parkemutter 48.24
Parkettschleifer 53.7
Parkettwärmer 53.7
Parkettzerstörer 59.40
Parkharfe 53.9
Parkhur 48.2
Parkmensch 48.2
Parkplatz 8.12, 8.25, 14.23, 14.24, 14.26
besetzter Parkplatz
Parkplatz-Amazone 47.38
Parkplatz-Amazone, -Hyäne, -Walküre
Parkverbot 47
Parkverkehr 26
Parkzauck 48.2
Parstelin 57
Parta 80.82, 80.86
parterre 45.6
Parterreakrobat 29.3, 35.5
Partie 26.27
Partie 26.25
eine Partie machen
Partie 14.32
gute Partie
Partisanin 48.2
Partner 35.6
passiver Partner bei der Pedicatio
Partnersuche 7.3
auf Partnersuche gehen
Partnertausch 31
Partnerwahl 7
Partus praecipitatus 17.24
Party 53.6
eine Party geben
Party 53.6
Teenage-Party
Parze 1.5, 6.2, 20.10, 41.19
Parzopf 1.33
Paß 48, 53.6
Pascha 12.2, 47.10
Pascha 51.2
Pascha v. D.
paßgengen 59.40
Paßkenner 47.31
Paßmann 1.73
Paßmann 26.25
den Paßmann hineinhängen
Passagier 14.67, 84.8
blinder Passagier
Passagierschiff 46.6
passeln 80.84
Passelmann 80.87
passen 7.11
das paßt alles
passen 7.11
der Schlüssel (der Stecker, das Gesangbuch) paßt
passen 7.12
er paßt ihr nicht in den Kram
passen 7.11
paßt wie angegossen, paßt wie Arsch auf Eimer
passen 7.12
seine Nase paßt ihr nicht, der Stecker paßt nicht, der Schlüssel paßt nicht, er paßt ihr nicht in den Streifen, er paßt ihr wie die Faust aufs Auge, er paßt ihr wie der Faust aufs Gretchen, er paßt ihr wie der Igel zum Arschwisch, er paßt ihr wie der Igel zur Türklinke
passen 35.22
wie Arsch auf Eimer passen
Passer 26.27
Passer 26.25
einen Passer machen
Passierschein 48.9, 51.3, 72.19
Passierschein 51
Passierschein im geteilten Berlin
Passionsblume 1.37, 1.63, 36.12
Passionsblume 26.25
die Passionsblume begießen, die Passionsblume einpflanzen

passiv 35.6
passiver Partner bei der Pedicatio
Pastete 55
Pastorale 13, 53.8, 54.8
Pastoralpsychologe 50.6, 64.4
Pastorenschwanz 80.62
Pastorentochter 48.2
Pate 18.10
Patengroßmutter 40.9
Patentante 18.10
Patentfatzke 12.2
Patentfeger 12.36
Patentfresse 1.44
Patenthahn 12.37
Patentkerl 19.4
Patentkoffer 6.3
Patentlude 48.21
Patentmädel 22.4
Patentmöse 22.4
Patient 63.7
Patientin 63.6
Patin 18.10
Patrizierbraut 14.41
Patron 2.5
Patronatsdame 48.24
Patronengurt 59.27
Patronesse 72.23
Patsche 1.54, 80.61
patschen 80.58
Patschen 17.15, 59.40
Patschenwanne 62.5
Patter 59.2, 70.14
Patterbock 70.14
Patterbruder 70.14
Patterchen 1.87
Patterloch 70.14
pattersch 17.10
pattersch 17.8
pattersch machen
Patterschwester 70.14
Pattertante 70.14
Pattisch 80.62
pattisch 17.10
Patuna 1.87
Patz 70.1
Pätz 59.7
patzen 80.58
Pauke 1.60, 1.66, 17.15, 54.8, 63.1
Pauke 1.59
angestrichene Pauke
Pauke 26.25
die Pauke anstreichen (antreiben)
Pauke 17.8
einer die Pauke anstreichen, einer die Pauke antreiben
Pauke 17.11
sie hat mit einem Musikanten poussiert und der hat die Pauke bei ihr stehen lassen
pauken 21.3
Pauken 63.1
Pauken und Trompeten
Pauken 63.1
Pauken, Trompeten und Türkenmusik
Pauker 47.26, 63.1
Paukerei 20
Paul 59.7
Paunze 1.59, 1.60, 17.15
Paunzenstecher 1.73, 80.95
Paunzenstecker 1.73
pausbäckig 1.41
pausbäckiges Mädchen
Pause 1.30
Bubikopf mit Pause
Pazifistenlatschen 59.40
Pech 80.25
heißes Pech
Pech 35.22
Pech am Arsch haben
Pech 7.11
wie Pech und Schwefel
pechen 26.3
Pechfurzer 35.22
Pechhütte 12.26
eine in die Pechhütte führen
Pecke 80.61
pecken 26.25, 80.58
Pecker 1.73
Pedal 1.87
Pedallatschen 59.40
Pedalöse 61.6
pedes 1.87
per pedes
pedicare 35.7
Pedicatio 1.46, 29.7, 35.4, 51.3, 54.8
Pedicatio 35.8
Schwierigkeiten bei der Pedicatio
Pedicatio 35.6
passiver Partner bei der Pedicatio
Pedicatio 35.9
Pedicatio bei der Prostitution
Pedicatio 29.10
Penis bei der Pedicatio
Pedicatio 1.78
Sperma bei der Pedicatio
Pedicatio 35.10
Vokabular der Pedicatio
Pedicator 35.5, 73.13
Pedicator 29.3
Pedicator, Analerotiker
Pediköse 61.6
Pee 1.42, 26.4
Pee 26.3
Pee nassen
Pegel 1.73
Peger 1.73
Peger 26.25
den Peger singen lassen
Peideltag 41
Peigelwoche 41
peilen 7.3
peilen 12.9
über den Daumen peilen, über den Schwanz peilen
Peilgerät 1.73
Peilgerät 48.21
mein Peilgerät
Pein 80.12
peinlich 80.21
peinliche Frage
Peitsche 48.2, 80.62, 80.94
Peitsche 57
chemische Peitsche
Peitsche 80.58
mit der Peitsche streicheln
peitschen 80.58
Peitscherbua 48.21
Pelle 1.23, 1.75, 59, 59.10, 59.12
Pelle 26.12
abgerüstet bis auf die Pelle
Pelle 12.14, 26.5
auf die Pelle rücken
Pelle 1.20, 59
aus der Pelle platzen
Pelle 59.33
besoffene Pelle
Pelle 59
heiß eingefüllte Pelle
Pelle 59
heiße Pelle
Pelle 2.2, 59
Wurst in Pelle
Pelle 1.75
Wurst ohne Pelle
Pelle 59.6
sich in Pelle schmeißen
Pelle 59.6
sich in Pelle werfen
pellen 26.10, 26.25
pellen 24.1, 25.1
die Banane pellen, die Wurst pellen
Peller 59.7
Pelz 1.23, 1.48, 1.65, 59.2, 70.13
Pelz 80.58
eine auf den Pelz geben, auf den Pelz kommen, den Pelz gerben
Pelz 48.19
mit Pelz handeln
Pelz 59.9
Pelz aus der Retorte
Pelz 10.7
seinen Pelz in einen fremden Schrank hängen
Pelz 70.13
Venus im Pelz
Pelzbesatz 55
Kacke mit Pelzbesatz
pelzen 26.25, 41.7, 80.58
Pelzentferner 61
Pelzer 80.64
Pelzfetischismus 70.13
Pelzfetischist 70.13
Pelzfetischistin 70.13
Pelzhandel 48, 48.17
Pelzhändler 48.4, 48.18
Pelzhändlerin 48.2
Pelzjäger 70.13
Pelzkapore 48.24

Pelzkrabbler 71.3
Pelzlaufen 48.33
Pelzmantel 16.1, 59.9, 59.42
Pelzmantel 59.9
echter Pelzmantel
Pelzmantel 59.26
englischer Pelzmantel
Pelzmantel 59.9
imitierter Pelzmantel
Pelzmotten 71.3
Pelzwärtel 82.3
Pelzwolke 59.9
Pempelmaster 4.26, 13.6
pempern 26.25
Pemstel 1.73
pemsten 26.25, 80.20, 80.58
Penählope 59.3
Pendeltag 41
Pendel 1.73, 26.27, 26.30
Pendel 26.25
einen Pendel machen
pendeln 26.25
Pendeln 26.30
Pendeltitten 1.58
Pengmädchen 4.25
Penicillin 63.9
Penicillin zur Gonorrhöetherapie
Penicillinbaron 63.12
Penicillinversorgungsanstalt 63.14
Penis 1.73, 1.78, 25.8, 29.10, 34.6, 35.10, 36.12, 51.3, 54.2, 54.8, 73.13, 80.95
Penis 80.18
Blut am Penis
Penis 67.3
den Penis zeigen
Penis 47.20
der erigierte Penis
penis 26.33
Fractura penis
Penis 1.73
großer Penis
Penis 63.1
Infektion am Penis
Penis 63.1
infizierter Penis
Penis 32.3
Papas Penis
Penis 29.10
Penis bei der Fellatio
Penis 29.10
Penis bei der Pedicatio
Penis 73.13
Penis bei Harnröhrenkatarrh
Penis 1.73
Penis beim Harnröhrenkatarrh
Penis 26.33
Penis captivus
Penis 1.73
Penis des Vaters im Sprachgebrauch des Inzest
Penis 1.73
Penis eines Alpenbewohners
Penis 1.73, 54.8
Penis eines Bassisten
Penis 1.73
Penis eines Försters
Penis 64.19
Penis eines erektionsunfähigen Mannes
Penis 1.73
Penis eines Schäfers
Penis 1.73
Penis eines senilen Mannes
Penis 1.73
Penis eines sexuellen Angebers
Penis 1.73, 54.8
Penis eines Tenors
Penis 1.73
Penis im homosexuellen Sprachgebrauch
Penis 1.73
Penis im sadomasochistischen Sprachgebrauch
Penis 1.37
Penis im Sprachgebrauch der Urophilie
Penis 1.73
Penis im Sprachgebrauch der Zoophilie
Penis 1.73
Penis im Sprachgebrauch des Gruppensex
Penis 1.73
Penis im Vokabular der Fellatio
Penis 1.73
Penis im Vokabular der Masturbation
Penis 1.73
Penis, kurzer, dicker, harter
Penis 63.1
syphilitisch infizierter Penis
Penis 26.18
Vaseline für den Penis
Penisfresser 36.2
Penishülse 24.5
mechanisch bewegte Penishülse, galvanische Penishülse
Penisluxation 26.33
Penisstütze 51.3, 64.19
Penistippistin 45
Penisverlängerer 64.19
Peniszange 4.17, 6.17, 48.2, 64.23
Penne 20.1, 41.5
Penne 26
kalte Penne
Penne 26, 41.7
kalte Penne machen
Penne 41.24
kalte Penne, kalte Penne machen
Penneboos 48.23
pennen 41.7
Pennerkissen 1.29
Pennespieß 48.23
Pennschwester 41.25, 46.4
Pennulje 45.1
Pennyhacken 59.40
Pension 48.25
Pensionär 13.6, 41.13
Pensionär 41.7
arbeiten wie ein Pensionär
Pensionärin 13.5, 14.48, 47.41, 48.2
Pensionat 48.25
pensionieren 48.5
sich pensionieren lassen
pensioniert 41.7
arbeiten wie pensioniert
Pentagramm 31.5
Penunzen 45.1
Pepi 1.31
Perchta 1.69
Perchten 52.8
Perchten 1.69
die Perchten
Perchtenlaufen 52.4
Perchtenschlüssel 1.73
perdendo 54.8
perforieren 26.25
perforiert 59.40
perforierte Schuhe
Perineum 1.82
Peripatetikerin 48.2
Peritoneum 1.60
Perkocher 47.26
Perle 8.2, 41.19, 58.3
Perle 6.2
wolkige Perle
Perlen 1.77, 11.14
Perlenfischer 62.7
Perlenkette 58.6
Perlentaucherhände 61, 61.5
Perlenzersetzer 61, 61.5
Perlenzucht 20.2
Perlfluß 63.1
Perlich 58.3
Perlichkropf 58.13
Perlichschlange 58.6
Perlmutterfresser 61, 61.5
Perlmutterkrallen 61, 61.5
Perlon 59.33
Perlon-Kunststoffpferd
Perlons 59.38
Permiß 48.10
Perpendickel 1.73
Persianer 1.48
Persianer 1.29
Apo-Persianer
Persisch 18.16, 35.23, 53.5
Persische Hochzeit
Persil 48
Persilschein 48.10
Persilschein 47
Sitten-Persilschein
Person 48.2
öffentliche Person
Personalausweis 48
Personalaufnahme 14.5
Personalitätenprüfung 14.5
persönlich 80.65
persönliche Handschrift
persönlich 6

persönlicher Magnetismus
Persönlichkeit 80.5
dominierende Persönlichkeit
Pertz 1.73
pervers 64.25
Perverserteppich 31.5
Perversion 64.25
Pervert 54.8, 64.25
Pesel 41.3
Peseten 45.1
Pessar 16.1, 51.3
Pessil 80.82, 80.86
Pesteule 6.5, 48.2
Pet 57
Peter 1.55
großer Peter
Peter 6.15
langweiliger Peter
Peter 1.73
Peter Lentz
Peter 61
schwarzer Peter
Petermann 1.73
Petermänner 57
Petersilienwedel 12.24
Peterstag 41
Peterstag machen
Pethidin 57
Petroleur 48.21
Petrus 39.11
korrespondiert schon mit Petrus
Petruslatscher 59.40
Petschaft 1.73, 61
petschieren 26.25
Petschiermädchen 4.12
Petschiermadl 48.2
Petticoat 59.33
petto 37.5
es in petto haben
petto 1.58
in petto
Peugelwoche 41
Peyote 57
Pfaffenschwanz 50.5
Pfaffenständer 50.5
Pfaffina 50.9
Pfahl 1.73
Pfahl 64.24
einen Pfahl im Fleisch haben
Pfahl 35.7
einem den Pfahl reinhämmern
Pfahl 22.14
einer den Pfahl reinhämmern (reinhauen, reinschlagen)
Pfahl 64.24
jemandem einen Pfahl ins Fleisch setzen
Pfahl 1.63
Pfahl im Fleisch
Pfähle 41.1, 41.2, 41.3
die eigenen vier Pfähle
Pfähle 64.17
ein paar Pfähle zurückstecken
pfählen 80.38
Pfähler 1.73, 22.16, 47.26
Pfanne 1.66, 2.2, 30.8, 36.12, 48.2
Pfanne 36.8
aus der Pfanne essen
Pfanne 26.25
die Pfanne lackieren
Pfanne 26.25
die Pfanne polieren
Pfanne 26.25
die Pfanne putzen
Pfanne 72.11
einen von der Pfanne rollen lassen
Pfanne 9.2
jemanden auf der Pfanne haben
Pfanne 64.24
jemanden auf die Pfanne nehmen
Pfannen 1.65
Pfannen 1.65
Ofen mit schwarzen Pfannen
Pfannendeckel 59.7
Pfannenflicker 4.18
Pfannenpolierer 1.73
Pfannenputzer 1.73
Pfannkuchen 1.58
Pfannkuchen 55
Berliner Pfannkuchen
Pfannkuchen 1.17
Pfannkuchen auf Beinen
Pfannkuchengesicht 1.33
Pfannkuchentag 41
Pfarrersfrau 50.9
Pfarrersschwanz 80.62
Pfarrerstochter 29.3
Pfarrerstöchter 29.10, 30.8
unter uns Pfarrerstöchtern
Pfeffer 47.21
Pfeffer 35.22
Pfeffer im Arsch
Pfeffer 26.25
Pfeffer streuen
Pfeffer 4.2
Tomate mit Pfeffer
Pfefferbüchse 1.66, 4.2
Pfefferdose 1.66, 4.2
Pfefferhäuschen 1.66, 4.2, 48.2, 48.25
Pfefferhütte 48.25
Pfefferminzchen 45.1
Pfefferminzplätzchen 55
Pfefferminztee 19.7
Pfefferminztee-Nager
Pfefferminzteenager 19.2
Pfeffermühle 1.66, 4.2
pfeffern 26.25, 80.20, 80.58
Pfeffernüsse 1.77, 36.12, 78.3
Pfefferspiel 26.27
Pfefferstreuer 1.73
Pfeife 1.73, 29.10, 36.12, 54.8, 56, 59.26
Pfeife 36.4
die Pfeife anblasen
Pfeife 24.1, 25.1, 26.25
die Pfeife ausklopfen
Pfeife 26.25
die Würmer aus der Pfeife ziehen
Pfeife 7.9
eine Pfeife organisieren
Pfeife 63.1
Haut und Pfeife
Pfeife 64.21
ihm ist die Pfeife ausgegangen
Pfeife 64.24
jemanden nach seiner Pfeife tanzen lassen
Pfeife 64.23
kalte Pfeife
Pfeife 26.33
kaputte Pfeife
Pfeife 17.26, 39.13, 64.21
leere Pfeife
Pfeife 64.24
nach jemandes Pfeife tanzen
Pfeife 36.4
Pfeife blasen
Pfeife 24.1, 25.1
Pfeife spielen
Pfeife 7.8
sich dem Wettlauf um die Pfeife anschließen
Pfeife 63.4
sich die Pfeife verklopfen
Pfeife 13.8
sich eine Pfeife kaufen
Pfeife 1.1
verbogene Pfeife
Pfeife 7.7
Wettlauf um die Pfeife
Pfeife 63.1
zerbrochene Pfeife
Pfeifen 21.10, 22.7
die Pfeifen noch nicht entdeckt haben
pfeifen 26.25, 29.6, 35.7, 36.4, 41.7, 54.8
pfeifen 72.11
aus dem letzten Loch pfeifen
pfeifen 26, 41.7, 41.24
bei der Häsin pfeifen
pfeifen 36.10
der Wind pfeift aus einem anderen Loch; schlecht gepfiffen, falsch gepfiffen
pfeifen 80.13
die Engel im Himmel pfeifen hören
pfeifen 9.11
er hört die Engel im Himmel pfeifen
Pfeifenangst 64.13
Pfeifenausstellung 59.43
Pfeifenbäcker 17.3
Pfeifenbändiger 4.17, 48.2
Pfeifenberater 3.10
Pfeifenbläser 36.2
Pfeifenbläserin 36.3
Pfeifenbohrer 63.12
Pfeifendeckel 45

Pfeifengarage 63.14
Pfeifenhalter 26.33
Pfeifenhändler 29.9, 48.4, 48.21, 48.28
Pfeifeninspektion 51.3, 63.8
Pfeifenklempner 63.12
Pfeifenklinik 63.14
Pfeifenkonzert 51.3, 63.8
Pfeifenkopf 1.74
pfeifenkrank 63.3
pfeifenleidend 63.3
Pfeifenmacher 17.3, 17.4
Pfeifenmasseur 29.9, 48.4
Pfeifenneid 64.16
Pfeifenpullover 16.1
Pfeifenrauch 64.13
keinen Pfeifenrauch ausstehen können
Pfeifenreiniger 63.12
Pfeifensack 1.76, 36.12
Pfeifensaft 1.78, 36.12, 78.3
Pfeifensäuberer 48.2
Pfeifenschmied 63.12
Pfeifenschoner 16.1
Pfeifenschutz 16.1
Pfeifenseiber 1.78, 36.12
Pfeifensocke 16.1
Pfeifensoße 1.78, 36.12
Pfeifenspieler 24.3, 25.4
Pfeifenstierer 48.28
Pfeifenstreichler 25.4, 25.7
Pfeifenstriegler 25.4, 25.7, 29.9, 48.4
Pfeifenstopfer 48.2
Pfeifensucht 64.23
Pfeifensutter 1.78, 36.12
Pfeifentischlerei 63.14
Pfeifenwehen 64.23
Pfeifenwichser 29.9, 48.4
Pfeifenzieher 63.12
Pfeifer 54.8
Pfeiferlhosen 59.26
Pfeiffer 63.1
Pfeiffersches Drüsenfieber
Pfeifton 72.10
Pfeil 1.73
Pfeil 1.73
Amors Pfeil
Pfeil 64.21
Pfeil ohne Bogen
Pfeil 1.73
Pfeil und Bogen
Pfeile 26.25
Pfeile schießen
Pfeile 64.23
seine Pfeile umsonst verschießen
Pfeile 64.21
seine Pfeile verschießen
Pfennig 80.13
durch Mark und Pfennig gehen
Pfennighacken 70.6, 80.92
Pferd 48.35, 80.86
Pferd 48.5
arbeiten wie ein Pferd
Pferd 48.35
das beste Pferd im Stall
Pferd 25.7, 30.7
das Pferd beim Schwanz aufzäumen
Pferd 48.35
ein Pferd laufen lassen
Pferd 10.7
mein Pferd braucht neue Eisen
Pferd 41
vom Pferd steigen
Pferdchen 25.7, 30.4
das Pferdchen aufzäumen
Pferdchen 26.9
ein Pferdchen beim Schwanz aufzäumen
Pferdchen 48.35
meine Pferdchen
Pferdchen 26.43
wohlgestriegeltes Pferdchen
Pferde 48.35
seine Pferde scheu machen, ihm gehen die Pferde durch, alles auf ein Pferd setzen
Pferdearbeit 48
Pferdeauto 14.41
Pferdedecke 59.9
Pferdedoktor 63.12
Pferdeflicker 63.12
Pferdefuß 50.11, 70.6
Pferdehirt 48.21, 48.23, 54.8
Pferdekarboler 63.12
Pferdekur 63.8
Pferderiemen 1.73, 34.6
Pferdeschinder 48.21
Pferdeschinderei 48.20
Pferdeschwanz 1.29
Pferdestall 48.2
Pferdewurst 55
Pfetter 18.10
pfetzen 80.38, 80.69
Pfiferle 70.1
Pfiff 26.27, 36.1, 48
Pfiff 48.5
am Pfiff gehen
Pfiff 26.27
Ding mit Pfiff
Pfiff 26.25
einen Pfiff abhalten
Pfiff 26.25
einen Pfiff machen
Pfiffe 12.35
die Pfiffe raushaben
Pfifferling 1.73, 29.10, 36.12
Pfifferling 36.4
am Pfifferling knabbern
Pfinder 1.40
Pfingstochse 59.6, 61
Pfingstochse 59.6
aufgedonnert wie ein Pfingstochse
Pfingsttanz 52.5
Pfirsichhaut 1.23
Pfitzauf 55.1
Pflanz 12.4
Pflanz reißen
Pflänzchen 2.2, 4.25, 19.2, 28.6, 48.2
Pflänzchen 22.18
ausgerupftes Pflänzchen, entblättertes Pflänzchen, geknicktes Pflänzchen, umgehacktes Pflänzchen
Pflänzchen 22.14
das Pflänzchen ausrupfen
Pflänzchen 22.14
das Pflänzchen entblättern
Pflänzchen 22.14
das Pflänzchen knicken
Pflänzchen 22.14
das Pflänzchen umhacken
Pflänzchen 9
das zarte Pflänzchen Liebe
Pflänzchen 47.26
entblättertes Pflänzchen
Pflanze 2.2, 19.2, 28.6, 48.2
pflanzen 17.8, 26.25, 80.58
pflanzen 72.5
ein Ei pflanzen
pflanzen 72.5
einen Kaktus pflanzen
pflanzen 17.8, 26.25
einen Spuling pflanzen
pflanzen 24.1
Käfferle pflanzen
pflanzen 72.5
Kakteen pflanzen
Pflanzenreich 20.2
Pflanzfetzerl 59.22
Pflanztücherl 59.22
Pflaster 48, 80.61
Pflasterbohrer 59.40, 70.6
Pflasterbüchse 51.3, 63.13
Pflasterdose 51.3, 63.13
Pflastergeld 14.29, 52
Pflasterkästchen 51.3, 63.13
Pflasterkratzer 59.40, 70.6
pflästern 80.58
Pflastersteinbeleidiger 59.40
pflastertreten 48.5
Pflastertreter 48.4
Pflastervertreterin 48.2
Pflaume 1.66, 2.2, 30.8, 36.12, 47.20, 80.61
Pflaume 36.8
die Pflaume auslutschen
Pflaume 26.25
die Pflaume begießen
Pflaume 80.59
eine vor die Pflaume kriegen
Pflaume 7, 7.4
Wettlauf um die Pflaume
Pflaumen 51.3
Pflaumen 35.22, 55
saure Pflaumen
Pflaumenallee 48
Pflaumenbauer 61.1
Pflaumenbaum 48.10, 63.10

Pflaumenbörse 48, 48.32
Pflaumenhandlung 48.25
Pflaumenkern 1.68
Pflaumenkuchen 55
Pflaumenlecker 34.4, 36.6
Pflaumenleckerin 30.2
Pflaumenlutscher 36.11, 48.4
Pflaumenmasseur 48.4
Pflaumenmasseuse 48.2
Pflaumenmus 1.70, 78.3, 30.8, 36.12
Pflaumenmus 36.8
jemandem Pflaumenmus füttern
Pflaumenpellerin 30.2
Pflaumensaft 1.25, 1.70, 23.4, 30.8, 36.12, 70.2, 78.3
Pflaumensaft 36.8
jemandem Pflaumensaft füttern
Pflaumenschnaps 78.3
aus der Scheide getrunkener Wein
Pflaumenstreichler 25.4, 25.7, 48.4
Pflaumenstriegler 48.4
Pflaumensuppe 1.70, 30.8, 36.12, 78.3
Pflaumensuppe 36.8
jemandem Pflaumensuppe füttern
Pflaumentrumeau 48.10, 63.10
Pflaumentüte 59.35, 70.3
Pflaumenwichser 48.4
Pflaumenzupfer 48.4
Pfläumliwasser 1.70, 30.8, 78.3
Pflegeanstalt 47.13
Pflegemaus 51.3, 63.13
pflegen 25.1
einer den Leib pflegen
Pfleger 47.42
Pflegling 47.43
Pflichtübung 14.2
Pflock 1.73
pflücken 35.12
Afterrosen pflücken
pflücken 24.1, 25.1, 26.9
Blümchen pflücken
pflücken 30.4, 36.8
Maulbeeren pflücken
pflücken 35.12
Rosen pflücken, Winterkirschen pflücken
pflücken 35.18
Winterkirschen pflücken
Pfluder 1.66, 36.12
Pflug 1.73
pflügen 26.25
pflügen 26.25
den Acker pflügen
pflügen 37.4
die Hügel pflügen
Pflugschar 1.73
Pflutsche 1.40, 1.66, 2.2, 48.2
Pflutschen 1.67
pflutzen 53.17, 62.5
Pforte 39.1
an der Pforte des Jenseits
Pforte 39
Pforte des Jenseits
Pforzheim 1.85, 72.12
Pforzheim 35.7
nach Pforzheim fahren
Pforzheimer 29.3, 35.5, 35.16
Pfosten 1.73
Pfote 1.54
Pfotendiakonisse 61.5
Pfotenfutteral 59.8
Pfotenschützer 59.8
Pfröpfchen 2
Fläschchen und Pfröpfchen
Pfröpfchen 1.63, 2.2
Jedes Fläschchen braucht sein Pfröpfchen
Pfropfen 1.73
Pfropfen 26.25, 12.7
am Pfropfen riechen
Pfropfen 12.6
am Pfropfen riechen lassen
Pfropfen 26.30
auf dem Pfropfen
Pfropfen 26.25, 26.30
auf dem Pfropfen sitzen
Pfropfen 31.4
die Pfropfen springen lassen
Pfropfen 3.8
jemanden am Pfropfen riechen lassen
Pfropfenzieher 22.16, 59.26, 59.38
pfui 59.6
außen hui, innen pfui
pfui 64.17
oben hui und unten pfui sagen
Pfund 45.1
kleines Pfund, ganzes Pfund
pfundig 6.1
Pfundkatze 48.2
Pfundskerl 6.3, 19.4
Pfundsweib 1.5, 6.2
PG 51.2, 73.9
PH 59.32
Phrenokardie 64.17
Phryne 1.5, 6.2, 20.10, 48.2
Physiktasche 25.8, 59.26
Physiotherapeutin 63.13
piacerole 54.8
piangendo 54.8
pianissimo 54.8
Pianist 25.3, 25.4, 54.8
Pianistin 24.2, 25.3, 54.8
piano 54.8
Picasso-Euter 55.3
Piccolo 54.8
Pickautomat 1.66
Picke 80.55
Pickel 1.23, 70.1
Pickelhering 54.7
pickelig 62.11
Pickeljahre 19.7
Pickelschwanz 54.7
picken 80.58
Pickling 80.40
Picknick 53.18
Pickolomini 1.23
Pie 19.2
Pie-Gör
Piefke 19.4
Piek-As 48.2, 48.4, 57.3, 80.94
Piek-Bube 48.4, 80.41, 80.94
Piek-Dame 48.2, 80.42, 80.94
pieken 26.25
mit dem Dorn pieken
Piekhur 59.3
Piek-König 48.4
Piepen 45.1
piepen 6.10
zum Piepen
Piepenbox 45.3
Piepenzieher 63.12
Pieperl 2.2
Piephahn 1.73
Piepmatz 64.10
Piepmatzkäfig 64.3
Piepmeier 1.10, 4.21
Piepsmamsell 54.8
piesacken 80.20
Piese 55.11
Piesel 55.11
Pietz 1.58, 1.73, 70.5
Pietzen 1.58, 70.5
Pietzkenflicker 63.12
Pietzkenflickerei 63.14
Pieze 41.4
Pieze de Residangs 48.2
Piezen 70.5
Piezenflicker 61.1
Pikanterien 47.21
Pikazismus 78
Pikazist 78.1
pikazistisch 78.2
pikazistisch essen
Pikbube 48.4
Pikdame 48.2
Pik-Dame 13.5
Pike 21.3
von der Pike auf lernen
Pilegesch 9.8
Pilegöschen 9.8
Pilger 48.21
Pille 2.2, 4.6, 6.14, 16.1, 17.5 48.2
Pille 16
die Pille versüßen
Pillendreher 63.15
Pillenengel 51.3, 63.13
Pillenfee 51.3, 63.13
Pillenmaus 51.3, 63.13
Pillenmieze 51.3, 63.13
Pillenmühle 63.15
Pillenschachtel 59.7
Pillenschachtel 57
Traum aus der Pillenschachtel
Pillenschnecke 51.3, 63.13

Pillenträgerin 47.4
Pilotenparterre 41.2
pilsen 26.25
Pilz 1.73, 29.10, 36.12, 57
Pilz 36.4
am Pilz knabbern
Pilz 26.19
wie ein Pilz aus dem Boden schießen
pilzförmig 59.7
pilzförmiger Damenhut
Pilzgesicht 1.24
Pilzsoße 1.78, 36.12, 78.3
Pilzsoße 36.4
jemandem Pilzsoße füttern
Pilzstoff 57
Pimmel 1.73
Pimmelkiste 25.8, 41.5
pimmeln 24.1, 26.25
pimmeln 25.1
einen pimmeln
Pimmeltrieb 64.23
Pimpa 1.66, 2.2, 48.2
Pimpel 1.66, 2.2, 48.2
Pimpelliese 4.20
Pimpergroschen 45.1, 48.9
Pimperl 1.66, 1.73, 2.2, 48.2
Pimperl 36.4
das Pimperl ausblasen
Pimperle 1.66, 1.73, 2.2, 48.2
Pimperle 48.19
Pimperle kaufen
Pimperliese 48.2
Pimperlinge 45.1
pimpern 17.8, 26.25
Pimpertrine 48.2
Pimpf 1.73, 19.4, 19.10, 28.4, 28.9
Pimpfonie 51.2
Pimpfonie in Baldur
Ping 80.12
Pinguin 48.21
Pinguiniker 48.21
Pink 1.73, 2.5
Pink 6.3
spitzer Pink
Pinke 45.1
Pinkel 2.5, 73.7
Pinkel 12.2
feiner Pinkel
Pinkel 73.14
feiner, reicher Pinkel
Pinkel 73.13
müder Pinkel
Pinkelage 73.9
Pinkelbeine 1.86
Pinkelbude 73.9
Pinkelbudiker 73.9
Pinkelgroschen 45.1, 51.2, 72.12, 73.9
pinkeln 73.5
pinkeln 73.14
er läßt sich nicht an den Wagen pinkeln
pinkeln 73.14
jemandem an den Wagen pinkeln
pinkeln 49.9
jemandem auf die Korsettstange pinkeln
pinkeln 73.14
jemandem nicht an den Wagen pinkeln können, jemandem ins Gemüt pinkeln
Pinkelpelle 59.9
Pinkelsuppe 55
Pinkelwinde 73.9
Pinkler 73.7, 73.11
Pinkulativ 73.9
Pinkulatorium 73.9
Pinkulatur 73.5
Pinkulatur 73.5
die Pinkulatur ergreifen
Pinkus 73.7
Pinkus 45.1
Pinkus der Waldspecht
Pinnagel 70.1
Pinnemännchen 1.73
Pinsel 1.10, 1.73, 4.21, 5.3, 12.43, 80.62
Pinsel 80.58
mit dem hagebüchenen Pinsel blau anstreichen
pinseln 26.25
Pinsulanerin 54.2
Pint 1.73
Pinte 53.4, 55.11
Pinte 29.8
heiße Pinte
Pinte 29.8
schwule Pinte
Pinte 30.6
schwule Pinte, warme Pinte
Pinte 29.8
warme Pinte
Pipe 1.73
Pipelchen 71.3
Pipenkopp 1.33
Dir auf 'n Pipenkopp, da kannste vor Lachen nich mehr rauchen.
Pipi 1.73, 73.4
Pipi 73.13
Fürst Pipi
Pipi 73.5
Pipi machen
Pipicasso 48.4, 73.7, 73.12
Pipihaube 59.7
Pipihut 59.7
Pipijunge 19.4
Pipiloge 63.12
Pipilot 48.4, 51.3, 73.1, 73.12
Pipimadam 73.9
Pipimädchen 4.25, 19.2, 73.13, 73.14
Pipinutte 28.6, 48.2
Pipipoesie 74
Pipistottern 73.10
Pipitrinken 77
Pipsi 1.66, 19.9, 28.4
Pirano 9.9
pirmenteln 48.5, 66.4, 66.5, 70.9
Pisa 73.13
schiefer Turm von Pisa
Piselotten 1.29, 45.1
Pisistratos 73.7
pispern 50.16
Piß 55
Piß mit Lehm
Pissa 1.73
schiefer Turm von Pissa
Pißbrille 73.9
Pißbude 73.9
Pißbudenhengst 73.9
Pißbudenlude 48.4, 48.21
Pißchenpee 1.66, 73.13
Pißdohle 48.2
Pißdüse 1.66, 73.13
Pisse 73.4
Pisse 73.13
alte Pisse
Pisse 55, 55.5, 63, 73.13
kalte Pisse
Pissedurst 77
pissen 73.5
pissen 73.14
er geht mit großen Hunden pissen
Pisser 1.73, 73.7, 73.13
Pisseschlucker 36.2, 77.1
Pißfalte 1.66, 41.5, 73.13
Pißforscher 63.12
Pißfreier 48.8, 73.1, 73.12
Pißkachel 73.8
Pißkarre 18.13
Pißkiste 41.5
Pißladen 29.8, 30.6
Pißlatte 26.22, 64.17, 73.13
morgendliche Pißlatte
Pißmann 73.13
Pißmarie 73.13
Pißmolle 41.5
Pißnelke 4.6, 4.14, 6.14, 64.17, 73.13, 73.14
Pissoir 1.66, 48.2, 73.9, 73.13, 73.14, 77.2
Pissoirgebühr 73.9
Pissoirwärter 73.9
Pissoirwärterin 73.9
Pissolin 55
Pißonkel 73.9
Pißort 73.9
Pißpinsel 1.73, 73.13
Pißpott 55, 59.7, 62.2, 73.8
Pißpott 59.7
angerußter Pißpott
Pißpott 41.19, 64.24
Pißpott des Hausherrn
Pißpotthusar 51.3
Pißpottschwenker 73.13
Pißpottschwester 51.3, 63.13
Pißrinne 53.8, 53.10, 53.17
Pißtante 73.9
Pißtaziennüsse 1.77, 73.13
Pißtole 1.73, 73.13
Pißtolenschuß 73
Pißwinkel 73.9
Piste 48
Pistenbajazzo 53.19
Pistengrete 48.2
Pistenveilchen 48.2

Pistole 1.73, 80.95
Pistole 37.4
die Pistole auf die Brust setzen
Pistolengriff 24
Piston 1.73
Pistonbläser 36.2
Pistonbläserin 36.3
Pitsche 1.66, 1.83, 1.85, 2.2, 35.6, 35.9, 48.2
Pitschka 1.66
Pitzeflicker 63.12
pizzicato 25.5, 54.8
Plack 62.10, 71.2
Placken 62.10, 71.1
placken 80.20
Pladder 62.10
plädern 62.5
Plafandel 1.83, 59.7
Plafond 1.83, 59.7, 59.26
Plag 18.4, 18.9
Planschbecken 1.30, 1.66, 55.11
Planschbecken 1.30
Bubikopf mit Planschbecken
Plansoll 26.40
das Plansoll erfüllen
Plantage 47.21
Plapperer 1.42
Plappertasche 46.1
Plastick 70.16
Plastikeimer 59.7
Plastikfetischismus 70.16
Plastikfetischist 70.16
Plastikfick 4.25
Plastikregenmantel 59.9
durchsichtiger Plastikregenmantel
Plastikteilchen 59.23
Bluse aus Plastik- oder Metallteilchen
Plastik-Tick 70.16
Plastikus 70.16
Platen 45.5
er hat Platen
Platinzahn 1.5, 6.2, 8.6
platonisch 8.3
platonische Freundin
platonisch 8
platonische Freundschaft
platonisch 9
platonische Liebe
platonisch 8.16
platonischer Freund
Plätscherhalle 73.9
platt 1.58, 26.30, 39.10
platt 26, 41.7, 41.24
platt machen
Plättbolzen 59.40
Plättbrett 1.58, 2.2, 14.42, 14.48, 26.1, 41.5, 53.16, 59.17
Plättbrett 22.18
angebohrtes Plättbrett
Plättbrett 26.25
das Plättbrett anbohren
Plättbrett 4.9
heißes Plättbrett
Platte 1.30, 1.32, 12.16
Platte 14.72, 14.73
abgelaufene Platte
Platte 8.9, 8.22, 39.12
abgespielte Platte
Platte 39.4
alte Platte
Platte 31
bunte Platte
Platte 12.17
eine Platte auflegen, eine heiße Platte auflegen
Platte 26, 41.24
eine Platte reißen
Platte 12.16
heiße Platte, kühle Platte
Platte 8.5, 8.18, 13
neue Platte
Platte 12.39
Platte mit Sprung
Platte 41.7
Platte reißen
Plätteisen 1.73, 1.87, 14.16, 59.40
Platten 45.1
Platten 64.19
einen Platten haben
plätten 1.29, 26.25
plätten 35.7
den Arsch plätten
plätten 37.4
die Titten plätten
plätten 59.17
geplättet, ungeplättetes Hemd
plätten 61
sich plätten
Plattenbruder 48.21
Plattengärtner 61.4
Plattengerber 61.4
Plattenhupf 53.7
Plattenkopp 1.30
Plattenschuster 61.4
Plattenspengler 61.4
Plattenspieler 12.43
Plattentischler 61.4
Plattform 26.30
Plattform 30.8
Kollege von der anderen Plattform
Plattform 29.10, 30.2
Kollegin von der anderen Plattform
Plattform 30.3
von der anderen Plattform
Plattfuß 53.7
Plattfußarie 54.9
Plattfußbrigade 51.2
plattfußen 53.7
Plattgänger 17.26
plattgefahren 39.10
Plattinger 47.26, 59.40
Plattler 1.87, 59.40
Plattling 1.87
plattmachen 26.25
Plattmolle 45.2
Plattmulie 45.2
Platz 8.12, 8.25, 14.23, 14.62
belegter Platz
Platz 8.25, 14.24
besetzter Platz
Platz 8.26, 14.64, 14.65, 14.68
unbelegter Platz
Platzanweiserin 54.5
Plätzchen 45.1
Platze 80.61
platzen 1.20, 59
aus der Pelle platzen
platzen 59.30
der Büstenhalter platzt
Platzhirsch 4.10, 26.37
Platzhirsche 54.8
Platzwechsel 41
plaudern 46
aus dem Nähkästchen plaudern
plauschen 2.4
aus dem Nähkästchen plauschen
Plautz 1.23, 59.2, 70.13, 70.14
Plautzhaut 59.9
Plautzwonne 70.13
Plauze 1.60
Playboy 53.19
Playboy in Schnee
Plazenta 17.15
pledern 26.25, 80.20, 80.58
Pleite 39.9
Pleite 17.26
bevölkerungstechnische Pleite
Plemplemmerie 64.2
Pletsch 59.7, 62.2
Pletsche 1.66, 2.2, 58.7
Pletschenbläserin 36.11, 48.2
Pletschenhoblerei 63.14
Pletschenlecker 36.11, 48.4
Pletschenlutscher 36.11, 48.4
Pletschenmasseur 48.4
Pletschenmasseuse 25.7, 30.7, 48.2
Pletschenruinierer 63.12
Pletschenstichlerei 63.14
Pletschenstreichler 48.4
Pletschenstriegler 48.4
Pletschenwichser 48.4
Pletschenzupfer 48.4
Pletschenzuzzeln 36.5
Pletschenzuzzler 36.6
Pletschenzuzzlerin 30.2, 36.7
Plicae genitales 1.63
Pliza 1.32
Plombenputz 62.2
Plombenschrubber 62.2
plombieren 17.8, 26.25
plombieren 17.8
einen Zahn plombieren
plombiert 23.3
plombierte Fose
plombiert 64.20
plombierter Zapfhahn
Plosen 59.1
plotten 80.38

Pluchze 59
Pluder 59, 59.26
Pluderhose 59.26
Plumpsabé 72.12
Plumpsack 18.16, 22.9
Plumpsdingsbums 72.12
plumpsen 61
in einen Parfumladen geplumpst
Plumpskabüse 72.12
Plumpsklo 72.12
Plunder 59
Plündertag 41
Plünnen 59.1
Pluralismus 31
Pluralismus 31.5
Vokabular des Pluralismus
Pluralist 31.2
Pluralistin 31.1
pluralistisch 31.3
pluralistisch 31.4
pluralistisch verkehren
pluralistisch 31
pluralistischer Verein
plus 48.5
plus machen
Plüsch 1.23, 1.48, 11
Plüschaugen 1.36
Plüschaugen 12.12
Plüschaugen machen
Plüschloch 5.2
klein Doofi mit Plüschloch
Pluspunkte 12.22
Pluspunkte sammeln
Pluster 70.1
plysien 26.9, 26.25
Klöten plysien
Pneckendriägerstag 41
Po 1.83
Poche 70.1
Pöckerer 63.12
Pöckerkitt 63.14
Pöckerwinde 63.14
Podex 1.83
Po-Ebene 1.83
Po-Ebene 59.26, 72.6
Überschwemmung der Po-Ebene
Pofese 1.66, 36.12
Pohalter 59.32, 70.17
pohlen 72.5
Poker 31.5, 53.5
Strip-Poker
Pöker 1.83
Polamidon 57
Polarlandschaft 4.6, 64.23
Polente 47.36
Polente 51
fick die Polente
Polier 1.73
polieren 24.1, 25.1, 26.25, 80.20, 80.38
polieren 24.1
das Glockenspiel (die Handorgel, die Konzertina, die Orgel, die Quetschkommode, die Rührtrommel, die Spieldose, die Wurlitzer) polieren
polieren 24.1
das Stehaufmännchen polieren, den Zacharias polieren, den Zapfen polieren, den Zebedäus polieren, den Zuzzel polieren, die Zwetsche polieren, das Vordergeschirr polieren
polieren 25.1
das Stehaufmännchen polieren, den Zacharias polieren, den Zapfen polieren, den Zebedäus polieren, den Zuzzel polieren, das Vordergeschirr polieren
polieren 37.4
die Äppel polieren
polieren 26.25
die Büchse (die Dose, die Dotsch, die Düse, die Pfanne, das Stichblatt) polieren
polieren 35.18
die Butten polieren, den Gasometer polieren, den Popo polieren, den Spiegel polieren, den Rückspiegel polieren, das Arschiv polieren
polieren 35.7
die Dotsch polieren, den Gasometer polieren, das Hauptportal polieren, die Hintertür polieren, den Rückspiegel polieren, die Scheibe polieren, den Spiegel polieren, die Trompete polieren, den Auspuff polieren
polieren 25.1
einer die Drehorgel (das Glockenspiel, die Handorgel, die Konzertina, den Leierkasten, die Orgel, die Rührtrommel, die Spieldose, das Werkl, die Wurlitzer, das Stichblatt, die Zwetschen) polieren
Politesse 47.38
Politik 51
Politik 25
Politik der freien Hand
Polize 47.38
Polizei 47.36
Polizeiamazone 47.38
Polizeiarzt 63.12
Polizeiarzt 63.12
Polizeiarzt, der Prostituierte auf Geschlechtskrankheiten kontrolliert
Polizeibeamter 47.37
höherer Polizeibeamter
Polizei-Bosten 47.38
Polizeidirektion 47.36
Polizei-Fetzen 47.38
Polizeihund 47.39
Polizei-Sirene 47.38
Polizeispitzel 47.39
Polizeistreife 47.36
polizeiwidrig 6.4
polizeiwidrig 12.39
polizeiwidrige Bettstümperei
Polizist 35.22, 47.37
Polizistin 47.38
Pollen 12.6
Pollen aussenden
Pollen 12.7
Pollen riechen
Pollution 64.17
polnisch 53.17
polnischer Korridor
polnisch 80.4, 80.62, 80.63
polnische Mutter
Polterabend 14.41
Poltergeist 82.3
Polyandrie 14.1
Polygamie 14.1
Polygynie 14.1
pölzen 26.25
Polzenmeister 48.10
Polzerei 14.59
Pomade 12.16
Pomade 12.39
trockene Pomade
Pomadenhengst 12.2, 61.13
Pomeranze 44.2
Pommersche Mütze 80.70
Pompadour 62.5
Pongo 1.73
Ponim 1.33
Ponyfransen 1.29
Poocht 41.5
Poofe 41.5
Popart 1.85
Popel 78.3
Popelfahne 59.22
Popelin-Iglu 53.16
Popelinmansarde 53.16
pöpeln 50.16
Poperl 1.83
popig 1.85
Popo 1.83
Popo 35.18
den Popo polieren
Popodist 63.12
Popoesie 74
Popokal 1.85, 35.21
Popokal 76.2
aus dem Popokal saufen
Popokal 35.18
aus dem Popokal trinken
Popolarexpedition 35.4
Popolarforscher 29.3, 35.5
Popoldi 29.9, 35.6, 35.9, 48.4
Popolente 47.36
Popoline 35.9, 35.20, 48.2
Popolier 29.3

Popolierer 35.5, 35.16, 35.20, 36.11, 48.4
Popoliermittel 1.46, 1.78, 35.4
Popologe 63.12
Popolyandrie 31.5. 35, 35.10
Popolygamie 35, 35.5, 35.10
Popolynesien 29.9, 35.9, 48.26
Popolyp 47.37
Popomade 1.46, 1.78, 35.4
Popornographie 74
Poportal 1.85, 29.10, 35.10
Poportal 35.7
das Poportal aufmachen (auflassen, offen lassen)
Poportal 35.12
das Poportal bekibbichen
Poportal 35.18
das Poportal schmieren
Poportion 72.4
Poportion 76.2
eine Poportion zu sich nehmen
Poposcheitel 1.29
Poposition 35.10
Poposoph 63.12
Popotenz 35.10
Poquadrat 1.83
Poritz 1.83
Pornographie 47.21
Pornographie, die zum Onanieren dient
pornographisch 54.1
pornographische Literatur
Pornowelle 3.3, 49.14
Pörschel 1.83
Portal 35.7
das Portal ausheben
portamento 26.31
Portemonnaie 13.9, 14.32, 45.2, 48.35, 59.26
Portemonnaie 14.49, 20.12
Portemonnaie auf Beinen, Portemonnaie mit Schwanz
Portemonnaie 13.12, 14.32, 20.11
Portemonnaie mit Busen, Portemonnaie mit Loch
Portemonnaie 14.67, 41.11
Portemonnaie mit Schwanz
Portemonnaie 45.6
sie ist katholisch im Portemonnaie
Portiere 41.17, 59.7
Portion 1.2, 1.73
Portion 1.11, 26.37
große Portion
Portion 1.4, 29.2, 28.4
halbe Portion
Portion 1.12, 1.58
halbe Portion, kleine Portion
Portion 1.73, 19.2, 19.10, 28.4, 64.19
kleine Portion
Portion 1.3
solide Portion
Portio vaginalis uteri 1.66
Portmariechen 45.2, 60.4
Porzellanangler 48.15
Porzellanbüxe 59.26
Porzellanfabrik 48.10, 63.14
Porzellanfahrt 26
Porzellanfuhre 26, 46.4, 48
Posaune 1.73, 12.2, 29.10, 36.12, 48.4, 54.8
Posaune 36.4
Posaune blasen
Posaune 24.1, 25.1
Posaune spielen
Posaunenbläser 36.2
Posaunenbläserin 36.3
Posaunenengel 1.17, 1.41
Posaunensolo 36.1
Posaunist 24.3, 25.4
Posche 45.1
Poschemine 1.66
poschen 14.38
Poschmokus 59.22
Posen 41.5
Posierfleisch 24.6, 47.21, 54.2, 54.3, 59.5
Posierfose 47.21, 54.2, 54.3
Positionstausch 35.4
posito 26.30
posito inversa
Post 26.39
Ab geht die Post! Sie kommt pünktlich wie die Post!
Postament 1.2
Postament 1.4
verrutschtes Postament
Postbote 46.3
weiblicher Postbote
Posten 72.4
Posten 11.2
auf verlorenem Posten stehen
posteriori 26.30, 29.10, 35.10
a posteriori
Postfach 57.4
Postschluß 39.9
Postschluß 39.7
letzte Leerung vor Postschluß
Postverkehr 46.3
postum 51.3
postume Ehe
Pot 57
Potbäcker 57.3
potent 26.35, 54.8
potent 26.37
potenter Mann
potent 26.36
potent sein
Potenz 26.34
Potenz 64.21
mangelnde Potenz
Potenz 64.21
Mann mit mangelnder Potenz
Potenzen 1.58, 1.83, 1.84, 29.10, 70.4, 70.5
potenzmangelnd 64.21
Potenzmittel 64.21
Potenzschwierigkeiten 64.21
Potenzzeuge 14.1
poter 11.20, 13.3, 14.70
Potkopf 57.3
Potschamberl 72.13
Potsdam 55.11, 57.6
Potsdamer 59.40
Pott 72.13
Potzmosche 2.2a, 22.10
Poussage 8.2, 8.15, 12
Poussierbad 53.17
poussieren 12.21
poussieren 17.9
mit einem Musikanten poussieren
poussieren 17.11
sie hat mit einem Musikanten poussiert und der hat die Pauke bei ihr stehen lassen
Poussierhengst 6.9
Poussierlappen 59.22
Poussierschein 51
Poussierstengel 6.9
Poussierwedel 12.24
PP 16.1, 48.2
Prachse 59.26
Pracht 4.6, 41.3, 64.23
kalte Pracht
Prachtbengel 19.4
Prachtbursche 19.4
Prachtkerl 19.4
pracken 80.20, 80.38
Praeputium 1.75
Praeputium 1.75
überhängendes Praeputium
Prahlverwandtschaft 40
prälatern 20.8
Präliminarien des Geschlechtsverkehrs 26.18
Praliné 59.7
Pralltriller 35.4, 54.8
Präludium 26.18, 54.8
Pranger 48.12
Pranken 1.54
Präsent 15.2, 63.1
Präserchen 16.1
Präserficker 16
Präserl 16.1
Präserpuster 29.3, 36.12, 78.1
Präservativ 51.3
Präservativbehälter 16.1
Präservativgesetz 47
Präservativkoffer 60.5
Präsident 1.73
Präsident 14.48, 14.49

mein Präsident
Praterhur 48.2
Pratermensch 48.2
Praterveilchen 48.2
Pratze 1.54
Praxe 59.26
Präzisionsturban 59.7
precipitando 26.31, 54.8
Prediger 50.6
preien 35.7
die Mechile preien
Preis 48.9
der Preis für Menschenfleisch
Preisficker 18.21, 51.2
Fickpreis für Preisficker
Prellbock 29.3, 29.9, 35.6, 35.9, 48.4
Preller 1.73
Prelltabletten 57
Prelu 57
Preludin 57
Premiere 22.13
Premierentiger 22.16, 64.23
Prengel 80.62
prenteln 14.29, 52
Pressen 80.70
pressen 80.69
pressen 24.1, 25.1, 36.8
Saft pressen
Pressier 48.8
Preßluftbaracke 41.1
Preßluftschuppen 53.3, 53.7, 55.11
Preßsack 1.76, 59, 59.9, 59.10, 59.16, 59.31, 70.5, 70.17
Preßwurst 59
presto 26.31, 54.8
Pretsch 62.2
preußisch 62.2
preußischer Leberkäs
Priap 1.73
Priaper 36.2, 36.6
Priaperin 36.3, 36.7
Prickelmassage 25
Priemel 2.2
Priemel 12.3
nallige Priemel
Priemel 6.2
wilde Priemel
Prießnitz-Sanatorium 53.9
Prießnitzumschlag 80.86
Priester 50.10
unzölibatärer Priester
priestern 20.8
Priesterschwanz 80.62
prima volta 22.6, 54.8
Printzes 18.3
Prinz 8.15
Prinzeßbohne 36.12
Prinzeßbohne 36.8
an der Prinzeßbohne knabbern
Prinzeßbohne 1.68, 30.4
an der Prinzeßbohne nuckeln
Prinzessin 1.5, 6.2, 8.2
priori 26.30
a priori
Pritsche 1.66, 2.2, 26.1, 39.12, 48.2
Pritschen 1.67
pritschen 73.5
Pritschenmeister 48.33
Privatbordell 41.3
Privatbordell 33.4
Leichenheinis Privatbordell
Privatbordell 14
Papas Privatbordell
Privatdetektiv 3.10
Privatdozentin 48.2
Privatdroschke 14.48
Private 48.2
Privatetui 14.48
Privatetui 17.2
Papas Privatetui
Privatfeger 14.48
Privatforscher 68.1
Privatforscherin 68.2
Privatfutteral 14.48
Privatgeschäft 48
Privatharem 47.10
Privatkalle 14.48
Privatkutsche 14.48
Privatloch 14.48
Privatpatienten 35.20, 48.6
Klistier für Privatpatienten
Privatsekretärin 45
Privatverkehrsmittel 14.48
Privatvorstellung 67.4
Pro 48.2
Pro 47.3
schiefe Pro
Pro 48.2
warme Pro
Probeehe 13
Probeloch 8.4
Probenacht 14.29, 52
Probepfeife 8.17
Probeschwanz 8.17
Probierfräulein 8.4, 53.7
Probierjunge 8.17
Probierstube 41.3
Profikatze 48.2
Profil 1.6
Profil 26.30
im Profil
Programmzettel 54.4
Programmzettel mit Ohren
Projektionsfläche 54.3
Proletenexkursion 53.13
Proletengroschen 45.1
Proletenharem 48.29
Proletensilo 41.1
Promenade 48
prompt 10.1
prompt wie der Steuerbescheid
Propaganda 51.2
Propeller 1.39, 2.2, 41.25, 46.4, 48.25, 59.20
Propeller 59.7
verdrehter Propeller
Propeller 4.9, 54.7, 64.12
wurleter Propeller
Propellerantrieb 59.7
Propfen 59.7
großer Propfen
Proppen 45.6
sie sitzt auf dem Proppen
Proppenhut 59.7
Prosak 50.6
Prostatakunst 35.4
Prostatakünstler 29.9, 35.6, 48.4
Prostatakünstlerin 35.6
Prostatamassage 35.4, 35.11
Prostatamasseur 35.5, 35.9, 35.13
Prostataschuster 29.9, 48.4
Prostatastriegler 29.9, 48.4
prostituieren 48.5
sich prostituieren
Prostituierte 48.35, 48.2
Prostituierte 48.2
alte Prostituierte
Prostituierte 28.6
jugendliche Prostituierte
Prostituierte 30.7
lesbische Prostituierte
Prostituierte 25.7
masturbatorisch arbeitende Prostituierte
Prostituierte 48.2
minderjährige Prostituierte
Prostituierte 35.9
Prostituierte für Analkoitus
Prostituierte 47
vorbestrafte Prostituierte
Prostituiertenausweis 48.10
Prostituiertenautomobil 48
Prostituiertenfeste 48.33
Prostituiertenkind 48.3
Prostituiertenkontrolle 48.10
Prostituiertenlokal 48.32
Prostituiertenreglement 48.10
Prostituiertensold 48.9
Prostituiertensprache 48.34
Prostituiertensteuer 35.9, 48.11
Prostituiertenstrafen 48.12
Prostituiertenstraße 48
Prostituierter 48.4
Prostitution 48
Prostitution 69.5
akuophile Prostitution
Prostitution 35.20
Anilinctus in der Prostitution

Prostitution 65.4
bisexuelle Prostitution
Prostitution 67.5
exhibitionistische Prostitution
Prostitution 27.4
gerontophile Prostitution
Prostitution 29.9
homosexuelle Prostitution
Prostitution 30.7
lesbische Prostitution
Prostitution 25.7
manuelle Prostitution
Prostitution 36.11
orale Prostitution
Prostitution 28.10
päderastische Prostitution
Prostitution 28.6
pädophile Prostitution
Prostitution 35.9
Pedicatio bei der Prostitution
Prostitution 80.94
sadomasochistische Prostitution
Prostitution 73.12
urophile Prostitution
Prostitutionsutensilien 48.1
Protestierte 48.2
Prothese 1.73, 24.5
Protzbude 72.12
protzig 73.14
protziger Mann
Protzkachel 72.16
Protzkasten 1.83
Protzkasten 35.7
den Protzkasten aufbrechen (aufstemmen, einhacken)
Protzkasten 35.7
den Protzkasten vollpacken
Protztitten 1.58
Protztuch 59.22
Proviantamt 48.10, 48.27
Proviantamt der Liebe
Prozent 8.2, 8.15. 14.48, 14.49
meine besseren fünfzig Prozent
prüde 49.15
prüfen 26.9
auf Herz und Nieren prüfen
prüfen 26.5
die Taillenweite prüfen
prüfen 37.5
sie auf Herz und Nieren prüfen
Prügel 1.73, 18.4, 18.9, 19.4, 80.61, 80.62, 80.95
Prügel 80.58
Prügel applizieren, aufmessen, aufzählen, austeilen, verabreichen, versetzen, zukommen lassen
prügeln 80.58
Prügelsuppe 80.61
Prünellen 55
Prünellen mit Sahne
Prunkriemler 12.37
Prunkstube 41.3
Prunzkachel 72.13, 72.16
Prunzscherbe 72.13
Prunztiegel 72.16
Pschiko 1.51
Pschuri 1.78
Psilocybin 57
Psychiater 64.4
Psychiatrie 64.5
psychiatrisch 64.3
psychiatrische Klinik
Psychoanalyse 64.6
psychoanalysieren 64.9
Psychoanalytiker 63.12, 64.7
Psychodrechsler 64.7
Psychohöschen 64.10
Psychohöschen mit Rüsche, mit Reißverschluß, mit Schlitz
Psychoklempner 64.4
Psychokoch 64.4
Psychometriker 64.4
Psychopater 50.6, 64.4
Psychopatengeschenk 15.2, 18.4
Psychopathologie 64
Psychopatriarch 64.4
Psychopavillon 64.3
Psychopopler 64.7
Psychose 64.10
Psychosenklappe 64.3
Psychosenmatz 64.4
Psychosenstall 64.3
Psychotiker 64.11
Pubertätsstruma 19.7
Pubertierender 19.7
Pudding 1.58
Pudel 80.7
Pudelhaube 1.66
Puderhose 1.66
pudern 80.58
Puderquaste 1.73
Puella publica 48.2
Puff 48.25
Puffer 1.58, 70.5
Puffmutter 48.24
Puffwirt 48.23
Puhl 1.83
Puhlloch 1.66, 1.85, 2.2, 4.25
Pullemann 73.13
Pullerei 73.9
Pullermann 73.13
Pullover 2.2, 8.2, 8.5
Pullover 1.58
eingeschenkter Pullover
Puls 3.4
Pulverfaß 4.2
Pulverfaß 64.21
leeres Pulverfaß
Pulverkammer 1.76
Pulverkiste 1.66, 1.76
Pulvermagazin 1.76
Pulverpfanne 1.66
Pummel 1.66
Pumpe 1.66
Pumpel 1.66, 2.2
Pümpel 1.66
Pumpelmeise 1.66
pumpen 80.38
Pumpenschwengel 1.73
Pumperl 1.66, 1.73, 2.2
Pümperl 1.66, 2.2
Pumps 80.61
Pünke 1.55, 2.5
Punkt 3.4
Punkt 1.63
dunkler Punkt
Punkt 1.63
heikler Punkt
Punkt 1.68
kitzliger Punkt
Punkt 1.63, 2.2
Punkt und Komma
Punktroller 1.73, 80.62
Punschbowle 72.2
Punschterrine 72.2
Punze 1.66, 2.2
Punzen 1.67
Punzenneid 64.16
Punzenriecher 63.12
Pup 72.10
Püppchen 2.2
Puppe 2.2, 9.8
Pupperl 2.2
Pups 72.10
Puschelwinde 64.2
Puschi 1.66, 28.4
Puschiatrie 63.14
Puschka 1.66, 1.73, 2.2
Pussel 2.2
Pussi 1.66
Pustel 70.1
Pute 2.2
Puttchen 9.8
Putz 1.66, 1.68, 2.2
Putzerl 1.66, 1.68, 2.2
Putzi 1.66, 1.68, 2.2
Putzmusche 2.2
Putzstock 1.73
Putzzeug 1.66

Q

Quabbelpudding 1.58, 1.83
quabblig 1.19
Quaddel 70.1
Quadratfresse 1.42, 46.1
quadratgeil 4.8
Quadratlatschen 1.87, 59.40
Quadratschädel 1.32
Quadratschnauze 1.42, 46.1
Quadrillenschwenker 59.12

Quadudder 19.4
Quäker 18.2
quälen 59.9
Kalb auf Leopard gequält
quälen 80.11
sich quälen
Quälgeist 80.5
Qualm 45.1, 72.10
Qualm 11.10
Qualm in der Waschküche
Qualm 14.58
Qualm in der Waschküche, Qualm in der Küche, Qualm im Haus
qualmen 72.11
Quälmichel 48.4, 80.7
Quälmichlerin 48.2, 80.6, 80.94
Qualster 1.46, 78.3
Quälsucht 80.2
Qualverwandtschaft 40
quammig 1.19
quant 6.1
Quanten 1.87, 59.40
Quantenklemmer 59.40, 70.17, 80.92
quappig 1.19
Quark 2.4
Quarks 82.3
Quarkstube 41.3
Quartalsnutte 48.2
Quarte 31.5
Quartett 31.5
Quartier 48.25
Quartiermacher 1.55, 25.8
Quartierschein 48.9
Quasimodo 1.73
Quaß 18.4
Quasselfräulein 46.2
Quasselstrippe 14.50, 46.1
Quasselstrippine 46.2
Quaste 1.65, 1.73
Quatsch 62.10, 72.4
Quatschbacke 14.50, 46.1
quatschen 62.12
quatschen 46.1
sie quatscht sich dumm und dämlich
Queckbrunnen 52.4
Quecks 63.9
Quecksilber 63.9
Quecksilber im Leibe
Quecksilber 63.5
Quecksilber im Leib haben
Quedel 59.21
Quell 36.8
am Quell trinken
Quelle 2.2
Quelle 14.46
an der Quelle sitzen
Quelle 48.2, 63.6
trübe Quelle
Quellen 63.4
aus trüben Quellen schöpfen
Quellenforschung 48.6, 73, 73.12
Quellgebiet 1.66, 73.13
Quellkorn 17.15
Quellkorn 17.9
ein Quellkorn verschlucken
Quellkorn 17.11
sie hat ein Quellkorn verschluckt
Quellnymphe 48.2, 55.9, 73.2, 73.12
Quellwasser 73.4
quer 36.10
den Spargel quer essen können
Querbinder 59.20
breiter, gestreifter, schmaler, schwarzer, weißer Querbinder
Querflöte 64.11, 64.25
Querformat 59.20
Fertigbinder im Querformat
Querfurz 72.10
quergestreift 59.38
quergestreifte Socken
quergestreift 59.16
quergestreifter Pullover
quergestreift 59.17
quergestreiftes Baumwollhemd
querlegen 64.17
sich querlegen
Querpfeife 30.2, 54.8, 64.11, 64.25
Querschläger 15.2, 51.3
quersitzen 72.11
ihm sitzt einer quer
Querx 82.3
Quese 70.1
Quetsch 47.37
Quetsche 1.66, 1.68, 2.2, 4.17, 6.17, 20.1, 55.11, 64.23
Quetschen 1.67
quetschen 80.69
die Finger quetschen
quetschen 80.69
die Hoden quetschen
quetschen 59.9
Karnickel auf Nerz gequetscht
quetschen 80.69
Schienbein und Waden quetschen
Quetschkommode 1.66, 24.2, 25.3, 25.7, 25.8, 30.8, 47.4, 48.2, 54.8
Quetschkommode 24.1
die Quetschkommode polieren
Quetschkommode 54.8
die Quetschkommode spielen
Quetschkommode 47.40
jemanden ausquetschen wie 'ne Quetschkommode
Quetschkommode 24.1, 25.1
Quetschkommode spielen
Quetschmaschine 1.66, 1.68, 4.17, 6.17
Queue 1.73
Quickbrunnen 52.4
Quieken 6.10
zum Quieken
Quien 34.4
quienen 34.3
quieto 54.8
Quindipse 1.66
quindipsen 26.25
Quinker 1.36
Quinte 31.5
Quintett 31.5
quintipsen 26.25
Quirl 1.73
Quirl 64.21
stumpfer Quirl
Quissel 49.7, 50.9

R

Rabattentreter 1.87, 59.40
Rabattkammer 47.29
Rabatz 26.27
rabatzen 26.25
Rabbiner 50.6
Rabe 29.10, 47.3, 47.41, 48.2
Rabendukaten 17.22
Rabi 1.32
rabig 6.1
rabig 6.2
rabige Brieze
rabig 6.3
rabiger Hengst
Rabitzwand 41.3
racheideln 26.25
racheilen 26.25
Racheime 1.66, 2.2
racheimen 26.25
Racheimerin 44.2
Rachemi 59.13
Rachen 36.12
den Rachen nicht voll genug kriegen können
Rachen 36.12
den Rachen stopfen, es in den falschen Rachen kriegen
Rachen 36.10
den Rachen weit aufreißen
Rachenkotzer 1.73, 29.10, 36.12
Rachenputz 36.1
Rachenputzer 29.3, 36.2
Rachenwäsche 36.1
rachwenen 26.25
Rack 1.46, 78.3, 82.5
Racker 18.3
Rad 80.37

Radar 69.4
Radar machen
Radarhut 59.7
Radauflöte 19.4
Radaumütze 59.7
Radautüte 18.2
Räder 48
Bett auf Rädern
Räder 46.4, 53.15
Klo auf Rädern
Räder 48
Liebe auf Rädern
Räder 46.4, 53.14
Schlafzimmer auf Rädern
Räder 49.5
unter die Räder geraten
rädern 80.37
Radfahrsattel 26.30
im Radfahrsattel
Radibua 48.21
radieren 80.20, 80.38
Radiergummi 16.1, 45, 80.5
Radiernadel 1.73, 54.2
Radieschen 19.2
radioaktiv 63.3
Radlerbeine 1.86
Radschlagen 6.10
zum Radschlagen
Raffel 1.42
Raffler 48.2
Rahm 1.78, 36.12, 78.3
rahmen 80.84
rähmen 80.90
Rahmenmacher 80.87
Rahmröhre 59.7
Rakete 4.2, 57
Raketen 53.19
Raketengosche 14.50, 46.1
Raketenschnauze 14.50, 46.1
rallern 80.58
Rammasche 59.38
Ramme 1.73, 80.95
Rammel 4.25, 48.2
Rammelabend 14.41
Rammelei 31
Rammelkiste 14.42, 41.5
Rammelmoß 44.2
rammeln 26.25
Rammelnacht 14.41
Rammelzeug 1.73
Rammler 1.73, 2.2, 48.4
Rammler 13.6
Miet-Rammler
Rammlerin 2.2, 4.25, 48.2
rammlert 3.6, 4.8
rammlig 3.6, 4.8
Rammsteven 1.73, 59.26
Rampes 80.61
Ranch 57.7
Bonnies Ranch
Rand 1.30
Bubikopf auf Rand genäht
Rand 59.36
oberer Rand des Damenstrumpfs
Randsteinlady 48.2
Range 2.2, 19.2, 28.4
rangeln 26.25
Rangierbahnhof 1.66, 48.25
rangieren 26.25
rangieren 37.4
im Vorgebirge rangieren
ranlassen 12.30, 26.26
einen ranlassen
ranlassen 64.17
jemanden nicht ranlassen
Rann 80.62
Ranschmeißer 4.18, 53.7
Ranzen 1.60
Ranzen 17.11
sie hat einen vollen Ranzen
Rappel 64.10
Rappelkasten 64.2
Rappelkastenaufseher 64.4
Rappelkastenboss 64.4
Rappelkastenchef 64.4
Rappelkastenhäuptling 64.4
Rappelkastenintendant 64.4
Rappelkastenrat 64.4
Rappelkunde 64
Rappeln 47.30
Rappen 1.87
auf Schusters Rappen
Rarrach 1.30
rasch 4.1, 6.1
rasch 6.2
rasche Biene
rasch 2.2
rasche Ente
rasch 4.3
rascher Hirsch
rasch 6.3
rascher Kumpel
rasch 46.4, 53.14
rasches Sofa
Rasenbesen 61.4
Rasenmäher 61.3, 61.4
Rasenstutzer 61.4
Rasierapparat 1.65
Rasierapparat 61.4
elektrischer Rasierapparat
rasieren 26.25, 61
rasieren 13.11
die Kober rasieren
Rasierklinge 4.18, 80.48
Rasiermesser 61.4, 80.48
Rasierpinsel 1.73, 61.4
Rasiersessel 48.10, 63.10
rasiert 1.65
rasiertes Schamhaar
Raspel 1.73
Raspelhaus 48.12
raspeln 26.25
raspeln 12.17
Süßholz raspeln
Rasse 6.1, 51.1
Rassel 26.27
Rassel 26.25
auf die Rassel gehen
rasseln 10.7, 26.25
Rassenvögelei 51.2
gelenkte Rassenvögelei
Rastelbinder 49.7
Rat 1.25, 80.18
Raten 64.17
auf Raten ficken
Raten 41.7
auf Raten schlafen
Raten 14.68
Ehe auf Raten
Ration 26.24, 26.27
eine Ration
Ration 24.5, 30.5
eiserne Ration
Rätsel 22.14
das Rätsel lösen
Rätsel 47.21
erotische Rätsel
Rätsel 22.18, 47.26
gelöstes Rätsel
Ratt 45.1
Ratte 2.2, 48.2, 54.9
Ratte 6.2
niedliche Ratte
Ratte 41.7
schlafen wie eine Ratte
Rattenfalle 48.32, 55.11
Rattenkönig 31.5
Rattenschwanz 1.29
Rattenstall 48.25
Ratz 41.7
schlafen wie ein Ratz
Ratz 47.41
warmer Ratz
ratzekahl 1.65
ratzekahle Fotze
ratzen 41.7
Rauber 63.1
Räuber 63.1
Rauber 63.1
Rauber auf der Kerze
Räuberzivil 59.12
Raubtierfütterung 48.6
Raubvogel 48.2
Rauch 14.58
Rauch in der Küche, Rauch im Haus
Rauch 11.10, 14.58
Rauch in der Waschküche
Rauch 57
Traum aus dem Rauch
rauchen 36.4, 36.8, 57.1
rauchen 26.25
ficken, daß es nur so raucht
rauchen 42
schuften, daß der Schwanz raucht
Raucher 36.1
Raucher 57.3
steiler Raucher
Raucherabteil 53.12
Räucherbude 41.2
Raucherl 36.1
Raucherl 36.4
ein Raucherl machen
Rauchfang 1.66
Rauchprobe 49.19

Rauchsalon 41.3, 72.12
Rauchtheater 54.7
räudig 63.6
räudiges Schaf
räudig 48.2
räudiges Schäfchen
Räuerling 1.36
Rauf 63.12
Raufbraut 52
raufsetzen 17.11
der haben sie was rauf in den Stapel gesetzt
Rauhnacht 52.4
rauken 36.4
Rauker 4.26, 36.1, 36.2, 36.5, 36.6
Rauler 19.4
Rauling 18.2
räumen 64.18
Hindernisse aus dem Weg räumen
Raumfahrerhelm 59.7
Räumung 35.15
Arschiv-Räumung
Räumungsparagraph 16.5, 47.14
Räumungspreis 16.10
raunen 12.10, 68.3
Rauner 68.1
Raupe 64.12
raupendreschen 64.9
Raupendrescherei 64.3
Raupenfang 64.6
Raupenfänger 64.7
Raupenfischer 64.7
Raupenjäger 64.7
Raupenjagd 64.6
Raupenjagd 64.9
auf Raupenjagd gehen
Raupenzucht 64.6
Rauperei 14.41
raus 6.22
rein mit die Wäsche oder raus mit die Wäsche
Raus 48.6
Rein und Raus
Rausch 1.66
Rauschebart 1.48
Rauschgifthändler 57.4
rausgeben 80.59
es gibt aus der Armenkasse raus
raushaben 12.35, 26.25
den Dreh (den Bogen, die Kurve) raushaben
raushaben 21.4
die Griffe raushaben
raushaben 12.35
die Kniffe, Pfiffe, Schliche, Tricks raushaben
raushängen 36.12
Ihr hängt die Zunge zum Hals raus.
rauskitzeln 26.25, 26.40
hundert rauskitzeln
rauskitzeln 12.35
die richtige Laune rauskitzeln
rauskriegen 80.59
eine rauskriegen
rausnehmen 47.40
die Eingeweide rausnehmen
rausnehmen 26.9
gleich rausnehmen
Rausquetsche 25.7, 48.2
rausquetschen 25.1
einem einen rausquetschen
rausquetschen 24.1
sich einen rausquetschen
Rausquetscher 4.18, 24.3, 25.4, 25.7, 29.9, 48.4
Rausreißer 47.32
rausrücken 14.32
Rausschmeißer 53.7
rauswachsen 19.6
aus dem Zeug rauswachsen
rausziehen 16.3, 26.40
Rautendelein 82.4
Razzia 48.10
Razzia auf Prostituierte
Reagenzglasbaby 17.6
Realitätenkino 47.29
rebeln 24.1, 25.1
rebeln 35.7
den Fetschner rebeln
Rebler 24.3, 25.4, 25.7, 48.4
Rebler 25.1
am Rebler sein
Reblerin 24.2, 30.2
Rechen 1.44, 6.5, 14.48
rechnen 10.1
Bei mir Schiefertafel: auf mir kannste rechnen.
Recht 47
recht 49.4
das Herz auf dem rechten Fleck haben
Recht 24
das Recht auf Selbstbefriedigung
rechte 1.54
rechte Hand
rechter 1.87
rechter Fuß
rechts 26.30
vom rechten Flügel
Rechtsanwalt 35.22, 47.32
Rechtsklempner 47.32
Rechtsverdreher 47.32
Rechtsversenker 47.32
Rechtsverzögerer 47.32
Reckel 1.86, 1.87
recken 26.19
sich recken
reden 12.11
auf die Stumme reden
reden 72.11
aus dem falschen Loch reden
reden 12.17
ein Kind in den Bauch reden
Redoute 53.6
schwarze Redoute
redselig 46.1
redselige Frau
Reeder 73.1
Reederei 73.9
Reeperbahn 53.8, 53.19
bayerische Reeperbahn
Reff 2.2a, 4.14, 6.5, 11.12, 48.2
Reff 49.23
etwas auf dem Reff haben
Regel 1.87, 23, 23.1
Regelbinde 23.7, 51.3
regelmäßig 23.5
regelmäßig menstruieren
Regen 26
warmer Regen
Regenausfall 64.20
Regenhaut 59.9
Regenmantel 59.9
Regenmantel 59.9
Nylonregenmantel
Regenpfeifer 73.1
Regensburger 73.1
Regenschirm 57.2
Regentonne 1.86
er hat seine Beine über der Regentonne getrocknet
Regentopf 59.7
Regenversicherung 53.8
Regenwasser 1.40
in der ihre Nase, da kann Regenwasser stehn
Regenwurm 1.14, 1.58
Regenwurm auf Beinen
Regenzimmer 62.5
regieren 80.10, 80.77, 80.84
regieren 25.1
mit fester Hand regieren
Regierung 80.86
Regierung 8.2, 8.15, 14.48, 14.49, 17.1
meine Regierung
Regierungsrat 80.62
russischer Regierungsrat
Regime 80.10
ein strenges Regime führen
Regimentstochter 48.2, 51.3
Register 12.6, 14.8
alle Register ziehen
Register 1.11
langes Register
Registerdame 48.2
Registerfrau 48.2
Registrierte 48.2
regnen 80.59
es regnet in Ägypten
Reh 2.2
Reh 4.20
scheues Reh
Rehleder 64.19
Reibe 4.17, 4.25, 6.17, 24.2, 25.3, 25.7, 30.2, 48.2
Reibeisen 11.12, 14.50

Reibekuchen 59.7
reiben 24.1, 25.1, 26.25
Reiber 25.4
Reiberei 25, 30.5, 30.6
Reiberin 30.2
Reibfläche 1.66, 1.68, 25.8, 30.8
Reibrat 25.7, 48.4
Reibrat 24.2, 25.3, 30.2, 61.7
Frau Reibrat
Reibrat 25.4, 61.8
Herr Reibrat
Reibungselektrizität 25, 30
Reibungsfaktor 61.8
Reibungskuppelung 43
Reibungsmagnetismus 25
Reibungswärme 30
reich 14.32
reiche Ehefrau
reich 73.14
reicher Pinkel
reichen 14.38
die Hand fürs Leben reichen
reichen 35.12
Herrn Braun die Hand reichen
reichen 25.1
jemandem die Hand reichen
reichen 37.5
so weit das Auge reicht
Reichsgletscherspalte 51.2
Reichsjungfrau 48.2, 51.2, 51.3
Reichskäfer 71.3
Reichsroßapfel 51.2
Reichssamenleiterin 51.2
Reichtum 45.5
reif 38.2
reif 38.3
reife Frau
reif 38.4
reifer Mann
Reife 38
reifen 38.1
Reifler 6.5, 48.2
Reifling 58.4
Reihe 31
bunte Reihe
Reim 54.1
weiblicher, männlicher Reim
Reimficker 54.1
Rein 1.66, 34.4, 36.12
rein 62.5
rein Deck machen
rein 9
reine Liebe
rein 36.12
reinen Mund halten
rein 49.6
reiner Tor
rein 6.22
rein mit die Wäsche oder raus mit die Wäsche
Rein 48.6
Rein und Raus
Reindl 1.66, 36.12, 59.7
Reindl 36.8
das Reindl ausschlecken
reindrehen 26.25
reindrehen 26.25
den Rührer (die Schraube) reindrehen
reindrücken 26.25
Reinfall 11.3, 14.12
reingehen 35.7
durch die Hintertür reingehen
reingewaschen 64.17
mit reingewaschenem Hals dastehen
Reinguckkleid 59.10
reinhacken 35.7
einem einen Schlag reinhacken
reinhämmern 22.14, 26.25, 47.26
einer einen reinhämmern
reinhämmern 35.7
einem einen reinhämmern, einem den Pfahl reinhämmern, einem den Schlegel reinhämmern
reinhämmern 22.14
einer den Jaucker (den Keil, die Ladung, den Motschka, den Pfahl, den Schlegel, den Stöpsel) reinhämmern
reinhängen 26.25
reinhängen 17.8
einer eins reinhängen
reinhauen 26.25, 47.26
reinhauen 26.25
die Klinge (die Ladung, den Motschka, den Nagel, den Schlegel, den Speer, den Stöpsel, den Zweck) reinhauen
reinhauen 35.7
einem die Ladung reinhauen, einem den Stöpsel reinhauen
reinhauen 29.6, 35.7
einem einen reinhauen
reinhauen 22.14
einer den Jaucker (den Keil, die Ladung, den Motschka, den Pfahl, den Schlegel, den Stöpsel) reinhauen
reinhauen 22.14
einer einen reinhauen
Reinhauen 1.33
Gesicht zum Reinhauen
reinjagen 26.25
reinklatschen 26.25
reinkommen 35.7
durch die Hintertür reinkommen
reinkriechen 35.7
hinten reinkriechen
reinkriegen 35.7
eins hinten reinkriegen
reinlachen 26.25
reinlassen 12.30, 26.26
einen reinlassen
reinlegen 5.1
Wer die reinlegen will, muß früh aufstehen.
reinlich 62.5
Frau Reinlich
reinrotzen 26.25
reinschlagen 26.25, 47.26
reinschlagen 35.7
einem einen reinschlagen, einem den Keil reinschlagen
reinschlagen 22.14
einer den Jaucker (den Keil, die Ladung, den Motschka, den Pfahl, den Schlegel, den Stöpsel) reinschlagen
reinschlagen 22.14
einer einen reinschlagen
reinschleimen 26.25
reinspazieren 12.30, 26.26
einen reinspazieren lassen
reinstecken 26.25
den Stöpsel (den Stecker) reinstecken
reinstopfen 26.25
Reis 55
gewichster Reis
Reis 55
Reis mit Rosinen
Reisebegleiter 53.8
Reisebegleiterin 53.8
Reisebekanntschaft 7.10
Reisegebiet 22.14
das Reisegebiet erschließen
Reisegebiet 22.18
erschlossenes Reisegebiet
Reisehirt 53.8
Reisender 63.1
der Reisende
Reisetasche 1.42
Reißbrett 2.2, 26.1, 54.2
Reißbruder 80.68
reißen 80.58, 8.66, 8.67
reißen 25.1
am Riemen reißen
reißen 26, 41.7, 41.24
Biwak reißen
reißen 26, 41.7, 41.24
eine Platte reißen
reißen 12.4
Pflanz reißen
reißen 10.7
seine Sense durch den Harem reißen
reißen 24.1
sich am Riemen reißen
Reißtag 80.66
Reißtag halten
Reißteufel 59.6
Reißverschluß 1.66, 59.3
Reißverschluß 59.26
Hose mit Reißverschluß
Reißverschluß 59.26
Hosenschlitz mit Reißverschluß
Reißverschluß 64.10

Psychöschen mit Reißverschluß
Reitbahn 41.5
reiten 26.25
reiten 64.21
auf dem sein Messer kannste nach Rom reiten; dem sein Messer schneidet kalt Wasser ohne gewärmt
reiten 12.15
eine Tour reiten
reiten 64.23
zu Tode reiten
Reiterbeine 1.86
Reitersalbe 63.9
Reitgerte 59.5
wippende Reitgerte
Reithengst 48.4
Reithofer 16.1, 24.5, 30.5, 59.30
Reithose 59.26
Reitinstitut 48.25
Reitpferd 26.1, 26.2, 48.2
Reitsattel 26.30
im Reitsattel
Reitschoß 14.1
Reitschule 48.25
Reitstall 41.3, 48.2, 48.25
Reitstall 48.35
mein Reitstall
Reiz 59.35
Reiz-Slip
Reize 12.6, 14.8
alle Reize sprechen lassen
reizen 24.1, 25.1
die Natur reizen
reizend 6.1
reizend 2.2
reizender Käfer
Reizfinger 24.5, 30.5
Reizkugel 24.5
reizlos 59.29
reizlose Unterwäsche
Reizpariser 24.5
Reizpulli 59.16, 70.5
Reizverschluß 59.3
reizvoll 59.29
reizvolle Unterwäsche
Reizwäsche 59.29, 70.12
Reizwellen 1.58
Reklamehügel 1.58, 53.18
Rekord 26.25
ficken als ob man den Rekord schlagen will
Rekordbohrer 12.37
Rekordfotze 12.36
Rektoskopie 63.12
Religion 50
Reliquiensammler 27.1
Reliquiensammlerin 27.2
Reliquienschrein 39.14, 41.22
Rendezvous 12.25
Rendezvous 51.2
Rendezvous in Braun
Rennbahn 48
Rennbahnen 1.37
Rennen 72.6
Renneritis 72.6
Rennpferd 4.9, 48.2
Rennstall 48.2, 48.25
Rennstall 48.35
mein Rennstall
Renommierklamotten 59.1
Renommierkluft 59, 59.12
Rentenentzieher 63.12
Rentenkonkubinat 13
Rentenkürzer 63.12
Reparationszahlung 15.6
Reparaturanstalt 61.1, 61.2, 63.14
Reparaturwerkstatt 63.14
Reparaturwerkstatt für zerbrochene Pfeifen
Repetieraugen 1.38, 12.11
Repetieraugen machen
Repetiernudel 26.37
resch 6.1
Resedatopf 59.7
Reserve 14.56
stille Reserve
Reservesack 1.56
Resitante 23
Resitante 23.6, 26.25
die Resitante ficken
Resitante 23.2
die Resitante ist zu Besuch
Respekt 80.10
Respekt lehren
Reste-Essen 55
Rettich 1.65, 2.2, 16.5, 72.12, 48.2
Retorte 17.23
Retorte 59.9
Pelz aus der Retorte
Retortenbaby 17.6
Retortenheini 63.15
Retortenkind 17.6
Retortenschick 61
Retortenvogel 17.6, 17.23
retuschieren 61
reuen 28.4
Jung gefreit hat nie gereut.
Reuerin 48.2
Reutersalbe 63.9
Revolvergosche 46.1
Revuekörper 54.6
Rezell 59.17
Rheumatismus 10.1
anhänglich wie Rheumatismus
Rheumatismus 45.6
Rheumatismus zwischen Daumen und Zeigefinger
Rheumatismuswiese 53.16
Rheumazüchter 53.16
Rhythmuskäfer 54.8
Ribantze 24.2, 25.3, 25.7, 30.2, 48.2
ribantzen 24.1, 25.1, 30.4
Ribantzer 25.4, 25.7, 48.4
Ribbelacker 25.8, 41.5
ribbeln 24.1, 25.1
Richtblock 80.56
richten 21.8
sich nach einem Aufklärungswerk richten
Richter 47.31
Richterfliege 59.20
Richtertisch 47.29
Richtholz 80.56
richtig 48.34
bei mir liegst du richtig
richtig 7.1
das richtige Loch, der richtige Schwanz
richtig 3.4
die richtige Taste
richtig 26.40
er hat die richtige Nase
richtig 63.5
nicht richtig im Kopf sein
Richtige 7.1
der (die) Richtige
Richtspruch 47.30
Richtungsanzeiger 1.40
Riechbesen 12.24
Riechbolzen 1.40
Rieche 1.40
riechen 26.25
am Pfropfen riechen
riechen 12.6
am Pfropfen riechen lassen
riechen 80.58
den Zacharias riechen lassen
riechen 21.3
er riecht den Braten
riechen 3.6, 21.3
er riecht Lunte
riechen 3.6
er riecht Speck
riechen 3.8
jemanden an der Lunte (am Pfropfen, am Loch, am Spund, an der Flasche) riechen lassen
riechen 64.13
kein Pulver riechen können
riechen 12.7, 48.5
Lunte riechen
riechen 12.7
Pollen riechen, Pulver riechen, Speck riechen, am Pfropfen riechen
Riecher 1.40
Riecherbalken 1.40
Riecherker 1.40
Riecherkolben 1.40
Riechling 1.40
Riechlingsflammert 59.22
Riefenstahl, Leni 51.2
Riefl 48.2
Riegel 1.66, 1.73
Riegel 64.18
den Versuchungen einen Riegel vorschieben
Riegel 27.3, 39.13, 64.21
rostiger Riegel
Riegel 1.63, 2
Schloß und Riegel
Riemchen 59.20
riemeln 17.8, 22.14, 24.1, 25.1, 26.25
riemeln 17.8, 26.25
ein Würstel riemeln
riemeln 22.14

das Würstl riemeln
Riemen 1.73, 59.2, 80.92, 80.95
Riemen 25.1
am Riemen reißen
Riemen 24.1
sich am Riemen reißen
Riemenbruder 70.14, 70.17
Riemengeriß 70.14, 70.17
Riemenonkel 70.14, 80.88
Riemenrundungen 1.83
Riemenschlucker 36.2
Riemenschneider 63.12
Riemenschneiderei 63.14
Riemenschwanz 70.14, 70.17, 80.88
Riemenschwester 70.14, 70.17
Riementante 70.14, 70.17, 80.89
Riementitte 30.2
Riementitti 70.14, 70.17, 80.6, 80.89
Riemler 1.73, 26.27
Riese 45.1
Riese 1.12
abgebrochener Riese
Riese 26.22
roter Riese
Rieselfeld 62.7
rieseln 39.3
der Kalk rieselt aus der Hose
Riesenbaby 38.6
Riesenbockwurst 55
Riesenbockwurst 31.5
Klappstulle mit Riesenbockwurst
riestern 26.25
Riffel 34.4
Rille 1.66
Rillen 1.67
Rillenbläserin 48.2
Rillenlecker 36.11, 48.4
Rillenleckerin 36.11
Rillenmassage 24, 25, 30.5
Rillenmasseur 25.4, 25.7, 48.4
Rillenmasseuse 24.2, 25.3, 25.7, 30.2, 30.7, 48.2
Rillenputzer 1.73
Rillenstreichler 48.4
Rillenstriegler 25.4, 48.4
Rillenstrieglerin 30.2
Rillenwichser 25.4, 25.7, 48.4
Rillenzupfer 48.4
Rillenzuzzeln 36.5
Rillenzuzzler 36.6
Rillenzuzzlerin 30.2, 36.7
Rimmling 59.3
Rinde 59, 59.12
Rinde 59, 59.12
glatte Rinde
Rinde 59, 59.12
scharfe Rinde
Rinde 59.6
sich in Rinde schmeißen
Rinde 59.6
sich in Rinde werfen
Rindfleisch 2.2, 2.4, 14.48
Rindfleisch 79.2
Rindfleisch vom Leichenschauhaus
Rindsnille 1.73, 34.6
Rindstitte 55
Ring 18.7
noch den Ring am Arsch haben
Ring 58.4
unechter Ring
Ringe 1.37
Ringe unter den Augen
Ringel 53.7
Ringelhemd 59.17
Ringelkeks 26.4
Lach mal, kriegst 'n Ringelkeks!
ringeln 14.8, 14.38, 26.25, 53.7
Ringelnatter 6.17, 14.18
Ringelpietz 31.5, 53.1, 53.7
Ringelpietz 12, 26.7
Ringelpietz mit Anfassen
Ringelscheider 53.7
Ringelschwitzer 59.16
Ringelsocken 59.38
ringelstechen 26.25
Ringelstecher 1.73
ringen 26.25
Ringfinger 1.55
Ringgeld 14.32
Ringkuß 50.1
Ringler 53.7
Ringlerin 53.7
Ringlete 14.40
Ringmatte 41.5
Ringmolle 14.42
Ringtausch 41
Rinnerle 63.1
Rinnerte 72.6
Rinnstein 62.7
Rinnsteinblume 48.2
Rinnsteinratte 48.2
Rinnsteinschnecke 48.2
Rinnsteinschwenker 59, 59.9, 59.25
Rinnsteinstipper 59, 59.9, 59.25
Rippe 14.48, 26.1
Rippelreiger 48.24
Rippen 1.14, 1.58
nichts auf den Rippen, man kann die Rippen zählen
Rippenbezug 59, 59.13
Rippenklater 59.9, 59.10, 59.13
Ripper 80.49
riskieren 36.12
den Kopf riskieren
riskieren 12.10, 68.3
eine Pupille riskieren
riskieren 69.4
ein Ohr riskieren
Riß 1.66, 7.10, 80.61, 80.95
ritardando 26.31, 54.8
ritenuto 54.8
Ritscherpappe 1.43
Ritter 6.6, 39.13, 64.19
Ritter von der traurigen Gestalt
Ritterburg 63.14
Rittmeister 51.3
Ritze 1.23, 1.66, 14.42, 80.50
Ritze 31.4
auf der Ritze schlafen
Ritze 26.25
die Ritze aushobeln
ritzen 80.46
Ritzenbläserin 48.2
Ritzenhobelwerkstatt 63.14
Ritzenhobler 1.73
Ritzenkieker 68.1
Ritzenkieker 68.2
Frau Ritzenkieker
Ritzenkitter 61.1
Ritzenkratzer 48.10, 63.12
Ritzenlecker 36.11, 48.4
Ritzenleckerin 36.11
Ritzenmasseur 25.4, 48.4
Ritzenmasseuse 25.7, 48.2
Ritzenpflege 24
Ritzenreinigungsdame 41.19
Ritzenreinigungsgenie 62.6
Ritzensauger 36.11, 48.4
Ritzenseher 68.1
Ritzenstreichler 25.7, 48.4
Ritzenstriegler 25.4, 25.7, 48.4
Ritzenwichser 25.4, 48.4
Ritzenzupfer 48.4
Ritzer 80.48, 80.49
Rivalen 11.8
einen Rivalen aus dem Sattel heben, einen Rivalen um eine sterben lassen, einem Rivalen einen Zahn abschrauben, einem Rivalen einen Zahn ziehen
Riviera 53.8, 53.17
Riviera 53.8, 53.17
sächsische Riviera
Rizineur 51.3
RK 51.3
RK (reizender Käfer) 63.13
RKS 51.3
RKS (Rote-Kreuz-Schwester) 63.13
Robe 59.10
Robert 1.73
Roboter 13.6, 26.37
Roboter der Liebe
Rock 35.22
Rock 4.19
hat den Rock voll
Rock 59.25
langer Rock
Rock 59.25
ondulierter Rock
Rock 59.25
Rock mit Dauerwellen
Rock 59.25

Rock mit offener Flanke
Rock 59.25
Rock mit Seitenschlitz
Rock 59.25
ungeplätteter Rock
Rock 59.25
weiter Rock
Rockaufschlitzer 70.18, 80.49
Röckchen 59.25
aufgeschlossenes, auskleidsames, einladendes, freigebiges, mitteilsames, offensichtliches, textilarmes, textilentfremdetes, textilfeindliches, textilfreies, tiefgründiges Röckchen
Röckekürzen 47.30
rocken 53.7
Rockenbüchlein 47.21, 54.1
Rockenstube 53.3
Rocker 19.4
Rocker 19
Rocker-Slang
Rockpolizist 47.38
Rockschöße 18.7
noch an Mutters Rockschößen hängen
Rodelschlitten 4.25
roden 26.25
roden 26.25
den Brunstbusch roden
roden 37.4
die Hügel roden
Roding 80.62
Roggenmann 82.5
Roggenmuhme 82.4
Roggenmutter 82.4
Rohkost 1.70, 1.78, 30.8, 36.12, 48.34, 78.7
Rohkost 36.4, 36.8
jemandem Rohkost füttern
Rohkost 48.34
Rohkost mit Dressing
Röhm 29.10, 51.2
Röhmling 29.3, 51.2
Röhmriff 51.2
Korallen am Röhmriff
Rohmtüte 59.7
rohnen 12.10, 68.3
Rohner 68.1
Rohr 1.73
Rohr 14.7, 68.3
aufs Rohr nehmen
Rohr 7.6
eine aufs Rohr nehmen, eine auf dem Rohr haben
Rohr 64.17
einen auf dem Rohr haben
Rohr 9.2, 12.8
jemanden auf dem Rohr haben
Rohr 12.8
jemanden aufs Rohr nehmen
Röhrchen 1.66, 1.73, 2.2, 36.12
Röhre 1.66, 2.2, 59.10, 59.7, 59.26, 73.13
Röhre 26.25, 30.4
die Röhre ausputzen
röhreln 26.25
Röhren 59.26
röhren 12.22
röhren 12.12
mit den Augen röhren
Röhrenkleid 59.10
Röhrenputzer 29.3, 36.6
Röhrenzicke 54.4
Rohrflöte 1.73, 29.10, 36.12, 54.8
Rohrflöte 36.4
Rohrflöte blasen
Rohrflöte 24.1, 25.1
Rohrflöte spielen
Rohrflötenspieler 24.3, 25.4
Rohrgeschwür 63.1
Rohrhose 59.26
Röhrl 1.66, 1.73, 2.2, 36.12, 48.2
Röhrl 1.14, 27.3, 39.12
ausgeronnenes Röhrl
Röhrl 24.1
das Röhrl ausputzen
Röhrl 25.1
einer das Röhrl ausputzen
Rohrleger 63.12
Rohrnudel 1.73
rohrpflegen 26.25
Rohrputzer 35.5
Rohrschaden 63.1
Roichtschäggen 52.4
Rollbums 55.11
Röllchen 59.18
Rolle 1.29
rollen 26.25, 80.58
rollen 1.77, 24.1, 25.1, 26.25
den Stein ins Rollen bringen
rollen 48.35
der Rubel rollt
Rollen 25.1
die Steine, die Eier, die Klöten ins Rollen bringen
rollen 72.11
einen von der Pfanne rollen lassen
rollen 46.4
rollender Puff
rollend 53.16
rollendes Ferienheim
Rollenspiel 66
Rollentausch 66
Rollerbraut 46.4, 53.15
Rollerglunt 48.2
Rollerzuzzel 48.2
Rollgeld 48.9
Rolli 59.7, 59.16, 59.19
Rollkragen 59.19
Rollkragenpullover 59.16
Rollmops 1.17
Rollpuff 48
Rollpulver 57
Rollsalve 72.10
Rollwasser 57
Rom 31.3
eingefleischt wie im alten Rom
Rom 31
Zustände wie im alten Rom
Romanbeine 1.86
Romanze 9.8, 12
Romanze 1.28, 48.2, 51.1
Romanze in Braun, Romanze in Schwarz
Romanze 54.5, 54.6
Romanze in doll
Romanze 48.2, 51.1
Romanze in Gelb
Romanze 1.28
Romanze in Rot, Romanze in Blond
Romni 48.2, 51.1
Rondell 48.25
Röntgen 68.2
Frau Röntgen
Röntgenauge 68.1
Röntgenaugen 1.36
Röntgenaugen 12.12, 68.3
Röntgenaugen machen
Röntgenbild 47.21, 54.3
Röntgenbluse 59.23, 70.5
Röntgenkleid 59.10
Röntgenohren 69.4
Röntgenohren machen
Röntgenpulli 59.16
Röntgenstrahl 51.2
Röntgenstrahl zur Unfruchtbarmachung
Rosa 1.66
rosa 59.43
Kaltwasserkleid mit rosa Flicken
rosa 59.10, 59.26, 59.38
rosa Flicken
rosa 48
rosa Sklaverei
rosa 26, 46.5, 53.8, 53.12
rosa Zeiten
Rosamunde 1.66
Rosaroter 29.9, 48.4
Rosch 1.32
Rose 1.66, 70.1, 72.4
Rose 14.46
Rose mit kurzem Stiel
Rose 14.46, 26.43
Rose mit langem Stiel
Rose 6.20
zarte Rose
Rosen 23
rosen 72.5
Rosen 35.18
an den Rosen schnüffeln
Rosen 35.7
die Rosen begießen (düngen, spritzen)
Rosen 23.1
die Rosen haben
Rosen 35.12
Rosen pflücken
Rosengarten 53.3
Rosengärtner 29.3, 35.5
Rosenhecke 23.7, 70.2

Rosenkranz 80.84
Rosenkranz beten
Rosenkränzlein 80.86
Rosenkranzler 80.87
Rosenmontag 23.5
Rosenpflücker 29.3, 35.5
Rosenschwimmen 52.1
Rosert 1.85
Rosert 35.12
den Rosert zupfen
Rosette 1.66, 1.85, 29.10, 35.10
Rosette 35.18
die Rosette küssen
Rosettenbeißer 35.16
Rosettenbommeln 35.8
Rosettenknabberer 35.16
Rosettenkrauler 35.13
Rosettenkuß 35.15
Rosettenpflegerin 35.17
Rosettenzupfer 35.13
Rosewei 80.48
Rosine 45.1
Rosine 45.1
dicke Rosine
Rosinen 55
Rosinen 55
Reis mit Rosinen
Rosinenfarm 64.3
Rosinenzucht 64.6
Rosmarienkranz 14.41
Roßapfel 35.22
Roßapfel vom weißen Rößl
Roßauto 14.41
Vier-PS-Roßauto
Roßbollenschüttler 35.22, 44.1
Roßdoktor 63.12
Roßhaar 1.72
rossig 9.4
Roßkur 63.8
Rößl 35.22
Roßapfel vom weißen Rößl
Roßschweif 1.29
Roßstriegel 52.2
Rosstag 41
Roßtäuscher 66.1
rosten 39.2
Röstertag 41
Rostfleck 35.4, 72.4
rostig 39.10
rostig 27.3, 39.13, 64.21
rostiger Riegel, rostiger Schlüssel, rostiger Schwengel
rostig 26
rostiger Schuß
rostig 36.10
rostiges Mundwerk
Rostige 1.28
Rot 7.2
Bei mir Feuerwehr: Vorliebe für Rot.
rot 1.73
der rote Faden
rot 23.2
Der rote König (die rote Kathi, die rote Marie, die rote Minna, die Tripse) ist da.
rot 23.2
der rote Vorhang ist runter
rot 23.2
drei Tage rote Grütze, sie ist in der roten Hölle
rot 22.7
einen roten Ballon kriegen, rot werden
rot 80.58
mit dem Birkenpinsel rot malen
Rot 1.28
Romanze in Rot
rot 1.25, 23, 23.4, 23.6, 55, 70.2, 78.3, 80.18
rote Grütze
rot 23
rote Hölle, rote Kathi, roter König, rote Marie, rote Minna, roter Vorhang
rot 59.7
rote Mütze der Bundesbahn
rot 1.40
rote Nase
rot 78.3, 79.2, 80.18
rote Soße
rot 78.3, 79.2, 80.18
rote Suppe
rot 78.3, 79.2, 80.18
roter Saft
rot 23.6, 78.3
rote Tunke
rot 1.25, 80.18
rote Tinte, rote Suppe, roter Saft, rote Soße
rot 23.7, 70.2
roter Teppich
rot 23.6, 26.22
rote Rübe
rot 26.22
roter Riese
rot 61
roter Fritze
rot 59.38
rote Damenstrümpfe
rot 1.28
rot gefärbt
Rot 23
Rot im Kalender
Rot 23.1
Rot im Kalender haben
rot 48.25
rote Lampe, rote Laterne
rot 11.3
rotes Licht
rot 61.5
rote Lippen und rote Nägel
rot 57
roter Libanese
rot 61, 61.5
rote Krallen
rot 51.3, 63.13
rote Kreuznutte, rote Kreuzotter, roter Kreuzschlitten, rote Kreuzhyäne, rote Kreuzwalküre, roter Kreuzdragoner
rot 63.13
rote Kreuzzicke
Rötelzeichnung 61
Rotenbarrikade 23.8
rotes Licht 48.2
Zunft vom roten Licht
Rotgefärbte 1.28
rothaarig 3
Innenleben mit drei rothaarigen Nutten
Rothaarige 1.28
Rothensiedel 23.2
die Tante aus Rothensiedel ist zu Besuch
Rothensiedel 23
Tante aus Rothensiedel
Rotkohl 23, 23.4, 23.6, 70.2, 78.3
Rotkohl 23.2
drei Tage Rotkohl
Rotkohl 23.6
Eisbein mit Rotkohl
Rotkohl 23.6, 26.25
Rotkohl löffeln
rotlackiert 61.5
rotlackierte Fingernägel
rotlackiert 61
rotlackierte Nägel
Rotlauf 70.1
Rotlicht 1.40, 11.3, 14.12
Rotlichtbildnerin 48.2
Rotlichtdame 48.2
Rotlichtdistrikt 48.25
Rotlichtspielhaus 48.25, 67.5, 68.4
Rotlichtstraße 48
Rötling 1.25, 80.18
Rotschwanz 1.28, 4.10, 26.37, 64.23
Rotundelein 72.23
Rotundenfrau 72.23
Rotwasser 1.25, 78.3, 79.2, 80.18
Rotz 78.3
Rotz 55
gefrorener Rotz am Marterpfahl
Rotzbahn 59.14
Rotzbecken 62.7
Rotzbengel 19.4
Rotzbremse 1.48
Rotzbub 19.4
rotzen 26.25
rotzen 26.25
in die Muschel rotzen
Rotzfahne 59.22
Rotzfetzen 59.22
Rotzglockenbrühe 55
Rotzgöre 19.2
Rotzhobel 59.22
Rotzjunge 19.4
Rotzkocher 56
Rotzlappen 59.22
Rotzlöffel 19.4
Rotzlumpen 59.22
Rotznase 18.4, 19.4

Rotznasenpopler 18.20
Rotzola 59.13
Rotztegel 56
Roulette 7
Roulette der Liebe
Roven 53.17, 62.5
Rovli 80.62
Rubbelgummi 24.5, 62.2
Rubbelkürbis 62.2
rubbeln 24.1, 25.1, 26.25
Rubbeltuch 62.2, 62.5
Rubbelwindel 62.5
Rubbler 1.73
Rübe 1.32, 1.40, 1.73, 29.10, 36.12
Rübe 36.4
an der Rübe knabbern
Rübe 27.3, 39.13, 64.21
ausgequetschte Rübe
Rübe 16.11
die Rübe absäbeln
Rübe 24.1
die Rübe schälen
Rübe 24.1, 25.1
die Rübe schrapen
Rübe 1.73, 19.10, 22.19, 28.4, 28.9, 38.7
grüne Rübe
Rübe 23.6, 26.22
rote Rübe
Rübe 7.8
sich dem Wettlauf um die Rübe anschließen
Rübe 7.7
Wettlauf um die Rübe
Rubel 1.32, 26.25
Rubel 48.35
der Rubel rollt
rübeln 26.25
Rübenacker 1.48
Rübenbutter 26.18
Rübenhandel 28.10
grüner Rübenhandel
Rübenkraut 1.72
Rübenkultur 29.7
Rübenloch 48.2
Rübenöl 26.18
Rübensaft 1.78, 36.12, 78.3
Rübensaft 36.4
jemandem Rübensaft füttern
Rübensalat 1.73, 29.7, 31.5
Rübenschwein 49.7
Rübenspeck 26.18
rüberkräulen 26.25
rübersteigen 26.25
Rübezahl 82.5
Rubikon 1.69
Rücherl 4.25
leichtes Rücherl
Rückantwort 35.4, 35.10
Rückantworten 26.31
Rückbleibsel 35.4, 72.4
Rückblick 1.85
Rücken 1.57
Rücken 80.11
den Rücken krümmen
Rücken 1.30
die Stirn wächst ihm in den Rücken
Rücken 39.3
hat Jahre auf dem Rücken
Rücken 59.10
Sex im Rücken
Rücken 1.83
wo der Rücken seinen anständigen Namen verliert; verlängerter Rücken
rücken 12.14
auf die Pelle rücken
rücken 41
Kiste rücken
rücken 26.5
zu Leibe rücken, auf die Nähte rücken, auf die Pelle rücken
Rückendeckung 26.30, 35.4
Rückendekolleté 59.10
Rückendekolleté 35.22, 59.10
Kleid mit Rückendekolleté
Rückenlage 35.4
Rückenlage 26.30
aus der Rückenlage
Rückenmark 35.4, 72.4, 72.26
Rückenmarksentzündung 35.8
Rückennaht 59.43
Rückennaht am Damenbadeanzug
Rückenschmierung 35.15
rückenschwimmen 26.25, 26.30, 35.4, 35.7
Rückenstärkung 26.30, 35
Rückenwäsche 35.15
Rückereih 14.41
Rücketag 41
Rückfahrkarte 29.9, 35.9, 48.9
Rückfahrt 26.30, 35.4
Rückfall 35.3
rückfällig 35.2
Rückgang 35.4, 72.4
rückgängig 35.2
Rückgrat 1.22
Rückgrat 1.83
verlängertes Rückgrat
Rückgratsverkrümmung 35.4
Rückgriff 35.11
Rückhalt 35.4
Rückkauf 29.9, 35.9, 48.9
Rückkehr 26.11, 54.9, 54.10, 59.10
Rückkehr vom Finanzamt
Rückkoppler 29.9, 35.5, 35.9, 48.4
Rückkopplung 35.4
Rückkuppeler 29.9, 35.5, 35.9, 48.4
Rückkupplung 35.4
Rücklage 35.4
Rücklauf 1.78, 26.29, 35.4
Rücklicht 1.73, 29.10, 31.5, 35.10
rücklings 1.85
Rückporto 29.9, 35.9, 48.9
Rucksack 35.18
Diner à la Rucksack
Rucksackbulle 63.12
Rucksackjäckchen 59.13
Damenjacke in der Buckelmode des Jahres 1955
Rucksackstier 63.12
Rückschau 1.85, 70.4
Rückschlag 35.4
Rückschläge 26.31
Rückschlagventil 1.85, 29.10, 35.10
Rückschlagventil 35.18
das Rückschlagventil ausblasen
Rückseitenwetter 72.10
rückseitig 35.2
rückseits 35.2
rucksen 35.7
rucksen 35.7
im Arsch rucksen
Rücksicht 70.4
rücksichtlich 70.4
Rücksichtnahme 1.85, 70.4
rücksichtslos 70.4
rücksichtsvoll 70.4
Rücksitz 35.4
Rückspiegel 1.83
Rückspiegel 35.7, 35.18
den Rückspiegel polieren
Rückspiegel 35.7
den Rückspiegel putzen, versilbern
Rückspiegel 26.30, 35.4
Rücksprache 72.10
Rückstand 35.4
Rückstand 64.20
im Rückstand sein
rückständig 29.10, 35.10
Rückständigkeit 35.10
Rückstau 35.4, 72.4
Rückstellung 26.30, 35.4
Rückstoß 35.4
Rückstoßantrieb 26.30, 35.4
Rückstrahler 1.85, 29.10, 35.10
Rückstrahler 35.18
den Rückstrahler putzen
Rücktrittbremse 35.4, 72.4
Rückvergütung 29.9, 35.9, 48.9
Rückwanderer 29.3, 35.5
rückwärtig 35.2
rückwärts 35.2, 35.22
Rückwärtsgang 35.4
Rückzahlung 29.9, 35.9, 48.9
Rückzieher 16.3
Ruckzuckfick 26
Ruckzuckficker 26.2
Rudel 31
Ruder 1.73
Ruder 26.9
das Ruder in die Hand nehmen

rudern 26.25
Rufmädchen 48.2
Rüge 35.22
Rügegericht 47.29
Rugele 1.17
Rügerichter 47.31
Rügestrafen 47.30
Ruhe 48.5
sich zur Ruhe setzen
ruhen 41.7
Ruhestand 11.18, 13.3
jemanden in den Ruhestand versetzen
ruhig 26.25
eine ruhige Kugel schieben, eine ruhige Kugel stoßen
Rührbein 48.2
Rührbeutel 48.2
Rührbutte 1.66, 25.8
Rührbutten 1.67
Rührei 1.78, 36.12, 78.3
Rührei 36.4
jemandem Rührei füttern
Rührei 55
Rührei mit Schinken
Rühren 3.5, 72, 72.26
menschliches Rühren
rühren 25.1, 26.25
rühren 26.8
ans Herz rühren
rühren 24.1, 54.8
die Trommel rühren
rühren 25.1
einer die Trommel rühren
rühren 25.1
einer im Fleischtopf rühren
rühren 24.1, 26.9
im Fleischtopf rühren
rühren 35.12
im Gurkenfaß rühren, im Spundloch rühren, im Weidloch rühren
rühren 37.4
in den Milchbotten rühren
rühren 26.25
in der Büchse (im Fleischtopf) rühren
rühren 42
keinen Schwanz rühren
Rührer 1.73, 3.5
Rührer 26.25
den Rührer eindrehen
Rührer 26.25
den Rührer reindrehen
Rührer 26.25
einen Rührer holen
Rührfetzen 54.5
Rührkiste 54.5
Rührkübel 1.66, 25.8
Rührlöffel 1.73
Ruhrort 72.12
Rührschnulze 54.5
Rührstock 1.73
Rührtrommel 1.66, 24.2, 25.3, 25.8, 30.8, 54.8
Rührtrommel 24.1
die Rührtrommel polieren
Rührtrommel 54.8
die Rührtrommel spielen
Rührtrommel 25.1
einer die Rührtrommel polieren
Rührtrommel 24.1, 25.1
Rührtrommel spielen
Rührung 9.10
Ruine 27.3, 39.4
Ruinen 61.1
neues Leben blüht aus den Ruinen
Ruinenlandschaft 39.14
Ruinenratte 48.2
Rülps 19.4
Rum 55
Kornschnaps mit Rum
rumaalen 10.7, 26.25
rumbummeln 10.7
rumbumsen 10.7
rumfosen 10.7
rumgampeln 26.25
rumhuren 10.7
rumigeln 10.7, 26.25
rumlatschen 49.9
jemandem in der Seele rumlatschen
rummatschen 10.7, 26.25
Rummelnutte 48.2
rummotzen 7.3, 12.4
rumnutten 10.7
Rumpel 1.66
Rumpelkammer 41.2
rumpeln 26.25
Rumpfkabinett 72.12
rumreiten 11.11
auf einer Frau rumreiten
rumschwänzeln 10.7
Rumsgasse 48
Rumtreiberfrisur 1.30
rund 2.2
runde Sache
rund 1.58, 1.83, 1.84, 29.10. 35.10, 70.4
runde Sachen
Runde 26.27
Runde 26.25
eine Runde abziehen
Runde 26.25
eine Runde drehen
Runde 26.25
eine Runde schieben
Rundkachel 62.2, 72.13, 72.16
Rundungen 1.58, 1.84, 70.5
Rundungen 1.83, 1.84, 29.10, 35.10
männliche Rundungen
Runkelrübe 1.32
runksen 12.6
Runksen 77
Runksen mit Honig
runter 23.2
der rote Vorhang ist runter
runterfallen 1.29
die Treppe runterfallen
runterhauen 80.58
runterholen 25.1
einem einen runterholen
runterknallen 80.58
runterlangen 80.58
Runzel 1.23
Runzelfalle 1.66
Runzelkitt 61
Runzelkitter 61.1, 61,2
Runzelsäulen 17.15
runzlig 1.23
rupfen 47.4
rupfen 13.10
jemanden rupfen
Rupfer 47.4, 48.4
rüppeln 26.25
ruppendreschen 12.10, 68.3
Ruppendrescher 68.1
Rüsche 64.10
Psychohöschen mit Rüsche
Rüssel 1.40, 1.42, 1.73, 29.10, 36.12
Rüssel 64.19
abgeknackster Rüssel
Rüssel 36.4
den Rüssel ausblasen
Rüsselfeger 61.4
Rüsselgerber 61.4
Rüsseljäckchen 59.43, 70.3
Rüsselkäfig 63.14
Rüsselpolierer 61.4
Rüsselputzer 29.3, 29.9, 36.2, 36.11, 48.4, 61.4
Rüsselputzerin 36.3
Rüsselschaber 61.4, 63.12
Rüsselschraper 61.4
Rüsselwichser 61.4
Russenfreundin 51.1
Russenhur 48.2
Russin 51.1
russisch 36.4
jemandem russische Eier füttern
russisch 1.78, 36.12, 78.3
russische Eier
russisch 80.62
russischer Regierungsrat
Rußmaus 41.19, 55.8
Rüstung 59.31, 70.17
Rute 1.73, 29.10, 80.62, 80.95
Rute 19.6
der Rute entwachsen
Rute 80.11
die Rute küssen
Rute 26.22, 80.25
eiserne Rute
Rute 30.4
sich eine Rute aufbinden

Rute 29.10, 36.4
sich unter die Rute beugen
Ruten 80.58
mit Ruten streicheln
Rutenarsenal 48.26, 80.94
Rutengänger 29.3
Rutenschlag 80.61
Ruting 80.62
Rutsch 26.27
Rutsche 1.66
Rutschen 1.67
rutschen 26.25
rutschen 26.30, 80.11
auf den Knien rutschen
rutschen 37.5
das Gehirn ist ihr in den Busen gerutscht
rutschen 21.10
er ist sexuell untern Teppich gerutscht
rutschen 37.4
im Wonnebibber rutschen
rutschen 12.41
ins falsche Loch rutschen
Rutscher 26.27
Rutscher 26.25
einen Rutscher machen
Rutschiputsch 1.66
Rutschiputschi 6.9
Rutschtag 41
Rutschwinde 48.25
rütteln 11.11, 13.3, 14.70
an den Ketten rütteln

S

S 57
S 63.1
das große S
S 63.1
Frau S
S 58
Vitamin S
S. A. 51.2
Saat 17.13, 26.25
die Saat sprengen
Sabbatschlüpfer 59.12
Sabbel 1.46
Sabbelkasten 46.2
Sabber 1.46, 78.3
Sabberlatz 18.15
sabbern 62.9
Säbel 1.73
Säbel 27.3, 39.13, 64.21
abgewetzter Säbel
Säbelbeine 1.86
Säbelfechter 4.18, 6.18
Sachbearbeiter 8.15, 14.24
Sachbearbeiterin 8.2, 14.23
Sache 2.2, 23, 26.27
Sache 26.30
der Sache auf den Grund gehen
Sache 26.17
die Sache gemeinsam beschlafen (beschnarchen)
Sache 23.1
die Sache haben
Sache 12.35, 26.25
die Sache im Griff haben
Sache 12.31
Die Sache läuft.
Sache 6.2
ganz große Sache
Sache 64.17
jemandem die Sache verbauen
Sache 2.2, 29.10
runde Sache
Sache 1.58
runde Sache, andere Sache
Sache 2.5, 4.3
Sache mit Eiern
Sache 72.5, 73.5
seine Sache machen
Sache 73.5
sich die Sache durch den Kopf gehen lassen
die Sache in die Hand nehmen und sehen, wie sie abläuft
Sache 26.25
zur Sache kommen
Sachen 1.83, 1.84, 35.10, 70.4
runde Sachen
Sachen 47.21, 54.1
scharfe Sachen
Sachen 41
seine sieben Sachen packen
Sachgebiet 8.2, 8.15
Sachgebiet 26.25, 48.16
das Sachgebiet bearbeiten
sächlich 6.22, 65.2
sächsisch 53.8, 53.17
sächsische Riviera
Sack 1.60, 1.76, 2.5, 41.5, 59, 59.10, 59.12, 59.13
Sack 14.16
alter Sack
Sack 14.53, 49.9
auf den Sack treten
Sack 41.10
aus dem Sack kriechen
Sack 41.5, 53.16
Bett im Sack
Sack 26.9, 26.10
den Sack ventilieren
Sack 12.41, 14.29
die Katze im Sack kaufen
Sack 26.36
einen dicken Sack haben
Sack 9, 64.23
Feuer im Sack
Sack 59.12
handgemachter Sack
Sack 53.16
Haus im Sack
Sack 39.13. 64.21
lahmer Sack
Sack 64.21
leerer Sack
Sack 39.13
leerer Sack, müder Sack
Sack 59.12
linker Sack
Sack 5
mehr im Kopp als im Sack
Sack 26.12
mit ventiliertem Sack
Sack 64.21
müder, nasser Sack
Sack 8.20, 14.49, 26.2
Sack im Haus
Sack 1.73
Sack und Pack
Sack 41.7
schlafen wie ein Sack
Sack 64.21
sein Sack hängt
Sack 26.17, 41.6
sich in den Sack hauen
Sack 64.23
tief in den Sack greifen
Sack 64.21
trauriger Sack
Sack 26.36
viel im Sack haben
Sack 12.6
wackeln wie ein Sack Sülze
Sack 6.3
wilder Sack
Sack 6.15
zickiger Sack
Säckel 59.26
sacken 80.90
Sackheber 59.34
Sackin 80.48
Sackkleid 59.10
Sackmantel 59.9
Sacknudel 4.17
Sackpfeife 1.73, 29.10, 36.12, 54.8
Sackpfeife 36.4
Sackpfeife blasen
Sackpfeife 24.1, 25.1, 36.4
Sackpfeife spielen
Sackpfeifer 24.3, 25.4, 36.2
Sackpfeiferin 36.3
Sackpfiff 36.1
Sackpuster 36.2
Sackpolyp 47.37

Sackraspel 46.4
Sackratten 71.3
Sackschneider 16.14, 63.12
Sackspitzel 47.39
Sackträger 2.5, 59.34
Sacktuch 59.22
Sacktuch 62.10, 71.1
angebrochenes Sacktuch
Sackventilation 59.26
Sadismus 80.2
Sadismus 80.2
vorgetäuschter Sadismus
Sadist 80.5
Sadist 80.34
auf Wasser fixierter Sadist
Sadistin 80.4
sadistisch 80.8
sadistisch 80.10
sadistisch sein, handeln, verkehren
Sadodrall 3.3
Sadomasochismus 80, 80.95
Sadomasochismus 80.26
auf Feuer fixierter Sadomasochismus
Sadomasochismus 1.66
Scheide im Vokabular des Sadomasochismus
sadomasochistisch 80.94
sadomasochistische Prostitution
sadomasochistisch 80.1
sadomasochistischer Verkehr
säen 17.8
säen 78.2
Kastanien säen
Safran 52.2
Saft 1.70, 1.78, 26.34, 30.8, 36.12, 78.3, 80.18
Saft 38
der beste Saft
Saft 26.23
Der Saft steigt ihm in den Baum.
Saft 57
grüner Saft
Saft 26.35, 38.2
im besten Saft
Saft 47.40, 64.17
im eigenen Saft schmoren lassen
Saft 38.2
im zweiten Saft
Saft 36.4, 36.8
jemandem Saft füttern
Saft 3.8
jemandem Saft in die Fotze treiben
Saft 77
Königskuchen mit Saft
Saft 64.21
ohne Saft und Kraft
Saft 1.25, 78.3, 79.2, 80.18
roter Saft
Saft 25.1
Saft abzapfen
Saft 24.1
Saft abzapfen, Saft pressen
Saft 26.25
Saft einkochen
Saft 24.1, 25.1, 36.8
Saft pressen
Saft 21.4, 22.3
wissen aus welchem Loch der Saft läuft
Saftarsch 1.83, 35.21, 79.2
Saftarsch 35.7
den Saftarsch begießen
Saftbohrer 1.73
saftig 47.21, 49.16
Saftkeller 29.8, 48.28
Saftkutte 59.12
saftlos 17.26, 64.21
Saftmauken 59.38
Saftmesser 1.73
Saftneger 19.4
Saftpenne 48.25
Saftpresse 1.66, 1.73, 29.10, 30.8, 36.12
Saftpresse 36.4, 36.8
an der Saftpresse nuckeln
saftpressen 30.4
Saftquanten 1.87, 62.13, 78.3
Saftschnalle 1.66, 30.2
Saftschwester 55.9
Saftstiel 1.73, 29.10, 36.12
Saftstiel 36.4
am Saftstiel nuckeln
Säge 6.14, 11.12, 30.2
Sägemühle 41.3
sagen 14.38
der Freiheit Lebwohl sagen
sagen 64.17
oben hui und unten pfui sagen
sagen 2.8
sein kleiner Finger sagt es ihm
sagen 4.11
sie kann nicht nein sagen
sagen 21.1
Wie sag ich's meinem Kinde?
sägen 41.7
sägig 6.13
sägig 6.15
sägiger Stenz
Sagosuppe 55
Säg'spä'streun 47.30
Sahara 53.8
Sahne 1.70, 1.78, 30.8, 36.12, 78.3
Sahne 77
Hindenburgtorte mit Sahne
Sahne 36.4, 36.8
jemandem Sahne füttern
Sahne 55
Prünellen mit Sahne
Sahne 24.1, 25.1
Sahne schlagen
Saison 22.14
die Saison eröffnen
Saisonglocke 29.9
Saisongockel 48.4, 53.8
Saisonnutte 53.8
Saite 26.25
auf der G-Saite spielen
Saiten 80.20
andere Saiten aufziehen
Saiteninstrument 54.8
Sakko 59.13
Sakom 50.6
Salami 1.73, 29.10, 35.21, 36.12, 72.4, 76.3
Salami 36.4
Salami essen
Salami 76.2
Salami fressen
Salamibrötchen 48.2, 51.1
Salamifresser 76.1
Salamifresserei 76
Salamilatschen 59.40
Salamischrippe 48.2, 51.1
Salamitreter 59.40
Salat 1.87
wie der Storch durch den Salat gehen
Salatkopf 1.32
Salatlatschen 59.38
Salatschnecke 19.2, 28.4, 55.7
Salatstaude 59.17
Salatstecher 59.40, 70.6
salben 80.58
Salon 48.25
Salondame 48.2
Salongebühr 48.9
Salonkriegsgerät 61
Salonlöwe 22.5, 48.8, 53.2
Salonmusik 26.27, 26.32, 54.8, 69.1
Salonnudel 1.73
Salonpatschen 59.40
Salonschlange 6.17, 53.2
Salonschleicher 59.40
Salonschlorcher 59.40
Salonstück 26.27, 54.8
Salontreter 59.40
Salontrittchen 59.40
Salonverkehr 53.1
Salonwagen 48.26
salopp 59.12
salopper Anzug
Salpingitis 63.1
Saltomortale 17.27
Dich hat deine Mutter wohl beim Saltomortale im Zirkus verloren.
Salvarsani 48.10
Zirkus Salvarsani
salzen 80.58
Salzer 80.62, 80.64
Salzergasse 31.5, 80.64
Salzfässer 1.51
Salzkrusten 53.17
Umschlagplatz der Salzkrusten
Salzstange 1.73, 26.22, 29.10, 36.12
Salzstange 36.4

an der Salzstange knabbern
Salzstange 7.8
sich dem Wettlauf um die Salzstange anschließen
Salzstange 7.7
Wettlauf um die Salzstange
Salzstangenabsatz 70.6
Salzstangenlecker 36.2
Salzstangerln 59.40
Salzwasserscheich 46.6, 53.10
Sämann 1.73
Sambakittel 59.17
Sambasocken 59.38
Sambasweater 59.16
Samen 1.78
Samen 3.8, 12.35, 26.40
Samen locken
Samen 26.25
Samen verschleudern
Samenanlage 1.76
Samenbank 17.6, 59.26
Samendattel 1.66
Samendatteln 1.77
Samenhandlung 29.8, 29.9, 48.26, 48.28
Samenhügel 1.80
Samenhülle 1.76
Samenkapseln 1.77
Samenkerne 1.77
Samenklau 4.17, 25, 29.3, 36.1, 64.23
Samenleiter 48.23
Samenleiterin 12.36, 21.5, 26.1, 48.2, 48.24
Samenlocker 29.9, 48.4
Samenlockerin 12.36
Samenräuber 36.2
Samenräumer 36.2
Samenschützer 59.34
Samenteppich 25.8, 59.22
Sämerei 1.76
Samland 48.28
Sämling 1.73
sammeln 12.22
Pluspunkte sammeln
Sammlung 8.9
Sammlung 9.5, 26.1
meine Sammlung
Samoa 53.17
Samthanse 30.5
Samtheinrich 29.3
Sanatorium 53.9
Sand 45.1, 63.1, 71.3
Sand 63.4
den Kopf in den Sand stecken
Sand 63.2
einer Sand in die Büchse streuen, einer Sand in die Mühle schmeißen
Sandalen 59.40
Sandalen 20.8
die richtigen Sandalen anpassen
sandig 53.17
Umschlagplatz der sandigen Haut
Sandige 41.25, 48.2, 62.13, 63.6
Sandlatscher 59.40
Sandmann 82.5
Sandmann 26.17, 41.6
Husch, husch, der Sandmann!
Sandwich 31.5
sanft 6.19, 29.4, 30.3
sanft 6.21, 29.3
sanfter Heinrich
sanft 6.20
sanftes Täubchen
sanft 12.16
sanfte Tour
Sanfte 12.19
Herzen auf die Sanfte massieren
Sanfter 29.3
Sänftling 14.42, 41.5
Sänger 29.10
Sängerhalle 1.49
Sängerhalle 80.77
bei der Sängerhalle kriegen
Sängerin 54.8
Sangtöse 54.7
sanieren 80.20
Sanität 72.12
Sanitäter 73.13
Sanitätsrat 51.3
sans 26.12
sans Kledage
Sardelle 1.13, 18.4
Sardellen 1.29
Sardinenbüchse 53.17
sarfenen 81.4
Sarfener 80.27, 81.2
Sarg 33.4
Sarg 39.11
liegt schon im Sarg und hat's nur noch nicht gemerkt
Sarggeburt 17.24
Sargnagel 56
sartenen 80.24
Satansbrut 82.7
Satansfrucht 52.2
Satellit 8.20, 9.9. 14.23, 14.24, 14.48, 14.67
Satellitchen 8.7
Sattel 48.16
einem in den Sattel helfen
Sattel 11.8
einen Rivalen aus dem Sattel heben
Sattel 9.2, 10.2, 48.35
fest im Sattel sitzen
Sattel 12.34, 12.35, 21.2, 22.2, 26.25
in allen Sätteln gerecht
Sattelbraut 46.4, 53.15
sattelfest 12.34, 21.2, 22.2
Sattelnase 1.40, 63.1
Satyr 64.23
Satyriasis 64.23
Satzzeit 17.16
Sau 2.2, 48.2, 48.35, 62.13, 71.1
Sau 22.18
angeschlagene Sau
Sau 22.18, 47.26
angestochene Sau
Sau 48.2
barmherzige Sau
Sau 17.8, 22.14
eine Sau anstechen
Sau 49.9
jemanden zur Sau machen
Sau 48.35
kreuzlahme Sau
Sau 48.5
laufen wie eine gesengte Sau
Saubengel 19.4
sauber 62.4
sauber 59.19
du brauchst einen sauberen Kragen
sauber 62.6
sauberer Mensch
sauber 80.65
sauberes Autogramm
sauber 35.19, 36.10
sauberes Tremolo
Sauberkeit 62.3
Sauberkeit 62.3
deutsche Sauberkeit
säubern 62.5
säubern 35.18
den Keller säubern
säubern 35.18
den Schlot säubern
säubern 30.4
die Düse säubern
Säuberung 62.1
Säuberung 62.1
ungenügende Säuberung
Säuberungsgeräte 62.2
Säuberungsgeräte und Utensilien
Säuberungsutensilien 62.2
Säuberungsgeräte und Utensilien
Saubesen 48.2
Saubetrieb 48.25
Saubohne 1.68
Sauborsten 1.65
Saubucht 41.5
Saubude 41.2, 48.25, 62.14
Sauciere 77.2
Saudreck 71.2
Säue 9.12
jemanden in Säue verwandeln
sauen 10.7, 62.12
sauer 14
der saure Apfel
sauer 11.11, 14.58
die Milch ist sauer
sauer 14.38
in den sauren Apfel beißen
Sauer 80.58
in Sauer einwecken
sauer 35.22
saure Pflaumen

sauer 11.12
saure Tomate
Sauerei 62.8
Sauerkirsche 11.12
Sauerkohl 1.48
Sauerkohlstampfer 1.87, 59.40
Sauerkohlwaden 1.86
Sauerkraut 1.48, 55
Sauerkraut 58
bronziertes Sauerkraut
Sauerkrautstampfer 1.87, 59.40
Sauerkrautwaden 1.86
Sauerland 55.11, 57.6
Sauerstofftankstelle 53.8
saufen 76.2
aus dem Popokal saufen
saufen 36.4
aus der Sodafontäne saufen
saufen 78.2
einen Stiebel saufen
Säuferin 55.6
Saufgeld 14.56
Sauftrog 55.11
Saugeld 45.1
saugen 36.4
saugen 21.1
an den Brüsten der Wissenschaft saugen lassen
saugen 10.7
aus allen Blüten Honig saugen
saugen 36.8
aus der Blüte Honig saugen
Sauger 36.2
Saugerin 30.2, 36.7
Saugfee 36.3, 36.7, 41.19, 62.6
Säugling 18.2, 36.2, 36.3, 36.7
Säugling 17.15
Säuglings-Suff
Säugling 18.2
schreiender Säugling
Säuglingsheim 36.11, 48.26
Säuglingskutsche 18.13
Säuglingsrat 47.42
Sauglocke 47.21, 54.1
die Sauglocke läuten
Sauglocken 49.18
die Sauglocken läuten
Saugschwester 30.7, 36.11, 48.2
Saugteufel 29.3, 36.2, 36.6
Sauhirt 47.37, 48.10
Sauigel 49.7
Saukerl 49.7, 62.13
Sauloch 48.2
Saulümmel 19.4
Saumagen 4.10
Saumensch 48.2
Saunest 41.5
Saunickel 62.13
Sauproletendorf 51
Säure 57
Säurebeis 57.6
Säurebeiz 55.11
säurefest 10.1
Säurekopf 57.3
Saures 80.61
Säurespritzer 70.18, 80.93
Säurestocherer 57.3
Sauspiel 54.6
Saustall 41.2, 62.14
Sautreiben 48.20
Sautreiber 47.37, 48.21
Sauzagel 48.21
Sax 80.48
Saxophon 54.8
Saxophonhose 59.26
Schabatz 70.1
Schabbesdeckel 59.7
Schabbesmontur 59.12
Schabebrett 25.8, 41.5
Schaben 71.3
schaben 24.1, 25.1
schaben 61
sich schaben
Schaber 61.4, 70.1
Schaberer 80.68
schaberisch 1.23, 63.1
Schabitt 34.4
Schabkunst 25
Schabracke 59.6
Schabracke 39.4, 48.2
alte Schabracke
Schabracke 59.6
aufgeschirrt wie eine Schabracke
Schabrackenhyäne 47.41
Schachbrett 59.9
Schacht 1.66, 1.73, 80.61
Schacht 26.25
zu Schacht fahren
Schachtel 1.66, 2.2
Schachtel 6.5, 39.4
alte Schachtel
Schachtel 22.18
aufgebrochene Schachtel, aufgemachte Schachtel, aufgeschlossene Schachtel, geöffnete Schachtel, offene Schachtel
Schachtel 22.14
die Schachtel aufbrechen
Schachtel 26.25
die Schachtel aufmachen (aufschließen)
Schachtel 61
Schönheit auf der Schachtel
Schächtelchen 59.6
wie aus dem Schächtelchen
Schachterl 59.6
wie aus dem Schachterl
Schächtung 63.11
Schadchen 14.31
schädelecht 1.58
schädelechte Kurven
Schädelknochen 63.1
syphilitische Verformung der Schädelknochen
Schadgeist 82.3
Schaf 2.2, 34.4, 48.35
Schaf 40
das schwarze Schaf der Familie
Schaf 63.6
räudiges Schaf
Schaf 7.12
sie sind wie Wolf und Schaf
Schäfchen 2.2, 12.20, 18.8, 45.1
Schäfchen 48.35
die Schäfchen scheren
Schäfchen 48.2
räudiges Schäfchen
Schafe 13.11
die Schafe scheren
Schäfer 18.16, 53.5
Schäfer von der neuen Stadt
Schäferspiel 53.5
Schäferstündchen 26.27
Schafeuter 1.66, 34.6, 36.12
Schaf-Euter 1.66
Schaffe 2.2
schaffen 22.14, 26.25, 26.40, 47.26
schaffen 25.1
jemanden schaffen
schaffen 24.1
sich schaffen
Schafhirt 54.8
Schafott 80.56
Schafshaut 17.15
Schafskötel 55
Schafsleder 11.19, 13.3
ausreißen wie Schafsleder
Schaft 1.73
Schäften 18.16, 53.5
Schaftstiefel 59.40
Schäkerei 12
schäkern 12.21
Schal 59.21
Schale 1.23, 1.87, 59, 59.12, 59.30, 70.10
Schale 59
freche Schale
Schale 59.6
sich in Schale schmeißen
Schale 59.6
sich in Schale werfen
schalen 59.6
sich schalen
schälen 24.1
schälen 24.1
die Rübe schälen
schälen 25.1
einen schälen
Schalk 59.13
schallen 80.58
Schallgardine 80.58
eine hinter die Schallgardine langen
Schallmauer 45
Schallplatte 54.8
Schallplattengesicht 1.33
Schalltüte 1.39
Schalmei 1.73, 29.10,

36.12, 54.8
Schalmei 36.4
Schalmei blasen
Schalmei 24.1, 25.1
Schalmei spielen
schalten 41.8
auf Außenleben schalten
schalten 26.17, 41.7
auf Innenleben schalten
Schaluppe 39.4, 48.2
alte Schaluppe
Schaluppe 22.14
die Schaluppe torpedieren
Schaluppe 22.18
torpedierte Schaluppe
Scham 1.66
Schambein 1.73
Schamberg 1.64
Schambinde 23.7, 59.34
Schambutte 1.66
Schambutten 1.67
Schambutter 44
Schamgürtel 23.7, 56, 59.34
Schamhaar 51.2
Meister des gekräuselten Schamhaars
Schamhaar 1.65
rasiertes Schamhaar
Schamhaar 1.65
Schamhaar der Frau
Schamhaar 1.72
Schamhaar des Mannes
Schamkapsel 49.21, 59.34, 59.35, 59.43, 70.3
Schamläuse 71.3
Schamleiste 1.82
Schamlippen 1.67
Schamlippen 1.67
unelastische Schamlippen
Schamlippen 1.67
ausgeweitete Schamlippen
Schamlippenoptiker 48.10, 63.12
Schamlippenstift 1.73
Schammas 62.10
schammerln 26.25
Schamott 45.1
Schamspalte 1.66, 47.21, 47.30, 54.1
Schamster 9.9
Schandeln 1.29
Schandfleck 1.63, 1.66, 26.4, 26.33, 49.1
Schandkleidung 48.12
Schandkleidung einer Prostituierten
Schandkranz 14.60
Schandmantel 14.60
Schanettl 4.25
Schani 48.21
Schanker 63.1
harter Schanker
Schanker 63.1
weicher Schanker
Schankerkasten 63.14
Schankerklempner 63.12
Schankermechaniker 63.12
Schankspritze 55.10
schanzen 21.3
Schapel 14.41
Schäpel 14.41
schapen 52.4
Schapker 59.7
Scharcheres 80.86
scharf 3.6, 4.8, 6.1, 49.16, 80.8
scharf 10.7
eine scharfe Klinge führen
scharf 4.8, 9.4
scharf auf jemanden
scharf 4.9
scharfe Bürste, scharfe Henne
scharf 48
scharfe Ecke
scharf 80.21
scharfe Frage
scharf 6.2
scharfe Kante
scharf 4.18, 6.18
scharfe Klinge
scharf 59, 59.12
scharfe Rinde
scharf 47.21, 54.1
scharfe Sachen
scharf 26.18
scharf laden
scharf 3.8
jemanden scharf machen
scharf 2.5, 4.3, 6.3
scharfer Hahn
scharf 16.7
scharfer Löffel
scharf 59.43
scharfer (frecher, heißer) Strandschrei
scharf 4.17, 6.17
scharfer Zahn
scharf 54.3
scharfes Foto
scharf 26.25
scharf schieben
scharf 80.52
scharf sein
scharf 4.8
scharf wie Gift (wie Holzessig, wie Paprika, wie Schifferscheiße, wie tausend Chinesen)
scharf 3.7
scharf wie 'n abgebrochenes Messer
scharf 3.6, 4.8
Sie ist so scharf, sie braucht 'n Waffenschein.
Schärfe 80.21
Scharfer 47.26
Scharfer 35.7, 47.26
einen Scharfen machen
Schärfling 80.40, 80.48
scharfmachen 64.17
Scharfmacher 64.17
Scharfmacherin 64.17
scharfnehmen 47.4
Scharfnehmer 47.4
Scharfrichter 80.5, 80.57, 80.83
Scharfsinn 80.44
Scharlachrennen 48.33
Scharlachruf 48.33
Scharte 1.66
Scharte 24.1, 25.1, 26.25
die Scharte auswetzen
Scharteke 39.4
alte Scharteke
scharwenzeln 12.21
Schatulle 1.66. 2.2
Schatulle 39.4
alte Schatulle
Schatulle 22.18
aufgebrochene Schatulle, aufgemachte Schatulle, aufgeschlossene Schatulle, aufgestemmte Schatulle, geöffnete Schatulle, offene Schatulle
Schatulle 22.14
die Schatulle aufbrechen
Schatulle 26.25
die Schatulle aufmachen (aufschließen)
Schatulle 3.8
eine Schatulle aufziehen
Schatulle 17.26
leere Schatulle
Schatulle 8.2
meine Schatulle
Schatulle 22.10
unaufgeschlossene Schatulle
Schatte 82.3
Schatten 8.7, 8.20, 9.9, 14.23, 14.24, 14.48, 14.67
Schatten 8.15
mein Schatten
schattenboxen 12.6
Schattenboxer 64.21
Schattenbrenner 4.18
Schattenliebe 64.13
Schattenmorelle 4.20, 11.12, 53.7, 64.13
Schattenriß 26
Schatzanweisung 48.9
Schatzbrief 46.3
Schätzen 35.22
ich schätze ihn nicht mehr
Schatzgräber 22.16, 26.37
Schatzheber 17.17, 59.30
Schatzhebungsmaschine 59.30
Schatzi 12.20
Schatzkammer 1.66, 2.2
Schatzkästchen 46.4, 53.15
Schatzkästlein 22.18
aufgeschlossenes Schatzkästlein, geöffnetes Schatzkästlein, offenes Schatzkästlein
Schatzkästlein 26.25
das Schatzkästlein auf-

machen (aufschließen)
schau 6.1
Schau 11.3, 12.1
Schau 12.4
eine Schau abziehen
Schaubude 48
Schaubudenbesitzerin 59.10
Schaubusenbesitzerin 54.5
schauen 9.3
er hat ihr zu tief in die Augen geschaut
schauen 36.8
gegen Futbach schauen
schauen 30.8, 36.8, 36.12
zu tief in den Becher schauen
Schauerbock 6.6
Schauerlappen 59.7
Schaufelform 59.7
schwarzer Damenhut in Schaufelform
Schaufeln 1.54, 1.55
Schaufenster 59.10
Schaufenster 48
Schaufenster in einer Prostituiertenstraße
schaufenstern 48.7
Schaufläche 26.30
von der Schaufläche
Schaugeschäft 67.5, 68.4
Schauhahn 12.37
Schauhärtling 1.31
Schauhausbraten 55
Schaukasten 59.10
Schaukastenkleid 59.10
Schaukelbauch 54.9
Schaukelei 26
Schaukelhengst 48.4
Schaukeljunge 48.4
Schaukelmädchen 4.12, 4.25, 48.2
schaukeln 26.25, 26.30
schaukeln 37.4
auf der Balustrade schaukeln
Schaukelpferd 4.12, 48.2
Schaukelstuhl 14.42, 41.5, 65.1
Schaukelstuhl 26.30
im Schaukelstuhl
Schaukelwiege 18.11
motorgetriebene Schaukelwiege
Schauling 1.36
Schaum 1.70, 1.78, 30.8, 36.12, 78.3
Schaum 25.1, 26.25
Schaum schlagen
Schaum 36.4, 36.8
jemandem Schaum füttern
Schaumädchen 54.6
Schaumkelle 16.7, 63.10
Schaumkopf 64.20
verkapselter Schaumkopf
Schaumritter 61.4
Schaumschläger 1.73, 61.4
Schaumspeise 1.70, 30.8, 36.12, 78.3
Schaumspeise 36.4, 36.8
jemandem Schaumspeise füttern
Schaumterrine 62.2
Schaupackung 59.10
Schauspiel 54.6
erotisches Schauspiel
Schauspiel 68.4
sexuelles Schauspiel
Schautenfritze 61
Schautenweide 64.2
Schauter 47.39
Schauwerker 59.7
Schebatz 63.1
Scheckbuch 13.9, 14.32, 48.35
Scheckbuch 13.12
Scheckbuch mit Busen
Scheckbuch 48.8
Scheckbuch mit Schwanz
Scheer 8.15
Scheftlinge 59.40
Scheibchen 45.1
Scheibe 1.66, 1.85, 2.2, 53.4, 55.11
Scheibe 35.7
die Scheibe polieren (putzen)
Scheibe 35.18
die Scheibe waschen
Scheibe 29.8
heiße Scheibe
Scheibe 29.8, 30.6
schwule Scheibe
Scheibe 29.8, 30.6
warme Scheibe
Scheibenbremse 1.73
Scheibengardine 59.33, 70.3
Scheibenhonig 35.21, 72.3, 72.4, 76.3
Scheibenhonig 76.2
am Scheibenhonig naschen
Scheibenkupplung 35.4
scheibenschießen 26.25, 35.7
Scheibenwaschanlage 62.2
scheibenwischen 35.18
Scheibenwischer 1.36, 35.16, 35.20, 36.11, 48.4
Scheibenwischer 41.7
die Scheibenwischer ausschalten
Scheibenwischer 41.8
die Scheibenwischer einschalten
Scheibling 59.7
Scheich 1.87, 6.3, 9.9, 19.4, 48.21
Scheich 8.23
stellvertretender Scheich
Scheide 1.66, 25.8, 34.6, 51.3, 54.8
Scheide 26.30
auf des Messers Scheide
Scheide 78.3
aus der Scheide getrunkener Wein
Scheide 1.66
ausgeweitete Scheide
Scheide 80.18
Blut an der Scheide
Scheide 26.25
das Schwert in die Scheide stecken
Scheide 1.66
enge Scheide
Scheide 62.13
Frau mit unsauberer Scheide
Scheide 63.1
Infektion an der Scheide
Scheide 24.5
künstliche Scheide
Scheide 1.63
Schwert und Scheide
Scheide 1.66
Scheide der Mutter im Inzest-Vokabular
Scheide 1.66
Scheide einer über dem Gesicht kauernden Frau
Scheide 1.66
Scheide im Jargon der Urophilie
Scheide 1.66
Scheide im Prostituiertenvokabular
Scheide 1.66
Scheide im Vokabular des Cunnilinctus
Scheide 1.66
Scheide im Vokabular des Sadomasochismus
Scheide 63.1
syphilitisch infizierte Scheide
Scheide 62.13
ungewaschene Scheide
Scheide 1.66
weite Scheide
Scheideabend 41
Scheidemünze 48.9
scheiden 14.70
sich scheiden lassen, sich trennen
Scheidenfurz 26.32, 69.1
Scheidenhofrat 63.12
Scheidenprinzipal 63.12
Scheidenvorhof 1.66
Scheidenvorhofkoitus 16.4
Scheidenwerkstatt 63.14
Scheidetag 41
Scheidewand 54.6
Scheidewasser 1.70, 30.8, 36.12, 73.4, 78.3
Scheidewasser 36.8
jemandem Scheidewasser füttern
Scheideweg 7
Scheideweg 7.5
auf den Scheideweg gehen
Scheidung 14.69
Scheidungsanwalt 14.71, 47.32
Scheidungsfabrik 14.69
Scheidungsschmiede 14.69
Scheidungsturm 14.69
Schein 1.36, 45.1
Schein 48.10

gelber Schein
Schein 45.1
halber Schein, ganzer Schein
Scheine 2.2, 48.2
Scheines 80.61
Scheines 80.58
Scheines geben
Scheines 80.59
Scheines kriegen
Scheines 80.59
sich Scheines holen
Scheinling 1.36
Scheinlingszwack 1.38
Scheinlingszwack 12.11, 68.3
Scheinlingszwack machen
Scheinwerfer 1.40, 1.58, 31.5, 70.5
Scheinwerfer 37.4
die Scheinwerfer putzen
Scheißbesen 6.5
Scheißbeißer 35.16
Scheißbolzen 56
Scheißding 35.22
Scheißdreck 72.4
Scheißdreck 55
Scheißdreck mit Mandeln
Scheißdreck 35.22
sich einen Scheißdreck drum kümmern
Scheißdreck 35.22
sich um jeden Scheißdreck kümmern
Scheiße 35.22, 72.4
Scheiße 51.2
braune Scheiße
Scheiße 72.7
die Scheiße steht ihm bis zum Hals
Scheiße 45.5
er hat Geld wie Scheiße
Scheiße 51.3, 55
Hoden in Scheiße
Scheiße 35.22
Hoden in Scheiße, Scheiße im Kopf haben, Scheiße bauen, Scheiße unters Volk tragen, jemanden durch die Scheiße ziehen, er hat Scheiße im Blut
Scheiße 76.2
Scheiße fressen
Scheiße 45.6
sie sitzt in der Scheiße
Scheißebohrer 35.5
Scheißelocker 72.8
Scheißelongü 41.5
scheißen 72.5
scheißen 35.22
auf jemanden scheißen
scheißen 5.3
Dem haben sie ins Gehirn geschissen und vergessen umzurühren.
scheißen 72.6
er hat ins Kraut geschissen
scheißen 72.6
er scheißt sich weg, er scheißt sich über sieben Beete
scheißen 35.22
jemandem etwas scheißen
scheißen 35.22
jemandem vor den Koffer scheißen
Scheißer 72.26
Scheißer 35.22
alter Scheißer, liberaler Scheißer
Scheißerei 35.22, 72.6
Scheißereibmaschine 45
Scheißeritis 72.6
scheißfein 35.22
Scheißfreier 35.5, 35.9, 48.8
Scheißfresser 76.1
Scheißfresserei 76
scheißfreundlich 35.22
Scheißfummler 35.13
Scheißgier 76
Scheißhaus 55.11, 57.6, 72.12
Scheißhausgeneral 72.24
Scheißhauspartei 51.2
Scheißholz 72.15
Scheißhunger 76
Scheißkäfer 35.17, 35.20, 36.11, 48.2
Scheißkerl 35.22
Scheißkrabbler 35.13
Scheißkram 35.22
Scheißkute 72.12
Scheißkutenindianer 72.24
Scheißlecken 35.15
Scheißlecker 35.16
Scheißpastillen 72.8
Scheißperlen 72.8
Scheißpillen 72.8
Scheißpulver 72.8
Scheißriecher 47.34
Scheißschnüffel 47.34
Scheißsprache 75
Scheißtage 35.23
Scheißtrommel 1.83, 6.5
Scheißtrümp 49.7
Scheißverdruß 59.3
Scheißwetter 35.22
Scheißwichser 35.13
Scheißwinde 72.12
Scheißzuzzeln 35.15
Scheitel 1.29
Scheitel 1.30
er hat einen breiten Scheitel
Scheitel 80.54
Wir wollen dem Herrn mal einen Scheitel ziehen.
Scheitelschoner 59.7
Scheiterhaufen 80.25
Scheiterhaufen 80.24
auf den Scheiterhaufen setzen
Scheks 6.3
Schellack 61
Schellen 1.77, 80.86
Schellenbaum 1.73, 54.8
Schellenbaum 24.1, 25.1
am Schellenbaum klimpern
Schellenbeutel 1.76
Schellengardine 59.34, 70.3
Schello 80.82, 80.86
Schelm 9.9, 12.20
Scheltwendungen 17.27
Scheltwendungen über Geburt und Abstammung
Schelura 80.86
Scheluro 80.82
Schema 26.27
Schema F
Schemenlaufen 52.4
Schenkel 1.86, 47.37
schenken 12.23
schenken 12.30, 14.9
Gehör schenken
schenken 9, 9.3
jemandem sein Herz schenken
schenken 80.10
Strafe nicht schenken
Schenkhochzeit 14.41
schepp 6.4
Scheppern 1.14
Scherbe 2.2, 72.13
scherbeln 53.7
scherbeln 51.2
volksverbunden scherbeln
Scherben 45.1, 72.13
Schere 1.73, 80.48
Schere 61.3
Meister von der Schere
scheren 48.35
die Schäfchen scheren
scheren 13.11
die Schafe scheren
Schereowend 41
Scherjes 9.9
Scherp 2.2
scherzando 54.8
Scherztag 41
Scherzwoche 41
scheu 4.19
scheu 4.20
scheues Mädchen
scheu 4.20
scheues Reh
scheu 48.35
seine Pferde scheu machen
Scheuerbürste 62.2
Scheuerfest 62.1
Scheuerlappen 59.7, 62.2
scheuern 80.58
Scheuklappe 60.1
Scheune 44
Scheune 45.5
er hat das Heu in der Scheune
Scheunentor 1.66
Schiachperchten 52.8
Schicht 48.5
auf Schicht gehen
Schicht 48.5

Schicht machen
Schichtarbeiterin 48.2
Schick 59.4
schick 59.6
schick 59.4
schicke Clique
schicken 14.70
den Ehepartner aufs Abstellgleis schicken
schicken 80.58
den heiligen Geist schicken
schicken 48.35
eine auf den Damm schicken
schicken 11.18, 13.3
jemanden in die Wüste schicken
Schickeria 59.4
Schickermoos 14.56
Schickse 48.2, 51.1
Schiebeln 6.10
zum Schiebeln
schieben 26.25, 53.7
schieben 10.7
eine aufs Abstellgleis schieben
schieben 12.35
eine gute Kugel schieben
schieben 26.25
eine Nummer (eine Runde, einen Stepp, eine Tour) schieben
schieben 17.8
einer ein Brot in den Ofen schieben, einer einen Bug ins Hemd schieben
schieben 26.25
eine ruhige Kugel schieben
schieben 11.18, 13.3
jemanden aufs Abstellgleis schieben
schieben 26.25
scharf schieben
Schieber 1.73, 26.27
Schieber 26.25
einen Schieber machen
Schiebermütze 59.7
schiebern 26.25
Schiebewürstchen 31.1
schief 59.7
der Hut sitzt schief
schief 36.12
ein schiefes Maul ziehen
schief 11.4, 14.13
schief ankommen
schief 49.1
schiefe Ebene
schief 63.6
schiefes Gepiß
schief 1.75, 12.40, 64.25
schief gewickelt
schief 47.3
schiefe Nutte, schiefe Pro, schiefes Biest
schief 64.25
schiefer Turm
schief 73.13
schiefer Turm von Pisa
Schiefer 45.1
Schiefertafel 10.1
Bei mir Schiefertafel: auf mir kannste rechnen.
schiefgebaut 6.4
schief hängen 11.11, 14.58
der Haussegen (Ehesegen, Familiensegen, Liebessegen) hängt schief
schielen 3.6
nach dem Bettzipfel schielen
schielen 1.36
Schienbein 80.69
Waden und Schienbein, Füße, Finger quetschen
Schiene 12.16
Schiene 12.39
verbogene Schiene
Schienenfee 72.23
Schienenverkehr 46.5
Schiere 47.36
Schierling 52.2
Schieß 1.73
Schießbude 1.66, 51.3, 55.11, 57.6
Schießeisen 57.2
schießen 26.25, 57.1
schießen 26.25
auf eine schießen, einen Hasen schießen, Pfeile schießen
schießen 12.41
Böcke schießen
schießen 12.28
einen Hasen schießen
schießen 57.5
er schießt
schießen 26.19
wie ein Pilz aus dem Boden schießen
schießen 64.20
zu früh schießen
schießen 6.10
zum Schießen
schießig 6.10
Schießpulver 72.8
Schießscheibe 1.66, 2.2, 4.12, 14.48, 26.1, 48.2, 80.95
Schiet 72.4
Schiff 20.1
Schiff 26.30
das Schiff in den Grund bohren
Schiff 62.5
klar Schiff machen
Schiffahrer 73.1
Schiffbauingenieur 63.12
Schiffchen 2.2, 59.7
Schiffe 73.4
schiffen 73.5
Schiffer 73.7
Schiffer 73.9
Leuchtturm für bedrängte Schiffer
Schiffer 62.5
Ozean des kleinen Schiffers
Schifferanda 73.9
Schifferkacke 35.22
blöd wie Schifferkacke
Schifferklavier 1.66, 73.13
Schiffernakel 73.9
Schifferscheiße 4.8
scharf wie Schifferscheiße
Schiffgewässer 73.4
Schiffhallenchef 73.9
Schiffländе 73.9
Schiffoir 73.9
Schiffonium 73.9
Schifforium 73.9
Schiffsheber 59.34
Schiffskörper 73.13
Schiffsreise 53.10
Schiffsschaukelei 73
Schiffs-Stewardess 53.10
Schiffsverkehr 46.6
Schiffswinde 26.30
Schildläuse 71.3
Schildwache 72.4
Schillerechse 48.2, 65.1, 65.4
Schillerkragen 59.19
Schilling 45.1
Schimes 80.61
Schimes 80.58
Schimes geben
Schimes 80.59
Schimes kriegen
Schimes 80.59
sich Schimes holen
Schimm 70.1
schimmeln 53.7
schimmeln 53.7
schimmeln lassen
Schimmeltanz 52.5, 53.7
Schimmusch 26.27
Schimpfworte 35.22
Schinalsdille 44.2
schinden 80.20
schinden 53.7
die Dielen schinden
schinden 80.11
sich schinden lassen
Schinder 63.12, 80.5
Schindmähre 48.2
Schinellerin 44.2
Schinken 1.83, 2.2, 35.21, 48.2, 79.2
Schinken 35.18
am Schinken lecken
Schinken 35.7
den Schinken anschneiden
Schinken 55
großer Schinken
Schinken 35.18
jemandem den Schinken auf die Zunge legen
Schinken 35.18
jemandem Schinken füttern
Schinken 4.16, 12.14
mit dem Schinken nach der Wurst werfen
Schinken 12.14
mit der Wurst nach dem Schinken werfen
Schinken 80.61

Speck und Schinken
Schinken 80.58
Speck und Schinken geben
Schinkenärmel 59.14
Schinkenbeutel 59.35
Schinkenetui 41.5, 59.9, 59.11, 59.25, 59.35, 70.4, 70.17
Schinkenfutteral 59
Schinkenkauer 35.16
Schinkenklopfen 18.16, 35.23, 80.61
Schinkenlecker 35.16
Schinkenpresse 59.32
Schinkenschleck 35.17
Schinkenspalter 29.3, 35.4, 35.5
Schinkenspießer 29.3, 35.5
Schinn 63.1
Schinnen 70.1
Schippe 1.42, 1.44
Schippen 1.55
Schippenmalke 59.6
Schirm 72.10, 80.48
Schirm 72.11
einen Schirm aufspannen müssen
schirmlos 59.7
schirmlose Soldatenmütze
Schirmmütze 59.7
Schirmmütze 59.7
tief ins Gesicht gezogene Schirmmütze
Schirp 2.2
Schiß 35.22
Schiß 4.19
hat Schiß
Schißbaumwolle 55
Schißkalong 41.5
Schissoir 72.12
schittichen 14.38
Schittlach 14.40
schlabbern 62.9
Schlachtbank 14.40, 47.29, 63.10
schlachten 22.14
schlachten 48.35
sein Sparschwein schlachten
Schlächter 26.36
Was in der Wurst ist, weiß nur der Schlächter.
Schlächterhund 80.8
ein Gemüt wie ein Schlächterhund
Schlachtfest 14.40
schlachtfrisch 22.12
schlachtfrisch 22.10
schlachtfrischer Braten
Schlachthaus 53.17
eingefleischt wie im Schlachthaus
Schlachthof 14.34
Schlachthof 31.3
eingefleischt wie im Schlachthof
Schlachtkosten 16.10
schlachtreif 1.19, 22.12
schlachtreif 22.10
schlachtreifes Kalb
Schlachtung 63.11
Schlachtvieh 14.28
Schlackenkappe 59.7
schlackern 62.9
Schlaf 41.7
den Schlaf abstottern
Schlaf 41.7
ein paar Augen voll Schlaf nehmen
Schlafanzug 59.42
Schlafanzug mit kurzen Hosen
Schlafboste 41.12
Schlafbursche 41.13
Schlafe 41.5
Schläfen 27.3, 38.4, 39.1, 39.7
Herr mit grauen Schläfen
schlafen 41.7
schlafen 47.4
auf Abbruch schlafen
schlafen 31.4
auf der Ritze schlafen
schlafen 22.7
bei der Erfindung der Mösen hat er geschlafen
schlafen 41.7
fest schlafen
schlafen 41.7
im Freien schlafen
schlafen 41.7
lange schlafen
schlafen 29.10
mit den Hühnern schlafen gehen
schlafen 37.5
mit offenen Augen schlafen
schlafen 41.7
mit Unterbrechung schlafen
schlafen 80.58
schlafen legen
schlafen 41.7
schlafen wie ein Bär, ein Dachs, ein Kanonier, ein Murmeltier, eine Ratte, ein Ratz, ein Sack, bis in die Puppen, in den Tag, ein Loch in den Tag, rund um die Uhr, auf Abruf, auf Abzahlung, auf Raten, schlückchenweise, am Busen der Natur, in franca villa, bei Mutter Grün
schlafen 45.6
sie schläft im Kohlenkasten
schlafen 41.7
während der Arbeitszeit schlafen
schlafen gehen 41.7
schlafen 41.6
Schlaft's guat miteinand'!
schlaff 64.19
Schlafgänger 41.13
Schlafgeld 48.9
Schlafittchen 80.20
einen beim Schlafittchen kriegen
Schlafkiste 41.5
Schlafkleidung 59.42
Schlaflied 26.27, 54.8
Schlafloch 41
Schlafmittel 4.6, 4.7, 6.14, 6.15, 64.23
Schlafmütze 57
Schlafpille 4.6, 6.14, 64.23
Schlafpulver 57
schläfrig 41.7
Schlafrock 59.41
Schlafrock 59.30
Äpfel im Schlafrock
Schlafrock 55
gehackter Missionar im Schlafrock
Schlafständer 26.22, 64.17
Schlafzimmer 33.4, 41.3
Schlafzimmer 46.4, 53.14
gummibereiftes Schlafzimmer
Schlafzimmer 46.4, 53.14
Schlafzimmer auf Rädern
Schlafzimmer 54.3
Schlafzimmer eines Fotografen
Schlafzimmeraugen 1.36
Schlafzimmeraugen 3.6, 12.12
Schlafzimmeraugen machen
Schlafzimmersklave 80.7
Schlafzimmersklavin 80.6
Schlafzimmertheater 70
Schlag 26.27, 59.26, 80.61
Schlag 35.7
einem einen Schlag reinhacken
Schlag 80.58
einen guten Schlag hacken
Schlag 26.25, 26.27, 80.58
einen Schlag hacken
Schlag 80.65
guter Schlag
Schlag 80.61
Schlag ins Gesicht
Schlag 80.61
Schlag ins Kontor
Schlag 80.8
vom gleichen Schlag
Schlag 80.61
zwei Herzen und ein Schlag
Schlaganfall 1.5, 6.2
Schläge 80.61
schlagen 80.58
schlagen 80.58
braun und grün schlagen
schlagen 80.58
eine gute Kelle schlagen
schlagen 26.25
eine gute Klinge schlagen
schlagen 47.17

ein Lehrmädchen schlagen
schlagen 26.25
ficken als ob man den Rekord schlagen will
schlagen 80.58
ins Gesicht schlagen
schlagen 80.58
ins Kontor schlagen
Schlagen 80.62
Instrumente zum Schlagen
schlagen.18.1
nach der Mutter (dem Vater) schlagen
schlagen 24.1
Sahne schlagen
schlagen 25.1
Sahne schlagen, Schaum schlagen
schlagen 26.25
Schaum schlagen, Wurzeln schlagen
schlagen 10.7
sich die Nacht um die Ohren schlagen
schlagen 48.5, 80.94
sich durchs Leben schlagen
schlagen 80.59
sich schlagen lassen
schlagen 49.5
über die Stränge schlagen
schlagen 80.58
windelweich schlagen
schlagen 41
Wurzeln schlagen
schlagen 31.4
zwei Fliegen mit einer Klappe schlagen
schlagend 80.61
schlagende Beweise
Schlager 54.8
Schlägermütze 59.7
Schlagersänger 54.8
Schlagersängerin 54.8
Schlaghammer 19.4
Schlagloch 46.4, 53.14
Schlaglöcher 46.4
Straße mit Schlaglöchern
Schlagobers 1.70, 1.78, 30.8, 36.12, 78.3
Schlagobers 36.4, 36.8
jemandem Schlagobers füttern
Schlagrahm 1.70, 1.78, 30.8, 36.12, 78.3
Schlagrahm 36.4, 36.8
jemandem Schlagrahm füttern
Schlagring 80.62
Schlagsahne 1.70, 1.78, 30.8, 36.12, 78.3
Schlagsahne 36.4, 36.8
jemandem Schlagsahne füttern
Schlagseite 1.41, 80.61
Schlagzeuger 80.5, 80.64
Schlaks 1.1
Schlamant 4.26, 13.6
schlamen 26.25
Schlamm 1.78, 62.10
Schlamm 26.25
Schlamm abladen
Schlammholder 48
Schlammtüte 1.66
Schlampampe 62.13
Schlampe 62.13
schlampen 59.6
Schlampenschleuder. 46.4, 53.15
Schlampn 48.2
Schlamperl 9.8
Schlange 1.73, 2.2, 6.17, 80.86
Schlange 30.2
Schlange am Busen
schlangeln 80.84
Schlangenbassin 30.6
Schlangenbrut 2.4
Schlangenfang 64.6
Schlangenfänger 64.4
Schlangengerber 64.4
Schlangengrube 64.3
Schlangenjagd 64.6
Schlangenjäger 64.4
Schlangenmoos 16.1, 52.8
Schlangenturm 39.14, 41.22
Schlangenwurz 52.3
Schlangenwurzel 52.2
Schlangenzucht 64.6
Schlangerling 80.86
Schlantander 4.26, 13.6
Schlapfe 48.2, 62.13
Schlapfen 6.5, 59.40
Schlapfenpromenade 48
schlapp 64.19
Schlapparsch 1.10
Schlappen 59.40
Schläpper 59.40
Schlappermünztag 41
Schlapphut 59.7
Schlappier 64.21
schlappmachen 64.19, 64.21, 64.23
Schlappmaul 46.1
Schlappsack 1.76, 64.21
Schlappschwanz 1.10, 4.7, 4.21, 64.13, 64.19, 64.21
schlau 5.1
schlauer Bauch
schlau 1.86
schlaues Laufwerk
Schlauch 1.73, 1.85, 29.10, 41.3, 59.10
Schlauch 35.7
den Schlauch anschließen (auf Druck bringen, aufpumpen)
Schlauch 29.10
den Schlauch aufblasen
Schlauch 35.12
den Schlauch ausbeuteln
Schlauchboothose 59.26
Schlauchbüxe 59.26
Schläuche 1.58, 59.40
schlauchen 64.23, 80.20, 80.58
schlauchen 80.11
sich schlauchen lassen
Schlaucher 80.64
Schlauchhose 59.26
Schlauchhosen 59.36
Schlauchkleid 59.10
Schlauchträger 59.30
Schlauchwarze 1.58
Schlaufe 80.82, 80.86
Schlaumalfes 59.41
Schlaun 41.5
schlaunen 26.25
Schlaunklamine 41.3
Schlawiner 49.7
Schlawittchen 59.13, 59.19
Schlawitzer 9.9, 12.20
Schlawwer 18.15
schlecht 35.22
schlecht 59.6
schlecht angezogen
schlecht 59.6
schlecht angezogen sein
schlecht 59
schlechte Kleidung
schlecht 64.21
schlechter Stern
schlecht 35.22
schlechtes Essen
schlecht 35.22
schlechtes Wetter
schlecht 36.10
schlecht gepfiffen
Schlechtwetterhülse 59.9
Schleck 36.5
schlecken 30.4, 36.4, 36.8
schlecken 76.2
Kakao schlecken
Schlecker 1.45, 30.8, 36.12
Schlecker 36.4, 36.8
am Schlecker sein
Schleckerei 36.1
Schleckerl 29.3, 34.4, 36.2, 36.3, 36.6, 36.7
Schlegel 1.73
Schlegel 27.3, 39.13, 64.21
abgewichster Schlegel
Schlegel 26.25
den Schlegel reinhauen
Schlegel 35.7
einem den Schlegel reinhämmern
Schlegel 22.14
einer den Schlegel reinhämmern (reinhauen, reinschlagen)
Schlegelmilch 1.78, 36.12, 78.3
Schlegelmilch 36.4
jemandem Schlegelmilch füttern
Schlei 45.1
Schleicher 59.40
Schleier 59.7
Damenhut mit Schleier
Schleiereule 6.5, 14.27, 50.8
Schleifacker 14.42, 41.3, 41.5
Schleife 80.82, 80.86
Schleife 80.84
die Schleife anlegen
schleifen 20.8, 80.20

schleifen 53.7
das Parkett schleifen
schleifen 13.13
den Zahn schleifen
schleifen 80.20
einem die Eier schleifen
schleifen 80.11
sich schleifen lassen
Schleifsäbel 1.73, 1.86
Schleifstein 1.68, 1.73, 25.8 26.1, 29.10, 48.2
Schleim 1.70, 1.78, 36.12, 78.3
Schleim 36.8
jemandem Schleim füttern
Schleimablage 1.55
Schleimbeutel 1.66
Schleimdüse 1.66
schleimen 10.7, 26.25
schleimen 26.25
in die Batterie schleimen
Schleimlecker 36.6
Schleimschani 35.16, 36.2
Schleimscheißer 35.6
Schleimschlecker 36.2
Schleiße 1.65
schlemmen 36.4, 36.8
Schlemmer 36.2, 36.6
Schlemmerei 36.1, 36.5, 78
Schlemmerin 36.3, 36.7
Schlenkermarkt 41
Schlenkerwurst 41
Schlenklweil 41
Schleppdampfer 48.2, 48.22
schleppen 14.38
zum Altar schleppen
Schlepper 48.22, 53.8
Schleppsack 48.2, 48.4
Schlepptau 12.26, 48.5
eine ins Schlepptau nehmen
Schleuderer 24.3, 25.4, 25.7, 48.4, 67.1
Schleuderer 24.1
einen Schleuderer machen
Schleuderfeuer 67
Schleuderin 36.7
Schleuderkunst 67.4
schleudern 24.1, 26.31
Schleuse 48.24
Schleusen 26.23
die Schleusen öffnen
Schleusendeckel 45.1
Schleusenpanne 23
Schleusenpanne 23.1
Schleusenpanne haben
Schliche 12.35
die Schliche raushaben
Schließeisen 80.86
schließen 14.38
den Bund fürs Leben schließen
schließen 37.5
die Augen schließen
schließen 9, 9.3
jemanden ins Herz schließen
schließen 59.26
Schließ die Stalltür gut zu!
Schließmuskel 1.66
Scheide mit trainiertem Schließmuskel
schlimm 9.4
schlimm auf
schlimm 4.8
schlimm auf jemanden
Schlimmer 29.10
O du Schlimmer!
Schlindebips 59.20
Schlinge 1.66, 2.2, 4.17, 6.17, 8.8, 14, 14.18, 14.48, 36.12, 80.82, 80.86
Schlinge 14.38
den Hals in die Schlinge stecken
Schlinge 36.8
den Kopf in die Schlinge stecken
Schlinge 58.6
linke Schlinge
Schlingel 12.20, 18.3, 18.4, 18.9, 19.4
Schlinggewächs 59.7
Schlink 2
Krapp und Schlink
Schlippermilch 1.70, 1.78, 30.8, 36.12, 78.3
Schlippermilch 36.4, 36.8
jemandem Schlippermilch füttern
schlippern 1.49, 36.4
hinter den Knorpel schlippern
Schlips 1.73, 59.20
Schlips 64.21
abgegriffener Schlips
Schlitten 2.2, 4.25, 26.1, 48.2
Schlitten 8.7, 8.20
eingelaufener Schlitten
Schlitten 8.5
fabrikneuer Schlitten
Schlitten 80.20
mit jemandem Schlitten fahren
Schlitten 49.5
unter den Schlitten kommen
Schlittenbahn 41.5
schlittenfahren 26.25
Schlittenrecht 52
Schlitz 1.66, 48.2
Schlitz 35.7
den Schlitz aushobeln (ausraspeln, ausrebeln)
Schlitz 26.25
den Schlitz ausraspeln (ausschleifen)
Schlitz 64.10
Psychöschen mit Schlitz
Schlitzamsel 48.2
Schlitzbulle 4.10
Schlitzdohle 48.2
Schlitzdragoner 4.17, 48.2
Schlitze 2.2, 48.2
Schlitzerl 2.2, 48.2
Schlitzfetzen 2.2, 48.2
Schlitzflickerei 63.14
Schlitzgabel 2.2, 4.25, 14.18, 48.2
Schlitzhengst 4.10
Schlitzhose 4.25
Schlitzhusar 4.18, 6.18, 48.2
Schlitzki 4.25
Fräulein Schlitzki
Schlitzmatratze 2.2, 4.25, 48.2
Schlitzmaus 4.25
Schlitzmesser 1.73, 80.95
Schlitzöffner 67.1
Schlitzparade 67.4
Schlitzputz 48.10
Schlitzputzer 1.73, 63.12
Schlitzreißer 1.73, 80.95
Schlitzreiter 4.18
Schlitzsoldat 51.3
Schlitzsprenger 1.73, 22.16, 47.26, 64.23, 80.95
Schlitztrommel 1.66, 25.8, 54.8
Schlitzverschluß 23.8
Schlorcher 59.40
Schlorren 59.40
Schloß 1.57, 1.66
Schloß 22.14
das Schloß aufbrechen
Schloß 2
Schloß und Riegel
Schloß 1.63
Schloß und Riegel, Schloß und Schlüssel
Schloß 2
Schloß und Schlüssel
Schloß 36.5
Schloß vor dem Mund
Schlosser 59.7
Schloßhund 11.15
wie ein Schloßhund heulen
Schloßzauber 52.8
Schlot 1.66, 1.73, 1.85, 59.7
Schlot 36.4
den Schlot ausputzen
Schlot 35.7
den Schlot fegen
Schlot 35.18
den Schlot säubern
Schlot 27.3, 39.13, 64.21
schrottreifer Schlot
Schlotbaron 29.3, 29.9, 35.6, 35.9, 48.4
Schlotfeger 4.18, 35.16, 36.11, 48.2
Schlotkehrer 35.16, 35.20, 36.11, 48.4
Schlotpflegerin 35.17, 35.20, 36.11, 48.2
Schlotputzer 1.73
Schlotterbüxe 59.26
Schlotterdarm 4.21
Schlotterhose 4.21, 54.8, 64.13
schlotterig 6.4, 59.6
Schlotterkluft 59

Schlottermilch 1.70, 1.78, 30.8, 36.12, 78.3
Schlottermilch 36.4, 36.8
jemandem Schlottermilch füttern
schlotzen 36.4, 36.8
Schlucht 1.66
Schluckauf 36.10
den Schluckauf haben
Schluckbild 52.2
schlückchenweise 41.7
schlückchenweise schlafen
schlucken 36.4
schlucken 36.10
dran zu schlucken haben
schlucken 36.10
nicht schlucken können
schlucken 36.12
viel schlucken müssen
Schlucker 36.10
armer Schlucker
Schluckerin 36.3
Schluckstörung 36.10
schludrig 42
schludrig arbeiten
Schluf 48.30
Schlufer 59.13
Schluffe 9.8, 12.20
Schluffen 59.40
Schlummerkaftan 59.42
Schlummerkies 48.9
Schlummerlied 26.27, 54.8
Schlummermutter 41.12
Schlummerpille 57
Schlummersarg 41.5
Schlummerzoll 48.9
Schlumpe 48.2, 62.13
Schlumpen 59.40
Schlund 1.66, 1.85, 35.21, 36.12
Schlund 1.66
enger Schlund
Schlund 64.22
ihr ist die Gräte im Schlund stecken geblieben
Schlund 36.12
Schlund wie die Einkommensteuer
Schlund 1.42
Schlund wie 's Finanzamt
Schlund 36.11, 48.7
sein Geld durch den Schlund jagen
Schlund 1.66
weiter Schlund
Schlundstößer 29.3, 36.2
Schlung 1.49
Schlüngelwoche 41
Schlunkisse 41.3
Schlunkitt 41.3
Schlunz 59.10, 71.2
Schlunze 9.8, 26.1, 62.13
Schlunzen 59.1
schlunzig 62.11
Schlüpf 59.38
die Schlüpf
Schlupfe 1.42
Schlüpfer 59.35
Schlüpferstürmer 55
schlüpfrig 6.16
Schlupfschlauch 59.10
Schlupfwespe 48.2
Schlurf 1.29, 19.7, 48.21
schlürfen 36.4
schlürfen 76.2
Creme schlürfen
schlürfen 36.4
Hoden schlürfen
Schlurfkatze 9.8
Schlurfwerkzeug 59.40
Schlurre 29.9, 48.4
Schlüssel 1.73, 80.86
Schlüssel 7.11
der Schlüssel paßt
Schlüssel 7.12
der Schlüssel paßt nicht
Schlüssel 27.3, 39.13, 64.21
rostiger Schlüssel
Schlüssel 1.63, 2
Schloß und Schlüssel
Schlüsselgewalt 14.2, 64.24
Schlüsselgrete 50.3
Schlüsselkind 18.4
Schlüsselkörbchen 59.7
Schlüsselloch 1.66
Schlüssellocher 68.1
Schlüssellochfilm 54.5
Schlüssellochtheater 68
Schlüsselrecht 14.74
Schlüsselwürde 14.1
Schlüsselziehen 53.5
Schlußlicht 1.40, 18.4, 35.22
Schlußstrich 11.21, 13.4
Schmachtamsel 54.8
Schmacht-Atoll 53.7
schmachten 9.13
Schmachtfetzen 9.6, 14.67
Schmachthahn 2.5, 9.6, 14.67
Schmachtkopp 54.8
Schmachtlappen 9.6, 14.67
Schmachtlocken 1.29
Schmachtriemen 59.28, 70.14, 70.17
Schmackeduzchen 9.8, 12.20
Schmadder 62.10
Schmähtutteln 59.30
schmaicken 12.19
schmakustern 80.58
schmal 59.20
schmale Krawatte
schmal 59.20
schmaler Querbinder
schmal 59.24
schmale Schulterbänder
Schmalfilmliebhaber 54.5
Schmalspurbett 41.5
Schmalspureisenbahn 28.6, 48.26
Schmalspur-Nitribitt 28.6, 48.2
Schmalspurorgel 59.26
Schmalspurpritsche 41.5
Schmalspurpuff 28.6, 48.26
Schmalspurschiene 12.16
Schmalspurterrasse 47.29
schmalten 80.58
Schmaltier 53.7
Schmalz 14.44
Eier im Schmalz
Schmalz 5
mehr Schmalz zwischen die Ohren als zwischen die Beene
Schmalzamor 1.18
schmalzen 12.19
Schmalzer 80.64
Schmalzfliege 82.1
Schmalzgebackenes 78.3
Schmalzheini 54.8
Schmalzier 54.8
Schmalzkönig 47.41, 48.12
Schmalzlappen 54.8
Schmälzling 54.8
Schmalzlocken 1.29
Schmalzstulle 45.1, 59.19
Schmalztenor 54.8
Schmant 62.10
Schmantbuxe 59.26
Schmantwaden 59.38
Schmarren 80.47
Schmaucher 36.1
Schmaucherl 36.1
Schmaucherl 36.4
Schmaucherl machen
schmäulern 12.21
Schmatt 45.1
Schmatz 26.4
schmatzeln 26.3
schmecheln 12.21, 26.3
Schmeckatswasser 61
schmecken 55.4
schmecken 80.59
eine zu schmecken kriegen
schmecken 55.4
gut schmecken, wie Titte mit Ei schmecken, schlecht schmecken, nach Unterhose schmecken, nach nichts schmecken, nicht nach ihm und nicht nach ihr schmecken
schmecken 7.11
sie schmeckt ihm, er schmeckt ihr
Schmecker 1.45, 1.73, 29.10
Schmeichatz 1.73
Schmeichelkätzchen 18.8
schmeicheln 12.19, 35.22
Schmeichelstimme 46.1
Schmeichelweide 14.42, 41.3, 41.5
Schmeichler 35.22
schmeißen 10.2
alles in einen Topf schmeißen
schmeißen 11.19, 64.21, 64.23
die Flinte ins Korn schmeißen

schmeißen 22.14
eine auf die Butten (aufs Kreuz, auf die Matte) schmeißen
schmeißen 29.6, 35.7, 47.26
einen auf die Butten schmeißen
schmeißen 35.7
einen aufs Kreuz schmeißen, einen auf die Butten schmeißen
schmeißen 17.16
einen Stratzen schmeißen
schmeißen 63.2
einen Sand in die Mühle, ins Getriebe schmeißen
schmeißen 59.6
sich in Gala, Montur, Pelle, Putz, Rinde, Schal, Schmiß, Staat, Staude, Wäsche, Wichs, Wisch schmeißen
schmeißen 26.10
sich in horizontale Berufskluft schmeißen
schmeißen 62.11
Wenn man ihn an die Wand schmeißt, bleibt er kleben.
Schmeißfliege 29.3, 35.6, 35.9, 35.17, 35.20, 47.39, 48.2, 59.20, 71.3
Schmeißkäfer 29.3
Schmelen 1.27
Schmelz 39.3
der Schmelz ist weg
schmelzen 72.5
Schmelzer 1.85, 72.12
Schmelzer 35.7
den Schmelzer anheizen
Schmelzer 35.12
den Schmelzer wichsen
Schmelzgusch 72.12
Schmelzhütte 48.25, 72.12
Schmelzkante 72.15
Schmelzkessel 72.16
Schmelzkitt 72.12
Schmelzpferd 18.16, 53.5
Schmelzpunkt 4
Schmelzwinde 72.12
Schmerbauch 1.18, 1.60
Schmerf 1.42
schmerfen 26.3
Schmerse 59.26
Schmerz 80.12
Schmerz 26.25, 26.40
den Schmerz stillen
Schmerz 80.13
Schmerz empfinden
Schmerzensgeld 16.10
Schmerzgeilheit 80
Schmerzgier 80
schmerzhaft 80.14
Schmerzkiller 57
Schmerzmittel 26.44
schmerzstillend 26.41
Schmetterling 2.2, 10.8, 59.20, 80.61
Schmetterlingskuß 26.4
schmettern 72.5, 80.58
Schmettersalon 72.12
Schmettertante 55.6
Schmetzer 26.4
Schmetzer 26.3
Schmetzer stecken
Schmiede 48.25
Schmiedehammer 1.73
schmieden 80.84
an die Galeere schmieden
schmieden 26.25
das Eisen schmieden
schmiegen 80.11
sich schmiegen
Schmiere 47.36, 62.10, 80.61
schmieren 12.19, 17.13, 26.25, 80.20, 80.58
schmieren 35.7
den Arsch schmieren
schmieren 35.7
den Braunen schmieren, den Darm schmieren, das Hauptportal schmieren, die Hintertür schmieren, den Schwarzen schmieren, den Wackelarsch schmieren
schmieren 26.25, 36.4
die Achse schmieren
schmieren 35.18
die Hintertür schmieren, den Klemmring schmieren, das Poportal schmieren, den Schwanzfänger schmieren
schmieren 35.7
hinten schmieren
schmieren 36.4
jemandem das Maul schmieren
schmieren 25.2
jemandem die Hände schmieren
schmieren 36.4, 36.8
jemandem Honig ums Maul (um den Mund) schmieren
schmieren 72.3
Kot schmieren
schmieren 72.3
Senf schmieren
schmieren 57.1
Stoff schmieren
Schmierer 12.19, 26.5
am Schmierer sein
Schmierfink 62.13
Schmierkäse 1.79, 36.12, 78.3
*Schmierkur 63.8
Schmierlapp 62.13
Schmieröl 1.46, 1.70, 1.78, 35.4
Schmiertopf 47.41
Schmiervogel 82.1
Schmilme 57
Schmilmert 57
Schminke 61
schminken 61
Schminkkasten 61
Schminkmaxe 61.2
schmirgeln 80.20, 80.58
schmirgeln 47.17
den Stift schmirgeln
Schmiß 59, 59.12, 80.47, 80.61
Schmiß 59.6
sich in Schmiß schmeißen
Schmiß 59.6
sich in Schmiß werfen
Schmitze 80.21
schmitzen 80.58
Schmoi 1.73
Schmollbett 14.42
Schmolle 77
Schmolle mit Schuß
schmollen 11.11, 14.58
Schmollmund 1.42
Schmollschatulle 14.58, 45.3, 58
Schmollwinkel 11.11, 14.58
im Schmollwinkel sitzen
Schmollzimmer 41.3
Schmoreisen 1.73, 80.95
schmoren 30.4, 36.4, 36.8
schmoren 47.40
im eigenen Saft schmoren lassen
schmoren 80.20
jemanden schmoren lassen
schmoren 64.17
jemanden schmoren lassen, jemanden im eigenen Saft schmoren lassen
Schmorer 29.3, 36.2, 36.6
Schmormädchen 36.3, 36.7
Schmorteufel 36.2, 36.6
Schmu 1.66
Schmuck 58
Schmuck 58
geborgter Schmuck
Schmuck 58
getragener Schmuck
Schmuckkasten 58
Schmuddel 4.25, 48.2
schmuddelig 62.11
Schmuddeliese 62.13
schmuddeln 62.9
schmuddern 73.5
Schmu-Geld 14.56
Schmu-Groschen 14.56
Schmuh 1.66
Schmuhe 1.66
Schmu-Kasse 14.56
Schmuller 1.73
schmunkig 62.11
Schmunknaller 59.27
Schmu-Pfennig 14.56
Schmuppe 1.66
Schmus 9.8, 9.9, 13
Schmusauto 48
schmusen 12.21
Schmuser 6.9
Schmuserei 12, 13

Schmusgeld 14.31
Schmuskopp 6.9
Schmuspeter 6.9
Schmutte 1.66
Schmuttel 62.10, 71.2
Schmuttelei 62.8
Schmutz 1.25, 62.10, 71.2, 80.18
Schmutz 62.13
Schmutz unter den Fingernägeln
Schmutz 62.12
vor Schmutz starren
Schmutzablage 47.35
Schmutz- und Schundablage
Schmutzbewältigung 62.7
Schmutzfänger 71.1
Schmutzfink 49.7
Schmutzfleck 62.10
schmutzig 62.11
schmutzig 49.9
jemandes schmutzige Wäsche waschen
schmutzig 1.55, 62.13
schmutzige Fingernägel
schmutzig 62.13
schmutzige Frau
schmutzig 48.2
schmutzige Prostituierte
schmutzig 59.12
schmutziger Anzug
schmutzig 59.19
schmutziger Kragen
schmutzig 59.9
schmutziger Mantel
schmutzig 62.13
schmutziger Mensch
schmutzig 62.14
schmutziger Ort
schmutzig 48.25
schmutziges Bordell
schmutzig 59.17
schmutziges Hemd
schmutzig 75
schmutziges Maul
schmutzig 59.22
schmutziges Taschentuch
schmutzig 59.15
schmutzige Weste
schmutzig 62.12
schmutzig sein
schmutzig 46
seine schmutzige Wäsche vor anderen waschen
Schmutzkittel 62.13
Schmutzkruste 62.10
Schmutzlappen 47.37
Schmutzliebe 71
Schmutzrand 62.10
schmutzstarrend 62.11
Schmuz 26.4
Schnabel 1.42, 1.73
Schnabel 39.13, 64.21
abgewetzter Schnabel
Schnabel 10.7
den Schnabel an jedem Loch wetzen
Schnabel 26.25
den Schnabel wetzen
Schnabel 64.21
er hat sich den Schnabel abgewetzt
Schnabelflöte 1.73, 29.10, 36.12, 54.8
Schnabelflöte 36.4
Schnabelflöte blasen
Schnabelflöte 24.1, 25.1
Schnabelflöte spielen
Schnabelflötist 24.3, 25.4
Schnabelfut 1.66
schnäbeln 26.3
Schnabelschuhe 59.40
schnackeln 17.11, 63.2
es hat geschnackelt
Schnackerl 26.27
Schnackerl 26.25
ein Schnackerl machen
schnackig 6.10
schnackseln 26.25
schnafte 6.1
schnafte 6.3
schnafter Isch
Schnaken 71.3
Schnällchen 59.20
Schnalle 1.66, 2,2, 4.25, 12.1, 48.2, 59.3, 59.20
Schnalle 1.63, 2.1
Dorn und Schnalle
Schnalle 12.4
eine Schnalle belegen
Schnallen 1.67
schnallen 26.25
schnallen 80.58
auf die Bank schnallen
Schnallenarsenal 48.27
Schnallenbums 48.32, 53.3, 55.11
Schnallenbunker 48.27, 48.29
Schnallenhöhle 48.32
Schnallenhütte 48.25
Schnallenkaserne 48.27, 48.29
Schnallenkasten 48.25
Schnallenkeller 48.32, 53.3, 55.11
Schnallenkiste 48.25
Schnallenladen 48.25
schnallenrennen 26.25
Schnallenritt 12, 26.27, 48
Schnallenritt 7.5, 26.25, 48.7
auf den Schnallenritt gehen
Schnallensilo 48.29
Schnallenstampe 48.32
Schnallentimpe 48.32
Schnallentrecker 4.18, 48.8
Schnallentrecker 64.14
hinter jedem Baum einen Schnallentrecker vermuten
Schnallentreiben 48.20
Schnallentreiber 48.21
Schnallenwinde 48.32, 53.3, 55.11
Schnalpe 2.2
schnappen 80.58
schnappen 17.11
es hat geschnappt
schnappen 12.26
sich eine schnappen
Schnapper 1.66, 80.48, 80.86
Schnäpper 47.37
Schnappert 80.62
Schnappfut 1.66
Schnapphärtling 80.48
Schnappschuß 26.27, 54.3
Schnaps 17.15
Baby-Schnaps
Schnaps 55
Bier mit Schnaps
Schnaps 55
großer Schnaps
Schnaps 80.61
trockener Schnaps
Schnapsfilter 1.59
Schnapsnase 1.40
schnarchen 41.7
Schnarchkommode 41.5
schnatte 6.1
Schnattermaul 46.1
Schnauz 1.48
Schnauze 1.42
Schnauze 36.10
akrobatische Schnauze
Schnauze 1.42
das ganze Gesicht eine Schnauze
Schnauze 67.6
dreckige Schnauze
Schnauze 3.7
eine kalte Schnauze haben
Schnauze 36.8
jemandem das Loch auf die Schnauze setzen, es jemandem auf die Schnauze setzen
Schnauze 35.18
jemandem den Arsch auf die Schnauze setzen
Schnauze 35.19, 36.10
Schnauze aus Blei
schnäuzeln 26.25
Schnauzenakrobat 36.2, 36.6, 36.10
Schnauzenakrobatik 35.19, 36, 36.10
Schnauzenbesen 61.4, 62.2
Schnauzenfeger 61.4
Schnauzengerber 61.4
Schnauzenkratzer 61.4
Schnauzenlack 61
Schnauzenpinsel 61
Schnauzenpolierer 61.4
Schnauzenputz 62.2
Schnauzenputzer 61.4
Schnauzenschaber 61.4
Schnauzenschinder 61.4
Schnauzenschraper 61.4
Schnauzenwichser 61.4
Schnauzer 1.40, 1.48
Schnäuzling 1.40
Schneck 2.2, 9.8, 12.20
Schnecke 1.66, 2.2, 30.2, 34.6, 48.2
Schnecke 51.2

B.D.M.-Schnecke
Schnecken 1.29, 1.67, 59.22
Schneckenhaus 46.4, 53.16
Schneckenhäuserl 1.73
Schneckenmama 48.24
Schneckennudel 1.68
Schneckenpapa 48.23
Schneckenpost 46.3
Schnee 57, 59.22, 62.5, 70.12
Schnee 53.19
Playboy in Schnee
Schnee 53.19
Umschlagplatz für Schnee und Liebe
Schnee 62.4
wie frischgefallener Schnee
Schneebrunzer 39.13
schneefahren 70.12
Schneefahrer 70.12
schneefangen 70.12
Schneefänger 70.12
Schneegans 19.2, 28.6, 48.2
Schneegeknüll 59.29, 70.12
Schneegestöber 35.22, 51.3, 55
kalter Arsch mit Schneegestöber
Schneegestöber 24
Phantasie mit Schneegestöber
Schneehase 4.6, 53.18, 53.19, 64.23
Schneehuhn 53.18, 53.19, 64.23
Schneekarawanserei 53.19
Schneekönig 70.12
Schneekuh 4.6, 53.18, 53.19, 64.23
Schneemann 4.7, 64.23
Schneericher 57.3
schneeschaufeln 70.12
Schneeschaufler 70.12
Schnegel 41.6
Schnegel treiben
Schneiche 59.7, 59.21
Schneid 26.34, 80.52
Schneid 14.52
ihm den Schneid abkaufen
Schneidbrenner 1.73, 47.26, 64.23, 80.49, 80.95
Schneide 80.48
Schneidemühle 80.53
schneiden 80.46
schneiden 41.7
Bretter schneiden
schneiden 64.21
dem sein Messer schneidt kalt Wasser ohne gewärmt
schneiden 12.22, 14.7
die Cour schneiden
schneiden 59.30
er schneidet einem ins Herz
Schneider 31.5, 34.4, 61.4, 80.48, 80.49
Schneider 38.2
im Schneider
Schneiderin 59.3, 80.50
Schneiderei 61.3, 63.11, 80.53
Schneiderfett 59.12
Schneiderpuppe 80.51
Schneiderrechnung 63.8
Schneiderwerkstatt 80.53
Schneidezahn 1.44, 4.17, 6.17, 11.12, 70.2, 80.50, 80.73
schneidig 80.52
schneidig sein
Schneidinstrumente 80.48
Schneidling 80.48
Schnell 72.6
Katharina Schnell
schnell 54.8
schnell 72.6
die schnelle Kathi, Kathrin, Minna, der schnelle Otto
schnell 26.25
einen schnell verstecken
schnell 25.6
schnell bei der Hand sein
schnell 17.2
schneller Brutreaktor
schnell 59.40
schnelle Schuhe
schnell 46.4. 53.15
schnelles Klo
schnell 12.24
schnelles Geschenk
schnell 72.9
schnelle Spritze
schnell 46.4, 53.14
schnelles Sofa
Schnellbleiche 48.6
Schnelle 59.22
Schnelle 72.6
die Schnelle
Schnelle 48.5
einen auf die Schnelle abfertigen
Schnellen 14.60
schnellen 48.12, 80.32
schneller 54.8
Schnellfeuerhose 18.15, 59.26
Schnellfeuerschlitz 59.26
Schnellfeuerverschluß 59.3
Schnellfickerslip 59.35
Schnellfurz 46.4, 53.15
Schnellhilfsdienst 24
Schnellkocher 4.10, 26.2
Schnellmacher 57
Schnellmachfixe 72.6
Schnellpink 4.3, 4.10
schnepeln 26.25
Schnepfe 2.2, 48.2
Schnepfenjagd 48.7
auf Schnepfenjagd gehen
Schnepfenkopf 1.80
Schnepfenstrich 48
Schneppe 2.2, 48.2
Schneuel 1.42
schneuzen 24.1, 25.1, 73.5
den Kaspar schneuzen
Schneuzgatte 59.22
Schneuzling 59.22
Schneuzlingsschneiche 59.22
Schneuzquadrat 59.22
Schneuztrompete 1.40
schnieke 1.7, 6.1
Schniepel 59.12
Schniffling 1.40
Schnipfer 1.12
Schnippelfritze 61.3, 61.4
Schnippelkünstler 61.4
Schnippler 61.4
Schnitt 1.66, 80.47
Schnittblume 80.51
Schnitte 1.66, 36.12, 80.50
Schnitten 1.67
Schnitter 61.3, 61.4, 80.49
schnittig 6.2
schnittiger Dampfer
schnittig 80.52
schnittig sein
Schnittlauchlocken 1.29
Schnittling 1.26, 1.44, 80.48
Schnittmacher 61.3, 61.4
Schnitzbank 80.53
schnitzen 80.20
Schnitzler 80.49
Schnodderfänger 59.7
schnoddrig 4.16
schnokeln 57.1
Schnöpelwoche 41
Schnorchel 1.40
schnorcheln 41.7
Schnörjel 1.49
Schnöse 2.2, 48.2
Schnösel 19.4
schnöselig 22.6
Schnotter 45.1
schnubbeln 41.7
Schnucke 2.2
Schnuckelchen 9.8, 9.9, 12.20
Schnucki 9.8, 9.9, 12.20
Schnuckilein 12.20
Schnuckiputzi 12.20
Schnuckiputzilein 12.20
Schnuddel 48.21
schnudeln 73.5
Schnüffelbüro 47.35
Schnüffelgarde 47.36, 48.10
Schnüffelhund 47.34, 47.37, 48.10
schnüffeln 47.35
schnüffeln 35.18
an der Losung schnüffeln, an den Rosen schnüffeln, nach Trüffeln schnüffeln
schnüffeln 30.4, 36.4, 36.8
nach Trüffeln schnüffeln
Schnüffelnase 47.34, 47.37, 47.39, 48.10
Schnull 1.42
Schnuller 1.58, 16.1, 29.10, 36.12, 56

Schnuller 36.4
am Schnuller lutschen
Schnullerbeißer 36.2, 36.12, 78.1
Schnullerbiß 36.1
Schnullerlutschen 36.1
Schnullern 36.1
Schnulze 48.2
Schnulzenhäschen 54.8
Schnulzenküken 54.8
Schnulzenlerche 54 8
Schnulzen-Troubadour 54.8
Schnulziane 54.8
Schnulzistin 54.8
Schnun 59.26
Schnupfen 57.5, 63.1
schnupfen 57.1
Schnupfensalbe 63.9
Schnupfpulver 57
Schnuppergeist 47.33
Schnur 14.54, 48, 80.82
Schnur 31.4
durch die Schnur gehen
Schnur 49.5
über die Schnur hauen
Schnürbrust 59.23
Schnurbübl 82.8
Schnure 1.42
schnüren 80.84
schnüren 59.30
das Herz schnürt sich einem zusammen
schnüren 59.31
Schnür mir das Korsett nicht zu fest!
Schnürmeister 70.17, 80.87
Schnürmeisterin 70.17
Schnurmensch 48.2
Schnurrbart 1.48, 1.65
Schnurrbart 1.48
er trägt einen Schnurrbart
Schnurrbartbinde 23.7, 59.34
Schnurrbartdiele 29.8
Schnurrebub 19.4
Schnurrenbesen 61.4
Schnurrenfeger 61.4
Schnurrengerber 61.4
Schnurrenkratzer 61.4
Schnurrenputzer 61.4
Schnurrenschaber 61.4
Schnurrenschraper 61.4
Schnurres 1.48
Schnurrmädchen 19.2, 28.6, 47.3, 48.2
Schnurrmädel 28.4
Schnürsenkel 59.20, 59.24, 70.17
Schnürsenkelschleife 59.20
Schnürstiefel 70.6, 80.92
Schnut 1.42
Schnute 1.42
Schnutenbesen 61.4
Schnutenfeger 61.4
Schnutengärtner 61.4
Schnutengerber 61.4
Schnutenkönig 1.40
Schnutenkratzer 61.4
Schnutenlack 61
Schnutenmalke 1.40
Schnutenpolierer 61.4
Schnutenputzer 61.4
Schnutenschraper 61.4
Schnutenwichser 61.4
Schoben 70.1
Schocke 18.11
Schöcke 2.2
schöckeln 26.25
Schöcker 4.26
schofel 49.3
Schoff 20.2
Schöffentheater 47.29
Schöke 2.2, 48.2
schökeln 26.25
Schöker 4.26
Schokolade 51.1, 76.3
Schokolade 76.2
Schokolade essen
Schokolade 55
Schokolade in Eierschaum
Schokoladenbrötchen 31.5, 48.2
Schokoladeneier 55
Schokoladenfrau 72.23
Schokoladenlouis 48.21
Schokoladenmann 72.24
Schokoladentuben 63.1
Schokomei 72.6
Scholle 1.66, 2.2, 34.6
Scholle 32.2
auf eigener Scholle bauen
Scholle 18.8
die eigene Scholle
Scholle 14.48
die eigene Scholle, die heimatliche Scholle
Scholz-Klink, Hedwig 51.2
schön 2.4, 2.7
das schöne Geschlecht
schön 33.4
eine schöne Leiche
schön 14.13
schön ankommen
schön 1.54
schöne Hand
schön 1.57
schöne Seite
schön 12.17
schöne Worte machen
Schönchen 1.5, 6.2, 48.2
Schönecke 14.23, 14.27
Schönecker 14.24, 14.28
schonen 42
den Schwanz schonen, die Möse schonen
schonen 41.7
die Augen schonen
Schön-Flecken 61
Schönheit 61
Schönheit aus der Dose, aus der Schachtel, aus der Tube, aus der Tüte
Schönheitsarbeiter 61.2
Schönheitsarbeiterin 59.5
Schönheitsfarm 61.1, 61.2
Schönheitsfehler 49.1
Schönheitsmehl 61
Schönheitspflästerchen 61
Schönheitsrat 61.2
Schönheitssalon 61.2
Schönheitstanz 54.9
Schönling 1.6
Schonung 80.10
keine Schonung geben, gewähren, kennen, gelten lassen, walten lassen
schonungslos 80.8
schonungslos 80.10
schonungslos behandeln
schonungslos 26.11, 59.10
schonungslose Offenheit
Schonungszaun 23.7, 59.34
Schonzeit 23
Schonzeit 23.1
Schonzeit haben
Schopf 1.26, 1.65
schöpfen 63.4
aus trüben Quellen schöpfen
schöpfen 36.4, 36.8
vom Liebesquell schöpfen
Schöpferl 1.65
Schöpfung 2.7
die Herren der Schöpfung
Schöpfung 2.5
Herr der Schöpfung
Schöpfung 2.2
Krone der Schöpfung
Schoppen 52
Schorf 70.1
Schorgel 70.1
Schorges 63.1
Schornstein 35.22, 59.7
Schornsteinfeger 35.20, 36.11, 48.4
Schornsteinfegerhelm 59.7
Schornsteinfegermütze 59.7
Schosa 1.66
Schoß 13.9, 14.32, 20.12, 41.11
Abrahams Schoß
Schoß 24.1, 26.9
die Hände in den Schoß legen
Schoß 25.1
einer die Hände in den Schoß legen
Schoß 32.3
Mamas Schoß
Schoß 1.66, 32.3
Schoß der Familie
Schoßfallrecht 18.21
Schoßhund 34.4
Schoßkind 9.8, 18.4
Schoßrock 59.12
Schot 80.62
Schot 48.5
die Freier mit dem Schot aufzimbeln
Schot 80.94
mit dem Schot aufzimbeln

Schottenheini 48.4, 48.21
Schraffen 18.5
schräg 3.6, 4.8, 6.1, 64.25
schräg 48.2
schräge Puppe, schräges Mädchen
schräg 64.25, 64.12
schräger Vogel
schräg 54.3
schräges Foto
schräg 53.7
schräges Parkett
schräg 59.7
schwarzer Damenhut mit schräger Vorderfront
Schramme 1.66, 2.2, 6.5, 80.47
Schrank 6.3, 10.4, 19.4
Schrank 64.10
Er hat nicht alle Tassen im Schrank.
Schrank 10.7
seinen Pelz in einen fremden Schrank hängen
Schrankkoffer 1.9, 10.4, 19.4
Schranne 80.56
schrapen 24.1
schrapen 24.1, 25.1
die Rübe schrapen
Schraper 61.4
Schrapfen 18.5
Schrapmatte 25.8, 41.5
Schrapnell 48.2
Schrapp 19.4
Schrappen 18.5
Schraube 2.2, 4.17, 48.2
Schraube 39.4
alte Schraube
Schraube 26.25
die Schraube eindrehen
Schraube 26.25
die Schraube reindrehen
Schraube 4.17, 64.23
Schraube ohne Ende
Schraube 12.3
zickige Schraube
Schrauben 47.4
die Schrauben anziehen
schrauben 26.25, 47.4
Schraubendampfer 1.17, 6.5, 14.50
Schraubenlager 14.14, 39.14, 41.22
Schraubenlouis 47.4, 48.21
Schratt 82.5
Schrättele 82.8
Schratz 18.9, 19.4
Schrebergarten 59.9
Schrebergarten-Nerz
Schreck 12.43
der Schreck in der Abendstunde
Schreckschraube 6.5
Schreckstein 17.22
Schref 2.2, 48.2
Schrefenbos 48.25
Schrei 59.4
der letzte Schrei
schreiben 59.5
sie läuft und er schreibt
Schreibmagd 45
Schreibmaschine 45
Schreibmaschinistin 45
schreien 18.2
schreiender Säugling
Schreien 6.10
zum Schreien
Schreihals 18.2
Schreiling 18.2
Schreizeit 17.16
Schrettel 82.8
Schriftsteller 35.22
Schripf 80.21
schripfen 80.20, 80.58
Schrippe 1.66, 2.2, 30.8, 36.12, 48.2, 55.2
Schrippe 39.4, 48.2
alte Schrippe
Schrippe 36.8
an der Schrippe knabbern
Schrippe 8.12, 14.23, 14.62
belegte Schrippe
Schrippe 14.15
trockene Schrippe
Schrippe 14.64, 22.10
unbelegte Schrippe
Schrippenjäger 4.18
Schrippenmühle 46.4
Schritt 22.13
der erste Schritt
Schrittmachen 48.20
Schrittmacher 48.21
schröpfen 80.16
Schroppin 19.2
Schrot 45.1, 51.3
Schrotbeutel 1.58
Schrott 39.6
schrottreif 39.10
schrottreif 27.3, 39.13, 64.21
schrottreifer Schlot
schrubben 35.12
das Hinterzimmer schrubben
Schrubber 62.2
Schrubberbesen 41.19, 62.6
Schrubberbosten 41.19
Schrubberfee 41.19
Schrubberhyäne 41.19
Schrubberschönheit 41.19
Schrubberwalze 41.19
Schrulle 1.66
Schrumpel 1.23, 27.3, 39.4
Schrumpelkitter 61.1
Schrumpfärmel 59.14
Schrumpfbikini 59.43
Schrumpfbluse 59.23
Schrumpfgermane 1.12, 64.19
Schrumpfhöschen 59.11
Schrumpfhosen 59.11, 59.35, 59.36, 70.6
Schrumpfkette 59.9
Schrumpfkleid 59.10
Schrumpfpulli 59.16, 70.5
Schrumpfrock 59.25
Schrumpfweste 59.15
Schrunde 80.15, 80.47
Schübe 48.12
Themesvarer Schübe
Schubfach 1.66, 48.2, 2.2
Schubfach 22.18
aufgemachtes Schubfach
Schubjack 49.7
Schublade 1.42, 1.66, 1.85, 2.2, 29.10, 35.10, 48.2
Schublade 22.18
aufgemachte Schublade, aufgeschlossene Schublade, aufgestemmte Schublade, geöffnete Schublade, offene Schublade
Schublade 22.14
die Schublade aufbrechen
Schublade 26.25
die Schublade aufmachen (aufschließen)
Schublade 35.7
die Schublade vollpacken
Schublade 17.8
einer die Schublade vollpacken
Schublade 17.11
sie hat was in der Schublade
Schublade 22.10
unaufgeschlossene Schublade
schuckeln 12.6
Schucks 45.1
Schüelischläufe 18.16, 53.5
schuften 42
schuften, daß der Schwanz raucht
Schufterei 42
bis übern Schwanz in Schufterei
Schuh 70.17
Schuh 59.40
sein Schuh hat Hunger
Schuhe 59.40
Schuhe 59.40
ausgetretene Schuhe
Schuhe 14.59
die Schuhe unter einen fremden Tisch (unter ein fremdes Bett) stellen
Schuhe 80.69
die spanischen Schuhe anziehen
Schuhe 59.40
durchlöcherte Schuhe
Schuhe 59.40
Emmentaler Schuhe
Schuhe 59.40
er hat seine Schuhe noch nicht bezahlt
Schuhe 59.40
geerdete Schuhe
Schuhe 59.40
große Schuhe

Schuhe 53.7
heiße Schuhe
Schuhe 4.19
ihr fällt das Herz in die Schuhe
Schuhe 59.38
leichte Schuhe
Schuhe 59.40
orthopädische Schuhe
Schuhe 59.40
perforierte Schuhe
Schuhe 59.40
schnelle Schuhe
Schuhe 59.40
Schuhe mit Blitzableiter
Schuhe 59.40
Schuhe mit Gummisohlen
Schuhe 59.40, 70.6, 80.92
Schuhe mit Waffenschein
Schuhe 59.40
Schuhe mit Wasserleitung
Schuhe 59.40
Schweizer Schuhe
Schuhe 59.40
seine Schuhe knarren
Schuhe 59.40, 80.70
spanische Schuhe
Schuhfetischismus 70.6
Schuhfetischist 70.6
Schuhfetischist 59.40
Damenschuhe mit extra hohen Absätzen für Schuhfetischisten
Schuhfetischist 59.40
extra enge Damenschuhe für Schuhfetischisten
Schuhfetischist 59.40
extra hohe Damenstiefel für Schuhfetischisten
Schuhfreier 70.6
Schuhmacher 35.22
Schuhnägel 59.40
Schuhnummer 12.38
jemandes Schuhnummer haben
Schuhnummer 7.2
meine Schuhnummer
Schuhnummer 7.11
sie haben die gleiche Schuhnummer
Schuhnummer 7.12
sie hat nicht meine Schuhnummer
Schuh-Onkel 70.6
Schuhtreten 14.41
Schuhu 6.6
Schuhwerfen 14.41
Schulbank 21.3
die Schulbank drücken
Schulbuch 20.7
Schuldturm 80.91
Schule 20.1
Schule 47.41
hohe Schule
Schule 39.1
von der alten Schule
Schülerin 20.3
Schülerlotse 28.3, 28.8
Schulfreund 28.3
Schulfreundin 28.2
Schulfreundschaft 28
Schulfuchs 49.11
Schulgeld 15.6, 63.8
Schulgeld 15.5
Schulgeld zahlen
Schulkropf 19.7, 63
Schulter 1.51
Schulter 59.12
Anzug mit ausgestopften Schultern
Schulter 48.34
der ganze Puff liegt auf meinen Schultern
Schulter 11.4, 14.13
die kalte Schulter kriegen
Schulter 11.5, 14.11
die kalte Schulter zeigen
Schulter 59.10
kalte Schulter
Schulter 59.10
Kleid mit gepolsterten Schultern
Schulter 8.1
Schulter an Schulter
Schulterband 59.24
Schulterband 59.24
schmale Schulterbänder
Schulterbänder 70.17
Schulterdekolleté 59.10
Schulterfesseln 70.17
Schulterträger 59.24
Schulterwattierung 59.12
Schummel 1.66, 2.2, 2.8, 48.2
schummeln 26.25
Schund 72.4
Schund 76.2
Schund fressen
Schundablage 47.35
Schmutz- und Schundablage
Schundbeis 72.12
schunden 72.5
Schunderstuel 72.14
Schunderwinde 72.12
Schundfresser 76.1
Schundkachel 72.16
Schundkasten 72.14
Schundkönig 72.24
Schüngeltag 41
schunkeln 53.7
Schunkelschuppen 53.7
Schunkeltenne 53.7
Schunkeltimpe 53.7
Schunkelwinde 53.7
Schüntertag 41
Schupferin 44.2
Schuppen 53.4, 53.7, 55.11, 70.1
Schuppen 29.8
heißer Schuppen
Schuppen 29.8, 30.6
schwuler Schuppen
Schuppen 29.8
warmer Schuppen
Schuppenbluse 59.23
Schuppenklau 61, 61.3
Schuppenkleid 59.10
Schure 1.42
Schüreisen 1.73, 26.22, 80.95
schüren 3.8
Feuer schüren
Schürhaken 11.12
schurigeln 26.25, 80.20
schurigeln 80.11
sich schurigeln lassen
Schurri 80.48
Schürze 1.65, 2.2, 59.41
Schürze 17.11
sie trägt was unter der Schürze; die Schürze wird ihr zu kurz
Schürzenband 64.24
am Schürzenband hängen
Schürzenband 64.24
jemanden ans Schürzenband binden
Schürzengeld 14.1, 48.9
Schürzenjäger 4.18, 6.18
Schürzenkind 9.5
Schürzenstipendium 13.8
einem Schürzenstipendium geben
Schürzenzins 14.1
Schürzenzipfel 64.24
am Schürzenzipfel hängen
Schürzenzipfel 64.24
jemanden an den Schürzenzipfel binden
Schürzenzipfel 18.7
noch an Mutters Schürzenzipfel hängen
Schürztag 41
Schuß 26.24, 26.27, 45.1
Schuß 48.2
billiger Schuß
Schuß 26.25
einen Schuß machen
Schuß 48.35
einen Schuß vor den Bug geben
Schuß 26.35
gut in Schuß
Schuß 26.24
keinen Schuß Pulver wert
Schuß 64.21
nicht im Schuß
Schuß 26
rostiger Schuß
Schuß 77
Schmolle mit Schuß
Schuß 1.85, 26.27, 35.4
Schuß ins Schwarze
Schuß 1.28
Weiße mit Schuß
Schussel 5.2
Schüsseln 1.39
Schuster 1.87
auf Schusters Rappen
Schusterbrust 1.50

Schusterei 26
Schusterfleck 1.66
Schusterheini 48.4
Schusterjunge 1.73, 55.1
Schustermichel 1.73, 24.5, 30.5
schustern 26.25
Schusterpille 52.2
Schustersteuer 48.9
Schustersteuer 13.7
Schustersteuer zahlen
Schustertoni 4.12, 48.2
Schusterwarze 1.68, 63.1
Schüttelbude 53.7
Schüttelfrost 4.4, 64.23
Schüttelhöhle 53.7
schütteln 24.1, 53.7
schütteln 24.1, 25.1
aus dem Handgelenk schütteln
schütteln 25.1
einem einen von der Palme schütteln
schütteln 25.1
einen schütteln
schütteln 24.1
sich einen von der Palme schütteln
Schütteltenne 53.7
Schütteltimpe 53.7
Schüttelwinde 53.7
schütten 26.25
schütten 78.2
Futter schütten
schütten 26.25
Öl auf die Wogen (Wasser ins Meer) schütten
schütten 64.23
Wasser ins Meer, ins Sieb schütten
Schütz 19.4, 28.4, 28.9
Schütze 18.4, 22.9
Abc-Schütze
Schütze Arsch 35.22, 51.3
schützend 13.7
eine schützende Hand über eine Frau halten
Schützengraben 1.66, 51.3
Schützenhilfe 17.7
Schützenloch 1.66, 51.3
Schutzfrau 47.38
Schutzfräulein 47.38
Schutzgitter 1.69
Schutzgitter 22.14
das Schutzgitter aufbrechen
Schutzüberzug 16.1, 59.17
Schüwert 26.4
Schwaben 71.3
Schwabenalter 59.6
auf Twen gekitzelte Dame im Schwabenalter
Schwabenalter 38.2
im Schwabenalter
Schwaberle 1.42
Schwablu 80.18
schwach 2.4, 2.7, 29.2
das schwache Geschlecht
schwach 64.2
Hotel zum schwachen Geist
schwach 1.58
schwach auf der Brust
schwach 45.6
schwach auf der Titte
schwach 26.22
schwache Erektion
schwach 46.23
schwach machen
schwach 9, 49.1
schwache Seite
schwach 12.32
schwache Stunde
schwachmachen 12.19, 14.7
Schwachmatikus 1.10
Schwachsinn 64.1
Schwachstromhülse 41.5
Schwachstromschaukel 41.5
Schwachstromtechnik 64.5
Schwachstromtechniker 64.4
Schwadroneur 12.2
Schwager 14.54, 31.2, 70.1
Schwägerin 14.54
Schwägerschaft 14.54
Schwäher 14.54
Schwäherschaft 14.54
Schwalbe 2.2, 48.2, 48.35, 80.61
Schwalbe 48.35
eine Schwalbe macht noch keinen Sommer
Schwalbe 80.58
eine Schwalbe stechen
Schwalben 1.58, 70.5
schwalben 80.58
Schwalbennest 59.30
Schwalbenschwanz 59.12
Schwalbenschweif 59.12
Schwamm 62.2
Schwamm 1.30
er kann sich mit dem Schwamm frisieren
Schwammbuckel 1.18
Schwammerl 1.18, 1.73
Schwammerl 16.1
Pariser Schwammerl
Schwammritze 1.66
Schwanengesang 11.21
Schwanenhals 1.49, 1.73, 34.6
Schwanenjungfrau 82.4
schwanger 17.10
schwanger 17.2
Frau, die leicht schwanger wird
schwanger 17.13
mit einer schwangeren Frau koitieren
schwanger 17.12
schwangere Frau
schwanger 55
schwangere Stulle
schwanger 17.11
sie ist schwanger
Schwängerer 17.4
Schwangerhof 17.16
schwängern 17.8
Schwangerschaft 17
Schwangerschaft 17
eingebildete Schwangerschaft
Schwangerschaft 17
geheimgehaltene Schwangerschaft
Schwangerschaftskleid 59.10
Schwangerschaftskleidung 17.14
Schwangerschaftspatrone und -patroninnen 17.22
Schwängerung 17.5
Schwankfigur 65.1
Schwanz 1.73, 2.5
Schwanz 36.4
am Schwanz lutschen, Schwanz lutschen
Schwanz 25.1
am Schwanz packen, am Schwanz ziehen
Schwanz 24.1
am Schwanz ziehen
Schwanz 20.12
Bankkonto mit Schwanz, Portemonnaie mit Schwanz
Schwanz 14.49, 26.2
Bettwärmer mit Schwanz
Schwanz 42
bis übern Schwanz in Schufterei
Schwanz 42
Das hast du wohl mit dem Schwanz gemacht!
Schwanz 3.6
das Herz lacht ihm im Schwanz
Schwanz 25.7, 30.7
das Pferd beim Schwanz aufzäumen
Schwanz 11.2, 11.19
den Schwanz einziehen
Schwanz 11.2
den Schwanz einklemmen
Schwanz 64.19
den Schwanz hängenlassen
Schwanz 14.59
den Schwanz in fremde Angelegenheiten (in fremde Löcher) stecken
Schwanz 7.1
der richtige Schwanz
Schwanz 14.51
Dienstmädchen mit Schwanz
Schwanz 26.25
die Würmer aus dem Schwanz ziehen
Schwanz 63.12
Doktor Schwanz
Schwanz 49.23
Dreck am Schwanz haben
Schwanz 3.7

einen kalten Schwanz haben
Schwanz 7.9
einen Schwanz auftreiben, einen Schwanz hochgehen lassen
Schwanz 26.9
ein Pferdchen beim Schwanz aufzäumen, den Aal beim Schwanz fassen
Schwanz 59.3
eiserner Schwanz
Schwanz 9, 64.23
Feuer im Schwanz
Schwanz 55
freßbarer Schwanz
Schwanz 1.13
gerade groß genug, um sie um den Schwanz zu wickeln
Schwanz 63.1
Haut und Schwanz
Schwanz 48.4
Herr Schwanz
Schwanz 4.19
ihm geht der Schwanz (der Arsch, die Eier) mit Grundeis
Schwanz 3.6
ihm steht der Schwanz nach
Schwanz 3.6
immer dem Schwanz nach
Schwanz 4.16
jemandem auf den Schwanz treten
Schwanz 64.19
kaputter Schwanz
Schwanz 42
keinen Schwanz rühren, den Schwanz schonen
Schwanz 4.3
kesser Schwanz
Schwanz 54.5, 54.6
Kitsch mit Schwanz
Schwanz 1.55
kleiner Schwanz
Schwanz 35.16, 35.20, 36.11, 48.4
Klistier mit Schwanz
Schwanz 1.1
krummer Schwanz
Schwanz 11.20
Mach dir mal 'n Knoten in 'n Schwanz, damit du mich nicht vergißt.
Schwanz 5
mehr Grips als Schwanz
Schwanz 42
mit dem heißen Schwanz nähen
Schwanz 34.3
mit dem Schwanz bellen
Schwanz 14.49, 14.67, 41.11
Portemonnaie mit Schwanz
Schwanz 2.6
pro Schwanz
Schwanz 48.8
Scheckbuch mit Schwanz
Schwanz 42
schuften, daß der Schwanz raucht
Schwarz 26.27
Schuß ins Schwarze
Schwanz 8.20
Schwanz im Haus
Schwanz 4.18
Schwanz mit Düsenantrieb
Schwanz 1.6, 6.3
Schwanz zum Einrahmen
Schwanz 64.21
sein Schwanz wedelt schon lange nicht mehr
Schwanz 63.4
sich den Schwanz verbrennen
Schwanz 26, 41.24
sich den Wind um den Schwanz wehen lassen
Schwanz 13.8
sich einen Schwanz zulegen
Schwanz 36.4
sich in den Schwanz beißen
Schwanz 64.13
sich vor jedem Schwanz in die Hosen machen
Schwanz 1.42
sie kann den Schwanz quer essen
Schwanz 3.7
sie läßt meinen Schwanz vertikal
Schwanz 49.23
Spinat am Schwanz haben
Schwanz 6.3
steifer Schwanz
Schwanz 25.8
Tiere soll man nicht beim Schwanz packen
Schwanz 6.15
traniger Schwanz
Schwanz 12.9
über den Schwanz peilen
Schwanz 8.20, 14.24
Umhang mit Schwanz
Schwanz 51.1
ungebleichter Schwanz
Schwanz 1
verlängerter Schwanz
Schwanz 26.33
verschwundener Schwanz
Schwanz 64.13
vor jedem Schwanz Mores haben
Schwanz 26.43
Was für 'n Schwanz!
Schwanz 7.11
wie der Schwanz ins Loch
Schwanz 21.10, 22.7
wie die Kuh vorm neuen Schwanz stehen
Schwanz 4.23
zarter Schwanz
Schwanz 12.39
zwei linke Hände und ein Schwanz aus Blech
Schwanzakrobat 48.4
Schwanzanhang 1
Schwanzaroma 3.2
Schwanzarsch 35.22
Schwanzauge 68.2
Frau Schwanzauge
Schwanzaugen 1.36
Schwanzaugen 3.6
Schwanzaugen haben
Schwanzaugen 12.12
Schwanzaugen machen
Schwanzäugler 29.3, 68.1
Schwanzbeißer 36.2
schwanzblöde 5.3
der ist schwanzblöde
Schwanzbeschau 7.7
Schwanzbeschau 7.8
auf Schwanzbeschau gehen
Schwanzbeschauer 63.12
Schwanzbruch 26.33
schwanzdoof 5.3
der ist schwanzdoof
Schwanzdukaten 29.9, 48.9
Schwanzdunst 1.81
Schwanzdurchfall 73.11
Schwänze 21.10, 22.7
die Schwänze noch nicht entdeckt haben
Schwänze 12.41
die Schwänze nicht erfunden haben
Schwänzeldukaten 48.9
Schwänzelgeld 48.9
Schwänzelgroschen 48.9
Schwänzelpfennig 48.9
Schwanzfalle 26.33, 29.8 48.25
Schwanzfänger 1.66, 1.85, 29.10, 35.10
Schwanzfänger 35.18
den Schwanzfänger schmieren
Schwanzfutteral 1.66, 16.1
Schwanzgarage 63.14
Schwanzgeld 29.9, 48.9
Schwanzgier 64.23
Schwanzgroschen 29.9, 48.9
Schwanzgulden 48.9
Schwanzhaar 1.72
Schwanzhalter 59.34
Schwanzjäger 29.3
Schwanzkiste 4.25, 31.1, 48.2
Schwanzklammer 1.66, 4.17, 6.17, 48.2, 64.23
Schwanzklemme 1.66, 1.68, 4.17, 6.17, 48.2,

64.23
Schwanzklemmen 1.67
Schwanzklinik 63.14
Schwanzkneipe 29.8
Schwanzkrabbe 4.17
schwanzkrank 63.3
Schwanzkringler 4.17, 48.2
Schwanzkünstler 48.4
Schwanzladen 48.28
Schwanzlecker 29.3, 36.2
schwanzlutschen 36.4
Schwanzlutscher 29.3, 36.2
Schwanzmasseur 25.4, 25.7, 29.9, 48.4
Schwanzmasseuse 25.7, 48.2
Schwanzmühle 46.4
schwanznarrisch 3.6, 4.8
Schwanzneid 11.9, 64.16
Schwanzparade 51.3, 63.8, 67.4
Schwanzpfennig 29.9, 48.9
Schwanzpolierer 29.3
Schwanzprothese 24.5
Schwanzprüfstelle 47.35
Schwanzquetsche 26.33
Schwanzrat 3.10
Schwanzrevue 51.3, 63.8
Schwanzrelief 59.43
Schwanzriecher 47.34
Schwanzschau 7.7
Schwanzschau 7.8
auf Schwanzschau gehen
Schwanzschlucker 1.66, 29.3
Schwanzschnüffel 47.34, 47.39
Schwanzschnüffler 36.2, 47.37
Schwanzseher 63.12
Schwanzspion 47.39
Schwanzspitzel 47.37, 47.39
Schwanzstriegler 25.7, 29.9, 48.4
Schwanzsuche 7.8
auf Schwanzsuche gehen
Schwanzsucher 29.3
Schwanztaler 48.9
schwanztoll 3.6, 4.8, 29.4
Schwanzträger 1.22
Schwanzverkalkung 39.9
Schwanzverlängerung 1
Schwanzverstopfung 64.17
Schwanzwärmer 26.1, 48.2
Schwanzwichser 29.9, 48.4
Schwappe 80.61
Schwären 70.1
Schwarm 9.8, 9.9
Schwärmgeschäch 30.2
Schwarte 1.23, 1.75, 80.95
Schwarte 80.58
die Schwarte gerben, hauen, daß die Schwarte kracht
Schwarteln 53.19
Schwartenmichel 1.73
Schwarthusaren 71.3
Schwartlinge 53.19
schwarz 45.6
Schwarz 7.2
Bei mir Lumumba: Vorliebe für Schwarz.
schwarz 40
das schwarze Schaf der Familie
schwarz 35.12
die schwarze Kammer auswichsen
schwarz 35.18
die schwarze Kammer lackieren
Schwarz 35.18
Frau Schwarz küssen, Herrn Schwarz küssen
Schwarz 35.10
Herr Schwarz, Frau Schwarz
Schwarz 26.25
ins Schwarze treffen
Schwarz 1.28, 48.2, 51.1
Romanze in Schwarz
schwarz 48.5
schwarz arbeiten
schwarz 48.7
schwarz vögeln
schwarz 41
schwarz wohnen
schwarz 59.8
schwarze Damenstrümpfe
schwarz 1.85, 35.10
schwarze Kammer
schwarz 29.10
schwarze Kammer, schwarze Kiste
schwarz 50.13
schwarze Messe
schwarz 53.6
schwarze Redoute
schwarz 59.29
schwarze Unterwäsche
schwarz 59.7
schwarze Wachstuchmütze
schwarz 59.12
schwarze Wichs
schwarz 57
schwarzer Afghan
schwarz 59.12
schwarzer Anzug
schwarz 50.6
schwarzer Arsch
schwarz 57
schwarzer Bomber
schwarz 59.30
schwarzer Büstenhalter
schwarz 59.7
schwarzer Damenhut in Schaufelform
schwarz 59.7
schwarzer Damenhut mit schräger Vorderfront
schwarz 63.12
schwarzer Doktor
schwarz 48.8
schwarzer Freier
schwarz 61
schwarzer Peter
schwarz 59.20
schwarzer Querbinder
schwarz 48.2
schwarzes Elfenbein
Schwarzarbeit 48.9
Schwarzarbeiterin 48.2
Schwarzarzt 63.12
Schwarze 1.66, 1.85, 29.10
das Schwarze
Schwarze 1.85, 35.4
Schuß ins Schwarze
Schwarzelben 52.8
Schwarzen 72.6
die Schwarzen
Schwarzer 35.12
dem Schwarzen die Hand geben
Schwarzer 35.7
den Schwarzen anbohren (anzapfen, aufstemmen, ausbürsten, ausfegen, aushobeln, ausputzen, ausraspeln, ausrebeln, ausspritzen, bohnern, bügeln, durchspülen, füttern, schmieren, spachteln, vollpacken), ins Schwarze treffen
Schwarzer 1.85, 29.10, 50.11
der Schwarze
Schwarzfärberin 50.9
Schwarzfärberische 50.9
Schwarzfärbermosche 50.9
Schwarzficker 48.4
Schwarzhaarige 1.28
Schwarzkacker 72.22
Schwarzkünstler 82.2
Schwarzmeerküste 53.8, 53.17
Schwarzmoser 47.26
Schwarzvögler 48.8
Schwarzvöglerin 48.2
schwarz-weiß 59.26
schwarz-weiß gestreifte Hose
Schwasser 4.26, 13.6
Schwäwert 26.4
Schwebebahn 26.30
Schweden 53.8
Schwefel 80.25
brennender Schwefel
Schwefel 7.11
wie Pech und Schwefel
Schwefelkasten 63.14
Schwegel 1.73
Schweif 1.73
Schweifraspel 1.73
Schweifwuzzler 24.3, 25.4
Schweifwuzzel 25.7, 48.2
Schweifzuzzler 29.3, 29.9, 36.2, 36.11, 48.4
Schweigetaktik 14.58
Schweigetaktik beim Ehekrach
Schwein 79.2

Schwein von der Chirurgie
Schweine 1.86
ihn kann man nehmen, um die Schweine zu zählen
Schweinearsch 55
trockener Schweinearsch
Schweinefilm 54.5
Schweinehirt 47.34
Schweinematz 62.13
Schweinerei 62.8
Schweineschmalz 55
Schweinestall 41.2, 62.14
Schweinetreiber 47.37, 48.10
Schweinezunge 67.6
Schweinigel 49.7
Schweinigelei 47.21, 67.6
Schweinigeleien 54.1
Schweinigeln 47.21, 62.12
schweinisch 47.21
Schweiß 78.3, 80.18
Schweißblätter 1.87, 78.3
Schweißfabrik 1.51
Schweißfüße 1.87, 62.13, 78.3
Schweißfußetui 59.40
Schweißkiller 61
Schweißquanten 62.13
Schweißsocken 59.38
Schweizer 59.40
Schweizer Schuhe
Schweizer 59.12
Schweizer Anzug
Schweizer 59.23
Schweizer Bluse
Schweizer 59.8
Schweizer Handschuhe
Schweizer 59.17
Schweizer Hemd
Schweizer 59.26
Schweizer Hose
Schweizer 59.7
Schweizer Hut
Schweizer 59.13
Schweizer Jacke
Schweizer 59.10
Schweizer Kleid
Schweizer 59.19
Schweizer Kragen
Schweizer 59.9
Schweizer Mantel
Schweizer 59.43
Schweizer Modell
Schweizer 59.7
Schweizer Mütze
Schweizer 59.16
Schweizer Pulli
Schwelf 59.41
Schwelle 1.66
Schwelle 1.66, 32.3
häusliche Schwelle
schwellen 26.19
Ihm schwillt der Kamm.
schwellen 26.22
Kein Wunder, daß ihm der Kamm schwillt!
Schwellkörper 1.73
Schwellungsprobleme 64.19
Schwemme 55.11
schwemmen 80.32
schwendlig 17.10
Schwengel 1.73, 18.9, 19.4, 26.30, 28.4, 28.9
Schwengel 1.63, 2
Glocke und Schwengel
Schwengel 27.3, 39.13, 64.21
rostiger Schwengel
schwenken 53.7
schwenken 26.25
die Fahne schwenken
Schwenker 59.9, 59.12
Schwenkfeld 53.7
Schwer 14.54
schwer 64.21
der Kopf wird ihm schwer
schwer 64.19
einen schweren Stand haben
schwer 11.1
jemandem das Herz schwer machen
schwer 1.58
schwere Lollos
schwer 1.73
schweres Geschütz
schwer 11
schweres Herz
schwer 17.16
schwere Stunde
schwer 14.39
schwer verheiratet
schwer 36.10
schwer von der Zunge gehen
schwer 1.58
schwer vorbelastet
schwer 17.10
schwer zu Fuß
Schwerenöter 6.9
Schwermacher 48.10, 63.12
Schwert 1.73, 80.48
Schwert 26.25
das Schwert in die Scheide stecken
Schwert 1.63
Schwert und Scheide
Schwert 10.7
sein Schwert in jede Kerbe hauen
Schwertmagen 40
Schwester 1.66, 2.2, 8.3, 19.2, 29.3, 30.2, 40.1
Schwester 48
ambulante Schwester
Schwester 48.2
barmherzige Schwester, mitleidige Schwester
Schwester 24.1, 25.1, 26.9
der Schwester die Hand geben
Schwester 19.9, 28.4
kleine Schwester
Schwester 35.17, 35.20, 36.11, 48.2
Schwester Braun
Schwester 14.54
Schwester des Schwagers oder der Schwägerin
Schwester 51.3, 63.13
Schwester fürs Herz
Schwester 30.2
warme Schwester
Schwesterkuß 36.9
Schwesternheim 29.8, 30.6, 30.7, 48.26
Schwesternküsse 55
Schwesterorden 30.1
der warme Schwesterorden
Schwestersohn 40.6
Schwestertochter 40.5
Schwibbelrock 59.12
Schwieger 14.54
Schwiegereltern 14.54
Schwiegereltern und Verschwägerte
Schwiegermutter 14.54
Schwiegermutterlaube 41.3
Schwiegermütterwartburg 53.6
Schwiegersohn 14.54
Schwiegertochter 14.54
Schwiegervater 14.54
Schwielenarsch 35.22, 45
schwierig 72.4
schwierige Sitzung
Schwierigkeiten 35.8
Schwierigkeiten bei der Pedicatio
Schwimmbad 53.17
Schwimmbad 3
Innenleben mit Schwimmbad
Schwimmbassin 1.66
Schwimmbassin 1.30
Bubikopf mit Schwimmbassin
schwimmen 26.25
den Fisch schwimmen lassen
schwimmend 46.6, 53.19
schwimmender Puff
Schwimmer 1.58
Schwimmer 37.4
die Schwimmer wässern
Schwimmhaut 59.43
Schwimmkandeln 1.58, 70.5
Schwimmklater 59.43
Schwimmkleid 59.43
Schwimmlehrer 80.34
Schwimmpelle 59.43
Schwimmrinde 59.43
Schwimmschale 59.43
Schwimmweste 53.17, 59.43
Schwindelhuber 49.7
Schwindelmeier 49.7
Schwindeltüchelchen 59.22
schwingen 26.25, 53.7
das Tanzbein schwingen
Schwinger 1.52, 1.54
Schwinlig 1.39

Schwippschwager 14.54
Schwippschwägerin 14.54
Schwitz 78.3
Schwitze 1.70, 1.78, 30.8, 36.12, 78.3
Schwitze 26.25
die Schwitze einrühren
Schwitze 36.4, 36.8
jemandem Schwitze füttern
schwitzen 73.11
er schwitzt
Schwitzer 59.16
Schwitzkasten 80.25, 80.78
Schwitzkasten 80.59
in den Schwitzkasten kommen
Schwitzover 59.16
Schwitzquanten 1.87
Schwo 59.6
Schwof 1.73, 53.7
Schwofbude 53.7
schwofen 53.7
schwören 26.13
den Offenbarungseid schwören
Schwuchtel 29.3
schwuchteln 29.6, 30.4
Schwuf 9.9, 48.21
schwul 29.4, 30.3
schwul 29.2
schwule Bande
schwul 29.8, 30.6
schwule Höhle (Pinte, Scheibe, Stampe, Tenne, Timpe, Weide, Winde), schwuler Bimpf (Bums, Dimpf, Keller, Laden, Schuppen)
schwul 29.3
schwuler Bruder
schwul 1.57
schwule Seite
Schwule 30.2
Schwule 29.10
Bei den Schwulen kalben die Ochsen!
Schwule 29.10, 47.4
Schwule ticken
schwulen 29.6, 30.4, 35.7
Schwulenweide 29.8
Schwulenwinde 29.8
Schwuler 29.3
Schwulette 30.2
Schwulität 29, 29.1
Schwulkasten 47.41
schwülstig 29.4, 30.3
Schwumbse 80.61
Schwumm 59.2, 70.13, 70.14
Schwummfeuer 70.13
Schwung 19.4, 24.5, 30.7, 48.1, 70, 70.9, 80.22, 80.92
Schwung 3.8
jemanden in Schwung bringen
Schwungschule 53.7
Schwur 10
Kamikadze-Schwur
sciolto 54.8
Scriptgirl 54.5
Sechseck 31.5
Sechser 1.29, 45.1
Sechserfotze 48.2
Sechserkalle 48.2
Sechsernutte 48.2
Sechserstampe 53.7
Sechskanteisen 80.62
Sechter 60.3
See 8.13
in die offene See stechen (stoßen)
See 26.18
in See stechen
See 8.13
offene See
See 26.39
Stör jetzt die Meiers nicht, die sind auf hoher See!
Seebär 73.1
Seefahrer 73.1
Seegang 73
Seege 2.2
Seegemälde 54.2
Seeger 19.4
Seegras 1.65
Seegurke 1.73, 62.2, 73.13
Seehafen 1.66, 73.13
Seehund 73.7
Seeigel 73.7
Seeigelkaktus 35.4, 72.4
Seejungfer 73.2
Seejungfrau 82.4
Seekrankheit 73.10
Seekuh 5.2, 73.2
Seelchen 2.2, 4.22, 21.11, 22.8
Seele 36.2
Seele 26.25
die Seele aufladen
Seele 48.35
die Seele des Betriebs
Sebber 40.2
Seele 36.2, 36.3, 77.1
durstige Seele
Seele 8.1, 9.4
ein Herz und eine Seele
Seele 6.19, 7.11
ein Herz und eine Seele, zwei Seelen und ein Gedanke
Seele 64.21
er hat sich die Seele aus dem Leib gefickt
Seele 49.9
jemandem in der Seele rumlatschen
Seele 64.23
sich die Seele aus dem Leib ficken
Seele 3.6, 4.8, 9.4
wie der Teufel hinter der armen Seele her sein
Seele 8.1
zwei Seelen und ein Gedanke
Seele 3, 9.7, 14.47
zwei Seelen und kein Gedanke
Seelenantenne 4.22, 8.3
Seelenaxe 1.73
Seelenbäckerei 64.3
Seelenbader 64.4
Seelenbohrer 64.7
Seelenbrand 8.3
Seelenbrause 54.5
Seelenbraut 8.3, 24.5, 50.8
Seelenbräutigam 24.5
Seelenbriefkasten 3.9, 11, 54.1
Seelenchemiker 64.4
Seelenfang 64.9
auf Seelenfang gehen
Seelenfänger 64.7
Seelenfickerei 50.5
Seelenflicker 64.4
Seelenfreund 8.16
Seelenfriedhof 11.21
Seeleninspekteur 64.7
Seelenjäger 64.7
Seelenkatarrh 49.24
Seelenkläranlage 64.8
Seelenklärbecken 64.8
Seelenklärteich 64.8
Seelenklempner 64.4
Seelenklosett 64.7, 64.8
Seelenknaatsch 54.5
Seelenleser 64.7
Seelenleserei 64.5
Seelenlöter 64.4
Seelenmansch 54.5, 54.6
Seelenmasseur 50.6, 54.1
Seelenmasseuse 54.1
Seelenpolierer 64.4
Seelenpopler 64.7
Seelenputzer 64.4
Seelenquetscher 54.5, 54.6
Seelenreißer 64.7
Seelenschmus 3.9
Seelenschnulze 54.5, 54.6
Seelenschuster 64.4
Seelensonnenbrille 57
Seelenspengler 64.4
Seelenspiegel 3.9
Seelenspion 64.7
Seelenspionage 64.6
Seelenspucknapf 8.3, 8.16
Seelensteuermann 64.4
Seelentischler 64.4
Seelentröster 8.16
Seelenverkauf 48, 48.17
Seelenverkäufer 48.18, 48.23
Seelenverkäuferin 48.24
Seelenwanderung 41, 48
Seelenwärmer 8.3, 8.16, 59.16, 59.17, 59.21, 80.62, 80.64
Seelenwärmer 14.48
Leib- und Seelenwärmer
Seelenwäscher 64.7
Seelenzerfetzer 64.7
Seelenzwitter 65.1
seelisch 8.3, 8.16, 14.48, 50.6

seelische Mülltonne
seelisch 49.8
seelische Putz- und Flickstunde
seelisch 9.11
seelischer Tiefgang
Seemädchen 48.2
Seemann 48.8
Seemannsauge 1.36
Seemannsliebchen 24.5, 46.6
Seenymphe 46.6, 53.10, 53.17
Seepferdchen 48.2, 73.12, 73.13, 73.14
Seeschlange 48.2, 73.2, 73.12
Seetang 1.65
Seewerfen 18.16, 53.5
Seezunge 1.45, 29.10, 30.8, 36.12
Seezunge 30.4, 36.4, 36.8
Seezunge machen
Sefel 72.4
sefeln 72.5
segeln 48.5
segeln 29.6, 29.9, 30.4, 48.5, 66.4, 66.5
unter falscher Flagge segeln
Segeltuchsarg 53.16
Segen 14.4
gezückter Segen, sie kommt mit gezücktem Segen, sie rückt mit gezücktem Segen an
segnen 17.8
segnen 17.20
aus dem Kindbett (aus dem Wochenbett) segnen
segnen 17.8
einer den Leib segnen
Sehbad 53.17
sehen 29.6
den Himmel offen sehen
sehen 26.16
den Himmel offen sehen, den Weg zum Erfolg offen sehen
sehen 37.5
die Hand vor Augen sehen
sehen 37.5
ihr in die Augen sehen
sehen 26.16
jemanden nackend sehen
sehen 9.3
jemandem zu tief in die Augen sehen, sich die Augen aus dem Kopf sehen
sehen 6.1
kann sich sehen lassen
sehen 48.35
sehen, wie das Häschen läuft
sehen lassen 1.7
kann sich sehen lassen
Seher 1.36
Sehmann 48.8
Sehnenbandage 59.19
Sehnsuchtsbibel 53.12
Sehnsuchtsbratpfanne 54.8
Seibel 72.4
Seibelbeis 72.12
seibeln 72.5
Seiber 1.46
seibern 62.9
Seich 73.4
Seichamsel 48.2, 73.2
Seichbeutel 14.50, 46.1, 73.14
Seichbüchse 1.66, 73.13
Seiche 55, 73.4
seichen 73.5
Seicher 1.73, 73.13
Seicherin 50.8
Seichkachel 72.13, 72.16
Seichpott 72.13, 72.16
Seichscherben 72.13
Seicht 41.5
Seichteich 73.9
Seichtopf 72.13
seiden 9
seidene Fäden
seiden 13.1
seidene Fäden spinnen
seiden 59.21
seidenes Halstuch
Seidenfadenverlobung 14.21
Seife 61, 62.2
Seifenhengst 61.4
Seifenkultur 62
Seifenkünstler 61.4
Seifenpinsel 61.4
Seil 1.73, 80.82
Seilerstochter 80.81
die Seilerstochter ficken
Seiltanz 26.27
Seim 1.70, 1.78, 36.12, 78.3
Seim 36.4, 36.8
jemandem Seim füttern
Seim 30.4, 36.8
Seim fressen
Seinige 32.3
der Kreis der Seinigen
Seinige 1.73
der Seinige
Seinige 8.2
die Seinige
Seite 73.5
auf die kleine Seite gehen
Seite 29.10
diese Seite
Seite 48.35
eine auf die Seite legen
Seite 1.57
schöne Seite
Seite 9, 49.1
schwache Seite
Seite 1.57
schwule Seite
Seite 8.1
Seite an Seite
Seite 26.30
von der grünen Seite
Seite 26.30, 35.10
von dieser Seite
Seitendekolleté 59.10
Seitengalerie 26.30
durch die Seitengalerie
Seitengarten 1.30
Bubikopf mit Seitengarten
Seitengewehr 1.73, 51.3, 80.95
Seitenhöhlchen 50.1
Seitenschlitz 59.25
Rock mit Seitenschlitz
Seitensprung 10.5, 13, 14.59
Seitensprung 13.2
einen Seitensprung machen
Seitenstreifen 59.26
Generalshose mit rotem Seitenstreifen
Sekret 72.12
Sekretariat 72.12
Sekretärin 45
Sekt 3.3
Sekt, Kaviar und schöne Frauen
Sektkübel 59.7
Sektschale 59.43
Sektschalen 59.30
Selbst 24.4
Selbst ist der Mann!
selbständig 24
selbständiger Betrieb
Selbstanfertigung 24
Selbstanschluß 24
Selbstansteckung 24
Selbstaufopferung 24
Selbstauslöser 24.3
Selbstbedienung 7.24
Selbstbedienungsgeschäft 7
Selbstbedienungsladen 1.66, 25.7, 25.8
Selbstbedienungsladen 59.10
optischer Selbstbedienungsladen
Selbstbedienungsläden 48.26
Selbstbedienungstasche 25.8
Selbstbefleckung 24
selbstbefriedigend 24.4
Selbstbefriedigung 24
Selbstbefriedigung 24
das Recht auf Selbstbefriedigung
Selbstbefriedigung 59.26
Hosentasche mit Loch zur Selbstbefriedigung
Selbstbefriedigung 24
Selbstbefriedigung der Frau
Selbstbefriedigung 24
Selbstbefriedigung des Mannes
Selbstbefriedigung 1.78
Sperma bei der Selbstbefriedigung
Selbstbefriedigung 59.22
Taschentuch bei der Selbstbefriedigung
Selbstbefriedigungsinstrumente 24.5
Selbstbefriedigungstasche

59.26
Selbstbefriedigungs-Verhinderungsinstrumente 24.5
Selbstbeherrschung 24
Selbstbestimmung 24
Selbstbestimmungsrecht 24
Selbstbeteiligung 25, 26.44
Selbstbinder 24.3
Selbstentspannung 24
Selbstentzündung 24
Selbsterkenntnis 24
Selbsterniedrigung 80.3
Selbsterzeuger 24.3
Selbsterzeugerin 24.2
Selbsterziehung 24
Selbstfahrer 24.3
Selbstfahrerin 24.2
selbstgehäkelt 24.4
selbstgemacht 24.4
selbstgenäht 24.4
selbstgeschneidert 24.4
selbstgeschneidert 59.10
selbstgeschneidertes Kleid
Selbstgespräch 24
selbstgestrickt 24.4
Selbsthilfe 24
Selbstinduktion 24
Selbstlader 24.3
Selbstregler 24.3
Selbstschuß 24
Selbstschußwaffe 1.73, 25.8
Selbsttätigkeit 24
Selbsttröster 1.55, 1.68, 1.73, 25.8
Selbstverbraucher 24.3
Selbstversorger 24.3
selbstverständlich 35.22
das ist selbstverständlich
Selbstverwaltung 24
Selbstwählbetrieb 7
Selbstwähldienst 24
Selbstzünder 24.3
Sellerie 52.2
Selleriegesicht 1.24
Selo 48
Selterbad 62.5
Semester 39.6
die älteren Semester
Seminar 47.41
Semmel 1.66, 2.2, 36.12, 48.2
Semmel 8.12, 14.23
belegte Semmel
Semmel 1.66, 80.95
geriebene Semmel
Semmel 14.64, 22.10
unbelegte Semmel
Semmelkacker 35.22
Semperlaufen 52.4
Sen 2.2a
Sende 80.62
Sender 1.73
Sendestörung 64.20
Senf 55, 72.4, 76.3
Senf 35.18
jemandem Würstchen mit Senf füttern
Senf 76.2
Senf lecken
Senf 72.3
Senf schmieren
Senf 35.4, 35.21, 72.4, 76.3
Würstchen mit Senf
Senfbüchse 18.15, 35.22, 51.3
Senffaß 1.85, 35.21
Senffaß 35.18
am Senffaß lecken
Senffaß 35.7
das Senffaß auffüllen (vollmachen,vollpacken)
Senffresserei 76
Senflecker 35.16, 76.1
Senfpott 72.12, 72.13, 72.16, 76.3
Senfsoße 35.22, 51.3
Eier in Senfsoße
Senftiegel 72.13, 72.14, 72.16
Senftopf 35.7
den Senftopf auffüllen (vollmachen,vollpacken)
Senftunke 55
Eier in Senftunke
Senge 80.61
senil 39.10
senil 1.73
Penis eines senilen Mannes
senil 39.12
senile Frau
senil 39.13
seniler Mann
Senilität 39.9, 51.3
senil sein 39.11
senil werden 39.11
Senior 38.4
Senior-Hippie
Senjorita 51.1
Senkel 59.12
senken 64.21, 64.23
die Fahne senken
Senkgrube 62.7
senkrecht 6.1, 10.1, 49.2
Senkrecht 1.73
das einzig Senkrechte
senkrecht 6.2
senkrechte Brieze
senkrecht 49.6
senkrechter Starter
senkrecht 6.3, 10.4
senkrechter Steher
senkrecht 41.10
sich senkrecht stellen
Senkrechte 26.19
die Senkrechte errichten
Sennele 2.2a
Sennerin 44.2
Sense 1.73
Sense 53.7
eine Sense übers Parkett hauen
Sense 10.7
seine Sense durch den Harem reißen
sensitiv 4.22
sensitive Frau
sensitiv 4.23
sensitiver Mann
Sentimentalität 9.10
Sentimentalitätenpumpe 1.59
Sentimentalitätentruhe 46.3
Separatl 48.31
Seraphinenhain 48.25
Seraphinenkuß 26.4. 50.1
Serotinin 57
servieren 12.30, 26.25, 26.26, 26.40
servieren 25.2
jemandem die Bälle (die Eier, die Klöten, die Tomaten) servieren
Servierordonnanz 51.3, 55.9
serviert 26.42
serviert 12.31
serviert werden
servil 80.9
seßhaft 48.5
seßhaft werden
seßhaft 41
sich seßhaft machen
Sessel 2.2
Sessel 13.13
sich im Sessel niederlassen
Sesselbumser 45
Sesselfurzer 35.22, 45
Sessellift 13.8
einem einen Sessellift geben
setzen 48.35
alles auf ein Pferd setzen
setzen 10.7
auf alle Nummern setzen
setzen 26.8
den Daumen aufs Auge setzen
setzen 37.4
die Amatur unter Strom setzen
setzen 37.4
die Pistole auf die Brust setzen
setzen 17.16
in die Welt setzen
setzen 20.8, 21.1
ins Bild setzen
setzen 36.8
jemandem das Loch auf die Schnauze setzen, es jemandem auf die Schnauze setzen
setzen 36.4
jemandem das Messer an die Kehle setzen, jemandem den Hahn an die Lippen setzen
setzen 11.18, 13.3
jemandem den Stuhl vor die Tür setzen
setzen 48.35
setzen ist leicht, halten ist schwer
setzen 17.9

sich auf die Wartburg setzen
setzen 8.13
sich in ein freies Abteil setzen
setzen 48.5
sich zur Ruhe setzen
setzen 80.84
warm setzen
Seufzerecke 3.9, 11, 54.1
Seufzeronkel 54.1
Seufzerspalte 3.9, 11, 54.1
Seufzertante 54.1
Severin 70.13, 80.7
Sex! 46.1
Sex 12.34, 21.2
auf Sex geeicht
Sex 22.2
auf Sex geprüft
sex 3.9
der sexte Sinn
Sex 7.12
geistesfreier Sex
Sex 12.40
in Sex eine Fünf
Sex 6.7
mit Sex geladen, auf Sex getrimmt
Sex 12.14, 53.14
pack Sex in den Tank!
sex 16.3
sex abrupto
Sex 3.2
Sex-Appeal
Sex 6.8
Sex-Echse
Sex 59.10
Sex im Rücken
sex 3.3
sex mores
sex 3.3
sex tempora
sex 12.33
sexter Sinn
Sex 59.4
Sex-Welle
sexagesima 12.8
Sexaktheit 12.33
Sexaltation 9.11
Sexaminand 8.18, 22.5
Sexaminantin 8.5
Sexamination 12.26, 26.27
Sexaminator 22.5
sexaminieren 12.9, 68.3
sexaminieren 12.8
jemanden sexaminieren
Sexanthem 63.1
Sexartikulation 46
sexartikulieren 12.17
Sexaudi 26.32, 69.1
sexbeladen 6.7
Sexbiene 6.8
Sexbombe 4.2, 6.8
Sexbombe 54.5
eine Sexbombe explodieren lassen (abwerfen, entschärfen)
Sexeck 31.5
sexeckig 31.3
Sexekution 22.13, 47.26
Sexfach 3.9
Sexfach 12.39
chronischer Talentmangel im Sexfach
Sexfilm 54.5
Sexfilm 54.5
erfolgloser Sexfilm
Sexfilm 54.5
erfolgreicher Sexfilm
Sexflicker 3.10
Sexfrühstück 26
Sexgähner 54.5
Sexgebirge 1.63
Sexgranate 4.2, 6.8
Sexhaubitze 4.2, 6.8
Sexhundert 31.5
Sexikini 59.43
Sexkanter 80.62
Sexkapade 13, 14.59
Sexknüller 54.5
Sexkoller 64.23
Sexkrimi 54.5
sexmalig 31.3
Sexmuffel 4.15
Sexologie 3.9
Sexophon 54.8
Sexperte 12.37, 22.5
Sexpertin 22.4
Sexpiration 39.9
Sexpuppe 6.8
Sexräder 46.4
Puff auf Sexrädern
Sexreißer 54.5
Sexschinken 54.5
Sexschlitten 46.4
Sexschuppen 48.25, 53.3, 53.7, 55.11
Sexspänner 31.5
sexspännig 31.3
sex Stunden 48.5
jeden Tag sex Stunden stehen
Sexta 21.9, 22.6
sexuell in der Sexta
Sextagerennen 48
Sex-Tal 1.63
Sextaner 28.6, 28.10, 48.4
Sextanertank 73.13
Sextanke 14.42, 26.1, 41.5, 41.16
Sextechniker 12.37, 21.6, 22.5, 48.4
Sextechnikerin 12.36, 21.5, 48.2
Sextempore 26.18
sextempore 16.2
sextemporisieren 16.2, 26.18
sextensiv 26
sextensiver Verkehr
Sexterieur 6
Sextermination 41.22
Sexternat 20.2
sexterritorial 41.22
sexterritoriales Gebiet
Sextett 31.5
Sextrablatt 47.21, 54.1
Sextrakt 1.70
sextraordinär 4.24
Sextravaganz 13
Sexualaufklärung 21
Sexualbefragung 3.9
Sexualberater 3.10
Sexualberatungsspalte 3.9
Sexualerziehung 3.9
Sexualforscher 3.10
Sexualgähner 54.6
Sexualgeräusche 69.1
Sexualgesetzgebung 47
Sexualität 3
Sexualität 51.2
Sexualität im Volksmund der NS-Zeit
Sexualleben 53.10
Sexualleben auf Kreuzfahrtschiffen
Sexuallexikon 3.9, 54.1
Sexualpartner 7.1
Sexualpartnerin 54.8
erhoffte Sexualpartnerin.
Sexualprotz 12.2
Sexualproviant 53.8
Sexualrecht 47
Sexualroman 24.6
Sexualschmöker 54.1
Sexualsinn 9
Sexualsitten 3.3
Sexualstück 54.6
erfolgloses Sexualstück
Sexualstück 54.6
erfolgreiches Sexualstück
Sexualtäter 47.1
sexuell 3.1
sexuell 21.10
er ist sexuell untern Teppich gerutscht
sexuell 12.38, 12.44
jemandes sexuelle Wünsche erfüllen
sexuell 3.2
sexuelle Ausstrahlung
sexuell 3.3
sexuelle Geschmacksrichtung
sexuell 14.55
sexuelle Langeweile in der Ehe
sexuell 3.9
sexuelles Fachwort
sexuell 68.4
sexuelles Schauspiel
sexuell 22.6
sexuell in der Sexta
sexuell 21.9
sexuell unterbelichtet, sexuell in der Sexta
Sexundsexzig 31.5
Sex voto 10
Sexwelle 3.3, 49.14
Sexwellenreiter 3.10, 54.1
Sex-Würstchen 1.63
sexzellent 6.1
Sexzentriker 64.25
Sexzeß 26
sezieren 80.54
Sherlock 59.7
Sherlock Holmes 59.7
Sherlock-Holmes-Mütze
Sherry-kacki 72.8
Shit 57
Shorts 59.11, 59.26

Show-Girl 54.6
siamesisch 31.4
siamesisch verkehren
Sian 2.2a
Sichel 1.73
Sicherheitsgurt 59.27
Sicherheitsgurte 70.17
Sicherheitsnadel 60.8
Sicherheitsscheibe 1.69
Sicherheitsschloß 1.69
Sicherheitsschloß 22.14
das Sicherheitsschloß aufbrechen
Sicherheitsschwämmchen 16.1
Sicherheitszone 1.66
Sicherung 72.6
bei ihm ist die Sicherung durchgeknallt
Sicherung 64.18
ihr ist die Sicherung durchgebrannt
Sicherung 64.25
ihr ist die Sicherung durchgehauen, durchgeknallt, durchgeschlagen
sickern 46.20
Sidolring 14.25, 14.36, 58.4
Sidolschlips 58.6
Sidonier 29.3
Sie 1.66, 14.48
Sieb 2.2, 4.25
Sieb 64.23
Wasser ins Sieb schütten
Sieben 2.2
Sieben 11.12, 14.50, 49.7
böse Sieben
sieben 9
der siebente Himmel
Siebenfach 3.9
Siebenfach-minus
Siebenstöckiger 59.7
siebente 50.2
der siebente Himmel
Siechtag 63.1, 70.1
Siedepunkt 4
Siederei 48.25
Siegellackbüxe 59.26
Siegknoten 17.22
Siegschleife 17.22
Siel 62.7
Siemandt 1.10
Siemann 14.51, 29.3
Siemen 63.1
Siesta 26
Siff 63.1
die Siff
Siffel 63.1
der Siffel
sightseeing 12.8, 68.2
sightseeing gehen
Signalpfeife 12.2, 48.4, 54.8
Sikken-Imme 40.9
Silavi 80.70
Silberfischchen 71.3
Silbergeschäft 72
Silbermünzen 45.1
silbern 63.9
der silberne König der Erde
silbern 14.57
silberne Hochzeit
Silberstreifen 1.86, 59.37, 70.6
Silberstreifen am Horizont
Silidori 80.82, 80.86
Silikonhaut 59.9
Silikosehaut 59.9
Silo 57
Silo 14.14
Migräne-Silo
Silvesterscherz 80.25
Sima 14.51
Simand 14.51
Simandl 29.3
Simen 80.23
Simmen 70.1
simmen 80.24, 80.58
Simpel 12.43
Simpelfransen 1.29
Simri 1.32
Simse 80.61
singen 14.53
singen 50
aus dem verkehrten Gesangbuch singen
singen 11.19
Da geht er hin und singt nicht mehr.
singen 26.25
den Britsche (den Chingerdo, den Hugo, den Peger, den Vize, den Vogel, den Zebedäus) singen lassen
singen 9.11
er hört die Engel im Himmel singen
singen 7.11
sie singen in derselben Tonart
Singsingsocken 59.38
sinkend 27.3, 39.13, 64.19
sinkender Stern
Sinn 3, 12.33
der sexte Sinn
Sinn 9
Sinn für Liebe, der sexte Sinn
Sinnesbrunst 64.23
sinnlich 1.42
sinnlicher Mund
Sinse 2.2
Sippenbuch 40
Sippenhaft 32.3
Sippschaft 14.54
angeheiterte Sippschaft
Sipsthur 18.18
Sirene 6.8, 6.17
Sirene 47.38
Polizei-Sirene
Sirenenengel 46.4, 53.14
Sirup 12.16
Sirup 12.17
Sirup dreschen
Sirup 12.17
Sirup träufeln
Sirup 12.39
verschimmelter Sirup
Sitte 47.36, 48.10
Sitte 48.10
unter Sitte
Sitten 52
Sittenbulle 47.37, 48.10
Sittendezernat 48.10
Sittenknüller 54.5, 54.6
Sittenkodex 49
Sittenkuh 48.10
Sitten-Persilschein 47
Sittenpolizei 47.36, 48.10
Sittenpolizist 47.37, 48.10
Sittenpolizistin 47.38, 48.10
Sittenreißer 54.5
Sittenrichter 49.11
Sittenrichter 49.9
den Sittenrichter spielen
Sittenschlager 54.5
Sittenstrolch 47.2, 49.7
sittlich 49.5
keinen sittlichen Nährwert haben
Sitzbad 62.5
Sitzbadewanne 62.5
sitzen 14.46
an der Quelle sitzen
sitzen 26.30
auf dem Kützche sitzen
sitzen 26.25
auf dem Pfropfen sitzen
sitzen 26.30
auf dem Pfropfen sitzen, auf der Stange sitzen
sitzen 17.16
auf den Eiern sitzen
sitzen 14.26, 48.5
auf der Wartburg sitzen
sitzen 59.7
der Hut sitzt schief, auf Krakeel
sitzen 45.5
er sitzt im Fett, er sitzt in der Wolle, er sitzt warm
sitzen 9.2, 10.2
fest im Sattel sitzen
sitzen 11.11, 14.58
im Schmollwinkel sitzen
sitzen 59.12
schlecht sitzender Anzug
sitzen 45.6
sie sitzt auf dem Proppen, auf dem Trockenen, in der Scheiße
sitzen 17.11
sie sitzt auf den Eiern
sitzen 17.11
sie sitzt auf der Wartburg
sitzen 53.7
sitzen bleiben, auf der Wartburg sitzen
sitzen 21.4
wissen wo der Knoten sitzt
sitzenbleiben 14.14

sitzenlassen 53.7
sitzenlassen 11.6, 11.18, 13.3, 14.30
jemanden sitzenlassen
Sitzfleisch 1.83, 35.21, 79.2
Sitzfleisch 35.18
am Sitzfleisch knabbern
Sitzfleisch 76.2
am Sitzfleisch nagen
Sitzfleischesser 35.16
Sitzjule 48.2
Sitzleder 1.83
Sitzling 1.83
Sitzriese 1.50, 1.86
Sitzung 72.4
erfolgreiche, harte, lange, schwierige Sitzung
Sitzungssaal 72.12
Sitzungszimmer 72.12
Skalp 1.30
Skandalabsteige 41.21
Skandalanzeiger 54.1
Skandalnudel 49.7, 54.6
Skatologie 51.2
Skatologie im Volksmund der NS-Zeit
Skeg 57
SKH 72.6
Ski 59.11
Après-Ski-Hülse
Skier 53.19
Skihase 53.19
Skihose 59.26
Hosenboden der Skihose
Skilehrer 53.19
Ski-Lift 53.19
Ski-Piste 53.19
Skistock 53.19
Ski-Übungsgelände 53.19
Ski-Zirkus 53.19
Sklave 80.7
Sklave 80.10, 80.11
zum Sklaven machen
Sklavenbrief 80.3
Sklavenfessel 58.11
Sklavenhandel 48.17
Sklavenhandel 42
Amt für Sklavenhandel
Sklavenhändler 48.18
Sklavenmarkt 47.21, 48.17, 53.3, 54.1
Sklavenplantage 54.1
Sklavensinn 80.3
Sklaverei 80.3
Sklaverei 48
rosa Sklaverei
Sklaverei 48.17
weiße Sklaverei
Sklavin 9.5
Sklavin der Liebe
sklavisch 80.9
Skoptophilie 68
Skrotum 1.73, 1.75, 25.8, 36.12
Skrotum 1.76
am Skrotum lecken
Skrotum 80.39
Durchlöcherung des Skrotums
Skrotum 1.76
Mann mit großem Skrotum
Skrotum 1.76
Skrotum im Sprachgebrauch der Masturbation
Skrotum 1.76
Skrotum im Sprachgebrauch der Oralerotik
Skrotum 1.76
Skrotum im urophilen Sprachgebrauch
Slalompiste 53.19
Slalompiste der Liebelei
Slalomstrecke 53.19
Slalomstrecke des Flirts
Slang 19
Teen-Slang, Rocker-Slang
slentano 54.8
Slip 59.35, 70.3
Slip 59.35
Netz-Slip
Slip 59.35
Reiz-Slip
Smeck 57
Smegma 1.79, 36.12, 78.3
Smoking 59.12
Snüwert 1.40
so 26.12
so 29.4
so rum
so 29.6
so rum verkehren
so 26.40
wie du mir, so ich dir
Socke 8.7
eingelaufene Socke
Socken 59.38
Socken 8.9
abgelegte Socken
Socken 59.38
die Socken ziehen Wasser
Socken 59.38
herunterrutschende Socken
Socken 59.38
ondulierte Socken
Socken 59.38
quergestreifte Socken
Socken 59.6
seine Socken ziehen Wasser
Socken 11.19
sich auf die Socken machen
Socken 59.38
Socken mit Dauerwellen
Socken 59.38
Socken mit Fenstern, mit Notausgang, mit Ventilation
Socken 59.38
Socken ohne Sockenhalter
Socken 59.38
zerrissene Socken
Sockenhalter 80.86
Sockenhalter 59.38
Socken ohne Sockenhalter
Sockentrolli 39.5, 39.13
Sodafontäne 1.73, 29.10, 36.12
Sodafontäne 36.4
aus der Sodafontäne saufen
Sodaliske 55.9
Sodem 50.11
Soderei 29.7, 34
Soderer 29.3, 34.1, 35.5
Sodomiter 29.3, 35.5
Sodomiterei 35.4
Sodon 50.11
Sodum 50.11
Sofa 11.20
er schläft jetzt aufs Sofa und freßt von die Kommode
Sofa 46.4, 53.14
rasches Sofa, schnelles Sofa
Soforthilfe 24, 55, 64.21
Sohle 53.7
eine Sohle aufs Parkett legen
Sohle 59.40
Sohle und Oberleder klaffen auseinander
Sohlen kitzeln 1.11
er kann Petrus die Sohlen kitzeln
Sohlenmörder 53.7
söhlig 26.30
Sohn 18.9, 19.4
Sohn 8.22, 40
der verlorene Sohn
Sohn 15.2
natürlicher Sohn
Söhne 17.2
Mutter vieler Söhne
Söhne 17.3
Vater vieler Söhne
Söhnerin 14.54
Sohnes 59.10
kniefrei bis zum Sohnes gesegnet
Sohnesfrau 14.54
Söhnin 14.54
Solchene 48.2
Soldat 35.22
Soldat 14.28
ferngetrauter Soldat
Soldat 51.3
ängstlicher, ferngetrauter, diensteifriger Soldat
Soldaten 51.3
junge Soldaten
Soldatenhonig 51.3, 72.8
Soldatenhur 48.2
Soldatenhure 48.2, 51.3
Soldatenmädchen 48.2 51.3
Soldatenmütze 59.7
schirmlose Soldatenmütze
solide 35.19, 36.10

solide Embouchure
solide 59
solide Kleidung
Söller 41.2
Solo 24
Solodame 48.2
Solomuskel 1.73, 25.8
Sombrero 59.7
Sommer 48.35
eine Schwalbe macht noch keinen Sommer
Sommeranzug 59.12
Sommerfähnchen 59.10
Sommerfeld 17.8, 17.9, 26.25
ins Sommerfeld springen
Sommerfutteral 59.10, 59.12
Sommergedicht 59.7
Sommerhut 59.7
Sommerkleid 59.10
Sommerliebe 53.17
Umschlagplatz der Sommerliebe
Sommernachtstraum 59.42
Sommerschlitten 53.14
Sommersprosse 80.39
Sommersprossen 1.23
Sonderangebot 64.25
Sonja 48.2
So'ne 48.2
Sonne 48.2
Sonne 48.25
Haus der goldenen Sonne
Sonnenanbeter 53.17
Sonnenanzug 59.43
Sonnenbehang 59.43
Sonnenbeschwörer 53.17
Sonnenblume 59.7
Sonnenboss 48.25
Sonnenbrille 59.30, 60.1, 70.5
Sonnenbruder 53.17
Sonnenfenster 59.10
Sonnenfenster 59.43
Kaltwasserkleid mit Sonnenfenstern
Sonnengrill 53.17
Sonnenöl 53.17
Umschlagplatz des Sonnenöls
Sonnenpeile 60.1
Sonnenpelle 59.43
Sonnentakelage 59.43
Sonnentankstelle 53.17
Sonntag 42
lieber in der Woche ficken als sonntags arbeiten
Sonntagsanzug 59.12
Sonntagsdampfer 59.40
Sonntagsjäger 26.2
Sonntagsmalerin 54.2
Sonntagsnachmittags-ausgehanzug 59.12
Sonntagsnachmittags-ausgehhut 59.7
Sonntagsnachmittags-ausgehkleid 59.10
Sonntagsnachmittags-ausgehmantel 59.9
Sonntagsnachmittagsvor-dertürstehanzug 59.12
Sonntagsplünnen 59.1
Sonntagsreiter 12.43, 26.2
Sonntagswitwe 8.11, 14.68
Sonntagszahn 1.5, 6.2, 8.2
Sonnwegerin 48.2
Sonnwendbräute 52.5
Sonnwendfeuer 52.4
Sonnwendtanz 52.5
Sonny 6.12, 19.4
Sophisticatio virginum 1.69
sordo 54.8
Sorgensitz 72.14, 72.16
sortieren 25.1
sortieren 35.12
das Arschiv sortieren
sorum 29.4, 30.3, 30.4
manoli sorum
S.O.S. 51.2
SOS 12.24
SOS-Geschenk
S.O.S.-Beine 1.86
Soße 1.70, 1.78, 36.12, 78.3
Soße 55
Dreck mit Soße
Soße 46.1
lange Soße
Soße 36.4, 36.8
jemandem Soße füttern
Soße 1.25, 78.3, 79.2, 80.19
rote Soße
Soße 36.8
Soße auflecken
Soßenlöffel 1.73
Soßenlöffelei 35.4
Soßenstipper 1.73, 59.14
sotto 26.30, 54.8
Souterrainschnupfen 63.1
Soxer 19.2
Soxer 19.2
Baby-Soxer
Sozialzicke 47.42
Spachtel 1.73
spachteln 26.25
spachteln 35.7
den Braunen spachteln, die Fugen spachteln, den Schwarzen spachteln
spachteln 35.7
hinten spachteln
spack 39.1
Spadizze 48.2
Spagat 48
Spagat 48.5
am Spagat gehen
Spaghetti 55
Spaghettiloden 1.29
Spaghettiträger 59.24
Spähling 1.36
Spalier 31.5
Spalier 31.4
Spalier laufen
Spalt 1.66, 48.2
Spalt 13.12, 20.11
Sparbüchse mit Spalt
Spalte 1.66
Spalte 14.42
Spalte zwischen den Ehebetten
Spalte 31.5
zwei Spalten, Buch mit zwei Spalten
Spalten 1.67
Spalten 31.1
Buch mit zwei Spalten, Buch mit drei Spalten
spalten 22.14, 47.26, 80.54
spalten 22.14, 35.7
die Kerbe spalten
Spaltpilz 1.73
Spaltzüngler 49.7
Span 15.2, 18.4
Spanat 80.62
Späne 45.5
er hat Späne
Späne 17.27
Wo gehobelt wird, fallen Späne.
Spanferkel 19.2, 28.4
spangen 80.86
Spanier 59.40, 70.6
Spanierin 51.1
spanisch 64.25
spanisch 80.58
den Spanischen tanzen lassen, das Spanische zu kosten geben
spanisch 80.69
die spanischen Schuhe anziehen
spanisch 52.2
spanische Fliege
spanisch 63.1
spanischer Kragen
spanisch 70.17
spanischer Stiefel
spanisch 72.10
spanischer Wind
spanisch 59.40
spanische Schuhe
spanisch 80.70
spanische Schuhe, spanische Stiefel
spanisch 80.92
spanische Stiefel
spanisch 14.3
spanische Wand
Spanisch 80.62
Spanisch-Ritt, Spanisch-Rohr, der Spanische
Spanne 1.82
spannen 12.10, 68.3
spannen 35.7
den Hengst hinter den Wagen spannen
spannen 12.6
die Armbrust spannen
spannen 80.58
die Hosen spannen
spannen 80.84
in den Bock spannen
spannen 80.84
in die Zwangsjacke spannen
Spanner 1.36, 47.39, 68.1

Spannmichel 1.36
Spannungsreifen 59.37
Sparärmel 59.14
Sparbikini 59.43
Sparbluse 59.23.
Sparbüchse 13.9, 48.35
Sparbüchse 13.12
Sparbüchse mit Busen, Sparbüchse mit Spalt
Sparbüchse 20.11
Sparbüchse mit Spalt
Sparbüchsen 59.11
Sparbüxen 59.26
Sparflamme 64.17
auf Sparflamme brennen
Sparfüße 59.40
Spargel 1.73, 29.10, 36.12
Spargel 36.4
am Spargel lutschen
Spargel 1.73, 27.3, 36.12, 39.14, 64.21
ausgelutschter Spargel
Spargel 36.10
den Spargel quer essen können
Spargel 1.73, 19.10, 22.19, 28.4, 28.9, 38.7
grüner Spargel
Spargel 7.8
sich dem Wettlauf um den Spargel anschließen
Spargel 1.42
sie kann den Spargel quer essen
Spargel 23.6
Spargel mit Ketchup
Spargel 7.7
Wettlauf um den Spargel
Spargelbeet 41.5
Spargelbeine 1.86
Spargelkraut 1.72
Spargelkultur 29.7, 36.1
Spargellutscher 29.3, 36.2
Spargelsalat 1.73, 29.7, 31.5
Spargelsuppe 1.78, 36.12, 78.3
Spargelsuppe 36.4
jemandem Spargelsuppe füttern
Spargelzucht 28.10
grüne Spargelzucht
Sparhöschen 59.35
Sparjäckchen 59.13
Sparkasse 1.56, 1.60, 1.66, 48.35, 70.1
Sparkleid 59.10
Sparkostüm 26.11
Sparporto 46.2
Sparpulli 59.16, 70.5
Sparren 64.10, 64.25
Sparrenweide 64.2
Sparrock 59.25
Sparschwein 1.66
Sparschwein 48.35
sein Sparschwein schlachten
Spart 26.27
Sparvögler 64.17
Sparweste 59.15
Spaßcharmante 6.11, 20.10
Spaßlabern 1.58, 70.5
Spaßverderber 47.34
offizieller Spaßverderber
Spaßvogel 6.12
Spaßwürstchen 1.73
spät 38.3
später Teenager
spät 38.4
später Twen
spät 14.15, 39.4
spätes Mädchen
spät 11.7
zu spät kommen
Spatenstich 22.13
der erste Spatenstich
Spätentwickler 4.7, 6.15, 12.43, 19.4, 21.12, 22.19
Spätheimkehrer 14.63
Spätlese 59.6
auf jung gequetschte Teenage-Spätlese
Spätlese 38.3
Teenager-Spätlese
Spatz 1.73. 2.2, 18.3, 19.4
Spatz 25.8
besser ein Spatz in der Hand als eine Taube auf dem Dach
Spatz 26.25
den Spatz zwitschern lassen
Spatz 6.11
lustiger Spatz
spatzeln 26.25
Spatzen 59.7
Spatzen unterm Dach haben
Spatzenparterre 41.2
Spätzünder 15.2, 21.12, 22.19, 64.20
Spätzündung 64.20
Spazierhölzer 1.86, 1.87
SPD 51
Specht 1.73
Specht 26.25
den Specht hacken lassen
Specht 64.21
stumpfer Specht
Speck 1.83, 2.2, 14.32, 63.1, 80.21
Speck 7.5
an den Speck gehen
Speck 62.10, 63.1
Dreck und Speck
Speck 55
Erbsbrei mit Speck
Speck 3.6,
er riecht Speck
Speck 62.11
in Dreck und Speck
Speck 80.23
Kohl und Speck
Speck 1.63, 35.4
Made im Speck
Speck 2.1
Made und Speck
Speck 4.16
mit der Wurst nach dem Speck werfen
Speck 12.14
ran an den Speck!
Speck 17.11
sie hat Speck angesetzt
Speck 1.20
Speck ansetzen
Speck 12.7
Speck riechen
Speck 80.24
Speck und Kohl geben
Speck 80.58
Speck und Kohl geben, Speck und Schinken geben
Speck 80.61
Speck und Kohl, Speck und Schinken
Speckbeutel 59.12
Speckbuckel 1.58
Speckdeckel 59.7
Speckerbes 14.16
speckig 62.11
dreckig und speckig
Speckjäger 4.18, 14.32, 59.26
Speckkappe 59.7
Speckkiste 33.4
Speckkragen 59.19
Speckriemen 59.21
Speckschwarte 12.19
die Speckschwarte streichen
Speckseite 1.83, 35.21, 79.2
Specksoße 55
Speckstaude 59.17
Specksteiß 1.83
Speckthur 20.10, 48.2
Speckweste 59.15
Speculum vaginae 63.10
Speed 57
speed 57
half speed, reduced speed
Speer 1.73
Speer 26.25
den Speer reinhauen
Speibecken 62.7
Speiche 1.53
Speichel 1.46, 78.3
speichelleckerisch 80.9
Speisezettel 48.10
Speisfang 1.60
Spektakelsau 67.2, 67.5, 68.4
spellen 47.26
Spelunke 41.1, 41.2, 41.3
Spencer 68.1
spenden 80.17
Blut spenden
spendieren 12.23, 14.32
Spendierhosen 48.7
Spendierhosen anziehen
Spenzer 59.13
Sperenzchen 11.3, 12.1
Sperenzchen 12.44
Sperenzchen machen

Sperling 80.76
Sperlingslust 41.2
Sperma 1.78, 25.8, 36.12, 51.3, 78.3
Sperma 26.23
mit Sperma verkleben
Sperma 1.78
Sperma bei der Fellatio
Sperma 1.78
Sperma bei der Pedicatio
Sperma 26.29
Sperma beim Koitus
Sperma 1.78
Sperma bei der Selbstbefriedigung
Sperma 1.78
Sperma im homosexuellen Sprachgebrauch
Sperma 1.78
Sperma im urophilen Sprachgebrauch
Sperrhölzer 1.36
Sperrklinke 23.7, 35.8, 49.21
Sperrling 80.76
Spesen 26.4
Hast du wenigstens deine Spesen bekommen?
Spesenkonto 45
Spesenkonto mit Loch
Spesenkontoristin 13.5
Spesenritter 13.9
Spezi 1.73, 8.15, 19.4, 29.10
Spickgans 1.17
Spiegel 1.83, 41.4
Spiegel 35.18
den Spiegel polieren
Spiegel 35.7
den Spiegel polieren (putzen, versilbern)
Spiegeläffchen 12.3
Spiel 1.73, 31.5
Spiel 11.21
Abbruch des Spieles
Spiel 13.4
abgebrochenes Spiel
Spiel 25.1
die Hand im Spiel haben
Spiel 14.60
freies Spiel lassen
Spiel 11.21
letztes Spiel vorm Abpfiff
Spielalter 19.7
Spielanleitung 20, 20.7, 21
Spielanweisung 21.7
Spielart 64.25
Spielautomat 24.5, 30.5
Spielball 25.8
Spielbank 1.66, 1.76, 25.8, 30.8.
Spielbank 1.73, 19.10, 25.8, 28.4, 28.9
Spielbank des kleinen Mannes
Spielbecken 62.2
Spielbein 1.68, 25.8
Spieldose 1.66, 24.2, 25.3, 25.8, 30.8, 54.8
Spieldose 24.1
an der Spieldose drehen, die Spieldose polieren
Spieldose 54.8
die Spieldose laufen lassen
Spieldose 25.1
einer die Spieldose polieren, an der Spieldose drehen
spielen 24.1, 25.1, 26.9, 26.18, 54.8
spielen 12.6, 14.8
alle Reize spielen lassen
spielen 3.4
auf der Tastatur spielen
spielen 24.1
Balalaika (Drehorgel, Fiedel, Geige, Gitarre, Handorgel, Harfe, Klavier, Konzertina, Laute, Leier, Leierkasten, Mandoline, Orgel, Quetschkommode, Rührtrommel, Spinett, Werkl, Ziehharmonika, Zither, Zupfgeige) spielen
spielen 25.1
Balalaika (Drehorgel, Fiedel, Geige, Gitarre, Handorgel, Harfe, Klavier, Konzertina, Laute, Leier, Leierkasten, Mandoline, Orgel, Quetschkommode, Rührtrommel, Spinett, Werkl, Ziehharmonika, Zither, Zupfgeige) spielen, mit der Balalaika usw. spielen
spielen 26.25
Balalaika (Flöte, Geige, Gitarre, Harfe, Harmonika, Klarinette, Klavier, Leier, Mandoline, Orgel, Trommel, Trompete, Ziehharmonika, Zither, auf der G-Saite) spielen, Federball spielen
spielen 24.1
Billard (Dudelsack, Faustball, Handball, Sackpfeife, Taschenbillard, Taschengolf, Taschentennis, Taschengeige, Taschenorgel) spielen
spielen 12.8
das Augenradar spielen lassen
spielen 26.30
den Bubi spielen
spielen 49.9
den Hofmeister, den Sittenrichter spielen
spielen 54.8
die Balalaika, die Drehorgel, die Fiedel, die Handorgel, die Konzertina, die Leier, den Leierkasten, die Mandoline, die Orgel, die Quetschkommode, die Rührtrommel, das Werkl, die Ziehharmonika, die Zither, die Zupfgeige spielen
spielen 36.4
Dudelsack spielen, Sackpfeife spielen
spielen 48.5
eine Gastrolle spielen
spielen 24.1
Einhandflöte (Englischhorn, Fagott, Hohlflöte, Klarinette, Nachthorn, Oboe d'amore, Pfeife, Posaune, Rohrflöte, Sackpfeife, Schalmei, Schnabelflöte, Spitzflöte, Trompete, Vogelflöte) spielen
spielen 25.1
Einhandflöte (Englischhorn, Fagott, Hohlflöte, Klarinette, Nachthorn, Oboe d'amore, Pfeife, Posaune, Rohrflöte, Sackpfeife, Schalmei, Schnabelflöte, Spitzflöte, Trompete, Vogelflöte) spielen, mit der Einhandflöte usw. spielen
spielen 59.26
er spielt Taschenbillard, Taschengolf, Taschenorgel, Taschentennis
spielen 25.1
Faustball spielen, Handball spielen, Dudelsack spielen
spielen 1.77
Faustball spielen, Handball spielen, Taschenbillard spielen, Taschengolf spielen, Taschentennis spielen
spielen 36.8
Fotzenhobel (Maultrommel, Mundhobel, Mundharmonika) spielen
spielen 80.81
Jesus spielen
spielen 26.30
Laternenpfahl spielen
spielen 68.3, 69.4
Mäuschen spielen
spielen 25.1

mit dem Feuer spielen, Handball spielen
spielen 24.1
mit dem Gedanken spielen, mit dem Feuer spielen
spielen 1.38
mit den Augen Knallerbsen spielen
spielen 1.77
mit den Hoden spielen
spielen 24.1, 25.1
mit der Balalaika usw. spielen
spielen 26.9
mit der Balalaika (der Harmonika, dem Klavier, der Leier, der Mandoline, der Orgel, der Ziehharmonika, der Zither) spielen, Handball spielen, Taschengolf spielen, Taschentennis spielen
spielen 24.1
mit der Einhandflöte usw. spielen
spielen 24.1
mit der Klitoris spielen
spielen 30.4
Mundharmonika spielen
spielen 24.1
Spitzharfe spielen
spielen 65.3
stereo spielen
spielen 3.9, 21.8
vom Blatt spielen
spielen 48.5
Weibchen spielen
Spielfaß 53.5
das Spielfaß aufmachen
Spielgefährte 8.15
Spielgefährtin 8.2, 26.1
Spielgenoß 31.2
Spielgewinn 53.5
Spielhallendeutsch 19
Spielhöschen 59.35, 70.3
Spielkamerad 8.15
Spielkameradin 8.2
Spielkind 18.4
Spielmann 24.3, 25.4, 54.8
Spielratte 18.4
Spielraum 41.3, 48.25, 48.31
Spielraum 13.2, 14.60
freien Spielraum geben
Spielraum 8.13
freier Spielraum
Spieltag 41
Spieluhr 24.5, 30.5
Spielverderber 31.3
kein Spielverderber
Spielverderber 47.34
Spielverderber v. D.
Spielverderberei 47.35
Spielwaren 24.5, 30.7, 80.22
Spielwiese 1.30, 1.66, 14.42, 41.5
Spielwiese 1.30
Bubikopf mit Spielwiese
Spielwiesenschoner 23.7, 59.34
Spielzeug 24.5, 30.7, 48.1, 70, 80.22
Spiese 55.11
Spieß 1.73, 22.16, 47.26, 47.33
Spieß 8.22
abgebrochener Spieß
Spieß 35.7
den Spieß umdrehen
Spieß 64.17
einen kalten Spieß haben
Spieß 64.23
kalter Spieß
Spießgesell 31.2
Spießruten 80.61
Spießrutenlaufen 52.4
spießrutenlaufen 80.59
spießrutenlaufen 80.58
spießrutenlaufen lassen
Spinat 55, 58
Spinat 55
Eier mit Spinat
Spinat 49.23
Spinat am Schwanz haben
Spinat 49.23
Spinat auf dem Kopf haben
Spinatfee 44.2, 45
Spinathemd 59.17
Spinatstecker 35.5
Spinatstich 35.4
Spinatwachtel 1.14, 65
Spinatwaden 59.38
Spincer 68.1
Spind 1.66, 2.2, 59.7
Spind 22.18
aufgebrochenes Spind, aufgemachtes Spind, aufgestemmtes Spind, geöffnetes Spind, offenes Spind
Spind 22.14
das Spind aufbrechen
Spind 26.25
das Spind aufmachen (aufschließen)
Spinde 1.66, 2.2
Spinde 6.2
glatte Spinde
Spinett 1.66, 25.8, 30.8, 54.8
Spinett 24.1, 25.1
Spinett spielen
Spinne 48.2, 64.12, 80.91
Spinnen 71.3
spinnen 59.3
spinnen 13.1
seidene Fäden spinnen
Spinnenfang 64.6
Spinnenfang 64.9
auf Spinnenfang gehen
Spinnenfänger 64.7
Spinnenjagd 64.6
Spinnennetz 59.7
Spinnenzucht 64.6
Spinner 64.11
Spinnerei 64.2, 64.8
Spinnerfarm 64.2
Spinnerin 59.3
Spinnhaus 48.12
Spinnlehre 64
Spinnmaschine 64.11
Spinnologie 64
Spinnstube 53.3, 64.8
spinxen 12.10, 68.3
Spion 1.73
spirito 54.8
con spirito
spirituoso 54.8
Spirituskommode 41.3
Spirochätenbunker 63.14
Spirochätenklempner 63.12
Spitalengel 63.13
Spitaleuse 63.13
Spitalfee 63.13
Spitalgeist 63.13
Spitalmaus 63.13
Spitalmieze 63.13
Spitalschnecke 63.13
Spitalsirene 63.13
Spitalwachtel 63.13
Spittelbergg'stanzel 47.21, 54.1
Spittelfink 64.21
Spitz 1.63, 1.73
Spitz 26.25
auf den Spitz kriegen, vor den Spitz kriegen, am Spitz kriegen
Spitz 12.28
eine am Spitz kriegen
spitz 6.1
spitz 80.92
spitze Absätze
spitz 6.2
spitze Brumme
spitz 59.40
spitze Damenschuhe
spitz 6.3
spitzer Pink
Spitzbacher 1.73
Spitzbart 1.48, 1.65
Spitzbein 1.73, 29.10, 36.12
Spitzbein 36.4
am Spitzbein knabbern
Spitzbub 12.20
Spitzeflicker 63.12
Spitzel 55.1
spitzen 36.12
das Maul spitzen
Spitzengedicht 59.29
Spitzengeknüll 59.29
Spitzenreiter 12.37, 26.2, 26.10, 70.12
Spitzenstrümpfe 59.38
Spitzenwäsche 59.29
Spitzer 47.26
Spitzflöte 1.73, 19.10, 28.4, 28.9, 29.10, 36.12, 54.8

Spitzflöte 36.4
Spitzflöte blasen
Spitzflöte 24.1, 25.1
Spitzflöte spielen
Spitzfuß 34.4
Spitzharfe 1.68, 25.8, 30.8, 54.8
Spitzharfe 25.1
einer die Spitzharfe zupfen
Spitzharfe 24.1
Spitzharfe spielen
Spitzig 80.62
Spitzigheiches 80.61
Spitzkopf 1.32
Spitzkühler 1.60
Spitzling 1.73, 80.40, 80.48
Spitzohr 69.2
Spitzohr 69.2
Frau Spitzohr
Spleen 64.10
Spleenager 19.7
Spleeniatrie 64
Spleenschuppen 64.2
Splenia 61
splitternackt 26.12
Splitterrichter 49.11
Spökenkieker 68.1
Spompanadeln 11.3, 12.1
Spompanadeln 12.44
Spompanadeln machen
Sponsierer 48.21
Sporn 1.73
Sport 80.1, 80.21
Sport 26.27
Après-Ski-Sport
Sportabzeichen 58.4
Sportabzeichen 14.36
goldenes Sportabzeichen
Sportfreund 80.7
Sportfreundin 80.6
Sportgerät 80.22
Sportkanone 1.73, 4.18, 26.37
Sportlehrer 80.5
Sportlehrerin 80.4, 80.63
Sportplatz 1.30, 14.42, 41.3, 41.5
Spottgericht 47.29
sprachlos 46.1
Sprade 80.62
sprageln 26.30
sprechen 72.11
von Liebe sprechen
Sprechverkehr 46.1
Spreitzen 1.36
spreizen 12.30, 26.26
spreizen 12.4
sich spreizen
Spreizer 1.73
sprengen 47.26
sprengen 17.13, 26.25
die Saat sprengen
Sprengkapsel 51.3, 64.23, 72.8
Sprengung 22.13
Sprettlong 41.5
Spreukerling 59.17
springen 26.25
springen 12.6, 14.8
alle Minen springen lassen
springen 3, 17
der springende Punkt
springen 31.4
die Pfropfen springen lassen
springen 17.8, 17.9, 26.25
ins Sommerfeld springen
springen 48.5
Knöpfe springen lassen
Springer 80.86
Springerl 72.8
Springinsfeld 18.3
Springmaus 55.9
Sprinklerpanne 64.20
Spritzapparat 64.20
blockierter Spritzapparat
Spritzbüchse 1.66, 2.2, 4.25, 48.2
Spritzdose 1.66, 2.2
Spritzdosenhosen 59.11
Spritze 1.66, 1.73, 2.2, 17.15, 26.24, 41.19, 48.2, 51.3, 57.2, 63.13, 80.48
Spritze 17.26, 64.21
leere Spritze
Spritze 14.24, 14.49
Mann an der Spritze, Mann von der Spritze
Spritze 26.2
Mann von der Spritze
Spritze 72.9
schnelle Spritze
spritzen 26.23, 26.25, 57.1
spritzen 22.14
die Apfelsine (die Tomate) spritzen
spritzen 35.7
die Blume spritzen
spritzen 35.7
die Rosen spritzen
spritzen 35.7
den Kürbis spritzen
spritzen 57.5
er spritzt
spritzen 37.4
in die Titti spritzen
spritzen 35.7
ins Arschloch spritzen
Spritzenbenutzer 57.3
Spritzendefekt 64.20
Spritzenhaus 48.25, 63.14
Spritzenhaus 64.20
versperrtes Spritzenhaus
Spritzeningenieur 63.12
Spritzenjongleur 57.3
Spritzenjongleuse 51.3, 63.13
Spritzenklempner 63.12
Spritzenmeister 57.3
Spritzenschlosser 63.12
Spritzer 26.24, 26.27
Spritzer 26.25
einen Spritzer machen
Spritzleder 20.10, 48.2
Spritztour 26, 26.27, 48.6
Spritzzahn 55.6
Sproß 17, 18.9, 40
Sprößling 17, 18.9, 40
Sprüche 12.17
Sprüche kloppen
Sprudel 1.78, 26.24, 36.12, 78.3
Sprudel 36.4
jemandem Sprudel füttern
Sprudelball 53.6
Sprudelnutte 53.9
Sprung 26.27
Sprung 26
jemanden auf einen Sprung besuchen
Sprung 12.39
Platte mit Sprung
Sprungbrett 1.30
Bubikopf mit Sprungbrett
Sprünge 64.21
keine Sprünge mehr machen können
Sprungfederball 31
Sprungfederbusch 41.5
Sprungfedergewicht 4.25
sprungfedern 26.25
Sprungfederstrich 48
Sprungfedervieh 48.2
Sprungfederwild 48.2
sprunghaft 26.28
Sprungmatratze 14.42, 41.5
Sprungschanze 14.42, 41.5
Sprungstall 41.5
Sprungtaler 14.1, 48.9
Spruse 59.25
Spuckbecken 62.7
Spucke 1.46, 1.78, 78.3
Spucke 36.10
die Spucke verlieren
Spucke 64.21
er hat keine Spucke mehr
Spucke 64.21
ihm bleibt die Spucke weg
Spucke 36.10
ihr bleibt die Spucke weg
Spucke 64.21, 64.23
keine Spucke mehr haben
spucken 26.18
auf den Kopf spucken
spucken 4.16
jemandem ins Loch spucken
Spucknapf 59.7, 62.7
Spüle 62.7
spülen 62.5
spülen 35.18
die Lehmkuhle spülen
Spüler 72.9
Spuling 18.2
Spuling 17.8, 26.25
einen Spuling pflanzen
Spülstein 62.7

Spülung 26.27, 72.9
Spülwasser 55
Spulwurmer 55
Spund 1.12, 1.73, 2.5, 19.4
Spund 22.18
angebohrter Spund
Spund 22.18
ausgeloteter Spund, offener Spund
Spund 22.14, 26.25
den Spund anbohren
Spund 26.25
den Spund anzapfen
Spund 22.14
den Spund ausloten
Spund 3.8
jemanden am Spund riechen lassen
Spundkontrolle 51.3, 63.8
Spundloch 1.66, 1.85
Spundloch 35.18
am Spundloch nuckeln
Spundloch 22.18
aufgemachtes Spundloch
Spundloch 35.7
das Spundloch anbohren (ausloten, ausputzen, verkorken)
Spundloch 35.12
im Spundloch rühren
Spundlochbohrer 1.73
Spundlochkontrolle 48.10, 63.8
Spundlochkriecher 63.12
Spundlochoptiker 48.10
Spundlochprobe 48.10
Spundlochreparatur 63.14
Spundlochriecher 63.12
Spundlochschuster 63.12
Spundlos 1.73
Spundschärfer 22.16, 47.26
Spundschau 51.3, 63.8
Spünne 17.15
Spur 1.78, 26.29
heiße Spur
spuren 48.35, 80.11
spüren 17.11
sie spürt Leben
Spürnase 47.33
St. 17.22
St. Aloysius, St. Kümmernis, St. Leonhard
Staat 59, 59.12
Staat 59.6
sich in Staat schmeißen
Staat 59.6
sich in Staat werfen
staatlich 48.2
staatlich Geprüfte
staatlich 48.10. 48.27
staatliche Unzucht
Staatliche 48.2
Staatsanwalt 47.33
Staatsanwältin 47.33
Staatshämorrhoidenreferendar 35.22
Staatshut 59.7
Staatskleid 59.10
Staatskrüppel 1.10
Staatsmantel 59.9
Staatspesos 45.1
Staatsrasierapparat 80.55
Staatsrasiermesser 80.55
Stäbchen 82.7
Stabführung 54.8
Stabführung 12.33
gute Stabführung
Stabsauger 62.2
Stabsnutte 48.2, 51.3
Stabwurz 52.2, 52.3
St. Blasii 73.9
Tempel St. Blasii
staccato 26.31, 54.8
Stachel 64.21
stumpfer Stachel
Stachel 1.73
Stachelbeerbeine 1.86
Stachelbeere 1.66, 2.2, 4.14, 36.12
Stacheldrahtverhau 1.48
Stachelschwein 24.5, 80.40, 80.41
Stadt 18.16
Schäfer von der neuen Stadt
Stadtkind 48.2
Stadtklatsche 46.1
Stadtnymphe 48.2
Stadtschuhe 59.40
Stadtstreicher 48.4
Stadtstreicherin 48.2
stageln 26.25
stageln 26.25
den Werkel (den Wetzstein) stageln
Stahlarbeiter 43
stählen 80.10
Stahlhelmehe 14, 51.3
Stahlpanzer 59.31
Stahlverschluß 59.20
Assessorenkrawatte mit Stahlverschluß
Stall 1.66, 41.1, 41.2, 41.3, 48.25, 53.4, 55.11
Stall 22.18
aufgebrochener Stall, offener Stall
Stall 48.35
das beste Pferd im Stall
Stall 22.14
den Stall aufbrechen
Stall 12.30, 26.9, 26.10, 26.26
den Stall aufmachen
Stall 26.15
den Stall aufmachen (aufschließen)
Stall 17.1, 40
(guter, schlechter, alter Stall usw.)
Stall 3.5
Feuer im Stall
Stall 48.35
mein Stall
Stall 18.5
Stall voll Kinder
Stall 40
Stall voller Kinder
Stalldrang 14.68
Stallhase 25.3
Stallhuhn 48.2
Stallknecht 63.12
Stallmagd 51.3
Stalltor 1.69
Stalltor 22.14
das Stalltor aufbrechen
Stalltor 26.25
das Stalltor aufmachen (aufschließen)
Stalltor 22.14
das Stalltor einrennen
Stalltür 1.69, 59.26
Stalltür 22.14
die Stalltür aufbrechen
Stalltür 26.25
die Stalltür aufmachen (aufschließen)
Stalltür 26.9, 26.10
die Stalltür aufschließen
Stalltür 59.26
Schließ die Stalltür gut zu!
Stalltür 64.23
Wenn du zur Lola gehst, mußt du die Stalltür verriegeln.
Stallwächter 41.18
Stamm 40
der Apfel fällt nicht weit vom Stamm
Stammäster 8.20
Stammbaum 1.73, 8.20, 32.3, 40, 73.9
Stammbuchverse 47.21, 54.1
Stammeltern 40
stammerisch 29.1
stammerische Sünde
Stammerling 1.86, 1.87
Stammhalter 18.9
Stammhans 1.87
Stammhansen 59.40
Stammkunde 48.8
Stammkunde einer Prostituierten
Stammutter 40
Stammschraube 8.7
Stammsitz 72.14, 72.16
Stammtafel 40
Stammtischlöwe 14.51
Stammvater 40
Stammzahn 8.7
Stampe 53.4, 55.11
Stampe 29.8, 53.7
heiße Stampe
Stampe 29.8
schwule Stampe
Stampe 30.6
schwule Stampe, warme Stampe
Stampe 29.8
warme Stampe
stampfen 26.25, 26.30
Stand 26.22
Stand 64.19
einen schweren Stand haben

Standarte 1.73
Standarte 29.5
mit fliegender Standarte zum Freund übergehen
Standartenführer 4.18, 51.2
Standbild 24.6
Ständchen 26.22, 54.8
Stande 26.20
im Stande sein, gut im Stande sein
Ständer 1.86, 26.22
Ständer 26.20
einen Ständer haben
Ständer 3.6
er hat 'n Ständer
Ständer 64.19
geknackster Ständer
Standesamt 14.34
Standesamt 26.30
im außerehelichen Standesamt
Standesbeamter 14.34
standfest 26.21
standhaft 26.21
ständig 8.7
ständige Begleiterin
ständig 8.20, 9.9, 14.67
ständiger Begleiter
Standpauke 14.53, 49.8
Standpauke 49.9
jemandem eine Standpauke halten
Standwild 48.2
Stange 1.73, 2.2
Stange 13, 53.10
Abenteuer von der Stange
Stange 26.30
auf der Stange, auf der Stange sitzen
Stange 29.5
bei der Stange bleiben
Stange 25.1
die Stange halten
Stange 73.5
eine Stange an die Wand stellen
Stange 12.4
eine Stange angeben
Stange 73.5
eine Stange Wasser in die Ecke stellen
Stange 26.9
einem Kerl die Stange halten
Stange 27.3, 39.13, 64.21
eingerostete Stange
Stange 10.2
ihm die Stange halten, bei der Stange bleiben
Stange 48
Liebe von der Stange
Stange 1.14
Stange mit Hut
Stange 26.22
Stange wie Eisen
Stange 41.1
Villa von der Stange
Stange 26.30
von der Stange fallen
stangeln 26.25
Stangenkäse 55
Stangenkledage 59, 59.12
Stangenreiter 80.7
Stangenschick 59
Stangensellerie 52.3
Stänker 11.13
Stänkerbock 11.13
Stänkerbold 11.13
Stänkerer 11.13
stanzen 80.20, 80.58
Stapel 17.11
der haben sie was rauf in den Stapel gesetzt
Stapel 48.35
eine vom Stapel lassen
Stapellauf 22.13
stapeln 12.4
Stapler 19.4
Star 19.4
stark 2.4, 2.7, 30.1
das starke Geschlecht
stark 80.58
eine starke Hand haben
stark 9
Liebe ist stark wie der Tod
stark 26.35
stark gebaut
stark 26.22
starke Erektion
Starkasten 59.7
stärken 80.84
Starkstromsteckdose 12.36
Stärkung 80.91
Starlet 54.5
Starlet-Aquarium 53.17
starren 62.12
vor Schmutz starren
Starrkrampf 64.23
Starrsinn 80.10
den Starrsinn brechen
Starrsinn 80.11
sich den Starrsinn austreiben lassen
Start 48
Start 48.5
auf den Start gehen
Starter 49.6
senkrechter Starter
Starterin 48.2
Stationesse 51.3, 63.13
Stationöse 51.3, 63.13
Statistin 54.5
Stätte 72.12
Stätte der Erleichterung
statuieren 80.10
ein Exempel statuieren
Staub 80.11
sich im Staub wälzen
Staubdompteuse 41.19
staubdumm 1.39
Staube 11.19, 13.3
sich aus dem Staube machen
stauben 80.58
Staubfänger 8.8, 8.21
Staubsauger 1.40, 53.7
Staubsauger 1.30
er kann sich mit dem Staubsauger kämmen
Staubsaugerfee 41.19
Staubsaugerlaborantin 41.19
Staubsäugling 62.2
Staubtuch 62.2
Stauchen 59.8, 80.20, 80.58
stauchen 80.11
sich stauchen lassen
Staude 1.14, 48.4, 59, 59.12, 59.17
Staude 59.6
sich in Staude schmeißen
Staude 59.6
sich in Staude werfen
Staudenanbeißer 51.3
Staudenemil 48.21
Staudenhur 48.2
Staudenmensch 48.2
Staudenscheißer 35.22
Stauke 80.61
stauken 80.58
Staupe 80.61
stäupen 80.58
Stautzenfresser 14.16
Stechapfel 52.2
Stechbecken 62.2
Steche 80.40
stechen 26.25, 80.38, 80.39, 80.58
stechen 26.25
Disteln (Kröten) stechen
stechen 80.58
eine Schwalbe stechen
stechen 3.6
ihn sticht der Hafer
stechen 3.6
ihn sticht der Kitzel
stechen 8.13
in die offene See stechen
stechen 26.18
in See stechen
Stecher 1.42
Stechfliege 80.42
Stechfliegen 71.3
Stechgroschen 14.1
Stechmücke 80.42
Steckbrief 48
Steckdose 1.66, 2.2, 4.12, 4.25, 14.48, 26.1, 45, 48.2
Stecken 1.73, 19.4, 26.25
stecken 14.38
den Hals in die Schlinge stecken
stecken 63.4
den Kopf in den Sand stecken
stecken 36.8
den Kopf in die Schlinge stecken
stecken 14.38
den Kopf ins Joch stecken
Stecken 80.58

den Stecken anmessen
stecken 14.59
die Nase (den Schwanz) in fremde Angelegenheiten (in fremde Löcher) stecken
Stecken 63.1
Dreck am Stecken
stecken 1.73
einen Mönch stecken
stecken 26.25
einer einen stecken, den Kopf (die Nase) in fremde Angelegenheiten stecken, den Kopf ins Loch (die Made in den Käse, das Schwert in die Scheide, den Stecker in die Dose) stecken
Stecken 63.2
Elftes Gebot: Du sollst nicht ficken, wenn du Dreck am Stecken hast.
stecken 80.58
Gufti stecken
stecken 14.59
mit einer (mit einem) unter der gleichen Decke stecken
stecken 26.3
Murf stecken
stecken 18.7
noch in den Kinderschuhen stecken
stecken 26.3
Schmetzer stecken
stecken 10.7
seine Nase in fremde Löcher stecken
stecken 13.2
unter einer Decke stecken
stecken bleiben 64.22
ihr ist die Gräte im Schlund stecken geblieben
Stecker 1.73
Stecker 61.4
Barthobel, Bartsäge, Borstenhobel, Borstensense, Felleisen, Gesichtsmäher, Kratzeisen, Stoppelhobel, Stoppelmäher, Stoppelroder mit Stecker
Stecker 26.25
den Stecker in die Dose stecken
Stecker 26.25
den Stecker reinstecken
Stecker 7.11
der Stecker paßt
Stecker 7.12
der Stecker paßt nicht
Stecker 1.63, 2.1
Stecker und Dose
Steckgroschen 48.9
Steckkissen 18.15
Steckling 1.73
Stecknadel 1.73
Steckrübe 1.73, 29.10, 36.12, 48.4
Steckrübe 36.4
an der Steckrübe knabbern
Stehanstalt 73.9
Stehaufmännchen 1.73
Stehaufmännchen 26.25
das Stehaufmännchen eindrehen
Stehaufmännchen 24.1, 25.1
das Stehaufmännchen polieren
Stehbier-Anstalt 77.2
stehen 48.5
stehen 26.25
auf dem dritten Bein stehen, Flanellwache stehen
stehen 10.2
auf jemandem stehen wie auf einem Teppich, wie auf einem Betonklotz, wie auf dem Felsen von Gibraltar
stehen 11.2
auf verlorenem Posten stehen
stehen 36.10
das Wasser steht ihr bis zum Hals
stehen 59.7
der Hut steht auf halb 8, auf halb 12, auf halb 13
stehen 36.6
die Zunge steht ihm
stehen 48.5
Ecke stehen
stehen 26.22
Er steht mir bis hierher! Er steht vor der Tür! Er steht mir vor Augen! Er steht und fällt!
stehen 10.7
Flanellwache stehen
stehen 26.19
Ihm steht der Knochen.
stehen 3.6
ihm steht der Schwanz nach
stehen 26.30
in Verbindung stehen, im Verkehr stehen
stehen 29.6
Kopf an Kopf stehen, auf du und du stehen
stehen 10.7
keine Mesuse stehen lassen
stehen 48.10, 63.8
Modell stehen
stehen 26.20
seinen Mann stehen
stehen 48.5
sich die Füße in den Bauch stehen, jeden Tag sex Stunden stehen
stehen 7.11
sie stehen auf du und du
stehen 9.3
sie steht ihm im Knochen
stehen 64.17
stehen und liegen lassen
stehen 39.11
steht schon mit einem Fuß im Friedhof, steht auf dem Aussterbeetat, steht an der Pforte des Jenseits
stehen 64.17
vor dem Nichts stehen, wie der Ochse vorm zu'en Tor stehen
stehen 12.41
wie der Ochse vorm Berg (vorm Tor, vorm Loch) stehen
stehen 21.10, 22.7
wie der Ochse vorm Loch stehen, wie die Kuh vorm neuen Schwanz stehen
stehend 12.35
Sie kann's stehend freihändig.
stehen lassen 72.11
einen Koffer stehen lassen
Steher 19.4
Steher 6.3, 10.4
senkrechter Steher
Stehficker 26.30
Stehfickerhose 70.3
Stehfickerhosen 26.30, 59.26
Stehgeige 26.30, 54.8
Stehgeiger 26.30, 54.8
Stehgreif 1.73, 25.8, 29.10
Stehgreif 26.25
aus dem Stehgreif machen
Stehkleid 59.10
Stehkragen 59.19, 59.21
Stehkragen 59.19
liegender Stehkragen
Stehkragenlouis 48.21
Stehlampe 26.22
stehlen 70.12
Wäsche stehlen
Stehpartie 26.30
Stehpillen 52.3
steht gut im Futter 1.19
steht in den vier Ecken 1.19
Stehvöglerbüxen 26.30
Stehwurzel 1.73
Steidel 1.48
steif 64.17
jemanden am steifen Arm verhungern lassen
steif 59.19
steifer Kragen
steif 59.7
steifer Hut
steif 6.3
steifer Schwanz
Steifer 26.22
Steifer 26.20
einen Steifen haben

Steifer 3.6
er hat 'n Steifen
Steifer 3.8
jemandem einen Steifen geben
Steifschechter 1.10
Steigatt 26.27
Steigatt 26.25
Steigatt machen
Steigauf 4.18
steigen 41
vom Pferd steigen
steigen 26.23
Der Saft steigt ihm in den Baum.
Steiger 4.18, 39.7
alter Steiger
steil 6.1, 1.7
steil 6.2
steiler Busen
steil 2.5
steiler Heini
steil 57.3
steiler Raucher
steil 1.58
steiles Vorgebirge
Stein 26.22, 45.1
Stein 27.3, 39.13
abgewetzter Stein
Stein 4.5
aus Stein
Stein 3.7
aus Stein sein
Stein 1.77, 24.1, 25.1, 26.25
den Stein ins Rollen bringen
Stein 47.20
der Stein des Anstoßes
Stein 9.2, 10.2, 35.7
einen Stein im Brett haben
Stein 52.9
Stein der Nichtliebe
Stein 26.22
Stein der Weisen
Stein 35.4
Stein im Brett
Stein 25.8
Tropfen auf den heißen Stein
Stein 1.78
Tropfen aus dem heißen Stein
Stein 64.21
Tropfen aus dem Stein
Stein 58.2
unechter Stein
Stein 26.19
zu Stein werden
steinalt 39.1
Steinbutten 1.67
Steine 48.10
die Steine brennen
Steine 25.1
die Steine ins Rollen bringen
Steingang 14.1
steinhart 26.21
steinigen 80.69
Steinkind 17.25
Steinpilz 1.73, 26.22
Steinpilz 36.4
am Steinpilz knabbern
steinreich 1.59
steinreich sein
Steinröschen 59.7
Steirer 1.49
Steiß 1.83
Steißarbeiter 35.22, 45
Steißbein 1.73, 29.10, 35.10
Steißbeinakrobat 35.5, 41.20
Steißgeburt 17.16
Stelldichein 12.25
Stelle 8.13
die freie Stelle einnehmen
Stelle 7.1, 8.13
freie Stelle
Stellen 48.16
Stellen vermitteln
stellen 26.25
den Apparat (die Armatur, die Batterie, die Maschinka) unter Strom stellen
stellen 14.59
die Füße (die Pantoffeln, die Schuhe) unter einen fremden Tisch (unter ein fremdes Bett) stellen
stellen 13.13
die Füße unter den Tisch stellen
stellen 73.5
eine Stange an die Wand stellen
stellen 73.5
eine Stange Wasser in die Ecke stellen
stellen 73.5
einen Strahl in die Ecke stellen
stellen 7.3
Fallen stellen
stellen 35.7
sich auf die Hinterbeine stellen
stellen 7.3
Vogelfallen stellen
Stellenvermittler 48.15
Stellenvermittlerin 48.14
Stellenvermittlung 48.13
Stellschraube 48.2
Stellvertreter 8.23, 17.7, 14.67
Stellwagen 27.3, 39.4, 48.2
Stellwagen 22.18
angebumster Stellwagen
Stellwagen 22.14
den Stellwagen anbumsen
Stellwehen 17.16
stellvertretend 8.23
stellvertretender Scheich
Stelzen 1.86, 1.87
stelzen 1.87
Stemmeisen 26.22
Stemmel 1.73
Stemmel 26.25
den Stemmel ausschleimen
stemmen 26.25
stemmen 22.14
den Bolzen stemmen
stemmen 36.8
den Jud stemmen
stemmen 26.25, 48.7
einen Bolzen stemmen
Stempel 1.86, 1.73
Stempelgebühr 48.9
Stempelmarke 48.9
stempeln 26.25, 80.20, 80.58
stempeln 48.7
am Eckstein stempeln
Stempelsteuer 48.9
Stengel 1.73, 29.10, 36.12, 55.1
Stengel 16.13
abgeschnittener Stengel
Stengel 36.4
am Stengel knabbern
Stengel 31.5
Kleeblatt mit Stengel
Stengel 64.19
welker Stengel
Steno-Lieschen 45
Stenotypistin 45
Steno-Xantippe 45
stentato 26.31, 54.8
Stenz 2.5, 48.21
Stenz 6.15
sägiger Stenz
Stenze 80.62
Stenzelmann 48.21
stenzen 80.58
Stepke 28.4
Stepp 26.27, 53.7
Stepp 26.25
einen Stepp abhauen
Stepp 53.7
einen Stepp hinlegen
Stepp 26.25
einen Stepp machen
Stepp 26.25
einen Stepp schieben
Steppchen 82.8
steppen 26.25
Steppke 1.73, 18.9, 19.4, 19.10, 28.9
sterben 11.2
an gebrochenem Herzen sterben
sterben 11.8
einen Rivalen sterben lassen
stereo 6.22, 65.2
stereo 48.5
stereo fahren
stereo 65.3
stereo spielen
steril 17.26
steriler Mann
Sterilisation 51.2
sterilisieren 16.11
sterilisiert 16.12
sterilisierte Frau
sterilisiert 16.13

sterilisierter Mann
sterilisiert 41.1
sterilisierte Wohnmaschine
Sterilisierung 16.14
Arzt, der Sterilisierungen und Kastrationen vornimmt
Sterke 22.10
Stern 1.6, 1.83, 2.5
Stern 26.22
aufgehender Stern
Stern 1.73
aufgehender Stern, untergehender Stern
Stern 26.19
Der Stern steigt auf.
Stern 7.11
er ist ihr Stern
Stern 7.12
er ist nicht mein Stern
Stern 7.2
mein Stern
Stern 8.18
neuer Stern
Stern 64.21
schlechter Stern
Stern 27.3, 39.13, 64.19
sinkender Stern
Stern 26.30
vom Stern
Stern 6.3
wolkiger Stern
Sterne 1.36, 1.44
Sterne 26.9
nach den Sternen greifen
Sternschnuppe 35.4, 72.4
Sterz 1.29, 1.73, 1.83
Sterzel 18.3
stet 25.8
steter Tropfen höhlt das Bein
Steuer 1.73
Steuer 24.1, 25.1, 26.9
das Steuer in die Hand nehmen
Steuerausgleichskonto 13.5
Steuerbescheid 10.1
prompt wie der Steuerbescheid
Steuerbord 26.30
von Steuerbord
Steuerfreie 48.2
Steuerfreier 48.4
Steuerhelfer 3.10
Steuerjauche 55
Steuerknüppel 1.73
Steueropfer 26.15, 47.21, 54.2, 54.3, 54.10, 59.10
Steuerprüfer 3.10, 63.12
Steuerprüfungsinstitut 63.14
Steven 1.73, 2.5
Steven 64.19, 64.25
verbogener Steven
Stewardess 46.6, 46.7, 53.11
Stich 26.27, 64.10, 64.25, 80.39
Stich 26.25
einen Stich auffädeln
Stich 11.5
Du machst keinen Stich bei mir.
Stich 12.30, 26.26
einen Stich auffangen
Stich 17.9
einen Stich bekommen
Stich 13.1, 26.25
einen Stich einfädeln
Stich 26.25
einen Stich geben
Stich 47.26
einen Stich kriegen
Stich 26.25
einen Stich machen
Stich 26.25
einen Stich versetzen
Stich 22.14
einer den Stich geben (versetzen)
Stich 12.28
einer den Stich versetzen
Stich 47.26
einer einen Stich geben
Stich 17.8
einer einen Stich versetzen
Stich 11.18, 13.3
jemanden im Stich lassen
Stich 72.21
Stich mich mal Papier durchs Herz!
Stichblatt 26.25
das Stichblatt polieren
Stichblatt 1.66, 2.2, 4.12, 48.2, 51.3, 80.43
Stichblatt 25.1
einer das Stichblatt polieren
Stichel 12.43, 50.11, 80.41
Stichelei 80.39
sticheln 80.38
Stichelnutte 30.2, 30.7, 48.2
stichfest 80.43
er ist stichfest
Stichfestigkeit 80.45
Stichflamme 4.2, 64.23, 80.42
stichhaltig 22.2
stichhaltig 80.43
er ist stichhaltig
Stichhaltigkeit 80.45
Stichkampf 80.39
Stichkappe 23.8, 35.8
Stichler 80.41
Stichlerin 59.3
Stichling 80.40, 80.41
Stichplatz 64.2
Stichprobe 14.29, 22.13, 26.27, 80.39
Stichprobe 14.29
die Stichprobe machen
Stichprobe 26.25
eine Stichprobe machen
Stichproben 12.9
Stichproben machen
Stichscheibe 1.66, 2.2, 4.12, 4.25, 48.2, 51.3, 80.43
Stichtag 26
Stichwaffe 1.73, 80.40
Stichwahl 7, 7.7
Stichwahl 7.8
auf Stichwahl gehen
Stichwort 3.9, 47.21, 54.1
Stichwortverzeichnis 3.9, 21.7, 47.21, 54.1
Stick 57
Stick 57
3-Blatt-Stick, 4–6-Blatt-Stick, 9-Blatt-Stick
Stickerin 48.2
Stickrahmen 1
Stiebel 1.73
Stiebel 39.13, 27.3, 64.21
abgewichster Stiebel
Stiebel 26.25
den Stiebel putzen
Stiebel 78.2
einen Stiebel saufen
Stiebel 80.86
eiserne Stiebel
Stiebel 41.7
sich einen Stiebel zusammenschlafen
Stiefel 59.40
Stiefel 14.52
die Stiefel anhaben
Stiefel 64.24
jemandem den richtigen Stiefel anpassen
Stiefel 59.6
seine Stiefel haben Hunger
Stiefel 80.70, 80.92
spanische Stiefel
Stiefel 70.17
spanischer Stiefel
Stiefel 80.11
unter dem Stiefel sein
Stiefeletten 59.39
Stiefelmädchen 70.6
Stiefelnutte 48.2, 80.94
Stiefliebster 14.67
Stiefschwager 8.27, 14.67
Stiefschwägerin 8.14, 14.66
Stiege 31.5
eine Stiege Eier
Stiel 1.73
Stiel 1.63, 2
Birne und Stiel
Stiel 55
Eis am Stiel
Stiel 1.63
für jede Birne ist ein Stiel gewachsen
Stiel 26.37
langer Stiel
Stiel 14.46
Rose mit kurzem Stiel
Stiel 14.46, 26.43
Rose mit langem Stiel
Stielauge 68.1
Stielauge 68.2
Frau Stielauge
Stielaugen 1.36
Stielaugen 12.12
Stielaugen machen

stielvoll 26.21
Stielvoller 26.37
Stier 4.10, 26.37, 45.6
stier 48.35
die Kuh steht stier
stier 48.35
stiere Kuh
stieren 12.10, 68.3
Stierer 68.1
Stierhoden 52.3
stierig 4.8
Stiernacken 1.56
stiernackig 1.49
stiernackiger Mann
Stiersamen 52.3
stieven 3.6
stiffeln 80.58
Stift 1.73, 18.9, 19.4, 19.10, 20.2, 28.4, 28.9, 48.25
Stift 16.13
abgebrochener Stift
Stift 24.1, 25.1, 26.9, 26.20
den Stift anspitzen
Stift 47.17
den Stift schmirgeln
Stift 6.15
dünner Stift
Stift 6.15
stumpfer Stift
Stiftbohrer 28.8, 35.5
Stiftekopp 1.29
stiften 80.17
Blut stiften
stiften 11.19
stiften gehen
Stiftenkopf 1.29
Stiftling 80.40
Stiftsdame 48.2
Stiftsfräulein 48.2
Stiftzahn 1.44, 20.3
Stigma diaboli 50.13
still 11.19
sich still empfehlen
still 48.25
stille Knippe
still 71.3
stille Marschierer
still 14.56
stille Reserve
still 14.67, 17.7
stiller Teilhaber
still 72.12
stilles Örtchen
stillegen 64.23
stillen 30.4
stillen 26.25, 26.40
den Schmerz stillen
stillen 36.4
jemanden stillen
Stillhalteabkommen 14.21
Stillhaltekommission 47.26, 80.5
stillstehen 10.7
ihre Mühle steht nie still
stillstehen 64.20
seine Uhr steht still
Stimmbruch 19.7, 46.1
Stimmbruchpilot 19.7
Stimmbruchzeit 19.7
Stimme 46.1
Stimme 3
die Stimme der Natur
Stimme 32.3
die Stimme des Blutes
Stimme 9
die Stimme des Herzens
Stimme 46.1
Stimme aus dem Unterleib
stimmen 14.38, 50
das Gesangbuch stimmt
stimmen 26.30
So stimmt die Gewehrlage!
Stimmgabel 1.55, 25.8, 54.8
Stimmungsorgel 41.4
Stimmverformung 63.1
syphilitische Stimmverformung
Stimmwechsel 19.7, 46.1
Stina 12.42
Stinkacker 41.5
Stinkdroschke 72.25
stinken 62.12, 72.11
aus allen Knopflöchern stinken
stinken 45.5
er stinkt aus allen Knopflöchern
stinken 62.12
zum Himmel stinken
stinkend 56
stinkende Zigarre
Stinker 72.10
Stinkfuhre 62.7
Stinkfuhrmann 62.7
Stinkkasten 41.5
Stinklappen 62.2
Stinkmolle 41.5
Stinkparfum 73.4
Stinkpütz 72.12
Stinkwiese 41.5
Stint 9.4
verliebt wie ein Stint
Stipendiat 13.6
Stipendien 13.10
Stipendien organisieren
stippen 26.25
stippern 73.5
Stippvisite 26, 26.27
Stirn 1.34
Stirn 1.30
die Stirn wächst ihm in den Rücken, entlaubte Stirn, erweiterte Stirn, überhöhte Stirn
Stirn 1.34
gerunzelte Stirn
Stirn 1.34
hohe Stirn
Stirn 63.1
olympische Stirn
Stirnbalkon 1.30
Stirngardine 1.29
Stirnziegel 1.31, 58.9
Stixibonbon 1.73, 29.10, 36.12
Stixibonbon 36.4
Stixibonbon lutschen
stöbern 62.5
Stock 1.73, 29.10, 80.62, 80.86
Stock 29.10
den Stock verschlucken
Stock 80.58
mit dem Stock traktieren
Stockbuckel 80.7
Stöckel 59.40
Stöckelhenne 48.2, 70.6, 80.63, 80.94
stöckeln 48.5
Stöckelpumps 59.40, 70.6
Stocker 48.10
Stockerl 1.44
Stockfisch 12.43, 26.22, 80.61
Stockhaus 48.26, 80.91, 80.94
Stockmeister 80.64
Stockmilch 1.78, 36.12, 78.3
Stockmilch 36.4
jemandem Stockmilch füttern
Stockzahn 1.44
Stoff 57
Stoff 57.1
Stoff schmieren
Stoffabrik 55.11
Stoffe 59.2
Stoffe und Materialien
Stoffel 14.24, 14.28
Stoffelsche 14.23, 14.27
Stoffladen 55.11, 57.6
Stoffwechselassistent 72.24
Stöhnaufmännchen 54.8
Stollen 1.66
Stolz 80.10
den Stolz brechen
Stolz 80.11
sich den Stolz austreiben lassen
stoned 57.1
Stopfbüchse 1.66, 2.2, 48.2
stopfen 26.25
stopfen 25.1
Agen stopfen
stopfen 36.12
den Rachen stopfen, das Maul stopfen
stopfen 25.1, 26.9, 26.20
die Wurst stopfen
stopfen 36.4
jemandem das Maul stopfen
stopfen 40
viele Mäuler zu stopfen
Stoppe 18.3
Stoppel 1.73
Stoppelfeld 1.48
Stoppelhobel 61.4
Stoppelkratzer 61.4
Stoppelmäher 61.4
stoppeln 26.25
Stoppeln 1.30
Landeplatz mit Stoppeln
Stoppelrat 61.4
Stoppelreiter 1.73
Stoppelroder 61.4

Stoppelschaber 61.4
Stoppelschinder 61.4
Stoppelschneider 61.4
Stoppelschraper 61.4
Stoppelstutzer 61.4
Stoppelzieher 22.16
Stopplicht 11.3, 14.12
Stöpsel 1.73, 18.9, 19.4
Stöpsel 26.25
den Stöpsel eindrehen
Stöpsel 26.25
den Stöpsel reinhauen
Stöpsel 26.25
den Stöpsel reinstecken
Stöpsel 35.7
einem den Stöpsel reinhauen
Stöpsel 22.14
einer den Stöpsel reinhämmern (reinhauen, reinschlagen)
Stöpsel 72.7
Stöpsel im Darm
Stöpselfee 46.2
Stöpselfräulein 45, 46.2, 48.2
Stöpselgans 46.2
Stöpselgroschen 48.9
Stöpselheini 48.4
Stöpselinspektor 18.20
Stöpselmaschine 46.2
stöpseln 26.25
Stöpselnutte 51.3
Stöpseltaler 48.9
Storch 17.11
der Storch hat angeklingelt, Herr Storch hat angeläutet
Storch 17.11
der Storch ist bei ihr gewesen, der Storch hat sie ins Bein gebissen
Storch 17.18
Frau Storch
Storch 17.4, 17.17
Herr Storch, Herr Dr. Storch
Storch 22.7
noch an den Storch glauben
Storch 21.10
sie glaubt noch an den Storch
Storch 1.87
wie der Storch durch den Salat gehen
Storchbein 1.11, 1.14
Storchbeine 1.86, 59.38
storchen 1.87
Storchenbiß 70.1
Storchennest 41.2, 41.3
Storchenpisse 55
Storchenschaft 1.73
Storchentante 17.18
Storcher 17.17, 63.12
Storcherin 17.18
Storchnest 14.42
Storchschnabel 1.73, 34.6
storchstechen 14.61
Störenfried 1.55
Storger 63.12
Störsender 11.8
störungsfrei 41.3
störungsfreies Mietzimmer
Stoß 26.27
Stoß 26.25
einen Stoß geben
Stoß 47.26
einen Stoß kriegen
Stoß 26.25
einen Stoß machen
Stoß 26.25
einen Stoß versetzen
Stoß 17.8, 47.26
einer einen Stoß geben
Stoß 22.14
einer einen Stoß geben (versetzen)
Stoß 26.27
Stoß im Himmel
Stoßbank 41.5
Stoßbogen 1.73
Stoßbrigade 48.8
Stoßbruder 14.41
Stoßbude 48.25
Stoßdämpfer 14.42, 14.48
Stößel 1.73, 48.4
Stößel 2, 1.63
Mörser und Stößel
Stössel 1.63
Mörser und Stössel
stösseln 26.25
stoßen 26.25
stoßen 7.6
auf ein Loch stoßen, auf was Menschliches stoßen
stoßen 12.35, 26.25
eine ruhige Kugel stoßen
stoßen 8.13
in die offene See stoßen
stoßen 14.59, 36.12
ins gleiche Horn stoßen
stoßen 36.4, 54.8
ins Horn stoßen
stoßen 80.58
weich stoßen
stoßend 54.8
Stoßer 1.73,14.41
Stößer 59.7
Stößerei 31
Stoßflinte 1.73
Stoßgebet 26.32, 69.1
Stoßgebet 26.32
Stoßgebet der Jungfer
Stoßgeschäft 48, 48.25
Stoßkaserne 48.25, 48.27, 48.29
Stoßkraftbrühe 55, 64.21
Stoßlade 41.5
Stoßschlitten 4.17, 48.2
Stoßseufzer 26.32, 69.1
Stoßspalte 1.66
Stoßstange 1.47, 1.73, 48.4
Stoßstange 64.19
eingebeulte Stoßstange
Stoßtherapie 26.27, 26.44, 64.17
Stoßverkehr 26
Stoßtrupp 48.8
Stoßzahn 4.17, 6.17
Stotterhaut 59.9, 59.10
Stottervögler 64.20
STP 57
Strabanzen 48.20
Strabanzer 48.21
Strabanzerbua 48.21
Stradivari 48.2
Strädl 82.8
Strafanstalt 20.1
Strafbock 80.86
Strafbock 48.12
hölzerner Strafbock
Strafe 47
Strafe 80.11
für die Strafe gehorsamst danken
Strafe 80.10
in Strafe nehmen
Strafe 80.11
sich der Strafe unterwerfen
Strafe 15.12
Strafen für uneheliche Mutterschaft
Strafe 80.10
Strafe zumessen, zuerkennen, auferlegen, angedeihen lassen, vollstrecken, die Strafe nicht schenken
strafen 80.10
Strafgeld 48.12
Strafgeld für Bordellbesuch
Strafmaß 47.30
Straftat 47.1
sexuelle Straftat
Strahl 1.87
Strahl 73.5
einen Strahl in die Ecke stellen
Strahle 1.27
strahlen 73.5
strählen 61.3
Stram 63.1
stramm 26.21, 59, 80.8
stramm 45.1
stramme Mäuse
stramm 59
stramme Kluft
stramm 1.58
stramme Weste, stramme Kiste
strammziehen 80.58
die Hosen strammziehen
Strampe 2.2, 4.25, 34.4, 62.13
Strampel 1.17, 1.86
Strampelhöschen 18.15, 59.11
Strampelhosen 59.36
Strampelwiese 25.8, 41.5
Strand 59.43
Strand voller Bikinimädchen
Strandgut 53.17

Strandharfe 53.17
Strandhur 48.2
Strandkorb 53.17
Strandnixe 53.17
Strandnixen 53.17
Trost der einsamen Strandnixen
Strandnutte 48.2
Strandpromenade 53.17
Strandschrei 59.43
frecher, heißer, scharfer Strandschrei
Strang 1.73, 80.82
Strang 14.59
am gleichen Strang ziehen
Strang 64.18
über die Stränge schlagen
Stränge 49.5
über die Stränge schlagen
stranzen 80.20, 80.58
Stranzer 80.64
Straps 59.24
straps, strapsen
strascinando 26.31, 54.8
Straße 29.8, 29.9, 48
heiße Straße, warme Straße
Straße 41.24
auf der Straße liegen
Straße 51.2
B.D.M.-Straße
Straße 48.9, 48.35
das Geld liegt auf der Straße
Straße 46.4
kurvenreiche Straße
Straße 48
Verkauf über die Straße
Straßenarbeiter 48.4
Straßenbahn 10.6
Bei mir Straßenbahn: alle 5 Minuten eine andere.
Straßenbekanntschaft 7.10, 48.2, 48.4
Straßenbesen 48.2
Straßenbriet 19.2, 28.6, 48.2
Straßendame 48.2
Straßenengel 48.2
Straßenfee 48.2
Straßenfrau 48.2
Straßenfotze 46.4
Straßenjunge 48.4
Straßenkätzchen 48.2
Straßenkehrerin 48.2
Straßenmädchen 48.2, 48.5
Straßenmieze 48.2
Straßenpascha 48.21
Straßenprostitution 48
Straßenreinigung 35.4, 35.10, 72.9
Straßensängerin 54.8
Straßenschönheit 48.2
Straßenverkehr 46.4
Straßenwanze 48.2
Straßenwart 47.33
Straßetui 59.10
Sträßl 82.8
Straßnerin 48.2
Stratz 18.4
Stratze 18.4
Stratzen 18.4
Stratzen 17.16
einen Stratzen schmeißen
Straucken 63.1
Straunze 41.5
Straunzen 6.5, 41.5
Strauper 1.27
Strauß 59.7
Vogel Strauß
Straußenhals 1.49
Sträußlebua 14.41
Strawanzer 4.26
Strebkatz 18.16, 53.5
Strecke 7.1, 8.13, 14.65
freie Strecke
Strecken 80.67
strecken 80.66
strecken 51.3, 64.19, 64.21, 64.23
die Waffen strecken
Streicharm 54.8
Streiche 80.61
Streichelarsch 61.7
Streichelfee 61.7
Streichelfose 61.7
Streichelhäschen 61.7
Streichelheini 61.8
Streichelkätzchen 61.7
Streichelmaid 61.7
Streichelmaus 61.7
Streichelmaxe 61.8
Streichelmieze 61.7
streicheln 61.9
streicheln 53.7
das Parkett streicheln
streicheln 80.58
mit der Peitsche streicheln
streicheln 80.58
mit Ruten streicheln
streichen 35.7
den Darm streichen, das Hinterhaus streichen, die Hinterkammer streichen, den Keller streichen
streichen 64.19
die Flagge streichen
streichen 12.19
die Speckschwarte streichen
streichen 29.6
durch die Klappen streichen
streichen lassen 72.11
einen streichen lassen
Streichholzbeine 1.86
Streichhölzer 1.86
Streichinstrument 1.54, 1.63, 1.66, 1.73, 25.8, 30.8, 70.8
Streichkörper 54.8
streichlich 19.3
Streichmusik 26.32, 54.8
Streichriemen 1.73
Streifen 7.12
er paßt ihr nicht in den Streifen
Streifenbulle 47.37, 48.10
Streifenkuh 47.38, 48.10
Streiflinge 59.38
Streit 54.8
Streit 18.7
noch mit den Gänsen im Streit liegen
Streit 7, 7.4
Streit um den Apfel
streitbar 4.16
streng 80.8
streng 80.10
ein strenges Regime führen
streng 80.4
strenge Erzieherin, Gouvernante, Herrin, Meisterin
strepitoso 54.8
streppen 24.1, 25.1
Streppmolle 25.8, 41.5
Stresemann 59.7, 59.12
Stresemannpraxe 59.26
stretto 26.31, 54.8
streuen 63.2
einer Sand in die Büchse streuen
streuen 26.25
Pfeffer streuen
Streune 48.2
Strich 1.15, 12.16, 29.9, 40.9, 48, 48.4, 54.8
Strich 48.5
auf den Strich gehen
Strich 12.44
Du machst keinen Strich bei der!
Strich 53.17
feiner Strich
Strich 12.33
guter Strich
Strich 29.8, 29.9
heißer Strich, warmer Strich
Strich 7.12
sie geht mir gegen den Strich
Stricharsch 29.9, 35.9, 48.4
Strichba 48.2
Strichbiene 48.2
Strichbua 29.9, 48.4, 48.21
Strichbübchen 28.6, 28.10, 48.4
Strichbursch 28.6, 28.10, 48.4
Strichdame 48.2
Stricheln 1.58, 70.5
stricheln 48.5
Stricher 29.9, 48.4
strichern 48.5
Strichfahrerin 48.2
Strichfrau 48.2
Strichhexe 48.2
Strichhure 48.2
Strichjunge 28.6, 28.10, 29.9, 48.4
Strichjunge 48.4
auffallender Strichjunge
Strichjunge 25.7

masturbatorisch arbeitender Strichjunge
Strichjunge 28.6
minderjähriger Strichjunge
Strichjunge 35.9
Strichjunge für Analkoitus
Strichjungenentgelt 48.9
Strichjungenhonorar 29.9
Strichkatze 48.2
Strichkoffer 60.7, 61
Strichläuferin 48.2
Strichler 48.21
Strichlerin 48.2
Strichmädchen 48.2
Strichmadl 48.2
Strichmann 29.9, 48.4
Strichmensch 48.2
Strichmieze 48.2
Strichneuse 48.2
Strichninchen 48.2
Strichöse 48.2
Strichratte 48.2
Strichverkehr 46.4
Strichvogel 48.2
Strick 1.73, 12.20, 19.4 48.2, 59.16, 59.20, 80.82
Strick 25.1, 31.4
am gleichen Strick ziehen
Strick 64.21
durchgewetzter Strick
stricken 26.25
stricken 17.8
einer einen Bambino stricken
stricken 17.8
einer einen stricken
stricken 24.1
sich selbst einen stricken
Strickerl 26.27
Strickerl 26.25
ein Strickerl machen
Strickling 59.21
Stricknadel 1.15
Stricktante 30.2
Strickweste 59.16
Strickzimmer 72.12
striegeln 80.20, 80.58, 80.69
striegeln 80.11
sich striegeln lassen
Striezel 1.73, 29.10, 36.12
strikt 80.8
stringende 54.8
Strip-aus 54.10
Strip-dich-aus 54.10
Stripgibber 67
Strip-Höhle 54.10
Strippe 1.73, 54.10
Strippe 64.24
an der Strippe hängen
Strippe 64.24
jemanden an die Strippe binden
Strippe 54.10
kühle Blonde mit Strippe
strippen 67.3
Strippenzimmer 72.12
Stripper 54.10
Stripperin 54.10
Strip-Poker 31.5, 53.5
stripsen 24.1
stripsen 25.1
einen stripsen
Striptease 54.10
Striptease-Theater 54.10
Stripteasetisch 41.4
Stripteuse 54.10, 67.2
Striptiesechen 54.10
strisciando 26.31, 54.8
Strizzel 1.29
Strizzi 48.21
Stroch 17.22
Strohdach 59.7
Strohdecke 48.2
Strohfeuer 3.5, 80.12
Strohhalm 1.10
Strohhut 59.7
Strohjungfer 22.10, 22.18
Strohkeks 59.7
Strohkranz 14.60, 48.12
Strohkranzrede 14.41
Strohmann 59.7
Strohmantel 14.60, 48.12
Strohmatte 48.2
Strohpinkler 73.11
Strohtopf 59.7
Strohwitwe 8.11, 14.68
Strohwitwer 8.24
Strohwitwer 14.68, 46.5, 53.12
Strohwitwer-Expreß
Strolch 12.20
Strom 26.34, 48.25
Strom 26.25
den Apparat (die Armatur, die Batterie, die Maschinka) unter Strom stellen
Strom 41.7
den Strom abschalten
Strom 41.8
den Strom einschalten
Strom 3.8, 37.4
die Armatur unter Strom setzen
Stromausfall 64.1, 64.21
Stromer 12.20
Stromerbua 48.21
Stromlinienchassis 1.3
Stromlinienfigur 1.3, 6.2
Stromlinienkarosserie 1.3
Stromlinienklempner 61.1
Stronzian 48.21
Stropp 12.20
Strotter 48.21
Strotterbua 48.21
strubbelig 1.29
Struller 1.73, 73.13
Strumpf 1.73, 1.75, 16.1, 59.38
Strumpf 73.5
den Strumpf auswinden
Strumpf 8.20
eingelaufener Strumpf
Strumpf 59.38
Loch im Strumpf
Strumpf 59.37
Oberschenkel oberhalb des Strumpfs
Strumpf 1.18
vollgefressener Strumpf
Strumpfband 59.36
Strumpfbandfetischismus 70.6
Strumpfbandpoesie 59.37
Strumpfbandraub 14.41
Strümpfe 48.8
Kavalier in Strümpfen
Strümpfe 11.19
sich auf die Strümpfe machen
Strumpffetischismus 70.6
Strumpffetischist 70.6
Strumpfgeld 14.56, 48.9
Strumpfgeriß 70.6
Strumpfhose 59.36
Strumpfhose 59.36
enge Strumpfhose
Strumpfhosen 70.6
Strumpfonkel 70.6
Strumpfwerfen 14.41
Strunze 2.2, 4.25, 19.2, 28.6, 48.2
Strunzlappen 59.22
Strupf 80.21
strupfen 80.20, 80.58
Strupfer 80.64
Struppert 80.62
struppig 6.4
Struppine 48.2
struwwelig 1.29
Struwwelkopp 1.29
Struwwelpeter 1.29
Strychnin 57
Stubben 48.8
Stube 1.66
Stube 1.66
gute Stube
Stube 3.6
immer rein in die gute Stube
Stube 12.14
rin in die gute Stube!
Stubengenosse 41.14
Stubenhocker 1.24
Stubenmädchen 48.2
stubenrein 49.2, 62.4
stubenrein 63.3
nicht stubenrein
Stück 2.2
Stück 13.2
ein Stück mitlatschen
Stück 8.2, 8.15, 14.48, 14.49
mein bestes Stück
stucksig 1.19
Student 13.8
einen Studenten aushalten
Student 13.12
Gönnerin eines Studenten
Studentenfreundin 20.10
Studentenfrühstück 78.3
Studentenfutter 20.9, 20.10
Studentengönner 20.12
Studentengönnerin 20.11
Studentenheim 20.13

Hausordnung im Studentenheim
Studentenkommune 20.10
weibliches Mitglied einer Studentenkommune
Studentenkotze 55
Studentenmädchen 48.2
Studentenmöbel 20.10
Studentensakko 59.16
Studentenwohnheim 20.13
Studentin 20.9
Studentin 14.18
heiratslustige Studentin
Studentin 20.9
heiratswillige Studentin
stud. hei. 14.18, 20.9
Studienbruder 31.2
Studiengebühr 15.6, 48.9, 63.1, 63.8
Studierstube 33.4
Stuel 17.16
stufig 1.19
Stuhl 35.22
Stuhl 47.40
elektrischer Stuhl
Stuhl 11.18, 13.3
jemandem den Stuhl vor die Tür setzen
Stuhl 51.3, 72.24
Meister vom Stuhl
Stuhl 80.40
mit Nägeln bestückter Stuhl
Stuhl 80.58
übern Stuhl legen
Stuhlfest 14.21
Stuhlgangzigarette 56
Stuhlpolster 72.17
Stukkatur 41.3, 58
Stulle 14.23
belegte Stulle
Stulle 55
schwangere Stulle
Stulle 14.64
unbelegte Stulle
Stullendampfer 55.9
Stulpen 59.8
stumm 45.1
stumme Monarchen
Stumme 12.11
auf die Stumme reden
Stumpe 18.3
Stümper 12.43
stumpern 29.6, 30.4, 35.7
stümpern 12.41
stumpf 4.5, 6.13, 12.40
stumpf 64.21
stumpfe Nadel, stumpfer Bohrer, Hobel, Quirl, Specht, Stachel, stumpfes Messer
stumpf 6.15
stumpfer Stift
stumpf 4.6
stumpfer Zahn
stumpfen 80.38
Stunde 80.61
geschlagene Stunde
Stunde 12.32
schwache Stunde
Stunde 17.16
schwere Stunde
Stundenbraut 48.2
Stundenbräutigam 48.4
Stundenfrau 48.2
Stundenhotel 48.30
Stundenhotel 48.30
schmutziges Stundenhotel
Stundenlohn 41.7
über den Stundenlohn nachdenken
Stundenmann 48.4
Stundenpension 41.21, 48.30
Stundenwalküre 48.2
Stunkladen 55.11
Stupferling 80.40
Stupflerin 59.3
Stupsnase 1.40
Sturm 12.19
Herzen im Sturm erobern
Sturm 3, 72.6
Sturm und Drang
Sturmbude 48.30
Sturmflut 26.24
sturmfrei 41.16
sturmfreie Blondine
sturmfrei 41.3
sturmfreie Bude
sturmfrei 41.15
sturmfreier Heini
Sturmgepäck 16.1
Sturmgepäck 51.3, 63.9
kleines Sturmgepäck
stürmisch 4.16, 54.8
Sturmvogel 64.20
Stürtz 59.13
Sturz 1.23, 59.2, 70.13
stürzen 14.20
sich in den Brautstand stürzen
stürzen 14.38
sich in den Ehestand stürzen
Sturzgeburt 17.24
Sturzgibber 70.13
Sturzhülse 59.9
Stürztag 41
Stußbude 64.2
Stute 2.2, 34.4, 48.2
Stute 30.2
warme Stute
Stute 4.9, 4.25
windige Stute
Stute 22.18
zugerittene Stute
Stutenschule 20.2
Stützbalken 1.73
Stütze 59.30
Stütze der Hausfrau
Stutzen 1.73
Stutzerl 59.8
Stutzwecken 55.1
Sucher 7.4, 54.3
suchen 7.3, 7.8
Anschluß suchen
suchen 7.8
Anschluß suchen, nach Eiern suchen, nach Ostereiern suchen
suchen 26.25, 72.5
Blümchen suchen
suchen 1.77
das dritte Ei suchen
die dritte Klöte suchen
suchen 24.1, 25.1, 26.9
das dritte Ei (die dritte Klöte, die dritte Kugel, die dritte Tomate) suchen
suchen 59.26
er sucht die dritte Klöte, das dritte Ei
suchen 36.8
im Becher Zerstreuung suchen
suchen 31.5
verheiratete Frau sucht Freundin
Sucht 57.5
suckeln 36.4
Sudel 71.2
Sudelei 62.8
Sudelkoch 62.13
Sudelküche 62.14
sudeln 62.12
Sudem 50.11
Suden 50.11
Südländer 29.3
Sudzauber 52.2
Suff 17.15
Säuglings-Suff
Sühnemahl 14.41
Suitier 6.9
Sulcus genitalis 1.63
Sultan 47.8, 48.21
Sultansfetzen 31.1
Sülze 1.70, 1.78, 30.8, 36.12, 78.3
Sülze 36.4, 36.8
jemandem Sülze füttern
Sülze 36.4
Sülze fressen
Sülze 36.8
Sülze lecken
Sülze 12.6
wackeln wie ein Sack Sülze
sülzen 12.17, 26.23
Sülzer 1.73, 29.10, 36.12
Sülzneese 1.40
Sumpfblüte 48.2
Sumpfdotterblume 48.2
sumpfen 10.7
Sumpferei 10.5
Sumpfhahn 4.26
Sumpfhenne 4.25, 55.6
Sums 12.1
Sumser 1.32
Sumserhorst 64.2
Sünde 29.1
stammerische Sünde
Sünde 48.2
Sünde vom Dienst
Sündenabwehrkanone 49.10, 50.6, 51.3
Sündenanger 53.16
Sündenbock 14.41
Sündenbunker 48.27

Sündenfall 17.5, 22.13, 26
Sündenfibel 54.1
Sündenflak 50.6, 51.3
Sündengeld 16.10
Sündenhochhaus 48.29
Sündenkaserne 48.27, 48.29
Sündenregister 47.30
Sündenschnüffel 50.6
Sündensilo 48.29
Sündentrüffel 48.2
Sündenwagen 46.4, 53.14
Sündenwiese 41.5, 48.25, 53.16
Sündenzettel 48
Sündenziege 48.2
Sündfegerin 48.2
Sündikat 47.29
super 1.7, 6.1
Superdüsen 1.58
Supermädchen 8.6
Supermann 6.3, 8.19
Supermöse 12.36
Supernova 8.5
Superrammler 12.37
Supersäure 57
Superspritzdüse 12.36
Süppchen 1.78, 36.12, 78.3
Süppchen 24.1
sich ein eigenes Süppchen kochen
Suppe 1.25, 78.3, 79.2, 80.18
rote Suppe
Suppengrün 12.24, 19.2, 59.7
Suppenhuhn 6.5, 27.3, 39.4
Suppenhuhn 59.6
auf Küken getrimmtes Suppenhuhn
Suppenklöse 51.3
Suppenklöße 55
Suppenklöße aus Knochenmark
Suppenteller 77.2
Surre 80.61
süß 6.1, 29.4, 30.3
süß 29.3
süßer Bruder
süß 2.2
süßer Fratz
süß 2.2
süßer Käfer
süß 1.42
süßer Mund
süß 14.67
süßer Tröster
Susanne 22.10
keusche Susanne
Suse 2.2, 14.51, 48.2
Süße 12.20
Süßer 12.20
Süßholz 12.17
Süßholz raspeln
Süßholzgeraspel 46
Süßholzraspler 54.6
Susi 2.2, 48.2
Susi 63.1
die Susi
Süßling 29.3
Süßmeier 29.3
Suspensorium 59.34, 70.3
Swimmingpool 1.66
swingen 31.4
Swinger 31.2, 53.2
Sylphe 1.5, 6.2, 20.10, 48.2
Sylt 53.17
Silvesterpauke 59.7
Symbiose 13
Symbiose 13.1, 26.25
eine Symbiose eingehen
synchronisieren 26.25, 54.5
synthetisch 59.12
Anzug aus synthetischem Material
Syphilid 63.1
Syphilid 51.3, 63.1
papulöses Syphilid
Syphilis 63.1, 63.5
Syphilis 63.1
Gonorrhöe und Syphilis
Syphiliskamm 63.1
syphilitisch 63.1
syphilitisch 63.1
syphilitische Stimmverformung
syphilitisch 63.1
syphilitische Verformung der Schädelknochen, der Nasenknochen
syphilitisch 63.1
syphilitisch infizierte Scheide
syphilitisch 63.1
syphilitisch infizierter Penis
Syphilom 63.1
Szene 11.11
einem Mann eine Szene machen

T

T 63.1
Frau T
T 63.1
Herr T
Tabagien 48.25
Tabak 56
Tabakwaren 56
Tabernakel 1.32
Tableau 47.2, 48
Tableau 48.5
im Tableau sein
Tachtel 80.61
tachteln 80.58
Tag 41.7
bis in den Tag schlafen, ein Loch in den Tag schlafen
Tag 12.32, 26, 48.9
Tag der offenen Tür
Tag 52
Tag des Herrn
Tag 14.44
Tag nach der Hochzeit
Tag 48.5
unter Tag arbeiten
Tage 23.2
drei Tage rote Grütze, drei Tage Rotkohl
Tage 23.5
verkehrsfreie Tage
Tageltag 41
Taille 1.61
Taille 59.31
durch Korsettierung verengte Taille
Taillendekolleté 59.10
Taillendekolleté 59.10
Kleid mit Taillendekolleté
Taillenmessung 26.6
Taillenweite 26.5
die Taillenweite messen, prüfen, überprüfen
Taillenweite 12.38
jemandes Taillenweite haben
Taillenweite 7.2
meine Taillenweite
Taillenweite 7.11
sie haben dieselbe Taillenweite
Taillenweite 7.12
sie hat nicht meine Taillenweite
Takelage 58, 59
Takelpäckchen 59.12
taktfest 21.2, 22.2
Tal 1.63
Sex-Tal
Talar 59.13
Talent 12.16
Da sitzt er nun mit das Talent.
Talent 54.1
er hat Talent
Talentmangel 12.39
chronischer Talentmangel im Sexfach
Talentwindel 59.9
Talerbluse 59.23
Talerkleid 59.10
Talg 1.21
Talkum 80.61
Talkum 80.58
Talkum geben
Talmigalan 8.23, 64.21
Talpa 1.87
Talsperre 23.8, 35.8, 58.7, 59.30, 59.34
Tamp 26.30
vom Tamp
Tampax 56
tamponiert 23.3
tamponiertes Loch
tandeln 26.25
Tändelschürze 1.65, 59.41
Tändelwäsche 59.29
Tangobubi 48.4

Tangobüxe 59.26
Tangoschwenker 59.12
Tank 1.60, 1.76, 26.37, 51.3, 73.13
Tank 17.26, 64.21
leerer Tank
Tank 12.14, 53.14
Pack Sex in den Tank!
tanken 26.25, 48.35
Tankstelle 14.56, 26.1, 41.2, 41.3
Tankwagen 72.25
Tannenzapfen 80.67
Tante 23, 28.2, 29.3, 40.7, 48.24
Tante 14.15, 29.3
alte Tante
Tante 23.2
die Tante aus Rothensiedel ist zu Besuch
Tante 23.2
die Tante ist zu Besuch
Tante 72.12, 72.23
Tante Anna, Tante Meier
Tante 23
Tante aus Rothensiedel
Tante 41.19
Tante Klara
Tante 72.23
Tante Wischmeier
Tantenkloster 29.8, 30.6
Tantenstift 29.8, 30.6
Tanz 26.27, 53.7, 54.9, 80.1, 80.21
Tanz 3, 48
der Tanz ums goldene Kalb
Tanz 26.25
einen Tanz aufführen
Tanz 53.7
enger Tanz
Tanz 53.7
letzter, erster Tanz
Tanzbein 1.73
Tanzbein 26.26, 53.7
das Tanzbein schwingen
Tanzbeinladen 53.7
Tanzbluse 53.7
Tanzboden 1.30, 53.7
Tanzboden 1.30
Bubikopf mit Tanzboden
Tanzbums 53.7
Tänzchen 80.1, 80.21
tanzen 26.25, 26.31, 53.7, 80.59
tanzen 13.2, 31.4
auf zwei Hochzeiten tanzen
tanzen 80.58
den Spanischen tanzen lassen
tanzen 51.2
eng tanzen
tanzen 64.24
jemanden nach seiner Pfeife tanzen lassen
tanzen 80.20
jemanden tanzen lassen
tanzen 64.24
nach jemandes Pfeife tanzen
tanzen 80.58
tanzen lassen
tanzen 21.3
tanzen lernen
Tänzer 54.9
Tänzerin 54.9
Tanzklappe 53.7
Tanzkleid 53.7
langes Tanzkleid
Tanzlehrer 80.5
Tanzlehrerin 80.4, 80.63
Tanzlokal 53.7
Tanzlokal 53.7
billiges Tanzlokal
Tanzmaus 53.7
Tanzmusik 54.8, 69.1
Tanzparkett 14.42, 41.5
Tanzpartner 26.2, 53.7, 80.5, 80.7
Tanzpartnerin 53.7, 80.4, 80.6
Tanzratte 53.7
Tanzschaffe 53.7
Tanzscheune 53.7
Tanzschuhe 53.7
Tanzschule 53.7
Tanzschülerin 53.7
Tanzschuppen 53.7
Tanzstundenball 53.7
Tanzstundengerät 53.7
Tapergreis 39.5, 39.13
taperig 39.10
Tapermichel 48.2
Tapete 45.1, 59
Tapete 71.3
die Tapete bewegt sich
Tapete 8.5, 8.18, 41
die Tapete wechseln
Tapete 8.2
meine Tapete
Tapetendoktor 61.1
Tapetenmotten 71.3
Tapetenwechsel 41
Tapisserie 73.9
Tappelmichel 41.25, 46.4
tappeln 26.25
Tappelschickse 41.25, 46.4
Tappelzauck 41.25, 46.4
Taps 12.43
tardando 54.8
Tarif 47.30, 48.9
Tarifschönheit 48.2
Tarifschwanz 48.4
Tarnkappe 1.31, 59.30
Tarzan 26.15
Täschchenschwenkerin 48.2
Tasche 1.66, 1.85, 2.2, 29.10, 35.10, 48.2
Tasche 1.66, 39.4, 48.2
alte Tasche
Tasche 22.18
aufgeknöpfte Tasche, aufgemachte Tasche, aufgerissene Tasche
Tasche 26.22
Da geht einem das Messer in der Tasche auf!
Tasche 26.19
Das Messer geht einem in der Tasche auf.
Tasche 24.1
die Faust in der Tasche ballen
Tasche 12.30, 22.14, 26.26
die Tasche aufknöpfen
Tasche 26.25
die Tasche aufmachen (aufschließen)
Tasche 22.14
die Tasche aufreißen
Tasche 72.11
einen toten Vogel in der Tasche haben
Tasche 1.55
Mann in der Tasche
Tasche 8.2
meine Tasche
Taschenausgabe 24
Taschenbillard 24
Taschenbillard 59.26
er spielt Taschenbillard
Taschenbillard 1.77, 24.1
Taschenbillard spielen
Taschendieb 47.3
Taschendiebin 47.3
Taschengeige 1.73, 24, 25.8, 54.8
Taschengeige 24.1
Taschengeige spielen
Taschengolf 24
Taschengolf 59.26
er spielt Taschengolf
Taschengolf 1.77, 24.1, 26.9
Taschengolf spielen
Taschenmesser 1.73, 80.95
Taschenorgel 1.66, 1.73, 24, 25.8, 30.8, 54.8
Taschenorgel 59.26
er spielt Taschenorgel
Taschenorgel 24.1
Taschenorgel spielen
Taschenspieler 24.3
Taschentelefon 59.26
Taschentennis 24
Taschentennis 59.26
er spielt Taschentennis
Taschentennis 1.77, 24.1, 26.9
Taschentennis spielen
Taschentuch 25.8, 59.22
Taschentuch 59.22
schmutziges Taschentuch
Taschentuch 59.22
Taschentuch bei der Selbstbefriedigung
Taschentuch 59.22
weißes Taschentuch
Taschenvenus 1.13
Tasse 5.2
dämliche Tasse
Tasse 55.3
große Tasse
Tasse 6.15, 19.4, 64.21
trübe Tasse
Tassen 64.10
Er hat nicht alle Tassen im Schrank.
Tastatur 1.58, 1.63, 1.66,

1.73, 3.4, 25.8, 29.10, 30.8, 54.8, 70.5
Tastatur 25.1
auf der Tastatur klimpern
Tastatur 3.4
auf der Tastatur spielen
Tastatur 25.1
einer auf der Tastatur klimpern
Taste 3.4
Taste 12.41
auf die falsche Taste drücken, die falsche Taste erwischen
Taste 3.4
die richtige, die falsche Taste
Tasten 24.1, 25.1
auf den Tasten klimpern
Tasten 25.1
einer auf den Tasten klimpern
Tastenadonis 54.8
Tastenbrett 1.58, 1.66, 25.8, 30.8, 54.8, 70.5
Tastendrescher 25.4, 54.8
Tastenfee 45
Tastenfose 45
Tastenfrosch 45
Tastenkitzler 54.8
Tastenkrabbe 45
Tastenschnecke 45
Tastensklavin 45
Tat 48.8
Mann der Tat
Tat 17.3
tätern 12.21
tato 29.4, 30.3
Tatsache 54.3
nackte Tatsache
Tatsachen 26.11, 47.21, 54.2
nackte Tatsachen
Tatsachen 59.30
Vorspiegelung falscher Tatsachen
Tatsachen 66
Vortäuschung falscher Tatsachen
tätscheln 26.5
Tatschkerl 12.21
Tatschkerl hacken
Tattergreis 39.13
Tatterich 39.13, 63.1
Tatterich 39.11
hat den Tatterich
Tattersall 48.25
Tatze 1.54
Tatzenbeutel 59.8
Tau 70.1
blutiger Tau
taub 4.5, 6.13, 12.40
taub 4.6, 5.3, 6.15, 19.4
taube Nuß
Täubchen 2.2, 48.2
Täubchen 8.9
entflogenes Täubchen
Täubchen 6.20
sanftes Täubchen
Taube 48.35
Taube 25.8
besser ein Spatz in der Hand als eine Taube auf dem Dach
Taube 45.1
blaue Taube
Tauben 6.9, 48.35
wo Tauben sind, fliegen Tauben zu
Taubenhaus 48.25
Taubenklappe 59.26
Taubenschlag 48.25, 59.26
Taubenstall 59.26
Täuberich 8.22
entflogener Täuberich
taubstumm 1.39
Tauche 12, 26.27
Tauche 7.5, 26.25
auf Tauche gehen
tauchen 26.25, 36.4, 36.8
tauchen 35.7
ins Arschloch tauchen
tauchen 35.7, 35.18
ins Faß tauchen
Taucher 1.73, 26.27, 36.1, 36.5
Taucher 26.25, 36.4, 36.8
am Taucher sein
Taucher 36.4
einen Taucher machen
Taucherer 36.1
Taucherl 36.1
Tauchsieder 1.73, 4.10, 26.2, 29.3, 64.23
Tauchstation 41.6
auf Tauchstation gehen
Taue 11.20, 13.3
die Taue kappen
Tauende 80.62
taufen 26.25
den Bruder taufen
Taufkleid 18.15
taufrisch 18.6, 19.1, 19.3, 22.12
Taumelkorn 52.2
Taumelloch 52.2
Tauschling 80.86
tausend 38.2
tausend Wochen alt
Tausend PS 59.26
Tausendfüßler 61
Tausendgüldenkraut 48.2
Tausendsassabad 53.17
Taxe 48.9
Taxigirl 48.2
Tea 57
Tebe 48.2
Technik 59.30
Wunder der Technik
Techtelmechtel 12, 13
techtelmechteln 12.21
Teck 1.26
Teck 1.28
palmen Teck
Teckelverein 34
Teckelzüchter 34.1
Teddyboy 19.4
Tee 55, 57
Tee 11.4, 14.13
seinen Tee kriegen
Teehaus 55.11, 57.6, 77.2
Teekind 18.4
Teele 48.8
Teen 19.7
Teen 59.6
auf Teen gequälte Frau mit Vergangenheit
Teenage-Äquator 59.28
Teenage-Party 53.6
Tee-Nager 19.2, 19.7
Teen-Ager 19.2, 19.7
Teenager 38.3
doppelter Teenager, gehobener Teenager, später Teenager, verspäteter Teenager, Teenager-Spätlese
Teenage-Spätlese 59.6
Teeni 28.4
Teenie 19.2
Teen-Look 59.4
Teen-Slang 19
Teenutte 28.6, 48.2
Teepott 12.21, 12.43
Teer 80.25
Teer und Federn
Teerblase 59.7
Teerbombe 59.7
teeren 59.19
teeren lassen, du mußt den Kragen mal wieder teeren lassen
teeren 80.24
teeren und federn
Teestunde 73
Teetassen 1.36
Teetassen 12.12
Teetassen machen
Teetrinker 57.3
Teewinde 63.14
Teilchen 48.2
Teilhaber 14.67, 17.7
stiller Teilhaber
Teixl 50.11
Telefon 46.2
Telefonanruf 46.2
telefonieren 12.11, 12.13, 46.2
Telefonistin 45, 46.2
Telefonjule 46.2
Telefonmädchen 46.2
Telefonnummer 8.10, 48.2
Telefonnutte 48.2
Telefonschnur 1.73
Telefonverkehr 46.2
Telegraf 48.24
telegrafieren 12.13
Telegrammbluse 59.23
Telegrammhöschen 59.11
Telegrammkleid 59.10
Telegrammrock 59.25
Telegrammpulli 59.16, 70.5
Telekätzchen 54.4
Telel 34.4
Telemieze 54.4
Televisionstreter 59.40
Teller 80.37
Telleraugen 1.36
Tellermine 59.7
tellern 80.37
Temea 48.2

Temegge 48.2
Temeige 48.2
Tempeldienerin 48.2
Tempelfee 72.23
Tempelhüterin 72.23
Tempeltreter 59.40
Temperament 4, 35.22
Temperamentbolzen 4.2, 53.7
Temperamentbombe 4.2
temperamentlos 4.5
temperamentlos 4.6
temperamentlose Frau
temperamentlos 4.7
temperamentloser Mann
Temperamentlosigkeit 4.4
temperamentvoll 4.1
temperamentvoll 4.2
temperamentvolle Frau
temperamentvoll 4.3
temperamentvoller Mann
Temperatur 4
tempo 26.31
a tempo
Tempo 54.8
im gleichen Tempo
tempora 3.3
sex tempora
teneramente 54.8
Tenne 53.4, 53.7, 55.11
Tenne 29.8, 30.6
schwule Tenne
Tenne 29.8, 30.6
warme Tenne
Tennis 24
Tennis des kleinen Mannes
Tennisplatz 1.30
Tennisplatz 1.30
Bubikopf mit Tennisplatz
Tennisschuhe 59.40
Tenor 54.8
Tenorschlüssel 1.73, 54.8
Teppe 59.40
Teppich 10.2
auf jemandem stehen wie auf einem Teppich
Teppich 21.10
er ist sexuell untern Teppich gerutscht
Teppich 23.7, 70.2
roter Teppich
Teppichklopfer 62.2
Teps 59.7
Terpentintante 54.2
Terrier 47.37
Territion 80.22
Terz 31.5
Terzett 31.5
Testobjekt 8.4, 8.17
Tetra 57
Tetrahydrocannabiol 57
teuer 48.2
teure Nummer
teuer 48.2
teure Prostituierte
teuer 35.20, 48.6
teures Achterl
teuer 13
teures Verhältnis
Teufel 50.11
Teufel 3.6, 4.8, 9.4
wie der Teufel hinter der armen Seele her sein
Teufel 1.23
da hat der Teufel durchs Sieb geschissen
Teufelsaustreibung 50.11
Teufelsbraut 82.1
Teufelsbrut 17.25
Teufelsbuhlschaft 82
Teufelsbündnis 82.9
Teufelsfuß 1.87
Teufelsgezücht 82.7
Teufelsweib 50.11
Teutonengrill 53.17
Textdreher 47.32
Textilarbeiterin 43, 59.3
textilarm 26.12, 59, 59.10
textilarm 59.23
textilarme Bluse
textilarm 59.11
textilarme Höschen
textilarm 59.10
textilarmes Kleid
textilarm 59.25
textilarmes Röckchen
Textilbremse 59.26
textilentfremdet 26.12, 59, 59.10
textilentfremdet 59.25
textilentfremdetes Röckchen
textilfeindlich 26.12, 59, 59.10
textilfeindlich 59.23
textilfeindliche Bluse
textilfeindlich 59.11
textilfeindliche Höschen
textilfeindlich 59.10
textilfeindliches Kleid
textilfeindlich 59.25
textilfeindliches Röckchen
textilfrei 26.12, 59.10
textilfrei 59.25
textilfreies Röckchen
Textilkorridor 53.17
Textilladen 55.11, 57.6
Textille 43, 59.3, 59.5
textillos 26.12, 59.10
Textil-Mitgift 59.12
Textilschlitten 43, 59.3
Textilsocke 59.3
Textilstrand 53.17
THC 57
Theater 12.1, 48.25, 67.5, 68.4
Theater 48.5
beim Theater sein
Theater 22.14
das Theater einweihen
Theater 22.14
das Theater eröffnen
Theater 6.9, 41.5
demnächst in diesem Theater
Theater 54.6
erotisches Theater
Theater 22.18
offenes Theater
Theater 12.4, 12.44
Theater machen
Theateranzug 59.12
Theateranzug mit Notausgang
Theaterbluse 59.23, 70.5
Theaterhandschuhe 59.8
Theaterhandschuhe mit Notausgang
Theaterhemd 59.17
Theaterhemd mit Notausgang
Theaterhose 59.26
Theaterhose mit Notausgang
Theaterhut 59.7
Theaterjacke 59.13
Theaterjacke mit Notausgang
Theaterkleid 59.10
Theaterkleid mit Notausgang
Theaterkragen 59.19
Theaterkragen mit Notausgang
Theaterloge 54.6
dunkle Theaterloge
Theatermantel 59.9
Theatermantel mit Notausgang
Theatermütze 59.7
Theatermütze mit Notausgang
Theaterpulli 59.16
Theaterpulli mit Notausgang
Theaterschuhe 59.40
Theaterschuhe mit Notausgang
Theatertäschchen 62.5
Thebe 1.5, 6.2, 20.10
Theke 47.29
Thema 3, 9
Thema eins
Themesvar 48.12
Themesvarer Schübe
Therapie 63.8
Thermometer 80.48
Thermostat 1.73
Thron 72.16
thronen 41
Thronsaal 41.3, 72.12
Thronsessel 72.16
Thusnelda 41.19
Tiara 58.9
Tick 3.3, 64.10, 64.25
Tick 3.3
lesbischer Tick
ticken 47.4
ticken 29.10, 47.4
Schwule ticken
Ticktimpe 64.2
tief 9.3
er hat ihr zu tief in die Augen geschaut
tief 1.12
er hat zu tiefe Knie
tief 9.3
jemandem zu tief in die Augen sehen

tief 26.4
tiefer Kuß
tief 36.8
tief in den Becher schauen
tief 64.23
tief in den Sack greifen
tief 30.8, 36.12
zu tief in den Becher schauen
Tiefausläufer 63.1
Tiefbau 35
Tiefbau 26.4, 29, 29.7, 36.9
Hoch- und Tiefbau
Tiefbau 63.12
Facharzt für Hoch- und Tiefbau
Tiefbauingenieur 35.16, 64.7
Tiefbohrung 26.27, 35.4, 35.5
Tiefenbohrung 26.30
Tiefenfischer 64.7
Tiefenforscher 64.7
Tiefenheini 64.7
Tiefeninspekteur 64.7
Tiefenkratzer 64.7
Tiefenpopler 64.7
Tiefenpsychologe 64.7
Tiefenspion 64.7
Tiefgang 59.10
Tiefgang 9.11
seelischer Tiefgang
Tiefgebirge 1.64
tiefgefroren 3.7
tiefgefroren sein
tiefgekühlt 4.5
Tiefgekühlt 4.6, 64.23
Miss Tiefgekühlt
tiefgekühlt 3.7
tiefgekühlt sein
tiefgreifend 25
tiefgreifender Eingriff
tiefgründig 59, 59.10
tiefgründig 59.10
Dame mit tiefgründigen Ansichten
tiefgründig 59.10
tiefgründiges Kleid
tiefgründig 59.25
tiefgründiges Röckchen
Tiefkühltruhe 4.6, 64.23
Tiefling 29.3, 35.5
Tieflingsschleck 29.3, 30.2, 35.16, 36.2, 36.7
Tiefsee 1.66
Tiefseeforscher 36.6
Tiefseeforscherin 30.2, 36.7
Tiefseeforschung 30.5, 36.5, 48.6, 73, 73.12
Tier 1.63, 1.66, 34.6
Tier 26.25
das Tier füttern
Tier 3
das Tier im Menschen
Tier 34.4
für menschlichen Geschlechtsverkehr dressiertes Tier
Tier 34.4
männliches Tier
Tier 49.5
zum Tier herabsinken
Tierarzt 63.12
Tiere 34.3
mit Tieren verkehren
Tiere 25.8
Tiere soll man nicht beim Schwanz packen
Tiere 34
Verkehr mit Tieren
Tierfreund 34.1
tierisch 82.6
tierischer Dämon
tierlieb 34.2
tierlieb 34.1
tierlieber Mensch
Tierliebe 34
Tierliebhaber 34.1
Tierquälerei 34.5
Tiffe 2.2, 48.2
Tiger 59.9
Dachhase auf Tiger getrimmt
tigern 7.3, 48.5
Tigerpisse 55
Tilla 2.2, 48.2
Tille 2.2, 48.2
Timpe 53.4, 53.7, 55.11
Timpe 29.8
heiße Timpe
Timpe 29.8, 30.6
schwule Timpe
Timpe 29.8, 30.6
warme Timpe
Tims 59.7
Tingelmöse 54.7
Tingeltangel 48.32, 54.7
Tingeltangeltöse 54.7
Tinkturian 63.15
Tinkturium 63.14, 63.15
Tinne 72.6
Tinnef 72.4
Tinte 48.34
Tinte 1.25, 80.18
rote Tinte
Tintenburg 48.34
die Tintenburg
Tintenfaß 59.7
Tintenfisch 45
Tintenkorken 59.7
Tintenpisser 35.22, 45, 73.14
Tintenscheißer 35.22, 45
Tintenschnecke 45
Tintensklavin 45
Tintenspritzer 70.18, 80.93
Tinterl 1.10
tipfeln 26.25
Tipparsch 45
Tippdame 45
Tippelbretter 59.40
Tippeline 48.2
Tippelkätzchen 48.2
Tippelmädchen 48.2
Tippelpuppe 48.2
Tippelschickse 41.25, 46.4, 48.2
Tippelschuhe 59.40
Tippeltille 41.25, 46.4
tippen 26.5, 26.25
Tippente 45
Tipperin 45
Tippfräulein 45
Tippfrosch 45
Tippmädchen 45
Tippmamsell 45
Tippmaschine 45
Tippmöse 45
Tippöse 45
Tippse 45
Tippstrulle 45
Tipptöse 45
Tippwalze 45
Tipsy 45
Tiroler 1.49, 48.10, 63.10, 80.86
Tischtuch 13.3, 14.70
das Tischtuch zerschneiden
Tisch 13.13
die Füße unter den Tisch stellen
Tisch 14.59
die Füße, die Pantoffeln, die Schuhe unter einen fremden Tisch stellen
Tisch 14.69
Trennung von Tisch und Bett
Tischpost 53.3, 55.11
Tischtelefon 55.11
Titelblatt 1.33
Titelblatt 54.1
Titelblatt einer Illustrierten
Titelseite 26.30
von der Titelseite
Titostan 53.8
titschen 26.5
Titschkerl 1.73, 80.40, 80.48
titschkerln 26.25, 80.46
titschkern 80.38
Titta ruffo 59.30
Titte 45.6
die hat nichts auf der Titte
Titte 45.6
schwach auf der Titte
Titte 55.4
wie Titte mit Ei schmecken
Titten 1.58, 70.5
Titten 37.4
die Titten plätten
Titten 26.11, 59.10
kniefreie Titten
Titten 26.12
mit kniefreien Titten
Tittenabschaffungsbüro 47.35
Tittenbeutel 59.30
Tittenhalter 59.30
Tittenheber 59.30, 61.1
Tittenhemd 70.5
Tittenheimweh.37, 70.5
Tittenheini 70.5

Tittenjule 30.2
Tittenkaltschale 59.10
Tittenpolente 47.36, 48.10
Tittenquasten 58.10
Tittensack 59.23, 59.30, 70.5
Tittenschau 54.9, 54.10, 59.10, 70.5
Tittenschaukeln 54.9
Tittenschoner 59.30
Tittenspengler 61.1
Tittenspion 47.34
Tittenspritzer 37.3
Tittenwetze 37.2
Tittenwetzer 37.3
Tittenwief 82.4
Titti 1.58, 18.3, 70.5
Titti 55.5
an die Titti gehen
Titti 37.4
in die Titti spritzen, in die Titti wetzen
Titti 27
Klimmzüge an der Titti
Titus 1.32
Tituskopf 1.29
To 72.12
Tobiasnacht 14.43
tobiassen 31.4, 50.10
Töchen 72.12
Toches 1.83
Tochter 2.2, 18.8, 19.2
Tochter 48.2
gemeine Tochter
Tochter 20.3, 48.2
höhere Tochter
Tochter 15.2
natürliche Tochter
Töchter 17.3
Vater vieler Töchter
Töchteralbum 48
höheres Töchteralbum
Tochteranstalt 41.2
Tochtermann 14.54
Töchterschule 47.41, 47.42
höhere Töchterschule
Töchterwirt 48.23
Tockeltag 41
Tod 64.23
der weiße Tod
Tod 9
Liebe ist stark wie der Tod
Tod 26.38
Tod in den Wellen
Tod 1.15
Tod von Basel
Tod 39.14
Wartezimmer des Todes
Tod 64.23
zu Tode reiten
Todeskandidat 14.28
todschick 59.6
tof 48.8
tofer Freier
tofe 45.5
Tofeskeibe 47.41
toff 1.7
Toggeli 82.8
Toggelwoche 41
Toggi 82.8
Toiletta 72.23
Toilettenfrau 54.1, 59.3
Toilettenjahrgang 17.16
Tokus 1.83
Tole 80.86
Töle 2.2, 29.3, 30.2, 48.2
tölen 30.4
Tölenzwinger 29.8, 30.6
Toleranz 14.60
Toleranz und Eifersucht beim Ehebruch
Toleranzhaus 48.10
tolerieren 14.60
das Verhältnis des Ehepartners tolerieren
Tolerierung 14.60
Tolerierung des Ehebruchs
tölig 2.3, 29.4, 29.6, 30.3
toll 4.8, 6.1
toll 6.2
tolle Braut
toll 4.9
tolle Nummer
toll 2.5
toller Hahn
toll 4.3
toller Hecht
toll 6.3
toller Kerl
Tolle 1.29
Tolle 1.30
er hat sich die Tolle wegamüsiert
Tollgerste 52.2
Tollkirsche 52.2
Tollkiste 64.2
Tollkorn 52.2
Tollkraut 52.2
Tollpunkt 3.3, 4, 64.25
Tollpunkt 3.3
sein Tollpunkt ist schwarze Unterwäsche
Tomate 1.32, 2.2, 55
Tomate 22.18, 47.26
angebuffte Tomate
Tomate 22.18
angestoßene Tomate
Tomate 24.1, 25.1, 26.9
die dritte Tomate suchen
Tomate 22.14
die Tomate anbuffen
Tomate 22.14
die Tomate spritzen
Tomate 4.9
heiße Tomate
Tomate 6.5
miese Tomate
Tomate 11.12
saure Tomate
Tomate 4.2
Tomate mit Pfeffer
Tomate 10.8
treulose Tomate
Tomaten 1.37, 1.77, 36.12
Tomaten 25.2
jemandem die Tomaten servieren
Tomatenkorb 1.76, 36.12, 59.34, 70.3
Tomatenkorb 36.4
am Tomatenkorb knabbern
Tomp 2.2
Tonart 12.38
jemandes Tonart haben
Tonart 7.2
meine Tonart
Tonart 7.12
sie hat nicht meine Tonart
Tonart 7.11
sie singen in derselben Tonart
Tonaufnahme 69
Tonbank 55.11
Tonbüchse 14.50, 26.32, 54.8, 46.1, 69.3
tönend 55
tönendes Gemüse
Tongerät 26.32, 69.3
Tonhalle 72.12
Tonkünstler 67.6
Tonleiter 7.2
meine Tonleiter
Tonmeister 69.2
Tonne 1.17, 59.25
Tonne 22.18
angezapfte Tonne, aufgemachte Tonne
Tonne 22.14
die Tonne anzapfen
Tonne 17.8
eine Tonne anschlagen, eine Tonne anzapfen
Tonne 1.86
er ist über die Tonne gebügelt
Tonnengewölbe 1.66
Tonnengorilla 62.7
Topf 1.66, 2.2, 59.7, 72.13
Topf 10.2
alles in einen Topf schmeißen
Topf 72.5
auf den Topf gehen
Topf 10.7
die Nase in jeden Topf stecken
Topf 1.63, 2
Topf und Deckel
Töpfchen 72.13
Töpfe 59.40
Töpfer 4.7, 6.15, 12.43
Topfgeschenk 14.56
Topfhut 59.7
Topfneger 1.24, 61
Töppe 59.40
Topper 39.5
Toppkeller 48.32
Topplappen 14.52
seine Olle hat ihn mit 'm Topplappen jepudert
Topplude 48.21
Toppsau 48.35
die Toppsau
Toptriemel 12.37

Torturm 1.68
Tor 22.14
das Tor aufbrechen
Tor 12.30, 26.26
das Tor auflassen
Tor 26.25
das Tor aufmachen (aufschließen)
Tor 22.14
das Tor einrennen
Tor 22.18
offenes Tor
Tor 49.6
reiner Tor
Tor 12.41
wie der Ochse vorm Tor stehen
Tor 64.17
wie der Ochse vorm zu'en Tor stehen
Torf 45.1
torfen 41.7
Torfkähne 59.40
Tori genitales 1.63
Tormentum aquae 80.31
Tormentum ignis 80.23
torpedieren 22.14, 47.26
torpedieren 22.14
die Dschunke (die Fregatte, die Schaluppe) torpedieren
torpedieren 72.9
ihn torpedieren
torpediert 22.17
torpediert 22.18
torpedierte Dschunke (Fregatte, Schaluppe)
Torpedierung 22.13
Torpedoschwanz 6.18
Torschluß 53.3, 55.11
Café Torschluß
Torschlußheirat 14.17
Torschlußpanik 14.17
Tortelette 59.7
Tortenfee 55.9
Tortenform 59.7
Damenstrohhut in Tortenform
tosto 26.31, 54.8
tot 36.4
den toten Landwirt beleben
tot 72.11
einen toten Vogel in der Tasche haben
tot 8.9
tote Batterie
tot 8.22
toter Apparat
tot 55
toter Hund
total 64.19
totale Erschlaffung
Tote 33.2, 33.3
mit Toten verkehren
Tote 33
Verkehr mit Toten
Totenamt 33.3
Totenfeier 33.3
Totenfreier 33.1
Totengräber 14.34
Totenhemd 14.37, 59.10
Totenhut 59.7
Totenschmaus 33.3
Totenvogel 33.1, 48.2
Totenwacht 33.3
Totenzähne 55
totgekitzelt 59.9
totgekitzelter Hundepelz
Totmacher 47.27
Totterer 18.3
Tötung 15.11
Tötung unehelicher Kinder
Tour 7, 12.16, 26.27
Tour 12.16
alte Tour, diskrete Tour, sanfte Tour
Tour 7.3, 48.5
auf Tour gehen
Tour 12.16
einem die Tour vermasseln
Tour 26.25
eine Tour abziehen
Tour 26.25
eine Tour bauen
Tour 26.25
eine Tour drehen
Tour 26.25
eine Tour machen
Tour 12.15
eine Tour reiten
Tour 26.25
eine Tour schieben
Tour 53.7
enge Tour
Tour 3.6
er kommt auf Touren
Tour 10.5, 49.1
linke Tour
Tour 53.7
lockere Tour
Tour 12.39
vermasselte Tour
Touren 41.9
auf Touren bringen
Touren 3.8
jemanden auf Touren bringen
Touristensilo 53.8
Trab 48
Trab 48.35
Trab machen, auf Trab bringen, in Trab halten
Trabant 8.7, 8.20, 9.9, 14.23, 14.24, 14.67
Trabant 8.15
mein Trabant
Trabanten 18.5
Traberin 48.2
Tracht 80.61
Tracht 80.58
eine Tracht aufladen
trächtig 17.10
tragbar 24.5
tragbarer Ehemann, tragbarer Kavalier
tragbar 72.13
tragbares Gas
tragen 26.13
den Bauchnabel als Brosche tragen
tragen 54.10
die Haut zu Markte tragen
tragen 59.30
einen gepolsterten Büstenhalter tragen
tragen 59
enge Kleidung tragen
tragen 9.1
jemanden auf Händen tragen
tragen 9, 9.1
jemanden im Herzen tragen
tragen 59.7
keine Kopfbedeckung tragen
tragen 59.7
Kopfbedeckung tragen
tragen 59
kurze Kleidung tragen
tragen 59.20
Mann der immer die selbe Krawatte trägt
tragen 35.22
Scheiße unters Volk tragen
tragen 17.11
sie trägt was unter der Schürze
tragen 17.11
sie trägt was unterm Herzen
tragen 59.26
zu kurze Hosen tragen
Tragepfeiler 64.19
Träger 1.49, 1.56, 59.24
traktieren 80.58
mit dem Stock traktieren
Trall 3.3, 64.25
Traller 64.10
Trallerdoktor 64.4
Trallergreifer 64.4
Trallerkasten 47.42, 64.2
Trallerkastenspengler 64.4
Trampel 12.42, 41.19
Trampelcharmante 41.19
Trampeln 59.40
Trampelpfad 53.17
Trampelpfad der Liebe
Trampelzunge 35.17, 36.10
Trampen 1.86, 59.40
Tramper 59.40
Träne 11, 11.14
Träne im Knopfloch
Tränen 11.14
Tränen 11.15
auf deinen Tränen kann ich Kahn fahren
Tränen 1.36
der laufen die Tränen kreuzweise den Rücken runter
Tränen 11.1, 12.19

Tränen melken
Tränendrücker 11.17
tränenleer 11.15
da bleibt keine Hose tränenleer
Tränenliese 11.16
Tränenmelker 11.17
Tränenstein 52.2
Tränensuse 11.16
Tränentier 4.6, 5.2, 11.17
Tranfunzel 4.7, 6.15
tranig 4.5, 6.13
tranig 6.15
traniger Schwanz
Tranke 2.2, 4.25, 48.2
Tränke 55.11
Tranlampe 4.7, 6.15
Tranquillizer 57
tranquillo 54.8
Transpirierer 59.16
Transuse 4.6, 6.14
transvestieren 66.4
sich transvestieren
Transvestit 66.1
Transvestitenpaß 1.49
Transvestitenstrich 48, 66.5
Transvestitin 66.2
transvestitisch 66.3
Transvestitismus 66
trant 1.19
Trantute 4.6
Trapez 59.10, 59.25
Trapezkünstler 47.8
Trapptrapp 48
Trauben 1.58, 1.77, 26.30, 36.12, 70.5
Trauben 37.4
die Trauben ausquetschen
Traubenbecher 1.76, 36.12, 59.34, 70.3
Traubenbecher 36.4
am Traubenbecher knabbern
Traubenkorb 1.76, 36.12, 59.34
Traubenkorb 36.4
am Traubenkorb knabbern
Traubenschale 1.76, 36.12, 59.34
Traubenschale 36.44
an der Traubenschale knabbern
Traueranzug 59.12
Trauerfahne 59.10, 59.22
Trauerhaut 59.10
Trauerhemd 59.17
Trauerkaftan 59.9
Trauerkleid 59.10
Trauerkragen 59.19
Trauermädchen 48.35
Trauerrand 62.10
Trauerränder 1.55, 62.13
Trauerstaat 59.10
Trauertonne 59.7
Trauerweste 59.15
träufeln 12.17
Sirup träufeln
Traum 1.5, 6.2, 6.3, 8.6, 8.19, 9.8, 59.10
Traum 64.21
aus der Traum!
Traum 41.7
den Traum abstottern
Traum 64.21
der Traum ist aus
Traum 57
Traum aus der Ampulle, Pillenschachtel, dem Rauch
Traum 51.3, 55
Traum der Jungfrau
Traum 14.37
weißer Traum
Traumbiene 24.6
Traumboy 8.19
Traumbrumme 1.5, 6.2, 8.6, 24.6
Traumbusen 24.6
Traumhaufen 41.7
sich einen Traumhaufen zusammenschlafen
Traumkutsche 46.4, 53.14
Traumland 41.9
aus dem Traumland holen
Traumpelz 59.9
Traumpulver 57
Traumpuppe 1.5, 6.2, 8.6, 24.6
Traumsaft 57
Traumsäure 57
Traumschiff 46.4, 53.14
Traumschlitten 46.4, 53.14
Traumtabak 57
Traumtänzer 64.11
Traumtüte 53.16
Traumvase 73.8
traurig 6.6, 39.13, 64.19
Ritter von der traurigen Gestalt
traurig 64.21
trauriger Sack
Trauring 43, 55.3
Trauschein 14.35
traut 32.3
Liebe im trauten Heim
Traute 12.16
Traute 4.19
hat keine Traute
Treckeltid 41
Trecktag 41
Treckzeit 41
Treff 12.25, 80.61
treffen 12.35, 26.25, 35.7
ins Schwarze treffen
Treffpunkt 53.4
Treffpunkt 29.8
Homosexuellen-Treffpunkt
treiben 13.2, 26
es treiben
treiben 3.8
jemandem Saft in die Fotze treiben
treiben 14.31, 53.7
zu Paaren treiben
Treiber 48.21, 80.62
Treiberzinken 48.35
Treibhaus 48.25
Treibriemen 59.28
Treibstoff 45.1, 72.8
tremmeln 26.25
Tremolo 54.8
Tremolo 12.33, 25.6
gutes Tremolo
Tremolo 35.19, 36.10
sauberes Tremolo
Trempe 82.5
Tren 59.40
Trenchcoat 59.9
Trenchcoat 59.9
Wirtschaftswunder-Trenchcoat
trennen 26.25
trennen 11.20, 14.70
sich trennen
Trennung 11.21, 14.68
Trennung 11.2
die Trennung ist mir schwer in den Knochen gefahren
Trennung 14.69
Trennung von Tisch und Bett
Trense 80.76
Treppenterrier 41.18
Tresenbiene 48.2, 55.10
Tresenfee 55.10
Tresengrazie 55.10
Tresenkätzchen 55.10
Tresenmieze 55.10
Tresenspinne 55.10
Tresor 1.69, 1.76
Tresor 22.18
angebohrter Tresor
Tresor 22.18
aufgeknackter Tresor, aufgeschlossener Tresor, aufgesprengter Tresor, geöffneter Tresor, offener Tresor
Tresor 22.14
den Tresor anbohren
Tresor 22.14
den Tresor aufbrechen
Tresor 22.14
den Tresor aufknacken
Tresor 26.25
den Tresor aufmachen (aufschließen)
Tresor 1.33
So 'n Gesicht auf 'm Tresor, da kann vor Lachen keiner einbrechen.
Tresorknacker 22.16, 47.26, 64.23
Tresorschein 14.32, 14.35
treten 14.53
auf den Sack treten
treten 49.9
jemandem auf den Sack treten
treten 4.16
jemandem zu nahe treten, jemandem auf den Schwanz treten
Treter 1.87, 59.40
Tretmine 72.4
Tretmühle 48.26, 80.37,

80.94
Tretoir 73.9
treu 10.1
Treu 10.1
auf Treu und Glauben, bei meiner Treu
Treu 14.29, 52
beschlafen auf Treu und Glauben
treu 10.3
treue Frau
treu 10.3
treue Haut
treu 10.4
treuer Mann
treu 10.2
treu sein
treu 10.1
treu wie Bohnenstroh
Treue 10
Treuegelübde 10
treulos 10.7
treulos 10.8
treulose Frau
treulos 10.9
treuloser Mann
treulos 10.8
treulose Tomate
Treuring 14.36, 58.4
Treuschutzgürtel 49.21
Treusteinprobe 49.19
Tribut 1.25, 80.95
Tribut 24.1
jemandem Tribut zollen
Trichine 63.12
Trichinen 55
Trichinendoktor 63.12
trichinenfrei 49.2
Trichineninspektion 48.10
Trichineninspektor 48.10
Trichinenkontrolle 48.10
Trichter 1.66, 72.16
Trichter 1.66, 20
Nürnberger Trichter
Trichterbrust 1.50
Tricks 12.35
die Tricks raushaben
Triebfang 64.6
Triebfeder 1.73
Triebfischer 64.7
Triebjagd 64.6
Triebjagd 64.9
auf Triebjagd gehen
Triebrat 3.10, 64.7
Triebspion 64.7
Triebspionage 64.6
Triebwagen 46.4, 53.14
Triebwerk 64.3
Triefnase 1.40
Triemel 1.73
Triemel 26.25
den Triemel ausschleimen
Triesel 64.10
Trieselbrennerei 64.2
triezen 80.20
triezen 80.11
sich triezen lassen
Trigamie 47.10
Trigamist 47.10
Trigamistin 47.10
Trikini 59.43, 70.3
Triller 1.38, 26.27, 47.42, 54.8, 64.10
Trillerhaus 14.60, 48.12, 64.2
Trillerin 54.8
trillern 1.38, 12.11, 80.58
Trilli 59.7
trimmen 59.9
Dachhase auf Tiger getrimmt
Trina 12.42, 57
Trine 2.2, 5.2, 30.2, 48.2
Trinken 55, 55.5
trinken 36.4
am Liebesquell trinken
trinken 36.8
am Quell trinken
trinken 35.18
aus dem Popokal trinken
trinken 17.9
Hoffmannstropfen trinken
trinken 17.11
sie hat Hoffmannstropfen getrunken
Trinkgeldhöhle 55.11
Trio 31.5
Tripmadam 1.66
Trippelbretter 59.40, 70.6
Trippeline 54.9
trippen 57.1
Tripper 63.1
Tripperspritze 48.10, 51.3, 63.10
Tripperwarze 63.1
Tripse 23
Tripse 23.2
die Tripse ist da
Tritt 64.25
den Tritt verlieren
Tritt 64.17
er hat den Tritt verloren
Tritt 29.6, 30.4
falschen Tritt haben
Trittchen 59.40
Trittling 1.87
Trittlinge 59.40
Trittlingsfreier 70.6
Trittlingsgibber 70.6
Trittoir 73.9
Trockeltag 41
trocken 22.12, 39.10
trocken 11.15
da bleibt kein Auge trocken
trocken 45.6
die hat 'nen trockenen Daumen
trocken 36.4
die trockene Kehle. baden
trocken 36.12
eine trockene Kehle haben
trocken 3.7
er läßt meine Fotze trocken
trocken 18.6, 21.9, 38.5
noch nicht trocken
trocken 18.7
noch nicht trocken hinter den Ohren sein
Trocken 64.17
ohne Naß und Trocken
trocken 64.17
sein Pulver trocken halten
trocken 22.10, 27.3, 39.12
trockene Fotze
trocken 23.10
trockene Jahreszeit
trocken 12.39
trockene Pomade
trocken 80.61
trockener Schnaps
trocken 55
trockener Schweinearsch
trocken 14.15
trockene Schrippe
Trockenamme 18.19
Trockendock 48.10, 48.27, 51.3, 63.14
Trockene 45.6
sie sitzt auf dem Trockenen
Trockenfisch 64.20
Trockenhaube 59.7
trockenlaufen 64.20
trockenlegen 26.40
trockenlegen 48.35
eine trockenlegen
Trockenlegung 23.10, 36.1, 36.5
Trockenschnee 61
Trockenständer 64.20
Trockenstange 64.20
Troddel 26.30
Troddeln 26.30
Troddeln 55
Leichenwagen mit Troddeln
Trödelbuxe 64.20
Trödelfritze 64.20
Trödelphilipp 64.20
Troinmandl 82.8
Troll 82.5
Trolltag 41
Trommel 1.59, 1.60, 1.66, 2.2, 17.15, 54.8
Trommel 26.25
die Trommel anstreichen (antreiben)
Trommel 26.25
die Trommel lackieren
Trommel 24.1, 54.8
die Trommel rühren
Trommel 17.8
einer die Trommel anstreichen, einer die Trommel antreiben
Trommel 25.1
einer die Trommel rühren
Trommel 26.25
Trommel spielen
Trommelschlegel 1.73
Trompete 1.40, 1.73, 1.85, 29.10, 35.21, 36.12, 54.8, 59.25, 63.1

Trompete 35.18
die Trompete blasen
Trompete 35.7
die Trompete polieren (versilbern, vergolden)
Trompete 63.1
Pauken und Trompeten
Trompete 63.4
sich die Trompete holen
Trompete 36.4
Trompete blasen
Trompete 24.1, 25.1, 26.25
Trompete spielen
trompeten 36.4, 54.8
Trompeten 63.1
Pauken, Trompeten und Türkenmusik
Trompetenbläser 29.3, 35.16, 36.2
Trompetenbläserin 36.3
Trompetenhose 59.26
Trompetenschule 63.14
Trompetensolo 36.1
Trompetenspieler 24.3, 25.4, 29.3
Trompeter 54.8
Tröpfelapparat 1.40
tröpfeln 64.20
tröpfeln 26, 41.24
in der Tropfsteinhöhle tröpfeln
Tropfen 63.1
tropfen 63.5
Tropfen 63.1
bitterer Tropfen
tropfen 73.11
er tropft
Tropfen 25.8, 63.2
steter Tropfen höhlt das Bein
Tropfen 63.2
steter Tropfen höhlt das Mark
Tropfen 25.8
Tropfen auf den heißen Stein
Tropfen 1.78
Tropfen aus dem heißen Stein
Tropfen 64.21
Tropfen aus dem Stein
Tropfen 26.25
Tropfen geben
Tropfenfänger 1.48, 14.42, 16.1, 41.5, 72.24
Tropfhahn 64.20
Tropfloch 4.25, 48.2, 63.6
Tropfsteinhöhle 53.16
Tropfsteinhöhle 26, 41.24
in der Tropfsteinhöhle, in der Tropfsteinhöhle tröpfeln
Troppe 2.5a
Trost 53.17
Trost der einsamen Strandnixen
Tröster 1.73, 24.5, 30.5, 72.13, 80.62
Tröster 14.67
süßer Tröster
Trostfibel 14.48
tröstlich 26.41
Trottelboss 64.4
Trottelchef 64.4
Trotteldoktor 64.4
Trottelputzer 64.4
Trottelrektor 64.4
Trotteuse 48.2
Trottoirbeleidiger 1.87
Trottoirbesen 48.2
Trottoirblume 48.2
Trottoirfasan 48.2, 59.6
Trottoirfliege 48.2
Trottoirgeschäft 48
Trottoirlilie 48.2
Trottoirpflanze 48.2
Trottoirschwalbe 48.2
Trottoirwalküre 48.2
Trotzwinkel 41.3
Troyer 59.17
Trüb 63.4
aus trüben Quellen schöpfen
trüb 48.2, 63.6
trübe Quelle
trüb 6.15, 19.4, 64.21
trübe Tasse
trübe 4.5, 6.13, 12.40
trüben 49.17
kein Wässerchen trüben können
Trübling 4.7, 6.15, 19.4, 64.23
Trübmoß 40.9
Trübwell 40.10
Trücherl 2.2, 48.2
truddeln 62.9
Trude 48.2
trudeln 6.10
zum Trudeln
Trudenkreuz 17.22
Trudscherl 48.2
Trüffel 1.70, 1.73, 1.85, 29.10, 35.21, 36.12, 72.4, 76.3
Trüffel 30.4, 35.8, 36.4, 36.8
nach Trüffeln schnüffeln
Trüffelfraß 35.15
Trüffeln 1.67
Truhe 1.66, 1.85, 2.2, 29.10, 35.10, 48.2
Truhe 22.18
aufgebrochene Truhe, aufgemachte Truhe, aufgestemmte Truhe, geöffnete Truhe, offene Truhe
Truhe 22.14
die Truhe aufbrechen
Truhe 26.25
die Truhe aufmachen
Truhe 12.30, 26.25, 26.26
die Truhe aufschließen
Truhe 35.7
die Truhe vollpacken
Truhe 24.1
die Truhe wuzzeln
Truhe 25.1
einer die Truhe wuzzeln
Trull 82.5
Trulla 41.19
Trulle 62.13
Trülle 14.60, 48.12, 80.37
Trüllerin 48.24
Trulu 26.27
Trulu 26.25
Trulu machen
Trumm 1.9
Trumm 6.3
knafter Trumm
Trümmerhaufen 11.21, 13.4, 72.4
Trumpelchen 1.17
Trumpf 1.73, 25.8, 29.10
Trumpf 25.1, 29.10
den Trumpf in der Hand haben
Trumpf 24.1, 25.1
den Trumpf in die Hand nehmen
Trumpfkarte 53.5
Trunschel 39.4
Truntscherl 27.3
Trutelnest 14.45
Trutelwochen 14.45
Trutelwöchner 14.45
Trutelwöchnerin 14.45
Truthahn 57.7
kalter Truthahn
Trutsch 2.2, 6.5
Trutsche 5.2
Trutschel 1.17
Trutscherl 2.2
Tschaipe 80.61
Tschamm 59.2, 70.14
Tschammerei 70.14
Tschaperl 9.8, 12.20
Tschar 1.48
Tschingerdo 1.73
Tschipp 1.45
Tschocha 59.25
Tschumepen 26.4
Tschupni 80.62
Tschuri 1.78
Tschurimuri 1.66, 19.9, 28.4
Tube 1.73, 25.8, 29.10
Tube 25.1
auf die Tube drücken
Tube 64.21
ausgequetschte Tube
Tube 24.1, 25.1, 29.10
die Tube ausquetschen
Tube 64.21
leere Tube
Tube 61
Schönheit aus der Tube
Tubenkatarrh 63.1
Tubenschwangerschaft 17.24
Tuchent 26.25
über die Tuchent gehen
Tücherl 48.2
Tücherl 48.2
gelbseidenes Tücherl
Tuchfühlung 26.6, 26.7
Tuchfühlung 26.5
auf (in) Tuchfühlung gehen
Tucke 29.3
tuckig 29.4, 30.3

Tuffe 4.6, 6.14
tüfteln 12.35, 26.25
tüfteln 12.38
tüfteln können
Tüftler 12.37
Tugend 49.11
Ausbund der Tugend
Tugend 59.31
Brustwehr der Tugend
Tugendbeule 49.12
Tugendbold 49.11, 50.10
Tugendburg 14.14, 41.22
Tugendfee 47.42, 48.10
Tugendfutteral 59, 59.9
Tugendhort 41.22
Tugendleine 59.28
Tugendpfadfinder 47.34, 47.34
Tugendpfadfinderin 47.42, 48.10
Tugendpinsel 49.11
Tugendtschocher 59.25
Tugendwächter 49.11
Tugendwächterin 49.12
Tülle 2.2, 48.2
Tülleinsatz 59.23
Bluse mit Tülleinsatz
Tüllmaus 54.9
Tülpchen 2.2, 48.2
Tulpe 1.40, 2.2, 4.7, 6.15, 12.43, 19.4, 48.2, 59.7, 73.8
Tümes 59.7
tummeln 26.25
Tummelplatz 48.25
Tüms 59.7
tun 26.25
Tün 48.2
tun 25.1
die Hände voll zu tun haben
tünen 80.58
Tunika 59.10
Tunika 59.10
Tunika mit Oberlicht
Tunke 1.25, 1.78, 8, 23.4, 23.6, 30.8, 36.12, 70.2, 78.3
Tunke 1.78, 35.4, 72.4
Braunkohl mit Tunke
Tunke 8
dicke Tunke
Tunke 8.1
dick wie Tunke
Tunke 36.4, 36.8
jemandem Tunke füttern
Tunke 77
Musel mit Tunke
Tunke 23.6, 78.3
rote Tunke
Tunke 23.6
Wurst mit Tunke
Tunnel 1.66, 1.85
Tunnel 35.12
im Tunnel krabbeln
Tunnel 35.7
in den Tunnel fahren
Tunnelgürtel 59.28
Tunte 4.6, 6.5, 6.14, 29.3
Tunte 29.3
alte Tunte
tuntig 29.4, 30.3
Tupf 26.27, 64.19, 80.15, 80.39
tupfen 26.25
Tupfer 1.73, 4.26, 13.6, 26.27, 80.15, 80.39
Tupferl 4.12, 48.2
Tupfprothese 24.5
Tür 1.66, 1.85, 29.10, 35.10
Tür 10.7
an allen Türen klopfen
Tür 22.14
die Tür aufbrechen
Tür 26.25
die Tür aufmachen (aufschließen)
Tür 22.14
die Tür einrennen
Tür 26.22
Er steht vor der Tür!
Tür 11.18, 13.3
jemandem den Stuhl vor die Tür setzen
Tür 2.2, 4.11, 4.12
offene Tür
Tür 12.32, 26, 48.9
Tag der offenen Tür
Tür 72.21
Tür mit Herz
Tür 22.10
unaufgeschlossene Tür
Tür 4.14, 22.10
verschlossene Tür
Tür 4.14, 26.33
zu'e Tür
Tür 2.2
zu 'ne Tür
Tür 1.82
zwischen Tür und Angel
Turban 59.7
Türchen 1.85, 35.10
Türen 12.31
ihm stehen alle Türen offen
Turf 48
Turfkaroline 48.2
Türhorcher 69.2
Türke 63.4
einen Türken bauen
Türke 57
heller Türke
Türkenmusik 54.8, 63.1
Türkenmusik 63.1
Musikantenknochen mit Türkenmusik
Türkenmusik 63.1
Pauken, Trompeten und Türkenmusik
Türkenmusik 63.4
sich die Türkenmusik holen
Türkensäbel 1.73
Türkin 48.2, 51.1
türkisch 76.2
am türkischen Honig naschen
türkisch 63.1
die türkische Muse
türkisch 1.78, 30.8, 35.21, 36.12, 72.3, 76.3, 78.3
türkischer Honig
Türkise 48.2, 51.1
Türklingel 1.68
Türklinke 7.12
er paßt ihr wie der Igel zur Türklinke
Türklopfer 1.68
Türling 1.36
Turm 1.11, 41.3, 53.4, 55.11
Turm 41.3
dufter Turm
Turm 64.25
schiefer Turm
Turm 73.13
schiefer Turm von Pisa
Turm 1.73
schiefer Turm von Pissa
Turm 41.3
Turm mit Burgfräulein
Turmbau 1.11
Turmbau zu Babel
Turmbesitzer 41.15
Turmschädel 1.32
Turngerät 80.22
Turnlehrer 80.5
Turnlehrerin 80.4, 80.63
Turnstuhl 53.3, 55.11
Turnstuhl für Gymnastik mit Bardamen
Turnstunde 26.27, 80.1, 80.21
Türschwelle 1.66
Turtelnest 14.45
Turtelwochen 14.45
Turtelwöchner 14.45
Turtelwöchnerin 14.45
Tusch 80.61
tuschen 80.58
tuschieren 80.58
Tuschkasten 60.7, 61
Tuschmaler 80.64
Tüte 4.6, 6.14, 80.79
Tüte 57
große Tüte
Tüte 61
Schönheit aus der Tüte
tuten 36.4
Tuten 36.9
Tuten und Blasen
Tuttchen 9.8, 12.20
Tuttelfetzen 59.30
Tuttelfick 37.3
Tuttelfleckle 1.58
Tuttelhalter 59.30
Tuttelklammer 59.30
Tuttelkraxen 59.30
Tuttelmasseuse 37.2
Tuttelmelochner 37.3
Tutteln 1.58, 70.5
Tutteln 37.4
die Tutteln pudern
Tuttelspritzer 37.3
Tuttelzelt 59.23
Tutti 1.58, 70.5
Tuttlingen 1.58
sie ist von Tuttlingen
Tütütöse 54.9

Twalch 52.2
Twen 59.6
auf Twen gekitzelte Dame im Schwabenalter
Twen 38.4
gehobener Twen, später Twen
Twen-Look 59.4
Typ 7.12
er ist nicht mein Typ
Typ 7.2, 48.21
mein Typ
Typ 48.5
seinen Typ hochgehen lassen
Typ 7.11
sein Typ
Type 29.3
männliche Type
Type 29.3
weibliche Type
Typeuse 45
Typheuse 45
Typi 45
Typistin 45

U

U 9 48.2
U-Bahn-Tunnel 1.66
Übel 24.1, 25.1
das Übel an der Wurzel packen
Übel 1.73
Wurzel allen Übels
Übelnemesis 11.12, 14.50
überbraten 26.25
überbraten 80.58
eine zärtliche Meinung überbraten
Überfallhose 59.26
Überfluß 63.1
Übergangshaut 1.43
Übergangshaut des Mundes
übergehen 59.30
ihr gehen die Augen über
übergehen 21.1
in Fleisch und Blut übergehen lassen
übergehen 29.5
mit fliegender Standarte zum Freund übergehen
überhaben 59.6
etwas überhaben
Überhänger 59.9
überhöht 1.30
überhöhte Stirn
überkommen 40
überlastet 42
überlastet mit Arbeit
Überläufer 71.3
überlegen 80.58
Übermann 6.3, 8.19, 16.1, 59.7, 59.9
übernehmen 22.14
übernehmen 48.35
eine übernehmen
übernehmen 17.9
ein Päckchen übernehmen
übernehmen 64.21
er hat sich übernommen
überprüfen 26.5
die Taillenweite überprüfen
überreden 12.19
Überschalldüse 12.36
Überschallkörper 1.3, 6.2, 8.6
Überschallzahn 1.5, 6.2, 8.6
Überschläfer 36.9
Überschwemmung 59.26
Überschwemmung auf der Po-Ebene
Überschwemmung 72.6
Überschwemmung der Po-Ebene
Überschwung 59.28
übersehen 11.7
die Beerdigung übersehen
Übersetzung 1.86
große Übersetzung, kleine Übersetzung
Übersoll 1.58
Kurven-Übersoll
Überstülper 36.9
übertölpelt 35.22
finanziell übertölpelt werden
übertrieben 59.6
übertrieben angezogen
übertrieben 59.6
übertrieben angezogene Frau
übertrieben 59.6
übertrieben anziehen, sich übertrieben anziehen
überwinden 14.60
eheliche Eifersucht überwinden
überwinden 64.18
Hemmungen überwinden
Überzahn 1.5, 6.2
überziehen 80.58
überziehen 80.58
ein paar überziehen
überziehen 59.6
etwas überziehen
Überzieher 16.1, 80.61, 80.62
Überzug 16.1
überzwerch 31.3
U-Boote 59.40
übrig 9.1
für jemanden etwas übrig haben
übrig 26
von gestern übrig bleiben
Übungswerkzeug 42
Uferschaden 63.1
Uferschaden 63.1
Uferschaden am Wasserfall
Uhr 1.66
Uhr 8.9
abgelaufene Uhr
Uhr 3.8, 26.9, 26.25
die Uhr aufziehen
Uhr 17.8
eine Uhr aufziehen
Uhr 21.10
ihre Uhr geht nach
Uhr 19.8
ihre Uhr geht vor
Uhr 41.7
rund um die Uhr schlafen
Uhr 22.7, 64.20
seine Uhr geht nach
Uhr 64.20
seine Uhr geht vor
Uhr 64.20
seine Uhr steht still
Uhr 22.3
wissen was die Uhr geschlagen hat
Uhrglasnägel 1.55
Uhrwerk 13.4
abgelaufenes Uhrwerk
Ulan 62.7
Müll-Ulan
Ulbricht 1.48, 1.65
Ulcus durum 63.1
Ulcus molle 63.1
Ulterschin 17.2
Ultimo 59
knapp wie Geld vor Ultimo
umärmeln 26.5
Umärmelung 26.6
umarmen 26.5
Umarmung 26.6
umbauen 29.5
umbetten 29.5
umbinden 80.81
die Krawatte umbinden
umdrehen 80.77
den Hals umdrehen
umdrehen 35.7
den Spieß umdrehen
umdrehen 72.5
die Hosen umdrehen
umdrehen 11.1
jemandem das Herz im Leibe umdrehen
umdrehen 3.3
jemanden umdrehen
Umfahung 14.21
umfallen 64.19
umfallen 26.36
vor lauter Kraft nicht umfallen können

Umfäller 64.19
umficken 5.2
Laß dich vom Gemeindebullen umficken!
umfrisieren 29.5, 30.3
umfrisiert 29.4
umfunktionieren 30.3
umfunktioniert 29.4
Umgang 26, 26.27
Umgang 26
Umgang haben
umgarnen 9.12, 12.6, 14.8
umgebaut 29.4, 30.3
umgebaut 59.7
umgebautes Vogelnest
umgebettet 29.4, 30.3
umgehackt 22.17
umgehackt 22.18
umgehacktes Pflänzchen
umgekehrt 64.25
vom umgekehrten Ende
umgekippt 14.71, 47.32
Anwalt für umgekippte Gefühle
umgelegt 22.17
umgemodelt 29.4, 30.3
umgepreßt 59.7
umgepreßter Bettvorleger
umgeschaltet 29.4, 30.3
umgesattelt 29.4, 30.3
umgezogen 66.3
umhaben 59.6
etwas umhaben
umhaben 45.6
sie hat nichts um
umhacken 22.14, 26.25, 47.26
umhacken 10.7
alle Weibsen umhacken
umhacken 22.14
das Pflänzchen umhacken
umhacken 29.6
einen umhacken
Umhang 59.9
Umhang 26.27
Umhang mit Händen und Füßen
Umhang 8.7, 14.23, 14.48
Umhang mit Loch
Umhang 8.20, 14.24
Umhang mit Schwanz
Umlegekragen 59.19
umlegen 22.14, 26.25, 47.26
umlegen 29.6, 35.7
einen umlegen
umlegen 26.17, 41.6
sich umlegen
ummöbeln 59.6
sich ummöbeln
ummodeln 29.5
Ummodlung 29
ummustern 59.6
sich ummustern
umpellen 59.6
sich umpellen
umpuppen 59.6
sich umpuppen
umrühren 5.3
dem haben sie ins Gehirn geschissen und vergessen umzurühren
umsatteln 29.5, 50
umschalen 59.6
sich umschalen
umschalten 29.5
Umschaltung 29
Umschlag 4.6, 64.23
kalter Umschlag
Umschlageplatz 48
Umschlageplatz der Liebe
Umschlaghandel 14.31
Umschlagplatz 48.25
Umschlagplatz der Liebe
Umschlagplatz 53.17
Umschlagplatz der Salzkrusten
Umschlagplatz 53.17
Umschlagplatz der sandigen Haut, der Sommerliebe, des Sonnenöls
Umschlagplatz 53.19
Umschlagplatz der Winterliebe, Umschlagplatz für Schnee und Liebe
umsehen 12.8
sich nach einem Liebespartner umsehen
Umstände 17.10
in anderen Umständen
Umstände 17.8
in andere Umstände bringen, in andere Umstände versetzen
Umstände 17.9
in andere Umstände kommen
Umstände 80.20
nicht viel Umstände machen
Umstände 17.11
sie ist in anderen Umständen
Umstandsanzug 66.6
Umstandskleid 17.14, 59.10
umsteigen 8.5, 8.18, 10.7
Umstoß 18.16, 53.5
Umstrecktag 41
umtakeln 59.6
sich umtakeln
Umtreibeabend 41
Umtreibetag 41
Umwerfe 1.5, 6.2
umwerfend 29.4, 30.3
umziehen 41
umziehen 59.6
sich umziehen
Umzug 41
Umzugstag 41
unabhängig 32.2
sich unabhängig machen
Unannehmlichkeit 35.22
unartig 18.4
unartiges Kind
unattraktiv 6.4
unattraktiv 6.5
unattraktive Frau
unattraktiv 59.43
unattraktiver Damenbadeanzug
unattraktiv 6.6
unattraktiver Mann
unaufgeklärt 21.9
unaufgeklärt 21.11
unaufgeklärte Frau
unaufgeklärt 21.12
unaufgeklärter Mann
unaufgeklärt 21.10
unaufgeklärt sein
Unaufgeklärte 30.8
Unaufgeklärter 29.10
unaufgeschlossen 22.10
unaufgeschlossene Kiste (Kommode, Schatulle, Schublade, Tür)
unaufgeweckt 14.65
unaufgeweckter Ehemann
Unausflüsterbare 59.26
unausgebacken 18.6, 19.1, 19.7, 21.9, 38.5
unausgegoren 18.6, 19.1, 19.7, 21.9, 38.5
unausgegoren 63
Harnröhrenreizung nach Genuß von unausgegorenem Bier
Unaussprechlich 1.83
der Unaussprechliche
Unaussprechliche 59.26
unbedarft 12.40, 21.9
Unbedarftheit 12.39
unbedeckt 59.10
unbedeckter Busen
unbedient 12.40, 21.9
unbefleckt 62.4
unbefleckt 50.1
unbefleckte Empfängnis
unbefleckt 62
unbefleckte Erkenntnis
unbeleckt 22.6, 22.12, 36.10
unbelegt 22.12
unbelegt 8.13
ein unbelegtes Brötchen vernaschen
unbelegt 8.26, 14.64, 14.65, 14.68
unbelegter Platz
unbelegt 8.13, 8.26
unbelegtes Abteil
unbelegt 2.2, 8.13, 14.64, 22.10
unbelegtes Brötchen
unbelegt 22.10
unbelegte Schrippe, Semmel, unbelegtes Brot
unbelegt 14.64
unbelegte Schrippe, unbelegte Stulle, unbelegte Semmel

unberührt 22.19
unberührter Mann
unbeschrieben 22.10
unbeschriebenes Blatt
unbeschädigt 22.12
unbeschädigt 22.11
unbeschädigte Packung
unbescholten 22.12
Unbescholtenheitserklärung 47
unbeschreiblich 62.11
in unbeschreiblichem Zustand
unbeschrieben 14.64, 22.10
unbeschriebenes Blatt
unbesetzt 8.13, 8.26, 14.64, 14.65, 45
unbesetztes Gebiet
unbesetzt 8.13
unbesetztes Gebiet erobern
unbeugsam 80.8
unbewacht 8.13
in den unbewachten Besitz einbrechen
unbewacht 8.11, 8.13, 8.24, 8.26, 14.68
unbewachter Besitz
unbewußt 34.6
unbewußte Zoophilie im Umgangsvokabular
undicht 64.1, 64.10
undichter Ballon
undicht 64.1, 64.10
undichter Giebel
undicht 72.11
undicht sein
undufte 49.3
undurchsichtig 13, 49.1
undurchsichtige Verhältnisse
uneben 6.1
nicht uneben
unecht 58.6
unechte Kette
unecht 14.36
unechter Ehering
unecht 58.4
unechter Ring
unecht 58.2
unechter Stein
unehelich 15.10
Aussetzung unehelicher Kinder
unehelich 15.7
die Mutter des unehelichen Kindes heiraten
unehelich 15.3
Mutter eines unehelichen Kindes
unehelich 15.5
sich mit einem unehelichen Kind belasten
unehelich 15.12
Strafen für uneheliche Mutterschaft
unehelich 15.11
Tötung unehelicher Kinder
unehelich 55
uneheliche Kinder
unehelich 15.2, 51.3
uneheliches Kind
unehelich 15.1
unehelich geboren sein
unehelich 15.4
Vater eines unehelichen Kindes
unehelich 15.2
Wehrbeitrag des unehelichen Vaters
Unehelichkeit 15
unelastisch 1.67
unelastische Schamlippen
unentdeckt 8.13, 8.26, 22.10
unentdecktes Gebiet
unentdeckt 8.13, 8.26, 14.64, 22.10
unentdecktes Land
unentdeckt 8.13
unentdecktes Gebiet erforschen
unentwickelt 38.5
unerbittlich 80.8
unerfahren 22.6
unerfahren 22.8
unerfahrene Frau
unerfahren 22.9
unerfahrener Mann
unerfahren 22.7
unerfahren sein
unerschlossen 22.12
unerschlossen 22.10
unerschlossenes Gebiet (Land)
Unfähigkeit 35.19
Unfähigkeit beim Anilinctus
Unfähigkeit 36.10
Unfähigkeit beim Oralverkehr
Unfall 35.22
einen Unfall verursachen
Unfallverhütungsmittel 16.1, 63.9
Unfallwagen 18.13
unfrisiert 1.29
unfrisierter Mann
unfruchtbar 17.26
unfruchtbar 17.26
unfruchtbare Frau
unfruchtbar 17.26
unfruchtbar sein
Unfruchtbarkeit 17.26
Unfruchtbarkeitszauber 52.8
unfruchtbarmachen 50.16
Unfruchtbarmachung 51.2
Röntgenstrahl zur Unfruchtbarmachung
ungebleicht 48.2, 51.1
ungebleichte Möse
ungebleicht 51.1
ungebleichter Schwanz
Ungeborene 17.22
Wasser als Heimat der Ungeborenen
ungebrannt 80.61
ungebrannte Asche
ungebügelt 59.12
ungebügelter Anzug
ungebügelt 59.26
ungebügelte Hose
ungebügelt 59.13
ungebügelte Jacke
ungebügelt 59.10
ungebügeltes Kleid
ungebügelt 59.9
ungebügelter Mantel
ungedeckt 59.10
ungedecktes Defizit
Ungeduld 35.22
Ungeduld 17.23
Herr Ungeduld, Fräulein Ungeduld
ungeduldig 17.23
ungeduldig werden
ungefrühstückt 64.17
ungeheizt 41.3
ungeheiztes Zimmer
ungehorsam 80.9
ungekämmt 1.29
ungekämmte Frau, ungekämmte lange Männerhaare
Ungeküßte 51
Club der Ungeküßten
ungelegt 1.78
ungelegte Eier
ungeniert 41.3
ungeniertes Zimmer
ungeöffnet 22.12
ungeöffneter Verschluß
ungeplättet 59.14
ungeplättete Ärmel
ungeplättet 59.19
ungeplätteter Kragen
ungeplättet 59.25
ungeplätteter Rock
ungeplättet 59.15
ungeplättete Weste
Ungeschick 12.39
Ungeschick im Liebesspiel
ungeschickt 12.40
ungeschickt 12.42
ungeschickte Frau
ungeschickt 12.43
ungeschickter Mann
ungeschickt 12.41, 35.22
ungeschickt sein
Ungetüm 12.20
ungewaschen 75
ungewaschener Mund
ungewaschen 62.13
ungewaschene Scheide
ungewaschen 67.6, 75
ungewaschenes Maul
ungewaschen 1.87
ungewaschene Zehen
Ungeziefer 71.3
ungezogen 80.9
ungleich 1.56
Unglücksschmiede 14.34
Unhahn 4.7, 6.6, 6.15, 19.4
Unhenne 6.5, 12.42

Unhold 50.11
Uniform 70.10
Uniformfetischismus 70.10
Uniformfetischist 70.10
Unisono 54.8
unkeusch 49.16
unkeusch 51.2
unkeuscher Josef
unkeusch 49.18
unkeusch handeln
Unkeuschheit 49.14, 49.19
Unmoral 49.1
unmoralisch 49.3
unmoralisch 49.7
unmoralischer Mensch
unmoralisch 49.5
unmoralisch handeln
unnachgiebig 80.8
Unnennbare 59.26
unrasiert 1.48
unrasiert 61.4
er ist unrasiert
Unrat 47.35
Unrat wittern
Unratsrat 63.12
unrecht 17.23
in unrechte Wochen kommen
unreif 38.5
unreif 38.6
unreife Frau
unreif 38.7
unreifer Mann
unreif 19.2, 38.6
unreifes Obst
unrein 16.2
ins unreine
Unreines 16.2, 63.4
ins Unreine ficken
unruhig 18.4
unruhiges Kind
unsauber 62.13
Frau mit unsauberer Scheide
Unschamlippen 1.42
Unschuld 21.11, 22.8, 22.10, 22.11, 49.19
Unschuld 22.15
die Unschuld verlieren
Unschuld 26.12
nur mit ihrer Unschuld bekleidet
Unschuld 22.10, 41.19, 44.2, 49.6
Unschuld vom Lande
Unschuldslamm 21.12
Unsicherheitsschwämmchen 16.1
Unsympath 6.6
untailliert 59.10
untailliertes Kleid
Untalent 12.39
Untalent auf der horizontalen Ebene
unten 64.17
oben heiß und unten kalt machen, oben hui und unten pfui sagen
unten 49.3
oben hui, unten pfui
unten 37.5
oben ja, unten nein
unten 26.12, 59.10
oben nichts, unten nichts und in der Mitte gerafft; unten nichts, oben nichts und in der Mitte Hohlsaum
Unten 59.25
Unten-ohne-Kleid
Untenausläufer 63.1
Untendurchpastillen 72.8
Untendurchpillen 72.8
unter 25.5
unter der Hand
Unter 18.16, 53.5
Unter für Ober
Unterarm 1.53, 1.73
unterärmeln 12.27, 14.29
Unterarzt 63.12
Unterbau 1.62, 1.63, 1.86
unterbelichtet 21.9
sexuell unterbelichtet
unterbuttern 11.8
Unterbuxe 59.34
Unterdruckkammer 1.66
unterentwickelt 1.58
unterentwickeltes Gebiet
unterernährt 64.17
Unterernährung 64.17
Untergeknüll 59.29, 70.12
Untergestell 1.62, 1.86, 26.30
Untergriff 1.87
unterhalten 65.3
sich mehrsprachig unterhalten
Unterhaltsreifen 14.36, 58.4
Unterhaltung 54
Unterhaltungskünstlerin 48.2
Unterhemdlektüre 47.21, 54.1
Unterhemdsgeschichte 54.1
Unterhemdshaltung 54
Unterhemdsliteratur 47.21
Unterhemdsmakulatur 54.1
Unterhose 70.3
Unterhose 55.4
nach Unterhose schmecken
Unterkiefer 36.10
sich den Unterkiefer verrenken
Unterkiefer 35.19
verrenkter Unterkiefer
unterkittig 1.23, 80.14
Unterkörper 1.62
unterkühlt 4.5
unterkühlt 3.7
unterkühlt sein
Unterlage 61
Unterlagen 24.6
an Hand von Unterlagen arbeiten
Unterleib 54.4
Dame ohne Unterleib
Unterleib 46.1
Stimme aus dem Unterleib
Unterleibniz 3.10
Unterleibsbelauscher 3.10
Unterleibsforschung 3.9
Unterleibsgardist 3.10
Unterleibshaltung 54
Unterleibshunger 3
Unterleibskuchen 55
Unterleibspoesie 54.1
Unterleibsprosa 21.7, 47.21, 54.1
Unterleibszerstörer 1.73, 80.95
Unterlippen 1.67
Unterlippen 1.43
hängende Unterlippen
Untermänner 59.40
Untermiete 8.12, 8.25, 14.22
in Untermiete
Untermiete 41
in Untermiete wohnen
Untermutter 82.4
Unternehmerkiepe 59.7
Unteroffizier 51.3
Unteroffiziersfose 48.2
Unteroffiziersmatratze 48.2
Unteroffizierspritsche 48.2
unterordnen 80.11
sich unterordnen
Unterpraxe 59.34
Unterricht 20.6
Unterrock 59.33
Untersatz 26.30
Untersatz 53.15
fahrender Untersatz
Unterschenkel 1.73
Unterschmeißel 82.7
unterspickt 1.58
Unterständer 26.22
unterstellen 80.10
der Zucht unterstellen
Unterstützungsbeihilfe 64.19
Untersuchung 51.3
militärische Untersuchung
Untersuchungsgefängnis 47.41
Untertaille 59.29
untertänig 80.9
untertänig 80.11
sich untertänig machen
untertänig 80.10
untertänig machen
Untertänigkeit 80.3
Untertarifliche 48.2
Untertassen 1.36
Unterteil 59.43
Unterwald 1.65
Unterwaldshobel 1.65, 61
Unterwaldsmäher 1.65
Unterwaldspflug 1.65
Unterwäsche 70.12
Unterwäsche 59.29
einbruchssichere

Unterwäsche
Unterwäsche 59.29
reizvolle Unterwäsche
Unterwäsche 59.29
schwarze Unterwäsche
Unterwäsche 3.3
sein Tollpunkt ist schwarze Unterwäsche
Unterwäsche 59.29
weiße Unterwäsche
unterwegs 17.11
es ist unterwegs
Unterweite 1.66
Unterwelt 3
Unterwelt 47.2
die sexuelle Unterwelt
Unterwelt 1.63
Orpheus in der Unterwelt
unterwerfen 80.10
unterwerfen 80.11
sich der Disziplin unterwerfen, sich der Dressur unterwerfen, sich der Strafe unterwerfen, sich dem Willen unterwerfen
unterwerfen 80.11
sich unterwerfen
Unterwerfung 80.3
Unterwonne 70.12
Unterwucht 4.6, 6.14
unterwürfig 80.9
Unterwürfigkeit 80.3
unterzünden 47.4
Untiefe 1.66
Untiefen 22.14, 26.25
die Untiefen ausloten
untreu 10.6
untreu 10.7
untreu sein
Untreue 10.5
unverbaubar 9.5, 14.32, 64.24
unverbaubare Aussicht
unverfroren 4.16
unvergeben 14.3
unvergittert 22.17
unverheiratet 14.3
unverhofft 26.36
unverhofft kommt oft
unverkäuflich 59.7
unverkäuflicher Damenhut
unverriegelt 22.17
unverschlossen 22.17
unversperrt 22.17
unwiderstehlich 12.4
sich für unwiderstehlich halten
unwohl 23.1
unwohl sein
unwohnlich 41.3
unwohnliches Zimmer
Unwohnlichkeitsheim 41.22
Unzahn 4.6, 5.2, 6.5, 6.14, 21.11
unzölibatär 50.10
unzölibatärer Priester
Unzucht 47.19, 47.36, 48.10
Unzucht 47.18
Mißbrauch Abhängiger zur Unzucht
Unzucht 48.10, 48.27
staatliche Unzucht
Unzucht 47.22
Unzucht zwischen Männern
unzüchtig 47.21
unzüchtige Schriften und Gegenstände
Unzuchtsabwehrkanone 47.34, 47.42, 48.10
Unzuchtsverhinderungsgerät 14.23, 14.48
Unzuchtsverhinderungsmaschine 14.23, 14.48
unzugänglich 4.13
UOF 48.2, 51.3
Uplift BH 59.30
Alle Herzen schlagen höher im Uplift BH.
üppig 1.58
Upspringelgeld 14.1
Ureier 17.15
urfeln 73.5
Urgroßmutter 40.11
Urgroßvater 40.12
Uri 28.8
Uriasbrief 11.9
deutscher Uriasbrief
Urin 73.4
Urin 77
in Urin getränktes Brot
Urinator 73.7
Urindepot 73.8
Urinflasche 73.8
Uringefäß 73.8
Urinieren 73.5
Urinieren 73
durch Urinieren befriedigt
Urinkönig 48.4, 73.1, 73.12
Urinlyrik 47.21, 54.1, 74
Urinmensch 73.13
Urinoko 51.3, 63.12, 77.1
Urinol 55
Urino Urinaldini 74
Urinprophet 63.12, 73.13
Urintrinker 77.1
Urologe 73.13
Urlaub 53.8
Urlaubsbekanntschaft 53.8
Urlaubsort 53.8
Urm 34.4
Urograph 74
Urographie 74
Urologe 63.12, 73.13
Urologie 73.13
Uroma 40.11
uroman 73.3
uroman sein
Uromane 73.1
Uromanie 73
Uromanin 73.2
Uropa 40.12
urophil 1.78
Sperma im urophilen Sprachgebrauch
urophil 73.12
urophile Prostitution
urophil 73
urophiler Verkehr
urophil 73.3
urophil handeln
Urophilie 1.66
Scheide im Vokabular der Urophilie
Urophobie 73.10
Uropotie 77
Ursel 2.2, 6.5
Urviech 26.37
Urwald 1.65
Urwald 41.7
den Urwald durchsägen
Uterus 17.15
U.T.-Foto 54.3
U.T.-Literatur 47.21, 54.1

V

V 26.27
Vitamin V
Vademeca 8.7, 14.23, 14.48, 14.66
Vademecum 8.20, 9.9, 14.24, 14.49, 14.67
Vagabundin 48.2
Vagabundin der Liebe
Vagina 73.13, 80.95
Vagina 1.71
aus der Vagina riechen
Vaginaldeodorant 61
Vaginalgeruch 1.71
Vaginalgonorrhöe 63.1
Vaginalsekret 1.70, 30.8, 36.12, 78.3
Vaginalsekret 1.70
Vaginalsekret beim Cunnilinctus
Vaginalsekret 1.70
Vaginalsekret erzeugen
Vaginalspray 1.71
Vaginismus 26.33, 64.22
Valenki 59.40
Vamp 6.8, 6.17, 54.5, 64.23
Vampir 6.17, 62.2, 70.2, 80.73, 80.74, 82.1, 82.8
Vanille 9.10
Vanillepudding 55
Vanillesoße 55
Varieté 54.7
Vase 73.8
Vase 73.8
lichtscheue Vase
Vaseline 26.18

Vaseline für den Penis
Vaselinorden 35.10
Vater 17.3
Vater 17.27
Dich hat dein Vater wohl durchs Hemd gemacht.
Vater 32.3
Inzest mit dem Vater
Vater 30.2
kesser Vater
Vater 18.4
Kind eines neurotischen Vaters
Vater 17.3
kinderreicher Vater
Vater 17.3
mein Vater
Vater 18.1
nach dem Vater schlagen, dem Vater nacharten (nachkommen, nachschlagen), dem Vater wie aus dem Gesicht geschnitten, ganz der Vater
Vater 15.4
Vater eines unehelichen Kindes
Vater 18.16
Vater und Mutter
Vater 17.3
Vater vieler Söhne
Vater 17.3
Vater vieler Töchter
Vater 15.2
Wehrbeitrag des unehelichen Vaters
Vaterbruder 40.8
Vaterhand 80.62
väterlich 40
väterliche Linie
Vaterliebe 32.3
Vatermann 51.2
Vatermilch 1.78, 36.12, 50.13, 78.3
Vatermilch 36.4
jemandem Vatermilch füttern
Vatermörder 59.19
Vaterschwester 40.7
Vatertag 32.3, 52
Vati 17.3, 30.2
Vati 51.2
nun such Vati
Veilchen 2.2
Veilchen 7.2
Bei mir Veilchen: Vorliebe für blaue Augen.
Veilchen 1.36
blaue Veilchen
Veilchenaugen 1.36
Venerophobie 64.13
Vengkof 14.33
Ventil 1.85
Ventilation 1.85, 59.10, 72.10
Ventilation 59.12
Anzug mit Ventilation
Ventilation 59.23
Bluse mit Ventilation
Ventilation 59.8
Handschuhe mit Ventilation
Ventilation 59.7
Hut mit Ventilation
Ventilation 59.13
Jacke mit Ventilation
Ventilation 59.43
Kaltwasserkleid mit Ventilation
Ventilation 59.10
Kleid mit Ventilation
Ventilation 59.19
Kragen mit Ventilation
Ventilation 59.9
Mantel mit Ventilation
Ventilation 59.7
Mütze mit Ventilation
Ventilation 59.16
Pulli mit Ventilation
Ventilation 59.38
Socken mit Ventilation
Ventilation 59.15
Weste mit Ventilation
ventilieren 26.9, 26.10
den Sack ventilieren
ventiliert 26.12
mit ventiliertem Sack
Ventilstöpsel 23.8, 35.8
Venus 1.5, 6.2
Venus 63.1
Halsband der Venus
Venus 48.25
Tempel der Venus
Venus 70.13
Venus im Pelz
Venus 1.17
Venus von Kilo
Venus 48.2
Venus vulgivaga mot.
Venusband 49.21
Venusberg 1.64
Venusberg 26.25
in den Venusberg eintunneln
Venusbergwerk 1.66
Venusbergwerk 26.25
in das Venusbergwerk eintunneln
Venusblume 80.72
Venusblümlein 80.15
Venusfleck 80.15
Venusgürtel 23.7, 49.21
Venushaar 16.8, 52.2, 52.8
Venushalsband 63.1
Venushöhle 82.9
Venusierin 48.2
Venuskranz 63.1
Venusmagd 48.2
Venusmuschel 52.6
Venuspriester 48.4
Venuspriesterin 48.2
Venusrose 80.15, 80.72
Venusspalte 1.66
Venustanz 54.9
Venustempel 48.25
Veranda 70.5
Verabredung 12.25
Verabredungskalender 12.25
verabreichen 26.25
ein Klistier verabreichen
verabreichen 80.58
Prügel verabreichen
verachten 35.22
jemanden verachten
Verachtung 35.22
jemandem Verachtung zeigen
Veranda 1.58, 70.5
Veranda 59.10
Veranda ohne Geländer
veranstalten 7.8
einen Eiertanz veranstalten, einen Hammelsprung veranstalten
Veranstaltung 54
langweilige Veranstaltung
verarbeiten 47.26
verarbeiten 35.7
einen zu Hackfleisch verarbeiten
verarbeiten 80.58
zu Gulasch verarbeiten
Verarbeitung 59.3
verärgert 11.12
verärgerte Frau
verarschen 35.22, 80.58
verarzten 26.25, 26.40, 26.42, 80.58
verausgabt 64.21
er hat sich verausgabt
Verbaden 14.41
das Verbaden der Brautleute
Verbalexhibitionismus 67.6
verballern 26.25, 80.58
verbandeln 14.20
sich verbandeln
verbandelt 14.22, 14.54
verbanzen 17.8
verbarseln 80.84, 80.90
verbauen 64.17
jemandem die Sache verbauen
verbaut 12.40
verbaut 8.7, 8.20, 23.8, 35.8
verbauter Zugang
verbeult 59.7
verbeulte Mülltonne
verbeuteln 80.58
verbiegen 63.4
sich die Gießkanne verbiegen
verbieten 36.12
jemandem den Mund verbieten
verbimsen 80.58
Verbindung 26.30
in Verbindung stehen
verbleuen 80.58
verbogen 64.19, 64.25
verbogen 64.19

verbogene Flinte
verbogen 64.19, 64.25
verbogener Steven
verbogen 2.2
verbogenes Brett
verbogen 12.39
verbogene Schiene
verbohren 26.30
sich verbohren
verbolzen 80.58
verboten 59.6
verboten aussehend
verboten 6.5
verbotene Fresse
verboten 47
verbotene Früchte
verboten 47
verbotene Geschlechtspartner
verboten 47
verbotener Geschlechtsverkehr
verbreiten 61
Parfumgeruch verbreiten
Verbreitung 47.21
Verbreitung unzüchtiger Schriften und Gegenstände
verbrennen 30.8, 36.12
sich das Maul verbrennen, sich die Zunge verbrennen
verbrennen 63.4
sich den Schwanz verbrennen
verbrüsewitzen 80.58
verbrunzen 9.3
sich verbrunzen
verbrunzt 3.6, 4.8, 4.24, 9.4
verbrunzt 4.25
verbrunzte Feige
verbubanzt 17.10
verbudlich 6.4
verbumsen 10.7
sein Geld verbumsen
verbuttern 17.8
verbuttern 10.7
sein Geld verbuttern
verbuttern 17.9
sich verbuttern
verbuttern 17.11
sie hat sich verbuttert
verbuttert 17.10
verchloroformieren 12.28
eine verchloroformieren
verdampfen 72.11
Kacke verdampfen
verdattert 4.19
verdecken 59.7
Damenhut der die Augen verdeckt
verdeckt 59.28
verdeckter Gürtel
verdeckt 47.37, 48.10
verdeckter Putz
Verdeckter 47.37
verdeffeln 80.58
verderben 63.4
sich verderben
Verdichtung 9.11
hohe Verdichtung
Verdiene 48.5
auf Verdiene gehen
verdienen 48.5
ein Stück Brot verdienen
verdienen 14.31
sich einen Kuppelpelz verdienen
Verdiener 14.49
verdrecken 62.9
verdrehen 9.12
jemandem den Kopf verdrehen
verdreht 54.7, 64.12
verdrehte Fotze
verdreht 59.7
verdrehter Propeller
verdreschen 80.58
verdrücken 11.19, 13.3
sich verdrücken
verdrückt 59.20
verdrückte Krawatte
verduften 11.19
sich verduften
Verdunkelungswäsche 59.29, 70.12
verdussen 80.84
verehren 12.23, 14.32
Verehrer 9.6
Verein 31
pluralistischer Verein
Vereisung 64.23
vererben 12.23
Vererbsel 12.24
verewigen 72.5, 72.11
sich verewigen
verfahren 80.10
schonungslos verfahren
Verfall 49.1
moralischer Verfall
verfallen 17.9, 17.10
verfangen 17.11
sie ist verfangen
Verfassungsschutz 16.1, 61
verficken 15.5
sich verficken
verfilzen 31.4
Verflossene 8.9
die Verflossene
Verflossene 14.72
meine Verflossene
Verflossener 8.22
der Verflossene
Verflossener 14.73
mein Verflossener
verfolgen 12.8
jemanden mit den Augen verfolgen
Verfolgungswahn 64.14
Verformung 63.1
syphilitische Verformung der Schädelknochen, der Nasenknochen
verfrühstücken 26.25
verfrühstücken 12.28
eine verfrühstücken
Verführdame 48.2
verführen 12.28
verführerisch 6.7
verführerisch 6.8
verführerische Frau
verführerisch 6.9
verführerischer Mann
verführerisch 59.10
verführerisches Kleid
Verführerschein 46.4, 53.14
Verführmobil 46.4, 53.14
Verführscheibe 54.8
verführt 12.29
verführt werden
Verführung 47.16
Verführung Minderjähriger
Verführungsanzug 59.11
Verführungsfirlefanz 60
Verführungskarosse 46.4, 53.14
Verführungskutsche 46.4, 53.14
Verführungsmusik 54.8
Verführungsschaukel 46.4, 53.14
Verführungsschlitten 46.4, 53.14
vergaffen 9.3
sich vergaffen
vergafft 9.4
vergammelt 4.24, 6.4
vergammelt 64.10
vergammeltes Innenleben
Vergangenheit 59.6
auf Teen gequälte Frau mit Vergangenheit
Vergangenheit 14.1
Eherecht der Vergangenheit
Vergangenheit 38.3
Frau mit Vergangenheit
Vergangenheit 38.4
Mann mit Vergangenheit
Vergaser 1.60, 1.85
vergeben 14.22
vergenotwendigen 47.26
vergessen 11.20
Mach dir mal 'n Knoten in 'n Schwanz, damit du mich nicht vergißt.
vergessen 59.26
Vergiß nicht, dein Hauptportal zu verriegeln!
vergewaltigen 35.7
anal vergewaltigen
vergewaltigen 47.18
ein Lehrmädchen vergewaltigen
vergewaltigt 47.26
vergewaltigt werden
Vergewaltigte 47.26
Vergißmeinnicht 15.2, 63.1
Vergißmeinnichtaugen

1.36
Vergnügen 12.14
rin ins Vergnügen!
Vergnügungsapparat 1.73
Vergnügungsdame 48.2
Vergnügungskurven 1.37
Vergnügungsspenderin 48.2
Vergnügungssteuer 63.1, 63.8
Vergnügungssteuer 48.7
die Vergnügungssteuer hinterziehen
vergolden 35.7, 72.3
vergolden 35.7
den Auspuff, die Dotsch, den Gasometer, die Kehrseite der Medaille, die Trompete, ihn vergolden
vergolden 72.3
die Hände vergolden
Vergolder 29.3, 35.5, 72.2
Vergolderin 72.1
vergoldet 58.1
vergöttern 9.13
vergrößern 41
sich vergrößern
vergurken 55.5
verhaftet 47.40
verhaftet werden
Verhaftung 47.70
zur Verhaftung vormerken
Verhältnis 13, 13.5, 14.59, 54.8
Verhältnis 13.4
beendetes Verhältnis
Verhältnis 14.60
das Verhältnis des Ehepartners tolerieren
Verhältnis 13
dreieckiges Verhältnis
Verhältnis 14.59
ehebrecherisches Verhältnis
Verhältnis 13.1
ein Verhältnis anbahnen
Verhältnis 13.3
ein Verhältnis beenden
Verhältnis 13.2
ein Verhältnis betreiben
Verhältnis 54.8
Ende eines Verhältnisses
Verhältnis 13
g'schlampertes Verhältnis
Verhältnis 55
kleines Verhältnis
Verhältnis 14.1
legalisiertes Verhältnis
Verhältnis 13
Verhältnis mit zwei Personen
Verhältnis 29.7
viereckiges Verhältnis
Verhältnisse 13.2
mehrere Verhältnisse betreiben
Verhältnisse 64.22
gedrückte Verhältnisse
Verhältnisse 13, 49.1
undurchsichtige Verhältnisse
Verhältniswahl 7
verhämmern 80.58
verhauen 80.58
verhaut 4.24
verheddern 12.16
einem das Netz verheddern
verheddert 12.39
verheddertes Netz
verheiratet 14.39
verheiratet 14.45
jung verheiratete Frau
verheiratet 14.45
jung verheirateter Mann
verheiratet 14.39
schwer verheiratet
verheiratet 14.62
verheiratete Frau mit zwei Freunden
verheiratet 31.5
verheiratete Frau sucht Freundin
verheiratet 14.62
verheiratete Gönnerin
verheiratet 13.9
verheirateter Gönner
verheiratet 14.63
verheirateter Mann mit zwei Freundinnen
verheschpen 14.38
verhexen 9.12
jemanden verhexen
verhimmeln 9.13
verhindert 53.19
verhinderter Montblanc
Verhinderungsinstrumente 24.5
Selbstbefriedigungs-Verhinderungsinstrumente
verhöhnen 35.22
jemanden verhöhnen
verholzen 80.58
verhoppassen 12.41
sich verhoppassen
Verhör 47.40
zum Verhör gehen
verhören 47.40
Verhörstuhl 47.40, 48.10
verhört 47.40
verhört werden
verhungern 64.17
jemanden am steifen Arm verhungern lassen
verhütend 16
Verhütkugel 16.1
Verhütungsdeckel 1.69
Verhütungsdusche 16.1
Verhütungsgitter 1.69
Verhütungsmittel 16.1
Verhütungsmittel 16.1
angebliche Verhütungsmittel aus der Volksmedizin
Verhütungsmittel 16
Beischlaf mit Verhütungsmittel
Verhütungsmittel 16.1
hormonale Verhütungsmittel
Verhütungsmittel 16
mit Verhütungsmittel koitieren
Verhütungsmittel 16.2
ohne Verhütungsmittel koitieren
verhutzelt 39.1, 39.10
verjubeln 13.7
verjubeln 10.7
sein Geld verjubeln
verjuchen 13.7
verjuchheien 13.7
verjucken 13.7
verjüngen 1.16
sich verjüngen
verjuxen 13.7
verkalbert 12.5
verkalbert 12.3
verkalberte Mosse
verkalken 39.2
verkalkt 39.1, 39.10
verkamisolen 80.58
verkanten 80.58
Verkappter 47.37, 48.10
verkapselt 64.20
verkapselter Schaumkopf
Verkauf 48
Verkauf über die Straße
Verkäuferin 45
Verkehr 26, 26.27
Verkehr 47.40
aus dem Verkehr ziehen
Verkehr 48.9
drahtloser Verkehr
Verkehr 48.35
eine aus dem Verkehr ziehen
Verkehr 36.1, 36.5, 36.9
französischer Verkehr
Verkehr 29.7
homosexueller Verkehr
Verkehr 26.30
im Verkehr stehen
Verkehr 30.5
lesbischer Verkehr
Verkehr 36.1
Pariser Verkehr
Verkehr 80.1
sadomasochistischer Verkehr
Verkehr 26
sextensiver Verkehr
Verkehr 73
urophiler Verkehr
Verkehr 26
Verkehr haben
Verkehr 27
Verkehr mit Älteren
Verkehr 28
Verkehr mit Jüngeren

Verkehr 34
Verkehr mit Tieren
Verkehr 33, 33.3
Verkehr mit Toten
Verkehr 32
Verkehr mit Verwandten
Verkehr 30
Verkehr zwischen Frauen
Verkehr 29
Verkehr zwischen Männern
Verkehr 30.5
vierfältiger Verkehr, zwiespältiger Verkehr
verkehren 26.25
verkehren 29.6
hintenrum verkehren, am 17. Mai verkehren
verkehren 29.6, 30.4
anders (andersrum, falschrum, linksrum, sorum, verkehrtrum) verkehren
verkehren 65.3
bisexuell verkehren
verkehren 65.3
doppelspurig verkehren
verkehren 26.31
englisch verkehren
verkehren 36.4, 36.8
französisch verkehren
verkehren 29.6
homosexuell verkehren
verkehren 12.11
in der Augensprache verkehren
verkehren 30.4
lesbisch verkehren
verkehren 34.3
mit Tieren verkehren
verkehren 33.2
mit Toten verkehren
verkehren 28.5
pädophil verkehren
verkehren 31.4
pluralistisch verkehren
verkehren 80.10
sadistisch verkehren
verkehren 31.4
siamesisch verkehren
verkehren 65.3
zweispurig verkehren
Verkehrsader 1.73
Verkehrsampel 1.40, 48.25
Verkehrsanweisung 21.7
Verkehrsbeamter 47.37
Verkehrsbeamtenkörper 47.36
Verkehrsberater 3.10
Verkehrsbüro 48
Verkehrsdelikt 47.1, 47.19
Verkehrsdichte 17, 26
Verkehrsdirektor 48.23
Verkehrserziehung 3.9, 21
Verkehrsexperte 12.37, 21.6, 22.5, 48.4
Verkehrsexpertin 12.36, 21.5, 22.4, 48.2
verkehrsfrei 23.5
verkehrsfreie Tage
Verkehrshindernis 23, 23.8, 35.8, 41.12, 41.17, 48.2, 63.1
Verkehrshindernis 23.2
Bei ihr gibt's ein Verkehrshindernis.
Verkehrsinsel 53.17
Verkehrsknotenpunkt 1.68
Verkehrskurven 1.37
Verkehrslicht 48.25
Verkehrsminister 51
Verkehrsmittel 1.63, 16.1, 63.9
Verkehrsmittel 48.2, 48.4
öffentliches Verkehrsmittel
Verkehrsnetz 23.7, 59.35, 70.2, 70.3
Verkehrsordnung 20.13, 41.22
Verkehrsplanung 16
Verkehrspolizei 47.36, 48.10
Verkehrspolizist 63.12
Verkehrspolizistin 47.38
Verkehrsrecht 14.2, 47
Verkehrsregelung 47
verkehrsreich 4.24
Verkehrsrichter 47.31
Verkehrsschild 21.7
Verkehrsschutz 16.1, 63.9
verkehrssicher 16
Verkehrssperre 23.8, 35.8
Verkehrsstillstand 39.9
Verkehrsstockung 23, 64.20, 64.21
Verkehrsstockung 23.2
Bei ihr gibt's eine Verkehrsstockung.
Verkehrsstörung 35.8, 63.1
Verkehrsstrafenregister 47
Verkehrssünde 47.1, 47.19
Verkehrssünder 17.4, 47.1, 47.19, 63.7
Verkehrssünderin 48.2
Verkehrssystem 12.16
Verkehrstechnik 12.16
Verkehrsteilnehmer 14.67, 17.7
Verkehrsunfall 15, 15.2, 47.1, 47.40, 63.1
Verkehrsunfall 1.33
Gesicht wie ein Verkehrsunfall
Verkehrsverein 31
Verkehrswart 47.33
Verkehrszählung 17
Verkehrszentrum 48.25
verkehrt 50
aus dem verkehrten Gesangbuch singen
verkehrt 24.1
drei glatt drei verkehrt machen
verkehrt 72.11
verkehrt atmen
Verkehrter 29.3
verkehrtrum 29.4, 30.3
verkehrtrum 29.6, 30.4
verkehrtrum verkehren
verkeilen 80.58
verkeilen 9.3
sich verkeilen
verkeilt 9.4
verkindschen 39.2
verkindscht 39.10
verklappen 80.58
verkleben 26.23
mit Sperma verkleben
verkleiden 70.9
sich verkleiden
Verkleidungssucht 66
verkleinern 41
sich verkleinern
verklopfen 63.4, 80.58
verkluften 59.6
sich verkluften
verknacksen 63.4
sich das Horn verknacksen
verknallen 64.23
sein Pulver umsonst verknallen
verknallen 9.3
sich verknallen
verknallt 9.4
verknallt 9.4
verknallt bis über die Ohren
verkneiseln 80.58
verknöchern 39.2
verknöchert 39.1
verknüppeln 80.58
verkokst 57.5
verkommen 49.5
verkommen 55.5
durch Sex und Suff verkommen
verkördern 53.7
verkorken 35.7
das Spundloch verkorken
verkorkt 72.7
verkörpern 24.6
Verkoter 35.5
verkrachen 9.3
sich verkrachen
verkrönen 14.38
verkrümeln 11.19, 13.3
sich verkrümeln
Verkündung 14.21
Verkündzeit 14.26
verkuppeln 48.16
Verlade 11.3, 14.12
Verlade 14.13
eine Verlade bekommen
Verladeschiene 12.16
verlängern 26.25
verlängert 1.83
verlängerter Rücken, verlängertes Rückgrat
verlassen 11.18
jemanden verlassen
Verlassen 15.9, 47.13
Verlassen einer Geschwängerten
verlassen 8.9, 8.11, 8.24
verlassene Insel
verlassen 8.9
verlassenes Gebiet

verlatschen 80.58
verlaufen 1.20
verledern 80.58
verleumden 73.14
jemanden verleumden
verleumderisch 11.12
verleumderische Frau
Verleumdung 35.22
verlieben 9.3
sich verlieben
verliebt 9.4, 54.8
verliebt 53.5
der verliebte Jesuit
verliebt 9.4
nicht verliebt
verliebt 1.86
verliebte Beine
verliebt 9.5
verliebte Frau
verliebt 1.38, 9.13, 12.12
verliebte Nasenlöcher machen
verliebt 9.6
verliebter Mann
verliebt 9.4
verliebt wie ein Stint
verlieren 64.21, 64.23
den Atem verlieren
verlieren 64.25
den Tritt verlieren
verlieren 22.15
die Haut verlieren, die Unschuld verlieren
verlieren 36.10
die Spucke verlieren
verlieren 17.8, 17.9, 26.25
ein Hufeisen verlieren
verlieren 51.2
Kraft durch Freude verlieren
verlieren 49.5
nichts mehr zu verlieren haben
verlieren 9.3
sein Herz an jemanden verlieren
verlieren 9
sein Herz verlieren
verlieren 17.11
sie hat ein Hufeisen verloren, er hat ein Hufeisen bei ihr verloren
verloben 14.20
sich gegen jemanden verloben
verloben 14.20
sich verloben
verlobt 14.22
Verlobte 14.23
Verlobte 14.29
Liebesleben der Verlobten
Verlobter 14.24
Verlobung 14.21
Verlobung 14.30
die Verlobung lösen
Verlobungsbad 53.17
Verlobungsgondel 46.6, 53.10
Verlobungsring 14.25, 58.4
Verlobungsring 14.25
falscher Verlobungsring
Verlobungsringe 1.37
Verlobungsschreiben 14.21
Verlobungstrunk 14.21
Verlobungsvehikel 46.4, 53.15
verlockend 6.16
verlockend 1.42
verlockender Mund
verloren 11.2
auf verlorenem Posten stehen
verloren 15.1
Der Esel hat ihn im Galopp verloren.
verloren 8.22, 40
der verlorene Sohn
verloren 36.4
jemandem verlorene Eier füttern
verloren 1.78, 15.2, 36.12, 55, 78.3
verlorene Eier
verloren 64.23
verlorene Liebesmüh
verloren 15.2
verlorenes Eisen, verlorenes Hufeisen
verlottern 49.5
verlottert 4.24, 6.4
verludern 13.7
Verlust 59.43
Verlust der Mitte
verlustieren 78.2
sich verlustieren
vermachen 12.23
vermakeln 80.58
vermalbischen 59.6
sich vermalbischen
vermasseln 12.16
einem die Tour vermasseln
vermasselt 12.40
vermasselt 12.39
vermasselte Tour
vermausert 72.7
vermisten 72.11
vermitteln 48.16
Arbeit vermitteln
Stellen vermitteln
vermitteln 14.31
Ehen vermitteln
vermöbeln 10.7
sein Geld vermöbeln
Vermögensbildung 13.10
sich an der Vermögensbildung beteiligen
vermuten 64.14
hinter jedem Baum einen Schnallentrecker vermuten
vernagelt 22.12
vernagelt 22.10
vernagelte Kiste
vernarren 9.3
sich vernarren
vernarrt 9.4
vernaschen 26.25
vernaschen 8.13
ein unbelegtes Brötchen vernaschen
vernaschen 12.28
eine vernaschen
Vernehmungszimmer 47.40
Vernehmungszimmer 48.10
Vernehmungszimmer im Polizeirevier
Vernichtungswille 80.2
Vernix caseosa 17.15
Vernunftheirat 14.32
vernünftig 29.4, 30.3
Veronika 2.2, 48.2, 51.1
verorgeln 25.1
eine verorgeln
verorgeln 10.7
sein Geld verorgeln
verorgelt 39.10
verorgelt 27.3, 39.12
verorgelte Wurlitzer
Verpackung 59
verpassen 80.58
verpassen 14.14, 64.20
den Anschluß verpassen
verpassen 26.25
einer einen verpassen
verpassen 63.2
einer eine verpassen
verpassen 17.8
einer eins verpassen
verpassen 35.7
ein Klistier verpassen
verpassen 11.7
jemanden verpassen
verpaßt 80.59
eine verpaßt kriegen
verpecken 80.58
verpempert 39.10
verpflastern 80.58
verpinkeln 73.14
verplästern 26.23
verplatzen 80.58
verplempern 9.3
sich verplempern
verplieren 26.23
verpötern 80.58
verpumjacken 80.58
verpuppen 59.6
sich verpuppen
Verputz 61
verquatschen 11.7
sich verquatschen, das Begräbnis verquatschen
verreckt 55
verreckte Katze
verregnet 23.3
verregnetes Bohrloch
verreisen 59.26
er will verreisen, er hat die Hände schon eingepackt
verreißen 11.8, 22.14, 26.25, 47.26
verreißen 35.7
einen verreißen
verreißen 12.28
eine verreißen
verrenken 36.10
sich den Unterkiefer verrenken
verrenkt 35.19
verrenktes Mundwerk,

verrenkter Unterkiefer
verriegeln 11.11
das Paradies verriegeln
verriegeln 59.26
Vergiß nicht, dein Hauptportal zu verriegeln!
verriegeln 64.23
Wenn du zur Lola gehst, mußt du die Stalltür verriegeln.
verrollen 80.58
verrostet 1.28, 39.1, 39.2, 39.10
Verrostete 1.28
verrücken 9.12
jemandem den Kopf verrücken
verrückt 3.6, 9.4
verrückt auf
verrückt 2.2
verrücktes Huhn
verrückt 3.8, 9.12
verrückt machen
verrückt 9.4
verrückt nach
verrückt 4.8
verrückt nach jemandem
versacken 49.5
Versager 36.10
versandet 39.10
Versandgeschäft 48.17
Versandgeschäft 48.19
im Versandgeschäft sein
versarfenen 80.24
versaubeuteln 13.7, 62.9
versauen 62.9
versauen 71.4
sich versauen
Versband 59.37
verschalen 80.58
verschamieren 9.3
sich verschamieren
verschamiert 9.4
verscheißen 35.22
die Juwelen verscheißen
Verschicker 48.15
Verschiebebahnhof 48.2
Filzlaus-Verschiebebahnhof
verschießen 64.23
seine Pfeile umsonst verschießen
verschießen 64.21
seine Pfeile verschießen, sein Pulver verschießen
verschießen 9.3
sich verschießen
verschimmeln 14.14
verschimmelt 39.1
verschimmelt 12.39
verschimmelter Sirup
Verschiß 35.22
verschlagen 80.58
verschlagen 80.58
den Frack verschlagen
verschleudern 26.25
Samen verschleudern
verschlingen 9.13, 12.12
mit den Augen verschlingen
verschlingen 29.10, 36.4
mit Haut und Haar verschlingen
verschlossen 22.12
verschlossen 4.14, 22.10
verschlossene Tür
verschlucken 29.10
den Besenstiel verschlucken
verschlucken 29.10
den Ladestock verschlucken
verschlucken 29.10
den Stock verschlucken
verschlucken 36.12
die Gräte verschlucken, den Knochen verschlucken
verschlucken 36.4
einen Besenstiel verschlucken, einen Ladestock verschlucken
verschlucken 17.9
einen Fußball verschlucken
verschlucken 17.9
einen Luftballon verschlucken, ein Quellkorn verschlucken
verschlucken 17.11
sie hat einen Fußball verschluckt
verschlucken 17.11
sie hat einen Luftballon verschluckt, sie hat ein Quellkorn verschluckt
Verschluß 1.69
Verschluß 22.14
den Verschluß aufbrechen
Verschluß 22.11
ungeöffneter Verschluß
Verschlußdeckel 1.69, 23.8, 35.8
Verschlußdeckel 22.14
den Verschlußdeckel aufbrechen
Verschlußgitter 1.69
Verschlußkappe 23.8, 35.8
verschmieren 80.58
verschmutzt 59.7
durch Fettabsonderung der Kopfhaut verschmutzter Hut
verschmutzt 41.3
verschmutztes Zimmer
verschmutzt 41.2
verschmutzte Wohnung
verschönern 61
sich verschönern
Verschönerungsarchitekt 61.1, 61.2
Verschönerungsarchitektin 61.2
Verschönerungsingenieur 61.1, 61.2
Verschönerungskünstler 61.1, 61.2, 61.3
Verschönerungskünstlerin 61.2
Verschönerungsrat 61.2, 61.3
verschossen 9.4
verschossen 39.11
hat sein Pulver verschossen
Verschreibung 14.32
Verschreien 52.8
verschrumpelt 39.1, 39.10
verschustern 13.7
verschustert 39.10
verschütt 47.40
verschütt gehen
verschwägert 14.54
Verschwägerte 14.54
Verschwägerte und Schwiegereltern
verschwähert 14.54
verschwiegen 72.12
verschwiegenes Örtchen
verschwiemelt 41.7
verschwinden 13.3, 72.5
verschwinden 11.19, 26.25
in der Versenkung verschwinden
verschwinden 11.19, 13.3
von der Bildfläche verschwinden
verschwunden 26.33
verschwundener Schwanz
Verse 47.21, 54.1
obszöne Verse
Versehen 52.8
versenken 26.25
den Bachwalm versenken
Versenkung 1.66
Versenkung 16.3
aus der Versenkung auftauchen
Versenkung 11.19, 26.25
in der Versenkung verschwinden
versetzen 12.28, 22.14
einer den Stich versetzen
versetzen 17.8
einer einen Stich versetzen
versetzen 22.14
einer einen Stoß versetzen
versetzen 26.25
einen Stich (Stoß) versetzen
versetzen 17.8
in andere Umstände versetzen
versetzen 11.18, 13.3
jemanden in den Ruhestand versetzen
versetzen 11.6
jemanden versetzen
versetzen 80.58
Prügel versetzen
versiegelt 22.12
versiegelt 22.11
versiegelter Brief, versiegeltes Paket
Versilberin 72.1
Versilberer 29.3, 35.5, 72.2
versilbern 35.7, 72.3
versilbern 35.7

den Auspuff versilbern
versilbern 35.7
die Dotsch versilbern, den Gasometer versilbern, die Kehrseite der Medaille versilbern, den Rückspiegel versilbern, den Spiegel versilbern, die Trompete versilbern
versilbern 72.3
die Finger versilbern
versilbern 35.7
ihn versilbern
versimsen 80.58
versklaven 80.10
versklaven 80.11
sich versklaven
versoffen 55
versoffene Jungfer
versohlen 80.58
versohlen 80.58
das Fell versohlen
versorgen 35.7
die Gasfabrik versorgen
versorgen 18.5
viele Kinder versorgen
verspätet 38.3
verspäteter Teenager
versperrt 23.3
versperrter Bauplatz
versperrt 64.20
versperrtes Spritzenhaus
verspielt 54.8
verspielt 18.4
verspieltes Kind
versprochen 20.13
versprochenes Land
Verspruch 14.21
Verstandskasten 1.34
Verstandsmanufaktur 64.3
Verstärker 64.19
verstecken 26.25
einen schnell verstecken
verstecken 26.25
einen verstecken
verstecken 1.58
sie braucht sich nicht zu verstecken
versteckt 55
verstecktes Aas
verstehen 5.4
verstimmt 11.12
verstimmtes Klavier
verstopfen 63.4
sich den Lauf verstopfen
verstopft 72.7
verstopft 23.3
verstopfte Düse
verstopft 64.20
verstopfte Fontäne
Verstopfung 72.7
verstoßen 17.10
verstrakeln 80.58
Verstrecktag 41
verstricken 9.12
jemanden verstricken
Versuch 59.6, 59.7
letzter Versuch
versuchen 35.7
es durchs Hintertürchen versuchen
versumpfen 49.5, 55.5
versüßen 16
die Pille versüßen
verteilen 64.20
Vorschußlorbeeren verteilen
vertikal 26.30
auf vertikaler Kampfebene
vertikal 41.10
sich auf vertikale Kampfebene begeben
vertikal 3.7
sie läßt meinen Schwanz vertikal
Vertikale 41.10, 48.5
in die Vertikale gehen
vertobacken 80.58
Vertrag 8.12, 8.25, 14.22
unter Vertrag
Vertrauensarzt 63.12
Vertraute 48.2
Vertrauung 14.21
Vertreter 8.23
vertrimmen 80.58
vertrommeln 80.58
vertrotteln 39.2
vertrottelt 39.10
Vervielfältigungsbüro 51.2
Nationales Vervielfältigungsbüro
vervögeln 15.5
sich vervögeln
verwackeln 80.58
verwalken 80.58
verwamsen 80.58
verwandeln 9.12
jemanden in Säue verwandeln
Verwandlungskünstler 66.1
Verwandtschaft 40
Verwandtschaft 40
die ganz bucklige Verwandtschaft
verwandt 40
um sieben Ecken verwandt
Verwandte 40
die lieben Verwandten
Verwandte 32
Verkehr mit Verwandten
Verwandter 40
verwansen 80.58
Verwechslung 31
enharmonische Verwechslung
verweigern 14.58
den ehelichen Beischlaf verweigern
Verweigerung 64.17
Verweigerung des Geschlechtsverkehrs
Verweis 47, 47.30
Verweis 49.8
moralischer Verweis
verweisen 49.9
moralisch verweisen
verwelken 14.14
verwelken 53.7
verwelken lassen
Verwererin 48.24
Verwesungsgarage 63.14
Verwesungsheim 39.14, 63.14
verwetzt 59.6
verwichsen 80.58
verwichsen 10.7
sein Geld verwichsen
verwittern 34.3
sich verwittern
verwöhnt 18.4
verwöhntes Kind
verwunden 80.16
verwunden lassen 80.17
sich verwunden lassen
verwundert 1.86
verwunderte Beine
verwuzzelt 27.3, 39.12
verwuzzelte Zauck
verzapfen 31.4
verzehren 9.13
mit dem Blick verzehren
Verzichtpolitiker 53.7
verziehen 26.25
verziehen 12.28
eine verziehen
verziehen 11.19, 13.3
sich verziehen
Verzierung 6.5
bei ihr ist die Verzierung abgebrochen
verzopft 39.1
Verzückung 9.11
Verzug 18.4
verzupfen 22.14, 26.25
verzupfen 12.28
eine verzupfen
Verzweifeln 34.6
es ist zum Verzweifeln
Vespasianum 72.12
Vesuv 1.66
Veteranin 48.2
Vettel 14.50
Vettel 6.5, 14.15, 39.4
alte Vettel
Vettelburg 39.14
Vetter 40.4, 48.8
Vibrato 54.8
Vibrato 12.33, 25.6
gutes Vibrato
Vibrato 35.19, 36.10
kontrolliertes Vibrato
Vibrierpenis 24.5
elektrischer Vibrierpenis
Vibro 24.5, 30.5, 61.10
Vice 1.73
Victor 59.26
Viechdoktor 63.12
Viehbau 44
Ackerzucht und Viehbau
Viehdoktor 63.12
Viehmuse 63.12
Viehstecher 34.5, 80.41
Viehzucht 44
Ackerbau und Viehzucht

viel 26.36
viel im Kopf (viel im Sack) haben, viel Pulver haben
vielbeweint 9.4
Vielfüße 71.3
Vielharmonie 41.3
Vielheirat 14.1
vielköpfig 17.1
vielköpfige Familie
vielköpfig 17.2
vielköpfige Familienmutter
vielköpfig 17.3
vielköpfiger Familienvater
Vielliebchen 52.1
Vielmännerei 14.1
Vielweiberei 14.1
vier 1.83
die vier Buchstaben
vier 9.4
unter vier Augen
vier 31.5
vier Augen, vier Mann hoch
vierbeinig 63.12
vierbeiniger Doktor
Viereck 31.5
viereckig 29.7
viereckige Ehe, viereckiges Verhältnis
viereckig 45.1
viereckiges Geld
vierfältig 30.5
vierfältiger Verkehr
Vierhundertfünfundsiebziger 29.3
Vier-PS-Roßauto 14.41
Vierspänner 13.6
vierteilen 80.66
Viertelportion 1.13
Viertelportion Frau
Viertelportion 1.12
Viertelportion Mensch
Viertelstarker 19.7
Viertelstundenlöhnerin 48.2
Viertelzahn 19.2,19.8,28.4
Vierzehntagebüxe 59.26
Vietzbuhr 82.5
vigoroso 54.8
Villa 26
in franca villa
Villa 72.12
kleine Villa
Villa 41.2
Villa Duckdich
Villa 41.1
Villa von der Stange
Violinist 54.8
Violinistin 54.8
Viper 57
Visage 1.33
Visite 15.2, 23, 63.1, 63.8
Visite 23.1
Visite haben
Visitenkarte 15.2, 63.1, 72.4
Visitenkarte 47.21
öffentliche Visitenkarte
Vitamin B 14.25, 58.2, 58.4
Vitamin D 14.25, 58.2, 58.4
Vitamin 14.36, 14.48
Vitamin E
Vitamin 2.2, 4.2, 6.2, 26.27
Vitamin F
Vitamin 59, 59.10
Vitamin K
Vitamin 2.5, 4.3, 6.3, 26.37
Vitamin M
Vitamin 59.2, 59.9
Vitamin P
Vitamin 58
Vitamin S
Vitamin 26.27
Vitamin V
Vitamin 2.2
Vitamin W
viteal 54.8
vitiosus 36.9
Circulus vitiosus
vivace 54.8
Vize 1.73
Vize 26.25
den Vize singen lassen
Vizeloch 8.10
Vizeschwanz 8.23
Vließ 1.23, 1.65
V-Mann 47.39
Vogel 1.73, 2.2, 48.2, 64.10, 64.12
Vogel 26.25
den Vogel singen, zwitschern lassen
Vogel 72.11
einen toten Vogel in der Tasche haben
Vogel 4.25
leichter Vogel, lockerer Vogel, loser Vogel
Vogel 6.12
lustiger Vogel
Vogel 64.12, 64.25
schräger Vogel
Vogel 59.7
Vogel Strauß
Vögelaktuar 48.23
Vögelbad 53.17
Vogelbauer 1.66, 34.6, 48.25
Vögelchen 45.1
Vögelfallen 7.3
Vögelfallen legen
Vogelfalle 7.3
Vogelfallen stellen
Vogelfang 64.6
Vogelfänger 64.7
Vögelfeuer 4.2, 48.2
Vogelflöte 1.73, 29.10, 36.12, 54.8
Vögelflöte 1.73, 29.10, 36.12
Vogelflöte 36.4
Vogelflöte blasen
Vogelflöte 24.1, 25.1
Vogelflöte spielen
Vogelflötenspieler 24.3, 25.4
Vogelflötist 24.3
Vögelflötist 25.4
Vögelgrube 35.10
Vogelhaube 16.1, 59.7, 59.35
Vogelhaus 1.66, 2.2, 34.6, 48.25, 64.3
Vögelhaus 48.25
Vogelhaus 26.25
das Vogelhaus lackieren
Vogelhäusl 59.26
Vogeljagd 64.6
Vogeljäger 64.7
Vogelkacke 55
Vogelkäfig 59.7, 64.2
Vögelkarosse 1
Vögelkarte 47.41
Vögelkiste 1.66, 1.83, 1.85, 4.25, 29.10, 34.6, 35.10
Vögelkiste 35.18
die Vögelkiste lackieren
Vögelkrampf 64.22, 64.23
Vogelkunde 64
Vögelmaschine 1
vögeln 26.25
vögeln 23.6, 26.25
die Kathi vögeln
vögeln 3.6
mit den Augen vögeln
vögeln 3.9
nach dem Buch vögeln
vögeln 21.8
nach der Gebrauchsanweisung vögeln
vögeln 48.7
schwarz vögeln
vögeln 12.35
vögeln wie geschmiert
Vogelnest 59.7
Vögelnest 1.66, 1.85, 29.10, 34.6, 35.10, 54.5, 54.6
Vogelnest 59.7
umgebautes Vogelnest
Vögelpest 64.23
Vögelquartier 41
Vögelritze 1.66
Vögelsaison 53
Vogelschale 1.66, 34.6
Vogelscheiße 55
Vogelscheuche 6.5, 64.17
Vögelschiß 64.13
Vögelschnabel 1.73, 34.6
Vögelseuche 64.23
Vögelstreik 14.58
Vögelweide 48.2
Vogelzucht 64.6
Vöglerin 12.36
gute Vöglerin
Vogthaber 48.10
Volk 48.2
fahrendes Volk
Volk 51.2
für Volk und Führer ficken
Volk 35.22
Scheiße unters Volk tragen
Völkerwanderung 48

Volksbegehren 7
Volksbrauchtum 35.23
Analerotik im Volksbrauchtum
Volksempfänger 17.17, 17.18, 48.2, 51.2
Volksmedikamente 63.9
Volkstrauertag 14.40
volksverbinden 14.38, 51.2
volksverbunden 51.2
volksverbunden scherbeln
voll 17.10
voll 36.12
das Maul zu voll nehmen
voll 31.3
die ganze Mütze voll
voll 17.11
sie hat einen vollen Ranzen
voll 60.4
volle Brieftasche
voll 45.2, 60.4
voller Euter
vollaufen 36.4
sich an der Zapfstelle vollaufen lassen
vollaufen 12.30, 26.26, 72.9
sich vollaufen lassen
Vollbad 62.5
Volle 26.8
ins Volle greifen
Vollgasfahrer 53.7
vollgefressen 1.18
vollgefressener Strumpf
vollhaben 35.22
er hat die Hosen voll
vollhauen 80.58
das Fell vollhauen
vollhauen 80.58
die Hucke vollhauen
vollhauen 17.8
einer den Wanst vollhauen
volljährig 38.2
Volljährigkeit 38
Vollkraft 38
die Vollkraft der Jahre
Vollkraft 38.2
in der Vollkraft der Jahre
vollkriegen 36.12
den Rachen (den Hals) nicht voll genug kriegen können
vollmachen 17.8, 62.9
vollmachen 35.7
den Senftopf vollmachen
vollmachen 35.7
die Hinterreifen vollmachen
Vollmond 1.30
Vollmondgesicht 1.33
vollpacken 35.7
vollpacken 35.7
den Braunen vollpacken, den Braunschweiger vollpacken, den Darm vollpacken, die Dotsch vollpacken, den Keller vollpacken, die Kiste vollpacken, die Lehmkuhle vollpacken, den Mörteltrog vollpacken, die Müllkute vollpacken, den Protzkasten vollpacken, die Schublade vollpacken, den Schwarzen vollpacken, den Senftopf vollpacken, die Truhe vollpacken
vollpacken 17.8
einer die Schublade vollpacken
vollscheißen 35.22
jemanden vollscheißen
vollschlagen 17.8
einer den Leib vollschlagen
vollstrecken 80.10
Strafe vollstrecken
volltrichtern 17.8
Voranzeige 26.18
voraus sein 64.20
seiner Zeit voraus sein
Vorbau 1.40, 1.58, 1.60, 70.5
Vorbau 17.11
sie hat Vorbau
vorbauen 17.9
vorbauen 14.29
die kluge Frau baut vor
vorbauen 17.11
sie hat vorgebaut
vorbelastet 17.10
vorbelastet 1.58
schwer vorbelastet
vorbelastet 1.58
wohlgekurvt vorbelastet
Vorbelastung 70.5
vorbestraft 47
vorbestrafte Prostituierte
Vorbraut 14.41
Vorderachse 1.73
Vorderbau 1.63
Vorderbein 1.52
Vorderflosse 1.52, 1.54
Vorderfrau 35.6
Vorderfront 1.33, 70.5
Vorderfront 59.7
schwarzer Damenhut mit schräger Vorderfront
Vorderfuß 1.54
Vordergeschirr 1.63, 1.73
Vordergeschirr 26.25
das Vordergeschirr einhängen
Vordergeschirr 26.25
das Vordergeschirr hineinhängen
Vordergeschirr 24.1, 25.1
das Vordergeschirr polieren
Vorderlader 1.73, 26.30, 51.3
Vorderlicht 1.73, 31.5
Vordermann 29.9, 35.6, 35.9, 48.4
Vordersteven 1.73
vorehelich 14.29
vorehelicher Geschlechtsverkehr
Voreltern 40
Vorfeier 64.20
Vorfick 35.4, 35.10, 72.9
Vorflam 59.41
Vorfotze 1.66, 45
Vorfreude 64.20
Vorfriedhof 39.14
Vorführdame 59.5, 67.2
Vorführer 67.1
Vorführung 59.10
Modellkleid auf dem Weg zur Vorführung
Vorgarten 70.5
Vorgarten 1.30
Bubikopf mit Vorgarten
Vorgebirge 1.58, 1.60, 1.64, 70.5
Vorgebirge 37.4
das Vorgebirge bereiten
Vorgebirge 37.4
im Vorgebirge rangieren
Vorgebirge 1.58
steiles Vorgebirge
vorgehen 19.8
ihre Uhr geht vor
vorgehen 64.20
seine Uhr geht vor
vorgehen 80.10
schonungslos vorgehen
vorgeholt 39.3
ist aus der Mottenkiste vorgeholt
vorgerückt 39.3
ist schon etwas vorgerückt
vorgerutscht 58.13
vorgerutschter Kragenknopf
vorgetäuscht 80.2
vorgetäuschter Sadismus
Vorhang 1.65, 59.7, 59.41, 59.33, 70.3
Vorhang 26.18
den Vorhang zum Lustspielhaus hochziehen
Vorhang 26.10
den Vorhang zum Lustspielhaus lüften
Vorhang 1.69
der eiserne Vorhang
Vorhang 23.2
der rote Vorhang ist runter
Vorhang 23
roter Vorhang
Vorhang 23.7, 59.33, 59.34, 59.42, 70.2, 70.3
Vorhang zum Lustspielhaus

Vorhangwichser 68.1
Vorhaut 1.75, 51.3
Vorhemd 59.17
vorher 16.3
vorher aussteigen
Vorhölle 1.66
vorknöpfen 80.20
sich jemanden vorknöpfen
vorkommen 15.1
es kommt in den besten Familien vor
vorkommen 12.4
sich wunders wie vorkommen
vorkriegen 80.59
eine vorkriegen
Vorlaube 1.66
Vorläufer 64.20
Vorleben 22
vorlegen 80.84
den Hemmschuh vorlegen
Vorleger 1.73
Vorliebe 14.29, 15, 19.8
Vorliebe 7.2
Bei mir Lumumba: Vorliebe für Schwarz. Bei mir Feuerwehr: Vorliebe für Rot. Bei mir Kastanie: Vorliebe für Braun. Bei mir Veilchen: Vorliebe für blaue Augen.
Vorliebe 14.29
mit Vorliebe heiraten
vormachen 14.59
ihm was vormachen
vormachen 10.7
jemandem etwas vormachen
Vormilch 17.15
Vormund 1.66
Vormund 18.21
Vormund im Mittelalter
vorn 1.58
wo die Brosche ist, ist vorn
vorne 59.6
vorne Museum, hinten Lyzeum
vornehm 59.13
vornehme Jacke
vornehm 35.22
vornehm tuend
vornehmen 26.25
Abhorchübungen vornehmen
vornehmen 26.10
Marscherleichterung vornehmen
vornehmen 80.20
sich jemanden vornehmen
Vorortverkehr 16.4
vorscheißen 10.7
jemandem etwas vorscheißen
Vorschuß 64.20
Vorschußlorbeeren 64.20
Vorschußlorbeeren verteilen
Vorsicht 59.26
Vorsicht vor einer aggressiven Frau oder einem homosexuellen Mann
vorsintflutlich 39.1
Vorsommer 19.8
Vorspann 35.6
Vorspiegelung 59.30
Vorspiegelung falscher Tatsachen
Vorspiel 26.18, 80.22
Vorstand 26.22
Vorsteher 26.22
Vorsteherdrüsen 1.77
Vorstellung 54.3
Vorstoß 26.27
Vorstrafenregister 47.30
Vortäuschung 66
Vortäuschung falscher Tatsachen
Vorteil 35.1
Hintansetzung des eigenen Vorteils
vortragen 26.13
offenherzige Ansichten vortragen
Vorturner 48.22
vorübergehend 48.2
vorübergehende Dame
vorübergehend 48.4
vorübergehender Herr
Voruntersuchung 12
Vorwasser 17.15
vorweisen 26.40
er kann was vorweisen
vorweisen 1.58
sie kann was vorweisen
vorweltlich 39.1
Vorwichser 47, 47.30, 49.8
Vorzeitmensch 64.20
Vorzimmerdame 51.3
Vorzimmerlinde 45
Vorzimmerlinde 47.18
die Vorzimmerlinde entblättern
Vorzimmermatte 45
Vorzimmerpflanze 45
Vorzimmertanne 45
Vose 1.66
Votze 1.66
Voyeur 68.1
Voyeuse 68.2
Vreneli 52.7
Vreneli 17.22
Frau Vreneli
Vreneliloch 52.4
Vulkan 1.66, 4.2
Vulkan 6.16
auf dem Vulkan
Vulva 30.8, 36.12
VW-Liebchen 48.2

W

Waberl 27.3, 39.4
Waberlohe 14.41
Wachbleibe 57
Wachel 80.62
wächeln 80.58
wachseln 24.1, 25.1
wachsen 24.1, 25.1
wachsen 1.30
bei ihm ist die Kniescheibe durch die Frisur gewachsen, die Stirn wächst ihm in den Rücken, der Kopf ist ihm durch die Haare gewachsen
wachsen 9, 9.3
jemandem ans Herz wachsen
Wachskasten 59.7
Wachstuchmütze 59.7
schwarze Wachstuchmütze
Wachstum 52.6
Wachstümler 19.7
Wachstumsschwierigkeiten 64.19
Wachtel 48.2
Wachtel 14.15, 39.4
alte Wachtel
Wachtmeister 51.3
Wachtmeister 47.41
Wachtmeister im Frauengefängnis
Wackel 18.16, 48
Wackel 29.9, 48.5
auf den Wackel gehen
Wackelakademie 53.7
Wackelarsch 29.3, 29.9, 29.10, 35.6, 48.2, 48.4, 55
Wackelarsch 35.7
den Wackelarsch aufbrechen, aufstemmen, einhacken, schmieren
Wackelarsch 26.30
den Wackelarsch auseinanderstemmen
Wackelbusen 1.58
Wackelheini 54.8
Wackelkontakt 26.1, 26.2, 48
wackeln 12.6, 26.25, 26.31, 48.5
wackeln 11.11
der Haussegen (Ehesegen, Familiensegen, Liebessegen) wackelt
wackeln 48.5, 66.5
im Fummel wackeln
wackeln 37.4
im Glibber wackeln
wackeln 12.6
wackeln wie ein Kuhschwanz, wackeln wie ein Sack Sülze
Wackelpeter 1.83, 29.3, 29.9, 29.10, 35.6, 35.9, 35.10, 48.4, 54.8, 55
Wackelpeter 35.18

den Wackelpeter küssen
Wackelpopo 29.3, 35.6
Wackelpudding 1.58, 1.83, 29.10, 35.10, 35.21
Wackelpudding 35.7
den Wackelpudding begießen
Wackelpudding 35.18
am Wackelpudding lecken
Wackelschwanz 29.3
Wackeltante 29.3, 29.9, 48.2, 48.4
Wackeltante 35.18
die Wackeltante küssen
Wackeltenor 54.8
Wackeltunte 29.3, 29.9, 48.4
Wadel 1.73
Waden 1.86
dicke Waden
Waden 80.69
Waden und Schienbein quetschen
Wadenballett 54.9
Wadenheil 54.9
Wadenklemmer 59.26, 59.39
Wadenkneifer 59.26
Wadenmessen 18.16, 53.5
Wadenschwenker 59.12
Wadenspanner 59.38
Waffen 1.63, 51.3
Waffen 51.3, 64.19, 64.21, 64.23
die Waffen strecken
Waffenschein 46.4, 48.9, 48.10, 53.14
Waffenschein 4.8
Die Hanne ist so scharf, die braucht 'n Waffenschein.
Waffenschein 70.6
Hacken mit Waffenschein
Waffenschein 59.40, 70.6, 80.92
Schuhe mit Waffenschein
Waffenschein 3.6
sie ist so scharf, sie braucht 'n Waffenschein
waffenscheinpflichtig 58
waffenscheinpflichtiger Klunker
Waffenstillstand 39.9, 51.3
Wagen 8.9
abgehängter Wagen
Wagen 35.7
den Hengst hinter den Wagen spannen
Wagen 73.14
er läßt sich nicht an den Wagen pinkeln
Wagen 73.14
jemandem an den Wagen pinkeln, jemandem nicht an den Wagen pinkeln können
Wagen 48.2
Wagen mit frühem Baujahr
Wagenrad 59.7
Wahl 17
die Wahl der Eltern
Wahl 40
Wahl der Eltern
Wahllokal 48, 48.25
Wahlverwandtschaft 8, 40
Wahn 80.15
wahr 7.1
der wahre Jakob
wahrnehmen 13.10
das Mitbestimmungsrecht wahrnehmen
Wahrsagerin 54.7
Waidloffel 1.45
Wald 1.65
Wald 41.7
den Wald absägen
Wald 72.5
den Wald düngen
Wald 12.43
die Axt im Wald
Waldbrand 80.23
Waldesel 72.11
er furzt wie ein Waldesel
Waldfee 26.17, 41.6
Husch, husch, die Waldfee!
Waldflöte 44.1, 53.9, 54.8
Waldheini 12.43, 21.12
Waldhorn 1.73, 29.10, 36.12, 44.1, 53.9, 54.8
Waldhorn 36.4
Waldhorn blasen
Waldmann 82.5
Waldmeister 1.73
Waldmeister 36.4
am Waldmeister knabbern
Waldschnepfe 48.2
Waldschratt 82.5
Waldspecht 45.1
Pinkus der Waldspecht
Waldstück 54.2
Wald- und Wiesendoktor 63.12
Wald- und Wiesennutte 48.2
Wamme 1.61
Wammerl 1.60, 1.73
wammerln 26.25
Wampe 1.60, 17.12, 17.15
wamperln 26.25
Wampse 1.60
Wams 59.13
wamsen 80.58
Walen 52.4
Walgernacht 14.41
walken 80.58
Walküre 1.8, 4.17, 14.50
Walküre 51.2
B.D.M.-Walküre
Walküre 47.38
Parkplatz-Walküre
Wallach 14.51, 16.13, 17.26, 50.10
Wallachei 63.14
Wallfahrtsbrettle 59.17
Wallrutscher 48.2, 51.3
Walpurgisband 17.22
Walpurgisnacht 52.4
wälsch 29.7
wälsche Hochzeit
walten 18.16, 53.5
zwei walten zu dem Zweck
walten lassen 80.10
keine Schonung, Gnade, Nachsicht, kein Erbarmen, Mitleid, Pardon walten lassen
Waltpode 48.10
Walze 1.73
Walze 8.9, 8.22, 64.21
abgespielte Walze
Walze 39.4
alte Walze
Walze 26.25
die Walze auspempern (ausplembern)
Walze 13
neue Walze
walzen 26.25, 80.58, 80.59
wälzen 80.11
sich im Staub wälzen
Wälzen 6.10
zum Wälzen
Walzer 11.21
der letzte Walzer
Walztag 41
Wand 15.1
Der Esel hat ihn an die Wand geschissen.
Wand 1.69
die Wand
Wand 73.5
eine Stange an die Wand stellen
Wand 22.14
mit dem Kopf durch die Wand wollen
Wand 1.58
sie hat Holz an der Wand
Wand 14.3
spanische Wand
Wand 62.11
Wenn man ihn an die Wand schmeißt, bleibt er kleben.
Wanda 70.13, 80.4, 80.63
Wände 41.1, 41.2, 41.3
die eigenen vier Wände
Wände 41
die Wände begießen
Wände 10.7
mit dem Kopf durch alle Wände wollen
Wandeldame 48.2
Wandelgang 48, 66.5
wandelnd 21.6
wandelnder Kinsey
wandelnd 59.5
wandelnde Kleiderpuppe

Wandelniere 66.2
Wandelsmann 66.1
Wanderamourantin 48.2
Wandergurken 59.40
Wanderkluft 48.1
wandernd 59.7
wanderndes Gänse-klein
Wanderpreis 48.9
Wanderratte 48.2
Wanderschuhe 59.40
Wanderstall 53.16
Wandertag 41
Wandervögler 4.26, 10.9
Wanderwoche 41
Wandohr 69.2
Wandohr 69.2
Frau Wandohr
Wangen 1.41
Wangenschmalz 61
Wankelmotor 65.1
Wankelmut 65
Wannenbad 62.5
Wannung 1.61
Wanst 1.60
Wanst 17.8
einer den Wanst vollhauen
Wantenstreicher 1.73
Wanze 62.13
Wanzen 55, 71.3
Wanzenbude 41.2, 41.3, 62.14
Wanzenburg 41.2, 41.3, 41.5, 41.21, 48.25, 48.30, 62.14
Wanzenloch 41.2, 41.3, 62.14
Wanzenstall 41.5
Wanzensuppe 55
Ware 48.2
warm 29.4, 30.3
warm 26.28, 29.4
auf warmem Wege
warm 3.7
bei ihr kann man nicht warm werden
warm 30.1
der warme Schwester-orden
warm 29.6
einen warmen Empfang geben
warm 45.5
er sitzt warm
warm 64.17
ohne einen warmen Löffel im Leibe
warm 7.8
sich dem Wettlauf um den warmen Aal anschließen
warm 29.4, 30.3
warm angehaucht
warm 59.30
warme Acht
warm 29.7, 54.8
warme Arie
warm 29.8, 30.6
warme Bude (Höhle, Pinte, Scheibe, Stampe, Tenne, Timpe, Winde), warmer Laden
Warm 18.16, 53.5
Warme Hand
warm 48.2
warme Pro
warm 30.2
warme Schwester, warme Stute
warm 29.8, 29.9, 48
warme Straße, warmer Strich
warm 29.8
warme Würstchenbude, Weide, warmer Bimpf, Bums, Dimpf, Keller, Schuppen
warm 29.3
warmer Bruder, warmer Ofen, warmer Onkel
warm 1.54
warmer Händedruck
warm 47.41
warmer Ratz, warme Wetsch
warm 26
warmer Regen
warm 29.8
warmer Winkel
warm 59.9
warmer Wintermantel der Bundeswehr
warm 30.8
warmes Kyma
warm 28.4, 29.3, 29.9
warmes Würstchen
warm 26.28
warm gebacken
warm 80.84
warm setzen
warm 29.5
warm werden, bei ihm kann ich nicht warm werden
warm 7.7
Wettlauf um den warmen Aal
Wärmchen 29.3
Warme 30.2
Wärmebehandlung 29.7
Wärmedehnung 26.22, 29.10
Wärmehalle 29.8
wärmehaltig 29.4, 30.3
Wärmelehre 29
Wärmemenge 51.2
Wärmemenge, die nötig ist, einen jungen Mann auf 175 Grad zu er-hitzen
Wärmer 59.38
Wärmeregler 29.9, 48.4
Wärmetechnik 29
Warmewürstchenbude 29.8
Wärmflasche 9.8, 26.1, 29.3
Wärmflasche 14.48, 14.49
lebenslängliche Wärmflasche
Wärmhalle 30.6
warmhalten 65.5
sich jemanden warm-halten
Warmhaus 29.8
warmherzig 29.4, 30.3
Wärmling 29.3
Warmluftspeicher 29.8
Warmmädchenheim 30.6, 30.7, 48.26
Warmquellbad 29.8, 30.6
Wartburg 14.26, 41.23
Wartburg 14.26, 48.5, 53.7
auf der Wartburg sitzen
Wartburg 17.9
sich auf die Wartburg setzen
Wartburg 17.11
sie sitzt auf der Wartburg.
Wartefrau 72.23
warten 17.23
nicht warten können
Wartezeit 14.26
Wartezimmer 39.14
Wartezimmer des Todes
warum 18.16
warum (wie, wo) liebst du's?
Warze 1.68, 70.1, 80.39
Warzen 1.58, 70.5
Warzenhof 1.58
Warzenhütchen 58.10
Waschbär 41.20, 62.5
Waschbecken 62.2
Waschbesen 41.20, 62.5
Waschbrett 1.23, 1.34
Wäsche 40.3, 59, 62.5, 70.12
Wäsche 80.58
aus der Wäsche hauen
Wäsche 62.1
große Wäsche
Wäsche 49.9
jemandes schmutzige Wäsche waschen
Wäsche 6.22
rein mit die Wäsche oder raus mit die Wäsche?
Wäsche 46
seine schmutzige Wäsche vor anderen waschen
Wäsche 59.6
sich in Wäsche schmeißen, werfen
Wäsche 70.12
Wäsche stehlen
Wäschebeutel 62.5
Wäschefetischismus 70.12
Wäschefetischist 70.12
Wäschekorb 62.5
Wäschekünstlerin 54.10
Wascheln 1.39
waschen 62.5
waschen 35.18
die Scheibe waschen

waschen 35.18
Gold waschen
waschen 49.9
jemandes schmutzige Wäsche waschen
waschen 46
seine schmutzige Wäsche vor anderen waschen
Wäscherei 62.5
Wäscherin 41.20
Wäschestern 62.5
Wäschetrockner 62.5
Waschfrau 62.5
Waschfrauenmöse 1.66
Waschküche 11.10, 14.58
Dampf, Qualm, Rauch in der Waschküche
Waschlappen 1.10, 4.21, 41.20, 62.2, 64.13, 64.21
Waschmaschine 14.55
Waschmittelalter 62.1
Waschmitteldeutsch 62.3
Waschmittelstürmer 62.6
Waschschüssel 62.2
Waschwanne 1.66
was dran sein 1.17
an der ist was dran
Vase 40.7
Wasser 73.4
Wasser 80.36
auf Wasser fixierter Masochist
Wasser 36.10
das Wasser steht ihr bis zum Hals
Wasser 59.38
die Socken ziehen Wasser
Wasser 64.21
dem sein Messer schneidt kalt Wasser ohne gewärmt
Wasser 64.17
den Kopf über Wasser halten
Wasser 3.7
geil wie ein Sack Wasser
Wasser 73.6
eine Stange Wasser in die Ecke stellen
Wasser 3.6
ihr läuft das Wasser im Loch zusammen
Wasser 80.32
mit Wasser versorgen
Wasser 59.6
seine Socken ziehen Wasser
Wasser 11.16
sie ist nah am Wasser gebaut
Wasser 73.5
Wasser abschlagen
Wasser 17.22
Wasser als Heimat der Ungeborenen
Wasser 26.25
Wasser auf die Mühle gießen
Wasser 26.25, 64.23
Wasser ins Meer schütten
Wasser 64.23
Wasser ins Sieb schütten
wasserabstoßend 73.5
Wasseranschluß 1.66, 73.13
Wasseranschluß 59.43
Kaltwasserkleid mit Wasseranschluß
Wasserbad 80.31
Wasserball 73, 80.31
Wasserball 80.32
Wasserball spielen
Wasserbehandlung 73, 73.12, 80.31
Wasserbehandlung 80.32
die Wasserbehandlung vornehmen
Wasserbett 80.32
Wasserburger 73.1
Wasserbütte 80.32, 82.7
Wässerchen 49.17
kein Wässerchen trüben können
wasserdicht 4.13
wasserdicht 4.14
der Frosch hat ein wasserdichtes Gemüt
Wasserdoktor 73.13
Wasserfall 1.86, 73.13
hoher Wasserfall, niedriger Wasserfall
Wasserfall 63.1
Uferschaden am Wasserfall
wassergekühlt 73
Wasserhahn 1.73, 73.13, 80.36
Wasserhahn 11.15
den Wasserhahn aufdrehen
Wasserhaut 17.15
Wasserheilverfahren 73, 73.12, 80.31
Wasserheilverfahren 80.32
das Wasserheilverfahren praktizieren
Wasserhenne 80.35
Wasserhuhn 80.35
wässerig 1.42
den Mund wässerig machen
wässerig 36.4, 36.8
jemandem das Maul wässerig machen
Wasserjungfer 73.2
Wasserjungfrau 82.4
Wasserkante 73.13
Wasserkopf 1.32, 17.25, 73.1
Wasserkraft 73
Wasserkraftlehre 73.13
wasserkühlen 73.3
sich wasserkühlen
Wasserkühlung 73.12
Wasserkultur 62
Wasserkunst 73, 80.31
Wasserkunst 80.32
Wasserkunst machen
Wasserlaß 73.5
Wasserlefzen 1.67
Wasserleitung 73.5
die Wasserleitung aufdrehen
Wasserleitung 59.40
Schuhe mit Wasserleitung
Wassermann 73.1, 82.5
Wassermesser 1.73, 73.13
Wassermühle 1.66, 73.13
wässern 35.18
die Afterrose wässern
wässern 37.4
die Schwimmer wässern
wässern 26.25
Hering wässern
wassern 26.31
wassern lassen
Wassernixe 53.17, 55.9, 72.23, 73.2
Wassernymphe 55.9
Wasserpest 73.13
Wasserpfeife 1.73, 73.13, 80.36
Wasserpolster 77
Wasserprobe 80.31
Wasserprobe 80.32
die Wasserprobe machen
Wasserratte 73.2
Wassersack 1.76, 36.12
Wassersack 36.4
am Wassersack knabbern
Wasserscheide 1.66, 73.13, 80.35
Wasserscheu 73.10
Wasserschlange 48.2, 73.2, 73.12
Wasserschlauch 1.73, 73.13
Wasserski 73
Wasserskier 53.17
Wasserspeier 1.73, 73.13
Wasserspender 1.73, 73.13
Wassersport 73
Wasserspülung 41.3
Höhle mit Wasserspülung
Wasserspülung 3
Innenleben mit Wasserspülung
Wasserstand 73.13
hoher Wasserstand
Wasserständer 64.17
Wasserstange 26.22
Wassersteife 64.17
Wassersteiner 41.19, 55.9, 62.6
Wasserstoffbombe 1.28
Wasserstoffsuperblondine 1.28
Wasserstrafe 48.12
Wassersucht 62.3, 73, 77, 80.31
Wassersucht 17
wurlerte Wassersucht
Wassersuppe 55

Wassersuppe 17.1
er ist nicht auf der Wassersuppe hergeschwommen
Wassertod 80.31
Wassertortur 80.32
Wassertortur vornehmen
Wassertortur 80.33
Instrumente zur Wassertortur
Wasserung 80.31
Wasserverdrängung 73.13
Wasserversorgung 80.31
Wasserwerk 1.66, 1.73, 73.13
Wast 1.54
Wasteskero 59.8
Waterkant 1.66
Waterman 48.18
Watsche 80.61
watschen 80.58
Watschenbaum 1.52
Watschenfänger 1.41
Watschengesicht 1.33
Watte 45.2, 60.4
Watte auf der Brust
wattiert 1.19
wattiert 4.19
gelb wattiert
watz 3.6, 4.8
Wauwau 47.33, 49.12
Webart 12.38
jemandes Webart haben
Webart 7.2
meine Webart
Webart 7.11
sie haben die gleiche Webart
Webart 7.12
sie hat nicht meine Webart
Webertanz 52.5, 53.7
Webfehler 64.25
Webstuhl 41.5
Wechsel 48
Wechselbad 62.5
Wechselbalg 4.25, 10.8, 48.2, 65.1, 65.4, 66.1, 82.7
Wechselehe 14.32
Wechselfieber 10.5, 39.8, 64.23
Wechselgesang 31
Wechselhaus 41.1
Wechselheirat 14.32
Wechseljahre 23.10, 39.8
Wechselkleid 66.2
wechseln 8.5, 8.18, 41
die Tapete wechseln
Wechselstrom 65.5, 66.6
Wechseltag 41
Wecken 1.73, 29.10, 36.12, 55.2
Wecker 1.32
Wecker 26.39
Sie bimmelt wie 'n Wecker.
Weckerl 1.73, 29.10
Wedel 1.73
Wedel 26.25
den Wedel auspempern, ausplembern
wedeln 26.25
wedeln 64.21
sein Schwanz wedelt schon lange nicht mehr
Wederwäk 41
Weekendbude 53.16
Weekendsack 59.12
weelen 53.7
weg 9.4
Weg 26.28
auf heißem Wege hergestellt, auf kaltem Wege hergestellt
Weg 26.28
auf kaltem Wege
Weg 26.28, 29.4
auf warmem Wege
Weg 26.16
den Weg zum Erfolg offen sehen
Weg 26.10
der Weg zum Erfolg steht offen
Weg 13.3
eigene Wege gehen
Weg 17.8
einer auf den Weg helfen
weg 9.4
weg wie 'm Papa sei' Dos'
weg 72.6
er scheißt sich weg
Weg 64.18
Hindernisse aus dem Weg räumen
Weg 59.10
Modellkleid auf dem Weg zur Vorführung
weg 11.19
nichts wie weg
weg 9.3
weg sein
weg 9.4
weg wie der Wind
Weg 59.26
Weg zum Erfolg
wegamüsieren 64.21
er hat sich die Eier wegamüsiert
wegamüsieren 1.30
er hat sich die Tolle wegamüsiert
wegamüsieren 64.23
sich die Eier wegamüsieren
wegbleiben 26.34, 64.21
ihm bleibt die Luft weg
wegbleiben 64.21
ihm bleibt die Spucke weg
wegbleiben 36.10
ihr bleibt die Spucke weg, ihr bleibt die Luft weg, ihr bleibt die Puste weg
Wege 11.19
eigene Wege gehen
Wegenge 1.66
wegfangen 63.4
sich einen wegfangen
weggefahren 8.9
weggefahrene Droschke, weggefahrene Kutsche
weggeschleppt 9.3
er ist hingerissen und weggeschleppt
weggeschleppt 9.4
hingerissen und weggeschleppt
weggetreten 39.10
geistig halb weggetreten
wegkriegen 16.6
Weglegung 15.10
wegloben 11.18, 13.3
jemanden wegloben
weglutschen 36.4
wegmachen 16.6, 24.1, 25.1, 26.25
wegniesen 26.23
wegputzen 24.1, 25.1
wegrotzen 26.25
wegsabbern 36.4
wegscheren 11.19
sich wegscheren
wegschicken 11.18, 13.3
jemanden wegschicken
Wegschisser 1.36
wegschleimen 26.25
wegschmeißen 5.3
bei dem haben sie das Kind weggeschmissen und die Nachgeburt aufgezogen
wegschmeißen 17.27
Deine Mutter hat wohl das Kind weggeschmissen und die Nachgeburt aufgezogen.
wegschmeißen 14.38
sich wegschmeißen
wegschnappen 11.8
jemandem die Geliebte wegschnappen
wegschnupfen 36.4
wegstecken 26.25
wegwedeln 25.1
einem einen wegwedeln
wegwedeln 24.1
einen wegwedeln
Wegweiser 1.39, 1.40, 1.47
Wegweiser 48.2
bemalter Wegweiser
Weh 80.12
Wehdame 17.18
Wehen 17.16
Wehen 17.16
die ersten Wehen
wehen 26, 41.24
sich den Wind um den Schwanz wehen lassen
Wehenkreuz 17.22
Wehestuhl 17.16
Wehmutter 17.18
Wehnuß 48.2, 63.6
Wehrbeitrag 15.2, 51.3

Wehrbeitrag des unehelichen Vaters
Wehrmachtbombe 48.2, 51.3
Wehrmachtdragoner 48.2, 51.3
Wehrmachtfose 51.3
Wehrmachthelferin 51.3
Wehrmachtmatratze 48.2, 51.3
Wehrmachtnutte 51.3
Wehrmachtpritsche 48.2, 51.3
Wehvater 17.17
Weib 48.2
freies Weib
Weibchen 48.5
Weibchen spielen
Weiber 22.7
die Weiber noch nicht entdeckt haben
Weiberdingete 14.57
Weiberfeind 4.15, 64.13
Weibergemeinschaft 14.1
Weibergeschwätz 46.1
Weiberhaß 64.13
Weiberknecht 80.7
Weiberkoller 64.15
Weiberl 29.3
Weiber-Liendl 17.22, 50.3, 52.7
Weiberlob 1.73
Weiberlob 26.25
das Weiberlob ausblaxeln
Weiberpachtmarkt 53.17
Weiberpenne 20.2
Weiberpritscher 82.5
Weiberscheu 64.13
Weiberschinder 80.5
weiblich 2.3
weiblich 26.30
aus weiblichen Augen
weiblich 1
der weibliche Körper
weiblich 54.1
weiblicher Reim
weiblich 29.3
weibliche Type
Weibsbild 2.2
Weibsen 2.2
Weibsen 10.7
alle Weibsen umhacken
Weibsen 12.41
die Weibsen nicht erfunden haben
Weibsen 21.10
die Weibsen noch nicht entdeckt haben
Weibstück 2.2
weich 64.19
weich 25.1
jemanden weich kneten
weich 13.10
sich weich betten
weich 13.7
weich betten
weich 1.73, 36.12, 64.19
weiche Banane, weiche Nudel
weich 12.16
weicher Aufschlag
weich 6.6, 63.1
weiches Gestell
weich 49.14
weiche Welle
weich 26.39
weich in den Knien werden
weich 80.58
weich klopfen, weich stoßen
weich 12.30, 64.19
weich werden
Weiche 72.11
die Weiche falsch stellen
weichen 26.31
Weichensteller 65.1
Weicher 29.3
Weicher 64.19
einen Weichen haben
Weichling 1.10, 64.19
weichmachen 12.19, 14.7, 64.23
Weichmann 14.51, 19.4, 29.3
Weichselzöpfe 71.3
Weichtier 64.19
Weide 1.66, 12.25, 36.12, 53.4, 55.11
Weide 29.8
heiße Weide
Weide 29.8, 30.6
schwule Weide
Weide 29.8
warme Weide
weiden 30.4, 36.4, 36.8, 78.2
Weidewek 41
Weidgebiet 53.3
Weidloch 1.85, 29.10, 35.10, 35.14
Weidloch 35.18
das Weidloch ausheben
Weidloch 35.12
im Weidloch rühren
Weieweek 41
Weihnachtsbaum 59.6
aufgeputzt wie ein Weihnachtsbaum
Weihnachtsgans 13.10
jemanden ausnehmen wie 'ne Weihnachtsgans
Weihnachtsmann 1.48
Weihnachtsmann 22.7
noch an den Weihnachtsmann glauben
Weihnachtsmann 21.10
sie glaubt noch an den Weihnachtsmann
Weihnachtsnacht 82.9
Weihnachtsrose 52.2
Weihtag 41
Weihwedel 1.73, 72.20
Wein 78.3
aus der Scheide getrunkener Wein
Wein 55
saurer Wein
weinen 11.15
weinerlich 11.16
weinerliche Frau
weinerlich 11.17
weinerlicher Mann
Weinfleck 70.1
Weintag 41
weise 17.17
weiser Mann
weise 16.9, 17.18
weise Frau
Weise 26.22
Stein der Weisen
Weisel 47.31
weisen 14.61
die Hörner weisen
Weisheitszahn 1.44, 5.1
Weiß 1.21
weiß 64.23
der weiße Tod
weiß 49.23
einen Fleck auf der weißen Weste haben
weiß 3.7
er hat 'ne weiße Leber
weiß 35.22
Roßapfel vom weißen Rößl
weiß 59.38
weiße Damenstrümpfe
weiß 82.4
weiße Frau
weiß 59.26
weiße Hose
weiß 48.2
weiße Kohle
weiß 64.13
weiße Leber
weiß 59.18
weiße Manschetten
weiß 62.4
weißer als weiß
weiß 63.1
weißer Fluß
weiß 17.16
weißer Jahrgang
weiß 59.19
weißer Kragen
weiß 59.20
weißer Querbinder
weiß 14.37, 59.10
weißer Traum
weiß 53.19
weißes Gefängnis
weiß 59.17
weißes Hemd
weiß 48.17
weiße Sklaverei
weiß 59.22
weißes Taschentuch
weiß 59.29
weiße Unterwäsche
weiß 59.15
weiße Weste
weiß 64.3
Zirkus der weißen Mäuse
Weißbierglas 55
Weißbluten 13.10
jemanden zum Weißbluten bringen

Weiße 1.28
Weiße 57
das Weiße
Weiße 1.28
Weiße mit Schuß
weiße Mäuse 64.9
den weißen Mäusen Zucker geben
Weißfisch 59.21
Weißfluß 63.1
Weißkohl 55
Weißkohl mit Kümmel
Weißling 57
Weißpfeffer 1.78; 36.12, 78.3
Weißpfeffer 36.4
jemandem Weißpfeffer füttern
Weit 28.6, 48.2
Weit 19.2
das Weit
weit 1.66
sie ist weit gebaut
weit 59.14
weite Ärmel
weit 59.26
weite Hosen
weit 59
weite Kleidung
weit 59.9
weiter Mantel
weit 59.25
weiter Rock
weit 1.66
weiter Schlund
weit 1.66
weite Scheide
weit 49.26
weites Gewissen
weit 59.10
weites Herz
weitherzig 59.10
weitherzig 59.10
Dame mit weitherzigen Ansichten
weitherzig 59.10
weitherziges Kleid
Weitling 59, 59.9, 59.26
Weizenfrau 50.3, 52.7
Weizenklepper 82.5
Welgerholz 1.73
welk 64.19
welk 27.3, 39.12
welke Nelke
welk 64.19
welker Stengel
Welke 39
welken 53.7
Wellblech 1.23, 1.34, 59.25
Wellblech 72.12
Café Wellblech
Wellblechärmel 59.14
Wellblechfront 59.15, 59.17
Wellblechhülse 59.9
Wellblechjacke 59.13
Wellblechkleid 59.10
Wellblechkragen 59.19
Wellblechröhre 59.26
Wellblechsocken 59.38
Wellblechwichs 59.12
Welle 1.28, 59.4
blonde Welle
Welle 59.9
grüne Welle
Welle 3.3
heiße Welle
Welle 49.13, 59.4
keusche Welle
Welle 3.3, 49.14, 59.4
nackte Welle
Welle 59.4
Sex-Welle
Welle 49.14
weiche Welle
Wellen 26.38
Grab in den Wellen, Tod in den Wellen
Wellengang 9.11
hoher Wellengang
Wellenlänge 12.38
jemandes Wellenlänge haben
Wellenlänge 7.2
meine Wellenlänge
Wellenlänge 7.12
sie hat nicht meine Wellenlänge
Wellenlänge 7.11
sie sind auf derselben Wellenlänge
Wellenreiter 61.3
welsch 63.1
welsche Bossen
Welt 1.58
da ist was auf der Welt
Welt 17.16, 26.16, 29.6
das Licht der Welt erblicken
Welt 64.14
die Welt voller Nachsteiger sehen
Welt 38.3
Frau von Welt
Welt 22.5, 28.4
Mann von Welt
Welt 17.16
in die Welt setzen
Welt 9.11
nicht von dieser Welt
Welt 3
Welt unterm Nabel
Weltmann 22.5
Welze 2.2
Wempling 1.73
Wempling 26.25
den Wempling bergen
Wendehals 66.1
Wend-Ei 66.2
Wenzel 1.73
Wenzel 26.25
den Wenzel auspempern (ausplembern)
Wenzel 26.25
den Wenzel ausschleimen
werben 12.22
werben 14.7
um eine Frau werben
werben 14.8
um einen Mann werben
Werbung 14.9
der Werbung eines Mannes nachgeben
werfen 17.16, 26.25
werfen 47.26
auf die Matte werfen
werfen 12.8, 14.7
das Auge auf jemanden werfen
werfen 26.5
die Arme um den Hals werfen
werfen 9.3
ein Auge auf jemanden werfen
werfen 4.16, 12.14
mit dem Schinken nach der Wurst werfen
werfen 12.14
mit der Wurst nach dem Schinken werfen
werfen 4.16
mit der Wurst nach dem Speck werfen
werfen 26.25
sich dem Laster in die Arme werfen, einer Frau den Knüppel zwischen die Beine werfen
werfen 59.6
sich in Gala, in Kluft, in Montur, in Pelle, in Putz, in Rinde, in Schal, in Schmiß, in Staat, in Staude, in Wäsche, in Wichs, in Wisch werfen
Wergelt 47.30, 72.22
Werkbank 14.42
Werkbank der Ehe, Werkbank der Familie
Werkbank 41.5
Werkbank der Liebe
Werkel 1.66, 2.2
Werkel 26.25
den Werkl stageln
Werkl 1.66, 1.73, 25.8, 30.8, 54.8
Werkl 24.1
an dem Werkl drehen
Werkl 54.8
das Werkl spielen
Werkl 25.1
einer das Werkl polieren, einer an dem Werkl drehen, Werkl spielen
Werkl 24.1
Werkl spielen
Werkstatt 41.3
Werkstatt der Liebe
Werkzeug 48.1, 70, 80.22
Werni 80.82, 80.86
wert 26.24
keinen Schuß Pulver wert
wertlos 49.5
moralisch wertlos sein
Wertloses 35.22
wertvoll 58.5

wertvolles Armband
Werwolf 82.6
Wesen 48.2, 48.4
einnehmendes Wesen
Wespe 2.2, 6.17, 47.38, 48.10, 59.31, 80.42
Wespe 47.26
angestochene Wespe
Wespennest 6.17
Wespentaille 1.61, 59.31
Weste 59.15
Weste 49.23
einen Fleck auf der weißen Weste haben
Weste 59.15
eingelaufene Weste
Weste 59.15
ondulierte Weste
Weste 59.15
schmutzige Weste
Weste 1.58
stramme Weste
Weste 59.15
ungeplättete Weste
Weste 59.15
weiße Weste
Weste 59.15
Weste mit Löchern, mit Fenstern, mit Notausgang, mit Ventilation
Westerhaube 17.15, 17.22
Westerhemdlein 17.15, 17.22
Westerlager 17.20
Westerland auf Sylt 53.17
Westwall 45, 51.3
Wetsch 47.41
warme Wetsch
Wetter 3.3
Wetter 17.10
auf ander Wetter
Wetter 3.3
er kann nur beim richtigen Wetter
Wetter 35.22
schlechtes Wetter
Wetter 17.11
sie ist auf ander Wetter
Wetter 12.17
um gut Wetter anhalten, um schön Wetter flehen
Wetter 46
um schön Wetter bitten
Wetteransagerin 54.4
Wetterfahne 66.2
Wetterfee 54.4
wetterfest 10.1
Wetterhahn 59.7
Wetterhenne 48.2
Wettermädchen 54.4
Wetterverteiler 59.7
Wetterwecker 71.3
Wettlauf 7.8
sich dem Wettlauf um die Wurst (um den warmen Aal, die Banane, die Bockwurst, die Currywurst, die Eier, die Gurke, die Pfeife, die Rübe, die Salzstange, den Spargel) anschließen
Wettlauf 7.4
Wettlauf um die Feige, den Fleischtopf, den Jungfernkranz, die Pflaume, die Zwetsche
Wettlauf 7
Wettlauf um die Wurst (die Banane, die Feige, die Pflaume, den Apfel)
Wettlauf 7.7
Wettlauf um die Wurst (den warmen Aal, den Apfel, die Banane, die Bockwurst, die Currywurst, die Eier, die Gurke, die Pfeife, die Rübe, die Salzstange, den Spargel, ums Bubespitzle)
Wetze 4.17, 4.25, 48.2
Wetze 12.36
gute Wetze
wetzen 24.1, 25.1, 26.25
wetzen 10.7
den Schnabel an jedem Loch wetzen
wetzen 26.25
den Schnabel wetzen
wetzen 37.4
in die Titti wetzen
Wetzgruft 25.8, 41.5
Wetzkegl 1.73
Wetzstein 1.68, 1.73, 2.2, 14.48, 25.8, 26.1, 26.2, 26.22, 29.10, 48.2
Wetzstein 26.25
den Wetzstein stageln
Whisky 55
wibbeln 26.25
Wibbelsterz 4.26, 10.9
Wichs 59, 59.12, 80.61
Wichs 59.41
kleine Wichs
Wichs 59.13, 59.26
kurze Wichs
Wichs 59.12
schwarze Wichs
Wichs 59.6
sich in Wichs schmeißen, werfen
Wichsblatt 47.21
Wichsbude 25.8, 52.5, 72.12
Wichse 80.61
wichsen 24.1, 25.1, 80.58
wichsen 35.12
die Arschmöse wichsen
wichsen 35.12
die Hinterkammer wichsen, den Schmelzer wichsen
wichsen 70.6
er wichst ihr am Zeh
Wichser 24.3, 25.4, 25.7, 29.9, 48.4
Wichserin 48.2
Wichsgriffel 1.54, 1.55, 25.8, 35.14
Wichskasten 25.8, 41.5, 59.7
Wichsknopf 1.68, 25.8
Wichskorn 1.68, 25.8
Wichsladen 1.66, 25.8, 30.8
Wichsmädchen 24.2, 25.3, 25.7, 48.2
Wichsmulde 25.8, 41.5
Wichsrampe 25.8, 41.5
Wichsrock 59.13
Wichsröhre 59.7
Wichsschmiere 62.2
Wichsstein 1.68, 25.8
Wichstasche 25.8, 59.26
Wichstopf 59.7
Wichsvorlage 24.6, 47.21, 54.1, 54.3
Wichswarze 1.68, 25.8
Wichswurzel 1.73, 25.8
Wichszapfen 1.68, 25.8
Wicht 4.3
wilder Wicht
Wichtelmännchen 18.3
Wichtelmännlein 82.8
Wickel 80.61
Wickel 47.40
beim Wickel kriegen
Wickel 80.20
einen beim Wickel kriegen
Wickelbeine 59.39
Wickelkind 18.2, 51.3, 63.13
wickeln 25.1
eine um den kleinen Finger wickeln
wickeln 24.1
sich um den kleinen Finger wickeln
Wicken 1.65
Widerhaken 1.73, 80.95
Widerlage 14.32
widerspenstig 59.30, 59.31
der Widerspenstigen Zähmung
Widerstand 72.12
Ort des geringsten Widerstandes
Widerstandskraft 10
Widerstandslosigkeit 80.3
wie 26.40
wie du mir, so ich dir
wie 18.16
wie liebst du's?
Wiedergänger 82.2
Wiedergutmachung 15.6
wiederkäuen 78.2
Wiederkäuer 76.1, 78.1
Wiederkäuerei 76
Wiege 18, 18.11, 20, 48.26, 80.94
Wiegenband 18
Wiegenholz 18.11
Wiegenholz 18.11
das Wiegenholz führen
Wiegenkind 18.2
Wiegenstroh 18.7
noch das Wiegenstroh am Hintern haben
wiehernd 55
wiehernder Darminhalt
Wiese 48.25
Wiese 53.16

Hotel zur sündigen Wiese
Wiesen 48.25
Wiesener 48.21
Wigwam 41.1, 41.2, 41.3
mein Wigwam
wild 4.1, 6.1, 54.8
wild 35.22
Du bist wohl vom wilden Esel im Galopp geschissen!
wild 13
wilde Ehe
wild 2.2
wilde Hummel
wild 9
wilde Liebe
wild 6.2
wilde Priemel
wild 82.5
wilder Mann
wild 6.3
wilder Sack
wild 4.3
wilder Wicht
Wilde 48.2
wildern 14.59, 48.5
Wildsau 48.2
Wildwechsel 48
Wildwesttröhre 59.26
Wilhelm 1.31
falscher Wilhelm
Wilhelm 1.48
Kaiser Wilhelm
Willen 80.11
sich dem Willen unterwerfen
willfahren 80.11
willfährig 80.9
Willfährigkeit 80.3
willig 4.12
williges Ohr
Willwoche 41
Wimmerkuh 54.8
Wimmerl 1.73, 70.1
Wimmerlhalter 59.30
Wimpern 61
falsche Wimpern
Wimpern 61
getuschte Wimpern
Wimpern 12.11
mit den Wimpern klimpern
Wimperntusche 61
Winchesterbüxe 59.26
Wind 72.11
Du machst mir zuviel Wind für dein kurzes Hemd!
Wind 36.10
der Wind pfeift aus einem anderen Loch
Wind 21.3
er bekommt Wind
Wind 22.1, 26, 41.24
sich den Wind um den Schwanz wehen lassen
Wind 72.10
spanischer Wind
Wind 9.4
weg wie der Wind
Wind 72.10
Wind im Darm
Wind 12.4
Wind machen
Windbekämpfer 59.7
Windbeutel 1.76, 55
Winde 53.4, 55.11
Winde 29.8
heiße Winde
Winde 29.8
schwule Winde
Winde 29.8, 30.6
warme Winde
Windei 17.24, 17.25, 65.1
Windel 59.22
Windel 18.13
Windel-Mercedes
Windelbeschauer 18.20
Windelbrei 55
Windelgibber 70.11
Windeln 18.15
Windelpüree 55
Windelriecher 18.20
windelweich 80.58
windelweich schlagen
Windelzupfer 18.20
Windfang 1.40, 59.9, 59.17, 59.21, 59.25
Windharfe 72.10
Windhund 10.9
windig 3.6, 4.8, 4.24
windig 4.9, 4.25
windige Stute
Windling 1.73
Windmacher 1.83
Windregulierungspillen 55
Windsbraut 46.4, 46.7, 53.11, 53.15
Windwurm 82.7
Winkel 41.6
einen gestreckten Winkel bilden
Winkel 72.23
Frau im Winkel
Winkel 32
Glück im Winkel
Winkel 29.8
heißer Winkel, warmer Winkel
Winkel 72.24
Mann im Winkel
Winkel 26.17
zwei gestreckte Winkel bilden
Winkeldirne 48.2
Winkelhur 48.2
Winkelnutte 48.2
Winker 1.39, 1.40
Winkerin 48.2
Winknuttchen 48.2
Winteranzug 59.12
Wintergedicht 59.9
Wintergehäuse 59.12
winterhart 10.1
Winterkirschen 35.4, 35.8, 35.21, 72.4, 72.26, 76.3
Winterkirschen 35.18
jemandem Winterkirschen füttern
Winterkirschen 76.2
Winterkirschen knabbern
Winterkirschen 35.12, 35.18
Winterkirschen pflücken
Winterkurort 53.19
Winterliebe 53.19
Umschlagplatz der Winterliebe
Wintermantel 59.9
warmer Wintermantel der Bundeswehr
Winterschlaf 64.23
Wintersport 53.19
Wintersportlerin 53.19
Wipfi 19.10, 28.4, 28.9
Wippchen 59.33
Wippe 2.2, 6.8, 26.1, 48.2, 59.7, 80.82, 80.85
wippen 26.25, 26.31, 80.58
wippend 59.5
wippende Reitgerte
Wipperin 2.2, 6.8, 48.2
Wipprock 59.33
Wippsterz 4.26
Wirbelsäulenleiter 59.43
Wirsing 1.32
Wirt 41.11
Wirt 41
den Wirt bereichern
Wirtin 41.12
Wirtinnenverse 47.21, 54.1
Wirtschaft 7.1, 8.26
freie Wirtschaft
Wirtschaftsgeld 14.56
zu geringes Wirtschaftsgeld
Wirtschaftswunderbauch 1.60, 45
Wirtschaftswunderkasse 14.56
Wirtschaftswunderkuh 13.10
die Wirtschaftswunderkuh melken
Wirtschaftswunderpolster 1.60
Wirtschaftswunder-Trenchcoat 59.9
Wisch 59
Wisch 59.6
sich in Wisch schmeißen, werfen
Wischer 80.15, 80.39, 80.47, 80.61
wischerln 73.5
Wischlappen 62.2
Wischling 59.22
Wischmeier 72.23
Frau Wischmeier
Wischmeier 72.24
Herr Wischmeier
Wischmeier 72.23
Tante Wischmeier
wissen 21.4
wissen wie der Hase läuft, wissen wie die Karnickel Karnickel machen, wissen wo der Knoten sitzt, wissen woran's liegt, wissen wo die Musikanten wohnen, wissen aus

welchem Loch der Saft läuft, wissen wo Barthel den Most holt
Wissenschaft 20.6
an den Brüsten der Wissenschaft hängen
Wissenschaft 21.1
an den Brüsten der Wissenschaft saugen lassen
Wissenschaft 20.4
die Brüste der Wissenschaft
Witfrau 14.74
Witmos 14.74
Witsche 1.66, 2.2, 48.2
Witscheriwitsch 1.66, 2.2, 19.9, 28.4, 48.2
wittern 47.35
Unrat wittern
Wittib 14.74
Wittiber 14.75
Wittmann 14.75
Wittum 14.74
Witwe 14.74
Witwe 29.3
lustige Witwe
Witwenball 53.6
Witwenklub 53.3, 55.11
Witwenkonfekt 55
Witwensömmerli 52.1
Witwentröster 24.5
Witwer 14.75
Witz 1.66, 19.7
Witz 47.21, 54.1
dreckiger Witz
Witz 22.1
sich Witz kaufen
witzeln 36.8
den Kitzler witzeln
witzen 17.8, 26.25
Witzfigur 6.11
Witzjäger 6.12
Witzl 1.66
Witzler 36.6
Kitzler-Witzler
Witzling 6.12
wo 18.16
wo (wie, warum) liebst du's?
Woche 23.5
laufende Woche
Woche 42
lieber in der Woche ficken, als sonntags arbeiten
Wochen 17.16
in die Wochen kommen, in den Wochen liegen
Wochen 17.23
in unrechte Wochen kommen
Wochen 38.2
tausend Wochen alt
Wochenausgang 17.20
Wochenbett 17.16
Wochenbett 17.20
aus dem Wochenbett beten (gehen, lesen, leiten, segnen)
Wochenbettsuppe 55
Wochenendkoffer 60.6
Wochenend-und-Beischlaf-Utensilienkoffer 60.6
Wochenfluß 17.15
Wochenflut 17.15
Wochengabe 17.20
Wochengang 17.20
Wochenhilfe 18.21
Wochenkirche 17.20
Wochenkirchgang 17.20
Wochenleck 17.15
Wochenlohn 41.7
über den Wochenlohn nachdenken
Wochensuppe 51.3
Wochenübersicht 59.15, 62.10, 78.3
gedrängte Wochenübersicht
Wöchnerin 17.12
Wogen 26.40
Öl auf die erregten Wogen gießen
Wogen 26.25
Öl auf die Wogen schütten
Wogge 1.42
wohin 72.5
wohin gehen, wohin müssen
wohl 49.25
ihm ist nicht wohl in seiner Haut
Wohlgefallen 26.23
sich in Wohlgefallen auflösen
wohlgefüllt 1.58
wohlgefüllte Bluse
wohlgefüllt 59.10
wohlgefüllter Ausschnitt
wohlgekurvt 1.83, 29.10
wohlgekurvter Landeplatz
wohlgekurvt 1.58
wohlgekurvt vorbelastet
wohlgenährt 59.10
wohlgenährter Ausschnitt
wohlgestriegelt 26.43
wohlgestriegeltes Pferdchen
wohlhabend 45.5
wohlhabend 16.9
wohlhabender Abtreiber
Wohlstandshügel 1.58, 1.60, 1.83
Wohlstandsmüll 8.9, 13.4, 14.72, 62.10
Wohncouch 41.2
Wohncouch mit Kochklosett
wohnen 41
wohnen 41
schwarz wohnen
wohnen 21.4
wissen wo die Musikanten wohnen
Wohnfabrik 41.1
Wohnhaus 41.1
Wohnheim 41.22
Wohnhemd 59.17
Wohnhochburg 41.1
Wohnkiste 41.1
Wohnkratzer 41.1
Wohnlokus 41.2
Wohnlokus mit Kochnische
Wohnmaschine 41.1
Wohnmaschine 41.1
sterilisierte Wohnmaschine
Wohnnische 41.2
Kochlokus mit Wohnnische
Wohnsilo 41.1
Wohnung 41.2
Wohnung 41.2
eigene Wohnung
Wohnung 41.2
meine Wohnung
Wohnung 41.2
verschmutzte Wohnung
Wohnung 41.2
Wohnung eines Junggesellen
Wohnungsamt 41.23
Wohnungshochhaus 41.1
Wohnungslosigkeit 41.24
Wohnungsnot 41.24
Wohnungstür 1.69
Wohnungstür 22.14
die Wohnungstür aufbrechen, einrennen
Wohnungstür 26.25
die Wohnungstür aufmachen (aufschließen)
Wohnungsverhütungsamt 41.23
Wohnungsvertröstungsamt 41.23
Wohnwagen 46.4, 53.16
Wolf 7.12
sie sind wie Wolf und Schaf
Wolferl 1.44
Wolfsbraut 82.1
Wolfskirsche 52.2
Wolfsmilch 52.2
Wolfssegen 82.9
Wolfswitterung 1.81
Wolfswurzel 1.73, 29.10, 36.12
Wolfswurzel 36.4
an der Wolfswurzel knabbern
Wolke 1.5, 6.2, 6.3, 8.6, 8.19
Wolkenbruch 35.22
Himmel, Arsch und Wolkenbruch!
Wolkenengel 46.7, 53.11
Wolkenkratzer 1.11, 59.7
Wolkennutte 53.11
Wolkenstößer 59.7
wolkig 1.7, 6.1, 19.3
wolkig 6.2
wolkige Perle
wolkig 6.3
wolkiger Stern
Wolle 1.26, 1.65
Wolle 1.29

Apo-Wolle
Wolle 45.5
er sitzt in der Wolle
Wolle 11.11, 14.58
sich in die Wolle kriegen
wollen 59.21
wollenes Halstuch
Wollfärberei 61.3
Wollkämmer 61.3
Wollkrabbe 61.3
wollreißen 26.45
Wollustbremse 23.8, 35.8, 49.21, 59.29, 59.34, 59.35
Wollusthügel 55
Wollustknödel 48.2
Wollusttropfen 26.18
Wollustzange 48.2
Wollzotten 59.2
Wonne 12.20
Wonnebalken 72.15
Wonnebibber 1.58, 70.5
Wonnebibber 37.4
im Wonnebibber rutschen
Wonnebolzen 1.5, 6.2
Wonnegebirge 1.58, 1.83, 29.10, 35.10, 70.4, 70.5
Wonnegrunzer 54.2
Wonnekleister 1.70, 1.78, 30.8, 36.12, 55, 78.3
Wonnekleister 36.4, 36.8
jemandem Wonnekleister füttern
Wonneproppen 1.5, 6.2, 9.8, 12.20, 18.3
Wonneschaukel 14.41, 14.42, 41.5
Wonneschwanz 6.3, 8.19
Wonnewedler 12.37
wonnig 1.7, 6.1, 19.3
wonnig 6.2
wonnige Puppe
wonnig 6.3
wonniger Boy
Wort 54.1
obszönes Wort
Worte 26.27, 54.8
Lied ohne Worte
Worte 12.17
schöne Worte machen
Wort Gottes 49.6
Wort Gottes vom Lande
wortlos 12
wortloses Liebesspiel
Wotan 1.48
Wubuk 60.6, 61
Wucherküste 53.8, 53.17
Wucht 1.5, 6.1, 6.2, 6.3, 80.61
Wucht 80.58
eine Wucht geben
Wuchtbulle 6.3, 8.19
Wuchtbrumme 1.5, 6.2
Wuchteln 1.58, 70.5
Wuchtkumpf 12.37
Wuckerln 1.29
wühlen 61.9
wühlen 62.12
im Dreck wühlen
Wühlmaus 61.7
Wühlmixtur 72.8
Wühlpulver 72.8
wulert 4.8
Wulst 1.73
Wulster 59.19
Wummwumme 14.42, 41.5
Wumpf 1.73
wund 3.4
wunder Punkt
Wunde 1.66, 25.8, 80.15
Wunde 24.1
den Finger in die offene Wunde legen, in der alten Wunde bohren
Wunde 25.1
in der alten Wunde bohren, einer den Finger auf die offene Wunde legen
Wunde 1.66
offene Wunde
Wunden 3.6
er liegt den ganzen Tag auf der Wunden
Wundenbienlein 50.1
Wunder 1.49
halsloses Wunder
Wunder 26.22
Kein Wunder, daß ihm der Kamm schwillt.
Wunder 59.30
Wunder der Technik
Wunderblume 1.63, 1.73, 36.12
Wunderblume 36.4, 36.8
an der Wunderblume nagen
Wunderblume 26.25
die Wunderblume begießen
Wunderdohle 59.7
Wunderhorn 1.73, 29.10, 36.12
Wunderhorn 36.12
des Knaben Wunderhorn
Wunderkind 19.8
Wunderpille 57
Wundertüte 1.66
Wunneberg 1.5, 2.2a, 6.2
Wunsch 26.40
den Wunsch von den Augen ablesen
Wunsch 72.4
der große Wunsch
Wunsch 73.4, 73.5
kleiner Wunsch
Wünsche 12.38
jemandes sexuelle Wünsche erfüllen
Wünsche 12.44
jemandes sexuelle Wünsche nicht erfüllen
Wunschgenerator 1.59
wuppen 80.58
Wurf 1.42
Wurfprämie 18.21, 51.2
Würgegriff 80.78
Würgeknochen 59.20
würgen 80.77
Würger 80.80
wurlen 3.6
es wurlt ihr
wurlert 4.8
wurlert 17
wurlerte Wassersucht
wurlert 3.6
wurlert sein
wurlet 4.9, 54.7
wurleter Propeller
Wurliblume 1.63, 1.66, 1.73, 19.9, 28.4, 36.12
Wurliblume 30.4
an der Wurliblume grasen
Wurliblume 36.4, 36.8
an der Wurliblume nagen
Wurliblume 26.25
die Wurliblume begießen
Wurlitzer 1.66, 2.2, 25.8, 30.8, 48.2, 54.8
Wurlitzer 26.25
auf der Wurlitzer orgeln
Wurlitzer 24.1
die Wurlitzer polieren
Wurlitzer 25.1
einer die Wurlitzer polieren, einer an der Wurlitzer drehen
Wurlitzer 27.3, 39.12
verorgelte Wurlitzer
Wurm 1.73, 18.3, 64.19
Würmchen 18.3
Würmer 24.1, 25.1, 26.25, 47.40, 64.9
sich die Würmer aus der Nase ziehen
Würmer 26.25
die Würmer aus der Pfeife, aus dem Schwanz ziehen
Wurst 1.73, 2.2, 2.5, 29.10, 35.21, 36.12, 72.4, 76.3
Wurst 36.4
an der Wurst knabbern
Wurst 24.1, 25.1
die Wurst pellen
Wurst 25.1, 26.9, 26.20
die Wurst stopfen
Wurst 7.9
eine Wurst aufgabeln
Wurst 14.49
hausschlachtene Wurst
Wurst 26.10
Jetzt geht's an die Wurst.
Wurst 4.16, 12.14
mit dem Schinken nach der Wurst werfen
Wurst 4.16, 12.14
mit der Wurst nach dem Schinken werfen

Wurst 7.8
sich dem Wettlauf um die Wurst anschließen
Wurst 26.36
Was in der Wurst ist, weiß nur der Schlächter.
Wurst 7, 7.7
Wettlauf um die Wurst
Wurst 2.2, 59
Wurst in Pelle
Wurst 23.6
Wurst mit Tunke
Wurst 1.75
Wurst ohne Pelle
Wurst 29.7
Wurst wider Wurst
Wurst 59.43
2 Eier und 1 Wurst
Würstchen 2.2, 4.7, 6.15, 19.4, 72.5, 76.3
Würstchen 76.3
Frankfurter Würstchen
Würstchen 35.18
jemandem Würstchen füttern
Würstchen 35.18
jemandem Würstchen mit Senf füttern
Würstchen 1.63
Sex-Würstchen
Würstchen 28.4, 29.3, 29.9
warmes Würstchen
Würstchen 76.2
Würstchen essen
Würstchen 35.4, 35.21, 72.4, 76.3
Würstchen mit Senf
Würstchenbude 72.12
Würstchenbude 29.8
warme Würstchenbude
Würstchenfrau 72.23
Würstel 17.8, 26.25
ein Würstel riemeln
Wurstfinger 1.55
Wursthaut 59.10, 70.4
Wurstkessel 29.8, 53.7
Wurstkleid 59.10
Wurstl 1.73, 54.7
Würstl 2.2, 48.2
Würstl 22.14
das Würstl riemeln
Würstl 22.18
geriemeltes Würstl
Wurstmasseur 25.7, 48.4
Wurstmaxe 2.5, 72.24
Wurstpelle 1.75, 59, 59.10, 59.11, 59.16, 70.5
Wurstpellenbluse 59.23
Wurstpellenpulli 59.16
Wurstsalat 1.73, 29.7, 31.5
Wurstspritze 72.9
Wurzel 1.73
Würzel 1.73
Wurzel 16.13
abgehackte Wurzel
Wurzel 27.3, 39.13
ausgedörrte Wurzel
Wurzel 24.1, 25.1
das Übel an der Wurzel packen
Wurzel 16.11
die Wurzel abhacken, die Axt an die Wurzel legen
Wurzel 26.9, 26.10
die Wurzel freilegen
Wurzel 1.73
Wurzel allen Übels, Wurzel des Mißvergnügens
Wurzeln 26.25, 41
Wurzeln schlagen
Wurzelschlager 26
Wurzelsepp 39.5
Wurzn 48.8
Wurz'n 45.5
Würznägelein 52.6
Wusch 4.25, 48.2
wuschelig 1.29
Wuschelkopf 1.29
wuschen 80.58
Wuscherl 4.25
Fräulein Wuscherl
Wuscherl 48.2
Fräule Wuscherl
Wuscht 1.42
Wüste 11.18, 13.3
jemanden in die Wüste schicken
Wutz 62.13, 71.1
wutzen 47.21, 54.1
Wutzerei 62.8, 71
Wuwelackes 82.3
wuzzeln 24.1, 25.1
wuzzeln 24.1, 25.1
den Gari wuzzeln
wuzzeln 24.1
den Jud wuzzeln
wuzzeln 24.1
die Truhe wuzzeln
wuzzeln 25.1
einer den Jud wuzzeln
wuzzeln 25.1
einer die Truhe wuzzeln
Wuzzerl 2.2
W.W.K. 14.56

X

Xanthippe 11.12, 14.50
Xanthippe 62.2, 73.8
Xanthippes Becken
X-Beine 1.86
X-Haxen 1.86

Y

Ypsilonwald 1.65

Z

Z 47.41
Zacharias 80.62
Zacharias 26.25
den Zacharias ausschleimen
Zacharias 24.1, 25.1
den Zacharias polieren
Zacharias 80.58
den Zacharias riechen lassen
Zacherl 1.73
Zachlinder 59.7
Zacken 35.8
Zagerl 1.73
zahlen 13.8
Angelblei (Bergegeld, Kriegsentschädigung) zahlen
zahlen 13.7
Bauzmiete (Busengeld, Kurtaxe, Schustersteuer) zahlen
zählen 1.58
bei der kann man die Rippen zählen
zählen 3.4
den Puls zählen
zählen 1.86
ihn kann man nehmen, um die Schweine zu zählen
zahlen 15.5
Schulgeld zahlen
zahlreich 45.5
er ist zahlreich
zahlreich 17.2
zahlreiche Familienmutter
zahlreich 17.3
zahlreicher Familienvater
Zahltag 45
zähmen 80.10
zähmen 80.11
sich zähmen lassen
Zähmung 59.30, 59.31
der Widerspenstigen Zähmung
Zahn 2.2
Zahn 8.9
abgeschraubter Zahn
Zahn 17.12, 22.18, 47.26
angebohrter Zahn
Zahn 21.1
auf den Zahn fühlen
Zahn 22.14, 26.25

den Zahn anbohren
Zahn 13.13
den Zahn schleifen
Zahn 39
der Zahn der Zeit
Zahn 11.8
einem Rivalen einen Zahn abschrauben (ziehen)
Zahn 17.8
einen Zahn anbohren, einen Zahn plombieren
Zahn 4.6, 10.8
fauler Zahn
Zahn 64.23
hohler Zahn
Zahn 14.23, 14.48
legitimer Zahn
Zahn 4.17, 6.17
scharfer Zahn
Zahn 4.6
stumpfer Zahn
Zahnbürste 1.48, 62.2
Zähne 1.44
Zähne 4.16
bis an die Zähne bewaffnet
Zähne 1.44
die dritten Zähne
Zähne 1.48
er hat Haare auf den Zähnen
Zähne 1.44
gute Zähne
Zähne 1.44
zum drittenmal Zähne kriegen
Zahnfleisch 48.5
auf dem Zahnfleisch laufen
Zahngasse 1.66, 36.12
Zahngasse 30.4, 36.8
auf die Zahngasse gehen
Zahngasse 7.5
die Zahngasse abklappern
Zahnpasta 62.2
Zahnpastagrinsen 1.44, 49.1
Zahnpastareklame 1.44
lebende Zahnpastareklame
Zahnplombierer 17.4
Zahnprothesen 1.44
sich Zahnprothesen anfertigen lassen
Zahnstocher 1.73, 29.10, 36.12, 80.40
Zahnstocher 36.4
den Zahnstocher benutzen
Zahnwerkstatt 63.14
Zähren 11.14
Zaires 1.27
zammeln 53.7
Zanck 2.2
Zaneme 1.44
Zange 1.66, 2.2, 4.17, 6.17, 11.12, 14.50, 31.2, 64.23, 80.70, 80.78
Zange 6.5
alte Zange
Zange 31.4
in die Zange nehmen
Zank 11.10
Zankeisen 11.12
zanken 11.11
sich zanken
zanken 11.11
sich zanken
zänkisch 11.12
zänkische Frau
zänkisch 11.13
zänkischer Mann
Zankthippe 11.12, 14.50
Zapf 18.3
Zapfen 1.73, 24.1, 25.1
Zapfen 24.1, 25.1
den Zapfen polieren
Zapfen 41.3
Grotte mit Zapfen
Zapfenstreich 22.13, 47.26
Zapfhahn 64.20
plombierter Zapfhahn
Zapfsäule 1.73, 29.10, 36.12
Zapfstelle 14.56, 41.2, 41.3, 45.3, 48.8, 60.4
Zapfstelle 36.4
sich an der Zapfstelle vollaufen lassen
Zappelgarten 18.17
Zappelinder 59.7
zappeln 64.17, 80.20
jemanden zappeln lassen
Zappelphilipp 18.4, 64.20
Zappelsuse 18.4
Zappeltrine 18.4
Zapperlinger 1.66
zart 6.19, 29.4, 30.3
zart 2.4, 2.7, 29.2
das zarte Geschlecht
zart 9
das zarte Pflänzchen Liebe
zart 13.1
zarte Bande knüpfen
zart 9
zarte Fäden
zart 1.39, 2.4
zarte Ohren
zart 29.3
zarter Knochen
zart 6.20
zarte Rose
zart 4.23
zarter Schwanz
Zärtelnest 14.45
Zärtelwochen 14.45
Zärtelwöchner 14.45
Zartflöte 1.73, 19.10, 28.4, 28.9, 29.10, 36.12, 54.8
zärtlich 54.8
zärtlich 80.58
eine zärtliche Meinung überbraten
Zasterklötzchen 45.1
Zauber 52.9
liebeszerstörender Zauber
Zauberei 50.16
Zauberflöte 30.6
zaubern 50.16
zaubern 12.38, 26.36
zaubern können
Zauberstab 1.73, 24.5, 30.5, 61.10
Zaubertrank 72.8
Zauch 2.2, 48.2
Zauche 2.2, 48.2
Zauck 48.2
Zauck 39.12
verwuzzelter Zauck
Zauck 27.3
verwuzzelte Zauck
Zaucke 2.2
Zaum 80.76
Zaum 36.10
die Zunge im Zaum halten
Zaum 80.84
einen Zaum anlegen
Zaum 64.18
sich einen Zaum anlegen
Zaum 64.17
sich im Zaum halten
zäumen 80.75
Zaumzeug 59.28, 59.32
Zaunpfahl 1.73
Zaup 2.2, 48.2
Zaupe 2.2, 48.2
Zawer 1.49
Zawerle 59.21
Zawerwinde 80.86
Zebedäus 1.73, 24.5
Zebedäus 26.25
den Zebedäus ausschleimen
Zebedäus 24.1, 25.1
den Zebedäus polieren
Zebedäus 26.25
den Zebedäus singen lassen
Zebrakleid 47.41
Zebraröhre 59.26
Zebrastreifen 59.20
Zebrastrick 59.20
Zeche 1.66
Zechinen 45.1
Zeckerl 1.66
Zeh 70.6
er fickt ihr am Zeh
Zehe 1.87, 2.2
Zehen 1.87
ungewaschene Zehen
Zehenblinker 58.11
Zehenklemmer 59.40
Zehenlecker 48.8
Zehenlutscher 70.6
Zehenquäler 59.40, 70.17
Zehenriecher 70.6
Zehensauger 48.8
Zehenschnüffler 70.6
Zehnlinge 59.38
Zehnminutenzünder 26.4
Zehrung 1.16
die Zehrung haben
Zeigefinger 1.55
Zeigefinger 45.6

Rheumatismus zwischen Daumen und Zeigefinger
Zeigefinger 25.8
Zeige- oder Mittelfinger
Zeigefinger 1.55, 25.8
Zeige- und Mittelfinger
zeigen 67.3
den Penis zeigen
zeigen 11.5, 14.11
die kalte Schulter zeigen
zeigen 35.22
jemandem den Auspuff zeigen
zeigen 59.10
sie zeigt viel Herz
Zeisel 80.21
Zeisig 2.2, 48.2
Zeit 45.1
Zeit 39.1
aus der alten Zeit
Zeit 48.2
Frau auf Zeit
Zeit 64.20
hinter der Zeit zurücksein, der Zeit nachhinken
Zeit 64.20
seiner Zeit voraus sein
Zeit 39
Zahn der Zeit
Zeit 17.16
Zeit der Entbindung
Zeitalter 17.5, 22.13
Anbruch des neuen Zeitalters
Zeiten 26, 53.8, 53.12
rosa Zeiten
Zeitlupe 48.8
Zeitraffer 48.8
Zeitungsanna 54.1
Zeitungsausträgerin 54.1
Zeitzünder 4.7, 6.15, 19.4, 64.20
Zellen 17.15
Zellen des Keimepithels, aus denen die Ovozysten entstehen
Zellenmolch 47.32
Zellophaner 80.80
Zellophanhelm 80.79
zellophanieren 80.77
Zelt 53.16
Zelte 11.19, 13.3
die Zelte abbrechen
Zelte 41
seine Zelte aufschlagen
zelten 41
Zeltstuhl 72.12
Zementfabrik 41.1
Zementfliege 59.20
Zementkragen 59.19
Zementpritsche 53.16
Zementständer 26.22
Zementstange 26.22
Zementstrick 59.20
zempe 6.1
zempern 52.4, 80.58
Zenober 45.1
zensieren 47.35
Zensor 47.34
Zensur 47.35
Zentralhahn 8.20
Zentralpink 6.3
Zentrum 59.7
Männerhut mit eingepreßtem Zentrum
Zepter 1.73
zerbleuen 80.58
zerbrechen 26.33
sich den Kopf zerbrechen
zerbrochen 63.1
zerbrochene Pfeife
zerfranst 59.6
zergehen 1.45, 36.4
auf der Zunge zergehen lassen
zerlumpt 59.6
zerlumpte Frau
Zerquetschte 45.1
zerreißen 11.1
jemandem das Herz zerreißen
zerreißen 36.12
sich das Maul zerreißen
zerrissen 1.23, 63.1
zerrissen 59.8
zerrissene Handschuhe
zerrissen 59.26
zerrissene Hose
zerrissen 59.17
zerrissenes Hemd
zerrissen 11
zerrissenes Herz
zerrissen 16.1
zerrissenes Kondom
zerrissen 59.38
zerrissene Socken
zerschabern 80.66
zerschlissen 59.19
zerschlissener Kragen
zerschmieren 80.58
zerschneiden 11.20, 13.3, 14.70
das Bettuch zerschneiden
zerschneiden 13.3
das Laken, das Tischtuch zerschneiden
zerschneiden 14.70
das Tischtuch, das Bettlaken zerschneiden
zerstören 80.58
am Boden zerstören
Zerstörungslust 80.2
Zerstreuung 36.8
im Becher Zerstreuung suchen
Zervix 17.15
Zettel 45.1
Zettel 45.1
halber Zettel, ganzer Zettel
Zeug 1.73
Zeug 19.6
aus dem Zeug rauswachsen
Zeug 26.25, 26.40
ficken was das Zeug hält
zeugen 51.2
Nachwuchs zeugen
Zeughaus 59.3
Zeugung 17
Zeugungshelfer 17.7
Zeugungshilfe 17.7
Zibbe 2.2
Zibbel 1.73
Zibbel 4.21, 64.13
banger Zibbel
Zichoriensitzer 48.8
Zickendraht 4.7, 6.15, 14.32, 19.4
Zickendrahtzieher 14.32
Zickenfarm 20.2, 41.22
Zickenverlade 53.6, 54
zickig 4.13, 6.13, 12.5
zickig 6.15
zickiger Sack
zickig 12.3
zickige Schraube
Ziege 2.2, 48.35
Ziegel 64.10
loser Ziegel
Ziegenbock 34.4, 51.3
Ziegendoktor 63.12
Ziegenhainer 80.62
Ziegenkötel 55
Ziegenpeter 48.21
Ziegenpisse 55
Ziegenstall 41.3, 41.22
Ziegler, Adolf 51.2
zieh 16.3
zieh zurück!
Ziehe 20.1, 47.42
ziehen 31.4
ziehen 12.6, 14.8
alle Register ziehen
ziehen 14.59
am gleichen Strang ziehen
ziehen 25.1, 31.4
am gleichen Strick ziehen
ziehen 24.1, 25.1
am Schwanz ziehen
ziehen 47.40
aus dem Verkehr ziehen
ziehen 13.11
den Böcken das Fell über die Ohren ziehen
ziehen 16.3
die Karre aus dem Dreck ziehen
ziehen 25.1, 26.25, 64.9
die Würmer aus der Nase ziehen
ziehen 26.25
die Würmer aus der Pfeife, aus dem Schwanz ziehen
ziehen 12.26
eine an Land ziehen
ziehen 11.8
einem Rivalen einen Zahn ziehen
ziehen 36.12
ein schiefes Maul ziehen

ziehen 35.22
jemanden durch die Scheiße ziehen
ziehen 15.7
Konsequenzen ziehen
ziehen 11.19, 48.5
Leine ziehen
ziehen 48.5
Linie ziehen
ziehen 41.6
nach Bethlehem, nach Bettenhausen, nach Federhausen, nach Kissingen ziehen
ziehen 59.6
seine Socken ziehen Wasser
ziehen 24.1
sich die Würmer aus der Nase ziehen
ziehen 80.54
wir wollen dem Herrn mal einen Scheitel ziehen
Zieherkneipe 55.11
Ziehharmonika 1.66, 2.2, 24.2, 25.3, 25.8, 30.8, 54.8, 59.25
Ziehharmonika 54.8
die Ziehharmonika spielen
Ziehharmonika 47.40
jemanden ausquetschen wie 'ne Ziehharmonika
Ziehharmonika 26.9
mit der Ziehharmonika spielen
Ziehharmonika 24.1, 25.1, 26.25
Ziehharmonika spielen
Ziehharmonikaärmel 59.14
Ziehharmonikafutteral 59.9
Ziehharmonikagehäuse 59.12
Ziehharmonikahemd 59.17
Ziehharmonikahose 59.26
Ziehharmonikajacke 59.13
Ziehharmonikakleid 59.10
Ziehharmonikasocken 59.38
Ziehharmonikaweste 59.15
Ziehmutter 48.24
Ziehtag 41
Zielscheibe 1.66, 51.3
zieren 12.44
sich zieren
Zierleiste 58
Zierpuppe 18.4
Ziertaschentuch 59.22
Zierum 59.13
Zierwedel 58.14
Ziesemann 1.73, 19.10, 28.4, 28.9
Ziesemann 73.13
Herr Ziesemann
Zifferblatt 1.33, 1.66
Zifferblattwäsche 62.1
Zigarette 56
Zigarettenfilter 1.59, 23.8, 56
Zigarettenhalter 64.19
Zigarettenstange 59.26
Zigarre 56
Zigarrenabschneider 56, 63.10, 80.55
Zigarrenbauchbinde 56
Zigarrenkiste 41.1
Zigeunerin 48.2, 51.1
Zilis 80.62
zimbeln 80.58
Zimmer 41.3
Zimmer 14.3
das eigene Zimmer
Zimmer 41.3
gefangenes Zimmer
Zimmer 14.3
mein Zimmer
Zimmer 41.3
möbliertes Zimmer
Zimmer 41.3
ungeniertes Zimmer
Zimmer 41.3
unwohnliches, ungeheiztes Zimmer
Zimmer 41.3
enges, kleines, verschmutztes Zimmer eines Junggesellen, einer Freundin
Zimmerblüte 41.20
Zimmerdame 35.6
braune Zimmerdame
Zimmerfee 41.20
Zimmerflak 72.10
Zimmergenosse 41.14
Zimmerhäschen 41.20
Zimmerherr 41.13
Zimmerherr 29.3, 35.6
brauner Zimmerherr
Zimmerkätzchen 41.20
Zimmerliese 64.13
Zimmerlinde 14.48, 41.12, 41.20
Zimmermädchen 41.20, 48.2
Zimmermannsbleistift 1.73
Zimmermannsbleistift 42
Das hast du wohl mit dem Zimmermannsbleistift gemacht!
Zimmermannshose 59.26
Zimmermannshut 59.7
Zimmerpalme 41.20
Zimmersport 26.27
Zimmersportgerät 1.63, 1.66, 1.73, 25.8, 30.8
Zimmersportplatz 41.5
Zimmertanne 41.20
Zimmertheater 70
Zimmerveilchen 41.20
Zimperlieschen 4.20
Zimperliese 4.20
Zimperliesl 4.20
Zimt 45.1, 58, 58.1
Zimt 45.5
ihm blinzelt, sieht, kiekt der Zimt aus dem Hosenschlitz
Zimt 58.8
Zimt am Ohr
Zimtfessel 14.36, 58.4
Zimtschlips 58.6
Zimtzicke 4.6, 5.2, 6.14, 12.3, 12.42, 21.11
Zinke 1.55
Zinken 1.40, 1.73
Zinken 1.54
Gabel mit fünf Zinken
Zinker 47.39
Zins 1.31
Zinskaserne 41.1
Zipfel 1.73, 55.1
Zipfelmütze 1.66, 16.1, 59.7
Zipfelnille 1.75
zipp 4.13, 49.3, 49.15
Zippelnülle 1.75
Zip-zip-hurra 59.3
Zirkumzision 63.11
Zirkumzisionsmesser 63.10
Zirkus 48.25, 54.7, 67.5, 68.4
Zirkus 17.27
Dich hat deine Mutter wohl beim Saltomortale im Zirkus verlòren.
Zirkus 64.3
Zirkus der weißen Mäuse
Zirkus 54.7
Zirkus mit zwei Ringen
Zirkus 48.10, 63.14
Zirkus Salvarsani
Zirkusclown 68.4, 67.5
Zirkusgaul 59.6
aufgeschirrt wie ein Zirkusgaul
Zirkuspferd 59.6, 67.5, 68.4
Zirkusrammler 67.5, 68.4
Zirze 4.6
flaue Zirze
zischen 73.5
Zischer 80.64
Zischerwachel 1.73
Zither 1.66, 2.2, 25.8 30.8, 54.8
Zither 24.1
an der Zither zupfen
Zither 54.8
die Zither spielen
Zither 25.1
einer an der Zither zupfen
Zither 26.9
mit der Zither spielen
Zither 24.1, 25.1, 26.25
Zither spielen
Zitherspieler 25.4
Zitrone 27.3, 39.12
entsaftete Zitrone
Zitrone 47.40
jemanden ausquetschen wie 'ne Zitrone
Zitronen 1.58, 47.4, 48.35
Zitronenfalter 59.30

Zitronenrinde 59.23
Zitronenschleifer 48.21
Zitronenstiefel 53.8
Zitteraal 1.73, 29.3, 29.9, 35.6, 35.9, 48.4
Zitterarsch 29.3, 35.6
Zitterbraut 46.4, 53.15
Zittergreis 39.5, 39.13
Zitterjule 46.4, 53.15
zittern 26.25, 26.31
Zitternadel 1.68, 1.73
Zitterpudding 1.58, 1.83, 35.21
Zitterpudding 35.18
am Zitterpudding lecken
Zitterrochen 29.3, 29.9, 35.9, 48.4, 54.8
Zittertruppe 54.8
Zitzen 1.58, 70.5
Zitzenfick 37.3
Zitzenspritzer 37.3
Zivilbrocken 59.1
Zivilfurzer 35.22
Zivilgelumpe 59
Zivilhelm 59.7
Zivilhut 59.7
Zivilklamotten 59.1
Zivilkleidung 59
Zivilkleidungsstücke 59
Zivilkleidungsstücke im Soldatenvokabular
Zizis 1.65
Zobel 2.2, 4.9, 48.2
Zockeltag 41
Zogerer 80.87
zogern 80.84
Zölibat 50.10
Zölibaterium 51.3
Zölibatorium 63.14
Zölibatsablaß 50.10
zollen 24.1
jemandem Tribut zollen
Zollschein 48.9, 48.10
Zollschranken 64.18
die Zollschranken beseitigen
Zone 3.4
erogene Zone
zoophil 34.2
zoophil 34
zoophile Gruppe
zoophil 34.1
zoophiler Mensch
Zoophilie 34
Zoophilie 34.6
unbewußte Zoophilie im Umgangsvokabular
Zoosadismus 34.5
Zoosadist 34.5
Zopf 1.29
Zopf 5.1
zweibeiniges Lexikon mit Zopf
Zopfabschneider 70.18, 80.49
Zöpfchen 26.30
Zorn 6.4
von Gott im Zorn erschaffen
Zößchen 2.2, 48.2
Zote 47.21, 54.1
Zoten 54.1
Zoten erzählen
Zoten 47.21
Zoten reißen
Zott 6.5
alte Zott
Zotte 4.25, 62.13, 71.1
Zotteln 1.27
Zottelpelz 1.48
Zotten 1.27, 1.65
Zottenhaut 17.15
zu 4.12, 22.12
zu 4.14, 26.33
zu'e Tür
zu 2.2
zu'ne Tür
zublinzeln 12.11
einander zublinzeln
Zubringetag 41
zubuttern 12.23, 14.32
Zucht 31, 80.1, 80.21
Zucht 80.10
der Zucht unterstellen, in Zucht nehmen
Zucht 80.11
sich der Zucht unterwerfen
Zuchtbulle 17.4
zuchteln 26.25
zuchten 26.25
Züchtfrau 52.7
Zuchthaus 20.1, 47.41, 48.26, 80.91, 80.94
Zuchthauskaftan 59.16
Zuchthausstaude 59.17
züchtigen 80.10
züchtigen 80.11
sich züchtigen lassen
Zuchtl 4.25
Züchtling 80.7
Zuchtmeister 80.5
Zuchtmeisterin 80.4, 80.63
Zuchtrute 80.62
Zuchtsau 17.2, 51.2
Zuchtsauorden 51.2
Zuchtsauprämie 18.21
Zuchtwahl 7
zucken 25.8
es zuckt mir die Hand
Zucker 6.1
Zucker 64.9
den weißen Mäusen Zucker geben
Zucker 12.19, 35.22
Zucker in den Arsch blasen
Zuckerbäckerei 41.3
Zuckerbüchse 6.2
Zuckerdattel 6.2
Zuckerdose 6.2
Zuckerfeige 6.2
Zuckergäste 71.3
Zuckerguß 9.10
Zuckerguß fürs Gemüt
Zuckerhut 1.73, 29.10, 36.12
Zuckerlecken 36.10
Das ist kein Zuckerlecken!
Zuckerlöffel 1.86
Zuckermund 1.42
Zuckerpuppe 6.2
Zuckersack 6.3, 8.19
Zuckerstangl 1.73, 29.10, 36.12
Zuckerstein 1.73, 29.10, 36.12
Zuckerstein 36.4
am Zuckerstein lutschen
Zudecke 41.5
zudecken 80.20
zudecken 6.19
mit dem Mantel der Liebe zugedeckt
zudecken 80.11
sich zudecken lassen
zudecken 45.6
sie deckt sich mit dem nackten Arsch zu
zudrehen 80.69
den Daumenstock zudrehen, den Beinstock zudrehen
zudringlich 4.16
zudringlich 4.17
zudringliche Frau
zudringlich 4.18
zudringlicher Mann
zuerkennen 80.10
Strafe zuerkennen
Zufahrt 1.82
Zufahrtsrampe 1.82
Zufallsbekanntschaft 7.10
Zufallsmusik 54.8
zufliegen 9.2
alle Herzen fliegen ihr zu
zu Fuß 1.87
Zug 26.27, 80.82
Zug 31.4
einen Zug machen
Zug 48.6
Zug durch die Gemeinde
Zug 26.25
zum Zug kommen
Zugabe 14.32
Zugang 8.7, 8.20, 23.8, 35.8
verbauter Zugang
zugänglich 4.11, 31.3
zugänglich 4.12
zugängliche Frau
Zugangstag 41
zugeknöpft 4.13
zugeknöpft 23.1
zugeknöpft sein
Zügel 80.76
Zügel 64.18
sie hat die Zügel schießen lassen
zügeln 80.75
zugenäht 4.13, 72.7
zugenäht 23.1
zugenäht sein
zugeritten 22.18
zugerittene Stute
zugestöpselt 72.7
zugewachsen 1.48

zugewachsene Oberlippe
Zugheuschrecke 48.2
zugreifen 25.1
mit beiden Händen zugreifen
Zugvogel 10.9, 41.25, 46.4, 48.2
zuhaben 23.1
zuhalten 26.25
Zuhälter 48.21
Zuhälter 48.21
erfolgloser, erpresserischer, farbiger Zuhälter
Zuhälter 28.6
Zuhälter einer Minderjährigen
Zuhälterei 48.20
Zuhälterlokal 48.32
Zuhältermütze 59.7
Zuhältersprache 48.35
zuklemmen 11.2
das Loch zuklemmen
zukommen 80.58
Prügel zukommen lassen
Zukunft 12.41
die große Zukunft schon hinter sich haben
Zukunft 64.21
die Zukunft hinter sich haben
Zukunft 1.83, 29.10, 35.10
Fotze der Zukunft
Zukünftige 12.41
seine Zukünftige schon abgelegt haben
Zukunftsmusik 7.1, 54.8
Zulage 8.5, 8.18
zulaufen 1.16
spitz zulaufen
zulegen 17.9
sich einen Bauch zulegen, sich einen Kostgänger zulegen
zulegen 13.8
sich einen Schwanz zulegen
zulegen 7.6
sich eine zulegen können
zulegen 17.11
sie hat sich einen Bauch zugelegt
zulinsen 68.3
Zulp 1.58
zumessen 80.10
Strafe zumessen
Zumpel 1.73
Zumperl 1.73
Zumpf 1.73
Zumpf 36.4
den Zumpf ausblasen
Zumpfprothese 64.19
zunähen 64.17
Und da fast täglich, wie zum Hohn, ihm Knopf um Knopf abgeht, hat er seinen Hosenlatz verflucht und zugenäht.
Zünddeckel 59.7
zünden 80.58
zünden 9.3
es hat gezündet
Zunder 45.1, 80.61
Zündhut 1.28
Zündhütchen 59.7
Zunft 47.2
Zunft 48.5
in der Zunft sein
Zunft 48.2
Zunft vom roten Licht
zünftig 48
Zünftige 48.2
Zunge 1.45, 30.8, 35.21, 36.12, 76.3
Zunge 36.10
Angst bindet ihr die Zunge, Angst lähmt ihm die Zunge, ihm klebt die Zunge am Gaumen
Zunge 36.4
auf der Zunge haben, auf der Zunge zergehen lassen
Zunge 8.12, 14.23, 14.62
belegte Zunge
Zunge 1.45
beredte Zunge, feine Zunge, feurige Zunge, goldene Zunge, auf die Zunge legen, auf der Zunge haben, auf der Zunge zergehen lassen, der Zunge freien Lauf lassen
Zunge 30.4
der Zunge freien Lauf lassen
Zunge 36.6
die Zunge steht ihm
Zunge 36.8
eine auf der Zunge haben
Zunge 26.4, 36.8
es jemandem auf die Zunge legen
Zunge 35.19
goldene Zunge, akrobatische Zunge, beredte Zunge, elektrische Zunge, feurige Zunge, gelenkige Zunge, geölte Zunge, gelähmte Zunge
Zunge 36.10
goldene Zunge, beredte Zunge, elektrische Zunge, feine Zunge, feurige Zunge, gelenkige Zunge, akrobatische Zunge, gelähmte Zunge; glatt von der Zunge gehen
Zunge 36.12
ihr hängt die Zunge zum Hals raus, jemandem die Zunge lösen, sich auf die Zunge drängen, sich die Zunge verbrennen
Zunge 35.18
jemandem den Schinken auf die Zunge legen
Zunge 36.4, 36.8
jemandes Zunge freien Lauf lassen
Zunge 36.10
nicht über die Zunge bringen, die Zunge hüten, die Zunge im Zaum halten, schwer von der Zunge gehen, sich die Zunge ausrenken
Zunge 30.8
sich die Zunge verbrennen
Zunge 46.1
sie hat 'ne motorisierte Zunge
züngeln 30.4, 36.4, 36.8
Zungenakrobat 36.2, 36.6, 36.10
Zungenakrobatik 30.5
Zungenakrobatin 36.3, 36.7
Zungendrescher 12.2, 47.32
Zungenengel 36.3, 36.7
Zungenfee 36.3, 36.7
Zungenfertigkeit 1.45, 35.19, 36.10
Zungenfreier 1.45, 35.20, 36.2, 36.6, 36.11, 48.8
Zungengymnastik 36, 36.1, 36.5
Zungenheld 12.2
Zungeninstrument 36.12, 54.8
Zungenkuß 1.45, 26.4
Zungenpfeife 1.73, 29.10, 36.12, 54.8
Zungenpfeife 36.4
Zungenpfeife blasen
Zungensalat 26.4, 31.5
Zungenschlag 36.1, 36.5
Zungenspiel 36
Zungentrampel 35.17, 36.10
Zungentriller 36.1, 36.5
Zungenwurst 36.4
Zungenwurst essen
Zungenwurst 36.4
Zungenwurst machen
Zunzel 14.50
Zupf 26.25
den Zupf ausschleimen
zupfen 24.1, 25.1
zupfen 35.12
am Darm zupfen
zupfen 24.1
an der Balalaika (Fiedel, Geige, Gitarre, Harfe, Laute, Leier, Mandoline, Zither, Zupfgeige) zupfen
zupfen 35.12
den Rosert zupfen
zupfen 25.1
einer an der Balalaika (Fiedel, Gitarre, Harfe, Laute, Leier, Mandoline, Zither, Zupfgeige) zupfen
zupfen 25.1

einer die Spitzharfe zupfen
zupfen 24.1
sich zupfen
zupfen 24.1
Zupf dich an deiner eigenen Nase!
Zupfgeige 1.66, 1.73, 24.2, 25.3, 25.7, 25.8, 29.10, 30.8, 48.2, 54.8
Zupfgeige 54.8
die Zupfgeige spielen
Zupfgeige 25.1
eine an der Zupfgeige zupfen, Zupfgeige spielen
Zupfgeige 24.1
Zupfgeige spielen, an der Zupfgeige zupfen
Zupfgeigenhansel 24.3, 25.4, 54.8
Zupfgeigenliesel 25.3
Zupfinstrument 1.63, 1.66, 1.73, 25.8, 30.8, 35.14, 54.8
Zupfmatratze 25.8, 41.5
Zupfmichel 25.4, 25.7, 48.4
Zupfmichlerin 24.2
Zupfprothese 24.5
zurechtfummeln 12.41
jemanden mit Müh und Not zurechtfummeln
zurechtmachen 61
sich zurechtmachen
zureden 73.14
jemandem gut zureden
zureiten 22.14, 26.25, 47.26
zureiten 35.7
einen zureiten
zureiten 48.35
eine zureiten
zurichten 80.20
zurichten 80.11
sich zurichten lassen
zurück 16.3
zieh zurück!
zurückhaltend 54.8
zurückkommen 41.8
aus Bethlehem, Bettenhausen, Federhausen, Kissingen zurückkommen
zurückpudern 26.25
zurücksein 64.20
hinter der Zeit zurücksein
zurückstecken 64.17
ein Loch zurückstecken, ein paar Pfähle zurückstecken
zurückziehen 16.3
zurückziehen 11.19
sich zurückziehen
zusagen 17.11
bei ihr ist zugesagt
zusammenbeißen 26.25
zusammenbeuteln 26.25
zusammenbügeln 26.25, 47.26
zusammenbügeln 29.6, 35.7
einen zusammenbügeln
zusammenfetzen 26.25
zusammenhauen 26.25, 47.26, 80.58
zusammenhauen 29.6
einen zusammenhauen
zusammenhuscherln 26.5
zusammennehmen 25.1
die Knochen zusammennehmen
zusammenpassen 7.11, 35.22
zusammenpassen 7.12
nicht zusammenpassen
zusammenraufen 11.11, 14.58
sich zusammenraufen
zusammenreißen 26.25
zusammenreiten 26.25
zusammensacken 64.19
zusammenscheißen 35.22
jemanden zusammenscheißen
zusammenschlafen 41.7
sich einen Stiebel, eine Medaille, einen Traumhaufen zusammenschlafen
zusammenschlagen 80.81
die Luft über sich zusammenschlagen lassen
zusammenschwanzen 59.6
sich zusammenschwanzen
zusammenstauchen 80.58
zusammenstechen 47.26
zusammenstechen 29.6, 35.7
einen zusammenstechen
zusammenstecken 31.4
die Köpfe zusammenstecken
zuschieben 17.8
einer ein Päckchen zuschieben
zusein 23.1
Zusel 48.2
zusetzen 80.20
zu sich nehmen
eine Poportion zu sich nehmen
zusperren 11.11
das Loch zusperren
Zustand 22.11
intakter Zustand
Zustand 62.11
in unbeschreiblichem Zustand
Zustände 31
Zustände wie im alten Rom
zustecken 17.8
einer eins zustecken
Zusteher 8.20, 9.8, 48.2, 48.4
Zusteherin 9.8
zustopfen 18.5
viele Mäuler zustopfen
Zutreiber 48.21
Zuwaage 18.2
Zuwachs 51.2
Zuwachs-Arier
Zuwachsfabrik 14.42
Zuwiderwurzen 6.5
zuziehen 63.4
sich einen zuziehen
Zuzugstag 41
zu zweit 8.1
Zuzzel 1.73, 29.10, 80.76
Zuzzel 26.25
den Zuzzel ausschleimen
Zuzzel 24.1, 25.1
den Zuzzel polieren
Zuzzelei 36.1
zuzzeln 24.1, 25.1, 30.4, 36.4, 36.5, 36.8
zwacken 80.20
zwacken 80.11
sich zwacken lassen
Zwang 64.18
seinen Gefühlen keinen Zwang antun
Zwangeisen 14.36
Zwängling 59.13
Zwangsanstalt 41.22
Zwangsbenehme 47.42
Zwangseisen 58.4
Zwangsjacke 59, 59.13, 59.16, 59.23, 59.31, 70.5, 70.17, 80.86
Zwangsjacke 80.84
in die Zwangsjacke spannen
Zwangsrock 59.25
Zweck 1.73
Zweck 26.25
den Zweck reinhauen
Zweck 18.16, 53.5
zwei walten zu dem Zweck
zwecken 26.25
Zwecklos 55.11
Café Zwecklos
Zwehle 62.2
zwei 2.2
Brett mit zwei Linsen
zwei 31.1
Buch mit zwei Spalten
zwei 38.2
im zweiten Saft
zwei 17.11
sie füttert zwei
zwei 31.4
zwei Eisen im Feuer haben, zwischen zwei Feuer geraten, zwei unter einen Hut bringen, zwei Fliegen mit einer Klappe schlagen, auf zwei Hochzeiten tanzen
zwei 17.9
zwei füttern
Zwei 18.16
Zwei geilten miteinander viel, Zwei walten zu dem Zweck, Zwei wollten in die Blumen fallen
zwei 26.17
zwei gestreckte Winkel bilden

zwei 25.6
zwei linke Hände haben
zwei 14.47
zwei Seelen und kein Gedanke
zwei 31.5
zwei Spalten, Buch mit zwei Spalten
zweibeinig 63.12
zweibeiniger Doktor
zweibeinig 79.2
zweibeiniges Kalbfleisch
zweibeinig 5.1
zweibeiniges Lexikon mit Zopf
Zweidecker 48.4, 65.1, 65.4
zweifältig 31.3
Zweifelderwirtschaft 13, 14.59
zweifelhaft 6.22
von zweifelhafter Anziehungskraft
zweigeschlechtlich 46.4, 53.15
zweigeschlechtlicher Doppelsitzer
zweigleisig 6.22, 65.2
zweigleisig 14, 29.7
zweigleisige Ehe
zweigleisig 48.5, 65.3
zweigleisig fahren
Zweigleisigkeit 65, 66.6
Zweihundertachtzehner 16.9
Zweihundertachtzehnerin 16.9
Zweihundertdreiundfünfziger 47.4
Zweihundertsiebzehnerin 15.11
Zweikreissystem 65
Zweimäderlschwanz 8.27
Zweimannloch 8.14, 13.5, 14.62, 31.1
Zweimarkstück 45.1
Zweimaster 14.17
zweireihig 59.12
langer, zweireihiger Anzug mit schrägen Taschen
zweischläfrig 6.22, 65.2
Zweispänner 13.6, 14.42, 14.47, 14.63, 14.67, 65.1
zweispännig 6.22, 65.2
Zweispitz 59.7
zweispurig 6.22, 65.2
zweispurig 65.3
zweispurig verkehren
Zweitakter 65.1
Zweite 21.6
Kinsey der Zweite
zweiteilig 59.43
zweiteiliger Damenbadeanzug
Zweitfrisur 1.31
Zweitmädchen 8.10
Zweiundvierziger 47.43
Zweizylinder 31.2
Zwergdackel 1.12
Zwerge 82.8
Zwergenkönig 82.8
Zwetsche 1.66, 30.8, 36.12, 47.20
Zwetsche 36.8
die Zwetsche auslutschen
Zwetsche 24.1
die Zwetsche polieren
Zwetschen 25.1
einer die Zwetschen polieren
Zwetsche 7.4
Wettlauf um die Zwetsche
Zwetschengärtnerei 63.14
Zwetschenkonservierer 63.12
Zwetschenleckerin 36.11
Zwetschenlutscher 36.11, 48.4
Zwetschenmasseur 48.4
Zwetschenmus 1.70, 30.8, 36.12, 78.3
Zwetschenmus 36.8
jemandem Zwetschenmus füttern
Zwetschenpflanzung 63.14
Zwetschensaft 1.70, 30.8, 36.12, 78.3
Zwetschensaft 36.8
jemandem Zwetschensaft füttern
Zwetschenschnaps 1.70, 30.8, 36.12
Zwetschenschnaps 36.8
jemandem Zwetschenschnaps füttern
Zwetschenstreichler 48.4
Zwetschenstriegler 48.4
Zwetschensuppe 1.70, 30.8, 36.12, 78.3
Zwetschensuppe 36.8
jemandem Zwetschensuppe füttern
Zwetschenurinöse 73.9
Zwetschenwasser 78.3
Zwetschenwichser 48.4
Zwetschenzupfer 48.4
Zwetschenzuzzeln 36.5
Zwetschenzuzzler 36.6
Zwetschenzuzzlerin 36.7
Zwetschge 47.20
Zwetschke 1.66, 47.20
Zwetschken 36.8
die Zwetschken auslutschen
Zwetschken 26.25
die Zwetschken ausspritzen
Zwetschken 26.25
die Zwetschken begießen
Zwetschkenkern 1.68, 1.85, 35.21
Zwetschkenkrampus 1.15
Zwick 80.40
Zwicke 1.66, 2.2, 4.17, 6.17, 48.2, 64.23
Zwickel 18.3, 45.1, 59.43
Zwickel 59.35
Slip mit aufknöpfbarem Zwickel
Zwickelerlaß 47
zwickeln 12.11
zwicken 80.69, 80.70
Zwickerl 1.48, 1.66, 2.2, 48.2
Zwickerl 25.1
einer das Zwickerl abrebeln
Zwickmühle 26.25
in die Zwickmühle geraten
Zwickmuschi 1.66
Zwiebel 1.71, 59.25, 59.38, 62.13
Zwiebelbeutel 1.76, 36.12, 59.17
Zwiebelbeutel 36.4
am Zwiebelbeutel knabbern
Zwiebelfische 78.3
Zwiebelkuchen 78.3
zwiebeln 1.77, 36.12, 80.20
zwiebeln 80.11
sich zwiebeln lassen
Zwiebelnetz 59.34, 70.3
Zwiebelzehen 1.87
Zwiegesang 3, 8, 26.27, 54.8
Zwiegespräch 46
Zwiegestalt 9.7, 14.47
Zwielicht 47.8
sein Zwielicht leuchten lassen
zwiespältig 30.5
zwiespältiger Verkehr
Zwiespältigkeit 30
Zwietracht 1.58
Äpfel der Zwietracht
Zwilch 65.1
Zwilling 45.1
Zwillingsforschung 32.3
Zwingburg 20.1, 48.26, 80.94
Zwinge 14.36
zwingen 80.10, 80.84
Zwinger 1.69, 80.91
Zwirling 1.36
Zwirn 26.34, 45.1
Zwirn 36.10, 36.12
Zwirn um den Hals haben
zwirnen 17.8, 26.25
Zwischenfall 65.1
Zwischenhändler 14.31
zwischenmenschlich 3, 9, 46
zwischenmenschliche Beziehungen
Zwischenreich 65.5
Zwitsche 2.2, 4.25, 48.2
Zwitscherbude 30.8, 41.2
Zwitscherkeller 29.8, 30.6
Zwitscherliese 2.2, 4.25, 48.2
Zwitscherline 51.2

zwitschern 26.25, 80.58
zwitschern 26.25
den Spatz (den Vogel) zwitschern lassen
Zwitscherstange 72.15
Zwitschervogel 54.8
Zwitterblüte 65.1
Zwölftonmusik 31.5
Zwuckel 18.3
Zwuschn 48.2
Zwutschen 1.67
Zwutscherl 1.66
Zwutschkerl 1.66
Zylinder 59.7
Zylinderlouis 48.21
Zylinderlude 48.21
Zylindervergolder 29.3
Zylinderversilberer 29.3
Zypresse 47.3
Zysten 63.1
von braunen Zysten befallene Eierstöcke

Bibliographie

ABEL, C.: Über den Begriff der Liebe in einigen alten und neuen Sprachen, Berlin 1872
AHNERT, KURT: Sprühende Heeressprache, Nürnberg 1917
AIGREMONT, Prof. Dr.: Erotische Pflanzennamen im deutschen Volke, in: Anthropophyteia IV, 1907, 16–36; V, 1908, 25–31
AKADEMIE DER WISSENSCHAFTEN UND DER LITERATUR: Pfälzerisches Wörterbuch, Mainz 1965 ff.
ALBRECHT, KARL: Die Leipziger Mundart, Leipzig 1881
AMRAIN, KARL: Deutsche sprichwörtliche Redensarten, in: Anthropophyteia V, 1908, 184–186
AMRAIN, KARL: Kölnische Redensarten, in: Anthropophyteia VII, 1910, 380
AMRAIN, KARL: Sprichwörtliches aus Tübinger Studentenkreisen, in: Anthropophyteia VIII, 1911, 381
ANTON, FRANZ EDUARD: Wörterbuch der Gauner- und Diebessprache . . ., Magdeburg 1843
APITZSCH, GEORGES: Erotisches Idiotikon deutscher Seefahrer, in: Anthropophyteia VI, 1909, 15–17
APPEL, WILHELM: Die Mundarten von Hilbetten im Schönhengstgau, Marburg 1963
ARBEITSGEMEINSCHAFT «DIE ZENTRALSCHAFFE»: Steiler Zahn und Zickendraht. Das Wörterbuch der Teenager- und Twensprache. Schmiden 1960
ASKENASY, A.: Die Frankfurter Mundart und ihre Literatur, Frankfurt am Main 1904
AUTHENRIETH, GEORG GOTTLIEB: Pfälzisches Idiotikon, Zweibrücken 1899
AVÉ-LALLEMAND, FRIEDRICH CHRISTIAN BENEDICT: Wörterbuch der Gaunersprache, in: Das deutsche Gaunerthum, Band 4, S. 515–625, Leipzig 1856–1862
AVÉ-LALLEMAND, FRIEDRICH CHRISTIAN BENEDICT: Das deutsche Gaunerthum in seiner sozialpolitischen, literarischen und linguistischen Ausbildung . . ., Leipzig 1856–1862
BACHER, JOSEPH: Die deutsche Sprachinsel Lusern, Innsbruck 1905
BALDAUF, ALBERT: Westallgäuer Wörterbüchlein, Kempten 1955
BASKETT, ISAIAH: Parts of the Body in the later German Dialects, Chicago 1920
BAUER, JOSEF MARTIN: Auf gut bayerisch, München 1969
BAUER, KARL: Waldeckisches Wörterbuch (herausgegeben von Hermann Collitz), Norden und Leipzig 1902
BAUR, GERHARD WOLFRAM: Die Mundarten im nördlichen Schwarzwald, Marburg 1967
BECHTEL, FR.: Deutsche Namen einiger Teile des menschlichen Körpers, Halle a. S. 1913
BELLMANN, GÜNTER: Mundart und Umgangssprache in der Oberlausitz, Marburg 1961
BERGHAUS, HEINRICH: Sprachschatz der Sassen, Brandenburg 1880
BERGMANN, GUNTER: Mundarten und Mundartforschung, Leipzig 1964
BERGMANN, KARL: Wie der Feldgraue spricht, Gießen 1916
BERLINER, FRIEDRICH WILHELM: Berliner Sprichwörter und Redensarten, in: Anthropophyteia VII, 1910, 378–379
BERLINER, FRIEDRICH WILHELM: Erotische Übernamen, in: Anthropophyteia VII, 1910, 238–239; VIII, 1911, 292–294
BERLINER, FRIEDRICH WILHELM: Idiotikon der neu-märkischen Bauernmundart, in: Anthropophyteia VII, 1910, 31–32
BERLINER, FRIEDRICH WILHELM: Skatologische Folklore aus der Neumark, in: Anthropophyteia VI, 1909, 424–425
BERLINER, FRIEDRICH WILHELM: Zum Idiotikon der mitteldeutschen Zuhälter- und Kundensprache, in: Anthropophyteia VI, 1909, 18; VII, 1910, 32–35
BERNDT, J. G.: Versuch zu einem slesichen Idiotikon, Stendal 1785
BERTHOLD, LUISE: Hessen-Nassauisches Volkswörterbuch, Marburg 1927 ff.
BERTRAM, ALFRED: Deutsche Turnersprache, Frankfurt 1952
BERTSCH, ALBERT: Wörterbuch der Kunden- und Gaunersprache, Berlin 1938
Beytrag zur Rotwellischen Grammatik . . ., Frankfurt und Leipzig 1755
BIRLINGER, ANTON: Schwäbisch-Augsburgisches Wörterbuch, München 1864

BISCHOFF, ERICH: Wörterbuch der wichtigsten Geheim- und Berufssprachen, Leipzig 1916
BISCHOFF, FERDINAND: Deutsch-gaunerisches und gaunerisch-deutsches Wörterbuch, in: Ergebnisse einer ... Untersuchung hinsichtlich des Gaunerwesens ..., Eisenach 1830
BISCHOFF, FERDINAND: Deutsch-Zigeunerisches Wörterbuch, Ilmenau 1827
BISCHOFF, FERDINAND: Die Kocheme Waldiwerei ... oder die Gauner und Gaunerarten ... und ihre Sprache, Neustadt 1822
BISCHOFF, KARL: Die Volkssprache in Stadt und Land Magdeburg, Magdeburg 1938
BLAU, SEBASTIAN: Was nicht im Wörterbuch steht: Schwäbisch, München 1936
BLESKEN, ANDREAS, und HERMANN SCHMOECKEL: Wörterbuch der Soester Börde, Soest 1952
BLÜMML, E. K.: Futilitates, 3 Bände, Wien 1908
BLÜMML, E. K., und G. GUGITZ: Der Spittelberg und seine Lieder, Wien 1924
BLÜMML/GUGITZ: Altwienerisches, Wien 1921
BOCK, JOHANN GEORG: Idioticon Prussicum, Königsberg 1759
BOECKLEN, A.: Sprichwörter in 6 Sprachen, Stuttgart 1947
BÖNING, HERMANN: Plattdeutsches Wörterbuch für das Oldenburger Land, Oldenburg 1941
BORCHARDT, W.: Die sprichwörtlichen Redensarten im deutschen Volksmund, Leipzig 1895
BORCHARDT-WUSTMANN-SCHOPPE: Die sprichwörtlichen Redensarten im deutschen Volksmund, 7. Aufl., neu bearbeitet von Alfred Schirmer, Leipzig 1954
BORSTEL, THEODOR: Die Sprache der Dirnen und Freudenmädchen, Leipzig o. J. (1904)
BOSSARD, HANS: Zuger Mundartbuch, Zürich 1962
BRAUN, WALTHER: Die Elbinger Mundart ..., Essen 1949
BRENDICKE, HANS: Der Berliner Volksdialekt, Berlin 1895
BRENDICKE, HANS: Berliner Wortschatz zu den Zeiten Kaiser Wilhelms I., Berlin 1897
BRENNERT, HANS: Modeworte, Berlin 1898
BRETSCHNEIDER, ANNELIESE: Brandenburg-Berlinisches Wörterbuch, Neumünster 1968 ff.
BRUMMKÜSEL, HANNES (d. i. Hans Bruhn): 1000 Worte Marinedeutsch, Wilhelmshaven 1933
BRUMMKÜSEL, HANNES (d. i. Hans Bruhn): Dasselbe, 2. Auflage, Wilhelmshaven 1950
BRUNS, KARL: Volkswörter der Provinz Sachsen (Ostteil), Torgau 1901
BUCHDRUCKER, BRUNO: Wörterbuch der Elberfelder Mundart, Elberfeld 1910
BUNDESVERLAG ÖSTERREICH: Österreichisches Wörterbuch, Wien 1955 ff.
BURDACH, KONRAD: Idiotikon der Burschensprache, Halle a. d. S. 1894
BURDACH, KONRAD: Studentensprache und Studentenlied in Halle vor 100 Jahren, Halle 1894
BURNADZ, JULIAN M.: Die Gaunersprache der Wiener Galerie, Lübeck 1966
Burschikoses Wörterbuch, oder Studentensprache ... von einem bemoosten Haupte, München 1878
BUURMAN, OTTO: Hochdeutsch-plattdeutsches Wörterbuch, Neumünster 1963 ff.
ČAČIĆ, VLADIMIR: Kroatische Wörter im Vokabular der Gaunersprache ...: in Archiv für ..., 9. Bd., Heft 4, 1902, S. 298–310
CASTELLI, IGNAZ FRANZ: Wörterbuch der Mundart in Österreich unter der Enns, Wien 1847
CENTRAL-EVIDENZ-BUREAU DER K.K. POLIZEI-DIREKTION IN WIEN: Wörterbuch der Diebs-, Gauner- und Kochemersprache ..., Wien 1853, 1854
CHRISTA, PETER: Wörterbuch der Trierer Mundart, Honnef 1927–1928
COMMENDA, HANS: Österreichische Soldatensprache, 1960
CONRAD, HANS: Allgemeiner Biercomment und studentisches Conversationslexicon, Leipzig 1875
CRECELIUS, WILHELM: Oberhessisches Wörterbuch, Darmstadt 1897–1899
Curiöses Bauernlexicon, Freystadt 1728
DÄHNERT, JOHANN CARL: Plattdeutsches Wörterbuch, Stralsund 1781
DAMKÖHLER, EDUARD: Nordharzer Wörterbuch, Wernigerode 1927
DANG, JOHANN SEBASTIAN: Darmstädter Wörterbuch, 2. Aufl., Darmstadt 1953
DANNEIL, JOHANN FRIEDRICH: Wörterbuch der altmärkisch-plattdeutschen Mundart, Salzwedel 1859
DELLING VON HÜB, J. N.: Beiträge zu einem bairischen Idiotikon, München 1820
DIENSTFERTIG, J.: Das hebräische Element in der Gaunersprache, in: Im Deutschen Reich, 15. Jg., 1909, Nr. 7/8
DIETZ, HEINRICH: Der Jargon unserer Pennäler, in: Freundliches Begegnen, IX, 1959, Heft 3
DITTMAIER, HEINRICH: Zum Wortschatz der rheinischen Umgangssprache, in: Rheinisch-Westfälische Zeitschrift für Volkskunde, 1957

Doornkaat, J. Koolman Ten: Wörterbuch der ostfriesischen Sprache, 3 Bände, Braams 1879 ff.
Dreyer, L.: Versuch eines bremisch-niedersächsischen Wörterbuches . . ., Bremen 1869
Dunger, Hermann: Rundas und Reimsprüche aus dem Vogtland, Plauen 1876
Eberle, Josef: Was nicht im Wörterbuch steht: Schwäbisch, München 1936
Ebner, Jakob: Wie sagt man in Österreich, Mannheim 1969
Eilenberger, Rudolf: Pennälersprache, Straßburg 1910
English, Paul: Die erotischen Wörterbücher, in: Geschichte der erotischen Literatur, Stuttgart 1927
Erbe, K.: Der schwäbische Wortschatz, Stuttgart 1897
Erich, O. A., und R. Beitl: Wörterbuch der deutschen Volkskunde, Leipzig 1936
Falkenberg, Karl: Versuch einer Darstellung der verschiedenen Classen von Räubern, Dieben und Diebshelfern, Berlin 1816
Fasske, Helmut: Die Vetschauer Mundart, Bautzen 1964
Felder, Heinrich: Das Solinger erotische Idiotikon, in: Anthropophyteia IV, 1907, 1–5
Felder, Heinrich: Das erotische Idiotikon des östlichen Teils des Bergischen, in: Anthropophyteia IV, 1907, 1–5; VI, 1909, 18
Felder, Heinrich: Solinger Sprichwörter und Redensarten, in: Anthropophyteia V, 1908, 182–184
Finck, Franz Nikolaus: Lehrbuch des Dialekts der deutschen Zigeuner, Marburg 1903
Finkeldei, H.: Wörterbuch Mölmisch Platt-Hochdeutsch, Mühlheim/Ruhr 1965
Fischer, E. L.: Wortschatz der plattdeutschen Mundart im preußischen Samlande, Halle a. S. 1896
Fischer, Hermann von: Dollmetscher der Jaunersprache, in: Mitteilungen des Vereins für Geschichte und Altertumskunde in Hohenzollern, 38. Jg., Sigmaringen 1904/1905, S. 89–102
Fischer, Hermann von, und Wilhelm Pfleiderer: Schwäbisches Wörterbuch, Tübingen 1904–1936
Foerste/Hofmann/Wortmann: Westfälisches Wörterbuch, Neumünster 1969 ff.
Follmann, Michael Ferdinand: Wörterbuch der deutsch-lothringischen Mundarten, Leipzig 1909
Förster, H.: Sprichwörter aus Schaumburg-Lippe, in: Anthropophyteia IX, 1912, 480
Förster, H.: Vierländisches Sprichwort, in: Anthropophyteia VIII, 1911, 381
Franke, Wilhelm: So red't der Berliner, Berlin 1957
Frederking, Christian: Plattdeutsches Dorfwörterbuch . . ., Bielefeld 1939
Frei, L.: Die Frau in der schweizerischen Volkssprache, Diss. Zürich 1915
Friederich, Wolf: Moderne deutsche Idiomatik, München 1966
Friedli, Emanuel: Bärndütsch . . ., Aarau 1806–1812
Frischbier, Hermann: Preußische Sprichwörter und Redensarten, Berlin 1865
Frischbier, Hermann: Preußisches Wörterbuch . . ., Berlin 1882–1883
Fritz, Max: Schwäbische Soldatensprache im ersten Weltkrieg, Stuttgart 1938
Fröhlich, Rudolf: Glossar (S. 140–172), in: Die gefährlichen Klassen Wiens, Wien 1851
Fromanns Zeitschrift: Die Deutschen Mundarten, Nürnberg 1854 ff.
Fuchs, Rudolf: Die Kundensprache, Spalt 1907
Fulda, Friedrich Karl: Versuch einer allgemeinen deutschen Idiotikon-Sammlung, Berlin und Stettin 1788
Furcht, Otto: Wörterbuch der Sprache des Alten Landes bei Stade, Oldenburg 1936
Gangler, J. F.: Lexicon der Luxemburger Umgangssprache . . ., Luxemburg 1847
Gebhardt, Heinz: Glaßbrenners Berlinisch, Berlin 1933
Genthe, Arnold: Deutsches Slang, Straßburg 1892
Gierach, Erich (Hrsg.): Jahrbuch der deutschen Sprache, Leipzig 1944
Godelück, William: Elsässische Erotik, in: Anthropophyteia II, 1905, 249–264
Godelück, William: Sprichwörter und sprichwörtliche Redensarten aus dem Elsaß, in: Anthropophyteia III, 1906, 132–144
Goedel, G.: Etymologisches Wörterbuch der deutschen Seemannssprache, Kiel und Leipzig 1902
Göhring, Ludwig: Volkstümliche Redensarten und Ausdrücke, München 1937
Gombert, A.: Nomenclator amoris oder Liebeswörterbuch. Ein Beitrag zum Deutschen Wörterbuch der Gebrüder Grimm, Straßburg 1883

GÖTTING, LUDWIG: Die Sprache des Arbeitsdienstes, in: Jahrbuch der deutschen Sprache, Leipzig 1944
GÖTZ, KARL: Schwäbisch von A bis Z, Bodmann/Bodensee 1970
GÖTZE, ALFRED: Akademische Fachsprache, Heidelberg 1929
GÖTZE, ALFRED: Deutsche Studentensprache, Berlin 1928
GÖTZE, ALFRED: Frau und Mann in der Sprache, in: Nachrichten der Gießener Hochschulgesellschaft 9, 1932, 6–11
GÖTZE, ALFRED, und W. MITZKA: Trübners deutsches Wörterbuch, 8 Bände, Berlin 1939–1957
GRADL, HEINRICH: Egerländer Wörterbuch, Eger 1883
GRAETZ: Wörterbuch des Funklateins, Unna 1965
GRAF, A. E.: Idiomatische Redewendungen und Redensarten ..., Berlin 1961–1965
GRAFF, SIGMUND, und WALTER BORMANN: Schwere Brocken. 1000 Worte Front-Deutsch, Magdeburg 1925
GRAFFUNDER: Über die Sprache der Zigeuner, Erfurt 1835
GRASS, HANS: Über die Gaunersprache, in: Handbuch für Untersuchungsrichter, I, 1908, 381 ff.
GRASSOW, AUGUST: Wörterbuch der Kasseler Mundart ..., Kassel 1952
GREBE, P.: Duden Etymologie, Mannheim 1963
GREYERZ, OTTO VON: Kleines Bern-deutsches Wörterbuch, Bern 1904
GRIMM, JAKOB und WILHELM: Deutsches Wörterbuch, Leipzig 1853 (Vorrede, Spalte XXXII–XXXIV)
GRIMME, H.: Plattdeutsche Mundarten, Leipzig 1910
GROLMANN, F. L. A. VON: Wörterbuch der in Teutschland üblichen Spitzbubensprachen, Gießen 1822
GROSS, HANNS: Das Gaunerglossar der Freistädter Handschrift, in: Archiv für Kriminal-Anthropologie und Kriminalistik, Leipzig 1899 (2. Band), 1900 (5. Band)
GROSS, HANNS: Vokabulare der Gaunersprache, in: Handbuch für Untersuchungsrichter als System der Kriminalistik, Graz 1893
GROSSHERZOGLICH LUXEMBURGISCHE REGIERUNG: Luxemburger Wörterbuch, Luxemburg 1951 ff.
GRUBER, JOSEF: Wörterbuch über die Mundart des Dorfes Mittelberg, Mittelberg (Niederösterreich) 1955
GUGGENBÜHL, ADOLF: Uf guet Züritüütsch, Zürich 1953
GÜNTHER, LUDWIG: Beiträge zur Systematik und Psychologie des Rotwelsch, in: Archiv ... Band 38, S. 193 ff.; Band 43, S. 1 ff.; Band 46, S. 1 ff., 289 ff.; Band 47, S. 131 ff., S. 209 ff.
GÜNTHER, LUDWIG: Die Ausdrücke unserer Sprache für das weibliche Geschlecht im Wandel der Zeiten, Berlin 1926
GÜNTHER, LUDWIG: Die Bezeichnungen für die Freudenmädchen im Rotwelschen und in den verwandten Geheimsprachen, in: Anthropophyteia IX, 1912, 1–73
GÜNTHER, LUDWIG: Die deutsche Gaunersprache und verwandte Geheim- und Berufssprachen, Leipzig 1919
GÜNTHER, LUDWIG: Das Rotwelsch des deutschen Gauners, Straßburg 1905
GÜNTHER, LUDWIG: Soldatensprache, Rotwelsch und «Kunden»-Deutsch in ihrem Verhältnis zueinander, in: Zeitschrift für den deutschen Unterricht, 33. Jg., 1919, Heft 4/5, S. 129 ff.
GYSLER, KARL: Wörterbuch der Landschaft Hasli, Hasli-Land 1926
HAASE, H.: Harzer Laufdibbern – eine alte Geheimsprache, in: Magdeburgische Zeitung, 81. Jg., 1939, S. 59–60 (Montagsblatt)
HABEL, EDWIN: Das Berlinische. Sprachgeschichte und Sprachproben, Baruth bei Berlin 1936
HAMMER, WALTER: Fettigkeiten – naplü! Anschluß – buko! Ein lustig Büchel Soldatendeutsch, 2. Aufl., Elberfeld 1917
HANEL, CARL: Flieger-ABC, Berlin 1942
HARTIG, ROBERT: Berliner Volks- und Straßendialekt, Leipzig 1908
HAUPT-HEYDEMARCK, GERO: Soldatendeutsch, Berlin 1934
HAUSS, KONSTANZER: Wahrhafte Entdeckung der Gaunersprache, Sulz a. N. 1791
HECKEL, F. E.: Wörterbuch des Chochemer Loschen oder der Gauner- und Diebssprache, in: Handbuch des Gendarmerie- und niedern Polizeidienstes, Weimar 1841
HEILBORN, ADOLF: Die Berliner Schnauze im vollen Schmuck ihrer Sprachblüten, Berlin 1936
HEIMPEL, J.: Zu Karl Müllers Wortschatz der deutschen Mundarten, in: Anthropophyteia IX, 1912, 531

HEIMPEL, J.: Skatologisches aus der Oberpfalz, in: Anthropophyteia VIII, 1911, 399
HEINZERLING, JAKOB, und HERMANN REUTER: Siegerländer Wörterbuch, Siegen 1932–1938
HENNING, GEORG E. S.: Preußisches Wörterbuch, Königsberg 1785
HENTRICH, KONRAD: Wörterbuch der nordwestthüringischen Mundart . . ., Göttingen 1912
HERDI, FRITZ: Limmatblüten . . ., Zürich 1955
HERDI, FRITZ: Limmatfalter, Zürich 1956
HERTEL, LUDWIG: Salzunger Wörterbuch, Jena 1893
HERTEL, LUDWIG: Thüringer Sprachschatz, Weimar 1895
HETZEL, S.: Wie der Deutsche spricht. Phraseologie der volkstümlichen Sprache, Leipzig 1896
HOCHSTETTER, GUSTAV: Der feldgraue Büchmann. Geflügelte Kraftworte aus der Soldatensprache, Berlin 1916
HOEFER, EDMUND: Wie das Volk spricht, Stuttgart 1859
HÖFER, MATTHIAS: Etymologisches Wörterbuch der oberdeutschen, vorzüglich aber in Österreich üblichen Mundart, Linz 1855
HOFFMANN VON FALLERSLEBEN, HEINRICH: Ältestes Rotwelsch in Deutschland, in: Monatsschrift von und für Schlesien, 1. Jg., 1829, S. 55–68
HOFFMANN VON FALLERSLEBEN, HEINRICH: Volkswörter, Wien 1873
HÖFLER, MAX: Deutsches Krankheitsnamenbuch, München 1899, 1903
HOFMANN, FRITZ: Niederhessisches Wörterbuch . . ., Marburg 1926
HOFMANN, HANS: Wörterbuch und Schreibweise der Egerländer Mundart, Eger 1934
HÖNIG, FRITZ: Wörterbuch der Kölner Mundart, Köln 1877, 1952
HÖRMANN, L. VON: Volkstümliche Sprichwörter und Redensarten aus den Alpenländern, Stuttgart 1913
HORN, PAUL: Die deutsche Soldatensprache, Gießen 1899, 1905
HOURSCH, A.: Kölsche Krätzcher, Köln 1908–1918
HRANDA, CARL FRIEDRICH: Die Sprache des Österreichers, Salzburg 1948
HUBSCHMIDT, J.: Alpenwörterbuch, München 1915
HÜGEL, FRANZ SERAPH: Der Wiener Dialekt, Wien, Pest und Leipzig 1873
HUPEL, AUGUST WILHELM: Idiotikon der deutschen Sprache in Lief- und Esthland, Riga 1795
HYAN, HANS: Vokabular, in: Schwere Jungen, S. 74–76, Berlin o. J. (um 1905)
IMME, THEODOR: Die deutsche Soldatensprache der Gegenwart und ihr Humor, Dortmund 1917
INSTITUT FÜR SEXUALFORSCHUNG: Bilder-Lexikon, 10 Bde., Wien 1930–1936
JAKOB, JULIUS: Wörterbuch des Wiener Dialekts, Wien und Leipzig 1929
JECHT, RICHARD: Wörterbuch der Mansfelder Mundart, Görlitz 1888
JOHANN, ERNST: Deutsch, wie es nicht im Wörterbuch steht, Frankfurt 1962
JUNGANDREAS, WOLFGANG: Niedersächsisches Wörterbuch, Neumünster 1953 ff.
JUNGANDREAS, WOLFGANG, und HEINRICH WESCHE: Niedersächsisches Wörterbuch, Neumünster 1965 ff.
JUTZ, LEO: Vorarlbergisches Wörterbuch . . ., Wien 1956 ff.
KAPELLER, LUDWIG: Das Schimpfbuch, Herrenalb 1962
KAPFF, RUDOLF: Nachträge zu Kluges Rotwelsch, in: Zeitschrift für deutsche Wortforschung X, 1908–1909, 212 ff.
KARMAYER, CAJETAN: Wörterbuch der Branntweinbrennersprache, Manuskript, Freistadt (Oberösterreich) 1823
KARMAYER, CAJETAN: Gaunerglossar der Freistädter Handschrift, in: Gross, Hans: Archiv für Kriminalistik, Bd. II, III, IV, V, 1899–1900
KAUFMANN, LEBERECHT: Redensarten aus der Berliner Prostitution, in: Anthropophyteia VII, 1910, 379–380
KEHREIN, JOSEPH: Volkssprache und Volkssitte im Herzogtum Nassau, Weilburg 1862
KENT, KIM: Großes homophiles Wörterbuch, Kopenhagen 1969
KINDLEBEN, CHRISTIAN WILHELM: Studentisches Lexikon, Halle 1781, Leipzig 1899
KINDLEBEN, CHRISTIAN WILHELM: Studentenlexikon, in: Burdach, Konrad: Studentensprache und Studentenlied in Halle vor hundert Jahren, Halle 1894
KLÄGER, E.: Die Griaslersprache, in: Durch die Wiener Quartiere des Elends . . ., Wien 1908
KLAPPENBACH, RUTH, und WOLFGANG STEINITZ: Wörterbuch der deutschen Gegenwartssprache, Berlin 1961–1965
KLAUSMANN, A., und OSKAR WEIEN: Vokabular der Gaunersprache, in: Verbrechen und Verbrecher, S. XXI–XXVI, Berlin 1892
KLEEMANN, E.: Die Gaunersprache, in: Archiv . . ., Band 30, Seite 236 ff.

KLEIN, ANTON VON: Deutsches Provinzialwörterbuch, Frankfurt und Leipzig 1792
KLEIN, RUTH: Lexikon der Mode, Baden-Baden 1950
KLEINPAUL, RUDOLF: Das Leben der Sprache und ihre Weltstellung, Leipzig 1893
KLENZ, HEINRICH: Die deutsche Druckersprache, Straßburg 1900
KLENZ, HEINRICH: Schelten-Wörterbuch, Straßburg 1910
KLUGE, FRIEDRICH: Deutsche Studentensprache, Straßburg 1895
KLUGE, FRIEDRICH: Rotwelsch, Straßburg 1901
KLUGE, FRIEDRICH: Seemannssprache, Halle 1911
KLUGE, FRIEDRICH: Deutsche Geheimsprachen, in: Zeitschrift des Allgemeinen Deutschen Sprachvereins, 16. Jg., 1901, Sp. 6 ff. und Nr. 2, Sp. 34 ff.
KLUGE, FRIEDRICH, und ALFRED GÖTZE: Etymologisches Wörterbuch der deutschen Sprache, Berlin 1953
KNAUS, EDITH: Schillingsfürster Rotwelsch, Erlangen 1955
KNOTHE, F.: Wörterbuch der schlesischen Mundart in Nordböhmen, Hohenelbe 1888
KOBER, JULIUS: Die Mundart der Stadt Suhl im Thüringer Wald, Marburg 1961
KÖHLER, AUGUST: Lebendiges Deutsch, Berlin 1949
KOPPEN, HEINRICH: Verzeichnis der Idiotismen in plattdeutscher Mundart ..., Dortmund 1877
KOSEGARTEN, JOHANN GOTTFRIED LUDWIG: Wörterbuch der niederdeutschen Sprache älterer und neuerer Zeit, Greifswald 1855–1860
KOSTIAL, JOHANNES: Erotisch-skatologisches Glossar der Zigeunersprache, in: Anthropophyteia IX, 1912, 94–95
KOSTIAL, JOHANNES: Steirisches erotisch-skatologisches Idiotikon, in: Anthropophyteia VII, 1910, 21–31
KRACK, KARL ERICH: Redensarten unter die Lupe genommen, Berlin-Charlottenburg 1961
KRACK, KARL ERICH: Tausend Redensarten unter die Lupe genommen, Stuttgart 1965
KRÄMER, J.: Pfälzisches Wörterbuch, Wiesbaden 1966 ff.
KRANZMAYER, EBERHARD: Wörterbuch der bairischen Mundarten in Österreich, Wien 1963 ff.
KRAUSS, FRIEDRICH: Treppener Wörterbuch, Marburg 1968
KRAUSS, F. S.: Anthropophyteia, Leipzig, Privatdruck, 10 Bde., 1904 ff.
KRAUSS, F. S.: Beiwerke zum Studium der Anthropophyteia, Band 9, Leipzig 1929
KRAUSS, F. S.: Historische Quellenschriften zum Studium der Anthropophyteia, Band 1–4, Leipzig 1906–1907
KRETSCHMER, PAUL: Wortgeographie der hochdeutschen Umgangssprache, Göttingen 1918
KROGMANN, WILLY: Helgoländer Wörterbuch, Mainz/Wiesbaden 1957 ff.
KRON, R.: Alltagsdeutsch, Freiburg 1916
KRÜGER-LORENZEN, KURT: Das geht auf keine Kuhhaut, 7. Aufl., Düsseldorf 1968
KÜCK, EDUARD: Lüneburger Wörterbuch ..., Neumünster 1941 ff.
KÜHLEWEIN, HERMANN: Großfrankfurter Redensart, in: Anthropophyteia VII, 1910, 380
KÜHLEWEIN, HERMANN: Idioticon eroticum Moenofrancofurtense, in: Anthropophyteia VI, 1909, 12–14
KÜHLEWEIN, HERMANN: Sprichwörter und Redensarten aus Großfrankfurt, in: Anthropophyteia VI, 1909, 407
KUHN, HANS, und ULRICH PRETZEL: Hamburgisches Wörterbuch nach Vorarbeiten von Christoph Walther, bearbeitet von Käthe Scheel, Neumünster 1956 ff.
KÜPPER, HEINZ: Wörterbuch der deutschen Umgangssprache, 5 Bde., Hamburg 1963–1967
KÜPPER, HEINZ: Handliches Wörterbuch der deutschen Alltagssprache, Hamburg 1968
KÜPPER, HEINZ: Am A. . . . der Welt, Landserdeutsch 1939–45, Düsseldorf 1970
KÜPPER, HEINZ: Wörterbuch der deutschen Umgangssprache, Band 6, Jugenddeutsch, Düsseldorf 1970
KURSCHAT, H. A.: Das memelländische ABC, Bielefeld 1964
LACHNER, JOHANN: 999 Worte Bayrisch, München 1970
LADEMANN, WILLY: Wörterbuch der Teltower Volkssprache, Berlin 1956
LASCH, AGATHE: Berlinisch, Berlin 1928
LASCH, AGATHE, und CONRAD BORCHLING: Mittelniederdeutsches Handwörterbuch, fortgeführt von Gerhard Cordes, Neumünster 1956 ff.
LAUKHARD, FRIEDRICH CHRISTIAN: Deutsche Synonyme, in: Fr. Laukhards Magister der Philosophie ... Leben und Schicksale von ihm selbst beschrieben ...: Halle und Leipzig 1791–1802
LAVERRENZ, VICTOR: Berliner Volkswitz einst und jetzt, Berlin 1898

LEDERER, FRANZ: Berliner Humor, 2. Aufl., Berlin 1924
LEDERER, FRANZ: Ick lach ma'n Ast. Sprache, Wesen und Humor des Berliners, Berlin 1929
LEDERER, FRANZ: Jottlieb, drach'n Jarten 'raus! Berliner Volkstum, Sitten und Gebräuche, Berlin 1934
LEIHENER, ERICH: Cronenberger Wörterbuch, Marburg 1908
LEITHAEUSER, J.: Bergische Ortsnamen, Elberfeld o. J.
LEITHAEUSER, J.: Wörterbuch der Barmer Mundart, Elberfeld 1929–1936
LENZ, PHILIPP: Vergleichendes Wörterbuch der neuhochdeutschen Sprache und des Handschuhsheimer Dialekts, Baden-Baden 1898
LESSIAK, PRIMUS: Die deutsche Mundart von Zarz in Oberkrain, Marburg 1959
LESSIAK, PRIMUS: Die Mundart von Pernegg in Kärnten, Marburg 1963
LEXER, MATTHIAS: Kärntnerisches Wörterbuch, Leipzig 1802
Liber Vagatorum, Köln 1510
LIEBICH, RICHARD: Die Zigeuner . . . in ihrer Sprache, Leipzig 1863, S. 123 ff.
LINDENBERG, PAUL: Berliner geflügelte Worte, Berlin 1887
LINDENBERG, PAUL: Kurzes Verzeichnis von Ausdrücken der Berliner Verbrechersprache, in: Berliner Polizei und Verbrechertum, S. 182–192, Leipzig o. J. (1891)
LIPPERHEIDE, FRANZ FREIHERR VON: Spruchwörterbuch, München 1909
LOCHNER, JOHANN: 999 Worte Bayrisch, München o. J.
LOHSING, ERNST: Tschechoslawisches in der Gaunersprache, in: Archiv . . . ., 13. Bd., Heft 3, 1904, S. 279–285
LOOSE, GERHARD: Zur deutschen Soldatensprache des zweiten Weltkriegs, in: The Journal of English and Germanic Philology, Bd. 46, Nr. 3, Juli 1947
LORITZA, CARL: Neues Idioticon Viennense, Wien und Leipzig 1847
LÜDECKE, HUGO ERNST: Idiotikon der mitteldeutschen Kunden- und Zuhältersprache, in: Anthropophyteia V, 1908, 4–8
LÜDECKE, HUGO ERNST: Ostholsteinische Sprichwörter, in: Anthropophyteia VIII, 1911, 381–382
LUTHER, MARTIN (Vorwort): Von der falschen Betlerbuberey. Hindenan ein Rotwelsch Vocabularius, Wittenberg 1528
LUTZ, JOSEPH MARIA: Was nicht im Wörterbuch steht: Bayerisch, München 1934
LUTZ, JOSEPH MARIA: Bayrisch wie es nicht im Wörterbuch steht, Frankfurt 1969
LUX: Der Scharfrichter nach all seinen Beziehungen . . ., Leipzig 1813
LUX, JULIUS: Wörterbuch der Mundart von Dobschau (Zips), Marburg 1961
MAAS, HERBERT: Das Nürnberger Scheltwort, in: Mitteilungen des Vereins für Geschichte der Stadt Nürnberg, Bd. 43, Jg. 1952
MAAS, HERBERT: Nürnberger Wörterbuch, Nürnberg 1962
MACKENSEN, LUTZ: Die deutsche Sprache unserer Zeit, Heidelberg 1956
MAGNUS, KARL: Kenn' Se den schon? Die köstlichsten Witze und Anekdoten, Berlin o. J.
MARCUS, HANS: Zum Twen-Deutsch, in: Zeitschrift für deutsche Wortforschung, Bd. 18, Heft 3, 1962, S. 151 ff.
MARETA, HUGO: Proben eines Wörterbuches der österreichischen Volkssprache, Wien 1861 bis 1865
MARTIN, BERNHARD: Die deutschen Mundarten, Marburg, 2., neubearbeitete Aufl. 1959
MARTIN, ERNST, und HANS EDUARD LIENHART: Wörterbuch der Elsässischen Mundarten, 2 Bde., Straßburg 1899–1907
MATSCHOSS, ALEXANDER: Scherz, Spott und Hohn in der lebenden Sprache, Berlin 1931
MAURER, ARTUR: Die Mundart von Burgberg, Marburg 1959
MAURER, FRIEDRICH, und RUDOLF MULCH: Südhessisches Wörterbuch, Marburg 1965 ff.
MAUSSER, OTTO: Deutsche Soldatensprache, Straßburg 1917
MAYER, F. X.: Jenisch in der Verbrecherwelt, in: Württembergische Vierteljahreshefte für Landesgeschichte, Neue Folge, 16. Jg., 1907, S. 66–77
MAYR, MAX: Das Wienerische, Wien 1924, 1930
MAYR, MAX: Wiener Redensarten, Zürich, Leipzig und Wien 1929
MEHLIN, URS H.: Die Fachsprache des Theaters, Düsseldorf 1968
MEIER, JOHN: Basler Studentensprache, Basel 1910
MEIER, JOHN: Hallische Studentensprache, Halle 1894
M(EINE)R, J. S.: Alphabetisch geordnetes Wörterbuch über deutsche Idiotismen, Provinzialismen, proverbialische Sprecharten, Volksausdrücke und andere im gemeinen Leben vorkommende Sprachwendungen . . ., Leipzig 1821

Meisinger, Othmar: Beitrag zur Kenntnis der fränkischen Händlersprache, in: Zeitschrift für hochdeutsche Mundarten III, 1902, 121 ff.

Meisinger, Othmar: Wörterbuch der Rappenauer Mundart, Dortmund 1906

Menges, Heinrich, und Bruno Stehle: Deutsches Wörterbuch für Elsässer, Gebweiler 1911

Mensing, Otto: Schleswig-Holsteinisches Wörterbuch, 5 Bde., Neumünster 1926–1935

Meyer, Hans: Der Richtige Berliner in Wörtern und Redensarten, Berlin 1878, 1925, 1966

Miklosisch, Franz: Über die Mundarten . . . der Zigeuner Europas, in: Denkschriften der Wiener Akademie der Wissenschaften, phil.-hist. Klasse, Band 26, 1877, 161 ff.; Band 27, 1878, 1 ff.

Miklosisch, Franz: Zigeunerische Elemente in der Gaunersprache Europas, in: Beiträge zur Kenntnis der Zigeunermundarten, 3 Teile, Wien 1874 ff.

Mitzka, Walther: Schlesisches Wörterbuch, Berlin 1964–1965

Mojmir, Hermann: Wörterbuch der deutschen Mundart von Wilamowice, Krakau 1935

Moll, Carl Ehrenbert Freiherr von: Salzburgisches Idioticon, Salzburg 1796

Mühr, Alfred: Berliner Witz-ABC, Berlin-Grunewald 1957

Müller, Carl: Aus dem erotischen Wortschatz der deutschen Mundarten . . ., in: Anthropophyteia VIII, 1911, 1–21

Müller, Carl: Beiträge zur Skatologie, in: Anthropophyteia VIII, 1911, 398–399

Müller, Josef: Rheinisches Wörterbuch, 8 Bde., Berlin 1928 ff.

Müller, Josef, und Wilhelm Weitz: Die Aachener Mundart, Aachen und Leipzig 1836

Müller, Paul: Nachtrag zum pommerschen Idiotikon, in: Anthropophyteia IX, 1912, 74–76

Müller, Paul: Sprichwörter aus Hamburg, in: Anthropophyteia IX, 1912, 480

Müller-Fraureuth, K.: Sächsische Volkswörter, Dresden 1906

Müller-Fraureuth, Karl: Wörterbuch der obersächsischen und erzgebirgischen Mundarten, 2 Bde., Dresden 1911–1914

Müller-Schlösser, Hans: Wie der Düsseldorfer denkt und spricht, Düsseldorf 1952

Mundart der Oesterreicher oder Kern ächtösterreichischer Phrasen und Redensarten (Anonym), Wien 1811

Naschér, Eduard: Die Gauner- oder die Kochemersprache, in: Das Buch des jüdischen Jargons, Wien und Leipzig 1910

Neubert, Erich: Ein Spaziergang durch die Magdeburger Mundart, Magdeburg 1937

Neudamm, Max: Die Mundart der Prostitution, in: Scott, Halbwelt von heute, Leipzig 1927

Neues Wörterbuch der Studentensprache. Zusammengestellt von einem bemoosten Haupte, Wien 1888

Niekerken, Walther, und Konrad Struve: Hirts deutsches Wörterbuch für Schule und Haus im niederdeutschen Sprachbereich, Band 2: Niederdeutsch, Kiel 1951

Niss, Alexander: Kleines Wörterbuch der Dirnen- und Zuhältersprache, in: Ausgestoßen: Nutten und Zuhälter, Frankfurt am Main 1970, S. 431–560

Obernberg, Alfred: Die Mundart der Siebenbürgischen Landler, Marburg 1964

Ochs, Ernst, und Friedrich Kluge: Badisches Wörterbuch, Lahr 1925–1940

Oelrichs, Gerhard: Glossarium ad Statuta Bremensia antiqua, Frankfurt am Main 1767

Olesch, R.: Juglers Lüneburgisch-Wendisches Wörterbuch, Köln/Wien 1962

Österreichische Akademie der Wissenschaften: Bayerisch-österreichisches Wörterbuch, Wien 1966 ff.

Ostwald, Hans: Rinnsteinsprache, Berlin o. J. (1906)

Ostwald, Hans: Was nicht im Wörterbuch steht: Berlinerisch, Leipzig 1932

P., F.: Zur Erklärung zweier Wörter im jüdisch-deutschen erotischen Idiotikon, in: Anthropophyteia VIII, 1911, 39–40

Pansner, Lorenz von: Deutsches Schimpfwörterbuch, Arnstadt 1839

Parker, Erwin: Die geflügelten Worte des Berliner Originals Prüfi, München 1963

Petrikovits, Albert: Die Wiener Gauner-, Zuhälter- und Dirnensprache, Wien 1922

Peuckert, Will-Erich: Schlesisch, München 1937

Pfister, Ludwig: Sammlung und Verdollmetschung mehrerer Wörter aus der Jenischen oder Gaunersprache, in: Aktenmäßige Geschichte der Räuberbanden . . ., Heidelberg 1812, Nachtrag zur gl. Veröffentl., Heidelberg 1813

Pfullendorf (Bezirksamt): Jauner Wörterbuch, Pfullendorf/Konstanz 1820

Pollak, Max: Wiener Gaunersprache, in: Archiv für Kriminal-Anthropologie und Kriminalistik, Bd. XV, Heft 2–3, 1904, S. 170 ff.

Polzer, Wilhelm: Gauner-Wörterbuch für den Kriminal-Praktiker, München 1922

Popowitsch, Johann Sigmund Valentin: Versuch einer Vereinigung der Mundarten von Teutschland ..., Wien 1780
Pott, A. F.: Charakter der Gaunersprachen, in: Die Zigeuner in Europa und Asien, Bd. 2, S. 1–38, Halle 1844, 1845 (2 Bde.)
Pratum, Georgius: Erotisches auf dem Kasernenhofe, in: Anthropophyteia VII, 1910, 219
Prochownik, Edda: Berlinisch, eine Sprache mit Humor, Berlin 1964
Puetzfeld, Carl: Jetzt schlägt's dreizehn: Tausend Redensarten und ihre Bedeutung, Berlin 1937
Queri, Georg: Kraftbayrisch, München 1912
Raab, Heinrich: Deutsche Redewendungen, St. Pölten-Wien 1952
Rabben, Ernst: Die Gaunersprache, Hamm 1906
Rag(oc)y, C. B. von: Der flotte Bursch oder Neueste durchaus vollständige Sammlung von sämtlichen jetzt gebräuchlichen burschikosen Redensarten und Wörtern ..., Leipzig 1831
Rambach, C.: Thesaurus eroticus linguae latinae, Stuttgart 1833
Reichmann, Oskar: Der Wortschatz der Siegerländer Landwirtschaft und Haubergswirtschaft, Marburg 1966
Reimann, Hans: Vergnügliches Handbuch der deutschen Sprache, 3. Aufl., München 1937
Reimann, Hans: Was nicht im Wörterbuch steht: Sächsisch, München 1932
Reinwald, Wilhelm Friedrich Herrmann: Hennebergisches Idiotikon, Stettin 1793–1801
Reis, Hans: Die Deutschen Mundarten, Berlin und Leipzig 1920
Reiskel, Karl: Eine Auslese von erotischen Wörtern und Kraftausdrücken der Berliner Mundart, in: Anthropophyteia II, 1905, 19–26
Reiskel, Karl: Idioticon viennense eroticum, in: Anthropophyteia II, 1905, 1–13
Reiskel, Karl: Sprichwörter und sprichwörtliche Redensarten Deutscher in Niederösterreich, in: Anthropophyteia II, 1905, 61–67
Richey, Michael: Idioticon Hamburgense, Hamburg 1743, 1754
Rippl, Eugen: Die Soldatensprache der Deutschen im ehemaligen Tschechoslowakischen Heere, Reichenberg und Leipzig 1943
Rocholl, D.: Kunden-Lexikon oder Wörterbuch der gebräuchlichsten Kundenausdrücke, in: Sechs Monate Vagabund, Berlin o. J.
Roedder, E.: Volkssprache und Wortschatz des badischen Frankenlandes, New York 1936
Rohr, Ursula: Der Theaterjargon, Berlin 1952
Röhrenbach, Edgar Egon: Redensarten aus Konstanz am Rhein, in: Anthropophyteia VII, 1910, 380
Römer, Ruth: Die Sprache der Anzeigenwerbung, Düsseldorf 1968
Rothwälsch, in: Krünitz' Encyclopädie, 1820
Rottwälsch oder Kaloschensprache, Berlin 1900
Rotwellsche Grammatik oder Sprachkunst, Frankfurt am Mayn 1755
Rovenhagen, Johann Ludwig: Wörterbuch der Aachener Mundart, Aachen 1912
Rozwadowski, Jan M.: Wörterbuch des Zigeunerdialekts von Zakopane ..., Kraków 1936
S., O.: Die Verbrecherwelt von Berlin, in: Zeitschrift für die gesamte Strafrechtswissenschaft, IV–VI, 1884–1886
Sanders, Daniel: Wörterbuch der deutschen Sprache, Leipzig 1860
Sandvoss, Franz: So spricht das Volk, Berlin 1860
Sass, Johannes: Kleines plattdeutsches Wörterbuch, Hamburg 1957
Sass, Johannes: Plattdeutsches Wörterverzeichnis, Hamburg 1935
Sassmann, Hans: Was nicht im Wörterbuch steht: Wienerisch, München 1935
Schäfer, Rudolf: Von de Aal bis zu de Zwiwwele ..., Höchst 1956
Schaeffler, Julius: Der lachende Volksmund, Berlin und Bonn 1931
Schambach, Georg: Wörterbuch der niederdeutschen Mundart der Fürstenthümer Göttingen und Grubenhagen, Hannover 1858
Schatz, Josef: Wörterbuch der Tiroler Mundarten, 2 Bde., Innsbruck 1955–1956
Schiller, Karl, und August Lübben: Mittelniederdeutsches Wörterbuch, photomechanischer Nachdruck der Ausgabe von 1875–1881, Münster 1969
Schirmer, Alfred: Wörterbuch der deutschen Kaufmannssprache, Straßburg 1911
Schleef, W.: Dortmunder Wörterbuch, Köln und Wien, 1967
Schlemmer, C. B.: Alphabetisches Verzeichnis der Kochemer- oder Diebessprache, in: Der praktische Criminal-Polizei-Beamte, Erfurt 1840
Schlichtegroll, F. K. von: Onomastikon norddeutscher das Sexualleben betreffender Ausdrücke, in: Anthropophyteia VI, 1909, 1–11; VII, 1910, 35; IX, 1912, 74–76

SCHMELLER, JOHANN ANDREAS: Die Mundarten Bayerns . . ., München 1821
SCHMELLER, JOHANN ANDREAS: Bayerisches Wörterbuch, 4 Bde., Stuttgart und Tübingen 1827 bis 1837
SCHMELLER, JOHANN ANDREAS: Bayerisches Wörterbuch, 2 Bde. 1872–1877, Nachdruck Aalen 1966
SCHMELLER, JOHANN ANDREAS: Sogenanntes Cimbrisches Wörterbuch, Wien 1855
SCHMID, JOHANN CHRISTOPH VON: Schwäbisches Wörterbuch, Stuttgart 1831, 1844
SCHMIDT, CHARLES: Wörterbuch der Straßburger Mundart, Straßburg 1896
SCHMIDT, KARL CHRISTIAN LUDWIG: Westerwäldisches Idiotikon, Hadamar und Herborn 1800
SCHMITT, L. E. (Herausgeber): Germanische Dialektologie, Wiesbaden 1968
SCHMITT-ROST, HANS: Kölsch wie es nicht im Wörterbuch steht, Frankfurt am Main 1968
SCHNABEL, FRIEDRICH ERICH: Geige-geigen als Bezeichnung für Vulva bzw. coire, in: Anthropophyteia VII, 1910, 235–237; IX, 1912, 338–339
SCHNABEL, FRIEDRICH ERICH: Westfälisches erotisches Idiotikon, in: Anthropophyteia VII, 1910, 1–21
SCHÖDEL, JUTTA: Die Mundart des Rezat-Altmühl-Raumes, Nürnberg 1968
SCHÖN, FRIEDRICH: Wörterbuch der Mundart des Saarbrücker Landes, Saarbrücken 1922
SCHÖNER, G.: Spezialidiotikon des Sprachschatzes von Eschenrod, Diss. Gießen 1903–1904
SCHÖPF, JOHANN BAPTIST, und A. J. HOFER: Tirolisches Idiotikon, Innsbruck 1860
SCHRADER, HERMANN: Der Bilderschmuck der deutschen Sprache, Berlin 1896
SCHRAMM, KARL: Mainzer Wörterbuch, Mainz 1957
SCHRANK, JOSEF: Gebräuchliche Ausdrücke aus dem Jargon der leichten Dirnen, in: Die Prostitution in Wien, Bd. 2, S. 211 ff., Wien 1886
SCHRANKA, EDUARD MARIA: Wiener Dialekt-Lexikon, Wien 1905
SCHRÖER, KARL JULIUS: Wörterbuch der deutschen Mundart des ungarischen Berglandes, Wien 1858, 1859
SCHULTZE, MARTIN: Idiotikon der nordthüringischen Mundart, Nordhausen 1874
SCHULZ, DORA, und HEINZ GRIESBACH: 1000 Idiomatische Redewendungen, München 1961
SCHULZ, F. W.: Wörterbuch der Gaunersprache, Magdeburg 1813
SCHULZE, WERNER (Herausgeber): Jahrbuch der deutschen Sprache, Leipzig 1941 ff.
SCHUMANN, COLMAR: Der Wortschatz von Lübeck, Beiheft zu Bd. 9 der Zeitschrift für deutsche Wortforschung, Straßburg 1907
SCHUSTER, MAURIZ: Alt-Wienerisch, Wien 1951
SCHUSTER, MAURIZ, und H. SCHIKOLA: Sprachlehre der Wiener Mundart, Wien 1956
SCHÜTZE, JOHANN FRIEDRICH: Holsteinisches Idiotikon, 4 Bde., Hamburg 1800–1806
SCHÜTZE, W.: Was ist heute noch von der Gaunersprache im praktischen Gebrauch, in: Archiv . . ., 12. Bd., Heft 1, 1903, S. 55–100
SCHWAB, JOSEF: Beiträge zum erotischen Lexikon der Deutschen in Nordböhmen, in: Anthropophyteia II, 1905, 14–17
SCHWALBACH, CARL: Zu Schnabels Geige-geigen, in: Anthropophyteia VIII, 1911, 468
SCHWARTZMÜLLER, HANNS GEORG: Verzeichnis vorgekommener Wörter von der Spitzbubensprache, Hildburghausen 1753 ff.
SCHWIND, ANTON: Bayrisch von A bis Z, Pfaffenhofen/Ilmgau, 3. Aufl. 1968
SCHWIND, ANTON: Bayern und Rheinländer im Spiegel des Pressehumors, München 1958
SCOTT, FRANZ: Halbwelt von Heute, 3. Aufl., Leipzig 1927
SEILER, G. A.: Die Baseler Mundart, Basel 1879
SEITZ, HERMANN: Rotwelsch, in: Heimat und Volkstum, 17. Jg., 1939, 15. Heft
SIBETH, FRIEDRICH GUSTAV: Wörterbuch der mecklenburgisch-vorpommerschen Mundart, Leipzig 1876
SIEBS, THEODOR, und WOLFGANG JUNGANDREAS: Schlesisches Wörterbuch, Breslau 1935 ff.
SIECZYNSKI, RUDOLF: Wienerlied, Wiener Wein, Wiener Sprache, Wien 1947
SIMROCK, K.: Die deutschen Sprichwörter, Basel 1888
SINGER, FRIEDRICH WILHELM: Sechsämter Duden, Arzberg 1956
SÖHNS, FRANZ: Die Parias unserer Sprache. Eine Sammlung von Volksausdrücken, Heilbronn 1888
SONNLEITHNER, JOSEPH: Mundart der Österreicher . . ., Wien 1811
SONNLEITHNER, JOSEPH: Idioticon Austriacum, Wien 1824
SPALDING, KEITH, und KENNETH BROOKE: An Historical Dictionary of German Figurative Usage, Oxford 1959–1965

Der Vollständigkeit halber seien die folgenden Werke erwähnt, die ich nicht konsultiert habe. Sie werden von verschiedenen Autoritäten als Beiträge zur Dialekt-, Unterwelts- und Umgangssprachforschung erwähnt.

ALBRECHT, GEORG: Fluch ABC, Dortmund 1664
AMARANTES: Frauenzimmerlexikon
Augsburger Achtbuch, 1342–1343
CHRISTENSEN, C. D.: Wörterbuch der Jenischen Sprache, 1814
Dis ist ir rottwelsche, in: Die Basler Betrügnisse der Gyler, Basel um 1450
DÜHRINGSFELD/REINSFELD: Sprichwörter der germanischen und romanischen Sprachen, Leipzig 1872–1875
Duisburger Vocabular, 1724
EDLIBACH, GEROLD: Rotwelschtz, um 1490
GATH, G. P.: Kleines Wörterbuch der Kölner Mundart, 1959
HEMPEL, ANDREAS: Spitzbuben-Sprache oder Wahlerey und Roth-Welsch
HERMANN, H. L.: Diebeswörter, 1818
HUNZIKER, JAKOB: Aargauer Wörterbuch . . ., 1877
JENSEN, PETER: Wörterbuch der nordfriesischen Sprache . . ., 1967
KAHLE, CARL: Die fahrenden Leute der Gegenwart und ihre Sprache, Gera 1839, 1882
KAHLE, CARL: Wörterbuch der Kunden- und Gaunersprache, Gera 1889
Koburger Designation, 1735
LINKE, AUGUST: Deutsches Handwerksburschenlexikon
LUTZ, EUGEN: Mei' Wortschatz. Ein kleines schwäbisches Wörterbuch, 1966
MECKEBACH, DITTMAR VON: Notatenbuch, um 1350
RIEDEL: Wörterbuch von St. Georgen am See, 1750
ROSCHER: Moderne Gaunerworte in Hamburg, in: Archiv für Kriminal-Anthropologie und Kriminalistik, 3. Band, Heft 4, 1900, S. 277–278
RÜDENBERG/PEARL: 4000 German Idioms and Colloquialisms, London 1955
Schweizer Dialekte, 1965
Strelitzer Glossar, 1747
Waldheimer Lexikon, 1726